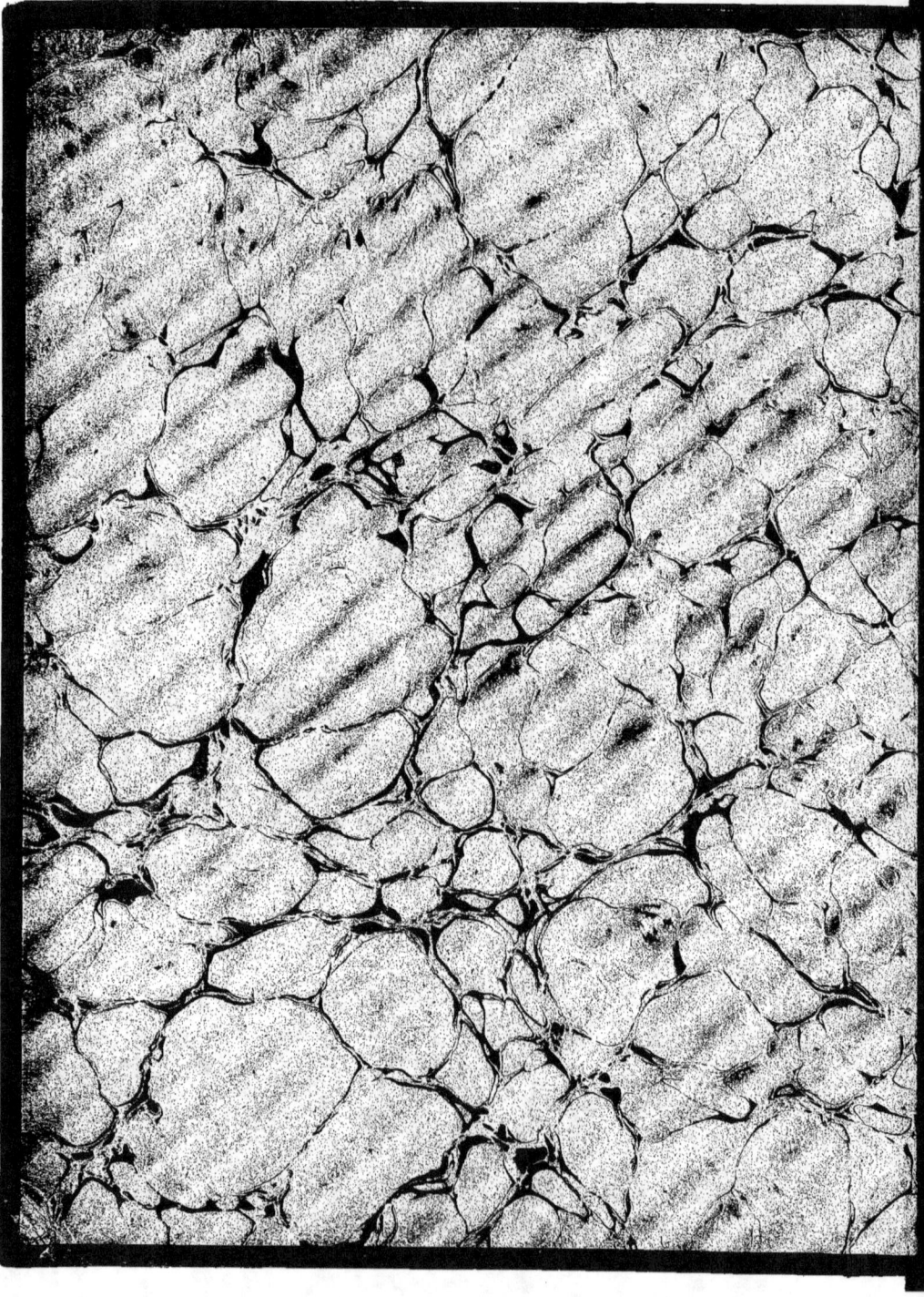

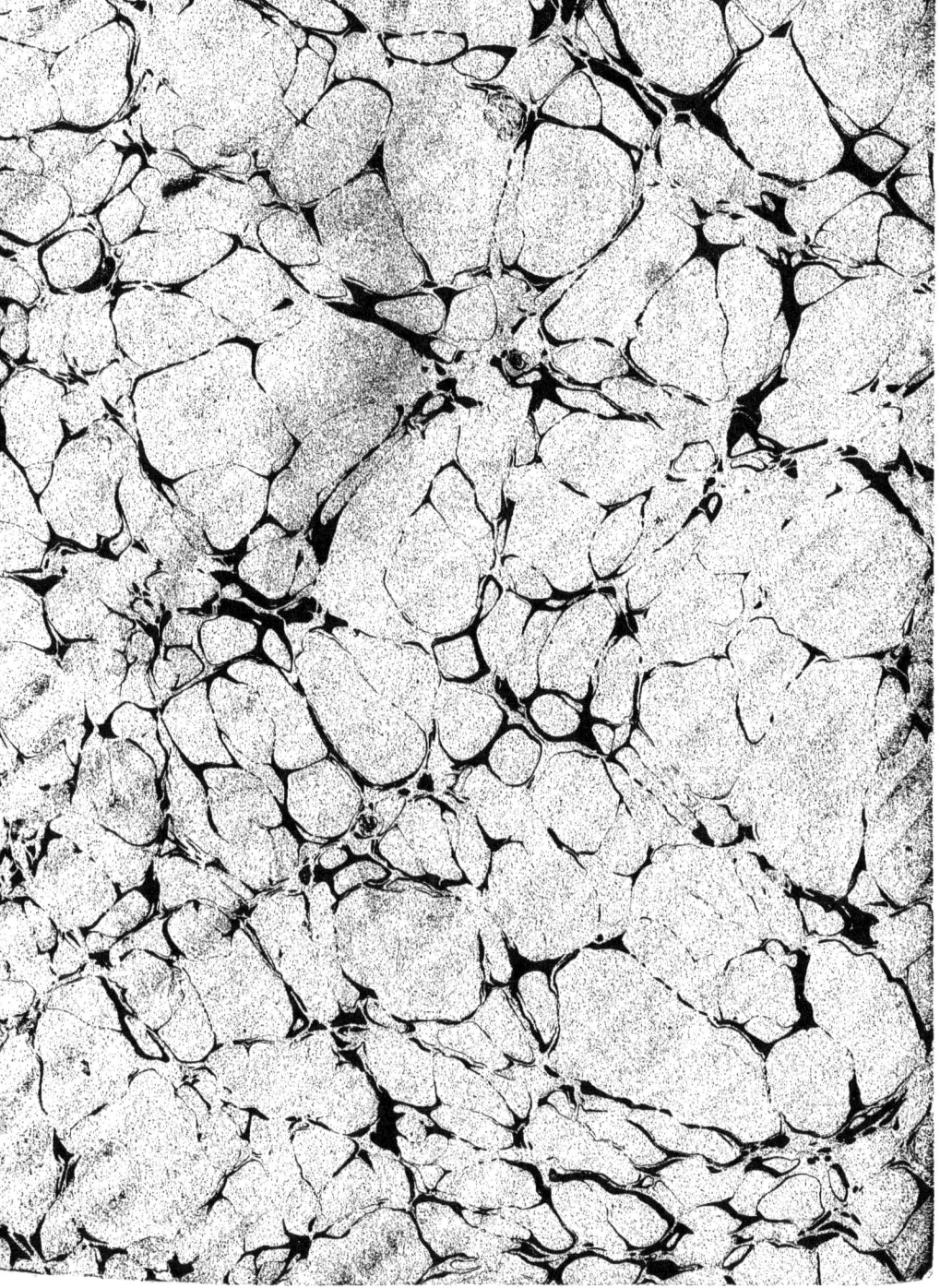

MÉMOIRES

DE LA

SOCIÉTÉ DES ANTIQUAIRES DE PICARDIE

MONOGRAPHIE

DE L'ÉGLISE

NOTRE-DAME

CATHÉDRALE

D'AMIENS

Par Georges **DURAND**,

Archiviste de la Somme,
Président de la Société des Antiquaires de Picardie.

TOME I. — HISTOIRE ET DESCRIPTION DE L'ÉDIFICE.

AMIENS
IMPRIMERIE YVERT ET TELLIER
64, Rue des Trois-Cailloux.

PARIS
LIBRAIRIE A. PICARD ET FILS
82, Rue Bonaparte.

M D CCCC I

INTRODUCTION

Sceau d'Evrard de Fouilloy

Héliog. Dujardin

La reconnaissance m'impose l'agréable devoir d'inscrire deux noms en tête de cet ouvrage : celui de mon vénéré maître, M. de Lasteyrie, qui en a été l'inspirateur et dont les conseils et les encouragements ne me firent jamais défaut, et celui de la Société des Antiquaires de Picardie. Malgré tant de dispendieuses publications, elle a tenu à honneur de ne reculer devant aucun sacrifice pour donner du joyau architectural dont elle est justement fière une monographie digne de lui, et elle a jugé, en décidant son impression avec un luxe qu'on n'aurait jamais pu lui donner sans elle, que mon travail pourrait répondre à ses vues. Puisse-t-il ne pas être trop au-dessous de l'enseignement de l'un, de la confiance et de la libéralité de l'autre.

Quatre de mes collègues des Antiquaires ont pris une part effective et continue à l'impression. M. Pinsard a dirigé l'exécution des dessins avec toute sa compétence et son expérience d'architecte, avec une inépuisable complaisance; ses connaissances techniques m'ont été du plus grand secours. Il fut pour moi un véritable collaborateur. MM. Roux et Janvier, puis, lorsque la maladie qui devait, hélas, nous le ravir, eut rendu celui-ci incapable de tout travail, M. de Guyencourt, ont bien voulu se charger de la besogne ingrate, fastidieuse, mais indispensable, de revoir les épreuves.

En confiant l'illustration à M. P. Dujardin, la Société a montré qu'elle voulait la perfection, et son attente a été largement remplie. Le succès que ses héliogravures ont obtenu à l'Exposition universelle de 1900 en sont la meilleure preuve.

Les dessins graphiques ont été presque tous exécutés, avec une grande précision archéologique, par M. H. Wagon, dessinateur à Amiens (1). Ils ont été reproduits

(1) Pendant une maladie de M. Wagon, MM. Demagny et Favry en ont exécuté deux ou trois.

d'une façon tout à fait satisfaisante, les dessins hors texte, par M. Heuse, de Paris, et les figures dans le texte, les unes par MM. Yvert et Tellier, et les autres par MM. Mulot et Kriéger, de Paris.

Enfin, MM. Yvert et Tellier ont eu à cœur de donner une impression parfaitement soignée.

Parmi les édifices gothiques de premier ordre qui font la gloire de notre pays, il serait puéril de chercher des arguments pour assurer la première place à la cathédrale d'Amiens. On n'établit pas de concours entre des chefs-d'œuvre. Il y a dans de tels essais de classification une trop grande place laissée au goût personnel, au tempérament, aux études de chacun. Un édifice, — un édifice du moyen âge surtout — soigneusement scruté et examiné dans ses moindres détails révèlera des beautés qui échapperont dans un autre regardé avec moins d'attention et une disposition d'esprit différente : le premier paraîtra supérieur au second. Ainsi l'on peut trouver des églises dont la silhouette se découpe mieux sur le ciel que la nôtre, avec sa façade tronquée et ses tours qui ne dépassent pas la toiture; ceux qui aiment dans une église un demi-jour mystérieux — les gens du moyen âge y tenaient-ils tant que cela? — peuvent lui reprocher ses immenses fenêtres qui répandent dans l'intérieur une lumière trop vive, que les vitraux de couleur, aujourd'hui détruits, ne viennent plus tempérer. Ce que personne ne lui déniera, c'est d'être ce que l'art gothique a produit à la fois de plus grandiose, de plus complet et de plus parfait, d'être le monument dans lequel cet art a manifesté la plénitude de son système et de ses ressources, où il s'est le plus rapproché de son idéal, où les dernières solutions décisives ont été trouvées, celui où finit le progrès et après lequel commence l'exagération et la décadence, d'être en un mot l'édifice gothique type.

Dire que la cathédrale d'Amiens est le point culminant de l'architecture gothique doit s'entendre d'une façon générale, car on y sent encore l'étude et la marche en avant au fur et à mesure de l'avancement des travaux, si peu de temps qu'ils aient duré. L'esprit des constructeurs du moyen âge travaillait sans cesse.

Mais ce n'est pas tout : grâce à des adjonctions postérieures, dont beaucoup sont datées, on peut y suivre en quelque sorte tout le développement de l'architecture gothique française depuis son entière formation, jusqu'aux confins du style flamboyant, au début du dernier quart du XIVe siècle. Si ces adjonctions nuisent quelque peu à l'unité et contrastent par des détails trop multipliés avec la belle et sévère ordonnance des lignes, elles sont cependant du plus haut intérêt par leur valeur intrinsèque.

On y voit le premier exemple, peut-être, de voûte avec liernes et tiercerons. On peut y étudier toutes les transformations de la mouluration depuis les profils simples et larges du commencement du XIIIe siècle jusqu'à la première apparition des profils dits prismatiques. On y trouvera de même l'histoire des remplages des fenêtres, dans toutes ses phases successives, depuis les premiers essais du système à meneaux, jusqu'aux premières manifestations du dessin flamboyant. L'histoire de la sculpture décorative et surtout de la statuaire durant la même période y est écrite d'une façon non moins complète : avec la statuaire du grand portail, elle commence par un chef-d'œuvre du XIIIe siècle, et aboutit à un autre chef-d'œuvre de la fin du xive, dans les statues des chapelles construites par le cardinal de La Grange, en passant par toutes les phases intermédiaires.

Plus heureuse que bien d'autres, la cathédrale d'Amiens a peu souffert des révolutions. De splendides pièces de son ancien mobilier ont survécu à la manie décorative des chanoines du xviiie siècle; les restaurateurs modernes ont généralement respecté le mobilier que ceux-ci lui ont donné. C'est tout un musée.

Sans l'encombrer, sans détruire ses lignes architecturales, les faisant même valoir en leur donnant de l'échelle, tous ces objets : tombeaux, stalles, clôtures, grilles, autels, de diverses époques, de divers styles, de couleurs variées mais atténuées et ramenées dans la tonalité générale par la patine du temps, la meublent et lui donnent une vie et un intérêt qui manquent à la plupart de nos cathédrales françaises.

Ces objets mobiliers continuent l'histoire de la sculpture arrêtée, dans la statuaire architecturale, à la fin du xive siècle. L'époque de la Renaissance est marquée par le magnifique ensemble des clôtures du chœur et des stalles. C'est dans la cathédrale d'Amiens seulement que l'on peut étudier la part des artistes picards dans le grand mouvement artistique de la fin du xve siècle et du commencement du xvie, ce qu'ils peuvent avoir de commun avec leurs voisins les Flamands, et les concessions qu'ils ont pu faire à la mode ultramontaine. Cet ensemble de sculptures est complété par quelques œuvres de peinture de la plus haute valeur. Le tout témoigne à cette époque dans la ville d'Amiens d'un très grand développement artistique, ce que les documents écrits viennent d'ailleurs confirmer.

La période des guerres de religion et de la Ligue n'a rien laissé dans notre cathédrale, mais, durant une grande partie du xviie siècle, Nicolas Blasset, sculpteur Amiénois, la remplira d'œuvres qui, sans être de premier ordre ni de valeur égale, ne manquent ni de qualités ni d'originalité, et sont un bon et curieux spécimen de l'art local sous Louis XIII.

L'évêque et les chanoines du xviiie siècle qui renouvelèrent presque entièrement le mobilier, en détruisant tant d'objets d'art, trouvèrent dans Poultier, d'Abbeville, dans Jean-Baptiste Dupuis, dans Carpentier, et même dans Vimeux, quoique inférieur aux premiers, des sculpteurs qui remplirent leurs programmes d'une façon généralement suffisante.

Il était dans la destinée du xixe siècle de faire comme une récapitulation des écoles artistiques qui l'avaient précédé, et de s'ingénier avec plus ou moins de bonheur à les reproduire toutes. Amiens a donné le jour à deux artistes qui furent dans ce genre parmi les plus habiles. Dans le grand travail de restauration dont la cathédrale fut l'objet durant ce siècle, les frères Louis et Aimé Duthoit l'ont enrichie de quelques œuvres statuaires fort curieuses à ce point de vue, dans lesquelles les styles de toutes les époques, du xiiie au xviiie siècle inclusivement, sont imités au point de faire illusion au premier abord aux yeux les plus exercés.

Caudron, dont ils furent pendant un certain temps les collaborateurs, n'eut pas au même degré le sentiment archéologique.

Dans cet ordre d'idées, on ne saurait se dispenser de mentionner les nombreuses œuvres originales que Viollet-le-Duc a fait exécuter dans la restauration qu'il a faite de la cathédrale. On peut, on doit même regretter que cet artiste ait trop souvent substitué ses propres conceptions à celles de ses devanciers; mais ce ne sont pas moins des spécimens de son talent. Il savait surtout donner aux sculpteurs des motifs de décoration qui, tout en restant dans l'esprit du XIII⁰ siècle, avaient cependant une allure très personnelle, qui se reconnaît presque immédiatement.

Grande fut la renommée de la cathédrale, dès que sa masse imposante commença à émerger au-dessus des maisons des bourgeois d'Amiens, et durant tout le moyen âge. Les chanoines n'étaient que l'écho de l'opinion publique lorsqu'ils accompagnaient de ces mots l'obit d'Evrard de Fouilloy : « hujus basilice fundamenta mirabili structura, ut apparet, locavit » (1).

Au XIV⁰ siècle, l'illustre chancelier de Chypre, Philippe de Mézières, picard d'origine et ancien élève de l'école du chapitre d'Amiens, écrivant d'Orient aux chanoines, ses anciens maîtres, ne manque pas de leur marquer qu'il n'oublie pas « sa mère immaculée, la Vierge glorieuse d'Amiens », non plus que « sa maison qui l'emporte merveilleusement sur les autres » (2). Il qualifie ailleurs la cathédrale d'Amiens de « temple magnifique » (3). Il y aurait été baptisé (4).

En donnant ses joyaux à la cathédrale en 1370, l'évêque Jean de Cherchemont exalte la magnificence de ses prédécesseurs, qui en ont fait, « comme la renommée et la vue elle-même en font foi, une église d'une noble et admirable structure », et il lui fait ce présent « afin qu'elle brille autant par la beauté de ses ornements que par celle de son architecture » (5).

Dans le vif et charmant dialogue qu'il suppose entre le roi Charles VI, le duc de Bourgogne et Bureau de la Rivière, quand Isabeau de Bavière eut été présentée dans Amiens au jeune roi, Froissart met dans la bouche de celui-ci ces paroles : « Biaux oncles, nous volons chy espouser, en celle belle église d'Amiens » (6).

Une supplique adressée au pape Eugène IV, afin d'obtenir des indulgences pour aider aux réparations de la cathédrale endommagée par un ouragan, fait valoir qu'elle est « somptueuse et célèbre entre toutes les cathédrales du royaume de France » (7), et un acte de Louis XI la déclare « une des plus belles de tout nostre royaume » (8). En 1471, Charles le Téméraire furieux de la reddition

---

(1) *Nécrol. de l'église d'Am.*, publ. par Roze, dans *Mém. de la Soc. des Ant. de Pic.*, in-8°, t. XXVIII, p. 427.

(2) « Et si de natura matris est filium suum non obliviscere *(sic)*, arbuscula tum matrem suam intemeratam Virginem gloriosam Ambianensem, domumque ejus super alias mirifice exaltatam..... non obliviscetur ». Lettre de Phil. de Mézières au chapit. de la cath. d'Am. Bibl. de l'Arsenal, ms. 499, fol. 144. Cf. Jorga, *Philippe de Mézières et la croisade au XIV⁰ s.*, dans *Bibl. de l'école des Hautes Études*, 1896, p. 28.

(3) « O vos, patres mei venerandi (canonici Amb.), in famulatu imperatricis Ambianensium, in templo ejus mirifico solempniter dedicati ». *De laudibus B. M. V. super Salve Sancta Parens*, lettre à Jean Rolland, évêque d'Am., Bibl. Nat., ms. lat. 14454, fol. 24. Cf. Jorga, *op. cit.*, p. 29.

(4) Jorga, *op. cit.*, p. 12.

(5) « Et non minus predecessorum nostrorum, quorum magnificentia, ut fama celebris detulit ad posteros et patet cuilibet intuenti, ipsam ecclesiam structura nobili et miranda decoravit..... infrascripta ornamenta et paramenta ecclesiastica ipsi nostre Ambianensi..... ut sicut in materialibus edificiis, sic in ornamentorum decore precellat, damus », etc. Acte de Jean de Cherchemont, du 1ᵉʳ juin 1370. Arch. de la Somme, chapit. d'Am., Arm. l. l. 44, n° 7.

(6) Chron. de Froissart, édit. Kerwyn de Lettenhove, t. X, p 352.

(7) « Ecclesia Ambianensis, que inter ceteras regni Francie cathedrales ecclesias sumptuosa et celebris est et famosa, atque materia et opere sumptuosissimis constructa ». Denifle, *La désolat. des églises, monast. et hôpitaux en France, vers le milieu du XV⁰ s.*, t. I, p. 4.

(8) Lettres pat. de Louis XI d'oct. 1470. Arch. de la Somme (chapit. d'Am.), G 676.

V

volontaire d'Amiens à Louis XI, met le siège devant la ville, et on sait de quoi il était capable dans sa colère. Il défend expressément de tirer sur la cathédrale (1).

Ce ne sont pas seulement les textes qui nous font connaître la célébrité dont jouit alors la cathédrale d'Amiens; nous en avons une autre preuve dans les nombreuses imitations qui en furent faites en France et à l'étranger, et dans les inspirations que maints artistes sont venus y puiser. L'influence considérable exercée par la cathédrale d'Amiens sur l'architecture de la fin du moyen âge peut se constater dans de nombreux monuments. Son plan devient en quelque sorte le plan type des églises, auquel on se contente, la plupart du temps, de retrancher ou d'ajouter, suivant les dimensions des édifices.

La ravissante chapelle centrale du chevet est à peine construite qu'elle sert de modèle à celle que saint Louis fait exécuter dans son palais pour recevoir la Couronne d'épines. Des églises qui avaient été commencées avant la cathédrale d'Amiens comme celles de Tours et de Troyes, l'imitent dans leurs parties supérieures, encore inachevées lorsqu'elle fut à peu près terminée (2). Dès 1248, le constructeur du chœur de la cathédrale de Cologne, s'inspire de celui de la cathédrale d'Amiens, qui était alors élevé jusqu'à la naissance du triforium (3). En France, les cathédrales de Clermont-Ferrand, commencée aussi en 1248, et dont le chœur fut terminé en 1285; de Limoges, commencée en 1273; de Rodez, en 1277; de Narbonne, vers 1297 (4), témoignent d'une imitation si évidente de notre cathédrale, qu'on les appelle souvent les *filles de la cathédrale d'Amiens*. A l'étranger, on peut encore découvrir son influence dans les chevets de la cathédrale d'Anvers et de Saint-Sauveur de Bruges, et dans des projets exécutés pour la cathédrale de Prague.

Nous avons un monument qui nous permet de toucher du doigt une pareille imitation, et cela à une époque assez tardive. Il existe aux archives de l'État à Mons, en Belgique (5), deux anciens plans ou patrons de chevets d'églises du moyen âge. L'un, qu'on n'a pas encore pu identifier, porte sur un cartouche le millésime de 1448, date de la reconstruction de la collégiale Sainte-Waudru de cette ville, et l'autre est incontestablement un plan du chœur et d'une partie de

---

(1) Mém. d'Olivier de la Marche, édit. de la Soc. de l'Histoire de France, t. III, p. 72.

(2) La disposition du chevet de la cathédrale de Beauvais a de grandes analogies avec celle du chevet de la cathédrale d'Amiens. La cathédral de Beauvais a été fondée peu d'années après celle d'Amiens, mais comme celle-ci a été commencée par la nef et celle-là par le chœur, il s'ensuit que le chœur de Beauvais a été commencé avant celui d'Amiens. D'un autre côté, si la théorie de Viollet le-Duc (*Dict. rais. d'archit.*, t. II, p. 331) est exacte, le tracé de la nef d'Amiens serait commandé par celui du chœur. Il est donc fort difficile de savoir si c'est le chœur de Beauvais qui a été imité à Amiens ou si c'est le contraire.

(3) Si, à Cologne, l'ordonnance générale, surtout dans les parties basses, rappelle celle d'Amiens, il y a cependant de notables différences, principalement dans les proportions, qui sont plus exagérées, partant moins heureuses, dans le plan des piliers, dans le système des arcs boutants, qui se rapproche plus de celui de Beauvais, dans l'ornementation, surtout, qui est déjà, à Cologne, en pleine mièvrerie et en pleine décadence. Dans les parties hautes de la cathédrale allemande, il n'y a guère que les gables au-dessus des fenêtres qui fassent penser à Amiens, encore sont-ils beaucoup plus ornementés et d'un style beaucoup plus avancé.

(4) Le 5 juin 1299, Gilles Aycelin de Montaigu, archevêque de Narbonne, est présent à Amiens et est témoin avec Pierre Flotte, qui n'était pas encore chancelier de France, Pierre de Mornai, évêque d'Auxerre, et d'autres personnages, dans une transaction entre Guillaume de Mâcon, évêque d'Amiens et le chapitre de la cathédrale. Arch. de la Somme (Chapit. d'Am.), G 652.

(5) N°⁸ 408 et 409. — Voy. HUBERT, *Des architectes de l'église collégiale de Sainte-Waudru à Mons*, dans l'*Émulation*, organe de la Société centrale des architectes de Belgique, t. XIV, 1889, et *Annales de la Soc. d'archit. de Bruxelles*, t. III, 1889, — etc.

VI

la nef de la cathédrale d'Amiens, tracé sur une feuille de parchemin et une feuille de papier collées bout à bout. Ce plan n'est pas daté, mais le filigrane du papier permet de le considérer comme contemporain du premier. Or le plan du chevet de Sainte-Waudru est, dans sa disposition générale, sauf quelques détails insignifiants, l'imitation de celui du chevet de la cathédrale d'Amiens.

On pourrait relever dans d'autres monuments d'autres imitations plus ou moins complètes. Ce serait un fort intéressant travail, mais qui sortirait des limites de cet ouvrage, que de rechercher l'influence de la cathédrale d'Amiens en France et à l'étranger.

Ces sortes d'imitations n'étaient pas rares au moyen âge. C'était alors l'habitude, lorsqu'il s'agissait d'élever quelque édifice important, d'aller en visiter d'autres parmi les plus célèbres. Et, pour ne parler que de notre cathédrale, si elle marque un progrès considérable sur celles qui l'ont précédée, si elle a servi de modèle à beaucoup d'autres élevées par la suite, son système architectural dérive cependant de celui de ses devancières, et quelques-uns de ses détails ont été directement inspirés par d'autres églises, et notamment par Notre-Dame de Paris.

Durant les XVIIe et XVIIIe siècles et le commencement du XIXe, alors qu'il était de mode de dédaigner l'art du moyen âge, la cathédrale d'Amiens fut certainement l'édifice gothique qui conserva le plus d'admirateurs parmi ceux qu'un pédantisme exclusif ou la crainte de paraître ignorant ou arriéré n'aveuglait pas (1).

Elle a aujourd'hui reconquis dans l'opinion publique le rang auquel elle a droit, et, depuis le second tiers du XIXe siècle, elle n'a cessé d'être admirée et étudiée comme elle le mérite. Sans parler de nombreuses notices partielles, ni de tous les ouvrages où il y est fait des allusions plus ou moins considérables et à des points de vue variés, quelques travaux de valeur lui ont été consacrés. Dès 1843, deux chanoines de la cathédrale, MM. Jourdain et Duval, faisaient paraître une très minutieuse et très complète description des stalles (2), et, dans les années qui suivirent, ils donnèrent successivement des descriptions des Sibylles (3), des clôtures du chœur (4), du portail de la Vierge dorée (5), et surtout un travail iconographique très complet, mais resté inachevé, sur le grand portail (6). Ce travail, un des premiers dans ce genre émanés de la nouvelle école formée par Arcisse de Caumont, fut un véritable événement, à une époque où beaucoup d'esprits se méprenaient encore si étrangement dans l'interprétation de l'imagerie du moyen âge.

Avec tous les fragments consacrés par Viollet-le-Duc à la cathédrale d'Amiens dans son *Dictionnaire raisonné de l'architecture française*, on pourrait faire un

---

(1) Voy. CORBLET, *L'archit. du moyen âge jugée par les écrivains des deux derniers siècles*, dans *Revue de l'art chrétien*, t. III, 1859.

(2) *Hist. et descr. des stalles de la cath. d'Am.*, dans *Mém. de la Soc. des Ant. de Pic.*, t. VII, p. 81. — Publ. à part.

(3) *Les Sibylles, peintures murales de la cath. d'Am.*, dans *Mém. de la Soc. des Ant. de Pic.*, in-8°, t. VIII, 1845, p. 275.

(4) *Les clôtures du chœur de la cath. d'Am.*, dans *Mém. de la Soc. des Ant. de Pic.*, in-8°, t. IX, p. 161.

(5) *Rapport à M. le préfet du département de la Somme, sur l'état actuel du portail de la Vierge dorée de la cathédrale d'Amiens à restaurer, et sur les restaurations à faire*, etc., dans *Mém. de la Soc. des Ant. de Picardie*, in-8°, t. VI, p. 59 à 136. — Publ. à part sous une autre forme.

(6) *Le grand portail de la cathédrale d'Amiens*, dans *Bull. monum.*, tt. XI et XII.

volume considérable, mais qui serait forcément incomplet, parfois même contradictoire.

Il manquait encore de la cathédrale d'Amiens une monographie complète, car on ne peut considérer comme telles les notices des Gilbert (1), Dusevel (2), Goze (3), Duval (4), Roze (5), etc., ni même celles que, dans ces derniers temps Mgr Dehaisnes a fait paraître dans la *France artistique et monumentale* et M. Soyez, dans *la Picardie historique et monumentale* (6).

Les sources manuscrites de l'histoire de la cathédrale d'Amiens n'abondent pas.

Les documents de première main se bornent, ou à peu près, à une ou deux inscriptions et à quelques renseignements épars dans les archives départementales de la Somme, notamment dans les fonds de l'évêché d'Amiens, du chapitre et des chapelains de la cathédrale, et, pour les époques plus modernes, dans les séries de la Révolution et des édifices diocésains, ainsi que, mais à un moindre degré, dans les archives de la ville d'Amiens. Sauf quelques infimes exceptions, les comptes ou les délibérations capitulaires qui auraient pu nous renseigner ont entièrement disparu.

La rareté de ces documents peut être suppléée dans une certaine mesure par quelques ouvrages anciens, imprimés ou manuscrits, dont les auteurs ont recueilli d'une façon plus ou moins exacte ou plus ou moins complète des documents qui n'existent plus. Ils sont donc d'un grand secours, à condition d'être utilisés avec prudence.

Viennent en première ligne deux recueils manuscrits de la Bibliothèque d'Amiens : l'un (7), écrit aux XVIIe et XVIIIe siècles renferme une assez grande quantité de documents intéressant l'histoire de Picardie ; l'autre (8), d'une écriture du XVIIIe siècle, et connu sous le nom de *Chapitres généraux,* est la transcription plus ou moins *in extenso* d'assez nombreux extraits de délibérations du chapitre de la cathédrale, dont beaucoup se rapportent aux travaux exécutés dans cet édifice.

Les douze volumes manuscrits sur l'histoire d'Amiens et de la Picardie commencés par Jean Pagès, marchand à Amiens à la fin du XVIIe siècle et au commencement du XVIIIe, et continués jusqu'au commencement du XIXe par Achille Machart (9), mais sans grande critique (10), sont pleins de renseignements précieux sur la cathédrale.

Plus dénuée de critique encore est l'histoire manuscrite d'Amiens par Pierre

---

(1) *Descr. histor. de l'église cath. d'Am.*
(2) *Notice histor. et descr. de l'église cath. d'Am.*
(3) *Églises, châteaux, beffrois,* etc., t. II. — *Petite descr. de l'église cath. d'Am.*
(4) *Guide pour visiter la cath. d'Am.*
(5) *Visite à la cath. d'Am.*
(6) M. Soyez, qui a pour la cathédrale d'Amiens un amour presque filial, et qui a déjà consacré à sa restauration de grandes sommes d'argent, avait tout ce qu'il fallait pour donner sur ce monument quelque chose de beaucoup plus complet. Avec une délicatesse dont je lui aurai toujours la plus profonde reconnaissance, il a bien voulu, pour me laisser la place libre, réduire aux proportions d'une simple notice, un projet qui lui était cher, en mettant même libéralement à ma disposition toutes ses connaissances et tous les documents qu'il pouvait posséder et en m'autorisant à reproduire dans cet ouvrage le cliché qu'il a fait faire d'un curieux plan qu'il possède, et qui paraîtra dans le second volume.

(7) Bibl. d'Am., ms. 516.
(8) Bibl. d'Am., ms. 517. — Il y a aussi dans le ms. 563 de la même bibliothèque, au milieu de mélanges de toutes sortes recueillis aux XVIIe et XVIIIe siècle, quelques renseignements sur la cathédrale.
(9) Bibl. d'Am., mss. 829 à 840. — Les trois premiers volumes dûs à Pagès et les deux derniers provenant en partie de lui et connus sous le nom de *Petit Pagès* ont été publiés à peu près *in extenso* de 1854 à 1864 par Louis Douchet, en six volumes in-12.
(10) Ceux du moins rédigés par Machart

Bernard, datant du xviiie siècle (1); on ne doit s'en servir qu'avec la plus grande circonspection.

La compilation manuscrite de Jean-Joseph de Court, contrôleur général des finances de la généralité d'Amiens (mort en 1723), intitulée *Mémoires chronologiques qui peuvent servir à l'histoire ecclésiastique et civile de la ville d'Amiens* (2), si elle ne se recommande pas par l'habileté de la mise en œuvre, renferme cependant un certain nombre de faits qu'on chercherait vainement ailleurs et qui paraissent assez fidèlement extraits de documents authentiques.

La collection dom Grenier à la Bibliothèque Nationale, dont fait partie ce manuscrit, fournit en outre quelques renseignements, mais beaucoup moins qu'on pourrait le croire.

A ces recueils manuscrits, on peut ajouter quelques ouvrages imprimés pouvant, eux aussi, passer pour des sources de seconde main en ce qui touche les documents aujourd'hui perdus que leurs auteurs ont pu utiliser, et de première pour les faits contemporains qu'ils rapportent. Ce sont d'abord les *Antiquitez, histoires et choses plus remarquables de la ville d'Amiens*, par le chanoine A. de Lamorlière, du commencement du xviie siècle; du xviiie, l'*Histoire ecclésiastique et civile de la ville d'Amiens*, par le P. Daire; enfin, du commencement du xixe, la *Description de l'église cathédrale d'Amiens*, par Maurice Rivoire. Il convient d'ajouter une description de la cathédrale, écrite quelques années après celle-ci par Jean Baron, conservateur de la bibliothèque d'Amiens, récemment publiée.

Il existe encore des documents épars sur la cathédrale d'Amiens, mais qu'il serait trop long d'énumérer. Le hasard peut en faire découvrir aux endroits les plus inattendus.

Le présent ouvrage n'est ni une dissertation archéologique ni une étude artistique, c'est une *monographie*. On comprendra que je n'ai pas la prétention d'épuiser toutes les questions que peut soulever l'étude de la cathédrale d'Amiens et de ses accessoires, ni toutes les comparaisons, toutes les observations qu'elle peut suggérer, en un mot d'écrire à propos d'un édifice aussi complexe un ouvrage d'archéologie générale. Je m'en abstiendrai au contraire soigneusement.

Mon ambition se bornera, en premier lieu, à grouper le plus exactement possible tous les faits positifs que j'ai pu recueillir, en les dégageant avec soin de ce qui peut tenir à la conjecture. C'est pourquoi, dans la partie historique, je tiendrai à n'avancer aucun fait sans en indiquer la source, point capital eu égard à la rareté, à la diversité et à la grande inégalité de la valeur des sources, eu égard à la nécessité de s'assurer une base aussi solide que possible. En second lieu je tâcherai de donner de l'édifice et de tous ses accessoires une description aussi précise que possible, n'appelant l'archéologie à mon aide, que pour l'éclairer et la compléter.

Je veux en un mot bien faire connaître la cathédrale d'Amiens et tout ce qu'elle renferme à ceux qui voudront l'étudier. L'étendue de cet ouvrage prouve qu'un tel programme est déjà assez vaste.

Le premier volume est consacré à l'histoire et à la description du monument lui-même dans toutes ses parties; le second, au mobilier et aux accessoires.

(1) Bibl. d'Am., mss. 842 à 846 (copie du xviiie s.).   (2) Bibl. nat., mss. Collect. Picardie, nos 1 et 2.

Pour plus de clarté, la partie historique, qui forme le premier chapitre du tome I, contiendra seulement les faits qui se rapportent à l'édifice en général. Elle ne rappelera que pour mémoire les faits principaux relatifs aux accessoires et même à certaines parties dont l'histoire est indépendante. Le détail des faits historiques qui les intéressent sera groupé près de la description de chacun d'eux.

Bien que l'ouvrage ait exclusivement pour objet le splendide monument que nous a légué le XIIIe siècle, je ne crois cependant pas pouvoir me dispenser de faire précéder son histoire d'un court aperçu des données historiques et des traditions se rapportant à ceux qui l'ont précédé.

Tous ceux qui écrivent l'histoire au moyen des documents savent les difficultés qui résultent de la manière de renouveler le millésime avant 1563. Ces difficultés sont extrêmes, parfois même insurmontables en Picardie, où tout le monde ne suivait pas le style de Pâques, le plus usité en France. La municipalité d'Amiens, par exemple, et probablement aussi d'autres chancelleries, renouvelaient la date le 25 mars. Comme cette question n'a pas encore été élucidée d'une façon complète et définitive, je crois plus prudent de respecter la date des documents en prenant soin d'avertir le lecteur, quand il y a lieu, par l'abréviation v. s. *(vieux style)*.

Ordinairement, pour décrire un édifice, on examine d'abord son ordonnance extérieure, puis on pénètre à l'intérieur que l'on dépeint à son tour, ou bien, si c'est l'ordonnance intérieure qui commande celle de l'extérieur, on fait l'inverse, enfin on étudie à part l'ornementation. Un tel procédé ne semble pas pouvoir convenir à la description d'un édifice gothique comme la cathédrale d'Amiens. Une église gothique n'est, à vrai dire, qu'une combinaison de forces, dans laquelle la construction et l'architecture se pénètrent tellement, dans laquelle l'ornementation s'allie si étroitement à l'une et à l'autre, que, si l'on veut en donner une idée claire et rationnelle en évitant autant que possible les redites, il n'y a pas à songer à séparer l'extérieur de l'intérieur ni même à en distraire l'ornementation. On peut comparer une église gothique à un corps organique. Je la décrirai donc comme un corps organique, en décomposant ses diverses parties. Prenant le plan comme point de départ, je décrirai ensuite les voûtes dont le système commande toute l'ordonnance générale, puis la coupe transversale, c'est-à-dire les piles et les butées, et enfin la coupe longitudinale, c'est-à-dire les étrésillonnements et les remplissages.

Dans la description d'un édifice aussi vaste, aussi complexe et qui renferme autant d'accessoires que la cathédrale d'Amiens, il est impossible d'indiquer la place des objets par des périphrases qui auraient l'inconvénient d'être à la fois fort longues et peu claires. Il a donc fallu adapter aux plans (pl. I et II) un système de chiffres et de lettres qui permette d'indiquer par des formules simples la position exacte des objets.

Le système est, en somme, celui qui est généralement adopté pour les cartes géographiques. Dans le sens transversal, chaque ensemble de piles, à droite et à gauche, a été désigné par un numéro. Les numéros impairs ont été placés du côté nord, c'est-à-dire à la gauche de celui qui entre par le grand portail, et les numéros pairs, de l'autre côté, de sorte que, par la seule inspection de la formule, on sait tout de suite, si elle ne contient que des numéros impairs, qu'il s'agit

X

du côté nord; dans le cas contraire, qu'il est question du côté sud; et s'il y a à la fois des nombres pairs et impairs, qu'on parle de la grande nef. Dans le sens longitudinal, les files de piliers sont désignées par des lettres minuscules *a, b, c, d*. De cette manière, une travée de grande nef est désignée par quatre chiffres, deux pairs et deux impairs; une travée de bas-côté ou de transept, par deux chiffres et deux lettres, et un pilier, par un chiffre et une lettre (1).

Les portes ont été marquées par des lettres capitales de A à N, et les chapelles, par des chiffres romains, en partant du portail occidental, les numéros impairs à gauche et les numéros pairs à droite.

C'est un excellent usage que de terminer les introductions par des remerciements. Tous ceux qui, depuis que cet ouvrage est commencé, m'ont, chacun dans sa spécialité et dans des proportions plus ou moins considérables, si libéralement indiqué des documents, donné des conseils, rectifié des erreurs, ou aidé en quelque façon que ce soit, sont trop nombreux pour que je puisse les énumérer ici: je risquerais d'ailleurs de faire des omissions, ce dont j'aurais le plus vif regret. Qu'ils reçoivent tous l'expression de ma plus profonde et de ma plus sincère gratitude. Je n'ai garde d'omettre dans ces remerciements le clergé et les serviteurs de la cathédrale ainsi que le personnel de l'agence des travaux.

---

(1) Les quatre grandes piles de la façade 1 *a*, 1 *b*, 2 *a*, 2 *b*, dont les fonctions diffèrent de celles des autres, ont été en outre désignées par les quatre dernières lettres de l'alphabet, V, X, Y, Z.

Contresceau d'Évrard de Fouilloy

Fig. 1. — Porte de la Vierge dorée. Frise du soubassement.

CHAPITRE I

HISTOIRE DU MONUMENT

I

La Cathédrale d'Amiens avant 1220.

On ne sait rien de certain sur l'origine de l'église d'Amiens, et encore moins sur les premiers édifices consacrés au culte chrétien qui y furent élevés. Sur ces temps primitifs nous n'avons que des traditions plus ou moins vagues, et les documents authentiques et contemporains font absolument défaut. On ne connaît même pas l'époque exacte où le christianisme a été pour la première fois apporté dans la *civitas Ambianorum,* non plus que celle de la fondation du siège épiscopal d'Amiens ni du point de départ de la série régulière de ses évêques (1).

---

(1) Le premier évêque d'Amiens à date certaine paraît être Edibius, qui figura en 511 au concile d'Orléans. Voy. Duchesne. *Mémoire sur l'origine des dio-* *cèses épiscopaux dans l'ancienne Gaule,* dans *Mémoires de la Société des Antiquaires de France,* t. L, 1889, p. 354.

Ce n'est pas que la question n'ait été mainte et mainte fois étudiée (1) et retournée en tous sens; mais tous les savants travaux dont elle a été l'objet, loin de l'élucider, n'ont abouti qu'à la rendre plus obscure, en la compliquant d'une foule de conjectures et de déductions plus ou moins hasardées à travers lesquelles on a toutes les peines du monde à se retrouver. La raison en est que nous n'avons sur ces époques primitives que des traditions et des légendes rapportées dans des écrits dont la rédaction est bien postérieure aux faits dont ils parlent (2), écrits pleins d'anachronismes, d'incohérences et d'événements merveilleux qui les rendent plus que suspects, surtout lorsque l'on sait avec quelle facilité et quelle légèreté étaient fabriqués, au Moyen-Age, les récits de ce genre, qui se copiaient souvent les uns les autres. De pareils documents ne peuvent en aucune manière servir de base à une étude sérieuse. Le terrain se dérobe sous les pas.

Quant à chercher à y démêler le vrai d'avec le faux, à établir des dates, c'est une tâche qu'on ne peut aborder qu'avec la plus grande prudence, après de longues

(1) Voy. notamment : Le Cointe, *Annales ecclesiastici Francorum*, 1670, in-fol., t. IV, pp. 182 et 211. — *Acta Sanctorum*, 11 jan., *de sancto Salvio, confessore, episcopo Ambianensi in Gallia*; 16 maii, *de sancto Honorato, episcopo Ambianensi in Gallia*; 1 sept., *de sancto Firmino, episcopo, confessore, Ambianis in Gallia*; 25 sept., *de sancto Firmino episcopo, martyre, Ambianis in Gallia*; 23 octob., *de sancto Domicio*. — *Mémoire pour servir à l'histoire de Notre-Dame St-Firmin dite de St-Acheul*, écrit en 1712 par un anonyme, et publié dans Beauvillé, *Documents inédits concernant la Picardie*, t. 1, p. 341. — Salmon, *Histoire de saint Firmin, martyr*, in-4°; Corblet, *Hagiographie du diocèse d'Amiens* : SS. Ache et Acheul, t. 1, p. 1; S. Firmin, martyr, t. II, p 31; S. Firmin, confesseur, t. II, p. 189; S. Salve, t. III, p. 143; S⁸ Ulphe et S. Domice, t. III, p. 536. — Roux, *Histoire de l'abbaye de St-Acheul lez Amiens*, dans *Mémoires de la Société des Antiquaires de Picardie*, t. XII, in-4°, 1890. — Voy. aussi toutes les histoires d'Amiens, principalement A. de Calonne, *Histoire de la ville d'Amiens*, ch. V, et les innombrables mémoires manuscrits et imprimés auxquels a donné lieu la prétendue découverte faite, vers la fin du xvii⁸ siècle, du tombeau et du corps de saint Firmin le Confesseur dans l'église de St-Acheul, qui, pendant nombre d'années, a passionné l'opinion publique à Amiens, dont plusieurs érudits d'alors, tels que Thiers et Mabillon, se sont occupés, et qui se termina par un arrêt du Parlement du 4 février 1716; (voy. à ce sujet Bibl. d'Amiens, mss. 521, intitulé *Tombeaux de St-Acheul*, et Archives de la Somme, Chapitre d'Amiens, Armoire I, liasse 50, n° 6).

(2) Voici les principales et les plus anciennes de ces légendes : *Actes de saint Firmin*, publiés d'abord par Bosquet (*Histoire de l'Église gallicane*, 2ᵉ partie, p. 146), puis, suivant une autre version, par les Bollandistes au 25 sept. Cf. Salmon, *Hist. de saint Firmin*, pp. cxiii et 400). Malheureusement, ces *Actes* sont loin d'être contemporains des faits qu'ils rapportent, et le P. Stilting, qui en a fait la publication et les commentaires dans les *Acta Sanctorum*, ne les croit pas antérieurs au vᵉ siècle. Dans l'*Histoire littéraire de la France*, (t. III, p. 410), dom Rivet les reporte à la fin du viᵉ siècle. Enfin, dans ces derniers temps, M. l'abbé Duchesne (*L'origine des diocèses épiscopaux*, dans *Mémoires de la Société des Antiquaires de France*, t. I., 1889, p. 412, note) les donne même comme postérieurs au viiiᵉ siècle et ne paraît y avoir qu'une confiance très limitée. — Quant aux *Actes de saint Firmin le Confesseur*, publiés dans les *Acta Sanctorum* (1 sept.), ils sont remplis d'anachronismes et d'incohérences qui les rendent plus suspects encore : les Bollandistes ne leur assignent pas de date, M. l'abbé Duchesne (*loc. cit.*) ne les croit pas non plus antérieurs au viiiᵉ siècle. Les auteurs de l'*Hist. litt. de la France* (t. XV, p. 623) vont jusqu'au xiiᵉ et même au xiiiᵉ siècle. — La *Vie de saint Sauve*, aussi évêque d'Amiens, publiée par les Bollandistes à la date du 11 janvier, est au moins aussi incohérente que celle de saint Firmin le Confesseur, et les auteurs de l'*Histoire littéraire de la France* t. VIII, p. 449) estiment qu' « elle ne vaut pas la peine qu'elle a donnée au critique d'en discuter le prix. » Les uns la font remonter au viiiᵉ siècle (*Hist. litt. de la Fr.*, t. IV, p. 50), d'autres au ixᵉ (*Acta Sanctor.* sept., t. VIII, p. 36), d'autres au xiᵉ (*Hist. litt. de la Fr.*, t. VIII, p. 449; t. X, p. xxxv), d'autres enfin jusqu'au xiiiᵉ (J.-B. Thiers, *Dissertation sur le lieu où repose le corps de saint Firmin le Confesseur*, chap. XI, 2ᵉ édit., Liège, 1699, in-12.) — Ajoutons à cela un récit fabuleux, sous forme de sermon, de l'invention du corps de saint Firmin le Martyr, qui a été d'abord publié par Le Cointe (*Annales ecclesiastici Francorum*, t. IV, p. 182), puis par Salmon (*Hist. de saint Firmin*, p. 423), et dont une transcription du xiiᵉ siècle se trouve dans le mss. 46 de la Bibliothèque d'Amiens provenant de l'abbaye de Selincourt. Ce récit ne paraît pas remonter à une plus haute antiquité que les précédents. Les auteurs de l'*Hist. litt. de la France* estiment lui faire beaucoup d'honneur en le plaçant quelques années avant le milieu du viiiᵉ siècle (t. IV, p. 72).

et patientes recherches dans un ordre d'idées tout spécial, et avec une autorité et une compétence que nous n'avons pas, et encore pourra-t-on jamais se flatter d'y réussir? Nous éviterons donc d'obscurcir la question sous prétexte de chercher à l'éclairer, nous nous contenterons de dégager de la légende qui, depuis des siècles, constitue la tradition de l'église d'Amiens et qui a si fortement laissé son empreinte dans sa liturgie et ses monuments, ce qui a trait aux premiers édifices consacrés au culte chrétien élevés dans Amiens, sans rechercher le degré de foi que les faits ainsi rapportés peuvent inspirer, sans essayer de préciser d'époque, ni à savoir comment cette légende peut se concilier avec les faits postérieurs connus d'une façon certaine, sans enfin lui attribuer plus d'importance qu'elle n'en mérite. Comme celles de beaucoup d'autres, les origines de l'église d'Amiens se perdent dans la nuit des légendes; restons-y donc et contentons-nous d'entrevoir son berceau dans les vagues lointains et à travers le merveilleux où il se dérobe à nos yeux comme dans un épais nuage d'encens.

Voici donc en quelques mots ce que disent ces légendes :

Du temps où la foi chrétienne commençait à se répandre dans les Gaules, un évêque du nom de Firmin, de famille sénatoriale, partit de Pampelune, sa patrie, et arriva à Amiens après avoir opéré sur son passage de nombreuses conversions. Là, il réussit en peu de jours à amener au Christ un si grand nombre de fidèles, plus de trois mille, dit-on, que les prêtres des idoles le dénoncèrent aux présidents Longulus et Sébastien qui étaient venus de Trèves à Amiens. Ceux-ci firent arrêter Firmin et le firent comparaître à leur tribunal, mais craignant les chrétiens dont le nombre était déjà redoutable, ils lui firent trancher la tête dans sa prison. Un sénateur de la ville, du nom de Faustinien, qui avait accueilli Firmin dans sa maison et reçu de lui le baptême, fit enlever de nuit son corps et l'ensevelit dans son cimetière, nommé Abladane, avec des parfums et des linges précieux, dans un sépulcre neuf, où aucun corps n'avait encore été placé.

Faustinien eut un fils auquel il donna le nom du martyr saint Firmin. Ce nouveau Firmin, après la mort d'Euloge, que les chrétiens d'Amiens avaient donné comme successeur à saint Firmin, devint lui-même évêque de cette ville et fut après sa mort vénéré comme saint, sous le nom de saint Firmin le Confesseur. C'est lui qui fit élever sur le tombeau du saint martyr une église qu'il dédia à la Vierge Marie et où il choisit sa propre sépulture (1).

Cette église servit pendant longtemps d'église épiscopale.

Cependant, de longues années s'étaient écoulées et, dans le cours des âges, on avait perdu de vue le lieu exact où se trouvait le corps de saint Firmin.

Lorsque saint Sauve parvint à l'évêché d'Amiens, il fit construire dans la ville une église qu'il dédia aux apôtres Pierre et Paul (2). Mais sa principale préoccupation fut de retrouver le corps de son glorieux prédécesseur. Il se mit donc en prières et réunit pendant trois jours le peuple dans l'église, l'excitant par sa parole à prier et à jeûner, afin que Dieu, par un miracle, voulût bien désigner le lieu où se

---

(1) « In loco qui ab antiquis dicitur Bladana, ubi corpus beati martyris Firmini a Faustiniano senatore, pariterque ordinario tumulatum fuerat, ecclesiam B. Dei Genitricis semperque Virginis Mariæ construxit. » *Acta S. Firmini Conf.*, dans *Acta Sanctorum*, ad 1 sept.

(2) « Ecclesiam denique quæ necdum in loco erat digno opere construxit et in principis Apostolorum beati Petri honorem, necnon et doctoris gentium sancti Pauli verenter beavit. » *Vita sancti Salvii, ex tribus veteribus mss.*, dans *Acta Sanctorum*, ad 11 jan.

trouvaient les précieuses reliques. A l'aurore du troisième jour, l'évêque ayant levé les yeux vers le ciel, un rayon de soleil qui semblait partir du trône de Dieu vint frapper l'endroit où reposait le corps du martyr; une fosse y fut vite creusée, et les restes vénérés apparurent bientôt, exhalant une suave odeur. Mais voilà que cette odeur sort de l'enceinte du temple et se répand sur toute la contrée, jusque dans les cités voisines de Térouanne, Cambrai, Noyon et Beauvais, dont le clergé et les fidèles accourent aussitôt. Saint Sauve s'empressa de faire transporter les reliques dans la ville. Sur leur passage, bien que l'on fût au milieu de l'hiver, la température s'adoucit subitement, les arbres se couvrent de verdure, les fleurs émaillent la terre. Comme quand Jésus entra dans Jérusalem, les Amiénois étendent leurs vêtements, répandent des feuillages le long des rues. « Et le bienheureux évêque Sauve le plaça (le corps de saint Firmin) dans l'église qu'il avait construite, dans la crypte orientale magnifiquement décorée en l'honneur du martyr, l'y ensevelit avec grand honneur et orna son tombeau d'or et de pierres précieuses. Quant aux saints de Dieu Firmin, évêque et confesseur, Ache et Acheul, martyrs du Christ, il les ensevelit aussi avec respect dans la crypte orientale, et décora décemment leur sépulture » (1). Enfin saint Sauve étant mort, son corps fut inhumé dans l'église de la bienheureuse Vierge Marie; mais la dévotion des fidèles envers lui s'étant accrue, il fut après nombre d'années transféré à Montreuil (2).

C'était, en outre, une opinion très anciennement accréditée dans l'église d'Amiens que saint Sauve avait élevé dans cette ville deux églises, l'une dédiée aux saints apôtres Pierre et Paul, et l'autre à la Vierge Marie. C'est dans la crypte de cette dernière que saint Sauve aurait placé les corps des deux saints Firmin, des saints Ache et Acheul, et qu'il aurait été lui-même inhumé; c'est elle qui aurait été la véritable cathédrale. Quant à l'église Saint-Pierre et Saint-Paul, elle n'aurait été autre chose que l'église, voisine de la cathédrale, qui, par la suite, fut connue sous le vocable de Saint-Firmin le Confesseur (3).

Telle est en quelques mots la tradition.

Plusieurs faits positifs sont à en rapprocher. Le premier est qu'à l'époque gallo-

---

(1) « Quem in ecclesia quam ipse beatissimus præsul Salvius construxerat, in crypta orientali in honore ejusdem martyris miro opere insignita collocavit et digno cum honore tumulavit; insuper sepulcrum ejus auro gemmisque nobilitare decoravit. Sed et sanctos Dei Firminum episcopum et confessorem, Aceum quoque et Accolum, martyres Christi, in crypta orientali venerter condidit et decenter exornavit. »(*Vita Sancti Salvii, ibid.*) — Jusqu'à nos jours, en effet, la cathédrale d'Amiens a conservé les reliques de saint Firmin le Martyr, de saint Firmin le Confesseur et des saints Ache et Acheul.

(2) « Corpus vero ejus in ecclesia Beatæ Virginis Mariæ est conditum, sed, crescente devotione fidelium multorumque jam curriculis annorum labentibus, Monasteriolo vico translatum. » (*Vitæ Sancti Salvii, ibid.*)

(3) On trouve déjà trace de cette opinion, qui veut identifier l'église St-Pierre et St-Paul avec celle de St-Firmin le Confesseur, dans la vie de saint Honoré, évêque d'Amiens, à propos d'un miracle, sur lequel nous aurons lieu de revenir, et où il est dit : « Dum ab ecclesia vicina (ecclesiæ Ambianensi) in honorem sanctorum Apostolorum Petri et Pauli fundata, in sedem propriam quadam die solemni referretur (corpus sancti Honorati) præfatæ ecclesiæ imago Jesum crucifixum exprimens se toto corpore inclinavit in partem qua corpus sanctissimum ferebatur. » (*Vita S. Honorati ex variis mss. et breviario Ambianensi,* dans *Acta Sanctorum,* ad 16 maii). — Voy. aussi une vie de saint Honoré en français du xvi⁰ s., d'après un ms. des archives de Loir-et-Cher, publ. par Dupré dans *Bull. de la Soc. des Antiq. de Picardie,* t. VIII, p. 363. — Or l'église St-Firmin le Confesseur a conservé en effet jusqu'à la Révolution un grand crucifix fort vénéré et qui passait pour être celui qui avait salué les reliques de saint Honoré; il se trouve aujourd'hui dans une des chapelles de la cathédrale (Voy. plus loin, *Chapelle V*). Malheureusement la légende de saint Honoré qu'Henschenius considère comme du xi⁰ ou du xii⁰ s. (*Acta SS., loc. cit.*), et qui ne comprend guère que le récit de faits miraculeux, est aussi plus que suspecte, et peut fort bien

romaine et franque, un vaste lieu de sépulture existait au sud-est d'Amiens, entre les deux routes actuelles de Noyon et de Paris par Sains, sur l'emplacement où s'éleva plus tard l'abbaye de Saint-Acheul, c'est-à-dire à l'endroit même où la légende place le premier tombeau de saint Firmin et la première église épiscopale d'Amiens. Des découvertes nombreuses et réitérées, depuis le xviie siècle jusqu'à nos jours, de sépultures et d'inscriptions funéraires tant païennes que chrétiennes dans ces parages ne peuvent laisser aucun doute à cet égard. Le fait est parfaitement connu, il est inutile d'insister (1).

D'un autre côté, il est certain qu'en 1085 (2) il existait en ce même endroit et de temps immémorial une église vulgairement appelée « a sanctis martiribus Acio et Aceolo » (3), qui passait alors pour être celle qui avait été primitivement construite par saint Firmin le Confesseur en l'honneur de la Vierge Marie, et qui

précisément avoir été composée sous l'influence de cette idée, qui avait déjà cours, à savoir que l'église de St-Firmin le Confesseur n'était autre que celle de St-Pierre et St-Paul dont la fondation était attribuée à saint Sauve. Le bréviaire d'Amiens publié par l'évêque Geoffroy de la Marthonie (Paris, 1607, a vol. in-8°. Pars æstiv., p. 649], dit en propres termes de saint Sauve que « duas Ambianis basilicas extruxit, alteram nomine Petri et Pauli apostolorum, quæ nunc Sancti Firmini Confessoris dicitur, alteram in honorem Dei Genitricis Mariæ, in quam et beatissimi Firmini corpus suo tempore inventum transtulit. » Les bréviaires plus anciens, y compris celui publié par le doyen Adrien de Hénencourt (Paris, 1528, in-fol.), sont bien moins affirmatifs et disent seulement : « Vir inclytus Salvius, divina inspiratione tactus, monasterium quod ipse in honore Dei Genitricis Petrique, principis Apostolorum, construxerat, quod non solum rebus, sed honoribus secularibus nobilitaverat, hylari animo pro eterne remunerationis mercede expetiit. » Il est certain que les origines de cette église de St-Firmin le Confesseur sont extrêmement obscures ; cependant, si loin qu'on puisse remonter dans les chartes, on l'y voit toujours figurer sous ce dernier vocable, et jamais sous celui de St-Pierre et St-Paul. La plus ancien titre connu qui en fasse mention est la charte de l'évêque Roricon de 1080 à 1088, précédemment citée, concernant la donation faite à cette église de deux fours, d'une partie du moulin Taillefer, etc., à la charge de fournir un past le jour de la fête de saint Firmin le Confesseur « Beate Marie canonicis et Sancti Firmini Confessoris, et custodi altaris ejus. » (Cartul. du chapit. d'Amiens, dans *Mém. de la Soc. des Ant. de Pic*. in-4°, t. XIV, p. 13). En 1150, une charte de l'évêque Thierry l'appelle « ecclesia beati Firmini episcopi et confessoris. » (Cartul. de St-Acheul, au British Museum, *Jure empt. Addit.*, mss. n° 15604. Plut. CLXXXVI, B, et Arch. de la Somme, copie du xviie s., n° 22). Depuis lors, on la voit fréquemment et clairement désignée ainsi dans les chartes. Cette église de St-Firmin le Confesseur était à la fois collégiale et paroissiale, et avait d'ailleurs une affinité très grande avec la cathédrale. Cf. DARSY, *Bénéfices de l'Église d'Amiens*, t. I, dans *Mém. de la Soc. des Ant. de Pic*., in-4°, t. VII,

p. 65. Tout cela prouve combien il est impossible de raisonner sur toutes les légendes reproduites ci-dessus.

(1) Voy. notamment LAMORLIÈRE, *Antiquités et choses plus remarq. de la ville d'Amiens*, in-fol. p. 36. — DAIRE, *Histoire ecclés. et civ. de la ville d'Amiens*, t. II, p. 264. — *Acheolus subterraneus, seu monumentorum et inscriptionum in abbatia Sancti Acheoli detectorum explanatio* : Bibl. d'Amiens, ms. 521 (xvii-xviiie s.). — DUSEVEL, dans *Mém. de la Soc. des Ant. de France*, t. VIII, 1846, p. xxiv. — COCHET, dans *Mém. de la Soc. d'émulat. d'Abbeville*, t. IX, 1857-1860, p. 619. Du même : *Une visite aux sablières de St-Acheul*, dans *Bulletin Monumental*, t. XXVII, 1861, p. 65. — CORBLET, dans *Bull. de la Soc. des Antiq. de Pic*. t. VI, p. 378. Du même, dans *Revue de l'Art Chrétien*, t. I, p. 462. — J. GARNIER, *Notice sur une découverte d'objets romains faite à St-Acheul lès Amiens en 1861*, dans *Mém. de la Soc. des Ant. de Pic.*, in-8°, t. XIX, p. 89. — LE BLANT, *Inscriptions chrétiennes de la Gaule*. — ROUX, *Histoire de l'Abbaye de St-Acheul*, p. 440. — A. DE CALONNE, *Histoire de la ville d'Amiens*, t. I, p. 79., etc., etc. — Nous passons sous silence la découverte faite au milieu du xixe siècle d'instruments de silex préhistoriques, et qui eut alors grande notoriété. — L'abbaye de St-Acheul, jadis au milieu de la campagne, à environ 1500 m. de la porte de Noyon sur la route d'Amiens à Compiègne, se trouve aujourd'hui en plein faubourg de Noyon, par suite de l'extension considérable que celui-ci a prise dans ces dernières années. Ses bâtiments, qui datent tous du xviiie siècle, sont actuellement occupés par les Jésuites à l'exception de l'église qui sert de paroisse à une partie du faubourg de Noyon et au hameau de la Neuville.

(2) Un mémoire pour l'abbaye de St-Acheul, dans l'affaire des tombeaux découverts à la fin du xviie siècle, accuse le chapitre de la cathédrale d'avoir soigneusement fait disparaître tous les titres antérieurs à cette époque. Il faut sans doute, dans cette imputation, tenir compte de l'animosité qui existait alors entre les deux compagnies. (Arch. de la Somme, St-Acheul, arm. IV, case 7, n° 1, 3e, pièce impr., page 8).

(3) C'est la première fois que nous voyons apparaître

appartenait aux chanoines de Notre-Dame et de Saint-Firmin — c'est ainsi que dès cette époque on désignait la cathédrale d'Amiens. Tels sont les renseignements que nous fournit l'acte de fondation par l'évêque Roricon, en cette église, d'un monastère de chanoines réguliers de saint Augustin, qui deviendra plus tard l'abbaye de Saint-Acheul (1).

On vénérait déjà alors et on vénère encore dans cette église le tombeau vide de saint Firmin le martyr.

Depuis cette époque, nous la voyons la plupart du temps désignée dans les actes sous le nom de « ecclesia Sancti Acheoli, Sancti Acheoli juxta Ambianum, Saint-Acheul ». Saint Ache est presque toujours passé sous silence. Ce n'est que très rarement que le vocable de la Vierge Marie est désigné (2).

Quant à l'appellation toute moderne de *Notre-Dame des Martyrs* que certains auteurs semblent avoir adoptée pour désigner cette église, elle ne paraît pas antérieure au xve siècle, époque où on commence à la voir figurer dans certains actes affichant quelque prétention à l'érudition (3).

---

dans un acte authentique le nom de St-Acheul que cette église a conservé jusqu'à nos jours. La charte de Roricon semble faire supposer qu'elle l'avait déjà depuis longtemps; on ignore absolument depuis quand et même pourquoi. On ne sait pas un mot de l'histoire des saints Ache et Acheul, qui n'ont même pas de légende; pour leur en faire une, on a confondu saint Acheul avec saint Andéol, martyr en Vivarais. Cf. Corblet. *Hagiographie du diocèse d'Amiens*, t. I, p. 1 et Roux *Histoire de l'abb. de St-Acheul*, p. 451. — Sur les églises cimitériales, cf. Duchesne, *Les origines du culte chrétien*, p. 387.

(1) « Ecclesiam quandam quam beatus Firminus confessor, dum primitus hanc urbem a cultu demoniace servitutis erueret, et per salutis lavachrum idem ipse paranimphus cœlestis Virginem castam maculam non habentem aut rugam, uni viro Christo copularet, in honorem sancte et perpetue Virginis Marie fundavit, postea vero a sanctis martiribus Acio et Accolo, antiquitatis nostre tempore sibi nomen aptavit, divine propitiationis manu celitus attacti, totiusque senatus nostri assensu, officii nostri auctoritate, ab omni reditu episcopi ministrorumque ejus liberam esse decernimus ; et in ea clericos qui canonice et regulariter deserviant deputamus..... Et quia ecclesia hec canonicorum Beate Marie et almi martiris Firmini prius fuerat, ditioni eorum..... subdatur », etc. Cartul. de St-Acheul, n°s 14 et 15. Cette charte est publ. notamment dans d'Achery, *Spicilegium*, t I, p. 626, et dans Roux, *Hist. de l'Abb. de St-Acheul*, p. 485. — Il y a une autre version de cette charte où on lit ces mots, qui ne sont pas dans la première : « Et quia, ut prefati sumus, ecclesia hec Genitrici Dei dicata fuerat, et hujus cathedro pontificum pulvis sacer diu in ea latuerat, canonicorum Beate Marie et almi martiris Firmini, quorum prius fuerat dicioni tantum committatur », etc. (Roux. *loc. cit.*, pp. 430 et 487).

(2) Nous l'avons vu rappelé dans la charte de Roricon de 1085. Voici celles où nous avons pu encore la relever : 1093 : « Ecclesie cuidam quam beatus Firminus confessor in honorem beate et perpetue Virginis Marie fundavit, postea a sanctis martiribus Acio et Aceolo a posteris nomen accepit. » Variante de la charte de Gervin pour la prébende de N.-D. à St-Acheul, Cartul. de St-Acheul, n° 16 (publ. dans Roux, *Hist. de St-Acheul*, p. 489). Remarquons que l'autre version de la charte porte seulement ces mots : « Canonicis monasterii sanctorum martirum Acii et Acheoli. » *Ibid.*, p. 488. — 1097 : « Ecclesia que in honorem beate Marie et beati martiris Firmini, ac beatorum martirum Acii et Acheoli habetur. » (Charte de Manassé, archev. de Reims. Cartul. de St-Acheul, n° 13, Roux, *loc. cit.*, p. 490). — 1109 : « Ecclesie beate Marie et beatorum martirum Firmini, Acii et Aceoli. » (Charte de saint Geoffroy, évêque d'Amiens. Cartul. de St-Acheul, n° 19. Roux, *loc. cit.*, p. 493). — 1120 : « Ecclesia beate Virginis Marie, sanctorumque martirum Acii et Acheoli sanctique Firmini. » (Charte de saint Geoffroy, évêque d'Amiens. Cartul. de St-Acheul, n° 18). — 1143 : « Ecclesia beate Dei Genitricis et sancti Firmini martiris, et sanctorum martirum Acii et Acheoli. » (Charte de Garin, évêque d'Amiens. *Ibid.*, n° 20). — 1145 : « Ecclesia beate Dei Genitricis, sancti Firmini martiris et sanctorum martirum Acii et Acheoli. » (Charte de Samson, archev. de Reims. *Ibid.*, n° 14. Roux, *loc. cit.*, p. 493). — 1154 : « Æcclesiæ beatæ Mariæ et sanctorum Firmini, Acii et Aceoli martirum. » (Charte de Thierry, évêque d'Amiens. Arch. de la Somme, St-Acheul, Rec. d'actes originaux, n° 2). — Au xiiie siècle, le vocable de Sainte-Marie se retrouve encore, mais de plus en plus rarement. La dernière mention que j'en aie rencontrée est de 1261 : « Ecclesia beate Marie de Sancto Acheolo juxta Ambianum. » (Arch. de la Somme, St-Acheul, Rec. de chartes originales, n° 18).

(3) Le plus ancien document que nous connaissons portant cette mention est une lettre de Louis XI du

Dans le courant du xviie siècle, on découvrit à Saint-Acheul une inscription que du Cange publia le premier, la donnant comme « nuper detecta in ecclesia monasterii Sanctorum Achii et Acheoli, ordinis canonicorum regularium sancti Augustini ad Ambianum » (1), et qui, après être restée quelque temps dans cette abbaye, où elle était encore à la fin du xviie siècle, du temps de Pagès, « contre la muraille de l'église de Saint-Acheul du côté, à gauche de la chapelle Sainte-Marguerite » (2), passa par la suite dans le cabinet de Ste-Geneviève, à Paris, et de là à la Bibliothèque Nationale, où elle existe encore dans l'escalier du cabinet des Médailles.

La présence de cette inscription, et aussi celle de cette chapelle de Sainte-Marguerite, où elle était encastrée, édicule qui existait encore contre l'église de Saint-Acheul, du temps du P. Daire, au xviiie siècle, et qui passait alors pour fort ancien, ont fait supposer à quelques auteurs que l'église élevée par saint Firmin le Confesseur aurait été à côté des ruines d'un temple païen, mais cela ne suffit pas pour justifier cette conjecture (3).

L'opinion la plus accréditée place saint Sauve au commencement du viie siècle (4). On voyait jadis dans le pavé de l'église Saint-Firmin le Confesseur une inscription funéraire chrétienne, qui, malheureusement, a disparu depuis la Révolution, mais dont le texte a été reproduit par le P. Daire (5). Une autre, assez semblable à la première, fut découverte en 1850, dans la cour de l'évêché d'Amiens : elle est aujourd'hui au musée d'Amiens, et M. Le Blant l'a datée du viie siècle (6). Enfin il y a fort peu de temps, en 1894, en creusant un aqueduc dans la rue Cormont près de la porte Saint-Christophe de la cathédrale, on en a exhumé une troisième, en six morceaux, et présentant les plus grandes analogies avec les deux premières (7). Il y a plus : en 1864, en travaillant au nouveau parvis de la cathédrale, on a mis au jour, un peu au-dessous du sol actuel de la place, des sépultures qui paraissaient remonter à la même époque. De tous ces indices il semble que l'on puisse sans trop de présomption soupçonner la présence en cet endroit d'un cimetière de l'époque mérovingienne et, partant, d'une église.

---

mois de mai 1473 : « Église et convent Nostre-Dame des Martyrs que on dist de St-Acheul lez Amiens. » (Arch. Nat. Reg. du trésor des Chartes, JJ 197, n° 378). — L'acte de confraternité entre l'abbaye de St-Acheul et celle de Cercamps, du 19 mars 1486, porte une mention analogue : « Monasterium beate Marie ad Martires, sanctorumque Martirum Firmini, Achi et Acheoli juxta Ambianum. » (Arch. de la Somme, St-Acheul, Arm. I, case 2, n° 27). — Cf. Roux, Histoire de l'abb. de St-Acheul, p. 454.

(1) Du Cange. De imperatorum constantinopolitanorum, seu de inferioris ævi vel imperii, uti vocant, numismatibus dissertatio, n° LXII. Édit. Didot, t. VII, p. 176. Voy. aussi une dissertation manuscrite du même, et une autre par Lecouvreur de Boulinviler, dans le mss 6780 de la Biblioth. de l'Arsenal, fol. 1, 15 et 47. — Cf. Orelli, Inscriptionum latinarum selectarum amplissima collectio, n° 2062. — Chabouillet, Revue Archéol., t. XVII, 1868, p. 243. — Mowat, Ibid., t. XLII, 1881, p. 147. — Roux, Hist. de l'abb. de St-Acheul, p. 438, etc.

(2) Mss. de Pagès, édit. Douchet, t. I, p. 28.

(3) « La petite église à côté du chœur, que quelques-uns prétendent avoir été un temple de payens, et laquelle sert de paroisse pour le village de Neuville, pourroit bien être plus ancienne et avoir servi de baptistaire lorsque la cathédrale y subsistoit. » Daire. Hist. de la ville d'Amiens, II, 256. — L'abbé Corblet admet cette supposition, (Hagiogr. du dioc. d'Amiens, t. I, p. 5). — Cf. Roux, Hist. de l'abb. de St-Acheul, pp. 6 et 206.

(4) Voy. notamment : Acta Sanctorum, sept., t. VII, p. 50. — Le P. Le Cointe, cependant, le place au contraire à la fin du même siècle. (Annales ecclesiastici Francorum, t. IV, p. 143). — Cf. Gall. Christ. t. X, col. 1154.

(5) Hist. de la ville d'Amiens, t. II, p. 194, pl. V. — Voy. aussi Le Blant, Inscriptions chrétiennes de la Gaule, n° 324.

(6) Inscr. Chrét., n° 322.

(7) G. Durand, Inscription chrétienne trouvée à Amiens, dans Bull. de la Soc. des Ant. de Pic., t. XIX, 1895, p. 27.

8   HISTOIRE.

Que savons-nous des édifices qui ont précédé la cathédrale actuelle? Les documents qui en font mention sont malheureusement d'une rareté désespérante et ne nous apprennent à peu près rien. Pas une pierre n'en est parvenue jusqu'à nous.

La plus ancienne pièce connue qui y fasse allusion est la donation faite à l'église d'Amiens de la terre de Fontaine-Bonneleau et de ses dépendances par Angilguinus et Rumildis, sa femme, datée du 3 des kalendes d'avril, 10ᵉ année du règne de Charles le Chauve, Helmeradus étant évêque d'Amiens, c'est-à-dire vers l'an 850, par conséquent un peu plus de deux siècles après l'époque où l'on place le plus généralement la vie de saint Sauve (1). Dans cette charte, la cathédrale d'Amiens est désignée quatre fois ; la première, par ces mots : « Donamus ad sacras sanctas *(sic)* basilicas Sancte Marie et Sancti Firmini, in Ambianensi civitate, ubi ipse preciosus martyr in corpore requiescit ». La seconde : « Ad prefata loca Sanctorum Dei et Sancte Marie, necnon sancti Firmini, martiris Christi, seu etiam ad opus fratrum ibidem Christo militantium ». Plus loin : « Tam ipsas res quas nos ad prefata Sanctorum loca condonavimus ». Enfin : « Et insuper inferat partibus ecclesia Sancte Marie et Sancti Firmini, una cum socio fisco distinguente, auri libras C argento pondera mille coactus exsolvat ».

Remarquons que, dans les trois premières phrases, les mots *basilicas* et *loca* sont au pluriel, tandis qu'*ecclesia* de la dernière est au singulier, et que la donation est faite collectivement aux deux basiliques, ou plutôt « ad opus fratrum ibidem Christo militantium ». Faut-il en induire que nous sommes ici en présence d'une église double, c'est-à-dire composée de deux basiliques distinctes, comme cela paraît avoir été le cas pour certaines autres églises (2) ?

Ne peut-on pas voir aussi le souvenir de l'existence de deux basiliques dans cette rubrique d'un pontifical d'Amiens du xiᵉ siècle : « Quando ordinantur diaconi. Isti promovendi sunt ad ordinem diaconatus. Ad titulum Sanctæ Mariæ, ille. Testes ejus, ille et ille. Ad titulum Sancti Firmini, ille. Testes ejus, ille et ille », etc. (3) ?

L'acte d'Angilguinus est malheureusement la seule pièce antérieure au xiᵉ siècle où la cathédrale d'Amiens soit mentionnée. Pour en entendre de nouveau parler, il nous faut redescendre jusqu'à une donation faite en 1034 au chapitre de la cathédrale d'Amiens par Thibaut et Étienne, fils d'Eudes, comte de Blois, de Tours, de Chartres, de Troyes et de Meaux, et Ermengarde leur mère, des domaines de Croissy, Gouy et Rivière. Nous y trouvons encore les deux mêmes vocables, mais réunis (4). Et les titres qui suivent ne lui en donnent point d'autres. En 1069,

---

(1) Cartul. du chapit. d'Amiens, dans *Mém. de la Soc. des Ant. de Pic.*, in-4°, t. XIV, p. 1. — Voy. aussi D'Achery, *Spicilegium*, t. III, p. 342.

(2) Cf. Lyon, qui se composait primitivement de trois églises contiguës : St-Étienne, Ste-Croix et St-Jean ; de même Sens : St-Étienne, la Vierge et St-Jean ; Paris, qui en comprenait deux : Notre-Dame et St-Étienne ; Besançon également : St-Jean et St-Étienne (Voy. Jules Gautier, *les deux cathédrales de Besançon*, dans *Bull. archéol. du Comité des travaux hist. et scient.*, année 1897, p. 128), etc. — Il est vrai que, pour la cathédrale de Paris, cette opinion, soutenue par Quicherat, a été combattue par M. Mortet, *(Étude historique et archéologique sur la cathédrale et le palais épiscopal de Paris du vıᵉ au xııᵉ s.*, p. 7), mais d'une façon, à mon avis, trop absolue. Quoi qu'il en soit, dans ces églises multiples, il y en avait généralement une qui prédominait sur les autres : ainsi à Lyon, c'était St-Jean (Bégule et Guigue, *Monographie de la cathédrale de Lyon*, p. 2) et à Paris, Notre-Dame. (Voy. le Cartul. de N.-D. de Paris publ. par Benj. Guérard, *passim*), et il a dû sans doute en être de même à Amiens.

(3) Pontifical d'Amiens du xıᵉ siècle, publié par MM. de Beauvillé et Josse, pp. 111 et 35.

(4) « Fratribus Ambianensis ecclesie Sancte Marie semper Virginis et sancti martyris Firmini » (Cartul. du chapit. d'Amiens, dans *Mém. de la Soc. des Ant. de*

Raoul, comte d'Amiens, abandonne « ecclesie Sancte Dei Genitricis Marie et beatissimi martiris Firmini, fratribusque ibi constitutis » tous les droits qu'il avait sur les terres appartenant à ladite église dans la dépendance du château de Conty. La charte est déposée « super altare beate Marie » et est datée « in basilica beate Marie semper Virginis », tout court. Y avait-il encore alors deux basiliques (1)? Un autre titre de la même époque, et dont la date peut se placer entre 1069 et 1074, fait savoir que Drieu de Boves a donné l'avouerie et le comté de Cottenchy « ecclesie Dei Genitricis ac perpetue Virginis Marie, Sanctique Firmini, martyris, atque canonicis in ea servientibus », et que sa femme et ses fils en ont déposé « traditionis donum altari beate Marie » (2). Vers 1080-1088, l'évêque Roricon et les dignitaires « primores...... capituli sancte matris ecclesie Ambianensis » font savoir que Landry, chanoine, a donné à Rainfroi deux fours, une partie du moulin Taillefer, à Amiens, etc., à la charge de fournir tous les ans « beate Marie canonicis et Sancti Firmini confessoris et custodi altaris ejus » un past « in refectorio perpetue Virginis Marie et almi martyris Firmini » (3). Une charte des comtes Gui et Yves, qui peut se placer entre 1091 et 1094, est donnée « ecclesie Dei Genitricis perpetueque Virginis Marie, sanctique martyris Firmini,..... donumque super altare Virginis matris posuimus..... Carta hec fuit recitata, nullo contradicente, in sancta matre nostra Ambianensi » (4). Nous trouvons encore les deux vocables réunis dans une charte de 1182 : « ecclesia beate Marie et beati Firmini martiris » (5). Quelquefois, le vocable de Saint-Firmin est employé seul, comme dans la charte de Saint-Martin aux Jumeaux de 1073 : « exceptis his terris quas prius decimabant fratres almi martyris Firmini » (6). Le moine Nicolas de Soissons, qui a écrit une vie de saint Geoffroy, évêque d'Amiens de 1104 à 1115, ne désigne pas la cathédrale d'Amiens autrement que par ces mots : « ecclesia » ou « basilica Sancti Firmini » (7). Mais celui de Sainte-Marie seul était beaucoup plus fréquent, et, pendant le XIIe siècle, paraît l'emporter (8). Cependant, à partir de la fin du XIe s., et sans doute antérieurement, l'usage tend à prévaloir, comme d'ailleurs pour les autres églises épiscopales, de ne plus donner de vocable, mais de désigner la cathédrale par des

Pic., in-4°, t. XIV, p. 5. Cette pièce est datée d'Épernay, 1034, 10e année de la mort du roi Robert. « H. rege glorioso regnante, anno a decessu patris sui R. regis jam X°, ab incarnatione Salvatoris M° XXXIIII°. » Il doit y avoir une erreur, car Robert n'était mort qu'en 1031. Il est probable qu'il faut lire 1042. (Cf. d'Arbois de Jubainville, Histoire des comtes de Champagne, t. I, pp. 354-355, et 481-482, et Lex, Eudes, comte de Blois, de Tours, etc., p. 55). D'ailleurs, en 1034, le comte Eudes, père de Thibaut et d'Étienne, vivait encore.
(1) Cartul. du chapit. d'Amiens, dans Mém. de la Soc. des Ant. de Pic., in-4°, t. XIV, p. 9.
(2) Charte de Guy de Ponthieu, évêque d'Amiens. Ibid., p. 10.
(3) Ibid., p. 13.
(4) Ibid., p. 14. — Daire, Hist. de la ville d'Amiens, t. II, p. 367.
(5) Cartul. de St-Acheul, n° 58.
(6) Cartul. du chapit. d'Amiens, dans Mém. de la Soc. des Ant. de Pic., in-4°, t. XIV, p. 12.

(7) Nic. mon. Session., Vita S. Godefridi, ep. Ambian., dans Surius, De probatis Sanctorum historiis, 1581, t. VI, p. 190.
(8) 1121 : « Fratres Ambianensis ecclesie gloriose Dei Genitricis et perpetue Virginis Marie..... Actum est hoc in ecclesia Ambianensi perpetue Virginis Marie. » Cartul. du chapit. d'Amiens, dans Mém. de la Soc. des Ant. de Pic., in-4°, t. XIV, p. 18. — 1144 : « Canonicorum beate Marie Ambianensis ecclesie. » Arch. de la Somme, Cartul. de St-Martin aux Jumeaux, fol. 14 v°. — 1146 : « Inter canonicos beate Marie Ambianensis et Robertum de Bova. » Cartul. du chapit. d'Amiens, dans Mém. de la Soc. des Ant. de Pic., in-4°, t. XIV, p. 31. — 1148 : « Prebendam unam in ecclesia beate Marie. » Ibid., p. 37. — 1154 : « In villis Sancte Marie Ambianensis. » Ibid., p. 55. — 1174. « In facie Ecclesie, super altare beate Marie donum hoc posuerunt. » Ibid., p. 72, etc.

expressions telles que *mater ecclesia, major ecclesia, ecclesia principalis,* ou même absolument, *ecclesia Ambianensis* (1), en français, *la grande église.*

On ne sait pas au juste ce qu'il est advenu de cette église lors des invasions des Normands qui dévastèrent et brûlèrent si souvent la ville d'Amiens, notamment en 859 (2), en 881 (3), en 883 (4), en 925 et 926 (5), mais elle a dû plus ou moins en souffrir. Un diplôme d'Henri I, de 1057, pour la franchise des cloîtres du chapitre, nous apprend d'ailleurs qu'elle aurait alors été entièrement détruite et ruinée (6).

Le 18 des kalendes de mai, soit le 14 avril 1019, l'église cathédrale d'Amiens fut détruite par un incendie (7). Quand et comment fut-elle rebâtie? C'est ce qu'on ignore. Toujours est-il que, à en croire la Vie de saint Geoffroy, évêque d'Amiens, qui vivait cent ans plus tard, de 1104 à 1115, par Nicolas, moine de Soissons, les prédications entraînantes de cet illustre évêque auraient attiré des dons considérables, sinon pour rebâtir entièrement, du moins pour agrandir et embellir l'église où reposait le corps de saint Firmin (8).

Ce nouvel édifice ne subsista pas longtemps : le jour de l'Invention saint Étienne (3 août) 1137, un violent incendie dévora la plus grande partie de la ville

---

(1) 1080-1086 : « Capituli sancte matris ecclesie Ambianensis. » Cartul. du chapit. d'Amiens, dans *Mém. de la Soc. des Ant. de Pic.*, in-4°, t. XIV, p. 13. — 1090-1094 : « In sancta matre nostra Ambianensi. » *Ibid.*, p. 14. — 1125 : « Ecclesia principalis. » Arch. de la Somme (Évêché d'Amiens), G 99. — Avant 1127 : « Tota congregatio Ambianensis ecclesie. » Cartul. du chapit. d'Amiens, dans *Mém. de la Soc. des Ant. de Pic.*, in-4°, t. XIV, p. 19. — 1135 : « Decano majoris ecclesie..... decani et canonicorum matris ecclesie..... in ecclesia majore Ambianensi. » Arch. de la Somme, Cartul. de St-Martin aux Jumeaux, fol. 10. — 1175 : « Actum est hoc anno..... in ecclesia Ambianensi, in sinodo. » Cartul. de St-Acheul, n° 30. — 1222 : « Nostre matris ecclesie. » Cartul. du chapit. d'Amiens, dans *Mém. de la Soc. des Ant. de Pic.*, in-4°, XIV, 224. — 1231. « Nostre matri ecclesie Ambianensi. » *Ibid.*, p. 258. — 1366 : « Nostra matrici ecclesia Ambianensi. » Arch. de la Somme, Chapit. d'Amiens, Arm. 1, l. 2, n° 14, etc., etc.

(2) *Chron. de gestis Nortmannorum in Francia*, dans Dom Bouquet, *Recueil des historiens de France*, t. VII, p. 153. — *Annales Bertiniani. Ibid.*, VII, 75 et 153.

(3) *Annales Bertiniani. Ibid.*, t. VIII, p. 35. — *Annales Vedastini. Ibid.*, t. VIII, p. 81. — *Chron. de gestis Nortm. in Francia. Ibid.*, t. VIII, p. 94. — *Brev. Chron. Tornac. Ibid.*, t. VIII, p. 285. — *Sigeb. Gemblac. Chron. Ibid.*, t. VIII, p. 308. — *Historia regum franc. Ibid.*, t. IX, p. 42. — *Chron. Turon. Ibid.*, t. IX, p. 46. — *Chron. Sithiense, S. Bertini. Ibid.*, t. IX, p. 70.

(4) *Annales Vedastini. Ibid.*, t. VIII, p. 83. — *Chron. de gestis Nortm. Ibid.*, t. VIII, p. 95.

(5) *Chron. Frodoardi. Ibid.*, t. VIII, p. 183.

(6) « Maximeque ecclesiam que est Ambianis, jam olim Normannis insistentibus, et usque ad solum eam perdentibus, non solum privilegia, sed et terras et cetera que illius fuerant amisisse. » Cartul. du chapit. d'Amiens, dans *Mém. de la Soc. des Ant. de Pic.*, in-4°, t. XIV, p. 7. — Cf. Aug. Thierry : *Monum. inéd. de l'hist. du tiers état*, t. I, p. 16.

(7) « Hac quoque kalendarum die Sanctæ Mariæ ecclesiæ Ambianensis templum detestabile mirabiliter consumpsit incendium, dominicæ incarnationis anno millesimo xviiii° tertia feria hebdomadæ tertiæ dominicæ resurrectionis. Vetus martyrol. mss. Amb., ad xviii kal. maii. » Bibl. d'Amiens, mss. 516 fol. 31. Cet ancien martyrologe n'existe sans doute plus. — Cf. Bibl. d'Amiens, mss. 510, fol. 3. — De Court, *Mém. chronol. qui peuvent servir à l'hist. eccl. et civ. de la ville d'Amiens*, Bibl. nat. mss. Picardie, n°s 1 et 2, l. II, ch. 31.

(8) « Cum autem quodam die beatus Godefridus, pro more, ad populum concionaretur, oculos interius vertens ad beati hujus martyris (Firmini) sacras reliquias — hactenus enim humili continebatur loculo — ita exclamavit : Cernite, filioli.... et vos igitur angustiam loculi qui B. Firmini episcopi, martyris atque patroni nostri ossa retinet contemplantes, ut possit congruum ei præparari receptaculum, aurum promptis animis conferte. His beati viri sermonibus, omnes egregie incensi, aurum, argentum, armillas, annulos afferunt, plurique vasta terrarum et marium spatia emetiuntur ut quæ ornare martyris basilicam possint comparent. Postquam loculus accurate confectus fuit, ad eum diem quo erant transferendæ reliquiæ, tantus eo advenit hominum cœtus, ut tota Europa conflexisse videri posset, tum episcopus Godefridus, cum aliis sacerdotibus, accessit ad locum ubi cœlestis ille servabatur thesaurus, sacrasque reliquias cum multo tremore, omnibus visendos exposuit. » Nic. mon. Suession. lib. II, cap. 26, dans Surius, *De probatis sanctorum historiis*, t. VI, p. 211.

et de ses églises. Le bréviaire manuscrit du XIIIe siècle qui rapporte ce fait, raconte en outre que, pour parvenir à la restauration de l'église, le clergé et le peuple avaient résolu de porter en procession les reliques de saint Firmin « infra ambitum sue potestatis », ce que nous pouvons traduire par ces mots : « dans tout le diocèse », pour recueillir des aumônes. Mais au moment de se séparer des restes de leur glorieux patron, la douleur des habitants d'Amiens fut immense : un événement miraculeux assez fréquent d'ailleurs dans les légendes et partant d'une authenticité plus que douteuse, vint alors mettre fin à leurs regrets. Arrivée à la porte que l'auteur de la légende appelle « Ultra pontem », la châsse fut frappée d'une immobilité telle qu'il devint impossible de la porter plus loin. Elle fut alors avec joie replacée dans l'église, où les dons ne tardèrent pas à affluer. Remarquons que le passage précité du bréviaire dit que la châsse fut prise dans l'église et qu'elle y fut reportée après le miracle. Il faut donc supposer qu'il s'agit soit d'une église provisoire, soit d'une autre qui aurait été épargnée par le feu, dans laquelle les reliques auraient été déposées, ou plutôt que le monument n'aurait pas été entièrement détruit, mais le texte ne nous éclaire pas suffisamment sur ce sujet (1).

Le bréviaire imprimé de 1528 et tous les autres après lui donnent à cet événement la date de 1107, probablement par suite d'une erreur de copiste, ce qui a induit la plupart des auteurs qui en ont parlé dans les plus étranges confusions. On l'a confondu notamment avec un autre incendie qui aurait détruit la plus grande partie de la ville sous l'épiscopat de saint Geoffroy (2), mais dans lequel le moine Nicolas de Soissons dit positivement que l'église de Saint-Firmin le martyr et le palais épiscopal ont été épargnés, sans faire aucune allusion aux faits miraculeux ci-dessus et qu'il n'aurait pas manqué de rapporter si, de son temps, ils avaient été attribués à saint Geoffroy (3). Malheureusement les documents dans lesquels ces faits sont relatés sont fort peu explicites et ne doivent inspirer qu'une confiance

(1) « Igitur anno ab incarnatione Domini M^oC^o tricesimo septimo, die videlicet quo beati Stephani prothomartiris celebratur inventio, adversarius noster diabolus a Domino temptationis potestatem accepit, et ex parte a[d] malicie sue vota pervenit. Quedam enim de exterioribus nostris igne consumpsit, sed interiora nostra, divina prohibente gratia, non attigit..... Ejus quippe instinctu, tota pene civitas, divino ex parte auxilio, peccatis nostris exigentibus, quasi Sodomitanis ignibus hinc inde cremata fuit. Proh dolor! ecclesie nostre, occulto Dei judicio, grave et intolerabile incendium perpesse sunt : factus est clamor magnus et dolor inestimabilis in civitate..... In hac itaque dyabolica tempestate, clerus et populus vehementer afflicti, dampno temporalium graviter lesi, sapienti sunt usi consilio, videlicet ut beati Firmini corpus infra ambitum sue potestatis, ad restaurationem ecclesie sue honorifice portaretur. Igitur, statuto die, omnes pariter ad ecclesiam conveniunt, et quod sperabant proprio privati patrono, vehementer et ultra quam credi potest doluerunt..... Nam predictus martyr, cum ad portam que vulgo dicitur Ultra pontem, turbis comitantibus, pervenisset, adeo stetit immobilis, ut nulla humana virtute efferri potuisset.... Quo comperto, omnes qui aderant gavisi sunt gaudio magno valde,..... ad ecclesiam retulerunt..... ibi videlicet in foro vel in ecclesia precioso martiri preciosa munera offerunt, aurea monilia, vasa argentea, lapides preciosi, nummorum etiam et anulorum copia magna datur, et ea quibus festivis diebus utebantur vestimenta. » *Brev. Amb. vetus*, XIIIe s. Bibl. d'Amiens, mss. 112, fol. 290.

(2) La « Rhétorique » sur l'incendie du clocher en 1528 fait aussi cette confusion. Il est probable que son auteur se sera servi du bréviaire imprimé de 1528. Voy. plus loin.

(3) « Pridie ejus diei quo beati apostoli Bartholomæi solennes ferias celebraturi erant, nubes densissima totam obsedit urbem, lucem omnem in noctis tenebras commutans, moxque inde erumpens ignis, immensos frugum acervos passim in agris corripuit..... flanteque vento vehementissimo in oppidum evasit, et lapideas haud secus atque ligneas depascens ædes..... Omnia igitur terribili ignis incendio depopulante, nihil relictum est, præter ædem Beati Firmini martyris et domum Godefridi episcopi, et pauperum quorumdam casas. » NIC. MON. SUESS., dans SURIUS : *De probatis Sanctorum historiis*, t. VI, p. 222. Salmon (*Hist. de saint Firmin*, pp. CXXII et 179, notes) a le premier débrouillé cette

très limitée, de sorte qu'il n'est pas facile d'en tirer quelque chose de certain.

C'est probablement pour payer les travaux nécessités par l'incendie de 1137, et notamment la réfection de la couverture, que la trésorerie de la cathédrale fut, en 1148, réunie à l'évêché, « pro restauratione sarcotecti ejusdem ecclesie » (1). L'obituaire du chapitre de la cathédrale porte au 16 des kalendes d'octobre l'obit du roi Louis VII. Ce prince aurait-il contribué à la construction de cet édifice par quelque libéralité (2)?

L'église ainsi reconstruite fut consacrée solennellement en 1152 par Samson, archevêque de Reims, cérémonie à laquelle tous les évêques voisins avaient été convoqués (3).

On ne sait d'ailleurs presque rien de cette église qui précéda immédiatement la cathédrale actuelle, et il n'est pas probable que les gigantesques fondations de celle-ci, que nous décrirons plus loin, en aient pu laisser trace, encore bien moins des édifices antérieurs. On ne sait même pas exactement où elle était placée respectivement à celle-ci. Nous apprenons par les chartes qu'il y avait, dans cette ancienne cathédrale, de même que dans les précédentes, un autel de la Vierge (4), un autre de Saint-Pierre, un autre de Saint-Paul (5), un autre enfin des apôtres Saint-Jean et Saint-Jacques le Majeur (6). Il y en avait peut-être encore d'autres, mais nous n'en avons pas trouvé trace.

Il n'est guère possible, en l'état de nos connaissances actuelles, de préciser l'emplacement de la cathédrale d'Amiens à l'égard de la ville romaine. De cette dernière on connaît trop peu de chose pour pouvoir se rendre compte de sa configuration, et, chose étonnante, on ne lui a jamais trouvé trace de remparts. Tout ce qu'on peut dire c'est que les quelques rares débris romains que l'on a

confusion. — Cf. Dom COQUELIN, *Historia regalis abbatiae Corbeiensis*, publ. par GARNIER dans *Mém. de la Soc. des Ant. de Pic.*, in-8°, t. VIII (1845), pp. 417 et 418.

(1) L'original de cette charte n'existe plus. Il y en a une copie extraite du cartulaire et des archives de l'évêché d'Amiens dans la collection dom Grenier (Bibl. Nat. mss. Picardie, n° 97, p. 28.) — Cette union fut confirmée par une bulle d'Adrien IV. Arch. de la ville d'Amiens, AA1 (Cartul. A), fol. 152 v°, publ. par DAIRE, *Hist. de la ville d'Amiens*, t. II, p. 371.

(2) *Nécrologe de l'église d'Amiens*, publ. par ROZE, dans *Mém. de la Soc. des Ant. de Pic.*, in-8°, t. XXVIII, p. 403.

(3) « Theodoricus, Ambianensis episcopus, suam cathedralem ecclesiam in honore beatæ Mariæ et beati Firmini martyris consecrari facit a Samsone, Remensi archiepiscopo, vicinis præsulibus convocatis. » NICOL. AMBIAN., *Auctarium ad chron. Sigeberti Gemblac.*, dans MIGNE, *Patrol. lat.*, t. CLX, p. 410. — Le mss. 510 de la Bibl. d'Amiens, fol. 9 v°, et la *Gallia Christiana*, t. X, col. 1176, placent cet événement en 1159, et la plupart des auteurs ont suivi cette date. Le continuateur de Sigebert de Gembloux, qui était d'Amiens et écrivait vers 1203, donne formellement la date de 1152.

(4) 1145 : « Sanctæ matri Ambianensi ecclesie penitus habenda concessit, multisque presentibus clericis et laicis, super altare beate Marie donum posuit. » Cartul. du chapit. d'Amiens, dans *Mém. de la Soc. des Ant. de Pic.*, in-4°, t. XIV, p. 26. — 1146 : « Hanc ipsam terram, sub testimonio multorum, super altare beate Marie guerpierunt. » *Ibid.*, p. 31.

(5) 1135 : « In oratorio beati Petri apostoli, quod est in ecclesia majore Ambianensi. » Arch. de la Somme, Cartul. de St-Martin aux Jumeaux, n° XVI, fol. 11. — Bulle d'Urbain II, du 7 des ides de juin 1185, qui accorde à l'évêque d'Amiens la collation de deux chapelles à l'autel St-Pierre et de deux autres à l'autel St-Paul. Arch. de la Somme, Évêché d'Amiens, Invent., fol. 108 n° 2, (pièce disparue). — 1210 : « In ecclesia nostra super altare beati Pauli apostoli. » Cartul. du chapit. d'Amiens, dans *Mém. de la Soc. des Ant. de Pic.*, in-4°, t. XIV, p. 177. — Déjà au XI° siècle l'église Sainte-Marie possédait un autel dédié à saint Pierre. C'est ce qui résulte d'une charte de Guy, évêque d'Amiens, pour l'abbaye de Corbie, datée de 1066 : « Actum Ambianis, infra ecclesiam Beatæ Mariæ semper Virginis, ante altare Sancti Petri, apostolorum principis, anno ab incarnatione Domini MLXVI, indictione IV. » *Gall. Christ.*, t. X, *instr.*, col. 289. — GOUSSET, *Actes de la province de Reims*, t. II, p. 79.

(6) 1197 : « In predicta ecclesia duos capellanos instituit (Johannes de Pinchoniaco, quondam Amb. eccl. prepos.), qui altari beatorum apostolorum Johannis et Jacobi fratris ejus in perpetuum deservirent et horis

découverts permettent de supposer que cette ville, ou tout au moins les constructions qui en dépendaient, devait s'étendre assez loin au sud de la Somme. Une circonstance d'ailleurs vient empêcher de pouvoir se baser sur la ville actuelle ou même sur celle du moyen âge, pour reconstituer la ville romaine, du moins pour le quartier dans lequel s'élève la cathédrale, c'est que, depuis la rivière du Hocquet, jusqu'aux grands boulevards, tout le terrain se trouve remblayé sur une hauteur de huit à douze mètres. Quand et comment ce remblai s'est-il produit? A-t-il été fait d'une manière brusque, a-t-il été l'œuvre lente des années, peut-être des siècles? C'est ce que nous ne saurions dire. Toujours est-il qu'il est postérieur à l'époque romaine, puisque tous les débris d'édifices romains que l'on y a découverts se sont trouvés sur le bon sol, c'est-à-dire à une dizaine de mètres au-dessous du sol actuel, et que, d'un autre côté, il est antérieur à tout ce que nous savons des édifices du moyen âge. Il faut donc en induire qu'à une certaine époque toute cette partie de la ville romaine a dû disparaître sous un épais amas de décombres, sur lequel beaucoup plus tard la ville du moyen âge a dû se bâtir de toutes pièces et à sa guise.

Il est vraisemblable qu'au commencement du xiie siècle, le rempart de la ville d'Amiens vers le sud, comme le pense avec apparence de raison M. le baron de Calonne, devait passer le long des rues Cormont, Henri IV, etc. (1), en retournant vers l'Avre, derrière le chevet de la cathédrale d'alors, laissant en dehors l'emplacement du chevet de la cathédrale actuelle.

M. de Calonne (2) se demande en outre si cette enceinte du xiie siècle ne se confondait pas avec l'enceinte gallo-romaine, admettant qu'il y en ait eu une, comme lui-même n'ose l'affirmer. Dans ce cas, la cathédrale d'Amiens, comme plusieurs autres (3), se trouverait avoir été bâtie tout proche du rempart romain, tout à fait dans l'angle sud-est de la ville et les terrains d'église en dépendant auraient été à cheval sur celui-ci (4).

Ajoutons, pour être complet, que, de temps immémorial, tout le terrain situé au nord de l'ancienne cathédrale depuis celle-ci jusqu'à la rivière du Hocquet, était occupé par l'Hôtel-Dieu. Les origines de cet Hôtel-Dieu, sont inconnues. Il était dédié à Saint-Jean-Baptiste, sans doute parce que c'était l'ancien baptistère de la cathédrale qui lui servait d'église. Nous verrons plus loin comment il fut changé de place lors de la construction de la cathédrale actuelle.

Quelques années avant de disparaître, la cathédrale du xiie siècle fut le théâtre d'un événement important que nous ne pouvons passer sous silence. C'est dans son

canonicis assidue interessent. » Cartul. du chapit. d'Amiens, dans *Mém. de la Soc. des Ant. de Pic.*, in-4°, t. XIV, p. 125.

(1) Remarquons que toutes les églises situées en dehors de cette primitive enceinte : St-Michel, St-Remy, St-Jacques, St-Maurice, St-Sulpice et la chapelle St-Laurent, étaient à la collation du chapitre. (Arch. de la Somme, Chapit. d'Amiens, Cartul. 1, fol. 113j. — Cf. A. DE CALONNE, *Hist. de la ville d'Amiens*, t. I, p. 40.

(2) *Hist. de la ville d'Amiens*, t. I, p. 41.

(3) Bazas, Beauvais, Bourges, Évreux, Le Mans, Meaux, Paris, Rodez, Tours, Senlis, etc. — Cf. un diplôme de Louis le Pieux, qui, pour la reconstruction de la cathédrale de Reims, donne entre autres choses « murum omnem cum portis ipsius civitatis », et ajoute que « vias etiam publicas omnes quæ circa eandem ecclesiam vacunt et impedimento esse possunt ad claustra et servorum Dei habitacula construenda, ut transferri atque immutari possint concedimus. » MARLOT, *Hist. de Reims*, 1843, t. II, p. 805. — *Gall. Christ.*, t. IX, instr. col. 4. — Remarquons que Ste-Sophie de Constantinople était également placée contre le rempart. Cf. *Revue de l'Art Chrétien*, 1891, p. 371.

(4) A. DE CALONNE, *Hist. de la ville d'Amiens*, t. I, pp. 37, 94, 188 et pl. V.

enceinte, en effet (1), que, le 14 août 1193, veille de l'Assomption, Philippe-Auguste, après le décès d'Isabelle de Hainaut, épousa en secondes noces Ingeburge, sœur de Canut, roi de Danemark, et la fit couronner solennellement le lendemain par son oncle Guillaume aux Blanches Mains, archevêque de Reims et cardinal, en présence de Pierre, évêque de Roskild, et de la députation qui avait amené la princesse, d'Étienne de Nemours, évêque de Noyon, qui était allé négocier le mariage auprès du roi de Danemark, de l'évêque d'Amiens, Thibaut d'Heilly, de Pierre, évêque d'Arras, de Jean d'Antoing, évêque de Cambrai, de Lambert, évêque de Térouanne, d'Étienne d'Orléans, évêque de Tournai, des autres suffragants de Reims, et d'un grand nombre de barons et de grands seigneurs. C'est au cours même de la cérémonie du couronnement que le Roi commença à être pris de sentiments d'aversion pour la nouvelle reine ou à regretter son mariage. On sait le reste (2).

Voilà à peu près tout ce que nous connaissons des édifices religieux qui ont précédé la cathédrale d'Amiens actuelle.

(1) C'est Ingeburge elle-même qui nous l'apprend dans la lettre écrite par elle au chapitre de la cathédrale d'Amiens à qui elle faisait don d'une chasuble, « ut ecclesiam vestram, cui ex eo speciali debito et devotione sumus obnoxie, quod in ea, licet flebili auspicio, plenitudinem tamen honoris nostri et dignitatis suscepimus »; ce que le doyen du chapitre confirme d'ailleurs dans sa réponse : « Cum igitur honor sit vester munere vestre largitatis honorare nostram ecclesiam in qua sane benedictionis unctionem et regni coronam suscepistis a Domino. » Cartul. du chapit. d'Amiens, dans *Mém. de la Soc. des Ant. de Pic.*, in-4°, t. XIV, pp. 137 et 138.

(2) Sur le mariage de Philippe-Auguste avec Ingeburge, voy. HERCULE GÉRAUD: *Ingeburge de Danemark, reine de France*, dans *Bibl. de l'École des Chartes*, t. I, 2ᵉ série, 1844. — DAVIDSOHN : *Philipp II August und Ingeborg*, 1888.

Fig. 2. — Escalier de la tour Sud.

Fig. 3. Porte de la Vierge dorée... Supports de statues — Côté gauche.

II

Construction de la Cathédrale actuelle.
1220-1288

C'est par une charte de l'évêque Geoffroy d'Eu du lundi de Pâques (31 mars) 1236 (1) que nous savons quelques détails sur les faits qui ont motivé la construction du splendide édifice qui fait encore aujourd'hui notre admiration et notre étonnement, et ceux qui en ont accompagné les premiers travaux. C'est elle qui nous apprend tout d'abord qu'un incendie détruisit l'ancienne cathédrale (2). Bien que nous ne connaissions aucun texte précis qui fixe d'une façon certaine la date de cet incendie, on s'accorde généralement à la placer en l'année 1218. Les événements qui suivent rendent d'ailleurs cette date assez vraisemblable (3). A cette époque, presque toutes les cités épiscopales voisines : Paris, Arras, Noyon, Laon, Senlis, etc., s'enorgueillissaient de leurs vastes et somptueuses cathédrales récemment recons-

---

(1) Cartul de St-Firmin le Confesseur. Bibl. d'Amiens mss. 520, fol. 30 v°, publ. dans *Gall. Christ.*, t. X, *instr.* col. 343. — Voy. aussi la charte de l'évêque Arnould, d'août 1238, pour la translation de l'Hôtel-Dieu. Bibl. d'Amiens, mss. 516, fol. 95. — Les mêmes renseignements sont reproduits dans une autre pièce du mois de juin 1241 relative aussi à St-Firmin le Confesseur. Arch. de la Somme, Chapit. d'Amiens, Cartul. II, fol. 286, etc.

(2) « Peccatis nostris exigentibus, permiserit Dominus nostram ecclesiam concremari, ad nostrum profectum hoc evenisse credamus. » Charte de l'évêque Geoffroy, de 1236, *loc. cit.* — Quant à savoir si cet incendie a été causé par le feu du ciel, comme plusieurs auteurs l'ont prétendu (Mss. de Machart, t. VIII, Bibl. d'Amiens, mss. 836, fol. 356. — Rivoire, *Descr. de l'église cath. d'Amiens*, p. 17. — Gilbert, *Descr. histor. de l'église cath. d'Amiens*, p. 61, etc.), il n'y a aucun document qui le dise.

(3) Mss. de Pagès, édit. Douchet, t. V, p. 58. — Daire, *Hist. d'Amiens*, t. II, p. 92. — Mss. de Machart, t. VIII, Bibl. d'Amiens, mss. 836, p. 356. — D'après

truites et pour la plupart à peine terminées. L'occasion s'offrait à la riche et florissante ville d'Amiens de les surpasser toutes.

Aussi bien les circonstances se prêtaient-elles merveilleusement à une telle entreprise.

Un prélat de haute naissance et de grande valeur occupait alors le siège épiscopal d'Amiens. Evrard de Fouilloy, évêque depuis 1211, était proche parent de Guillaume de Joinville, archevêque de Reims, et de Simon, sénéchal de Champagne. Il avait pris part en 1215 au quatrième concile de Latran et jouissait, paraît-il, de la considération des papes Innocent III et Honorius III (1). Mais le chapitre avait pour doyen un personnage bien plus illustre encore : Jean de Boubers, appelé aussi Jean d'Abbeville ou Jean Alegrin, de la famille des comtes de Ponthieu, et un des hommes les plus considérables de son temps. Théologien érudit et prédicateur distingué, auteur de sermons, de commentaires sur le Cantique des cantiques et d'exposition sur les épîtres et évangiles des dimanches de l'année, il avait longtemps professé en l'université de Paris, dont il était docteur, lorsqu'en 1218 il fut nommé doyen du chapitre d'Amiens. Il n'abandonnera cette dignité en 1226 que pour devenir coup sur coup archevêque de Besançon, patriarche de Constantinople, et enfin cardinal évêque de Sabine, avec toute la confiance de Grégoire IX, qui, après l'avoir élevé au cardinalat dès les premiers jours de son pontificat, l'emploiera aux plus délicates missions. C'est lui qu'il enverra notamment en Espagne prêcher la croisade contre les Sarrasins, et plus tard en Allemagne, pour négocier sa réconciliation avec Frédéric II (2). Aucun document ne nous renseigne directement sur la part prise par Jean d'Abbeville à la construction de notre cathédrale, mais sa qualité de doyen, la supériorité de son esprit, sa situation, ses relations, et surtout l'intérêt tout particulier qu'il n'a jamais cessé de lui marquer, alors même qu'il se trouva en possession des plus grands honneurs, intérêt dont de nombreuses libéralités et fondations sont le témoignage évident (3), doivent nous faire supposer que cette

---

l'inscription du labyrinthe, dont nous reparlerons plus loin, la cathédrale fut commencée en 1220. L'incendie a donc dû avoir lieu un peu avant cette date.

(1) LAMORLIÈRE, Antiquités, etc., in-fol., p. 196. — DE COURT, Mém. chronol., etc. l. II, ch. 40. — Gall. Christ., t. X, col. 1181. — DAIRE, Hist. de la ville d'Amiens, t. II, p. 38. — SOYEZ, Notices sur les évêques d'Amiens, p. 67.

(2) FRIZON, Gallia purpurata, p. 211. — DUCHESNE, Les preuves de l'histoire de tous les cardinaux françois, p. 171. — SOYEZ, Notices sur les évêques d'Amiens, p. 79. — LAMORLIÈRE, Antiquités, etc., in-fol., p. 204. - Bibl. d'Amiens, mss. 516, fol. 147. — AUBERY, Hist. génér. des cardinaux, t. I, p. 257. — PETIT-RADEL, dans Hist. litt. de la France, t. XVIII, pp. 162 à 177. — MIGNE, Patr. lat., t. CCVI, p. 13, etc.

(3) Vers 1233, il fonda dans la cathédrale d'Amiens une chapelle de la Conversion de saint Paul. (Cartul. du chapit. d'Amiens, dans Mém. de la Soc. des Ant. de Pic., in-4°, t. XIV, p. 279). — Son obit est, sous ce rapport, bien significatif : « Obitus felicis memorie Johannis de Abbatisvilla, quondam decani nostri, postea archiepiscopi Bisuntini et vocati postmodum per dominum Honorium, tunc summum pontificem, ad patriarchatum Constantinopolitanum, sed pro sue probitatis et sciencie reverentia, a domino Gregorio nono detenti apud sedem apostolicam, in qua factus est episcopus Sabinensis. Pro cujus memoria, quoniam ecclesiam nostram multipliciter honoravit in sanctorum reliquiis et ornamentis ecclesiasticis multis, et in sui regimine decanatus, in ejus anniversario in vesperis dividentur XL sol. in matutinis, XX, et in missa XL sol. Ordinavit autem venerabilis pater dominus Ambianensis episcopus, ut in isto anniversario pulsetur sollempniter et accendantur tres magni cerei in candelabris magnis, et duo cerei alii super altare, et duo cerei sancti Johannis. Duo autem capellani Th. episcopi integram percipient portionem. Acquisivit etiam idem dominus Sabinensis cereum unum in majori missa perpetuis temporibus accendendum, de censibus quos emit apud Revellam, quos census decanus Ambianensis, qui est pro tempore, recipit, et idem tenetur dictum cereum, quotiens opus est, innovare. » Nécrol. de l'église d'Amiens,

part dut être très grande. Nous croyons donc que son nom mérite d'être attaché à la construction de la cathédrale d'Amiens, presque au même titre que celui de l'évêque Évrard lui-même (1).

D'un autre côté, il est certain que, depuis longtemps, la ville d'Amiens était devenue par son commerce une des cités les plus florissantes de France. Cette situation n'avait fait que s'accroître depuis l'affranchissement de la commune en 1117, à mesure que les temps devenaient plus paisibles, la civilisation plus avancée. Par ses manufactures de draps, ses teintureries, ses entrepôts de toutes sortes de marchandises et surtout par son trafic de guèdes (2), elle entretenait des relations commerciales très suivies, non seulement avec toute la région environnante, mais même avec l'étranger et notamment avec l'Angleterre et pouvait presque rivaliser avec les villes flamandes. Un certain nombre d'opulentes familles les du Gard, les Le Monnier, les Le Roux, les Le Sec, les de Sorchy, les de Cocquerel, les de Croy, les du Caurel, les de Saint-Fuscien, les Rabuissons, etc., constituaient une sorte d'aristocratie bourgeoise qui tenait la tête de la cité et en occupait les premières charges municipales (3).

Telles étaient cette richesse et cette prospérité que les grands seigneurs recherchaient l'amitié des Amiénois : plus que tout autre, Philippe-Auguste, qui venait de réunir le comté d'Amiens à la couronne (4), avait tout intérêt à s'en attacher les habitants par des services réciproques. Il n'y manqua pas, et il y réussit.

Nous n'avons pas la preuve directe que ce prince ou ses successeurs aient contribué par des dons ou autrement à la construction de la cathédrale d'Amiens. Cependant un passage de la charte de l'évêque Arnould de la Pierre du mois d'août 1238 pour la translation de l'Hôtel-Dieu pourrait faire supposer que l'intervention royale n'y a pas été étrangère (5). Lorsque en 1471 la ville d'Amiens se rendit à Louis XI, celui-ci, en mémoire de cet événement, fonda des messes à la cathédrale, or le titre de cette fondation rappelle que la cathédrale d'Amiens est « de fondation royale » (6). Remarquons de plus que l'obituaire de la cathédrale d'Amiens porte les obits de Philippe-Auguste (7), de Guillaume II, comte de Ponthieu, son beau-

---

dans *Mém. de la Soc. des Ant. de Pic.*, in-8°, t. XXVIII, p. 405. — Parmi les reliques dont il fit présent à la cathédrale, il faut mentionner un doigt de saint Thomas, apôtre, qu'il donna en 1237, peu de temps avant sa mort.

(1) Un personnage qu'il convient de ne pas passer sous silence ici, parceque, bien que nous n'en ayons pas la preuve directe, il n'est pas impossible qu'il ait eu quelque influence sur la construction de la cathédrale d'Amiens, et principalement sur son iconographie, est Richard de Fournival, frère utérin de l'évêque Arnould de la Pierre, chanoine et chancelier du chapitre vers 1240, et un des auteurs et poètes les plus connus du XIII° siècle. Un de ses plus célèbres ouvrages est le *Bestiaire d'Amour*, publié par Hippeau. — Il est aussi le traducteur d'un roman dit *Roman d'Abladane* et dont l'action se passe à Amiens. — Sur Richard de Fournival, voy. Bibl. d'Amiens, mss. 516, fol. 147 bis. — PAULIN PARIS, dans *Hist. litt. de la France*, t. XXIII, p. 711. — DAIRE, *Hist. litt. de la ville d'Amiens*, p. 32.

(2) Guède ou pastel (en dialecte picard, waide),

isatis tinctoria, plante tinctoriale très usitée au Moyen-Age.

(3) Sur l'industrie d'Amiens et ses relations commerciales au XIII° siècle et sur la prospérité de cette ville à cette époque, voy. AUG. THIERRY, *Recueil des mon. inéd. de l'hist. du tiers état*, t. I, *passim*. — A. JANVIER, *Les Clabault*, p. 3. — A. DE CALONNE, *Hist. de la ville d'Amiens*, t. I, p. 199.

(4) En août 1185.

(5) « A nostris prædecessoribus felicis recordationis Evrardo et Gaufrido, Ambianensibus episcopis, et civium Ambianensium consensu, et etiam eundem consensum domino rege favorabiliter prosequente, pridem fuerit ordinatum de translatione domus vestre. » Bibl. d'Amiens, mss. 516, fol. 95.

(6) Lettres patentes de Louis XI de février 1470, v. s. Arch. de la Somme, Chapit. d'Amiens, Arm. I, liasse 44 n° 13, et Chapelains de la cath. d'Amiens, Arm. I, liasse 6, n° 4.

(7) Cet obit est très enthousiaste et montre bien le

3

frère, de Louis VIII, de Blanche de Castille, de Marguerite de Provence, femme de saint Louis, de Pierre, comte d'Alençon, leur fils, et de Barthélemy de Roye, chambrier de France. Malheureusement, l'obituaire, presque toujours trop laconique, ne donne pas toujours les raisons de ces obits ; il se contente de dire à propos de ce dernier personnage : « nostram multis et caris ecclesiam decoravit » (1). N'oublions pas enfin que Philippe-Auguste vint souvent à Amiens, qu'il y épousa Ingeburge, que c'est dans cette ville, dans la cathédrale peut-être que saint Louis accomplit un acte important de son règne (2), et qu'enfin, comme nous le verrons, très peu de temps après la canonisation du saint roi, qui eut lieu en 1297, une des nouvelles chapelles de la nef fut élevée en son honneur (3).

Il y avait de plus autour d'Amiens et dans la ville même un certain nombre de puissantes et opulentes familles nobles telles que celles des sires de Picquigny, vidames d'Amiens, celles de Boves, de Moreuil, d'Amiens, de Rivery, d'Heilly, de Poix, de Saveuse, de Riencourt, qui n'ont certainement pas été sans apporter de riches offrandes à l'œuvre de la cathédrale.

Ajoutons à ces considérations le souffle religieux qui animait tout à cette époque et qui le plus souvent se traduisait par d'abondantes libéralités aux églises. Le cartulaire du chapitre de la cathédrale témoigne d'un très grand nombre de donations faites à cette église dans tout le cours du XIIIe siècle (4) : nombreuses sont les acquisitions de terres, dîmes et autres biens, faites alors par le chapitre, malgré les dépenses considérables auxquelles la construction d'un monument tel que la cathédrale devaient forcément l'entraîner, si bien qu'il ne peut s'empêcher

prestige qu'a exercé Philippe-Auguste sur ses contemporains : « Obitus illustris Francorum regis Philippi fortunatissimi, qui, velut alter Samuel a Deo postulatus et datus, regni sui fines tam potenter quam mirifice dilatavit et ecclesiam Dei temporibus suis feliciter exaltavit. » *Nécrol. de l'église d'Amiens*, dans *Mém. de la Soc. des Ant. de Pic.*, in-8°, t. XXVIII, p. 377. — Comme nous l'avons vu, c'est dans la cathédrale d'Amiens que Philippe-Auguste avait épousé Ingeburge.

(1) *Nécrol. de l'église d'Amiens, loc. cit.*, p. 292.

(2) Voy. plus loin.

(3) Il n'est pas question de saint Louis dans l'obituaire parce que le plus ancien exemplaire que nous en possédons est postérieur à sa canonisation : mais à la fin d'un pontifical du XIIIe siècle provenant de l'Hôtel-Dieu d'Amiens (Bibl. d'Amiens, mss. 196), se trouve la liste des personnes pour lesquelles la communauté dudit Hôtel-Dieu devait prier : on y trouve : « Si prions pour les bienfaiteurs de l'église de chaiens et de Nostre-Dame damiens..... Si prions pour tout avant, pour lame du roi Felipe; pour lame monsegneur Loys, son fil; pour lame le royne Blanche; pour lame le roy Loys qui trespassa en Tunes ». Si saint Louis a fait des libéralités à l'Hôtel-Dieu d'Amiens, il en a fait aussi très probablement à la cathédrale. — Remarquons qu'Élisabeth de la Pierre, mère de l'évêque Arnould, avait épousé en secondes noces Roger de Fournival, médecin de Philippe-Auguste, de Louis VIII et de Louis IX,

et qu'elle en avait eu pour fils Richard de Fournival, chanoine et chancelier d'Amiens, dont nous avons parlé plus haut. Voy. Roze, *Nécrol. de l'église d'Amiens*, dans *Mém. de la Soc. des Antiq. de Pic.*, in-8° t. XXVIII, pp. 297, 330, 377, 385. — Paulin Paris, dans *Hist. litt. de la France*, t. XXIII, p. 709.

(4) C'est le préchantre Eudes, qui vivait en 1220, et qui de son vivant fit de nombreuses donations au chapitre (*Nécrol. de l'église d'Amiens*, dans *Mém. de la Soc. des Ant. de Pic.*, in-8°, t. XXVIII, pp. 419 et 423). Faut-il en conclure, comme le croit l'abbé Roze, que ces donations furent faites en faveur de la construction de la cathédrale ? C'est peut-être beaucoup présumer. — C'est Regnaut d'Amiens, seigneur de Vignacourt qui, en 1221, donne 50 s. de cens à l'occasion du décès de son épouse, (Cartul. du chapit. d'Amiens, dans *Mém. de la Soc. des Ant. de Pic.*, in-4°, t. XIV, p. 219). — C'est Marie, dame de la Ferté qui, en avril 1222, v. s., fait à l'église d'Amiens une aumône de 30 s. de rente. (*Ibid.*, p. 227). — C'est l'évêque Évrard de Fouilloy lui-même qui fait de nombreuses donations au chapitre (confirmat. desdites donat., du mercredi après la S. Luc (19 octobre) 1222. *Ibid.*, p. 225). — C'est Robert de Boves, qui, en 1239, exempte l'évêque et le chapitre du travers de Boves (Arch. de la Somme, Chapit. d'Amiens, Arm. III, l. 39, n° 2). — C'est Bernard de Moreuil qui, en mars 1259, v. s., exempte les blés du chapitre du travers de Moreuil (*Ibid.*, arm. V, l. 13, n° 1), etc.

de le déclarer expressément dans un acte capitulaire par lequel il décide que ses distributions seront augmentées (1)..

Sur l'initiative de l'évêque Evrard, et du consentement du clergé et du peuple de la ville, il fut donc décidé de reconstruire la cathédrale dans des proportions et avec un luxe jusqu'alors inouïs. (2).

Mais pour la reconstruire dans de plus vastes proportions, l'emplacement de l'ancienne cathédrale ne suffisait pas. Enserrée qu'elle devait être vers le sud par les cloîtres et les habitations des chanoines, vers le nord, par les bâtiments de l'Hôtel-Dieu et par l'église de Saint-Firmin le Confesseur, et vers l'est par le rempart de la ville, il fallut lui trouver une place parmi ces diverses constructions. Le terrain manquait à la fois dans la largeur et surtout dans la longueur. Il ne fallait pas songer à s'étendre vers l'ouest, là en effet finissait la terre d'Église, à quelques mètres de la façade occidentale. On préféra donc prendre le terrain supplémentaire vers le sud et l'est, et sacrifier pour cela l'église Saint-Firmin le Confesseur, dont la situation était d'ailleurs, paraît-il, peu commode, et difficilement accessible aux paroissiens (3). La démolition de cette église fut donc décidée et en même temps sa reconstruction, sur l'emplacement de l'Hôtel-Dieu, jugé mal situé lui-même et qui du même coup fut transféré à Grand-Pont sur un terrain acheté par Jean de Croy, citoyen d'Amiens (4).

A en croire Lamorlière, qui se faisait sans doute l'écho d'une tradition parvenue jusqu'à lui, ou qui avait vu des documents que nous ne connaissons

---

(1) Février 1233, v. s. : « Cum Dominus, de largitate paterna nobis annonam temporalem multiplicare de die in diem, licet immeritis, non obsistat, dignum est ad augmentum servicii sui de beneficiis que nobis largitus est largius insistamus. » Cartul. du chapit. d'Amiens, dans *Mém. de la Soc. des Ant. de Pic.*, in-4°, t. XIV, p. 293.

(2) « Per clare memorie episcopum Everardum fuerat ordinatum accedente consensu Ambianensis cleri et populi, tanquam eis fuisset a Domino inspiratum, quatinus fundamenta ecclesie ampliaret et mundaret, sancta ut custos vasorum ». Charte du 31 mars 1236, au cartul. de St-Firmin le Conf., *loc. cit.* — A rapprocher l'obit de l'évêque Evrard de Fouilloy : « Obitus reverendi patris Ebrardi, episcopi hujus ecclesie, qui, propter decorem domus Domini quem dilexit, hujus basilice fundamenta mirabili structura, ut apparet, locavit. » *Nécrol. de l'église d'Amiens*, dans *Mém. de la Soc. des Ant. de Pic.*, in-8°, t. XXVIII, p. 427. — Cf. ce passage de l'épitaphe du prélat : « Qui fundamenta locavit hujus structure. »

Sur la manière dont étaient construites les grandes cathédrales au XIII° s., voy. les faits groupés par M. Anthyme St-Paul (*Viollet le Duc, ses travaux d'arts et son système archéol.* pp. 321 et suiv.], et notamment le curieux texte concernant la reconstruction de la cathédrale d'Auxerre en 1215 : « Eodem tempore, circa novas ecclesiarum structuras passim fervebat devotio populorum. Videns itaque episcopus ecclesiam suam Autissiodorensem structuræ antiquæ, minusque compo-sitæ, squalore ac senio laborare, aliis circumquaque capita sua extollentibus mira specie venustatis, eam disposuit nova structura et studioso peritorum in arte cæmentaria artificio decorare, ne cæteris specie studiove pœnitus impar esset », etc.

(3) On ne connaît pas exactement l'emplacement de l'ancienne église St-Firmin le Confesseur; cependant, d'après une tradition rapportée par Pagès, elle aurait été située à la place du croisillon nord du transept de la cathédrale actuelle. « Auparavant que notre incomparable cathédrale ait été construite au lieu où elle est aujourd'hui, l'église collégiale St-Firmin le Confesseur et paroissiale s'élevait vers un des bouts de la croisée de la cathédrale du côté du septentrion, dans l'endroit occupé présentement par le terrain de la nouvelle chapelle St-Jean-Baptiste jusques celui des fonts baptismaux. » Mss. de Pagès, édit. Douchet, t. I, p. 39. — Cf. *Ibid.*, t. V. p. 70.

(4) « Ad quam ampliationem et mundationem faciendam, de communi consilio oportebat ecclesiam beati Firmini Confessoris matris sue cedere fundamentis, et quia illa ecclesia parrochianis suis erat invia et occulta, et hospitalaria domus periculos sedebat ad totius urbis, sicut visum est, detrimentum, predicte ordinationi fuit adjectum quod ecclesia beati Firmini ad domum hospitalariam, et hospitalaria apud Magnum Pontem, ad locum quem emit de Johannes de Croi, quondam civis Ambianorum laudabilis, transferentur. » Charte de Geoffroy d'Eu, du lundi de Pâques 1236, au cartul. de St-Firmin le Conf., *loc. cit.*

pas, le rempart de la ville vers l'est aurait été reporté au delà de l'église Saint-Michel, pour mettre à couvert la nouvelle cathédrale (1).

Dès 1193 l'enceinte de la ville qui, au commencement du siècle, nous l'avons vu, passait encore en deçà de l'église Saint-Remy, avait déjà été reculée vers le sud jusque sur l'emplacement de la rue actuelle des Trois Cailloux, emplacement qu'elle occupa jusque vers la fin du xve siècle. Mais elle n'avait pas encore été agrandie vers l'est, et il semble qu'on n'ait pas eu dès lors l'intention de le faire puisqu'on s'était contenté de prolonger de ce côté l'ancien rempart en droite ligne jusqu'au nouveau. Un acte de 1193 nous apprend en effet que les chanoines de Saint-Nicolas, qui rebâtissaient alors leur église dans de plus vastes proportions, durent pour cela s'étendre « ultra murum civitatis » (2).

Il y a quelques années, il existait encore un peu au nord de l'emplacement de cette église Saint-Nicolas et dans le pâté de maisons entre les rues Saint-Denis (3), du Cloître Saint-Nicolas (4), les restes d'une grosse tour circulaire accompagnée d'un fragment de courtine allant dans la direction du sud au nord, et dont M. Pinsard, architecte, a relevé les plans et tracé un croquis.

C'est évidemment à cette partie de l'enceinte de la ville qu'appartenait la porte dite de l'Arquet ou du Cloître parce qu'elle donnait accès directement dans le cloître (5), et auprès de laquelle se trouvait une tourelle dite tour de Jérusalem qui appartenait à la ville et subsista au moins jusqu'en 1676 (6). On n'en connaît pas l'emplacement exact, mais on sait qu'elle se trouvait sur la rue du Cloître Notre-Dame (7), à peu de distance vers l'est du portail de la Vierge dorée.

Enfin, à en croire le P. Daire, l'évêque François Lefebvre de Caumartin, (1618-1652) aurait fait enfermer dans la basse-cour de l'évêché le reste d'une ancienne porte de la ville. Cette porte que l'on ne connaît pas d'ailleurs aurait sans doute aussi fait partie du rempart dont nous parlons (8).

Un plan dressé par M. Pinsard pour l'*Histoire de la ville d'Amiens* de M. le baron de Calonne, montre très bien, à l'aide des données ci-dessus, l'emplacement

---

(1) Celle (l'église) de St-Michel, l'avoit été très auparavant beaucoup (renfermée dans la ville) par un petit agrandissement que l'on fit de la ville pour mettre l'église de Nostre-Dame à couvert, nouvellement bastie tout proche des remparts. » LAMORLIÈRE, *Antiquités*, etc., in-fol., p. 96. — Voy. aussi DE COURT, *Mém. chronol.*, t. I, ch. 60.

(2) 1193. Cession par l'abbaye de St-Martin-aux-Jumeaux aux chanoines de St-Nicolas, pour leur église qu'ils voulaient rebâtir dans de plus vastes proportions, de « quantum ultra murum civitatis predicte ecclesie fabrica in presentiarum occupasse dinoscitur..... reliquam vero terram a strata Sancti Walerici (auj. rue Victor-Hugo) usque ad predictum murum civitatis. » Arch. de la Somme, Cartul. de St-Martin aux Jumeaux, p. 56.

(3) Auj. rue Victor-Hugo.

(4) Auj. rue Robert de Luzarches.

(5) Cf. la charte de 1177 « de porta claustri », Cartul. du chapit. d'Amiens, dans *Mém. de la Soc. des Antiq. de Picardie*, in-4°, t. XIV, p. 79. — 1294 : « Le voie estant entre l'église Nostre-Dame et les maisons des chanoines, par où on va à le porte l'Arquet ». Arch. de la ville d'Amiens, AA 5 (Reg. E), fol. 17 v°.

(6) Échevinage d'Am. du 5 juill. 1462, Arch. de la ville d'Amiens, BB 9, fol. 72 v°. — Compte des ouvrages de la ville d'Amiens de 1496-97, fol. 46. — Échevin. du 22 juin 1547, Arch. de la ville d'Amiens, BB 25, fol. 267. — Échevin. du 12 sept. 1555, *ibid.*, BB 29, fol. 61 v°. — Actes des 2 et 25 juillet 1676. Arch. de la Somme, Chapit. d'Amiens, Arm. II, l. 5, n° 1. — *Ibid.* Délib. capitul. du 25 juillet 1676. — Échevin. d'Amiens du 25 juill. 1676., Arch. de la ville d'Amiens, BB 74, fol. 3 v°, etc. — Cette tour de Jérusalem était ainsi nommée, parce que l'entrée de Jésus à Jérusalem y était représentée en sculpture : « Barrière tournant de devant le tour où est entaillé le mistère de Jhérusalem, au plus prez de le barre St-Miquiel. » Arch de la ville d'Amiens, compte de 1444, CC 32, fol. 173.

(7) Auj. rue Cormont.

(8) « Le palais épiscopal avoit son entrée dans la rue des Soufflets, et c'est encore par là que les évêques sortent pour faire leur entrée dans la cathédrale. Ce fut

de cet ancien rempart vers l'est, comment il devait couper le chevet de l'église Saint-Nicolas et celui de la nouvelle cathédrale, et de combien il dut être reculé pour mettre cette dernière à l'abri en englobant l'église Saint-Michel (1).

Ce reculement du rempart vers l'est était déjà fait en 1245 puisque la porte Saint-Denis, qui en fut la conséquence, au haut de la rue Saint-Denis ou Saint-Valery est déjà citée dans un acte de l'officialité d'Amiens du mois de juillet de cette même année (2).

La charte de 1236 nous apprend de plus que la résolution de reconstruire la cathédrale et plus grande et plus belle fut prise du consentement du clergé et du peuple de la ville (3).

C'est sans doute aussi à cette intervention populaire qu'une charte de l'évêque Arnould d'août 1238, pour la translation de l'Hôtel-Dieu, fait allusion par ces mots : « A nostris prædecessoribus felicis recordationis Evrardo et Gaufrido, Ambianensibus, accedente capituli et civium Ambianensium consensu..... Iterum communicato cum prefatis capitulo et civibus consilio » (4). Faut-il induire de ces textes que ces déterminations concernant la cathédrale auraient été prises en assemblée générale des membres de la commune, qui était, comme dit M. le baron de Calonne « le plus ancien et le plus important organe du corps municipal » (5)?

Il n'en est pas moins vrai que la mention formelle dans les deux chartes de 1236 et de 1238 de l'intervention directe du peuple de la ville dans la résolution de rebâtir la cathédrale avec la magnificence que nous savons, a une importance qui n'échappera à personne.

Il ne faudrait toutefois pas exagérer la portée de ces textes et en conclure que la cathédrale d'Amiens aurait été élevée dans un but à la fois religieux et civil, et que, pour attirer les aumônes des bourgeois, l'évêque la leur aurait présentée comme destinée à servir non seulement au culte, mais encore de lieu d'assemblées politiques ou tout au moins profanes. Qu'indépendamment des dons particuliers, la communauté des habitants ait contribué de ses deniers à l'érection du monument, c'est très probable, mais le consentement des bourgeois était encore nécessaire pour d'autres raisons : il s'agissait de déplacer l'Hôtel-Dieu, une église paroissiale et peut-être même une partie du rempart de la ville, ce à quoi les habitants étaient intéressés au premier chef.

Nous n'avons pas à refaire ici la réfutation du fameux système cher à Viollet-le-Duc sur la destination profane des cathédrales (6). Elle l'a été par une

---

M. de Caumartin qui fit enfermer dans la basse-cour le reste d'une ancienne porte de ville, et il y fit faire une petite entrée que son successeur, M. Faure, changea depuis en porte cochère. » DAIRY, *Hist. de la ville d'Amiens*, t. I, p. 178.

(1) A. DE CALONNE. *Hist. de la ville d'Amiens*, t. I, p. 224, pl. V.

(2) 1245, juillet : « Juxta Sanctum Walaricum versus portam Sancti Dionysii Ambianensem. » Arch. de la Somme, Cartul. de St-Martin aux Jumeaux, fol. 97.

(3) « Accedente consensu Ambianensis cleri et populi. » Cartul. de St-Firmin le Conf., *loc. cit.*

(4) Bibl. d'Amiens, mss. 516, fol. 95.

(5) « A rapprocher ce texte de 1152 : « Ego Bernardus, communie Ambianensis major, emptionem agri quam ecclesia Sancti Johannis Baptiste, anno Incarnati Verbi MCLII°, assensu domini Theoderici episcopi nostri, et assensu cleri et populi Ambianensis, a nostris leprosis decem libras emit. » Arch. de la Somme, Abb. de St-Jean d'Amiens, Cartul., p. XLIV. — Cf. AUG. THIERRY. *Monum. inéd. de l'hist. du tiers état*, t. I, p. 62. — A. DE CALONNE. *Hist. de la ville d'Amiens*, t. I, p. 171.

(6) Voy. VIOLLET-LE-DUC. *Première apparition de Villard de Honnecourt*, dans *Gazette des Beaux-Arts*, t. I, p. 291, *Dict. Rais. d'archit.*, art. *Cathédrale*, etc.

voix plus autorisée que la nôtre (1). Nous nous contenterons d'observer qu'en ce qui concerne Amiens, il n'y a absolument rien dans l'histoire municipale de cette ville qui puisse autoriser à supposer qu'à un moment quelconque la cathédrale ait pu servir de lieu de réunion pour les assemblées des échevins ou des bourgeois. Au xiii° siècle, la ville d'Amiens avait son organisation municipale parfaitement établie et fonctionnant depuis longtemps : elle avait son beffroi pour ses cloches et ses prisons (2), sa maison commune dite Malemaison, pour ses réunions et ses bureaux (3), et probablement aussi sa halle (4).

En dehors de l'emplacement de l'ancien Saint-Firmin le Confesseur, nous ne savons que fort peu de chose sur les terrains sur lesquels la nouvelle cathédrale s'étendit au delà de l'ancienne.

En décembre 1223, Enguerrand de Picquigny, vidame d'Amiens, sa femme et ses enfants, donnent à l'évêque Geoffroy d'Eu une pièce de terre tenant d' « en costé sen manage elveskal », avec faculté pour l'évêque et ses successeurs d'y faire construire à leur volonté (5). Etait-ce pour la cathédrale? C'est assez vraisemblable, mais l'acte ne le dit pas positivement.

Un peu plus tard, le même évêque Geoffroy, par acte du mois d'avril 1232, donne au chapitre « ad faciendum capitulum suum et claustrum » (6), les maisons de sire Grégoire et de sire Guillaume de Domart et la maison des marguilliers, avec toute la terre qui s'étend derrière lesdites maisons jusqu'à la clôture du verger de l'évêché et jusqu'au mur de l'Hôtel-Dieu (7).

Il dut aussi y avoir vers l'est de l'édifice, à l'endroit où s'étendait le cloître ou cimetière, des terrains acquis de l'Hôtel-Dieu lui-même. En tête du cueilloir contenu dans le premier cartulaire de cet établissement on lit en effet cette mention écrite vers la fin du xiii° siècle : « Decanus et capitulum ecclesie Ambianensis ad causam fabrice dicte ecclesie ad terminum nativitatis Sancti Johannis Baptiste,

---

(1) ANTH. SAINT-PAUL, *Viollet-le-Duc, ses travaux d'art et son système archéologique*, p. 315.

(2) Le Beffroi est cité dans un acte de septembre 1226, concernant un cens vendu par Gentien de Cressy et Mahaut, sa femme, « supra domum suam lapideam, in qua manent ante Berefredum et supra cameras retro. » Cartul. de St-Acheul, n° 236. — On le voit aussi mentionné dans la sentence arbitrale de 1244 dans l'affaire des cinq clercs mis à mort injustement par le bailli d'Amiens : « violenter duxit ad Berefredum. » Arch. de la Somme, Chapit. d'Amiens, Cartul. II, fol. 295, v°. — AUG. THIERRY. *Monum. inéd. de l'hist. du tiers état*, t. I, p. 211. — A. DE CALONNE, *Hist. de la ville d'Amiens*, t. I, p. 216.

(3) Il est question de la maison commune dans un acte de février 1209, v. s. : « Ego Reginaldus de Ambianis dedi et concessi communie Ambianensi totam plateam vacuam quam habebam in Castellione, ante monasterium Sancti Firmini martiris, que tendit in longum usque ad murum fossati, et in latum a domo Johannis Clerici usque ad domum communem. » Arch. de la ville d'Amiens, AA 1 (Cartul. A), fol. 155. Cf. AUG. THIERRY. *Monum. inéd. de l'hist. du tiers état*, t. I, p. 188.

— 1 déc. 1244 : « A loco qui dicitur Mala domus iter arripiat. » Sentence de l'évêque Arnould dans l'affaire des cinq clercs. Arch. de la Somme. Chapit. d'Amiens, Cartul. II, fol. 294, etc. Cf. A. DE CALONNE, *Hist. de la ville d'Amiens*, t. I, p. 166.

(4) Dans le fabliau du Lendit (xiii° s.), la ville d'Amiens est qualifié *noble halle* et citée parmi les villes renommées pour la vente de leurs draperies. (*Le dit du Lendit rimé*, dans *Fabliaux et contes*, publ. par Barbazan et Méon, t. II, p. 505). — Comm. du xiv° s. : « La rue qui mène des Vergiaus as hales. » Arch. hospit. d'Amiens, A5, fol. 33. — Cf. AUG. THIERRY, *Mon. inéd. de l'hist. du Tiers État*, t. I, p. 177. A. DE CALONNE, *Hist. de la ville d'Amiens*, t. I, pp. 206, 217.

(5) D'un registre de l'évêché d'Amiens, appartenant à V. de Beauvillé qui l'a publiée dans ses *Documents inédits*, t. IV, p. 47.

(6) Nous verrons que le cloître, dans l'état du moins où il était parvenu au commencement de notre siècle, ne fut exécuté qu'au xiv° siècle.

(7) Arch. de la Somme, Chapit. d'Amiens, Arm. 1, l. 44 n° 1, et Cartul. Publ. dans DAIRE, *Hist. d'Amiens*, t. II, p. 378.

debent quolibet anno, quinquaginta solidos parisiensium » (1). Le compte des cens de 1467-68 nous donne à ce sujet un peu plus de détails : « De la fabrique de l'église Nostre-Dame d'Amiens, au jour et terme de St-Jehan-Baptiste, à cause de le chymentière de laditte église de Nostre-Dame d'Amiens, chacun an, 5o s. » (2). Et ce cens de 5o s., la fabrique de la cathédrale le payait encore en 1602-1603 (3).

La célèbre inscription gravée jadis sur une lame de cuivre qui faisait le tour de la pierre centrale du labyrinthe formé par le dallage de la nef, nous apprend et l'année du commencement des travaux et les noms des trois maîtres maçons qui les conduisirent successivement jusqu'en 1288, date de l'inscription elle-même. Nous en reparlerons avec plus de détails lorsque nous nous occuperons du dallage. Il est cependant nécessaire d'en reproduire dès maintenant le texte exactement, d'après la plus ancienne version que nous en possédons, c'est-à-dire d'après le registre aux distributions du chapitre, avec ses fautes de rimes et de quantité (4) :

Memore quant leuvre de leglise de cheens fu commenchie. Et si comme il est escript el moilon de le maison Dedalus.

> En lan de grace mil IIe
> Et XX fu leuvre de cheens
> Premierement encommenchie
> Adonc yert de cheste evesquie
> Evrart evesques benis
> Et roy de France Loys
> Qui fu filz Phelippe le sage (5).
> Chil qui maistre yert de l'œuvre
> Maistre Robert estoit nommes
> Et de Luzarches surnommes
> Maistre Thomas fu apres luy
> De Cormont, et apres
> Ses filz maistre Regnault qui mettre
> Fist a chest point chy ceste lettre
> Que lincarnacion valoit
> XIIIe ans, XII en faloit.

Par cette inscription, nous savons tout d'abord que la construction de la cathédrale fut commencée en 1220, Evrard de Fouilloy étant évêque d'Amiens, que le premier maître de l'œuvre en fut maître Robert de Luzarches, après lui maître Thomas de Cormont (6), et enfin le fils de celui-ci, maître Renaud, qui vivait encore en 1288, époque où il fit poser la présente inscription, mais c'est tout, et on n'en peut rien tirer de plus. L'inscription ne nous dit même pas, comme celle du labyrinthe de la cathédrale de Reims, qui était beaucoup plus explicite (7), les parties du monument dues à chacun des maîtres, et encore moins les dates auxquelles ils se sont succédés les uns aux autres.

---

(1) Arch. hospital. d'Amiens, A3, fol. cv.
(2) *Ibid.*, Comptes de l'Hôtel-Dieu.
(3) *Ibid.*, E. 133. Compte de l'Hôtel-Dieu de 1602-03.
(4) Arch. de la Somme, Chapit. d'Am. Reg. aux distrib., t. II, fol. 247. Ce manuscrit paraît dater du commencement du xive siècle. L'inscription ci-dessous a été reproduite, nous n'avons pas besoin de le dire, un peu partout, et d'une façon plus ou moins correcte.
(5) Nous n'avons pas besoin de relever ici le petit anachronisme que tout le monde connaît d'ailleurs. Philippe-Auguste vivait encore en 1220, mais on a pu se tromper en 1288 sur la date exacte de sa mort.
(6) Ici Luzarches et Cormont sont-ils les noms des lieux d'origine des trois artistes, ou bien seulement leurs noms de famille? C'est ce qu'il n'est guère facile de préciser.
(7) Sur l'inscript. du labyrinthe de la cathédrale de Reims, voy. Louis Demaison, *Les architectes de la*

24 HISTOIRE.

Une autre inscription aurait très probablement pu servir à compléter celle-ci, si elle avait été en meilleur état lorsque, en 1843, les échafaudages élevés pour la restauration du portail de la Vierge dorée permirent à une commission de la Société des Antiquaires de Picardie (1) de la voir de près pour la première fois et de chercher sérieusement à la déchiffrer. Elle était gravée en grandes capitales gothiques, hautes en moyenne de 17 centimètres, le long de la corniche sculptée qui sert de base à la galerie du premier étage sur la face sud du transept, au-dessus de la porte de la Vierge dorée, à l'extérieur; mais elle était dans un état de dégradation tel, que c'est à peine si on en put déchiffrer quelques mots, encore n'est-il pas certain qu'ils aient été tous lus exactement, car plusieurs n'ont absolument aucun sens et n'appartiennent pas plus au français du XIIIe siècle qu'à celui du XIXe; tels sont : *ifu*, *rimist*, *iasis*; de plus, sur une longueur totale de plus de 13 mètres, il y en avait plus de 6 m. 50, c'est-à-dire exactement la moitié, sur lesquels on ne voyait absolument plus rien. Le malheur est que, lors de la restauration qui suivit, cette frise fut presque entièrement refaite et l'inscription rétablie telle qu'elle avait été lue, de sorte qu'il n'y a plus moyen de vérifier cette première lecture, si tant est que cela ait été possible.

Quoi qu'il en soit, voici ce qui a été lu :

EN LAN Q LINCARNATIŌ VALOIT MCC & XX *(lacune de 5 mètres)* ORS IFV RIMIST LE PREMIERE PIERE IASIS .... LE CORS *(lacune de 70 centim.)* ROBERT *(lacune de 90 centim.).*

MM. Jourdain et Duval, qui se sont ingéniés à suppléer ce qui manquait de cette inscription, et à lui donner un sens, ont proposé de la lire ainsi :

« EN L'AN QUE L'INCARNATION VALOIT M CC ET XX, *roy de France Phelippe le Sage, Everard evesque, lors* IFU RIMIST LE PREMIERE PIERE ». Pour la fin de l'inscription, ils ont été plus embarrassés. « Reste l'intervalle, disent-ils, coupé entre les mots IASIS et LE CORS, et celui entre LE CORS et ROBERT. Doit-on lire : *iasista*, *iasistoit*, ou bien *iasist*, pour *ietablit*, ou plutôt *iasise*, pour *ici assise* (la pierre)? Quel sens donner au mot CORS? celui de *corpus*, de *cor* ou *chorus*? Ici, toutes les suppositions nous paraissent si hasardeuses, si peu plausibles, que nous préférons nous abstenir de les énoncer » (2).

Il faut convenir que tout cela est bien problématique. Plus tard, M. Anat. de Montaiglon a vainement essayé, malgré toute son érudition, d'être plus heureux : il n'a élucidé qu'une chose, c'est que l'inscription était en vers de huit pieds, et que par conséquent la restitution de MM. Jourdain et Duval était non seulement hypothétique, mais absolument fausse (3).

En résumé, l'inscription était trop incomplète, et ce qui en restait a été trop

---

cathédrale de Reims, dans *Bull. archéol. du comité des trav. histor. et scientif.*, 1894, p. 3.

(1) Cette commission était composée de MM. Duval, Garnier, Jourdain, Rigollot, Woillez. *Mém. de la Soc. des Ant. de Pic.*, in-8°, t. VI 1843, p. 59, et *Bull. de lad. soc.*, t. I, 1841-43, p. 324.

(2) JOURDAIN et DUVAL, *loc. cit.*, p. 126, et *Le Portail St-Honoré..... de la cath. d'Amiens*, p. 76. — Quelques personnes ont été plus loin et ont déduit de tout cela que le corps ou du moins le cœur de Robert de Luzarches aurait été inhumé à cet endroit, et on s'est appuyé dans cette opinion sur la présence d'un objet d'un très faible relief sculpté dans le grès du soubassement de la porte de la Vierge dorée, à gauche en entrant, et dans lequel on a voulu voir la représentation d'un *cœur* (ce serait plutôt un *pique*). Cf. DUTILLEUX, dans *Bull. de la Soc. des Ant. de Pic.*, t. V, 1885, p. 167. Je crois que cette supposition ne repose sur aucun fondement sérieux.

(3) LANCE, *Dictionn. des Architectes français*, t. II, p. 96, note 1.

mal lu, pour qu'on puisse espérer d'en tirer quoi que ce soit, et il faut, par conséquent, ce qui est infiniment regrettable, la considérer à peu près comme nulle et non avenue. Tout ce que l'on peut dire, c'est que, par ce fait qu'elle est en français, et aussi par le style des caractères qui la composaient, autant qu'on en peut juger par les copies qui en ont été faites, il n'est guère probable que cette inscription soit antérieure à 1240 (1).

Nous verrons plus loin, en décrivant la porte de la Vierge dorée, comme quoi les sujets représentés sur le trumeau de cette porte au-dessous de la statue de la Vierge pourraient bien se rapporter à la cérémonie de la pose de la première pierre ou de la consécration de la cathédrale.

Un texte pourra nous donner une date de plus pour Renaud de Cormont.

Un acte de vente fait au mois de septembre 1260 d'un cens sur une maison sise à Amiens au Metz l'Évêque, mentionne, parmi les tenants et aboutissants : « domum quondam magistri Renaudi cementarii, magistri fabrice Beate Marie Ambianensis » (2). Renaud de Cormont aurait donc été maître maçon de la

(1) Il semble que l'on a passablement exagéré lorsqu'on a dit, en présence du peu d'édifices du moyen âge dont nous connaissons les auteurs, que c'est volontairement que nos artistes de cette époque sont restés anonymes et n'ont eu aucun souci de la postérité. Assurément les artistes français n'ont pas fait résonner leurs noms aux quatre coins du monde, comme les italiens, mais il n'est pas rare de rencontrer des inscriptions dans le genre de celle du labyrinthe d'Amiens, ni des épitaphes de maîtres maçons dans les églises qu'ils avaient construites. Il est probable que beaucoup d'autres qui ont existé ne sont pas parvenues jusqu'à nous. Quoi qu'il en soit, il nous en reste assez pour en induire que ce devait être au contraire l'habitude des maîtres maçons de cette époque de signer les édifices importants qu'ils élevaient. Ce n'est donc ni eux ni ceux qui les ont employés qu'il faut accuser d'avoir laissé leurs noms dans l'oubli, mais bien la négligence des siècles suivants, qui les ont méconnus et qui ont laissé se détruire les monuments destinés à perpétuer leur mémoire, aussi bien que les comptes ou autres documents qui renfermaient tous les détails dans lesquels une inscription lapidaire ne pouvait entrer. — Cf. ARTH. ST-PAUL, Hist. monum. de la France, p. 62.

(2) Arch. de la Somme, (Évêché d'Am.) G. 194. — Lorsque ce texte passa pour la première fois sous mes yeux, il y a déjà longtemps, je n'hésitai pas à faire de ce Renaud un maître maçon, maître de l'œuvre de la cathédrale, mais un maître maçon autre que Renaud de Cormont, puisque celui-ci vivait encore, suivant l'inscription du labyrinthe, en 1288, tandis que l'expression de « quondam » accolée au nom du Renaud qui nous occupe, semblait signifier qu'il était mort. C'est ainsi que je présentai la chose à M. le comte de Lasteyrie, qui en fit une communication au comité des travaux historiques et scientifiques. (Docum. inéd. sur un des archit. de la cath. d'Amiens, au XIIIe s., dans Bull. archéol. du comité des trav. hist. et scient., 1886, p. 366).

Depuis lors, dans un très remarquable mémoire sur les architectes de la cathédrale de Reims (Les archit. de la cath. de Reims, dans Bull. archéol. du comité des trav. histor., 1894, p. 30, note 1), M. Demaison a émis l'opinion que « quondam » pouvait tout aussi bien, et même mieux, se rapporter à « domum » qu'à « magistri Renaudi », et j'adhère parfaitement à cette manière de voir. Au lieu de traduire « la maison de feu Renaud », il faut donc dire « l'ancienne maison de Renaud ». Rien donc ne paraît s'opposer à voir ici Renaud de Cormont, qui se trouverait ainsi avoir été maître de l'œuvre de la cathédrale d'Amiens dès avant 1260. Il peut cependant encore subsister des doutes sur l'identification de ce Renaudus. S'agit-il bien ici d'un maître maçon ou bien du personnage que nous verrons désigné plus tard sous le nom de maître de la fabrique, c'est-à-dire du chanoine chargé de veiller à tout ce qui concerne l'édification ou l'entretien de la cathédrale? Dans ce cas-là, Cementarius ne serait-il pas un nom de famille, tel que : le Machon, ou Le Masson, ou Masson, nom de tout temps assez commun à Amiens? Déjà à cette époque les noms de métiers étaient devenus noms de famille. Ainsi dans ces mots « domum Lamberti Mercerii clerici » de la charte qui nous occupe, « Mercerii », Mercier, est bien évidemment un nom de famille. Malgré cela nous croyons qu'il faut considérer l'identification de Renaudus cementarius par Renaud de Cormont, comme la plus vraisemblable, car les autres textes que nous connaissons du XIIIe siècle ne permettent pas de supposer qu'à cette époque le ou les chanoines chargés de l'administration et de la comptabilité des travaux de la cathédrale aient porté déjà le titre de maître de la fabrique. La difficulté réside ici dans la signification à donner au mot fabrica. L'inscription du labyrinthe dit « maître de l'œuvre », ou de l'ouvrage, qui se traduirait en latin par magister operis mais on sait combien la terminologie du moyen âge était peu fixe.

cathédrale dès avant 1260. Il serait par conséquent légitime de lui attribuer les parties hautes du chœur, qui devaient être précisément en construction vers cette époque.

Suivant une opinion qui tend à s'accréditer, Robert de Luzarches n'aurait pas tardé à suivre dans la tombe Evrard de Fouilloy qui est mort en 1222 (1), c'est-à-dire très peu après le commencement des travaux. S'autorisant de la restitution qu'ils avaient faite de l'inscription du portail de la Vierge dorée, MM. Jourdain et Duval ont même été jusqu'à dire dans une note de leur *Rapport au préfet* sur le susdit portail : « La date précise de la mort de Robert de Lusarches est ignorée : on sait seulement qu'il ne survécut pas à l'évêque Evrard de Fouilloy, dont on rapporte la mort à l'année 1222. Les fondations de l'église cathédrale commencées en 1220, comme le prouve notre inscription et celle du labyrinthe, ne furent achevées qu'en 1223, sous l'épiscopat de Godefroy et la direction de l'architecte Thomas de Cormont, successeur de Robert de Lusarches. Il ne serait donc pas impossible que le premier architecte fût mort en 1220, et que son *cœur* ou son *corps* ait été déposé avec la première pierre au seuil de la cathédrale dont il avait magnifiquement tracé le plan » (2). Il est vrai que, dans la brochure que MM. Jourdain et Duval ont fait paraître quelques mois après sous le titre de *Le Portail St-Honoré, dit de la Vierge dorée,* etc., et qui est la reproduction à peu près littérale de leur *Rapport au Préfet*, cette note ne figure plus.

Or je ne connais pas et personne n'a jamais cité de document authentique sur lequel un pareil fait puisse s'appuyer, pas même l'inscription du portail de la Vierge dorée, qui, je l'ai montré, est trop incomplète pour pouvoir jamais rien prouver; et d'ailleurs cette opinion est antérieure à sa lecture. Cependant aucun des auteurs anciens qui, comme Lamorlière, de Court, Pagès, et même le P. Daire, ont pu être à même de voir les registres du chapitre, non plus que les manuscrits où se trouvent des extraits de ces registres n'en disent mot.

C'est Rivoire, dont on connaît le peu de critique, qui paraît lui avoir donné naissance en supposant gratuitement que Robert de Luzarches aurait été l'architecte d'Evrard de Fouilloy et les Cormont ceux de Geoffroi d'Eu (3); ce que Gilbert a naturellement repris pour son compte et en lui donnant une forme plus précise : « Ni l'ordonnateur des travaux, dit-il, ni l'architecte ne purent jouir de leur ouvrage, car l'édifice était à peine élevé à quelques pieds au-dessus du sol, que l'évêque Evrard mourut en 1223 (*sic*, pour 1222), et probablement l'architecte Robert de Luzarches le suivit de près dans la tombe, puisque, sous l'épiscopat de Gaudefroy ou Geoffroy d'Eu, successeur d'Evrard, la conduite des travaux de cette bâtisse fut confiée à Thomas de Cormont, architecte, qui éleva les piliers et galerie de cet édifice jusqu'à la naissance des voûtes, en 1228 » (4). Depuis lors, cette légende a fait fortune, et, reproduite par nombre d'auteurs, elle a été vulgarisée par Viollet-le-Duc, qui y revient à plusieurs endroits de son *Dictionnaire raisonné* d'architecture, et qui va même jusqu'à déterminer les parties de l'édifice à la construction desquelles Robert de Luzarches aurait présidé (5). Le fait est qu'on ignore absolument, de près comme

---

(1) *Gall. christ.*, t. X, col. 1182. — Soyez, *Notices sur les év. d'Amiens*, p. 70.

(2) *Mém. de la Soc. des Ant. de Pic.*, t. VI, 1843, in-8°, p. 127.

(3) *Descr. de l'égl. cath. d'Amiens*, pp. 19 et 20.

(4) *Descr. hist. de l'égl. cath. d'Amiens*, p. 8.

(5) « L'architecte qui conçut les plans de la cathédrale d'Amiens, Robert de Luzarches, mais qui vit

de loin, la date à laquelle Robert de Luzarches, soit par mort, soit autrement, aurait cessé de travailler à la cathédrale d'Amiens, et que, à l'exception de ce que nous avons dit précédemment sur Renaud de Cormont, et sous toutes les réserves motivées par les doutes que peut laisser la rédaction de l'acte de 1260, on ne saurait s'appuyer sur aucun document pour assigner à chacun des trois maîtres maçons sa part dans l'œuvre commune.

Bien plus, je pose en fait que, si l'on n'avait pas été obsédé par l'idée que Robert de Luzarches n'avait pas survécu à Evrard de Fouilloy, personne, et Viollet-le-Duc moins que d'autres, n'aurait songé à chercher deux mains dans cette nef si homogène, si d'un seul jet, si simplement, si largement, si spontanément conçue, et qui d'ailleurs, fut élevée si rapidement. Il n'est pas possible que ce ne soit pas la même intelligence qui ait conçu l'admirable plan de la cathédrale d'Amiens, et qui ait élevé entièrement cette nef admirable, du haut en bas de laquelle règnent toutes les mêmes qualités maîtresses qui ne se retrouvent plus au même degré dans les parties du monument construites les dernières ; et s'il fallait chercher trois manières dans notre cathédrale, on les aurait plutôt trouvées, comme notre description le démontrera, la première, dans la nef et les parties basses du transept, la seconde, si tant est qu'il faille la distinguer de la première, dans les constructions inférieures du chevet jusqu'au-dessus des voûtes des bas-côtés, et enfin la troisième dans les parties hautes du chœur et du chevet. Nous n'oserons jamais aller jusque là, préférant ne considérer l'œuvre que dans son ensemble, et, puisque l'histoire ne l'a pas fait, ne pas séparer les trois maîtres Robert, Thomas et Renaud dans notre reconnaissance et notre admiration.

Le seul aspect de l'édifice démontre surabondamment que les travaux furent commencés par la nef, dont le style est évidemment beaucoup moins avancé que celui du chœur et du chevet. On s'est demandé la raison de cette dérogation à l'habitude presque constante au moyen âge, et d'ailleurs plus logique, de commencer par le chœur la construction des églises, lorsque les circonstances n'obligeaient pas de faire autrement (1), et on a supposé que l'ancienne cathédrale, située sur

seulement élever les parties basses de la nef ». Viollet-le-Duc, *Dict. rais. d'archit.*, t. VI, p. 322.
— « Les constructions premières comprirent la nef et les deux bras de la croix, et il est probable que Robert de Luzarches, l'architecte de ce beau monument, ne put voir élever que les soubassements de son projet. On peut reconnaître facilement les parties de l'édifice à la construction desquelles il présida. Ce sont les contre-forts et piliers de la nef, jusqu'à la hauteur des chapiteaux des bas-côtés, les parties inférieures de la grande porte occidentale, et la base du pignon sud du transept ». *Ibid.*, t. VII, p 445. — « En 1223, l'évêque Evrard mourut, les fondations étaient achevées sous la nef, et probablement le pignon du transept sud était élevé de quelques mètres au-dessus du sol. Sous l'épis-copat du successeur de l'évêque Evrard, Geoffroy d'Eu, nous voyons déjà les travaux confiés à un second architecte, Thomas de Cormont. Robert de Luzarches n'avait pu que laisser les plans de l'édifice qu'il avait fondé. Le second maître de l'œuvre éleva les construc-tions de la nef jusqu'à la naissance des grandes voûtes. Nous arrivons alors à l'année 1228. Son fils, Renaud de Cormont continua l'œuvre et passe pour l'avoir achevée en 1288, ce qui n'est guère admissible, si nous observons les différences profondes de style qui existent entre le rez-de-chaussée et les parties hautes du chœur ». *Ibid.*, t. II, p. 325. Comme on sent bien ici l'influence de Rivoire et surtout de Gilbert ! L'erreur de date de ce dernier sur la mort d'Evrard de Fouilloy y est même reproduite. Toutes les affirmations de ce passage sont absolument fantaisistes, et ce qu'il y a de plus curieux, c'est que la seule chose qui y soit mise en doute est au contraire la seule qui soit absolument certaine, à savoir que Renaud de Cormont conduisait l'œuvre de la cathédrale en 1288.

(1) Parmi les cathédrales du Nord de la France, M. Anth. St-Paul (*Viollet-le-Duc, ses travaux d'art et son syst. archéol.*, p. 319) n'en a relevé que cinq : Amiens, Bayeux, Dol, Evreux, Seez, dont la nef soit certainement antérieure au chœur.

l'emplacement du chœur actuel, n'aurait pas été assez détruite par l'incendie, pour ne pas pouvoir servir au culte, ou du moins en partie, pendant l'exécution des travaux, et que c'est afin de la conserver provisoirement que l'on se sera décidé à commencer la nouvelle par la nef (1).

Cette supposition se trouve démentie par les faits : ce n'est pas pour conserver l'ancienne cathédrale qu'on a commencé les travaux par la nef, mais pour pouvoir garder provisoirement l'église de Saint-Firmin le Confesseur, placée derrière elle, sans doute afin d'avoir au moins un édifice consacré au culte en attendant que la première partie de la nouvelle cathédrale soit devenue habitable, car de même que, comme nous allons le voir, les chanoines de la cathédrale ont donné abri dans la partie terminée de leur église aux paroissiens et au chapitre de Saint-Firmin le Confesseur pendant qu'on reconstruisait la leur, de même, bien qu'on n'en ait pas de preuve certaine, il est assez vraisemblable, que le clergé de la cathédrale fit ses offices à Saint-Firmin le Confesseur jusqu'à ce que la nef de sa nouvelle église soit prête à être livrée au culte.

Il est très probable que, grâce au premier élan, les travaux furent poussés tout d'abord avec une extrême activité. Nous avons vu qu'il ne devait rien rester ou à peu près de l'ancienne cathédrale, et l'on dut être très pressé d'avoir le plus rapidement possible une partie suffisante de la nouvelle pour y rétablir le culte régulier : d'autant plus qu'on n'a pas dû entreprendre une construction aussi somptueuse sans avoir en main du premier coup les moyens d'en élever au moins la plus grande partie.

C'est une tradition généralement répandue que si Evrard de Fouilloy n'a pu que voir l'édifice sortir de terre (2), son successeur, Geoffroy d'Eu, qui mourut en 1236, l'aurait élevé jusqu'à la voûte, (de la nef, bien entendu), et l'on en donne pour raison que c'est pour indiquer ce fait que la plaque de bronze qui recouvrait son tombeau était portée en l'air par six lionceaux tandis que celle d'Evrard qui n'en avait vu que les fondements était maçonnée par dessous. Cette singulière explication, qui se trouve déjà dans Lamorlière (3), a été reproduite par la plupart des auteurs. Quant au passage de l'épitaphe de Geoffroy ainsi conçu : « Quo sedes Ambianensis crevit in immensis », dont on a aussi voulu tirer argument dans ce sens, il n'est pas très concluant, car, étant donné le style poétique de cette épitaphe, on peut se demander si ces mots ne doivent pas être pris au figuré.

On peut trouver des arguments beaucoup plus sérieux pour déterminer au moins approximativement l'époque à laquelle on a dû commencer à célébrer le culte dans la nef terminée de la cathédrale.

---

(1) Cf. Viollet-le-Duc, *Dict. rais. d'archit.*, t. II, p. 323 et t. III, p. 236. — « L'évêque Evrard de Fouilloy, dit M. Ant. St-Paul *(Hist. monument. de la France*, p. 143), qui inaugura les travaux à Amiens, n'y présida que pendant deux ans; mais habile et peut-être rusé, il eut le temps de donner à Robert de Luzarches, le maître de l'œuvre, un conseil qui plus tard rendit possible l'achèvement à peu près complet de la basilique. Il fit commencer par la nef, se disant avec raison que les ressources disponibles suffiraient pour la terminer, et que cette partie, la moins nécessaire, une fois livrée au culte, on ne négligerait rien ensuite pour édifier le chœur, la partie la plus indispensable. C'est ce qui arriva. » Nous n'avons pas besoin de dire que cette supposition est aussi spirituelle que gratuite.

(2) Evrard de Fouilloy est mort en 1222 : on n'a pu en effet avoir fait beaucoup plus de son vivant que d'achever les gigantesques fondations de la nef. Cf. ces passages de son épitaphe : « qui fundamenta locavit hujus ecclesie », et de son obit : « hujus basilice fundamenta mirabili structura, ut apparet, locavit. »

(3) *Antiquités*, pp. 198 et 290.

Nous avons vu que, dès le mois d'avril 1232, l'évêque Geoffroy avait donné au chapitre des terrains pour construire le cloître et la salle capitulaire (1). Il est assez vraisemblable que si, à cette époque, on s'occupait déjà de construire un cloître et une salle capitulaire, c'est que les travaux les plus urgents pour célébrer le culte au moins dans une partie de la cathédrale devaient être terminés ou près de l'être.

Le vendredi après Quasimodo (15 avril) 1233, intervient une transaction entre les chanoines et les chapelains pour la police du chœur. Rien de cette pièce ne prouve directement que le service divin se célébrait déjà dans la cathédrale ; cependant ne peut-on pas supposer qu'elle aura précisément eu pour but de mettre fin au désordre qui dut nécessairement s'introduire dans la célébration des offices, pendant l'exécution des travaux et d'en rétablir la régularité dans la nouvelle cathédrale ? Il y est dit que les chapelains « scribantur in tabula suis septimanis ad cantandum *alleluia* » ; il y est parlé d'un « cereum arsurum ante ymaginem Crucifixi » ; on y relève aussi des mentions telles que « presentes in stallo, ...si inordinate se habeant ingressi chorum, decanus potest eos eicere a choro », il y est interdit aux chapelains de s'approprier un autel auquel un chanoine voudra célébrer (2).

Mais le texte le plus probant et le plus décisif est la charte de 1236 par laquelle Geoffroy d'Eu ratifie ce qui avait été décidé sous son prédécesseur Evrard concernant la démolition de Saint-Firmin le Confesseur. On ne sait pas au juste où était placée cette dernière église, mais, suivant une tradition déjà rapportée par Pagès au commencement du xviiie siècle, elle se serait trouvée sur l'emplacement du croisillon nord de la cathédrale actuelle (3). Évidemment c'est au moment où la nouvelle cathédrale fut assez avancée pour permettre la démolition de cette église, au moment où il a fallu prendre une décision définitive, que l'acte en question a dû intervenir, la preuve, c'est que, dans la même pièce, l'évêque ajoute que, en attendant qu'elle soit reconstruite, un lieu convenable dans un des côtés de la cathédrale sera mis à la disposition du curé de Saint-Firmin pour y faire le service paroissial, et que les chanoines de ladite église suivront l'office du chœur de la cathédrale (4).

On peut donc considérer comme certain qu'une partie de la cathédrale était livrée au culte au plus tard en 1236. C'est au mois de novembre de cette même année que mourut l'évêque Geoffroy d'Eu (5).

---

(1) Avril 1232 : « Ad faciendum capitulum suum et claustrum ». Arch. de la Somme, Chapit. d'Amiens, Arm. 1, l. 44, n° 1, publ. dans DAIRE, *Hist. de la ville d'Amiens*, t. II, p. 378.

(2) Cartul. du chapit. d'Amiens, dans *Mém. de la Soc. des Ant. de Pic.*, in-4°, t. XIV, p. 281.

(3) « Auparavant que nostre incomparable cathédrale ait été construite au lieu où elle est aujourd'hui, l'église collégiale de St-Firmin le Confesseur et paroissiale s'élevait vers un des bouts de la croisée de la cathédrale du côté du septentrion, dans l'endroit occupé présentement par le terrain de la nouvelle chapelle St-Jean-Baptiste, jusques celui des fonts baptismaux », c'est-à-dire, vers la ligne *13, 19 e* du plan. Mss. de Pagès, édit. Douchet, t. I, p. 39.

(4) « In uno latere nostro matris ecclesie locus provideretur honestus in quo sacerdos Beati Firmini parrochianos suos convocare valeret et ministrare eisdem tam missarum solempnia quam sacramenta alia, ut tenetur, canonici quoque ejusdem ecclesie in choro Ambianensi, pro cultu divino, suam presentiam exiberent ». Cartul. de St-Firmin le Conf., *loc. cit.* — Cf. ce texte du mois de juillet 1239 : « Eodem anno accidit mense julii, quod officialis Ambianensis dedit de facto sententiam suspensionis in dominum Petrum de Noientel, presbiterum Sancti Supplicii, qui immediate subest capitulo Ambianensi, quod capitulum denuntiavit episcopo in vestiario retro altare majoris ecclesie nostre ». Arch. de la Somme, Chapit. d'Amiens, Cartul. I, fol. 185.

(5) Après avoir passablement tâtonné, Viollet-le-Duc,

Il est facile de se rendre compte, rien que par l'inspection même du monument, de la partie qui était alors terminée. Tout l'ensemble de la nef, y compris toute la façade occidentale — jusqu'à la corniche qui passe au-dessus de la rose, bien entendu — est tellement homogène, on sent si bien qu'elle a été élevée par assises, qu'on peut dire à coup sûr que telle est la partie terminée en 1236. C'est partout le même parti systématiquement suivi, la même mouluration, la même sculpture, la même construction.

Nous pouvons aussi déterminer d'une façon exacte le point où s'arrête cette première partie vers l'est.

Nous verrons dans la description générale du monument que le cordon sculpté d'une facture si originale, fait après la pose, et qui n'est dû évidemment qu'à une seule main, fait le tour de la nef et du transept et s'arrête contre les gros piliers *17 a* et *18 a*, tandis qu'au chœur ce cordon est d'un tout autre dessin et sculpté avant la pose. D'un autre côté nous verrons en décrivant les parties hautes du transept, que la grande voûte de ce transept n'a dû être faite qu'en même temps que celle du chœur, que les hauts chapiteaux des piliers *15 bcd* et *16 bcd*, les baies du triforium de la face occidentale du transept, et les remplages des fenêtres *15 ab* et *16 ab* du même côté sont encore identiques à ce qu'ils sont dans la nef, tandis que toute la face orientale appartient sans conteste, malgré quelques petites variantes insignifiantes, au système du chœur.

Le point d'arrêt entre les deux époques principales de construction, si l'on peut ainsi parler, se voit fort bien par une petite différence dans les hauteurs d'assises en *17, 19 d*, du côté nord dans la corniche sculptée extérieure; du côté sud, elle est un peu plus loin (1).

A en croire Viollet-le-Duc, toute la partie antérieure des tours de la façade occidentale n'aurait été construite que beaucoup plus tard, et serait restée en arrachement pendant plusieurs années. Voici, selon lui, ce qui se serait passé:

« En jetant les yeux sur le plan (fig. 19), nous voyons une ligne E F tirée parallèlement au pignon du portail : c'est la limite de l'arrachement de l'ancienne façade projetée, contre lequel on est venu plaquer le portail actuel. De cette modification au projet primitif, il résulte que les deux tours G H, au lieu d'être élevées sur un plan carré, comme toutes les tours des cathédrales de cette époque, sont barlongues, moins épaisses que larges, ce ne sont que des moitiés de tours dans toute leur hauteur, et les deux contreforts qui devaient se trouver latéralement dans les milieux de ces tours, sont devenus contreforts d'angles. Il est une preuve certaine de cette modification apportée au projet de Robert de Luzarches : les fondations existent sous le périmètre total des tours telles qu'elles sont indiquées sur le plan présenté ici. De la façade primitive, il ne reste que le trumeau et les

par le seul examen du style de l'édifice, paraît avoir fini par se rapprocher de cette conclusion. Au premier volume de son *Dictionnaire raisonné* d'architecture, (p. 203), il avait commencé par placer la construction de la nef entre 1230 et 1240, mais il s'est aperçu dans la suite qu'il l'avait un peu trop rajeunie, et au tome II du même ouvrage (p. 107), il la fait remonter à 1230, et enfin, au tome IX (p. 256), entre 1220 et 1230. Il dit du reste ailleurs (t. VI, p. 323) que les fenêtres hautes de la nef ne sauraient être postérieures à 1235. Ce qui est bien réel.

(1) A supposer que l'ancienne église St-Firmin le Confesseur se trouvait, comme le dit Pagès, sur l'emplacement du croisillon nord du transept, ce qui est assez vraisemblable, les parties inférieures de ce croisillon ont dû être élevées tout aussitôt après la démolition de celle-ci, car elles appartiennent bien à la même période de travaux.

deux pieds droits de la porte centrale, sur lequel sont sculptées les vierges sages et folles, et l'entourage de la grande rose percée sous la maîtresse voûte. Les trois porches, si remarquables d'ailleurs, les pinacles qui les surmontent, la galerie à jour et la galerie des Rois datent de 1240 environ, ainsi que l'étage intérieur des tours » (1).

Il ne nous a malheureusement pas été donné de voir ces fondations dont parle Viollet-le-Duc. Il est certain que, lorsqu'on examine la façade de la cathédrale d'Amiens, on ne peut méconnaître un repentir dans la façon un peu brusque et presque maladroite dont se terminent les quatre maîtres piliers un peu plus bas que le sol de la galerie à jour (2) et dans la moulure qui, à la même hauteur, passe par derrière le pignon du grand portail, accusant gauchement un retrait considérable du mur de clôture de la partie centrale, par une ligne qui ne se comprend pas dans l'ordonnance générale, et qui fait l'effet d'un faux trait dans un dessin.

Mais s'il y a eu modification dans le projet primitif, je croirais plus volontiers qu'elle a eu lieu pendant l'exécution même des travaux, lesquels ont dû être menés très rapidement et sans interruption; il est difficile en effet d'admettre que la façade ait pu avoir été construite en arrachement comme Viollet-le-Duc le suppose, surtout pour si peu de temps, et on se demande comment, par exemple, elle aurait pu tenir sans contreforts : or la galerie des Rois passe par dessus ceux-ci. Nous savons combien il est difficile de dater exactement des sculptures, mais nous ne voyons pas que les crochets qui ornent la circonférence de la grande rose puissent marquer une autre époque que ceux de la frise qui sert de base à la galerie à jour, ni que l'on puisse voir dans les sculptures des chambranles, du trumeau et des tympans une antériorité de style sur le reste des portails : toute l'ornementation et toute la sculpture de la façade nous paraissent parfaitement homogènes, et il n'y a rien qui permette légitimement d'y établir des époques différentes (3).

Ajoutons qu'en 1243, les tours étaient suffisamment terminées pour contenir des cloches, puisque, dans le règlement de cette année pour les sonneries, l'une d'elles est désignée sous le nom de « turris versus claustrum », c'est-à-dire évidemment celle du sud de la façade occidentale, et elle contenait déjà huit cloches sur dix que la cathédrale, suivant la même pièce, semble avoir alors possédées (4). Il est probable qu'à cette époque, les deux tours de la façade, terminées seulement jusqu'à la hauteur de la base du grand comble, comme nous venons de le dire, étaient couvertes provisoirement de toitures ou de beffrois en charpente. Il semble d'ailleurs que Viollet-le-Duc, après plus mûr examen, soit revenu sur sa première opinion, car dans les derniers volumes de son *Dictionnaire*, il se rapproche

---

(1) *Dict. rais. d'archit.*, t. II, p. 326, fig. 19.

(2) Cette énorme saillie donnée aux piliers principaux jusqu'à la base du triforium n'était-elle pas motivée dans l'esprit du constructeur, par le désir de contrebutter puissamment la poussée des arcades longitudinales?

(3) Il est vrai que Goze dit quelque part (Bibl. d'Amiens, mss. 818) que, lors de la restauration de la façade par Viollet-le-Duc, on aurait trouvé dans l'intérieur des murs, des pierres d'attente qui avaient été noircies et détériorées par leur longue exposition aux injures de l'air, mais il ne dit pas exactement où, et Viollet-le-Duc n'en parle pas : c'eut été à l'appui de sa thèse, un argument qu'il n'aurait certes pas négligé.

(4) Arch. de la Somme, Chapit. d'Amiens, Cartul. II, fol. 294, etc.

absolument de nos conclusions, en reculant la date de la construction de cette façade tout entière à 1230 (1), et même à 1225 (2).

On peut donc dire que, lorsque la cathédrale fut livrée au culte sous l'évêque Geoffroy, la nef entière était terminée avec ses bas côtés, et la façade occidentale jusqu'à la hauteur de la base du grand comble, plus toute la partie inférieure du transept, y compris le cordon sculpté à la base du triforium, et dans ce transept toutes les baies du triforium occidental, les piliers supportant les retombées de la grande voûte de ce même côté avec leurs chapiteaux, plus les fenêtres hautes *16 ab* et *15 ab* avec leurs remplages, qui devaient produire un effet analogue à ce que nous voyons encore aujourd'hui au transept de l'église inachevée de Saint-Vulfran d'Abbeville.

On ferma sans doute la nef entièrement finie par un mur provisoire en *15, 16 abcd;* et c'est probablement dans la partie inachevée du transept que fut établi le « vestiarium retro altare » dont nous avons vu précédemment mention en 1239.

De cette conclusion découle une conséquence importante, c'est que tout le portail occidental, y compris sa statuaire qui a été faite avant la pose, doit évidemment dater des environs de 1225, date qui d'ailleurs n'a rien d'anticipé, si l'on se rappelle que le grand portail de Notre-Dame de Paris, avec lequel celui d'Amiens a plus d'un rapport d'exécution, de dessin et d'iconographie, était terminé vers 1208 (3).

Signalons en passant, mais nous y reviendrons, l'achat fait en mars 1234, v. s. par les procureurs de la fabrique de la cathédrale au chapitre de Saint-Martin de Picquigny, du droit de tirer des pierres des carrières de Beaumetz (4).

Il est probable que les travaux du chœur durent être entrepris bien peu de temps après 1236. Par la charte du mois d'août 1238 que nous avons citée (5), nous voyons en effet l'évêque Arnould décider d'une façon définitive la translation de l'Hôtel-Dieu dans son emplacement actuel, et cela « propter instantiam temporis quæ nos pulsat ut parochia Beati Firmini ubi debeat collocetur » (6), ce qui prouve bien qu'on était pressé de continuer les travaux. On entrevoit en effet dans cette charte que les maîtres et frères de l'Hôtel-Dieu, ou du moins la plupart d'entre eux, faisaient des difficultés pour quitter leur ancienne maison, et qu'elle a eu précisément pour but de vaincre au plus vite leur résistance : on a obtenu de l'abbaye de Saint-Martin aux Jumeaux la même liberté pour la chapelle du nouvel établissement, sur la paroisse Saint-Leu, que celle dont jouissait l'ancienne ; le terrain s'étendant de la cour de l'ancienne maison jusqu'à la rivière, sans doute inutile à la nouvelle église Saint-Firmin le Confesseur, restera leur propriété ; on leur accorde, sur les biens de la fabrique (7), une indemnité de 100 l. p. par an pendant cinq ans ; une commission de quatre membres est instituée pour apprécier impartialement les frais que cette translation pourra leur occasionner et leur en ordonner le remboursement ; des mesures sont prises pour qu'il ne s'élève pas de rixe entre les frères déjà installés dans le nouvel emplacement et ceux qui,

---

(1) *Dict. rais. d'archit.* t. VIII, p. 240.
(2) *Ibid.*, t. VII, p. 501.
(3) Cf. MORTET, *Étude historique et archéologique sur la cathédrale et le palais épiscopal de Paris, du VI° au XII° s.*, p. 46, note. — F. DE VERNEILH, *La Cathédrale de Cologne*, dans *Annales archéol.*, t. VII, p. 232.

(4) Cartul. du chapit. d'Amiens, dans *Mém. de la Soc. des Ant. de Pic.*, in-4°, t. XIV, p. 311.
(5) Voy. ci-dessus, p. 21.
(6) Bibl. d'Am., mss. 516, fol. 95.
(7) Ils devaient donc être encore assez considérables.

jusqu'alors ont résisté, et enfin on les exhorte à souffrir patiemment ce qui a été décidé par le clergé et le peuple de la ville, leur persuadant que, si ce changement leur semble pénible au début, leur maison ne peut qu'en recevoir pour l'avenir les plus grands avantages par la grandeur du local, la proximité d'un large cours d'eau et la salubrité de l'air.

En 1247, la translation de l'Hôtel-Dieu, était déjà depuis un certain temps un fait accompli, et la nouvelle église Saint-Firmin le Confesseur en pleine construction (1).

Les nouveaux travaux de la cathédrale durent être encore menés avec une certaine activité et assez rapidement conduits jusqu'au-dessus des voûtes des bas côtés du chœur, du pourtour du rond point et des chapelles rayonnantes. Toute cette seconde partie paraît avoir été élevée d'un seul jet (2); et elle était sans doute assez avancée au moment de la mort de l'évêque Arnould arrivée en 1247, pour que le corps de ce prélat pût être inhumé entre les deux piliers extrêmes du rond point en *31 32 a* On a de tout temps considéré, en effet, comme son tombeau, celui qui était encore entier en cet endroit du temps de Lamorlière (3), et dont la construction du mausolée du chanoine Guillain Lucas, élevé là vers 1636, et le placement de la statue funéraire du cardinal de la Grange, au xviiie siècle, n'ont plus laissé le soubassement en pierre blanche, orné d'une alternance de fleurs de lis et de castilles dans des losanges.

D'ailleurs le style de cette portion de l'édifice concorde parfaitement avec cette période. On a toujours remarqué la ressemblance singulière, l'air de famille, si l'on peut ainsi s'exprimer, qui existe entre les chapelles du rond point d'Amiens et la Sainte-Chapelle du Palais à Paris; et c'est avec raison que Viollet-le-Duc, qui date, en effet, la partie de la cathédrale qui nous occupe, de 1240. ou environ (4), observe que « l'arcature de la Sainte-Chapelle basse reproduit celle des chapelles du tour du chœur d'Amiens » (5). Par cette phrase, Viollet-le-Duc entend bien que ce sont les chapelles d'Amiens qui ont servi de modèle à celle de Paris, et nous croyons qu'il est dans le vrai, car, malgré la grande ressemblance générale, on ne peut méconnaître dans les chapelles d'Amiens quelque chose de plus large, de plus ample, de moins recherché dans les détails, de moins chargé, en un mot

---

(1) Charte de l'évêque Gérard de Conchy, du mois de janvier 1247, v. s. : « Cum translatio hospitalis Sancti Johannis Ambianensis, quod esse solebat ante nostram Ambianensem ecclesiam, in quo loco ad præsens construitur ecclesia Beati Firmini Confessoris, cujus ecclesia ecclesiæ nostræ cessit. » Copie du xviie s. Bibl. d'Am., ms. 516, fol. 78.

(2) Il y a toutefois une différence entre la partie droite du chœur et le rond point, dont le style s'écarte davantage de celui de la grande nef, notamment dans la mouluration, la sculpture, les remplages des fenêtres et l'arcature de soubassement : le dessin de cette dernière, en effet, encore semblable à celui de la nef dans les parties droites du chœur, est tout à fait changé aux chapelles. Ne pourrait-on pas supposer qu'ici le maître de l'œuvre a voulu à dessein laisser les parties droites du chœur dans le même style que la nef, dont elles ne sont du reste que le prolongement, tandis que,

pour les chapelles qui forment un ensemble bien distinct, il a cherché à faire quelque chose de nouveau et d'original ? Mais il n'est pas vrai de dire que le bas côté du chœur soit exactement semblable à celui de la nef; il en diffère déjà en quelques points importants, notamment dans les remplages des fenêtres.

(3) *Antiquités*, p. 202.

(4) Viollet-le-Duc, *Dict. rais. d'archit.*, t. VII, p. 510.

(5) *Ibid.*, t. II. p. 331, note 2. — Cette ressemblance n'est cependant pas absolue : à Paris, les entrecolonnements sont beaucoup plus écartés, les arcs plus aigus et plus élevés, les redents par conséquent plus importants et plus chargés de doucines, la corbeille des chapiteaux est plus évasée et leurs tailloirs d'un tout autre profil. Le plus grand point de ressemblance entre les deux arcatures consiste dans les petits trèfles renversés en intailles percés dans les écoinçons.

de moins avancé comme style. Remarquons notamment l'absence de gables aux chapelles d'Amiens, tandis qu'il en existe déjà à la Sainte-Chapelle. A la cathédrale d'Amiens, les gables apparaissent au contraire dans les parties hautes du chœur, qui ont été évidemment construites après celle-ci. De plus, la mouluration de la Sainte-Chapelle est déjà plus délicate que celle des nôtres. Le dessin des remplages des fenêtres du chevet, avec ses trois trèfles superposés, est bien caractéristique, à Amiens comme à Paris, mais à Paris il est beaucoup plus fin, plus délié, et les deux arcs subdivisionnaires y sont déjà pourvus de redents qui manquent à Amiens. Enfin la sculpture décorative, d'une main plus habile, il est déjà beaucoup plus avancée, plus naturaliste, à la Sainte-Chapelle haute surtout.

Ainsi la Sainte-Chapelle est une imitation des chapelles d'Amiens et en progrès sur elles : il faut en conclure qu'elle leur est postérieure. Or on sait qu'elle fut commencée en 1245. Il fallait donc qu'à cette époque les chapelles d'Amiens fussent pour le moins suffisamment avancées pour que son maître maçon ait pu s'en inspirer ; ce qui les fait absolument rentrer dans la date que nous leur assignons. Il est même probable que c'est précisément parce que, par leurs proportions si heureuses, si hardies et si neuves, ces chapelles à peine terminées produisirent à l'époque où elles parurent une véritable sensation, que le maître maçon de saint Louis ne crut pouvoir trouver un meilleur modèle pour le bijou architectural que le Roi voulait élever.

Cependant, malgré la rapidité encore grande avec laquelle cette seconde campagne fut menée, il semble que les ressources commençaient à devenir moins abondantes. Il faut dire que la reconstruction de Saint-Firmin le Confesseur et les indemnités qu'il fallut donner aux maître et frères de l'Hôtel-Dieu pour les décider à abandonner leur ancien hôpital, durent en absorber une grande partie. Toujours est-il qu'en 1240, on avait déjà dû avoir recours à une source de revenus dont il est probable qu'on avait pu jusqu'alors se passer.

Il avait été décidé que les reliques de saint Honoré, évêque d'Amiens, seraient portées par tout le diocèse pour recueillir des aumônes (1). Cela résulte d'une lettre du lendemain de la Sainte-Croix (4 mai) 1240, insérée au Cartulaire Noir de Corbie, et par laquelle le doyen du chapitre prie l'abbé et les religieux de cette abbaye de donner, en faveur de la fabrique de la cathédrale, des lettres aux envoyés du chapitre afin que les reliques de saint Honoré portées par ses clercs dans les villages dépendant de leur juridiction y soient reçues honorablement (2).

Nous verrons plus loin que l'on continua encore pendant de longues années, et bien avant dans le xive siècle, à envoyer au dehors les reliques de saint Honoré quêter pour la fabrique.

---

(1) C'est sans doute le souvenir de ce qui s'était passé en 1137 (voy. ci-dessus p. 11) qui aura fait préférer pour cette quête saint Honoré à saint Firmin.

(2) « Ut cum gloriosissimum corpus beati Honorati per suos clericos deportatum ad easdem (villas) diverterit, vel ejus nuncii recipiantur honorabiliter et laudanter », etc. Cartul. noir de Corbie. Bibl. Nat., ms. lat. 17758, fol. 51 v°. — Les anciens auteurs imprimés ou manuscrits qui ont écrit sur la cathédrale d'Amiens, paraissent avoir vu, indépendamment de cette lettre, une décision capitulaire sur le même objet, mais qui est aujourd'hui disparue. Malheureusement ils n'en parlent que d'une façon très vague. — Mss. de Pagès, édit. Douchet, t. V, p. 71. — Bibl. d'Am., ms. 832 (Machart, t. IV), p. 57 ; 836 (Id., t. VIII), p. 358 ; ms. 844 (Bernard, t. III), p. 109. — DAIRE, Hist. de la ville d'Amiens, t. II, p. 92. — RIVOIRE, Descript. de l'église cath. d'Amiens, p. 20.

CONSTRUCTION DE LA CATHÉDRALE — 1220-1288.

La plupart des anciens auteurs qui ont parlé de la cathédrale d'Amiens, et qui paraissent avoir vu des documents aujourd'hui disparus, ou avoir connu certaines traditions, prétendent que, sous l'évêque Arnould, on aurait aussi achevé les hautes voûtes, posé la charpente et élevé un clocher de pierre au milieu de la croisée (1). Il faut convenir que tout ce qu'ils disent à ce sujet est très vague, très incomplet, très obscur, et se concilie assez mal avec tout ce que nous venons de voir et ce que nous verrons par la suite. Ont-ils bien compris les textes qu'ils ont pu avoir sous les yeux, et n'ont-ils pas été influencés par cette phrase de Lamorlière au sujet du tombeau de l'évêque Arnould : « en mémoire qu'il acheva la summité d'icelle, car la devanture de ce tombeau est toute figurée comme de la représentation de quelques galeries ou petits clochers » (2), interprétant ainsi à sa manière les castilles que l'on voit encore aujourd'hui sur le soubassement de la tombe en question ?

Tout au plus pourrait-on supposer que, vers 1236, lorsque la démolition de Saint-Firmin le Confesseur fut commencée et le culte célébré dans la nouvelle cathédrale, la voûte de la nef n'était pas terminée et que celle-ci fut couverte d'une toiture provisoire, ce qui n'est guère admissible. Quant au clocher central, nous en reparlerons plus loin.

Pendant les dix années de l'épiscopat de Gérard de Conchy, de 1247 à 1257, il semble que la construction de la cathédrale ait peu avancé : il y a là évidemment un temps d'arrêt. Ce fut d'ailleurs l'époque de l'expédition de saint Louis en Terre-Sainte, à laquelle prit part l'évêque d'Amiens (3), et de la croisade des Pastoureaux. L'édifice était d'ailleurs suffisamment avancé pour que le service divin pût y être célébré décemment, de sorte qu'il n'est pas étonnant que les travaux aient été interrompus pendant quelques années afin de recueillir de nouveaux fonds pour tout terminer (4). On se hâtait d'ailleurs de mettre en état d'être livrée au culte la nouvelle église Saint-Firmin le Confesseur, à laquelle on travaillait encore, nous l'avons vu, au mois de janvier 1247, v. s. (5), et qui ne fut d'ailleurs jamais terminée (6).

Le successeur de Gérard de Conchy, Aleaume de Neuilly occupa trop peu de temps le siège d'Amiens (1258-1259) pour pouvoir s'occuper de reprendre les travaux; cependant sous son épiscopat survint un accident qui ne fut pas sans doute sans influence sur l'achèvement de la cathédrale.

En 1258 ce qui était fait de la cathédrale subit un incendie dans lequel tous les titres du chapitre périrent. C'est ce qui résulte d'une enquête terminée au parlement de l'octave de la Chandeleur 1258, v. s., sur la plainte du chapitre, contre un nommé Robert Bisaharz, Anseau, sergent de la ville d'Amiens et Enguerran de Croy, tous trois accusés d'avoir, à la faveur de la nuit et de

---

(1) Bibl. d'Am., mss. 510, fol. 4 et 80; 516, fol. 49; 832 (Machart, t. IV), fol. 57 et 119 et 836, (*Id.* t. VIII), fol. 358 et 362; 844, (Bernard, t. III), p. 109. — Mss. de Pagès, édit. Douchet, t. V, p. 71. — Daire, *Hist. de la v. d'Amiens*, t. II, pp. 93 et 100. — Rivoire, pp. 20 et 55. — De Court, *Mém. chronol.*, l. III, ch. 1. — Ms. de Baron, p. 40, etc.

(2) *Antiquités*, p. 202.

(3) Mathieu Paris, an. 1250. — Du Cange, *Hist. des évêques d'Amiens*, Bibl. de l'Arsenal, ms. 3905, fol. 193.

(4) Viollet-le-Duc signale bien cette interruption, mais, influencé sans doute par Goze, il la place un peu trop tôt, en 1240. (*Dict. rais. d'archit.*, t. II, p. 325. — Cf. Goze, *Rues d'Amiens*, t. II, p. 147).

(5) Charte de l'évêque Gérard de Conchy de janvier 1247, v. s. Bibl. d'Amiens, ms. 516, fol. 78.

(6) Anciens dessins, notamment une vue d'Amiens de 1750 reprod. dans Dutuoit, *le Vieil Amiens*.

l'incendie, dérobé un coffre placé sous un mur de l'église et qui contenait le sceau et les privilèges du chapitre (1). Il est aussi fait allusion à cet événement dans une bulle d'Urbain IV du 15 des kalendes d'août, an 1ᵉʳ de son pontificat (18 juillet 1262), relative à la reconstitution des susdits privilèges (2). D'après le préambule du *Roman d'Abladane*, cet incendie aurait eu lieu la veille de Saint-Firmin le Confesseur, soit dans la nuit du 31 août au 1ᵉʳ septembre 1258 (3).

Viollet-le-Duc suppose que cet incendie dut consumer les charpentes des chapelles du chevet, car on voyait encore, avant la restauration qu'il fit des parties supérieures et des toitures de ces chapelles, des traces d'incendie au-dessus des voûtes de celles-ci, tandis qu'au-dessus des pierres calcinées s'élevaient les premières assises parfaitement pures du triforium (4). Malheureusement, les derniers travaux faits à ces chapelles ont fait disparaître toutes les pierres attaquées par le feu.

A l'intérieur du croisillon sud du transept, jusqu'au cordon sculpté qui court à la base du triforium inclusivement, on remarque que les pierres et surtout les sculptures sont abîmées, rongées par endroits d'une façon trop profonde et trop localisée pour qu'on puisse attribuer cette particularité à la mauvaise qualité de la pierre, qui est généralement excellente. Ce sont évidemment des traces de feu. L'incendie de 1258 ne se serait-il pas aussi étendu aux couvertures provisoires de cette partie du transept, qui, si le mur élevé en *15, 16* du plan pour séparer la nef terminée des parties en construction, existait encore, ce qui est assez probable, devait alors servir de sacristie (5), et par conséquent renfermer les archives du chapitre (6)?

(1) « Conquerebantur decanus et capitulum Ambiani, quod ea nocte qua ecclesia sua fuit combusta, quedam arca posita infra murum ipsius ecclesie, in qua erant sigillum et privilegia eorumdem, fuit de eodem loco amota et fracta et inde asportata fuerunt et furtim substracta sigillum et privilegia antedicta, supplicantes domino Regi ut super hoc consilium adhibeat. Per inquestam inde factam ex parte domini Regis, inventi valde suspecti tres infrascripti : videlicet Robertus Bisaharz, qui in multis dampnificavit ecclesiam ipsa nocte; item Ansellus, serviens ville Ambiani, valde suspectus super asportacione et fractione dicte arche ; item Injorannus de Croī aliquantulum suspectus inventus est. Placuit domino Regi quod isti tres caperentur per ballivum Ambianensem. » *Les Olim*, publ. par le comte Beugnot, dans *Documents inédits*, t. 1, p. 71. — Il y a dans ce texte des *Olim* quelque chose d'étrange. Pourquoi le coffre aux chartes du chapitre fut-il dérobé pendant cet incendie? Et il ne le fut pas par de vulgaires larrons : c'est un sergent de ville, qualifié de « valde suspectus », c'est un de Croy, c'est-à-dire un membre d'une des premières familles échevinales de la ville (cf. Janvier, *Le livre d'or de la municipalité Amiénoise*). Enfin le 3ᵉ personnage, moins connu, « in multis dampnificavit ecclesiam ipsa nocte. » Ne s'agirait-il pas ici de quelque grave affaire entre les gens d'église et les bourgeois, et au cours de laquelle le feu aurait été mis par malveillance à la cathédrale? Y a-t-il eu à Amiens quelque chose d'analogue à ce qui s'est passé à Reims vers 1235, où les habitants, dans une révolte contre l'archevêque, s'emparèrent des pierres destinées à la construction de la cathédrale pour détruire plusieurs édifices appartenant à celui-ci? (Bulle de Grégoire IX dans Marlot, *Hist. de Reims*, 1843, t. III, p. 792). C'est un mystère sur lequel toutes les annales de la ville d'Amiens sont muettes.

(2) Arch. de la Somme, Chapit. d'Am., Arm. I, J. 1, n° 1. et Cartul. — Voy. aussi bulle d'Urbain IV, d'octobre 1263, extr. du cartul. de l'évêché d'Amiens, Bibl. Nat., mss. Picardie, 97, p. 227.

(3) « Or escoutés que li boins clers maistre Richars de Fournival, chanceliers de l'esglise Nostre-Dame d'Amiens, et li austre maistre qui a ce temps estoient, virent et leurent un livre qui fu ars au derrain fu de Nostre-Dame d'Amiens en l'an de grâce MCCLVIII, le vigile Saint-Fremin le Confès, après aoust. » *Hist. litt. de la France*, t. XXIII, p. 714. — Sur le *Roman d'Abladane*, voy. ci-dessus, p. 17, note 1. — Pas n'est besoin de dire que le P. Daire fait erreur lorsqu'il confond cet incendie avec celui qui a motivé la construction de la cathédrale. (*Hist. de la ville d'Amiens*, t. II, p. 137).

(4) Viollet-le-Duc, *Dict. rais. d'archit.* t. II, p. 325.

(5) Le « vestiarium retro altare » de la pièce de juillet 1239 (Arch. de la Somme, Chapit. d'Amiens, Cartul. I, fol. 185, etc). — Cette supposition paraît assez vraisemblable, étant donné que toutes ces parties inachevées devaient, suivant l'habitude du moyen âge, être couvertes provisoirement d'herbe ou de chaume.

(6) Lorsque, il y a une cinquantaine d'années, on fouilla dans la cour du Puits de l'Œuvre pour construire

La reprise des travaux (1) des parties hautes du transept et du chœur dut avoir lieu bien peu de temps après cet incendie, et coïncider sans doute avec l'avènement de Bernard d'Abbeville sur le siège épiscopal d'Amiens, en 1259. Ce prélat, comme Jean d'Abbeville, cardinal-évêque de Sabine, dont nous avons parlé précédemment, appartenait à la famille des comtes de Ponthieu : de plus, sous son épiscopat, la ville d'Amiens fut le théâtre d'un événement considérable auquel prirent part les rois de France et d'Angleterre et un grand nombre de barons des deux pays. Nous voulons parler de la fameuse sentence arbitrale que saint Louis prononça dans cette ville le 23 janvier 1264, n. s. entre le roi Henri III d'Angleterre et ses barons révoltés. Le fut-elle dans la cathédrale même, comme on l'a prétendu? C'est probable, mais la sentence est tout simplement datée d'Amiens, sans autre indication (2), et les documents contemporains, dans leur laconisme, ne nous en fournissent d'autre part aucune preuve certaine (3). Toujours est-il que les nombreux princes et grands seigneurs qui se rendirent alors à Amiens n'ont pas dû être sans visiter la nouvelle cathédrale, et sans lui laisser, comme c'était l'usage, quelques aumônes, mais là-dessus nous n'avons pas davantage de documents. Nous savons seulement que le roi de France aurait fait présent d'une belle émeraude au chef de saint Jean-Baptiste (4).

Une chronique manuscrite de Corbie conservée à la bibliothèque d'Amiens, mais dont les dates ne sont pas toujours exactes, place en 1264 l'achèvement de la cathédrale (5). Cette date ne doit cependant pas être beaucoup anticipée, car, d'un côté nous voyons dans une transaction entre Bernard d'Abbeville et le chapitre du samedi avant les Rameaux (20 mars) 1265, v. s., une somme de 30 l. 12 s. destinée à la fabrique et affectée à la construction de sacristies ou plutôt de chambres pour les marguilliers et autres serviteurs de l'église, près de la trésorerie, qui paraît exister déjà (6); et de l'autre, l'inscription bien connue peinte sur le vitrail de la fenêtre haute au fond du sanctuaire : « Bernardus episcopus me dedit anno MCCLXIX » prouve bien qu'à cette époque toutes les parties hautes du chœur étaient terminées, du moins quant à la maçonnerie; tout au plus peut-on admettre que la charpente et la toiture restaient encore à poser.

---

les bâtiments des nouvelles sacristies, on trouva, paraît-il, d'anciens murs, un cintre solide en pierre et une couche de verres de couleurs avec dessins du XIIIe siècle, fondus par un incendie. (Gozr, Bibl. d'Amiens, ms. 818).

(1) C'est sans doute pour ces nouveaux travaux que le chapitre dut faire à la fabrique les avances auxquelles il est fait allusion dans une note des environs de 1260, au cartul. du chapit. d'Amiens où sont énumérés plusieurs débiteurs du chapitre « pretor hoc quod debet fabrica. » Arch. de la Somme, Chapit. d'Amiens, Cartul. I, fol. 184.

(2) Les anciens historiens d'Amiens, Lamorlière, Daire et même Rivoire se gardent bien de le dire. C'est Dusevel (Hist. d'Amiens, 1848, p. 147) qui a imaginé toute une mise en scène, où il montre notamment le roi de France « sur un trône élevé au milieu de la nef » de la cathédrale, etc., et depuis, plusieurs auteurs l'ont répété.

(3) Sententia Ludovici IX, Francorum regis, etc., dans d'Achery, Spicil., 1723, t. III, p. 642. — Rymer, Fœdera, conventiones, litteræ, etc., 1745, in-fol., t. I, p. 83. — Cf. A. de Calonne, Hist. de la ville d'Amiens, t. I, p. 255.

(4) Bibl. d'Amiens, ms. 510, fol. 5 v°.

(5) « Templum majus B. M. Amb. consummatur anno 1264 ». Chron. Corb., par Antoine de Caulaincourt, official de Corbie, (XVIe s.), Bibl. d'Amiens, ms. 524, p. 171. — Cette chronique place en 1223 la date du commencement des travaux de la cathédrale.

(6) 1265, v. s. : « De quinquaginta vero libris p., quas dicti decanus et capitulum petunt a nobis (episcopo) de emenda Mathei de Bellavalle, quam emendam dicunt a nobis eisdem, pro dicta emenda satisfaciemus de triginta tribus libris et duodecim solidis p., quotienscumque cameras necessarias juxta thesaurariam ecclesie, ad opus matriculariorum et aliorum ministrorum ecclesie contigerit fabricari. » Arch. de la Somme, (Évêché d'Am.), G. 379, etc.

C'est donc à cette époque que l'on put considérer la cathédrale comme achevée, abstraction faite des quelques parties qui n'ont été terminées que beaucoup plus tard, telles que le haut des tours et les roses et pignons du transept, lesquelles n'appartiennent plus à l'art du treizième siècle, et qu'elle put être tout entière livrée au culte.

Ce n'est pas à dire qu'il ne restait absolument plus rien à faire dans les années qui suivirent. A la fin de l'épiscopat de Bernard d'Abbeville et pendant celui de Guillaume de Mâcon (1278-1308), on dut s'occuper encore de quelques travaux de détails qui avaient été négligés jusque là pour activer le gros œuvre. Ainsi, ce n'est qu'en 1288, comme nous le fait voir l'inscription du labyrinthe, que la nef, tout au moins, aurait reçu son dallage définitif, tel qu'il a subsisté jusqu'à nos jours. Il est probable que, pressé de livrer la nef au culte, on l'aura laissée sans dallage, ou avec un dallage provisoire. Il en aurait été de même des vitraux : il paraît en effet, d'après les trop brèves descriptions que nous en possédons et d'après les inscriptions qui nous en ont été conservées, que la plupart d'entre eux, et principalement ceux de la nef, n'auraient été exécutés qu'à la fin du XIIIe siècle.

Le 16 mai 1279, une grande multitude remplissait la nouvelle cathédrale pour assister à la translation solennelle des reliques de saint Firmin le Confesseur et de sainte Ulphe dans de nouvelles châsses. La cérémonie eut lieu en présence des plus illustres personnages : deux rois, Philippe III de France et Édouard I d'Angleterre; huit prélats : Simon de Brie cardinal-prêtre du titre de Sainte-Cécile, légat du saint siège (1), Guillaume de Flavacourt, archevêque de Rouen, Philippe de Chaource, évêque d'Evreux, Renaud de Nanteuil, évêque de Beauvais, Guy de Genève, évêque de Langres, Robert évêque de Bangor, et Guillaume de Mâcon, évêque d'Amiens; Charles, prince de Salerne, fils du roi de Sicile, un grand nombre de princes, de barons et d'abbés tant de France que d'Angleterre (2), tous venus à Amiens pour le renouvellement des traités de 1259, par lesquels Louis IX avait rétrocédé à Henri III, le Périgord, le Limousin, le Quercy, une partie de la Saintonge et de l'Agenais. Est-ce dans cette même cérémonie que le traité fut signé ou juré ? Le fut-il dans la cathédrale d'Amiens ? C'était en effet l'habitude à cette époque que les traités fussent solennellement passés dans les églises et pendant la célébration de la messe, mais les documents ne nous disent absolument rien à ce sujet, quant à celui qui nous occupe. Sa promulgation par le roi de France est tout simplement datée d'Amiens, 23 mai 1279 (3); celle d'Édouard I, de la même ville, 29 mai de la même année : elle dit de

---

(1) Plus tard pape sous le nom de Martin IV.

(2) Procès-verbaux de translations des reliques de saint Firmin le Confesseur (Arch. de la Somme, Chapit. d'Amiens, Cartul. VI, fol. 32, v°), et de sainte Ulphe (Bibl. d'Amiens, ms. 839, p. 50), tous deux du 16 mai 1279. — Le duc de Bretagne et le duc de Bourgogne étaient aussi, paraît-il, venus au traité d'Amiens : « Disoyent et maintenoyent lidit maires et esquevins que, s'il avoyent alé armé el cloistre quant li maistre de le court furent à Amiens pour le païs d'Engleterre, si fusche pour le ville warder et pour oster le périeux qui grans y estoyent, et pour le sauveté desdis maistres dont il en avoit planté à ostel el devant dit cloistre (de la cathédr.), si comme le duc de Bourgoigne et de Bretagne et aultres grans seigneurs. » Transact. entre le chapit. d'Amiens et la ville du mardi après l'octave de la Purification (16 février) 1304, v. s. Arch. de la Somme, Chapit. d'Amiens, Cartul VII, fol. 71, v°.

(3) P. ANSELME, Hist. généal., t. II, p. 554. — RYMER, Fœdera, t. I, part. II, p. 179. — LOUVET, Hist. d'Aquitaine, part. II, p. 20.

plus que « toutes ces choses, en la présence dudit nostre seigneur le Roy (de France) et en la nostre, nous avons fait jurer en nostre âme aux saintes ewangiles, par Jehan de Bery nostre chevalier, auquel nous donasmes povoir et commandement espécial à ce jurer en nostre nom et en nostre âme » (1), et c'est tout.

(1) Dumont, *Corps diplom.*, t. I, part. 1, p. 242. — Arch. de la ville d'Amiens, AA 4 (reg. D), fol. 31 v°. — Sur le caractère religieux des traités au moyen âge, voy. F. Funck-Brentano, *Études sur la diplomatie du moyen âge*, dans *Revue d'hist. diplomatique*, 1887.

Fig. 9. — Porte Saint Firmin. — Février (C. b.).

Fig. 6. — Cloître. Culs de lampe.

III

Achèvement et modification au plan primitif.
1288-1401

Pendant cette seconde période, qui comprend un peu plus d'un siècle, nous verrons la cathédrale se terminer lentement, à travers les guerres et les troubles du xive siècle, et prendre la physionomie qu'elle a gardée jusqu'à nos jours.

Un des premiers travaux consista à modifier le plan général de la nef. Depuis déjà plusieurs années, on avait commencé à éventrer les murs des collatéraux d'un certain nombre d'églises, pour établir des chapelles entre les piliers buttants. On ne tarda pas à en faire autant à la cathédrale d'Amiens.

Le pavé était à peine posé, et, dès avant 1292, l'évêque Guillaume de Mâcon faisait jeter par terre le mur de clôture et la fenêtre du bas côté en *12 14 b*, et élever dans l'aisselle du croisillon sud du transept (1), une chapelle en l'honneur de Sainte-Marguerite. Il était en effet représenté sur le vitrail qui garnissait la fenêtre de cette chapelle avant 1704, avec ses armes et cette inscription : « Guillelmus Ambianensis episcopus, natione burgundus, fieri me fecit » (2), et il y était enterré. Une pièce du mois d'août 1292 (3) permet de préciser davantage : dans l'acte de translation par Guillaume de Mâcon de la chapellenie de Framicourt, qui n'avait pas de lieu pour être desservie, il est décidé « quod dicta capellania perpetuo desserviatur in majori ecclesia Ambianensi, *in capella quam de novo fundavimus in ipsa ecclesia, in honore beate Margarete* ». Le chapelain de Framicourt était assimilé aux autres chapelains de la cathédrale, mais non aux anciens. C'est donc entre 1278, époque où Guillaume de Mâcon

---

(1) Chapelle XII.
(2) De Court, *Mém. chronol.*, l. II, ch. 46. — Cf.
Lamorlière, *Antiquités*, p. 218.
(3) Arch. de la Somme (Évêché d'Am.), G. 286.

ACHÈVEMENT ET MODIFICATION AU PLAN PRIMITIF — 1288-1401.   41

fut fait évêque d'Amiens, et 1292, et plutôt à une date voisine de cette dernière (1), qu'il faut placer la construction de cette chapelle, qui se trouve par cela même, aussi bien d'ailleurs que par son style, la première en date de toutes celles qui bordent la nef de la cathédrale (2).

Drieu Malherbe, qui fut maieur d'Amiens en 1292 (3) et qui mourut un peu avant le 29 juin 1296, et Maroie, sa femme, avaient laissé par testament à la commune d'Amiens plusieurs immeubles, à la charge de les vendre et d'en convertir le prix en une rente perpétuelle pour fonder deux chapelles, l'une dans la cathédrale d'Amiens, l'autre, dans la chapelle Saint-Nicolas des Pauvres Clercs de la même ville. Par un acte du 29 juin 1296 qui rappelle ces faits (4), l'échevinage déclara conserver les susdits immeubles, sur lesquels il s'engagea à payer 60 l. par an aux titulaires des chapellenies, jusqu'à ce qu'il ait pu acheter 60 l. de rentes. Nous savons d'ailleurs, bien que ce titre ne le dise pas positivement, que la chapellenie ainsi fondée à la cathédrale fut celle dite de Sainte-Agnès. C'est en effet à son titulaire que, de tout temps, la ville d'Amiens a payé annuellement la somme de 30 l., de même qu'à la chapelle Saint-Nicolas des Pauvres Clercs, soit en tout 60 l. (5). Cette chapellenie a toujours été desservie dans la chapelle XI de la cathédrale, qui, à l'origine, portait effectivement le vocable de Sainte-Agnès (6).

Le document qui précède ne dit pas non plus si la construction de la chapelle a coïncidé avec la fondation de la chapellenie, mais c'est probable : son style architectural, bien que légèrement en avance sur celui de la chapelle XII, ne contredit pourtant pas cette époque; il est d'ailleurs assez semblable à celui de la chapelle IX, qui est datée d'une façon certaine. Au surplus, cette chapelle XI a conservé quatre panneaux du vitrail qui garnissait sa fenêtre : or par le style, la composition, le coloris, les attitudes et le costume des personnages, ce vitrail se rapporte parfaitement à l'époque que nous lui assignons. Bien plus, ces quatre panneaux ont le plus grand intérêt au point de vue qui nous occupe, puisqu'ils représentent, les deux premiers, un personnage en costume séculier offrant une chapelle à sainte Agnès (7), et les deux autres un personnage également en costume

(1) Et non en 1303, comme le disent le P. Daire (*Hist. d'Amiens*, t. II, p. 106) et dom Grenier (Bibl. Nat., ms. Picardie, 159, fol. 1).

(2) En rapprochant le vocable de Sainte-Marguerite donné à cette chapelle de ce que nous allons dire au sujet de la chapelle IX dédiée à Saint-Louis, ne pourrait-on pas supposer que la reine Marguerite de Provence, veuve du saint roi, n'aurait pas été, soit par des dons, soit autrement, étrangère à sa construction?

(3) JANVIER, *Livre d'or de la municipalité Amiénoise.*

(4) Arch. de la Somme, (Évêché d'Am.), G. 288. — Arch. de la ville d'Amiens, AA2 (Reg. B.), fol. 45; AA3 (Reg. C.), fol. 186 v° et AA5 (Reg. E.), fol. 92 v°, publ. dans AUGUSTIN THIERRY, *Monum. inéd. de l'hist. du tiers état*, t. I, p. 301.

(5) DARSY, *Bénéfices de l'église d'Amiens*, t. I, pp. 45 et 89. — Les comptes de la ville d'Amiens ne laissent d'ailleurs aucun doute : « A maistre Pierre Lemaire, clerc, cappellain de l'une des cappelles que fonda sire Drieu Malherbe, laquelle se dessert en la capelle Sainte-Agnès en l'église Nostre-Dame d'Amiens, pour, audit cappellain, au jour de l'ottave St-Jehan-Baptiste l'an CCCIIII^{xx} VI, xxx l...... Et pour l'aumône dudit sire Drieu, qui se donne en gros draps et en sollers, xii l. » Arch. de la ville d'Amiens, compte de 1386, CC3, fol. 27. — « Messeigneurs ont veu oudit eschevinage une requeste baillie par maistre Guillaume Rendu, chanoine d'Amiens, et chappellain de l'une des chappelles que en son vivant fonda sire Drieu Malherbe, en la maison des povres clers..... Sire Jehan Estrelin, prebtre, chappellain de pareille chappelle fondée de Ste-Agnez en l'église Nostre-Dame d'Amiens, sera aussi paié le plus brief que faire se porra de ce qui, à cause d'icelle chappelle, luy est deu pour ledit terme ». Échevin. du 31 décembre 1477. Arch. de la ville d'Amiens, BB 12, fol. 129.

(6) Elle est aujourd'hui dédiée à Saint-Firmin.

(7) Le vocable primitif et officiel est donc bien celui de Sainte-Agnès.

civil présentant une verrière à sainte Catherine. Ce sont évidemment les donateurs de la chapelle et du vitrail.

Aussitôt après la canonisation de saint Louis, qui eut lieu le 11 août 1297, un grand nombre d'églises et de chapelles furent élevées en France sous son vocable (1). Telle fut la chapelle de la nef de la cathédrale d'Amiens, qui porte le n° IX (2). Elle était déjà construite en 1302; l'évêque Guillaume de Mâcon nous apprend lui-même par la charte de fondation par maître Étienne Gaydon, chanoine d'Amiens, d'une chapellenie dans ladite chapelle, que c'est lui qui l'avait élevée en l'honneur du saint roi (3).

Outre l'enthousiasme général soulevé dans la France entière par la canonisation de saint Louis, outre le souvenir vivace que cet illustre prince avait dû laisser dans Amiens, où il avait accompli plusieurs actes importants de son règne (4), et où il n'avait pas dû être sans avoir laissé quelques libéralités à l'œuvre de la cathédrale, l'évêque d'Amiens avait des raisons particulières pour être un des premiers à lui consacrer un monument.

Avant d'être élu évêque d'Amiens, en 1278, Guillaume de Mâcon, chanoine de Paris et de Beauvais, doyen de Laon, homme d'une très grande valeur, avait été clerc aumônier de Louis IX et honoré de l'amitié et de l'estime de celui-ci et de ses successeurs (5). Il aurait accompagné le saint roi à Tunis et assisté à ses derniers moments (6). Lorsque les ossements du pieux monarque furent ramenés à Saint-Denis, le vendredi après la Pentecôte 1271, alors qu'il était encore chanoine de Paris, il fut témoin d'un miracle arrivé à une dame du diocèse de Seez qui aurait recouvré subitement la vue (7). Il prit une part active à la cause de canonisation : dès 1278, il était à peine installé dans son évêché d'Amiens, que Philippe le Hardi l'envoyait à Rome avec Guillaume, doyen d'Avranches, et le maréchal Raoul d'Estrées, pour solliciter du pape Nicolas IV le procès public de

---

(1) *Acta SS. Boll.* Aug.,t. V, p. 540. — Nous citerons notamment une des chapelles du chevet de Notre-Dame de Paris, élevées en 1296 par l'évêque Simon Matiffas de Buci (GUILHERMY, *Inscript. de la France*, t. II, p. 17), le couvent des Dominicains de Poissy fondé dès 1298 en l'honneur du nouveau saint par Philippe le Bel (Jean de St-Victor, dans *Rec. des historiens de Fr.*, t. XXI, p. 635), la chapelle que les habitants de Carcassonne, qui s'étaient élevés contre les Dominicains ont été condamnés par l'inquisiteur à construire dans l'église des Dominicains de leur ville en l'honneur de St-Louis en l'an 1300, et pour laquelle la ville de Carcassonne dut payer 90 l. t. (*Fragm. Bernardi Guidonis de ordine Prædicatorum*, ibid., t. XXI, p. 744). — Il s'en construisit non seulement en France, mais fort loin à l'étranger : ainsi en 1304, Blanche, fille de Philippe le Hardi, roi de France et épouse de Rodolphe III d'Autriche, légua 1000 l. pour refaire à neuf l'église des frères mineurs de Vienne en Autriche à condition qu'elle serait dédiée à St-Louis, roi de France — (HERRGOTT, *Monum. aug. domus Austriacæ*, t. I, p. 211), — etc.

(2) Elle est plus connue aujourd'hui, depuis le xviiie siècle, sous le titre de Notre-Dame de Paix, il serait fort à désirer qu'on lui restituât son ancien vocable qui ne peut être pour la cathédrale d'Amiens qu'un souvenir du plus grand prix.

(3) « Capellano autem in dicta capellania instituendo, capellam novam quam in honore beati Ludovici ædificari nuper fecimus, ad deserviendum in ea specialiter assignamus ». Samedi après St-Philippe et St-Jacques (5 mai) 1302, extrait du xviiie siècle du cartulaire aujourd'hui détruit de l'évêché d'Amiens ; Bibl. Nat., mss. Picardie, 97, p. 121. — Peu de temps après, une autre chapellenie était fondée dans la même chapelle en exécution du testament de Jean Darc, citoyen d'Amiens. (Acte de l'évêque Guillaume de Mâcon, du vendredi après Lætare (18 mars) 1305, v. s., extrait du xviiie siècle du même cartulaire ; Bibl. Nat. ms. Picardie, 97, p. 71 et Arch. de la Somme, Chapit d'Amiens, Arm. I, l. 35, n° 10).

(4) Voy. ci-dessus, p. 37 et A. DE CALONNE, *Hist. de la ville d'Amiens*, t. I, p. 255.

(5) *Gall. Christ.*, t. X, col. 1187. — SOYEZ, *Notices sur les évêques d'Amiens*, p. 83.

(6) SOYEZ, *loc. cit.*

(7) GUILL. DE CHARTRES, *De vita et mirac. S. Ludovici*, dans *Rec. des Historiens de Fr.*, t. XX, p. 38 B. — GEOFFROY DE BEAULIEU, *Ibid.*, p. 25 A

la canonisation (1). En 1281 il partait encore avec Simon de Perruche, évêque de Chartres, député par un grand nombre d'archevêques et d'évêques de France vers le pape Martin IV, afin de demander la canonisation (2).

Cette chapelle fut donc pour Guillaume de Mâcon le monument de l'amitié et de la vénération à l'égard d'un saint qu'il avait personnellement connu et aimé (3). Mais ce qui précède a encore une importance toute particulière, c'est que nous pouvons en conclure d'une façon certaine que la chapelle fut élevée entre 1297 et 1302.

Les chapelles VII et VIII dédiées primitivement, la première à saint Honoré, évêque d'Amiens, l'autre à saint Nicolas sont, par leur architecture, exactement semblables à la chapelle de Saint-Louis, et, détail important, le dessin du remplage de leurs fenêtres est absolument identique à celui de la fenêtre de cette dernière et évidemment tracé sur les mêmes épures. Elles ont dû par conséquent être toutes deux élevées en même temps qu'elle. En ce qui concerne la première, certains faits corroborent cette opinion.

Il y avait dans la cathédrale d'Amiens quatre chapellenies du titre de Saint-Honoré (4) : la première, dont le fondateur est inconnu, deux, qui paraissent avoir été fondées par l'évêque Guillaume de Mâcon, une quatrième, sur laquelle nous possédons plus de renseignements. Nous savons par un titre du mercredi après la Madeleine (25 juillet) 1324 (5), que, quelques années auparavant, Guillaume de le Planque, *Guillelmus de Planca*, doyen du chapitre, avait fondé et richement doté une chapellenie en l'honneur de Saint-Honoré dans la cathédrale. En 1332, v. s., cette chapellenie, tenue par Colin dit Coullon, était desservie « à l'autel Saint-Honneré » (6). Bien que les titres n'en disent rien, il est plus que probable que l'évêque Guillaume de Mâcon, et surtout le doyen de le Planque qui y fut enterré après son décès arrivé le 1er septembre 1325 (7), n'ont pas été étrangers à la construction de cette chapelle, ce qui en ramène bien la date aux environs de l'an 1300. Ajoutons que, dans le registre aux distributions du chapitre, la chapelle de Saint-Honoré se trouve mentionnée dans une note marginale d'une

---

(1) Bulle de Nicolas IV, dans *Acta SS. Boll.* Aug., t. V, p. 526.

(2) Deux bulles de Martin IV, *Ibid.*, p. 527.

(3) Quelques autres faits montrent que le culte de saint Louis dut s'établir de très bonne heure à Amiens. L'église des Jacobins de cette ville (couvent fondé depuis 1243) lui fut dédiée. — C'est sans doute aussi vers cette époque que la porte de Montrécu, une des principales de la ville, fut décorée d'une statue du saint roi. En 1479, l'échevinage, on ne sait pourquoi, la fit enlever pour la remplacer par une image de Notre-Dame de la Victoire, et en fit don aux Jacobins qui l'avaient réclamée pour la placer dans leur église. « A Raouline Nolente, ... pour avoir mené et ramené sur sa carette, des esquielles, plusieurs pièces de bos, cordail et autres choses, dont on avoit fait ung hourt à mettre jus l'image de saint Loÿs qui estoit lors sus le porte du bolevert de Montrescu, et ou lieu mis l'image de Nostre-Dame de la Victoire. » Arch. de la ville d'Amiens, compte de 1478-79, CC 57, fol. 147. L'échevinage du 17 février 1478, v. s., fait droit à la requête des Jacobins qui demandaient qu'on leur fît don d' « ung ymage de saint Loÿs appartenant à ladite ville, nagaires estant à la porte de Montrescu, pour par eulx décorer leur église et le mettre en icelle, qui est dès longtemps dédiée en l'onneur de Dieu et dudit saint Loÿs ». *Ibid.*, BB 13, fol. 61. — Dès 1305, sous le même évêque Guillaume de Mâcon, une pièce de l'évêché d'Amiens est datée du lendemain de la Saint-Louis. (Arch. de la Somme, G 143).

(4) Cf. Darsy, *Bénéfices de l'église d'Amiens*, t. I, pp. 46. note 2, et 60.

(5) Arch. de la Somme, Chapit. d'Am., Arm. I, l. 35, n° 13¹. — Ratification par le chapit. de la fondation de la chapelle Saint-Honoré, par Guill. de le Planque.

(6) Quittance de finance payée par le chapelain de ladite chapelle pour les biens de Longueau et de Folies, du 12 mars 1232, v. s. Arch. de la Somme, Chapit. d'Am., Arm. I, l. 35, n° 13², ³.

(7) Bibl. d'Amiens, ms. 516, fol. 149 v° et 203 v°.

écriture qui ne paraît pas postérieure aux premières années du xive siècle (1).

En ce qui concerne l'époque de la construction de la chapelle VIII, qui eut pour vocable primitif Saint-Nicolas (2), nous n'avons, pour la croire contemporaine des chapelles VII et IX, que l'identité de son architecture avec celle de ces dernières; c'est pourtant suffisant. Seule, une inscription gravée sur le trumeau qui la sépare de la chapelle VI à l'extérieur, apprend qu'elle a été construite des aumônes des marchands de guèdes des villages voisins d'Amiens, mais sans donner aucune date. Ce trumeau qui correspond à l'épaisseur du contrefort entre les deux chapelles, est en effet orné à l'extérieur de statues : l'une de saint Nicolas, les autres de marchands de guèdes dont deux sont debout à côté de leurs marchandises, et deux agenouillés, auprès desquels on lit sur le mur l'inscription suivante :

LES BONES GENS DES VILES DENTOUR AMIENS QUI VENDENT WAIDES ONT FAITE CHETE CAPELE DE LEURS OMONNES.

Les documents sont encore plus rares quant à la date de la construction de la chapelle X, dédiée à saint Étienne. Il n'y avait pas moins de cinq chapellenies de Saint-Étienne dans la cathédrale ; aucun titre de fondation n'en est parvenu jusqu'à nous (3). La plus ancienne pièce connue faisant mention d'un autel de Saint-Étienne dans cette église, est une bulle de Martin V du 13 des kalendes d'octobre (19 septembre) 1427, où figurent deux chapelles « ad Sancti Stephani (altare) », parmi les douze qui sont affectées aux vicaires par ladite bulle (4); mais les caractères architecturaux de cette chapelle doivent lui attribuer une date beaucoup antérieure.

D'autre part, étant donné que, de ses deux voisines, la chapelle XII existait déjà en 1292, et la chapelle VIII avait été probablement élevée aux environs de l'an 1300, il est assez vraisemblable que la construction de celle qui nous occupe dut avoir lieu entre les deux, car on doit difficilement admettre que, pour élever la chapelle VIII, on ait laissé vide l'intervalle occupé par la chapelle X. Le style architectural ne contredit d'ailleurs pas cette supposition, et si le dessin du remplage de sa fenêtre diffère de celui des fenêtres des chapelles VII, VIII et IX, il est certainement plutôt moins avancé. Dans celui-ci, les meneaux sont plus fins, le petit chapiteau manque déjà au tore qui décore plusieurs des meneaux verticaux, quelques-uns des arcs divisionnaires sont déjà formés par la rencontre de l'arc enveloppant avec un autre arc de même rayon : rien de tout cela dans le remplage X, dont le beau dessin peut encore être considéré comme appartenant au xiiie siècle.

Ces chapelles, VII, VIII, IX, X, XI, XII doivent être considérées comme de dates très voisines, et leur chronologie peut être établie d'une façon satisfaisante.

Il est plus difficile de préciser celle des chapelles II, IV, V et VI. Cependant toutes, bien que légèrement en avance sur les précédentes, surtout en ce que leurs

---

(1) « In festo sancti Honorati...... Et pro processione in primis vesperis ad capellam sancti Honorati in ecclesia Ambianensi, cuilibet canonico, II s.; item vicariis magnis et parvis, in primis vesperis, XL d.; item in matutinis, XL d.; item in ultimis vesperis, XL d., ex dono domini Lamberti Barbitonsoris super decimis de Louvrechy ». Arch. de la Somme, Chapit. d'Am.,
Cartul. VI (Reg. aux distrib.), fol. 154 v°.

(2) Plus connue aujourd'hui sous le nom de chapelle de l'Incarnation ou de l'Assomption.

(3) Cf. DARSY, *Bénéfices de l'église d'Amiens*, t. I, p. 46 et suiv.

(4) Copie collat. du 19 décembre 1648. Arch. de la Somme, Chapit. d'Am. Arm. I, l. 34, n° 4.

voûtes sont déjà compliquées de liernes, de tiercerons et d'autres nervures accessoires, ont avec elles des ressemblances qui ne permettent pas de les croire de beaucoup postérieures. Elles s'en rapprochent certainement beaucoup plus par leur style que des chapelles I et III qui, comme nous le verrons, datent de 1375. On peut pourtant, par le seul examen de leur architecture et de leur sculpture, et par quelques légères différences de détails, établir entre elles une certaine chronologie, car il est à remarquer que leur style devient de plus en plus avancé à mesure qu'elles se rapprochent du grand portail.

Parmi ces quatre chapelles, les chapelles V et VI, l'une dédiée originairement à saint Michel (1), et connue vulgairement aujourd'hui sous le nom de chapelle Saint-Sauve, l'autre dite de l'Annonciation ou du Jardinet (2), et qui ont entre elles la plus grande analogie de style, — les remplages de leurs fenêtres notamment, sans être absolument identiques, ont l'un avec l'autre les plus grandes ressemblances —, peuvent être considérées comme les plus anciennes.

Remarquons en outre que la décoration extérieure des trumeaux séparatifs des chapelles du côté nord au droit des contreforts, *5 c, 7 c, 9 c, 11 c*, à l'exception naturellement de *3 c* entre les chapelles I et III, est absolument identique, et que les quatre statues qui décorent *9 c* et *11 c*, ont une si grande analogie de style avec la statue présumée de l'évêque Guillaume de Mâcon à l'extérieur de la chapelle Sainte-Marguerite (3), qu'on ne peut s'empêcher de les considérer comme de la même époque.

Les chapelles II et IV, dédiées la première à saint Lambert, et l'autre à saint Christophe, présentent quelques différences avec les précédentes, et notamment les statues extérieures du trumeau *6 c*, représentant l'Annonciation et les anges Raphaël et Michel, paraissent en avance sur toutes les autres. Elles peuvent donc être regardées comme postérieures de quelques années aux précédentes.

Le testament d'Enguerran d'Eudin, chevalier, chambellan du Roi et gouverneur de Dauphiné, daté du 19 octobre 1390 (4), porte la clause suivante : « Item, il lessa et ordena à l'église Nostre-Dame d'Amiens, sa terre de la Mote près d'Amiens, avecques certains bois et autres acquês qu'il a fais, appartenans à ladite terre, ou la somme de deux mille frans d'or, lequel que mieux plaira auxdis doyen et chapitre, parmy ce qu'ils seront tenus et s'obligeront, à l'ordonnance de sesdis exécuteurs, de faire dire et célébrer chacun jour à tousjours, perpétuellement, une messe à note de *Requiem* en ladite église, en certain lieu que sesdis exécuteurs ordeneront en icelle église ». La pièce est ainsi analysée en marge, de l'écriture des rédacteurs de l'inventaire du xviiie siècle : « Fondation d'une messe de *Requiem* par jour à la chapelle Saint-Christophe par M. Deudin. » C'est donc bien dans cette chapelle Saint-Christophe que la messe ainsi fondée se célébrait, mais nous avons vu que le testament ne le spécifiait pas. On la sonnait durant le *Te Deum*

---

(1) Nous verrons que le plus ancien titre qui en fasse mention est la bulle de fondation de la prébende vicariale dite *de Ailliaco*, datée du 3 des ides d'août (11 août) 1389. Mais la chapelle est évidemment beaucoup plus ancienne.

(2) C'est celle que, depuis quelques années, on appelle Notre-Dame de Foy, depuis que la statuette du même nom y a été transférée. — Nous verrons qu'il existe une date de consécration d'autel dans cette chapelle en 1378 ou en 1383 : mais cette date ne peut convenir en aucune manière à la construction même de la chapelle, qui doit être beaucoup plus ancienne.

(3) Chapelle XII.

(4) Copie du XVIIe s. aux Arch. de la Somme, Chapit. d'Am., Arm. I, l. 35, n° 17. — Enguerran d'Eudin mourut le 7 mars 1391.

de matines et elle se disait durant laudes (1); mais la construction de la chapelle doit être de beaucoup antérieure à 1390. Il paraît, d'après Lamorlière, que ce personnage était représenté dans la verrière de cette même chapelle « avec ses armes qu'il portoit d'azur à l'aigle éployée d'argent » (2).

Enguerran d'Eudin, en récompense d'un Anglais qu'il avait fait prisonnier, et dont le Roi avait besoin pour lui permettre de recouvrer par voie d'échange un de ses meilleurs chevaliers, prisonnier des Anglais, avait reçu une grande partie des biens confisqués à la suite des événements de septembre 1358 sur Jacques de Saint-Fuscien, un des plus compromis parmi les échevins d'Amiens, et qui avait été décapité avec ceux-ci par ordre du comte de Saint-Pol, gouverneur de Picardie (3). Faut-il induire de l'ensemble de ces faits que la chapelle Saint-Christophe aurait été élevée aux frais d'Enguerran d'Eudin lui-même ? S'il en était ainsi, il faudrait supposer qu'il l'aurait fait aux environs de 1358, peut-être, pour consacrer par quelque œuvre pie une fortune aussi inattendue (les biens des Saint-Fuscien était très considérables), car le style de la chapelle ne permet pas de lui assigner une date plus avancée. Mais tout cela n'est que conjecture (4).

Tout ce que nous savons de la chapelle II, c'est le nom de son fondateur. Sur un petit cul de lampe veuf de la statuette qu'il portait (5), et qui se trouve dans un angle de la chapelle au-dessus de l'emplacement de l'autel, on lit ces mots peints en noir en caractères gothiques :

..... HAPELLE FIST FAIRE ..... ERIS BIAXPIGNIE

qu'il faut sans doute lire ainsi : « [ceste c]hapelle fist faire [sire ou maistre?] H]enris Biaxpingnié ».

Malheureusement l'inscription ne donne point de date, et nous ne connaissons rien de cet Henri Biaxpingnié ou Beaupignié (6), mais la chapelle ne paraît pas beaucoup postérieure à la précédente.

Après ces deux dernières chapelles, la construction des chapelles de la nef, fut quelque temps arrêtée, et les deux dernières travées du côté nord, I et III, restèrent encore plusieurs années sans chapelles.

En résumé, on peut dire que la construction des chapelles de la nef a été faite successivement en partant du transept, et en avançant vers le portail occidental: les deux premières élevées auraient été les chapelles XI et XII, qui datent des environs de 1292, plutôt avant qu'après ; la chapelle X les aurait suivies de très près, puis les chapelles VII, VIII et IX, construites probablement en même temps, entre 1297 et 1302, puis, dans les années suivantes, les chapelles V et VI, et, après un intervalle de temps un peu plus considérable, les chapelles II et IV ; enfin comme nous le verrons plus loin, les chapelles I et III ne seront élevées que plus tard, en 1375.

Aucun document ne fait connaître d'une façon précise la date à laquelle

---

(1) Bibl. d'Amiens, ms. 836 (Machart, t. VIII), fol. 393.

(2) *Antiquités*, p. 97.

(3) Cf. Aug. Thierry, *Mon. inéd. de l'hist. du Tiers état*, t. II, p. 602.

(4) Sur Enguerran d'Eudin, cf. Cte de Brandt de Galametz, *Enguerrand d'Eudin, gouverneur de Ponthieu et du Dauphiné, fondateur des Célestins d'Amiens*, dans *Mém. de la Soc. d'émulat. d'Abbeville*, 1899, in-8°.

(5) Elle existait encore du temps de Lamorlière (*Antiquités*, p. 231).

(6) Un nommé Gillon Beaupigné fut échevin d'Amiens en 1318. (Cf. Janvier, *Livre d'or de la municipalité Amiénoise*, p. 19). En 1407, Jean Beaupignié fait un accord avec la ville d'Amiens pour certaines sommes qu'il lui devait. (Arch. de la ville d'Am., BB 1, fol. 14).

ACHÈVEMENT ET MODIFICATION AU PLAN PRIMITIF — 1288-1401. 47

les murs pignons des croisillons du transept ont été élevés, mais nous verrons, par la description, que l'on peut assigner au pignon du croisillon sud, à l'exception bien entendu du remplage flamboyant de sa rose, les premières années du xive siècle, ou même la fin du xiiie, et au grand vitrage qui sert de clôture au croisillon nord, une époque postérieure de quelques années.

Une sentence arbitrale rendue par-devant le bailli d'Amiens le mardi après l'octave de la Purification (16 février) 1304, v. s., intervenue entre l'échevinage et le chapitre, apprend que celui-ci était sur le point de faire construire un parvis en avant du grand portail de la cathédrale et voulait à cet effet faire déplacer un puits que l'échevinage prétendait être sur la voie publique appartenant au Roi : cette sentence avait pour but de régler le différend qui s'était élevé entre l'échevinage et le chapitre à ce sujet, en autorisant, sous certaines réserves, le déplacement du puits (1).

Un peu avant 1346 un autel fut érigé contre le pilier *17 b* par l'évêque Jean de Cherchemont, en l'honneur des saints Firmin, Sébastien et Yves, et qui est devenu l'autel de Saint-Sébastien, autrement dit du Pilier Vert ; à peu près à la même époque, Firmin de Coquerel, chancelier de France et évêque de Noyon, décédé en 1349, v. s. en fit élever un autre contre le pilier *18 b*, faisant pendant à celui-ci et qui, devenu celui de la confrérie du Puy Notre-Dame, fut plus souvent désigné sous le nom d'autel du Pilier Rouge (2).

Vers 1352 on travaillait à la cathédrale, et le chapitre faisait extraire des pierres de la carrière Notre-Dame sise à Tirancourt au mont d'Acon, entre les carrières de Beaumetz. Par une charte du 8 décembre 1352, Jean d'Avesnes, dit Sengliers, sire de Tirancourt, et Alix, sa femme, en reconnaissent le droit au chapitre, après le lui avoir contesté et avoir même arrêté Pierre Lequat, carrier du chapitre (3). Le 6 avril suivant, les chanoines obtenaient de l'échevinage congé « pour l'engien qu'ilz avoient mis ou kay d'Amiens, à lever certaines pierres de Beaumez, pour l'œuvre de Nostre-Dame » (4).

Quels étaient les travaux qui s'exécutaient alors? Était-ce la construction de la chapelle des Macchabées, des cloîtres ou d'autres dépendances, ou bien n'étaient-ce que de simples travaux de restauration ou d'entretien ? C'est ce qui est assez difficile à préciser.

Le seul compte de la fabrique antérieur au xviiie siècle, qui soit parvenu jusqu'à nous, est celui de l'année commençant à la Saint-Martin d'hiver 1357 et finissant à pareil jour 1358 (5). Il ne porte malheureusement la trace d'aucun travail important : on était d'ailleurs dans la période troublée qui a suivi le

---

(1) « Que li puis sera ostés par moi, Denis d'Aubegni, balli d'Amiens, et li parvis sera fais à mouvoir de largueche à ligne du parement du piler qui est par devant le maison maistre Paris, adonc maistre escole Amiens, en venant à droite ligne à quatre piés et demi, à le mesure du pié de Guillaume Thibout deseurdit, près du bousne qui est entre le puch et ledit parvis, et de longueur à mouvoir dudit lieu à aler à droite ligne dusques au bousne qui est devers St-Firmin lo Confès, et sera fais lidis parvis de sis piés de hauteur, tout entour, au pié de le vile, tant seulement et nient plus,

tout ainsi que le cauchie se comporte ». Arch. de la Somme, Chapit. d'Am., Arm. II, l. 1, n° 7, etc., publ. par Aug. THIERRY, *Monum. inéd. de l'hist. du tiers état*, t. I, p. 319.

(2) Nous en reparlerons avec plus de détails en décrivant les susdites chapelles.

(3) Arch. de la Somme, Chapit. d'Am., Cartul. VI, fol. 160.

(4) Arch. de la ville d'Am., Invent. de 1458, fol. 99.

(5) Arch. de la Somme, Chapit. d'Am.

désastre de Poitiers, et c'est au mois de septembre de cette même année que les partisans du roi de Navarre firent sur les faubourgs d'Amiens le coup de main que l'on sait (1). On a donc dû évidemment se borner cette année là aux travaux d'entretien les plus indispensables.

Le charpentier du chapitre était alors maître Colard, que l'on retrouve jusqu'en 1477 (2). Quant au maître maçon, il n'est pas clairement désigné ; peut-être serait-ce un certain *magister Reginaldus*, qui était payé à raison de 2 s. par jour mais ce n'est pas sûr.

Le travail le plus considérable exécuté dans le courant de cette année paraît avoir porté sur la toiture. De quelle partie? Nous n'en savons rien. Jean Buffart, couvreur de tuiles, et ses varlets, ainsi qu'un nommé Eustache de Calais y ont consacré en tout soixante-neuf journées, depuis Pâques jusqu'à la Saint-Martin d'hiver, et y ont employé 22,540 tant tuiles que fêtissures.

Est-ce à cette époque qu'on a couvert les bas-côtés qui, effectivement, jusqu'aux dernières restaurations étaient en partie couverts en tuiles ?

Cette année là, on a usé 100 l. de plâtre, pour la somme de 12 s., et pour la même somme de sable. Mathieu le Maçon (*Matheus Lathomi*), de Croissy, a fourni 60 pieds de pierre pour faire *couverturas*, et le transport de ces pierres depuis la carrière de Bonneuil jusqu'à la loge a coûté 62 sols.

Ajoutons à cela neuf journées de travail de Gilles, couvreur en ardoises, et de François, son varlet, quelques réparations à la plomberie par Jean, plombier, à l' « appendice » au-dessus des fonts, par Maître Colard, charpentier du chapitre, et enfin à la vitrerie. Tel est à peu près le bilan des travaux exécutés à la cathédrale du 11 novembre 1357 au 11 novembre 1358.

La cathédrale d'Amiens ne paraît cependant pas avoir eu à souffrir de l'échauffourée du 16 septembre 1358, mais trois ans après, en 1361, « par cas fortuit ou autrement », un des clochers subit un incendie considérable, qui s'étendit même sur les quartiers voisins : sur la rue du Metz l'Évêque, le pont d'Amour, la rue qui descend de la rue de Riquebourg audit pont par la rue Gloriette, la rue de Corbie, la Queue de Vache et les rues du Jardinet et du Moëllon, et même le couvent des Augustins qui se relevait à peine des ruines faites par les Navarrais (3).

---

(1) Cf. A. DE CALONNE, *Hist. de la ville d'Amiens*, t. I, p. 279.

(2) 1375, v. s. : « In persona magistri Colardi carpentarii, ea ratione quod dicunt Colardum esse carpentarium fabrice ecclesie et de robis eorum et morari in quodam molendino ecclesie absque locagio ». Transact. entre l'évêque et le chapit. du 3 janvier 1375 v. s. Arch. de la Somme, Chapit. d'Am., Arm. 1, l. 2, n° 15, et Cartul. VI, fol. 17.— Transact. entre l'évêque et le chapit., du 6 mai 1377. *Ibid.*, Cartul. VII, fol. 17.

(3) « Casu tamen fortuito, vel aliter, incendium positum fuerat paulo post in ecclesia Beate Marie Ambianensis : ex quo eciam edificia predicta per dictos religiosos reedificata fuerant combusta ». Arr. du Parlem. pour les Augustins d'Amiens, du 23 déc. 1371. Arch. Nat., sect. judic. Parlem. de Paris, Jugés, Reg. 21, fol. 431, publ. dans AUG. THIERRY, *Monum. inéd. de l'hist. du tiers état*, t. I, p. 655. — « Dont les maisons et édeffices avoient par avant grant temps esté arses par feu de meschief qui prinst au clochier de l'église Nostre-Dame d'Amiens. » Sent. du bailliage d'Amiens, du 3 mars 1387. Arch. de la Somme, (Évêché d'Am.), G. 197. — « Comme il soit ainsin que, par feu de meschief, qui, en l'an de grâce mil CCCLXI, prinst en l'un des clochiers de l'église d'Amiens, très grant partie des maisons et édefices qui lors estoient en la terre de l'église et éveschie d'Amiens, à Amiens, fussent et eussent esté arses, destruites et exiliées. » Charte des vicaires de l'évêque d'Amiens, du 1er septembre 1395. Arch. de la Somme, (Évêché d'Am), G. 199. — « Plusieurs masures et hostises. . qui toutes furent arses et destruites en l'an mil CCCLXI par fu de mesquief qui prinst au cloquier de ladite église d'Amiens ». Sent. du bailliage de l'évêché d'Amiens, du 27 novembre 1395. Arch. de la Somme, (Évêché d'Am.), G. 199.

ACHÈVEMENT ET MODIFICATION AU PLAN PRIMITIF — 1288-1401.

Malheureusement les textes assez nombreux qui font allusion à cet incendie ne précisent pas celui des trois clochers à qui arriva cet accident. Il est à présumer que ce fut un de ceux de la façade, puisque, quelques années après, on travaillera à leur achèvement, mais cela n'est pas absolument certain (1).

Quoi qu'il en soit, l'évêque Jean de Cherchemont, par une charte du 9 juillet 1366, nous apprend que des travaux de maçonnerie avaient été récemment commencés pour l'édification des tours (rappelons-nous qu'à la fin du XIIIe siècle la construction de la façade occidentale était restée arrêtée au-dessus de la grande rose), et que, en raison des pertes et des disgrâces qu'il laisse entrevoir avoir été depuis peu de temps subies par la fabrique de la cathédrale, il a affecté, pour subvenir à ce travail, la moitié d'une imposition levée à Amiens sur les terres de l'évêché, depuis le 5 dudit mois de juillet, jusqu'au 5 novembre suivant; il prescrit en conséquence à son receveur à Amiens de la délivrer au proviseur de la fabrique (2).

C'est vraisemblablement à cette époque qu'il faut rapporter la construction de la tour du sud tout entière, à partir de la corniche sculptée qui couronne l'étage de la rose occidentale, exclusivement, bien entendu, et peut-être aussi l'amorce de la tour du nord, dont les parties inférieures et le plan général sont identiques à ceux de la tour du sud. Les travaux durent d'ailleurs être conduits assez lentement, faute de ressources, car les revenus du chapitre et de l'évêque avaient subi, par suite des guerres, de notables diminutions (3), et, de plus, l'édifice qui, pendant la longue période de troubles qui avait précédé, avait dû être passablement négligé, se trouvait alors en assez mauvais état et réclamait une importante réparation. Il fallut même, en 1371, pour réveiller la générosité des fidèles, obtenir du pape Grégoire XI une bulle accordant des indulgences à ceux qui subviendraient à cette réparation, que l'acte pontifical qualifie de « non modicum sumptuosa » (4). Mais ce moyen ne paraît pas avoir été couronné de grand

---

(1) La situation des quartiers sur lesquels cet incendie s'est étendu pourrait cependant faire supposer qu'il s'agissait plutôt du clocher de la croisée.

(2) « Persecutiones quas fabrica nostræ Ambianensis ecclesiæ nuper passa fuit, et maximas miserias quas in opere lathomiæ de novo incepto, pro turribus ejusdem ædificandis et levandis », etc. Acte de Jean de Cherchemont, du 9 juillet 1366. Arch. de la Somme, Évêché d'Am., Invent., fol. 136, 18, 2e n° 1, pièce disparue, copiée dans De Court, *Mémoires chronologiques*. — Par une charte du même fonds de l'évêché d'Amiens, aussi disparue, et dont nous ne connaissons pas de copie, l'évêque avait déjà affecté la même somme pour quatre mois aux mêmes ouvrages. (Arch. de la Somme, *Ibid.*, fol. 136, 18, 2e). — Cf. Reconnaissance par Jacques Petit *Jacobus Parvi* chanoine et prévôt de la cathédrale, proviseur et receveur de la fabrique, « provisor et receptor fabrice » d'avoir reçu de Michel de Bussy, receveur de l'évêque, la somme de 80 l. 16 s. 8 d, formant la moitié de ladite aide pendant les huit mois du 5 mars 1365 v. s. au 5 novembre suivant, donnée par l'évêque « pro continuandis et accelerandis operibus inceptis », pièce datée du 20 no-vembre 1366. (Copie du XVIIIe siècle, Bibl. Nat. ms. Picardie 97, p. 210; doit être la pièce disparue portée au fol. 136 de l'invent. des arch. de l'évêché d'Amiens aux archives de la Somme, et cotée 18, 2e n° 3). — Cette donation de l'évêque était d'autant plus méritoire qu'à cette époque, un très grand nombre de maisons de son domaine avait péri dans les incendies de 1358 et 1361, et que ses revenus devaient en être considérablement diminués. En 1416, beaucoup de ces maisons n'étaient pas encore relevées. (Arch. hospital. d'Am., Reg. aux cens de l'Hôtel-Dieu).

(3) « Petitio pro parte vestra (capituli) nobis nuper exhibita continebat quod fructus, redditus et proventus ac jura ecclesie vestre, tam propter guerrarum turbines, mortalitatum pestes, quam incommoda que hactenus contigerunt, adeo diminuti existunt, quod ex illis vix secundum ipsius ecclesie decentiam vivere, vestrumque statum tenere et onera vobis et eidem ecclesie incumbentia supportare potestis. » Bulle de Clément VII, du 12 des kal. de sept. (21 août) 1394. Arch. de la Somme, Chapit. d'Amiens, Arm. J, l. 1, n° 8.

(4) Bulle de Grégoire XI, Avignon, 4 des kal. d'avr. an 1er du pont. (29 mars 1371). Arch. du Vatican, Reg. 282,

succès, et lorsque, après un épiscopat de près de quarante-huit ans, l'évêque Jean de Cherchemont mourut le 26 janvier 1372, v. s., la tour du sud devait être seule terminée, tout au moins telle qu'elle est demeurée jusqu'en 1850.

La cathédrale d'Amiens eut la bonne fortune que le successeur de Jean de Cherchemont fût un des hommes les plus considérables de l'entourage de Charles V, et un des prélats les plus distingués de son époque, Jean de la Grange (1). D'une famille noble du Beaujolais du nom de Bouchamage, il eut pour frère Étienne de la Grange, premier président au parlement de Paris; il était depuis 1357 abbé de Fécamp, et s'était déjà fait remarquer par ses talents, lorsqu'il fut successivement nommé conseiller clerc au Parlement, président de la cour des Aides et surintendant des finances, en 1370. Il jouit de la plus grande confiance de Charles V qui en fit le précepteur de ses enfants. Évêque d'Amiens de 1373 à 1375, époque où il fut appelé au cardinalat par le pape Grégoire XI, il voua à ce diocèse et surtout à sa cathédrale, un intérêt que les hautes fonctions auxquelles il fut appelé par la suite et les graves événements dans lesquels il joua un rôle considérable, ne lui firent pas oublier. A ses éminentes qualités d'homme d'État, il joignait d'ailleurs, comme la plupart des grands personnages de son époque et surtout comme la cour pontificale d'Avignon, un goût prononcé pour le faste et pour les arts (2). C'est évidemment pour encourager ceux-ci qu'il se fit élever dans l'église Saint-Martial d'Avignon et dans la cathédrale d'Amiens les deux somptueux mausolées dont nous aurons plus loin l'occasion de parler, et aussi qu'il hâta par sa haute impulsion, et en partie par ses libéralités, l'achèvement de la cathédrale d'Amiens (3).

Nous nous rappelons que, depuis plusieurs années, toutes les travées de la nef, la plus voisine de la tour du nord et la suivante exceptées, étaient munies de chapelles. Jean de la Grange commença, pendant son court passage sur le siège épiscopal d'Amiens, de 1373 à 1375, par faire élever, à ses frais et avec grand luxe, dans ces deux dernières travées, des chapelles (I et III), dédiées, l'une à saint Jean-Baptiste et l'autre à saint Jean l'Évangéliste, ses deux patrons.

Une inscription dans le vitrail de chacune des deux chapelles relatait le fait. Au XVIIe siècle, il ne restait de l'inscription du vitrail de la chapelle I que ces mots :

« ..... depuis cardinal, a fait faire cette chapelle en l'honneur de Dieu et de monseigneur saint Jehan Baptiste ».

Elle était accompagnée d'un écu de France ancien, c'est-à-dire *d'azur, semé de fleurs de lis d'or, sans nombre*.

Celle de la fenêtre de la chapelle III était mieux conservée et se lisait ainsi :

« Monseigneur Jehan de la Grange, qui fut évesque d'Amiens, et depuis

---

fol. 127, n° 503. Je dois communication et copie de cette pièce à l'obligeance de M. l'abbé Duchesne, directeur de l'école française de Rome.

(1) Sur Jean de la Grange, voy. Aubery, *Hist. génér. des cardinaux*, Paris, 1642, t. I, p. 574. — Frizon, *Gall. purpur.* p. 406. — Soyez, *Notices sur les év. d'Am.*, p. 96, — etc.

(2) Cf. Eug. Müntz, *Le mausolée du cardinal de la Grange à Avignon*, extr. de la revue *L'Ami des monuments et des arts*, Paris, 1890, in-8°.

(3) Jean de la Grange mit aussi en diverses circonstances son crédit au service de la ville d'Amiens : en reconnaissance, celle-ci lui fit présent en 1380 d'un pot et d'un gobelet d'argent doré. Arch. de la ville d'Amiens, comptes de 1385 et 1386, CC 2, fol. 9 et CC 3, fol. 8.

cardinal, a fait faire cette chapelle en l'honneur de Dieu et de monseigneur saint Jehan l'Évangéliste ».

Deux écussons lui servaient de complément : l'un de France ancien, comme le premier, l'autre aux armes du cardinal de la Grange : *de gueules, à trois oiseaux d'argent, au franc canton d'hermine*, avec un chapeau de cardinal au-dessus de l'écu (1).

Dans une lettre écrite par le chapitre d'Amiens à Jean de la Grange, le 7 janvier 1375 v. s., pour le féliciter de son élévation au cardinalat, le prélat est remercié de ce qu'il a bien voulu assurer par ses libéralités l'achèvement des deux chapelles (2). Elles furent donc construites aux environs de l'année 1375, Jean de la Grange ayant été créé cardinal le 20 décembre de cette même année (3), et n'étant évêque d'Amiens que depuis 1373. Enfin son testament, daté du 12 avril 1402 (4), nous apprend que son neveu, Jean de Boissy, alors évêque d'Amiens, y avait fondé quatre chapellenies.

A la construction de ces chapelles, se rattache celle d'un puissant contrefort double, élevé à l'angle nord-est de la tour du nord, et dont l'ordonnance décorative et architecturale a été très habilement combinée avec celle de ces dernières, de manière à paraître faire corps avec elles. Il est probable que la nécessité d'élever ce contrefort s'était imposée avant que de songer à l'achèvement de la tour du nord, qui, située sur une déclivité du sol très prononcée, faisait concevoir des craintes pour sa solidité.

Ce ne fut qu'aux environs de 1401 et 1402, suivant De Court (5), le P. Daire (6), et Rivoire (7) qui ont pu voir des comptes de la fabrique aujourd'hui disparus, que les tours (c'est-à-dire évidemment la tour du nord) auraient été seulement terminées.

Les constructions élevées à l'époque du cardinal de la Grange et sous ses auspices, se recommandent par une très grande perfection, une très grande distinction et par le caractère très avancé de leur style. Comme nous le verrons par la suite, on peut constater déjà dans l'architecture des chapelles I et III, qui ne datent que de 1375, un pas décisif vers le style flamboyant : la tour du sud appartient au même style, avec une parenté évidente avec les chapelles, si bien que, malgré l'intervalle de plus de 25 ans qui les sépare, on peut les attribuer à la même main, main d'ailleurs toute différente de celle qui a élevé les autres parties de la cathédrale qui remontent au xive siècle, et notamment les dix plus anciennes

---

(1) Épitaphier de Villers-Rousseville, à la Bibl. de l'Arsenal, ms. 4653, fol. 74. — Bibl. Nat., ms. fr. 8228, p. 35. — Bibl. de la Soc. des Ant. de Pic. Épitaphier, ms. T 1, 10, fol. 46. — Dans son testament daté du 17 mai 1430, Pierre Alays, chanoine et chantre de la cathédrale, dit expressément qu'il élit sa sépulture « in ecclesia Ambianensi, in capella Beati Johannis Baptiste dudum constructa per R. P. D. cardinalem Ambianensem ». (Arch. hospital. d'Am., Hôtel-Dieu). Le cardinal de la Grange était communément nommé le cardinal d'Amiens.

(2) « Quod vestra reverendissima paternitas binas ceptas capellas, ad complementum, decus et decorem suæ Ambianensis ecclesiæ perficere de solitæ liberalitatis exuberantia obtulit ». *Series episcoporum Ambianensium*, Bibl. d'Am., ms. 516, fol. 57. — DAIRE, *Hist. de la ville d'Amiens*, t. II, p. 400.

(3) Cf. LAMORLIÈRE, *Antiquités*, p. 218. — Mss. de Pagès, édit. Douchet, t. V, p. 83. — DAIRE, *Hist. de la ville d'Amiens*, t. II, p. 107. — SOYEZ, *Notices sur les évêques d'Amiens*, p. 98, etc.

(4) Publ. d'après les registres du parlement de Paris dans JOUVENEL DES URSINS, *Hist. de Charles VI*, 1653, in-fol., p. 757.

(5) *Mém. chronol.*, l. III, ch. 1.

(6) *Hist. de la ville d'Amiens*, t. II, p. 93.

(7) *Descript. de l'église cath. d'Amiens*, p. 23.

chapelles de la nef. Quant aux magnifiques statues qui les décorent à l'extérieur, elles sont justement célèbres et tiennent une place éminente dans l'histoire de la sculpture française. On ne peut s'empêcher de voir l'influence du cardinal de la Grange dans le choix des artistes chargés de ces travaux. Étaient-ils d'Amiens ou d'ailleurs? nous ne le savons pas (1), mais bien certainement ils étaient de premier ordre.

Un article du compte de la ville de 1389 à 1390 nous révèle le nom du maître maçon qui était chargé alors des travaux de la cathédrale : maître Pierre Largent, maçon de l'église Notre-Dame d'Amiens, reçut avec maître Jean Marchant, maçon du château de Boves, une somme de 20 s., pour avoir réuni une commission composée de maître Hue Poullette, maître maçon de la ville, maître Thomas Piaudeleu, maçon du comte d'Eu, Jean Abaman, Laurent Julliot, maître Hue Andrieu, Pierre Grilleu, Jean Wicart, Herry Lecyne, Guérart Leprévost, Regnault Sauvaige, Adam Lecaufourier, Jean Aufroy, Guillaume Hingan, Guillaume Lejoule, Jean Leprévost, Jean de Hainault, Jean Piaudeleu, Robert Aufroy, tous maçons, et d'autres connaisseurs, pour examiner les fondements de la porte Montrécu, construite par Hue Poulette et que l'on prétendait être défectueux (2).

Mais c'est le seul renseignement qu'on puisse tirer de ce texte, et il n'en faudrait pas, comme l'ont fait trop facilement quelques auteurs, et notamment Dusevel, qui a, je crois, le premier fait connaître le nom de cet artiste (3), attribuer à Pierre Largent telle ou telle partie de la cathédrale construite vers cette époque, comme par exemple, les chapelles du cardinal de la Grange, la tour du nord, et encore moins celle du sud. On ignore absolument depuis quelle époque Pierre Largent dirigeait les travaux de la cathédrale en 1389-90, et pendant combien de temps il en est resté chargé.

C'est probablement, bien qu'on n'en connaisse pas la date exacte, peu après l'achèvement de la tour du nord, que fut faite la curieuse galerie qui unissait les deux tours, et dont l'ordonnance fut si malencontreusement changée naguère par Viollet-le-Duc pour en mettre une autre de sa façon.

Il est assez difficile de savoir au juste à quels genres de travaux peut faire allusion une plaidoirie en Parlement du 20 décembre 1401, dans une contestation

---

(1) Dans un ouvrage récent, (GONSE, *l'Art gothique*, p. 436), le nom d'André Beauneveu, le célèbre tailleur d'images de Charles V, a été attaché, je ne sais pourquoi, au travail de statuaire dont nous parlons, et on lui a attribué positivement la statue de Charles V. Une pareille affirmation ne repose sur aucun document connu.

(2) « A maistre Pierre Largent, machon de l'église Nostre-Dame d'Amiens », etc. Arch. de la ville d'Amiens, compte de 1389-90, CC 6, fol. 156. — Ce Pierre Largent avait été précédemment maître maçon de la ville d'Amiens, mais en 1384, il venait d'en cesser les fonctions. « A maistre Pierre Largent, naguaires maistre machon de la ville, qui sauloit avoir et prendre chascun an XVIII l. de gaiges ». Arch. de la ville d'Amiens, compte de 1383-84, CC2, fol. 7. — C'est probablement le même Pierre Largent qui, en 1396, travaillait avec Jean le Coustre, aussi maçon, autour du grand autel de Saint-Bertin de Saint-Omer, et construisait trois voûtes dans le cloître de la même abbaye. (Cf. LA FONS DE MÉLICOCQ, *Chœur et autel parés de l'église abbatiale de Saint-Bertin*, dans Bull. du com. hist. des Arts et Mon., Archéol., Beaux-Arts, t. II, 1850, pp. 116 et 206).

(3) Bull. arch. du Com. hist. des arts et monum., t. II, 1842, p. 339. — *Picardie*, t. IV, p. 72 et 122. — Voy. aussi ROZE, *Visite*, p. 6. — Encore plus gratuite est la supposition faite par Goze que ces chapelles, le contrefort et la tour du nord auraient été élevés par des architectes d'Avignon (*Rues d'Amiens*, t. II, p. 68), mais j'ai déjà dit que cet ouvrage était tout de fantaisie et ne valait pas la peine d'être réfuté. — C'est aussi abusivement que Dusevel a attribué à un entailleur du nom de Jean de Cologne ou de Coullongne, les statues qui ornent le haut des tours (*Picardie*, t. IV, p. 122). Ce Jean de Coullongne est plusieurs fois cité dans les comptes de la ville d'Amiens, mais nulle part, à ma connaissance, il n'est dit qu'il ait travaillé à la cathédrale.

entre l'évêque et le chapitre, d'une part, et la ville d'Amiens, de l'autre, sur le refus fait depuis deux ans par les premiers, de verser à la ville, pour les fortifications, une partie de l'aide qu'ils levaient sur les boissons, et où il est dit : « Quant aux chapitre, dit que de ce qu'il ont receu, l'ont employé en chaucées, en verrières, au portail, en édifices, et n'ont point tant receu que partie dit ». Il est probable que c'est à la vitrerie qu'il s'agissait de réparations. Par ces mots « au portail » faut-il entendre la construction de la tour du nord ? le résumé de la plaidoirie n'est pas assez explicite pour qu'on puisse se prononcer avec certitude (1).

Pour ne pas interrompre le récit des principaux travaux exécutés à la cathédrale durant cette période, nous avons rejeté ici, pour en dire un mot, deux événements importants qui eurent lieu dans son enceinte pendant le xive siècle. C'est sans doute à sa situation intermédiaire que la ville d'Amiens dut d'être si souvent choisie par les rois de France et d'Angleterre pour lieu de leurs relations réciproques. Le 6 juin 1329, le chœur de notre cathédrale était encore une fois rempli des plus hauts personnages des deux royaumes pour assister à l'hommage solennel qu'Édouard III, roi d'Angleterre, rendit personnellement à Philippe VI pour le duché de Guyenne et le comté de Ponthieu.

Les anciens registres du chapitre, malheureusement disparus, devaient donner sur la manière dont s'est passé cet événement et sur les dispositions prises dans la cathédrale des détails très précieux : nous n'en savons que ce qu'en a extrait le P. Daire. « On avoit dressé, dit-il, dans l'église cathédrale plusieurs estrades, sur l'un desquels se plaça le roi de France avec celui d'Angleterre et les douze pairs de France. Sur le second, paroissoient les rois de Bohême, de Navarre et de Maïorque, avec les ducs de Bourbon, de Bourgogne et de Lorraine » (2).

A en croire Froissart, la beauté de la cathédrale d'Amiens n'aurait pas été étrangère à la détermination prise par Charles VI d'y célébrer ses noces avec Isabeau de Bavière. Dans son style vif et pittoresque, il nous a raconté les curieuses circonstances dans lesquelles ce mariage se fit. Tout le monde les connaît. La jeune princesse est amenée à Amiens, sous prétexte d'un pèlerinage au chef de saint Jean-Baptiste, par son oncle le duc Frédéric de Bavière, la duchesse de Brabant et la comtesse de Hainaut qui avaient négocié le mariage. Le Roi, qui s'était décidé à la vue d'un portrait (3), était aussi venu de son côté, accompagné du duc et de la duchesse de Bourgogne et de ses conseillers Bureau de la Rivière et Guy de la Trémouille.

C'était au mois de juillet 1385. Le vendredi 14, la jeune fille est présentée au Roi qui, incontinent, s'éprend d'elle et n'a hâte que de l'épouser. On décide que la cérémonie se fera à Arras, et on prenait déjà ses dispositions pour le

---

(1) Arch. Nat. X^{III} 4785, fol. 259. Je dois la communication de ce document à l'obligeance de M. Maugis, professeur d'histoire au lycée Michelet.

(2) Daire, *Hist. de la ville d'Am.*, t. I, p. 215. — L'acte de cet hommage publié par Rymer, *(Fœdera*, etc., t. II, part. III, p. 27) et reproduit dans l'édit. de Froissart par Buchon (t. I, p. 137), est daté d'Amiens, « chœur de la grande église, l'an de grâce mil trois cent vingt-neuf, le sixième jour de juin, indiction douze, treize du reigne de nostre très saint père le Pape Jean XXII ». — Dans son *Hist. de la ville d'Am.*, (t. I, p. 262), M. le baron de Calonne a fait revivre cette scène au moyen des documents connus, auxquels il a ajouté une liste encore inédite de tous les chevaliers qui accompagnaient le roi de France.

(3) Chron. du relig. de St-Denis. Édit. Bellaguet, *Doc. inéd.*, t. I, p. 358.

départ. Mais le Roi n'en veut point entendre parler et dit à son oncle de Bourgogne : « Biaus oncles, nous volons chy espouser en celle belle église d'Amiens, nous n'avons que faire de plus destryer » (1).

Et le lundi suivant, 17 juillet, la royale fiancée, le front ceint d'une riche couronne que le Roi lui avait offerte la veille et « qui valoit l'avoir d'un païs », fut amenée solennellement dans un char magnifique par les duchesses de Brabant et de Bourgogne et par la comtesse de Hainaut jusqu'à « la belle » église d'Amiens, où le Roi avait déjà pris place, et où l'évêque d'Amiens Jean Rolland lui donna la bénédiction nuptiale (2), à la porte du chœur (3), en présence du duc de Bourgogne et de son fils Jean, des ducs Albert et Frédéric de Bavière, de Guillaume comte de Hainaut, et d'un grand nombre de comtes, de barons et de grands seigneurs des deux côtés.

En souvenir de leur mariage, Charles VI et Isabeau ont fondé dans la cathédrale d'Amiens leurs obits, pour lesquels ils ont fait don au chapitre du moulin Baudry (4).

(1) Chron. de Froissart, édit. Kervyn de Lettenhove, t. X, p. 352.

(2) « Et les espousa li évesques doudit lieu ». Chron. de Froissart, *ibid.*, p. 357.

(3) « Carolus VI rex Ambiani in matrimonium recipit Isabellam, filiam Stephani Bavariæ ducis, ad chori ostium, sacra faciente Joanne Rolandi episcopo ». *Series episcoporum Ambian.* Bibl. d'Am., ms. 516, fol. 58.

(4) Charles ..... savoir faisons ..... nous avoir esté exposé de la partie de nostre très chiere et très amée compaigne la Royne que, comme pour la grant et singullière dévotion, amour et affection qu'elle a à l'église d'Amiens, tant pour l'honneur et révérence de Mgr saint Jehan-Baptiste, duquel le chief y repose, comme pour ce que nous et nostredite compaigne y reccumes ensemble le saint sacrement et ordre de mariage, icelle nostre compaigne ait eu et ait propos et entencion de fonder et avoir en ladite église son obit ». Lettre pat. de Charles VI, du 4 février 1412, v. s. Arch. de la Somme, (Évêché d'Am.) G 365. — Voy. aussi acte du 15 mai 1415, *ibid.*, Chapit. d'Am., Arm. I, l. 44, n° 9. — Sur le mariage de Charles VI, voy. A. DE CALONNE, *Hist. de la ville d'Amiens*, t. I, p. 289.

Fig. 6. Escalier de la Tour Nord.

Fig. 3. — Animaux surmontant les contreforts des Chapelles du Chœur.

IV

AMEUBLEMENT ET MONUMENTS ACCESSOIRES.
1401-1550

Au commencement du xve siècle, on peut considérer la cathédrale d'Amiens comme terminée et telle qu'elle est parvenue jusqu'à nous. Les travaux faits par la suite à l'édifice lui-même ne seront plus désormais que des travaux d'entretien plus ou moins considérables, nécessités soit par l'usure du temps, soit par divers accidents, incendies, ouragans, etc.

Dès lors la principale préoccupation des évêques, du chapitre, des confréries et des personnes pieuses sera de la meubler de riches et précieux monuments. L'embellissement est en effet la caractéristique de tous les travaux exécutés dans la cathédrale depuis le commencement du xve siècle jusqu'à la Révolution. C'est depuis lors que la cathédrale va se remplir, s'encombrer même, d'une foule d'objets d'art dont la mode plus encore que le temps et les révolutions feront détruire le plus grand nombre. Sous ce rapport, la période que nous allons étudier dans ce paragraphe sera la plus féconde et la plus riche. Malgré de nombreuses pertes infiniment regrettables, elle a laissé quelques monuments de premier ordre qui, à eux seuls suffiraient à illustrer la cathédrale d'Amiens si elle ne s'illustrait par-dessus tout par elle-même et par la perfection de sa propre architecture.

Mais avant de parler de ces monuments accessoires, nous ne pouvons passer sous silence plusieurs grands travaux d'entretien ou de réparation exécutés à l'édifice pendant cette période, non plus que plusieurs faits qui intéressent le monument tout entier.

L'impression qui se dégage des quelques textes que nous connaissons sur les travaux de réparation ou d'entretien qui furent faits à la cathédrale dans le courant du xve siècle et au commencement du xvie, est que, soit par certains défauts de construction, soit pour n'avoir pas été suffisamment entretenue aux époques précédentes, soit par suite d'incendies ou d'autres accidents, l'édifice était alors en assez mauvais état, et que sa solidité inspirant des inquiétudes, il a exigé de très importantes et très coûteuses réparations, pour lesquelles on eut beaucoup de peine à se procurer des ressources suffisantes.

En 1419 on y exécutait des travaux qui devaient avoir une certaine urgence, puisque les maçons qui y étaient employés furent exempts de travailler à la nouvelle enceinte de la ville, dite forteresse des faubourgs, que l'on se hâtait de réparer, à l'approche des Anglais, pour la mettre en état de résister à un coup de main probable, ce à quoi tous les autres maçons et charpentiers de la ville avaient été contraints (1).

Un passage des comptes de la ville fait supposer qu'on travaillait encore vers 1427 à la cathédrale ; le dépôt des décombres de ces ouvrages se trouvait alors près de la porte Saint-Michel (2).

Quels étaient ces travaux ? C'est assez difficile à dire. Ce ne pouvaient pas être les remaniements aux arcs boutants du chœur, ni aux pinacles faisant tas de charge sur les piliers buttants de la nef, tout cela n'a été fait que plus tard; les chapelles de la nef, étaient toutes alors terminées; la partie supérieure de la façade principale devait l'être aussi. S'agissait-il seulement de travaux d'entretien tels qu'un édifice comme la cathédrale d'Amiens a dû toujours en exiger et qui avaient pris une grande importance pour avoir été trop longtemps négligés?

Le même compte de 1426-27 nous révèle l'existence de Colart Bruisset (Brisset ou Brissot) comme maître maçon du chapitre (3). Il avait sans doute succédé à Pierre Largent, et, en 1456, il en remplissait encore les fonctions (4).

---

(1) « Pour considération du temps de présent, auquel les ennemis de cest royaume s'efforchent de prendre, piller et rober de jour et de nuit bonnes villes closes et forteresches, afin de plus hastivement réparer la forteresche des fourbours d'Amiens, il est délibéré de contraindre tous les machons, carpentiers de la ville à aller ouvrer à ladite forteresche, pour pris raisonnables, excepté ceux qui œuvrent à l'église Nostre-Dame et à le forteresche de le ville ». Échevin. du 3 août 1419. Arch. de la ville d'Am., BB 3, fol. 176 v°.

(2) « A Pierre le Moisne, carton….. pour son sallaire d'avoir mené en son benel IIII blenées de craon ou fuisias des ouvrages de l'église Nostre-Dame, à le porte Saint-Miquiel….. Item, pour avoir admenez dudit lieu de Nostre-Dame à ledite porte VI blenées dudit craon ». Arch. de la ville d'Am., compte de 1426-27, CC 21, fol. 183.

(3) « A maistre Collart Bruisset, maistre des ouvrages de machonnerie de cappitre d'Amiens, en le sepmaine de le Saint-Fremin le Martir, en septembre, pour IIII^c et demi de pendans de croie, tous taillez prestz pour machonner, lesquelz on prist du remain des ouvrages de machonnerie fais par ledit Colart à St-Martin aux Jumias, et lesquelz pendans furent emploiés par les machons de la ville à l'amurement fait au-dessus de le porte et closture de le forteresce et passaige tenant à le porte St-Denis et aux murs des gardins dudit St-Martin ». Arch. de la ville d'Am., compte de 1426-27, CC 21, fol. 168 v°.

(4) « A Colart Brisset, maistre maçon de chappitle

Vers la même époque, maître Pierre Blanc Regnier était charpentier et maître des ouvrages de charpenterie du chapitre (1).

Le 7 octobre 1434 un ouragan formidable endommagea la cathédrale. Par une bulle du 3 des nones d'août (3 août) de l'année suivante, le pape Eugène IV, à la sollicitation de l'évêque d'Amiens Jean Le Josne, qui était alors référendaire du Saint-Siège, accorda des indulgences à ceux qui contribueraient aux réparations des dégâts causés par cet ouragan, et en général de tous ceux antérieurement dus à l'injure du temps, et auxquels les revenus de la fabrique, malgré les legs faits par les habitants de la ville et du diocèse, ne pouvaient suffire (2).

Les avantages spirituels accordés par les papes furent sans doute impuissants à assurer les ressources nécessaires aux réparations urgentes dont elle avait besoin,

---

d'Amiens, en le sepmaine des festes de Pentecoustes, pour demy quarteron de cuings communs de Beaumez pris au kay, emploiés oudit pan de mur de l'Escorcherie, xii s., et pour ung cuing double de Beaumez, le premier jour de juing ensuivant, ii s. (Arch. de la ville d'Am., compte de 1455-56, CC 40, fol. 102). — Ce Colart Brisset, qui appartenait à toute une famille de maçons du même nom, dont plusieurs membres figurent dans les registres de la ville d'Amiens, paraît avoir joui dans cette ville d'une certaine notoriété. Nous le voyons travailler pour la ville dès l'année 1436. (Arch. de la ville d'Am., compte de 1435-36, CC 28, fol. 203). Dans une curieuse pièce du 8 décembre 1440 où il est qualifié de « maistre Colart Brissot, maistre machon de l'église cathédrale d'Amiens », il se trouve associé à Me Mahieu Regnaut, maistre maçon des ouvrages du Roi au bailliage d'Amiens et de la ville d'Amiens, pour affirmer la manière dont se mesurent les ouvrages de maçonnerie dans cette ville. (Arch. de la ville d'Am., Reg. aux contrats, t. I, fol. 44 v°). En 1453, il fait partie avec Jean Loir, dit Maillet, Laurent Gosselin, Jean Legrand et Guillemin Paillette, maçons, d'une commission chargée d'examiner des reparations à faire au beffroi d'Amiens. (Échevin. du 2 oct. 1453. Arch. de la ville d'Am., BB 7, fol. 145 v°). En janvier 1455, v. s., il vend aux maître, frères et sœurs du l'Hôtel-Dieu de ladite ville une grande pierre pour faire une croix au milieu de leur cimetière. (Échevin. du 13 janvier 1455, v. s., ibid., BB 8, fol. 12). — Les comptes de la ville d'Amiens révèlent encore un Jacquet Brisset, maçon à Amiens en 1480, (ibid., compte de 1479-80, CC 58, fol. 148 v°), et un Pierre Brisset, aussi maçon, (ibid., compte de 1481-82, CC 60, fol. 138). Est-ce ce dernier qui, en 1495 fut appelé par les chanoines de N.-D. de St-Omer pour donner son avis sur la restauration du clocher de leur église. (Lance, Diction. des Archit. français, t. I, p. 105), et qui, en 1501, visita avec Jean Leprévost et Jean Duquesnoy, la tour de Notre-Dame de la même ville? (Hermand, Époques de constr. des diverses parties de l'église N.-D. de St-Omer).

(1) Le plus ancien document qui en fasse mention en cette qualité est une délibération de l'échevinage d'Amiens du 23 octobre 1458 (Arch. de la ville d'Am.,

BB 8, fol. 142 v°), puis un acte du 17 mars 1458, v. s. (Arch. de la Somme, Chapit. d'Am., Arm. II, l. 6, n° 6). — Nous retrouvons encore un Pierre Blanc Regnier, sujet du chapitre, dans une délibération de l'échevinage d'Amiens du 27 juin 1486 (Arch. de la ville d'Am., BB15, fol. 45 v°), et en 1497, Blanc Regnier, charpentier, visite encore les maisons claustrales en compagnie de Pierre Tarisel, maçon, et de Jean Lestoc, valet de la fabrique. (Arch. de la Somme, Chapit. d'Am., Arm. II, liasse 48, n° 12, pièce disparue). C'était évidemment le fils du premier. Il y avait en effet à Amiens successivement deux charpentiers de ce nom, qui jouirent l'un et l'autre d'une certaine réputation et qui sont très fréquemment cités dans les registres de la ville. Le premier, qui figure depuis 1432, mourut vers 1468, et le second est mentionné de 1460 à 1507. — En 1460 et 1461, les deux Pierre Blanc Regnier, père et fils, firent des travaux considérables à l'hôtel des Cloquiers ou hôtel de ville d'Amiens. (Arch. de la ville d'Am., BB 9, fol. 8 v°, 26, 28, 39). Le second travailla beaucoup pour la ville. (Ibid., comptes des ouvrages).

(2) Bulle d'Eugène IV du 3 des nones d'août (3 août) 1435. Arch. de la Somme, Chapit. d'Am., Arm. I, l. 1, n° 9. — La supplique, datée du 22 avril 1439, d'après laquelle la susdite bulle a été accordée, est ainsi libellée : « Cum ecclesia Ambianensis, que inter ceteras regni Francie cathedrales ecclesias sumptuosa et celebris est, atque materia et opere sumptuosissimo constructa, in eorum structuris et edificiis retroactis temporibus, et presertim novissime ex quodam venti turbine dampna plurima pertulerit, ad que reparanda ipsius ecclesie fabrice non sufficerent facultates : ut igitur P. S. ecclesia ipsa, ad cujus fabricam, propter illius exilitatem plerique Christi fideles civitatis et diocesis Ambianensium in eorum voluntatibus ultimis suorum bonorum partem aliquam legare consueverunt, congrue reparari... valeat ». Denifle, La désolation des églises, monastères, hôpitaux en France, vers le milieu du xve siècle, t. I, p. 4. — Cet ouragan fit aussi des dégâts considérables dans la ville, notamment aux fortifications et au Beffroi et abattit un grand nombre d'ormes à la Hotoie, ainsi que la justice dite le Happelopin. (Arch. de la ville d'Am., compte de 1433-34, CC 26, fol. 184 et 185).

et longtemps encore, le chapitre inséra dans ses statuts synodaux un article ordonnant aux curés de sa juridiction, sous des peines arbitraires, de recommander à leurs paroissiens au prône des dimanches et fêtes solennelles, dans les confessions et lors de la rédaction des testaments, l'œuvre de la fabrique de la cathédrale qui avait besoin des plus grandes et des plus coûteuses réparations (1).

Au dire de plusieurs auteurs qui ont vu des documents que nous n'avons plus (2), la cathédrale aurait été consacrée une première fois le 10 juin 1483 par l'évêque Pierre Versé, en l'honneur de Notre-Seigneur, de la Vierge Marie et de tous les saints. Après quoi, les mêmes auteurs reparlent d'autres dédicaces qui auraient eu lieu en 1504, 1505, 1509, etc. La vérité est qu'en mémoire sans doute de la dédicace de 1483 faite de son vivant, maître Robert de Cambrin, écolâtre et chanoine de la cathédrale, etc., décédé le 21 mars 1503, v. s., en a fondé la dédicace, c'est-à-dire la solennité commémorative ou anniversaire de la dédicace, laquelle solennité a été célébrée pour la première fois le 14, deuxième dimanche de juillet 1504, par Nicolas de la Couture, évêque d'Hébron, suffragant de François de Halluin, évêque d'Amiens. C'est ce que nous apprend clairement l'épitaphe de Robert de Cambrin lui-même (3), et ce qui était, paraît-il, rappelé avec plus de détails sur une grande lune ou plaque ronde de cuivre contre le pilier qui s'élève devant l'angle de la chapelle Sainte-Marguerite (pilier *16 a*). Il y était dit que Robert de Cambrin avait, pour cette fondation, donné par testament une somme de 2.000 l. (4). Ce n'est donc pas une nouvelle consécration qu'a faite Nicolas de la Couture en 1504, mais un anniversaire de dédicace, tel qu'on le célèbre tous les ans dans toutes les églises de France depuis le Concordat le dimanche qui suit l'octave de la Toussaint et dans les autres églises à d'autres époques. Il faut en dire autant des dédicaces de 1505 et 1509, dont le P. Daire a encore trouvé la mention je ne sais où (5).

Remarquons cependant que le registre aux distributions du chapitre porte de son écriture la plus ancienne, qui n'est pas postérieure au commencement du xive siècle, mention de la distribution à faire le jour de la dédicace de l'église (6),

---

(1) « Item præcipimus, sub pœna arbitraria, quod omnibus diebus dominicis et festis solemnibus, in pleno prono, dum divina celebrantur, etiam in confessionibus audiendis et testamentis conficiendis, moneatis charitative parochianos vestros quatenus habeant fabricam ecclesiæ Ambianensis in eleemosynis, legatis et piis donis recommendatam, quod ecclesia prædicta, proh dolor ! maximis et sumptuosis indiget reparationibus ; in qua quidem ecclesia multæ sunt indulgentiæ ipsis benefactoribus concessæ ». *(Statuta synodalia capituli Amb.* 26 oct. 1464, art. 29, dans D. MARTENNE, *Veterum scriptorum amplissima collectio*, t. VII, col. 1272, et MIOLAND, *Actes de l'église d'Amiens*, t. I, p. 83).

(2) DAIRE, *Hist. de la ville d'Am.*, t. II, p. 127. — Bibl. d'Amiens, mss. 510, fol. VIII, et 836 (Machart, t. VIII), p. 369. — RIVOIRE, *Descr. de l'église cath. d'Am.*, p. 23.

(3) « Lequel a fondé la dédicace de cette présente église, laquelle dédicace a été faite et solennisée le 2e dimanche, 14e jour de juillet mil cinq cens et quatre, par révérend père en Dieu Mons. Nicole, évêque d'Ebron,

suffragant de révérend père en Dieu Mons. François de Halluvin, évêque, administrateur d'icelle église et évêché, et doit ladite dédicace à toujours être solennisée le 2e dimanche de juillet ».

(4) Mss. de Pagès, édit. Douchet, t. V, p. 216. — Bibl. d'Amiens, ms. 836 (Machart, t. VIII), p. 379.

(5) Il faut rapprocher ces faits d'une curieuse charte de Jean Milet, évêque de Soissons, du 1er juillet 1480, par laquelle il rappelle qu'ayant consacré sa cathédrale le 2e dimanche après Pâques 1479, il fonde l'anniversaire de cette dédicace à célébrer à l'avenir très solennellement tous les ans à pareil jour, et donne des biens considérables pour en assurer la solennité. C'est évidemment quelque chose d'analogue qui a eu lieu à Amiens. EUG. LEFÈVRE-PONTALIS, *La dédicace de la cathédrale de Soissons*, dans *Bull. archéol. du Com. des trav. hist. et scient.* 1886, p. 344. — Cf. BUHOT DE KERSERS, *Hist. stat. et monum. du dép. du Cher*, t. II, p. 132, à propos d'une consécration de la cathédrale de Bourges en 1324.

(6) Arch. de la Somme, Chapit. d'Am., Cartul. VI, fol. 155 v°.

et que le *Liber ordinarius* de la cathédrale, qui est aussi de la même époque, donne également l'ordre à suivre dans la fête de la dédicace de l'église d'Amiens, qui doit être célébrée sur le rit grand double, avec un lendemain et une octave (1), ce qui tendrait à prouver que bien avant le xviᵉ siècle on faisait déjà l'anniversaire d'une dédicace.

Les croix de consécration qui sont peintes sur les piliers ne paraissent pas antérieures au xviiiᵉ siècle. Nous ne connaissons pas de dédicace qui ait été faite à cette époque. Il est probable que lors des travaux d'embellissement de la cathédrale faits sous Mgr de la Motte, elles auront été peintes sur l'emplacement des anciennes qui devaient commencer à s'effacer.

Maître Pierre Tarisel nous est révélé comme maître maçon de la cathédrale par un acte du 25 février 1482, v. s. (2). En 1503, il en remplissait encore les fonctions, et figurait en cette qualité dans un acte dont nous reparlerons. Il est probable qu'il les conserva jusqu'à sa mort arrivée en 1510. Il fut en même temps maître maçon du Roi au bailliage d'Amiens et de la ville d'Amiens. C'était un homme de haute valeur et qui jouissait non seulement dans Amiens, mais encore au dehors d'une très grande réputation. On ne manque pas sur lui de renseignements (3).

Si rien ou peu de chose dans la cathédrale ne nous permet de juger du talent artistique de Pierre Tarisel, les importants et très périlleux travaux de réparation auxquels il eut à présider et sur lesquels des renseignements intéressants, quoique trop incomplets, nous ont été conservés, sont cependant faits pour nous donner une haute idée de sa science, de sa hardiesse et de son expérience de constructeur. Ils suffisent pour justifier la grande réputation qu'il

---

(1) « In festo dedicationis ecclesie Ambianensis ». *Liber Ordinarius*. Bibl. d'Am., ms. 184, fol. 346. — Antérieurement à la construction de la cathédrale actuelle, on faisait déjà l'anniversaire de la dédicace de l'église. « Pro annua consecratione ecclesie », est-il dit dans un pontifical d'Amiens du xiᵉ siècle, publié par MM. de Beauvillé et Josse, p. 23. — Il est probable que c'est toujours le même anniversaire que l'on a fait jusqu'en 1483, sans que la nouvelle cathédrale ait été avant cette époque consacrée à nouveau.

(2) « Maistre Pierre Tarisel, maistre machon de l'église Notre-Dame d'Amiens, demourant en ladite ville d'Amiens ». Prise à cens par ledit Tarisel du chapitre de la cathédrale d'Amiens d'une maison et d'un moulin à drap et à huile à St-Maurice, 25 févr. 1482, v. s. Arch. de la Somme, Chapit. d'Am., Arm. II, l. 79, n° 8.

(3) Le plus ancien texte qui fasse mention de Pierre Tarisel est un article du compte des ouvrages de la ville d'Amiens pour 1472-73. (Arch. de la ville d'Am., CC 52, fol. 142 v°). Il se maria à Amiens, le 18 juillet 1476, (*ibid*., compte de 1475-76. CC 55, fol. 42 v°), et y mourut au mois d'août 1510 (*ibid*., BB 21, fol. 73 et 73 v°). Il fut non seulement maître maçon de la cathédrale d'Amiens, mais encore maître des ouvrages de maçonnerie du Roi à Amiens dès avant 1474, (Arch. de la ville d'Am., AA 13 (Reg. N), fol. 167 v°) et, depuis le 4 novembre 1464, maître maçon de la ville d'Amiens.

(Échevin. dudit jour. Arch. de la ville d'Am., BB 14, fol. 111). — Les registres aux comptes de la ville d'Amiens de 1473 à 1510 sont remplis de mentions de travaux exécutés par lui aux édifices municipaux. Plusieurs faits nous révèlent la réputation qu'il s'était faite au dehors. En 1475, on le fit venir à Noyon pour visiter la cathédrale de cette ville qui menaçait ruine en divers endroits (Arch. de l'Oise, G 1338). En 1477, il est occupé pour le compte de Louis XI dans la cité d'Arras (Arch. de la ville d'Am., compte de 1476-77, CC 55, fol. 61). En 1493-94, le chapitre de St-Omer fait appel à ses lumières pour relever la tour de son église. (Deschamps de Pas, *Essai sur l'art des constructions à St-Omer*, etc., p. 12). En 1499, il est appelé à Paris où il fait partie d'une commission pour la reconstruction du pont Notre-Dame (Reg. des délibér. du bureau de la ville de Paris, publ. par la Soc. de l'histoire de Paris, t. I. p. 3 et suiv. — Ce renseignement et le précédent, qui m'avaient échappé lors de la rédaction de ma première notice sur Pierre Tarisel, m'ont été gracieusement communiqués par M. le comte de Marsy). Enfin en 1500, on lui soumettra les plans de Martin Cambiche pour la cathédrale de Beauvais. (G. Desjardins, *Hist. de la cath. de Beauvais*, p. 49). — Cf. G. Durand. *Maître Pierre Tarisel*, etc., dans *Mém. de l'Acad. d'Amiens*, t. XLIV, 1897, p. 1.

eut parmi ses contemporains, et le grand nombre des travaux dont il fut chargé.

Le deuxième pilier du chœur à main gauche *(19 a)* menaçait ruine et nécessita un remaniement considérable. Il ne nous reste que très peu de chose des délibérations capitulaires ou autres documents authentiques sur les travaux qui y furent faits, force nous est de nous servir du peu qu'en disent les auteurs de seconde main qui les ont eus sous les yeux. Le plus explicite est De Court. « En l'année 1497, dit-il, les chanoines s'étant aperçus que le deuxième pilier de cette église, qui est dans le chœur à la main gauche et qui suit l'un des piliers principaux de la croisée, menaçoit ruine et qu'il sucomboit sous le pesant fardeau qu'il soutenoit, résolurent de le faire démolir depuis le chapiteau et d'en faire construire un autre » (1). Pagès dit à peu près la même chose en moins de mots : « On fut néanmoins obligé, en 1497, de démolir et de raccommoder le deuxième pilier ou colonne isolée construite à gauche du chœur » (2).

Nous en apprenons davantage par le procès-verbal de la visite faite le 26 avril 1503 par Pierre Tarisel, maître maçon de la cathédrale, Jean Lepruvost, maître maçon de l'église de Corbie, Nicolas Lesveillié, maître maçon des ouvrages de Saint-Riquier, Pierre Blanc Regnier, Jean Lemessier et Jean Carton, charpentiers, Jean Dumas, Jean Fabus et Robert de Coquerel, chanoines (3), des travaux à faire aux deux piliers suivants, qui, sans être aussi endommagés que le premier, inspiraient cependant des inquiétudes, et à quelques autres endroits de la cathédrale. Dans ce procès-verbal, il est dit, entre autres choses, qu' « il est besoing et nécessité de réparer les deux pilliers estant au chœur du côté senestre d'icelle église, ensuivant icelluy qui a esté réparé auprès d'iceux deux pilliers, c'est assavoir de arcs doubleaux et ogives par dedens ledit cœur, pour le soutènement des vautes, et par dehors est nécessité de faire à chacun d'iceux deux pilliers un arc boutant de pareille fachon et forme, comme il a esté fait audit pillier réparé, et pour ce faire, il faut monter et lever le grant hourt, pour réparer lesdits deux pilliers, et pour le soutènement desdites voûtes » (4).

Il résulte de ces quelques textes, qu'en 1497 il fallut refaire en sous-œuvre le second pilier du chœur à main gauche, refaire les arcs doubleaux et voûtes avoisinant et l'étayer à l'extérieur par un arc boutant supplémentaire, et qu'en 1503, un travail analogue, quoique un peu moins important, fut exécuté aux deux piliers suivants.

Les ouvriers qui furent occupés à travailler au pilier *19 a* n'étaient pas en sûreté sur les hourds ou échafaudages, qui sans doute étaient fort légers et montés fort haut (5); le chapitre ne crut pas pouvoir mieux faire que de les

---

(1) De Court, *Mémoires chronol.*, l. III, ch. 1.

(2) Mss. de Pagès, édit. Douchet, t. V, p. 13.

(3) Une délibération capitulaire du 12 avril précédent avait désigné pour faire partie de ladite commission le maître de la fabrique, avec Mathieu Vualequin, Robert de Coquerel, Pierre Dumas, chanoines, maître Pierre Tarisel, maçon, maître Pierre Blanc Regnier et maître Jean Lemessier, charpentiers. Il est probable que les autres y furent appelés par la suite. Cette délibération attribuant les désordres susdits à la trop fréquente sonnerie des cloches (sans doute de celles du clocher central et non des bourdons, comme on l'a cru), décide en outre que ces cloches ne seront désormais sonnées pendant plus d'un quart d'heure par heure. (Délib. capit. du 12 avril 1503, copie du xviii⁰ s. Bibl. d'Am., ms. 563, fol. 229.

(4) Procès-verb. de visite du 26 avril 1503. Copie du xviii⁰ siècle. Bibl. d'Amiens, ms. 563, fol. 228.

(5) « Qui (operarii) aliis atque aliis periculis in opere hourdorum super chorum ipsius ecclesiæ jam inceptorum pro ruina tertii pilaris sinistri lateris chori dictæ ecclesiæ reparanda quotidie versantur. » Délib. capitul. du 29 mai 1497. Arch. de la Somme, papiers du chan. Villemant.

mettre sous la protection divine. Il fut donc décidé que le dimanche qui suivrait (4 juin), il serait fait une procession générale avec l'image de la Vierge, patronne de la cathédrale, et à laquelle tous les ouvriers assisteraient ainsi qu'à la messe, un cierge ardent à la main, et après s'être préalablement confessés. La procession devait prendre la cour de l'évêché, la rue Saint-Denis, et passant devant la maison de l'Affiquet, rentrer dans la cathédrale par le parvis (1).

Pendant l'exécution des travaux, on s'abstint de sonner les grosses cloches (2). On ne voit plus trace de la réfection qui a dû être faite au pilier *19 a*, mais la clef de voûte de dessin flamboyant de la travée *17, 19 ab* montre bien que cette voûte a dû être refaite alors. De plus, au pilier *19 a*, immédiatement au-dessous du cordon sculpté formant la base du triforium, les trois colonnettes qui portent la grande voûte sont serrées par un collier de fer, rattaché au nu extérieur du mur de clôture du triforium par deux agrafes de fer à section carrée d'environ 0.028 millim. de côté, en passant par-dessous le grand chaînage de fer qui fut exécuté peu après (3).

Par ces mots : « est nécessité de faire à chacun d'iceux deux pilliers un arc boutant de pareille fachon et forme, comme il a esté fait audit pillier réparé », il est plus que vraisemblable qu'il faut entendre précisément l'exécution des arcs boutants supplémentaires qui, nous le verrons, ont été ajoutés après coup sous les arcs boutants des piles parallèles du chœur; leur caractère archéologique se rapporte d'ailleurs parfaitement à cette date. Il est probable qu'on aura commencé en 1497 par appliquer cet arc boutant au pilier *19 a*, et qu'en ayant reconnu l'efficacité, on en aura ensuite fait de semblables en 1503 aux piliers *21 a* et *23 a*, et par la suite, à des dates assez rapprochées, mais que nous ne connaissons pas, à tous les autres piliers *25 a, 20 a, 22 a, 24 a* et *26 a*.

Dans l'intervalle entre 1497 et 1503, on eut à exécuter un travail d'un autre genre, mais non moins important.

On s'était aperçu que les quatre gros piliers de la croisée bouclaient, sollicités par la poussée des voûtes des bas côtés et des grandes arcades, et que, par suite, des lézardes inquiétantes se manifestaient dans l'édifice contre la façade occidentale, contre les deux murs pignons des transepts et contre les grands piliers de la croisée. Ces déchirures sont encore parfaitement visibles aujourd'hui et apparaissent principalement au-dessus des grandes arcades des travées extrêmes : *1, 3 a; 2, 4 a; 13, 15 a; 14, 16 a; 15 ab; 16 ab; 15 cd; 16 cd; 17 ab; 18 ab; 17 cd; 17, 19 a; 18, 20 a*, et le plus souvent au-dessus de la portion de l'arc la plus éloignée du gros pilier.

Il fallait d'urgence porter remède à cet état inquiétant. Le 14 mars 1497 v. s., par ordre du chapitre, une commission composée de maître Colart de Haudrechies (4), maître Pierre Tarisel, maître maçon, et maître Pierre Blanc Regnier,

---

(1) Délibérations capitulaires des 29 mai et 2 juin 1497. Copies du XVIIIe siècle, Arch. de la Somme, papiers du chan. Villemant.

(2) Délibér. capitul. du 28 avril 1503. Bibl. d'Amiens, ms. 563, fol. 228.

(3) Cet ancrage et ce collier n'existent qu'au pilier *19 a*. Le procès-verbal de 1503 ne dit pas non plus que les autres piliers aient dû être refaits : il n'y est question que de l'arc boutant et des arcs doubleaux et ogives de la voûte, sans doute celle du bas côté, car il ne semble pas qu'il ait été touché à la grande.

(4) Nous ne savons à quel corps de métier appartenait ce Colart de Haudrechies. Il est cité dans une délibération de l'échevinage d'Amiens du 2 décembre 1493 pour

maître charpentier de la fabrique, Adrien de Hénencourt, doyen du chapitre, Mathieu Vualquin, chanoine et cellérier, Pierre Dumas, chanoine et maître de la fabrique, et plusieurs autres, se rend à la cathédrale pour examiner la situation et rechercher les moyens d'y obvier (1).

Après constatation des désordres, la commission se rangea à l'avis de Colart de Haudrechies, qui était de percer toutes les piles à la hauteur du pavé des allées couvertes ou triforium, et d'y agrafer des ancres de fer d'Espagne de bonne grosseur allant de la croisée aux extrémités de la nef, du chœur et des croisillons. Mais comme un pareil travail serait trop coûteux à faire tout en fer d'Espagne, les points d'attaches pourraient être réunis par plusieurs pièces de bois de chêne, préalablement trempées dans l'eau pendant trois mois pour être préservées des vers, et assemblées par de solides plates-bandes de fer à chevilles, clous et crampons, et enfin, pour être maintenues roides, fixées à la maçonnerie de distance en distance par des chevilles de fer carrées, enfoncées de six à huit pouces de profondeur.

Ce projet fut approuvé par acte capitulaire du 16 mars, qui enjoignit à Mathieu Vualequin, cellérier, de faire délivrer aux ouvriers et charpentiers, les bois des forêts du chapitre nécessaires audit ouvrage (2). Il est probable qu'il fut l'objet de critiques de la part de personnes compétentes, et que des doutes furent émis sur l'efficacité du bois pour un pareil ancrage, car quelques jours après, le 25 mars, eut lieu une nouvelle visite, dans laquelle intervint un bien plus grand nombre de personnes : le doyen du chapitre, Mathieu Vualequin, célérier, Pierre Dumas, maître de la fabrique, et Robert de Cocquerel, chanoine, et avec eux plusieurs notables laïcs et gens de métier : Richier de Saint-Fuscien, prévôt du Roi à Amiens, Jean Lecaron, élu d'Abbeville et receveur des aides pour le Roi à Amiens, Jean de Saisseval, seigneur de Pissy, Robert et Pierre de Barly, Jean Leriche et Nicolas de Saisseval, échevins, Pierre Tarisel, maçon, Pierre Blanc Regnier, Jean Lemessier et Jean Lecarton, charpentiers, Colart Georges, ferron, Geoffrin Foursel, serrurier. Remarquons ici l'absence de Colart de Haudrechies, la part très large donnée aux charpentiers, qui sont au nombre de trois, et que cette fois, deux ouvriers du fer, un ferron et un serrurier ont été appelés.

La nouvelle commission constate les mêmes désordres que ceux mentionnés au procès-verbal du 14, et décide qu'il est nécessaire d'ancrer les quatre principaux piliers de la croisée, ainsi qu'il a été dit, mais que les ancres seront « de bon fer d'Espagne et non d'autre fer ne de bois » (3).

La difficulté était de se procurer du fer d'Espagne en assez grande quantité pour un travail aussi considérable. On était alors en guerre avec l'Espagne, et les marchandises de ce pays n'entraient que difficilement en France. Cependant le chapitre trouva assez promptement des marchands qui consentirent à lui en fournir

---

avoir visité la rivière de Selle avec Pierre Tarisel, Jean Le Messier et autres, mais aussi sans indication de sa qualité. (Arch. de la ville d'Am., BB 16, fol. 271, v°).

(1) Nous n'avons plus le texte original du procès-verbal qui a été dressé de cette visite. Il ne nous a été conservé que par des copies du XVIII° siècle. La moins mauvaise est au ms. 563 de la Bibl. d'Am., fol. 226,

et l'autre dans DE COURT, Mémoires chronol., etc., t. III, ch. 1.

(2) Copie du XVIII° siècle, Bibl. d'Am., ms. 563, fol. 227.

(3) L'original de ce procès-verbal du 25 mars 1497, v. s., a également disparu. Copie du XVIII° siècle à la suite du premier au ms. 563 de la Bibl. d'Am., fol. 226 v°.

moyennant une certaine quantité de blé, puisque dès le 28 mars suivant, il obtient de l'échevinage l'exemption des droits de la ville pour le passage dudit blé (1).

Le procès-verbal de visite du 26 avril 1503 indiquait encore plusieurs travaux de détail à exécuter, comme « de remettre des capitaux en plusieurs lieux aux remplages de forme des verrières auprès d'iceux piliers »; il fallait encore abattre « aucuns boutz d'amortissemens ou espis des pilliers des clèrevoies », ainsi que plusieurs colonnes hors des tours et en quelques autres endroits, lesquelles, menaçant ruine, risquaient d'entraîner dans leur chûte de graves accidents, et enfin réparer un coin d'un pilier de l'arc boutant sur la chapelle Saint-Jacques *(30 ab* ou *32 ab)*. On ne voit d'ailleurs évidemment plus trace aujourd'hui de ces menues réparations; de semblables ont dû être faites à beaucoup d'autres époques.

Enfin le procès-verbal ajoute qu'il fallait « réparer et relier deux fentures estans en la croisée d'icelle église auprès du grand os dessus le cloître Saint-Nicolas », c'est-à-dire, boucher deux fentes dans le pignon du croisillon sud du transept, auprès de la grande rose. Ces fentes s'étaient sans doute produites entre les constructions du XIIIe siècle et celles du XIVe, lesquelles, nous le verrons, ne sont pas liées (2).

« La tradition nous apprend », dit Pagès, à propos des chanoines Dumas et de Coquerel, morts l'un en 1517 et l'autre en 1521, et enterrés non loin de là, « que ces deux illustres chanoines firent construire à leurs dépens une muraille qui fortifie celle que l'on avoit bâtie auparavant à cette partie de la croisée, (du côté sud), que l'on trouvait trop délicate pour résister à la violence des vents qui agitent ce côté de la cathédrale » (3). Ce que dit ici Pagès a-t-il quelque relation avec le travail mentionné au procès-verbal de 1503 ? Ce passage du chroniqueur Amiénois n'est malheureusement pas très clair. Il est certain que le dessin flamboyant de la rose de ce côté s'accorderait assez bien avec cette époque, et de plus nous verrons qu'au-dessus du gable du XIVe siècle qui décore intérieurement la porte de la Vierge dorée, est une statue en pierre peinte de saint Michel, aux armes des Coquerel, qui, par son style, est évidemment aussi des environs de l'an 1500.

Remarquons enfin qu'au milieu du remplage flamboyant de la rose occidentale, dont le dessin est assez analogue à celui de la rose du croisillon sud, se trouve aussi un écusson sculpté aux mêmes armes. On en a tiré argument pour attribuer ce nouveau remplage au même chanoine de Coquerel. Son épitaphe le qualifie d'ailleurs, de « grand zélateur de l'honneur de Dieu, des povres et de la fabrique de céans ». Les ornements peints sur le vitrail de cette rose sont déjà dans le style de la Renaissance.

Il est à présumer que ces divers travaux se rattachent à une restauration générale de la cathédrale, qui, commencée dans le courant du XVe siècle, aurait été terminée vers 1525 ou 1526. L'inscription du cierge pascal de 1696, porte en

---

(1) Échevin. du 28 mars 1498, date renouvelée. Arch. de la ville d'Amiens, BB 18, fol. 36.

(2) Cf. GOZE, *Documents concernant des réparations effectuées dans la cathédrale d'Amiens en 1497 et 1503*, dans *Bull. du com. de la langue, de l'hist. et des arts de la France*, t. I, 1852-53, pp. 565 à 571. Inutile de dire que ce travail, comme la plupart de ceux de cet auteur, renferme bien des inexactitudes. — VIOLLET-LE-DUC, *Dict. Rais. d'archit.*, t. II, p. 403, fig. 8.

(3) Mss. de Pagès, édit. Douchet, t. V, p. 221.

effet cette mention : « A completa ejus restauratione, 170 », soit 1526 (1). C'est évidemment à cette grande restauration qu'il faut rattacher notamment la réfection des pinacles des piliers buttants de la nef et celle des balustrades de style flamboyant qui régnaient naguère au-dessus des chapelles du chœur et de la nef, travaux dont nous ne connaissons pas la date exacte, mais qui ont certainement dû être exécutés à la fin du xve siècle ou au commencement du xvie (2).

En 1519, la cathédrale fut, paraît-il, endommagée par un grand vent ; mais nous ne savons rien des dégâts qui en furent la suite (3).

Lorsque Pierre Tarisel mourut en 1510, on ne sait à qui fut confiée la direction des travaux de maçonnerie de la cathédrale. Toujours est-il qu'en 1538, maître Jean Bullant, qualifié de maître maçon de la cathédrale d'Amiens, est appelé à Doullens pour rebâtir l'église Saint-Martin détruite par un incendie (4). Un Jean Bullant, maître maçon, figure encore avec Jean Le Roy et Jean Pierre, maîtres charpentiers, dans un procès-verbal de visite de réparations à faire au moulin Boucard appartenant au chapitre ; ce procès-verbal est souscrit de leurs signatures et daté du 15 novembre 1561 (5).

Il y eut à Amiens au moins deux maîtres maçons du nom de Jean Bullant, le premier mourut en 1555, laissant pour fils Hubert et Michel (6). C'est celui qui, en 1538, était maître maçon de la cathédrale ; on ignore son degré de parenté avec l'autre Jean Bullant mentionné dans l'acte de 1561. Celui-ci lui succéda-t-il dans sa charge de maître maçon du chapitre ? C'est ce que l'acte précité ne nous dit pas (7).

Le nom de maître Simon Mautre, charpentier de la cathédrale, nous est révélé par un article des comptes de l'Hôtel-Dieu d'Amiens, de 1530-31 (8).

---

(1) Inscript. du cierge pascal de la cath. d'Am. de 1696. Bibl. d'Am., ms. 840, p. 119. — Les dates que donne cette inscription du cierge pascal ne sont pas toujours absolument exactes, parce que le calcul n'a pas été bien fait, mais les faits auxquels il fait allusion le sont.

(2) C'est sans doute aussi pour ces travaux que le chanoine Jean d'Yppre, décédé en 1492, et qui appartenait à une de plus illustres familles bourgeoises de la ville, aurait fait à la fabrique les libéralités auxquelles il est fait allusion dans son épitaphe par ces mots : « qui fut grand bienfaiteur de la fabrique d'icelle (église) ».

(3) Bibl. d'Am., ms. 510, fol. 8, v°.

(4) Dusevel, dans *Revue des Sociétés Savantes*, 4e série, t. I, 1865, p. 389, d'après les registres aux comptes de la fabrique de St-Martin de Doullens.

(5) Arch. de la Somme, Chapit. d'Am., Arm. II, l. 36, n° 6.

(6) Arch. de la ville d'Am., BB 29, fol. 63 v°.

(7) Les Bullant ont formé à Amiens, depuis la fin du xve siècle, une famille de maçons très nombreuse. Indépendamment des deux Jean, déjà cités, j'ai relevé André Bullant (1457-1458), Guillaume Bullant (1467), Martin Bullant (1425), Philippe Bullant (1425), Hubert Bullant (1559-1582), Michel Bullant (1559-1582), sans doute les deux fils du premier Jean. Celui-ci est déjà cité comme maître maçon à Amiens dès 1525 dans les comptes du château de Lucheux (Dusevel, dans *Picardie*, t VII, p. 198). Il est souvent mentionné dans les registres de la ville d'Amiens, et il semble avoir joui dans cette ville d'une très grande notoriété. L'autre Jean ne paraît pas avoir été moins célèbre ; son nom figure peut-être plus souvent encore dans les registres de la ville. En 1562, il fut nommé maître maçon de la ville d'Amiens, en remplacement de Jean Descaubry, décédé (Arch. de la ville d'Am., BB 35, fol. 155). Il mourut en 1582. (*Ibid.*, BB 45, fol. 139, 153, 160). Ni l'un ni l'autre n'ont rien de commun avec le célèbre Jean Bullant d'Écouen et des Tuileries, architecte du connétable de Montmorency et de Catherine de Médicis et contrôleur des bâtiments du Roi. Celui-ci est mort en 1578 à Écouen, tandis que le premier des deux nôtres décéda en 1555 et l'autre en 1581 ou 1582, comme nous l'avons vu. Quand il n'y aurait que cette preuve, elle serait péremptoire. C'est sans preuves que Bauchal (*Nouv. Dict. des Archit. Français*), suppose celui-ci fils du premier Jean Bullant, d'Amiens et frère du second. — Voy. Lance, *Dictionn. des Archit. franç.*, t. I, p. 114.

(8) « Item a esté donné et paié à maistre Simon Mautre, carpentier de la grant église d'Amiens, pour avoir aidié à drescher et escripre la déclaration des fruis de la couverture et plombage de la grand salle de

Le 15 juillet 1528, un coup de foudre tomba sur le clocher qui s'élevait sur la croisée du transept et le consuma entièrement; on construisit à sa place la flèche élégante qui s'élève encore aujourd'hui à cet endroit. Nous aurons plus loin l'occasion de parler avec plus de détails de cet accident et des travaux qui en furent la suite.

Enfin vers 1544, il était question de réparer le dallage, puisque le chapelain Pierre Wallet, après avoir fait plusieurs legs, ordonnait par son testament que le tiers du surplus de ses biens serait attribué à la fabrique de la cathédrale « pour ayder à réparer le pavement d'icelle église » (1).

Malgré les importants et coûteux travaux de restauration et d'entretien, dont nous venons de parler, malgré les cris de détresse poussés de temps à autre par le chapitre pour exciter la générosité des fidèles, depuis le commencement mais surtout depuis le dernier tiers du xve siècle, la cathédrale d'Amiens ne cessa de s'enrichir de meubles somptueux.

C'est dans les pièces d'ameublement : orfèvrerie, peinture et sculpture, que se concentre dorénavant tout l'effort artistique.

La fin du xve siècle et le commencement du xvie fut pour Amiens, après les horreurs de la guerre de Cent ans, après les terreurs des guerres de Charles le Téméraire, une période de paix et de tranquillité relatives. Nous avons dit ailleurs le soupir de satisfaction qui avait accueilli dans cette ville la nouvelle de la mort devant Nancy du turbulent et cruel adversaire de Louis XI (2). Avec la tranquillité, la prospérité revient, et c'est surtout alors que le mouvement artistique qui, depuis la fin du xiie siècle, avait toujours continué sa marche en avant, malgré les ralentissements des mauvais jours, y prend tout d'un coup un développement extraordinaire.

Alors on se met à travailler à presque toutes les églises de la ville : Saint-Firmin à la Porte (3) et Saint-Martin au Bourg (4) sont reconstruites, Saint-Jacques (5) et Saint-Germain (6) terminées, Saint-Sulpice (7), Saint-Firmin en Castillon (8),

---

céans, avec ses paines, labeurs et vacations qu'il a faits pour un drescher par son opinion les constructions d'icelle, xiii s. ». Arch. hospit. d'Am., Hôtel-Dieu, E 142, compte de 1530-31.

(1) Testam. de Pierre Wallet, du 2 octobre 1544. Arch. de la Somme, chapit. d'Am., Arm. I, l. 44, n° 20.

(2) « Messeigneurs ont ordonné que, *pour les bonnes nouveles* qu'ils ont oyes de la mort du duc de Bourgongne, ils mettront seulement du guet de nuit assis iii ou iiii hommes sur les portes, pour le soulagement du peuple de ladicte ville ». Échevin. du 20 janvier 1476, v. s. Arch. de la ville d'Am., BB 12, fol. 77 (Cf. G. Durand, *Notice sur l'église Saint-Germain l'Écossais à Amiens*, dans la *Picardie histor. et monum.*, t. 1, p. 112).

(3) L'église nouvellem. reconstr., en partie sans doute, est consacrée en 1476. (Échevin. des 10 juin, 9 sept., 21 oct. 1476. Arch. de la ville d'Am. BB 12, fol. 52 v°, 57, 64 v°). — Agrandie en 1485. (Échevin. du 5 juin 1485. *Ibid.*, BB 15, fol. 38 v° et 40; compte de 1485-86, fol. 297). — Nouveaux agrandissem. en 1490. (Échevin. du 21 juin 1490. *Ibid.*, BB 16, fol. 82 v°; compte de 1489-90, fol. 125).

(4) Reconstr. en 1476. (Échevin. des 15 juill. 1476 et 3 févr. 1476, v. s. Arch. de la ville d'Am. BB 12, fol. 54 et 79). — Agrandie en 1480. (Échevin. du 2 juin 1480, *Ibid.*, BB, 13, fol. 141). — Nouveaux travaux en 1486 et 1487. (Échevin. du 20 juill. 1487. *Ibid.*, BB 15, fol. 104 v°, et compte de 1486-87, fol. 25). — Consacrée en 1490 ou 1491. *Ibid.*, compte de 1490-91, fol. 85).

(5) Échevin. des 19 oct. 1478 et 24 janvier 1487, v. s. Arch. de la ville d'Am , BB 13, fol. 37 v°, et BB 15, fol. 144 v° et 165 v°.

(6) G. Durand, *Notice sur l'église Saint-Germain l'Écossais*.

(7) Constr. d'une chapelle en 1492. (Échevin. du 23 juill. 1492. Arch. de la ville d'Am., BB 16, fol. 189 v°).

(8) Constr. d'une chapelle en 1477. (Échevin. du 11 août 1477. Arch. de la ville d'Am., BB 12, fol. 103 v°). — Agrandissem. en 1478. (Échevin. des 26 oct. 1478 et 22 juin 1479. *Ibid.*, BB 13, fol. 40, et 92 v°). — En 1499, constr. dans le chœur d'une grande verrière représ. l'hist. de saint Firmin. (Échevin. du 16 avril 1499. *Ibid.*, BB 18, fol. 91; compte de 1498-99, fol. 91).

agrandies et embellies, Saint-Leu (1) et Saint-Remy (2) s'agrandissent et construisent leurs clochers, l'abbaye de Saint-Jean s'achève (3), les Cordeliers agrandissent leur église et refont leur clocher (4), les Jacobins élèvent un clocher (5) et construisent une librairie (6) et un dortoir (7), les Augustins achèvent leur cloître (8), construisent une salle capitulaire (9), agrandissent et embellissent leur église (10), les Minimes, nouvellement établis, édifient leur couvent (11); le cimetière Saint-Denis se termine et sa chapelle Saint-Jacques, démolie dans les guerres, est rétablie (12).

Il semble qu'à cette époque tout soit à l'art religieux, cependant les édifices civils continuent aussi à s'embellir : travaux de peinture et de sculpture à l'hôtel des Cloquiers où l'échevinage avait le siège de son administration, reconstruction des ponts du Cange et Saint-Michel, édification d'une poissonnerie, sans parler des travaux de tous genres exécutés aux remparts, etc. (13). Il semble que les particuliers aient aussi fait de même (14).

De tant d'œuvres d'art qui virent le jour à Amiens à cette époque féconde, quelques-unes seulement sont parvenues jusqu'à nous (15), et, à part quelques exceptions, presque toutes appartiennent à la cathédrale. Toutes démontrent d'une façon incontestable que parmi les artistes d'Amiens, maçons, entailleurs d'images, peintres, huchers, un grand nombre étaient d'élite.

(1) Agrandissem. en 1478. (Échevin. des 19 janv. 1477, v. s. et 5 mai 1478. Arch. de la ville d'Am., BB 12, fol. 131 v°, et 13, fol. 13). — Agrandissem. et constr. d'un clocher en 1481. (Échevin. des 8 et 23 oct. 1481, 2 juin 1482, 15 févr. 1495, v. s. Arch. de la ville d'Am., BB 14, fol. 4, 5 v°, 6, 44, 45, BB 17, fol. 99 v°). — Id., en 1500. (Échevin. du 17 nov. 1503. Ibid., BB 19, fol. 17).

(2) Échevin. des 28 mars 1498 v. s., et 22 nov. 1503. Arch. de la ville d'Am., BB 18, fol. 34 v°; BB 20, fol. 27. — De 1516 à 1522, constr. d'un clocher. (Arch. de la Somme, fabr. de Saint-Remy, 2° carton).

(3) 17 octobre 1479. Mandem. des vic.-gén. de l'évêque d'Auxerre. Arch. de la Somme, Abb. de Saint-Jean, LIV, O, 10° carton. — Échevin. du 9 nov. 1479. Arch. de la ville d'Am., BB 13, fol. 113.

(4) 1485-1512. Arch. de la ville d'Am., BB 15, fol. 38 v°, 93 v°; 94 v°; BB 16, fol. 20 v°, 22, 38 v°, 90 v°, 191 v°, 148; BB 17, fol. 172; BB 19, fol. 5; BB 21, fol. 109; comptes de 1486-87, fol. 24 v°; 1491-92, fol. 121 v°; 1496-97, fol. 72 v°.

(5) Échevin. du 31 août 1484. Arch. de la ville d'Am., BB 14, fol. 151 v°. Ibid., compte de 1494-95, fol. 31 v°.

(6) Échevin. du 4 nov. 1494. Arch. de la ville d'Am., BB 17, fol. 33 v°. — Ibid., compte de 1494-95, fol. 109.

(7) Échevin. du 1er juill. 1510. Arch. de la ville d'Am., BB 21, fol. 69.

(8) 1476-1478. Arch. de la ville d'Am., BB 12, fol. 47 v°, 96; BB 13, fol. 1, 3, 15, 38 v°, 72. — Ibid., compte de 1477-78, fol. 34 v°.

(9) 1486. Arch. de la Somme. Augustins.

(10) 1486. Arch. de la ville d'Am., AA 1, fol. 67; 1502. Ibid., BB 19, fol. 89, 109; BB 20, fol. 1; compte de 1508-09, fol. 79.

(11) 1502-1510. Arch. de la ville d'Am., BB 19, fol. 93; BB 21, fol. 65.

(12) 1475-1505. Arch. de la ville d'Am., BB 12, fol. 27, 83; BB 15, fol. 52 v°; BB 17, fol. 35; BB 20, fol. 82, 84. Comptes de 1479-80, fol. 28; 1485-86, fol. 28 v°.

(13) Voy. principalement pour tous ces divers travaux, les registres aux comptes et aux délibérations de la ville d'Amiens.

(14) Requête par Jeanne de Villers, dame de Belloy et du Candas, veuve de Jean de Moncheaux, chevalier, « par laquelle elle a remonstré que des pièça y avoit en ladicte ville ung lieu et place où anchiennement soloit avoir une fontaine joingnant à la maison d'icelle suppliante, séant en la rue de devant l'Escorcherie, laquelle fontaine estoit abuve, inutille et de nul pourffit à ladicte ville, et que, au lieu et place d'icelle, l'en faisoit plusieurs immondices et grans infections......, requérant à ces causes, que ledit feu seigneur de Moncheaux avoit, en son vivant, fait faire et édiffier de biaux et somptueux édiffices en sadicte maison, auprès dudit lieu, icellui lieu et place lui estre par nous baillié à cens héritables, à la charge de le amaser de quelque bon édiffice, pour la décoration de ladicte ville » ; accordé, à la charge « de faire construire et édiffier sur ledit lieu et place une maison manable, bonne et souffisant, avec ung puy respondant sur rue, qui sera abruvé de la source de ladicte fontaine, qui sera commun au pœuple. » Échevin. du 10 sept. 1510. Arch. de la ville d'Am., BB 21, fol. 73 v°.

(15) Il est à remarquer qu'il ne reste à peu près rien de tous les monuments que nous venons d'énumérer ; si nous n'avions pas la cathédrale, nous ne connaîtrions que par les textes le développement qu'eurent les arts à Amiens à cette époque.

C'est dans le même temps, le 5 décembre 1491, qu'ont été donnés les premiers statuts aux styles et métiers des peintres, entailleurs, verriers, brodeurs et enlumineurs de la ville d'Amiens (1).

A cette époque, le chapitre de la cathédrale compta dans son sein un certain nombre de chanoines éclairés, riches et amis des arts, qui se plurent à l'enrichir de monuments de toute espèce. Le plus célèbre, celui qui, par ses libéralités, provoqua la création du plus grand nombre d'œuvres d'art non seulement dans la cathédrale mais dans beaucoup d'églises et d'autres édifices de la ville et du diocèse et même d'ailleurs (2), celui qui, en un mot, entraîna les autres et fut l'âme du mouvement artistique, c'est Adrien de Hénencourt.

Fils de Jean, seigneur de Hénencourt et de Claire de Beauvoir, sœur de l'évêque d'Amiens Ferry de Beauvoir, Adrien de Hénencourt, seigneur de Hénencourt, Warloy, Senlis, Bresle, Chipilly, Petit Baizieu et Beaurepaire sur Oise, docteur en décret, licencié ès lois, chanoine de Saint-Nicolas et de Saint-Firmin le Confesseur à Amiens, prieur de Notre-Dame de Montdidier, archidiacre de Noyon, fut successivement prévôt du chapitre de la cathédrale d'Amiens en 1465, et doyen en 1495 jusqu'à sa mort arrivée le 5 octobre 1530 (3).

Ce serait sortir des limites de ce travail que de chercher à faire une biographie, si succincte qu'elle soit, d'Adrien de Hénencourt, ou à énumérer ses nombreuses libéralités en faveur des églises (4). Contentons-nous de rappeler un seul fait peu connu, mais qui prouve mieux que tout autre son goût pour les arts, et qui fait voir que, si l'honneur de Dieu a été son but dans les nombreuses œuvres d'art qu'il fit exécuter, l'encouragement à donner aux artistes n'y a pas été non plus étranger.

Nous verrons en parlant de la chapelle XXII (Saint-Éloi), que cette chapelle fut ornée en 1506, aux frais d'Adrien de Hénencourt, d'objets d'art d'une grande beauté, et dont on peut d'ailleurs juger par les célèbres peintures des Sibylles qui nous en restent, et que, d'un autre côté, la confrérie de Saint-Luc, composée des peintres, entailleurs, brodeurs, verriers et enlumineurs, qui avaient reçu depuis peu leurs premiers brefs et statuts, voulait avoir son siège dans cette même chapelle, et cela très vraisemblablement, à l'instigation et sous les auspices du magnifique

---

(1) Arch. de la ville d'Amiens, AA 13 (Reg. N), fol. 224 — Bien que ces statuts disent positivement que lesdits métiers « ne avoient jamais eu aucuns briefz, status ne ordonnances », Augustin Thierry, après avoir hésité, il est vrai, a mis à la date du 5 décembre 1400 une autre version des mêmes brefs, un peu différente de celle datée de 1491, et qu'il avait trouvée aux archives de la ville d'Amiens dans une liasse cotée D 8 n° 16 à l'inventaire de Gresset. (Aug. Thierry, Recueil des docum. inéd. de l'hist. du tiers état, t. II, pp. 4 et 447). Cependant la délibération de l'échevinage du 5 déc. 1491, qu'Aug. Thierry ne paraît pas avoir connue, et dans laquelle les susdits statuts ont été accordés, a soin de spécifier, elle aussi, que ces métiers n'avaient encore, à leur connaissance, aucuns brefs, statuts ni ordonnances. (Arch. de la ville d'Amiens, BB 16, fol. 158). Il est donc plus vraisemblable de supposer que la version datée de 1400 ne serait qu'une copie incorrecte et dont la date serait restée incomplète (ce qu'Augustin Thierry ne peut s'empêcher de reconnaître lui-même), d'un premier projet qui aurait été modifié sur quelques points avant son inscription au livre des métiers.

(2) « Fit du bien quasi à tous les sainctes lieux du monde, de sorte qu'on dit communément que les armes de Hénencourt sont depuis Amiens jusqu'en Jérusalem », dit Lamorlière avec quelque exagération, sans doute. (Recueil des illustres maisons, p. 303).

(3) Daire, Hist. de la ville d'Am., t. II, p. 175.

(4) Sur Adrien de Hénencourt, voy Badius Ascensius, préface des Péans de Pierre Burry, 1505, Bibl. d'Am., Belles lettres, 1514. — Lamorlière, Antiquités, p. 230, Recueil des illustres maisons, p. 230. — Daire, Hist. de la ville d'Amiens, t. II, p. 175. — Jourdain et Duval, Hist. et descr. des stalles de la cath. d'Amiens, note D., dans Mém. de la Soc. des Ant. de Pic., in-8°, t. VII, 1844, p. 468.

et opulent doyen (1). Ajoutons qu'Adrien de Hénencourt fit enrichir cette chapelle d'indulgences et qu'il y fonda par testament deux chapellenies.

Adrien de Hénencourt aurait donc été un véritable Mécène.

Indépendamment de leur haute valeur artistique, les monuments dont la cathédrale d'Amiens fut alors décorée ont un intérêt capital par l'époque à laquelle ils appartiennent, qui est une des plus intéressantes de l'histoire de l'art en France, celle où le génie français a su, du naturalisme flamand et du classicisme italien, créer cet art si original, si vif et si charmant qu'on appelle la Renaissance française.

Les objets mobiliers exécutés dans la cathédrale à cette époque seront l'objet de descriptions particulières; fidèles à notre principe, nous rapprocherons de ces descriptions les renseignements historiques qui se rapportent à chacun d'eux. Nous nous contenterons de donner ici l'énumération chronologique des principaux, pour indiquer l'ordre dans lequel ils ont été faits.

En 1483 et les années suivantes, Pierre Fauvel, Pierre de Dury et Nicolas des Osteux, tous orfèvres à Amiens, exécutent une magnifique table d'autel en argent, qui fut fondue à la suite des évènements de 1597.

En 1484, l'autel *de retro* (2) est orné d'une représentation du Saint-Sépulcre.

Aux environs de 1489, Adrien de Hénencourt fait exécuter la première travée de l'histoire de saint Firmin dans la clôture du chœur, pour servir de monument funéraire à l'évêque Ferry de Beauvoir, son oncle; la seconde travée qu'il avait destinée à être son propre mausolée n'est achevée qu'après sa mort arrivée en 1530. Entre temps, la clôture de la chapelle XII sur le transept, représentant l'histoire de saint Jacques le Majeur, est exécutée conformément aux dispositions testamentaires de Guillaume Aux Couteaux, chanoine, décédé en 1511; le chanoine Jean Wytz, mort en 1522 ou 1523, fait exécuter celle qui lui fait pendant contre la chapelle XI et qui représente Jésus chassant les vendeurs du Temple; le chanoine Jean Sacquespée, mort en 1524 v. s., fait faire de même dans l'entrecolonnement 25-27 *a*, l'histoire des saints Fuscien, Victoric et Gentien, aujourd'hui détruite; enfin l'histoire de saint Jean-Baptiste à la clôture du chœur du côté nord, ou au moins une partie, est datée de 1531.

C'est dans le même laps de temps, de 1508 à 1520 que s'exécutent les incomparables stalles du chœur.

En 1540, un petit orgue est donné par le chapelain Pierre Wallet, et en 1549, le grand orgue, qui avait été établi vers 1422, est l'objet d'un travail assez considérable.

Nous ne parlons pas de l'énorme quantité de tableaux, que les maîtres de la confrérie du Puy Notre-Dame ne cessent depuis le commencement du xvie siècle, d'accrocher aux parois et aux piliers de l'édifice, et dont la collection s'enrichit d'une pièce chaque année, non plus que des monuments funèbres et de tous les autres objets d'arts de peinture, de sculpture, *ex voto* ou autres, que la générosité des fidèles vient constamment y apporter.

Durant la période que nous venons d'étudier, il se passa dans l'enceinte de la cathédrale d'Amiens plusieurs événements importants.

Le 2 novembre 1463, arrivent à Amiens Guillaume Jouvenel des Ursins,

---

(1) Échevin. du 18 févr. 1504, v. s., Arch. de la ville d'Am. BB 20, fol. 78.

(2) Placé entre les piliers *31 a* et *32 a*.

chevalier, seigneur de Trainel et ancien chancelier de France, Girault de Crussol, maître des requêtes de l'hôtel du Roi, et Guillaume Picard, notaire et secrétaire du Roi, envoyés par Louis XI pour prendre possession en son nom des villes de la Somme jadis cédées par Charles VII au duc de Bourgogne par le traité d'Arras, et qu'il venait de racheter moyennant 400.000 écus d'or. Après avoir fait comparaître devant eux dans la cathédrale les maïeur et échevins de la ville, ils les prient de convoquer le peuple pour le lendemain.

Nous laissons aux historiens le soin de raconter le cérémonial de cette prise de possession qui eut lieu le 3 novembre, dans la halle, devant le peuple assemblé, et dont les registres de la ville d'Amiens nous ont conservé un procès-verbal très curieux et très détaillé. Disons seulement qu'aussitôt après la cérémonie, tous se transportèrent dans la cathédrale pour y entendre le *Te Deum* suivi d'une messe solennelle du Saint-Esprit, en musique et avec orgues, à la fin de laquelle les voûtes de la basilique retentirent des cris de *Noël* (1).

Sous l'ancien régime, chaque fois qu'un roi de France décédait, un service funèbre était célébré pour le repos de son âme dans la cathédrale d'Amiens. Celui qui y fut célébré en 1483, à la mort de Louis XI paraît être le premier (2). On ne sait pas exactement le jour, mais ce fut entre le 10 et le 22 septembre qu'il eut lieu. La nef et le chœur étaient décorés d'un luminaire qui coûta en tout 96 l. dont 60 l. aux frais de l'évêque et du chapitre, et le surplus à ceux de la ville (3); dix-huit douzaines d'écussons aux armes du Roi, peints par Jean Beugier, peintre, étaient accrochés aux piliers (4).

Notre cathédrale fut visitée quelques années après par la jeune Marguerite d'Autriche que le roi Charles VIII, après son mariage avec Anne de Bretagne, renvoyait à son père Maximilien. Elle arriva à Amiens le 9 août 1492, se dirigeant vers Hesdin, et était accompagnée du comte de Montpensier, de Tristan de Salazar, archevêque de Sens, de Guillaume Marafin, évêque de Noyon, et d'une suite assez nombreuse (5).

---

(1) Arch. de la ville d'Am., AA 3 (Reg. C), fol. 222 v°, et AA 5 (Reg. E), fol. 120, publ. dans AUGUSTIN THIERRY, *Monum. inéd. de l'hist. du Tiers État*, t. II, p. 259. — A. DE CALONNE, *Hist. de la ville d'Am*, t. I, p. 401.

(2) Il ne semble pas qu'il en ait été fait pour Charles VI ni pour Charles VII. Le premier est mort dans de trop tristes circonstances pour qu'on ait songé à lui faire un service : les Anglais ne durent avoir d'autre souci que de recueillir sa succession que leut assurait le traité de Troyes. Lors de la mort du second, Amiens était en la possession du duc de Bourgogne. Nous ne savons si on en avait célébré pour les rois leurs prédécesseurs; c'est peu probable. — Les habitants d'Amiens avaient toutes espèces de raisons pour honorer la mémoire de Louis XI.

(3) « Mesdis seigneurs ont advisé et conclud ensemble de communiquer avec Messeigneurs de chapitle pour faire le service du roy Loys, derrain trespassé, que Dieu absoille, et accorder avec eulx que, se de leur part ils vœullent décorer le cœur de la grant église Nostre-Dame de luminaire, mesdis seigneurs feront décorer la nef d'icelle église de luminaire, que toutesvoies ils porront faire reprendre et transporter après ledit service fait, sans ce que lesdis de chapitle en aient aucune chose à leur prouffit ». Échevin. du 10 septembre 1483. Arch. de la ville d'Am. BB 14, fol. 106 v°. — « De la somme de iiii^{xx}xvi l. à quoy a monté le luminaire qu'il a convenu pour le service du Roy en la grant église Nostre-Dame d'Amiens, les LX l. seront demandées à révérend père en Dieu et à messeigneurs doien et chapitle de ladite église, et la ville furnira le surplus ». Échevin. du 22 sept. 1483, *Ibid.*, fol. 107. — Ces textes semblent présumer qu'il n'y avait pas encore de précédents pour des cérémonies de ce genre.

(4) « A Jehan Beugier, paintre, la somme de XVI l. XVI s., pour avoir..... paint et fait XVIII XIIes d'escuchons armoié des armes de feu le Roy..... mis aux pillers de l'église Nostre-Dame, quant l'en fit les vigilles et services pour icelluy feu ». Arch. de la ville d'Am., compte de 1482-83, fol. 84. — Nous ne mentionnerons pas chaque fois les services funèbres célébrés pour les rois de France ou autres grands personnages; nous ne parlerons que de ceux qui présenteront quelque particularité.

(5) Lettre du Roi aux habitants d'Amiens du 4 août 1492, et exécution du contenu de ladite lettre,

On sait que la jeune princesse n'alla pas plus loin et dut rebrousser chemin, son père refusant de la reprendre; elle ne lui sera rendue que près d'un an plus tard par le traité de Senlis (1). Elle était encore à Amiens le 19 août.

Ce jour-là, à deux heures de l'après-midi, accompagnée du comte de Montpensier et d'autres grands personnages, et, au milieu d'un grand concours de peuple, elle assista dans la cathédrale à une cérémonie assez rare. Du haut d'une estrade montée sur des tonneaux devant le grand crucifix, le doyen du chapitre, Jean de Cambrin, administra solennellement le baptême à un Sarrazin âgé de vingt ans (2). Quel était ce personnage? Comment se trouvait-il à Amiens? Appartenait-il à la suite de la princesse? Comment fut-il converti? C'est ce que nous ignorons absolument.

En septembre 1496, la naissance du dauphin Charles, second fils de Charles VIII, et qui mourut peu après, fut célébrée par un *Te Deum* et une procession dans laquelle la châsse de saint Firmin fut portée par des échevins (3).

Le service funèbre pour Charles VIII fut célébré les 10 et 11 mai 1498 avec à peu près le même luminaire et le même cérémonial que celui de son père (4) : les cent quarante-quatre écussons aux armes du feu roi qui ornaient l'intérieur de la cathédrale furent peints par Riquier Haulroye et Jean Beugier, peintres à Amiens, et des plus en renom (5). Les échevins s'y transportèrent en corps en partant de l'Hôtel de Ville (6), et au retour, allèrent dîner ensemble, avec les avocats et procureurs de la ville chez Guérard de Saint-Pierre, pâtissier (7).

A la procession générale, qui eut lieu le 6 décembre 1537, pour obtenir la paix entre François Ier et Charles Quint, la vraie croix fut portée par le cardinal

---

les 9 et 10 août. Arch. de la ville d'Am., BB 16, fol. 193. — Compte des présents de vin faits à Marguerite d'Autriche et à sa suite, *ibid.*, compte de 1491-92, fol. 135, 136 et 137. — Voy. A. DE CALONNE, *Hist. de la ville d'Am.*, t. 1, p. 455. — C'est aussi à Amiens que dix ans auparavant, au milieu de l'allégresse générale, la jeune princesse avait été remise entre les mains de M. et de Mme de Beaujeu pour être fiancée au dauphin. (Arch. de la ville d'Amiens, BB 14 et CC 61, (compte de 1482-83) *passim*.

(1) 23 mai 1493, art. 2. — Cf. GUILLAUME DE JALIGNY, *Histoire de plusieurs choses mémorables advenues du règne de Charles VIII*, publ. dans GODEFROY, *Hist. de Charles VIII*, p. 623. — Marguerite fut définitivement remise entre les mains des ambassadeurs du roi des Romains et de l'archiduc le 12 juin 1493. (GODEFROY, *loc. cit.*, p. 656).

(2) « Anno Domini millesimo IIII°LXXXXII°, mensis augusti die XIX°, venerabilis vir dominus et magister Johannes de Cambrin, decanus et canonicus ecclesie Ambianensis, in hujusmodi ecclesia, ante Crucifixum, supra quoddam pulpitium compositum supra caudas, presentibus domina Margareta d'Otriche, domino de Montpensier, et pluribus aliis nobilibus viris et mulieribus, ac populi magna multitudine, post meridiem ejusdem diei, hora quasi secunda, baptisavit quemdam Saracenum. Erat etatis quasi xx annorum, et eadem die erat in civitate Ambianensi dominus Petrus (Versé) Dei et sancte sedis apostolice Ambianensis episcopus ». Extr. des reg. aux délib. capitulaires. Bibl. d'Am. ms. 563, fol. 216.

(3) Arch. de la ville d'Amiens, BB 17, fol. 128 v°.

(4) Échevin. des 3 et 8 mai 1498. Arch. de la ville d'Am., BB 18, fol. 38 et 39 v°.

(5) « A Ricquier Haulroye et Jehan Beugier, paintres, la somme de x l. xvi s. C'est assavoir audit Ricquier, la somme de cxiii s., pour par lui avoir, de la charge de mesdits sieurs, fait et livré LXXVI escuchons des armes de France, qui ont servy aux vigilles et service fait pour ledit feu roy Charles en ladite église, au pris de xviii d. la pièce, et audit Beugier, pour LXVIII paraux escuchons employés comme dessus, audit pris de xviii d. pièce, vallent c s ». Arch. de la ville d'Am., compte de 1497-98, fol. 128 v°.

(6) Échevin. du 8 mai 1498. Arch. de la ville d'Am., BB 18, fol. 39 v°.

(7) « A Guerart de Saint-Pierre, pasticher, la somme de xi l. pour despence faicte à ung disner où estoient mesdis sieurs et les avocads et procureurs d'icelle ville, au retour du service faix en l'église Nostre-Dame, pour feu de noble mémoire le roy Charles dernier trespassé, que Dieu absoille ». Arch. de la ville d'Am., compte de 1497-98, fol. 128, v°.

du Bellay. Cette procession fut suivie d'un sermon prononcé dans la cathédrale par Adrien de Lameth, doyen du chapitre (1).

C'est dans le chœur de la cathédrale d'Amiens que le traité d'Outreau (2), par lequel la paix était faite avec l'Angleterre et Boulogne vendue à la France moyennant 400.000 écus d'or, fut solennellement ratifié par Henri II.

La ville avait été remise le 25 avril 1550 aux représentants du roi de France, François de Montmorency et Gaspard de Coligny (3), et, peu de jours après, Henri II, accompagné d'une cour nombreuse, se rendit à Amiens, et y fut rejoint le lendemain par les trois ambassadeurs du roi d'Angleterre.

Le 8 mai, en présence des ambassadeurs d'Angleterre, des princes du sang, d'un grand nombre de seigneurs des deux nations, et d'une foule immense qui remplissait la cathédrale, le Roi prit place sous un dais fleurdelisé élevé au milieu du chœur, et sous lequel deux prie-Dieu avaient été préparés, l'un couvert d'une riche étoffe, pour lui, l'autre, à sa gauche, garni aux couleurs d'Édouard VI, argent et sable, pour le roi d'Angleterre, quoique absent. Les ambassadeurs d'Angleterre se tenaient du même côté. La messe, célébrée solennellement par le doyen du chapitre, Adrien de Hénencourt de Lameth, fut chantée par la musique du Roi. A l'*Agnus Dei*, le célébrant vint trouver le Roi, duquel s'approchèrent aussi les ambassadeurs d'Angleterre et les autres grands seigneurs, et la paix fut jurée et confirmée avec les formalités habituelles. A la fin de l'office, l'heureux événement fut annoncé au son des trompettes placées sur le jubé, au milieu des acclamations du peuple (4).

---

(1) Ordonnance de police du 5 déc. 1537 pour ladite procession, « à laquelle assistera le très puissant duc d'Orléans, lieutenant général du Roy en ce pays de Picardye, et sera portée à ladicte procession par Mons. le révérendissime cardinal du Bellay la vraye croix de nostre benoist Saulveur et Redempteur, et pareillement le chief du glorieulx précurseur et amy de Dieu Mons. sainct Jehan-Baptiste, et, ladicte procession faicte, y aura sermon solempnel en la grande église, quy se fera par Mons. le doyen ». Arch. de la ville d'Am., AA 12 (Reg. M), fol. 189 v°.

(2) 24 mars 1550. — Rymer, *Fædera*, 3ᵉ édit., p. 182.

(3) Rymer, *loc. cit.*

(4) Lamorlière, *Antiquités*, p. 240, d'après le cartul. de la Confr. du Puy N.-D. — De Court, *Mémoires*, p. II, ch. 66. — Bibl. d'Am., ms. 510, fol. 9. — Daire *Hist. d'Amiens*, t. I, p. 263.

Fig. 8. *Triforium du Chœur.*

V

Époque intermédiaire.
1550-1700

  Pendant cette période les travaux d'entretien ou de réparation effectués à la cathédrale, ceux du moins sur lesquels nous avons pu recueillir quelques renseignements, sont si rares, généralement si insignifiants, et ont entre eux si peu de liaison, que nous devrons nous borner la plupart du temps à la simple énumération des faits. La cathédrale fut alors, surtout pendant les troubles qui désolèrent la seconde moitié du xvie siècle, plus intéressante par les cérémonies extraordinaires, par les actions importantes ou même simplement curieuses qui se passèrent dans son enceinte.
  Il nous sera naturellement impossible de nous étendre sur toutes celles-ci : nous nous contenterons d'en mentionner les plus remarquables.

ÉPOQUE INTERMÉDIAIRE — 1550-1700.

Au début des guerres de Religion, en France, le protestantisme avait fait de grands progrès dans Amiens, et on put croire un instant que cette ville, qui devait être un des premiers et un des derniers remparts de la Ligue, allait embrasser la religion nouvelle. Nous n'avons pas à entrer ici dans le détail de ces faits. Disons seulement que des deux côtés, catholique ou huguenot, les passions étaient vives. Les prédications de l'Augustin, Pierre Hamon avaient préparé le terrain. Enhardis par la tolérance du pouvoir central pendant les premières années du règne de Charles IX et la réaction contre le gouvernement des Guise, les protestants d'Amiens commençaient à tenir des prêches dans différentes maisons particulières. De leur côté, les catholiques répliquaient par des processions et des prédications. Après une lutte sourde de plus d'un an, se manifestant parfois déjà par des émeutes, les élections municipales du 28 octobre 1561 avaient mis l'échevinage entre les mains des réformés, qui avaient toute les sympathies du nouveau maieur Firmin Le Cat. La liberté dont la nouvelle municipalité les laissa jouir attira dans Amiens de nombreux étrangers.

Les prédicateurs Jacobin, Cordelier, Carme, Augustin, de la station de l'Avent furent plus violents que jamais. Le dimanche 7 décembre, Guillaume Le Grand, prévôt royal, et autres huguenots entrent l'épée à la main dans l'église des Augustins. Le lendemain, fête de la Conception, pendant les vêpres, leur fureur se porte sur la cathédrale qu'ils commencent à piller : elle aurait eu sans doute le sort des cathédrales de Rouen, d'Orléans, de Poitiers et de tant d'autres, si les habitants du Hocquet, sujets de l'évêque, et quelques ecclésiastiques appelés par le tocsin sonné à la cathédrale et à Saint-Firmin le Confesseur n'étaient accourus. Il s'ensuivit une rixe sanglante dans la cathédrale même. On se battit avec tout ce qu'on trouva sous la main (1) ; les magistrats huguenots qui étaient accourus furent maltraités et insultés par les catholiques, qui finirent par avoir le dessus. Les dégâts matériels durent d'ailleurs être peu importants et se borner à quelques images détruites (2). Le lendemain l'évêque Nicolas de Pellevé réconcilia la cathédrale polluée par l'effusion du sang, et la maison du baron de Dompmartin où se tenaient les prêches, vis-à-vis des Augustins, fut détruite de fond en comble par les catholiques (3).

Le beffroi de la ville avait été incendié en 1562. En attendant sa reconstruction

---

(1) « Item unze escammes de bois servant pour assoir les maistre (du Puy) aux messes qui se célèbrent chacun an à ladite confrairye, a esté renseigné six, et le reste a esté rompue à la sédicion V^e LX (sic) ». Invent. du mobilier de la confrérie du Puy N.-D., de 1564. Arch. de la Somme (Confr. du Puy N.-D.) E 986.

(2) « Brusler et rompre les images ». Appointement donné par Jacques Vacquette, conseiller, au sujet des séditions des 7 et 8 décembre 1561. Arch de la ville d'Amiens, BB 35, fol. 56.

(3) Arch. de la ville d'Am., délib. de l'échevin., BB 34 et 35. — DE COURT, Mém. chron., l. II, ch. 67. — Bibl. d'Am., ms. 510, fol. 9. — LAMORLIÈRE, Antiquités, p. 242. — Mss. de Pagès, édit. Douchet, t. III, p. 23. — En parlant de la chapelle Saint-François d'Assise de la cathédrale (chapelle XXIV) Rivoire avance que devant cette chapelle, « tous les carreaux blancs du pavé, sur un carré d'environ trois mètres sont diagonalement croisés et coupés au trait. Ils laissent entre eux un intervalle qui paraît destiné à recevoir et à absorber un fluide. On a, dit-on, voulu rappeler par là le meurtre de beaucoup de catholiques romains, qui, sous le règne de Henri III (sic) furent massacrés dans cet endroit par les protestans. Cette effusion de sang eut lieu le 8 décembre 1561 ». (Descript. de l'église cath. d'Am., p. 139). Sans faire autrement ressortir les anachronismes, j'ai tout lieu de croire que cette légende de carreaux croisés, que beaucoup d'historiens de la cathédrale d'Amiens ont répétée après lui sans l'avoir bien comprise, est tout entière de l'imagination de Rivoire. Les documents et les auteurs anciens tels que De Court, Lamorlière, Pagès (son éditeur s'est cru obligé de la mettre en note), et

le chapitre consent à laisser percer une fenêtre dans le comble de la tour du nord, du côté de Saint-Firmin le Confesseur, pour y mettre le guetteur (1). Il ne reste naturellement rien des aménagements qui furent alors faits dans ce but : le comble de cette tour a été d'ailleurs entièrement refait par Viollet-le-Duc. Le guet s'y faisait encore en 1578 (2).

Après l'assassinat du duc de Guise, le chapitre fit attacher ses armes aux piliers du chœur (3).

Quelques années plus tard, et toujours sans doute à cause des dissensions religieuses, la cathédrale courut encore un nouveau danger. Le 14 juin 1568, en parcourant les combles, le valet de la fabrique y découvrit des engins à poudre. Il en apporta aussitôt un au chapitre qui en référa à l'échevinage (4). On ne sait quelles mesures furent prises en conséquence.

La veille de la Saint-Martin 1583, une procession blanche partie de Breteuil, composée d'environ 3.000 personnes de tout âge et de tout sexe et organisée par les religieux de l'abbaye de cette ville, vint à Amiens en chantant des litanies, avec ces invocations : *Kyrie eleison, qui pretioso sanguine mundum eripuisti de maledicto dracone*, et *Ave Maria, Domini mei mater alma cœlica, plena gratia*, etc. Tout le clergé de la ville, l'évêque Geoffroy de la Marthonie en tête, tous les corps séculiers et une immense multitude de peuple l'attendaient à la porte de Beauvais. Le prieur de l'abbaye de Breteuil, qui portait le Saint-Sacrement, le dépose sur un autel préparé à cet effet ; l'évêque le reprend et le porte processionnellement sous un dais à la cathédrale à travers les rues décorées de tapisseries comme à la Fête-Dieu, les pèlerins pénitents, dit de Court, « fondans en larmes et poussans de longs gémissemens, et de tems à autre ils chantoient d'un ton triste et lugubre, qui amollissoit, disent les mémoires du tems, les cœurs les plus endurcis ». Un autel illuminé d'un grand nombre de cierges s'élevait au milieu de la nef. L'évêque y dépose le Saint-Sacrement, puis en bénit le peuple au chant du *Domine non secundum* et du *Miserere* en faux bourdons. Les pèlerins furent hébergés par les bourgeois. Le lendemain, après avoir assisté dans la cathédrale à une messe célébrée par le prieur de l'abbaye, ils s'en retournèrent avec le même cérémonial (5).

---

même le P. Daire, n'en disent pas un mot. C'était tout simplement une disposition fortuite du dallage, qui, on le sait, varie de dessin à chaque travée. A celle-ci des carrés blancs sont obtenus au moyen de dalles en forme de triangles rectangles isocèles assemblés vers leurs angles droits. Mais ce dallage était bien antérieur à 1561. Ce dessin a été reproduit dans le dallage actuel.

(1) Délib. de l'échevin. d'Am. des 19 novembre et 3 décembre 1562. Arch. de la ville d'Am., BB 35, fol. 142 et 147. C'était, rappelons-le, une des périodes les plus troublées des guerres de Religion. — Cf. Duseval, *Revue des Sociétés savantes*, 5ᵉ série, t. I, 1870, p. 160.

(2) Arch. de la ville d'Am., BB 44, fol. 5 v°.

(3) Délib. capitul. du 10 mars 1562 v. s. — Daire, *Hist. de la ville d'Am.*, t. I, p. 273.

(4) Au chapitre du 14 juin 1568, « Joannes Fouquerolles, famulus fabricæ Ambianensis, dominis inthimavit et significavit quod, visitando superiores partes ecclesiæ, reperit nonnullos factus pulvere artificioso confectos, quorum unum ad burellum præsentavit, quo audito, domini commiserunt et deputaverunt dominos præpositum, scolasticum et Fabrum ad de hoc cum dominis majore, præposito et scabinis hujus civitatis communicandum, ut periculo imminenti prævideri possit ». Extr. des reg. aux délib. capitul. Bibl. d'Am., ms. 517, p. 48.

(5) De Court, *Mém. chronol.*, t. II, ch. 69. — Bibl. d'Amiens, mss. 510, fol. 9 v°, et 517, fol. 136. — *Ibid.*, ms. 832 (Machart, t. IV), p. 144. — Arch. de la Somme, papiers du chanoine Villemant, etc. — Voy. aussi l'ordonnance de police du 9 novembre 1583, rendue sur ce que « le clergé et les habitans du bourcq de Bretheul et aultres villaiges allenviron, esmeuz de dévotion, ont délibéré faire procession dudict Bretheul jusques en ceste ville, à la grande église Nostre-Dame, où sera apporté le précioulx Corps de nostre Seigneur et Rédempteur Jésus-

A la nouvelle des événements des 23 et 24 décembre 1588, la ville d'Amiens s'était immédiatement séparée de Henri III. Le 19 février suivant, à l'instigation de l'évêque Geoffroy de la Marthonie et du lieutenant civil, Vincent Le Roi, qui avaient été incarcérés à Blois et qui venaient de recouvrer leur liberté, un service solennel fut célébré dans la cathédrale pour les victimes. Vers midi, la cérémonie fut annoncée par tous les clocheteurs de la ville vêtus de deuil aux armes des Guise. Elle se fit dans le chœur qui était entièrement tendu de drap noir aux armes des défunts, avec chapelle ardente de velours, le tout aux frais de l'échevinage. Deux grands tableaux sur toile représentant l'un l'assassinat du duc de Guise et l'autre celui du cardinal étaient placés sur le jubé, au-dessus de la porte du chœur. Ils y restèrent durant les guerres civiles, près de six ans. L'échevinage en corps était présent avec les vingt-quatre sergents de nuit de la ville portant des torches aux armes des défunts. Toutes les confréries des métiers s'y trouvaient aussi portant chacune deux torches. A la fin des vigiles, toutes les cloches de la ville sonnèrent pendant une heure. Le lendemain, une oraison funèbre enflammée prononcée avant la messe par Wiart, curé de Saint-Leu, acheva de surexciter les esprits. La cérémonie était à peine terminée qu'éclata une sédition. On se battit toute la journée (1).

Le duc d'Aumale, devenu de par la Ligue gouverneur de Picardie et arrivé à Amiens le 2 mars, y organisa aussitôt des processions qui sortaient généralement de la cathédrale, et dans lesquelles lui et d'autres gentilshommes, avec des chantres qu'il avait amenés, figuraient pieds nus, vêtus en capucins ou couverts de grosse toile, un cierge à la main (2). Un des premiers soins de la chambre des États de Picardie avait été d'ailleurs d'ordonner, dès le 10 janvier, deux prédications par semaine, le dimanche et le jeudi dans la cathédrale, « adfin d'exciter le pœuple à prières et dévotions, et pour le mouvoir au zèle que l'on doibt avoir à l'honneur de Dieu et de s'entretenir et persister en la saincte résolution de la deffence de nostre relligion » (3).

En janvier 1590, une cornette prise à Pierrepont par la compagnie du marquis de Reynel, fils du sieur de Balagny, lieutenant au gouvernement de Picardie, est posée dans la cathédrale (4).

Ce n'est que le 9 août 1594, à deux heures du matin, dans de dramatiques circonstances, que la ville d'Amiens se décida à reconnaître Henri IV (5). Un *Te Deum* fut aussitôt chanté dans la cathédrale, et le lendemain, fête de saint Laurent, une procession générale, dans laquelle l'évêque portait la vraie croix,

Christ, laquelle procession arrivera en ceste ville à une heure précisément », ordonnant de nettoyer les rues et de tendre les maisons de la porte de Beauvais à Notre-Dame; « et pour ce que les pâticiers, boullengers, taverniers, hostelains et aultres vendans vivres se pourroient prévaloir du grand nombre de peuple quy pourra estre en ceste ville, et, à l'occasion de ce, survendre les vivres, nous leur avons faict et faisons deffences, sur peine de punition exemplaire, de vendre leur pain, vin, chair, bois, gistes et aultres vivres à plus hault pris et davantaige qu'ilz ont faict depuis huict jours ». Arch. de la ville d'Amiens, AA 17, (Reg. Q 2), fol. 41 v°.

(1) Échevin. des 4, 15 et 16 février 1589. Arch. de la ville d'Am., BB 49, fol. 110, 125 v° et 126 v°. — Journal de Jean Patte, édit. Garnier, p. 47. — Bibl. d'Am., mss. 510, fol. 10; et 832 (Machart, t. IV),p. 149. — Les jours suivants de semblables cérémonies eurent lieu dans les paroisses.

(2) Journal de Jean Patte, édit. Garnier, p. 48. — Bibl. d'Amiens, mss. 517, p. 136, et 832 (Machart, t. IV), p. 150.

(3) Arch. de la ville d'Am., AA 120.

(4) Assemblée munic. du 25 janvier 1590. Arch. de la ville d'Am. BB 51, fol. 38.

(5) Arch. de la ville d'Am., BB 53, fol. 165 v°.

parcourut les rues (1). Le 18, le Roi faisait son entrée solennelle dans la ville. Comme à toutes les entrées de souverains, il se rendit directement de la porte de Beauvais à la cathédrale. Il fut reçu sous le portail, avec la croix et l'eau bénite, par l'évêque et le chapitre qui lui offrit 24 quennes de vin, 24 pains blancs et un gâteau ; on le conduisit jusqu'au chœur sous le dais ordinaire de l'église, parce qu'on n'avait pas eu le temps d'en faire un neuf. Là fut chanté de nouveau le *Te Deum* (2).

Le 25 septembre 1595, l'absolution du Roi par le pape fut célébrée par un *Te Deum* chanté dans la cathédrale (3).

On sait comment, trois ans après, la ville d'Amiens tombait, le 11 mars 1597, entre les mains des Espagnols. Le 25, ceux-ci font célébrer leur victoire, par une procession où figuraient le chef de saint Firmin et l'image de la Vierge Marie ; elle était présidée par l'évêque qui portait la vraie Croix. Au retour, *Te Deum*, dans la cathédrale (4).

Le gouverneur espagnol Hernand Tello di Porto Carrero ayant été tué le 4 septembre pendant le siège mis devant Amiens par Henri IV, le chapitre fut forcé de lui faire des funérailles solennelles dans la cathédrale et de l'y enterrer ; nous en reparlerons.

Henri IV rentré dans Amiens par la brèche, le 25 septembre, se rendit aussitôt à la cathédrale où fut chanté le *Te Deum* (5).

Lorsque la paix avec l'Espagne fut conclue à Vervins, le 2 mai 1598, Henri IV avait conçu le projet d'aller lui-même la jurer solennellement à Amiens le 2 juin suivant (6). Mais la difficulté de trouver dans cette ville, aussi bien qu'à Compiègne, à laquelle on avait aussi songé, des logements pour tous les hauts personnages qu'une telle cérémonie devait attirer, du moins fut-ce le prétexte invoqué, la fit reporter à Paris où elle n'eut lieu que le 21 juin (7).

Les ambassadeurs ne s'en rendirent pas moins le mercredi 3 juin à Amiens, où ils furent reçus solennellement, et le dimanche suivant, 7 du même mois, le légat Alexandre de Médicis, archevêque de Florence et cardinal du titre de Saints-Jean et Paul, plus connu sous le nom de cardinal de Florence, célébra solennellement une messe en l'honneur de saint Jean-Baptiste sur le maître-autel de la cathédrale, en présence du général des Cordeliers, Bonaventure Catalagirone, qui avait été avec lui le principal agent de Clément VIII dans les négociations, de huit évêques, des ôtages envoyés par l'Espagne pour la sûreté de l'exécution des articles du traité et qui se rendaient vers Henri IV, du connétable de Montmorency, du comte de Saint-Pol, du comte de Chaulnes, et d'un grand nombre de hauts personnages français et espagnols, rangés sur un théâtre à gauche

---

(1) Journal de Jean Patte, édit. Garnier, p. 93.

(2) Arch. de la Somme, Évêché d'Am. Inv. fol. 145 n° 49, 3°, fol. 2 et 3 v°; *Ibid.*, Inv. fol. 231, P P J. R, (pièce disparue). — Délibér. de l'échevin., Arch. de la ville d'Am., BB 53, fol. 172 v° et suiv. — Journal de Jean Patte, édit. Garnier, p. 93.

(3) Journal de Jean Patte, édit. Garnier, p. 108.

(4) *Ibid.*, p. 120.

(5) *Ibid.*, p. 126. — Mss. de Pagès, édit. Douchet, t. IV, p. 231. — On conserve dans le jardin de l'évêché une table ronde en pierre, placée jadis dans une des tours de la cathédrale, et sur laquelle, suivant la légende, Henri IV se serait fait servir à manger, en contemplant du haut de cette tour la retraite de l'armée espagnole. (Duserel, *Notice sur la cath. d'Amiens*, p. 26).

(6) Lettre de Henri IV aux sieurs de Bellièvre et de Sillery, du 20 mai 1598, dans Berger de Xivrey, *Lettres miss. de Henri IV*, t. IV, p. 992.

(7) *Lettres missives de Henri IV*, publ. par Berger de Xivrey, t. IV, pp. 995, 1002, 1004, 1006, etc.

de l'autel. L'après-midi, après un sermon prononcé dans la cathédrale devant la même assistance, par Nicolas de Blairie, docteur en théologie, chanoine d'Amiens, et après le chant des vêpres, la paix fut solennellement publiée du haut du jubé au son de trois trompettes; on chanta le *Te Deum* en grande solennité (1).

Nous verrons que le 16 mai 1615, les stalles faillirent être détruites par un commencement d'incendie qui prit dans la chambre du gardien de l'église dissimulée dans la clôture du chœur.

Henriette de France, mariée à Charles Ier, roi d'Angleterre, se rendant dans son royaume, accompagnée de Marie de Médicis, d'Anne d'Autriche et d'une suite aussi brillante que nombreuse, fut reçue à Amiens le 7 juin 1625 avec un éclat extraordinaire. A cette occasion, la cathédrale fut splendidement décorée (2). On avait dressé sur les premiers degrés du parvis un théâtre de l'invention des Jésuites et où était, dit Lamorlière « un arc triomphant particularisant plus que les autres la cérémonie; là estoient en cinq niches d'architecture cinq jeunes filles, le sceptre à la main et la couronne en teste, représentans cinq filles de France mariées autrefois à cinq rois d'Angleterre, qui, à l'abordée, saluèrent très humblement nostre triomphante, l'accueillant de belles et gracieuses paroles l'une après l'autre ». Des inscriptions et des tableaux « fort rares » décoraient l'intérieur de l'église. La princesse fut reçue et haranguée par l'évêque François Lefèvre de Caumartin entouré du chapitre en chapes (3).

C'est à la suite d'un coup de vent formidable arrivé le 7 décembre 1627, vers dix heures du matin, que dut être fait le plus considérable travail de réparation que la cathédrale eut à subir pendant la période qui nous occupe. Deux fenêtres du transept furent enfoncées et, en tombant, causèrent de grands dommages au pavé, au jubé, à l'autel de Notre-Dame du Puy (4) et à d'autres figures. Une fenêtre de la petite paroisse (5) fut également rompue.

Les experts chargés d'examiner les dégâts et les travaux à faire pour leur réparation trouvèrent en outre que le pignon du croisillon sud du transept était ébranlé et en danger de tomber s'il n'y était promptement pourvu par des ancres de fer (6).

On n'aurait commencé à réparer les dégâts que vers la fin de l'année suivante (7). Il est évident que ce sont les vitres du côté occidental du croisillon sud qui

(1) Journal de Jean Patte, édit. Garnier, p. 130 et suiv. — LAMORLIÈRE, *Antiquités*, p. 373. — Bibl. d'Am., mss. 516, fol. 170, et 517, p. 250. — Arch. de la ville d'Am., BB 56, fol. 28 v° et suiv. — Mss. Pagès, édit. Douchet, t. IV, p. 247 et t. V, p. 257.

(2) L'évêque eut à ce propos à soutenir contre le chapitre un procès qui dura près d'un an et dans lequel il eut gain de cause, pour savoir qui paierait le dais, le marchepied et les carreaux qui avaient été disposés dans la cathédrale pour la sœur de Louis XIII. (Arch. de la Somme (Évêché d'Am.), G 391. - Chapit. d'Am., Arm. 1, l. 4, n° 2).

(3) LAMORLIÈRE, *Antiquités*, t. I, p. 376. — *L'entrée superbe et magnifique faite à la royne de la Grande-Bretagne dans la ville d'Amiens, le samedi 7 juin 1625.*

Paris, 1625, in-8°. — Arch. de la ville d'Am., BB 61, fol. 184 et suiv.

(4) C'est sans doute cet accident qui aura décidé Antoine Pingré, alors maître du Puy, à faire refaire cet autel en guise de présent, comme nous le verrons en parlant de la chapelle XVI.

(5) Chapelle XXVIII.

(6) Bibl. d'Am., mss. 516, fol. 184; 517, p. 46; 834 (Machart, t. VI), p. 120. — Arch. de la Somme, papiers du chanoine Villemant. — DE COURT, *Mém. chronol.*, l. III, ch. 1.

(7) Délib. capitul. du 9 oct. 1618 : « Messieurs ont priés MM. Le François et d'Ierte, chanoines, de faire marchés avec le masçon pour raccommoder la roze des vistres endommagée ». Bibl. d'Am., ms. 517, p. 46. —

furent ainsi rompues. Le manuscrit 516 de la bibliothèque d'Amiens (1) dit positivement « devant la chapelle du Puy »; le vent d'ouest est celui qui souffle le plus souvent et le plus violemment à Amiens; les pierres des fenêtres du côté oriental n'auraient pu, en tombant, endommager le jubé, tandis qu'on peut admettre qu'à la rigueur, celles de l'autre côté aient pu être projetées assez violemment pour l'aller frapper. Enfin, les fenêtres orientales paraissent intactes, tandis que les autres portent la trace d'assez notables réparations.

Les meneaux de la fenêtre *16 ab* sont consolidés du côté de l'extérieur par trois contreforts assez habilement dissimulés pour ne pas s'apercevoir de l'intérieur. Celui du milieu est orné d'un écusson sculpté aux armes du chapitre (d'argent à la croix de sable), avec la date de 1629. Les deux autres *16 bc* et *16 cd* ont leurs meneaux verticaux maintenus par des colliers de fer. La rose supérieure de la fenêtre *16 bc* a perdu un de ses redents (2).

On voit aussi fort bien au pignon du croisillon sud, dans l'entre-contreforts médian, un peu au-dessous de la statue, les trois ancres de fer qui y furent alors mises. Elles sont accrochées vers l'intérieur à la charpente.

On ne voit pas trace de réparations dans les fenêtres de la petite paroisse. Mais c'est la flèche qui eut le plus à souffrir et à laquelle on dut faire le travail le plus important. Elle fut encore frappée de la foudre le 27 mars 1665 et le 17 août 1669, mais nous en reparlerons avec plus de détails lorsque nous décrirons celle-ci.

Il paraîtrait que le chanoine de Bécourt aurait prêté en 1629, gratuitement et sans intérêts, une somme de 300 l. pour aider aux réparations (3).

A cette époque, la cathédrale avait pour maître maçon Quentin Colimbart, qui passait pour un des meilleurs, sinon le meilleur maître maçon d'Amiens (4).

Vers la fin d'octobre 1637, le corps de Jean de Rambure, seigneur de Dompierre, tué au siège de la Capelle, et que l'on ramenait pour être inhumé aux Minimes d'Abbeville, fut déposé dans la cathédrale d'Amiens, dans le chœur de laquelle un service solennel fut célébré par l'évêque, le chapitre et tout le clergé

Voy. aussi : Arch. de la Somme, papiers du chanoine Villemant.

(1) *Loc. cit.* — « Dans la croisée au-dessus de l'aile de la nef qui est à la droite ». De Court, *Mém. chronol.*, t. III, ch. 1.

(2) Le remplage de la rose supérieure de la fenêtre *16 cd* a aussi été refait sur un autre dessin que les autres, probablement au XIVe siècle ou au XVe; preuve de plus que cette partie de l'édifice est une des plus exposées à la violence des vents.

(3) Extrait des comptes de la fabrique. Arch. de la Somme, Évêché d'Am., Invent., fol. 257, 1er sac s D, p. 72.

(4) « Quentin Colimbart, maître masson de nostre ville d'Amiens..... à cause de l'expérience qu'il s'est acquise dans son art de massonnerie...., est ordinairement employé..... pour le restablissement et réfection des antiens bastimens, mesme de l'esglise cathédralle ». Lettres patentes du 8 juin 1646, qui autorisent ledit Colimbart à avoir plusieurs ateliers dans Amiens,

nonobstant les statuts des maîtres maçons de ladite ville. Arch. de la Somme, B 24, fol. 124. Il devait l'être déjà en 1628, car sa signature figure au bas du procès-verbal d'expertise du 19 octobre de cette année des travaux à faire à la flèche à la suite de l'ouragan du 7 décembre 1627. (Arch. de la Somme, Chapit. d'Am. Arm. I, l. 54, n° 1). — Quentin Colimbart avait été nommé maître maçon à Amiens, le 5 février 1626, en vertu d'une lettre de la reine Anne d'Autriche, usant à son profit du droit qui lui avait été accordé par édit du Roi, d'avril 1616, en faveur de son mariage, de créer deux maîtres de chaque métier dans les villes du royaume. (Arch. de la ville d'Am., Reg. aux maîtrises, 1625-1631, fol. 46 v°). En 1630, il fut chargé d'un travail important au jubé de l'église Saint-Germain, à Amiens. (Cf. G. Durand, *Église Saint-Germain l'Écossais*, dans *La Picardie histor. et monum.*, t. I, p. 134). En 1631, il est consulté par l'échevinage d'Amiens pour le plan d'une maison de santé pour les pestiférés. (Arch. de la ville d'Am., BB 62, fol. 199), etc.

séculier et régulier de la ville, en présence du duc et de la duchesse de Chaulnes, de tous les corps de la ville et d'une grande affluence de peuple. Le chapitre ne voulut prendre aucune rétribution pour ce service, « en considération que ledit sieur de Rambures est mort pour la deffence de cette province et conservation de la patrie » (1).

Le 11 août 1640, le *Te Deum* pour la prise d'Arras fut solennellement chanté dans la cathédrale d'Amiens en présence du Roi qui avait séjourné dans cette ville pendant toutes les opérations du siège, et du cardinal de Richelieu (2).

Au commencement d'octobre 1650, était mort Honoré d'Albert, duc de Chaulnes, gouverneur et lieutenant général pour le Roi en Picardie. Charlotte d'Ailly, son épouse, qui désirait se faire inhumer en même temps que lui, obtint de l'évêque et du chapitre que, jusqu'à son propre décès, le corps de son mari fût conservé dans la cathédrale (3). Le corps parti de Paris où le duc était décédé, arriva à Amiens le 28 octobre. Pagès donne une description très circonstanciée du superbe convoi qui lui fut fait et du solennel service qui fut célébré en son honneur dans le chœur de la cathédrale. Le maître-autel garni de velours noir à croix d'argent, aux armes du défunt, qui étaient reproduites aussi sur les ornements des officiants : au-dessus du catafalque, un grand dais de velours noir suspendu à la voûte. L'évêque officia. Après la cérémonie, le corps du défunt fut déposé provisoirement dans la chapelle Saint-Jean-Baptiste, au chevet (4), sur le tombeau de l'évêque Jean Rolland, après quoi le P. Le Page, jacobin, célèbre prédicateur, prononça l'oraison funèbre (5).

Charlotte d'Ailly étant morte en 1681, son corps fut porté à la cathédrale et y resta six mois à côté de son mari : en avril 1682, les deux corps furent enlevés, et, après un service solennel, transférés à Picquigny (6).

Mentionnons au passage une réparation assez importante faite au dallage, de 1670 à 1676. Nous en reparlerons avec plus de détails en décrivant celui-ci.

A quelques années d'intervalle, le 31 juillet 1675, le 22 janvier 1690 et le 26 août 1691 (7), un moulin à poudre situé près de la porte Saint-Pierre fit explosion. Le premier de ces accidents occasionna dans la vitrerie de la cathédrale des dégâts qui sont constatés par un procès-verbal du 7 août de la même année (8). Quant aux deux autres, nous ne savons si la cathédrale en a souffert (9).

---

(1) « Sur la requête présentée en chapitre le 28 octobre 1637, tendante à ce que Messieurs voulussent recevoir le corps du sieur de Rambures décédé pour le service du Roy, en leur église, et y être chanté un service solennel, et après, ledit corps estre raporté au grand portail, pour estre transféré ailleurs, en painant les droits, Messieurs ont accordé la requeste, et, pour n'oublier la bonne volonté et affection qu'ils ont à la mémoire dudit feu sieur de Rambures, n'ont voulu prendre aucune rétribution ny récompense, en considération que ledit sieur de Rambures est mort pour la deffence de cette province et conservation de la patrie ». Extr. d'une délib. capitul., Bibl. d'Am., ms. 517, p. 6, et Arch. de la Somme, papiers du chanoine Villemant. — Cf. LAMORLIÈRE, *Recueil des illustres maisons*, p. 131.

(2) Arch. de la ville d'Am., BB 64, fol. 77 v°.

(3) Voy. deux lettres de Charlotte d'Ailly, duchesse de Chaulnes, à l'évêque d'Amiens, des 2 et 14 octobre 1650. Arch. de la Somme, Évêché d'Am. Inv., fol. 196, v v 21 et 22.

(4) Chapelle XXIII.

(5) Mss. de Pagès, édit. Douchet, t. IV, p. 334. — Bibl. d'Am., ms. 832(Machart, t. IV), pp. 169 et 601.

(6) Arch. de la Somme, Chapit. d'Am., délibér. du 24 avril 1682, el Arm. I, l. 45, n° 10 (pièce disparue).

(7) Le ms. de Machart dit à tort 1687.

(8) Arch. de la Somme, Chapit. d'Am., Arm. II, l. 39, n° 4.

(9) Sur ces différentes explosions, voy. Bibl. d'Am., ms. 832 (Machart, t. IV), p. 295. — Bibl. Nat., ms. Picardie 91, fol. 9.

Vers le même temps, l'évêque François Faure, qui faisait faire des travaux considérables à son palais épiscopal (1), et notamment construire une nouvelle galerie, fit réunir celle-ci par un passage couvert à une petite porte de la cathédrale située près de la trésorerie (2).

La même année 1676, le chapitre faisant reconstruire le mur de la cour du Puits de l'Œuvre, consentit, sur la demande de l'échevinage, à le reculer pour élargir la voie publique, dont l'étroitesse en cet endroit était gênante pour la circulation (3).

A signaler, en 1682, une réparation assez importante au parvis, sur laquelle nous aurons occasion de revenir.

Nous ne nous attarderons pas à raconter par le menu le scandale causé dans la cathédrale par Guy de Bar, gouverneur d'Amiens, aux vêpres de Pâques 1678, au milieu d'une procession dont il troubla l'ordre en criant, gesticulant et injuriant les chanoines, sous prétexte qu'à *Magnificat* le thuriféraire ne l'avait pas duement encensé, ni le procès héroï-comique qui s'en est suivi (4), non plus que l'altercation accompagnée de voies de fait qui s'éleva au service funèbre pour la reine Marie-Thérèse les 19 et 20 septembre 1683, entre le chapitre et l'échevinage, à qui on n'avait pas donné dans le chœur sa place habituelle (5). Avanies fréquentes sous l'ancien régime.

De 1685 à 1689, on refait entièrement le dallage du chœur jusqu'aux marches du sanctuaire. Les travaux commencés au mois d'août 1685 duraient encore le 14 novembre 1689 (6).

Au mois d'octobre 1686, les ambassadeurs Siamois vers Louis XIV passèrent par Amiens, se rendant dans les Flandres. On leur fit visiter la cathédrale, où les chanoines, dit Pagès, « ne leur firent aucune autre cérémonie que celle de faire jouer les orgues durant le temps qu'ils furent dans cet auguste temple » (7). Le 26 juillet de l'année suivante, la cathédrale est encore visitée par les ambassadeurs de Moscovie auprès du même prince. Bien que schismatiques, on leur fit adorer la vraie croix et baiser le chef de saint Jean (8).

Par délibération capitulaire du 30 août 1690, Martin Masse, maître maçon à

---

(1) Arch. de la Somme, Évêché d'Am. Invent., fol. 256, P R E (pièce disparue).

(2) Délibér. capitul. des 20 et 22 avril 1676. (Arch. de la Somme, chapit. d'Am.).

(3) Mesdits sieurs ont prié M. Charles Cornet de faire rééditier la muraille qui tient d'un costé au petit portail quy est vis-à-vis le cloistre de Saint-Nicolas, et d'autre costé à la porte pour aller au Puy de l'Œuvre ». Arch. de la Somme, Chapit. d'Am., délib. capitul. du 20 avril 1676. — Sentence du bailliage d'Amiens relative auxdits travaux, du 3 juin 1676. *Ibid.*, Arm. II, l. 5, n° 1 (pièce disparue). — Procès-verbal de visite dudit mur, à la suite de la précédente sentence, du 2 juillet 1676. *Ibid.* — Délib. capitul. du 25 juillet 1676, qui, sur la demande de Guy de Bar, gouverneur de la ville et citadelle d'Amiens, décide que les bâtiments de la cour du Puits de l'Œuvre seront reculés de quatre pieds et demi, pour élargir la voie publique. *Ibid.* — Délib. de l'échevinage dudit jour, sur le même objet, et remerciant le chapitre de sa complaisance. Arch. de la ville d'Am., BB 74, fol. 3 v°.

(4) Bibl. d'Am., ms. 517, p. 86. — Arch. de la Somme, (Évêché d'Am.) G. 548; Chapit. d'Am., délib. capitul. du 28 avril 1679, et Arm. I, l. 6 n° 22. — Arch. de la ville d'Am., AA 103. — Journal d'Olivier Lefevre d'Ormesson, t. II, p. 553. — Voy. aussi un recueil de factums imprimés et manuscrits à la Bibl. d'Am., impr., Histoire 3819.

(5) Arch. de la ville d'Am., BB 75, fol. 67. — Arch. de la Somme, Chapit. d'Am., délib. capitul. des 27 août et 6 sept. 1683. — A ce service, l'oraison funèbre fut prononcée par Pierre de Ponssemothe de l'Estoile, abbé de Saint-Acheul. (Mss. Pagès, édit. Douchet, t. IV, p. 352).

(6) Arch. de la Somme, Chapit. d'Am., délib. capitul. des 29 sept. 1685, 29 juill., 3 et 22 août et 14 nov. 1689.

(7) Ms. de Pagès, édit. Douchet, t. V, p. 528.

(8) Arch. de la ville d'Am., BB 75, fol. 179.

ÉPOQUE INTERMÉDIAIRE — 1550-1700. 81

Amiens, est nommé maître maçon du chapitre et de la fabrique, en remplacement de feu François Daullé (1).

Pendant le même temps, la cathédrale, grâce surtout à la confrérie du Puy Notre-Dame, continue à s'enrichir d'un grand nombre d'objets mobiliers : contentons-nous de signaler ce fait que, vers la fin du xvie siècle, l'intérieur de l'édifice en était tellement encombré, que les maîtres de la confrérie, ne trouvant sans doute plus de place pour accrocher leurs tableaux annuels, commencent à les remplacer par des objets plus utiles, tels que des autels ou des clôtures de chapelles. C'est Charles de Sachy, maître du Puy en 1584, qui en donna le premier l'exemple, en offrant en guise de tableau une clôture pour la chapelle Saint-Nicaise (XXIV), de sorte que, de 1584 à 1666 (2), le mobilier de presque toutes les chapelles fut une première fois renouvelé, la plupart du temps, des offrandes des maîtres du Puy. Ce mobilier n'était donc pas bien ancien lorsqu'il dut à son tour céder la place à la mode du xviiie siècle, comme nous allons le voir.

(1) Mesdits sieurs ont choisi et nommé pour masson de leur église et de la fabrique, Martin Masse, maître maçon de cette ville, au lieu et place d'à présent défunt François Daullé ». Arch. de la Somme, Chapit. d'Am., délib. capitul. du 30 août 1690.

(2) Clôture de la chapelle Saint-Nicolas (VIII) offerte par François Quignon. — Nous ne tenons pas compte de la clôture de la chapelle Saint-Augustin de Cantorbéry (XXV) offerte en 1603 par Firmin Dufresne, maître du Puy, à cause de son trop grand éloignement des autres; ce n'était plus qu'un fait isolé.

Fig. 9. Tour Sud. Cul de lampe.

Fig. 10. Décoration du Sanctuaire.

VI

Embellissements modernes.
1701-1790.

Le 30 décembre 1705, de huit heures du matin jusqu'à vers une heure de l'après-midi, il s'éleva sur Amiens un ouragan d'une violence extrême venant du sud-est, et qui causa dans la ville des dégâts considérables. La cathédrale en eut sa bonne part. Un des piliers butants du rond-point renversé crève en tombant la voûte de la chapelle Saint-Jacques (1), au moment où le chapelain Piéce, qui y avait célébré la messe, venait d'en sortir. Une gargouille vient tomber contre la muraille de la cour du Puits de l'Œuvre. Un grand ornement de plomb en forme de pyramide, tombant du haut de la plus haute tour de la façade occidentale,

(1) Chapelle XXVI.

brise en deux morceaux, en l'enfonçant un peu, une des marches de grès du parvis du côté de Saint-Firmin le Confesseur : les ardoises s'envolent au loin. Une fille qui passait devant le grand portail est renversée à terre par le vent, et, quelques jours après, meurt à l'Hôtel-Dieu de ses blessures (1).

Le 8 janvier suivant, une commission composée de Charles Ducastel, avocat en Parlement, au bailliage et présidial d'Amiens, bailli général du temporel du chapitre, Jean Forcedebras, archidiacre d'Amiens, maître et administrateur de la fabrique, et Maximilien Filleux, chanoine et solliciteur du chapitre, assistés d'Adrien Dehen, greffier, Jean-Baptiste Tavernier, bourgeois, Bernard Gosson, entrepreneur de bâtiments, Joseph Devaux, charpentier, Robert Boulie, maître couvreur, Martin Masse, maître maçon et Jean Thibauville, maître menuisier, fait la visite des réparations à faire par suite de cet accident. Le procès-verbal de cette visite permet de se rendre compte de l'étendue du désastre (2).

Les dégâts les plus considérables étaient sur le côté sud de l'édifice et principalement dans le chœur, du côté de la rue Saint-Denis d'où venait le vent. Deux piliers butants renversés sur la nef du côté du cloître, quatorze au chœur, dont douze du côté sud. Deux de ces derniers en tombant avaient crevé l'un la voûte de la chapelle Saint-Jacques (XXVI) en brisant trois branches d'ogives, l'autre, celle du collatéral vis-à-vis la chapelle Saint-François (XXIV) (3); quinze pinacles à la galerie du grand comble étaient abattus; six colonnes soutenant les arcs boutants, brisées; de même deux colonnes accompagnant une niche, sur la face sud de la tour du sud, six colonnes sur la façade occidentale; quelques toises rompues à la galerie supérieure de la tour du nord; dans la galerie qui sépare les deux tours, quatre pinacles de sept pieds de haut et environ trois toises de ladite galerie à refaire à neuf; de même le pinacle surmontant le pignon de la nef, de même enfin quelques parties des galeries de la nef et des chapelles. Les combles des chapelles Saint-Jacques et Saint-François, brisés par la chute des piliers butants, étaient à refaire entièrement, quelques pièces de bois à renouveler aux combles des chapelles des collatéraux, de nombreux dégâts à réparer dans la plomberie, notamment à une partie des faîtages « qui ont esté relevé desdits vents qu'il faut rasseoir, et plusieurs fleurs de lis en treff qui servent d'ornements ausdits faîtages ». La couverture dut être, dans une très notable partie, complètement refaite. Le tout, sans parler des vitres brisées. Le total des réparations, tant à la maçonnerie, à la charpente, à la plomberie qu'à la couverture, s'élevait à 16.350 l.

Elles furent toutes exécutées peu de temps après. Pour celles des chapelles XXIV et XXVI, qui étaient les plus considérables on fit usage de hourdages de charpenterie que l'on dressa sans les faire entrer dans les murailles (4).

Au dire de Pagès, ce n'aurait été que durant le mois d'août 1707 que l'on aurait réparé la galerie entre les deux tours. On aurait en même temps refait

---

(1) Bibl. d'Am., ms. 839, fol. 282. — Cf. Mss. de Pagès, édit. Douchet, t. IV, p. 506, et t. V, p. 514. — De Court. Mém. chronol., l. III, ch. 1. — Bibl. Nat., ms. Picardie 91, fol. 9.

(2) Arch. de la Somme, Chapit. d'Am., Arm. I, l. 54, n° 6.

(3) Il est évident qu'il s'agit dans le procès-verbal des pinacles surmontant les piliers butants et non des piliers butants eux-mêmes, dont la chute aurait entraîné celle de l'édifice.

(4) Bibl. d'Am., ms. 839, (Petit Pagès, t. I) fol. 288. — Mss. de Pagès, édit. Douchet, t. IV, p. 406.

une des pyramides appuyées contre le clocher du côté droit de la façade occidentale (1).

Quelques années après, le 26 juin 1712, commencement d'incendie à la flèche, occasionné par la foudre, mais qui n'eut pas de suites. Nous en reparlerons.

Si l'on en croit le manuscrit de Machart, la grande galerie au-dessus de la rose aurait été renouvelée en 1714, avec des matériaux provenant de l'église du Paraclet des champs qui venait d'être démolie (2). Il est probable que le travail auquel fait allusion l'auteur du manuscrit, si le fait est exact, n'a dû être qu'un travail de réparation, car nous verrons que le dessin de cette galerie était encore absolument le même en 1849 qu'au xve siècle.

La foudre en tombant le 26 mai 1717 au pied du pilier vis-à-vis de celui de l'horloge ne fit que des dégâts insignifiants, qui se bornèrent à quelques vitres brisées et à quelques parties de la couverture endommagées (3).

En 1725, on supprime les palissades en charpente qui fermaient le parvis et les portails, et on repave ceux-ci en grès. En faisant ce travail, on trouve sous chacun des portails une auge en pierre dure remplie d'ossements (4). Suivant Rivoire, ce serait en 1737 que l'on aurait remplacé la clôture en bois du petit porche Saint-Christophe par la grille de fer que l'on y voit aujourd'hui (5).

Vers cette époque, Antoine Bourgeois était maçon de la fabrique (6). Son fils, Jean-Baptiste Bourgeois, le remplacera après son décès arrivé vers 1763 (7).

Nous aurons l'occasion de reparler d'un incendie qui, le 21 janvier 1742, endommagea le chœur et le sanctuaire. La même année, le tapissier Géneau, raccommode les portes de l'église et celles du chœur (8). En 1747, on fait nettoyer les degrés et les étages des tours, d'où l'on tire au moins deux tombereaux d'ordures et de poussière (9).

En 1753, établissement d'une sacristie à côté de la Petite Paroisse. Une autre sacristie, est construite, en 1757, en *14, 16 d*, aux frais du chanoine Cornet de Coupel; au-dessus de cette sacristie on fait une chambre pour y coucher le guidon, probablement pour remplacer celle qui était jadis placée dans la clôture du chœur et dont la suppression rentrait dans les nouveaux projets d'embellissements (10). A droite et à gauche de l'entrée de cette sacristie, le chanoine de Coupel fait faire aussi le confessionnal et le bureau pour distribuer les hosties et le vin des messes (11), que l'on y voit encore aujourd'hui. Dans le courant du xviiie siècle, notamment en 1740 et 1763, le dallage fut plusieurs fois réparé. En 1760, démolition de la chapelle haute de Saint-Jean-Baptiste. Le bas de cette chapelle est conservé pour servir de sacristie.

---

(1) Bibl. d'Amiens, ms. 839, fol. 298. — Mss. de Pagès, édit. Douchet, t. IV, p. 416.

(2) Bibl. d'Am., ms. 836 (Machart, t. VIII), fol. 360.

(3) De Court, *Mémoires chronol.* — Gilbert, *Descr. hist. de l'église cath. d'Am.*, p. 103.

(4) État des chanoines enterrés dans la cathédrale, par Robert Boullye. Arch. de la Somme, Chapit. d'Am., pièces diverses. — Notes mss. concern. la ville d'Am. 1615-1852, (extr. du ms. du sieur du Grostison), appart. à M. G. Baril.

(5) Rivoire, *Descr. de l'église cath. d'Am.*, p. 49.

(6) Arch. de la Somme, Chapit. d'Am., compte de la fabrique, 1740-41.

(7) *Ibid.*, 1763-64.

(8) *Ibid.*, 1742-43.

(9) *Ibid.*, 1746-47.

(10) Cette sacristie, qui servit, jusqu'à ces derniers temps, de salle capitulaire, fut détruite en 1896.

(11) Pour remplacer sans doute celui qui avait disparu avec le jubé. Il est maintenant transformé en confessionnal.

Nous aurons l'occasion de reparler avec plus de détails de tous ces menus travaux.

Il faut croire que les réparations faites à la suite de l'ouragan de 1705 ne furent pas suffisantes et que la cathédrale était alors bien mal entretenue, car il paraît que, vers 1760, elle était dans un état de dégradation qui commençait à devenir inquiétant. Une réparation générale et considérable était devenue nécessaire, et le travail si urgent qu'on ne put même pas attendre, pour le commencer, qu'il fût mis en adjudication. Les parties les plus défectueuses étaient les galeries ou balustrades à la base des combles de la grande nef, des bas côtés et des chapelles, les chaperons des pignons de ces dernières le long du chœur, les quatre grandes pyramides adossées aux deux tours sur le parvis; sur trente piliers butants autour du chœur, vingt-trois étaient à refaire à neuf, les neuf de la nef du côté nord, à réparer; douze arcs boutants tombaient en ruine, ainsi que les montants qui soutiennent les arcs supérieurs; il y avait des dégradations profondes à la terrasse couverte en plomb qui court à l'extérieur à l'appui des fenêtres hautes sur le triforium, et plusieurs marches du parvis en mauvais état. Voilà pour la maçonnerie. Pour la charpenterie, il fallait refaire entièrement le comble de quatre chapelles le long de la nef et le faîtage du comble de celle-ci, qui était pourri d'un bout à l'autre; mais c'était la flèche ou clocher doré qui exigeait la réparation la plus urgente. Ce clocher était alors « en très mauvais état, dans le cas de tomber, si on ne le répare promptement, attendu que les deux enrayures qui portent le béfrois des cloches sont entièrement pourries, de même que les appuys des galleries et plusieurs poteaux, montans, croix de Saint-André et solles qui reçoivent les madriers et planches sur lesdites enrayures et de même les deux béfrois des cloches ». La couverture demandait aussi une importante réparation. Enfin la plomberie, pour une très notable partie, était entièrement à refondre, tant à la flèche qu'aux autres parties de l'édifice, des chapelles, des galeries, des chaperons des balustrades; le faîtage des grands combles était entièrement à renouveler. « Il y aura dix mille livres de plomb à refondre et à reposer, à cent livres par mille pour la fonte, la façon des ornemens et la pose » (1).

L'état général de ces travaux en évaluait le montant à la somme totale de 79.293 l. 8 s. 6 d. Après plusieurs rabais, dont un fut fait par le sculpteur Jean-Baptiste Carpentier, mais qui furent le plus vivement disputés entre Louis Lavette, François Le Sénéchal, entrepreneurs à Amiens, et Alexandre Candas, maître menuisier dans la même ville, ils furent définitivement adjugés à ce dernier pour la somme de 38.500 l., le 12 novembre 1760. D'après le cahier des charges, les travaux devaient commencer à Pâques 1761 et être terminés dans le courant de l'année 1762 (2).

Par délibération du 8 avril 1767, le chapitre nomma pour son maçon le sieur Jean-Baptiste Baffé, ou Baffet, maître maçon à Amiens, en remplacement de maître Jean-Baptiste Bourgeois (3). Baffet sera encore en fonctions au moment de la Révolution (4).

(1) *État général des réparations urgentes à faire à l'église cathédrale d'Amiens*. Arch. de la Somme, Chapit. d'Am., Arm. I, l. 54, n° 7. Cet état n'est pas signé.

(2) *État général*, etc., *ibid*. — Procès-verbal d'adjudicat. desd. travaux. *Ibid*., n° 8.

(3) « Messieurs, au lieu et place de Mᵉ Bourgeois, ci-devant leur maçon, ont choisi et nommé le sieur Baffé, de cette ville, et aussi maître maçon, à qui ils ont donné et donnent leur pratique ». Arch. de la Somme, Chapit. d'Am., délib. du 8 avril 1767.

(4) Délib. du directoire du district d'Am. du 11 avril

86   HISTOIRE.

Depuis fort longtemps des échoppes ou logettes, presque toutes en charpente, étaient venues s'accoler à la cathédrale, principalement le long des rues du Cloître Notre-Dame et des Soufflets (1). Un certain nombre d'entre elles appartenaient au chapitre qui en retirait un modique loyer, les autres à divers particuliers, mais étaient soumises à un cens envers le chapitre et dans la mouvance de celui-ci. Indépendamment de l'effet disgracieux que ces misérables baraques, qui tombaient en ruines, produisaient auprès de l'édifice, ce voisinage avait pour sa conservation une foule d'inconvénients : dégradations causées à la pierre par la fumée de tourbe, entreprises abusives et préjudiciables à la solidité du bâtiment, et sur lesquels il est inutile d'insister. La voix publique réclamait depuis longtemps leur suppression, et au commencement de l'année 1767, à l'époque même où se faisaient dans l'intérieur de la cathédrale les embellissements dont nous allons parler, le chapitre envoya une requête au Roi à laquelle s'associaient les officiers municipaux, pour être autorisé à rentrer dans la propriété du terrain de leur emplacement (2). L'autorisation fut donnée par arrêt du Conseil du 11 juillet 1767 (3). Après information sur l'opportunité des travaux (4), estimation des baraques à démolir (5), et différentes autres formalités, une sentence du bailliage d'Amiens donne l'alignement pour les murs qui devront circonscrire le terrain qu'elles occupaient (6), et leur démolition a lieu immédiatement après, les propriétaires indemnisés par le chapitre sur le produit d'une coupe de bois de réserve (7).

1791. Arch. de la Somme, série L, Distr. d'Am. Reg. 13, p. 371. — Jean-Baptiste Baffet, né à Abzac (Charente), mourut à Amiens le 9 brumaire an III, époux en *cinquièmes* noces de Thérèse Thuillier, et âgé de 78 ans. (État civ. d'Am.).

(1) Auj. rues Cormont et Joron. — Il y avait déjà en 1480. Le 13 juillet de cette année, trois de ces logettes contiguës, partant du contrefort du cardinal de la Grange sont baillées à cens par le chapitre, une à Mathieu Saloppe, bonnetier, une autre à Jean de France, relieur de livres, et la troisième, à Jean Ducquet, libraire. (Arch. de la Somme, Chapit. d'Am., Arm. II, l. 47, n° 30). Il est vraisemblable que toutes trois venaient seulement d'être élevées. A la suite de ces trois maisons, contre celle accensée à Mathieu Saloppe; il y en avait une quatrième occupée par Jean du Crocquet, sergent royal.

(2) Conseil de ville du 21 février 1767. « M. Morel d'Hérival a dit que Messieurs du chapitre de la cathédrale avoient conçu le projet de dégager les murs de leur église des baraques qui l'offusquent, qu'à cet effet, ils avoient présenté requête au Roy pour être autorisés à rentrer dans la propriété du terrain de l'emplacement de ces baraques, que ce dessein méritoit d'être secondé, que l'église cathédrale d'Amiens étant un des plus beaux monuments d'architecture, il étoit du bon goût et de la décence en même tems, de supprimer les baraques en question. Sur quoy il a été unanimement arrêté qu'il seroit donné requête au Roy par les officiers municipaux, à l'effet de se joindre au chapitre, pour obtenir la permission de faire démolir les baraques en question addossées le long des murs de la cathédrale ». Arch. de la ville d'Am., BB 91, fol. 47 v°. — Lettre des maire et échevins d'Amiens au subdélégué Ducastel, du 6 août 1767, lui envoyant leur adhésion au projet fait par le chapitre de démolir lesdites baraques. *Ibid.*, AA 25, p. 392.

(3) Arch. de la Somme, Chapit. d'Am., Arm. II, l. 47, n° 1, (pièce disparue).

(4) 24 août 1767. *Ibid.*, n° 5.

(5) Par François Sénéchal, maître charpentier, (29-30 octobre 1767; Arch. de la Somme, Chapit. d'Am., Arm. II, l. 47, n° 6). — Autre estimation par Claude Jamet, maître charpentier, et Guillaume Desvignes, maître maçon, des 28 juillet-2 août 1769. *(Ibid.*, n°s 11 et 12).

(6) Sent. du bailliage d'Am. du 3 avril 1770. *Ibid.*, Arm. II, l. 5, n° 22. — Cf. les délibérations suivantes : « Messieurs, ouï le rapport de MM. le celérier et Delaire, sur la visite que doit faire M. le maître particulier, en vertu de la commission à luy donnée, des maisons adossées contre leur église, à l'effet de constater avec experts l'état des réparations à faire à leurdite église, ont le tout renvoyé à leur prudence ». Arch. de la Somme, Chapit. d'Am., délib. du 3 oct. 1769. — « Messieurs, ouï le rapport de M. Trouvain, sur le résultat du comité tenu au sujet de ce qu'il convient de faire au lieu et place des maisons adossées contre leur église, ont agréés ce que MM. les députés audit comité ont arrêtés de faire faire, ensemble le devis desdits ouvrages qu'ils en ont fait dresser ». *Ibid.*, délib. du 22 nov. 1769.

(7) « Observation : le chapitre, en l'an 1770, a fait le rachat et la démolition d'une quantité de petites maisons

La démolition avait été adjugée au mois de novembre 1769 à Claude Jamet, entrepreneur de bâtiments à Amiens (1).

C'est alors que l'on découvrit la plupart des statues du xive siècle qui garnissent les contreforts entre les chapelles de la nef, et notamment celles d'Adam et d'Ève au contrefort 10 c; ces dernières, nous le verrons plus loin, furent aussitôt brisées, parce que leur nudité effarouchait la pruderie des gens du xviiie siècle.

A la démolition de ces logettes se rattachait sans doute un projet plus grandiose de dégagement qui ne fut réalisé que sur le papier dans une curieuse gravure datée de 1772 représentant la cathédrale d'Amiens précédée d'une vaste place plantée à la Lenôtre, percée au milieu par une large rue conduisant directement au portail principal qui se voit dans le lointain; dans cette gravure Mgr de la Motte, évêque d'Amiens, est représenté dans l'attitude de la prière (2).

Au commencement de l'année 1768, avant de mettre la main à la nouvelle et somptueuse décoration du sanctuaire, le chanoine Cornet de Coupel voulant disposer l'intérieur de l'édifice à une si grande chose, obtint du chapitre l'autorisation « de faire brosser les murailles du chœur » (3). Fort de cette autorisation, le trop soigneux maître de la fabrique fait arriver une équipe d'ouvriers italiens qui se mettent en devoir de couvrir la cathédrale du haut en bas d'une couche du plus beau blanc. C'était un badigeonnage en règle. Cette fois le chapitre fit preuve de bon goût et trouva qu'on avait quelque peu abusé de sa permission. Il envoya donc deux de ses membres ordonner « aux ouvriers italiens qui travaillent actuellement en leur église, de cesser de donner aux murs et voûtes de leur église la teinte de blanc qu'ils ont commencé d'y donner, d'effacer même ladite teinte, si c'est possible » (4), et en rappelant quelques jours après au chanoine Cornet qu'il ait à se contenter « de faire brosser leur église, à la charge de n'y employer ni peinture ni eau, et à la condition que le tout se fera à ses dépens » (5).

Le chapitre revint cependant sans doute sur sa décision, car le badigeonnage fut fait peu de temps après, en 1771, par l'italien Baroni ou Borani, mais d'une manière plus discrète et sur un ton moins criard. Il aurait coûté environ 6.000 l. (6).

De 1770 à 1776, une réparation considérable, sur laquelle nous reviendrons, est

contre l'église, tant en ladite rue de Notre-Dame qu'en celle des Soufflets, fort caduques et nuisibles aux fondements de l'église, qui ont été remboursées aux propriétaires des deniers d'une coupe de bois de réserve obtenue du Roy, lesquelles maisons produisoient annuellement à la fabrique 70 l. de cens, indemnisée depuis par le produit des loges de la foire de la Saint-Jean, dont profitoient ces propriétaires ». Comptes de la fabrique de 1777-78 et 1778-79. Arch. de la Somme, Chapit. d'Am., Arm. I, l. 62 bis.

(1) « Cautionnement pour les réparations de l'église cathédralle ». Arch. de la Somme, Chapit. d'Am., Arm. I, l. 54, n° 8.

(2) On ne connaît qu'un seul exemplaire de cette curieuse gravure qui avait appartenu à M. de Saint-Amand, d'Abbeville. Elle fut acquise du brocanteur Potentier par M. Herbault, architecte à Amiens, qui la communiqua à la société des Antiquaires de Picardie dans sa séance du 12 novembre 1872. (Bull. de la Soc. des Ant. de Pic., t. XI, p. 183).

(3) Messieurs ont renvoyé à la prudence de M. Cornet, de faire brosser les murailles du chœur de leur église, avant qu'on commence à travailler aux décorations dudit chœur et sanctuaire ». Arch. de la Somme, Chapit. d'Amiens, Délib. du 23 mars 1768.

(4) Arch. de la Somme, Chapit. d'Am., Délib. du 15 avril 1768.

(5) Ibid., Délib. du 20 avril 1768.

(6) Bibl. d'Amiens, ms. 832 (Machart, t. IV), p. 371 bis. — Ms. de Baron, p. 76. — Rivoire, Descr. de l'église cath. d'Amiens, p. 71. — Ce même Baroni badigeonna aussi en 1771 la cathédrale de Chartres, et, plus tard, les églises de Tours et de Marmoutiers. Bulteau, Monogr. de la cath. de Chartres, t. I, p. 219.

exécutée à la flèche, par les sieurs Malivoir, père et fils, plombiers à Amiens.

Pendant l'année 1777, des travaux considérables de restauration auraient été exécutés sur divers points de la cathédrale. Le manuscrit de Baron est le seul qui y fasse allusion et qui nous en donne quelques détails. On répara notamment la façade occidentale du haut en bas. Il paraît que le parvis était couvert d'échafaudages qui s'élevaient jusqu'au sommet des tours. On a commencé par réparer le haut, et on a terminé par le bas. « Il est aisé de reconnaître, ajoute l'auteur du manuscrit, que celle des pyramides qui accompagnent les porches du côté du midi, a été refaite toute à neuf » (1).

Une autre opération non moins importante consista dans la réfection de la grande rose du croisillon nord du transept. « On la démonta alors de toutes pièces, dit le manuscrit de Baron, on étendit les pierres sur le pavé dans l'ordre où elles étaient en place, et on tailla des pierres neuves pour suppléer à celles qui étaient usées ou rompues, après quoi, on la replaça comme auparavant, mais on trouva nécessaire d'y ajouter un plus grand nombre de ferrements (2) qui ne se voient pas aux autres roses » (3).

Le compte de la fabrique de 1776-77 où nous aurions sans doute trouvé les déboursés faits pour ces travaux, et qui nous aurait donné des détails plus complets et plus sûrs que ceux de Baron, nous manque ; ceux des années suivantes 1777-78 et 1778-79, qui sont parvenus jusqu'à nous, n'y font allusion, que pour mentionner le débarras des décombres qui en ont été la suite, ainsi que des précédents travaux (4).

C'est dans le même temps que fut construite la maison du suisse qui s'élevait à l'angle nord de la façade principale, et qui fut remplacée par une autre par Viollet-le-Duc. Les plans en avaient été donnés par le sieur Dufourmantel ; le chanoine Cornet de Coupel paya le tiers de la dépense (5). Une partie de cette maison fut donnée comme habitation au couvreur de la cathédrale (6).

(1) Ms. de Baron, p. 23.

(2) Nous verrons que ces ferrements seront plus nuisibles qu'utiles à la rose, et qu'il faudra encore une fois la refaire au bout d'un peu plus d'un siècle.

(3) Ms. de Baron, p. 76.

(4) « Icy un débours de l'année précédente, transféré en ce compte moins considérable, au sujet de tous les décombres dispersées dans les galleries du haut de l'église en grande quantité, qui ont été d'abord rassemblés et ensuitte dessendues et transportées en la rue et voiturés hors de la ville, en trente voitures du dont cet ouvrage a commencé le 2 janvier 1777 et finis le 8 mars. Payé en total 71 l. Item, pour pareil ouvrage des décombres des galleries du haut et sur les voûtes du grand comble et des chapelles occasionnés par la quantité des réfections faites au haut de l'église, tant aux cottes de baleines qu'ailleurs, aux frais des deniers d'une compte (coupe?) de bois en réserve, auquel travail j'ay employé un seul maneuvre, depuis la Toussaint dernier jusques au premier jour de febvrier, pour rassembler ces décombres à la proximité de la dessente et transport qui en sera fait par la suitte hors de la ville. En conséquence, j'ay payé pour les journées dudit maneuvre, à raison de douze sols par jour de travail, la somme de 42 l. 18 s. ». Arch. de la Somme, Chapit. d'Am., compte de la fabr. de 1777-78. Arm. I, l. 62 bis. — « Item en février 1778, occupé 4 maneuvres qui ont employé chacun 14 journées 1/4, à raison de 12 sols chacun par jour, pour la dessente et transport en la rue des décombres et matériaux des ouvrages de l'année précédente dispersées sur les voûtes des chapelles et terrasses du haut de l'église, à raison de 12 s. chacun par journée, faisant en total la somme de 34 l. 4 s. ». Ibid., compte de 1778-79.

(5) 23 décembre 1777. « Payé à M. Dufourmantel, pour avoir tracé les plans, profils et élévations de la maison du suisse, et avoir fait le devis, 30 l., dont un tiers à la charge de M. de Coupel ». Arch. de la Somme, Chapit. d'Amiens, compte du cellérier de 1777-78.

(6) « Messieurs ont accordés partie de la maison nouvellement bâtie sur le parvis près la rue des Soufflets, pour être habitée par le couvreur de leur église, qui, au moyen de cette habitation, se trouve à portée d'y donner tous les secours au cas de besoin ». Arch. de la Somme, Chapit. d'Am., Délib. du 9 avril 1777.

EMBELLISSEMENTS MODERNES — 1701-1790.

Pendant cette même année 1777 et la suivante, l'on projette d'établir un paratonnerre sur l'édifice. Le sieur Prévost, député du chapitre à Paris, est chargé de prendre toutes les informations nécessaires, de savoir ce que son établissement pourra coûter et s'il n'aurait pas d'inconvénients pour les voisins (1), mais il ne paraît pas qu'il y ait été donné suite, et la cathédrale devra attendre jusqu'à l'année 1834, pour être munie de ce préservatif.

Durant l'année 1778-79, un grand vent endommagea la rose d'une fenêtre haute de la cathédrale au-dessus de la chaire. Elle fut consolidée au moyen de deux fortes perches (2).

La même année, on fait provision d'ardoises pour renouveler la couverture de l'église (3).

En 1781, réparation à la toiture de la tour des bourdons (tour du nord) (4), et au croisillon du transept du côté de l'évêché (5); en 1782 nouvelles réparations au clocher, sans doute à la flèche, mais qui ne durent pas être bien importantes (6); en 1787, les vantaux des portails sont replanchéiés en dedans par Desmarais, menuisier du chapitre, et peints en couleur de bois par Coquelet, doreur (7).

Au moment de la Révolution, le chapitre tenait, paraît-il, 80.000 l. en réserve pour refaire en marbre le pavé de la cathédrale. Un devis aurait même déjà été fait dans ce but (8).

Mais la caractéristique des travaux exécutés dans la cathédrale d'Amiens pendant le xviiie siècle fut le renouvellement de son mobilier dans le goût moderne et par suite un changement considérable de sa physionomie intérieure.

En cela les chanoines suivirent le mouvement irrésistible, qui, depuis la trans-

---

(1) « Messieurs ayant arrêté d'essayer l'expérience du conducteur électrique, pour préserver leur église du feu du ciel, ont prié M. Prévost, leur député à Paris, de prendre à cet égard touttes les informations convenables et d'en rapporter ». Arch. de la Somme, Chapit. d'Am., Délib. du 3 déc. 1777. — « Messieurs ont prié M. le sindic d'écrire à M. Prévost, leur député à Paris, à l'effet de sçavoir ce que pourront coûter les garde-tonnerre à placer pour leur église, et s'il n'y a point d'inconvénients pour les voisins ». *Ibid.*, Délib. du 3 juin 1778.

(2) « Au nommé Delaire, queillier (*caiellier*, fabricant de chaises), 20 s , pour livraison de deux fortes perches employé à la rose du haut de l'église, au-dessus de la chaire, endommagé du grand vent ». Arch. de la Somme, Chapit. d'Am., Arm. I, l. 62 *bis*, compte de la fabr. de 1778-79. — « Messieurs ont renvoyé à la prudence de M. le celérier de faire les réparations à la grande croisée de leur église étant dans la nef, laquelle se trouve défectueuse ». *Ibid.*, Délib. du 6 sept. 1779. — Dans la nuit du 31 décembre 1778 au 1er janvier 1779, il y eut une très forte tempête sur la Manche (Arch. de la Somme (Intend. de Picardie), C 1376). Est-ce la même qui occasionna dans la cathédrale les dégâts dont il est question ?

(3) « Le 19 septembre dernier, payé 191 l. 9 s. 6 d., pour le prix de 3.076 ardoises doubles, à raison de 33 l. le mille, que le chapitre a fait venir de fort loin, placées dans le magasin rue Notre-Dame contre l'église, pour être employées au renouvellement de la couverture du grand comble, avec ordre au marchand d'en fournir plusieurs voitures, mais comme le prix qu'on lui a fixé étoit à sa perte, il n'est pas revenu ». Arch. de la Somme, Chapit. d'Am., Arm. I, l. 62 *bis*. Compte de 1778-79. — *Ibid.*, Délib. du 9 septembre 1778 et 16 juin 1779.

(4) « Messieurs ont autorisé M. le celérier à faire réparer la couverture de la tour des bourdons de leur église ». *Ibid.*, Délib. du 30 mars 1781.

(5) « Messieurs ont authorisé M. le celérier à faire faire les réparations de la croisée de leur église du côté de l'évêchez ». *Ibid.*, Délib. du 16 juillet 1781.

(6) « Messieurs ont renvoyé à la prudence de M. le sindic adjoint de l'office de la fabrique de leur église, de faire faire les réparations nécessaires au clocher ». *Ibid.* Délib. du 27 mai 1782.

(7) Rivoire, *Descr. de l'église cath. d'Am.*, p. 34. — Le ms. de Baron (p. 24), place ce travail vers 1777.

(8) Ms. de Baron, p. 94. — Gilbert, *Descr. histor. de l'église cath. d'Am.*, p. 134.

formation du chœur de Notre-Dame de Paris à la fin du xvii⁰ siècle, en exécution du vœu de Louis XIII, poussa la plupart des églises un peu fortunées à se parer d'une nouvelle décoration « dans le grand goût », comme on disait alors. Il se dépensa ainsi des sommes énormes, pour lesquelles évêques, chapitres, abbayes, s'imposèrent des sacrifices presque comparables à ceux qui signalèrent l'époque de la construction des grandes cathédrales. Le xviii⁰ siècle se croyait sérieusement en possession du dernier mot des règles de l'art, et il fallait que tout y rentrât bon gré mal gré. Tout ce qui ne s'y conformait pas absolument était mauvais. L'art gothique, surtout, avec ses « colifichets tudesques » n'était pour les critiques et les raffinés d'alors que le produit étrange et de « petit goût » des siècles d'ignorance et de barbarie. Aussi bien ceux qui se piquaient le plus d'impartialité, et cela peut-être pour ne pas trop contrarier un vieux respect et une admiration traditionnelle encore très tenaces, surtout dans le peuple, voulaient-ils bien accorder aux églises gothiques un certain air de grandeur; ils convenaient que leurs ronds points faisaient beaucoup d'effet, que leurs piliers ou colonnes partant de fond et rapprochés produisaient d'admirables perspectives, en résumé, « une distribution charmante, où l'œil plonge délicieusement à travers plusieurs files de colonnes dans des chapelles en enfoncement, dont les vitraux répandent la lumière avec profusion et inégalité, un chevet en polygone où ces aspects se multiplient, se diversifient encore davantage, un mélange, un mouvement, un tumulte de percés et de massifs, qui jouent, qui contrastent, et dont l'effet entier est ravissant » (1), mais cela à condition que « tous les obstacles qui diminuent, qui offusquent la variété et la bizarrerie de ses aspects » seront détruits, que l'on taillera, que l'on arrondira les piliers « jusqu'à leur donner une forme qui imite celle des colonnes » que l'on incrustera de marbre ou que l'on cannellera, à condition qu'on leur donnera des bases et des chapiteaux « dont les profils soient plus corrects », qu'on substituera aux moulures « barbares » des moulures « d'un bon choix », que l'on taillera ou feindra des mosaïques dans les pendentifs des voûtes, que l'on enlacera des palmes ou jettera « tel autre ornement de bon goût sur les endroits lisses », etc., etc. (2).

Si bien qu'un amateur du temps, qui paraît avoir exercé sur l'esprit des membres du clergé une très grande influence, l'abbé Laugier, ancien jésuite, a cru devoir consacrer tout un chapitre, bien connu d'ailleurs, de ses *Observations sur l'architecture* (3) à la difficulté de décorer les églises gothiques. Les principes qu'il donne sont moins les siens propres que ceux qui guidaient généralement les décorateurs du xviii⁰ siècle, ce sont ceux d'après lesquels ont été conçus les « embellissements » de la plupart des églises du moyen âge à cette époque : de Notre-Dame, de Saint-Germain-l'Auxerrois, de Saint-Merry, à Paris, des cathédrales de Reims, du Mans, de Chartres, etc., etc.

Ce sont eux aussi que l'on suivit, jusqu'à un certain point, dans ceux de la cathédrale d'Amiens, pour lesquels Laugier nous dit lui-même avoir été consulté (4). Mais, disons-le tout de suite à sa louange, le chapitre d'Amiens y mit une bien

(1) LAUGIER, *Observations sur l'Architecture*, 1765, p. 130.
(2) *Ibid.*, *passim*.
(3) *Ibid.*, pp. 119 à 151.
(4) *Ibid.*, p. 147.

plus grande réserve et une bien plus grande discrétion que bien d'autres et se garda de suivre à la lettre les conseils de Laugier.

Si tous les anciens autels, si le jubé, si toute la clôture du sanctuaire, si toutes celles des chapelles, si d'innombrables mausolées, si d'innombrables tableaux, si une infinité d'autres meubles : lustres, chandeliers, chaire à prêcher, etc., furent détruits sans pitié, perte à jamais déplorable, du moins l'architecture même du monument, l'œuvre sublime de Robert de Luzarches demeura-t-elle absolument intacte. Disons plus, la destruction de son antique mobilier n'eut pour but que de la dégager et de la faire valoir. On n'a pas entaillé les piliers pour en faire des colonnes grecques ou romaines, on n'a pas incrusté de marbres, on n'a pas corrigé les profils des bases, des chapiteaux, ni des autres moulures, on n'a pas taillé ou feint des mosaïques dans les pendentifs des voûtes, on n'a pas enlacé de palmes ni d'autres ornements « d'un bon goût » sur les endroits lisses. Enfin les chanoines n'ont jamais consenti à sacrifier entièrement leurs admirables stalles, et nous devons hautement les en louer, car il leur fallut un certain courage pour affronter l'ironie polie mais dédaigneuse de Laugier. « Ils y tiennent par préjugé et par habitude. Ils ont ouï dire à tous leurs devanciers, que ces dossiers étoient d'un travail très recherché » (1). Peut-être Laugier disait-il vrai, mais parfois le préjugé et l'habitude ont leur bon côté.

On peut considérer la décoration faite de 1709 à 1711 de l'ancienne chapelle Saint-Pierre en l'honneur du chef de saint Jean-Baptiste, en exécution du vœu fait pendant la peste de 1668, comme le point de départ de tous ces « embellissements ». Là fut créé le précédent. On avait changé le vocable d'une chapelle, enlevé son ancien mobilier, et on avait désormais un autel « dans le grand goût », dessiné par l'architecte Oppenord.

Cependant quelques années devaient encore s'écouler avant que des circonstances favorables décidassent du mouvement. En attendant, et comme préparation à celui-ci, pendant la première semaine d'août 1712, on commence par ôter, comme nous le verrons, un certain nombre de pierres tombales bleues qui se trouvaient au milieu du transept, du jubé à la chaire, puis, au mois de février 1723, on purge entièrement l'intérieur de la cathédrale des innombrables tableaux et autres objets d'art de la confrérie du Puy Notre-Dame, et autres, qui, depuis la fin du XVe siècle s'étaient accumulés, et, il faut en convenir, devaient passablement encombrer les piliers et masquer entièrement l'architecture de l'édifice (2). C'est d'ailleurs le prétexte qu'on fit valoir pour justifier cette mesure qui fut faite subrepticement, la nuit, et comme à la dérobée.

« Ce déplacement, dit dom Grenier, fit grand bruit dans la ville, parce que bien des gens venoient de voir avec peine l'étalage perdu de leurs nombreuses familles qui s'y étoient fait peindre avec tout ce qu'ils aimoient, tels que chiens, chats et oiseaux. Les confrères de Notre-Dame du Puits ont fait le plus de bruit et ont

---

(1) *Ibid.*, p. 141.

(2) « Ce qui, à mon avis, diminue beaucoup la beauté de la nef (de la cathédrale d'Amiens), c'est la prodigieuse quantité de tableaux et de ce qu'ils appellent vœux qui y sont attachés. L'église cathédrale de Chartres étoit autrefois de même, ou à peu près. On y voyoit des autels à chaque pilier de la nef. Ces autels ayant été démolis, la nef en est devenue beaucoup plus belle. L'église en paroît plus auguste et plus majestueuse, et ressent mieux son antiquité ». *Un voyage en Flandre, Artois et Picardie en 1714*, publié d'après le manuscrit du sieur Nomis, par Alexandre Eeckmann, dans *Annales du comité flamand de France*, t. XXI, 1895, in-8°, p. 349.

formé aussitôt leur opposition et obtenu des défenses du juge pour ne rien changer, prétendans que ces tableaux, qui venoient de leur confrérie, ne pouvoient être ôtés sans leur participation. Appel de ces défenses de la part du chapitre, comme de juge incompétent. Pendant cette dispute, M. Pierre Sabatier, évêque d'Amiens, à qui ces défenses n'avoient pas été signifiées, donna ordre au sieur Antoine-Adrien Vilman, son aumônier et chanoine de la cathédrale, d'achever ce déplacement, pourquoi il prit vingt-cinq ouvriers, et, dans une nuit, tous les tableaux furent décrochez, et on trouva moien d'en faire de beaux retables dans les chapelles et de les orner en forme de lambri de ce qu'il y avoit de plus beau, car il y en a qui sont véritablement de prix, et ceux qui n'étoient pas de conséquence ont été donnez à de pauvres églises de campagne » (1).

Les parties lésées firent circuler en ville une protestation en mauvais vers que son auteur eût mieux fait de mettre en prose. Un défenseur de l'évêque et du chapitre y répondit en bouts rimés plus pauvres et plus plats encore (2), puis, tout finit par s'apaiser.

Mais voici l'entrée en scène d'un personnage qui va faire faire le pas décisif dans la voie des « embellissements », dont il sera désormais l'inspirateur et auxquels il contribuera pour la plus large part. Les débuts sont modestes : l'anonymat le couvre. En 1746, « un particulier qui ne veut pas être connu » fait demander au chapitre et en obtient l'autorisation de faire faire à la chapelle Saint-Pierre (XIV) une grille de fer des deux côtés, semblable à celle de la chapelle Saint-Jean du Vœu (XIII), et de construire dans la cour du Puits de l'Œuvre, une sacristie y attenant (3). Ce particulier « qui ne veut pas être connu » était le chapelain François-Édouard Cornet de Coupel (4). L'autorisation obtenue, il ne tardera pas d'ailleurs à se faire connaître. La permission définitive ne fut toutefois accordée qu'en 1749, par une délibération du chapitre du 26 mars, et une autre des chapelains du 3 avril. Il fallut près de trois ans pour renouveler entièrement la décoration de la susdite chapelle, sur un dessin absolument identique à celui de la chapelle Saint-Jean du Vœu, avec cette différence qu'elle fut exécutée en bois peint en marbre au lieu de marbre naturel, comme la première l'avait été. Elle fut bénite le 28 juin 1752. Et pourtant son ancien autel, exécuté en 1616 et qui passait pour fort beau, ne devait déjà plus être de « petit goût », mais il avait le malheur de ne pas être semblable à son vis-à-vis, ce qui devait singulièrement choquer les idées du temps en fait de symétrie (5).

(1) Bibl. Nat. ms. Picardie, 159, fol. 107. — Ceux de ces tableaux qui avaient été placés dans les chapelles disparurent sans doute définitivement lors de la nouvelle décoration de celles-ci, dans le courant du xviiie siècle. On aurait cependant bien pu les conserver ; ils auraient avantageusement décoré, sans nuire à rien, les grands murs nus qui séparent ces chapelles. Parmi ceux qui avaient été envoyés aux églises de campagne, quelques-uns ont été retrouvés, mais pas tous, malheureusement.

(2) Bibl. Nat. ms. Picardie, 159, fol. 107. — Bibl. d'Am., ms. 836 (Machart, t. VIII), p. 345.

(3) Arch. de la Somme, Chapit. d'Am., Délib. capitul. du 17 août 1746.

(4) François-Édouard Cornet de Coupel, né à Amiens, paroisse Saint-Jacques, le 1er juillet 1698 (État-civ. d'Am) était arrière-petit-neveu de Nicolas Cornet, grand maître du collège de Navarre, un des plus célèbres adversaires des Jansénistes au xviie siècle. On ne sait depuis quand il était chapelain de la cathédrale lorsque, le 4 mars 1755, il fut nommé chanoine sous-diacre. Chanoine prêtre le 23 juin 1761, maître de la fabrique à partir de 1756, il mourut le 9 janvier 1786 et fut enterré dans la cathédrale. Il avait une grande fortune personnelle dont il fit de nombreuses libéralités. Au dire de Rivoire (*Descr. de l'église cath. d'Am.*, p. 137), il aurait dépensé plus de 100.000 écus aux embellissements de la cathédrale.

(5) Dans la plupart des églises qui furent ainsi décorées à neuf durant le xviiie siècle, il y eut un ou

Il s'est trouvé aussi que, depuis 1734, l'église d'Amiens avait à sa tête un des prélats les plus remarquables, les plus actifs, les plus respectés et les plus aimés qu'elle ait jamais eus, et qui devait la gouverner pendant quarante longues années. Nous n'avons pas à faire ici l'histoire et le portrait de Louis-François-Gabriel d'Orléans de la Motte. D'autres l'ont fait avant nous, et le personnage est trop connu (1). A-t-il subi l'influence de l'abbé Cornet de Coupel et est-il entré dans ses idées de remettre à neuf la décoration de la cathédrale, ou bien s'est-il rencontré avec lui dans le même sentiment et a-t-il marché de concert dans la même voie, c'est ce que nous ne savons. Toujours est-il que tous deux ont conçu le projet de décorer à neuf la cathédrale, l'ont favorisé de leurs largesses et y ont intéressé le chapitre tout entier, en provoquant de la part de celui-ci d'abondantes dotations, et de la part de plusieurs chanoines en particulier, des libéralités plus ou moins importantes.

L'abbé Dargnies cite parmi ceux de ces derniers qui se distinguèrent par leur munificence, les chanoines Dufresne d'Hauteville, prévôt, Joiron, chantre, Pingré, de Fieffes, écolâtre, Horard, Poujol, Lucet, Caron, chanoines (2).

Il paraît qu'un certain nombre de chanoines auraient été députés pour la décoration de l'église, mais nous ne savons pas leurs noms (3).

Nous n'avons non plus rien de complet sur les sommes qui furent dépensées à tous ces travaux. Tout ce que nous savons de positif, c'est qu'un arrêt du Conseil du 11 avril 1758 autorisa le chapitre à vendre la réserve de 187 arpents, 74 perches dans son bois d'Avelesges, pour le prix de l'adjudication en être employé, sur l'ordonnance du grand maître des eaux et forêts du département de Picardie, Flandre et Artois : 1° à rembourser des sommes dues pour réparations aux fermes et autres bâtiments du chapitre; 2° à payer les réparations des dégâts occasionnés à ses immeubles par une inondation survenue l'année précédente; 3° enfin « à faire reconstruire le maître-autel, le jubé et aux autres ouvrages les plus nécessaires au chœur de ladite église cathédralle; enfin le surplus dudit prix, s'il s'y en trouve, au proffit dudit chapitre ainsy qu'il seroit par Sa Majesté ordonné » (4). Il semble que l'on n'ait dû payer sur cette adjudication que les deux massifs de maçonnerie qui remplacèrent les deux chapelles de Notre-Dame des Sept-Douleurs et de Saint-Charles Borromée à droite et à gauche de l'entrée du chœur, puisque nous verrons que la grille qui les sépare fut entièrement donnée par Mgr de la Motte, et que l'on renonça au projet de faire un nouveau maître-autel plus somptueux que celui qui avait été fait en bois sculpté en 1755. Toujours est-il qu'en 1768,

---

deux chanoines zélés, instigateurs du mouvement. A Paris, ce furent les chanoines Montjoye et de Vienne (GUILHERMY, *Inscriptions de la France*, t. I, p. 66); à Reims, les chanoines Godinot et Jacquemont (CERF, *Hist. et descr. de Notre-Dame de Reims, passim*), à Saint-Fursy de Péronne, le chanoine Osmont, (Arch. de la Somme, (Intend. de Picardie). C 1582), etc. La mode de ces embellissements était si impérieuse, que le chapitre de cette dernière église employa à faire revêtir de marbre les piliers du chœur, et à d'autres décorations, le revenu de deux prébendes que le Roi lui avait accordé pour des réparations reconnues urgentes notamment à la charpente et à la couverture *(Ibid.)*.

(1) DARGNIES, *Mémoires en forme de lettres pour servir à l'histoire de la vie de feu messire.... d'Orléans de la Motte*, Malines, 1785, 2 vol. in-12. — DELGOVE, *Hist. de Mgr de la Motte, évêque d'Amiens*. — Dom Guéranger, (*Institutions liturgiques*, t. II, p. 397) cite Mgr de la Motte comme un exemple de la manière dont un homme de très bonne foi a pu subir de la façon la plus fâcheuse les idées du xviiie siècle.

(2) DARGNIES, *loc. cit.*, t. II, p. 205, note.

(3) Devis de la constr. de la grille d'entrée du chœur, du 29 octobre 1761. Arch. de la Somme, Chapit. d'Am., Arm. I, l. 54, n° 10.

(4) Arch. Nat., E 1330 A, n° 31.

il restait encore sur le prix de l'adjudication une somme non employée de 8.280 l. 15 s. 1 d., qu'un second arrêt du Conseil du 13 février de cette même année autorisa le chapitre à affecter au paiement des 26.824 l. 1 s., prix d'une riche garniture d'argent qu'il venait de faire faire pour le maître-autel (1).

En 1761, alors que bien des travaux avaient déjà été exécutés, notamment la plupart des grilles du sanctuaire, le maître-autel et ce qui avait remplacé le jubé, mais qu'il en restait encore beaucoup à faire pour réaliser tous les projets d'embellissements, intervient une convention entre Mgr de la Motte et son chapitre, d'après laquelle le premier s'engage à fournir 2.000 l. par an pendant vingt ans, à compter du 1ᵉʳ janvier 1762, sur son abbaye de Valoires, et le chapitre pareille somme annuelle pendant le même espace de temps, en tout 40.000 l. chacun (2).

Il résulte d'un état des dépenses faites par le chapitre en vertu de cette convention, et présenté le 3 septembre 1770, que celui-ci avait déjà déboursé la somme de 52.200 l. 13 s. Il faut avouer que cet état n'est pas très clair. Ainsi il fait entrer en ligne de compte toutes les dépenses faites pour le rétablissement de l'entrée du chœur en 1761, sans doute avec le produit de l'adjudication du bois d'Avelesges, tandis qu'il ne compte que 1.857 l. 17 s. « pour supplément de la croix neuve et des six chandeliers d'argent du maître-autel », alors que l'arrêt du conseil du 13 février 1768 mettait pour cela à sa disposition 3.280 l. 15 s. 1 d. C'est malheureusement la seule pièce de comptabilité que nous possédions sur les travaux d'embellissements faits à la cathédrale pendant le xviiiᵉ siècle, et elle est insignifiante pour nous donner idée de la dépense totale et exacte.

Enfin, deux délibérations capitulaires des 19 et 21 septembre 1768 nous apprennent que la gloire du sanctuaire fut exécutée aux dépens et sous la direction du chanoine Cornet de Coupel, mais avec l'aide de sommes mises à sa disposition par le chapitre (3).

Conformément au plan que nous avons toujours suivi, nous donnerons en parlant des objets eux-mêmes, les détails historiques qui les concernent. Nous nous contenterons donc d'en énumérer ici les principaux dans leur ordre chronologique.

Le 21 janvier 1742, le chœur de la cathédrale est endommagé par un incendie. En 1751, la clôture du sanctuaire, aux travées 23, 25 a; 25, 27 a; 27, 29 a; 24, 26 a; 26, 28 a et 28, 30 a est enlevée pour faire place à des grilles en fer forgé données pour la plupart par Mgr de la Motte et le chanoine Cornet de Coupel.

---

(1) Arch. de la Somme, (Maîtrise des eaux et forêts d'Am , reg. aux chartes), C 1970, fol. 234 v°.

(2) Nous n'avons pas le texte de cette transaction, qui ne nous est connue que par l'arrêt du Conseil du 20 juin qui l'homologue, et par Rivoire (p. 160). — Cf. État des dépenses, etc., du 3 sept. 1770. Arch. de la Somme, Chapit. d'Am., Arm. I, l. 54, n° 8. — 20 juin 1761 : « Arrêt du Conseil qui consent qu'il soit payé à M. l'évêque d'Amiens pour la décoration de l'église pendant vingt ans, à compter du 1ᵉʳ janvier 1762, une somme de 2.000 l. sur les revenus de l'abbaye de Valoires, sans charges ». Ibid., n° 9, pièce disparue.

(3) « Messieurs ont renvoyé à la prudence de M. Cornet de décorer le principal autel du chœur de leur église, en la manière qu'il jugera être le plus convenable et le plus analogue aux décorations de tout le sanctuaire qu'il fait exécuter à ses dépens, et luy ont abandonné pour ce, ce qui peut leur revenir de la succession de feu M. Lacourt et qu'ils ont destiné à cet employ ». Arch. de la Somme, Chapit. d'Am., Délibér. du 19 sept. 1768. — « Messieurs, pour aider M. Cornet, chanoine de leur église, dans la dépense des décorations du chœur qu'il a entreprise de faire à ses dépens, luy ont accordé 4.000 l. à prendre et toucher sur le prix de la dernière adjudication de la réserve de leur bois du Moismont ». Ibid., Délib. du 21 sept. 1768.

L'année suivante, destruction de l'ancien maître-autel ; le nouveau est bénit par Mgr de la Motte, le 22 mars 1755. La même année, destruction du jubé et établissement à droite et à gauche de l'entrée du chœur élargie aux dépens des stalles, des deux autels de Notre-Dame des Sept-Douleurs et de Saint-Charles-Borromée, exécutés par le sculpteur Dupuis, probablement sur les dessins de l'architecte Christophle, et donnés l'un par le chanoine Cornet, et l'autre par Mgr de la Motte. Ceux-ci, trouvés trop encombrants à cette place, sont transférés en 1761 dans les chapelles XIX et XX et remplacés par la clôture en faux gothique et la grille que nous voyons aujourd'hui. Cette grille, due aux libéralités de Mgr de la Motte, est exécutée par Jean Veyren dit Vivarais, serrurier à Corbie, sur les dessins de Michel-Ange Slodtz et sous la direction de l'architecte Jacques Sellier. En même temps on détruit les deux portes latérales du chœur en *21, 23 a* et *22, 24 a* avec tous les monuments qui les accompagnaient, et on les remplace par des grilles semblables à celles des autres travées du rond point.

C'est à la même époque que l'on commence d'une façon systématique à donner de nouvelles décorations à toutes les chapelles de la nef et du rond point. Plusieurs d'entre elles l'ont été aux frais de certains chanoines, ceux sans doute qui, suivant un usage encore en vigueur, y avaient leurs vestiaires ; M. Cornet de Coupel s'est chargé des autres. Pour beaucoup on s'est servi d'anciens monuments de sculpture provenant de la confrérie du Puy Notre-Dame, ou de certains monuments funéraires supprimés, dans un esprit de conservation d'autant plus louable qu'il était plus rare, à moins que ce n'ait été par économie. Toutefois, pour pouvoir utiliser ces morceaux et aussi parfois pour satisfaire certaines dévotions nouvelles, on ne se gêna pas pour changer les anciens vocables des chapelles, et comme la plupart de ces monuments conservés étaient dédiés à la Vierge Marie, celle-ci se trouva titulaire d'un assez grand nombre de chapelles sous des vocables qu'on chercha à diversifier. Ainsi la chapelle de Saint-Nicolas, devint celle de l'Assomption, celle de Saint-Louis passa à Notre-Dame de Paix ; les deux chapelles élevées par le cardinal de la Grange perdirent les vocables que leur avait donnés leur illustre et généreux fondateur : l'une, celle de Saint-Jean l'Évangéliste, devint Notre-Dame de Bon-Secours, l'autre, dans la nouvelle décoration de laquelle entra une statue provenant d'un tombeau, perdit son ancien vocable de Saint-Jean-Baptiste pour prendre celui du Sauveur. On ne songeait même plus à perpétuer le souvenir des plus signalés bienfaits. L'ancienne chapelle Sainte-Agnès est donnée à Saint-Firmin, celle de Saint-Nicaise à Saint-François d'Assise. La Sainte-Vierge, qui avait gagné trois chapelles, en perd une, c'était bien le moins, celle de Notre-Dame Anglette, dont hérita Saint-Charles Borromée.

De 1761 à 1765, M. Dufresne d'Hauteville, chanoine, fait décorer à neuf la chapelle VIII. En 1762, c'est le tour de la chapelle IV par M. Cornet de Coupel. La même année on déplace, pour les reléguer aux deux côtés du grand portail, les deux tombes de bronze des deux évêques fondateurs de la cathédrale, lesquelles, paraît-il « encombraient » le milieu de la nef et gênaient l'ordonnance des processions. En 1765, décoration de la chapelle VI par le chanoine Horard ; de 1766 à 1768, dallage du chœur et du sanctuaire ; en même temps le chanoine du Gard fait décorer à neuf la chapelle III et le chanoine Joron la chapelle IX ;

dans le courant de l'hiver 1767-1768, et l'hiver suivant le chanoine Caron en fait autant à la chapelle X, et l'écolâtre Pingré à la chapelle XII.

C'est alors, en 1768, que l'on met la dernière main à la décoration du chœur et du sanctuaire par la construction de la gloire, exécutée avec les groupes qui l'accompagnent par le sculpteur Dupuis et l'architecte Christophle, en grande partie aux frais et sous la direction du chanoine Cornet de Coupel.

Pendant ce temps-là, la sainte émulation des chanoines pour les « embellissements » de leurs chapelles se continue encore un peu : en 1769, deux nouvelles chapelles sont décorées : I, par le chanoine Cornet de Coupel, et V, par le chanoine Lucet; mais ce sera tout, et le chanoine Cornet qui avait tant à cœur de voir avant de mourir la cathédrale décorée entièrement « dans le grand goût », et il eut, hélas, cette consolation, devra, après qu'une chaire monumentale et somptueuse aura été adossée à un pilier de la nef, en 1773, prendre à sa charge les « embellissements » de presque toutes les autres chapelles : de 1775 à 1779, de quatre chapelles du rond point, XXIII, XXIV, XXV et XXVI; en 1780, de la chapelle VII dans la nef, en 1782-1783, des deux dernières chapelles du chevet XXI et XXII; seules les chapelles XXVIII et XI seront remeublées l'une imparfaitement et à diverses époques par le chapitre et par la paroisse Notre-Dame, l'autre en 1781 par Mgr de Machault. Enfin, le 9 janvier 1786, le vieux chanoine de Coupel s'endormit pieusement à l'âge de quatre-vingt-huit ans, avec la douce satisfaction d'avoir pleinement rempli son programme, et quand la Révolution survint trois ans à peine après sa mort, il n'y avait plus rien à conserver.

Ces « embellissements », notamment la gloire du sanctuaire et la chaire furent diversement appréciés à l'époque même où ils furent exécutés. S'il ne manqua pas de critiques, il faut dire que les éloges sont les plus nombreux. « La gloire du rond point, dit le manuscrit de Machart, est un ouvrage achevé : toutes les figures de cette gloire sont d'une expression admirable; il n'y a pas une seule tête de chérubin qui ne soit un modèle à copier. Les deux grands anges au bas de cette gloire paroissent pénétrés du feu de l'amour divin, avec des attitudes et des expressions les plus vraies, des draperies les mieux jettées et d'un beau fini, sont des chefs-d'œuvre égaux à ceux des plus célèbres sculpteurs, et qui conserveront à jamais une gloire immortelle aux artistes qui en sont auteurs. Le saint Jean et surtout la Vierge de l'autel, de la propre main de M. Dupuis, à l'âge de près de quatre-vingts ans (1), sont des pièces superbes. En voyant ces beaux morceaux, les étrangers ne peuvent que reporter dans leur patrie une idée avantageuse [du point?] où la sculpture s'est élevée dans notre province » (2). Les grilles consolent l'auteur du même manuscrit de la disparition des clôtures du sanctuaire qu'il venait pourtant d'admirer. « Le vide que laissent ces monuments, qui permet à la vue de voir les ornements somptueux dont le chœur est orné et la beauté des grilles qui les remplacent empêchent de les regretter » (3).

Rivoire est plus lyrique encore lorsqu'il parle de la gloire : « Les différentes figures qu'on y découvre sont d'une belle expression. Il n'y a pas une seule tête

---

(1) Il n'en avait que 70. Cf. R. GUERLIN, *Notes sur la vie et les œuvres de..... Dupuis et..... Christophle*.

(2) Bibl. d'Am., ms. 836 (Machart, t. VIII), p. 370.

(3) *Ibid.*, p. 378.

de chérubin qui ne soit un modèle à copier. Les deux anges adorateurs, de grandeur naturelle, paraissent anéantis devant la majesté du Très-Haut : leur attitude est celle du plus profond respect. Rien n'est gracieux comme leurs contours et la draperie qui les couvre. On voit, on sent que ce sont des habitants des cieux. La terre ne possède rien d'aussi beau, d'aussi accompli. Les enfants des hommes ont toujours des imperfections qui décèlent leur origine. Les plus célèbres sculpteurs n'ont rien composé de plus fini » (1); cependant, quelques lignes plus loin, Rivoire convient que cette gloire vient mal à propos masquer le chevet de l'église et aimerait autant qu'elle n'existât pas. De Vermont est moins laudatif, et se contente d'en dire assez dédaigneusement qu'elle « serait admirée si elle était moins pesante et plus analogue à son nom » (2).

La chaire fut, nous le verrons, l'objet d'un rapport assez élogieux du sculpteur Coustou et de l'architecte Moreau, ce qui n'empêche pas Rivoire de hasarder quelques réserves à son admiration : « La chaire de cette église, dit-il, dernier enfant de la vieillesse plus qu'octogénaire de Dupuis, est regardée comme un chef-d'œuvre. On la place au premier rang des premiers ouvrages en ce genre qu'il y ait en France. Les trois statues colossales qui la supportent, et qui représentent les trois vertus théologales, sont d'une très belle expression; les attitudes en sont moëlleuses; elles sont parfaitement bien drapées et finement exécutées. S'il m'était permis de dire mon avis, je les trouve trop massives » (3).

Dans un curieux article de l'architecte Sellier inséré dans les *Affiches de Picardie* de 1771 (4), les nouvelles décorations de la cathédrale sont l'objet de critiques assez sévères, dans lesquelles il y a des observations justes, à côté d'autres qui nous déconcertent. Ainsi on ne sera pas étonné d'apprendre de Sellier que les grilles « chargées d'ornements baroques » qui ferment le chœur et les chapelles « n'ont aucun rapport avec l'architecture de l'église », mais on le sera bien davantage, quand le même auteur proposera de les remplacer par des grilles « dans le goût antique le plus analogue au gothique », et donner la grille d'entrée dessinée par Slodtz comme modèle à suivre à cet égard. Nous sommes parfaitement de son avis lorsqu'il conseille de ne rien faire aux chapelles du rond point, attendu que « leur décoration gothique fait ensemble avec l'église ». Il voudrait que l'on abattît les nouveaux autels de Notre-Dame de Pitié et de Saint-Charles « qui sont des monstruosités en architecture », ceux de Saint-Jean-Baptiste et de Saint-Pierre « et surtout la nouvelle gloire » dont il fait une critique très sévère (5), la décoration de toutes les chapelles de la nef, sauf « celles de MM. Joron et du Gard » (III et IX), à cause du « goût antique » du lambris qui les décore, tous les mausolées adossés aux piliers, « sans en excepter ceux de MM. Faure et Sabatier, pas même celui qui est derrière le chœur, où il y a un pleureur qu'on admire : il peut y avoir de bonnes choses dans ces espèces de monuments là,

---

(1) Rivoire, *Descr. de l'église cath. d'Am.*, p. 189.
(2) De Vermont, *Voyage pittoresque à Amiens*, p. 18.
(3) Rivoire, *Descr. de l'église cath. d'Am.*, p. 78.
(4) *Affiches de Picardie*, 1771, p. 118.
(5) Ce qui ne l'empêche pas d'en faire quelques années plus tard, après la mort de Dupuis, qu'il appelle son « célèbre ami », un éloge emphatique dont le ms. de Machart et Rivoire se sont inspirés dans les passages que nous avons cités. (*École des Arts, éloge des ouvrages de M. Dupuis à la cathédrale*, par M. Sellier, dans *Affiches de Picardie*, 1782, p. 187). — Sur Sellier, Janvier, *Esquisse biogr. sur Jacques Sellier*, dans *Bull. de la Soc. des Ant. de Pic.*, t. XII, p. 302.

mais ils sont mal placés, l'ensemble n'en vaut rien ». En un mot, « il faut abattre tous les ornemens de mauvais goût qui l'offusquent (la cathédrale), même les stalles et les murs qui cachent le derrière de leurs dossiers : ce sont des traces de barbarie qu'on doit entièrement effacer ». Après cela nous sommes bien surpris d'entendre Sellier déclarer que « le seul bon ouvrage que le chapitre ait fait à son église, c'est de l'avoir fait reblanchir : la beauté de son jour en est augmentée du double », qu'il faudra faire uniformément regratter et reblanchir tout ce qui ne l'est pas encore, et « ôter tout ce qui reste de vitraux peints, pour tout mettre en verre blanc ».

Voici enfin le programme qu'il propose — platoniquement, car quand même l'évêque et le chapitre se seraient rendus à ses raisons, ils ne devaient pas être disposés à recommencer de sitôt les dépenses considérables qu'ils venaient de faire — pour la décoration du chœur : « Un autel de marbre, d'un bon choix de dessin, avec deux crédences, le tout élevé de quelques marches, est tout ce que l'on peut faire pour le sanctuaire. L'on pourroit mettre vis-à-vis l'arcade du milieu, une figure de la Sainte-Vierge ayant la mort et le serpent à ses pieds et une couronne d'étoiles sur la tête, d'autant plutôt que l'église est sous son invocation. Ces sortes de figures de vierges triomphantes, quoique très communes, ne sont pas moins les seules qui réussissent bien. On pourroit encore mettre des figures de saints en pieds à tous les autres entrecolonnemens du sanctuaire. L'on ne fera que des stalles basses et l'on fermera tous les alentours du chœur par des rideaux, quand on le jugera convenable ».

On me pardonnera d'analyser cet article un peu longuement, mais il paraît bien refléter les idées du temps, et porter traces de la réaction contre le style tourmenté, vers l'imitation de l'antiquité, et qui a produit le style que nous appelons Louis XVI, mais qui a commencé, par le fait, avant le règne de ce prince. A ce point de vue, cette phrase de Sellier à propos des grilles de style Louis XV du sanctuaire, qu'il voudrait faire supprimer, est bien significative : « Que le peuple les admire tant qu'il voudra, elles n'ont aucun rapport avec l'architecture de l'église : elles sont propres à transmettre à la postérité le mauvais goût d'ornement qui n'a que trop longtems fait le triomphe des artistes médiocres : c'est assez pour les proscrire ». Et je crois qu'il faut voir dans cette lettre autre chose que l'expression d'une animosité personnelle de Sellier contre Dupuis et Christophle : c'est, je le répète, l'expression des sentiments de toute une école. Sellier semble bien l'insinuer, lorsqu'il dit en tête de son article : « J'ai recueilli les voix; celles des gens de l'art, celles des gens de goût, celles des gens qui, quoiqu'ils sembient n'avoir ni art ni goût, ont un sentiment naturel qui y supplée, toutes sont d'accord; je ne suis que leur écho et je le répète avec confiance »; ce que vient confirmer encore une lettre écrite de Soissons quelque temps après aux *Affiches de Picardie* concernant les nouvelles décorations faites dans la cathédrale de cette ville (1), et dont Michel-Ange Slodtz avait dessiné les grilles. Il y est dit, entre autres choses, que « l'avis de M. Sellier, professeur des Arts, sur les nouvelles dépenses qui ont été faites dans la cathédrale d'Amiens, a été goûté de tous les connoisseurs réunis actuellement à Soissons pour l'embellissement de cette cathédrale..... Ce qui

---

(1) *Affiches de Picardie,* 1771, p. 130.

flatte le plus M. Forêt, entrepreneur des décorations de l'église de Soissons, c'est qu'il se rencontre de goût avec M. Sellier » (1).

C'est ainsi que ces « embellissements » furent jugés par les contemporains. Il est difficile de savoir jusqu'à quel point leurs appréciations étaient sincères.

Depuis lors, les idées sur les arts ont singulièrement changé. Nous avons appris à voir les choses telles qu'elles sont et non plus sous l'influence des règles conventionnelles : nous avons appris à connaître l'art gothique. Depuis plus de cinquante ans, le premier mouvement de quiconque pénètre pour la première fois dans la cathédrale d'Amiens, et qui vient d'en admirer les lignes si pures et si simples, qui vient de ressentir cette impression inexprimable dont nul n'est exempt en pénétrant dans ce sublime vaisseau, est de s'écrier à la vue de ce mobilier d'un art si différent, de ces autels à colonnes torses, et surtout de ce décor théâtral et maniéré qui remplit le sanctuaire : « Que tout cela est déplacé! pourquoi ne le supprime-t-on pas, pourquoi n'enlève-t-on pas surtout cette gloire qui fait tache au milieu de la noble et sévère ordonnance du rond point, et qui masque si mal à propos la perspective de la chapelle centrale? »

La question a été souvent agitée.

Dès 1842, à la fin d'un discours fait en séance publique par M. Lemerchier, président de la société des Antiquaires de Picardie, après avoir blâmé et longuement critiqué les susdites décorations, l'orateur conclut à leur prompte suppression. Il ne paraît pas que personne ait alors protesté (2).

Plus tard, lorsque Viollet-le-Duc fut chargé de la restauration complète dans la cathédrale, il paraît que leur enlèvement entrait dans ses projets. On avait déjà démonté sans la remettre en place une des grilles du sanctuaire sous prétexte d'établir un orgue d'accompagnement (3). Cette fois la société des Antiquaires prit vivement leur défense. Dans sa séance du 9 novembre 1852, à la suite d'une lettre de M. Daullé qui signalait le péril, elle nomme une commission « pour l'éclairer sur le mérite des travaux de suppression ou de modification déjà exécutés ou projetés à la cathédrale » (4). Celle-ci, peu de temps après, présente un long rapport, dans lequel les décorations du xviiie siècle reçoivent des éloges sans doute exagérés, mais qui s'excusent par le désir de les sauver d'une destruction imminente, et dont les conclusions sont adoptées par la société (5).

En 1865, la question revient encore à la suite d'un article du journal (6). Cet article vivement combattu par M. Jourdain dans la séance de la société des Antiquaires du 9 mai suivant, provoque une discussion assez violente, à la suite de laquelle, à la majorité de 8 voix contre 4, la société rappelle sa délibération du 20 décembre 1852, en tant que cette délibération demande la conservation de la gloire et de la décoration du sanctuaire de la cathédrale (7).

---

(1) Il est un fait certain, c'est que les architectes Sellier, avec son école des Arts, et Rousseau, dont nous aurons bientôt l'occasion de reparler, ont exercé sur l'art à Amiens, à la fin du xviiie siècle, une influence très considérable. Or il existe encore dans cette ville un grand nombre de monuments d'architecture et de décoration d'un style Louis XVI très remarquable et très original. Il y aurait toute une étude à en faire.

(2) Bull. de la Soc. des Ant. de Pic., t. I (1844), p. 228.
(3) Cette grille n'a été rétablie qu'en 1890.
(4) Bull. de la Soc. des Ant. de Pic., t. IV, 1852, p. 373.
(5) Ibid., p. 390.
(6) Mémorial d'Amiens, 1865.
(7) Bull. de la Soc. des Ant. de Pic., t. IX, p. 35.

En 1877, nouveau projet se rapportant non plus à la décoration du sanctuaire, mais à l'entrée du chœur que l'on désirait modifier et principalement à la grille de Vivarais qu'il était question de supprimer, pour la remplacer par une autre beaucoup plus basse, le tout afin de permettre de voir plus facilement de la nef dans le chœur.

Viollet-le-Duc n'était plus là, et cette fois l'avis de la société des Antiquaires de Picardie fut pris en considération et officiellement demandé par une lettre de l'évêque. Celle-ci dans sa séance du 13 novembre 1877 nomma une commission composée de MM. Duval, Jourdain, Antoine (1), Letellier et Soyez, laquelle, par l'organe de ce dernier, présenta dans la séance du 11 décembre suivant, un rapport qui, approuvant le projet dans son ensemble, conclut cependant au maintien de la grille, et proposa un moyen de dégager l'entrée du chœur, tout en conservant celle-ci. Il n'a pas été d'ailleurs donné suite à ce projet, et les choses sont restées dans l'état (2).

Depuis lors, le rétablissement de la grille voisine du petit orgue et surtout la restauration qu'on a autorisé M. Soyez à faire à ses frais de toutes les décorations du chœur et du sanctuaire, en 1890, laissent supposer que l'on a, pour le moment, renoncé à les détruire, et, disons-le tout de suite, avec grande raison, car si toutes ces décorations nous paraissent ici déplacées, et nous ne leur ménagerons pas les critiques, si elles nous font amèrement regretter l'ancien mobilier du moyen âge et de la renaissance impitoyablement sacrifié, — mais qui devait bien autrement encombrer l'édifice, — elles ne sont pas, après tout, sans mérite, et ce n'est pas une raison pour leur infliger la peine du talion.

La cathédrale d'Amiens, plus heureuse que beaucoup d'autres, et malgré des pertes infiniment regrettables, renferme un mobilier des plus intéressants et des plus variés : elle est comme un musée où chaque siècle, depuis le XIIIe, a déposé son apport. Celui du XVIIIe n'est pas sans valeur et forme à peu près tout ce qui nous reste d'une école locale de sculpture qui fut florissante. L'école française du XVIIIe siècle tient une place à part et non indifférente dans l'histoire de l'art; ce fut assurément une des plus originales, une des plus libres, une des plus françaises. Si les Dupuis, les Carpentier et autres ne furent que des artistes de second ordre, leurs œuvres méritent cependant d'être conservées et étudiées. Qu'on ne dise pas qu'on pourrait les mettre dans un musée : une chose n'est bien qu'à la place pour laquelle elle a été faite. D'ailleurs ces monuments de styles et de tons différents, répandus dans l'édifice, et cela, reconnaissons-le, avec discrétion, sans presque jamais détruire l'effet des lignes architecturales, et avec l'atténuation que la poussière et l'humidité ont su donner à ce que leurs couleurs pouvaient avoir de trop criard, ne sont pas sans y mettre de la vie et du mouvement, ni même sans faire valoir l'architecture du XIIIe siècle par des oppositions et des effets pittoresques qui manquent à la plupart de nos autres cathédrales.

Et en cela, nous partageons l'avis d'un homme qui certes n'était pas tendre, qui fut même parfois injuste pour tout ce qui n'était pas du moyen âge. « En

---

(1) Celui-ci absent remplacé par M. Crampon.
(2) *Bull. de la Soc. des Ant. de Pic.*, t. XIII, pp. 99 et 107. — Nous ne pouvons naturellement pas rendre compte ici de toutes les polémiques auxquelles la question du maintien ou de l'enlèvement des décorations du XVIIIe siècle de la cath. d'Amiens a donné naissance et qu'elle occasionnera encore sans doute bien longtemps encore.

ce qui touche l'ameublement des églises, plus récent que les églises mêmes, M. Didron pense qu'il est très fâcheux en effet que des boiseries, des retables, des baldaquins d'un goût fort suspect, compromettent la beauté des plus remarquables édifices. Quelquefois cependant, un pareil ameublement, tout moderne qu'il puisse être, a plus de grandeur et de beauté réelle qu'un ameublement, qui pourrait s'exécuter de nos jours. Il vaudrait mieux qu'on n'eût fait ni ces meubles ni ces ornemens qui atteignent quelquefois des dimensions colossales, comme cette *gloire* qui rayonne dans le sanctuaire de la cathédrale d'Amiens, mais puisqu'ils existent et qu'ils rappellent souvent des souvenirs historiques, il faut les conserver. D'ailleurs, en ce moment, que pourrions-nous mettre à la place de ces décorations qui fût réellement convenable, composé avec goût et exécuté avec science? Si, comme on l'a fait dans le diocèse de Bordeaux, on copie (détruit?) ces mauvais meubles, ces ornemens peu agréables, il serait à craindre qu'en les détruisant, on ne fît naître également l'envie de détruire des meubles plus anciens, des ornemens plus gracieux, et cela sous prétexte de ramener les églises à leur disposition primitive. Un bon principe peut s'appliquer d'une manière fâcheuse; les gens qui adoptent une idée ne venant pas d'eux et qu'ils comprennent imparfaitement font souvent beaucoup de mal. Il n'y a aucun inconvénient à conserver le plus possible; il y aurait probablement du danger à approuver par un exemple même excellent en soi, la destruction ou l'enlèvement d'objets qui pourraient avoir de l'intérêt » (1). On ne peut pas mieux résumer la question, et il est bien fâcheux que ces raisons si justes et à la fois si exemptes de parti pris que Didron donnait il y a plus de cinquante ans n'aient pas été plus entendues et mieux comprises; combien d'actes de vandalisme aurions-nous de moins à déplorer; combien d'architectes, de curés, seraient exempts de cette maladie enfantine de vouloir tout mettre « en rapport avec le style de l'édifice »; combien n'auraient pas perdu de vue ce principe qu'en matière d'art, si nous avons toujours le droit et le devoir de juger, nous n'avons jamais celui de détruire.

Pendant le xviiie siècle jusqu'à la Révolution il ne s'est passé dans la cathédrale d'Amiens que fort peu d'événements intéressants.

Au service funèbre qui y fut célébré pour Louis XIV les 19 et 20 septembre 1715,

---

(1) *Bull. archéol. publié par le comité histor. des arts et monum.*, t. II, 1842 et 1843, p. 591. — Didron n'a jamais varié dans cette opinion. Il dit encore ailleurs à propos de restaurations que l'on faisait à Saint-Ouen de Rouen : « En vertu du même motif, nous désirons qu'on laisse dans Saint-Ouen et ailleurs les belles grilles, les retables magnifiques, les splendides autels, les somptueuses boiseries des xve, xvie, xviie et même xviiie siècles, bien qu'ils soient dans des monuments des xiie, xiiie et xive siècles. Pensez-vous que les stalles prodigieuses qui décorent Notre-Dame d'Amiens fussent à la rigueur beaucoup mieux dans cette cathédrale, que les grilles de Saint-Ouen? Les stalles sont du xvie siècle dans un monument du xiiie, les grilles sont du xviiie, dans un édifice du xive. Ces ogives flamboyantes des stalles d'Amiens, ces dentelles de bois, sont tout aussi singulières dans le sévère monument du xiiie siècle, que les rinceaux plantureux, les tôles grasses et contournées dans le monument grêle et droit du xive ». Voir la suite de cet article où il y a des réflexions très justes, mais que nous ne pouvons reproduire ici en entier. *Annales archéol.*, t. IV, 1846, p. 47. — Nous pourrions ajouter aussi les observations si judicieuses, si vraies, si bien pensées et si bien dites qu'à propos des décorations exécutées au xviiie siècle à la cathédrale de Béziers, J. de Verneilh formulait vingt-deux ans plus tard, alors que, faute d'avoir suivi les conseils de Didron, « la ferveur ogivale » avait déjà commis tant de ravages et causé

l'évêque Pierre Sabattier officia pontificalement : le chœur était tendu de serge noire avec un lé de velours, le catafalque, chargé de chandeliers d'argent, était surmonté d'un dais de velours noir porté sur quatre colonnes; le jubé, les piliers de la nef et le grand portail étaient aussi tendus de noir, le tout aux armes de France (1).

La canonisation de saint Vincent de Paul y donna lieu à des fêtes solennelles qui durèrent du 9 au 18 décembre 1738 (2).

Le 8 octobre 1741, Mgr de la Motte procéda en grande pompe dans sa cathédrale au sacre de Louis-Jacques-François de Vocance, évêque de Senez (3), et le 11 août 1743 à celui de François-Joseph-Gaston de Partz de Pressy, évêque de Boulogne (4).

Le 18 novembre 1787, messe du Saint-Esprit pour l'ouverture de l'assemblée provinciale de Picardie, célébrée par Mgr de Machault, évêque d'Amiens (5).

Au mois d'août 1790, les anciennes quatre compagnies privilégiées de la ville (archers, arbalétriers, coulevriniers et arquebusiers) qui venaient d'être supprimées et incorporées dans la garde nationale, viennent dans leur ancienne ordonnance, apporter sur le maître-autel de la cathédrale leurs drapeaux qui, par la suite, sont placés dans les galeries de la nef (6). Quelques jours après, le 27 du même mois, la nouvelle garde nationale vient dans la cathédrale, pour recevoir solennellement les siens (7). Le 21 octobre, au service funèbre pour les patriotes tués à Nancy, l'ancien capucin Bellegueulle, qui devait jouer plus tard un rôle considérable dans l'histoire de la Révolution à Amiens, prononça un discours de circonstance (8). Enfin le 3 novembre, une messe du Saint-Esprit en action de grâces pour la nomination des administrateurs du département, est célébrée pontificalement par Mgr de Machault, en présence des officiers municipaux de la ville, et pendant laquelle le futur premier vicaire épiscopal Brandicourt, alors curé de Saint-Firmin le Confesseur fit aussi un discours « qui fut fort applaudi » (9).

---

tant de pertes irréparables. (J. DE VERNEILH, L'ancienne cathédrale de Saint-Nazaire à Béziers, dans Bull. monum., t. XXXIV, 1868, p. 890).

(1) Bibl. d'Am., ms. 839 (Petit Pagès, t. 1), p. 341.

(2) Arch. de la Somme, Chapit. d'Am., Arm. I, l. 6 n° 26. — Bibl. d'Am , ms. 832 (Machart, t. IV), p. 350.

(3) Bibl. d'Am., ms. 832, p. 352.

(4) SOYEZ, Notices sur les évêques d'Am., p. 302.

(5) Arch. de la Somme, C 2011, pp. 47 et 49. — Bibl.

d'Am., ms. 832 (Machart, t. IV), p. 384.

(6) Bibl. d'Am., ms. 832, p. 388.

(7) Bibl. d'Am., ms. 834 (Machart, t. VI), p. 260.

(8) A ce service, la messe de Gossec fut chantée par les musiciens de la cathédrale et des amateurs, sous la direction de l'abbé Leuder, maître de chapelle. Bibl. d'Am., ms. 834 (Machart, t. VI), p. 313. — Arch. de la Somme, série L, Amiens.

(9) Bibl. d'Am., ms. 832 (Machart, t. IV), p. 388.

Fig. 11 — Porte Saint Firmin — Supports de Statues — Côté gauche.

VII

ORGANISATION ET RESSOURCES DE LA FABRIQUE AVANT LA RÉVOLUTION.
1220-1790

Avant de quitter l'ancien régime, il convient de se demander au moyen de quelle organisation et avec quelles ressources notre cathédrale a pu être élevée et par suite entretenue.

Sur ce point comme sur tant d'autres, les documents font presque entièrement défaut, du moins pour la période la plus intéressante, celle de la construction. Ce que nous en pouvons soupçonner semble d'ailleurs à peu près concorder avec le peu que l'on sait des autres édifices (1).

Ce que nous entendons aujourd'hui par architecte, c'est-à-dire un homme de l'art chargé de dresser les plans d'un édifice, d'en établir les devis, de veiller à l'exécution de toutes ses parties, de choisir les matériaux, de servir d'intermédiaire entre le propriétaire et les différents corps de métier, de vérifier et d'arrêter les comptes, etc., n'existait pas au moyen âge, ni le nom, ni la chose. Dans toute construction, on distinguait nettement, d'une part, l'exécution matérielle dont chaque corps de métier était spécialement chargé, et, de l'autre, la

---

(1) Si, pour l'organisation des industries du bâtiment les documents abondent à partir de la seconde moitié du XIVe siècle, — pour Amiens notamment nous avons des renseignements innombrables et très précieux dans les comptes des ouvrages de la ville qui remontent à l'année 1386 — il est loin d'en être ainsi pour l'époque de la construction des grandes cathédrales, sur laquelle nous ne possédons en général que des données plus qu'insuffisantes. Nous ne pouvons même pas en induire d'une façon certaine que l'organisation que nous voyons fonctionner à la fin du XIVe siècle, était la même que celle du XIIIe. On peut soupçonner entre l'une et l'autre d'assez notables différences. — Cf. DEHIO UND VON BEZOLD, *Die Kirchliche Baukunst des Abendlandes*, t. II, p. 19. — MILANESI, *Documenti per la storia dell'arte Senese*, t. I.

comptabilité et l'achat des matériaux, qui était l'affaire du propriétaire lui-même (1). Quant aux plans, ils étaient généralement dressés d'après le programme posé par celui-ci, soit par le maître maçon, s'il s'agissait d'un édifice en pierre, soit par le maître charpentier, s'il devait être en bois (2).

Les collectivités, dès le XIIIe siècle du moins, déléguaient généralement un ou plusieurs de leurs membres, pour remplir le rôle du propriétaire, avec l'aide d'un personnel plus ou moins nombreux. Celles qui possédaient des édifices considérables avaient leur service des ouvrages ou de la fabrique organisé d'une façon permanente. C'est ainsi que la ville d'Amiens avait, dès le XIVe siècle, et sans doute depuis plus longtemps, un *maître des ouvrages* qui était un bourgeois élu tous les ans au renouvellement de la loi, avec le grand compteur et le receveur des rentes ; il était assisté d'un *clerc des ouvrages*. L'exécution des travaux était confiée à un maître maçon et à un maître charpentier attitrés. Le *varlet des ouvrages* était au service des uns et des autres (3).

Une organisation analogue fonctionnait pour la cathédrale d'Amiens, c'était *la fabrique*.

Nous n'avons pas besoin de rappeler qu'on entendait au moyen âge par œuvre ou fabrique tout ce qui se rapportait à la construction ou à l'entretien d'un monument, aussi bien dans son exécution matérielle que dans l'acquisition et l'administration des ressources pécuniaires qui lui étaient affectées. *Fabrica*, et cela paraît être son sens primitif, signifiait aussi l'édifice considéré en lui-même et comme construction (4).

D'après les formules usitées dans les chartes, il semble qu'au XIIIe siècle, et cela depuis déjà longtemps, le chapitre se considérait comme la personnification temporelle de l'église d'Amiens : c'est lui qui y est en général désigné par ces simples mots « ecclesia Ambianensis » et qui bénéficiait ordinairement des libéralités faites à celle-ci (5). La mense épiscopale formait une chose tout à

---

(1) Sur l'antiquité de cette distinction, voy. une étude très intéressante de JULIUS VON SCHLOSSER, *Beiträge zur Kunstgeschichte aus den Schriftquellen des frühen Mittelalters*, p. 28, dans les *Sitzungsberichte der kaiserlichen Akademie der Wissenschaften*, t. CXXIII. Vienne, 1890 in-8°. — W. VÖGE, *Die Anfänge des monumentalen Stiles im Mittelalter*, p. 286. — DEHIO UND VON BEZOLD, *Die Kirchliche Baukunst des Abendlandes*, t. II, p. 24. — Il en était encore souvent de même au XVIe siècle. PHILIB. DE LORME, *Traité de l'Architecture*, t. I, ch. XIII.

(2) Souvent, et surtout à partir du XVe siècle, lorsqu'il s'agissait de dresser les plans d'un édifice important, on appelait plusieurs maçons, plusieurs charpentiers et d'autres hommes experts.

(3) Arch. de la ville d'Am., *passim*. — AUG. THIERRY, *Monum. inéd. de l'hist. du tiers état*, t. I, pp. 742, 749, 756. — JANVIER, *Livre d'or de la municipalité Amiénoise*. — G. DURAND, *Maître Pierre Tarisel*, dans *Mém. de l'Acad. d'Amiens*, t. XLIV, 1897, p. 20.

(4) 1240 : « Pro fabrica nostre Ambianensis ecclesie ». Bibl. nat., ms. lat. 17758, fol. 51 v°. — 1243 : « Fabrica ipsius ecclesie beati Firmini amplianda ». Arch. de la Somme, Chapit. d'Am., Cartul. II, fol. 287. — 1283 : « Omnia legata quæ ..... eidem ecclesiæ..... fient ..... ponentur in eadem pixide, ad opus fabricæ navis, campanarum et campanarii ipsius ecclesiæ ». Sentence arbitr. pour l'église d'Hesdincourt, Arch. de la Somme, Cartul. de Saint-Acheul, fol. 53, etc.

(5) 1034 : « Ut fratribus Ambianensis ecclesie Sancte Marie semper Virginis et Sancti martyris Firmini, ad supplendum victum eorum concederemus ». Cartul. du chapit. d'Am., publ. dans Mém. de la Soc. des Ant. de Pic., in-4°, t. XIV, p. 5. — 1069 : « Disposui ecclesie sancte Dei Genitricis Marie et beatissimi martiris Firmini, fratribusque ibi constitutis ». *Ibid.*, p. 9. — 1080-88. « Refectionem preparet in refectorio perpetue Virginis Marie et almi martyris Firmini ». *Ibid.*, p. 13. — 1091-94 : « Qui ecclesie Dei Genitricis perpetueque Virginis Marie sanctique martyris Firmini auferre temptaverint ». *Ibid.*, p. 14. — 1142 : « Terris et villis matris ecclesie Ambianensis ». *Ibid.*, p. 23. — 1138-47 : « Pro confirmanda pace inter ecclesiam Ambianensem domnumque Everardum Britoliensem ». *Ibid.*, p. 29. — 1146 : « Cum Ambianensis ecclesia pactum firmaverat ut ..... *Ibid.*, p. 31. — 1154 : « In terra sancte Marie

fait à part et à laquelle ces libéralités ne paraissent avoir jamais profité (1).

L'origine de cette distinction remontait-elle à la séparation des menses épiscopale et capitulaire qui, à Amiens, comme ailleurs, bien qu'on n'en ait conservé aucun document écrit, a dû se faire avant le xie siècle, ou bien résultait-elle des empiétements successifs et insensibles du chapitre sur l'évêque, plutôt que d'une loi absolument définie et consentie par les parties intéressées? Il est difficile de le savoir.

C'est dans ce sens que la déclaration du temporel du chapitre de la cathédrale faite au Roi le 1er juin 1385 s'exprimait ainsi : « Le chapitre de la cathédrale d'Amiens tient amorti sous le Roi le corps et circuité de leur église et appendances en la ville d'Amiens, le cloistre, voiriez, frégars, fros (2) des rues dudit cloistre, ouquel cloistre sont xxix maisons avec leurs greniers et prisons, et ont en tous lez liex dessuz dis haulte justice, basse et moienne, réservé la souveraineté au Roy nostre sire » (3). Cette distinction n'a fait que s'accentuer avec le temps et au fur et à mesure que les évêques ont laissé le chapitre prendre insensiblement la place prépondérante qu'ils tenaient à l'origine dans leur cathédrale.

C'est évidemment aussi en vertu de ce principe que le chapitre s'est de tout temps considéré comme l'administrateur de la fabrique de la cathédrale et qu'il n'a jamais cessé de l'affirmer, en repoussant énergiquement tout ce que l'évêque prétendait y faire de contraire (4).

L'évêque pouvait bien avoir l'initiative des grandes entreprises telles que la

---

Ambianensis ». *Ibid.*, p. 55. — 1150 : « Ego Theodoricus, Dei gratia Ambianensis episcopus ..... quoniam, auctore Deo, sancte Ambianensi ecclesie presidemus ..... quod mater ecclesia Ambianensis ex antiquo dignitatis sue privilegio obtinet mediatatem decime ». *Ibid.*, p. 44. — 1192 : « Theobaldus ..... episcopus ..... contentio que inter matrem ecclesiam nostram et Rainerum grangerium de Duri, hominem ligium predicte ecclesie ». *Ibid.*, p. 113. — 1202, v. s. : « Theobaldus ..... episcopus ..... per manum nostram matri ecclesie Ambianensi ad cujus dominium predicta decima pertinebat, in perpetuum possidendam reddiderunt ». *Ibid.*, p. 143. — 1225, v. s. : « Utrum dictum molendinum situm sit in fundo majoris ecclesie Ambianensis, vel non ». *Ibid.*, p. 231, — etc.

(1) Dans les titres concernant les biens de l'évêché, c'est toujours l'évêque qui traite personnellement : v. 1170 : « Locum de Pirreneo *(Peruois)* cum pertinentiis suis, quemadmodum in presentiarum pacifice possides ». Bulle d'Alexandre III à Thibaut d'Heilly, évêque d'Amiens, Arch. de la Somme (Évêché d'Am.), G. 63. — 1193 : « Robertus de Riencort et Hugo de Saisseval .... concesserunt domino meo Theobaldo, Ambianensi episcopo, et successoribus ejus, quicquid habebant in villis et territoriis de Ham et de Monasteriis *(Montières)* ..... susceptis ab eodem episcopo centum libris ». *Ibid.*, G. 94. — 1224, v. s. : « Willardus ..... recognovit se composuisse amicabiliter cum reverendo patre et domino G., Dei gratia, Ambianensi episcopo ». *Ibid.*, G. 69. — 1224 : « Ego Reginaldus de Ambianis, dominus de Vinarcourt, notum facio, ... quod ego reverendo patri et domino meo Gaufrido, Dei gratia episcopo Ambianensi, vendidi medietatem ville de Mirewaut ». *Ibid.*, G. 44. — 1252, v. s. : « Ego Egidius, miles, dominus de Riveriis, ... vendidi reverendo patri G., Dei gratia episcopo Ambianensi ..... decimam meam quam habebam apud Hangestum super Summonam ». *Ibid.*, G. 181. — 1280 : « Maistre Jehan de Caumenchon ..... ai vendu ..... a reverent pere et men kier segneur mon segneur Guilliaume, par la grace de Diu vesque damiens ..... tout le fief lequel je avoie a Rouvroy en Santers ». *Ibid.*, G. 28, — etc.

(2) *Froc* et *flégard* ou *frégard*, deux mots mis souvent à côté l'un de l'autre dans les actes du nord de la France et dont le sens respectif est difficile à distinguer. Ils désignent généralement la voie publique devant les maisons. Cf. Ducange, *Fraustum*.

(3) Arch. Nat. P 137, fol. 4 v°.

(4) 1407 : « Ont (les chanoines), tant à cause du demaine de leur église comme de le fabrique d'icelle et autrement, bel et grant temporel ». Arch. de la Somme, Chapit. d'Am., Arm. 11, l. 2 n° 11. — 1477, v. s. : « Lesdis doyen et chapitle, comme ayans l'administration de ladite fabricque ». *Ibid.*, Arm. I, l. 62 n° 2. — 1479 : « Pour convertir en l'augmentation du service divin d'icelle église, dont lesdis doien et chapitle ont la charge et administration ». *Ibid.*, (Évêché d'Am.), G 388. — v. 1537 : « Et tellement que le dessus dit, en qualité d'évesque n'a que veoir ne que congnoistre au service de ladite église ne à la mutation de l'entretènement d'icelle ». *Ibid.*, Chapit. d'Am., Arm. I, l. 3, n° 5 $^{2-3}$. — 1538 : « Nous, évesque, avons permis et permettons

construction même de l'édifice ou les principaux travaux qui y furent faits par la suite, mais c'était le chapitre qui se chargeait des détails d'exécution, c'était à lui qu'appartenaient les fonds qui y étaient destinés, c'était lui qui en défendait les intérêts. L'évêque ne paraît avoir jamais été tenu en rien à contribuer aux charges de la fabrique : chaque fois qu'il l'a fait, ce fut de son plein gré et dans des circonstances exceptionnelles. Dans ce cas, il versait généralement les sommes qu'il voulait y consacrer entre les mains de la fabrique (1).

Ainsi lorsqu'en 1234, v. s., les procureurs de la fabrique ont acheté de la collégiale Saint-Martin de Picquigny ses droits sur la carrière de Beaumetz, c'est au cartulaire du chapitre que l'acte a été transcrit (2); en 1240, lorsque le manque de fonds a obligé d'aller quêter au dehors, c'est en vertu d'une décision capitulaire que les reliques de saint Honoré ont été portées par tout le diocèse et ailleurs (3), et c'est le chapitre qui écrit à l'abbé de Corbie pour le prier de leur faire faire bon accueil dans les villages de sa juridiction (4). Remarquons que le compte de la fabrique de 1357-58, le seul qui nous reste du moyen âge, est rendu par le prévôt du chapitre et que ce compte et ceux du XVIII° siècle qui subsistent font partie des archives du chapitre et non de celles de l'évêché. En 1366, lorsque l'évêque Jean de Cherchemont abandonne, pour la construction des tours, la moitié de l'imposition qu'il perçoit dans Amiens, il la fait verser par son receveur au proviseur de la fabrique (5). Enfin les déclarations de 1727 à 1730 mettent au nombre des charges du chapitre, avec les gages des vicaires musiciens, de l'organiste et des officiers de l'église, le pain et le vin des messes, l'entretien des ornements, du linge et de l'argenterie et celui des maîtres et domestiques des enfants de chœur, plus une somme de 6.000 l. pour les réparations annuelles de la cathédrale et des églises de campagne où le chapitre est gros décimateur (6).

Ce n'est pas que l'évêque n'ait toujours conservé sur la cathédrale un droit que l'on pourrait appeler de police, c'est-à-dire celui d'ordonner, de concert avec le chapitre, d'approuver ou de désapprouver toute modification à son état matériel, à son mobilier, à son cérémonial. Mais le chapitre n'en avait pas moins l'administration exclusive en tant qu'édifice, en un mot la fabrique. Il en est malheureusement de ce droit comme de toutes les choses de l'ancien régime, qu'il est

ausdis doyen et chappitre, en faveur de la fabrique, dont ilz ont l'administration et barge, qu'ils puissent permettre de quester et apposer tronqs dedans icelle église ». *Ibid.*, Arm. I, l. 3 8, fol. 9. — 1566 : « Les doyen, chanoines et chappitre de l'église N.-D. d'Amiens, en qualité de maistres et administrateurs de la fabricque de lad. église. » *Ibid.*, Arm. I, l. 58, n°s 7, 8. — Un mémoire du XVIIe siècle semblerait faire supposer que la tradition aurait été alors que l'attribution de la fabrique au chapitre remonterait au partage même des deux menses épiscopale et capitulaire : « Par le partage du revenu de l'église d'Amiens, le chapitre a accepté la part et portion de revenu affecté à la fabrique, et, en conséquence, a eu l'administration d'icelle et en a tousjours porté la despence. Pour cet effect, ils ont un officier appellé maistre de fabricque, qui en fait la recepte et les mises, et qui est apellé quand on faict nouvelle structure ou édifice dans l'église, pour prendre garde qu'il n'en soit rien gasté ny détérioré ». (Arch. de la Somme (Évêché d'Am.), G. 549); mais rien ne prouve qu'ici le chapitre n'ait pas donné une simple supposition comme un fait parfaitement établi.

(1) 1265, v. s. : « De quinquaginta vero libris p. quas dicti decanus et capitulum potunt a nobis (episcopo) de emenda Mathei de Bellavalle, quam emendam dicunt a nobis eisdem ad opus fabrice promisisse ». Arch. de la Somme, (Évêché d'Am.), G. 379, etc.

(2) Cartul. du chapit. d'Am., dans *Mém. de la Soc. des Ant. de Pic.*, in-4°, t. XIV. p. 311.

(3) Bibl. d'Am., ms. 510, fol. 4, etc.

(4) Cartul. noir de Corbie. Bibl. Nat., ms. lat. 17758, fol. 51 v°.

(5) De Court, *Mémoires*, l. III, ch. 1er.

(6) Darsy, *Bénéfices de l'église d'Amiens*, t. I, p. 33. — Cette somme de 6.000 l. était prélevée sur les revenus du chapitre, indépendamment de ceux de la fabrique.

toujours très difficile de définir d'une façon exacte. Un exemple fera mieux comprendre la distinction entre les droits que l'un et l'autre avaient sur le monument.

En 1649, Jean Patte, élu maître de la confrérie du Puy Notre-Dame, demande à l'évêque l'autorisation de placer dans la chapelle Saint-Quentin de la cathédrale, un retable d'autel, en guise du présent qu'il devait en la susdite qualité, de même Claude Pierre, en 1651, pour le monument qu'il a fait placer contre le pilier *16 b*, et qui existe encore aujourd'hui. L'évêque accorde l'une et l'autre autorisation, à la condition que les requérants obtiendront du chapitre son consentement « pour l'intérest que la fabrique pouroit souffrir à ladicte massonnerie, si aucun elle y en a » (1).

En général, à l'exception de quelques menus frais qui, dans le cours des siècles, avaient fini par incomber à sa charge, la fabrique n'avait à subvenir qu'à l'entretien du monument proprement dit, en tant qu'immeuble, à la garde de l'église et au paiement de son propre personnel. L'entretien du mobilier, celui des ornements, les frais du culte en général, paraissent avoir été assurés, pour la plus grande partie, par l'office des marances, dont nous ne possédons malheureusement que quatre comptes, de 1342 à 1354 (2), par la trésorerie, unie à l'évêché depuis 1149 (3), et, pour certains objets, par la cellérerie du chapitre (4).

A la fin de l'ancien régime, le personnel de la fabrique de la cathédrale se composait d'un chanoine, maître de la fabrique, délégué par le chapitre, ayant sous ses ordres un clerc et un varlet de la fabrique, un maître maçon, un maître charpentier, un couvreur et d'autres ouvriers et serviteurs. Elle possédait des ressources spéciales, et était soumise à une comptabilité particulière.

A quelle époque remontait cette organisation ?

On ne voit pas qu'il soit question de la fabrique dans les textes antérieurs au XIIIe siècle, et il est vraisemblable que cette institution, telle que nous la verrons fonctionner jusqu'à la Révolution, a pris naissance lors de la construction de l'édifice actuel (5).

C'est dans l'acte du mois de mars 1234 v. s., concernant les carrières de Beaumetz, que le nom se rencontre pour la première fois. Dans cet acte, les pro-

---

(1) Arch. de la Somme (Évêché d'Am.), G 533. — Il semble qu'à Amiens la situation respective de l'évêque et du chapitre vis-à-vis de la cathédrale ait été plus tranchée que dans beaucoup d'autres évêchés. (Cf. LUCHAIRE, *Manuel des institut. franç.*, p. 42).

(2) Arch. de la Somme, Chapit. d'Am. — Les *marances* étaient les infractions commises par les chanoines, comme de manquer à l'office, et, par extension les amendes qu'ils payaient pour ces infractions. Cf. DUCANGE, *Marancia*.

(3) DARSY, *Bénéf. de l'église d'Amiens*, t. I, p. 11. — Cf. six comptes de la trésorerie, de 1518 à 1790, Arch. de la Somme (Évêché d'Am.), G 540 à 545.

(4) Arch. de la Somme, Chapit. d'Am., comptes du cellérier de 1688-89; 1744-45; 1777-78.

(5) Il paraît difficile de rattacher la fabrique ainsi entendue à l'obligation imposée par les anciens conciles et les capitulaires carolingiens de faire quatre parts des biens de l'église, une pour l'évêque, une pour les clercs, une pour l'entretien des églises et autres bâtiments ecclésiastiques et la dernière pour les pauvres. — Cf. B. GUÉRARD, *Cartul. de N.-D. de Paris*, t. I, p. XI, note 1. — DARSY, *Bénéfices de l'église d'Amiens*, t. I, p. XXXVIII.

cureurs de la fabrique « procuratores fabrice » traitent directement avec le chapitre de Picquigny (1). Y avait-il cependant dès cette époque un maître de la fabrique dans le sens que nous venons d'indiquer? L'acte précité doit au premier abord faire présumer que non. Le nom se trouve cependant dans une pièce du mois de septembre 1260 dont nous avons déjà parlé (2) et où on cite « domum quondam magistri Renaudi cementarii, magistri fabrice Beate Marie Ambianensis », mais nous avons dit qu'il valait mieux voir dans ce personnage Renaud de Cormont, plutôt qu'un chanoine dont *Cementarius* serait le nom de famille. En effet, nous ne voyons pas l'expression de maître de la fabrique figurer clairement dans ce sens dans les actes avant la fin du XIV° siècle. Ainsi, dans l'acte de 1234, v. s., ce n'est pas le « magister fabrice » qui traite, ce sont les « procuratores fabrice » (3); le compte de la fabrique de 1357-58 est rendu par Jacques Petit « Jacobus Parvi », prévôt du chapitre qui n'y est nullement qualifié de « magister fabrice » (4) ; enfin en 1366, lorsque l'évêque Jean de Cherchemont abandonne à la fabrique pour la construction des tours la moitié de l'imposition qu'il percevait dans Amiens, c'est le même Jacques Petit, prévôt, qui, prenant seulement le titre de « provisor et receptor fabrice », touche cette somme des mains du receveur de l'évêque (5).

Le plus ancien acte que nous connaissions où il soit parlé du maître de la fabrique dans le sens non équivoque d'administrateur, est une transaction du 3 janvier 1375, v. s., entre l'évêque et le chapitre, mais il n'y est pas nommé (6). Le plus ancien nominativement désigné, est Lucien de Seux chanoine, dans une autre transaction du 4 novembre 1387 entre l'évêque et le chapitre (7). Depuis lors, bien que nous soyons loin d'en avoir la liste complète, il est certain que la qualification de maître de la fabrique fut, jusqu'à la fin de l'ancien régime, réservée au chanoine qui en administrait les biens et en rendait compte, qui veillait à l'exécution de tous les travaux de l'édifice, et qui avait sous ses ordres tous les ouvriers de l'œuvre, mais sous la haute direction du chapitre, qui s'est toujours considéré, ne l'oublions pas, comme ayant l'administration de la fabrique.

Il faudrait donc induire de ce qui précède qu'à l'origine, et pendant l'exécution même des travaux, la partie administrative et financière de ceux-ci aurait été exercée non par un seul mais par plusieurs délégués du chapitre — les « procuratores fabrice » de l'acte de 1234, v. s. — lesquels se seraient réduits à un seul après leur achèvement — le « provisor et receptor fabrice » de la pièce de 1366 — ; ce dernier aura sans doute pris peu à peu le titre de maître de la fabrique pour le garder jusqu'à la Révolution (8).

(1) Cartul. du Chapit. d'Am., dans *Mém. de la Soc. des Ant. de Pic.*, in-4°, t. XIV, p. 311.

(2) Voy. ci-dessus, p. 25.

(3) En 1383, la cathédrale de Troyes avait ses « proviseurs » de l'œuvre. QUICHERAT, *Notice sur des registres de l'œuvre de la cath. de Troyes*, dans *Mélanges d'archéol.*, t. II, p. 210.

(4) Arch. de la Somme, Chapit. d'Amiens.

(5) Bibl. Nat. ms. Picardie, 97, p. 210.

(6) Article concernant la sépulture de l'évêque Jean de Cherchemont : « dicta tumba situabitur absque prejudicio, lesione vel deturpatione ecclesie, et erit presens magister fabrice, si voluerit, ne fundamenta ecclesie ledantur ». Arch. de la Somme, Chapit. d'Am., Arm. I. l. 2, n° 15.

(7) 1387 : « Super eo quod ipse dominus Ambianensis conquestus fuerat de domino Luciano de Seux, canonico Ambianensi ;....., item super eo quod ipsi domini decanus et capitulum conquerebantur de dicto domino episcopo, pro eo quod dominus Lucianus de Seux, magister fabrice Ambianensis, reparari fecerat », etc. *Ibid.*, Arm. I, l. 2 n° 7.

(8) Nous avons pu relever dans les actes quelques-uns

Le clerc de la fabrique « clericus fabrice » est déjà cité antérieurement au premier quart du xiv century dans l'obituaire du chapitre, au 6 des nones de mars, auquel se trouve l'obit d'un « magister Johannes de Attrebato », Me Jean d'Arras, clerc de la fabrique (1). L'honneur tout particulier qui lui est fait, et qu'aucun de ses successeurs ou prédécesseurs ne partage avec lui, laisse supposer qu'à cette époque ces fonctions étaient remplies par un homme instruit et jouissaient de quelque considération. Il est vraisemble que ce fut le clerc en exercice pendant au moins une bonne partie du temps de la construction de la cathédrale; ce qui porte à croire que le personnel de la fabrique était alors, et cela se comprend, beaucoup plus choisi et avait une beaucoup plus grande importance que par la suite.

Aux xviie et xviiie siècle, et probablement bien antérieurement, le clerc de la fabrique était logé dans la cour dite du Puits de l'Œuvre (2).

L'acte le plus ancien qui fasse mention du varlet de l'œuvre « famulus operis ecclesie » est une transaction entre l'évêque et le chapitre, du 25 janvier 1334, v. s. (3), mais il est probable que, comme celle du clerc de la fabrique, cette fonction est bien plus ancienne. Le varlet de l'œuvre assistait non seulement le maître de la fabrique, mais aussi les maîtres des divers métiers, maçons, charpentiers ou autres. Ainsi voyons-nous en 1497 Jean Lestoc, varlet de la fabrique, accompagner Pierre Tarisel, maçon, et Pierre Blanc Regnier, charpentier, dans la visite qu'ils font des maisons claustrales (4). C'était lui, semble-t-il, qui originairement creusait les fosses des personnes que l'on enterrait dans l'église (5).

de ces chanoines maîtres de la fabrique. (Les dates que nous donnons ne sont pas celles du commencement des fonctions ou de l'époque où elles ont pris fin, mais celles où nous avons trouvé chacun des différents maîtres en fonctions).

1358 : Jacques Petit (Jacobus Parvi, prévôt du chapitre), rend le compte de la fabrique de cette année.
1366 : Le même, qualifié « provisor et receptor fabrice ».
1387 : Lucien de Seux.
1424 : Antoine Caignart.
1431 : Jean Pilot.
1497, v. s. : Pierre Dumas.
1537 : Jean Langlacié et Charles Damiette.
1581 : Jean Hannicque.
1590 : Martin Aux Cousteaux.
1600 : Guy Desjardins.
1608 : Louis Moucquet.
1624 : Vincent Lenglois.
1626 : Antoine Lefèvre.
1639 : Vincent Lenglois.
1648 : Id.
1659 : Id.
1664 : Charles Cornet.
1668 : François Moreau.
1670-1672 : Id.
1674 : François Moreau.
1676 : Id.
1677 : Charles Cornet.
1683 : Id.
1689 : Id.
1694 : Id.
1706 : Jean Forcedebras.
1722 : Toussaint Trouvain.
1728 : Charles André Boistel.
1733-1734 : Id.
1740-1743 : Jean-François Dufresne.
1744 : Louis-Michel Dargnies.
1745 : Jean-Firmin Poujol.
1746-1748 : Claude Baudemont.
1755 : Emmanuel-Jean-Baptiste-Victor Pingré.
1756-1779 : François-Édouard Cornet de Coupel.
1784-1785 : Jean-Charles Bigorgne.

(1) « vi non. mart. Eodem die, obitus magistri Johannis de Attrebato, clerici hujus fabrice, in cujus anniversario xx sol. dividentur, et in istis ultimis xx sol., duo capellani Theobaldi episcopi percipient integram portionem ». Roze, Nécrol. de l'église d'Am., dans Mém. de la Soc. des Ant. de Pic., t. XXVIII, 1885, in-8°, p. 321.

(2) Arch. de la Somme, Chapit. d'Am., délibér. du 21 août 1676, et comptes de la fabrique de 1740-41 à 1763-64.

(3) Arch. de la Somme (Évêché d'Am.), G 382; Chapit. d'Am., Arm. I, l. 2, n° 12.

(4) Arch. de la Somme, Chapit. d'Am., Invent., t. II, l. 48 n° 12 (pièce disparue). — « A Jehan Lestocq, varlet de la fabricque N.-D., pour demy sestier de chiment, ii s., vi d. ». Arch. de la ville d'Am., compte de 1496-97, fol. 43 v°.

(5) « Super captione et incarceratione Raynaudi Bote,

Le testament d'Adrien de Hénencourt parle en outre des serviteurs de la fabrique « servitores fabrice ecclesie », à qui il lègue un salaire pour épousseter trois fois par an les histoires de saint Firmin et les sépultures qui y étaient jointes. Ce devait être autre chose que le varlet de l'œuvre (1).

Quant aux marguilliers « matricularii », dont nous avons vu que la maison avait été donnée en 1232 par l'évêque Geoffroi d'Eu pour construire le cloître et la salle capitulaire (2), c'étaient, de temps immémorial, des employés chargés de l'ordonnance matérielle des offices, de l'entretien des ornements, de la sonnerie des cloches, en un mot de tout le service intérieur; ils n'avaient absolument aucun rapport avec ce que nous entendons ici par la fabrique (3).

Nous avons vu que trois maîtres maçons avaient été successivement chargés d'ordonner et de diriger les travaux de construction de la cathédrale : Robert de Luzarches, Thomas de Cormont et Renaud, son fils, avec le titre de maîtres de l'œuvre. Après son achèvement, son entretien paraît avoir ordinairement été confié au maître maçon et au maître charpentier du chapitre, qui étaient aussi chargés des autres immeubles qui appartenaient à celui-ci. Le plus ancien titre où il en soit parlé est un acte capitulaire de 1324 transcrit dans les *Statuta ecclesiæ Ambianensis* de 1412, et où il est dit que les maisons des chanoines doivent être visitées « per lathomum et carpentarium magistros edificiorum capituli » (4).

Les attributions du maître couvreur de la cathédrale sont assez bien définies par la déposition faite dans une information de 1537, par Pierre Lestoc, maître

famuli fabrice, qui faciebat in ecclesia fossam quondam magistri Gaufridi Fullonis, canonici Ambianensis, factis per gentes ipsius domini episcopi ». Transact. du 3 janvier 1375, v. s. entre l'évêque et le chapitre. Arch. de la Somme, Chapit. d'Am., Arm. I, l. 2 n° 15, et Cartul. VI, fol. 20 v°.

(1) Testam. d'Adrien de Hénencourt du 18 juill. 1527. Arch. de la Somme, Chapit. d'Am., Arm. I, l. 44 n° 17³.

(2) Voy. ci-dessus, pp. 22 et 29.

(3) Cf. Ducange, art. *Matricula*. — B. Guérard, *Cartul. de N.-D. de Paris*, t. I, p. CLXXII. — Mortet, *Étude hist. et archéol. sur la cath. et le palais épiscopal de Paris*, p. 54. — Les textes suivants montrent bien qu'il en était ainsi à Amiens : 1265, v. s. : « ..... Quotienscumque cameras necessarias juxta thesaurariam ecclesie, ad opus matriculariorum et aliorum ministrorum ecclesie contigerit fabricari ». Transact. entre l'évêque Bernard d'Abbeville et le chapitre. Arch. de la Somme, (Évêché d'Am.), G 379, etc. — 1320 : « Per matricularium ipsius ecclesie, ..., post elevationem Corporis Christi in missa matutinali singulis diebus unam de parvis campanis nostre Ambianensis ecclesie..... ad missam predictam faciemus pulsari ». Charte de Robert, évêque d'Amiens, concernant les fondat. faites par Raoul de Fossatis, archid. de Ponthieu, décédé. (Arch. de la Somme, Chapit. d'Am., Arm. I, l. 44, n° 6).

(4) *Statuta ecclesiæ Ambianensis*, Bibl. d'Am., ms. 388, fol. 24 v°. — Nous sommes loin d'avoir la liste complète des maîtres maçons de la cathédrale après Renaud de Cormont et de ses maîtres charpentiers. Bien qu'ayant donné précédemment les détails que nous connaissons sur chacun d'eux, il semble qu'il ne sera pas inutile d'énumérer chronologiquement et avec les années extrêmes où nous les avons rencontrés, ceux dont nous avons pu retrouver la trace.

Maîtres maçons :

1357 : Magister Reginaldus (?)
1389-1390 : Pierre Largent.
1427-1456 : Colart Bruisset, Brissot ou Brisset.
1482-1503 : Pierre Tarisel.
   (Il est probable qu'il était encore maître maçon du chapitre au moment de sa mort arrivée en 1510).
1528 : Jean Bullant, le vieux.
1561 : Jean Bullant, le jeune.
1628-1646 : Quentin Colimbart.
1690 : François Daullé, décédé, Martin Masse, nommé à sa place.
1740-1763 : Antoine Bourgeois (décédé en 1763).
1764-1767 : Jean-Baptiste Bourgeois, fils.
1767-1790 : Jean-Baptiste Baffet ou Baffé (nommé le 8 avril 1767).

Maîtres charpentiers :

1357 à 1377 : Maître Colard.
1387 : Pierre Falloize.
1486 à 1503 : Pierre Blanc Regnier.
1530 : Simon Mautre.
1740-1748 : François Quignon.
1756-1764 : Jamet.
1777-1779 : Jean Maret.
1790 : Péteil.

couvreur de tuiles à Amiens, âgé alors d'environ soixante ans, et employé par le chapitre depuis seize années. Il était chargé de nettoyer et balayer l'église et de veiller à sa couverture : il en avait la clef pour y aller de nuit en cas d'orage (1). Il y faisait en outre du moins au xviiie siècle les fonctions de fossoyeur précédemment remplies par le varlet de l'œuvre (2).

Les comptes de la fabrique nous apprennent encore qu'au xviiie siècle, — on ne sait depuis quand, — celle-ci avait aussi un menuisier, un serrurier, et un vitrier attitrés.

Au-dessous des maîtres maçon, charpentier et autres, il y avait naturellement des ouvriers de tous genres en plus ou moins grand nombre, suivant la nécessité des travaux (3).

On peut relever dans le compte de la fabrique de 1357-58 quelques renseignements intéressants sur certains points de l'organisation de l'atelier de la cathédrale et sur plusieurs de ses usages.

Comme presque partout, cet atelier s'appelait la « loge » (4).

Nous avons vu qu'il y était question d'un *magister Reginaldus*, dont la qualité n'est pas spécifiée, mais qui pourrait bien être le maître maçon, maître de l'ouvrage de maçonnerie. C'est le seul parmi les ouvriers mentionnés dans le compte auquel il soit donné une robe de livrée (5). Il était en outre payé à la journée, comme d'ailleurs généralement les autres ouvriers (6). Nous y trouvons en outre le nom du maître charpentier du chapitre et par conséquent de la fabrique : maître Colard, *magister Colardus*. Il travaillait avec son varlet « et suo socio ». Le compte nous fait enfin connaître parmi les ouvriers employés à la cathédrale, un verrier, *Guillelmus vitrearius;* un plombier, *Johannes plumbarius;* un couvreur de tuiles, *Johanes Buffart;* un couvreur d'herbes, *Petrus de Gaissart;* un couvreur d'ardoises, *magister Egidius;* un cordier, *Johannes cordarius;* et un forgeron ou ferron, *Helias faber*.

Dans le matériel de la loge il y avait un grand chariot et des brouettes, des balais, des pelles et des auges (7).

Enfin on voit figurer dans ce compte le cens de 50 s. payé à l'Hôtel-Dieu, dont nous avons parlé précédemment (8).

---

(1) « Pierre Lestoc, du mestier de couvreur de tuilles, demourant à Amiens, aagé de 60 ans ou environ, tesmoing juré, oÿ et examiné en ladite information, a dit, depposé et afferme qu'il y a seize ans qu'il est commis à nectoier et ballier l'église Nostre-Dame d'Amiens et à entendre à la couverture d'icelle église, de laquelle ledit depposant à la clef pour y aller de nuit quant il tonne ou faict quelque orage, et, depuis ledit temps de seize ans, a icelluy depposant hanté et conversé en ladite église tant de jour que de nuit ». Arch. de la Somme, Chapit. d'Am., Arm. I, l. 3e, fol. 19.

(2) État des chanoines enterrés dans la cathédrale depuis 1582, par Robert Boulye, couvreur. Arch. de la Somme, Chapit. d'Am., pièces diverses.

(3) 7 janvier 1352, v. s.: « Et in recenti contigerit quod, pro inhumatione corporis defuncte domine uxoris quondam et ultimo domini Bohordi Kiereti, militis, que in ecclesia Ambianensi suam, ut dicebatur, elegerat sepulturam, nonnulli operarii fabrice et capituli ac alii infra dictam ecclesiam, videlicet in capella Sancti Thome, in uno vel pluribus locis incepissent fodere ». Arch. de la Somme (Évêché d'Am.), G 384. — « Sur ce qui a été représenté que les ouvriers maçons et charpentiers par eux (les chanoines) employés s'immisçoient, dans les heures de repos, de jouer, badiner, fumer et causer en leur église, ont ajourné les maîtres desdits ouvriers au chapitre de vendredi prochain, pour y être admonestés ». Arch. de la Somme, Chapit. d'Am., Délib. du 18 juin 1777.

(4) « Secuntur expensa logie ..... Pro eis (lapidibus) adducendis de quarreria de Bonneul ad logiam ».

(5) « Pro roba magistri Reginaldi, pro panno et furratura, vii scut. cum dimid., valent cxii s. ».

(6) « Pro dietis magistri Reginaldi ».

(7) « Pro reparatione magni curri et unius broete..... Pro scobis, pellis et augelotis ».

(8) Voy. ci-dessus, p. 23.

112   HISTOIRE.

Les derniers comptes de la fabrique de 1740 à 1785, mentionnent souvent des gratifications aux ouvriers. Le compte du cellérier de 1777-78, nous apprend en outre, que l'on offrait du vin aux charpentiers à la Saint-Joseph, et aux maçons à l'Ascension (1). Cet usage devait être assez ancien ; une coutume analogue existait dans l'atelier de la ville.

Une maison sise rue Saint-Denis était connue sous le nom de maison de la fabrique : elle est clairement désignée dans un acte de 1324, et par la suite, nous la voyons souvent citée. Il est probable qu'à l'origine elle était affectée au service de la fabrique. Par la suite, elle paraît avoir été mise en location (2).

Avant les derniers travaux d'isolement de la cathédrale, il existait de temps immémorial, dans l'angle formé par le croisillon sud du transept et le chœur, une cour appelée *Cour du Puits de l'Œuvre*. Elle tirait son nom d'un puits qui s'y trouvait effectivement, et qui sans doute approvisionnait d'eau le chantier lors de la construction de l'édifice. A en croire le manuscrit de Machart, on y voyait encore de son temps une pierre sur laquelle on payait, paraît-il, les ouvriers (3). Nous donnons, bien entendu cette tradition, qui ne repose sur aucun document ancien, pour ce qu'elle vaut. Cette cour était entourée de quelques maisons (4) qu'habitaient les choristes (5), le clerc de la fabrique (6), et autres serviteurs ou habitués de l'église. Une porte percée après coup dans le soubassement de la travée *20, 22 c*, la faisait communiquer avec l'intérieur de la cathédrale. De temps immémorial, bien que nous ne l'ayons jamais vu désignée dans des textes anciens, elle s'appelle *Porte du puits de l'Œuvre*. Est-ce cette porte qu'une pièce de 1470 veut entendre par ce terme d' « huis de la fabrique » ? Nous ne saurions le dire positivement (7).

Mentionnons pour terminer « l'atellier Nostre-Dame » dont parle un acte du

---

(1) « Aux ouvriers charpentiers, pour le vin de Saint-Joseph, 1 l. 4 s.; à l'Ascension, aux ouvriers maçons, 1 l. 4 s. ». Arch. de la Somme, Chapit. d'Am. Comptes du cellérier, 1777-78.

(2) 1324 : « Une maison assise en le rue Saint-Denis lequele on apele le maison de fabrique ..... le maison Messire Raoul Morant, assize en le rue Saint-Denis, acostée d'une part à le maison de le fabrique de l'église ». Transact. entre le chapit. et l'échevin. Arch. de la Somme, Chapit. d'Am., Arm. II, l. 1, n° 9; Cartul. VII, fol. 57 v°. — 1378 : « Item le maison de le fabrique siet en le rue Saint-Denis, entre le maison Willame Lemaire, promoteur de le court d'Amiens, d'une part, et le maison qui est d'une chapelerie que tient ad présent Messire Pierre Dauthun, chapelain en l'église d'Amiens et par derrier aboute à le fortresche de ladicte ville ». Transact. entre l'échevin. et le chapit. Arch. de la Somme, Chapit. d'Am., Cartul. VII, fol. 61 v° et 68 ; Arm. II, l. 2 n° 7. Arch. de la ville d'Amiens, (Cartul. G.), AA 8, fol. 6 v°. — 1396 : « La maisière de la maison dudit advocat nommée le maison de le fabrique de l'église d'Amiens ». Arch. de la Somme (Évêché d'Am.), G 200. — Cf. la cathédrale de Strasbourg.

(3) « Il n'y a qu'une vingtaine d'années qu'on ôta une pierre qui servait comme de table pour y compter les espèces ». Bibl. d'Am., ms. 836 (Machart, t. VIII), p. 361.

— « C'est dans cette cour où il y a effectivement un puits que, lors de la construction de l'église, on rassemblait chaque jour de la semaine les ouvriers, pour leur payer le prix de leurs journées ». *Ibid.*, ms. 835 (t. VII), p. 125. — Voy. aussi Rivoire, *Descr. de l'église cath. d'Am.*, pp. 51 et 122.

(4) V. 1707 : « Il y a dans cette cour cinq maisons et un puits public ». *Descript. des rues et bâtim. saints et profanes de la ville d'Amiens*, publ. dans Beauvillé, *Docum. inéd.*, t. I, p. 320.

(5) Bibl. d'Am., ms. 835 (Machart, t. VII), p. 125.

(6) Arch. de la Somme, Chapit. d'Am., Délib. du 21 août 1676. — Comptes de la fabrique, de 1740 à 1764.

(7) 1470 : « Quant à certaine complaincte que nous, évesque, avyons intention de faire et intenter en cas de nouvelleté à l'encontre de Pierre Cardon, varlet de l'œuvre de ladite fabricque d'icelle église d'Amiens et desdis doyen et chapitle, s'ilz l'eussent volu garandir, pour raison de ce que icelluy Pierre avoit, puis certain temps ençà, faict ouverture d'un des huis de ladicte église que on dict l'huis de la fabrique, et par icelluy baillé entrée à aucuns vicaires ou chappellains d'icelle église, pour lire ung psaultier en la chapelle de Prime ». Arch. de la Somme (Évêché d'Am.), G 387. — Chapit. d'Am., Arm. I, l. 2, n° 25 ; Cartul. VIII, fol. 42 v°.

14 juillet 1588 (1), et ce fait qu'à la même époque le chapitre faisait annuellement provision de tuiles et d'ardoises pour éviter de passer par les mains des regratteurs (2).

Au xive siècle, la comptabilité de la fabrique partait de la Saint-Martin d'hiver (11 novembre), au xviiie siècle, de la Purification (2 février). Comme nous ne possédons aucuns des comptes de l'époque intermédiaire, nous ignorons quand et comment le changement s'est opéré.

On ne sait sur quelles ressources les premiers travaux de la cathédrale ont été payés. Les dimensions gigantesques qui furent données à l'édifice, le luxe inouï de matériaux enfoui dans ses fondations, la rapidité avec laquelle on éleva toute sa première partie, sans hésiter à déplacer un hospice et une église, et sans doute à détruire encore d'autres maisons, montrent clairement que, dès le début, on a dû compter sur des ressources énormes, et dont, semblait-il, on ne verrait jamais la fin.

Il est donc très probable que, pendant les premières années, jusque vers 1240, les fonds mis tout d'abord à la disposition de la fabrique, par l'évêque, par le chapitre (3), par les habitants de la ville ou par d'autres personnes que nous ne connaissons pas, ont dû être suffisants.

Nous avons vu que la résolution de reconstruire la cathédrale dans de plus vastes proportions avait été prise de concert entre l'évêque, le chapitre et les bourgeois. Quelle fut la part contributive de ces derniers dans les frais de ces travaux? Y ont-ils participé individuellement ou des deniers de la communauté, comme nous savons que cela s'est fait à Reims (4)? C'est ce que nous ignorons absolument, mais tout porte à croire qu'ils y sont entrés pour une large part. A ce point de vue, les inscriptions relevées par Du Cange sur les vitraux, faisant

---

(1) Arch. de la Somme, Chapit. d'Am., Arm. II, l. 11, n° 35.

(2) « Mons. le maieur a remonstré que le chapitre de ceste ville, en temps opportun, se pourvoyt chacun an de thuilles et d'ardoizes pour recouvrir l'église Nostre-Dame et aultres lieux à eulx appartenans, quand il en est besoing, pour éviter de passer par les mains des regratteurs, demandant à mesdicts sieurs s'ilz ne trouveroyent bon de faire semblablement ». Échevin. du 1er août 1566, Arch. de la ville d'Am., BB 37, fol. 186.

(3) On a conservé le texte d'un acte curieux du 3 des nones de novembre 1225, par lequel Milon de Nanteuil, évêque de Beauvais, affecte un certain nombre de ses revenus et de ceux de son chapitre, qui y sont énumérés, à la reconstruction de sa cathédrale. (Gall. Christ. t. X, Instr. col. 264. — G. Desjardins, Hist. de la cath. de Beauvais, p. 5).

Il est très probable qu'il a dû se passer quelque chose d'analogue, à Amiens. Cependant la cathédrale de Beauvais, commencée cinq ans après celle d'Amiens avec la prétention d'élever ses voûtes à quelques pieds plus haut, a été construite avec des ressources disproportionnées avec le but à atteindre, et dont les funestes effets ne tardèrent pas à se faire sentir de la façon que l'on sait. Dès 1230, le chapitre de Beauvais était criblé de dettes : « Nos noveritis accepisse quod, nisi cito apponatur remedium super onere debitorum, quibus mater vestra Belvacensis ecclesia valde deprimitur, usurariam voraginem ipsius redditus absorbente, vix poterit ut resurgat ». Pour remettre ses finances en état, il fallut qu'une bulle de Grégoire IX lui attribuât un subside annuel de 1.500 marcs. (5 octobre 1230. — Auvray, registres de Grégoire IX, t. I, p. 327). Dans une charte de février 1233, v. s., au contraire, le chapitre d'Amiens rendait de sa propre prospérité le témoignage significatif auquel nous avons déjà fait allusion (voy. ci-dessus, p. 19); et depuis plus de treize ans on travaillait sans relâche à la cathédrale, dont la nef était alors à peu près terminée.

(4) Cf. Anth. Saint-Paul, Viollet-le-Duc, ses travaux d'art et son syst. archéol., p. 331.

connaître leurs donateurs, ont un très grand intérêt. On y trouve les noms des plus illustres familles bourgeoises de la ville : Drieu Malherbe, qui fut maieur en 1292, Guillaume li Ours, Raoul des Fossés, Liénard le Sec, qui fut aussi quatre fois maieur de 1296 à 1309, la famille de Saint-Fuscien, etc.; une verrière fut donnée par la ville, d'autres par les maieurs des waidiers, d'autres par différents doyennés du diocèse d'Amiens, etc. (1). Il a dû se passer quelque chose d'analogue pour le monument.

Y eut-il cependant pour la construction de la cathédrale d'Amiens de ces élans de ferveur tels qu'on en raconte pour quelques églises, et notamment pour celle de Chartres (2)? Vit-on les habitants de la ville et du pays, sans distinction de sexe, d'âge ou de condition, prendre la pelle et la pioche, et travailler au chant des cantiques? C'est ce que nous ignorons absolument. Il est fort possible que des personnes pieuses l'aient fait par dévotion, c'était dans les idées du temps (3). Mais Amiens n'était pas, comme Chartres, un lieu célèbre de pèlerinage : le chef de saint Jean-Baptiste rapporté de la croisade en 1206 par Walon de Sarton y avait été reçu avec joie et conservé avec grand honneur, mais il ne paraît pas avoir eu une influence décisive sur la construction de la nouvelle cathédrale : rien dans la décoration ne fait allusion à sa présence (4). Il ne semble donc pas que la cathédrale d'Amiens, ait été, comme la basilique chartraine, la conséquence d'un enthousiasme religieux extraordinaire, et que le merveilleux ne soit jamais mêlé à l'histoire de sa construction. Il y eut certainement de grands traits de générosité et de munificence, mais si les Amiénois ont élevé une belle et vaste cathédrale c'était par piété, assurément, c'était aussi parce qu'ils se sentaient assez riches pour la payer.

Les plus anciens documents que nous possédons sur les ressources de la fabrique sont tous postérieurs à 1240, et par conséquent d'une époque à laquelle les travaux commençaient déjà à languir, faute de fonds, et à laquelle le chapitre a dû commencer à faire à la fabrique les avances auxquelles l'acte de 1260 que nous avons déjà cité fait allusion (5).

C'est à cette époque, en 1240, qu'à l'exemple immémorial de beaucoup d'autres

(1) Bibl. de l'Arsenal, ms. 4653, fol. 93; Bibl. Nat., mss. fr. 9497, p. 436 et 8228, p. 49. — Plus tard, au xive siècle, nous voyons de même les marchands de guèdes des villages circonvoisins d'Amiens se réunir pour construire la chapelle Saint-Nicolas sur le flanc sud de la nef de la cathédrale. — A Saint-Loup de Chalons-sur-Marne, on lit sur les piliers des inscriptions telles que celle-ci : « l'an MCCCCLIX la confrarie des enfens donna xi livres p. pour fonder ce pilier »; — à Saint-Pierre de Dreux, également sur un pilier : « de omone et des bienfais des manens de dreus sans debatre, ce sont ces six pilirs refais, 1474 ». (Paty, Hist. monumentale de Dreux, dans Bull. monument., t. XVI, 1850, p. 197), etc.

(2) Cf. Bulteau, Monogr. de la cath. de Chartres, t. V, p. 113. — P. Durand, Monogr. de la cath. de Chartres, dans la coll. des Docum. inéd., p. ii.

(3) Saint Louis le fit lui-même et le fit faire par ses frères à l'abbaye de Royaumont (Guillaume de Saint-Pathus, Vie de saint Louis, édit. Delaborde,

p. 711. — M. Anthyme Saint-Paul (Viollet-le-Duc, ses travaux d'art, etc., p. 312) a fort bien montré comme quoi ces travailleurs volontaires n'ont jamais fait que l'office de manœuvres, pour creuser la terre ou porter les matériaux.

(4) C'est tout au plus si deux ou trois bas-reliefs de la porte de la Mère Dieu sont consacrés à la Nativité du Précurseur, mais tout à fait accessoirement, et comme complément de l'histoire de l'Enfance de Jésus, et de la vie de la Sainte-Vierge, sujet principal de l'iconographie de ce portail. Saint Jean-Baptiste a une place plus importante dans d'autres églises qui avaient moins de motifs de l'honorer, comme Reims, Auxerre, Chartres. etc. Au xie siècle, la cathédrale de Langres avait été jusqu'à changer de vocable pour avoir seulement reçu le bras d'un saint beaucoup moins illustre, saint Mammès. (Gall. Christ., t. IV, col. 563).

(5) A la fin d'un pontifical manuscrit provenant de l'Hôtel-Dieu d'Amiens (Bibl. d'Am., ms. 196), se trouvent des prières en français de la fin du xiiie siècle, que réci-

églises, le chapitre décide de faire porter la châsse de saint Honoré par tout le diocèse, pour recueillir des aumônes. Nous n'avons ni le texte ni la date exacte de la délibération capitulaire, mais tous les anciens auteurs qui ont pu voir les registres du chapitre sont d'accord pour la placer en 1240 (1). D'ailleurs un texte formel vient à l'appui de ce fait, c'est la lettre écrite par le doyen de la cathédrale le lendemain de la Sainte-Croix 1240 à l'abbé de Corbie, pour le prier d'envoyer des lettres aux paroisses de sa juridiction en faveur de la fabrique de la cathédrale, afin qu'elles reçoivent avec honneur le corps de saint Honoré (2). Il est très vraisemblable que cette lettre aura été écrite à la suite de la décision capitulaire arrêtant que le corps du saint évêque serait porté partout le diocèse.

On continua fort longtemps à porter ainsi la châsse de saint Honoré en divers lieux pour recueillir des aumônes, et cela, alors que la cathédrale était depuis longtemps terminée ; cela devint même comme une institution régulière, à l'instar de ce qui se passait pour beaucoup d'autres églises. Quelques textes nous en offrent la preuve.

En décembre 1285, par exemple, alors que la cathédrale devait être à peu près terminée, Bernard, chevalier, sire de Moreuil, promet de donner trois setiers de blé au profit de l'église Notre-Dame d'Amiens, chaque année, lorsque la châsse de saint Honoré viendra à Moreuil « pour risquerre aumosnes » (3).

On la promenait encore en plein XIV° siècle ; il y avait, paraît-il, un char fait exprès : le compte de la fabrique de 1333, mettait en dépense 5 s. pour la réparation dudit char et 100 l. 10 s. pour l'entretien des chevaux (4).

L'inventaire du trésor de 1347, v. s. y fait encore allusion, et nous donne même des détails très intéressants sur les objets qui accompagnaient la châsse dans ses voyages : c'étaient deux anciens ais ou couvertures de livres dorés, sur l'un desquels était l'image du Crucifix et sur l'autre l'Annonciation (5), deux chapes (6), deux petits bassins, sans doute pour recevoir des cierges (7). On y portait aussi une parcelle de l'os du bras de saint Domice, renfermée dans un vase carré d'argent en partie doré (8), et d'autres reliques placées dans un vase d'argent en forme de châsse (9).

taient tous les pauvres de cet établissement, et entre autres celle-ci : « Si prions pour les bienfaiteurs de l'église de chaiens et de Nostre-Dame d'Amiens ».

(1) Mss. de Pagés, édit. Douchet, t. V, p. 71. — « On porta en procession la châsse de saint Honoré par les paroisses du diocèse d'Amiens, pour recueillir les aumônes des fidèles, pour aider à la dépense du bâtiment de la cathédrale ». Bibl. d'Am., ms. 510, fol. 4. — Bibl. d'Am., ms. 832 (Machart, t. IV), p. 57 et 836 (t. VIII), p. 358. — Ibid., mss. 844, p. 109, et 846, p. 23. — Daire, Hist. de la ville d'Am., t. II, p. 92. — Rivoire, Descr. de l'église cath. d'Am., p. 20.

(2) Cartul. noir de Corbie, Bibl. Nat., ms. lat. 17758, fol. 51 v°.

(3) Décembre 1285. Copie du XVIII° siècle. Bibl. d'Am., ms. 563, fol. 223.

(4) « Ex comp. fabricæ anno 1333 : Pro curru sancti Honorati, pro clavis et seruris, v s. Item, pro expensis equorum, priusquam corpus Beati Honorati recederet, c l., x s. ». Ibid.

(5) « Item duas asseres veteres textuum partim deauratos, quorum unus habet ymaginem Crucifixi, et alter Mariam ad Angelum ; et deferuntur cum beato Honorato ». Inv. du trés. de la cath. d'Am., publ. par Garnier, dans Mém. de la Soc. des Ant. de Pic., t. X, p. 259.

(6) « Viginti octo (cappe) cotidiane ; de istis sunt due cum sancto Honorato ». Ibid., p. 273.

(7) « Item duas parvas pelves, que deferuntur cum Beato Honorato ». Ibid., p. 260.

(8) « Item tempore quo factum fuit istud inventarium, deferebantur cum questa operis ecclesie quedam reliquie que vocabantur pars ossis brachii beati Domicii, in vase argenteo quadrato partim deaurato, reposito in vase corino ad modum forgeti, que postea reposita fuit in thesauraria ». Ibid., p. 275. J'ai rétabli d'après l'original ce passage que Garnier avait transcrit d'une façon incompréhensible.

(9) « Item vas argenteum ad modum feretri in quo

Le compte de la fabrique de 1357-58 ne semble y faire allusion que par ces deux articles : « A magistro Johanne, pro questa, LVIII l. VIII s..... Pro scriptura litterarum queste », si toutefois il s'agit là effectivement de la quête faite avec les reliques de saint Honoré et des lettres écrites par le chapitre pour recommander les quêteurs au clergé et aux fidèles des églises par lesquelles ils devaient passer, ce qui n'est pas absolument certain.

Remarquons que l'inventaire du trésor de 1347, v. s., mentionne deux bras de saint Honoré. Il n'en figure plus qu'un seul dans celui de 1419, sans qu'on sache ce qu'était devenu le second, peut-être avait-il disparu dans les nombreux voyages des reliques pendant l'époque troublée de la guerre de Cent ans, et que ce sera à la suite de quelque mésaventure de ce genre que l'on aura renoncé à ces pérégrinations dangereuses, et qui par le malheur des temps, ne devaient plus guère rapporter (1).

Il y avait encore d'autres moyens de recueillir les aumônes des fidèles; et à ce point de vue le compte de la fabrique de 1357-58 nous fournit un certain nombre de renseignements intéressants sur un état de choses qui devait exister depuis bien longtemps, peut-être même depuis le commencement des travaux.

Ainsi cette année-là, les pyxides de l'évêché avaient recueilli 26 l., 13 s., 4 d.; celles de l'église et la tablette 53 l., 10 s., et le tronc, 18 s. Cet usage dont nous voyons encore la trace au XVIe siècle (2), subsista jusque dans le courant du XVIIIe. Il y est encore fait allusion dans les comptes de la fabrique des années 1740-41 à 1756-57, dans un chapitre spécial intitulé : « Autre recepte des oblations faites à la messe du jour, aux reliques du Menton saint Jacques et autres, aux troncs de l'église et questes du bassinet », et subdivisé en deux articles, le premier, ainsi libellé : « Premièrement a été trouvé dans les troncs de la fabrique et ceux des Quinse-Vingt, qui ont été ouverts à Pasques et à la Toussaint, la somme de..... », produisait bon an mal an, calculé sur les six années ci-dessus, environ 24 l. L'autre représentait sans doute un revenu affermé, car il était invariablement ainsi conçu : « Item, fait recette de neuf livres pour les oblations et questes du bassinet faites par Pierre Blandin, chambellan du chapitre, à la messe du jour pendant l'année, et en la nef de l'église pendant les octaves de Saint-Jean-Baptiste », et il produisait toujours la même somme (3).

Il en fut de même jusqu'en 1762, mais le synode tenu au mois d'octobre de cette année fit un nouveau règlement d'après lequel la totalité des aumônes faites à la cathédrale dans le tronc des Quinze-Vingts, et dont le tiers revenait à la fabrique, serait remise, sans aucune diminution, par le maître de la fabrique au receveur des décimes du diocèse. D'un autre côté, la démolition de l'ancienne

---

reponuntur reliquie que deferuntur cum beato Honorato ». *Ibid.*, p. 261.

(1) Cf. GARNIER, *ibid.*, p. 278.

(2) « Nous, évesque, avons permis et permettons ausdis doyen et chappitre, en faveur de la fabrique, dont ilz ont administration et barge, qu'ilz puissent permettre de quester et apposer tronqs dedens icelle église ». Accord du 4 janvier 1538, v. s. entre l'évêque et le chapitre. Arch. de la Somme, Chapit. d'Am., Arm. I, l. 3, n° 8. — On prélevait aussi au profit de la fabrique certaines sommes sur les troncs placés dans l'église en faveur d'autres œuvres; c'est ainsi que dans le ms. 516 de la bibliothèque d'Amiens, à la date du 10 mars 1558, v. s. (fol. 166, nous trouvons une mention comme celle-ci : « Concessio archæ ad colligendas elemosynas pro Domo Dei Parisiensi, quarta parte earum fabricæ reservata ».

(3) Comptes de la fabrique de la cathédrale. Arch. de la Somme, Chapit. d'Am., Arm. I, l. 62 *bis*.

chapelle haute du Chef de saint Jean-Baptiste, et la translation de la précieuse relique dans celle du Vœu avait singulièrement fait baisser le produit du tronc de saint Jean-Baptiste, qui ne donna pendant deux ans que 16 s., 9 d., au lieu de 20 l. qu'il fournissait annuellement par le passé (1).

Par le fait le chapitre ci-dessus mentionné disparut pour jamais des comptes de la fabrique.

Par une transaction du 3 janvier 1375, v. s. entre l'évêque et le chapitre, il est décidé qu'un « caritativum subsidium » que l'évêque voulait prélever sur les curés de la juridiction du chapitre, et que ce dernier lui contestait, serait affecté à la fabrique de la cathédrale (2).

Il paraît que, dès le XIIIᵉ siècle, le produit de certaines amendes était aussi affecté à la fabrique ; c'est ce que nous apprend un accord du samedi avant les Rameaux 1265, v. s. entre l'évêque et le chapitre qui réclamait une amende encourue par un certain Mathieu de Belleval et que l'évêque aurait promise « ad opus fabrice » ; il est arrêté que l'amende sera destiné à la confection de chambres près de la trésorerie, pour l'usage des marguilliers et des autres serviteurs de l'église (3). En 1389, le chapitre décide que les chanoines ou autres habitants des cloîtres qui laissent devant chez eux de longues pièces de bois, de manière à gêner la circulation et à présenter du danger pour ceux qui passent pendant la nuit, devront les enlever dans la quinzaine, sous peine de confiscation au profit de la fabrique (4). De même, une transaction du 10 avril 1437 entre le chapitre et

---

(1) « La fabrique profitoit cy-devant du tiers des aumonnes qui se faisoient en la cathédrale dans le tronc des Quinze-Vingt aux festes de Pasque et de la Toussaint, ce qui produisoit à ladite fabrique trente à quarante livres par an, d'autant que ce tronc étoit unique pour toutte la ville. Mais depuis le nouveau règlement qui a été fait au sinode d'octobre 1762, le chapitre a statué qu'à l'avenir la totalité desdittes aumonnes seroient remises sans frais ni diminution par le maître de fabrique au receveur des décimes du diocèse. Il ne s'est trouvé en la présente année dans ledit tronc, tant aux festes de Pasque que de la Toussaint que quarante-huit livres, dix-huit sols en total, attendu qu'à présent chacque paroisse de la ville possède un tronc particulier pour lesdits Quinze-Vingt, dont les aumonnes sont pareillement au receveur des décimes et envoyés à Paris, sans frais..... Item, n'ant à l'égard des oblations faites aux reliques du Menton de saint Jacques, dont profite en total M. Lhomme, gardien de ladite relique. A l'égard du tronc de saint Jean-Baptiste, il n'a produit que seize sols, neuf deniers, quoyqu'il n'ait pas été ouvert depuis deux ans. Il produisoit aux environs de vingt livres chacque année avant la démolition de l'ancienne chapelle de Saint-Jean-Baptiste d'en haut. Ainsy il conviendroit de supprimer ce tronc, ou du moins d'en appliquer un plus commode contre les pilliers de la chapelle de ce nom ». Compte de la fabrique de 1763-64, ibid.

(2) « Super eo quod conquerebantur de ipso domino episcopo decanus et capitulum prelibati, quia moneri fecerat et mandaverat curatos et capellanos eisdem decano et capitulo ad plenum subditos, ut sibi solverent caritativum subsidium ad quod dicebant eos non teneri, cum nullam haberet jurisdictionem vel potestatem in eisdem. Concordatum est quod ipsi decanus et capitulum providebunt in hoc ad utilitatem fabrice ecclesie Ambianensis, juxta intentionem ipsius domini episcopi dictam, et propterea moniciones, appellationes et alia subsequta inde habebuntur et ex nunc habentur pro non factis ». 3 janv. 1375, v. s. Arch. de la Somme, Chapit. d'Am., Arm. I, l. 2, nᵒ 15 ; Cartul. VI, fol. 20 vᵒ.

(3) Arch. de la Somme (Évêché d'Am.), G 379 ; Chapit. d'Am., Arm. I, l. 2, nᵒ 4 ; Cartul. I, fol. 186, t. II, fol. 305 vᵒ ; Ibid., Rec. d'anc. chartes, fol. 7.

(4) « Die lune IX mensis augusti, anno Domini MCCCᵒ octuagesimo nono, fuit ordinatum in capitulo Ambianensi per dominos de capitulo pro tunc capitulantes, quod omnes domini canonici ecclesie Ambianensis et quicumque alii in claustro commorantes, qui habent de presenti et qui de cetero habebunt in dictis claustris seu aliquo claustrorum juxta domum suam longas et magnas pecias nemorum que impediunt claustrum et nocere possunt dominis et eorum familie venientibus de nocte ad ecclesiam ad matutinas, ipsas pecias removeri faciant infra quindecim dies, sub pena perdendi dictas pecias nemorum et applicandi eas fabrice ecclesie Ambianensis ». *Statuta ecclesie Ambianensis*, 1412. Bibl. d'Am., ms. 388, fol. 37 vᵒ.

les chapelains, donne pour sanction à quelques obligations de ceux-ci, des amendes également au profit de la fabrique (1).

On appliquait aussi à la fabrique les oblations faites à certaines messes. Une transaction du lundi avant la Saint-Firmin (23 septembre) 1314 entre Raoul des Fossés, chanoine, et les chapelains, arrête que les oblations qui seront faites à une messe quotidienne célébrée par les chapelains à l'autel Saint-Pierre, devront être appliquées à la fabrique, comme à la messe matutinale et à celle de Notre-Dame de la Drapière qui sont chantées (2). Vers l'année 1470, le comte de Charolais étant venu à Amiens, avait fait aux reliques exposées sur l'autel de la cathédrale une offrande de huit oboles d'or dites postulats ; à la suite d'une contestation entre l'évêque qui la revendiquait à son profit en sa qualité de trésorier, et le chapitre qui la réclamait pour la fabrique, il est décidé qu'elle sera partagée par moitié entre les parties, mais qu'à l'avenir, les oblations faites au grand autel en dehors des messes reviendront à l'évêque, à moins que les donateurs ne déclarent qu'elles sont pour la fabrique (3). Quelques années après, une somme de 1.200 écus d'or offerte par Louis XI au chef de saint Jean-Baptiste et réclamée par les héritiers de l'évêque Jean de Gaucourt, est adjugée à la fabrique (4).

De très bonne heure, peut-être dès l'origine, la fabrique trouva une grande source de revenus dans les dispositions testamentaires faites en sa faveur par les clercs et les pieux laïcs, et cela au moins jusqu'au xvii° siècle. La plus ancienne libéralité de ce genre, dont nous ayons connaissance, remonte aux environs de 1247. L'obituaire du chapitre mentionne au 14 des kalendes de septembre l'obit de maître Laurent de Montreuil, pénitencier, qui vivait vers cette époque et qui, entre autres œuvres pies, légua 20 livres à la fabrique (5). Nous pouvons encore en citer plusieurs autres au xiii° siècle. Robert II, seigneur de Boves, chevalier, décédé vers 1248, avait légué 10 l. p. à la fabrique de la cathédrale (6) ;

---

(1) Arch. de la Somme, Chapelains d'Am., Arm. I, l. 1, n° 12.

(2) *Ibid.*, Arm. I, l. 6, n° 1. — Voy. aussi transact. entre l'évêque et le chapitre, du 25 janvier 1334, v. s. « Super eo quod nos episcopus dicebamus omnia offertoria que veniunt in pecunia in missa diei, preterquam ad manum sacerdotis, ad nos debere pertinere, nobis decano et capitulo asserentibus hujusmodi offertoria que in missa fiebant et in quacumque parte ejus ad opus et fabricam ecclesie pertinere debere, super hoc concordatum est inter nos partes predictas, quod omnia offertoria in pecunia venient ad manum sacerdotis, et etiam, postquam sacerdos manus abluerit usque ad *Per omnia* ante *Sanctus*, sunt et erunt de cetero fabrice ecclesie memorate, si vero antequam sacerdos veniret ad offertorium recipiendum, vel postquam hujusmodi sacerdos missam celebrans hujusmodi *Per omnia* ante *Sanctus* incepisset, sunt et erunt nostri episcopi memorati ». Arch. de la Somme, (Évêché d'Am.), G 382 ; Chapit. d'Am., Arm. I, l. 2, n° 12; *Ibid.*, Cartul. VII, fol. 7, et VIII, fol. 12 v°.

(3) Transact. du 1er oct. 1470. Arch. de la Somme, (Évêché d'Am.), G 387 ; Chapit. d'Am., Arm. I, l. 2, n° 25 ; *Ibid.*, Cartul. VIII, fol. 42.

(4) Transact. du 14 novembre 1479 entre les héritiers de Jean de Gaucourt et le chapitre. Arch. de la Somme, Chapit. d'Am., Arm. I, l. 2, n° 26.

(5) « xiv kal. sept. Obitus Magistri Laurencii de Monsterolo penitenciarii hujus ecclesie, qui addidit xxx libras precio domus sue claustralis et xx libras fabrice et xx libras pro feretro sancte Ulphie, et III capellanias instituit in hac ecclesia », etc. *Nécrologe de l'église d'Amiens*, publ. par Roze dans *Mém. de la Soc. des Ant. de Pic.*, in-8°, t. XXVIII, pp. 392 et 398. — Il est fait allusion à cet usage dans une bulle d'indulgences d'Eugène IV en faveur de la fabrique de la cathédrale, du 3 août 1435, « pro quibus debite reparandis plerique, sicut accepimus, cives et habitatores civitatis et diocesis Ambianensis in eorum ultimis voluntatibus partem suorum bonorum legare consueverunt ». Arch. de la Somme, Chapit. d'Am., Arm. I, l. 1, n° 9. — Voy. ci-dessus, p. 57.

(6) Acte de l'official d'Amiens du 3 août 1254. Arch. de la Somme, Chapit. d'Am., Cartul. II, fol. 141. — Sur ce Robert de Boves, voy. A. Janvier, *Boves et ses seigneurs*, pp. 116 et 117.

sa femme Heluis, par son testament daté du 8 septembre 1260, lui laissera aussi 8 l. (1). Au mois d'août 1256, Manerius de Bersages, citoyen d'Amiens, donne 8 s. p. et huit chapons de cens sur la maison de Firmin de Mès, sise à Amiens rue de Metz, acquis pendant son mariage avec défunte Marie, sa femme, et dont cette dernière avait déjà, par son testament, légué la moitié à la fabrique (2). Enguerran, chevalier, seigneur de Saint-Sauflieu, lui lègue 7 l. p. en 1258 (3); Jeanne, reine de Castille et de Léon, comtesse de Ponthieu, de Montreuil et d'Aumale, 10 l. en 1276 (4); Baudouin Trenesac, chevalier, 10 s., en 1282 (5), etc.

Ce fut aussi pendant longtemps l'usage de léguer à la fabrique de la cathédrale des objets mobiliers, des armes, et le plus souvent des vêtements, si bien qu'une décision capitulaire du 16 avril 1392 arrête que les objets ainsi légués seront vendus au plus offrant, et que, dans ce cas, les héritiers du testateur auront la préférence (6). Il n'en manque pas d'exemples (7), et il est bien rare que,

(1) « Et à l'église Nostre-Dame d'Amiens, à l'ouvre, VIII l. ». Arch. de la Somme, Paraclet, orig., et Cartul. fol. 133 v°.

(2) Août 1256. Arch. de la Somme, Chapit. d'Am., Arm. I, l. 58, n° 2.

(3) « Item fabrice ecclesie Beate Marie Ambianensis, septem libras parisiensium ». Testam. d'Enguerran, chevalier, seigneur de Saint-Sauflieu, du 28 avril 1258. Arch. de la Somme, Chapit. d'Am., Arm. I, l. 44, n° 3. — Le même testament contient aussi des libéralités en faveur des fabriques d'autres églises.

(4) « A l'uevre Nostre-Dame d'Amiens, x l. ». Testament de Jeanne, reine de Castille et de Léon, comtesse de Ponthieu, etc., du 19 juin 1276. Arch. de la Somme, (Évêché d'Am.). G 359.

(5) « A l'ouvrage de Nostre-Dame d'Amiens, x s. ». Testament de Baudouin Trenesac, du lundi avant la Madeleine en juillet (20 juillet) 1282, servant de feuille de garde à un évangéliaire des IX° et XI° siècle de l'abbaye de Corbie. Bibl. d'Am., ms. 172, fol. 93. — Il s'est fait encore de nombreux legs de ce genre dans les siècles suivants. — Remarquons à ce sujet que, lorsque les événements de la guerre de Cent ans rendirent nécessaire le prompt achèvement de la seconde enceinte de la ville d'Amiens commencée au XIV° siècle après la bataille de Crécy, on rencontre des dons et legs faits à cet effet à la ville par des particuliers. C'est ainsi qu'en 1419, Laurent de Laubel, doyen du chapitre de la cathédrale, donne 40 l. (Arch. de la ville d'Am., (compte 1418-19), CC 17, fol. 19 v°). En 1434, un nommé Guidez lègue 12 l. p., Jean Le Bouchier et Guillaume le Clerc, cervoisiers, donnent 21 l. 19 s., sire Mile de Bery, lieutenant du capitaine d'Amiens, un noble d'or de 44 s. (Ibid., (compte de 1433-34), CC 26, fol. 145), etc.

(6) 16 avr. 1392 : « De modo et forma vendendi bona legata fabrice ecclesie Ambianensis. Anno ..... dicto, die Mercurii XVI mensis aprilis, fuit per dominos de capitulo ordinatum, deliberatione prehabita, quod amodo, quando vestes aut alia bona fabrice ecclesie Ambianensis per bonas gentes ville Ambianensis, in eorum ultima voluntate legata vendentur, quod ille qui plus inde dare voluerit, illa habeat; hoc tamen est sciendum quod si heredes et successores legatorum ecclesie Ambianensis aliqua bona velint, dicta bona habere pro tanto quam plus dans illa habebunt et preferentur aliis ». Statuts de l'église d'Amiens de 1412. Bibl. d'Am., ms. 388, fol. 39. — Nous avons déjà vu, lors de la reconstruction de la cathédrale après l'incendie de 1137, les habitants de la ville donner des bijoux et des vêtements. (Voy. ci-dessus, p. 11).

(7) Par son testament du 17 mai 1430, Pierre Alays, docteur utriusque juris, chanoine et chantre de la cathédrale, lègue à celle-ci son meilleur manteau, son peliçon (foderatum), son meilleur habit fourré de martre avec ses meilleures capuces, son meilleur surplis, sa meilleure aumusse et sa meilleure chape au jour de son décès, de plus un verger ou jardin avec ses dépendances, sis à Saint-Maurice, et enfin ce dont il n'a pas disposé de ses biens, à partager avec l'Hôtel-Dieu. Arch. de la Somme, Chapelains de la cath. d'Am., Arm. I, l. 6, n° 2; Arch. de l'Hôtel-Dieu d'Am. — 6 mars 1443, v.s. : « Item à la fabrique de l'église Nostre-Dame d'Amiens, une bonne houppelande fourrée de costez de martres ». Testam. de Pierre Clabault, dans A. JANVIER, Les Clabault, p. 277. — 28 oct. 1451 : « Item je laisse à la fabrique de l'église Nostre-Dame d'Amiens me meilleure houppelande et men meilleur caperon, avec toutes mes armeures et me meilleure coroie d'argent ». Testam. de Jacques de Blangy. Arch. de l'Hôtel-Dieu d'Am. — 8 nov. 1458 : « Item je laisse à la fabrique d'icelle église, mes meilleurs robe, souplis, amuche, chapperon, domino, et avec ce, les deniers qui vendront de la vendition de la maison où je demeure, et le maison à moi appartenue située devant Saint-Firmin le Confez, dessoubz Nostre-Dame, en laquelle pend l'ensengne de la Fleur de lis ». Extrait du testam. de Pierre Caignet, écolâtre et chanoine d'Amiens, dans une sentence du 13 février 1458, v. s. de délivrance des legs faits à la cathédrale d'Amiens par led. Caignet, mort peu de temps auparavant. Arch. de la Somme, Chapit. d'Am., Arm. I, l. 44, n° 12. — 19 juill. 1525 : « A la fabricque de l'église

particulièrement les chanoines et les chapelains, ne disposent dans leurs testaments, de leurs habits de chœur en faveur de la fabrique de la cathédrale; pour ceux-ci, cela finit même par devenir presque de rigueur (1).

Ces legs de vêtements n'empêchaient pas les autres legs d'immeubles ou de sommes d'argent, mais ceux-ci semblent avoir été moins nombreux. Un des plus importants paraît être celui que fit Jean Lévesque, orfèvre à Amiens, paroisse Notre-Dame, par son testament du 20 juillet 1432, de terres à Fouilloy, Boves, Hangard et Démuin (2).

Les libéralités testamentaires étaient à l'origine assez nombreuses, mais peu importantes. Le compte de la fabrique de 1357-58 relève pour cette année soixante-et-onze legs en argent ou en blé, faisant un total de 21 l., 9 s., 4 d., plus vingt-cinq legs de vêtements ou d'armes représentant une somme de 121 l. 4 s.

On dut aussi parfois recourir, et cela principalement sans doute dans la seconde moitié du XIIIe siècle, alors que les ressources devenaient plus rares et qu'il fallait à tout prix terminer l'édifice, à ce que nous appelons aujourd'hui les sermons de charité. Nous en avons un exemple bien connu des environs de 1270 dans un curieux sermon en français prononcé, croit-on, dans la cathédrale d'Amiens, pour faire valoir les indulgences attachées à cette église et attirer sur elle les aumônes des fidèles (3).

A propos d'indulgences, nous avons déjà mentionné une bulle de 1371 et une autre de 1435 qui en accordaient aux bienfaiteurs de la cathédrale (4). Il y en eut probablement d'autres, nous ne les connaissons pas.

Nostre-Dame d'Amiens, quarante solz, avec sa bonne robe qu'il délaissera au jour de son trespas, sa cappe d'hyver, son amuche, soupplis et sarrot ». Testam. de sire Jean Prévost. Arch. de la Somme, Chapelains de la cathédr. d'Am., Arm. I, l. 6, n° 7, etc.

(1) 8 déc. 1559 : « Item je donne et lègue à ladite église d'Amyens, *suivant la louable coustume d'icelle*, pour estre distribuée à la fabrique d'icelle, la meilleure de mes robbes, un des meilleurs surplis, mon aumuce, ung sarrot, chapperon et chappe d'hyver ». Testam. de Philippe Probus, chanoine. Arch. de la Somme, Chapit. d'Am., Arm. I, l. 44, n° 22. — Les évêques ont aussi fait de même, sans doute en leur qualité de trésoriers (voy. ci-dessus, p. 12). — Ainsi l'évêque Geoffroy de le Marthonie, par son testament daté du 23 janvier 1613, lègue à la fabrique « sa meilleure robe, avec le rochet et surplis, aumusse et habit d'hiver ». Arch. de la Somme, Chapit. d'Am., Arm. I, l. 44, n° 30. — Les comptes de la fabrique du XVIIIe siècle renferment encore de nombreuses mentions de legs d'habits de chœur vendus au profit de la fabrique. (Arch. de la Somme, Chapit. d'Am., Arm. I, l. 62 *bis*). — Cet usage existe encore, comme celui de pendre lesdits habits pendant six semaines au haut du jubé (aujourd'hui sur la devanture du chœur), usage qui a dû s'introduire à la suite du premier, pour attirer les amateurs.

(2) Arch. de la Somme, Chapit. d'Am., Arm. I, l. 62, n° 1. — Ces terres ne figurent plus dans les comptes de la fabrique du XVIIIe siècle. — Voy. aussi, 12 mars 1517, v. s.,

saisine à Jean Vaquette, prêtre, au nom de la fabr. de la cathédr. d'Am., des immeubles, surcens, rentes, terres et possessions de Nicolas Vrayet, prêtre, sur le territoire de Bellancourt, et données par ledit Vrayet à la fabrique, 32 s. de surcens sur la maison d'Huguet Michault, 9 journaux 1/2 de terre en 2 pièces. *Ibid.*, Arm. I, l. 60, 2° 1. — Testam. de Jean Lenglacié, chanoine, du 4 mars 1539, v s , qui lègue à la fabrique ses habits de chœur. ce qui lui sera dû à sa mort à cause de sa prébende, et le tiers de ce dont il n'a pas disposé par le présent testament. *Ibid.*, Arm. I, l. 44, n° 19. — 2 oct. 1544, Pierre Wallet, chapelain, en outre de ses habits de chœur, lègue le tiers de ses biens à la fabrique « pour ayder à réparer le pavement d'icelle église ». *Ibid.*, Arm. I, l. 44, n° 20.

(3) « Bele douce gent, mesire levesque damiens, ... manda et commanda a vo segneur de prestre a tous les autres prestres qui sont en son evesquie, dont il a VIIe et LXXVII, que en quelconque lieu les benoites reliques..... de leglise damiens venroient, que li jour et les festes fusent gardes entierement, si hautement comme le saint jor de Noel et comme le saint jor de Pasques et de saint diemence... A tous les bienfaiteurs de la glise me dame sainte Marie damiens envoie VIIxx jours de vrai pardon », etc. Bibl. Nat., ms. Picardie n° 158, fol. 131. — Cf. CRAMPON, dans *Mém. de la Soc. des Ant. de Pic.*, in-8°, t. XXV, 1876, pp. 57 et 553.

(4) Voy. ci-dessus, pp. 49 et 57.

Le *Liber ordinarius* de la cathédrale, de la fin du xiiie siècle, prescrivait que, lors de la célébration du synode diocésain, l'évêque fît une prédication, à la fin de laquelle il devait recommander la fabrique de la cathédrale d'Amiens, celle de Saint-Firmin le Confesseur, l'Hôtel-Dieu (1), les Frères mineurs et les Frères prêcheurs (2). Un article analogue fut inséré par le chapitre dans ses statuts synodaux du 26 octobre 1464, d'après lequel il était enjoint aux curés des paroisses de sa juridiction de recommander à la générosité de leurs ouailles, soit au prône des dimanches et fêtes, soit en confession, soit à la confection des testaments, la fabrique de la cathédrale (3).

Le paiement d'un grand nombre d'arrérages qui figure à la fin du compte de la fabrique de 1357-58, pourrait faire supposer qu'à un moment donné on aurait aussi eu recours à la voie de l'emprunt.

Plus tard, à des époques plus modernes, d'autres sources de revenus viennent s'ajouter : le produit du bail des chaises mises pour les prédications (4), la somme de 20 s. que, à la fin de l'ancien régime, la confrérie de Notre-Dame du Puy payait chaque année, par composition, pour ses oblations (5), les quatre chapons dus annuellement par le receveur des menus cens du chapitre au jour de Noël (6), etc.

Nous ne parlons pas des subsides particuliers mis à la disposition de la fabrique pour certains travaux plus ou moins importants et spécialement désignés, soit par l'évêque, soit par le chapitre, soit par d'autres personnes, comme l'aide abandonnée en 1366 par l'évêque Jean de Cherchemont pour l'achèvement des tours, ou bien les fonds affectés à l'embellissement de la cathédrale par Mgr de la Motte et le chanoine Cornet, au xviiie siècle (7).

Tel était le revenu extraordinaire de la fabrique, mais dans le cours des siècles elle avait acquis quelques biens qui lui assuraient un revenu fixe. Ainsi, dès le xiiie siècle, elle possédait déjà des cens sur des immeubles. Une pièce disparue des archives du chapitre, du mois de décembre 1243, est en effet ainsi analysée à l'inventaire : « Reconnaissance passée par Wauthier de Cassal qu'il est tenu envers la fabrique de l'église d'Amiens en 10 s. p. de cens annuel assignés

---

(1) Rappelons-nous que la reconstruction de ces trois édifices fut connexe.

(2) « Episcopus facit predicationem, post quam recommendat fabricam ecclesie Ambianensis, fabricam ecclesie beati Firmini Confessoris et domum Dei et Fratres Minores et Predicatores ». *Liber ordinarius.* Bibl. d'Am., ms. 184, fol. 336 v°.

(3) Voy. ci-dessus, p. 58.

(4) Arch. de la Somme, Chapit. d'Am., Arm. I, l. 57. — Voy. aussi Comptes de la fabr. du xviiie siècle. *Ibid.*, Arm. I, l. 62 *bis*.

(5) « La confrérie de Notre-Dame du Puy, érigée en l'église, doit par chacun an, pour les oblations de ladite confrérie, la somme de 20 s., par composition faite avec les confrères ». Compte de la fabr. de 1740-41 et suiv. *Ibid.*

(6) « Me François Dhangest, receveur des menus cens du chapitre, doit à la fabrique, à cause de ladite recette 4 chapons au jour de Noël ». *Ibid.*

(7) C'est évidemment pour des libéralités analogues, dont nous ne connaissons pas le détail, que le chanoine Jean d'Ypre, mort en 1492, est qualifié dans son épitaphe de « grand bienfaiteur de la fabrique d'icelle (église) », et que l'épitaphe de Robert de Coquerel aussi chanoine, mort en 1521, rappelle qu'il a été « grand zélateur de l'honneur de Dieu, des povres et de la fabrique de céans ». — Ajoutons à ces renseignements le texte suivant extrait de la déclaration du temporel du chapitre d'Amiens faite en 1385 : « Demoiselle Phelippe de Hangart, I fief nommé de Maude contenant xxxiiii s. iiii d. p , à prendre au jour Saint-Vinchent sur le fabrique Nostre-Dame d'Amiens, et xiii s. iiii d. au jour Saint-Honnouré, au premier jour de quaresme, vi d., au mois de mai, 1 agneau, au jour Saint-Jean-Baptiste, 1 mouton à laine, à la mi-aoust, ii sestiers de pois ». A cause de ce fief, elle doit « donner à laver le jour du Jœudi absolut et servir à table ». Arch. Nat., P 137, fol. 4, v°.

sur une maison située à Amiens en la rue de Mayot, payable aux termes de Noël, Pâques et la Saint-Pierre, par tiers » (1). Nous avons vu aussi qu'en 1256, Manerius de Bersages avait donné à la fabrique 8 s. p. et 8 chapons de cens sur une maison de la rue de Metz. Ni l'un ni l'autre de ces cens ne figurent plus dans les comptes du xviii° siècle (2). Quant au compte de 1357-58, il n'est pas assez explicite pour qu'on puisse identifier les cens qui y figurent. Par ce compte, nous voyons que la fabrique possédait alors des cens sur vingt-trois maisons sises à Amiens, payables en trois termes : Noël, Pâques, et Saint-Pierre ès Liens, rapportant en tout 89 l. 2 s. 7 d.

D'après ceux du xviii° siècle, les cens appartenant alors à la fabrique se décomposaient ainsi : 6 l. sur une maison rue Saint-Denis (3); — 8 l. sur une maison près du presbytère de Saint-Michel (4); — 9 l. sur la maison à l'enseigne de l'Oignon de lis, vis-à-vis le portail de Saint-Firmin le Confès (5); — 2 s. 6 d., sur une maison rue du Don (6); — 3 l. sur la maison à l'enseigne de la Fosse aux lions, au Petit Quai (7); — 1 l. sur une maison rue du Grand Valet (8); — 8 s. sur deux masures à Conty; — 12 s. 4 d. sur 5 journaux de prés en une pièce dite Longue Eau, à Saint-Maurice (9); — 3 setiers de blé et 3 setiers d'avoine de surcens sur six quartiers de terre à Villers-Bretonneux; — 4 muids, 3 setiers de blé et 4 muids 3 setiers d'avoine, plus un chapon en nature à la Saint-Vincent, sur 60 journaux de terres au même lieu.

Cens sur les logettes adossées à la cathédrale (10) : 2 l. et une poule sur une maison au coin du grand parvis (11); — 10 l. sur une maison rue des Soufflets; — 5 l. dues par le chapitre pour cinq maisons contiguës, rue des

---

(1) Arch. de la Somme, Chapit. d'Am., Invent. Arm. I, l. 58, n° 1 (pièce disparue).

(2) On ne voit plus non plus figurer dans les comptes susdits, 31 s. de cens appartenant à la fabrique, sur une maison sise « en la rue de Duriaulme tenant d'un costé à Johan Fusart, d'aultre costé, à Marye Cartel, d'un bout aux rampartz de lad. ville », cités dans un acte du 14 mai 1560 et dans un autre du 17 juin 1583. (Arch. de la Somme, Chapit. d'Am., Arm. I, l. 58, n° 10), non plus que 20 s. de cens sur la maison de la Cloche, rue de la Porte Montrécu, objet d'une sentence du présidial d'Amiens du 2 décembre 1569. *(Ibid.,* Arm. I, l. 58, n° 8). Ces maisons avaient disparu lors de la construction de la citadelle sous Henri IV.

(3) Cette maison appartenait déjà à la fabrique en 1366. « Item, quedam alia domus dicte fabrice sita in superius nominato magno vico Sancti Dionisii, quam tenet et inhabitat de presenti magister Johannes Visex, dicte Ambianensis ecclesie capellanus ». Projet de transact. entre l'évêque et le chapitre pour les limites du cloître, de 1366. Arch. de la Somme, Chapit. d'Am., Arm. I, l. 2, n° 14.

(4) Elle est déjà aussi désignée comme appartenant à la fabrique dans l'acte précité : « Quedam alia domus fabrice dicte Ambianensis ecclesie, sita prope domum presbiteratus parrochialis ecclesie Sancti Michaelis supradictam, in qua nunc inhabitat Mathens Muchemblé ».

(5) Déjà cité dans une pièce du 10 oct. 1562. Arch. de la Somme, Chapit. d'Am., Invent., Arm. I, l. 58, n° 6, (pièce disparue).

(6) D'après le compte de 1777-78, cette redevance était alors prescrite par défaut de renseignements, et portée pour mémoire.

(7) Appartenait déjà à la fabrique en 1566. (Sentence échevinale du 3 avril 1566. Arch. de la Somme, Chapit. d'Am., Arm. I, l. 58, n° 7).

(8) En 1576, ce cens était de 60 s. (Sentence échevinale du 9 novembre 1576. *Ibid.,* n° 9).

(9) Serait-ce le verger ou jardin légué en 1430 par Pierre Alays à la fabrique? (Voy. ci-dessus, p. 119).

(10) « Super eo quod dicti domini decanus et capitulum dicebant se habere jurisdictionem spiritualem et temporalem in illa parte vici que est ante ecclesiam Beati Firmini Confessoris ecc'esie Ambianensis contigua, bournis lapideis limitata et protensa a primo portali curie seu domus episcopalis usque ad angulum dicti parvisi versus villam Ambianensem; ..... insuper habebit fabrica dicte ecclesie Ambianensis locagia, census et redditus dictarum domorum », etc. Accord entre l'évêque et le chapitre, du 3 janvier 1375, v. s. Arch. de la Somme, Chapit. d'Am., Cartul. VI, fol. 18. — Cf. acte du 6 mai 1377. *Ibid.,* Cartul. VII, fol. 17.

(11) Est-ce de cette maison qu'il s'agit dans une transaction du 22 août 1515 entre le chapitre et l'université des chapelains de la cathédrale, par laquelle les chapelains abandonnent au chapitre la propriété d'une

Soufflets ; — 1 l. 10 s. sur une maison, même rue ; — 3 l. 10 s. sur une autre maison, id. ; — 10 s sur une petite grange près de la cour de l'officialité ; — 6 l. et un chapon sur une maison près du petit parvis ; — 15 l. sur une maison devant l'Affiquet ; — 2 l. 10 par les religieuses de Saint-Julien sur une maison contre la cathédrale ; — 3 l. 10 s. et un chapon par l'hôpital général sur une maison voisine de la précédente ; — 3 l. et un chapon sur une maison voisine de la précédente ; — 4 l. 10 s. sur la maison de la Table ronde ; — 1 l. 10 s. sur une maison voisine de la précédente ; — 9 l. sur une maison au coin du parvis du côté de l'horloge.

Les cens qui précèdent disparurent lors de la démolition des logettes en 1770 ; la fabrique dut en être indemnisée par le produit des loges de la foire de la Saint-Jean, dont profitaient leurs propriétaires (1). Cependant ce nouveau revenu ne figure pas dans les comptes que nous possédons postérieurement à 1770.

Il faut y ajouter quelques immeubles. C'étaient, d'après les comptes de la fabrique du xviiie siècle qui subsistent, neuf journaux de terre à Bellancourt (2), loués alors 60 l. ; — douze journaux, quarante-six verges à Saint-Maurice, dont la location était de 108 setiers d'avoine en 1740-41, de 110 setiers en 1741-42, de 115 setiers en 1763-64, et de 120 setiers en 1778-79 ; — deux journaux et demi de terres à Salouel, dont la location monte de 1740-41 à 1778-79, de 20 à 26 l. (3) ; enfin plusieurs maisons à Amiens :

Une maison dite de la fabrique, dont nous avons déjà parlé, et que l'on voit mentionnée dès 1324 ; elle était située rue Saint-Denis (4) ; — une maison tenant au petit parvis, vis-à-vis le cloître Saint-Nicolas, et louée 23 l. par an, elle disparut en 1770 avec les autres logettes adossées à l'église ; — de même la grande logette dite de Saint-Christophe, qui rapportait annuellement de 7 à 10 l. de location ; — il n'en fut pas de même de la petite logette de Saint-Christophe, qui survécut à la démolition, et qui, louée 40 s. en 1740-41, puis 6 l. en 1763-64, finit par être abandonnée gratis à la veuve Dobremel ; — une maison claustrale sise à l'entrée de la rue Saint-Denis, louée 400 l. à Pierre Lozé chanoine, et qui avait été annexée à la fabrique par acte capitulaire du 5 février 1776 (5).

Quelques maisons de la cour du Puits de l'Œuvre figurent aussi sur les comptes de la fabrique, du xviiie siècle, mais, habitées par le personnel de l'église, elles ne lui rapportaient rien. C'étaient celles occupées par le vicaire de la

---

maison et ténement « situés et assis sur le parvis d'icelle église, au coing du lez et costé de l'église Saint-Fremin le Confez » ? (Arch. de la Somme, Chapit. d'Am., Arm. I, l. 33, n° 10).

(1) « Le chapitre, en l'an 1770, a fait le rachat et la démolition d'une quantité de petites maisons contre l'église, tant en ladite rue Notre-Dame qu'en celle des Soufflets, fort caduques et nuisibles aux fondements de l'église, qui ont été remboursées aux propriétaires des deniers d'une coupe de bois de réserve obtenue du Roy, lesquelles maisons produisoient annuellement à la fabrique 70 l. de cens, indemnisée depuis par le produit des loges de la foire de la Saint-Jean dont profitoient ces propriétaires ». Compte de la fabrique de 1777-78. Arch. de la Somme, Chapit. d'Am., Arm. I, l. 62 bis.

(2) Ils avaient été donnés par Nicolas Vrayet, prêtre, en 1517, v. s. Voy. ci-dessus, p. 120.

(3) On ne voit plus figurer dans les comptes susdits des terres à Fouilloy, Boves, Hangard et Démuin léguées en 1432 par Jean Lévesque, orfèvre. (Voy. ci-dessus p. 120). — Il y avait aussi des terres à Villers-Bretonneux que les comptes ne mentionnent plus. (Arch. de la Somme, Chapit. d'Am., Arm. I, l. 62).

(4) 1324 : « Une maison assise en la rue Saint-Denis, laquele on apele le maison de le fabrique ». Transact. entre l'échevinage d'Am. et le chapitre de la cath., dans Augustin Thierry, Monum. inéd. de l'hist. du tiers état, t. I, p. 398.

(5) Comptes de la fabr. de 1777-78 et 1778-79.

paroisse Notre-Dame (1), par le clerc de la fabrique et par le garde du chœur (2).

Avec cela, la fabrique n'était pas riche (3) et son revenu suffisait à peine à l'entretien de l'édifice. Il était impuissant à faire face à tout travail extraordinaire. On était alors obligé d'y subvenir par des ressources extraordinaires aussi prises bien souvent, et surtout au xviiie siècle, sur le produit des coupes des bois appartenant au chapitre (4).

D'après le compte de 1357-58, qui fut une année très ordinaire, le total général des recettes de la fabrique fut de 430 l., 18 s., 3 d. ob., celui de ses dépenses, de 240 l. 7 s. ; mais il ne peut suffire à lui seul pour rendre un compte exact de sa situation financière à cette époque. Il ne fut fait cette année-là que des travaux fort peu importants.

Au xviiie siècle, le compte de 1740-41 accuse une recette de 1.100 l., 11 s., 1 d., pour une dépense de 3.201 l., 14 s., 6 d., et enfin celui de 1778-79, le dernier que nous possédions, porte 2.773 l. 16 s. de recette avec 2.855 l. 15 s., 6 d. de dépense; presque tous accusent un déficit plus ou moins considérable, allant même en 1763-64 jusqu'à 5.984 l., 1 s., 8 d.

C'est sans doute pour mettre fin à cette situation fâcheuse, que, tout à la fin de l'ancien régime, lors de la suppression du couvent des Célestins d'Amiens, les biens de ceux-ci furent incorporés à la fabrique de la cathédrale, par décret de l'évêque d'Amiens du 1er août 1781, revêtu de lettres patentes de mars 1782, enregistrées au Parlement le 2 septembre 1783 (5). Ces biens qui, d'après le compte de l'année 1784-85, le seul qui nous en reste, représentaient un revenu de 30.165 l., 9 s., 7 d., avec 3.298 l., 5 s., 9 d., de charges ordinaires et extraordinaires, devaient désormais plus que suffire à l'entretien de l'édifice, qui était estimé alors de 15 à 18.000 l. par an (6).

---

(1) « La maison occupée par M. Asselin, vicaire de la paroisse Notre-Dame (ci-devant extrémiseur général de la ville), scize en la Cour de l'Œuvre, est déclarée dans les anciens comptes de la fabrique appartenir au confesseur du chapitre, qui l'occupoit alors pour la commodité de MM. les chanoines ». Comptes de la fabrique de 1777-78 et 1778-79.

(2) Comptes de la fabrique de 1740-41 à 1778-79.

(3) 1435 : « Quod ad illa debita restauranda ipsius ecclesie fabrice aliis ipsius supportatis oneribus non sufficient facultates ». Bulle d'Eugène IV accordant des indulg. Arch. de la Somme, Chapit. d'Am., Arm. I, l. 1, n° 9.

— 1474: « Pour l'entretènement de la fabrique, laquelle n'avoit comme rien de revenu ». Amortissement par les maire et échevins d'Amiens. Arch. de la Somme, Chapit. d'Am., Invent., Arm. II, l. 56, n° 19 (pièce disparue).

(4) Voy ci-dessus, p. 93. — Bibl. d'Am., ms. 512. fol. 75, v° et 78.

(5) Arch. de la Somme, Chapit. d'Am., Arm. I, l. 57. — Compte de la fabrique du xviiie siècle, Ibid., Arm. I, l. 62 bis. — Ibid., Célestins d'Am., 1er carton.

(6) Rivoira, Descr. de l'église cath. d'Am., p. 54.

Fig. 12. — Grand Portail — Prophéties de Michée et de Jonas

VIII

ÉPOQUE RÉVOLUTIONNAIRE.
1790-1802

En vertu du décret de l'Assemblée Nationale du 2 novembre 1889, qui déclare que « tous les biens ecclésiastiques sont à la disposition de la Nation, à la charge de pourvoir d'une manière convenable aux frais du culte, à l'entretien de ses ministres, au soulagement des pauvres, sous la surveillance et d'après les instructions des provinces », la cathédrale d'Amiens devient propriété nationale. Son entretien ne sera donc plus à la charge du chapitre, qui d'ailleurs va être supprimé, mais à celle de l'administration publique.

Disons-le tout de suite, plus heureuse que bien d'autres édifices religieux, la cathédrale d'Amiens eut en somme peu à souffrir de la Révolution (1), et il faut rendre cette justice aux administrations locales d'alors, c'est que, même aux époques les plus tourmentées, elles n'ont jamais cessé de veiller, dans ce qui était en leur pouvoir, avec une sollicitude digne de tous éloges, à sa conservation et même à celle de son mobilier, sans craindre d'entrer en lutte avec le pouvoir central. Il n'a pas dépendu d'elles que la cathédrale d'Amiens n'ait été convenablement entretenue, et si certains objets mobiliers ont été détruits, c'est qu'il leur a été absolument impossible de les soustraire à la fureur de quelques forcenés.

Les nombreux décrets destinés à procurer de l'argent ou des matériaux, soit pour la confection des armes, soit pour la destruction des monuments de la

---

(1) Les quelques pertes artistiques que la cathédrale eut à supporter pendant la Révolution ne sont rien en comparaison de celles que le zèle décoratif du chanoine Cornet et de Mgr de la Motte lui avait infligées.

royauté et de la féodalité, n'y furent presque jamais appliqués, ou du moins, quand les administrations locales y furent contraintes d'une façon par trop pressante, elles ne le firent qu'avec la plus grande réserve, s'appuyant sur la loi du 23 juin 1790 qui défendait à tout citoyen d'attenter aux monuments dans les temples ni aux décorations des édifices publics en particulier, et sur le décret de la Convention du 6 juin 1793 qui prononçait deux ans de fers contre quiconque dégraderait les monuments des arts dépendant des propriétés nationales.

Nous devons dire bien haut que la sollicitude dont les administrations locales ne cessèrent jamais d'entourer la cathédrale pendant cette période de troubles, fut surtout inspirée par le zèle et le dévouement éclairé de plusieurs citoyens. C'est l'architecte Rousseau (1), qui, durant toute la Révolution, en sa double qualité d'architecte de la ville d'Amiens et du département de la Somme, demeurera chargé de l'entretien et de la conservation de la cathédrale; cet architecte qui ne manquait pas de talent, malgré certaines idées qui tenaient au temps où il vivait, professait pour la cathédrale d'Amiens une admiration peu ordinaire, et pendant tout le temps de la Révolution, il veillera à sa conservation avec un soin jaloux, n'épargnant ni peines ni démarches auprès des administrations pour obtenir que le célèbre édifice soit entretenu comme il le méritait, sans se laisser rebuter jamais par les insuccès ni par la résistance passive de l'administration centrale (2). C'est le juge au tribunal du district Lévrier, homme d'une haute valeur intellectuelle,

(1) Rousseau (Jacques-Pierre-Jean), né à Saumur (Maine-et-Loire) le 27 décembre 1733, était fils de Jacques Rousseau, conseiller en la sénéchaussée de Saumur, et de Charlotte-Perrine-Marguerite Cannay (État-civ. de Saumur). Il vint à Amiens en 1757 en qualité d'inspecteur des Ponts et Chaussées de Picardie. Dans cette ville, ses talents d'architecte et son caractère ne tardèrent pas à être appréciés. Après avoir donné sa démission de ses premières fonctions en 1779, il fut attaché à la ville d'Amiens en qualité d'ingénieur, avec future succession à la place d'architecte de la ville occupée alors par Sellier. La délibération de la municipalité du 12 mai 1779 sur laquelle il fut nommé porte sur lui cette appréciation flatteuse : « qu'il seroit bien avantageux de saisir cette circonstance pour s'attacher M. Rousseau par quelque moyen convenable et analogue à ses goûts et à ses talents, que M. Rousseau avoit donné des preuves multipliées de ses connoissances en architecture, qu'il s'étoit attiré l'estime générale des citoyens, qu'il avoit mérité la reconnoissance de la commune pour les services qu'il lui a rendus avec autant de zèle que de désintéressement et de succès, toutes les fois que le corps municipal a eu recours à lui ». (Arch. de la ville d'Am., BB 94, fol. 145). Nommé en 1789 ingénieur-architecte de la province de Picardie, (Arch. de la Somme, C 2013, p. 371), il restera ingénieur-architecte du département de la Somme jusqu'à sa mort, arrivée à Amiens le 21 brumaire an X (12 novembre 1801. — État civ. d'Amiens). Rousseau fut un chaud partisan de l'école de réaction contre le style tourmenté en honneur pendant une grande partie du XVIII° siècle, école qui produisit le style auquel on donna le nom de Louis XVI ; il fut aussi un de ceux qui transpor-

tèrent dans l'architecture le système décoratif qui eut tant de succès dans les objets mobiliers de cette époque et qui en fait le caractère original. Grâce surtout à lui, la ville d'Amiens possède tout un ensemble d'édifices publics et privés en style Louis XVI tel qu'on en rencontre dans peu d'autres villes, et parmi lesquels il y en a qui ne sont pas sans valeur et sans intérêt, malgré un aspect général un peu froid, surtout quand l'économie l'obligeait à ménager la sculpture, et bien que l'ordonnance architecturale s'y montre trop indépendante de la construction. Nous pouvons citer en première ligne, la charmante façade de la salle de spectacle sur la rue des Trois-Cailloux (1779-1783. — Arch. de la Somme, C 779 à 783), la halle au blé (1781-1788. Ibid., C 732-734), le projet d'une place monumentale de forme ovale sous le nom de place Périgord (du nom du comte de Périgord, gouverneur de Picardie ; auj. place Gambetta), à l'emplacement de l'ancien marché au Blé, et dont un seul pavillon fut exécuté (1781-1782. — Ibid., C 762), la porte d'entrée du Bureau des finances, auj. hôtel de M. de Berny, rue Victor-Hugo (1784. — Ibid., C 1994, fol. 203 v°), la façade principale de l'hôpital Saint-Charles, sur la rue de Beauvais (1787-1789. — Ibid., C 1601), et un grand nombre de maisons particulières. Il travailla aussi en dehors d'Amiens et exécuta notamment à Abbeville la caserne Saint-Gilles, un corps de garde et le Bourdois, ou petit échevinage (1779-1786. — Ibid., 524-529), etc.

(2) C'est la première fois que nous voyons l'entretien et la conservation de la cathédrale, comme ils le seront désormais, confiés à un architecte. Nous avons vu que, même au XVIII° siècle, le chapitre n'en avait jamais eu d'attitré, mais seulement un maître maçon.

amateur d'art distingué, qui sera plus tard correspondant de l'académie des Inscriptions et Belles Lettres, ami de Millin, à qui il fit passer plusieurs dessins de la cathédrale (1). C'est Jean Baron, commis bibliothécaire, auteur de la notice manuscrite sur la cathédrale d'Amiens, à laquelle nous avons fait nombre d'emprunts. C'est aussi le perruquier Lescouvé, maire d'Amiens du 18 janvier 1793 au 5 brumaire an III, qui, sous la rudesse du sans-culotte cachait une âme sincèrement et simplement religieuse, et qui souvent s'interposera tantôt pour sauver des objets d'art, tantôt même pour arracher les reliques des saints à la destruction et à la profanation. Nous devons enfin une mention particulière à l'entrepreneur de bâtiments Bruno Vasseur (2) qui, « plein de zèle pour la conservation de cet édifice, y a fait, de son propre mouvement, pendant cinq ans, beaucoup de réparations et d'avances, pour empêcher la filtration des eaux, dans un moment où il était généralement abandonné de tout le monde » (3). En récompense de son zèle, il aurait, au dire de Gilbert, reçu le titre de conservateur de la cathédrale (4).

C'est exactement le 14 décembre 1790, au soir, que le décret de l'Assemblée Nationale du 12 juillet de la même année sur la constitution civile du clergé, fut exécuté sur la cathédrale d'Amiens. Cette opération ne devait avoir lieu que le 15 au matin (5), mais, à la suite d'une protestation écrite qui lui fut adressée par le chapitre (6), le directoire du district averti qu'une affluence de monde devait se trouver à la cathédrale pour l'empêcher ou au moins pour manifester au chapitre sa sympathie, et craignant quelque émotion, la fit devancer à la veille au soir (7). Déjà l'évêque Louis-Charles de Machault, pour ne pas avoir à obéir au décret de l'Assemblée Nationale du 27 novembre qui enjoignait à tous les ecclésiastiques fonctionnaires publics de prêter le serment d'être fidèles à la Nation, à la Loi et au Roi, et de maintenir de tout leur pouvoir la constitution civile du clergé, avait quitté la France dès les premiers jours de décembre.

En attendant l'organisation définitive du culte constitutionnel, le chœur seul et les sacristies, moins les ornements nécessaires pour le service paroissial, furent fermés et mis sous les scellés, l'office capitulaire supprimé (8). Le service paroissial devait provisoirement continuer à être célébré comme par le passé (9), mais à la

---

(1) Ces dessins dont plusieurs représentaient des monuments aujourd'hui disparus, n'ont malheureusement pas été utilisés dans les *Antiquités Nationales*. Nous ne savons ce qu'ils sont devenus. — Voy. Rivoire, *Descr. de l'église cath. d'Am.*, p. 85.

(2) Bruno Vasseur, maître couvreur et entrepreneur de bâtiments à Amiens, était né vers 1755. Il était, paraît-il d'une habileté extraordinaire à grimper sur les saillies de l'architecture de la cathédrale. Le 25 août 1816, en attachant des lampions sur la façade de l'édifice, pour la fête du roi Louis XVIII, une gargouille sur laquelle il était accroché, se brisa, et il tomba au pied du portail Saint-Christophe. Il expira sur le champ. (Ms. de Baron, p. 51. — Notes mss. concernant la ville d'Am. de 1715 à 1852, appart. à M. G. Baril). Il est enterré au cimetière de la Madeleine à Amiens, sous une ancienne pierre tombale.

(3) Rivoire, *Descr. de l'église cath. d'Am.*, p. 54.

(4) Gilbert, *Descr. hist. de l'égl. cath. d'Am.*, p. 87.

(5) Délibér. du direct. du départ. de la Somme des 2 et 3 décembre 1790. — Délibér. du directoire du district d'Am. du 10 déc. 1790. Arch. de la Somme, série L, Distr. d'Am., Reg. 12, p. 75.

(6) Voy. le texte de cette protestation dans Mioland, *Actes de l'église d'Amiens*, t. II, p. 542. — Darsy, *Amiens et le départem. de la Somme pend. la Révol.*, t. I, p. 207.

(7) Délibér. du direct. du distr. d'Am. du 13 déc. 1790. Arch. de la Somme, série L, Distr. d'Am., Reg. 12, p. 86. — Bibl. d'Am., ms. 832, (Machart, t. IV), p. 389.

(8) « Dès ce moment il n'y eut plus qu'un simulacre de religion ». Bibl. d'Am., ms. 832 (Machart, t. IV), p. 389.

(9) Arrêté du direct. du départ. du 3 déc. 1790.

cathédrale, le service de la paroisse Notre-Dame, qui était fort peu nombreuse, se confondait à peu près avec celui du chapitre; le seul office qui en était distinct se bornait à une messe basse dite le dimanche sur l'autel de la Petite Paroisse, pendant la messe capitulaire, et à laquelle on faisait les annonces concernant la paroisse.

Il ne fut tout d'abord rien changé à cet usage, de sorte que, durant les premiers temps après la dissolution du chapitre, il n'y eut dans la cathédrale d'autres cérémonies religieuses que des messes basses et les prédications de l'Avent que le sieur Jean-Baptiste Vitasse, ci-devant dominicain, fut autorisé par le directoire du département à continuer aux frais du district (1).

Il est probable que cette cessation complète de tout office solennel dans la cathédrale produisit sur le public une fâcheuse impression, si bien que, le 24 décembre, le procureur-syndic du district écrivit au sieur de l'Estocq, ci-devant doyen du chapitre, en sa qualité de curé de la paroisse Notre-Dame, pour l'inviter à faire chanter et célébrer messe et vêpres les dimanches et fêtes. Le lendemain 25, jour de Noël, M. de Lestocq répondit en faisant observer qu'il n'y eut jamais d'autre office paroissial qu'une messe basse pendant celle du chapitre, et que d'ailleurs il n'avait, pour la célébration de l'office solennel ni tuniques, ni chapes, ni ecclésiastiques pour les porter. Ces raisons ne furent pas admises par le district, et les ornements nécessaires au service paroissial furent mis à la disposition du curé. On ne sait la suite qui fut donnée à cette affaire (2), mais M. de Lestocq persista vraisemblablement dans son inaction, car, au mois de janvier 1791, on ne faisait pas encore d'office solennel (3). Le 17 février, la société des Amis de la Constitution obtint du district « l'usage momentané des ornemens nécessaires pour l'office qu'elle se propose de faire célébrer dimanche prochain (20 février) dans la cathédrale de cette ville, et qu'il lui soit permis de faire sonner les cloches de ladite église la veille et le jour de cette cérémonie ». Et cette autorisation est accordée principalement pour cette raison que cette pompe « est d'autant plus nécessaire dans les circonstances actuelles, qu'elle est plus propre à détromper une foule de citoyens égarés par les insinuations perfides de quelques ecclésiastiques réfractaires à la loi, qui, sous le masque hypocrite de la relligion, se permettent de publier dans leurs discours séditieux que l'Assemblée Nationale veut en détruire le culte et en abolir les augustes cérémonies ». Pour cette solennité, les scellés de la grande grille du chœur furent momentanément levés, et un autel placé dans son ouverture, pour empêcher d'entrer dans le chœur. Les ornements nécessaires furent prêtés par la paroisse Saint-Firmin le Confesseur, dont le curé, Brandicourt, avait prêté serment à la Constitution (4).

Cependant l'évêque d'Amiens n'ayant décidément pas prêté le serment constitutionnel, et, après avoir reparu dans cette ville les 28 et 29 janvier, ayant définitivement quitté la France, fut regardé comme démissionnaire. L'assemblée

(1) Arch. de la Somme, série L, Départem., 1er bureau, Reg. 2, fol. 183.
(2) Délibér. du distr. d'Am. du 29 déc. 1790. Arch. de la Somme, série L. Distr. d'Am, Reg. 12, p. 138.
(3) Délib. du direct. du départ. du 11 janv. 1791. Ibid., Départem. 1er bureau, Reg. 3, fol. 27 v°.

(4) Délibér. du direct. du distr. d'Am. du 17 févr. 1791. Ibid., Distr. d'Am., Reg 12, p. 137, et du direct. du départ. du 19 février suivant. Ibid., Départem., 2e bureau, Reg. 1, p. 44. — Cf. DARSY, Amiens et le départ. de la Somme pend. la Révol., t II, p. 167.

électorale pour l'élection d'un nouvel évêque eut lieu dans la cathédrale le dimanche 13 mars, et désigna M. Éléonore-Marie Desbois de Rochefort, curé de Saint-André des Arts à Paris (1), qui prit possession et fut installé solennellement dans la cathédrale le 10 avril suivant (2).

C'est aussitôt après l'installation de l'évêque constitutionnel, que fut appliquée la nouvelle division d'Amiens en cinq paroisses décrétée par l'Assemblée Nationale le 22 janvier précédent. D'après cette nouvelle division, la paroisse cathédrale, sous le vocable de Notre-Dame, devait comprendre l'ancienne paroisse Saint-Firmin le Confesseur, avec des parties de quelques autres contiguës (Saint-Michel, Saint-Remy, Saint-Martin) (3). Le 11 avril, par les soins du district réuni à la municipalité, les églises paroissiales supprimées sont fermées, après inventaire dressé de leur mobilier, et les scellés apposés sur leurs chartriers, leurs sacristies et leurs portes d'entrées. Gaudefroy et Delaroche, officiers municipaux, furent nommés commissaires pour procéder à cette opération à Notre-Dame de la Petite Paroisse et à Saint-Firmin le Confesseur (4).

Nous n'avons pas à nous étendre sur la composition du clergé constitutionnel de la paroisse cathédrale; qu'il nous suffise de dire qu'il se composa de l'évêque, faisant fonction de curé, et de seize vicaires épiscopaux. Le premier vicaire, Brandicourt, ancien curé de Saint-Firmin le Confesseur, qui, aux élections du 13 mars, avait fortement disputé la mitre à M. Desbois de Rochefort (5), ce dont il paraît lui avoir toujours gardé rancune, jouera un certain rôle dans l'histoire de la Révolution à Amiens.

Quant au personnel laïque, il resta généralement en place (6). Dans celui-ci, nous devons une mention particulière au suisse Joseph Scheidegger, qui fut continué dans ses fonctions (7), et qui, durant toute la Révolution et sous tous les régimes, demeurera, jusqu'à son décès arrivé en frimaire an IX (déc. 1800) (8), le fidèle gardien de l'édifice.

(1) Arch. de la Somme, série L, Départem., 2ᵉ bureau, Reg. 1, p. 38.
(2) Arch. de la ville d'Am., P 5, 1791. — Arch. de la Somme, série L, Départem., liasse Cultes. — *Ibid.*, Distr. d'Am., Reg. 13, p. 351. — Bibl. d'Am., ms. 832 (Machart, t. IV), p. 389. — Roze, *Notes pour servir à la continuation du Gallia Christiana*, dans *la Picardie*, t. XIV, 1868, p. 508. — Darsy, *Amiens et le départ. de la Somme pend. la Révol.*, t. I, p. 221.
(3) Arch. de la Somme, Série L, Départem., Cultes.
(4) Arch. de la Somme, Série L, District d'Am., Reg. 13, p. 351. — Arch. de la ville d'Am., P 5, 1791.
(5) Darsy, *Amiens et le départ. de la Somme pend. la Révol.*, t. I, p. 215. — Roze, *Notes pour servir à la continuat. du Gall. Christ.*, dans *la Picardie*, t. XIV, p. 507.
(6) Le service des employés du culte fut organisé provisoirement dans la cathédrale le 1ᵉʳ juin 1791 par les administrateurs du département, après en avoir conféré avec l'évêque; cf. Darsy, *Amiens et le départ. de la Somme pend. la Révol.*, t. II, p. 169.
(7) Arr. du direct. du distr. d'Am. du 18 mars 1791. Arch. de la Somme, Série L, Distr. d'Am., Reg. 13,

p. 149. — Suivant l'arrêté du direct. du département du 5 mai 1791, Scheidegger, suisse, et Nicolas Tigny, portier du chœur, sont définitivement continués dans leurs fonctions à leurs anciens appointements, l'un de 765 l., et l'autre de 879 l. par an. Arch. de la Somme, Série L, Départ. 4ᵉ bureau, 2ᵉ reg., fol. 162. — Voy. aussi l'arrêté du district d'Amiens du 24 germinal an II (13 avril 1794), qui maintient à 600 l. le traitement du citoyen Scheidegger, gardien du temple de la Raison et de la Vérité. Arch. de la Somme, Série L, Distr. d'Am., Reg. nº 54, fol. 75, et celui du 12 fructidor an III (29 août 1795) qui fixe à 1.200 l. les appointements dudit Scheidegger, bien que la cathédrale ait été rendue au culte. Arch. de la Somme, série L, Distr. d'Am., Reg. 56, fol. 233. — Conseil municipal du 30 floréal an V (19 mai 1797). Arch. de la ville d'Am., Reg. 116, fol. 182 v°. — Au 7 pluviôse, an II (15 févr. 1794), Le Brun ci-devant sacristain, était encore gardien de la sacristie de la ci-devant cathédrale. Arch. de la Somme, Série L, Distr. d'Am., Reg. 54, fol. 26 v°.
(8) Lettre du maire d'Amiens au préfet, du 25 frimaire an IX (15 déc. 1800) et réponse du préfet, pour le remplacement de Scheidegger, décédé, par le citoyen Pédot,

Nous savons peu de chose de la fabrique de la cathédrale pendant la période constitutionnelle. Le décret du 12 juillet 1790 sur la constitution civile du clergé, sans rien statuer de nouveau concernant les fabriques des paroisses, en supposait l'existence en décidant que les biens des fabriques des paroisses supprimées passeraient à celles des églises auxquelles elles seraient réunies (1). Il n'y avait pas encore de marguilliers nommés le 2 décembre 1791, car un arrêté du conseil municipal de cette date, décide « qu'il seroit conféré avec M. Brandicourt, premier vicaire épiscopal, sur la nomination à faire des marguilliers de la nouvelle paroisse Notre-Dame » (2). Le lendemain, le département arrêta que la nouvelle paroisse Notre-Dame aurait une administration composée des anciens marguilliers des paroisses supprimées qui lui étaient réunies. Elle s'assembla aussitôt après et nomma Sellier aîné, négociant, pour exercer suivant le désir de l'arrêté du département, jusqu'au 1er janvier 1793 (3).

Un des premiers actes de la nouvelle administration municipale d'Amiens, élue le 28 décembre 1792 avec Lescouvé comme maire, fut de nommer six commissaires par paroisse pour l'administration de la fabrique de chacune d'elles. Celle de la paroisse Notre-Dame fut composée de Lescouvé, maire, Brandicourt, vicaire épiscopal, Bourgeois fils, notables, Sellier-Joron, Legendre de Mailly, Candillon, citoyens externes (4).

La fabrique de la cathédrale pendant la période constitutionnelle n'ayant pas laissé trace de son administration, nous sommes fort peu renseignés sur ses revenus. Tout ce que nous en savons, c'est que, dans une séance du directoire du district d'Amiens du 8 juin 1792, il fut question de lui accorder, à titre de prêt ou d'avance, une somme de 3.000 l. pour frais de culte (5); enfin, au 13 thermidor an II (31 juill. 1794), le compte de ladite fabrique du 1er avril 1793 au 1er frimaire an II, époque de l'abolition de tout culte, présenté par Louis-Jean-Baptiste Sellier, fut arrêté à 5.493 l., 19 s., 10 d. de recettes, pour 5.426 l., 12 s., 9 d. de dépenses (6).

Le 18 avril, la société des Amis de la Constitution fit célébrer dans la cathédrale un service solennel pour Mirabeau, auquel assistaient toutes les autorités. M. Desbois de Rochefort y officia pontificalement, et l'oraison funèbre fut prononcée par l'ancien capucin Bellegueulle, alors principal du collège, aumônier de la garde nationale et des fédérés du département et membre de la société (7).

Quant à l'édifice lui-même et à son mobilier, l'établissement du culte constitutionnel y causa peu de modifications. Nous ne mentionnerons dans cet ordre d'idées que l'enlèvement qui fut fait, après l'élection de l'évêque constitutionnel, des armes de Mgr de Machault peintes sur la chaire ; l'architecte Rousseau les fit remplacer par ces mots *Deo et patriæ* inscrits en lettres d'or sur fond blanc (8).

père, ancien militaire et sergent de ville. Arch. de la Somme.

(1) Tit. I, art. 19.

(2) Arch. de la ville d'Am., Délibér., Reg. 103, fol. 143.

(3) Lettre de Brandicourt aux officiers municipaux d'Amiens du 11 novembre 1792. Arch. de la ville d'Am., P 5.

(4) Conseil général ordinaire de la commune d'Amiens du 28 janvier 1793. *Ibid.*, Reg. aux délibér. n° 105, fol. 153 v°.

(5) Arch. de la Somme, Série L, Distr. d'Am., Reg. 18, fol. 81.

(6) Délibér. du distr. d'Am. du 13 thermidor an II. *Ibid.*, Reg. 55, fol. 50 v°.

(7) Bibl. d'Am., ms. 832 [Machart, t. IV], p. 389.

(8) « État des ouvrages faits par ordre de MM. du directoire du département de la Somme dans la cathédrale d'Amiens, pour l'établissement de barrières et bancs des électeurs qui ont nommé l'évêque constitutionnel dudit département ». Arch. de la Somme, Série L.

De tout temps, les Amiénois ont un peu considéré leur cathédrale comme une place publique, mais il faut croire que le sans-gêne et le désordre augmentèrent avec le culte constitutionnel, car le 5 mai 1791, la municipalité crut devoir faire afficher une proclamation qui nous apprend qu'aux fêtes et dimanches le peuple s'entassait dans le chœur, au point de gêner les cérémonies et d'abîmer les décorations, qu'on s'y promenait, qu'on y entretenait des conversations pendant comme en dehors des offices (1), et, le 13 octobre suivant, le suisse Scheidegger présentait à la municipalité une pétition, dans laquelle il se plaignait de se voir tous les jours « insulté et même maltraité par les habitants de cette ville dont les enfants, pour la plus part assez mal élevés, lui disent mille invectives et le chargent de coups de pierres, lorsqu'il veut les empêcher de commettre des indécences hors et pendant l'office divin, tant dans l'intérieur de l'église que sur le parvis d'icelle, où ils jettent journellement des pierres aux figures qui font la décoration de son alentour », demandant en conséquence à être investi des mêmes pouvoirs que ceux qu'il avait du temps de l'ancien chapitre (2).

Un travail de réparation avait été commencé du temps de l'ancien chapitre et par son ordre par Vallart, maître vitrier, Baffet, maître maçon, Quignon, maître serrurier, et Péteil maître charpentier. Ceux-ci envoient au mois d'avril un mémoire au directoire du district, afin d'être autorisés à terminer ledit travail, et notamment à achever la réparation d'une fenêtre placée au-dessus du portail Saint-Christophe, laquelle menaçait totalement ruine, et dont les pierres calcinées étaient prêtes à tomber. Le directoire du district arrête de proposer à celui du département de faire visiter les lieux par Rousseau, son architecte-ingénieur (3). Rousseau jugea ce travail opportun, et, de plus, le 5 septembre donna ordre au maître maçon Baffet de travailler tant aux galeries intérieures qu'au pavé de la cathédrale, travaux qui durèrent jusqu'au 12 novembre suivant et qui coûtèrent 310 l., 1 s. Ils ne furent payés par le département qu'en l'an II. Remarquons en passant que la délibération du directoire du district pour le paiement de ladite somme qualifie le citoyen Baffet de « maçon ordinaire de la ci-devant cathédrale » (4).

Rousseau eut encore à cette époque à faire réparer par Lescalliet, fils, vitrier, les vitres de l'édifice qui, le 16 août 1791, avaient été brisées par la grêle (5), et à faire terminer un travail d'entretien à la couverture commencé en 1790 par le sieur Paris, couvreur, et qui fut achevé en l'an II (1793-94) (6).

Au mois de septembre, le premier vicaire épiscopal Brandicourt obtient du directoire du district l'autorisation d'échanger les six petites cloches du

---

(1) Arch. de la ville d'Am., P 5, 1791.
(2) Ibid., L 5, 1791.
(3) Délibér. du direct. du distr. d'Am. du 11 avril 1791. Arch. de la Somme, Série L, Distr. d'Am., Reg. 13, p. 361.
(4) Délibér. du direct. du distr. d'Am. du 28 prairial an II (16 juin 1794). Ibid., Reg. 54, fol. 145 v°.
(5) Cette réparation, qui fut exécutée par le sieur Boisdin, vitrier à Amiens, coûta environ 3.000 l., plus 115 l., 7 s. pour mortier à sceller les panneaux, fourni par J.-B. Bienaimé, plafonneur à Amiens. (Délibér. du direct. du départ. de la Somme, du 10 mars 1792. Arch. de la Somme, Série L, Départem., 3ᵉ bureau, Reg. 4, p. 200. — Délibér. du direct. du distr. d'Am. des 29 prairial et 10 messidor an II (18 mai, 28 juin 1794). Ibid. Distr. d'Am., Reg. 54, fol. 148 v° et 193). Elle n'était pas encore finie en novembre 1791. Brandicourt, s'en plaignit au district. (Délibér. du distr. d'Am. du 25 nov. 1791. Ibid. Distr. d'Am, Reg. 65, fol. 43 v°).
(6) Délibér. du direct. du distr. d'Am. du 24 brumaire an III (14 nov. 1794). Ibid., Reg. 55, fol. 195 v°.

clocher doré qui, suivant lui, étaient « peu d'accord, usées et mal moutonnées », contre celles de Saint-Firmin le Confesseur, « qui sont parfaitement d'accord, bien moutonnées et sans aucun défaut » (1). La substitution fut exécutée de septembre 1791 à février 1792 par Petit (Péteil?), maître charpentier à Amiens.

Ne quittons pas l'année 1791 sans rappeler que c'est dans la cathédrale, que, le 28 août de cette même année, eut lieu l'assemblée électorale du département pour l'élection des députés à l'assemblée législative (2), et que, les 15 et 25 septembre, des *Te Deum* y furent chantés en l'honneur de l'acceptation par le Roi de la constitution et de la proclamation solennelle de celle-ci. La première de ces cérémonies fut présidée par l'évêque Desbois de Rochefort, toutes les autorités, l'armée « et un peuple immense remplissoient la cathédrale et faisoient retentir la voûte des cris répétés de *Vive le Roi! Vive la Nation! Vive la Loi!* » (3)

Le 15 décembre 1791, les fabriciens de la paroisse cathédrale demandent à l'administration départementale : 1º la mainlevée des scellés sur les meubles et effets des églises supprimées dont l'ancien territoire est réuni à ladite paroisse, pour pouvoir faire choix et ensuite la demande de ce qui pourra leur être nécessaire; 2º qu'il leur soit délivré un autel et des boiseries pour décorer la chapelle de la Petite Paroisse comme les autres; 3º qu'il leur soit accordé sur le prix de vente du mobilier desdites églises supprimées, des fonds suffisants pour élever dans la cathédrale un banc d'œuvre « qui réponde à la beauté de l'édifice ». Le conseil municipal consulté donna un avis favorable (4). Sur les deux premières demandes, le district fit de même, mais sur la troisième, il répondit, probablement sous l'inspiration de Rousseau, que ce banc d'œuvre ne pouvait être d'aucune utilité, puisque les stalles, presque inoccupées, pouvaient fournir aux fabriciens des places suffisantes, et « que ce banc d'ailleurs, qui occasionnerait une dépense considérable, pour lui donner une forme et une décoration correspondante à la grandeur de l'édifice, ne pourroit servir qu'à l'obstruer et à en altérer la majestueuse simplicité » (5). Il ne paraît pas d'ailleurs qu'il ait été donné suite tout d'abord à cette affaire.

La vente du mobilier des églises supprimées ayant été définitivement fixée au 5 mars 1792, les fabriciens reviennent à la charge. Ils ne parlent plus du banc d'œuvre, mais ont considérablement étendu la liste des objets qu'ils désirent être distraits de la vente en leur faveur. Ils demandent : 1º quatre confessionnaux de la ci-devant paroisse de Saint-Firmin en Castillon; 2º les fonts baptismaux de celle de Saint-Martin; 3º les fonts baptismaux (6), et le grand bénitier de Saint-Firmin le Confesseur; 4º les appuis de communion de Saint-Martin et de Saint-Michel; 5º le coffre d'autel de la paroisse Saint-Michel avec le gradin, le tabernacle, la gloire et le marchepied; 6º tous les lambris du sanctuaire de ladite paroisse, les bancs du chœur, avec les dossiers et marchepied et les lambris des

---

(1) Délibér. du direct. du distr. d'Amiens du 26 septembre 1791. *Ibid.* Reg. 16, fol. 49; et du 2 thermidor, an II (20 juill. 1794). *Ibid.*, Reg. 55, fol. 32. — Rappelons-nous qu'avant la Révolution, Brandicourt avait été curé de Saint-Firmin le Confesseur.

(2) DARSY, *Amiens et le départ. de la Somme pend. la Révol.*, t. II, p. 176.

(3) Délibér. de la municipalité d'Am., Reg. 103, fol. 80 et 85.

(4) Arrêté du 4 janv. 1792. Arch. de la ville d'Am., Reg. aux délibér. nº 103, fol. 167.

(5) Délibér. du direct. du distr. d'Amiens du 10 janv. 1792. Arch. de la Somme, Série L, Distr. d'Am., Reg. 17, fol. 80.

(6) Pourquoi tant de fonts baptismaux?

piliers ; 7° enfin les deux figures qui accompagnent l'autel de la paroisse de Saint-Firmin le Confesseur, celle de saint Firmin, celle de saint Sauve, et le banc des confrères de Notre-Dame de Bon-Secours. La municipalité et le district (1) avaient donné un avis favorable, mais le département ayant quelques doutes sur la légitimité de la demande ordonna que les objets mobiliers ainsi réclamés seraient provisoirement retirés de la vente, jusqu'à ce que le ministre de l'intérieur, à qui il soumettait la question, ait statué (2). La réponse du ministre dut être favorable, car, par le fait, la plupart des objets demandés fut transportée dans la cathédrale. Les fonts baptismaux de Saint-Firmin le Confesseur furent placés dans la chapelle XIV, où ils sont encore aujourd'hui ; l'autel et les lambris de Saint-Michel, les deux figures qui accompagnaient l'autel de Saint-Firmin le Confesseur, fournirent à la Petite Paroisse une décoration qui subsista jusqu'en 1853, enfin l'image miraculeuse dite de saint Sauve fut placée dans la chapelle V, où elle est encore exposée à la vénération des fidèles. Quant aux autres objets, nous n'en avons jamais trouvé la trace dans la cathédrale. Le département n'avait d'ailleurs pas été d'avis de livrer les confessionnaux, trouvant que la cathédrale en était déjà suffisamment pourvue (3).

Le dimanche 26 février, avait eu lieu dans la cathédrale la bénédiction des drapeaux de la nouvelle garde nationale, et à laquelle assistèrent toutes les autorités et les troupes. Cette cérémonie fut présidée par le premier vicaire Brandicourt qui prononça un discours « analogue à la cérémonie et aux circonstances politiques de la France » (4).

Quoi qu'en dise Rivoire (5), il faut croire que le décret du 30 juillet 1791 qui proscrivait toutes les marques de la féodalité, n'avait été appliqué à la cathédrale qu'avec une assez grande réserve (6), car au mois de mai 1792 il restait encore passablement d'armoiries sur plusieurs de ses monuments. La vue de ces emblèmes proscrits échauffa le patriotisme de plusieurs volontaires du bataillon des Côtes-du-Nord alors de passage à Amiens ; ils arrachèrent d'un mausolée « un vieil écusson » et un autre à la grille d'une chapelle, et auraient encore commis d'autres méfaits, s'ils n'avaient été arrêtés par deux officiers de leur bataillon. Ils en avaient d'ailleurs fait autant sur divers points de la ville notamment à la porte du jardin de l'Arbalète et au bâtiment de l'Élection ; ils avaient arrêté un colporteur dont la cocarde n'était pas aux nuances règlementaires (7).

Le dimanche 17 juin 1792, à 4 heures de l'après-midi, dans la cathédrale, assemblée de tous les citoyens réunie par le conseil municipal, pour qu'il leur soit donné connaissance de la loi du 6 mai et de l'arrêté du directoire du département du 1er juin, concernant le complètement des bataillons de volontaires nationaux (8).

Le 15 août, malgré le décret de la veille qui la supprimait et qui ne fut

---

(1) Délibér. du distr. d'Amiens du 28 févr. 1792. Arch. de la Somme, Série L, Distr. d'Am., Reg. 17, fol. 159 v°.

(2) Délibér. du direct. du départem. du 3 mars 1792. Ibid., Départem., 4° bureau, Reg. 5, fol. 1.

(3) Délibér. du 3 mars. Ibid.

(4) Arch. de la ville d'Am., Reg. aux délibér. n° 104, fol. 8 v°. — Cf. Darsy, Amiens et le départ. de la Somme pend. la Révol., t. II, p. 179.

(5) Descr. de l'église cath. d'Am., p. 119.

(6) Cf. délibér. du 29 nov. 1791, pour l'enlèvement des armoiries de la salle de spectacle et autres édifices publics. Arch. de la ville d'Am., Reg. aux délibér., n° 103, fol. 140.

(7) Délibér. du 23 mai 1792. Arch. de la ville d'Am., Reg. aux délibér. n° 104, fol. 71. Ibid., P. 5, dossier sur ladite affaire.

(8) Délibér. du 12 juin 1792. Ibid., Reg. 104, fol. 86 v°.

sans doute pas connu à temps à Amiens, la procession du vœu de Louis XIII eut encore lieu comme de coutume, et la municipalité y assista (1). Le 30, sur la demande des députés du département, le conseil général de la commune arrêta de faire procéder à la visite de tous les métaux qui pouvaient se trouver dans les maisons et édifices nationaux, et susceptibles d'être vendus. Thierry et Delaroche sont désignés par le sort pour faire cette visite à la cathédrale (2). On ignore quel en fut le résultat.

Le 1er septembre à sept heures du soir, réunion des autorités à la cathédrale, par Merlin de Thionville et Jean Debry, commissaires de l'Assemblée Nationale, Legendre, commissaire du pouvoir exécutif, et Garnier, leur secrétaire, et à laquelle les citoyens sont convoqués. Ceux-ci sont invités par les commissaires à respecter les autorités et les propriétés et à voler à la défense de la liberté. Un grand nombre d'enrôlements volontaires se font séance tenante (3).

Le 3 octobre, nouvelle assemblée générale dans la cathédrale, convoquée par le représentant Saladin, pour aller au secours de Lille assiégée (4).

Toutes ces réunions réitérées, et surtout les enrôlements de volontaires, qui se faisaient dans la cathédrale même, n'étaient pas sans y occasionner du tumulte; on y courait, on y dansait, on s'y jetait des chaises à la figure ; malgré toute sa tolérance, le premier vicaire Brandicourt s'en plaignit au conseil général de la commune (5).

Suivant le manuscrit de Baron (6), c'est en 1792 que l'on aurait fait disparaître les étoiles qui étaient en guise de fleurons à la couronne servant de balustrade à la plateforme où la flèche prend son origine et qu'on aurait effacé les fleurs de lis qui étaient peintes sur ses faces.

Pour en finir avec l'année 1792, il ne nous reste plus qu'à mentionner l'établissement fait au mois d'octobre d'un corps de garde dans un des bâtiments de la cour du Puits de l'Œuvre (7).

Il paraît qu'au commencement de l'année 1793, il avait été question de profiter de la vente projetée des terrains de Saint-Firmin le Confesseur et de l'évêché, pour tracer de nouvelles rues et dégager la cathédrale de ce côté. Un mémoire, qui ne nous est point parvenu avait été rédigé dans ce sens le 21 février, probablement par l'architecte Rousseau (8).

(1) Darsy, *Amiens et le départ. de la Somme pend. la Révol.*, t. II, p. 186.

(2) Arch. de la ville d'Am., Reg. aux délibér. n° 104, fol. 166 v°.

(3) Arch. de la ville d'Am., Reg. aux délibér. n° 103, fol. 173. — Cf. Darsy, *loc. cit.*, t. II, p. 191. — Roze, *Notes pour servir à la continual. du Gallia Christ.*, dans *la Picardie*, t. XV, p. 45. — Il y eut encore d'autres séances analogues les jours suivants dans la cathédrale. Arch. de la ville d'Am., *ibid.*

(4) *Ibid.*, n° 105, fol. 25.

(5) Lettre de Brandicourt aux officiers municipaux, du 15 oct. 1792. Arch. de la ville d'Am., P 5. — « Vu la pétition du citoyen Brandicourt, premier vicaire épiscopal, qui se plaint qu'il se fait dans l'église cathédrale des rassemblements d'enrôlés, ce qui occasionne des irrévérences; il est arrêté qu'il sera écrit au citoyen Démanché, commissaire du département, pour lui proposer de faire faire ces rassemblements dans l'édifice vacant qui servoit ci-devant d'église à la paroisse Saint-Michel ». Cons. gén. de la commune d'Am. du 15 octobre 1792. Arch. de la ville d'Am., Reg. aux délibér. n° 105, fol. 43 v°.

(6) P. 45.

(7) Délibér. du direct. du distr. d'Am. du 19 octobre 1792. Arch. de la Somme, Série L, Distr. d'Am. Reg. 19, fol. 81.

(8) Renseignements résultant d'une note jointe au dossier de la vente du terrain de Saint-Firmin le Confès demandée par le sieur Antoine Delattre, le 3 thermidor an V (21 juill. 1797). Arch. de la Somme, Série Q. Ventes de biens nationaux.

ÉPOQUE RÉVOLUTIONNAIRE — 1790-1802.   135

On ne sait pas au juste à quel moment les monuments de bronze renfermés dans la cathédrale ont été enlevés. Rivoire place le fait en 1793 (1). Trois de ces monuments ont seuls été respectés : la petite plaque de Jean Avantage dans la chapelle XX, qui fut sans doute oubliée, et les deux tombes de bronze du xiiie siècle des évêques Evrard et Geoffroy qui durent leur conservation à l'intervention de Lévrier (2). Il est probable qu'il n'a pas tenu qu'à lui de sauver les autres; il avait du moins fait prendre le dessin du monument d'Alphonse Le Mire, pour l'envoyer à Millin (3). Dès le mois de juillet 1792, le conseil général de la commune d'Amiens avait demandé au directoire du département les moyens d'acquérir vingt canons pour les dix bataillons de la garde nationale, tant par la fonte des anciens canons, que par celle des vieilles tombes de cuivre existant dans la cathédrale. Le département autorisa la commune sur le premier point, mais garda le silence sur la question des vieilles tombes (4). Il est vraisemblable que la destruction des monuments de cuivre n'eut lieu que plus tard, sans doute, comme le dit Rivoire, en 1793. Il faudrait peut-être même en reculer la date jusqu'en germinal an II (5).

Les décrets sur la destruction des effigies des rois et des insignes de la féodalité, et notamment celui du 2 septembre 1793, n'ont à peu près pas, nous l'avons dit, reçu leur application sur notre cathédrale. Les statues des rois de la façade ne furent pas détruites, comme à Paris, tout au plus fit-on semblant d'en enlever les couronnes, fleurs de lis et sceptres. Celles de Charles V, de ses fils et de ses ministres aux chapelles II et III passèrent inaperçues, car il ne semble pas qu'on y ait touché, pas même aux blasons qui les accompagnent (6). Seules les statues de saint Louis et d'Esther qui s'élevaient sur les autels Saint-Sébastien et Notre-Dame du Puy, furent mises en pièces, comme nous allons le voir. C'est aussi pendant la Révolution que les fleurs de lis qui

---

(1) *Descr. de l'église cath. d'Am.*, p. 97. — Nous venons de voir que, dès le 30 août 1792, on avait arrêté de faire la visite de tous les métaux susceptibles d'être vendus. Sur une lettre des représentants du peuple en mission dans le département de la Somme, le conseil général de la commune d'Amiens avait pris, le 9 avril 1793, un arrêté instituant une commission pour dresser « l'état des métaux de toute espèce qui existent dans l'étendue de cette municipalité et qui pourront être utilement employés à faire des armes et des canons ». (Arch. de la ville d'Am., Reg. aux délibér. n° 106, fol. 47), laquelle commission a déposé son rapport le 19. (*Ibid.*, fol. 58 v°).

(2) Rivoire, *Descr. de l'église cath. d'Am.*, p. 97.
(3) *Ibid.*, p. 85.
(4) Délibér. du direct. du départ. de la Somme du 24 août 1792. Arch. de la Somme, Série L, Départem.; Cons. gén., Reg. 3, fol. 50 v°. — Cf. Darsy, *Amiens et le départ. de la Somme pend. la Révol.*, t. II, p. 187. — Voy. le procès-verbal de visite des objets de cuivre existant dans la cathédrale, du 31 août 1792 par Thierry et Bastard de la Roche, commissaires nommés par le conseil général de commune d'Amiens. Arch. de la ville d'Am., P 5.

(5) Règlement du mémoire du citoyen Baffet, maçon, des travaux faits pour lui au temple de la Raison, du 11 au 19 germinal an II (31 mars, 7 avril 1794). Arrêté du distr. d'Am. du 3 fructidor an II (20 août 1794). Arch. de la Somme, Distr. d'Am., Reg. 55, fol. 84. — Cf. « État des objets en bronze et en cuivre qui sont en l'église cathédrale d'Amiens et qui pourroient être convertis en canons pour la garde nationale ». Cet état ne comprenait que les deux tombes en bronze des évêques fondateurs, les balustres et les vases et les portes des deux chapelles XV et XVI, le lutrin de cuivre et un bénitier de même métal. Seuls ces deux derniers objets et les portes des chapelles XV et XVI ont été effectivement détruits. (Arch. de la ville d'Am., P 5, 12 avril 1793).

(6) Ms. de Baron, p. 22. — États dressés pour la restauration des sculptures de la cathédrale en 1842 (Arch. de la Somme, Série V, Édif. diocés.). — Circulaire de Roland aux administrations de départements, les informant « qu'un décret de la Convention Nationale du 21 déc. dernier lui ordonne de rendre compte dans la quinzaine des diligences qu'il a dû faire pour l'exécution de la loi relative à la suppression des insignes de la royauté et de la féodalité ».

garnissaient les dossiers des stalles ont été enlevées. On en ignore le moment précis.

Le 24 mars 1793, réunion dans la cathédrale convoquée par les représentants du peuple Saladin et Pocholle, pour engager les citoyens à partir pour défendre la patrie en danger (1).

Le 26 juillet, assemblée générale des citoyens dans la cathédrale, convoquée par les représentants du peuple André Dumont et Chabot qui venaient d'arriver. Chabot pérora dans la chaire, tenant, dit-on, un pot de vin du contenu duquel il arrosait fréquemment son éloquence (2). Le 29, séance tumultueuse encore dans la cathédrale, où se trouvaient, au milieu d'une grande affluence, toutes les autorités constituées, le général d'Hure, les colonel et lieutenant-colonel de la cavalerie et l'état-major de la garde nationale, convoqués par les représentants du peuple (3). Le citoyen Evrard, président de la société populaire y prit la parole (4) ainsi que le représentant Chabot, qui croyait sans cesse entendre battre la générale (5).

Nous verrons que c'est un peu avant le 17 août que toutes les cloches furent brisées à l'exception des deux bourdons, qui survécurent à la Révolution.

Le 9 septembre, l'évêque Desbois de Rochefort, cité par André Dumont devant la société populaire pour n'avoir pas voulu donner son approbation à la loi du divorce et au mariage des prêtres, est arrêté et incarcéré (6). Cependant, le 25, la procession de saint Firmin se fait encore, mais sans sortir (7). Dès le 18, un décret de la Convention avait réduit à 6.000 l. toutes les pensions et traitements accordées aux évêques, et supprimé celles des vicaires épiscopaux. Le 21 octobre, André Dumont arrête que, considéré que, d'après le décret du 5 octobre il n'y a plus de fêtes ni de dimanches, tout prêtre convaincu d'avoir les jours ci-devant ainsi dénommés, célébré des offices tels que grand'messes, vêpres, saluts ou matines, sera arrêté et livré au tribunal criminel (8).

Un autre arrêté de Dumont du 6ᵉ jour de la 1ʳᵉ décade du 2ᵉ mois de l'an II (27 oct. 1793), ordonne que toutes les croix et crucifix placés dans les villes, villages, rues et places publiques, seront enlevés, et ceux qui se trouvent au haut des clochers et édifices publics, remplacés par une flamme tricolore (9). Le 29 brumaire (19 nov.), cet arrêté n'avait pas encore été mis à exécution, André Dumont en exprime son mécontentement à la commission Révolutionnaire du département et à la commune, ordonnant que cette opération ait lieu sous les quatre jours, sous peine d'arrestation de tous les membres du conseil général de

---

(1) Roze, *Notes pour servir*, etc., p. 47.
(2) Duseviel, *Hist. de la ville d'Amiens*, p. 466. — Cons. gén. de la commune d'Am. du 26 juillet 1793. Arch. de la ville d'Am., Reg. aux délibér. nᵒ 107, fol. 2.
(3) Arch. de la Somme, Série L, Distr. d'Am. Reg. 43, fol. 187.
(4) Bibl. d'Am., Impr., Hist. 3793³³, t. II.
(5) Procès-verbal de ladite séance, aux Arch. de la ville d'Am., Reg. aux délibér. nᵒ 107, fol. 10 vᵒ.
(6) Roze, *Notes pour servir*, etc., p. 81.
(7) *Ibid.*, p. 81. — Celles de l'Ascension et du Saint-Sacrement avaient eu lieu comme de coutume : le conseil général de la commune y avait assisté en corps.

(Arch. de la ville d'Am., Reg. aux délibér. nᵒ 106, fol. 84, 110 vᵒ et 113 vᵒ).
(8) Délibér. du direct. du départ. du 6ᵉ jour du 2ᵉ mois an II. Arch. de la Somme, Série L, Départem., 2ᵉ bureau, 7ᵉ reg., fol. 52 vᵒ. — Délibér. du Cons. gén. extraord. de la commune d'Amiens du 9ᵉ jour du 2ᵉ mois de l'an II. Arch. de la ville d'Am., Reg. aux délibér. nᵒ 107, fol. 155 vᵒ. — Roze, *Notes pour servir*, etc., p. 83.
(9) Arch. de la ville d'Am., P 5, affiche impr. — Délibér. du direct. du départ. du 6ᵉ jour du 2ᵉ mois, an II. Arch. de la Somme, Série L, Départ., 2ᵉ bureau, 7ᵉ reg., fol. 52 vᵒ. — Roze, *Notes pour servir*, etc., p. 83.

la commune. Tous les charpentiers et serruriers de la ville sont réquisitionnés à cet effet (1). A la cathédrale, les croix qui surmontaient les tours de la façade et celle qui s'élevait à l'extrémité du chevet furent seules enlevées tout d'abord. Le furent-elles même dans le délai prescrit par André Dumont ? nous ne le savons pas au juste, toujours est-il que ce n'est que le 3 nivôse (23 déc.) que la veuve Malivoir, plombière, fit boucher de plomb les trous qui étaient résultés de cette mutilation (2). La croix de la flèche demeurera encore quelque temps en place.

Le 3ᵉ jour de la 3ᵉ décade du 2ᵉ mois (13 nov.), André Dumont prit un arrêté ordonnant à la commission Révolutionnaire du département de faire enlever « tous les saints, encensoirs, coupes, chandeliers et autres objets d'or et d'argent de toutes les églises du département, en en exceptant néanmoins, pour cette fois, un seul calice par paroisse, et de faire disposer et peser le tout de manière qu'à la première réquisition, on puisse en faire l'envoi à la Convention » (3).

Le jour même, la commission Révolutionnaire du département nomme un de ses membres Honoré-François Dequen, commissaire, pour l'exécution dudit arrêté dans la cathédrale, avec les deux commissaire de la municipalité, Louis Lescouvé, maire, et Delleys, officier municipal, et, dès le jour même, à quatre heures du soir, cette commission se met à l'œuvre. Le travail dura jusqu'au 25 inclus (4). C'est dans cette circonstance que Lescouvé parvint à sauver le chef de saint Jean-Baptiste, les reliques de saint Firmin et les autres reliques de la cathédrale (5).

Enfin, le 22 brumaire an II (12 nov. 1793), André Dumont convoque dans la cathédrale la commission Révolutionnaire du département, le district et les tribunaux, et, du haut de la chaire, au milieu d'une harangue incendiaire, il proclame que ce temple sera désormais le *Temple de la Raison et de la Vérité* « et que l'on ne s'y réuniroit que pour honorer la vertu et soulager l'humanité souffrante » (6). Il

---

(1) Séance de la comm. Révolut. du départ. de la Somme du 29 brumaire an II. Arch. de la Somme, Série L, Reg. de lad. comm. n° 6, p. 61. — Cons. gén. ordin. de la commune d'Amiens du 29 brumaire an II. Arch. de la ville d'Am., Reg. aux délibér. n° 108, fol. 5 v°.

(2) Mémoire de la veuve Honoré Malivoir, plombière. Arch. de la ville d'Am., P 5, an II.

(3) Arch. de la ville d'Am., P 5, affiche impr. — Séance de la comm. Révolut. du départ. de la Somme du 23 brumaire an II. Arch. de la Somme. Série L, Départem., 2ᵉ bureau, Reg. 7 fol. 71. — Dès le 3 brumaire, la comm. Révolut. du départ. avait pris un arrêté portant, entre autres choses, que les officiers municipaux adresseraient dans le plus bref délai au district l'état des argenteries des églises disponibles. Delys, notable, avait été nommé commissaire pour Notre-Dame. (Cons. gén. ordin. de la commune d'Am., du 15 brumaire an II. Arch. de la ville d'Am., Reg. aux délibér. n° 107, fol. 157. — Cf. ms. de Baron, p. 116.

(4) Procès-verbal de l'enlèvement de l'or et de l'argenterie de la cathédrale des 23 à 25 brumaire an II, Arch. de la ville d'Am., P 5.

(5) Roze, *Notes pour servir*, etc., p. 85. — On connait la curieuse lettre d'André Dumont du 11 frimaire an II, où il s'exprime ainsi au sujet du reliquaire du chef de saint Jean-Baptiste : « Il faut néanmoins convenir que Messieurs les saints étaient des personnages bien précieux à garder, car j'apprends à l'instant que, parmi tous ceux qui se rassemblent dans les salles du département, la seule tête de Monsieur saint Jean vaut 150.000 l. Ils étoient si luxueux, ces Messieurs, qu'on avoit fait à leurs os de petits édifices en or et en argent, et qu'au lieu de tuiles on d'ardoises, on les avoit couverts en pierreries ». Recueil factice sur André Dumont, par Devérité, collect. de M. Fournier, conseiller à la cour d'appel d'Amiens. — En vendémiaire an III (oct. 1794), la commission des Arts près le district d'Amiens, écrivit au comité d'instruction publique de la Convention pour obtenir la réintégration dans le muséum du district de toutes les pierres gravées et autres qui se trouvaient dans les pièces d'orfèvrerie ainsi envoyées à Paris et détruites, et cela conformément aux instructions des comités ecclésiastique, des domaines nationaux et de l'instruction publique, mais il ne paraît pas qu'il ait été fait droit à cette demande. (Commiss. des Arts, délib. du 17 vendém. an III. Bibl. d'Am., ms. 512, fol. 26).

(6) Arch. de la ville d'Am., Reg. aux délibér. n° 107, fol. 176 v°. — Adresse envoyée par les autorités constituées et la société populaire de la commune d'Amiens à la Convention. Bibl. d'Am., Impr., Hist. 3793ᵗⁱ, t. II, publ. dans Darsy, *Amiens et le départ. de la Somme pend. la Révol.*, t. II, p. 19.

138   HISTOIRE.

fut en outre décidé qu'à l'instar de la fête de la Raison qui avait eu lieu le 20 à Notre-Dame de Paris, une fête semblable serait faite à Amiens le décadi 30 brumaire suivant. C'est, paraît-il, dans cette fameuse séance qu'André Dumont aurait fait jeter par terre les statues de saint Louis et d'Esther par Blasset qui décoraient les chapelles Saint-Sébastien et Notre-Dame du Puy. Dans sa fureur, la populace se précipitait déjà sur le sanctuaire pour y détruire les « hochets du fanatisme », le nez de Saint-Jean sur le premier médaillon à gauche était déjà brisé, lorsqu'elle fut arrêtée par le représentant du peuple lui-même, qui jugea que le sacrifice de deux statues suffisait pour cette fois à compléter les effets de son éloquence et leur lança ces vers de Voltaire :

> Cessez de mutiler tous ces grands monuments,
> Ces prodiges des arts consacrés par les temps,
> Respectez-les, ils sont le prix de mon courage, etc. (1).

Le 25, les autorités constituées et la société populaire de la commune d'Amiens réunies envoient une adresse à la Convention, pour lui faire savoir que, sur l'initiative d'André Dumont, le culte de la Raison vient d'être inauguré dans l' « église principale » (2).

La fête du 30, en l'honneur de la Raison, fut célébrée avec un éclat extraordinaire. Nous ne pouvons entrer dans les détails de cette fête qui eut lieu sur la place du Marché et dans la cathédrale. Bornons-nous à mentionner en quelques mots les transformations que l'on fit subir à celle-ci pour en faire un temple de la Raison, et les décorations qu'elle reçut pour la circonstance. Le tout fut fait sous la direction de l'architecte Rousseau, qui ne manquait pas de goût. Rendons cette justice aux organisateurs de la fête, c'est que rien de l'édifice ni de son ameublement ne fut touché. On se contenta d'enlever quelques objets du culte, de mettre à diverses places des guidons avec emblèmes et inscriptions, et des inscriptions peintes et dorées sur des châssis de toile, et dont quelques-uns étaient destinés à « effacer différentes marques du fanatisme ». Dans l'intérieur du temple on lisait :

LE FANATISME DÉTRUIT, LA VÉRITÉ TRIOMPHE.

Dans un médaillon au-dessus de la grille du chœur :

LA FÉODALITÉ ET LES PRIVILÈGES SONT ANÉANTIS, L'ÉGALITÉ RÈGNE.

Sur la chaire :

L'IMPOSTURE A DISPARU, LA VÉRITÉ RESTE.

---

(1) *L'Orphelin de la Chine.* — Ms. de Baron, pp. 116 et 232. — Rivoire, *Descr. de l'église cath. d'Am.*, p. 144.
(2) Le feuillet du reg. aux délibér. du départem. qui contenait le discours prononcé par le président de la comm. Révolut. et l'adresse a été arraché. (Délibér. de la comm. Révolut. du départ. de la Somme du 24 bru- maire an II. Reg. de lad. comm. n° 6, pp. 57 et 58), mais le texte de l'adresse a été imprimé. Il se trouve notamment à la bibl. de la ville d'Am., n° 3793^{II}, t. II, et a été récemment publié à nouveau par Darsy, *Amiens et le départ. de la Somme pend. la Révol.*, t. II, p. 19.

Sur chacun des autels de côté (XV et XVI), sur lesquels brûlaient de l'encens :

A Pelletier (sic) et Marat, assassinés pour avoir voté la mort du tyran et défendu le peuple, la Patrie reconnaissante.

L'immortel Beaurepaire préfère se donner la mort a trahir ses devoirs.

Sur le principal autel :

La Vérité et la Raison.

Au-dessous :

La République une, indivisible, l'Égalité, la Fraternité, la Liberté ou la Mort.

Sur l'autel était placé un vase avec ces mots :

Soulagement des pauvres.

Parmi les artistes qui prirent part à cette décoration, relevons les noms des peintres Crutwel, Coquelet, Mathieu, Mellier ; du sculpteur Gruau et du compagnon sculpteur Zenovini (1).

La fête se passa comme toutes celles du même genre et en imitation de celle de Paris : des discours et des chants de circonstance, une déesse vivante portée sur un brancard et assise sur le maître-autel, etc. (2).

A partir de ce moment, toute espèce de culte a cessé dans la cathédrale, comme dans les autres églises. Elle ne servit plus que de lieu d'assemblée où avaient lieu les réunions décadaires pour la lecture des lois et autres exercices civiques, et qui se tenaient tous les décadis à dix heures du matin, et les autres assemblées où il devait y avoir affluence de peuple. Jusqu'au 5 germinal an III (25 mars 1795), les réunions décadaires furent annoncées par le son des bourdons, mais à cette époque, on abandonna cet usage comme trop coûteux (3).

Ces réunions ne se tenaient que dans la nef, et, pendant toute cette période, jusqu'à ce que l'église fût de nouveau rendue au culte, les grilles du chœur demeurèrent fermées par les soins des gardiens, et notamment du suisse Scheidegger ; pour plus de sûreté, le maire Lescouvé aurait, paraît-il, fait renforcer les serrures par des chaînes de fer (4).

C'est peu de jours après la fête du 30 brumaire, que l'architecte Rousseau présenta à André Dumont son célèbre mémoire (5) dans lequel il proposait de

---

(1) Projet de la fête du 30 brumaire an II, et « État de dépense de la fête civique donnée en vertu des ordres de la municipalité d'Amiens, au sujet de la plantation des arbres de la Liberté et de la Fraternité et du convertissement de la cy-devant cathédrale dans le temple de la Raison », du 30 floréal an II, par Rousseau. Arch. de la Somme, Série L. — Arr. de la comm. provis. du départ. de la Somme du 29 brumaire an II. Arch. de la Somme, Série L, Reg. de lad. comm., n° 6, p. 59.

(2) Cf. Dusevel, Hist. de la ville d'Amiens, p. 511. — Darsy, Amiens et le départ. de la Somme pend. la Revol., t. II, p. 21.

(3) Délibér. du cons. gén. extraord. de la commune d'Am. du 5 germinal an III. Arch. de la ville d'Am.,

Reg. aux délibér. n° 111, fol. 150 v°.

(4) Ms. de Baron, p. 117. — Jourdain et Duval, Hist. et descr. des stalles de la cath. d'Amiens, dans Mém. de la Soc. des Ant. de Pic., in-8°, t. VII, 1844 p. 139.

(5) Lettre de Rousseau aux administrateurs du départ. de la Somme du 7 frimaire an II, leur envoyant copie dudit mémoire. Arch. de la Somme, Série L, Département, Cultes. — La bibl. de la Soc. des Ant. de Picardie possède un second exemplaire de ce mémoire. — Jourdain et Duval, Hist. et descr. des stalles de la cath. d'Amiens, dans Mém. de la Soc. des Ant. de Pic., in-8°, t. VII, 1844, p. 480. — Bull. de la Soc. des Ant. de Pic., t. II, 1846, p. 32. — Bibl. d'Am., mss. 512 et 836 (Machart, t. VIII), p. 531.

consommer la transformation de l'édifice en temple de la Raison par des moyens beaucoup plus radicaux que des châssis de toile peinte. Il demandait tout simplement que l'on fît promptement disparaître « ces chapelles de goût tudesque adossées aux piliers, ces ambons, ces vieilles stales gothiques, qui ont jusqu'ici défiguré l'une des plus superbes baziliques de l'Europe ». A la place, il projetait de mettre au centre du rond point, dégagé de toutes ses grilles et de toutes ses barrières, et élevé seulement de trois marches, l'autel de la Patrie; et voici comme il le concevait : « Je voudrois, qu'il fût simple et qu'il portât un grand caractère : je n'y admettrois que des ornements sérieux et ménagés, je le composerois d'un fort stilobate quarré, accompagné de quatre autels en forme de demi-cercle sur chacune de ses faces. Au-dessus, je placerois un piédestal circulaire de belle proportion, qui serviroit de support à la statue de la Liberté assise; je groupperois le tout, de manière à en faire une masse imposante et capable de produire la plus grande sensation ». Au centre de la croisée, devait s'élever le symbole de l'immortalité figuré par une grande pyramide cantonnée de faisceaux et ornée des bustes des républicains législateurs morts pour la patrie, et en particulier de ceux de Lepelletier et de Marat; la pyramide serait surmontée d'un globe sur lequel reposerait un faisceau. Dans les chapelles dépouillées de leurs grilles et de leurs autels et fermées par de petits murs en pierre, on établirait des dépôts d'armes, d'appareils de gymnastique, des buffets, des salles de comités particuliers, etc.

L'exemplaire de ce mémoire que possède la société des Antiquaires de Picardie porte ces mots d'une autre main, mais qui ne paraît pas être, comme on l'a cru, celle d'André Dumont : « Cette proposition n'est pas admissible et ne mérite pas de réponse ».

Dans ce mémoire qui, au premier abord, semble assez mal s'accorder avec la sollicitude dont Rousseau n'a jamais cessé d'entourer la cathédrale pendant toute la Révolution et avec l'admiration souvent enthousiaste qu'il professait pour elle, il faut voir, croyons-nous, autre chose que la rêverie d'un sans-culotte en délire, ou même qu'une flagornerie à l'endroit des puissants d'alors. Ce n'est que l'expression des idées de beaucoup d'artistes de cette époque à l'égard de l'architecture gothique en général et de la cathédrale d'Amiens en particulier. Rappelons-nous ce que, peu d'années auparavant, écrivaient l'abbé Laugier et l'architecte Sellier; nous verrons plus loin le projet de maître-autel qui avait été donné par le même Rousseau. Ce sont exactement les mêmes principes, énoncés il est vrai en syle révolutionnaire, mais c'était le seul qui fût de mise alors : et il n'est pas que jusqu'à l'expression de « goût tudesque » de Rousseau, qui ne rappelle les « colifichets tudesques » de Laugier. Il voulait tout simplement, comme plus tard, Viollet-le-Duc d'une façon peut-être moins radicale, dégager l'édifice de tout ce qui, suivant lui, masquait son architecture, et il a évidemment cherché à profiter d'une occasion unique pour faire réaliser ses idées. C'est bien en artiste qu'il écrivait et non en sans-culotte.

Il faut rapprocher de ce mémoire un autre projet que Rousseau avait proposé pour mettre la bibliothèque du district d'Amiens à l'évêché « à proximité, du temple de la Raison, afin que les citoyens, instruits par les orateurs de la tribune, trouvent, à la sortie de son enceinte, tous les moyens de se perfectionner dans la morale de l'homme et l'étude des sciences et des arts ». A ce projet s'en rattachait un autre qui consistait à dégager le chevet de la cathédrale et à faire sur l'emplacement du cloître un lieu de récréation planté d'arbres (1).

Signalons en passant la mutilation que des volontaires belges en quartier à Amiens à la fin de frimaire et au commencement de nivôse an II (déc. 1793), firent subir à la partie de la clôture du chœur représentant l'histoire de saint Firmin, et sur laquelle nous reviendrons avec plus de détails lorsque nous parlerons de ces clôtures.

Le 30 pluviôse (18 févr. 1794), à l'instigation d'André Dumont, une fête a lieu dans le « temple de la Raison », pour l'inauguration des bustes de Marat et de Lepelletier. Nous n'avons pas à nous étendre davantage sur cette fête dont l'ordonnance fut réglée par l'architecte Rousseau (2). Les deux bustes furent, paraît-il, placés sur le maître-autel (3).

Le 1er ventôse (19 févr. 1794), on vend le mobilier des églises supprimées et des émigrés (4).

Au culte de la Raison succède le culte de l'Être suprême. A l'écriteau portant ces mots : TEMPLE DE LA RAISON, on en substitue un autre au grand portail de la cathédrale, où était écrite cette phrase de l'article 1er du décret de la Convention du 18 floréal an II : LE PEUPLE FRANÇAIS RECONNOIT L'ÊTRE SUPRÊME ET L'IMMORTALITÉ DE L'AME (5). Pour cette inscription comme pour la précédente on se contenta d'un simple châssis mobile de papier gris, sans en rien endommager le monument (6). La société populaire fit en outre afficher « en face de la tribune » le rapport de Robespierre sur l'accord des idées religieuses et morales avec les principes républicains et sur les fêtes nationales (7). Le nouveau culte ne fit pas subir d'autres modifications à l'édifice. Ce culte était fort simple : tous les décadis, à 10 heures du matin, au son des bourdons, la Société populaire se transportait au « temple de l'Être suprême », pour y chanter des chants en son honneur, assister à la réunion décadaire, et y entendre des discours (8) ; elle cessa d'y aller à partir du 10 vendémiaire an III (1er oct. 1794) (9), et il est probable que c'est aussi à partir de cette époque que les réunions décadaires n'eurent plus lieu dans la cathédrale, mais à l'hôtel-de-ville. On essaya vainement de les y rétablir en l'an VII (10).

---

(1) 11 floréal an II (30 avril 1794). Arch. de la Somme, Série L, District d'Amiens, Reg. 47, fol. 68.

(2) Réponse de Barbier-Jenty à André Dumont, du 10 ventôse an V. Recueil factice sur André Dumont appartenant à M. le conseiller Fournier. — 30 floréal an II : « État de la dépense faite en vertu des ordres de la municipalité d'Amiens, pour la fête civique de l'inauguration des bustes de Marat et Le Peltier dans le temple de la Raison », par Rousseau. Arch. de la Somme, Série L, Fêtes publ.

(3) Ms. de Baron, p. 116.

(4) Arr. du direct. du distr. d'Am. du 1er ventôse an II. Arch. de la Somme, Série L, Distr. d'Am., Reg. 54, fol. 31 v°.

(5) Arrêté du Comité de salut public du 23 floréal an II (12 mai 1794). — Délibér. du cons. munic. d'Amiens du 4 prairial an II (23 mai 1794). Arch. de la ville d'Am., Reg. 109, fol. 62 v°.

(6) Extrait du compte de la fête de l'Être suprême présenté par Rousseau : « Art. 8..... Pour les lettres de l'inscription de la nouvelle dénomination du Temple, fourniture de la braise des cassolettes, et autres dépenses analogues : 25 l. 2 s.; Art. 9..... Pour une pièce de papier figurant une guirlande de roses et deux autres de papier gris bleu uni, pour la nouvelle inscription du Temple, 31 l. ». Arch. de la Somme, Série L, Fêtes publ.

(7) Arch. de la ville d'Am., Reg. de la Soc. popul. fol. 13 v°.

(8) Voir dans le reg. de la Soc. popul. d'Am., ibid., les procès-verbaux de ces séances, qui n'eurent d'ailleurs rien de bien extraordinaire.

(9) Dernière séance de décadi au temple de l'Être suprême par la Soc. popul. le 10 vendémiaire an III. Arch. de la ville d'Am., Reg. de la Soc. popul.

(10) 9 vendémiaire an VII (30 sept. 1798). Lettre des

La grande fête de l'Être suprême, qui fut célébrée le 20 prairial (8 juin 1794) sur le plan proposé par David, à l'instar de celle de Paris, se fit pour sa partie la plus brillante à la Hotoie. On se contenta d'aller chanter dans la cathédrale quelques couplets de circonstance sur l'air de la Marseillaise (1).

Nous avons vu que, nonobstant l'arrêté d'André Dumont du 6 du 2ᵉ mois de l'an II, la croix de fer qui surmontait la flèche était restée en place, sans doute faute de trouver dans Amiens un ouvrier assez hardi pour risquer le salut de son âme à une entreprise aussi périlleuse (2). Il est probable aussi que le maire Lescouvé n'était pas étranger à ces atermoiements. On avait bien passé un traité avec un nommé Lescarcelle, couvreur à Belloy près de Péronne (3), à l'effet « 1° de couper les bras et autres fers généralement quelconques de la croix du temple de la Raison, de manière à ne laisser que la tige de cette croix à partir de l'épi ou gerbe d'en bas; 2° de descendre lesdits fers et les placer à proximité des lunettes de la voûte ; 3° de s'équiper et fournir tous les échafauds..... ; 4° de monter et mettre solidement en place les colliers de repos au-dessus desquels doivent rouler ceux adaptés à la tige et châssis particulier porteur de la flame en étoffe, ainsi que le gland et bonnet de la liberté couronnant le tout; 5° de donner au serrurier et autres ouvriers toutes les mesures......; 6° de disposer les coupes des fers à retrancher, de telle sorte qu'on puisse remonter par la suitte au sommet de cette tige, pour renouveller les étoffes de la flame, et cependant de ne pas laisser autour de laditte tige des parties trop saillantes qui rappelleroient la figure d'une croix, ou dénatureroient par des renflements, nœuds et croisillons sensibles l'idée que doit présenter une tige longue et effilée », etc., le tout, moyennant la somme de 1.200 l. (4), mais on ne se pressait pas de la mettre à exécution. Le 25 prairial, le travail n'était pas encore terminé, et Lescarcelle faisait signifier par huissier à l'agent national un acte extrajudiciaire, pour mettre la commune en demeure d'en hâter le parachèvement. Le conseil municipal prétexta d'une indisposition survenue à l'architecte Rousseau par suite des fatigues qu'il s'était données pour préparer et ordonner la fête de l'Être suprême, chargeant toutefois l'officier municipal Balesdent de presser l'affaire (5).

Enfin le 28 (17 juin 1794), les deux bras de la croix étaient enlevés et on payait à Lescarcelle le premier à-compte de 600 l. stipulé par son traité (6). Quant à la

administrateurs du départem. de la Somme à l'administration municipale du canton d'Amiens, lui marquant qu'ils persistent dans l'invitation qu'ils lui ont faite par leur lettre du 6 vendémiaire de fixer les réunions décadaires dans la cathédrale, observant, entre autres choses, que, « toutes les fois que les fêtes nationales ont été célébrées dans la salle de la maison commune, elles n'ont pas présenté ce caractère d'intérêt et de grandeur qu'il est bien important de leur donner ». Arch. de la ville d'Am., P 5, Aff. relig., an VII.

(1) *Discours prononcé par le président de la Société populaire d'Amiens, le 20 prairial*, (impr., 4 p. in-4°, Amiens, Caron-Berquier). — *Discours prononcé au nom du conseil général de la commune d'Amiens le 20 prairial, jour de la fête célébrée en l'honneur de l'Être suprême* (impr., 10 p. in-4°, Amiens, Caron-Berquier). —

Procès-verbal de lad. fête. Arch. de la ville d'Am., Reg. 109, fol. 82. — Cf. DARSY, *Am. et le départ. de la Somme pend. la Révol.*, t. II, p. 28.

(2) Ms. de Baron, p. 46.

(3) Ce ne sont donc pas des ouvriers belges, comme le prétend le ms. de Baron.

(4) Traité non daté entre la municipalité d'Amiens et Lescarcelle, couvreur à Belloy près de Péronne. Arch. de la ville d'Am. P 5, an II, et Arch. de la Somme, Série L, Cultes.

(5) Conseil munic. extraord. du 25 prairial an II (13 juin 1794). Arch. de la ville d'Am., Reg. 109, fol. 90.

(6) Conseil munic. extraord. du 28 prairial an II. *Ibid.*, fol. 95. — Délibér du direct. du district d'Amiens du 28 prairial an II. Arch. de la Somme, Série L, Distr. d'Am., Reg. 54, fol. 147.

ÉPOQUE RÉVOLUTIONNAIRE — 1790-1802.   143

flamme tricolore elle n'était pas encore posée le 14 nivôse an III (3 janv. 1795) (1). Cette opération fit naître chez certaines personnes la crainte que la longue tige de fer qui remplaça la croix n'attirât la foudre et ne produisît l'effet inverse d'un paratonnerre. L'observation en fut faite à la société populaire, qui arrêta que l'administration du département serait invitée « à faire garnir incessamment cette flèche d'un cordon de soie » (2).

Nous donnons ici, d'après un curieux croquis, peut-être de la main de Rousseau, l'aspect que devait présenter le haut de la flèche avec la flamme et le bonnet phrygien destinés à remplacer la croix (3).

Fig. 13

Cependant la cathédrale, à peu près entièrement négligée depuis qu'elle avait été abandonnée par le chapitre, c'est-à-dire depuis près de quatre ans, commençait à se détériorer d'une façon inquiétante : la couverture enlevée par endroits menaçait d'exposer les reins des voûtes aux intempéries ; des lacunes considérables dans la plomberie laissaient à nu des parties qu'il fallait garantir de l'humidité ; enfin la vitrerie était dans le plus fâcheux état. Des réparations urgentes s'imposaient si on ne voulait pas se trouver à brève échéance en présence de travaux considérables et coûteux, ou il fallait se résigner à laisser périr un des plus remarquables édifices du monde entier.

A ce sujet, commença entre l'administration locale et l'administration centrale une longue lutte qui dura jusqu'au Concordat, et dans laquelle toute la bonne volonté de la première, poussée par l'architecte Rousseau et quelques citoyens amis des arts, se heurtera sans cesse à la résistance passive des ministères. Y avait-il derrière les employés de Paris quelque ennemi acharné de l'architecture gothique, comme il n'en manquait pas alors, ou même quelque bande noire? c'est ce que les événements que nous allons résumer pourraient faire supposer.

Jusqu'au 10 frimaire an IV (1ᵉʳ déc. 1795), un des principaux champions de la cathédrale, sera la commission « aux recherches, transports, inventaires, récollement et conservation des monuments des arts appartenant à la Nation », dans l'étendue du district d'Amiens, et que nous appellerons tout simplement commission des Arts, appellation plus brève qu'on lui donnait dans la pratique (4).

---

(1) Mémoire de l'archit. Rousseau du 14 nivôse an III. Arch. de la Somme, Série L, Cultes.
(2) Séance du 14 messidor an II (2 juill. 1794). Arch. de la ville d'Am., Reg. de la Société popul. d'Am., fol. 41.
(3) Arch. de la Somme, Série L, Cultes.
(4) La loi du 8 pluviôse an II ordonnait la confection et l'envoi dans les quatre mois des catalogues des bibliothèques, tableaux, cabinets d'histoire naturelle et autres monuments des arts appartenant à la Nation. Cette loi était restée sans effet à peu près partout. Le 22 germinal, Grégoire fait à la Convention un rapport sévère sur l'insouciance des administrateurs qui en avaient négligé l'exécution notamment en ce qui concernait les bibliothèques, appelant toute l'animadversion publique sur ceux qui s'étaient permis ou se permettraient de supprimer des livres, et obtint un décret ordonnant à chaque district de lui rendre compte dans la décade du travail relatif aux bibliothèques de son arrondissement.

C'est à la suite de ce décret que le directoire du district d'Amiens institua la commission « aux recherches,

Déjà, dans le courant de nivôse an II, la commission des travaux publics de la Convention s'était occupée de faire quelques réparations à la cathédrale d'Amiens, et, sur la proposition du département, l'architecte Rousseau avait été chargé d'en préparer les projets (1). Mais il ne paraît pas qu'il y ait été donné suite immédiatement. Ce n'est qu'en thermidor an II que s'échange à nouveau entre la commission des revenus nationaux, les administrateurs du département et la commune d'Amiens, une correspondance relative à l'entretien « de l'édifice national consacré à l'Être Suprême », mais dont nous n'avons pas le détail (2). Toujours est-il que, le 17 fructidor, Rousseau écrivit à ce sujet au district une lettre assez pressante (3).

La commission des revenus nationaux près de la Convention, saisie de l'affaire, répond que, la commune d'Amiens ayant la jouissance de l'édifice, c'est à elle à l'entretenir, et en même temps on apprend que les préposés des administrations des subsistances se proposaient, sous peu de jours, d'y entasser du foin. Mettre l'entretien de la cathédrale d'Amiens à la charge de la commune, dont les ressources étaient notoirement épuisées, c'était la vouer à l'abandon et à la ruine. C'est alors que la commission des Arts près du district d'Amiens prend en mains sa défense, et, dans sa séance du 3 vendémiaire an III (24 sept. 1794), après s'être fait lire le rapport du conventionnel Grégoire sur les destructions opérées par le vandalisme et sur les moyens de le réprimer, ainsi que le décret de la Convention du 14 fructidor an II rendu à la suite de ce rapport, elle exprime sa douleur « de voir que notre commune n'étoit pas encore à l'abri du vandalisme contre lequel le citoyen Grégoire a tonné si vigoureusement dans son superbe rapport ».

transports, inventaires, récollement et conservation des monuments des arts appartenant à la Nation dans l'étendue de ce district ». Elle était originairement composée de onze membres : Denamps (dans l'intervalle de l'arrêté à la première séance de la commission, le 14 prairial, Denamps avait été remplacé par Lendormi, aussi médecin) et Dhervillez, médecins, Rousseau, ingénieur-architecte, Adviné, ingénieur des ponts et chaussées, Gruau, sculpteur, Crotwel, peintre, Lévrier, juge et homme de lettres, Huchette, sous-chef bibliothécaire, Godefroy, ancien libraire, Delorne, ci-devant oratorien, Delau, facteur d'instruments. Le citoyen Bullin, membre de l'administration, fut en outre délégué pour surveiller et diriger toutes les opérations à faire pour l'exécution du décret du 20 pluviôse, correspondre avec les commissaires et en rendre compte au conseil toutes les fois qu'il en sera requis. (Arrêté du directoire du district d'Am., du 6 prairial an II (25 mai 1794). Arch. de la Somme, Série L, Distr. d'Am., Reg. 47, fol. 79 v°). — Par la suite, quelques mutations eurent lieu dans la composition de la commission : le 24 prairial an II, Gaudefroy lui est adjoint pour la partie littéraire, et Irlande, marchand de tableaux à Paris, alors en réquisition à l'atelier des armes d'Amiens, pour la peinture; le 26 prairial, Arrachart, homme de lettres, pour l'inventaire des imprimés; le 27 thermidor, Irlande retourné à Paris, est remplacé par Miger, connaisseur en peintures; le 7 vendémiaire an III, Masse est adjoint à la commission, pour le rangement des archives du district. Le 22, Arrachart donne sa démission; le 2 brumaire, Bellegueule et Bourry fils sont nommés à sa place; enfin le 7 brumaire, Dupuget est adjoint à la commission. Dès la première séance de la commission, le 14 prairial, Jean Baron, commis-bibliothécaire du district, y assiste comme secrétaire. (Bibl. d'Am., ms. 512).

Cette commission, qui dura autant que le district, c'est-à-dire jusqu'au 10 frimaire an IV (1er déc. 1795), travailla très activement et nous a laissé un très curieux registre aux délibérations (Bibl. d'Am., ms. 512), auquel nous ferons nombre d'emprunts, car une de ses principales préoccupations, une de celles auxquelles elle s'est dévouée avec le plus d'ardeur, fut de veiller à la conservation de la cathédrale, d'empêcher sa détérioration, et de réclamer qu'elle soit entretenue, avec une opiniâtreté qui eût mérité plus de succès.

Elle entra en fonctions le 14 prairial an II (2 juin 1794).

(1) Lettre des administrateurs du département de la Somme à Rousseau, du 19 nivôse an II (8 janv. 1794). Arch. de la Somme, Série L, Départ. Cultes. Édif. relig.

(2) Cons. génér. extraord. de la commune d'Am. du 18 thermidor an II (5 août 1794). Arch. de la ville d'Am., Reg. 109, fol. 152.

(3) Délibér. du direct. du distr. d'Am. du 17 fructidor an II (3 sept. 1794). Arch. de la Somme, Série L, Distr. d'Am., Reg. 81.

Cependant Rousseau avait rédigé un travail pour répondre au nom de l'administration du district à la lettre par laquelle le département avait communiqué la prétention du préposé des revenus nationaux. Après avoir fait « avec la sensibilité et le feu qui le caractérisent, une description pittoresque et même poétique de notre basilique, ... il demande s'il est possible de vouer à la destruction un monument qui fait l'honneur de la France entière et que l'Europe envie à notre cité ». C'est ce qui arriverait infailliblement, si la commune d'Amiens était seule chargée de l'entretenir, alors que la Nation entière est intéressée à la conservation d'un pareil monument. D'ailleurs les citoyens d'Amiens avaient jadis donné des biens pour l'entretenir; ces biens ayant été vendus et la Nation ayant profité de leur produit, c'est à elle à en supporter les charges. C'est une propriété nationale. Suivant le travail de Rousseau, l'entretien de la cathédrale était estimé de 15 à 18.000 l. par an (1).

La commission entendit le travail de Rousseau « avec enthousiasme » et en adopta les vues « par acclamation », priant le citoyen Hullin de demander au conseil de district que copie en soit adressée au comité de l'instruction publique de la Convention, et à la commission exécutive de l'instruction publique, avec une lettre « qui explique les alarmes que tous les citoyens et notamment les amis des arts ont conçu en apprenant qu'on vouloit ainsi mésuser de ce superbe temple; en un mot, sur tout ce qui semble, contre le vœu bien prononcé du peuple et de ses représentans, conspirer une ruine qui seroit une vraie calamité et une honte éternelle pour la République » (2).

Le même jour, 3 vendémiaire, le district écrit dans ce sens aux administrateurs du département une lettre des plus pressantes, dans laquelle il fait observer que, si la commune d'Amiens était assez riche, elle se ferait gloire, « en qualité de dépositaire du plus beau temple gothique qui ait été construit », de pourvoir elle-même à son entretien, mais ajoutant qu' « il est encore bien plus de la dignité de la Nation de dire : Cette fameuse basilique m'appartient, je l'entretiendrai, je prolongerai son existence, ne fût-ce que pour retracer aux siècles futurs ce qu'osèrent les hommes et les peuples, et rendre les nations voisines éternellement jalouses de sa possession. L'indifférence seroit ici un crime, la grande famille a droit à la conservation de ce bien, je n'en commettrai le soin qu'à moy » (3).

Copie de cette lettre et extrait de la délibération de la commission des Arts, sont envoyés directement au comité d'instruction de la Convention Nationale et à la commission exécutive de l'instruction publique chargée des monuments nationaux, « avec invitation et prière de pourvoir efficacement dans leur sagesse à la conservation et à l'entretien de ce monument national » (4). Entre temps, le

---

(1) Il y a évidemment dans ce mémoire de Rousseau un peu d'emphase et d'exagération. Venir en pleine Révolution demander de 15 à 18.000 l. par an pour l'entretien d'une cathédrale dut paraître quelque peu excessif, d'autant qu'il est difficile d'admettre qu'au bout de si peu de temps, si abandonné qu'il eût été l'édifice ait eu besoin de réparations urgentes aussi coûteuses. Il est probable que Rousseau a volontairement exagéré le mal et demandé beaucoup pour avoir peu. Il obtint l'effet contraire de celui qu'il attendait.

(2) Séance de la commission des Arts du 3 vendémiaire an III (24 sept. 1794). Bibl. d'Am., ms. 512, fol. 23.

(3) Lettre des administrateurs du district révolut. d'Am. aux administrateurs du département de la Somme, du 3 vendémiaire an III. Bibl. de la Soc. des Ant. de Pic.

(4) Délibér. du distr. d'Am. du 8 vendémiaire an III. Arch. de la Somme, Série L, Distr. d'Am., Reg. 47, fol. 141 v°.

5 vendémiaire, l'administration départementale avait écrit aux comités de salut public et d'instruction de la Convention et à la commission des subsistances pour attirer leur surveillance sur les projets des préposés de celle-ci d'entasser du foin dans la cathédrale.

Toute cette belle éloquence ne produisit à Paris aucune impression, et le 13 vendémiaire, le comité des finances de la Convention écrivit au district d'Amiens une lettre fort sèche et non sans ironie : « Vous demandez à conserver la disposition de la ci-devant église cathédrale de votre commune pour y établir vos assemblées populaires et y célébrer des fêtes. Ce local paroissant, d'après votre pétition, destiné à emmagasiner les fourrages nationaux, ne doit pas être détourné de son objet. Vous vous pourvoirez, et facilement sans doute, d'un autre lieu pour vos assemblées particulières; les besoins de la République doivent passer avant tout » (1). Quant aux autres comités auxquels le district et la commission des Arts s'étaient adressés, notamment celui de l'instruction publique, ils gardaient le silence (2).

Il n'y avait plus de temps à perdre si on ne voulait pas que « les vandales » (3) profitassent de la lettre du comité des finances pour déshonorer l'édifice en y entassant du foin. Les membres de la commission des Arts « pénétrés de douleur à la vue du danger qui menace ce monument des arts, considérant qu'ils manqueroient au plus sacré de leurs devoirs et qu'ils mériteroient les reproches de la France entière, s'ils perdoient un seul instant, s'ils négligeoient aucun moyen pour parer au malheur qui menace les arts en cette commune », arrêtent de s'en plaindre directement au citoyen Grégoire et d'aller trouver le représentant du peuple Sautereau, envoyé en mission à Amiens, dès qu'il sera arrivé (4).

Grégoire fit usage de la lettre de la commission des Arts d'Amiens dans son rapport à la Convention, sur lequel est intervenu le décret du 8 brumaire an III concernant les bibliothèques et les monuments publics, et qui rendait les agents nationaux et les administrateurs des districts responsables des destructions d'objets d'art ou de science, etc. (5), et fit écrire par le citoyen Oudry, secrétaire de la commission temporaire des arts près de la Convention, à la commission des Arts d'Amiens, pour la tranquilliser (6).

Par le fait, il ne fut pas entassé de foins dans la cathédrale d'Amiens, quoi qu'en dise la légende.

Le 30 vendémiaire (21 oct. 1794) eut lieu dans le « Temple de la divinité » une fête pour célébrer « l'expulsion des esclaves hors du territoire de la République », dans laquelle le maire Lescouvé donna l'accolade fraternelle « à de braves défenseurs de la patrie mutilés » (7).

Mais ce n'était pas assez de mettre la cathédrale à l'abri des dégradations, il fallait pourvoir à sa réparation, dont l'urgence se faisait sentir de jour en jour.

---

(1) Lettre du comité des finances de la Convention aux administrateurs du district d'Am., du 13 vendémiaire an III. Bibl. de la Soc. des Ant. de Pic.
(2) Commission des Arts, séance du 22 vendémiaire an III. Bibl. d'Am., ms. 512, fol. 28 v°.
(3) Ibid.
(4) Ibid.

(5) *Journal des Débats*, n° 766. — *Moniteur universel* n° 41, 11 brumaire an III, p. 180. — Comm. des Arts, séance du 12 brumaire an III. Bibl. d'Am., ms. 512, fol. 34.
(6) Comm. des Arts, *ibid.* — Arch. de la Somme, Série L, Distr. d'Am., Reg. 81, 9 brumaire an III.
(7) Arch. de la ville d'Am., Reg. 110, fol. 68 v°.

La commission des Arts ne négligea pas les moyens d'y pourvoir, et le 4 nivôse, la commission des travaux publics écrivit au directoire du département de la Somme une lettre signée de Rondelet, pour l'inviter à lui indiquer parmi les artistes du pays celui qu'il croira le plus propre à faire un état exact des réparations les plus indispensables pour la conservation du monument et d'en dresser le devis estimatif avec les plans. « Comme on ne peut distraire les ingénieurs des ponts et chaussées, il seroit à désirer que ce fût un architecte, dont les talens, la probité et le civisme soient connus » (1). Évidemment c'est Rousseau qui fut désigné à la commission des travaux publics et agréé par elle (2), et il se hâta d'en faire part à la commission des Arts. Celle-ci accueillit la nouvelle « avec transport, satisfaite de voir que le zèle qu'elle a mis à sa conservation a été favorablement accueilli, et qu'elle puisse en espérer une prompte restauration » (3).

On croyait toucher au but, mais il y a loin de la coupe aux lèvres.

Passons sur la fête civique qui, sur ces entrefaites, fut célébrée dans la cathédrale le 2 pluviôse an III (21 janv. 1795), anniversaire de l'exécution de Louis XVI, et dans laquelle la symphonie des musiciens Hessois et Hanovriens, prisonniers de guerre dans la citadelle, se fit entendre (4).

Le 26 pluviôse, Rousseau adresse à l'administration du département le détail estimatif des réparations les plus indispensables à faire à la cathédrale, montant à la somme de 35.701 l., 19 s., 6 d., avec une lettre dans laquelle il exposait les motifs, très fondés d'ailleurs, qu'il avait à préférer pour ces travaux l'exécution par économie à celle par adjudication. Copie de cette lettre, ainsi que le détail estimatif sont envoyés à la commission des travaux publics (5). Celle-ci trouvant la somme un peu élevée, ne veut rien prendre sur elle avant d'avoir soumis le projet à l'approbation du comité des travaux publics (6), et puis on n'entend plus parler de rien.

Cependant de nouveaux dangers menaçaient encore la cathédrale, ou tout au moins son mobilier.

C'est la commission des armes près de la Convention qui prétend s'emparer de toutes les grilles en fer « qui peuvent être enlevées sans aucun inconvénient et dont on tireroit un grand parti », des statues en cuivre des deux évêques fondateurs « pesant environ 6.000 l. », des châsses en cuivre, des balustrades des chapelles, de cercueils de plomb, observant en outre « que les marches qui conduisent au clocher sont en plomb et peuvent être remplacées par d'autres en bois; qu'on évalue enfin à 400.000 l. environ le plomb qu'on peut en extraire de

---

(1) Lettre de la comm. des trav. publ. du 4 nivôse an II. Arch. de la Somme, Série L, Départem., Cultes.

(2) Lettres des administrateurs du département de la Somme à Rousseau et à la commission des travaux publics du 9 nivôse an III. Réponse de Rondelet à l'administration du département de la Somme, lui faisant savoir que la commission des travaux publics avait agréé le choix de Rousseau pour faire la restauration de la cathédrale d'Amiens, la priant « d'engager ce citoyen à accélérer son travail, afin d'éviter de plus grandes dégradations et conséquemment de plus grandes dépenses à la République ». 18 nivôse an III. Arch. de la Somme, Série L, Départem., Cultes.

(3) Comm. des Arts, séance du 7 nivôse an III. Bibl. d'Am., ms. 512, fol. 46.

(4) Arch. de la ville d'Am., Reg. 111, fol. 31 v° et 34 v°.

(5) Délibér. du direct. du départem. de la Somme du 6 ventôse an III. Arch. de la Somme, Série L, Reg. des travaux publics, fol. 8. — Lettre des administrateurs du départ. de la Somme à la comm. des travaux publics, du 8 ventôse an III (26 févr. 1795). Ibid., Département, Cultes.

(6) Comm. des Arts, séance du 7 germinal an III (27 mars 1795). Bibl. d'Am., ms. 512, fol. 59.

cette cathédralle ». C'est ce que la commission des revenus nationaux faisait savoir au directoire du district d'Amiens par une lettre du 22 ventôse.

Voilà encore une fois la commission des Arts obligée de courir au-devant d'un péril imminent. Elle y alla comme toujours fermement et résolument, faisant observer avec une très grande justesse de vues « que les grilles qui ornent ce temple sont des chefs-d'œuvre de serrurerie……, et dont les façons excèdent la matière, qu'en les enlevant, on feroit des dégradations notables à l'édifice, et que les sculptures, peintures, marbres et autres monuments se trouveroient exposés aux injures des malveillants par la suppression de ces grilles….. Que les deux figures de cuivre sont des monuments historiques précieux et présentant une faible ressource en comparaison de la quantité énorme de métaux de cloches, cuivres jaunes, rouges, bruts, argentés et dorés qui sont au magasin du district d'Amiens, et dont on ne prévoit pas encore l'employ, que tous les autres cuivres qui étoient dans la ci-devant cathédralle, à la réserve de quelques petits balustres qui entrent dans la décoration de deux chapelles, ont été depuis un an grossir le dépôt ci-dessus; que la recherche des cercueils de plomb et sépulchres ne pourroit que bouleverser tout le pavé de cet édifice, seroit indécente et insalubre, sans produire un produit égal aux dépenses….. qu'enfin, bien loin qu'il y ait une seule ligne quarrée de plomb à prendre sur la toiture du temple, le citoyen Rousseau a constaté qu'il y en avoit pour plus de deux milles livres à remplacer en neuf ». En conséquence, elle arrête de demander d'urgence le commencement des travaux de réparation, afin d'enlever à qui que ce soit l'idée de s'approprier les débris de l'édifice, et de bien montrer que la commission des travaux publics est dans l'intention de le conserver; d'écrire de nouveau à Grégoire « pour lui dénoncer cette nouvelle guerre que le vandalisme déclare à un monument si digne de son attention, et qu'il a déjà réussi à sauver de l'invasion des barbares emmagasineurs de fourrages »; de s'adresser également à la commission temporaire des arts; que le directoire du district sera invité à répondre à la commission des revenus nationaux, « pour lui faire voir combien est absurde et fausse la proposition qui lui a été faite au nom de la commission des armes »; de s'adresser enfin au comité d'instruction publique de la Convention (1).

Et elle eut gain de cause.

Le 22 germinal (11 avril 1795), la commission temporaire des arts fait savoir à l'administration du district d'Amiens qu'instruit de la demande de la commission des armes, le comité d'instruction publique avait pensé que la ci-devant cathédrale d'Amiens était du nombre des édifices « qu'il était important d'arracher à la destruction qui le menace », l'invitant en conséquence « à n'y laisser commettre aucune nouvelle dégradation et de ne pas permettre qu'il en soit rien enlevé sans en avoir écrit au comité d'instruction publique » (2). La commission exécutive des revenus nationaux écrivit aussi dans le même sens à l'administration du

---

(1) Séances de la commiss. des Arts des 7, 12, 17 et 21 germinal an III(27 mars, 1, 6, 10 avril 1795). Bibl. d'Am., ms. 512.

(2) Lettre du direct. de la commiss. temporaire des arts adjointe au comité d'instruction publique à l'administration du district d'Amiens, du 22 germinal an III. Bibl. de la Soc. des Ant. de Pic. — Commiss. des Arts, séance du 27 germinal an III. Bibl. d'Am., ms. 512, fol. 62 v°.

district, lui marquant expressément « qu'il ne sera rien enlevé de la cathédrale, et que toute espèce de travail sera suspendue à cet égard » (1).

Mais le temps de la Raison et de l'Être Suprême est passé. La loi du 11 prairial an III accorde provisoirement aux communes ou sections de communes qui en feront la demande le libre usage des édifices destinés à l'exercice des cultes disponibles au premier jour de l'an II, à la charge de les entretenir et de les réparer. D'après cette loi, qui se désintéressait absolument de toute opinion religieuse, les deux cultes, constitutionnel ou non, avaient également droit à l'usage de ces édifices.

La cathédrale est aussitôt réclamée pour l'usage du culte par une pétition adressée au district et signée par un groupe de citoyens à la tête desquels se trouvait l'ancien maire Lescouvé. Le 23 prairial (11 juin 1795), la municipalité y donne son consentement, « mais aux conditions exprimées en la loi, et singulièrement à la charge par les pétitionnaires d'entretenir et réparer l'édifice, conformément à l'article 2 » (2).

Le district, on ne sait pour quelle raison, mit quelque lenteur et fit quelques difficultés à statuer sur cette demande; il voulait, paraît-il, charger la municipalité « d'aviser aux moyens d'assurer l'exécution de l'article 2 de la loi du 11 prairial et le paiement des réparations à faire à l'édifice dont s'agit, comme aussi à la conservation du mobilier et décorations y existans, pour ensuite être statué » (3). Les pétitionnaires furent obligés de s'adresser directement au directoire du département qui, le 5 messidor (23 juin 1794), arrêta que le directoire du district serait tenu, dans le jour, de mettre à leur disposition l'édifice demandé, conformément à la loi (4).

Quel singulier aspect devait présenter alors l'intérieur de la cathédrale. Dépouillée d'un grand nombre de ses ornements religieux, elle servait comme de magasin pour les accessoires des fêtes publiques. Au milieu du chœur se dressait un immense piédestal carré servant de support aux « armes victorieuses de la République »; dans le sanctuaire, un autre non moins volumineux piédestal circulaire, de six pieds six pouces de diamètre, environné de festons et de guirlandes, surmonté du « riche pavillon des armes de la loi », et qui provenait de la fête du 22 prairial an II; il était accompagné de quatre cassolettes ornées de draperies aux couleurs de la Nation, avec leurs brancards revêtus de draperies bleues à crépines d'argent. Pour

---

(1) Lettre de la commiss. des revenus nationaux aux administrat. du distr. d'Am., du 11 floréal an III (30 avril 1795). Bibl. de la Soc. des Ant. de Pic.

(2) Cons. génér. ordin. de la commune d'Am. du 23 prairial an III. Arch. de la ville d'Am., Reg. 112, fol. 149 v°.

(3) Lettre du procureur général-syndic du département au procureur-syndic du district d'Amiens du 29 prairial an III (17 juin 1795). Arch. de la Somme, Série L, Reg. aux lettres écrites par le proc. gén.-synd. du départ.— Cons.

gén. extraord. de la commune d'Am. des 2 et 5 messidor an III (20 et 23 juin 1795). Arch. de la ville d'Am., Reg. 112, fol. 164 et 165 v°.

(4) Délibér. du direct. du départ. de la Somme du 5 messidor an III. Arch. de la Somme, Série L, Départ., 2ᵉ bureau, Reg. 12, fol. 1. — Voir le texte de la pétition datée du 3 messidor an III, dans la délibér. du direct. du distr. d'Am. du 7 messidor an III. Arch. de la Somme, Distr. d'Am., Reg. 39, fol. 107.

faire place au culte, le tout fut enlevé, et les objets les plus encombrants mis dans les deux chapelles à droite et à gauche de la petite paroisse (1).

Les pétitionnaires ainsi mis en possession de la cathédrale y firent exercer le culte par l'ancien clergé constitutionnel (2) qui la desservit seul, assez misérablement d'ailleurs (3), jusqu'au Concordat. Les prêtres non sermentés eurent, dès le mois de messidor an III (juin-juillet 1795), la disposition de plusieurs autres églises de la ville (4). Il est possible que ces derniers aient craint, en réclamant la cathédrale, de se trouver dans une position difficile vis-à-vis de l'évêque Desbois de Rochefort; peut-être aussi leur répugnait-il de célébrer dans la cathédrale, qui, bien que rendue au culte, continua encore à servir aux assemblées électorales (5), à d'autres réunions générales du département, aux fêtes publiques (6), etc.

Ce nouvel état de choses eut pour résultat fâcheux de faire ajourner indéfiniment le projet de réparer la cathédrale. La loi du 11 prairial laissait formellement à la charge des citoyens qui en avaient l'usage pour leur culte l'entretien des édifices religieux qui seraient mis à leur disposition. Mais les quelques catholiques constitutionnels qui s'étaient fait donner la cathédrale étaient notoirement hors d'état de subvenir à son entretien.

Pourtant l'état de l'édifice empirait tous les jours. Le 23 prairial an III (11 juin 1795), tous les corps constitués y étaient réunis pour la prestation de serment de l'état-major de la garde nationale, quand survint un orage formidable : la pluie pénétrait de toutes parts dans l'édifice; son état de délabrement sauta aux yeux de tous (7).

La commission des Arts reprend donc activement la question des réparations, elle fait valoir les raisons qui devaient engager le gouvernement à y pourvoir lui-même, malgré la loi du 11 prairial, observant judicieusement que « la ci-devant cathédrale est un monument public qui, comme chef-d'œuvre d'architecture, peut être considéré appartenir à la France entière plutôt qu'au département de la Somme, qu'au district d'Amiens, ou à une section de commune, qu'il est palpable que, quelque nombre de citoyens qui s'y réunisse pour le culte, ils ne pourront jamais être en état de l'entretenir cet immense bâtiment, surtout étant négligé comme il l'est depuis la Révolution, il est évident que l'administration sera très fondée à continuer de réclamer les secours du gouvernement pour les réparations qui sont

---

(1) Chapelles XXV et XXVI. — Pétition de Lescouvé aux administrateurs du départ., du 8 messidor an III (26 juin 1795), et rapport de Rousseau du 9 du même mois. Arch. de la Somme, Série L.

(2) Arch. de la ville d'Am., P 5, an III. — Il y a peu de chose à dire sur la célébration du culte constitutionnel dans la cathédrale pendant la dernière période de l'époque révolutionnaire. Nous savons que les 26 et 27 germinal an VIII (15 et 16 avril 1800), l'évêque Desbois de Rochefort y donna la confirmation (Arch. de la ville d'Am., P 5, an VIII), et que le 2 floréal (22 avril) et jours suivants de la même année, il y tint un synode diocésain. (Lettre de l'évêque Desbois aux administ. municip. d'Am. du 29 germinal an VIII. *Ibid.*

(3) Inventaire du mobilier de la cathédrale dressé le 19 messidor an X (8 juillet 1802), au moment de la prise de possession de M. Villaret, premier évêque concordataire. Arch. de la Somme, Série V.

(4) La première qui leur ait été donnée a été celle de Saint-Jacques. (Délibér. du direct. du distr. d'Am. du 18 messidor an III. Arch. de la Somme, Série L, Distr. d'Am. Reg. 39, fol. 126).

(5) Arch. de la Somme, Série L.

(6) Notamment la pompe funèbre en l'honneur de Hoche, qui eut lieu dans la cathédrale le 30 vendémiaire an VI (21 oct. 1797). Bibl. d'Am., ms. 832 (Machart, t. VI), p. 417; Impr. 3793[66], t. II, etc.

(7) Cons. gén. extraord. de la commune d'Amiens du 25 prairial an III. Arch. de la ville d'Am., Reg. 112, fol. 155. — Commiss. des Arts, séance du 27 prairial. Bibl. d'Am., ms. 512, fol. 70.

actuellement à faire, et même pour que l'entretien du corps de l'édifice reste à la charge de la Nation ». Le directoire du district est invité à presser la commission des travaux publics d'examiner les projets de réparations présentés par Rousseau, et d'en autoriser l'exécution (1).

Après plusieurs tergiversations, la commission des travaux publics renvoie l'affaire à celle des revenus nationaux, sous prétexte que l'édifice est une propriété nationale qui n'est destinée, quant à présent, à aucun besoin public (2). Un mois s'écoule sans qu'on reçoive d'autres nouvelles qu'une lettre de la commission des travaux publics disant qu'il ne dépend plus d'elle de remédier aux dégradations de la cathédrale d'Amiens « autrement qu'en joignant ses sollicitations auprès de la commission des revenus nationaux, qui est chargée d'y pourvoir » (3).

C'était sans doute le manque de fonds qui retenait celle-ci. La commission des Arts lui suggèrera un moyen de s'en procurer. « Les bois du ci-devant chapitre de l'église d'Amiens ayant été exceptés de la vente, et la Nation profitant actuellement des produits de leurs coupes, ces produits présentent naturellement les fons nécessaires aux réparations dont s'agit, estime que le directoire du district pourroit espérer de déterminer la commission des revenus nationaux à statuer à cet égard, en lui indiquant le montant des coupes de bois provenants du ci-devant chapitre » (4). D'ailleurs le chapitre affectait jadis le produit des coupes de ses bois à l'entretien de la cathédrale (5).

Cependant Rousseau, qui a fait une nouvelle visite de l'édifice, vient pousser à la commission des Arts un nouveau cri d'alarme : « Rien n'est plus urgent, si l'on veut prévenir la ruine totale de cette célèbre basilique, que de pourvoir aux réparations qui y sont à faire, que l'hiver, qui s'approche, va rendre irrémédiables les dégradations qui s'accumulent depuis six ans ..... Comme on n'a plus d'espoir que dans l'importunité la plus opiniâtre auprès du gouvernement, le citoyen Rousseau propose d'inviter le directoire à écrire à la commission des revenus nationaux une nouvelle lettre plus pressante » (6).

Enfin, à la fin de vendémiaire, le citoyen Duméril, alors à Paris, écrit à Rousseau, que, sur les lettres du district d'Amiens à la commission des travaux publics et à celle des revenus nationaux, celle-ci s'était adressée au comité des finances pour avoir l'autorisation de faire faire par économie les réparations de la cathédrale d'Amiens, et qu'on devait d'autant plus espérer d'y réussir qu'il était également question de réparer l'église de Saint-Denis à Franciade et d'y dépenser cinq millions, tandis que la réparation de la cathédrale d'Amiens sera loin d'exiger une somme aussi considérable. On l'évaluait à environ 150.000 l. Le district écrira donc au comité des finances pour presser sa décision, d'un autre côté Lemarchand-Gomicourt et les autres députés de la Somme à la nouvelle législature, qui vont partir pour Paris, seront chargés de s'en occuper et de « procurer la terminaison de cette affaire avant que le tems ne devienne plus mauvais » (7).

(1) Commiss. des Arts, séance du 27 prairial an III. Ibid., fol. 70.
(2) Séance du 30 thermidor an III (18 août 1795). Ibid., fol. 73 v°.
(3) Séance du 6 vendémiaire an IV (28 sept. 1795). Ibid., fol. 75.
(4) Ibid.
(5) Mémoire du 30 vendémiaire an IV (22 oct. 1795). Ibid., fol. 77.
(6) Séance du 13 vendémiaire an IV (5 oct. 1795). Ibid., fol. 75 v°.
(7) Séance du 27 vendémiaire an IV (19 oct. 1795). Ibid., fol. 76.

Ils s'en vont munis d'un mémoire récapitulatif rédigé par Rousseau et Baron, secrétaire de la commission des Arts, et terminé par ces mots : « Le monument dont nous parlons est si précieux, si extraordinaire, si frappant pour la hardiesse de sa construction, il imprime dans l'âme du spectateur une admiration si vive, qu'il n'est pas un français, pas un étranger, qui, en le visitant, ne s'intéresse à sa conservation. Sauver ce prodige unique de l'art, c'est bien mériter de tous les peuples. Il est de la dignité de la Nation d'en prolonger la durée : elle-même en est comptable à la postérité » (1).

La commission des revenus nationaux avait d'ailleurs écrit au district une lettre pleine d'espérance (2).

Touchait-on enfin au but ?

Lemarchand-Gomicourt arrivé à Paris, se rend aussitôt aux différents comités auxquels l'affaire peut compéter : tous sont occupés à l'inventaire de leurs papiers, pour les remettre au directoire exécutif qui sera dans peu en activité, et il n'obtient pas d'être entendu. Il attend que le nouveau gouvernement soit organisé (3).

Le 22 brumaire (13 nov. 1793), Rousseau écrit à l'administration du département ; il lui montre la cathédrale en train de dépérir : « Ce temple, le plus vaste en son genre, et le plus magnifique de l'Europe, est menacé d'une ruine prochaine, faute d'entretien. Des parties de toit se sont dernièrement enfoncées, d'autres ont été enlevées par les vents ; les voûtes des chapelles, côté du nord, sont à découvert; la plomberie est dans le plus déplorable état ». A chaque instant, des portions considérables de plomb sont volées (4). En attendant que le directoire exécutif s'organise et puisse s'y intéresser, l'hiver surviendra, et avec lui, de nouvelles dégradations. Il propose un moyen peu coûteux, s'élevant à 2.500 l. seulement, de mettre provisoirement l'édifice à l'abri des intempéries (5) ; ce moyen est agréé par le département qui en arrête l'exécution immédiate aux frais du trésor public, « en ce que ce monument est à considérer comme édifice national » (6).

Avec la commission des Arts, qui fut dissoute le 10 frimaire an IV (30 nov. 1795) en même temps que le district d'Amiens dont elle émanait, la cathédrale d'Amiens perdit son plus ferme défenseur. Mais ses anciens membres, et tout particulièrement Rousseau, ne cessèrent pas de veiller sur elle et de solliciter avec opiniâtreté sa réparation (7).

---

(1) Le texte de ce mémoire est transcrit au ms. 512 de la Bibl. d'Am., fol. 77.

(2) Commiss. des Arts, séance du 3 brumaire an IV (25 oct. 1795). *Ibid.*, fol. 77.

(3) Séance du 11 brumaire an IV (2 nov. 1795). *Ibid.*, fol. 78.

(4) Indépendamment des injures du temps, l'édifice, insuffisamment surveillé, avait en effet parfois à souffrir des injures des hommes. Ainsi, en germinal an V, l'architecte Rousseau est obligé de faire démonter la grille de la porte Saint-Christophe et de la resserrer dans la sacristie, pour la soustraire aux malveillants. (Pétition du suisse Scheidegger et arrêté du département des 8 et 13 brumaire an V (29 oct., 3 nov. 1796). Arch. de la Somme, Série L, Départem., Cultes. — Corresp. des 15, 16 et 18 germinal an V (4, 5, 7 avril 1797), entre Rousseau, la municipalité et l'administration du départem. Arch. de la ville d'Am., Série M).

(5) Lettre de Rousseau aux administrateurs du départ. de la Somme, du 22 brumaire an IV (13 nov. 1795). Arch. de la Somme, Série L, Départ., Cultes.

(6) Arrêté du direct. du départ. de la Somme du 23 brumaire an IV (14 nov. 1795). Arch. de la Somme, Série L, Reg. du 4ᵉ bureau, fol. 62. — Commiss. des Arts, séance du 25 brumaire an IV. Bibl. d'Am., ms. 512, fol. 79 v°.

(7) Signalons en passant l'autorisation donnée par le département aux citoyens exerçant le culte catholique dans la cathédrale, le 2 nivôse an IV (23 déc. 1795), de reprendre dans les dépôts du ci-devant district les tableaux en provenant, qui dépérissaient, attendu que le projet de former un museum dans la commune n'est

ÉPOQUE RÉVOLUTIONNAIRE — 1790-1802.

A la suite d'un arrêté des administrateurs du département du 13 brumaire an V (3 nov. 1796), Rousseau présente, le 22 frimaire (12 déc.), à l'administration municipale d'Amiens un état estimatif des réparations faites et à faire dans les ci-devant églises de la commune, et dans lequel les réparations à faire à la cathédrale s'élèvent à la somme de 27.795 l. 19 s. (1). Dans cet état, Rousseau s'était borné, pour ne pas faire monter le chiffre, aux travaux les plus urgents. En l'envoyant à l'administration du département, la municipalité lui observait « que les frais des réparations à faire à la cy-devant cathédralle ne doivent point être payés par les citoiens qui y exercent le culte, puisque cet édifice sert à la célébration des fêtes civiques et à la réunion des assemblées électorales » (2). Mais les choses traînent en longueur; ce n'est que le 5 floréal (24 avril 1797) que les administrateurs du département s'adressent au ministre de l'Intérieur, pour avoir des fonds, manifestant l'espoir « que le gouvernement, qui s'empresse de recueillir chez les nations de l'Europe que nous avons vaincues ce qu'elles ont de plus précieux et de plus rare, se fera un devoir de prévenir la ruine des monumens augustes qui existent déjà dans la République » (3).

Pas de réponse.

Après nouvel échange de lettres et de mémoires, dans le courant de messidor, entre Rousseau, l'administration municipale et celle du département (4), celle-ci revient à la charge auprès du ministre de l'Intérieur, et lui envoie un extrait historique dressé par Rousseau de la correspondance entretenue par les administrations de département et de district avec le gouvernement, pour obtenir les fonds nécessaires à la réparation et à l'entretien de la cathédrale (5).

Silence complet.

Et pourtant l'édifice se dégradait toujours; les plombs enlevés à différents endroits l'exposaient pour l'hiver aux intempéries : le département prend sur lui d'autoriser Rousseau à faire faire d'urgence les réparations les plus indispensables à la plomberie, jusqu'à concurrence de 150 l. (6).

---

pas près d'être réalisé, et « qu'au surplus il ne peut y en avoir de plus beau que la cathédrale ». (Bibl. de la Soc. des Ant. de Pic.) ; comme aussi la demande faite par les mêmes à la municipalité, le 9 frimaire an V (29 nov. 1796) de « la représentation du citoyen Delamotte, cy-devant évêque d'Amiens, pour y être placé : sa mémoire sera toujours chère à nos cœurs ». (Arch. de la ville d'Am., P 5, an V). Elle lui fut probablement accordée, car nous en voyons figurer deux, un tableau et une statue, dans l'inventaire du mobilier de la cathédrale dressé le 19 messidor an X, au moment de la prise de possession de M. Villaret. (Arch. de la Somme, Série V).

(1) Les réparations faites, à néant. (Arch. de la Somme, Série L, Départem., Cultes, Édif. relig.).

(2) Lettre de l'administr. munic. d'Am. à celle du départ. de la Somme, du 1er nivôse an V (21 déc. 1796). Arch. de la Somme, Série L, Département, Cultes.

(3) Lettre des administr. du départ de la Somme au ministre de l'intérieur, du 5 floréal an V. Arch. de la Somme, Série L, Départ., Cultes.

(4) Lettre de Rousseau aux administr. de la commune d'Am., membres du bureau d'instruction publique, du 24 messidor an V (12 juill. 1797). — Id., de l'administr. munic. d'Am. à celle du départ., du 26 messidor; et réponse de celle-ci du 8 thermidor (26 juill.). Arch. de la Somme, Série L, Départem., Cultes.

(5) Mémoire de Rousseau du 5 fructidor an V (22 août 1797). Lettre de l'administr. du départem. au ministre, du 6 fructidor. Arch. de la Somme, Série L, Départem., Cultes.

(6) État dressé par le suisse Scheidegger des plombs enlevés à la cathédrale et qu'il est urgent de renouveler, du 14 vendémiaire an VI (5 oct. 1797), et arrêté de l'administration du département, du 5 frimaire (25 nov.), même année. Arch. de la Somme, Série L, Départem., Cultes. — Procès-verbal de visite des couvertures et chéneaux de la cathédrale par J.-B. Limozin, architecte, François Debaussaux, plombier, J.-B. Dufour, couvreur, appelés par le citoyen Lescouvé, du 4 brumaire an VI (25 oct. 1797). Ledit état montant à 3.875 l. Ibid. — Suivant le décret de la Convention du 25 avril 1793, les directoires des départements pouvaient autoriser les préposés à la régie des domaines nationaux à faire, sans adjudication, et par économie, les dépenses nécessaires pour les répa-

Cette somme infime, le directeur des domaines refuse à d'en viser l'ordonnance sur la caisse des domaines; il refuse même de viser celles qui avaient été délivrées au gardien de la cathédrale pour le paiement de ses honoraires. Nouvelle lettre de l'administration du département au ministre de l'Intérieur, (17 germinal an VI, 6 avril 1798), plus pressante encore que les précédentes, auxquelles elle se plaint de n'avoir pas encore reçu de réponse. « Ainsy la ci-devant cathédrale est maintenant abandonnée, la pluie filtre à travers les toits, sur la voûte, la maçonnerie se dégrade de plus en plus, et bientôt nous aurons la douleur de voir tomber ce monument que la Nation entière doit s'enorgueillir de conserver! ..... Enfin, si nous emportons avec nous des regrets amers de n'avoir pu prévenir la ruine d'un monument digne d'admiration, nous jouirons au moins de la douce satisfaction d'avoir fait pour le conserver tout ce qui dépendait de nous et comme citoyens et comme administrateurs » (1).

Lamentations superflues.

Le 6 thermidor (24 juill.), les nouveaux administrateurs du département écrivent encore une fois au ministre, et en même temps à la députation du département (2). Le ministère, harcelé sans doute par les députés, finit par répondre que sa « sollicitude se dirigera d'abord sur l'état de la cy-devant cathédrale d'Amiens », dans la distribution des fonds qu'il espère obtenir du corps législatif pour l'entretien pendant l'an VII « des monumens publics de l'espèce de la cathédrale ». Des promesses, et c'était tout. Il fallait encore que la cathédrale fût exposée aux injures de l'hiver de l'an VII (3).

Enfin, de guerre lasse, et désespérant de jamais rien recevoir de Paris, le département prend une résolution qui lui fait grand honneur : il avait pu faire quelques économies sur son budget de l'an VI. Sur ces économies, il décide d'employer 4.000 francs à la réparation de la couverture de la cathédrale (4).

Mais le mauvais génie qui veillait au ministère de l'Intérieur ne l'entendait pas ainsi. La lettre que les administrateurs du département avaient écrite au ministre le 19 ventôse an VII (9 mars 1799), pour demander l'autorisation de disposer de cette somme n'obtint pas plus de réponse que ses aînées. Une seconde lettre envoyée le 9 floréal (28 avril) n'eut pas plus de succès (5). Il fallut encore faire intervenir les députés du département au corps législatif (6), mais pour s'entendre répondre par le ministre que, la ci-devant cathédrale paraissant employée à l'exercice des cultes, les honoraires de son gardien et les frais des réparations à y faire devaient être mis à la charge de la commune.

C'était encore une fois condamner la cathédrale à périr (7).

Pendant ce temps-là, l'an VII s'était encore écoulé et une partie de l'an VIII sans qu'il soit rien fait. Le 7 floréal an VIII (27 avril 1800), le préfet Quinette s'adresse de nouveau au ministre de l'Intérieur pour pouvoir disposer en faveur

---

rations des édifices appartenant à la République, lorsque ces dépenses n'excédaient pas 150 l.

(1) Arch. de la Somme, Série L, Départem., Cultes.
(2) Ibid.
(3) Lettre des administrateurs du département de la Somme au ministre de l'intérieur du 1ᵉʳ brumaire an VII (22 oct. 1798). Ibid.
(4) Lettres de l'administr. du département au ministre de l'intérieur et aux députés de la Somme au corps législatif, du 19 ventôse an VII (9 mars 1799). Ibid.
(5) Ibid.
(6) Lettre de l'administr. du départem. aux députés de la Somme au corps législatif du 11 prairial an VII (30 mai 1799). Ibid.
(7) Lettre des administr. du départem. au ministre de l'intérieur du 3 messidor an VII (21 juin 1799). Ibid.

de la cathédrale des 4.000 l. que la précédente administration lui avait destinées. « Je vous en conjure, au nom des citoyens de ce département, au nom des arts, hâtez-vous de prévenir la ruine d'un édifice qui, par la beauté et la richesse de son architecture, autant que par la hardiesse et la solidité de sa construction, excite l'admiration de tous les curieux. Hâtez-vous de prévenir les regrets qui suivraient nécessairement la perte d'un monument aussi précieux » (1).

Il ne paraît pas qu'il ait été répondu à cette lettre. Cependant, le 5 messidor (24 juin), le préfet demande à Rousseau l'état des réparations les plus urgentes à faire à la cathédrale avant l'hiver (2). L'année suivante, le conseil général demande au gouvernement un fonds de 10.000 francs pour pouvoir commencer les réparations les plus urgentes, mais sans plus de succès (3).

Un ouragan qui sévit sur Amiens le 18 brumaire an IX (9 nov. 1800), endommagea quelque peu la cathédrale, et notamment la flèche dont il enleva quelques feuilles de plomb et qu'il aurait fait surplomber, ainsi que l'arbre de fer de la croix, du côté du levant (4). On attribua aussi à cet ouragan un écartement dans la voûte de la croisée du transept et l'affaissement de celui des quatre gros piliers qui est au nord-est *(17 a)*; mais il est vraisemblable que cet écartement et cet affaissement devaient être beaucoup plus anciens. Les premiers dangers auraient été arrêtés en 1804 par l'entrepreneur Bruno Vasseur. « Cet homme hardi et zélé pour la conservation de cet édifice, s'étant aperçu que vingt-quatre pieds d'arche, sous la voûte du grand clocher s'étaient surbaissés de 8 centimètres, (3 pouces) et menaçaient une chute prochaine, eut le courage d'arrêter les progrès du mal, en y mettant quatre colliers de fer pour les retenir. Pour y parvenir, il fut obligé de se faire hisser du pavé jusqu'aux voûtes, sur une planche qui lui servit d'échafaud. Il a terminé cette opération dans les premiers jours d'avril 1806 » (5).

Pendant que nous parlons de Bruno Vasseur, rappelons que, suivant Rivoire, qui ne nous dit pas au juste à quelle époque, il aurait aussi couvert provisoirement en tuiles quelques lacunes de la toiture (6), et que, pendant les années IX à XIII (1800-1805), il aurait fait de son propre mouvement un grand nombre de réparations dans la cathédrale, et dont le prix, montant à 2.728 fr. 16 c., ne fut remboursé à ses héritiers par le conseil général du département qu'en 1816, 1817 et 1818 (7). Toujours est-il qu'en l'an IX (1800-1801), des travaux de réparations se faisaient dans la cathédrale et que l'architecte Rousseau fut alors chargé par la municipalité d'Amiens de surveiller les ouvriers : des factionnaires furent même placés pour empêcher ceux-ci d'emporter des matériaux (8).

(1) *Ibid.*, Série V, Édif. diocés.
(2) Lettres du préfet Quinette à Rousseau, des 5 messidor et 24 thermidor an VIII (24 juin, 12 août 1800). *Ibid.*
(3) Cons. gén. de la Somme, séance du 29 germinal an IX (19 avril 1801). Arch. de la Somme, Série N.
(4) Ms. de Baron, p. 46.
(5) Rivoire, *Descr. de l'église cath. d'Am.*, p. 61. — Cf. ms. de Baron, p. 65.

(6) Rivoire, *loc. cit.*, p. 54.
(7) Arch. de la Somme, Série N, Cons. gén.; Série V, Édif. diocés. — Arch. de la fabr. de la cath. Reg. aux délibér., séance du 5 févr. 1815.
(8) Lettres du maire d'Amiens à Rousseau, des 28 et 29 prairial an IX (17 et 18 juin 1801). Arch. de la Somme, Série V, Édif. diocés.

Fig. 14. — Triforium de la nef.

IX

RESTAURATIONS.

1802-1900

L'installation solennelle de Jean-Chrysostôme Villaret, premier évêque d'Amiens après le concordat du 26 messidor an IX, ayant sous sa juridiction les départements de la Somme et de l'Oise, eut lieu le 22 messidor an X (11 juill. 1802), et fut faite par M. de la Tour d'Auvergne, évêque d'Arras, en présence de toutes les autorités de la ville et du département. Il reçut sa cathédrale des mains du citoyen Quinette, préfet de la Somme (1). Trois jours auparavant, inven-

---

(1) *Programme de la cérémonie de l'installation de M. l'évêque d'Amiens pour le 22 messidor an X*. Impr. 7 p. in-4°, Amiens, Maisnel. Arch. de la Somme, Série V, Corresp. générale. — *Bulletin de la Somme* du 30 messidor an X. — Bibl. d'Am., ms. 832 (Machart, t. IV), p. 440 et suiv. — Imprimé contenant : 1° l'arrêté du préfet de la Somme relatif à la prise de possession de M. Villaret, évêque d'Amiens, du 28 messido

RESTAURATIONS — 1802-1900.

taire avait été dressé du maigre mobilier (1) dont l'avait garnie le clergé constitutionnel qui l'occupa jusqu'à la fin. Cet inventaire fut dressé par M⁰ Baudelocque, notaire à Amiens, sur la présentation des citoyens Benoît Delignière et Charles Lejeune, tous deux prêtres desservant l'église, en présence du citoyen Remillat, ingénieur en chef du département, et architecte des bâtiments civils, de l'abbé Sambucy de Saint-Estève, ayant ordre de M. Villaret, évêque d'Amiens, des citoyens Louis-Alexandre Lescouvé, ancien maire, et Dubois-Cappelier, commissaires de la fabrique, le tout remis avec les clefs de l'édifice à M. Villaret et signé par lui, le lendemain, 20 du même mois (2).

Cette pauvre cathédrale, après plus de douze ans d'abandon, était dans le plus déplorable état et avait grand besoin de réparations, mais les pouvoirs publics, dont l'attention était attirée bien ailleurs, ne devaient pas sembler disposés à y pourvoir de si tôt.

Prenant à peine le temps de pourvoir aux premiers besoins de la réorganisation de son diocèse, M. Villaret envoie dès le 22 nivôse an XI, (12 janvier 1803), juste six mois après son installation, une éloquente lettre pastorale ordonnant une quête dans tout le diocèse pour subvenir aux réparations les plus urgentes (3). Mais les temps étaient durs, et la plupart des autres églises, dans le même cas que la cathédrale, sollicitaient d'une façon plus pressante encore toutes les aumônes de leurs fidèles. La quête ne produisit pas 5.000 fr. (4).

Les travaux faits sur l'ordre de l'évêque durent forcément se borner à ceux qui furent jugés les plus urgents pour rendre la cathédrale habitable et consistèrent principalement dans la réparation des couvertures et dans celle des vitres qu'il fallut renouveler presque en entier dans bien des parties. Ce travail, exécuté par Boidin aîné, vitrier à Amiens, à partir du 5 vendémiaire an XI (25 sept. 1803), s'éleva à une somme totale de 4.324 fr. 86 c. (5). Le produit de la quête fut loin de suffire à toutes les réparations nécessaires, et, en mai 1806, après le départ de M. Villaret, nommé évêque de Casal, on devait encore plus de 7.000 l. (6), tant

---

an XI; 2° l'acte de prise de possession dudit siège par M. Villaret, du 22 messidor ; 3° le discours de M. de la Tour d'Auvergne, évêque d'Arras, au nouvel évêque d'Amiens; 4° les paroles adressées par le préfet à l'évêque; 5° la réponse de l'évêque d'Amiens à celui d'Arras; 6° la réponse de ce dernier au préfet; 7° l'extrait du discours prononcé par l'évêque d'Amiens après son entrée dans le chœur (11 p. in-4° Amiens, Maisnel). Arch. de la Somme, Série V, Évêque; *ibid.*, Édif. diocés., 30 brum. an XI.

(1) Et encore la plupart des objets dont il se composait n'étaient-ils que prêtés.

(2) Arch. de la Somme, Série V, Corresp. génér.

(3) Impr. 4, p. in-4°. Arch. de la Somme, Recueil de mandements. — Dès le mois de vendémiaire an XI, il avait fait commencer par le sieur Boidin aîné, vitrier, une restauration générale à la vitrerie, et dont le mémoire, qui s'éleva à 4.324 fr. 86 c., n'était pas encore entièrement réglé en 1813. (Arch. de la Somme, Série V, Édif. diocés.).

(4) Rivoiry, *Descr. de l'église cath. d'Am.*, p. 21. — Chiffre exact, 4.934 fr. — Délibér. des marguilliers du 5 mai 1806. Arch. de la Somme, Série V, Édif. diocés. Compte de recettes et dépenses de ladite quête. *Ibid.* — Dans sa session de l'an XI, le conseil général de la Somme avait bien proposé d'affecter une somme de 20 000 fr. aux réparations les plus urgentes à faire à la cathédrale, mais il ne paraît pas que suite ait été donnée à cette proposition. (Arch. de la Somme, Série N, Cons. génér.).

(5) « Mémoire des ouvrages faites aux vitres de la cathédrale d'Amiens, commencés le 5 vendémiaire an onse, correspondant au mois de septembre 1802 ». Arch. de la Somme, Série V, Édif. diocés.

(6) Cette somme se décomposait ainsi :

Au couvreur	2.998 l., 14 s.
Au plombier	882 l., 3 s., 6 d.
Au vitrier	2.688 l., 16 s.
Au serrurier	371 l., 6 s.
Au charpentier	281 l., 16 s., 6 d.
Au menuisier	68 l., 17 s.
Total	7.291 l., 13 s.

Délibér. des marguilliers du 5 mai 1806. Arch. de la Somme, Série V, Édif. diocés.

pour les travaux faits sous son épiscopat que pour d'autres qui d'urgence avaient été exécutés avant lui. La fabrique, dénuée de ressources, était hors d'état de fournir une pareille somme.

Il y fut pourvu principalement par la vente et la démolition de plusieurs bâtiments accessoires dits des Machabées, qui tombaient en ruines.

Dès l'an XII (1803-1804), l'administration des Domaines avait mis en vente des matériaux de la chapelle (1), de la grange et de l'écurie du palais épiscopal, ensemble des bâtiments de l'ancien chapitre et de ceux des Machabées. Ces deux derniers articles soulevèrent une vive réclamation de la part de la fabrique qui s'en prétendit propriétaire en vertu des articles 1 et 2 de l'arrêté du 7 thermidor an XI. Les marguilliers demandaient en conséquence que l'ancienne salle du chapitre fût conservée, parce qu'elle servait à resserrer le matériel de l'église, qu'on y tenait certaines assemblées qui ne pouvaient avoir lieu dans l'intérieur de la cathédrale, et que l'on y donnait l'instruction aux enfants. Quant aux bâtiments des Machabées, ils convenaient qu'ils tombaient en ruine, mais demandaient qu'au cas où la vente en serait décidée, son produit fût affecté aux réparations de la cathédrale qui en avait le plus pressant besoin : le directeur des Domaines d'ailleurs, tout en maintenant le droit de l'État, ne fit pas opposition à ce que le produit de la vente fût consacré à cet usage (2).

L'adjudication n'eut pas lieu, et les choses en restèrent là. Ce n'est qu'en 1806, en présence de la somme considérable qui restait à payer tant pour les réparations ordonnées par M. Villaret que pour celles exécutées avant lui, que la fabrique proposa de nouveau de recourir à la vente des bâtiments des Machabées pour pouvoir en payer au moins une partie (3). Elle y fut autorisée par arrêté préfectoral, du 10 juin 1806.

La vente (4) produisit en définitive 3.164 fr. 05, qui furent répartis entre Bruno Vasseur, couvreur, la veuve Debaussaux, plombière, Boidin, vitrier, Nolent, serrurier, Péteil, charpentier, et Lenoir, menuisier (5).

Tous les bâtiments du cloître des Machabées furent alors détruits, à l'exception de quelques travées voisines de l'église vers le sud, réservées pour servir de magasins au matériel de la cathédrale (6), et de la chapelle qui subsiste encore.

Mais il nous faut revenir un peu en arrière.

En somme les réparations ainsi faites n'étaient que de menus travaux destinés uniquement, comme nous l'avons dit, à rendre l'édifice habitable, et à le mettre à l'abri des intempéries (7).

En l'an XIII (1804-1805), le conseil général avait bien voté une somme de 24.000 francs pour réparations à faire à la cathédrale, et un devis avait été rédigé par ordre de Mgr Demandolx par l'ingénieur des ponts et chaussées Sambucy (8),

---

(1) Cette chapelle était, paraît-il, un très joli édifice du xiiie siècle, dont nous devons à tout jamais déplorer la perte. Il n'en subsiste qu'une base de colonne.

(2) Arch. de la Somme, Série V, Édif. diocés. — Reg. aux délib. de la fabrique de la cath. Séances des 5 et 22 avril 1804.

(3) Délibér. des marguilliers intérieurs de la cath., du 7 mai suivant. Arch. de la Somme, Série V, Édif. diocés.

(4) 23 avril 1807, par devant Me Vasselle, notaire à Amiens.

(5) Arch. de la Somme, Série V, Édif. diocés.

(6) Ms. de Baron, p. 37. — Elles ne furent détruites et remplacées qu'après 1850, par Viollet-le-Duc.

(7) Rien n'avait été fait, notamment à la maçonnerie.

(8) Ce devis s'élevait, paraît-il, à 60.000 francs. Son auteur marquait qu'après avoir visité l'église dans toutes

RESTAURATIONS — 1802-1900.

mais ils furent réduits à 13.500 francs, par suite du refus fait par le département de l'Oise d'y participer (1). Il ne paraît pas d'ailleurs qu'il y ait été donné suite immédiatement.

Ce ne fut en réalité qu'en l'an XIV (1805) que l'on commença sérieusement à pourvoir à sa réparation.

La loi du 18 germinal an XI avait mis formellement l'entretien et la réparation des cathédrales à la charge des départements. L'ingénieur en chef des Ponts et Chaussées du département, Grandclas (2), fut donc prié par le préfet de faire une visite minutieuse de la cathédrale et de dresser un rapport, un devis et un détail des réparations majeures à y faire. Son rapport est daté du 6 brumaire an XIV (28 oct. 1805) (3). Il constate un mouvement des murs de la nef du dedans au dehors, de façon qu'à plusieurs travées, les voûtes se trouvaient séparées des murs d'une manière inquiétante, au point que, sur beaucoup de points, on pouvait « passer la main entre l'ogive et le mur »; des lézardes coupaient la maçonnerie dans toute la verticale, des cintres étaient désunis, des pierres rompues, etc. Ce mouvement n'était, il est vrai, que partiel et assez récent, et on l'attribuait à l'état d'abandon où s'est trouvé l'édifice « pendant un tems où l'on n'entretenoit rien du genre d'une cathédrale », et enfin aux violentes secousses des derniers ouragans et notamment de celui du 18 brumaire an IX (10 nov. 1800), qui avait dévasté une partie de l'Europe (4). Ce mouvement continuait, quoique d'une façon très lente. Pour l'arrêter, car il n'y avait pas à espérer de faire reprendre aux murs leur aplomb, Grandclas ne vit d'autre moyen que de les assujettir par de forts tirants de fer enchaînant les deux murs et traversant la nef

ses parties, il avait été « effrayé des dégradations affreuses qu'il y a remarquées. Plusieurs pilliers sont séparés des voûtes, ce qui menace du danger le plus prochain; une grande partie des plombs est à renouveller. La couverture est à refaire à neuf dans bien des endroits. Au moindre orage, la cathédrale est inondée par l'eau qui filtre et se fait jour à travers les ouvertures multipliées qui existent dans la voûte ». Arch. de la fabrique de la cath. d'Am. Reg. aux délib. Séances des 3 mai 1805 et 7 mai 1806.

(1) Jusqu'au rétablissement de l'évêché de Beauvais en 1822, le département de l'Oise fit partie du diocèse d'Amiens. L'entretien de la cathédrale, de l'évêché et du séminaire dut donc être, jusqu'à cette époque, partagé entre les deux départements. En réalité le département de l'Oise ne fit presque rien pour la cathédrale d'Amiens, objectant, pour justifier son abstention, qu'il avait de nombreuses charges et surtout que la ville d'Amiens réunissant tous les avantages : évêché, chapitre, lycée, cour d'appel, devait en supporter les charges, tandis que Beauvais, privée de tous ces établissements, avait à subvenir à sa cathédrale, non moins intéressante que celle d'Amiens par sa beauté et son mauvais état. (Lettre du préfet de l'Oise au ministre de l'intérieur du 17 juin 1809. Arch. de la direct. des Cultes). — Cette fois, le conseil général de l'Oise se contenta de voter une somme de 600 fr. (Arch. de la fabr. de la cath. d'Am. Reg. aux délib., Séance du 7 mai 1806).

(2) Rousseau était mort le 21 brumaire an X. (Arch. de la ville d'Am., État civil). Son successeur immédiat, Remillat, ne fit que passer; nous ignorons si c'est lui qui a dirigé les travaux ordonnés par M. Villaret : nous ne le voyons figurer que sur le procès-verbal d'inventaire du mobilier de la cathédrale au moment de la prise de possession de ce prélat. — Charles-Dominique Grandclas, dit Grandclas, était né à Charmes (Vosges) le 4 décembre 1749. Son père, Charles-Mansuy Grandclas était receveur des deniers patrimoniaux de cette ville (État-civ. de Charmes). De 1777 à 1783, Grandclas fut sous-ingénieur des Ponts et Chaussées à Abbeville. (Arch. de la Somme, C. 1335 et 1336. — Alman. de Picardie); de 1783 à 1790, sous-ingénieur, puis inspecteur des Ponts et Chaussées du département de Boulogne, Calais, Montreuil et Ardres. (Arch. de la Somme, C. 1179 et 2014, pp. 308, 358. — Alman. de Pic.). Lorsqu'il fut chargé par le préfet de s'occuper de la cathédrale, il y avait peu de temps qu'il avait remplacé comme ingénieur en chef du département Remillat, qui était mort le 22 prairial an XIII. (Arch. de la Somme, Série S, Comptabil. des Ponts et Chaussées, an XIII). Il mourut à Amiens le 16 décembre 1822, âgé de 73 ans. (État-civ. d'Am.).

(3) Arch. de la Somme, Série V, Édif. diocés.

(4) Cette partie du rapport de Grandclas paraît exagérée : le mouvement qu'il signale devait exister depuis fort longtemps.

par-dessus les voûtes. Le reste des réparations était peu de chose, quelques parties à refaire dans la toiture et la plomberie, et quelques détails de pur entretien. Cet entretien pourrait être assuré au moyen d'une somme annuelle de 6.000 fr. votée par le conseil général; il pourrait être donné à bail pour trois ans. Ces 6.000 fr. produiraient certainement chaque année de l'économie qui, en s'accumulant, formerait un fonds de réserve pour des travaux plus importants, tels par exemple, que la reconstruction du clocher des bourdons qui menace ruine, et qui sera certainement à reconstruire dans quelques années. Le détail estimatif des travaux à faire actuellement s'élevait à 22.154 fr. 31 c. que l'on pourrait mettre en adjudication, en commençant par les travaux les plus urgents, les tirants de fer par exemple (1). L'adjudication définitive eut lieu le 3 nivôse an XIV (24 déc. 1805), jusqu'à concurrence de 17.797 fr. 64 c. de travaux de ragréement, couverture, plomberie, serrurerie, charpente, etc. (2).

Sur ces entrefaites, quelques personnes vinrent dire au préfet que le mouvement constaté par Grandclas était beaucoup plus ancien qu'il ne le croyait et que ses craintes étaient exagérées; Grandclas adressa au préfet un nouveau mémoire assez curieux pour défendre son opinion, à laquelle celui-ci se rangea d'ailleurs tout de suite (3).

On porta à 24.000 fr. le crédit nécessaire pour faire face aux travaux demandés. Sur cette somme, le conseil général de la Somme vota sans difficulté 13.046 fr. 99 c. au budget de 1806. On comptait que le conseil général de l'Oise ferait le reste. Mais celui-ci se contenta de voter, pour les frais du culte, une somme totale de 10.400 fr. (4), sur laquelle, déduction faite des autres frais, il ne resta pour la réparation de la cathédrale, qu'une somme insignifiante (5).

Cependant les travaux furent exécutés, et six fortes ancres de fer établies effectivement. Elles existent encore : trois sur le chœur et trois sur la nef, aux travées les plus voisines du transept (6).

On avait précédemment insinué au préfet que la cathédrale n'était pas en si mauvais état que Grandclas le prétendait. La demande de crédits au conseil général de la Somme, et sans doute aussi la connaissance que l'on eut des mémoires de l'ingénieur, peut-être intentionnellement un peu exagérés, les quêtes que l'on avait faites récemment, les travaux que l'on voyait faire, produisirent sur le public l'effet inverse. Le bruit courut que la cathédrale tombait en ruine, et que rien ne pourrait la préserver d'une chute prochaine. Ces bruits étaient vraisemblablement entretenus par des gens intéressés, si bien que, pour rassurer l'opinion, Grandclas dut écrire au curé de la cathédrale une lettre qui fut publiée

(1) Devis des travaux à faire à la cath. d'Am., par l'ingénieur Grandclas, daté du 6 brumaire an XIV (28 oct. 1805), et lettre de Grandclas au préfet, du 7 brumaire même année. Arch. de la Somme, Série V, Édif. diocés.

(2) Affiche impr. du 22 frimaire an XIV. *Ibid.*

(3) Lettre du préfet à Grandclas, du 7 janvier 1806; Mémoire de Grandclas du 8 janvier, pour répondre à ladite lettre; et réponse du préfet du 11 janvier. *Ibid.*

(4) « État des travaux en construction ou grosses réparations exécutées ou à exécuter aux bâtiments civils du département de la Somme, depuis la session du corps législatif en 1806, jusqu'au 1ᵉʳ août 1807 ». *Ibid.*

(5) 600 fr. Délibér. de l'assemblée des marguilliers de la cath. du 7 mai 1806. *Ibid.*

(6) Celles de la nef furent établies tout de suite, celles du chœur ne le furent qu'un peu plus tard et sur de nouveaux crédits. « État sommaire des projets de travaux soit aux constructions, soit aux grosses réparations à exécuter en 1809 aux bâtiments civils du département de la Somme ». Arch. de la Somme, Série N, Conseil général, sess. de 1808.

dans les journaux, et qui fut même imprimée à un grand nombre d'exemplaires et distribuée dans toute la ville (1).

A partir de cette époque, jusqu'en 1823, indépendamment des sommes nécessaires pour travaux extraordinaires, le conseil général de la Somme vota régulièrement chaque année 6.000 francs pour l'entretien de la cathédrale (2).

Le 31 juillet 1807, un coup de vent endommage la toiture; le dégât est facilement et promptement réparé (3).

En 1808, un nouveau projet de réparations est présenté par l'ingénieur Grandclas aux conseils généraux de la Somme et de l'Oise. Il s'agissait principalement de refaire deux contreforts ou plutôt deux arcs boutants, de rétablir des murs d'encuvement dans leur couronnement, de ragréer et de réparer les voûtes, de refaire les balustrades des galeries, de rétablir ou de supprimer des pinacles, de resserrer les murs et les piliers du chœur avec des barres de fer. Ces travaux étaient évalués à environ 40.000 fr., avec possibilité d'échelonner cette somme sur plusieurs budgets (4). C'est ce qui eut lieu en effet. Dès la première année, le conseil général de la Somme vota 6.952 fr. 15 c. (5); l'année suivante, 25.000 fr. (6).

Pendant l'année 1810, quelques travaux aux couvertures, charpentes, plomberie et vitrerie, furent exécutés par Bruno Vasseur, sur les devis et détails estimatifs de Grandclas (7).

Jusqu'alors il n'avait été pourvu à la réparation de la cathédrale que sur l'initiative du préfet et de l'évêque, et avec les seules ressources locales.

Voici que l'État commence à y intervenir directement. Le 8 février 1810, le ministre de l'Intérieur avait prié le préfet de la Somme de faire dresser par un architecte éprouvé un état détaillé de la situation actuelle de la cathédrale d'Amiens, avec plans, coupes, profils, élévations, etc., et de les lui faire parvenir le plus tôt possible. Pour ce travail, le préfet fit choix d'Étienne-Hippolyte Godde, architecte de Paris (8), qui jouissait alors d'une certaine réputation, et prenait le

---

(1) « L'ingénieur en chef du département de la Somme certifie qu'il n'y a pas le moindre danger dans la cathédrale d'Amiens, les travaux qu'on y fait ayant pour objet la réparation et la conservation de ce beau monument trop longtemps négligé. Il serait ridicule d'imaginer que l'on réparât, que l'on voulut entretenir et conserver un édifice jugé dangereux et en ruine. L'ingénieur qui atteste que le monument est bon et solide est chargé de le surveiller, de suivre les travaux que l'on y fait, comme tout bâtiment l'exige quand on ne veut pas réellement le laisser périr. L'on peut donc s'en rapporter à ce qu'il annonce ici, plutôt qu'à des dires insignifiants, vulgaires, et à coup sûr méchamment répandus. Signé, Grandclas. La minute de la lettre ci-dessus, signée de la main de M. l'ingénieur en chef, est déposée chez M. le curé de la cathédrale ». *Bulletin de la Somme* du 10 juillet 1806. — Voy. aussi Arch. de la Somme, Série V, Édif. diocés.

(2) Budgets et délibér. du cons. génér. Arch. de la Somme, Série N. — Par la suite, ces 6.000 fr. ont été fournis par l'État.

(3) Arch. de la Somme, Série V, Édif. diocés.

(4) « État sommaire des projets de travaux, soit en constructions, soit en grosses réparations à exécuter en 1808 aux bâtimens civils du département de la Somme ». Arch. de la Somme, Série N, Cons. génér. — « État sommaire des projets de travaux, soit aux constructions, soit aux grosses réparations à exécuter en 1809 aux bâtimens civils du département de la Somme ». Arch. de la Somme, Série N.

(5) Budget du département de la Somme pour 1808. Arch. de la Somme, Série N, Cons. génér.

(6) *Ibid*. Sess. de 1808, séance du 19 janvier 1809. — Cf. 7 déc. 1808 : « Note sur l'état actuel de la cath. d'Amiens, pour servir à l'appui d'une demande de fonds annuels plus considérables que ce que l'on accorde depuis le rétabl. du culte. » Arch. de la direct. des Cultes.

(7) Arch. de la Somme, Série V, Édif. diocés.

(8) Lettre du ministre de l'intérieur au préfet de la Somme du 24 juillet 1810, pour lui faire connaître qu'il approuvait le choix qu'il avait fait de Godde pour le travail qu'il lui avait demandé. (Arch. de la Somme, Série V, Édif. diocés.). — Sur Étienne-Hippolyte Godde, né à Breteuil (Oise), le 26 décembre 1781, et mort à Paris le 7 décembre 1870, voy. LANCE, *Dict. des archit.*

21

titre d'architecte des églises de Paris (1). Il dressa un devis s'élevant à 62.000 francs, et qui fut approuvé par le ministre de l'Intérieur le 23 mai 1812 (2). Les fonds nécessaires furent votés par le département de la Somme et par la ville d'Amiens (3).

En attendant l'exécution de ces grands travaux, Godde fit encore faire quelques réparations reconnues urgentes, notamment à la vitrerie et à la couverture, qui furent payées sur un crédit de 27.581 francs alloué au budget de 1810 pour la restauration de la cathédrale. Ils furent exécutés en 1811 et 1812 sous l'inspection d'Amand Limosin, architecte de la ville d'Amiens (4).

C'est vers la même époque, au mois d'août 1813, que l'on remit des bras à la croix de fer qui domine la flèche, pour remplacer ceux qui avaient été enlevés pendant la Révolution. Au dire de Baron, ils paraissaient plus longs que les anciens, et ils n'étaient pas de niveau (5). La croix ainsi raccommodée, et que nous avons encore vue, avec ses deux croisillons dans une position oblique, subsista jusqu'en 1884 qu'elle fut, comme nous le verrons, frappée de la foudre, démontée et remplacée peu après par une croix neuve en fer forgé et d'un dessin tout différent de celui de l'ancienne, celle qui existe aujourd'hui.

L'exécution des grands projets de restaurations préparés par Godde attendit encore plusieurs années et les fonds votés régulièrement dans ce but de 1812 à 1816 furent affectés à d'autres objets (6). Par le fait, les travaux ne commencèrent qu'en 1816 (7).

Sur ces entrefaites, Cheussey ayant été nommé architecte du département, vers 1815 ou 1816, fut, en cette qualité, chargé des détails d'exécution (8).

Nous n'avons pas de renseignements bien complets sur les travaux exécutés

français, t. I, p. 317. Il est célèbre par les critiques sévères et mordantes dont il fut l'objet de la part de Didron *(Annales archéol., passim)*.

(1) Lettre de Cheussey au préfet de la Somme du 21 juillet 1820. Arch. de la Somme, Série N, Cons. génér.

(2) Délibér. du Cons. génér. de la Somme du 3 mai 1817. *Ibid*.

(3) Arch. de la Somme, Série N, Cons. génér.

(4) Arch. de la Somme, Série V, Édif. diocés.

(5) Ms. de Baron, p. 46.

(6) Cons. génér. de la Somme, Délibér. des 3 mai 1817, 20 juin 1818, 13 août 1819. Arch. de la Somme, Série N.

(7) Cons. génér. de la Somme, Délibér. du 13 août 1819. *Ibid*.

(8) Limosin ayant, à cause de son grand âge, résigné ses fonctions d'architecte de la ville d'Amiens et les autres dont il était chargé, Cheussey avait été nommé architecte de cette ville par arrêtés du maire du 26 août 1814 et du préfet du 21 octobre même année. (Arch. de la Somme, Reg. aux arrêtés). — À peu près vers le même temps, Cheussey fut nommé architecte du département de la Somme et adjoint à Godde pour la restauration de la cathédrale d'Amiens. (Lettre de Godde au préfet de la Somme du 7 mai 1816. Arch. de la Somme, Série V, Édif. diocés.). — En juillet 1819, Cheussey ayant été nommé rapporteur du Conseil des bâtiments civils, fut remplacé momentanément par Jean-Jacques Tardieu, nommé directement par le ministre de l'Intérieur, mais au bout de quelques mois, en avril 1820, il revint à Amiens reprendre ses fonctions d'architecte du département et de la ville, tandis que Tardieu allait prendre sa place à Paris. Le départ de Cheussey avait été vu d'un très mauvais œil par le conseil général de la Somme. (Arch. de la Somme, Série N, Cons. génér.). — François-Auguste Cheussey, né à Sarrelouis (Prusse Rhénane) le 31 juillet 1781, avait été quelque temps architecte de la ville de Mayence, avant de venir à Amiens où il passa le reste de sa vie et occupa une situation assez importante : il y construisit un grand nombre d'édifices et notamment l'église Saint-Jacques (1837). Capitaine commandant la compagnie des sapeurs-pompiers, conseiller municipal, membre de l'Académie d'Amiens et de la Société des Antiquaires de Picardie, il fut nommé chevalier de la Légion d'honneur le 1er mai 1843 et mourut le 13 juillet 1857, âgé de près de 76 ans, après avoir successivement résigné la plupart de ses fonctions. (Arch. de la Somme, Séries O, Ville d'Amiens et V, Édif. diocés. — *Le Glaneur*, des 15 juillet 1837, 5 août 1843 et 4 octobre 1848. — *Bull. Monum.*, t. V, p. 355. — *Gazette de Picardie*, du 10 mai 1843. — *La Publicité* du 26 sept. 1846. — *Bull. de la Soc. des Ant. de Pic.*, t. III, 1849, p. 130. — *L'Ami de l'ordre* du 5 déc. 1849. — État civ. d'Amiens).

sous la direction de Godde. Nous savons cependant que la maçonnerie fut exécutée par Bercioux, entrepreneur de bâtiments à Paris, la charpente, par Auguste Corroyer, la couverture, par Pâris, fils aîné (1), et la vitrerie par Dupetit, tous trois d'Amiens (2).

Un mémoire de Godde au préfet du 12 décembre 1820 nous donne un aperçu de ce qui, jusqu'alors, avait été exécuté sous ses ordres, et de ce qui restait encore à faire.

On avait fait :

1° La restauration de sept arcs boutants, murs et contreforts, à droite du chœur;

2° La reconstruction des galeries à jour ou balustrades à droite et à gauche de la nef;

3° La remise en état des vitraux des étages supérieurs du transept et du pourtour du chœur;

4° La couverture en tuiles, en ardoises et en plomb dans les parties les plus endommagées;

5° La restauration du clocher (3).

Godde estimait que c'était à peu près la moitié des réparations à faire à l'édifice à l'exception du dallage qui, suivant lui, était à refaire entièrement, et dont il évaluait la dépense à environ 40.000 fr.

Par le même mémoire, Godde manifestait au préfet l'intention de se retirer, et, après un chaleureux éloge des talents de Cheussey, le désir de lui céder la continuation des travaux. « Les talents de cet architecte, ajoutait-il, qui mérite à tous égards votre confiance, sont une garantie pour l'administration que ce bel édifice ne sera pas dénaturé en ses mains et qu'il saura faire respecter toutes les beautés d'art qui le caractérisent des autres monuments gothiques » (4).

Le désir de Godde reçut satisfaction, et, depuis ce moment jusqu'en 1849, époque à laquelle Viollet-le-Duc entreprendra la restauration complète de l'édifice, Cheussey en sera l'architecte et en ordonnera et dirigera toutes les réparations.

Les travaux exécutés sous la direction de Godde avaient coûté fort cher : il était le contraire de l'homme qu'il fallait pour restaurer un édifice du moyen âge (était-il possible d'en trouver un meilleur à cette époque?), et les ouvriers qu'à grands frais il avait fait venir de Paris n'y étaient nullement préparés. Une grande partie des fonds fut absorbée par de dispendieux et immenses échafaudages. Le ciment mêlé de brique pilée dont on se servit dans les rejointoiements et qui subsiste encore sur de très grandes surfaces, notamment au chevet, fait par sa couleur rouge un effet très désagréable : les ornements qu'il était

---

(1) 1817. Bail de neuf ans avec Pâris, fils aîné, maître couvreur à Amiens, en vertu duquel celui-ci devait renouveler un cinquantième de la couverture tous les ans. Arch. de la Somme, Série N, Comptabil. départem., Comptes de 1821, 1822, 1823, 1824.

(2) Rapport de Godde au préfet de la Somme, du 12 décembre 1820. Arch. de la Somme, Série V, Édif. diocés. — Ibid., Série N, Comptabil. départem., compte de 1821.

(3) Pour ces travaux, le conseil général de la Somme avait alloué en 1816, 8.000 fr.; en 1817, 13.166 fr.; en 1818, 31.856 fr., et en 1819, 21.492 fr. 48 c. (Cons. génér. de la Somme, délib. du 13 août 1819. Arch. de la Somme, Série N). — Ils s'élevèrent en tout à 95.726 fr. 78 c. (Cons. génér. de la Somme, délib. du 11 sept. 1822. Ibid.).

(4) Mémoire de Godde au préfet de la Somme, du 12 décembre 1820. Arch. de la Somme, Série V, Édif. dioc. — Cf. Rapport au min. de l'Intér., du 14 mars 1817, et mémoire de Godde au préfet de la Somme, du 20 avril 1818. Arch. de la direct. des Cultes

obligé de refaire, Godde les refaisait, paraît-il, en style grec (1). La jolie balustrade crénelée qui ornait le sommet du contrefort du cardinal de La Grange était en mauvais état, il la supprima (2). Il avait rétabli des contreforts « dans le style le plus bizarre et le plus monstrueux qu'il soit possible d'imaginer », et qui furent refaits en entier sous Louis-Philippe (3).

Mais ce n'était pas tout, et le mémoire de Godde indiquait encore bien d'autres choses à faire :

1° La reprise en sous-œuvre de trois contreforts et arcs boutants, à la suite de ceux déjà réparés;

2° La restauration et incrustation des morceaux de pierre à rapporter dans les quatre contreforts à gauche du chœur;

3° Les rejointoiements en mastic à l'huile du surplus des arcs et contreforts dans la partie gauche du chœur, à la suite des quatre précédents et de ceux de chaque côté de la nef;

4° Les redressements des pointes des pinacles au-dessus des gables des portails du transept;

5° La remise en état des vitraux de la nef;

6° Le rétablissement du dallage de l'église.

Dès le 30 novembre 1821, Cheussey dresse un nouveau devis de travaux s'élevant à 201.075 francs, et qu'il jugeait urgent d'exécuter sans interruption pendant dix ans à partir de 1822 (4). Il consistait principalement en reprises partielles aux murs, réfections de contreforts et d'arcs boutants, renouvellement du dallage, restauration des vitraux, époussetage des toiles d'araignées, réparations au buffet de l'orgue, renouvellement du beffroi des cloches de la flèche.

Dans le courant de l'année 1822, quelques-uns de ces travaux furent exécutés par l'entrepreneur Bercioux, Pâris, fils aîné, maître couvreur et Dupetit, vitrier (5), puis ils demeurèrent suspendus pendant plusieurs années (6) : au ministère de l'Intérieur, on avait été quelque peu effrayé de ce nouveau devis de 201.075 francs présenté par Cheussey (7).

C'est à partir de cette époque que l'entretien des édifices diocésains, et notamment des cathédrales, cesse d'être à la charge des départements et figurera dorénavant au budget de l'État.

Les travaux ne furent repris qu'en 1825.

---

(1) Ces ornements ont disparu dans les restaurations qui ont été faites par la suite.

(2) Elle a été rétablie par Viollet-le-Duc d'après les anciens dessins. — Voy. sur tous les détails qui précèdent un rapport de l'abbé Goard de Saint-Gowerd, sur la visite faite à la cathédrale d'Amiens par le Congrès de la Soc. franç. d'Archéol., le 10 juillet 1839, dans *Bullet. Monum.*, t. V, 1839, p. 320. — Cf. GOZE, *Églises, Châteaux, Beffrois*, etc., t. II, pp. 30 et 37.

(3) Mémoire de l'abbé Jourdain à la Société française d'Archéologie dans sa session tenue à Amiens en 1840. *Bullet. Monum.*, t. XIII, 1847, p. 76.

(4) Cons. génér. de la Somme, délibér. du 11 sept. 1822. Arch. de la Somme, Série N. — Extrait dudit devis du 11 juin 1825. *Ibid.*, Série V, Édif. diocés.

(5) Arch. de la Somme, Série N, registre de 1822, p. 23.

(6) « Depuis deux ans, la restauration de cet édifice (la cathédrale) paraît suspendue ». Cons. génér. de la Somme, délib. du 3 sept. 1824. Arch. de la Somme, Série N.

(7) Le 29 février 1832, le ministre de l'Intérieur observait au préfet de la Somme, entre autres choses, « qu'une pareille dépense pour une seule église était hors de proportion avec tout ce qui s'était fait partout ailleurs, sans en excepter ni la cathédrale du Mans, où il s'agissait de rétablir une voûte écroulée, ni celle de Séez, où il était question d'arrêter la chûte de l'édifice sur le point de tomber, et où l'on a été obligé de reprendre une partie des fondations, circonstances que ne présente pas la cathédrale d'Amiens ». Arch. de la Somme, Série V, Édif. diocés.

Sur la réclamation du conseil général de la Somme (1), on finit par obtenir des fonds du ministère des Affaires Ecclésiastiques et le préfet fit extraire par Cheussey de son devis général de 1821, les travaux à faire tout de suite et qui s'élevèrent à 23.100 francs, y compris 1.122 fr. 25, pour renouvellement du beffroi des cloches de la flèche, qui n'étaient pas compris au premier devis (2). On commença par l'époussetage des voûtes (3). Les autres travaux qui, par suite de quelques modifications au devis de 1825, étaient évalués à 28.980 francs, furent adjugés au sieur Masse, père, entrepreneur de bâtiments à Amiens, le 14 septembre 1826 (4).

Sur ces 28.980 francs, il y eut 20.172 fr. 60 pour le dallage; nous en reparlerons à propos de celui-ci. Quant aux autres, ils furent, on le voit, peu importants.

Cependant, la même année, le mauvais état du beffroi du clocher doré ayant obligé de suspendre la sonnerie des cloches, on fut obligé de le refaire.

Mentionnons en passant, et pour mémoire, quelques travaux à la vitrerie, de 1830 à 1836.

Nous reviendrons à leur place sur tous ces travaux.

Le rôle de l'architecte d'un édifice public et historique ne consiste pas toujours à assurer sa conservation. Les événements politiques l'ont parfois aussi obligé à le mutiler. C'est ainsi qu'en 1831 Cheussey eut à infliger à la cathédrale d'Amiens certaines dégradations qui n'ont pour excuse que la précipitation avec laquelle elles ont été ordonnées dans un moment d'affolement.

C'était au lendemain de la manifestation carliste du 14 février 1831, et dont le sac de Saint-Germain l'Auxerrois et de l'archevêché de Paris avaient été la suite. Le gouvernement de Louis-Philippe avait jugé à propos, par une ordonnance royale du 16 février, de supprimer les fleurs de lis du sceau de l'État. Le numéro du *Moniteur* du 17, qui contenait le texte de cette ordonnance, donnait en outre une note explicative où il était dit, entre autres choses, que le Roi avait donné des ordres « pour faire disparaître les fleurs de lys partout où on pourra le faire sans dégrader les monuments publics et sans renouveler les mutilations auxquelles donna lieu en 1814 l'enlèvement des emblèmes de la République et du règne de Napoléon ».

Lorsque ce numéro parvint à Amiens, en l'absence du préfet en conseil de révision, le secrétaire général Radiguet prit sur-le-champ un arrêté enjoignant aux maires du département de faire enlever de tous les lieux et édifices publics tant à l'intérieur qu'à l'extérieur, les fleurs de lis et autres signes, insignes ou symboles du gouvernement de Charles X, en prenant toutefois les précautions nécessaires pour éviter les dégradations (5). En même temps, il envoyait directement à Cheussey une lettre ainsi conçue : « M. l'Architectecte, pour l'exécution de

---

(1) Cons. génér. de la Somme, délib. de 1824. Arch. de la Somme, Série N.

(2) 11 juin 1825. « Extrait du devis général des travaux à exécuter à l'église cathédrale d'Amiens, pour la continuation de sa restauration qui a été commencée en l'année 1816, dressé d'après la lettre de M. le Préfet, sous la date du 19 mai 1825, montant à la somme de 23.100 fr. », par Cheussey, architecte. Arch. de la Somme, Série V, Édif. diocés.

(3) Corresp. entre Cheussey et le préfet, 1825-1826. *Ibid*.

(4) Avis de ladite adjudication du 18 août 1826. Affiche impr., et procès-verbal du 14 septembre même année. *Ibid*.

(5) Cet arrêté, daté du 18 février et signé par le secrétaire général pour le préfet en conseil de révision, a été inséré au *Mémorial administr. pour le départ. de la Somme*, année 1831, n° 6.

l'ordonnance royale insérée au *Moniteur* de ce jour, j'ai l'honneur de vous prier de vouloir bien faire disparaître toutes les fleurs de lys qui peuvent se trouver tant à l'intérieur qu'à l'extérieur de l'église cathédrale d'Amiens *et autres édifices publics* » (1).

Cheussey fit aussitôt enlever toutes les fleurs de lis des dossiers des stalles, qui, supprimées une première fois pendant la Révolution, avaient été rétablies de 1814 à 1816, et briser celles qui ornaient la partie supérieure du vitrail garnissant la fenêtre du fond du chevet, et dans lequel se trouve l'inscription rappelant que ce vitrail fut donné en 1269 par l'évêque Bernard d'Abbeville. Ces fleurs de lis avaient passé inaperçues en 1793 (2).

A en croire Gilbert (3), et Goze (4), tous deux contemporains des événements, c'est à cette époque que les fleurons de la crête de plomb qui couronne le faîte de la toiture, et qui ressemblaient un peu à des fleurs de lis, auraient aussi été mutilés. Goze va même jusqu'à dire que « M. Ledieu ..... fit à cette époque, mais infructueusement, les plus grands efforts pour empêcher cette dévastation brutale ». Telle est aussi l'opinion généralement admise dans Amiens. Cependant le manuscrit de Baron (5), qui vivait au moment de la Révolution, dit au contraire que cette mutilation aurait eu lieu en 1793. Les deux versions sont assez difficiles à concilier. Toujours est-il que l'entrefilet du journal *le Glaneur* du 19 février 1831 (6) qui rend compte des suppressions de fleurs de lis faites dans la cathédrale, ne parle effectivement que des stalles et du vitrail.

Signalons en passant, et pour mémoire, les réparations faites aux chapelles Saint-Sébastien et Notre-Dame du Puy en 1832, lors du choléra.

A partir de l'avènement de Louis-Philippe, les travaux de restauration de la cathédrale prennent tout à coup un essor extraordinaire. Cette époque est celle du grand mouvement archéologique qui s'était produit avec les Caumont et les Didron, et que Victor Hugo, Montalembert et autres avaient vulgarisé. C'est alors qu'on s'éprend d'un culte passionné pour nos vieux édifices du moyen âge, culte parfois outré et indiscret de la part de néophytes plus remplis de zèle que de clairvoyance, c'est aussi l'époque où se créent les sociétés savantes locales.

Jusqu'ici nous avons vu les hommes de l'art chargés seuls de veiller à la réparation et à l'entretien de l'édifice : un autre facteur va être placé presque officiellement à côté d'eux. Les archéologues considèreront comme un de leurs plus importants devoirs de surveiller tous les travaux exécutés dans les monuments historiques et d'émettre leur avis sur la restauration de ceux-ci. C'est ainsi que la Société des Antiquaires de Picardie fondée en 1836, va intervenir directement dans tous les travaux exécutés à la cathédrale, et dans lesquels l'archéologie sera intéressée; son avis sera demandé et écouté, elle nommera des commissions pour surveiller tout travail important.

Enfin, entraîné par ce mouvement, le gouvernement de Louis-Philippe

---

(1) Ces mots en italiques ont été ajoutés de la main du secrétaire général sur la minute de la lettre. — Arch. de la Somme. Série V, Édif. diocés.

(2) « On vient de retirer les fleurs de lys qui se trouvaient au-dessus des stalles de l'église cathédrale de notre ville, ainsi que celles en verre colorié qui étaient placées au haut de la croisée du rond point du chœur de la même église ». *Le Glaneur* du 19 février 1831.

(3) *Descr. histor. de l'église cath. d'Am.*, p. 88.

(4) *Annales archéol.*, t. III, p. 26.

(5) Édit. Soyez, p. 81.

(6) Voy. ci-dessus, note 2.

donnera sans compter pour assurer non seulement la conservation du monument, mais encore pour faire disparaître aux yeux les moindres vestiges des injures du temps et des hommes. Le conseil général de la Somme entrera dans cette voie et allouera de fortes sommes à la restauration des sculptures mutilées pendant la Révolution.

Les travaux de restaurations prévus par le devis de 1821 n'avaient été, nous l'avons vu, exécutés que partiellement. Pendant ce temps, l'état de l'édifice, surtout à l'extérieur, n'avait fait qu'empirer.

Cheussey dressa le 19 janvier 1833 un nouveau devis des travaux les plus urgents à faire à l'extérieur de l'édifice et, notamment au chevet (1). Il s'appliquait au côté sud du chœur et au croisillon du même côté à partir de la corniche supérieure du collatéral inclusivement, plus à la partie supérieure des contreforts *d 15* et *d 17* au croisillon nord, et consistait principalement : 1° à l'étage du triforium, dans le renouvellement de plusieurs parties de la balustrade supérieure des bas-côtés, dans la restauration des bases des contreforts à la même hauteur, en remplaçant les pierres calcinées et détruites par le temps, ainsi que les colonnettes qui les décorent, en faisant un rejointoiement général de ce même étage ; 2° à l'étage au-dessus, c'est-à-dire celui des fenêtres hautes, dans la restauration d'un arc boutant et dans celle des piliers butants et des pinacles qui les surmontent ; 3° à la base du grand comble, dans le renouvellement d'une partie de la balustrade à jour et des bahuts, dans des reprises à faire aux têtes de plusieurs contreforts, etc. ; 4° dans la réparation de la charpente du comble de la chapelle Saint-Jean ; 5° dans le renouvellement du grand treuil établi dans le comble de la nef pour monter les matériaux ; 6° enfin dans plusieurs raccommodages à la plomberie. Ce devis s'élevait à 63.525 francs.

Après quelques difficultés basées sur l'insuffisance des renseignements apportés par Cheussey, sur l'absence d'un devis général des travaux de toute nature à effectuer à la cathédrale et par conséquent sur le décousu avec lequel ces travaux avaient jusqu'alors été conduits, le ministère des Cultes approuva le devis et accorda les sommes nécessaires en déduction des 10.000 francs votés par le conseil général de la Somme (2), et, le 30 septembre suivant, l'exécution des travaux fut adjugée à Jean-Baptiste-Charlemagne Vast-Lefurme, entrepreneur de bâtiments à Amiens. Ils furent aussitôt commencés, et durèrent jusqu'en 1836. En 1835, on travaillait à la réparation des deux pinacles qui surmontent les deux principaux contreforts du croisillon sud du transept. Les échafaudages montés dans ce but ayant permis de les voir de plus près que lors de la rédaction du devis, on s'aperçut qu'ils étaient en bien plus mauvais état qu'on ne l'avait au premier abord supposé, et il fallut un supplément de crédit (3).

---

(1) Arch. de la Somme, Série V, Édif. diocés. — Arch. de la direct. des Cultes.

(2) 6.000 fr. dans la session de 1832, et 4.000 dans celle de 1833. Arch. de la Somme, Série N, Cons. génér., délib. des 3 février et 6 août 1833.

(3) 4.410 fr. — A l'achèvement des travaux, la dépense totale s'éleva à 55.138 fr. 23 c. Arch. de la Somme, Série V, Édif. diocés. — C'est à partir de ces travaux que l'on prit l'habitude, qui dura plusieurs années, de graver sur les principales parties restaurées la date de l'année de la restauration. Les dates que j'ai relevées correspondant à la campagne ci-dessus sont les suivantes :

1835, au haut des deux pinacles qui surmontent les deux principaux contreforts du croisillon sud du transept.

1836, aux petits pinacles de la balustrade du grand comble, croisillon sud, face ouest, et à la partie supérieure des contreforts *d 15* et *d 17*.

Entre temps, un ouragan survenu les 15 et 16 février 1833 avait nécessité quelques réparations aux couvertures, et, la même année, un effondrement avait exigé certains travaux au parvis (1).

Nous avons vu que, en 1777 et pendant la Révolution (2), on avait songé à préserver la cathédrale des atteintes de la foudre. Ce n'est en réalité qu'en 1834, qu'elle fut munie d'un paratonnerre en même temps que l'évêché et le séminaire (3).

Les travaux exécutés de 1833 à 1836 n'étaient qu'une faible partie de ceux que l'on estimait nécessaires à la remise en état de l'extérieur de l'édifice. Ils étaient à peine terminés, que Cheussey présentait un nouveau devis montant à 83.790 francs. Cette fois, le ministre exigea la rédaction d'un devis d'ensemble de tous les travaux à exécuter pour la restauration extérieure complète de la cathédrale, devis qui serait divisé par chapitres dressés d'après leur degré d'urgence, et dont le premier chapitre, plus détaillé que les autres, comprendrait précisément ceux à effectuer sur-le-champ. Il recommandait en même temps, pour la restauration des sculptures l'emploi des ciments de Pouilly et de Molesmes (4).

Ce devis, présenté le 16 mai 1836, s'élevait à 350.910 francs, et était divisé en sept chapitres classés, suivant le désir du ministre, par ordre d'urgence des travaux.

1er chapitre. — Achèvement de la restauration du croisillon sud et du côté sud du chœur et du chevet, au-dessus de la corniche supérieure du bas-côté inclusivement, et restauration du mur supérieur du chœur et du chevet, côté nord, en a, à partir du sol du triforium ;

2e chapitre. — Restauration de toute la face sud de la nef à la même hauteur ;

3e chapitre. — Restauration à la même hauteur des arcs boutants et piliers butants du chœur, côté nord et du chevet, jusques et y compris la chapelle XXVI ;

4e chapitre. — Restauration à la même hauteur du croisillon nord du transept ;

5e chapitre. — Restauration à la même hauteur de la face nord de la nef, y compris le contrefort de La Grange ;

6e chapitre. — Restauration de la muraille du bas-côté jusqu'à la corniche exclusivement, dans tout le pourtour de l'édifice, au nord, à l'ouest et au sud ;

7e chapitre. — Restauration des tours et de la façade occidentale, depuis le sol jusqu'au sommet (5).

Le devis était accompagné d'un plan sur lequel les parties correspondant à ces divers chapitres étaient désignées par des teintes différentes. En même temps Cheussey demandait la suppression des pignons qui terminaient les combles des bas-côtés sur les deux faces du chœur, attendu que ces pignons faisaient disparate, qu'ils tombaient en ruine et qu'ils gênaient la circulation dans les galeries, et leur remplacement par des toitures abattues en croupe comme aux autres travées des bas-côtés. Il faisait en outre quelques réserves, très fondées d'ailleurs, sur l'emploi du ciment de Pouilly ; il en ferait cependant l'essai, pour entrer dans les vues du

---

(1) Arch. de la Somme, Série V, Édif. diocés.

(2) Voy. ci-dessus, pp. 89 et 143.

(3) Le travail exécuté par Pic-Lemaire serrurier à Amiens, coûta, pour la cathédrale, 10.103 fr. 52 c. Arch. de la Somme, Série V, Édif. diocés.

(4) Lettre du ministre de la Justice et des Cultes au préfet de la Somme, du 15 mars 1836. Ibid.

(5) Arch. de la Somme, Série V, Édif. diocés.

ministre, sauf à faire de nouvelles observations s'il n'en était pas content (1).

Peu de temps après, la cathédrale fut visitée par l'inspecteur général des bâtiments civils Biet. Cheussey insista auprès de lui sur la nécessité de confier les nouveaux travaux à l'entrepreneur Vast-Lefurme, qui avait exécuté les précédents d'une façon satisfaisante et qui avait un atelier bien dressé, plutôt que de courir le risque d'une nouvelle adjudication. L'inspecteur général partagea cet avis, qui fut également appuyé par le préfet et par le conseil des bâtiments civils.

Ce n'est que le 4 juillet de l'année suivante que le ministre approuva le devis de Cheussey, observant toutefois que, sur l'avis du conseil des bâtiments civils, il s'opposait à tout changement dans le caractère primitif et la physionomie du monument, et par conséquent à la suppression des pignons demandée par Cheussey (2), et d'autre part que le conseil des bâtiments civils, adoptant les conclusions d'un rapport rédigé par Biet au retour de sa mission à Amiens, avait émis le vœu qu'en même temps qu'on s'occuperait des travaux de grosses réparations successivement et dans l'ordre du devis général, on ne négligerait pas de reprendre sur d'autres points de l'édifice des parties de détail qui pourraient se dégrader de plus en plus si l'on attendait leur tour ; « les détails indiqués consisteraient principalement en restauration de bas reliefs, statuettes, figurines et ornemens dentelés qui décorent les grands arcs ogives et la façade du grand portail; en réparations de la flèche et des sculptures d'ornemens pour frises de corniches, fleurons, décorations de clochetons, etc., qui peuvent être effectuées isolément et indépendamment des travaux de grosses constructions » (3); c'était le cas de faire usage des fameux ciments de Molesme et de Pouilly. Ces travaux délicats de détails « ne sont point susceptibles d'être mis en adjudication et devront avoir lieu sur attachemens par des ouvriers expérimentés que M. Cheussey fera venir probablement de la capitale. Parmi les artistes qui se sont distingués dans cette nature de travaux, on cite MM. Théophile Caudron et Dantan aîné, tous deux sculpteurs à Paris. M. Cheussey pourrait s'adresser à l'un de ces artistes ». Mais pour ce qui concernait les travaux de grosses réparations contenus au devis du 16 mai 1836, malgré toutes les raisons qui militaient en faveur de l'entrepreneur Vast-Lefurme, le ministre estimait que les termes impératifs de l'ordonnance royale du 4 décembre 1834 ne permettaient pas de les faire exécuter autrement que par la voie d'adjudication; il recommandait toutefois d'insérer au cahier des charges toutes les conditions propres à assurer l'intégrité du style de l'édifice (4).

L'adjudication, qui eut lieu le 14 août 1837, donna de nouveau à Vast-Lefurme l'entreprise de la totalité des travaux prévus au devis (5).

Observons que, comme nous le verrons, c'est juste en même temps, le 1ᵉʳ septembre 1837, que le conseil général de la Somme prenait à sa charge la restauration des clôtures du chœur, par le vote d'un premier crédit de 3.000 francs, et que, vers la même époque, le grand orgue fut l'objet d'une reconstruction à peu près complète.

(1) Lettre de Cheussey au préfet, du 16 mai 1836. *Ibid.*
(2) Nous verrons que cette opposition cédera devant Viollet-le-Duc.
(3) Il faut convenir que c'était tout ce qu'il y avait de moins pressant ; mais ne fallait-il pas donner avant tout à l'édifice l'apparence du neuf ?
(4) Lettre du ministre de la Justice et des Cultes au préfet de la Somme du 4 juillet 1837. Arch. de la Somme, Série V, Édif. diocés.
(5) *Ibid.*

Mais ce n'était pas tout pour Cheussey que d'assurer la restauration de la cathédrale : il voulait aussi la protéger contre toutes chances de dégradations. Dès le 15 juillet 1836, il avait préparé un long et minutieux règlement comprenant les précautions à prendre à l'égard des visiteurs et des ouvriers, l'institution de deux surveillants pour la police du monument, et des précautions pour parer aux incendies. Il accompagnait ce projet de règlement d'une lettre au préfet, dans laquelle il s'étendait sur les nombreux abus commis par les visiteurs et les ouvriers et qu'il ne parvenait pas à détruire. Il insistait surtout sur l'établissement de deux surveillants autres que les employés ordinaires de l'église, qui, jusqu'alors, étaient chargés de la faire visiter aux étrangers. Il était en cela d'accord avec la fabrique, qui était disposée à contribuer à leur traitement. Il demandait enfin l'augmentation du matériel de secours contre l'incendie, et dont le devis qu'il joignait à sa lettre s'élevait à 3.000 francs. Le ministère demeura longtemps sans rien décider. Enfin le 11 juillet 1838, pressé par le préfet, il finit par répondre, laissant de côté la question de règlement et de surveillance, parce qu'il faisait étudier en ce moment des mesures générales dans ce but, sauf à prendre les dispositions que pourrait réclamer provisoirement la conservation de la cathédrale, il approuvait le devis proposé par l'architecte pour le matériel d'incendie qu'il autorisait à faire exécuter. Il le fut en 1838 et 1839 par le sieur Bellet, serrurier à Amiens, et consistait dans la réparation des quatre réservoirs d'eau sous les grands combles, l'établissement de trois réservoirs dans les combles des chapelles latérales, la réparation de la pompe à incendie, la fourniture d'une seconde, et celle de cent seaux en osier garnis en toile imperméable (1).

Par un sentiment d'abnégation assez rare, Cheussey aurait aussi voulu provoquer l'institution d'une commission permanente d'hommes honorables et éclairés pour la conservation du monument et l'examen des projets de restaurations. Il s'en ouvrit au préfet, M. de Bréville, dès le 18 novembre 1839. Cette première démarche étant restée sans résultat, il revint en 1841 à la charge auprès de son successeur, le baron Siméon. Le Comité historique des Arts et Monuments, sur un rapport peu bienveillant d'ailleurs du docteur Goze, pharmacien à Amiens, venait d'en émettre le vœu (2). Mais ce projet ne parut pas entrer dans les vues de l'administration : le préfet répondit à Cheussey que « l'organisation de cette commission pourrait faire naître des inconvénients graves et créer des obstacles qui paralyseraient l'action de l'autorité administrative dans des circonstances où cette action devrait être prompte et efficace », et l'affaire en resta là (3).

Les travaux adjugés le 14 août 1837 commencèrent presque aussitôt.

A la suite de bruits inquiétants qui circulaient à Paris concernant les restaurations exécutées à la cathédrale d'Amiens, et notamment aux clôtures du chœur, une commission spéciale du Comité historique des Arts et Monuments vint les visiter le 18 mai 1838. Composée de Dusommerard, Taylor, Mérimée, Montalembert, Léon de La Borde, Albert Lenoir, Herbet et Didron, elle se montra satisfaite de sa

---

(1) Arch. de la Somme, Série V, Édif. diocés.
(2) Séances des 14 avril et 26 mai 1841. *Bull.* dudit Comité, session de 1840-1841, pp. 275 et 336.
(3) Lettres de Cheussey au préfet de la Somme des 18 novembre 1838 et 12 octobre 1841, et réponse du préfet du 19 novembre 1841. Arch. de la Somme, Série V, Édif. diocés.

visite, et donna quelques conseils aux artistes, en émettant des vœux pour la continuation des travaux (1).

A la fin de la même année, les travaux étaient déjà bien avancés. On remarquait, paraît-il, la légèreté et la simplicité des échafaudages (2).

Le 10 juillet de l'année suivante, la cathédrale fut visitée par le congrès de la Société française pour la conservation des monuments historiques, qui, Arcisse de Caumont à sa tête, tenait cette année-là ses séances générales à Amiens (3).

Cette série de travaux prit fin avec la mort de Vast-Lefurme survenue en 1846, mais dans les derniers temps, des dissentiments étant survenus entre l'architecte et l'entrepreneur, les travaux avaient passablement langui, et, en 1847, il fallut faire terminer par le sieur Pigou, maître maçon à Amiens, quelques travaux que Vast laissait inachevés (4). Cependant le programme proposé par le devis de 1836 était à peu près rempli; 302.212 fr. 18 c. avaient été dépensés, et, à l'appréciation de Cheussey, il ne restait plus qu'à travailler au grand portail et aux tours pour que les restaurations les plus pressantes pussent être considérées comme terminées. Ce travail devait faire l'objet de nouveaux projets, d'une nouvelle adjudication et exiger de nouveaux crédits (5).

On peut rattacher aux restaurations exécutées par Vast-Lefurme, un travail

---

(1) *Bull. archéol. publié par le com. hist. des arts et monum.*, t. I, 1843, pp. 32 et 55. — *Journal général de l'Instr. publ.* du 30 mai 1838, p. 564. — Le ministère des cultes se plaignait surtout de ce que ces travaux eussent été entrepris sans son autorisation. Cette affaire donna lieu à une polémique assez vive entre les ministères des Cultes, de l'Instruction publique et de l'Intérieur, l'architecte Cheussey, contre lequel elle paraît avoir été dirigée, et le préfet de la Somme qui défendait énergiquement ce dernier, mais sur laquelle nous ne pouvons nous étendre davantage. (Arch. de la Somme, Série V, Édif. diocés., dossier relatif à la restaur. des clôtures du chœur).

(2) « Les travaux de grosse réparation que l'on exécutait derrière l'abside du chœur à Notre-Dame d'Amiens sont terminés. Les arcs boutants, les pyramides ou clochetons de cette partie de l'édifice ont été reconstruits en grande partie ; la galerie du grand comble en retour sur la nef au nord a été refaite entièrement. Outre la parfaite exécution de tous ces travaux, il faut encore admirer la manière dont les échafaudages ont été établis. Leur légèreté et leur simplicité l'emportent de beaucoup sur ceux que l'on emploie journellement à Paris dans les grandes constructions et entre autres à la réparation de l'église royale de Saint-Denis. Celui qui est monté au portail s'élève jusqu'aux tours et forme à lui seul un véritable monument par le grand nombre de pièces de bois qui le composent, par leur combinaison, leur agencement et les frais énormes qu'il a dû coûter. Au printemps prochain, on reprendra la réparation des autres parties de l'édifice qui donnent sur la nef. De justes éloges sont dus à M. Cheussey pour diriger ces travaux et pour en avoir fait sentir l'urgence au ministère ». Journal *Le Glaneur* du 8 déc. 1838. — Voy. aussi rapport de Bouthors, secrét. perpét. de la Soc. des Antiq. de Pic. à la séance générale de ladite société du 8 juillet 1838. *Bullet.* de ladite société, 1838, p. 32.

(3) Rapport sur ladite visite, par l'abbé Goard de Saint-Gowerd, dans *Bullet. monum.*, t. V, p. 320, et dans *Séances générales tenues en 1839 par la Société française pour la conserv. des monum. histor.* Caen, 1839, in-8°, p. 64.

(4) Arch. de la Somme, Série V, Édif. diocés.

(5) Lettre de Cheussey au préfet du 31 décembre 1846, contenant l'état de tous les travaux exécutés depuis 1837. Arch. de la Somme, Série V, Édif. diocés. Ces nouveaux devis furent même dressés par Cheussey en mai 1847. (Arch. de la Somme *Ibid.*), mais nous verrons comme quoi il n'y a pas été donné suite. — Les millésimes gravés sur différents points extérieurs du monument, et indiquant les parties restaurées durant cette période sont les suivants :

1838 : Linteau du contrefort sous l'arc boutant *18, 20 c*. — Pinacles supérieurs des piliers butants *29 b, 31 b*.

1839 : Partie supérieure du mur entre les fenêtres hautes et la corniche, au croisillon nord, face est. — Pinacles supérieurs des piliers butants *21 c, 23 c, 25 c, 19 b, 21 b, 23 b, 25 b, 27 b*.

1840 : Pignon du croisillon sud. — Mur de clôture extérieur du triforium du chœur, côté sud. — Arc boutant *17, 19 d*. Sur cet arc boutant a été gravée cette inscription : FAIT SOUS ŒUVRE 1840. — Pinacles supérieurs des piliers butants *b 24, b 26*.

1841 : Petits pinacles de la balustrade du grand comble de la nef, côté sud. — Mur de clôture extérieur du triforium du chevet (5 travées, de *26 a* à *29 a*).

1842 : Pinacles du pilier butant *14 b*. — Piliers butants *14 c* et *14 d*.

considérable exécuté de 1838 à 1840 par Louis Bellet, serrurier à Amiens, pour l'établissement de tuyaux de descente des eaux pluviales, qui fut l'objet de devis et de crédits spéciaux (1) et une réparation considérable à la couverture exécutée en 1842 et 1843 par le sieur Paris aîné, maître couvreur à Amiens, à la suite d'un ouragan survenu les 9 et 10 mars 1842 (2). Signalons aussi en passant l'établissement en 1844 d'une horloge aux frais de la ville d'Amiens.

Nous verrons plus loin qu'à la même époque, en 1846, sur l'initiative de l'abbé Jourdain, une commission prise dans le sein de la Société des Antiquaires de Picardie, fut nommée pour surveiller les réparations à faire aux anciens vitraux historiés.

On se rappelle qu'en 1837, en approuvant le devis général proposé par Cheussey des grosses réparations extérieures, le ministre des Cultes avait décidé qu'on s'occuperait en même temps de celles de certaines parties de détail, et notamment de confier à un artiste la restauration de la statuaire extérieure plus ou moins endommagée par le temps.

Peu après, Cheussey rédigeait dans ce but un cahier des charges, où il était stipulé, entre autres choses, que cette restauration serait faite au fur et à mesure de celle de l'édifice même, de manière à utiliser les échafaudages, que les statues entières à faire à neuf ou les fragments de statues importants à remplacer, tels que têtes, mains, pieds, seraient exécutés en pierre de Wailly ou autre équivalente, le reste en ciment, que les parties faisant corps avec la maçonnerie seraient exécutées sur le tas, que la mise à neuf des sculptures dégradées ne s'entendait pas du rajeunissement des pierres, mais de leur époussetage et décrassage sans grattage ; les pierres devaient toujours conserver leur ton vieux, et les parties neuves mises d'accord avec celui-ci au moyen d'une couche de bistre, etc. (3). Un devis fut rédigé montant à 45.000 francs qui furent portés par la suite à 66.000 (4).

Le manque de fonds ne permit pas de donner suite immédiatement à ce projet. Ce n'est qu'en 1841, que des échafaudages ayant été dressés pour la restauration de la façade occidentale, Cheussey revint à la charge et demanda d'en profiter pour commencer celle des sculptures du grand portail : le ministre approuva le devis et autorisa le travail (5).

Parmi les deux artistes qu'en 1837 le ministre avait recommandés spécialement au préfet pour ce travail, Théophile Caudron (6) avait déjà été choisi cette même année pour la restauration de la plus grande partie des clôtures du chœur, mais en même temps, pour ne pas se priver du talent que deux artistes amiénois, les

---

1843 : Petits pinacles de la balustrade du grand comble, côté nord de la nef. — Id., croisillon nord, face ouest. — Pilier butant *12 b*.

1844 : Pilier butant *10 b*.

1845 : Socles des colonnes qui soutiennent la butée des arcs boutants *10 a, 12 a, 14 a, 16 a, 16 b, 16 c*.

1846 : Piliers butants *6 b* et *8 b*.

Parmi les travaux qui furent alors exécutés, il fallut, paraît-il, refaire en entier certaines parties qui l'avaient déjà été précédemment, mais mal, par Godde. Rapport de l'abbé Jourdain à la Soc. franç. d'archéol., dans *Bullet. Monum.*, t. XIII. 1847, p. 76.

(1) Arch. de la Somme, Série V, Édif. diocés.

(2) Cette réparation s'éleva en tout à 11.873 fr. 53. Arch. de la Somme, Série V, Édif. diocés. et Arr. du préfet des 21 et 26 octobre 1842.

(3) 13 août 1838. Arch. de la Somme, Série V, Édif. diocés.

(4) Arch. de la direct. des Cultes.

(5) Lettre du ministre de la Justice et des Cultes au préfet du 26 août 1841. Arch. de la Somme, Série V, Édif. diocés.

(6) Théophile Caudron, né à Combles (Somme), le 30 ventôse an XIII (21 mars 1805), mort à Paris en 1848, (*Gazette de Picardie* du 7 juin 1848).

frères Duthoit (1), possédaient pour la reproduction de l'art ancien, on avait confié à ceux-ci l'autre partie. Les mêmes raisons déterminèrent à leur donner en 1841 la réparation des sculptures du grand portail, à peu près dans la même proportion. Caudron fut chargé : de la porte du Sauveur et de la façade au-dessus, sur toute la hauteur; de la porte Saint-Firmin avec la façade qui la surmonte jusqu'au haut de la tour des bourdons, du portail de la Vierge dorée jusqu'au haut du pignon, et enfin de toute la face nord de la nef sur toute la hauteur du monument; et les frères Duthoit, de tout le reste, c'est-à-dire la tour du sud y compris le portail de la Mère Dieu, et la face méridionale de la nef (2).

L'état d'avancement des travaux de grosses réparations extérieures et la nécessité de se servir des mêmes échafaudages exigeaient que la restauration des sculptures commençât par celles du pignon du croisillon sud du transept. Elles consistaient principalement : 1° dans le remplacement de la plupart des treize statues qui devaient décorer le haut du pignon et qui manquaient et, parmi les quatre qui restaient, la restauration de celles qui valaient la peine d'être conservées; 2° dans la restauration des statuettes courant autour de la rose et des deux grandes statues qui l'accompagnent; 3° dans la restauration de toute la porte de la Vierge dorée, travail qui, d'après la répartition faite, revenait à Caudron (3).

Dès le commencement des travaux, au printemps de 1843, sur l'initiative de M. Bouthors, président de la Société des Antiquaires de Picardie, le préfet de la Somme, M. Narjot, demanda à cette société un rapport détaillé « sur l'état actuel de la partie du monument à restaurer et sur les restaurations à faire. Ce rapport aurait pour objet de décrire les sculptures existantes et surtout d'indiquer le caractère des parties à remplacer, soit qu'il reste encore quelques débris de ces derniers, soit qu'il faille recourir à la tradition et à l'étude de l'histoire sacrée, pour recomposer des morceaux dont il ne reste rien » (4). En attendant le rapport, la restauration fut suspendue.

La Société des Antiquaires délégua aussitôt une commission composée de Woillez, Garnier, Rigollot et de deux jeunes ecclésiastiques, qui venaient d'être

---

(1) Aimé et Louis Duthoit, nés tous deux à Amiens, le premier, le 25 nov. 1803, le se second, le 15 avril 1807, morts tous deux dans la même ville, l'un le 20 janvier 1869 et l'autre le 30 décembre 1874, ont toujours travaillé ensemble, de sorte qu'il est très difficile de distinguer l'œuvre de l'un de celle de l'autre. Ils ont exécuté un grand nombre d'ouvrages dans toute la Picardie et notamment dans la cathédrale d'Amiens, et ont laissé une très précieuse collection de dessins de tous les monuments du département de la Somme. — Cf. CORBLET, *Deux grands artistes chrétiens, les frères Duthoit*, dans *Revue de l'Art Chrétien*, t. XIX, 1875, p. 52 à 60. — Je dois à l'obligeance de M. Ansart, gendre d'Aimé Duthoit, de nombreux renseignements sur ces deux artistes et sur les travaux qu'ils ont exécutés dans la cathédrale.

(2) Les soumissions de Caudron et des frères Duthoit s'élevèrent en tout à 66.000 fr., dépassant ainsi de beaucoup le premier devis. Cependant l'administration passa outre. — Les détails estimatifs dressés par Cheussey de toutes les sculptures et statues à réparer, ou remplacer,

sont très instructifs, en ce qu'ils nous donnent d'une façon très précise leur état avant la restauration. (20 juill. 1842. Arch. de la Somme, Série V, Édif. diocés.).

(3) Pendant qu'on établissait l'échafaudage pour le sculpteur, sous la voussure de la porte, cet échafaudage s'écroula, entraînant avec lui sept ouvriers maçons et menuisiers dont deux furent tués. Cf. JOURDAIN et DUVAL, dans *Mém. de la Soc. des Ant. de Pic.*, t. VI, p. 131. — *Le Glaneur*, du 10 juin 1843.

(4) Lettre de Bouthors, président de la Soc. des Ant. de Pic., au préfet de la Somme, du 21 avril 1843. Arch. de la Somme, Série V, Édif. diocés., et réponse du préfet de la Somme au président de la Soc. des Ant. de Pic., du 29 avril 1842, dans le *Bullet.* de ladite société, t. I, p. 323. — Cheussey lui-même, sentant son incompétence en pareille matière, demandait au préfet qu'il lui fût adjoint des membres de la Soc. des Ant., et notamment les abbés Jourdain et Duval. (Lettre de Cheussey au préfet, du 28 avril 1843. Arch. de la Somme, Série V, Édif. diocés.).

reçus membres de la Société (1), après s'être déjà fait remarquer par des notices fort savantes et fort bien faites sur divers points d'iconographie de la cathédrale, les abbés Jourdain et Duval, vicaires de Notre-Dame (2).

Sept jours après, ces deux derniers présentaient à la Société, au nom de la commission, un long rapport, qui était leur œuvre, et qui n'était rien moins qu'une remarquable étude iconographique sur le portail de la Vierge dorée et sur les autres sculptures du pignon du croisillon sud (3). Après une description détaillée des différents sujets représentés, les rapporteurs donnent leurs conclusions. Sans le dire expressément, ils laissent tout d'abord entendre, et avec grande raison, qu'ils ne sont pas favorables à la restauration. La commission, disent-ils, « s'est constamment placée dans l'hypothèse que ces restaurations sont irrévocablement décidées (4), qu'en conséquence, elle n'entend en aucune manière émettre d'opinion sur la question très grave de l'opportunité des restaurations de la statuaire du moyen âge, au point où en est aujourd'hui la science de l'iconographie sacrée. Votre commission n'avait qu'un fait à examiner, elle n'a pas dû se prononcer sur un principe ». Ils demandaient tout au moins que l'on s'abstînt de restaurer celles des sculptures « dont l'état primitif devrait demeurer incompris ou obscur »; ils s'opposaient en outre à toute espèce de grattage, et enfin demandaient qu'un dessin aussi exact que possible fût dressé de l'état actuel.

Ces conclusions approuvées unanimement par la Société furent envoyées avec le rapport au préfet, qui promit d'en tenir compte, faisant toutefois la réserve que le dessin ne serait exécuté que si les fonds consacrés aux travaux le permettaient (5). Ce dessin ne fut pas fait; Caudron se remit aussitôt au travail.

C'est alors que, grâce aux échafaudages, on put voir de près, étudier, dessiner et estamper la fameuse inscription dont nous avons parlé (6) tracée sur le socle de la balustrade qui règne au-dessus de la porte de la Vierge dorée, et qui parle de la pose de la première pierre. Malheureusement cette inscription était très fruste, environ la moitié en avait disparu, et la plupart des pierres qui portaient encore des lettres étaient à remplacer. On l'a fait, en rétablissant l'inscription telle que son état de vétusté avait permis de la lire, évitant toutefois de suppléer aux parties qui manquaient absolument, mais nous avons vu qu'il ne fallait ajouter à cette lecture qu'une foi très limitée (7).

La restauration des sculptures de la porte de la Vierge dorée fut terminée en 1843, mais la commission chargée par la Société des Antiquaires de la surveiller,

---

(1) Ils furent reçus le 8 février 1843. (*Bullet. de la Soc. des Ant. de Pic.*, t. I, p. 288).

(2) Procès-verbal de la séance extraordinaire de la Soc. des Ant. de Pic., du 3 mai 1843. Registre aux procès-verbaux de ladite société, p. 104.

(3) Ce rapport est imprimé *in extenso* dans les *Mémoires de la Soc. des Ant. de Pic.*, t. VI, pp. 59 à 136. — MM. Jourdain et Duval ont tiré de ce rapport une notice iconographique complète sur ce portail qu'ils ont publiée à part sous le titre de : *Le Portail Saint-Honoré dit de la Vierge dorée de la cathédrale d'Amiens*, Amiens, 1844, 91 p. in-8°.

(4) Rappelons qu'elles étaient déjà commencées et que les traités étaient passés avec les sculpteurs. La commission se trouvait en présence d'un fait accompli.

(5) Lettre du préfet de la Somme au président de la Soc. des Ant, du 6 juin 1843. *Bullet.* de ladite société, t. I, p. 328.

(6) Voy. ci-dessus, p. 24. — L'estampage n'existe plus.

(7) Arch. de la Somme, Série V, Édif. diocés., et séances de la Soc. des Ant. de Pic. des 3 juillet et 14 août 1843. Reg. aux délib., ms. p. 217 et 229. — En 1844, Martin Delabarthe, peintre à Amiens, avait proposé de faire dorer à ses frais la Vierge du trumeau de ce portail. Cette offre ne fut pas acceptée. (Séance de la Soc. des Ant. de Pic. du 13 nov. 1844. *Bullet.* de lad. Soc., t. II, p. 109).

ne présenta son rapport rédigé par M. l'abbé Duval que dans la séance du 30 octobre 1844 (1), rapport, il faut le dire, un peu trop élogieux.

En accusant réception de ce rapport au commencement de 1845, le préfet demandait que la Société des Antiquaires voulût bien s'occuper d'un travail semblable pour les restaurations du grand portail (2). MM. Jourdain et Duval n'avaient d'ailleurs pas attendu cette lettre pour se mettre à l'œuvre, et ils avaient déjà préparé une description iconographique du grand portail avant sa restauration, et dont l'abbé Jourdain avait déjà lu un fragment à la Société des Antiquaires de Picardie (3).

Cependant Caudron avait déjà commencé la restauration de la porte centrale de la façade occidentale depuis le commencement de cette même année, et le travail du sculpteur avança plus vite que celui des commissaires, de sorte qu'il n'y eut jamais par le fait de rapport au préfet sur la réparation du grand portail, comme il y en avait eu un sur celle du portail sud. Ce que MM. Jourdain et Duval avaient rédigé de description fut publié tel que avec de médiocres gravures sur bois dans le *Bulletin Monumental,* sous le titre de *Le grand portail de la cathédrale d'Amiens* (4).

La restauration de la porte centrale fut terminée en 1847 (5).

Celle des deux portes latérales, avec les deux contreforts qui accompagnent chacune d'elle, l'une, la porte Saint-Firmin par Caudron et l'autre, la porte de la Mère Dieu, par les frères Duthoit, commença vers le mois de septembre 1846 et ne fut terminée qu'en 1847. On se plaignit beaucoup de la négligence apportée par Caudron à ce travail (6).

La restauration de la sculpture des trois portes de la façade occidentale terminée, il restait encore beaucoup à faire pour accomplir le programme de 1842. Cependant, comme on ne prévoyait pas l'époque où les autres restaurations pourraient être entreprises, la tâche de Caudron et des frères Duthoit fut dès lors considérée comme finie et leurs comptes régularisés (7).

Peu de temps après Caudron mourut (8).

Cette restauration fut universellement critiquée, et avec raison. Sans parler des articles parus dans les feuilles locales (9), nous dirons seulement que, dès 1841, Goze, et Dusevel, avaient jeté un cri d'alarme auprès du Comité historique

---

(1) *Bullet. de la Soc. des Ant. de Pic.*, t. II, p. 106. — Ce rapport est publié dans le même volume, p. 115.

(2) Lettre du préfet au président de la Soc. des Ant. de Pic., du 25 janvier 1845, et séance de lad. Société du 12 février 1845. *Bullet. de la Soc. des Ant. de Pic.*, t. II, p. 146.

(3) Séance du 13 nov. 1844. *Bullet. de la Soc. des Ant. de Pic.*, t. II. p. 107.

(4) *Bullet. Monum.*, t. XI et XII. — Ce travail ne comprend que la description de la porte centrale dite du Sauveur; les deux autres, non plus que les contreforts séparatifs des portes, n'y figurent pas.

(5) État des travaux exécutés par Caudron, du 7 juill. 1847. Arch. de la Somme, Série V, Édif. diocés.

(6) « Les travaux entrepris par MM. Duthoit sont poussés avec assez d'activité, et M. Duthoit l'aîné les surveille par lui-même. Quant à ceux confiés à M. Cau-dron, ils sont abandonnés à des jeunes gens sans grande expérience, et, depuis plus de dix jours, M. Caudron n'y a pas paru » Lettre de Cheussey au préfet, du 24 octobre 1846. Arch. de la Somme, Série V, Édif. diocés. — Voy. aussi l'état des travaux exécutés par les frères Duthoit, du 6 juillet 1847, et *Id.* par Caudron, du 7 juill. 1847. *Ibid.*

(7) Lettre de Cheussey au préfet, du 20 novembre 1847, et lettre du garde des sceaux au préfet de la Somme, du 31 janvier 1848. Arch. de la Somme, Série V, Édif. diocés. — La dépense totale s'éleva à 33.160 fr. 05. *Ibid.*

(8) Lettre de la famille de feu Caudron au préfet de la Somme, du 11 mars 1848. Arch. de la Somme, Série V Édif. dioc.

(9) Voy. notamment : *le Glaneur* des 21 et 25 oct. 1845. Goze, *Églises, châteaux, beffrois*, t. II, p. 35. — Dusevel, *Notice sur la cath. d'Am.*, p. 20.

des Arts et Monuments dont tous deux faisaient partie et demandé l'établissement d'une commission pour surveiller les travaux (1). Pendant leur exécution, des réclamations se sont souvent élevées au sein du Comité notamment de la part de Didron et de Montalembert (2). Ils étaient à peine terminés, en 1847, que Didron, après être allé les visiter, écrivit à Montalembert la fameuse lettre si mordante où ce raccommodage est si vigoureusement stigmatisé (3). D'ailleurs MM. Jourdain et Duval eux-mêmes, bien que chargés officiellement de surveiller la restauration, ne se faisaient aucune illusion ni sur l'opportunité du travail, ni sur la manière dont il avait été exécuté, d'autant plus que leurs conseils n'avaient pas toujours été suivis : nous avons vu qu'ils n'étaient pas partisans d'une pareille restauration et qu'ils n'avaient accepté de la diriger que parce qu'ils se trouvaient en présence d'un fait accompli et qu'ils espéraient pouvoir en atténuer les effets : lorsqu'elle fut terminée, l'abbé Jourdain exprima plus explicitement encore sa façon de penser au congrès de la Société française d'Archéologie tenu à Amiens en 1846, en des pages fort vraies et fort judicieuses sur la restauration des églises du moyen âge (4).

Il est certain que si la restauration des clôtures du chœur, et surtout de celle de l'histoire de saint Firmin, pouvait se justifier par l'impossibilité de laisser dans l'intérieur d'un édifice consacré au culte un monument si profondément et si lamentablement mutilé, il était loin d'en être de même pour les sculptures extérieures : celles-ci étaient en aussi bon état que possible, après six siècles d'existence et les quelques mutilations que les injures du temps leur avaient fait subir, n'avaient, au dire de ceux qui les ont vues dans leur ancien état, et comme d'ailleurs en témoignent les dessins qui en existent, rien de choquant à l'œil. Pas n'est besoin de faire ressortir tous les inconvénients d'une pareille restauration, si bien faite qu'on puisse la supposer, surtout même si elle est bien faite. Hâtons-nous cependant d'ajouter que, grâce au bon état dans lequel étaient les sculptures, ces restaurations n'ont été forcément, en général, que peu importantes, qu'elles sont assez facilement reconnaissables et que, malgré tout, nous nous trouvons encore en présence d'une œuvre statuaire du XIIIe siècle incomparable.

Avec l'année 1847, se clôt une période de l'histoire des restaurations de la cathédrale.

Le travail de grosses réparations qu'on pouvait considérer d'ailleurs comme touchant à sa fin, se trouvait arrêté par la mort de l'entrepreneur Vast-Lefurme;

---

(1) Pour la composition de cette commission, ils désignaient les abbés Clabault, chan. théologal, Jourdain et Duval, vicaires de Notre-Dame, le comte de Beiz, vice-président de la Société des Amis des Arts d'Amiens, de Mons, membre de la même société, et Rigollot, membre de la Soc. des Ant. de Pic. Il ne semble pas que suite ait été donnée à cette proposition. (Bullet. archéol. publ. par le Comité historique des Arts et Monum., t. II, 1842 et 1843, in 8°, p. 170. — Arch. de la Somme, Série V, Édif. diocés. — Arch. de la direct. des Cultes). — Sur la demande du préfet, ils lui adressèrent de leur côté un mémoire inspiré évidemment par Didron, daté du 3 juin 1843, et qui, quoique beaucoup moins bien fait que celui des abbés Jourdain et Duval,

aboutissait à peu près aux mêmes conclusions. (Arch. de la Somme, Ibid.).

(2) Bullet. archéol. publ. par le comité histor. des Arts et Monum., t. III, 1844 et 1845, in-8°, pp. 269 et 334. — Voy. aussi feuilleton du journal l'Univers, du 23 mars 1845, et Didron, Ann. archéol., t. V, p. 248.

(3) Ibid. — Au mois de janvier 1848, en réponse à la lettre de Didron, Caudron écrivit, pour se défendre, une longue lettre au ministre de la Justice et des Cultes, dans laquelle il rectifie quelques-unes des assertions de Didron, mais qui n'infirme en rien le fond de ses critiques. (Arch. de la direct. des Cultes).

(4) Bullet. monum., t. XIII, 1847, p. 73.

il en était de même de celui des sculptures extérieures, dont la principale partie, la plus visible, était terminée ; un des principaux artistes chargés de ce travail venait aussi de décéder. D'un autre côté Cheussey était devenu vieux, déjà en 1843 il avait, sans y réussir, voulu se faire adjoindre officiellement un jeune architecte qu'il avait fait venir de Paris et qui travaillait avec lui depuis dix ans déjà, Jean Herbault (1) ; le bruit courait même qu'il allait donner sa démission (2). Le nouveau régime politique inauguré au commencement de l'année suivante allait apporter une modification profonde dans le service des édifices diocésains. La restauration de la cathédrale d'Amiens, que l'on pouvait croire alors à peu près terminée, allait être reprise de fond en comble, pour un nombre d'années indéfini, au prix de sommes considérables, mais par des hommes nouveaux et plus instruits, et dans des idées et avec un esprit tout différents de ceux qui y avaient jusqu'alors présidé.

Pour cette première période du xix° siècle, nous n'avons à enregistrer que fort peu d'événements intéressants dans la cathédrale.

Le 9 messidor an XI (28 juin 1803), l'évêque, M. Villaret à la tête de tout son clergé, recevait le premier consul et Madame Bonaparte à la porte de sa cathédrale, et, après lui avoir présenté l'eau bénite, le conduisit sous le dais jusque dans le chœur où fut chanté le *Te Deum*. Sur la façade de l'édifice, on avait placé cette inscription : AU HÉROS VAINQUEUR ET PACIFICATEUR (3).

Le 28 avril 1814, Louis XVIII, qui venait de débarquer à Calais et se rendait à Paris, s'arrêta à Amiens. Il fut reçu à la porte de la cathédrale par tout le clergé et l'évêque qui lui adressa un discours. Là furent chantés le *Te Deum* et le *Domine salvum fac regem*, suivis de la bénédiction du Saint-Sacrement (4). Les armes de France étaient peintes au-dessus de la chaire épiscopale et on avait fait sabler le parvis (5).

En 1820, les entrailles du duc de Berry que l'on transportait à Lille passèrent dans la cathédrale d'Amiens la nuit du 18 au 19 avril (6). Arrivé à la porte de Beauvais le 18 vers deux heures et demie de l'après-midi, le funèbre cortège se dirigea vers la cathédrale, à la porte de laquelle l'urne contenant les entrailles du prince fut descendue de la voiture dans laquelle elle faisait le voyage, et portée sous le dais jusqu'au chœur où elle fut placée sous un catafalque, en présence de tout le clergé, de toutes les autorités et de toutes les troupes de la ville. On chanta les vêpres des morts, après quoi l'urne fut déposée dans le sanctuaire où elle demeura jusqu'au lendemain sous la garde d'un poste nombreux pris dans les compagnies

---

(1) Cette proposition ne fut pas agréée par l'administration. Arch. de la Somme, Série V, Édif. diocés. — Séance de la Soc. des Ant. de Pic. du 2 juillet 1845, au Reg. aux délib. ms. de ladite société, p. 280.

(2) Le 1ᵉʳ août 1848, il avait déjà été admis à faire valoir ses droits à la retraite en qualité d'architecte de la ville d'Amiens. (Arch. de la Somme, Série O, Amiens).

(3) Le 6 au soir, lors de l'arrivée à Amiens du premier consul, un phare lumineux brillait au haut de la flèche. Le dimanche 7, à midi, Bonaparte avait déjà assisté dans la cathédrale à une messe célébrée par l'évêque. (*Bulletin de la Somme* des 10 messidor an X et suiv. — Bibl. d'Am., ms. 832, (Machart, t. IV), p. 452. —

Rivoire, *Descr. de l'église cath. d'Am.*, pp. 186 et 199).

(4) *Relation de ce qui a eu lieu à Amiens lors du passage du roi Louis XVIII*. Amiens 1814, 82 p., in-8°. — Ms. de Baron, p. 248. — Bibl. d'Am., ms. 833, (Machart, t. V), pp. 88 et 92.

(5) Bibl. d'Am., ms. 833, p. 96.

(6) Les 14 et 25 mars des services solennels, le second demandé par l'association des chevaliers de Saint-Louis, avaient eu lieu dans la cathédrale. (*Journal d'agric. et de commerce du départem. de la Somme*, du 25 mars 1820 p. 109. — Arch. de la Somme, Série O, Ville d'Amiens).

d'élite de la garde nationale et de la légion de Loir-et-Cher; des ecclésiastiques récitaient des prières et présentaient l'eau bénite au public qui n'a cessé de défiler que fort avant dans la nuit. Le lendemain, à sept heures du matin, les autorités se sont de nouveau rendues dans la cathédrale où une messe basse fut célébrée par le curé, l'abbé Duminy, pendant laquelle fut chanté le *Miserere*, après quoi l'urne a été reportée dans la voiture avec le même cérémonial que la veille, et a repris son funèbre voyage (1).

Au mois de février 1849, l'abbé Antoine de Salinis, professeur de théologie à Bordeaux, était nommé par le gouvernement de la République évêque d'Amiens, en remplacement de Mgr Mioland, qui devenait coadjuteur de Toulouse. C'était le moment où l'on réorganisait le service des édifices diocésains. Peu après (19 mai), la conservation des édifices diocésains du département de la Somme fut définitivement donnée à Verdier, en qualité d'architecte des édifices diocésains, pour la conservation desdits édifices; Viollet-le-Duc était chargé par décision spéciale du projet de restauration de la cathédrale (2).

Au dire de Goze, ce serait aux sollicitations et au crédit personnel de Mgr de Salinis que serait due cette décision et l'allocation des fonds nécessaires pour sa mise à exécution (3). C'est aussi l'opinion de tous les survivants de cette époque qui ont pu être au courant des faits, et que j'ai consultés; mais il ne m'a pas été possible de trouver la moindre correspondance, ni même la moindre pièce écrite qui le prouve absolument : tous les pourparlers ont dû avoir lieu de vive voix. Quoiqu'il en soit, cela n'a rien que de très vraisemblable. M. de Salinis appartenait à cette phalange de prêtres éminents qui florissait alors. Il était en relations constantes et en communauté d'idées avec les Lacordaire, les Combalot, les Guéranger, les Montalembert, etc. : sa qualité de fondateur et d'ancien directeur du collège de Juilly avait encore étendu le cercle de ses relations. Ami personnel du ministre de l'Instruction publique et des Cultes de Falloux, dont un des premiers soins avait été de l'élever à l'épiscopat (4), il ne tarda pas à se mettre entièrement dans les bonnes grâces du prince président.

La restauration de la cathédrale fut donc une de ses premières préoccupations,

(1) *Journal d'agric. et de commerce du départem de la Somme*, du 22 avril 1820, p. 145. — Bibl. d'Am., ms. 833, (Machart, t. V), p. 180.

(2) Lettre du directeur général des Cultes au préfet de la Somme du 19 mai 1849. Arch. de la Somme, Série V, *Édif. diocés*. — Lettre du même à Viollet-le-Duc, du 21 juin 1849. Arch. de la direct. des Cultes. — Deux ans après, Verdier donnera sa démission d'architecte diocésain d'Amiens, et, par décision ministérielle du 13 novembre 1852, Viollet-le-Duc sera chargé à lui seul de tout le service; enfin, le 30 janvier 1854, confirmé architecte diocésain d'Amiens.

(3) « Depuis plusieurs années, on n'avait exécuté à la cathédrale d'Amiens que des travaux d'entretien quelquefois interrompus, faute d'allocations suffisantes.

Aussitôt que l'horizon politique fut dégagé des tempêtes de 1848, le respectable évêque d'Amiens, à peine installé sur son siège épiscopal, voulut suivre l'exemple de ses illustres prédécesseurs dans leur zèle pour l'embellissement du temple du Seigneur : il obtint par ses sollicitations et son crédit personnel une direction habile et des fonds suffisants pour la restauration de son église cathédrale ». Goze, *Travaux de restauration de la cath. d'Am.*, feuilleton du journal *l'Ami de l'Ordre* des 24, 25 et 26 janvier 1853.

(4) Lettre de M. de Falloux à l'abbé de Salinis, du 18 février 1849, pour lui annoncer sa nomination à l'évêché d'Amiens, dans de Ladoue, *Vie de Mgr Antoine de Salinis*, Paris, 1864, in-4°, p. 221.

avant même d'avoir pris possession de son siège, puisque son installation solennelle n'eut lieu que le 29 août suivant (1). Le 20 septembre, il visitait la cathédrale en compagnie de l'architecte Verdier (2) et, dès le 24 du même mois, Viollet-le-Duc présentait au ministre un volumineux rapport sur l'état de l'édifice et les travaux à y faire. Ce rapport de Viollet-le-Duc peut être considéré comme le programme de toutes les restaurations exécutées à la cathédrale non seulement par lui-même mais par son successeur qui n'a généralement fait que le suivre, programme à l'heure qu'il est, à peu près accompli. Son projet comportait en premier lieu la consolidation et la restauration de la façade occidentale : restauration qui ne saurait être entreprise à moitié, mais qui devait être exécutée d'un seul jet. Au dire de Viollet-le-Duc, non sans quelque exagération, cette façade était dans le plus déplorable état et présentait l'aspect d'une immense ruine : l'écoulement des eaux défectueux, souvent même absent et laissé au hasard, avait causé des désordres effrayants ; les galeries et pinacles, mal reliés à la maçonnerie principale, s'en détachaient de toutes parts, les pierres se décomposaient, les scellements en fer qui maintenaient les colonnettes et les pinacles, avaient, en s'oxydant, fait éclater la pierre, les joints se dégradaient, les matériaux imprégnés de l'humidité pénétrante et salée des vents de mer étaient tellement vermiculés qu'ils ressemblaient à des scories ; la galerie des Rois était mutilée et délabrée, l'arcature qui la couronne déshonorée par des plâtrages.

Les profondes voussures des trois baies du portail, qui n'étaient couvertes qu'à moitié, disposition très dangereuse par l'infiltration des eaux pluviales, devaient l'être entièrement, et en plomb. Il fallait d'ailleurs régler l'écoulement des eaux, qui, par suite de reprises dans la construction, d'adjonctions postérieures, de restaurations maladroites et aussi des difficultés inhérentes à un aussi vaste monument construit d'une pierre crayeuse, se décomposant assez facilement à l'humidité et ne se trouvant pas en très grands blocs, était très mauvais et une des causes principales des plus graves désordres que l'on pouvait constater sur toute son étendue. Après la façade, c'était sur ce point capital que les restaurations devaient porter, et ce travail devait faire l'objet d'un rapport spécial. Il entraînait la restauration d'une partie notable des corniches, celle des charpentes et couvertures des bas côtés et chapelles, des souches des arcs boutants, des arcs boutants eux-mêmes qui n'avaient pas encore été restaurés ou qui l'avaient été maladroitement.

La flèche, dont les assemblages des bois, par dessous son revêtement de plomb, paraissaient profondément pourris, devait être l'objet d'un examen minutieux suivi d'une réparation qui prévînt tout accident.

« Ces restaurations si urgentes étant terminées, poursuivait Viollet-le-Duc, il faudra songer à refaire les meneaux des grandes fenêtres des chapelles sud de la nef, meneaux d'une dimension peu commune et qui tombent en poussière n'étant plus maintenus qu'à force de colliers et de brides en fer : il faudra réparer la rose nord qui menace ruine, plusieurs des fenêtres des chapelles nord de la nef

---

(1) DE LADOUE, *loc. cit.*, p. 236. — SOYEZ, *Notices sur les évêques d'Amiens*, p. 427. — Le 15 juillet, le prince président, qui était venu à Amiens pour la distribution des drapeaux de la garde nationale, avait assisté à un *Te Deum* dans la cathédrale. Cf. *L'Ami de l'Ordre* des 16 et 17 juillet 1849.

(2) *Le Glaneur* du 22 septembre 1849.

et de la haute œuvre, reconstruire les têtes des beaux contreforts des chapelles du chœur perdus par l'humidité et les vents de mer, les couronnements et balustrades de ces chapelles et de celles de la nef, terminer le transept nord par un pignon en pierre remplacé par un pan de bois en mauvais état, prendre enfin une à une toutes les parties malades de l'immense édifice, et ne plus se contenter d'à peu près, de ces réparations provisoires, qui sont pires souvent que l'abandon, car elles présentent une apparence de solidité, sans détruire le mal dans sa racine ». Il fallait enfin, et c'était par là qu'on allait commencer avant que l'on pût attaquer la façade occidentale, il fallait faire déblayer les terres amoncelées le long des chapelles du chevet dans l'ancien enclos du cloître et qui pourrissaient le pied de celles-ci.

Mais ce n'était pas tout : indépendamment de ces travaux nécessaires à la conservation de l'édifice en lui-même, un remaniement complet de ses dépendances s'imposait, si l'on voulait remédier à l'état misérable où ses abords se trouvaient encore et lui donner un entourage digne de lui. Les services accessoires étaient tant bien que mal installés dans l'ancien cloître, dans la chapelle des Machabées du XIVe siècle et attenant, et dans d'horribles constructions mal placées et tombant en ruines : il fallait restaurer les premiers, détruire les autres et élever de nouvelles dépendances dans lesquelles tous les services accessoires d'une grande église pussent être commodément installés, sans nuire à l'aspect extérieur de l'édifice principal.

Quant aux travaux exécutés à la cathédrale depuis la Révolution, ils étaient généralement mauvais.

Ce rapport, que nous venons d'analyser en quelques mots, était accompagné d'un premier devis s'élevant à un total de 328.929 fr. 70 (1), et qui fut approuvé par le ministre le 6 novembre 1849 (2).

Dans l'esprit de Viollet-le-Duc et surtout de Mgr de Salinis, il y avait encore bien d'autres projets, dont les rapports officiels ne parlaient pas, mais qui, pour n'être pas nettement définis et fixés sur le papier, n'avaient cependant pas laissé que de transpirer dans le public.

N'oublions pas qu'on était alors à l'époque héroïque de la réhabilitation de l'art du moyen âge. A cet égard, la nouvelle école ecclésiastique à laquelle appartenait Mgr de Salinis, animée par les Montalembert et les Lacordaire, et l'école artistique dont Viollet-le-Duc était un des chefs les plus autorisés et un des plus vaillants champions, étaient bien faites pour s'entendre. La restauration de Notre-Dame de Paris, si brillamment obtenue par Montalembert et par Victor Hugo, celles de la Sainte-Chapelle et de la basilique de Saint-Denis, avaient enflammé les uns et les autres : on rêvait de faire de même à tous nos vieux édifices; on rêvait de les remettre dans leur état primitif, de leur rendre leur splendeur première, à ceux surtout du XIIIe siècle, en restituant leurs membres mutilés dans le cours des âges, en les expurgeant de tout ce que les derniers

---

(1) 322.737 fr. 75 c., honoraires compris, pour la consolidation et la restauration de la façade occidentale, travaux dont l'exécution ne devait commencer qu'en 1850; 840 fr. à valoir, pour prévenir la ruine de la flèche; 5.353 fr. 95 c., pour diverses réparations de pur entretien, qui furent terminées avant la fin de l'année 1849.

Rapport de Viollet-le-Duc au ministre de l'Instruction publique et des Cultes sur la situation de la cathédrale d'Amiens. Arch. de la direct. des Cultes. — Arch. de la Somme, Série V, Édif. diocés.

(2) Arch. de la Somme, Série V, Édif. diocés.

siècles y avaient ajouté; on rêvait enfin de leur donner un mobilier tel que les artistes du moyen âge auraient pu le concevoir (1). Les architectes-archéologues se faisaient forts d'y parvenir; les prêtres espéraient, en revenant à l'art du moyen âge, faire revenir aussi les fidèles à sa foi.

C'est dire que pour l'évêque comme pour l'architecte, tout le mobilier de la cathédrale des xviie et xviiie siècles était condamné en principe : tel était du moins le bruit qui courait dans le public, bruit que plusieurs faits et l'exemple de ce qui s'est passé ailleurs, rendent d'ailleurs assez fondé (2).

Et à ce propos que l'on sache bien que, s'il nous arrive de regretter certaines libertés un peu excessives prises par Viollet-le-Duc avec le monument dont il avait à assurer la conservation, nous sommes loin de méconnaître son incomparable talent (3), les éminents services qu'il a rendus, l'impulsion qu'il a donnée à l'étude des beaux-arts en les dégageant d'un classicisme conventionnel et étroit et en la mettant, et au prix de quelles luttes! sur la voie féconde dont nous commençons à sentir les bienfaisants effets. Un homme plus autorisé que moi a indiqué les causes de ce côté faible du génie de Viollet-le-Duc d'une façon à laquelle il n'y a rien à ajouter (4). Tout novateur qu'il était, Viollet-le-Duc ne sut pas se défendre du défaut des temps qui l'ont précédé, d'avoir un système et de vouloir tout y faire rentrer bon gré, mal gré; les progrès immenses qu'il avait fait faire à la science archéologique du moyen âge lui avaient fait croire sérieusement qu'il incarnait le xiiie siècle. Il fut aussi intolérant dans ses idées que ses devanciers et ses adversaires l'étaient dans les leurs. Nous ne serons pas plus sévères pour Viollet-le-Duc et pour Mgr de Salinis que nous ne l'avons été pour Mgr de la Motte et le chanoine Cornet, ce qui ne nous empêchera pas de signaler à l'occasion les exagérations et les écueils où ils ont pu tomber.

Ces projets étaient d'ailleurs généralement mal vus par le public Amiénois, et plusieurs fois la Société des Antiquaires de Picardie se fit l'écho de ses craintes et souvent de ses regrets, en protestant contre certaines restaurations par trop indiscrètes, elle ne fut pas écoutée; on ne vit autre chose dans ses réclamations que l'effet de l'ignorance, de la routine et de l'amour-propre blessé. Il y eut, il faut en convenir, de l'exagération et du parti pris de part et d'autre, et il s'ensuivit entre la Société des Antiquaires de Picardie, d'une part, et l'évêque et Viollet-le-Duc (5),

---

(1) Telles étaient les idées non seulement de Mgr de Salinis lui-même, mais aussi de deux prêtres qu'il avait amenés avec lui pour en faire ses conseillers : ses vicaires généraux l'abbé de Ladoue, et l'abbé Gerbet, qui devint plus tard évêque de Perpignan. Voy. notamment le discours de réception de l'abbé de Ladoue comme membre résidant de la Société des Antiquaires de Picardie, du 13 février 1850 dans le reg. aux délib. de lad. Société du 13 février 1850.

(2) Viollet-le-Duc l'inscrivit d'ailleurs à son programme dans un rapport au ministre de 1863 : « Restitution de l'ancien état du sanctuaire dont la décoration actuelle contraste fâcheusement avec l'aspect de tout le surplus de cet intérieur ». (Arch. de l'agence des travaux de la cath.).

(3) Nous n'avons pas besoin de rappeler ici l'extraordi-naire habileté de Viollet-le-Duc comme dessinateur. Malgré les irréparables pertes causées par un incendie survenu le 2 juillet 1878, les archives de l'agence des travaux de la cathédrale renferment encore un grand nombre de ces dessins qu'il traçait au fur et à mesure des besoins, d'un seul jet, avec cette facilité, cette sûreté de main qu'on lui connaît, et qui sont de petits chefs-d'œuvre de verve et d'esprit. Il n'a pas été sculpté une statue, une gargouille, une chimère, un chapiteau, un fleuron qui n'ait été dessiné par lui.

(4) ANTHYME SAINT-PAUL, *Viollet-le-Duc, ses travaux d'art et son système archéologique*.

(5) Ces derniers intervinrent rarement d'une façon directe, mais se firent défendre par des articles de journaux anonymes ou de tierces personnes dont ils inspiraient les écrits, et notamment du docteur Goze.

de l'autre, une lutte assez violente dans les détails de laquelle il nous est impossible d'entrer, mais que nous ne pouvions entièrement passer sous silence (1).

Entre temps, des pourparlers s'entamaient avec la municipalité d'Amiens pour le dégagement des abords de la cathédrale.

Depuis longtemps cette question préoccupait les amis du monument : déjà au xviie siècle, Pagès regrettait que l'on n'ait pas le recul nécessaire pour l'embrasser d'un regard et le contempler à son aise sans renverser la tête (2). Nous avons vu que, dans le courant du xviiie siècle, on avait déjà détruit une grande partie des échoppes qui encombraient ses abords. L'auteur du manuscrit de Machart réclame la suppression de celles qui subsistaient encore (3). Plus tard, en 1839, la ville d'Amiens fait l'acquisition d'un terrain de 106 mètres carrés provenant de la maison portant le numéro 3 de la place Notre-Dame, vis-à-vis la façade occidentale de la cathédrale, pour commencer l'agrandissement de cette place (4). Le plan d'alignement de la ville, approuvé en 1841, prévoyait l'enlèvement de la plupart des constructions adossées à la cathédrale, même de la chapelle des Machabées, et le dégagement du chevet par l'agrandissement de la place Saint-Michel. Un projet fut rédigé par Cheussey, en 1843, pour la réalisation immédiate de cette partie du plan d'alignement, à la réserve toutefois de la chapelle des Machabées, dont la condamnation avait soulevé de nombreuses et justes réclamations (5). Mais les difficultés de toutes sortes qui s'élevèrent pour concilier les intérêts de l'État, de la ville et de la fabrique, firent traîner les choses en longueur et il n'y avait encore rien de fait lorsque survint la révolution de février et les événements dont nous avons parlé (6).

C'est en somme ce même projet, mais modifié, qui fut repris par Viollet-le-Duc. Le gouvernement d'alors ne se laissait pas arrêter par les difficultés, et cette fois les choses marchèrent rapidement.

L'initiative avait été prise par la municipalité elle-même qui, après que le maire Porion eut pressenti le gouvernement, avait, dès le 25 janvier 1850, nommé une commission pour examiner la question (7). Au bout d'un mois, tout

(1) Voy. les délibérations de la Société des Antiquaires de Picardie, dans le *Bulletin* de ladite société, à partir de 1850, et notamment celle du 23 décembre 1852 (elle a été tirée à part et distribuée en grand nombre d'exemplaires dans toute la ville), ainsi que les réponses qu'elle a provoquées de la part de Goze, sous le titre de : *Observations sur la délibération de la Société des Antiquaires de Picardie en date du 23 décembre 1852*, Amiens 1853, in-8°, et par l'abbé Berton, sous celui de *Réponse à Messieurs les Antiquaires*, Amiens 1853, in-8°. — La société des Antiquaires finira même par se lasser de protester platoniquement et inutilement, et, en 1862, après avoir constaté avec regret la destruction du cloître des Machabées, la substitution d'une galerie à une autre d'un autre genre, l'enlèvement de plusieurs grilles du chœur et des chapelles, etc., elle renoncera à nommer une commission pour faire un rapport sur ces faits, considérant « qu'il n'y a point d'autorité compétente à laquelle ce rapport pourrait être utilement adressé, attendu l'omnipotence de l'architecte ». (Délibér. du

8 juillet 1862. *Bullet. de la Soc. des Ant. de Pic.*, t. VIII, 1864, p. 92).

(2) Ms. de Pagès, édit. Douchet, t. V, p. 28. — Nous nous rappelons qu'une gravure de 1772 montrait la cathédrale précédée d'une place plantée à la Lenôtre. Voy. ci-dessus, p. 87.

(3) Bibl. d'Am., ms. 836 (Machart, t. VIII), p. 394.

(4) Arch. de la Somme, Série O, ville d'Amiens. — L'agrandissement complet de la place par la démolition des autres maisons du même rang n'eut lieu que par la suite et graduellement.

(5) *Bullet. de la Soc. des Ant. de Pic.*, t. II, p. 144, et Didron, dans *Annales archéol.*, t. II, p. 315.

(6) Arch. de la Somme, Série V, Édif. diocés. — Arch. de la ville d'Am., Délib. munic. du 21 déc. 1844, et Recueil de pièces, intitulé : *Cathédr. d'Am., dégagement de ses abords, 1833 à 1852*. — Délib. munic. du 26 février 1850.

(7) Arch. de la ville d'Am., Délib. du 25 janvier 1850.

était entendu entre l'État, la ville, l'évêque et l'architecte de la cathédrale. L'État se chargeait de la suppression des sacristies et des masures accolées à l'édifice, y compris le logement du suisse placé à l'angle nord-ouest du grand portail, ainsi que des logements placés dans la cour du Puits de l'Œuvre, y compris l'ancienne salle des archives du chapitre, qui menaçait ruine, le long du cloître Notre-Dame, terrains qui devaient être réunis à la voie publique. De son côté, la ville achetait, pour les faire disparaître, trois maisons situées sur la place Saint-Michel entre le chevet de la cathédrale et la porte de l'évêché (1).

De nouveaux bâtiments devaient assurer le service de la cathédrale en remplacement de ceux qui se trouvaient ainsi supprimés :

1° Une salle de catéchismes au nord de l'édifice, sur le terrain de l'évêché (2);

2° Un bâtiment à côté de la chapelle des Machabées pour servir de logement au personnel de l'église et de petite sacristie;

3° Une grille en fer forgé faisant le tour de l'édifice et de ses dépendances.

On devait enfin réparer la chapelle des Machabées pour servir de sacristie, ainsi que la portion du cloître y aboutissant.

Pour tous ces travaux, de nouveaux devis furent présentés par Viollet-le-Duc et approuvés par le ministre le 16 septembre 1850 (3).

L'entreprise fut donnée pour la maçonnerie à Jean-Baptiste Vast-Gaillet, fils de Vast-Lefurme qui avait travaillé sous Cheussey (4), pour la charpente à Victor Corroyer, tous deux d'Amiens, pour la plomberie à Louis-Jacques Durand, de Paris (5), et pour la couverture au sieur Vasseur, d'Amiens.

Les frères Duthoit, d'Amiens, furent chargés de la partie sculpturale (6).

Enfin la surveillance des travaux fut donnée à M. Massenot (7), de Paris, architecte, et à l'appareilleur en chef Allo, d'Amiens. Dans les premiers temps, les travaux sont menés avec une très grande activité et commencés un peu partout à la fois.

Vers le 18 juin 1850, on monte les premières pièces de bois du monumental

(1) Délib. du Cons. munic. d'Am. des 26 février et 13 avril 1850.

(2) Nous ne nous étendrons pas sur une polémique assez violente entre la municipalité d'Amiens et Viollet-le-Duc au sujet de l'emplacement qui fut donné en dernière analyse à cette chapelle, et qui enlevait tout espoir de prolonger la rue des Soufflets jusqu'à la place Saint-Michel, ainsi que le désirait, paraît-il, une partie de la population. La municipalité aurait voulu pouvoir faire passer une voie charretière entre cette chapelle et la cathédrale : un refus brutal de Viollet-le-Duc, qui commença sans délai les travaux de la chapelle, la réduisit au silence. (Arch. de la ville d'Am., Reg. aux délib. de 1850 et Recueil intitulé : *Cathédrale d'Amiens, dégagement des abords*).

(3) Ces devis s'élevaient en tout à 165 364 fr. 62 c. Arch. de la Somme, Série V. Édif. diocés. — Nous ne parlerons pas des autres travaux qui ont eu également pour but de dégager la cathédrale, mais d'une manière plus éloignée, tels que le percement de la rue Robert de Luzarches dans l'axe du portail de la Vierge dorée, ou l'agrandissement de la place Notre-Dame, non plus que des nombreux projets plus ou moins somptueux, de vastes places ou de vastes avenues autour du monument, et qui n'ont jamais abouti.

(4) Après son décès arrivé en 1866, l'adjudication des travaux sera donnée à M. Charles Guénard, entrepreneur de maçonnerie à Dury, par acte du 20 décembre de la même année. (Arch. de la Somme, Série V, Édif. diocés.).

(5) Durand étant décédé en 1863, sera alors remplacé par les sieurs Monduit et Béchet, aussi plombiers à Paris. (Arch. de la Somme, Série V, Édif. diocés.).

(6) Arch. de la Somme, Série V, Édif. diocés. — Le nom d'Aimé Duthoit figure seul dans la soumission du 31 juillet 1850 et dans les pièces qui l'accompagnent, mais en réalité la plus grande partie des travaux et les plus délicats sont l'œuvre de son frère Louis. En 1868, par suite de son grand âge et du mauvais état de sa santé, Aimé Duthoit ayant demandé et obtenu la résiliation de son entreprise, sera remplacé par les sieurs Dufour et Lépinoy, sculpteurs à Amiens. (Arch. de la Somme, Série V, Édif. diocés.).

(7) Mentionnons aussi Wiganowski qui travailla pendant plusieurs années avec celui-ci.

échafaudage qui devait servir à la restauration de la façade (1). Cet échafaudage exécuté par le charpentier Victor Corroyer, et qui restera en permanence jusqu'au complet achèvement de cette restauration, c'est-à-dire jusqu'en 1862, était à la fois très ingénieux et très hardi.

Au commencement de 1853, cette restauration de la façade, commencée par le haut, était déjà terminée jusqu'à la corniche au-dessus de la grande rose. On sait que la tour du sud, plus ancienne que celle du nord, était plus basse que celle-ci et de plus inachevée. La question s'était posée de savoir s'il n'y aurait pas lieu de profiter de la restauration pour la monter à la même hauteur que sa voisine. Viollet-le-Duc avait sagement résisté aux sollicitations dont il avait été l'objet dans ce but, notamment par le maire d'Amiens, craignant surtout de trop surcharger cette tour construite à la hâte, légèrement et avec de médiocres matériaux (2). Toute la partie supérieure était en très mauvais état : il avait fallu la démolir entièrement et avec de grandes précautions jusqu'aux archivoltes des ouies et refaire à neuf sa corniche supérieure, avec les gargouilles dont elle est garnie; elle avait de plus été couronnée de la balustrade qui lui manquait et des grands gables aigus surmontant les ouies, desquels les retombées seules existaient : parmi les culs de lampe sculptés, servant de support à ces retombées et dont plusieurs représentent des musiciens, quatre avaient été entièrement refaits; la cage d'escalier située à l'angle sud-ouest de la tour, avait été terminée en manière de tourelle et couronnée d'un amortissement en ardoise avec épi de plomberie au sommet. Le petit campanile du xviie siècle, qui renfermait les timbres de l'horloge, ne fut pas rétabli, mais remplacé par une lucarne, entre les deux gables de la face ouest (3).

La tour du nord, qui était entièrement terminée, mieux construite, était aussi moins endommagée. Cependant il avait fallu refaire entièrement en sous-œuvre le pilier intermédiaire entre les ouies du côté ouest, ébranlé par la charpente de l'ancien beffroi qui battait les murs de la tour, et que le fer noyé dans sa construction, pour lui donner plus de solidité, avait, en s'oxydant, fait éclater. La corniche supérieure aussi avait été en grande partie refaite, et la balustrade qui la surmonte, entièrement. Ici déjà Viollet-le-Duc s'était avisé de corriger l'œuvre de ses devanciers en changeant le dessin de cette balustrade, qui ne lui plaisait pas. Comme à l'autre tour, la cage d'escalier placée à l'angle nord-ouest fut surmontée d'une

(1) Voy. les journaux l'*Ami de l'Ordre* du 19 juin, le *Glaneur* du 22 juin, le *Courrier de la Somme* du 23 juin 1850, etc.

(2) Lettre de Viollet-le-Duc au maire d'Amiens, du 4 janvier 1851, dans le journal l'*Ami de l'Ordre*, du 14 janvier même année. On peut remarquer dans cette lettre les phrases suivantes : « Il est certain que, devant exécuter les instructions ministérielles qui sont transmises aux architectes diocésains par M. le ministre de l'Instruction publique et des Cultes, je ne pourrais proposer à l'administration d'exécuter des travaux qui sont en contradiction complète avec ses instructions. La tour sud de la cathédrale d'Amiens n'a jamais dû être plus élevée qu'elle ne l'est aujourd'hui, sauf les balustrades, pinacles et pignons que je compte rétablir : la preuve en est dans l'existence des gargouilles de la corniche supé-

rieure, qui ont de tout temps été destinées à rejeter les eaux des combles en dehors des constructions..... Le mieux, dans ce cas, est de réparer purement et simplement ce qui existe dans la forme actuelle, et en laissant subsister les irrégularités dont nous ne prenons pas la responsabilité, mais qui sont, dans certaines circonstances, l'un des caractères de cette architecture ». Que Viollet-le-Duc n'a-t-il été plus souvent fidèle à ces principes !

(3) Dans l'esprit de Viollet-le-Duc cette lucarne n'était que provisoire ; son projet était de placer l'horloge et sa sonnerie dans la flèche. Mais ce projet paraît, pour le moment, abandonné, et le provisoire devenu à peu près définitif. C'est pour cela que cette horloge est encore dépourvue de cadran ; la sonnerie seule indique les heures.

tourelle de pierre avec amortissement en ardoise et épi de plomberie. Enfin, la statue de saint Firmin le martyr, entre les deux accolades surmontant les ouïes de la face ouest, avait été entièrement refaite par les frères Duthoit.

Les couvertures en charpente des deux tours avaient aussi été renouvelées. Exécutées pour la charpente par Corroyer, et pour la couverture par Vasseur, elles avaient été décorées d'ornements en plomberie par les frères Durand, de Paris, et de croix de fer forgé par Corroyer, dit Dauphin, d'Amiens, le tout sur les dessins de Viollet-le-Duc.

La double galerie, qui unit les deux tours en avant du pignon du grand comble, avait été entièrement refaite, mais comme son dessin, pourtant si original, du commencement du xv° siècle, n'était pas du goût de Viollet-le-Duc, celui-ci en avait substitué un autre absolument différent et tout entier de son invention. Pour justifier ce changement de dessin, on prétendit que la galerie avait été maladroitement raccommodée en 1761 et 1762 par le menuisier Candas, qui aurait utilisé dans cette réparation des morceaux sculptés provenant des décorations supprimées des chapelles; on croyait, ou on feignait de croire, sur la foi de Goze, que Candas avait ainsi créé cette galerie de toutes pièces, et que ce n'était par conséquent qu'une « rapsodie » indigne d'être conservée (1). C'était absolument faux, et tous les anciens dessins de la cathédrale antérieurs à 1761 (2), malgré quelques variantes de détail, sont unanimes à prouver que le dessin de cette galerie a toujours été tel qu'il était en 1849, et que le raccommodage du menuisier Candas n'avait pas dû l'altérer d'une façon sensible.

Des balustrades qui règnaient à ce même étage à la base de chacune des deux tours avaient été enlevées sans être rétablies.

Le pignon du grand comble, très dégradé, avait aussi été presque entièrement refait et les portes des escaliers de chacune des tours rétablies dans leur style propre, la tourelle d'escalier placée contre la face sud de la tour nord à moitié reconstruite, et sa corniche entièrement refaite. L'écoulement des eaux de cette partie qui, paraît-il, était assez défectueux, avait été assuré d'une façon plus parfaite. Enfin on mettait la dernière main aux pinacles et aux niches garnies de statues qui ornent les contreforts des tours : plusieurs de ces statues étaient refaites par les frères Duthoit (3).

Pendant ce même laps de temps, les travaux les plus urgents nécessaires à la flèche, qui était en mauvais état, avaient été exécutés en 1851, pour la charpente, par Corroyer et pour la plomberie, par Durand, de Paris (4). Une des statues d'anges en bois recouvert de plomb, avait été entièrement refaite par les frères Duthoit.

Enfin le dégagement des abords de la cathédrale, la construction de ses nouvelles dépendances, avaient été poussés activement. En 1853, à peu près tout

---

(1) Goze, dans le journal *l'Ami de l'Ordre* des 25 et 26 janvier 1863, et surtout *Observations sur la délib. de la Soc. des Ant. de Pic. en date du 27 déc. 1852*, p. 10.

(2) Voy. notamment : une gravure aux armes de François Lefèvre de Caumartin, évêque d'Amiens de 1618 à 1652, dont un exemplaire est à la Biblioth. Nat. (Estampes, V a 401); — une autre gravure de Sanson, au frontispice du bréviaire imprimé en 1667 par ordre de l'évêque François Faure; — les relevés très exacts exécutés en 1727 et possédés aujourd'hui par M. Soyez, — etc.

(3) Sur tous ces travaux, voy. Arch. de la Somme, Série V, Édif. diocés. — Goze, *Travaux de restaurat. de la cath. d'Am.*, feuilleton du journal *l'Ami de l'Ordre* des 25 et 26 janvier 1853, etc.

(4) Duskvel, *Notice sur la cath. d'Am.*, p. 28.

avait disparu : le sol de l'ancien cimetière des Machabées, déblayé à une profondeur de près de deux mètres, avait fait découvrir la partie supérieure du massif de maçonnerie sur lequel repose l'édifice, et qui forme au chevet un magnifique soubassement de grès. Un égout était en même temps pratiqué à travers les jardins de l'évêché, pour assurer l'écoulement des eaux dans la rivière d'Avre (1). La chapelle des catéchismes, que l'on fit communiquer avec la cathédrale par un passage couvert aboutissant à la porte *M*, était terminée. Pour remplacer l'ancienne sacristie démolie, on avait élevé contre la cathédrale, à l'ouest de la chapelle des Machabées un bâtiment destiné à servir de petite sacristie avec logement au premier étage; l'ancienne salle des archives et le cloître avaient été entièrement détruits, et, sur une faible partie de ce dernier, on en avait élevé un nouveau ou plutôt une sorte de galerie, pour servir de dégagement aux nouvelles sacristies, mais sur un dessin ne rappelant en aucune façon celui de l'ancien cloître, bien que l'on eût formellement promis de le reproduire exactement. Enfin la chapelle des Machabées était entièrement restaurée, et la statue de saint Firmin qui décore son pignon, exécutée par les frères Duthoit sur le dessin de Viollet-le-Duc (2). En 1854 cette chapelle sera disposée et meublée pour servir de grande sacristie, par Prévost, menuisier à Amiens (3).

Une grille dessinée par Viollet-le-Duc fut établie tout autour du terrain ainsi dégagé derrière le chevet (4).

Dans le courant de l'année 1853, on profita de la nécessité d'assurer la communication entre la cathédrale et ses nouvelles dépendances par les portes *M* et *N*, pour enlever les boiseries du XVIIIe siècle, tribunes et jeu d'orgues qui remplissaient la plus grande partie des chapelles XXI et XXII. On ne peut blâmer cette mesure : assurément l'admirable architecture de cette ceinture de chapelles, qui n'a pas sa pareille, vaut bien le sacrifice de quelques boiseries. C'était la seule suppression réellement nécessaire.

Pour ces deux chapelles on se contenta de les réparer à l'intérieur, et notamment la jolie arcature qui leur sert de soubassement, ainsi que les portes *M* et *N* donnant dans l'ancien cloître et qui avaient été mutilées par l'établissement des boiseries. Leur dallage fut refait en marbre noir de Belgique et blanc jaunâtre de Boulogne, dit Napoléon; elles furent enfin un peu plus tard meublées d'autels fort simples en pierre dure dans le style du XIIIe siècle (5). Il était à souhaiter que toutes les autres chapelles du chevet subissent intérieurement la même restauration, ni plus ni moins, sans peintures ni dorures; on aurait même pu sans inconvénient, se borner à supprimer les boiseries, en conservant les autels et les

---

(1) Les ossements provenant de l'ancien cimetière furent déposés dans un caveau placé dans l'angle entre la place Saint-Michel, l'enclos de la cathédrale et le mur de l'évêché. Une croix de pierre dessinée par Viollet-le-Duc marque cet emplacement. (Arch. de l'Agence des trav. de la cath., 1853).

(2) Arch. de la Somme, Série V, Édif. diocés. — Goze, *Travaux de restaurat. de N.-D. d'Amiens*, feuilleton du journal *l'Ami de l'Ordre* du 8 juin 1853. Archives de l'Agence des travaux de la cathédrale, etc.

(3) Arch. de l'Agence des travaux de la cathédrale. — En 1890, le plancher de cette chapelle, qui s'était subitement effondré, dut être refait en entier.

(4) Arch. de l'Agence des travaux de la cathédr. 1853. — Ce ne sera qu'en 1892 que le côté sud de la nef, entièrement dégagé, sera muni d'une semblable grille, et le côté nord devra attendre jusqu'en 1893 et 1898 et la façade occidentale jusqu'en 1899, pour recevoir cette amélioration. Inutile de dire que, pour ces dernières, on a conservé le dessin donné par Viollet-le-Duc pour la première.

(5) Goze, *Trav. de restaur. de N.-D. d'Amiens*, feuilleton du journal *l'Ami de l'Ordre* du 8 juin 1853.

grilles du xviiie siècle, qui ne nuisaient en rien à l'ordonnance architecturale. Mais dans le courant de cette même 1853, l'occasion s'offrit de commencer la restauration complète et systématique des chapelles du chevet, telles que la comprenaient Mgr de Salinis et Viollet-le-Duc.

L'évêque d'Amiens venait d'obtenir le corps d'une martyre chrétienne originaire d'Amiens nommée Theudosie, et exhumée des Catacombes. Sa translation fut faite à Amiens le 12 octobre de cette même année avec une pompe et un enthousiasme extraordinaires. Il fut décidé que la précieuse relique serait conservée dans la chapelle de la cathédrale voisine de la petite paroisse et dédiée depuis sa construction à saint Augustin de Cantorbéry (Chapelle XXV). Dans ce but, cette chapelle serait débarrassée de ses ornements du xviiie siècle, entièrement restaurée, décorée et meublée dans le style du xiiie. La somme nécessaire fut trouvée au moyen d'une subvention de l'État complétée par l'empereur et l'impératrice. Le 12 octobre 1854, tout était terminé et la chapelle, étincelante de peintures et de dorures, solennellement inaugurée en présence du couple impérial. Nous en reparlerons.

Le 12 décembre de la même année, sur la demande de Mgr de Salinis, un privilège apostolique élevait la cathédrale au rang de basilique mineure. Les insignes de cette nouvelle dignité, pavillon et clochette, furent dessinés par Viollet-le-Duc.

A la restauration des chapelles du chevet se rattachait celle de leurs parties hautes qui portaient de nombreuses traces d'un incendie que l'on supposait être celui de 1258, et surtout la réfection complète de leur toiture et de celle du bas côté du chœur, qui, construite à la hâte, était très laide, en mauvais état, et surtout très défectueuse au point de vue de l'écoulement des eaux.

C'est par la chapelle Sainte-Theudosie que cette partie importante de la restauration a été commencée.

Dans ce travail on peut surtout regretter qu'à la balustrade de style gothique flamboyant qui régnait à la base des combles de ces chapelles et des bas côtés du chœur, et de dessin varié, Viollet-le-Duc ait cru bon d'en substituer une nouvelle d'un dessin uniforme, se rapprochant davantage du style du xiiie siècle, dont il avait pris le dessin à la cathédrale de Chartres. Lors de la restauration de toutes les autres parties des chapelles de la nef et du chœur, on a fait subir le même traitement à la balustrade flamboyante tout entière.

En même temps, on projetait de faire de même à la petite paroisse, dont tout l'ancien mobilier avait été enlevé dès 1853.

Mais pour celle-ci, les fonds furent moins abondants et les travaux allèrent beaucoup moins vite, au fur et à mesure que les crédits affectés à la cathédrale le permettaient : on ne commença à y travailler qu'en 1855, elle ne fut entièrement terminée qu'en 1862.

En 1854, Viollet-le-Duc présente et fait approuver un devis pour la restauration générale du chœur à l'extérieur et à l'intérieur (1). On se contenta pour le moment de réparer et débadigeonner la grande voûte du chevet.

Un peu plus tard, la restauration de la cathédrale est attaquée sur un autre point. Les couvertures et parties supérieures des bas côtés de la nef et des

---

(1) Il s'élevait à 693.625 fr. 84 c. Arch. de la direct. des Cultes. — Arch. de la Somme, Série V, Édif. diocés.

chapelles du xivᵉ siècle qui les accompagnent étaient, paraît-il, non moins défectueuses et en non moins mauvais état que celles du chœur. En 1856, un nouveau devis (1) est proposé pour leur restauration, ainsi que la galerie à l'appui des fenêtres hautes dite galerie sans bords.

Cette restauration fut aussitôt commencée par le côté nord. Aux anciennes toitures en pavillon des chapelles, Viollet-le-Duc substitua des terrassons plats, couverts en plomb (2).

Comme aux chapelles et bas côtés du chœur, Viollet-le-Duc mit à la place de la balustrade flamboyante une balustrade d'un dessin uniforme et entièrement de sa composition. Mais ce travail ne fut alors exécuté qu'au-dessus des deux chapelles I et III et des travées de bas côté qui leur correspondent, puis momentanément interrompu. Il ne sera repris que beaucoup plus tard.

Pour assurer plus de durée aux parties restaurées ou refaites, les sieurs Rochas et Dalemagne, de Paris, furent chargés d'en opérer la silicatisation au fur et à mesure de l'avancement des travaux (3).

Cependant la restauration de la façade occidentale, que nous avons laissée en 1853 arrêtée à l'étage de la grande rose, se poursuivait lentement mais méthodiquement, toujours en descendant. Elle ne sera entièrement terminée et les échafaudages enlevés qu'en juillet 1862 (4).

Dans la description de cette façade nous indiquerons les principales parties sur lesquelles elle a porté, disons seulement que toute la galerie des Rois hormis les statues, dont six seulement ont été refaites et les autres plus ou moins restaurées, a été entièrement reconstruite sur un dessin tout différent de l'ancien. Comme pour la galerie entre deux tours, on donna pour raison à ce changement que l'ancienne avait été « déshonorée par des plâtrages hideux » (5). Parmi les plus notables parties refaites, citons encore les quatre grandes pyramides qui amortissent les avancées des quatre grands contreforts entre les portes, les deux autres pyramides qui s'élèvent sur les flancs nord et sud des tours et qui servent de couronnement aux escaliers, et enfin les gables qui surmontent les voussures des trois portes, ainsi que leur couverture, les deux petites roses au-dessus des portes latérales, etc. Le reste a aussi été plus ou moins restauré (6).

A la restauration de la façade, il faut rattacher plusieurs autres travaux accessoires, notamment celle du grand contrefort élevé du temps du cardinal de la Grange pour étayer la tour du nord, et son rétablissement d'après les anciens dessins dans son état primitif qui avait été dénaturé par Godde. La statue de la Vierge fut entièrement refaite et les autres légèrement restaurées par les frères Duthoit.

Nous avons vu que l'établissement défectueux du beffroi des bourdons avait

---

(1) Il s'élevait à 540.642 fr. 75 c. Arch. de la Somme, Série V, Édif. diocés.

(2) Ibid.

(3) Ibid. — L'association Rochas et Dalemagne ayant été dissoute peu après, ce dernier demeura seul chargé du travail. Ibid.

(4) Rapport de Viollet-le-Duc au ministre, de 1863. Arch. de l'Agence des trav. de la cath. — Goze, Achèvement des trav. de restaur. de la façade de N.-D. d'Am.,
dans le journal le Mémorial d'Amiens du 8 juillet 1862.

(5) Rapport de Viollet-le-Duc du 24 septembre 1849, aux Arch. de la direct. des Cultes.

(6) Les baies percées dans le mur qui sépare la galerie intérieure continuant le triforium derrière l'orgue, de celle qui lui correspond à l'extérieur, furent débarrassées du paillis dont elles étaient bouchées, et vitrées. De même celles qui s'ouvrent derrière les statues des rois furent garnies de vitraux en grisaille.

tellement ébranlé le trumeau entre les ouies occidentales de la tour nord, qu'il avait fallu reconstruire ce trumeau en entier. Pour parer à l'avenir à cet inconvénient, on décida de faire un nouveau beffroi et de munir les ouies qui y correspondaient d'abat-sons recouverts en plomb. En même temps, on en projetait un autre dans la tour du sud pour y suspendre les petites cloches qui se trouvaient dans la flèche. Viollet-le-Duc rédigea un devis (1) pour les deux beffrois; mais pour le moment, on n'exécuta que celui de la tour du nord, pour les bourdons. Commencé en 1861 par Corroyer, il fut terminé et mis en place en 1863 (2).

Enfin il fallut refaire le parvis dont l'état de délabrement jurait par trop avec la façade de la cathédrale remise à neuf. Nous nous rappelons que la maison des suisses placée dans l'angle nord de la façade et destinée par les premiers projets d'isolement de la cathédrale à être supprimée, avait été provisoirement conservée. Dans l'intervalle, on avait reconnu son utilité pour assurer la surveillance des portails. Mais comme son aspect moderne faisait trop mauvais effet au pied de la façade gothique, on voulait en reconstruire une autre dont le style s'harmonisât mieux avec celle-ci et s'adaptât mieux à son nouveau parvis.

Dès le 9 janvier 1861, Viollet-le-Duc présentait son devis (3). Le nouveau parvis, tout en granit avec bahuts en marbre d'Ecaussines (Belgique), d'un aspect beaucoup plus monumental que l'ancien, et qui devait être bordé d'un trottoir, entreprenait sur la voie publique de quelques mètres que la ville d'Amiens accorda sans difficulté, tout en sauvegardant son droit de propriété (4).

C'est par la maison des suisses que l'on commença, et, dans le courant de l'année 1862, l'ancienne fut démolie et la nouvelle reconstruite (5). Le parvis ne fut exécuté que de 1864 à 1865 par Follet, entrepreneur de travaux en granit à Amiens, et Coënen, marbrier, de la même ville. Il fut orné de candélabres de fonte recouverte d'une lame de cuivre, dessinés par Viollet-le-Duc (6).

Vers le même temps, une des fenêtres hautes de la nef, du côté nord, (9,11 a) qui menaçait ruine, dut être refaite en entier (7). Elle fut garnie d'un vitrail neuf en grisaille.

Le dégagement de la cathédrale se poursuivait également du côté de la rue des Soufflets par la démolition de deux maisons (8).

(1) Il s'élevait en tout à 66.108 fr. 65 c.
(2) Arch. de la Somme, Série V, Édif. diocés.
(3) Devis présenté par Viollet-le-Duc le 9 janvier 1861, s'élevant à 133.590 fr. 06 c., dans lequel le parvis figurait pour 41.792 fr. 09 c., et la maison des suisses, pour 41.129 fr. 94 c.; les autres 50.668 fr. 03 c. étaient pour la restauration des trois grandes voussures des portes, qui devait terminer celle de la façade occidentale et pour le déplacement des tombes de bronze des évêques Evrard de Fouilloy et Geoffroy d'Eu. — Résumé de ce devis aux Arch. de la Somme, Série V, Édif. diocés.
(4) Délib. du cons. munic. d'Am., des 12 janvier et 6 avril 1861.
(5) Dans les démolitions de cette maison, on trouva une médaille en or d'Adrien. Cf. A. JANVIER, dans Bullet. de la Soc. des Ant. de Pic., t. VIII, 1864, p. 75.

— Nous ne dirons rien de ce bâtiment, sinon que Viollet-le-Duc eût pu sans doute éviter de masquer et d'enfumer par le voisinage d'une cheminée la belle statue du cardinal de La Grange.
(6) Il fut inauguré le 24 mai 1865. (GOZE, Reconstruction du parvis de N.-D. d'Am.; inauguration, dans le journal le Mémorial d'Amiens du 24 mai 1865). — Pour tous ces travaux, voy. Arch. de la Somme, Série V, Édif. diocés., et Arch. de l'Agence des travaux de la cathédr. — La lame de cuivre dont ces candélabres étaient recouverts et que le temps avait fait éclater par endroits, fut enlevée en 1898 et remplacée par une simple couche de peinture imitant le bronze.
(7) Rapport de Viollet-le-Duc au ministre, du 20 septembre 1864. Arch. de la Somme, Série V, Édif. diocés.
(8) Arch. de la Somme, Série V, Édif. dioc.

A partir de 1866, la restauration de la cathédrale devait subir un temps d'arrêt. L'importance des travaux entrepris depuis plus de quinze ans, la nécessité de les mener le plus rapidement possible, avaient fait notablement dépasser les crédits annuellement alloués. Ceux des années suivantes devaient donc être employés presque exclusivement au paiement de l'arriéré, lorsqu'une circonstance imprévue permit de reprendre la restauration d'une chapelle du chevet.

Nous verrons comment, au milieu de l'épidémie cholérique qui désola la ville d'Amiens en 1866, l'évêque, Mgr Boudinet, fit solennellement vœu, le 29 juillet, de consacrer au Sacré-Cœur de Jésus la chapelle du chevet primitivement dédiée à Saint-Jacques (chapelle XXVI) voisine de la petite paroisse, faisant pendant à celle de Sainte-Theudosie, et de la faire entièrement restaurer, décorer et meubler à neuf comme l'avaient été les deux premières. Viollet-le-Duc dressa immédiatement un devis s'élevant à 130.410 francs, qui devaient être fournis pour la plus grande partie par une souscription de l'évêque et des fidèles, et pour le reste, par l'État (1). Les travaux, qui commencèrent dès 1867, furent achevés deux ans après par les entrepreneurs ordinaires de la cathédrale pour la restauration proprement dite, et, pour la décoration et l'ameublement, par des artistes spéciaux. L'inauguration en eut lieu le 27 août 1869.

C'est tout ce qui sera exécuté d'important à la cathédrale jusqu'après les événements de 1870 et 1871.

En 1872, comme nous l'avons vu, la restauration extérieure des bas côtés des chapelles de la nef et du chœur, et surtout la réfection de leurs toitures, restauration déjà jugée nécessaire par Viollet-le-Duc dans son premier rapport de 1849, était à peine commencée : on n'avait encore fait ce travail qu'aux trois chapelles centrales du chevet et aux deux premières travées et chapelles du bas côté nord de la nef, contre la tour, lorsque, à la suite de fortes pluies, au mois de novembre 1872, des infiltrations qui s'étaient produites dans le collatéral nord du chœur et qui avaient ému l'opinion publique (2), décidèrent à reprendre cette restauration d'une façon complète et suivie (3).

Les travaux en étaient là, lorsque, en 1874, Viollet-le-Duc, pour des raisons politiques, donna sa démission à la fois d'inspecteur des édifices diocésains, et d'architecte diocésain de Paris, de Rennes, d'Amiens et de Clermont-Ferrand (4). Un arrêté ministériel du 17 juillet de la même année mit à sa place pour Amiens M. Juste Lisch, architecte à Paris, et qui en est encore actuellement titulaire. La science et le talent bien connus de l'architecte parisien assurent au monument les soins les plus intelligents qui ne l'empêchent pas de le traiter avec plus de discrétion que son prédécesseur.

Nous avons vu qu'en 1861, lorsqu'on refit le beffroi des bourdons dans la tour du nord, il avait été également projeté d'en faire un dans la tour du sud pour y transporter les quatre petites cloches de la flèche, parce que leur mouvement en compromettait la solidité, leur beffroi était d'ailleurs en mauvais état et à

---

(1) Rapport de Viollet-le-Duc au ministre du 30 septembre 1866. Arch. de la Somme, Série V, Édif. diocés.

(2) Cf. le journal *le Mémorial d'Amiens* du 15 novembre 1872.

(3) Arch. de la Somme, Série V, Édif. diocés.

(4) Déjà en 1872 Viollet-le-Duc avait manifesté l'intention de quitter sa place d'architecte diocésain d'Amiens en faveur de M. Massenot. Ce projet n'avait pas abouti. (Arch. de la Somme, Série V, Édif. diocés.).

remplacer. Ce projet ne reçut son exécution qu'en 1875, par l'établissement d'un beffroi d'après le système de l'abbé Éguillon, par celui d'abat-sons dans les ouies de cette tour du sud, et par la réinstallation de l'horloge.

Le 12 mars 1876, un ouragan terrible venant du nord-ouest et qui fut senti dans une grande partie de la France, fut à Amiens d'une violence inouïe, et causa dans toute la ville des dégâts considérables. La cathédrale ne fut pas épargnée : le vent, prenant les combles en écharpe, dépouilla de leurs ardoises des pans entiers de toiture, celle du transept fut entièrement découverte et son faîtage en plomb arraché; au croisillon sud, la partie supérieure de la charpente fut même déversée; tous les pinacles de la galerie haute de la façade (1) et du pignon occidental du grand comble, un grand nombre de ceux qui servent de couronnements aux contreforts et piliers butants, furent renversés, causant dans leur chute des dégâts plus ou moins considérables; la vitrerie enfin fut fortement endommagée; la réparation fut évaluée à environ 80.000 francs. Elle fut aussitôt exécutée.

A part cela, les années 1877 à 1881 s'écoulèrent sans qu'il fût fait de travaux importants (2). Cependant M. Lisch préparait un rapport spécial concernant les travaux de grosses réparations à faire aux édifices diocésains d'Amiens, et dans lequel figurait la restauration complète du pignon du croisillon sud du transept (3). Ce rapport fut présenté au mois de janvier 1879.

La même année, sur la demande du ministre, M. Massenot rédigea un rapport détaillé sur les restaurations exécutées à la cathédrale depuis 1849 et sur celles qu'exigeait encore l'état du monument. Parmi celles-ci figuraient : l'amélioration des abords le long des bas côtés nord et sud de la nef, et l'établissement de grilles comme au chevet; — la restauration des parties hautes des chapelles et bas-côtés du chœur et du côté sud de la nef, ainsi que la réfection complète de leurs charpentes et couvertures; — la réparation des façades des chapelles latérales de la nef des deux côtés, lesquelles étaient en fort mauvais état et dont les remplages des fenêtres ne tenaient plus; — la restauration du pignon du croisillon nord du transept, celle de tous les arcs boutants de la nef et du chœur, y compris les pinacles chargeant les culées, desquels des morceaux se détachaient souvent et, tombant sur la voie publique, constituaient un danger pour les passants; — la réparation, moins urgente cependant, des fenêtres hautes du chœur de la nef, la réfection du dallage, la restauration de la flèche, dont la partie haute surtout, en mauvais état, faisait toujours craindre quelque accident à la suite des grands vents si fréquents à Amiens (4), etc.

En résumé, de 1850 à 1877 on avait dépensé 1.894.600 fr. 73 c.; les travaux restant à faire étaient évalués à deux millions, ce qui formait un total de près de quatre millions (3.894.600 fr. 73 c.).

---

(1) L'un d'eux a été projeté sur le flanc sud du grand comble et, après avoir crevé la toiture, brisé les charpentes et la balustrade en pierre, est venu effondrer le comble du bas côté.

(2) Rapports de M. Lisch sur les travaux à exécuter en 1877, 1878. Arch. de la Somme. Série V, Édif. diocés.

(3) Cette dernière restauration était évaluée 77.625 fr.

(Lettre du préfet au ministre du 11 janvier 1879. Arch. de la Somme, Série V, Édif. diocés.). — La restauration de 1843 avait été exécutée d'une façon insuffisante et ce pignon avait eu beaucoup à souffrir de l'ouragan du 12 mars 1876.

(4) Elle avait pourtant résisté à l'ouragan du 12 mars 1876.

En estimant à 80 millions la valeur totale intrinsèque de l'édifice, sa restauration complète équivalait donc à 5 o/o de celle-ci (1).

Ce ne sera cependant qu'au mois de janvier 1881, que M. Lisch présentera un devis complet pour la restauration des parties hautes des chapelles et bas côté de la nef, côté sud, et de ceux du chœur et du chevet, en même temps que pour la restauration du pignon du croisillon sud du transept. Pour l'exécution de ce devis (2), les chambres votèrent un crédit de 800.000 fr. à diviser en huit annuités. La maçonnerie fut confiée à M. Guénard, entrepreneur habituel des travaux de maçonnerie de la cathédrale. Quant à la serrurerie pour la charpente en fer et la couverture, elles furent adjugées la première à M. Laillet, entrepreneur de serrurerie à Amiens, la seconde à MM. Mesureur et Monduit, de Paris, qui se chargèrent également de la plomberie d'art. Enfin la partie sculpturale fut confiée à MM. Lépinoy et Dufour, d'Amiens.

L'achèvement de la restauration des chapelles et bas côtés commença immédiatement par le côté sud de la nef. Ils se poursuivirent jusqu'à entier achèvement en 1889, le tout en suivant ponctuellement le programme général tracé par Viollet-le-Duc pour la partie qu'il en avait fait faire lui-même.

Quant au pignon du croisillon sud, il n'y fut pas touché pour le moment.

Signalons en passant en 1884, la réfection du paratonnerre par M. Jarriant, constructeur à Paris, et en 1885, des ouragans qui nécessitèrent une réparation assez importante à la vitrerie.

Nous mentionnerons aussi pour mémoire la réfection en 1886 et 1887 de la partie haute de la flèche et de la croix qui la termine : nous en parlerons plus loin avec plus de détails.

En 1887 des raisons de santé ayant obligé M. Massenot à quitter Amiens, il fut remplacé dans ses fonctions par M. Billoré, qui les remplit encore aujourd'hui. En sa qualité d'Amiénois, M. Billoré professe pour sa cathédrale un véritable culte, et, non content de veiller avec un soin vigilant et éclairé à sa conservation, il a su, secondé d'ailleurs par l'administration ecclésiastique, lui donner un air de bonne tenue, d'ordre et de propreté qu'elle ne connaissait plus depuis longtemps.

Nous reparlerons en détail de la réfection du grand orgue exécutée de 1887 à 1889.

A partir de 1889 commence une nouvelle série de travaux. On s'était aperçu que plusieurs arcs boutants menaçaient ruine, état que Viollet-le-Duc signalait déjà dans son rapport de 1849 et qui n'avait fait qu'empirer; le double arc boutant *18, 20 b* et *20 ab* qui se trouve à l'angle du croisillon sud du transept et du chœur et son pilier butant, notamment, exigeaient une prompte réparation, qui fut exécutée dès cette année 1889. Pendant les années suivantes, tous les autres arcs boutants et piliers butants des parties droites du chœur furent soigneusement revus et tous ceux qui en avaient besoin, successivement réparés, jusqu'en 1894 (3).

---

(1) Rapport de M. Massenot au ministre, 1879. Arch. de direct. des Cultes.

(2) Il montait à 802.450 fr. 04 c.

(3) Voici la liste de ceux qui ont eu à subir les réparations les plus importantes :

En 1889-1890 : *18, 20 b; 20 a b*, (dans ce dernier, l'arc boutant supérieur fut entièrement refait).

En 1891 : *26 a b* (l'arc boutant supérieur refait entièrement), *24 a b* rejointoyé.

En 1892 : *28 a b*.

En 1893 : *30 a b*.

En 1894 : *31 a b, 18. 20 c*.

En 1895, on reprit ceux du côté nord de la nef (1), par l'arc boutant double *13, 15 c* et *13 a b* qui se trouve à l'angle du croisillon nord du transept et de la nef, et dont la restauration ne fut terminée qu'en 1896, et ce travail en est resté là.

Nous avons vu que, dans son rapport de 1879, M. Massenot signalait déjà comme nécessaire la restauration du pignon du croisillon sud et que celle-ci figurait dans le devis présenté par M. Lisch en 1881. Cette restauration n'eut lieu effectivement qu'en 1889. Elle consista principalement dans la réfection des deux grands pinacles qui en couronnent les angles, de celui qui couronne le pignon, et des crochets le long des deux rampants de celui-ci qui, fixés d'une façon insuffisante, lors de la restauration de 1843, avaient pour la plupart disparu, notamment par suite de l'ouragan du 12 mars 1876.

En 1890, grâce à la générosité de M. Soyez, membre de la société des Antiquaires de Picardie, la décoration du sanctuaire fut entièrement restaurée, et la grille de la travée *21, 23 a*, qui avait été enlevée en 1851 pour l'établissement du petit orgue, remise en place; nous en reparlerons avec plus de détails lorsque nous décrirons le sanctuaire.

Depuis longtemps la grande rose du croisillon nord, qu'il avait déjà fallu soutenir au XVe ou au XVIe siècle, et remonter entièrement en 1777, inspirait de nouveau de sérieuses inquiétudes : cette dernière restauration avait été mal faite et notamment les scellements de fer placés pour la consolider, avaient, en s'oxydant, fait éclater la pierre et augmenté le mal auquel ils étaient destinés à remédier. Un échafaudage placé en 1892 contre la rose (2) permit d'apercevoir de plus près les dégâts et ne laissa plus de doutes sur l'urgence de sa restauration. Elle fut donc décidée et commencée en 1893 (3). Toute la rose fut entièrement refaite à neuf, sauf la pierre centrale qui fut remise en place comme témoin, la balustrade extérieure qui protège la galerie découverte qui court au bas de la rose fut également refaite en entier; les deux claires-voies vitrées au-dessous de la rose ne furent que réparées. Cette fois, pour éviter les inconvénients du fer, on se servit du cuivre pour tous les scellements (4). En même temps, le vitrail qui la garnissait fut complètement restauré par M. Richard, entrepreneur de peinture et de vitrerie à Amiens.

Ce travail fut terminé en 1896.

En 1894, la chute d'une gargouille motiva la réparation de la balustrade extérieure au bas de la grande rose du croisillon du transept, au-dessus de la porte de la Vierge dorée.

Nous reparlerons de la réfection totale du dallage (à l'exception de celui du chœur et du sanctuaire), qui fut exécutée de 1894 à 1897.

En 1895, on démolit la petite salle du XVIIIe siècle placée entre les deux contreforts extérieurs de la travée *14, 16 d*, et qui servait de lieu de réunion au chapitre. C'était la dernière des constructions parasites dont l'enlèvement était nécessaire pour l'entier dégagement de la cathédrale. Son emplacement fut fermé par une grille.

---

(1) Ceux du côté sud avaient été restaurés de 1840 à 1846. (Voy. ci-dessus p. 171).

(2) Cet échafaudage fut exécuté par M. Harlez, entrepreneur de charpenterie à Amiens.

(3) Le devis montait à 39.397 fr. 72 c.

(4) La serrurerie fut exécutée par M. Boudoux,

La même année on fit quelques réparations à la charpente et à la plomberie de la flèche (1).

La restauration des arcs boutants terminée ou à peu près, on commence en 1896 celle que Viollet-le-Duc prévoyait déjà dans son rapport de 1849, de la face extérieure des chapelles de la nef du côté sud, par l'amélioration de l'écoulement des eaux et le remplacement de quelques pierres en mauvais état au portail Saint-Christophe *(F)*. Cette restauration est actuellement terminée. Elle a principalement consisté dans le remplacement de quelques pierres mauvaises, et dans la réfection à peu près totale des remplages des fenêtres des chapelles II, IV, VIII, X, qui menaçaient ruine et ne restaient en place qu'à force de crampons en fer dont le moindre inconvénient était de faire éclater la pierre en s'oxydant.

Avec ces travaux se terminait, en même temps que le XIXe siècle, l'exécution du programme de restauration tracé en 1849 par Viollet-le-Duc. Il avait fallu juste un demi-siècle pour l'accomplir. Dorénavant, à moins de circonstances imprévues l'édifice n'aura plus besoin que de travaux d'entretien.

Comme pour les autres périodes, disons un mot avant de finir des principaux faits dont la cathédrale d'Amiens fut le théâtre pendant ces cinquante dernières années.

Citons en premier lieu, les 10 et 18 janvier 1853 l'ouverture et la clôture solennelles du concile provincial de Reims, tenu à Amiens.

Nous avons déjà parlé, et nous aurons encore l'occasion d'y revenir, des fêtes données par Mgr de Salinis en 1853 et 1854 en l'honneur de la réception des reliques de sainte Theudosie et l'inauguration de sa chapelle.

Le 29 juin 1854 eut lieu le sacre de Mgr Gerbet, vicaire général de Mgr de Salinis, et qui venait d'être nommé évêque de Perpignan. Cette cérémonie qui coïncida avec l'inauguration par la Société des Antiquaires de Picardie de la statue de Pierre l'Hermite sur la place Saint-Michel, voisine de la cathédrale, fut célébrée avec une pompe extraordinaire en présence d'un grand nombre de prélats.

Nous parlerons ailleurs des cérémonies auxquelles donna lieu l'épidémie cholérique de 1866.

Le 28 février 1867 fut célébrée dans la cathédrale une solennité religieuse à laquelle assistèrent vingt-deux cardinaux archevêques et évêques, en l'honneur de Mgr Antoine Daveluy, évêque d'Ancones, fils d'un ancien maire de la ville d'Amiens, et qui avait été martyrisé en Corée le 30 mars 1866 (2).

Mentionnons enfin, le 24 août 1888, le sacre de Mgr Renouard, ancien vicaire général d'Amiens, nommé à l'évêché de Limoges, et, le 25 juillet 1896, celui de Mgr Molliens, également vicaire général d'Amiens, en qualité d'évêque de Chartres.

---

serrurier à Amiens, et la sculpture par M. Dufour, de la même ville.

(1) Exécutées par MM. Harlez, entrepreneur de charpenterie, et Payen, entrepreneur de couverture et de plomberie, tous deux d'Amiens.

(2) La messe fut célébrée par Mgr Chigi, nonce apostolique, et le panégyrique prononcé par Mgr Mermillod, évêque de Genève. — Voy. *Solennité religieuse célébrée à Amiens le 28 février 1867 en l'honneur de Mgr Daveluy*. Amiens 1867, 24 p. in-8°.

Fig. 15 — Chapiteaux du triforium de la nef.

CHAPITRE II

DESCRIPTION DE L'ÉDIFICE

I

Plan, aspect général, matériaux, fondations, etc.

1º *Plan et aspect général.*

La cathédrale d'Amiens est orientée avec une inclinaison d'environ 23 degrés vers le sud (1), c'est-à-dire à peu près sur la ligne du levant d'hiver au couchant d'été.

(1) L'orientation est toujours rigoureusement la même à chaque pilier, ce qui prouve que les mesures ont été

Prise dans son état primitif, abstraction faite des adjonctions postérieures (Pl. I.) et notamment des chapelles de la nef, elle a été tracée en forme de croix latine, comprenant une nef à sept travées avec bas côtés simples, un transept de trois travées sur chaque croisillon, flanqué lui-même d'un bas-côté, quatre travées de chœur à doubles collatéraux, et un chevet à sept pans pourtourné par le premier collatéral, sur lequel s'ouvrent sept chapelles rayonnantes à cinq pans chacune, la chapelle centrale étant de deux travées plus profonde que ses voisines.

Seules les travées qui touchent la croisée sont un peu plus larges que les autres, sur le chœur et les croisillons aussi bien que sur la nef (1), largeur commandée par celle du collatéral du transept et de la nef que le maître de l'œuvre a fait égaux et plus larges qu'une travée de nef. Mais cette différence est d'autant moins appréciable au premier coup d'œil, que le plus grand diamètre donné aux quatre gros piliers du transept réduit d'autant l'entrecolonnement (2).

La partie centrale du transept est exactement de la même largeur que la grande nef, de sorte que la croisée forme un carré parfait, les trois travées de chacun des croisillons sont de largeurs très sensiblement inégales qui vont en diminuant vers les deux extrémités, la largeur de la première travée étant naturellement commandée par celle du collatéral.

Il suffit de jeter les yeux sur un plan de la cathédrale d'Amiens pour comprendre combien cette disposition est à la fois simple, claire, rationnelle et commode. Ici le problème de la basilique voûtée avec toutes ses parties accessoires, est pleinement résolu. On pourra sans doute compléter ce plan par un double bas-côté à la nef, comme à Cologne, ou par des chapelles le long de celle-ci, comme on l'a fait par la suite à Amiens même (Pl. II.), mais ce sont des adjonctions sans importance et d'une adaptation aisée. En somme, le plan d'Amiens demeurera pendant longtemps le plan type, idéal et classique de la grande église.

Le maître de l'œuvre d'Amiens semble avoir tout d'abord renoncé à la multiplicité des tours que l'on voit aux cathédrales de Laon, de Chartres et de Reims. Sans doute en avait-il compris les inconvénients pécuniaires et matériels. Son plan ne comporte que deux tours sur la façade, et un clocher sur la croisée du transept. Et encore est-il fort peu démontré qu'il y ait jamais eu de tour en maçonnerie sur la croisée, quoi qu'on en ait dit, et les deux tours de la façade sont-elles considérablement réduites ne formant en réalité qu'un placage avec le mur de façade. Nous verrons pourquoi.

Cinq portes principales donnent accès dans l'intérieur de l'édifice (Pl. I.): les trois premières A, B, C s'ouvrant dans la façade occidentale, correspondent à chacune des trois nefs, et les deux autres D, E, à l'extrémité de chacun des croisillons

---

prises avec une très grande exactitude. — Je dois ces renseignements à M. Pinsard, architecte, qui a bien voulu relever pour moi l'orientation de la cathédrale.

(1) 8m50, au lieu de 7m50.

(2) A Beauvais, c'est au contraire la travée la plus voisine du transept qui est la plus étroite. Suivant Viollet-le-Duc (Dict. rais. d'archit., t. IV, p. 175), le maître de l'œuvre de Beauvais l'aurait tracée ainsi pour éviter « des poussées trop actives sur les deux piles des transepts formant entrée du chœur ». Mais à Beauvais comme à Amiens, la largeur de cette travée est subordonnée à celle du bas-côté du transept. A Amiens, en effet, la largeur du collatéral est plus grande que l'écartement des piliers des arcades longitudinales, tandis qu'à Beauvais, c'est l'inverse. Serait-ce dans le but d'obtenir des travées plus étroites contre le transept que le maître de l'œuvre de Beauvais aurait diminué la largeur de ses bas-côtés et augmenté celle de sa nef, plutôt que pour donner à cette nef une largeur mieux proportionnée à sa hauteur?

du transept. Trois autres portes secondaires remontent à la construction primitive : l'une, *F*, percée à travers le mur d'appui des fenêtres du bas-côté sud de la nef en *2, 4 b*, et les deux autres *I, H*, dans le mur occidental de chacun des croisillons du transept, en *13 cd, 14 cd* (1).

Six beaux escaliers de pierre à vis, placés deux sur les flancs des tours de la façade occidentale, deux aux extrémités des transepts et deux à la naissance du chevet (2), donnent accès aux parties hautes de l'édifice. A propos des deux derniers, Viollet-le-Duc observe que ces escaliers, qui se retrouvent aussi aux cathédrales de Beauvais, de Cologne, de Narbonne et de Limoges, toutes dérivées de la cathédrale d'Amiens, seraient « comme un dernier reflet des tours placées sur ces points dans les églises normandes, qui, comme nous l'avons dit, se voient encore à Chartres » (3). Supposition difficile à admettre, car ces escaliers ne montent pas plus haut que les combles des bas-côtés, et, à l'extérieur, le constructeur a su si habilement dissimuler leur amortissement en en faisant un pilier butant, que c'est à peine si on peut en soupçonner l'existence (Pl. XVI et XVII).

Bien que la construction de la cathédrale d'Amiens ait été commencée par la nef, Viollet-le-Duc (4) a montré comment le plan de son chevet, qui commande celui de la nef, devait avoir été prévu avant de commencer celle-ci, et comment, par conséquent, le plan de l'édifice tout entier devait être l'œuvre d'un seul homme, Robert de Luzarches.

Toute la cathédrale est voûtée sur croisées d'ogives simples. Seul le carré du transept est à liernes et à tiercerons. Les retombées de ces voûtes sont contrebutées par de puissants arcs boutants, dont le système diffère notablement de celui de la nef au chœur.

L'élévation intérieure comprend trois étages principaux : rez-de-chaussée ou étage du bas-côté, triforium à galerie étroite et fenêtres hautes (Pl. VI, VII, IX, XVIII).

Ainsi qu'elle se comporte actuellement, elle couvre, tant pleins que vides, une superficie de 7.700 mètres carrés et occupe dans l'espace un volume qu'on peut évaluer à 200.000 mètres cubes, chiffres ronds. C'est la plus vaste des églises françaises (5).

---

(1) Quelques autres portes ont été percées après coup sur divers points de l'édifice : nous parlerons de chacune d'elles en temps et lieu.

(2) Ces deux escaliers s'ouvrent aujourd'hui, dans l'intérieur de l'église, sur les chapelles XXI et XXII, à travers l'arcature du rez-de-chaussée, mais primitivement ils donnaient, comme à Beauvais et à Cologne, dans la partie droite des doubles bas-côtés du chœur (*25 bc* et *26 bc*). Ce n'est qu'au xviiie siècle, lorsque l'on mit dans les chapelles XIX et XX les autels qui y sont actuellement, que ces entrées furent déplacées. On voit encore l'emplacement des anciennes et la maçonnerie dont elles sont bouchées derrière les autels XIX et XX. L'entrée sur la chapelle XXII, qui avait été malencontreusement percée à travers les belles peintures des Sibylles, a été aussi bouchée lors des dernières restaurations, de sorte qu'aujourd'hui cet escalier n'a plus d'accès que par en haut et est devenu à peu près inutile. — Ce changement d'entrées avait échappé à F. de Verneilh (*La Cath. de Cologne*, dans *Ann. archéol.*, t. VII, p. 228).

(3) *Dict. rais. d'archit.*, t. II, p. 328. — Cf. Bayeux,

Coutances. *Ibid.*, pp. 359, 361.

(4) *Dict. rais. d'archit.*, t. II, p. 333.

(5) Les dessins géométraux qui accompagnent cet ouvrage suffiront à indiquer toutes les dimensions de l'édifice. Nous ne donnerons ici que les principales, afin qu'on puisse s'en faire une idée d'ensemble :

Longueur maxima, hors œuvre, du nu extérieur des maîtres piliers de la façade occidentale, à celui des contreforts extrêmes de la chapelle de la Petite Paroisse, 145 m.

Longueur, id. au transept, 70 m.

Longueur dans œuvre, du seuil de la porte du Sauveur au nu intérieur du mur extrême de la Petite Paroisse, 133 m. 50.

Largeur, id. au transept, 62 m.

Largeur de la grande nef et du transept, d'axe en axe des piliers, 14m60.

Largeur des bas-côtés de la nef et du transept, de l'axe des piliers isolés au nu intérieur du mur de clôture, 8m65.

Largeur du second bas-côté du chœur, 7m30.

Il faut remarquer que toutes les mesures ont été prises avec une exactitude très grande pour l'époque, et que les écarts parfois si considérables dans beaucoup d'édifices du moyen âge, même dans les plus soignés, sont ici insignifiants.

Telle est, dans ses grandes lignes, l'ordonnance générale de la cathédrale d'Amiens : on ne peut rien imaginer de plus beau et à la fois de plus simplement et de plus largement conçu. Les proportions sont si heureuses qu'elles semblent toutes naturelles et trouvées sans effort. « On y respire à l'aise, dit Viollet-le-Duc (1), c'est à peine si l'on songe aux piles, aux constructions, on ne voit pas, pour ainsi dire, le monument, c'est comme un grand réservoir d'air et de lumière ».

Dans son neuvième *entretien sur l'Architecture* (2) Viollet-le-Duc a donné de l'élévation de la cathédrale d'Amiens une analyse géométrique très ingénieuse. Est-ce bien un système si compliqué que le maître de l'œuvre d'Amiens a suivi? On se figure difficilement que cette architecture gothique, d'un art si naïf, si primesautier, aux effets si pittoresques si variés, si saisissants, avec toute sa liberté d'allure, la souplesse extrême avec laquelle elle se prête à toutes les situations, à tous les programmes, ait emprisonné ses proportions dans un subtil et froid calcul. Assurément les maîtres du moyen âge ont donné à leurs édifices des proportions, et certes ils s'y entendaient, ils se servaient même souvent de certains moyens pratiques pour y parvenir — l'*Album* de Villard de Honnecourt le laisse soupçonner — les proportions de ces édifices peuvent évidemment formuler par des chiffres, mais vouloir y chercher une commune mesure, un système uniforme, me paraît une chimère, tant qu'on ne sera pas arrivé à des résultats plus probants que ceux que l'on a obtenus jusqu'à présent. Les proportions des églises gothiques varient à l'infini, et il n'en est pas deux, parmi celles qui se ressemblent le plus et comme style et comme dimensions, dont les proportions soient identiques. Il est très rare de pouvoir adapter à un monument donné un système mathématique satisfaisant, et encore, lorsqu'on y arrive, n'est-ce qu'au prix d'à peu près qui font perdre toute confiance. — Dans l'espèce, le système proposé par Viollet-le-Duc pour la cathédrale d'Amiens n'est pas exempt de ces à peu près (3). — Il semble que les maîtres maçons gothiques se préoccupaient beaucoup plus de remplir leurs programmes par les moyens les plus économiques et les plus rationnels que de se renfermer dans un empirisme étroit absolument contraire à leur esprit indépendant, novateur et sans préjugés. Quant aux proportions, elles découlaient tout naturellement des nécessités de la construction et de l'habile parti que leur tact savait en tirer ; quelles que soient les dimensions de l'édifice, elles étaient presque toujours heureuses. Et c'est parce que Robert de Luzarches était un homme de génie, qu'il a su réunir l'habileté du constructeur au souffle inspiré de l'artiste pour

Largeur d'une travée de la grande nef et du chœur d'axe en axe des piliers, 7^{m}40.

Hauteur de la grande nef, sous clef, à partir du pavé actuel, 42^{m}30.

Id., jusqu'à l'extrados de la voûte, 43^{m}50.

Id., jusqu'à la corniche supérieure, sous le grand comble, 44 mètres.

Hauteur du sol du parvis au faîte de la tour du nord, état ancien, 67 m. 40.

Id., à celui de la tour du sud, 62 m 40.

Hauteur du pavé de la nef au faîte du grand comble, 56 m.

Id., à l'extrémité du clocheton qui domine le pignon occidental, 62 m.

Hauteur de la flèche, du sol de la nef au coq, état antérieur à 1885, 109 m. 95.

Id., état actuel, 112 m. 70.

(1) *Dict. rais. d'archit.*, t. II, p. 329.
(2) *Entretiens sur l'architecture*, t. 1, p. 406.
(3) C'est ce que j'ai pu vérifier par moi-même.

élever un monument dont la hardiesse et les lignes pures et sublimes ont imposé l'admiration de tous les siècles (1).

En ce qui concerne notre cathédrale, observons seulement trois choses : premièrement, la hauteur du sol à la corniche supérieure de la grande nef sous le grand comble, est égale à juste trois fois la largeur de la nef, d'axe en axe des piliers; secondement, la hauteur du bas-côté jusqu'à sa corniche supérieure est un peu moindre de trois fois sa largeur (2); troisièmement enfin, le large cordon sculpté qui fait le tour de la grande nef à l'appui du triforium se trouve exactement à mi-hauteur du pavé de la nef à l'intrados des clefs de la grande voûte (3). Mais il ne faut pas attacher une grande importance à cette proportion qui pourrait n'être que fortuite. A Beauvais et à Cologne, elle n'est déjà plus absolument la même.

Encore moins essaierons-nous de donner à ces proportions une signification mystique. Nous ne chercherons pas pourquoi la cathédrale d'Amiens a sept travées à la nef et quatre au chœur; pourquoi elle a trente piliers le long de la nef (on peut d'ailleurs, suivant les besoins de la cause, y ajouter ceux du transept, les piliers engagés, etc., il y a toujours moyen de s'arranger); pourquoi il y a sept chapelles au chevet; pourquoi la hauteur totale est égale à trois fois la largeur de la nef; pourquoi cette nef est horizontalement coupée en deux parties égales par un large cordon sculpté, etc. Les auteurs mystiques du moyen âge se sont plus à des rapprochements très subtils pour donner un sens symbolique aux églises, à leurs différentes parties, aux objets et aux cérémonies du culte. Ils ont été très loin dans cette voie; mais dans la pratique, il est rare que les constructeurs d'églises s'en soient inspirés. A l'époque chrétienne et aussi encore à l'époque romane, on l'a fait quelquefois (4), mais au XIIIe siècle, presque jamais. Il faut donc une grande prudence dans ces matières et n'admettre le symbolisme que lorsqu'il s'impose d'une façon évidente. Du reste quand le symbolisme est quelque part, c'est toujours un peu au détriment de l'art et il se trahit souvent par quelque bizarrerie qui provient de la difficulté où se trouve l'artiste de le concilier avec les nécessités de la construction.

2° *Matériaux.*

La pierre dont la cathédrale d'Amiens est construite provient des immenses carrières de la vallée de la Selle, sur les territoires de Croissy, Fontaine-Bonneleau

---

(1) En cherchant à toute force des proportions mathématiques dans l'architecture gothique, Viollet-le-Duc avait surtout pour but de la faire accepter des hommes de son époque encore pénétrés de l'enseignement qui voulait formuler par des chiffres immuables les proportions architecturales et qui n'admettait pas qu'il y eût une architecture digne de ce nom sans module; il voulait leur montrer qu'il n'y avait pas que les fameux cinq ordres qui pussent obéir à cette loi. Il n'a pas osé aller jusqu'au bout, et leur dire en face que, pour n'avoir pas de module, l'architecture gothique n'en avait pas moins parfaitement répondu aux besoins qu'elle était appelée à satisfaire, tout en produisant des œuvres d'une puissante expression artistique.

(2) Cf. Dehio und von Bezold, *Die Kirchliche Baukunst*, etc., t. II, p. 126.

(3) Cf. Choisy, *Hist. de l'archit.*, t. II, p. 404.

(4) Cf. Julius von Schlosser, *Beiträge zur Kunstgeschichte*, etc., dans *Sitzungsberichte der K. Akad. der Wissensch.*, Vienne, t. CXXIII, 1891. — E. Mâle, *L'art religieux du XIIIe siècle en France.*

et Dommeliers, dont le chapitre était seigneur (1). C'est un calcaire crayeux d'un blanc gris assez dur, noduleux, c'est-à-dire parsemé de nœuds ou de parties plus compactes, souvent extrêmement dures, et qui, lorsque la pierre a été longtemps exposée aux intempéries, ayant résisté alors que les parties plus tendres s'étaient décomposées, lui donnent cet aspect vermiculé que l'on peut constater sur quelques pierres à l'extérieur de notre cathédrale. On y rencontre parfois quelques rognons de silex. C'est une pierre généralement peu résistante et d'assises peu élevées. Cependant, comme elle présente de très grandes variations de qualités, il a été possible d'en trouver d'un grain assez fin pour pouvoir se prêter aux sculptures les plus délicates et des blocs assez longs pour permettre d'y tailler des statues de plus de deux mètres, en même temps que des parties très dures et très résistantes pour les soubassements. Elle a été ordinairement d'ailleurs très bien choisie (2).

Nous avons vu qu'en 1234 v. s., alors que la nef devait être à peu près terminée, le chapitre de Saint-Martin de Picquigny avait vendu aux procureurs de la fabrique de la cathédrale moyennant 50 l. p., le droit de tirer de la pierre de ses carrières de Beaumetz (de Bello Manso), avec l'autorisation de faire passer les bateaux de la fabrique sur ses terres et sur ses eaux pour atteindre lesdites carrières (3).

On ne connaît plus aujourd'hui l'emplacement exact de ces carrières de Beaumetz, actuellement épuisées, ou du moins abandonnées, après avoir été très exploitées pendant tout le moyen âge (4), notamment pour la ville d'Amiens qui en fit une énorme consommation (5); on sait cependant qu'elles se trouvaient à l'entrée de

---

(1) C'est une tradition déjà rapportée par Pagès (Mss. de Pagès, édit. Douchet, t. V, p. 69), par le P. Daire, (Hist. de la ville d'Amiens, t. II, p. 93) et d'autres auteurs qui ont parlé de la cathédrale. — Plusieurs textes nous font voir ces carrières en exploitation dès le XIII° siècle. En juillet 1236, Pierre, maire de Fontaine, se réserve de pouvoir réparer une chaussée sur le territoire de Fontaine « de crono lapidicine propinquioris ». Cartul. du chapit. d'Amiens, dans Mém. de la Soc. des Ant. de Pic., in-4°, t. XIV, p. 316. — Suivant le compte de la fabrique de 1357-58, ce sont des pierres de Croissy et de Bonneleau qui sont employées à la cathédrale: « Matheo Latomi de Croissi, pro LX péd. lapidis de Croissi, ad faciendum couverturas; pro eis adducendis de quarraria de Bonneul ad logiam ». Arch. de la Somme, Chapit. d'Amiens. — « Item sont (les chanoines d'Amiens) seigneurs des villes de Fontaine sous Catheux, de Bonneuil les eaux (Bonneleau) ezquelles villes ils ont justice et en cascune un manoir, es mines, plusieurs terres, mazures, manoirs, prés et un moulin, cens, rentes et quarrières ». Déclarat. du temporel du chapitre d'Amiens en 1383. Arch. de la Somme, Chapit. d'Am., Arm. IV, l. 57, n° 3. — Les comptes des ouvrages de la ville d'Amiens, qui remontent à l'année 1386, font foi que cette pierre fut dans tout le moyen âge extrêmement exploitée, et notamment d'un usage constant à Amiens, sous le nom général de pierre de Croissy. Tous les ans, ou à peu près, le maître des ouvrages en achetait de grandes quantités pour les travaux de la ville. La première mention qui en soit faite dans ces comptes est de 1386 : « A Jehan le Morteillier et Clément Riquier, carriers de Croissi, pour LIII cuins de ladite pierre, de III piés de flesque et d'un pié et demi en teste et d'un pié de hault, au pié de le ville....., au pris de VIII s. le piéce ». Arch. de la ville d'Am., CC3, fol. 85 v°, etc. — Sur la donation de la terre de Fontaine-Bonneleau à l'église d'Amiens, voy. ci-dessus, p. 8.

(2) Cf. Graves. Précis statistique sur le canton de Crèvecœur, dans l'Annuaire de l'Oise de 1836, pp. 6 et 7.

(3) Voy. ci-dessus, p. 32.

(4) Nous les voyons déjà exploitées dès 1219, par une charte d'Enguerran, vidame d'Amiens, sire de Picquigny, qui confirme la donation faite par Raoul de Breilly à l'abbaye de Saint-Jean de la liberté « exhabendi lapides in parte sua quam habebat in quarraria de Belmetz ad omnes usus ejusdem ecclesiae necessarios... Tradidit etiam dicte ecclesie usuagium et aisentiam marisci subtus quarreriam jacentis in sua parte, ad mittendum libere super ipsum mariscum tam lapides extractos quam fussigellum (?) et terram sumptam super quarrariam quotiens necesse fuerit et ipsam quarrariam conveniet expediri, et ad faciendum nichilominus in ipso marisco fossata et calceiam que ab ipsa quarraria usque in aquam Somene dispositione continua porrigentur ad lapides qui extracti fuerint deducendos ». Arch. de la Somme, Abb. de Saint-Jean d'Amiens, XXXII A, 8° carton.

(5) « A le femme de feu Jehan de le Fresnoie, pour une grant pierre de Beaumez nommée sommier, de V piés

la vallée d'Acon, près de Tirancourt, sur la rive droite de la Somme; c'est ce que nous apprend un acte du 8 décembre 1352, déjà cité (1), par lequel Jean d'Avesnes dit Sanglier, sire de Tirancourt, et Alix, sa femme, reconnaissent que les doyen et chapitre de la cathédrale « sont en boine et souffisant saisine, seul et pour le tout, de piquier, heuer, traire et faire traire et prendre pierres par culz et par leurs ouvriers » dans « une quarrière estant ou terroier de Tirencourt ou mont d'Ascons, entre les quarrières que on dist les quarrières de Biaumez, nommée les quarrières Nostre-Dame ». Cet acte prouve en même temps que le chapitre avait encore acquis, depuis assez longtemps déjà, le droit d'exploiter d'autres carrières dans la région.

Cette pierre des bords de la Somme aux environs de Picquigny, connue jadis à Amiens sous le nom général de pierre de Beaumetz, est à peu près de la même nature que celle de Croissy, de sorte qu'il est très difficile de la distinguer dans le monument. Il est probable que si le chapitre a cherché à se procurer de cette pierre c'est qu'elle était moins éloignée, et qu'il trouvait son avantage à la faire transporter à Amiens par la Somme (2), alors que la Selle ne devait pas être plus navigable qu'aujourd'hui. Elle était moins estimée, et n'a dû être utilisée que dans les parties secondaires.

Ce sont ces pierres de Croissy et de Beaumetz qui ont servi généralement aux parties les plus importantes de la construction : piliers, arcs, remplages de fenêtres, la plupart des membres sculptés ou moulurés, statues, gargouilles, pinacles, etc (3).

---

de long et de 11 piés et demi d'espoisse à l'esquarrie, pour ce, X s. ». Arch. de la ville d'Am. (compte de 1385-86), CC3, fol. 83 v°. Il n'est guère de comptes des ouvrages de la ville d'Amiens pendant les XIV°, XV° et XVI° siècles où il ne soit question d'achats de pierres de Beaumetz.

(1) Arch. de la Somme, chapit. d'Am., Cartul. VI, fol. 160. - - Cf. aussi : « A Raoul Piédecok, quarrier de Biaumez, demourant à le Cauchie de Pinquegny ». Arch. de la ville d'Am., (compte de 1403-04) CC 12, fol. 105. La Chaussée de Picquigny, localité voisine de Tirancourt, du même côté de la Somme, et qui forme aujourd'hui avec celle-ci une seule et même commune sous le nom de la Chaussée-Tirancourt. — 14 mai 1507 : Sentence du bailliage d'Amiens sur une complainte des chanoines de Picquigny « que à eulx, entre autres choses competent et appartiennent certains hurs et carrières que l'en nomme les hurs et carrière de Beaumez, scituez entre le village de Thirencourt appartenant ausdis complaignant et le village de Hédicourt que l'on dist Saint-Saulveur ». Arch. de la Somme, chapit. de Picquigny, case III, liasse B, dossier 3. — Le 28 avril 1583, le chapitre de Picquigny baille à Antoine Dupont, carrier à Airaines, les « carrières de Beaumez dit Camp César... avec une portion de pré ou cruture séant au terroir de Tirencourt, tenant d'un costé..... d'aultre à la rivière de Somme, laquelle portion de pré ou cruture a servy jusques à présent d'une voyerie pour mener les pierres de ladicte carrière à la rivière de Somme ». Ibid.

(2) Nous avons vu (p. 47) comment ces mêmes pierres, que le chapitre faisait venir de Beaumetz, débarquaient sur le quai d'Amiens. — A la fin du XV° siècle, on chercha à rendre la Selle navigable, mais il ne paraît pas que ce projet ait été suivi de réalisation. « A Pierre Tarisel, Jehan Le Messier, Pierre Barel et Jaque Cochet....., d'avoir vacquié..... à aler visiter..... la rivière de Selle depuis Croissy jusques audit lieu d'Amiens, en suivant les vilages, molins et ventelles estans sur icelle rivière de Selle, pour savoir par quelle manière l'on porroit trouver façon de faire porter navire à icelle rivière ». Arch. de la ville d'Am., (compte de 1484-85), CC 63, fol. 40 v°. — Cf. G. Durand, Maître Pierre Tarisel, dans Mém. de l'Acadèm. d'Am., t. XLIV, p. 36.

(3) On considère souvent comme provenant de Bavelincourt la pierre dont sont formés une grand partie des carrauvages, notamment ceux de la façade principale, à partir de la galerie des Rois, des écoinçons des grandes arcades, des murs pignons du transept, des piliers butants de la nef, les libages formant les grands chaînages des fondations de l'édifice (cf. Viollet-le-Duc, Dict. rais. d'archit., t. IV, p. 176), etc. Ces pierres de Bavelincourt ne paraissent pas avoir été exploitées au moyen âge, et il n'en est pas question notamment dans les comptes des ouvrages de la ville d'Amiens. Je crois plus volontiers que ce n'est qu'une variété de pierre de la vallée de la Selle et notamment de Belleuse, laquelle a d'ailleurs les plus grandes analogies avec celle de Bavelincourt. Il semble d'ailleurs que ce soit l'opinion de Buteux. « C'est dans les coteaux de la vallée de la Selle, à Belleuse surtout, qu'on a extrait les pierres avec lesquelles la cathédrale d'Amiens a été bâtie. Nulle part dans le département on n'en trouve de plus dures et en

Quant aux remplissages des voûtes et aussi ceux des arcs de décharge du triforium de la nef, ils sont en craie tendre des environs d'Amiens.

On a reconnu aussi d'autres pierres dans certaines parties de l'édifice, notamment celles de Sailly-Lorette et d'Étinehem, dans les frises supérieures ; la pierre dure de la Faloise, mais cette dernière en faible quantité, et vraisemblablement dans les parties restaurées à des époques postérieures.

Enfin, au-dessus des fondations, et comme préservatif contre l'humidité, l'édifice entier repose sur un haut soubassement formé de plusieurs assises de 20 à 25 c. de hauteur chacune, de ce beau grès très dur qui se trouve dans bon nombre de localités au nord d'Amiens telles que Pierregot, Vignacourt, Molliens-au-Bois, Rainneville, etc. (1). La hauteur de ce soubassement est calculée de manière à racheter toutes les différences de niveau du terrain aux abords du monument, et à les ramener à un même plan horizontal. Sa partie supérieure est marquée par une moulure en forme de doucine renversée sur la façade occidentale et la face méridionale de la nef jusqu'au transept inclusivement, en forme de chanfrein, partout ailleurs. Au-dessus de ce soubassement, il y a encore d'une à trois assises de grès.

Un certain nombre des carreaux de craie tendre qui forment les remplissages des grands arcs de décharge bandés derrière le triforium de la nef portent sur leurs parements visibles des traits plus ou moins parallèles, à peine indiqués et dont le nombre varie de un à quatre. Ce sont vraisemblablement des marques de tâcherons. On n'en remarque pas sur les autres parties de l'édifice.

Inutile d'insister sur le soin avec lequel la construction est faite. La pierre est taillée au marteau.

3º *Fondations.*

Les fouilles faites jadis par Viollet-le-Duc à l'extérieur de l'édifice (2), celles qui furent faites en 1894 et 1897 lors de la réfection du dallage et surtout de la construction d'un caveau pour les évêques dans la travée *21, 23 bc,* permettent de se rendre compte d'une façon à peu près complète de la disposition des fondations de la cathédrale d'Amiens. Elles sont aussi colossales que le monument lui-même et n'en sont pas une des moindres merveilles. Construites à la manière d'un immense radier, elles assurent à celui-ci une assiette inébranlable et une solidité de nature à défier toutes les causes de destruction. En voici (fig. 16) le plan et la coupe sur la travée *21, 23* du chœur.

Le terrain sur lequel s'élève la cathédrale est remblayé sur une hauteur d'environ 7 à 9 mètres au-dessus du bon sol, remblai bien antérieur au XIIIᵉ siècle (3). Dans toute l'étendue de la surface de l'édifice, ce remblai a été entièrement creusé jusqu'au sol vierge. Sur celui-ci on a étendu, aussi très

---

même temps de plus blanche, d'un grain plus fin et plus égal ». *Esquisse géologique du département de la Somme,* p. 20.

(1) Sur ces grès, voy. BUTEUX, *op. cit.,* p. 52. — Cf. Comptes des ouvrages de la ville d'Amiens, *passim.*

(2) Cf. VIOLLET-LE-DUC, *Dict. rais. d'archit.,* tt. IV, p. 175, fig. 100, et V, p. 525. — La fouille la plus complète exécutée par Viollet-le-Duc l'a été vers la cour du Puits de l'œuvre, c'est-à-dire en *20, 22 c.*

(3) Voy. ci-dessus, p. 13.

FONDATIONS. 203

probablement dans toute la surface de l'édifice, un massif de moëllonnage noyé dans le mortier C D E F, plus ou moins épais suivant la déclivité du terrain, de manière à obtenir une surface horizontale à environ cinq mètres au-dessous du sol de l'église (1).

Sur ce massif gigantesque, véritable roc factice, sont établis des chaînages de pierre G longitudinalement sous les murs extérieurs et sous les lignes des maîtres

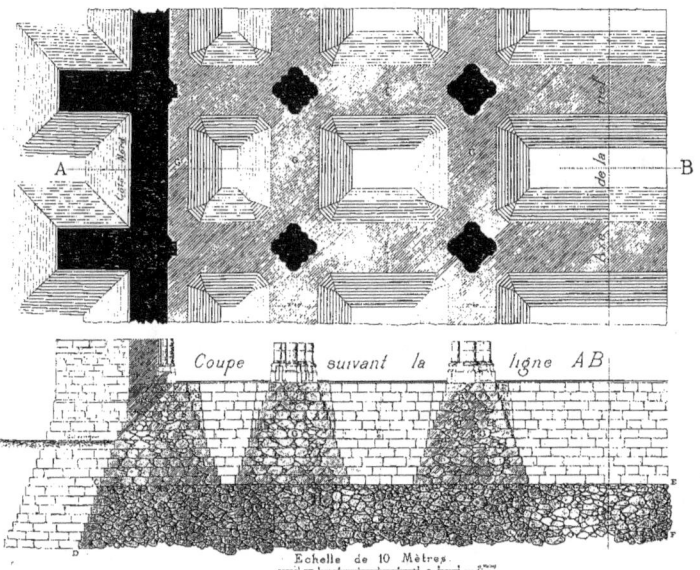

Fig. 16

piliers et transversalement entre chaque travée, formant ainsi un vaste grillage de maçonnerie, aux intersections duquel s'élèvent tous les piliers. Ces chaînages s'élèvent presque jusqu'au sol actuel, c'est-à-dire sur une profondeur de près de cinq mètres. Épais d'environ 2 m. 40 à leur sommet, ils se composent de gros moëllonnages parementés de onze assises de libages de pierre que l'on croit être de Bavelincourt mais qui doit être plutôt de Belleuse, très dure et très ferme,

(1) Viollet-le-Duc, à l'endroit où il a fait sa fouille, en 20, 22 c., c'est-à-dire à peu près à la partie la plus élevée du sol sur lequel est bâtie la cathédrale, a constaté au-dessous de ce moëllonnage, une couche de terre à brique de 40 centimètres d'épaisseur posée sur l'argile vierge, puis un lit aussi épais d'une sorte de béton. (*Dict. rais. d'archit.*, t. IV, p. 175).

d'environ 40 centimètres de hauteur d'assises, descendant avec des ressauts de 15 à 16 centimètres d'empattement jusqu'au massif plein (1). A chaque intersection, les angles sont renforcés à la partie supérieure des chaînages, en forme de goussets, de manière à donner aux piliers une assiette octogonale. Vers l'extérieur, les gradins de libages descendent jusqu'au bon sol, pour arrêter et soutenir le massif général, et les assises supérieures sont en grès.

Au chevet (pl. XVII), la ligne extérieure des fondations forme un immense demi cercle qui englobe toutes les chapelles rayonnantes avec leurs contreforts. Un second arc de cercle plus petit se détache du premier, pour envelopper la Petite Paroisse (chapelle XXVIII), dont la saillie est plus forte que celle des autres chapelles. Lors de la restauration de cette chapelle de la Petite Paroisse en 1853 et du nivellement de l'ancien cimetière situé derrière le chevet de la cathédrale, ce soubassement s'est trouvé dégagé de toute la hauteur des trois assises de grès qui en forment la partie supérieure, montrant ainsi sous les chapelles un large empattement et un massif solide qui n'est pas sans les faire valoir et leur donner de la grandeur. A cette époque, la partie supérieure de ce massif, entre les contreforts, fut revêtue et protégée de la pluie par un dallage incliné à recouvrements en roche dure de Saint-Maximin (2).

4° Observations générales.

Comme dans beaucoup de grandes cathédrales (3), on voit encore au-dessus des chapiteaux des gros piliers (pl. IX, X, XI, etc.), les extrémités des tirants ou entraits de bois qui avaient été encastrés dans les sommiers des grandes arcades et des arcs doubleaux des bas-côtés, pour maintenir l'écartement de ces arcs pendant la construction, et qui ont été sciés lorsque tout fut fini et qu'il n'y eut plus à craindre de tassements. Ce procédé avait en outre l'avantage de permettre d'élever la construction travée par travée, comme cela se faisait si souvent, et de l'interrompre aussitôt que l'on avait élevé un nombre de travées suffisantes pour y célébrer le culte (4).

(1) Dans les chaînages transversaux, la dégradation est moins prononcée. — Sur l'utilité de ces libages en gradins, cf. Choisy, *Hist. de l'architect.*, t. II, pp. 259 et 263. — Viollet-le-Duc, *Dict. rais. d'archit.*, t. IV, p. 175.

(2) Il existe des fondations analogues à Beauvais et à Cologne. (Viollet-le-Duc, *Dict. rais. d'archit.*, t. II, p. 477 et t. VIII, p. 453). — Est-ce aux fondations proprement dites de l'édifice que fait allusion ce passage de l'obit d'Évrard de Fouilloy : « Hujus basilice fundamenta *mirabili structura*, ut apparet, locavit »? (Nécr. du chapit. d'Am., publ. par Roze, dans *Mém. de la Soc. des Ant. de Pic.*, t. XXVIII, p. 427). Son épitaphe dit aussi : « Qui fundamenta locavit hujus structure ». Il est certain que ces fondations gigantesques devaient à peu près seules être terminées à la mort d'Évrard arrivée en 1222. — Inutile d'ajouter, après Viollet-le-Duc et bien

d'autres, que la légende d'après laquelle la cathédrale d'Amiens serait bâtie sur pilotis est une de ces erreurs dont la fausseté n'a d'égale que la ténacité avec laquelle elle se transmet d'âge en âge et persiste dans l'esprit du public.

(3) Par exemple Paris, Chartres, Soissons, Laon, Reims, Tours, etc. Cf. Viollet-le-Duc, *Dict. rais. d'archit.*, t. II, p. 402 et t. IV, p. 170. — Choisy, *Hist. de l'archit.*, t. II, p. 316.

(4) On voit encore des morceaux assez considérables d'un de ces tirants en bois, qui sans doute n'a jamais été scié et qui a pourri sur place, dans l'archivolte extérieure de la fenêtre *13, 15 d*. — Sur la construction des églises par travées, cf. l'inscription du labyrinthe de la cathédrale de Reims. (Demaison, *Les Architectes de la cathédrale de Reims*, dans *Bull. archéol. du Comité des trav. hist.*, 1894, p. 3); — celle qui rappelle

OBSERVATIONS GÉNÉRALES. 205

Au chevet, des crochets de fer que l'on voit encore scellés au-dessus des chapiteaux des colonnes A, B, C (fig. 17) entre chaque chapelle, à la retombée des voûtes du déambulatoire, font supposer que là, ce chaînage fut obtenu, comme à la cathédrale de Beauvais, par des tirants de fer, cependant on ne voit pas de crochets correspondants aux gros piliers D, E, F (1).

Nous avons vu (2) qu'en 1497, v. s., on avait décidé de retenir par des ancres de fer un mouvement produit dans les quatre gros piliers de la croisée du transept, et partant, dans les arcades de la nef. Ce travail a été exécuté effectivement, et le grand chaînage de fer qui maintient les quatre grands piliers de la croisée en courant le long du triforium dans les quatre sens existe encore et jouit d'une certaine célébrité (3).

La fig. 18 le fait voir en A B C horizontalement, en A D, verticalement. Il se compose d'une suite de barres de fer longues de 3^{m}50 à 3^{m}70, larges de 8 à 9 centimètres et épaisses de 4, reliées entre elles par des espèces de moises A à l'extrémité de chaque pièce, et fixées par deux clavettes obliques B enfoncées au marteau pour tendre fortement la chaîne. De distance en distance, généralement deux fois dans sa longueur, chacune de ces barres de fer s'élargit légèrement en C, et est fixée au sol de la galerie par une fiche rectangulaire D aussi de fer. Cette chaîne court tout le long de la nef et des croisillons du transept, des deux côtés, en traversant les queues des piliers *a 1, 2, 3, 4*, etc. et est arrêtée à chacun des quatre gros piliers de la croisée par une ancre formée d'une simple barre de fer droite et verticale, longue de plus d'un mètre. Aux autres extrémités, le chaînage de la nef est arrêté de la même manière dans le mur de façade, dans le passage qui fait communiquer les tours avec la galerie intérieure derrière l'orgue. Celui du chœur s'arrête vers le chevet en *25, 27 a* et *26, 28 a*, et est retenu par une forte barre de fer transversale prise dans le bahut du triforium et dans son mur extérieur, et à laquelle elle s'accroche vigou-

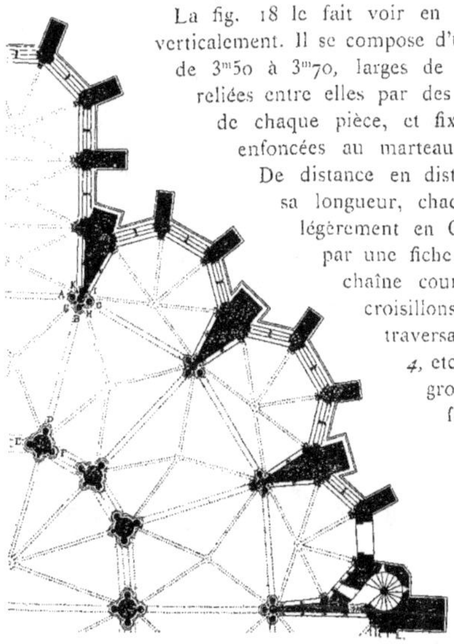

Fig. 17.

---

la construction de la cathédrale de Famagouste en 1311 (Enlart, *L'art gothique et la Renaiss. en Chypre*, t. I, p. 278).

(1) Cf. Choisy, *Hist. de l'archit.*, t. II, p. 316. — Rappelons que, dès la fin du xie siècle, la voûte de la nef de Vézelay avait été provisoirement maintenue par un procédé analogue. (Viollet-le-Duc, *Dict. rais. d'archit.*, t. II, p. 398).

(2) Voy. ci-dessus, p. 62.

(3) Viollet-le-Duc, *op. cit.*, t. II, p. 404, fig. 8.

reusement par trois branches, à proximité des piliers *25 a, 26 a*. Aux extrémités des croisillons du transept, la chaîne de fer est retenue en *15 d* et *16 d* par une barre horizontale noyée dans le dallage et appuyée contre le revers du pilier dans le passage qui fait communiquer la galerie du triforium du transept

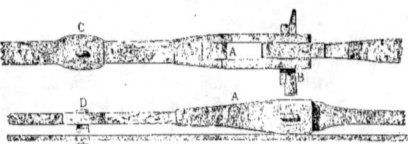

Fig. 18.

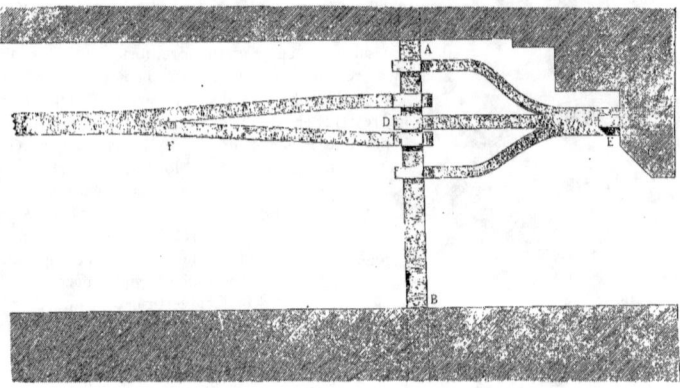

Fig. 19.

avec celle qui passe devant la grande rose; en *17 d* et *18 d*, par une barre verticale appuyée à la paroi intérieure de la tourelle de l'escalier. Sur la face orientale seulement de chacun de ces croisillons en *15 cd, 16 cd*, à côté du pilier *c*, est une barre transversale AB (fig. 19) passée dans le bahut et dans le mur extérieur du triforium, comme nous l'avons vu pour le chevet, et à laquelle la chaîne s'accroche par deux branches vers *d* et par trois, vers *c*. On ne voit pas très bien la nécessité de ce surcroît de précaution.

La rapidité avec laquelle la cathédrale d'Amiens a été élevée lui donne une très grande homogénéité, qui n'est pas un de ses moindres charmes. On peut dire que le plan général tracé par le premier maître de l'œuvre, Robert de Luzarches, a été jusqu'à la fin rigoureusement suivi. Et pourtant l'art de bâtir évoluait si rapidement au XIIIe siècle, que, dans le détail, des différences de parti et de style assez sérieuses permettent de constater soit des interruptions plus ou moins longues dans les travaux, soit des progrès réalisés par le maître maçon, soit des changements de main, probablement le tout à la fois.

A la seule inspection du monument, on distingue clairement trois manières qui marquent comme trois étapes successives, dans la construction : A la première, la plus ancienne, élevée rapidement et d'un seul jet d'après les projets primitifs, appartient toute la nef, y compris la façade occidentale, ainsi que les parties basses du transept. Nous avons déterminé précédemment (1) la limite exacte où s'arrêtait cette première partie vers l'est.

Une seconde division, très voisine de la première, continuée dans le même esprit, de la même main très probablement, mais exécutée avec plus de lenteur, est formée par les parties basses du chœur, son double bas-côté, le déambulatoire et les chapelles rayonnantes.

Enfin, en troisième lieu, et avec des différences plus considérables, essentielles même sur certains points, toute la partie haute du chœur et du chevet, y compris les voûtes et les fenêtres hautes du transept, moins les fenêtres *15 ab*, *16 ab*, plus le triforium de ce dernier en *17*, *18 a*, *b*, *c*, *d*, représentent une troisième et dernière période.

Pour plus de clarté, nous décrirons séparément tout d'abord chacune de ces trois parties principales.

Nous étudierons donc successivement :
La nef, les parties basses du transept et la façade occidentale.
Les parties basses du chœur et du rond point.
Les parties hautes du chœur, du chevet et du transept, moins les pignons, bien entendu (2).
Nous verrons ensuite les adjonctions postérieures à 1269, c'est-à-dire :
Le dallage.
Les chapelles de la nef.
Les pignons du transept.
La partie supérieure de la façade occidentale.
La charpente, la couverture et le clocher central.

Nous décrirons la statuaire et la sculpture au fur et à mesure qu'elles se présenteront. Cependant nous réserverons la statuaire des portails et de la galerie des Rois qui forme un ensemble trop considérable et dont la description détaillée interromprait pendant trop longtemps celle de l'architecture. Elle fera l'objet d'un chapitre spécial.

(1) Voy. ci-dessus, p. 30.
(2) Naturellement nous décrirons en même temps que chacune de ces parties, les modifications qu'elles auront pu subir aux époques postérieures.

Fig. 20. — Chapiteaux des piliers de la grande nef.

II

Nef, parties basses du transept et façade occidentale

C'est la partie qui fut élevée de 1220 à 1236 (1), c'est-à-dire l'œuvre complète de celui qui a dressé les plans de la cathédrale d'Amiens et qui en a conçu les admirables proportions, celle qu'il a pu conduire lui-même jusqu'à sa perfection ou pour laquelle tout au moins ses projets ont été rigoureusement suivis, celle enfin qui permet de se rendre compte de ce qu'aurait été l'édifice tout entier, s'il avait été achevé suivant sa première idée.

De cette partie de la cathédrale d'Amiens on peut véritablement dire que l'architecture gothique y est arrivée à son plein épanouissement; elle s'y est manifestée désormais maîtresse d'elle-même, et a montré à quel degré de sublimité et de grandeur elle pouvait atteindre. C'est elle surtout qui a fait à la cathédrale

(1) Voy. ci-dessus, p. 29.

d'Amiens sa célébrité. Quand Viollet-le-Duc proclamait la cathédrale d'Amiens « l'église ogivale par excellence » (1), c'est principalement de cette première partie qu'il entendait parler. Ici, en effet, les lois de l'architecture gothique sont définitivement trouvées et codifiées, son plan devient le plan type de la cathédrale gothique (2). Un vaste espace inondé d'air et de lumière a été couvert de voûtes en pierres aussi légères et aussi solides que possible, ces voûtes ont été élevées à une hauteur qui n'avait encore jamais été atteinte; plus de murs, la solidité de tout l'édifice assurée par un jeu de poussées et de résistances, une ossature d'arcs et de points d'appui aussi minces et aussi rares que possible, les arcs boutants portés exactement à la place qu'il faut pour contrebuter la grande voûte, le système d'équilibre parfaitement connu et appliqué avec une rigueur et une audace incroyables, le moins d'acuité possible donné aux arcs doubleaux, le collatéral élevé à une grande hauteur, contribuant ainsi pour beaucoup à donner à l'intérieur cette impression d'immensité qui vous saisit d'une façon si étrange dès qu'on y a pénétré. En même temps le sentiment de la ligne n'est pas perdu, l'œil se repose sur des divisions verticales et horizontales bien tranchées et admirablement proportionnées; la mouluration, l'ornementation sont encore largement conçus et toujours à l'échelle du monument. On est stupéfait du soin, de l'expérience avec lesquels le moindre détail a été étudié et traité, non pour lui-même, mais pour le rôle qu'il est appelé à jouer dans l'ensemble. Il est peu d'édifices, même parmi les édifices gothiques, où la logique soit plus rigoureuse, et où le résultat de cette logique ait été plus heureux (3). Malgré sa grande unité, on sent cependant que son auteur travaillait sans cesse et cherchait toujours à perfectionner. Ce qui fait en outre de la cathédrale d'Amiens un édifice unique, c'est que, dans ses proportions hardies et aériennes, elle procède encore de la vigueur de Notre-Dame de Paris, de Notre-Dame de Laon et des autres chefs-d'œuvre de la période précédente.

La cathédrale d'Amiens marque le point culminant de l'architecture gothique. Après elle, les constructeurs deviendront de plus en plus habiles, se joueront de plus en plus des difficultés, y chercheront leur gloire, mais en perdant en même temps le sentiment de la ligne, de la proportion et de la force, qualités essentielles de toute architecture digne de ce nom.

Point culminant, elle l'est aussi par son ornementation, — mouluration et sculpture — qui, de même que la statuaire est si intimement liée à l'architecture même qu'il est impossible de les séparer (4). On a déjà remarqué combien, malgré leur grande apparence de richesse, l'ornementation des églises gothiques de l'époque des grandes cathédrales est simple, presque pauvre (5). C'est le fait des grandes époques artistiques de savoir produire le maximum d'effet avec les moyens les plus ordinaires. Cette qualité, la cathédrale d'Amiens la possède au superlatif. Ici,

---

(1) *Dict. rais. d'Archit.*, t. II, p. 330.
(2) Si le premier maître de l'œuvre n'a pas terminé l'édifice, cependant son plan lui appartient tout entier.
(3) Sur l'influence de la scolastique sur la rigueur de logique des constructeurs gothiques, cf. DEHIO UND VON BEZOLD, *Die Kirchliche Kunst*, etc., t. II, p. 15.
(4) Nous ne dirons rien ici de la statuaire qui fera l'objet d'un chapitre spécial.

(5) « Die Einselheiten mit dem allgemeinen Bildungsgesetz in durchgehende Uebereinstimmung zu bringen, war eine der Hauptaufgaben der klassischen Epoche. Sie löste dieselbe wesentlich durch Ausscheidung, nicht durch Neuschöpfung, so dass sie, trotz des Formenreichtums, mit dem sie das Auge überschüttet, ornamentarm ist ». DEHIO UND VON BEZOLD, *Op. cit.*, t. II, p. 160.

la décoration, aussi bien dans la mouluration que dans l'ornement, est d'une simplicité, d'une unité et en même temps d'une variété, d'une souplesse et d'une entente de l'effet peu communes. Très largement traitée, elle est, ce qui deviendra de plus en plus rare par la suite, admirablement à l'échelle de l'édifice, et n'a pas peu contribué à commander l'admiration des artistes des xviie et xviiie siècles les plus prévenus contre l'architecture gothique. Ici en effet, pas de ces « colifichets tudesques » qu'on reprochait tant alors à celle-ci, la décoration est là parfaitement à sa place, non pour détruire les lignes de l'architecture, mais pour les enrichir et les faire valoir. C'est merveille de voir comme chacun de ses membres est savamment et judicieusement étudié pour la place qu'il occupe, comme cette ornementation se modifie au fur et à mesure qu'elle s'élève, de manière à demeurer toujours claire, toujours juste, toujours compréhensible de si loin et de si bas qu'elle soit vue. Nous dirons plus, il n'en est pas un seul motif qui n'ait sa raison d'être; la décoration n'est pas là pour elle-même, mais pour remplir une fonction, ce n'est que la construction embellie. Comme les autres, ce principe est appliqué ici d'une manière impitoyable.

La mouluration est prise dans un équarrissage très simple, que l'on sent toujours sous le profil; elle est très fermement et très largement profilée, se réduisant à quelques éléments tels que la plate-bande, le listel, le tore, la baguette, le cavet, le cavet uni au tore ou à la baguette, une moulure rappelant la doucine et, dans les bases des colonnes, la scotie, mais tout cela à une grande échelle, franchement et profondément accusé, de manière à former de vigoureux effets d'ombre et de lumière. Ajoutons que tous les profils sont parfaitement appropriés à leur place, et que notamment, le larmier a été évité dans l'intérieur, où il n'a pas de raison d'être (1). Des coupes rendront beaucoup mieux ces profils que toute description, car les termes précis manquent pour exprimer et distinguer les éléments de la mouluration souvent tracée à main levée, et partant si libre et si personnelle du moyen âge. Disons seulement que les bases sont dérivées de la base attique, mais avec des nuances infinies qui dépendent essentiellement de la place qu'elles occupent dans l'édifice; très soignées et très refouillées dans les parties basses, à portée de la vue, elles sont exécutées plus sommairement, plus librement, aux étages supérieurs, elles débordent plus ou moins leurs socles, auxquels elles sont parfois réunis par de petits modillons; que la moulure supérieure des tailloirs des chapiteaux est toujours profilée en manière de doucine renversée réunie à un tore, pour éviter la sécheresse, dégager les retombées et empêcher la poussière de s'accumuler.

Les tailloirs sont tracés sur plan carré, polygonal ou même circulaire, suivant la place occupée par les colonnes qu'ils couronnent et les retombées qu'ils ont à recevoir. Exceptionnellement, les tailloirs des colonnes qui décorent l'ordonnance extérieure de la porte Saint-Christophe sont sculptés sur leur tranche (Pl. XV). Il faut y ajouter aussi celui d'une des colonnes de l'arcature qui décore l'appui des fenêtres du bas-côté, dans l'angle occidental du croisillon nord du transept.

Tout le monde a remarqué la façon ingénieuse dont nos tailleurs de pierres avaient déformé les profils des colonnettes du triforium et d'autres placées à de

---

(1) Nous pouvons dire que, dans aucun édifice gothique, la mouluration n'a été plus étudiée qu'à la cathédrale d'Amiens.

grandes hauteurs, afin de leur donner à l'œil qui les voit d'en bas et avec un faible recul une proportion satisfaisante. La moaluration, assez délicate dans les parties basses et à portée de la vue, devient de plus en plus sommaire à mesure que l'on s'élève. Ainsi on peut remarquer le fini avec lequel sont taillées toutes les bases des piliers de la nef et du bas-côté à l'intérieur, celles des portes, le soin avec lequel, notamment, leur scotie est refouillée; dans les parties hautes, au contraire, ces bases sont presque négligées, leur scotie souvent à peine creusée, parfois même absente (galerie des Rois à l'intérieur et à l'extérieur), d'autres fois elle est remplacée par un rang de têtes de clous, dont la taille demande beaucoup moins de travail.

L'ornementation sculptée, très sobrement répandue, se borne aux chapiteaux, aux clefs de voûte des bas-côtés, à quelques cordons et à quelques autres éléments d'architecture.

Disons tout de suite que, sauf quelques exceptions, toute la sculpture, imagerie ou décoration, a été faite avant la pose. Dans les parties sculptées composées de motifs séparés, chaque motif a été pris scrupuleusement dans une seule pierre, et même dans celles qui paraissent présenter un motif continu, telles que certaines guirlandes de feuillages, en y regardant de près, on s'aperçoit vite que les joints y sont dissimulés avec une habileté extraordinaire (1). Mais il y a encore d'autres preuves plus sensibles. Malgré l'extrême précision avec laquelle les raccords ont été faits généralement, on peut cependant découvrir quelques parties plus négligées où l'ouvrier trahit sa manière de procéder.

Ainsi, dans les quatrefeuilles chargés de bas-reliefs qui décorent le soubassement du grand portail, les lits et les joints passent la plupart du temps entre deux quatrefeuilles : or d'un quatrefeuilles à l'autre, les points de contact ne coïncident pas toujours absolument. Quelques joints passent à travers les quatrefeuilles, mais, dans ce cas, on s'est toujours arrangé pour les faire passer, soit par la moulure, soit entre deux personnages ou entre deux motifs. Dans la moulure le raccord est généralement très bien fait, et il a dû la plupart du temps être rectifié après la pose, mais dans un ou deux, notamment aux signes du Lion et du Scorpion du Zodiaque, cette rectification a été oubliée ou considérée comme impossible. Aux deux gros contreforts à droite et à gauche de la porte du Sauveur, les quatrefeuilles qui se trouvent très éloignés les uns des autres sont réunis au moyen de petites branches de feuillage qui s'entrelacent. Ici les joints ont toujours été placés à l'endroit le moins apparent, celui où l'une de ces branches de feuillage se détache du quatrefeuilles, ce qui eût été impossible, si la maçonnerie avait été exécutée avant la sculpture. — Dans les quatre grands contreforts qui séparent les trois portes de la façade occidentale, les colonnettes qui passent derrière les trois grandes statues qui décorent chacun d'eux sont réunies par de petits arcs brisés et redentés. Cette petite arcature est prise toute entière dans trois grosses pierres dont les joints passent par la clef des deux petits arcs brisés et descend verti-

---

(1) Pour arriver à une pareille précision, il a fallu que les tailleurs de pierres, tout au moins pour les parties sculptées sur une grande longueur ou sur une grande surface, aient leur appareil préparé sur le chantier d'une façon rigoureuse et même mis en place provisoirement et scrupuleusement numéroté et repéré, avant d'y tracer le dessin de l'ornement qu'ils prétendaient y tailler. Il est vraisemblable aussi que les raccords étaient corrigés sur place lorsqu'ils ne coïncidaient pas bien.

calement au milieu du tympan de ceux-ci. Au contrefort qui sépare la porte Saint-Firmin de celle du Sauveur, les tympans de ces petits arcs sont sculptés de rinceaux de feuillage très délicats, alors qu'aux trois autres contreforts, ils sont nus.

Fig. 21. — Détail de la façade occidentale

Or dans ces rinceaux, le raccord est très mal fait ou plutôt il n'existe pas (fig. 21). On pourrrait encore citer d'autres indices analogues de la sculpture avant la pose, mais il semble que ceux-ci doivent suffire.

La sculpture décorative, qui est ordinairement empruntée au règne végétal, présente évidemment, malgré une grande apparence d'unité, des inégalités dues aux différences d'habileté des tailleurs de pierres, et aussi à leur plus ou moins grande inspiration : il serait téméraire de vouloir les distinguer d'une façon précise. On y remarquera cependant sans peine deux types principaux bien distincts par la manière dont la plante est traitée.

La première, la plus répandue, surtout dans les parties hautes, est celle qui dut être la conséquence du mot d'ordre donné par le maître maçon, parce que c'est celle qui s'accommode le mieux au style général de l'édifice, à ses lignes sobres et sévères, à ses dimensions gigantesques, et qui en est une des principales caractéristiques. Ici la plante est traitée grassement, largement, à grands coups de ciseau. Indépendamment du crochet, dont nous reparlerons, ce sont en général des feuillages fort simples, découpés de quelques larges lobes arrondis ou tout au moins obtus, parfois même sans aucunes découpures, suffisamment variés et se détachant en masses vigoureuses, bien tranchées et facilement saisissables de loin. Feuillage absolument de fantaisie, tout en se comportant comme le feuillage naturel, mais sans aucune prétention à l'exactitude botanique et qu'il est impossible de nommer (1), bien qu'on ait voulu parfois essayer de le faire.

Généralement ces feuilles sont posées d'une façon symétrique, isolées, ou bien arrangées trois par trois et aussi parfois deux par deux, mais alors partant d'une tige unique qui est généralement dans une position verticale. Cependant, dans quelques chapiteaux, principalement au triforium, les feuilles sont inclinées, dans le même sens ou en sens inverse. Un des principaux motifs consiste dans un feuillage trifolié composé d'une paire de folioles trèflées opposées, se terminant par une foliole semblable impaire. C'est ce motif qui, traité à une très grande échelle, alternant avec d'énormes crochets, forme la corniche monumentale qui couronne le bas-côté et la grande nef à l'extérieur, en se continuant sur la façade occidentale; il se retrouve souvent dans de plus petites dimensions aux chapiteaux et à d'autres motifs de décorations. Les autres sont assez difficiles à décrire, et des représentations graphiques peuvent seules en donner une idée.

Cependant ce feuillage, tout en étant ordinairement arrangé d'une façon symétrique et tout en n'appartenant à aucune plante déterminée, n'est cependant pas ornemanisé au même point que dans la sculpture romane, par exemple, il a déjà une certaine liberté d'allure et se comporte comme se comporterait une plante naturelle. Cette liberté d'allure, cette observation de la manière d'être de la plante, va même parfois fort loin, notamment dans les clefs de voûte du bas-côté, qui sont formées de couronnes de large feuillage d'un grand caractère et surtout dans la guirlande, unique, exubérante et monumentale en même temps, qui fait le tour de la grande nef à l'étage du triforium.

Ceci servira de transition pour parler de la deuxième manière de sculpture ornementale. Elle est beaucoup plus rare et ne se montre que dans les parties accessoires, dans les parties généralement les plus rapprochées de l'œil, mais qui ne comptent que pour peu de chose dans l'ordonnance générale, et, sauf une ou deux exceptions, d'une manière accidentelle. C'est encore une ornementation

---

(1) Cf. VIOLLET-LE-DUC, *Dict. rais. d'archit.*, t. II, p. 523. — CH. DESMOULINS, *Considérat. sur la flore murale*, dans *Bull. monum.*, t. XI, p. 348.

empruntée au règne végétal, mais ici la plante est traitée d'une façon infiniment plus délicate, plus refouillée, et copiée textuellement sur la nature, de sorte qu'on n'éprouve aucune difficulté à la nommer : le rosier, l'érable, le cresson peut-être, mais surtout la vigne, souvent entremêlés d'oiseaux, de vipères et d'autres animaux, en font les principaux frais. Elle n'est plus ornemanisée d'une manière plus ou moins symétrique, mais la plupart du temps arrangée de la façon la plus naturelle pour remplir l'espace à décorer.

A cette seconde manière appartiennent les deux guirlandes de vigne qui marquent les deux premières zones du tympan de la porte du Sauveur, l'élégante guirlande de roses qui fait le tour de l'archivolte extérieure des trois portes de la façade occidentale, la guirlande de vigne qui court au pied de la galerie des Rois, celles qui ornent les chambranles, le linteau et l'arcature de soubassement de la porte de la Vierge dorée, quelques chapiteaux du bas-côté à l'intérieur et des ébrasements des portes de la façade occidentale, parmi ceux-ci, un grand nombre de ceux du côté nord de la porte du Sauveur (1), et enfin, de ci, de là, quelques menus ornements.

Et cette seconde manière de sculpture est trop bien mêlée à l'autre, elle fait trop partie intégrante de la construction, on voit trop bien qu'elle a été presque toujours exécutée avant la pose, pour que l'on puisse dire qu'elle a été faite après coup. D'ailleurs nous avons la preuve de l'habileté de nos tailleurs de pierre de 1220 à 1230, sinon de tous, du moins des plus capables, à rendre la plante dans son état naturel et avec une délicatesse de ciseau et une exactitude botanique à la fois tout à fait remarquables. Que l'on considère seulement les arbres représentés dans les bas-reliefs du soubassement du portail occidental. Est-il possible de rendre par la sculpture d'une façon plus naturelle et plus claire le rosier (2), le pommier (3), le chêne (4), la vigne (5), le mûrier (6), le figuier (7) ?

Comme dans les autres édifices gothiques de la même époque, le crochet constitue un des principaux éléments de la décoration, crochet dont l'épanouissement est plus ou moins développé, plus ou moins refouillé, se rapprochant plus ou moins du feuillage naturel suivant qu'il appartient à l'une ou l'autre des deux manières de traiter la plante ornementale. Le crochet est principalement usité dans les chapiteaux, qui, à peu d'exceptions près, sont tous composés d'un ou de plusieurs rangs de crochets entremêlés ou non d'autres feuillages. Certains chapiteaux ont leurs crochets striés, effilés à leur extrémité sans aucun épanouissement; dans quelques autres, notamment au triforium et au grand portail, les crochets sont recourbés en dedans, au lieu de l'être en dehors; dans deux ou trois autres

(1) Un chapiteau tout en feuilles d'érable dans le bas-côté, au pilier 12 b; un autre en feuilles de vigne au pilier 6 b; un autre orné de feuille d'érable, au pilier 4 b; des chapiteaux ornés de feuilles de vigne dans l'ébrasement nord de la porte du Sauveur; un autre, au même endroit, dont l'extrémité des crochets est formée d'un bouquet de petites fleurs rosacées d'un effet très original; un chapiteau de feuilles d'érable dans l'ébrasement nord de la porte de la Mère Dieu (n'aurait-il pas été refait ?); des chapiteaux ornés de feuilles de vigne dans la galerie extérieure de la façade occidentale qui correspond au triforium; de petits bouquets de vigne très délicatement traités à un des chapiteaux de l'arcature sous l'appui des fenêtres du bas-côté au croisillon nord du transept, tels sont à peu près tous les chapiteaux qui appartiennent à cette seconde manière.

(2) Trumeau du Beau Dieu.
(3) Septembre du Zodiaque.
(4) Taureau du Zodiaque. Fabliau du Coq et du Renard.
(5) Prophétie de Michée.
(6) Prophétie d'Amos.
(7) Prophéties de Jonas, Nahum, Michée, etc. Il en est de même pour les animaux, du moins pour ceux que l'artiste avait pu voir au naturel.

enfin, ils manquent totalement et sont remplacés par de larges feuilles qui ressemblent à la feuille du figuier. En dehors des chapiteaux, le crochet ne se montre guère que le long des gables et des clochetons et dans les corniches extérieures de la nef et du bas-côté, autour de la grande rose occidentale et d'une petite rose qui décore un des gros contreforts de la façade. On ne le voit pas répandu à profusion, notamment le long des arêtes verticales et autour des arcs comme à Notre-Dame de Paris, par exemple (1). Il n'y a plus rien de la feuille d'acanthe; à peine soupçonne-t-on un souvenir de celle-ci dans un ou deux des petits chapiteaux de l'arcature qui abrite les vierges folles et les vierges sages aux chambranles de la porte du Sauveur (porte A).

Il ne faut pas passer sous silence un motif de décoration assez fréquemment usité dans cette première partie de la cathédrale d'Amiens, pour couvrir les surfaces planes. C'est une espèce de guillochis sans fin, d'un très faible relief, et qui se compose d'un quadrillage posé tantôt en carré et tantôt en losange, et dans chaque carreau duquel est inscrite une fleur à quatre lobes. Cet ornement se trouve avec quelques variantes, dans le soubassement et les trumeaux du grand portail, sur les chambranles et sur les linteaux des portes de la Mère Dieu (B) et Saint-Firmin (C) au tympan de la porte Saint-Christophe (F) et nous le retrouverons encore sur les piédroits de pierre sur lesquels est posée la grande cuve baptismale (2).

Pour la description détaillée de cette première partie de l'édifice, nous séparerons d'abord la nef de la façade occidentale, les tours comprises, bien entendu, deux parties qui, tout en ayant plus d'un point commun, nous verrons lesquels, sont cependant trop distinctes pour pouvoir être décrites simultanément.

Nef.

La nef et ses bas-côtés sont couverts de voûtes sur croisées d'ogives simples, qui s'élèvent à la nef à 42^{m}30 sous clef, et aux bas-côtés, à 18^{m}80, et dont le tracé ne présente aucune difficulté. Les branches d'ogives étant en plein cintre ou à peu près (3), les arcs doubleaux sont engendrés par un triangle dont la base est à la hauteur comme 8 est à 5, et les formerets, par un triangle dont la base est 4 et la hauteur 3. Toutes les clefs des doubleaux, ogives et formerets sont

---

(1) Seules les arcatures du grand contrefort du côté nord de la façade occidentale en ont été garnies à leur intrados. Aux trois autres contreforts de cette même façade, cette ornementation n'a pas été continuée.

(2) Ce motif de décoration n'est pas particulier à la cathédrale d'Amiens. Il a été très usité au XIIIe siècle : on le retrouve notamment dans les soubassements du portail occidental de la cathédrale de Noyon, au portail du croisillon nord de la cathédrale de Troyes, au trumeau du porche méridional de la cathédrale de Bourges, au grand portail et à la porte du cloître de Saint-Jean des Vignes, à Soissons, sur une croix de pierre à Trigny, Marne (cf. H. JADART, *Les anciennes croix de chemins, de carrefours et de cimet. dans le pays rémois* et *les Ardennes*, br. in-8°, p. 40), sur des pierres tombales à Saint-Omer, sur la chaire épiscopale de la cathédrale de Toul, jusqu'en Espagne au soubassement du grand portail de la cathédrale de Léon, etc. A l'extrême fin du XIIIe siècle, il en a été encore fait usage au grand portail de la cathédrale d'Auxerre, etc. A rapprocher la décoration d'une plaque de pierre récemment retrouvée dans le dallage du capitole de l'ancienne ville romaine de Timgad et qui a dû originairement faire partie d'une balustrade (cf. BŒSWILWALD, BALLU et CAGNAT, *Timgad, une cité africaine sous l'empire romain*, in-4°, p. 170, fig.).

(3) Cf. VIOLLET-LE-DUC, *Dict. rais. d'archit.*, t. IV, p. 435.

sensiblement placés à la même hauteur. Les ogives et doubleaux sont à un seul rang de claveaux (1). Quant aux formerets, comme ils remplissent une fonction assez complexe, nous en reparlerons plus loin.

Les doubleaux et ogives de la nef centrale sont moulurés suivant un profil très usité à cette époque, et qui se compose de deux tores cylindriques et d'un gros tore en amande dont l'arête inférieure est garnie d'un très petit méplat; le tout inscrit dans un épannelage pentagonal. Les doubleaux ont une section un peu plus forte que les ogives. La fig. 22 donne le profil des doubleaux, et la fig. 23,

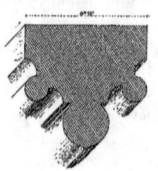
Fig. 22.

Fig. 23.

Fig. 24.

celui des ogives (2). Les ogives du collatéral ont le même profil que celles de la nef, mais ses arcs doubleaux, qui ont une plus grande importance, à cause de la double fonction qu'ils ont à remplir et sur laquelle nous reviendrons, et qu'il fallait ne pas trop amincir à leur intrados, sont encore profilés à deux tores seulement dans un épannelage quadrangulaire (fig. 24). Ces mêmes profils ont été conservés dans toutes les autres parties de l'édifice, même au chœur.

Toutes les clefs de voûte tant de la nef que du bas-côté sont circulaires et perforées : leur corps reproduit les moulures des ogives. Celles de la grande nef sont entièrement dénuées de sculpture, un simple boudin légèrement aplati forme leur unique décoration : elles n'ont jamais dû être plus riches, car elles ont été peintes dès l'origine d'ornements géométriques fort simples et grossièrement tracés, comme quelque chose qui doit être vu de loin : billettes, damiers, quadrillages, chevrons, méandres, spirales, etc., bleu ardoise, blanc et brun rouge (3).

Mais au contraire toutes celles des collatéraux, plus rapprochées de la vue, sont richement sculptées, suivant tout le pourtour de l'ouverture qui les traverse, de feuillages divers avec ou sans fruits, disposés les uns en couronnes, les autres en rosaces, de cet excellent style, de cette exécution grasse et vigoureuse qui caractérise généralement la sculpture décorative de cette partie de la cathédrale, mais avec une verve, une variété, une originalité extraordinaires. Quelques-unes sont traitées d'une façon plus précieuse et appartiennent à la seconde manière de

---

(1) C'est par erreur que Viollet-le-Duc (Dict. rais. d'archit., t. I, p. 55) dit que les doubleaux sont à deux rangs.

(2) Cf. Viollet-le-Duc, Dict. rais. d'archit., t. VII, p. 511.

(3) Sur ces clefs de voûtes peintes, cf. Gélis-Didot et Laffillée, La peinture décorative en France du XIᵉ au XVIᵉ siècle. Aigle, fig. 1 et 3.

sculpture décorative. Toutes sont de véritables chefs-d'œuvre du genre et nous regrettons de ne pouvoir en donner que ces deux spécimens (fig. 25 et 26).

Nous nous rappelons que l'élévation générale de la nef se subdivise horizontalement en trois étages : arcades longitudinales, triforium, fenêtres hautes. Les arcades, qui retombent sur une série de hauts piliers cylindriques cantonnés de quatre colonnes engagées, servent d'ouvertures pour faire communiquer la grande nef avec les bas-côtés. Le triforium, à deux baies principales par travée, s'ouvre sur une galerie de circulation intérieure qui fait le tour de l'édifice (1). En raison, d'une part de la grande hauteur à laquelle on a porté les voûtes de la nef et des bas-côtés, et, de l'autre, de l'ampleur donnée aux travées, qui n'ont pas moins de 7^{m}40 de largeur d'axe en axe des piliers, cette ordonnance si simple, mais que l'artiste a su bien accentuer, a donné à l'intérieur de la nef un caractère de grandeur incomparable; mais la difficulté d'élever des voûtes à une pareille hauteur en a été d'autant accrue. Il a su profiter de l'ordonnance architecturale elle-même pour servir de base à tout son système constructif : système d'une grande hardiesse, mais qui n'en a pas moins défié les siècles. Ce ne sont en

FIG. 25. — Clef de voûte du bas-côté.

FIG. 26. — Clef de voûte du bas-côté.

(1) La génération précédente d'églises : Chartres Soissons, Reims, etc., avait déjà renoncé aux tribunes. En 1220, elles étaient déjà depuis longtemps inusitées.

218 DESCRIPTION.

réalité que des piles maintenues en équilibre par un système d'arcs dans les deux sens, et où la clôture ne joue plus qu'un rôle secondaire (1).

A chaque retombée de voûte correspond une pile A B (Pl. VIII), relativement grêle et aussi légère que possible, maintenue en équilibre dans le sens longitudinal par des arcs qui la réunissent à ses voisines et aux piles extrêmes qui ont été renforcées en conséquence, et, dans le sens transversal par d'autres arcs qui s'appuient à une puissante culée rejetée à l'extérieur du bas-côté.

Toute la partie inférieure de la pile A B, qui forme en même temps le support des arcades longitudinales et des voûtes du bas-côté, se compose d'un noyau cylindrique (fig. 27) de 1^{m}40 de diamètre, cantonné de quatre colonnes engagées d'un quart environ, destinées à recevoir les retombées des doubleaux de la grande voûte, A; du bas-côté, B; des grandes arcades, C et D.

Fig. 27.

Fig. 28. — Base des gros piliers de la nef.

(1) Sur le système d'arcs et de piles de la nef de la cath. d'Am., cf. Viollet-le-Duc, *Dict. rais. d'archit.*, t. II, p. 328, fig. 20.

La base de ces piliers (fig. 28) est commune au pilier central et aux colonnes engagées dont elle suit tout le pourtour. Le maître de l'œuvre lui a en conséquence donné une plus grande élévation et une plus grande importance qu'à toutes les autres qui n'appartiennent qu'à des colonnes d'un diamètre relativement faible (1). On voit en A (fig. 29) le profil de cette base à côté de celui des autres colonnes figuré en B, à la même échelle. Elle repose sur un socle carré à deux ressauts réunis par un glacis, muni à chaque angle d'un appendice polygonal, de même hauteur, correspondant à chacune des colonnes engagées A, B, C, D, (fig. 27). Sur les faces droites de la plinthe, sous la base, l'arête supérieure a été entaillée dans les angles.

La grosse pile cylindrique est couronnée par un énorme chapiteau de deux assises, haut de 1^m20, compris l'astragale et le tailloir, contre lequel viennent s'appliquer les chapiteaux particuliers des colonnes B, C, D, (fig. 27) dont la corbeille, formé d'une seule assise, n'a que la moitié de la hauteur de celle du premier. Un tailloir couronne le tout, en passant comme une bague par dessus le fût de la colonne A, laquelle n'a son chapiteau qu'à la retombée du doubleau de la grande voûte auquel elle va servir de support (pl. VI, VII, VIII, IX, fig. 20). Ces chapiteaux sont extrêmement simples : trois rangs de crochets à demi épanouis, accompagnés d'un feuillage très largement traité, tantôt recouvrant la rencontre des crochets, tantôt s'étalant sur la tige de ces derniers, arrangement aussi simple qu'élégant, parfaitement compréhensible de loin, et qui leur donne une grande

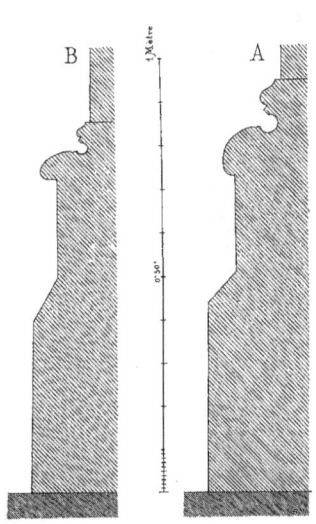

Fig. 29.

apparence de force en harmonie avec les vastes proportions de l'architecture. Dans leur rude simplicité, ils produisent un plus grand effet que s'ils étaient exécutés d'une façon plus délicate.

Du tailloir des gros chapiteaux des maîtres piliers, à droite et à gauche de la colonne engagée qui monte jusqu'au doubleau de la grande voûte, partent deux colonnettes d'assez faible diamètre, qui vont recevoir les retombées des ogives de celle-ci (pl. VI, VII, VIII, IX, fig. 20). Leurs bases reposent sur de petites plinthes polygonales, ingénieusement ajustées dans l'espace laissé libre sur le tailloir du gros chapiteau entre la colonne qui reçoit les retombées des doubleaux de la grande

---

(1) Les bases de ces piliers ont 24 centimètres de haut, tandis que les autres n'en ont guère plus de 13; ce qui fait presque le double. — Cf. VIOLLET-LE-DUC, *Dict. rais. d'archit.*, t. II, p. 155.

voûte et les retombées des grandes arcades, formant ainsi des groupes de trois colonnettes qui accusent verticalement la séparation de chaque travée.

Ces trois colonnettes sont couronnées de chapiteaux à crochets sous un même tailloir, en demi hexagone la pointe en avant sur la colonne centrale, forme commandée par l'épannelage du doubleau, et en deux demis quadrilatères sur les colonnettes qui reçoivent les retombées des ogives (pl. VI, fig. 30). La hauteur de ces chapiteaux a été proportionnée au diamètre des colonnettes qu'ils surmontent, de sorte que le chapiteau central, étant plus haut que les deux autres, a son astragale placée un peu plus bas. Tous ces chapiteaux sont à deux rangs de crochets peu épanouis, parfois même complètement fermés et agrémentés de quelques rares feuillages ornemanisés, largement et simplement traités, comme il convient à des objets placés loin de la vue. Ceux du côté sud paraissent un peu plus simples que les autres. A cette série de chapiteaux appartiennent aussi, ne l'oublions pas, tous ceux qui sont placés aux retombées des voûtes du transept en *15 a, b, c, d* et *16 a, b, c, d*, de même tous ceux des gros piliers du transept *15 a, 16 a*, à l'exception pourtant des colonnes engagées de ces piliers qui correspondent au doubleau qui sépare la nef du

Fig. 30.

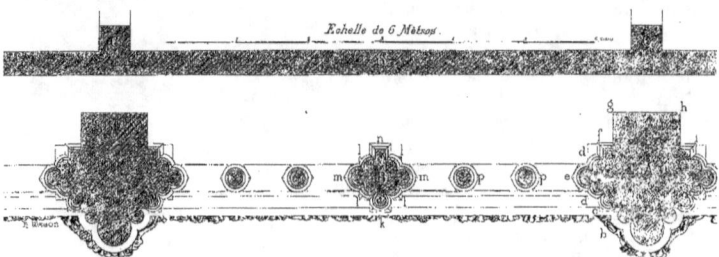

Fig. 31 — Plan du triforium de la nef.

transept, et qui regardent le carré, lesquels appartiennent au système décoratif des parties hautes du chœur.

A l'étage du triforium, ce pilier (en A, fig. 31), qui mesure 1^{m}80 de longueur dans le sens transversal, comprend le groupe de trois colonnettes engagées *a, b* qui servent de supports à la grande voûte, les groupes de colonnettes *c, d* qui reçoivent les retombées des archivoltes du triforium, celle qui monte pour recevoir l'archivolte de la fenêtre haute *c* et qui a sa base à la même hauteur que celles

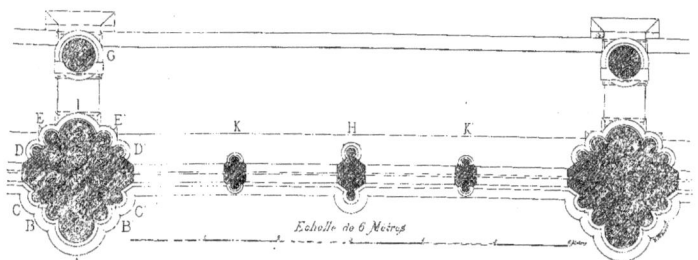

Fig. 32. — Plan de l'étage des fenêtres de la nef.

Fig. 33. — Doubleau du bas-côté.

des colonnettes du triforium, avec lesquelles elle ne fait qu'un seul et même ensemble, et enfin deux ressauts rectangulaires *f i, g h,* cachés à la vue.

A l'étage des fenêtres hautes, comme ces deux ressauts sont visibles, ils sont remplacés, le premier par les colonnettes E, E' (fig. 32) qui servent de support à l'arc qui encadre extérieurement l'archivolte de la fenêtre, et l'autre, par une grosse colonne I engagée de moitié et sur le tailloir de laquelle s'appuie la tête de l'arc boutant. Sa base est à la même hauteur que celles des supports de l'archivolte de la fenêtre E, E' et de l'arc qui l'encadre D, D', sur une même plinthe à ressauts carrés, mais sans griffes, le tout formant des groupes de cinq colonnes qui occupent d'une façon très heureuse tout l'espace plein compris entre chaque fenêtre.

A la hauteur de la voûte du bas-côté, ce pilier est rendu rigide et relié à la culée par l'arc doubleau de cette voûte, par-dessus lequel a été bandé un arc de décharge D E (fig. 33) qui supporte lui-même un mur de maçonnerie qui s'élève jusqu'à la hauteur de la corniche extérieure du bas-côté, en H K.

Plus haut, la poussée de la grande voûte est reportée sur les culées au moyen de deux arcs boutants superposés décrivant l'un et l'autre un quart de cercle (pl. VIII). Chacun d'eux est couvert d'un chaperon incliné qui lui est réuni par un mur plein. Les têtes de ces arcs boutants sont soutenues par les colonnes engagées I, K qui appartiennent au maître pilier; elles sont raidies par les deux colonnes superposées G, H formées de pierres en délit, s'élevant à environ 60 centimètres en avant des colonnes engagées I, K, et posées sur le mur de clôture du triforium renforcé d'un petit contrefort en porte à faux sur le mur élevé sur l'arc de décharge qui passe par dessus le doubleau du bas-côté. Ce petit contrefort a été relié au maître pilier par deux linteaux monolithes E, F, formant parpaing (1).

Les colonnes G, I, d'une part, et H, K, de l'autre, bien que différant les unes des autres par leur fonction et leur structure, ont été très habilement et très élégamment accouplées. La mouluration de leurs bases et de leurs tailloirs et la sculpture de leurs chapiteaux sont traités d'une façon très sommaire, comme on peut en juger par la pl. XIII qui donne une vue perspective de ces arcs boutants. Dans les bases, la scotie n'est pas creusée : très rarement elle est remplacée par un rang de têtes de clous (2).

Les deux arcs boutants s'appuient à une épaisse et solide culée C D, (pl. VIII), qui fait à sa base une saillie de 3^m25 en dehors du mur extérieur du bas-côté, et va en diminuant légèrement vers la corniche de ce bas-côté au moyen de quatre glacis en larmier (3). Son empattement n'existe que sous le larmier inférieur, à partir duquel il conserve jusqu'à la corniche du bas-côté, toute son épaisseur. A la partie inférieure de la culée se rattachent les supports des voûtes et des archivoltes des fenêtres du bas-côté. Ces supports, au nombre de cinq, sont formés chacun d'une colonne engagée dans les ressauts à angle droit du pilier, suivant la disposition ci-contre (fig. 34) : C, correspond au doubleau ; — H, H', aux ogives ; — J, J', aux formerets.

---

(1) La compressibilité des parties antérieure et postérieure du pilier se trouvant inégale par suite de la rigidité de la colonne G, qui est en délit, un certain nombre des linteaux E se sont brisés.

(2) Plusieurs des colonnes isolées G, ont été plus ou moins refaites dans ces derniers temps et notamment celles de la nef au sud et celles du transept au sud-ouest, lesquelles portent la date de 1845.

(3) On suit parfaitement la trace de ces quatre ressauts des culées dans les murs de refend qui séparent les chapelles de la nef, et qui ne sont en réalité que ces mêmes piliers, prolongés. Ils étaient d'ailleurs semblables à ceux qui sont encore apparents aux angles du bas-côté du transept.

Aux extrémités, en *1 b, 2 b* du plan, les retombées se font d'une manière analogue. En *13 b, 14 b*, le pilier d'angle a été disposé suivant le tracé donné par la fig. 34, qui est celui du pilier *14 b* : A, correspond au doubleau *14 ab;* — A', au doubleau *14-16 b;* — B, B' B", aux ogives ; — C, C' aux tores intérieurs des formerets ; — D, colonnette munie comme les autres d'un chapiteau, qui reçoit les retombées des tores extérieurs des gros formerets ; — E, E' sont les chambranles des fenêtres munis de leurs tores *e, e'*. — Restent les colonnettes F et F' exigées par la symétrie, mais qui n'avaient pas d'emploi. On y a pourvu en donnant à cet endroit à l'arc doubleau une doublure qui n'existe pas aux autres, mais dont la présence fait d'autant moins disparate qu'elle existe déjà aux grandes arcades.

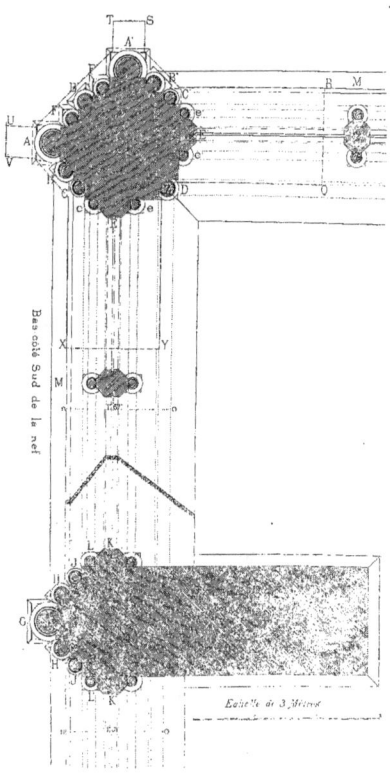

Fig. 34.

Les bases de ces colonnettes ont un profil beaucoup plus plat que celles des gros piliers (fig. 29, en B, et 35). Elles sont posées sur autant de socles à deux ressauts réunis par un glacis et qu'elles débordent légèrement sur les faces, en n'en laissant saillir que les angles, dans lesquels l'arête supérieure est simplement abattue, pour éviter de trop grandes surfaces horizontales. Ces socles sont disposés perpendiculairement à l'axe des nervures de la voûte auxquelles ils correspondent : ceux qui correspondent aux doubleaux et formerets, à angles droits, et ceux des supports des ogives, sur la diagonale. Quant aux deux colonnes C, C', elles ont leurs bases, dont le profil est à peu près semblable, et leurs plinthes carrées sans ressaut, sur le glacis de la fenêtre. La sculpture de leurs chapiteaux est analogue à celle de tous les autres chapiteaux de la nef : deux rangs de crochets peu épanouis, dont le premier est parfois remplacé par des feuilles de refend (1), de même les profils des astragales et des tailloirs. Ces derniers, de forme carrée, sont, à la différence des plinthes, disposés tous à angle droit, pour emboîter le profil des ogives. L'astragale du chapiteau de la grosse colonne centrale a été placée un peu plus bas que celle des autres, pour donner à ce chapiteau une importance en rapport avec le diamètre de la colonne.

Au-dessus de la corniche extérieure du collatéral qui les contourne entièrement, les culées continuent à monter pour contrebuter les arcs boutants. A partir de là, elles sont subdivisées horizontalement en trois étages qui vont en diminuant d'épaisseur et de largeur, chaque ressaut étant accusé par un glacis en larmier. Le premier a sa partie postérieure à pans coupés, de manière à regagner la différence d'épaisseur de l'arc boutant inférieur qui retombe sur son larmier en L (pl. VIII), le nu de la culée se trouvant exactement sur le prolongement du nu de la colonne qui supporte l'arc du bas-côté, et de manière aussi à s'asseoir sur les sommiers de la voûte de celui-ci. Son larmier est simplement mouluré. On a donné une plus grande importance au couronnement du second étage, en faisant courir sous son larmier le même bandeau sculpté de crochets et de feuilles de refend que nous retrouverons à la partie supérieure du bas-côté, et qui continue sur les culées la ligne du bandeau placé au-dessous de l'appui des ouïes inférieures des tours (pl. V). La retombée de l'arc boutant supérieur se fait sur ce larmier.

A partir de ce bandeau sculpté, la partie antérieure du dernier étage de toutes les culées de la nef a été modifiée au XVe ou au XVIe siècle, à une époque que nous ne connaissons pas exactement. On a remplacé tous leurs amortissements par des pinacles solidement établis, que leur décoration dans le goût flamboyant fait aisément distinguer au premier coup d'œil de tout ce qui les entoure (pl. XVII). A leur partie supérieure, les assises de ces pinacles sont maintenues au moyen de goujons, non en fer, ni en os, ni en cuivre, mais formés d'une longue pierre de grès, moyen aussi simple qu'ingénieux et solide (2).

Les piliers d'angles, dans les aisselles ouest du transept en *13 b* et *14 b* (3) n'ont pas eu à subir cette modification, ou plutôt ils en avaient déjà subi une, mais moins radicale, antérieurement, de sorte qu'ils peuvent nous aider à nous rendre compte, jusqu'à un certain point, de la manière dont les autres étaient terminés à l'origine. C'est, jusqu'à la hauteur du talus auquel s'appuie le chaperon de l'arc boutant supérieur, un massif carré P (pl. VIII) orné sur chacune de ses trois faces visibles, d'un arc trilobé, dont les retombées se font à chaque angle sur une colonnette en délit, à la base très sommairement profilée, sans scotie, reposant sur une plinthe octogonale qu'elle déborde de toutes parts, et au chapiteau à un rang de crochets, largement traité, avec tailloir épais et carré; disposition qui

---

(1) Remarquons à un chapiteau du pilier *10 b*, à l'entrée de la chapelle X, une réminiscence de la feuille d'acanthe ; un chapiteau du pilier *6 b* est orné de feuilles de figuier d'une composition extrêmement originale. Deux des chapiteaux du pilier *14 b*, à l'entrée de la chapelle XII, grossièrement imités des anciens, mais d'une très pauvre exécution, paraissent avoir été refaits à une époque assez récente. Quelques-uns de ces chapiteaux, principalement au bas-côté sud, sont exceptionnellement formés de feuillage de vigne ou d'érable délicatement sculpté au naturel.

(2) Il y a un de ces pinacles démonté à l'agence des travaux de la cathédrale.

(3) Celui du sud a été fortement restauré dans ses parties supérieures en 1842 et celui du nord, en 1895-96, mais exactement comme ils étaient antérieurement. J'ai pu voir d'ailleurs ce dernier dans son état ancien. On aperçoit celui du sud dans la pl. XXVII.

rappelle les jolies niches abritant des statues d'anges de la cathédrale de Reims, l'élégance, la légèreté et la richesse en moins. Malheureusement, l'amortissement de ces piliers d'angles avait déjà été refait dès la fin du xiiie siècle ou le commencement du xive — le style rappelle en effet celui des parties hautes du chœur — : c'est un pinacle carré assez massif et orné de crochets sur ses quatre arêtes. Viollet-le-Duc, dans les différentes restitutions qu'il a données de l'état ancien de la nef de la cathédrale, a supposé à cette place un pinacle assez élevé qu'il a composé dans un style se rapprochant davantage de celui du reste de l'édifice (1). A défaut d'indices, je l'ai suivi, comme d'autres l'ont fait avant moi, dans les restitutions que j'ai données de l'élévation extérieure de la nef et de sa coupe transversale (Pl. V et VIII), bien que je ne sois pas absolument persuadé qu'il y ait eu à cet endroit, dès l'origine, des pinacles aussi élevés : les amortissements des culées des environs de 1230 ont rarement une pareille importance.

Nous avons parlé incidemment des piliers d'angles *13 b* et *14 b*. Ces piliers qui avaient à recevoir la double butée de la nef et du transept en *13 ab*, *13 15 b*, *14 ab* et *14 16 b*, présentaient une difficulté de construction d'autant plus grande qu'on était obligé de laisser libres les ouvertures *11 13 b*, *13 bc*, *12 14 b*, *14 bc*, qui étaient occupées par des fenêtres. Le constructeur s'en est tiré avec une hardiesse qui n'a d'égale que le succès qu'il a obtenu. Il s'est contenté d'augmenter la force des archivoltes des fenêtres du bas-côté *11 13 b*, *13 bc*, *12 14 b*, *14 bc*, en leur donnant une largeur égale à celle des culées elles-mêmes, c'est-à-dire, 1^{m}67, au lieu de 1^{m}55, différence à peine sensible à l'œil. Sur ces archivoltes ainsi renforcées, il a posé une double culée dont le tracé est représenté dans la fig. 34 par la ligne pointillée Q R S T U V X Y Z. On voit que le massif central seul de cette double culée pose directement sur les piliers *13 b*, *14 b*, tandis que ses extrémités, S T, U V portent sur les arcs de décharge jetés sur les doubleaux du bas-côté, et que ses queues s'avancent en Q R, X Y, presque jusqu'à la clef de l'archivolte de la fenêtre du bas-côté, que leur poids énorme n'a jamais fait fléchir (2).

Il nous reste à examiner comment les voûtes et les arcs longitudinaux sont soutenus et appuyés aux extrémités, c'est-à-dire vers la façade occidentale et vers le transept.

Vers la façade occidentale, les points d'appui appartiennent au système de celle-ci et seront décrits avec elle.

Vers le transept, le problème était plus délicat. Il s'agissait, pour porter la voûte de la croisée, de faire monter à une hauteur de plus de trente-trois mètres, sans pouvoir les étrésillonner, des piliers assez solides pour résister aux poussées réunies des arcs longitudinaux de la nef et du transept, sans leur donner une assiette trop encombrante au milieu de l'édifice et sans détruire la légèreté de ses lignes. C'était évidemment le point faible du système, et, par le fait, il fallut au bout de deux siècles et demi (3), retenir ces piliers par un puissant chaînage de fer. Disons que ce remède a suffi pendant quatre cents ans et suffira encore longtemps à écarter tout danger.

---

(1) *Dict. rais. d'archit.*, t. 1, p. 203, fig. 35; t. II, p. 329, fig. 20, etc.

(2) Cf. VIOLLET-LE-DUC, *Op. cit.*, t. 1, p. 82.

(3) Voy. ci-dessus, pp. 61 et 205.

226.   DESCRIPTION.

La grande épaisseur nécessaire à ces quatre piliers de la croisée — ceux qui se trouvent vers le chœur sont exactement semblables à ceux qui sont vers la nef, bien qu'élevés un peu plus tard — leur a fait donner une forme différente des autres. Ils sont composés d'un massif carré posé sur la diagonale, qui a 2^{m}30 de côté, dans lequel vient s'inscrire un groupe de 16 colonnettes logées dans des ressauts à angles droits (fig. 36) (1). Les colonnes engagées A, B correspondent au grand arc doubleau, *15 16* et à sa doublure; — C, aux ogives et aux tiercerons de la croisée, qui ont les mêmes sommiers à pénétrations; — D, E, au grand arc doubleau *15 17 a*, sur le croisillon nord, et à sa doublure; — F, à l'ogive de la travée *15 17 ab* du croisillon nord; — G, H, aux grandes arcades du transept sur son bas-côté et à leur doublure; — I, à l'ogive de la travée *13 15 ab* du bas-côté; — J, K, aux grandes arcades de la nef et à leur doublure (2); — L, à l'ogive de la travée *13 14 15 16* de la grande nef.

Fig. 35. — Base des piliers du bas côté.

Ce massif de colonnes repose sur une base continue dont le profil en épouse tous les contours, même ceux des ressauts. Sous cette base, à chaque colonnette, est une plinthe carrée posée perpendiculairement à l'axe de l'arc auquel elle correspond : carrément pour les supports des doubleaux et grandes arcades, sur la diagonale, pour les ogives (fig. 36 et 37). Aux piliers *15 a*, *16 a*, les bases des quatre grosses colonnes A, D, G, J (fig. 36), sont encore munies de griffes; aux piliers *17 a*, *18 a*, il n'y en a pas. Il ne faudrait pas induire de la présence de ces griffes, que ce soit là, comme on l'a cru (3), la partie la plus ancienne de la cathédrale : on trouve encore des bases à griffes en d'autres endroits de l'édifice, et même dans ses parties les plus récentes, notamment aux grosses colonnes qui supportent les têtes des arcs boutants du chœur à l'extérieur. Toutes ces plinthes sont posées sur un socle carré à pans coupés dont la partie supérieure est chanfreinée, haut de 55 centimètres et couvrant une superficie de 7 mètres carrés. Aux piliers *17 a*, *18 a*, pour racheter les cinq marches dont est élevé le chœur, entre ce premier socle et les plinthes des colonnettes, on en a interposé un second.

(1) Cette coupe est prise au-dessus des bases du pilier *15 a*.
(2) Vers le bas-côté, à droite et à gauche de la colonne J, les doublures H et K n'existent qu'à la travée voisine du transept, pour justifier la présence des colonnes H et K commandées par la symétrie du gros pilier.
(3) Goze, *Églises, châteaux, beffrois*, etc., t II, p. 4.

Les colonnettes G, H, I, J, K (fig. 36) s'arrêtent naturellement à la retombée des grandes arcades et des voûtes des bas-côtés, et ont leurs chapiteaux dans le même sentiment que ceux des gros piliers supports desdites arcades. A, B, C, D, E, F, L montent tout droit, d'une seule venue et sans interruption jusqu'à la grande voûte. Le maître maçon a eu l'habileté d'éviter de les faire traverser par les moulures horizontales qui marquent la division des étages à l'intérieur, alors qu'il les avait fait passer par-dessus les autres membres verticaux : l'opposition n'en est que plus grande, en même temps que l'épaisseur des gros piliers du transept s'en trouve diminuée à l'œil. On ne saurait rendre la hardiesse et l'effet surprenant de ces quatre faisceaux de colonnes qui s'élancent d'un seul jet et sans aucun arrêt à une hauteur prodigieuse. Malgré leur grande épaisseur, ils paraissent d'une incroyable légèreté.

Les chapiteaux des colonnes qui composent ces piliers appartiennent à la catégorie de ceux qui reçoivent les retombées de la grande voûte.

Dans le sens longitudinal, les piles sont encore réunies les unes aux autres par une combinaison d'arcs qui constitue l'ordonnance horizontale de l'édifice, en même temps qu'elle sert à maintenir ces piles dans un plan vertical. Entre ces arcs et les piles se logent les vitrages et les murs réduits à la fonction de simple clôture.

Fig. 36.

A l'étage du bas-côté (1), l'étrésillonnement entre deux culées voisines est assuré par une arcade épaisse (2), qui sert à la fois de formeret à la voûte du bas-côté, et, à l'extérieur, d'archivolte à la fenêtre de celui-ci (pl. V et VIII, fig. 33, en C). A l'intrados, les deux angles de son épannelage sont ornés chacun d'un gros boudin. Celui qui se trouve vers l'intérieur retombe sur une des cinq colonnettes qui garnissent la culée de ce côté (3). L'autre, qui est à l'extérieur, n'a pas de support particulier et va se noyer dans la culée elle-même.

Ce grand arc emboîte entièrement, en le débordant vers l'extérieur et vers l'intérieur, le remplage de la fenêtre (4) qui occupe toute la largeur de la travée

---

(1) Nous avons vu que l'établissement des chapelles à partir de 1292 avait fortement modifié l'ordonnance extérieure du bas-côté de la nef; mais il est facile de le rétablir à l'aide de ce qui en reste et surtout à l'aide des travées de bas-côté du transept restées intactes.

(2) 1m55 d'épaisseur, en moyenne. Nous nous rappelons qu'aux travées voisines des piliers *13 b*, *14 b*, cette épaisseur a été augmentée, et pourquoi. Nous verrons qu'on en a fait de même en *1 3 b* et *2 4 b*, pour donner une assiette suffisante aux contreforts de la façade occidentale.

(3) Voy. ci-dessus, p. 222.

(4) En plaçant le remplage de sa fenêtre à peu près au milieu de ce grand arc, le maître maçon d'Amiens a

228   DESCRIPTION.

et descend le sommet de son glacis à environ 4ᵐ10 du sol de la nef. Cette fenêtre est d'une facture et d'un dessin encore très primitifs (pl. V); conçue dans le même esprit que celles de la cathédrale de Reims, elle n'est divisée qu'en deux baies en cintre brisé, dont les retombées sont placées un peu au-dessous de celles de la voûte, et qui sont surmontées d'une grande rose circulaire à huit lobes. L'appareil de ce remplage est fort intéressant. C'est le premier pas vers le remplage

Fig. 37. — Base des gros piliers du transept (fragment).

en pierres découpées. L'arc supérieur du chambranle A B C (fig. 38) et le demi cercle supérieur de la rose, qui est absolument indépendant de celui-ci, sont appareillés en voussoirs. L'arc inférieur de la rose, au contraire, est déjà formé de morceaux de pierre en délit D, E, F, G, F', E', D'. Pour empêcher les morceaux D, D' de s'écarter, les voussoirs A, B ont été munis chacun d'un crochet feuillu qui lui sert de soutien (1). En E, F, F', E', les parties de la rose et des deux

su très habilement éviter ces épais formerets qui, à Reims, notamment, alourdissent l'ordonnance intérieure du bas-côté.

(1) Ces crochets sont placés d'une tout autre façon que ne l'indique la figure donnée par Viollet-le-Duc. (*Dict. rais. d'archit.*, t. I, p. 32, fig. 15), et n'ont pas la fonction que celui-ci leur fait remplir.

arcs inférieurs qui se touchent ont été pris dans la même pierre. Le reste de ces deux arcs intérieurs est appareillé à voussoirs, sauf les retombées, K, K', H, points de rencontre de ces deux arcs entre eux et avec les chambranles, lesquels sont, eux aussi, formés d'un seul morceau. A l'intérieur de la rose, les huit redents formant les lobes sont assemblés en feuillure. Le meneau central ou estanfiche est déjà formé de pierres posées en délit, mais peu longues.

Fig. 38. — Fenêtre du bas côté de la nef.

Les meneaux sont tracés suivant un profil biseauté fort simple, avec rainure pour le vitrage, et ornés d'un gros boudin à l'intérieur et à l'extérieur (fig. 39). Le long des chambranles et du meneau vertical, ce boudin se transforme en colonnette, avec son chapiteau à crochets couronné par un abaque circulaire (1). Ce chapiteau, qui est à l'échelle des autres et dans le même style, se borne à couronner la colonnette-boudin verticale et ne se continue pas autour de tout le meneau ou piédroit, contrairement à ce que nous verrons à toutes les autres fenêtres de la cathédrale. Les bases de ces colonnettes-boudins, d'un profil très aplati, sont placées à la hauteur de l'appui de la fenêtre au haut du glacis et reposent sur de petits socles carrés qui se perdent dans celui-ci. Il en est de même des deux colonnettes qui portent le formeret à l'intérieur. Le glacis inférieur, qui est très prononcé, se raccorde vers l'intérieur au mur de soubassement par une moulure torique saillante, pour accuser nettement la division horizontale entre la fenêtre et l'arcature qui orne ce soubassement. Vers l'extérieur, il descend un peu plus bas et se termine en larmier.

Tout l'espace compris entre le glacis de la fenêtre et le sol est occupé par un mur plein, décoré vers l'intérieur par une élégante arcature aveugle trilobée, au profil simple et vigoureux, formé d'un tore entre deux gorges, retombant sur une

---

(1) Contrairement à ce que pense Viollet-le-Duc, c'est donc antérieurement à 1235 et même à 1230 qu'on a commencé à faire de ces abaques circulaires aux meneaux des fenêtres, car les fenêtres qui nous occupent sont certainement antérieures à cette date (cf. VIOLLET-LE-DUC, *Dict. rais. d'archit.*, t. I, p. 2 et t. II, p. 531).

série de colonnettes isolées cylindriques et posées en délit. Leurs chapiteaux, à un ou deux rangs de crochets, le rang inférieur parfois remplacé par des feuilles de refend, sont de même style que les autres chapiteaux de la nef, mais d'un travail plus précieux : la flore y est souvent traitée d'une façon plus naturaliste. Ils ont leurs tailloirs carrés, assez épais, et les astragales assez fines. Un chapiteau placé dans l'angle *13 d* a son tailloir sculpté (fig. 40). Leurs bases sont placées à la même hauteur et ont les mêmes profils que celles des colonnes des piliers séparatifs des travées; elles reposent sur des socles carrés posés eux-mêmes sur un banc de pierre qui leur sert de stylobate. On peut voir des spécimens de cette arcature dans les pl. VII, LIII, LIV. Vers l'extérieur, ce mur n'a d'autre décoration que la moulure qui rachète l'épaisseur du soubassement de grès, et le larmier du glacis de la fenêtre (pl. V). Ce larmier fait d'ailleurs tout le tour de l'édifice, dont il marque une des principales divisions horizontales, en contournant toutes les culées.

Fig. 39.

Fig. 40.

Pour compléter l'ordonnance extérieure du bas-côté, disons qu'à la base de son comble règne une magnifique corniche-larmier en deux assises : l'assise inférieure est une large frise ou bandeau sculpté d'une alternance de crochets et de feuilles formant chacune un bouquet de trois trèfles, remarquable, dit Viollet-le-Duc, « par sa simplicité, la largeur, la clarté et la hardiesse du modelé » (1), frise que nous avons déjà vue sur les culées et que nous retrouverons à la partie supérieure de la nef et dans la façade occidentale (fig. 41); l'assise suivante forme larmier avec doucine à sa partie inférieure. A l'angle *14 b* de la frise est sculptée une tête de diable d'une grande énergie, devenue invisible depuis l'établissement des chapelles de la nef. Cette corniche, qui fait tout le tour de l'édifice en contournant les culées, accuse franchement le premier étage et la première grande division horizontale de l'ordonnance extérieure. Au-dessus d'elle, l'épaisseur du mur qui surmonte l'archivolte a été utilisée comme galerie de circulation, avec passages à travers les culées, et en même temps comme chéneau : les eaux s'écoulent à droite et à gauche de chaque culée au moyen d'un canal creusé sur la corniche en S T (Pl. VIII) et terminé par une gargouille S, soit deux gargouilles à chaque culée. Cette corniche a-t-elle été garnie à l'origine d'une balustrade de pierre? C'est ce que nous ignorons; on n'en voit pas

---

(1) *Dict. rais. d'archit.*, t. VIII, p. 239. — Voy. le tracé de cette corniche étudié en détail, *ibid.*, t. VII, p. 502, fig. 13.

d'arrachements contre les culées de la nef. Les balustrades qui existent aux parties du bas-côté du transept qui n'ont pas été modifiées par l'adjonction des chapelles de la nef, ne datent que du xv° ou du xvi° siècle, et ne peuvent par conséquent nous fournir aucun indice. Dans le doute, nous avons évité d'en mettre dans notre restauration de l'état ancien de la nef à l'extérieur (pl. V et VIII) (1).

Lorsque, à la fin du xiii° siècle et au xiv°, on établit des chapelles le long de la nef, on se contenta de couper les bancs de pierre (2) et les murs bahuts, et d'enlever les remplages des fenêtres : les archivoltes de celles-ci et les chambranles furent conservés, pour ne pas affaiblir les formerets. Aux chapelles I, II, III, IV, V, VI, les moins anciennes, les petits chapiteaux à abaques circulaires des colonnettes-boudins qui ornent les chambranles ont été conservés à l'intérieur et à l'extérieur. Aux autres, ils ont été enlevés.

Fig. 41.

L'ordonnance horizontale de la grande nef forme en même temps l'étrésillonnement des piliers-supports. Un premier étrésillonnement a été obtenu par les arcades longitudinales A (fig. 33). Chacune d'elles se compose d'un puissant cintre brisé, de 1ᵐ20 d'épaisseur, dont les retombées se font sur le noyau cylindrique du gros pilier, et dont les arêtes, à l'intrados, sont profilées d'une sorte de doucine. Ce cintre est appareillé au nu du mur vers la grande nef; vers le bas-côté, il sert de formeret à celui-ci. Il est doublé sous son intrados d'un second cintre concentrique dont chacune des arêtes a été profilée d'un gros boudin, et qui retombe sur les colonnes engagées latérales du pilier F. La coupe de ce double cintre présente le profil ci-contre (fig. 42).

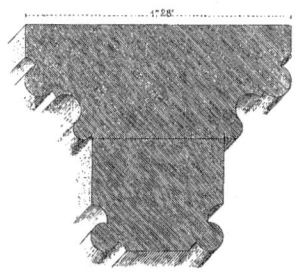

Fig. 42.

(1) A Reims il n'y en a pas. Sur l'introduction des balustrades postérieure à celle des chéneaux, cf. Denio und von Bezold, *Die Kirchliche Baukunst*, etc., t. II, p. 153.

(2) Il paraît qu'avant l'établissement des grilles du xviii° siècle qui servent aujourd'hui de clôtures aux chapelles, on voyait encore les arrachements de ces bancs contre les piliers. Ce n'est qu'à ce moment que l'on a continué jusqu'à terre l'ancien chambranle de la fenêtre ainsi que les colonnettes qui l'accompagnent, auxquelles on tailla des bases et des plinthes semblables à celles des autres colonnes du pilier et à la même hauteur. Mais ces bases sont aisées à reconnaître à leur mauvaise exécution. Les colonnes supports des formerets ont, elles

Derrière la portion de mur qui surmonte ces deux cintres, on a bandé un second arc très épais B (fig. 33) (1), par-dessus l'extrados de la voûte du bas-côté, et caché par celle-ci. Cet arc, dont les retombées se noient dans le mur construit sur l'arc de décharge bandé au-dessus du doubleau du bas-côté, sert à renforcer d'autant l'entretoisement obtenu par les arcades longitudinales, et surtout à soulager la voûte du bas-côté en donnant une assiette suffisante (3 mètres), à la galerie du triforium. Il est surmonté d'un mur, dont la partie supérieure forme le sol de cette galerie.

A la hauteur du triforium, un large bandeau sculpté fait tout le tour de l'édifice à l'intérieur. Dans toute la nef et le transept, jusqu'aux piliers $17\ a$ et $18\ a$, il se compose (fig. 14), d'une vigoureuse guirlande d'un feuillage polylobé, agrémenté de petites grappes, et monté sur une tige hardiment tordue, le tout d'un faire large et gras, et en même temps traité avec toute la liberté du naturel, bien que n'appartenant à aucune plante connue. Ce bandeau est fort remarquable et unique dans la sculpture du second quart du xiiie siècle. Bien que le tailleur de pierres ait presque toujours évité de faire passer un joint à travers une feuille ou un fruit, les raccords dans les tiges sont partout trop exacts et trop précis pour que l'on puisse admettre que la sculpture en ait été faite avant la pose. Cependant, à la travée $9,\ 11\ a$, il y a une grappe coupée en deux par un joint et qui n'a pas de contre partie, mais c'est le seul cas, et il peut n'être que fortuit. Ce large bandeau, comme aussi le cordon mouluré qui marque l'étage des fenêtres hautes, passe par dessus tous les membres verticaux de l'architecture, à l'exception des colonnettes qui servent de supports aux nervures de la grande voûte dans les gros piliers du transept et de celles qui reçoivent les retombées des gros arcs doubleaux en avant des trois roses.

Ce bandeau, par son ampleur, par l'importance qu'il donne à la ligne horizontale, et par ce fait qu'il divise l'ordonnance du niveau des bases des colonnes aux clefs de voûtes en deux parties égales, est parfois blâmé, et Viollet-le-Duc lui-même, a dit à son sujet : « Bien qu'il soit très difficile de constater que ce gros bandeau décoré qui divise exactement la nef en deux parties égales dans sa hauteur, soit placé au milieu de la ligne tombant de la clef des voûtes hautes sur les bases, cependant j'ai entendu souvent des personnes étrangères à l'art critiquer cette ceinture horizontale coupant la nef en deux, et c'est qu'il y a là, en effet, dans cette œuvre si bien conçue d'ailleurs, un défaut de proportions » (2). Mais ailleurs, le même auteur observe avec plus de justesse que : « le maître de l'œuvre a voulu rompre les lignes verticales qui dominent dans cette nef..... Il y avait là comme un dernier souvenir de l'architecture romane ». Et il ajoute en note : « Nous avons entendu souvent louer ou blâmer par des personnes compétentes la disposition du grand bandeau de la cathédrale d'Amiens. Mais la vérité nous force d'ajouter que les louanges étaient données par des amateurs du style gothique à son apogée, et le blâme par des enthousiastes du style roman. Comme dans l'un ou l'autre cas, il y avait contradiction entre

aussi, été prolongées jusque sur les bases des premières colonnettes de l'ancienne arcature, sur lesquelles elles ont été plus ou moins mal ajustées. (Cf. Ms. de Baron, p. 71).

(1) Cet arc est plus visible en B (fig. 33).
(2) *Entretiens sur l'architecture*, t. I, p. 409.

les goûts et les jugements de chacun, nous ne savons trop quel jugement porter nous-même. Nous dirons seulement que le parti adopté à Amiens est franc, qu'il dénote une intention bien arrêtée; que cet intérieur de nef nous paraît être le plus beau spécimen que nous possédions en France de l'architecture du xiiie siècle, que nous nous rendons difficilement compte de l'effet que produirait cet intérieur dépourvu de cette riche ceinture de feuillages vigoureusement refouillés, s'il y gagnerait ou s'il y perdrait; et, prenant la chose pour fort belle, exécutée par des artistes aussi bons connaisseurs que nous, nous ne pouvons qu'approuver cette hardiesse de l'architecte de la nef d'Amiens » (1). La ligne horizontale est nécessaire à toute bonne architecture; c'est son abandon systématique qui a été une des principales causes de la décadence du style gothique. N'oublions pas que la nef d'Amiens est la première qui ait été élevée à une telle hauteur; son

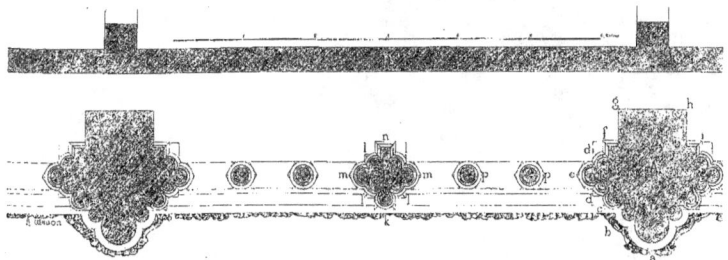

Fig. 43. — Plan d'une travée du triforium de la nef.

auteur a craint, avec grande raison, de la faire paraître trop étroite en n'accusant pas vigoureusement la ligne horizontale. C'est pourquoi, lorsqu'on y pénètre, on ne sent pas cette impression de rétrécissement qui vous saisit dans d'autres édifices élevés dans des proportions analogues, comme par exemple la cathédrale de Cologne. Et cette ligne horizontale a été très habilement arrêtée aux groupes de colonnettes qui portent les grands formerets en plein cintre des trois roses, à ceux surtout qui composent les grands piliers de la croisée, et qui, partant de fond sans interruption jusqu'à une hauteur prodigieuse, en acquièrent une extrême légèreté en produisant en même temps une opposition qui n'est pas un des moins étonnants effets de notre cathédrale. Quant au reproche qu'on a fait à ce cordon de couper en deux parties égales la hauteur de la nef jusqu'aux clefs de voûte, il paraîtra considérablement diminué par cette considération que, après tout, bien qu'il soit plus accusé que ceux de l'étage des fenêtres et des grandes arcades, la division générale est réellement en trois parties franchement inégales, et que, dans tous les cas, la prétendue égalité entre les deux membres d'architecture

(1) *Dict. rais. d'archit.*, t. II. p. 107.

au-dessous et au-dessus de ce fameux cordon, se trouve très affaiblie par l'indécision que la courbure des voûtes donne à la ligne supérieure.

Le triforium (1), auquel il faut rattacher, rappelons-le, celui de la face occidentale du transept en *15 a, b, c* et *16 a, b, c,* se compose (fig. 14) à chaque travée de deux baies principales en cintre brisé, dont chaque archivolte retombe, d'une part, sur une colonnette engagée rattachée au gros pilier qui sépare la travée de sa voisine et, de l'autre, sur une colonnette qui fait partie d'une petite pile intermédiaire. Cette archivolte encadre un remplage qui se subdivise en trois petits arcs brisés, dont les retombées intermédiaires se font sur deux colonnettes isolées monolithes et en délit, et les extrêmes, sur deux colonnettes engagées appartenant l'une au gros pilier, et l'autre à la pile intermédiaire.

Fig. 44. — Intérieur du triforium de la nef
(Travée IV.12 a)

Nous donnons ici (fig. 43) le plan d'une des baies du triforium, au-dessus des bases des colonnettes. En A est la section de la grosse pile qui sépare chaque travée; en B, la petite pile intermédiaire, et en *p*, les colonnettes en délit, supports des petits arcs du remplage. Les colonnes engagées *a* et *b,* supports des doubleaux et ogives de la grande voûte, partent de plus bas et montent vers cette dernière; toutes les autres partent du triforium : *d, l* reçoivent les retombées des principales archivoltes, *e, m,* celles des petits arcs du tympan. Les colonnettes *c* et *k,* bien qu'ayant leurs bases au niveau de celles du triforium, appartiennent déjà au système des fenêtres hautes : *c* sont les supports des archivoltes-formerets, et *k,* le prolongement de la colonnette-boudin qui garnit le meneau central de la fenêtre (2). C'est un premier pas vers la liaison entre le triforium et les fenêtres

(1) Sur ce triforium, cf. VIOLLET-LE-DUC, *Op. cit.,* t. IX, p. 290, fig. 11 et 12.
(2) Voy. pl. VI et VII, fig. 14.

hautes, et nous le verrons s'accentuer encore davantage au triforium du chœur (1). La pillette B a été munie par derrière du renfort n, pour lui donner une plus grande résistance. Les renforts, f, n se prolongent au-dessus des retombées des deux principales baies, pour supporter des arcs de décharge. Ils sont contournés par les bases des colonnettes et par l'élément supérieur de leurs tailloirs. A leur partie supérieure, ils sont généralement couronnés par un petit chapiteau. La fig. 44 laisse bien voir cette disposition.

Les colonnettes c, d, e, k, l, m (fig. 43) ont leurs bases au même niveau. Les profils de ces bases sont déjà taillés sommairement : destinés à être vus d'en bas et avec peu de recul, ils ont été déformés dans le sens de la hauteur; la scotie est très haute et d'une faible concavité, parfois elle est remplie d'un rang de têtes de clous. D'ailleurs ces profils sont assez variés, mais ils peuvent se ramener à ces deux types principaux (fig. 45). Les bases sont posées sur des socles à deux ressauts réunis par une petite surface concave, et elles les débordent de toutes parts ; une petite moulure diversement profilée, ménage le raccordement ; cette moulure est tantôt continue, tantôt interrompue à chaque face, en manière de petit modillon (fig. 14). Sous les colonnettes qui supportent les arcs intérieurs de chaque baie, ces socles sont hexagonaux, carrés, sous les autres. Tous ont été également tenus assez hauts, de manière à bien se dégager, étant vus de très bas et avec un faible recul (2). Pour la même raison, ils ont été posés sur un bahut qui s'en va en glacis assez raide vers la nef, jusqu'au bandeau sculpté qui marque l'étagement horizontal, (fig. 46). La hauteur et la pente de ce glacis ont été calculées de manière à dégager les bases des colonnettes, tout en restant invisible d'en bas, de sorte que ces bases et leurs socles paraissent poser directement sur le cordon de feuillage (3).

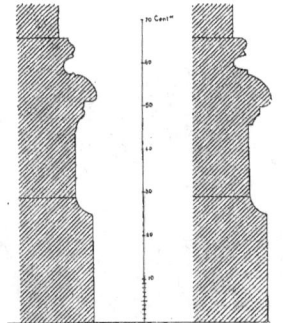

Fig. 45.

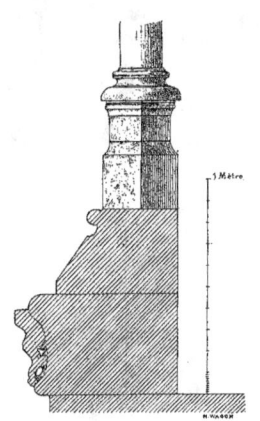

Fig. 46.

(1) Il est probable que c'est pour fournir un élément de plus aux piles B et P, en leur donnant à la fois plus de force et une plus grande apparence de légèreté, que le maître de l'œuvre a été amené à prendre ce parti. C'est très ingénieux. — Cf. VIOLLET-LE-DUC, Dict. rais. d'archit., t. V, p. 389, fig. 20.

(2) Sur les profils de ces bases et de ces socles, cf VIOLLET-LE-DUC, Op. cit., t. VII, p. 529, fig. 27.

(3) Cf. MOORE, Development and character of gothic Architecture, 2ᵉ édit., p. 217.

236   DESCRIPTION.

Toutes ces colonnettes ont leurs chapiteaux à un ou deux rangs de crochets peu épanouis, parfois ornés de feuillage posé en refend, de ce faire simple et large qui caractérise toute la sculpture décorative de la nef. Nous avons cru devoir donner par l'héliogravure quelques spécimens de ces beaux chapiteaux (pl. XIV, fig 44 et 47), mais il aurait fallu pouvoir les reproduire tous, pour donner une idée complète de leur extrême variété de composition en même temps que de l'unité de leur aspect général. Le profil de leurs tailloirs est extrêmement remarquable : de même que dans les bases, il a été exagéré dans le sens de la hauteur, de manière à ce que l'effet perspectif le remette en proportion (1). Sur les colonnettes qui supportent les petits arcs des remplages, ils sont sur plan octogonal (fig. 48), carré aux autres. Le profil de ces tailloirs passe circulairement en faisant fonction de bagues sur les fûts des colonnettes *c, k* (fig. 43) correspondant aux montants verticaux des fenêtres; ils s'arrêtent pour laisser passer ceux des colonnes *a, b*, supports des nervures de la grande voûte.

Fig. 47.—Chapiteau du triforium de la nef
(Travée 8-10 a.)

Le grand cintre de chacune des baies est simple, à un seul rang de claveaux, et tracé suivant le profil ci-contre (fig. 49). Au-dessus des trois petits arcs dont il est subdivisé, le remplage n'est percé que d'un gros trèfle à jour, dont les redents sont sculptés de charmants bouquets de feuillage du côté nord et d'une simple feuille de trèfle, du côté sud. L'appareil de ces remplages a été très ingénieusement tracé de manière à éviter les trop grands évidemments (fig. 50) (2). Le bahut sur lequel reposent les colonnes du triforium a été élevé à 0.85 centimètres, c'est-à-dire à hauteur d'appui, au-dessus du sol de la galerie, de sorte que les personnes les plus sujettes au vertige peuvent y circuler sans la moindre crainte et sans le moindre danger. La largeur de cette galerie est généralement

 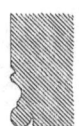

Fig. 48.   Fig. 49.

(1) Le tracé du profil de ces tailloirs et sa raison d'être ont été expliqués par Viollet-le-Duc, *Dict. rais. d'archit.*, t. VII, p. 529, fig. 27. On se rend bien compte de leur effet en voyant nos héliogravures.

(2) Cet appareil n'est pas très exactement reproduit dans le dessin de Viollet-le-Duc, (*loc. cit.*); la partie supérieure du gros trèfle n'est qu'en deux morceaux et non en trois.

de 1m25. Elle se rétrécit derrière les gros piliers, où il n'y a plus que juste l'espace suffisant pour le passage d'une personne.

Suivant Viollet-le-Duc, la nef de la cathédrale d'Amiens serait « une des premières constructions religieuses dans lesquelles l'architecte ait cherché à séparer franchement la galerie du triforium du comble en appentis, au moyen d'une cloison fixe » (1). Cette cloison a été obtenue par de grands arcs de décharge brisés occupant toute la largeur de la travée et remplis d'une maçonnerie faite de carreaux de craie tendre d'un assez petit échantillon, pierre légère et peu coûteuse, provenant des carrières d'Amiens, tandis que les arcs sont appareillés d'une pierre plus résistante. Du côté sud, ces arcs de décharge sont montés sur une espèce de bahut haut de 1m77, et leurs remplissages, sur la nef, sont en retraite d'environ 0.03 centimètres sur le nu de l'arc et de son bahut; du côté nord, au contraire, ils descendent presque jusqu'au sol du triforium et leur partie inférieure est liée avec le remplissage, à fleur duquel ils sont posés. (Pl. VI, VII, fig. 14).

Fig. 50. — Triforium de la nef.

On s'est souvent demandé la raison de ces arcs de décharge, puisqu'ils ne portent en réalité que le chemin de ronde qui règne à l'extérieur et la balustrade dont il devait être garni, laquelle n'a jamais été exécutée. Il est très probable que, dans la pensée du constructeur, ils avaient pour but de soulager l'arc M, (pl VIII) (2) mais encore et surtout d'entretoiser fortement les petits contreforts M F qui servent de supports aux étais rigides G destinés à empêcher les arcs boutants de glisser. N'oublions pas que nous sommes au début de l'application du système des étais rigides, et que notre maître de l'œuvre n'a dû s'engager dans cette voie qu'avec une extrême prudence. C'est évidemment à la même préoccupation qu'il obéissait en établissant les linteaux E et F (3).

La galerie intérieure du triforium est couverte de grandes dalles de pierres

---

(1) Viollet-le-Duc, Op. cit., t. IX. p. 290.

(2) Cf. Viollet-le-Duc, Op. cit., t. I, p. 85, fig. 79.

(3) A Saint-Séverin de Paris, le triforium, dont les parties les plus anciennes, bien qu'un peu antérieures au nôtre, ont avec lui de grandes analogies, est disposé de la même façon, avec les mêmes arcs de décharge dans le mur de clôture. Là, ces arcs sont entièrement à jour et paraissent avoir toujours été ainsi, ce qui peut faire supposer qu'il en était originairement de même à Amiens, du moins dans la première intention du maître maçon. — Sur ces arcs de décharge, cf. le chœur de la collégiale de Saint-Quentin, l'église d'Agnetz (Oise) qui date de la fin du XIIIe siècle, etc. — A Notre-Dame de Paris, il y a aussi des arcs de décharge sous les appuis des fenêtres des tribunes. (Viollet-le-Duc, Dict. rais. d'archit., t. II, pp. 289 et 292).

dont on a diminué la portée en disposant les dernières assises en encorbellement. Le dessus de ces mêmes dalles forme le sol d'une seconde galerie qui court à l'extérieur au-dessus du comble du bas-côté, à la hauteur de l'appui des fenêtres hautes. Dans l'intention du constructeur, cette galerie devait être protégée par une balustrade, dont les amorces ont été ménagées à droite et à gauche des colonnes G (pl. VIII), mais qui paraît n'avoir jamais été exécutée. C'est pourquoi on a pris l'habitude de donner à cette galerie le nom de *galerie sans bords*.

Vers l'intérieur, un cordon de moulures peu épais et d'un profil assez mou marque l'étage des fenêtres hautes, en passant par-dessus tous les membres verticaux de l'architecture et en les contournant, à l'exception, bien entendu, des grands piliers de la croisée et de ceux qui tiennent à la façade occidentale et aux pignons du transept.

Le dernier entretoisement a été obtenu (voy. en B, pl. VIII), comme aux arcades longitudinales, au moyen de deux arcs brisés accolés; le premier, apparent, sert à la fois d'archivolte à la fenêtre et de formeret; il est à deux rangs de claveaux, dont l'un, visible aussi bien à l'intérieur qu'à l'extérieur, est orné sur ses deux faces d'une moulure torique, et l'autre, qui correspond à l'épaisseur de la voûte, n'est visible que vers l'extérieur : son profil, en manière de doucine, se combine avec celui du premier, pour donner une plus grande importance à l'archivolte de la fenêtre de ce côté, en lui servant en même temps d'arc de décharge (1). L'autre arc, accolé au mur qui surmonte le premier, et passant pardessus les reins de la grande voûte, retombe sur les sommiers de celle-ci; il est entièrement caché. L'intervalle entre ces arcs et la corniche a été rempli par un mur plein. La combinaison de ces deux arcs, augmentée de la saillie de la corniche et d'un léger encorbellement vers l'intérieur, procure à la partie supérieure du mur gouttereau de la nef une assiette assez large pour avoir pu y établir les sablières du grand comble, une galerie de circulation qui fait en même temps chéneau, et la balustrade de pierre qui lui sert de garde-corps.

Le chambranle et le remplage des fenêtres hautes vient s'emboîter exactement dans l'archivolte-formeret que nous venons de décrire.

Vers l'intérieur, l'appui est en glacis très prononcé, avec boudin à sa partie supérieure.

Le dessin et l'appareil du remplage de ces fenêtres marquent un pas considérable en avant sur ceux des fenêtres du bas-côté. Il est à la fois plus léger et plus compliqué : au lieu de deux divisions verticales, il y en a quatre, et les meneaux intermédiaires sont déjà fort ténus. Ici, plus d'appareil à claveaux, mais tout le dessin du remplage est obtenu au moyen de morceaux découpés dans la pierre et combinés de manière à ce que tous les points de contact entre les différents éléments soient pris dans un seul morceau, pour assurer la cohésion.

Chaque fenêtre est divisée par un meneau vertical en deux baies principales en cintre brisé A B (fig. 51), lesquelles sont elles-mêmes subdivisées en deux, plus petites A F; les meneaux verticaux sont formés de longues pierres. Toutes les retombées sont placées sur une même ligne horizontale à la hauteur de celle

---

(1) Cf. VIOLLET-LE-DUC, *Op. cit.*, t. I, p. 57, fig. 44.

de l'archivolte de la fenêtre qui est un peu surhaussée. La partie supérieure du remplage est formée d'une grande rose à huit lobes; de petites roses à quatre feuilles garnissent les deux baies secondaires, et les intervalles laissés entre ces baies et l'archivolte ont été remplis par de petits trèfles ajourés.

Ici encore, tous les membres principaux du remplage sont garnis extérieurement et intérieurement d'un gros boudin qui, descendant le long des piédroits et des meneaux verticaux, y remplit les fonctions de colonnette avec petit chapiteau et abaque circulaire. L'ornementation du chapiteau se continue tout autour du meneau, accusant ainsi plus vigoureusement la retombée de tous les arcs. Il en sera ainsi à toutes les autres fenêtres. Ces abaques, placés à une grande hauteur et destinés à être vus d'en bas et avec un faible recul, sont beaucoup plus élevés que ceux des fenêtres du bas-côté : c'est le même esprit réfléchi qui a conçu leurs profils et ceux des tailloirs des colonnes du triforium de la nef.

Nous avons vu que les colonnettes-boudins qui ornent les chambranles et le meneau central descendaient à l'intérieur jusqu'au sol du triforium et avaient leurs bases et leurs plinthes à la même hauteur que les siennes (1). Celles des deux meneaux secondaires ont leurs bases juste à l'appui des

FIG. 51. — Fenêtre haute de la nef.

fenêtres, à l'extérieur comme à l'intérieur; ces bases sont posées sur de petites plinthes octogonales fort minces, à deux ressauts, partant à l'intérieur du cordon mouluré inférieur de l'étage des fenêtres, et par conséquent aussi hautes que le glacis lui-même.

Remarquons en passant la façon dont sont construites les colonnettes-boudins le long des chambranles, à l'intérieur et à l'extérieur : elles ne font partie de l'appareil qu'à certaines assises; aux autres elles sont formées de morceaux

---

(1) Du glacis de la fenêtre au sol du triforium, ces colonnettes sont en délit.

cylindriques posés en délit, de la hauteur de plusieurs assises. Vers l'intérieur ces colonnettes descendent jusque sur les tailloirs du triforium.

Viollet-le-Duc, qui a développé toute la théorie de ces remplages de fenêtres, dont la construction, dit-il, « ne saurait être postérieure à 1235 », ce qui est historiquement exact, les considère comme une des premières tentatives, un premier pas vers la transformation des remplages des fenêtres en un véritable châssis de pierre, qui durera jusqu'à la fin de l'architecture gothique (1). Aussi, si l'arrangement des deux arcs principaux A B et de la grande rose C qui les surmonte est parfait, si leur profil (A, fig. 52) est à la fois clair et simple comme celui des fenêtres de la nef, on ne peut en dire autant des subdivisions qui leur ont été données : leur arrangement est gauche, les petites roses D (fig. 51) placées dans les arcs intermédiaires et les petits trèfles E sont trop petits et hors d'échelle, leurs raccords maladroits, leurs profils mordent désagréablement sur ceux des membres voisins; les meneaux intermédiaires F ont un profil bizarre (B, fig. 52) (2); le tout donne à l'ensemble un dessin peu harmonieux.

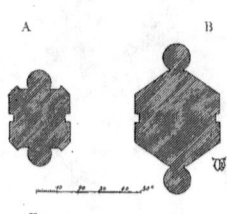

Fig. 52.

A la dernière travée près du transept, du côté nord (pl. XI), travée qui est, rappelons-le, plus large que les autres, le nombre des meneaux verticaux a été doublé, non pas dès l'origine, car la fenêtre qui lui fait vis-à-vis, du côté sud n'est, comme ses voisines, qu'à quatre divisions; mais il est probable que c'est à une époque assez rapprochée de la construction, certainement au XIIIe siècle, que, à la suite d'un accident que nous ne connaissons pas (3), le remplage de cette fenêtre a dû être entièrement refait ou à peu près, car les petits chapiteaux des colonnettes-boudins le long des meneaux, verticaux — sauf ceux des chambranles qui appartiennent au style de la nef — sont d'un style tout à fait analogue à ceux du chœur aux mêmes endroits. Tout le haut du remplage est identique à celui des autres, chacun des quatre arcs secondaires étant tout simplement subdivisé en deux autres de même rayon, suivant le système assez disgracieux, qu'on ne voit guère au XIIIe siècle qu'en Angleterre et en Normandie, et qui aura un grand succès aux XIVe et XVe siècles. Les bases sont profilées et disposées comme celles des autres travées.

Les fenêtres de la face occidentale du transept appartiennent déjà au système de celles du chœur, à l'exception de la plus voisine de la croisée de chaque côté (15 ab, 16 ab), laquelle a son remplage exactement semblable à celui des fenêtres de la nef, avec cette seule différence que la grande rose supérieure a ses huit lobes trilobés et fleuronnés comme au chœur (4). De même qu'à la

---

(1) *Dict. rais. d'archit.*, t. VI, p. 323. — MM. Dehio et von Bezold, (*Die Kirchl. Bauk. des Abendlandes*, t. II, p. 142) pensent que c'est à Amiens qu'apparaît pour la première fois la division des fenêtres en quatre.

(2) Le profil de ces meneaux donné par Viollet-le-Duc. *Op. cit.*, t. VI, p. 324, fig. 3) est inexact.

(3) On aperçoit à l'extérieur de cette fenêtre des traces d'incendie. L'incendie de 1258 se serait-il étendu jusque là?

(4) Il est probable que ces redents n'auront été placés que lorsqu'on aura vitré ces fenêtres après l'achèvement des parties hautes du chœur et du transept. (Voy. ci-dessus, p. 32).

fenêtre *13 15 a,* à chacune de ces deux fenêtres, le nombre des meneaux verticaux a été doublé à une époque difficile à déterminer. Il est aisé de se rendre compte par le seul examen des chapiteaux des colonnettes-boudins qui ornent ces meneaux, que ce doublement n'existait pas à l'origine, quand la fenêtre *14 16 a* ne serait pas là pour nous faire voir, la disposition primordiale du remplage. Ainsi les chapiteaux des meneaux, à un ou deux rangs de chochets peu épanouis, appartiennent exclusivement au système décoratif de la nef, tandis que ceux des meneaux surajoutés sont d'une manière toute différente : très lourdement, très sommairement exécutés, ils paraissent une imitation plus ou moins grossière des premiers (1).

Immédiatement au-dessus des archivoltes des fenêtres hautes, à l'extérieur, règne la corniche supérieure, avec son larmier et son bandeau sculpté de crochets et de feuilles de refend, le tout semblable à la corniche du bas-côté (2). Au-dessus de cette corniche, le chéneau forme chemin de ronde à la base du grand comble, et est protégé par une balustrade en pierre composée d'une suite de carrés redentés à jour posés sur la diagonale, et interrompue au-dessus de chaque pilier par un petit pinacle surmonté d'un fleuron. Cette balustrade (3) ne paraît pas contemporaine de la partie de la cathédrale que nous décrivons, d'autant qu'elle se continue sur le même dessin tout autour du transept et du chœur. Viollet-le-Duc (4) pense qu'elle n'a été exécutée qu'au xive siècle. Cependant, à la manière dont elle se marie avec les gables qui surmontent les fenêtres du chœur, on pourrait croire qu'elle n'est pas postérieure à l'achèvement de celles-ci, c'est-à-dire aux environs de 1270. Je croirais volontiers que, comme à la galerie sans bords et probablement aussi au bas-côté, cette balustrade n'aura pas été exécutée tout d'abord et qu'elle ne l'aura été qu'avec celle du chœur et sur le même dessin.

Fig. 53.

L'écoulement des eaux du grand comble se fait en B (pl. VIII), au moyen de trous verticaux percés à travers la corniche supérieure, au droit du pilier qui sépare chaque travée, et de là est transmis par de petites gargouilles ingénieusement agencées et dont un dessin peut seul donner idée (fig. 53), sur les chaperons des arcs boutants supérieurs, qui ont été creusés en forme de canaux (5), puis les eaux

(1) Le remplage de la fenêtre *7 9 a* a été refait sous Viollet-le-Duc.
(2) Voy. ci-dessus, p. 231.
(3) Elle a été refaite, ainsi que les pinacles qui l'accompagnent, en 1843, mais sur les dessins primitifs.
(4) *Dict. rais. d'archit.*, t. II, p. 326. — Voy. aussi sur cette balustrade, même vol., p. 81.
(5) Rappelons à ce propos la théorie de Viollet-le-Duc, (*Dict. rais. d'archit.*, t. VI, pp. 2 et 24), d'après laquelle, pendant l'exécution des travaux et avant l'établissement des combles définitifs, ces mêmes gargouilles auraient servi à évacuer les eaux tombant sur des toitures provi-

242   DESCRIPTION.

sont rejetées par de petites gargouilles N (pl. VIII) placées à droite et à gauche du pinacle d'amortissement de chacune des culées (1).

Fig. 54. — Porte Saint-Christophe (XIIIᵉ s.).

Sous l'appui de la fenêtre *2 4 b* s'ouvre une porte secondaire (*F* du plan) qui remonte à la construction primitive (pl. V). On lui donne généralement le nom de *Porte Saint-Christophe*, à cause de la chapelle Saint-Christophe et de la statue

---

soires ou plus vraisemblablement sur les reins des voûtes. — Sur les arcs boutants à canaux pour l'écoulement des eaux, voy. aussi *op. cit.*, t. I, p. 64.

(1) Nous avons vu (p. 171) que, de 1841 à 1846, tout le côté méridional de la nef au-dessus du bas-côté, à l'extérieur, y compris les arcs boutants et les piliers, avait été l'objet d'une importante restauration et sur quelles parties elle avait porté. La sculpture des parties refaites est d'un style plus que médiocre.

colossale de ce saint placées à côté de lui, ou *Porte de l'Horloge* (1), à cause du voisinage du cadran solaire et de l'horloge extérieure, placés sur le flanc de la tour sud. Elle servait sans doute à assurer la communication entre la cathédrale et les cloîtres occupés par les chanoines.

Sa décoration intérieure, si elle en a jamais eu, est aujourd'hui entièrement masquée. A l'extérieur (fig. 54), son ordonnance est aussi simple que jolie, rappelant par le style de l'ornementation et des moulures celui du grand portail (2). Elle se compose d'une baie assez large, mais sans trumeau, dont l'archivolte unique est en cintre brisé, sous un angle très peu prononcé, redentée, profilée à deux tores et surmontée d'un gable simplement chanfreiné. Cette archivolte encadre une tapisserie formée d'une suite de quatrefeuilles en méplat, analogue à celles que nous verrons dans les soubassements du grand portail. Elle est accompagnée de deux cintres brisés avec redents, plus aigus, plus petits et aveugles, surmontés eux-mêmes de petits gables semblables au premier. Les retombées de ces trois archivoltes se font sur quatre colonnettes monolithes, en délit. Deux autres colonnettes d'appareil et d'une section beaucoup plus faible montent le long des chambranles et supportent les deux extrémités du tympan, suivant la section donnée par la fig. 55. Il faut remarquer comme le profil (fig. 56) des redents qui entourent le tympan s'enlève, pour faire repoussoir à celui-ci.

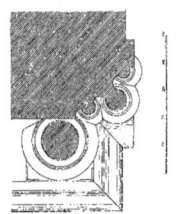

Fig. 55.

Fig. 56.

Les chapiteaux de toutes ces colonnettes (pl. XV), d'un excellent style, sont à deux rangs de crochets, richement décorés de feuillages finement découpés et de fruits, non pas refouillés ni traités au naturel comme dans les parties hautes du chœur, mais plutôt à la manière de la sculpture décorative des portes occidentales, plus archaïques même. Les abaques carrés et simplement chanfreinés sont également décorés de feuillages et de fruits de la même facture; enfin, à main gauche, les astragales elles-mêmes sont sculptées

---

(1) Bibl. d'Am., ms. 836 (Machart, t. VIII), p. 394. — Gilbert, *Descr. histor. de l'église cath. d'Am.*, p. 71.

(2) Viollet-le-Duc, (*Dict. rais. d'archit.*, t. VII, p. 447, fig. 78), en a donné un dessin géométral qu'il accompagne de ces observations : « La porte latérale de la nef de Notre-Dame d'Amiens est encore dans les détails de la sculpture quelque peu empreinte du style du XIIe siècle, mais la composition est entièrement nouvelle..... Son ensemble est large et trapu; la statuaire en est exclue..... Mais en revanche, la sculpture d'ornement est riche et largement développée; les chapiteaux de cette porte sont beaux, les tailloirs et même les astragales sont décorés; le tympan est couvert d'une tapisserie de rosaces d'un grand caractère. Déjà les arcs sont accompagnés de redents et les profils sont fins et multipliés. On retrouve dans cette composition secondaire l'ampleur, qui est une des plus belles qualités de la cathédrale d'Amiens. » Mais la restitution qu'il en donne n'est pas parfaitement exacte. Des pierres encore en place prouvent qu'avant l'établissement du XIVe siècle du porche qui le précède, le petit gable qui surmonte la baie centrale mordait sur le glacis de la fenêtre. D'ailleurs les proportions de celle-ci auraient été beaucoup trop dénaturées si ce glacis avait été remonté au-dessus de la pointe du gable.

de petites feuilles de refend. Toutes ces particularités donnent à ces chapiteaux un caractère étrange, et qui rappelle en certains points la sculpture romane du xiie siècle (1). Les bases des colonnettes, très finement profilées et assez plates, ont leurs socles posés sur un soubassement en glacis.

Toute cette jolie ordonnance, dont un dessin fera bien mieux comprendre la disposition que toute description, occupe la largeur entière de la travée. Un porche voûté sur croisée d'ogives a été établi au xive siècle en avant de la porte, lors de la construction de la chapelle Saint-Lambert, dont il forme l'étage inférieur (pl. XXIII). Nous le décrirons avec celle-ci. Malheureusement ce porche, assez maladroitement accolé, en masque quelques parties.

Le bas-côté ouest du transept, et l'ordonnance intérieure de sa nef centrale, y compris le triforium et la fenêtre haute voisine de la croisée (2), vers l'ouest, jusqu'au grand cordon sculpté inclusivement vers l'est, appartiennent au système de la nef, avec les seules différences commandées par la largeur des travées. Il en est de même ou à peu près de la façade de chacun des croisillons (pl. XXVII), jusqu'au grand cordon sculpté inclusivement. Cette façade est divisée verticalement en trois parties marquées par les quatre contreforts qui contrebutent les archivoltes intérieures et extérieures du transept. La partie centrale de chaque croisillon est tout entière occupée par une grande porte D, E. Ces deux portes, assez semblables l'une à l'autre dans leur ensemble, diffèrent notablement dans le détail. Nous devrons les donc décrire séparément.

La porte du croisillon sud (pl. XLVI), que l'on nomme communément porte de la *Vierge dorée*, parce que la jolie statue de la Vierge qui décore son trumeau était jadis peinte et dorée, a son ébrasement formé de quatre ressauts auxquels correspondent autant de cordons sculptés de la voussure. Chacun de ces cordons est supporté par une colonnette à laquelle est appuyée une grande statue portée sur un cul-de-lampe et abritée par un dais, dais et culs-de-lampe exactement semblables à ceux qui accompagnent les statues du grand portail. Entre ces colonnes, les arêtes des ressauts à angle droit sont ornées chacune d'une colonnette d'un plus faible diamètre. Les chapiteaux de toutes ces colonnettes sont d'une facture assez différente de ceux des autres colonnettes de la nef et d'un style plus avancé. Ils se composent généralement chacun de deux rangs de crochets dont les extrémités sont des bouquets de petits feuillages délicatement fouillés et traités au naturel. Les bases et leurs dés reposent sur un haut soubassement (3), dont la partie inférieure est nue, et la partie supérieure, ornée d'une arcature aveugle (pl. XLVI, fig. 1 et 57) composée d'une série d'arcs plein cintre qui s'entrecroisent pour former des cintres brisés, à la manière normande, en retombant sur des colonnettes. Une jolie frise sculptée réunit tous les chapiteaux et forme avec ceux-ci une guirlande de feuillages au naturel, finement découpés, entremêlés d'oiseaux et d'autres animaux plus ou moins fantastiques : lapin, moineau, dragons, lézards, etc. On n'en saurait trop admirer le goût exquis et la perfection d'exécution. Les bases reposent sur de petits socles octogonaux et,

---

(1) Au xiiie siècle, les astragales et abaques sculptés étaient devenus bien rares dans le nord de la France. Ce n'est d'ailleurs pas le seul archaïsme qu'on puisse relever dans les parties les plus anciennes de la cathé- drale d'Amiens.

(2) Sauf la petite différence signalée ci-dessus, p. 240.

(3) Haut. 1 m. 45.

de même que les chapiteaux, se retournent pour courir le long des parties planes du mur, dans les entrecolonnements. Une moulure en larmier, sur laquelle reposent ces bases, marque la séparation entre cette zône du soubassement et la première.

Le trumeau est orné d'une grande statue. Le linteau, qui est en deux morceaux de pierre, est entièrement lisse dans sa plus grande partie, et n'est décoré à sa partie supérieure que d'une guirlande de feuillage traité au naturel et très refouillée, telle qu'on en voit déjà au grand portail, et, à son arête inférieure, d'une guirlande analogue, mais plus étroite; elle se retourne pour redescendre le long des arêtes des chambranles jusqu'à environ trois mètres du sol, et, le long de celles du trumeau, jusqu'aux pieds de la statue de la Vierge dorée. Le tympan, qui descend beaucoup plus bas que les retombées de l'archivolte, est entièrement sculpté à personnages.

La porte entière est encadrée par le larmier en talus qui règne à la hauteur de l'appui des fenêtres du bas-côté, et qui, arrivé contre les piédroits de la porte, se retourne à onglet, monte verticalement le long de ceux-ci, et vient former un gable peu aigu au-dessus de l'archivolte. Ce gable, de peu de saillie, taillé à même l'appareil, est orné sur ses rampants d'une suite de crochets; ses retombées se recourbent en forme de crosses ou de volutes, et un petit fleuron le termine à son sommet. Un trèfle aveugle est inscrit dans le tympan entre le gable et l'archivolte.

La sculpture du tympan et des cordons des voussures ainsi que la statue de la Vierge qui décore le trumeau ont été exécutées plus tardivement à une époque que nous tâcherons de déterminer lorsque nous décrirons cette statuaire. Il est très vraisemblable que ce portail était resté inachevé, et que, pressé de terminer le gros œuvre, on avait réservé sa sculpture.

Fig. 57. Soubassement de la porte de la Vierge dorée
(porte D)

La porte du croisillon nord (fig. 58), que l'on appelle généralement porte Saint-Firmin le Confesseur, soit à cause du voisinage de l'église détruite de ce nom, soit parce qu'elle occuperait une partie de l'ancien emplacement de celle-ci, soit enfin à cause de la statue d'évêque qui décore son trumeau, est beaucoup plus simple. Son ébrasement extérieur a beaucoup moins d'importance : trois voussures seulement au lieu de quatre, et encore ces voussures ne sont-elles que moulurées et retombent-elles sur de simples colonnettes annelées, sans statues, et qui reposent sur un petit soubassement entièrement nu. Les chapiteaux de ces colonnettes sont d'un style analogue à celui des chapiteaux du chœur.

Seul le trumeau est décoré d'une grande statue.

Le linteau, en deux morceaux de pierre, est sculpté d'un fort joli ornement qui se compose d'une suite de onze quatrefeuilles dans l'intérieur et dans les écoinçons desquels sont sculptés des feuillages variés et de petits animaux d'une exécution très délicate. On y reconnaît la vigne, le poirier, le lierre, le chêne, l'érable, le cerisier; on y voit aussi des fleurs-de-lis au pied nourri, un oiseau, deux oiseaux affrontés, deux wivres de même, un homme à tête de porc dans une position obscène (1), un quadrupède dont le dos est becqueté par un oiseau, etc. L'archivolte extérieure est surmontée d'un gable à crochets exactement semblable à celui qui est au-dessus de la porte de la Vierge dorée.

En général la sculpture décorative et la statuaire de cette porte est d'un style assez avancé, moins cependant que celles des parties les plus récentes de la porte de la Vierge dorée. Il est vraisemblable qu'ici encore, la sculpture avait été réservée, et qu'elle n'a été exécutée que plus tard, sans doute

FIG. 58. — Porte nord du transept.

---

(1) C'est l'indice d'une époque assez avancée dans le XIIIe siècle.

vers l'époque de la construction des parties hautes du chœur, c'est-à-dire entre 1260 et 1270, car elle a, avec leur sculpture, les plus grandes affinités (1). Il est probable que ce portail aura été sculpté aussitôt après l'achèvement du chœur, et par les mêmes artistes.

A droite et à gauche de chacune de ces portes D et E, les intervalles entre les contreforts sont occupés par les fenêtres extrêmes des bas-côtés du transept, dont le remplage, au bas-côté occidental est semblable à celui des fenêtres du bas-côté de la nef, et au bas-côté oriental, à celui des fenêtres des bas-côtés du chœur.

La grande corniche extérieure du bas-côté, à crochets et feuilles de refend (fig. 41), se prolonge sur l'extrémité des croisillons du transept et en termine horizontalement la partie la plus ancienne.

Intérieurement, à droite et à gauche des portes du transept, l'arcature de soubassement du bas-côté, surmontée d'un glacis correspondant à celui des fenêtres, se continue devant le mur de clôture et sous l'appui de la fenêtre du bas-côté. A partir de là, le mur de clôture vers la nef centrale est décoré, jusque sous le grand bandeau sculpté, par une arcature aveugle simulant un fenestrage (pl. VII), dont les meneaux verticaux sont représentés par des colonnettes en délit longues et minces. Au croisillon nord, les deux grands arcs du milieu manquent : on en aperçoit seulement le tracé sur le mur.

Les portes D et E s'ouvrent crument au milieu de cette décoration. A la porte du croisillon nord (E), l'ébrasement est d'autant plus profond vers l'intérieur qu'il l'est moins vers l'extérieur. Son tympan qui, intérieurement, est beaucoup moins élevé qu'à l'extérieur, et qui devait être à l'origine en maçonnerie pleine, comme au grand portail, a été remplacé au xive siècle par un remplage ajouré d'un dessin très compliqué, et qui fait assez mauvais effet vers l'extérieur, puisque, de ce côté, il n'est pas concentrique au tympan, qui est beaucoup plus élevé (fig. 58).

La porte D du croisillon sud a reçu vers l'intérieur, à la fin du xiiie siècle, un renforcement qui lui fait une décoration que les autres entrées n'ont pas (pl. VII). Les moulures toriques dont elle est ornée, les chapiteaux des colonnettes dont le feuillage au naturel fait encore penser à la sculpture décorative des parties hautes du chœur, le style des statues d'anges qui y figurent et qui est le même que celui de la statuaire la moins ancienne de la porte de la Vierge dorée, laissent supposer que cette décoration a été faite en même temps que celle-ci. Elle se compose d'un grand cintre brisé subdivisé en deux autres de même rayon, dans chacun desquels est un arc trilobé avec un gros trèfle. Un autre gros trèfle renversé occupe l'espace compris entre les deux cintres brisés secondaires. Dans ces trèfles sont trois charmantes statues d'anges (2), debout, tenant les instruments de la Passion. Celui du haut, les ailes éployées, tient la croix et les clous (3); les deux autres, au vol abaissé, un voile sur les mains, tenaient l'un un objet qui n'existe plus, l'autre, d'une main, probablement la lance, dont il ne subsiste plus qu'un fragment de la

(1) Nous verrons notamment la grande affinité qui existe entre l'image du Sauveur qui orne la clef de voûte du rond point et la statue d'évêque qui occupe le trumeau de la porte dont nous parlons.

(2) Haut. de chacun, environ 1m50.
(3) Cette croix est brisée ; il n'en subsiste que des fragments.

hampe, et de l'autre, caché dans un pli de son manteau, un objet également disparu. Ces trois statuettes, qui portent des traces de peintures, sont posées sur des culs-de-lampe.

Les trois retombées, chambranles et trumeau, se font sur des faisceaux de colonnettes. Le tout est surmonté d'un gable avec un petit trèfle aveugle dans le tympan. Les rampants de ce gable avec les crochets de choux frisés dont ils sont garnis et la belle statue peinte et dorée qui le surmonte ne datent que de la fin du xve siècle ou du commencement du xvie. La statue représente saint Michel terrassant le dragon. Tête nue, couvert d'une armure de plates à tassettes, l'archange est debout, les pieds sur un monstre à tête humaine, sur lequel il appuie la pointe de son écu, en brandissant une épée. Cette statue est posée sur un cul-de-lampe de la même époque, orné de choux frisés et d'un écu d'azur à trois coqs d'or 2 et 1, à la bordure componée d'argent et de gueules, armoiries avec brisure de la famille de Cocquerel, que nous retrouverons au centre de la grande rose occidentale. L'épitaphe de Robert de Cocquerel, chanoine d'Amiens, mort en 1521, le qualifiait de grand bienfaiteur « de la fabrique de céans », et une tradition rapportée par Pagès, bien qu'en termes peu clairs (1), lui attribuait certains travaux de ce côté de la cathédrale. Il est donc très possible que la statue et les crochets qui l'accompagnent proviennent de ses libéralités.

FIG. 59. — Petite porte du transept (croisillon nord).

A chacun des croisillons, en *13 cd* et *14 cd*, sous le mur d'appui de la fenêtre du bas-côté, qui a été relevé à cet effet, s'ouvre une porte secondaire remontant à la construction primitive, et dont la décoration intérieure, s'il y en a eu une, se trouve aujourd'hui masquée par des boiseries du xviiie siècle.

A l'extérieur, au croisillon nord, cette porte (fig. 59) est amortie en plein cintre (2) : son archivolte ornée d'une guirlande de feuillage retombe sur deux charmantes têtes humaines, l'une d'homme et l'autre de femme. Sous cette archivolte, une moulure d'un joli profil dessine un arc trilobé sur le tympan, descend à droite et à gauche le long de l'arête des chambranles, et s'arrête par un congé un peu au-dessus de la moulure du soubassement. Au croisillon sud, la décoration extérieure de l'autre porte est un peu différente (fig. 60) : sous l'archivolte en plein cintre ornée d'une guirlande de feuillages et retombant sur

---

(1) Ms. de Pagès, édit. Douchet, t. V, p. 221. — Voy. ci-dessus, p. 63.
(2) On peut encore voir ici un archaïsme.

deux têtes humaines (1), il y en a une seconde ornée seulement d'une moulure torique retombant sur deux colonnettes, dont les bases finement profilées et reposant sur des plinthes carrées sont munies de griffes, et les chapiteaux, aux abaques carrés, peu épais et proéminents, sont ornés de feuillages délicatement sculptés au naturel (feuilles d'aubépine) et d'oiseaux, d'un style analogue à celui des parties anciennes de la porte de la Vierge dorée, qui en est toute voisine (2). Le tympan est d'ailleurs entièrement nu. L'ornementation de ces deux portes a été taillée après coup à même du linteau et des pierres de l'appareil, sans tenir compte de la construction (3).

Façade occidentale et tours (4).

Lorsque l'on considère la façade occidentale de la cathédrale d'Amiens, il est facile de s'apercevoir que la partie construite au xiiie siècle s'arrête exactement, et par une ligne horizontale qui prend toute la largeur de cette façade, au-dessus de la grande rose (5), c'est-à-dire à la hauteur des clefs de la maîtresse voûte, soit environ à quarante mètres à partir de la dernière marche du parvis; les extrémités des tours et la galerie qui les unit datant évidemment d'époques postérieures (pl. III et IV). C'est cette partie du xiiie siècle, parfaitement homogène, que nous allons décrire comme si elle était isolée, réservant pour plus tard les adjonctions postérieures qui n'ont avec elle qu'une liaison bien imparfaite.

Fig. 60. — Petite porte du transept (croisillon sud).

Elle compte parmi les plus belles façades gothiques qui existent. Presque exempte de défauts (6), elle possède les plus sérieuses qualités : lignes principales,

(1) Ces retombées ont été refaites récemment.

(2) L'un de ces chapiteaux est très abimé.

(3) Cette porte conduisait autrefois au bureau des archives du chapitre. (RIVOIRE, *Descr. de l'église cath. d'Am.*, p. 119. — GILBERT, *Descr. histor. de l'église cath. d'Am.*, p. 206).

(4) Avant de commencer la description de cette façade, j'ai tenu à donner par l'héliogravure les deux plus anciens dessins que nous en possédons. Le premier (fig. 61) est peint dans le fond du quatrième sujet de la première travée de l'histoire de saint Firmin à la clôture du chœur (travée *18, 20 a*, pl. XLIX) et parait remonter aux dix dernières années du xve siècle. Le second (fig. 62) se trouve à l'arrière plan du beau tableau offert par Nicolas Le Caron, maître de la confrérie du Puy Notre-Dame en 1520, connu sous le nom de la *Vierge au Palmier*, et conservé à l'évêché d'Amiens. (Voy. *Album* de la Soc. des Antiq. de Pic.). Bien qu'exécutés d'une façon un peu libre, ces deux dessins nous donnent, dans leurs grandes lignes une reproduction assez fidèle de la cathédrale à l'époque où ils ont été faits, pour qu'ils puissent nous servir de documents.

(5) Sauf bien entendu le remplage de celle-ci qui a été refait au xve ou au xvie siècle.

(6) On lui reproche cependant la quasi égalité de ses deux galeries superposées. (Cf. DEHIO und VON BEZOLD, *Die Kirchl. Bauk. der Abendl.*, t. II, p. 157).

franchement et nettement marquées dans les deux sens, vertical et horizontal; décoration scrupuleusement maintenue à l'échelle, manière simple et large qui accuse et fait sauter aux yeux les moindres parties sans désordre et sans confusion. Rien de ces détails multiples qui s'agitent en tous sens, sans souci des proportions, où l'œil s'égare et ne perçoit plus rien, mais la ligne franche et pure, d'une sévère élégance et toujours commandée par la construction. Façade gothique et rationnelle par excellence (1).

Fig. 61. — La Cathédrale d'Amiens vers 1490.

C'est merveille d'y voir la lutte de l'artiste contre les plus grandes difficultés, pour concilier les nécessités de son système de construction avec la ligne architecturale; comment il a su, par des subterfuges, par des trompe-l'œil d'une audace incroyable, composer ce magnifique ensemble dont chacun admire la pureté. Qui croirait jamais, à première vue, que la voussure de la porte centrale est beaucoup plus profonde que celles des deux autres; que les quatre grands contreforts qui divisent verticalement la façade n'ont pas la même largeur; que la belle corniche sculptée, qui marque l'étage du triforium, diminue notablement d'épaisseur pour les contourner; que, dans cette galerie et dans celle des Rois qui est au-dessus, la partie qui correspond à la nef n'est pas sur le même plan que celles qui passent devant les tours; que la grande corniche supérieure se relève

(1) Cf. GONSE, L'Art gothique, p. 200.

de près d'un mètre pour passer au-dessus de la grande rose? Toutes ces irrégularités disparaissent dans l'ensemble, mais en lui donnant cette vie, cette émotion indéfinissable, qui est le propre de l'architecture du moyen âge.

Deux tours sur plan barlong et près de moitié moins profondes que larges, établies chacune dans l'axe des bas-côtés, et une partie centrale correspondant à la grande nef, telle est la donnée générale dans le sens vertical.

Fig. 62. — La Cathédrale d'Amiens en 1520.

Cette disposition des tours sur plan barlong est unique, du moins dans un édifice de l'importance de la cathédrale d'Amiens (1). On croit généralement, à la suite de Viollet-le-Duc, que cela résulte d'un changement dans le projet primitif, sans doute par raison d'économie (2). Dans l'impossibilité de deviner l'intention primitive du maître de l'œuvre, il est préférable de nous en tenir à l'ordonnance actuelle, elle est d'ailleurs très ingénieuse (3). Les tours carrées

(1) On peut en rencontrer dans des églises de petites dimensions, comme par exemple à celle de Bermerain (Nord), XIIIe siècle.

(2) Nous avons vu précédemment (p. 30) ce qu'il fallait penser de l'opinion de Viollet-le-Duc, d'après laquelle toute la façade occidentale serait restée pendant plusieurs années en arrachement.

(3) Nous observerons cependant qu'il n'est pas possible d'admettre que les quatre grandes piles de la façade aient été faites pour être moins proéminentes qu'elles ne le sont aujourd'hui, jusqu'à l'étage du triforium : décorées sur leurs trois faces visibles, à partir de la retombée des archivoltes des trois portes, leur partie basse n'a jamais dû être plus engagée dans la maçonnerie qu'elle ne l'est;

partant de fond ont toujours été fort difficiles à agencer aux façades des églises, sans encombrer la nef d'une façon très désagréable de piliers énormes à l'endroit même de l'entrée, où le dégagement est le plus nécessaire : on peut s'en rendre compte à Paris, à Chartres, à Cologne, surtout. D'un autre côté, lorsqu'on a voulu diminuer le diamètre des piles portant l'angle des tours vers la nef, ce fut au détriment de la solidité, d'autant que cette pile reçoit toute la poussée de la grande nef (1). Le maître maçon d'Amiens a su triompher de cette difficulté, en faisant des tours mêmes un puissant contrebutement à la poussée des trois étages d'arcs : grandes arcades, triforium et formerets de la grande nef. Il faut remarquer que la cathédrale d'Amiens est la première dont la voûte ait été portée à une pareille hauteur, et dont l'écartement des piliers soit si considérable. Il est certain que Robert de Luzarches a dû être fort préoccupé de lui donner vers l'ouest un point d'appui solide et défiant toutes les poussées possibles, tout en évitant des contreforts qui eussent fait une trop forte saillie sur la façade occidentale (2). Cette façade ne se compose en réalité que de quatre fortes piles V, X, Y, Z (pl. I) véritables culées, qui marquent les trois principales divisions de l'édifice : nef et bas-côtés. Entre ces piles, le maître de l'œuvre a logé les deux tours et le mur de clôture de la grande nef, en faisant de toute l'ordonnance horizontale un puissant système d'étrésillonnement. C'est ainsi qu'il a su dissimuler ses tours, les escamoter, pour ainsi dire, qu'il a su, tout en leur donnant une plus grande solidité, en y prenant même son point d'appui, éviter l'encombrement produit par les tours carrées dans les autres églises ; qu'il a su enfin trouver le moyen de conduire l'ordonnance intérieure de la nef sans changement jusqu'au portail occidental (3). Rien à l'intérieur ne révèle la présence des tours : de là cet effet saisissant et indicible qui vous empoigne en franchissant le seuil de la grande porte, alors que la grande nef se dresse du premier coup dans toute son immensité, dans toute sa majesté, sans que rien ne vienne arrêter le regard.

Dans le sens horizontal (pl. III et IV), nous retrouvons les trois étages de l'ordonnance intérieure : les trois grandes baies du grand portail, qui occupent la hauteur du bas-côté ; — une galerie à jour correspondant à l'étage du triforium ; — l'étage des fenêtres hautes. A ce dernier étage, le constructeur n'a pas osé remplir d'un immense fenestrage tout l'espace compris entre le triforium et le dernier arc doubleau en plein cintre de la grande voûte. Il l'a subdivisé en deux : il a inscrit dans cet arc doubleau une grande rose circulaire, et occupé l'espace compris entre le bord inférieur de cette rose et l'étage du triforium, par une

---

si donc il y a eu changement dans les intentions du maître de l'œuvre, ce changement a dû se produire dès les fondations, et avant que rien ne soit sorti de terre, ce qui est bien problématique. D'ailleurs le système des trois voussures profondes d'Amiens prises entre quatre contreforts d'une forte saillie à leur étage inférieur et amortis par des pyramides n'est que le développement de celui de la cathédrale de Laon, lequel sera plus tard encore suivi mais avec moins de franchise à Reims et à Bourges. (Cf. PLANAT, *Encyclop. d'archit.*, t. IV, p. 10, pl. IV).

(1) Reims, par exemple.

(2) On blâme souvent cette étroitesse des tours de la cathédrale d'Amiens. Il est certain que, telles qu'elles sont aujourd'hui, avec le couronnement qu'on leur a donné au XIV° siècle, elles ont quelque chose de mesquin qu'on ne peut nier. Mais nous ne savons pas comment le maître de l'œuvre du XIII° siècle avait l'intention de les terminer. Toujours est-il que, dans toute sa partie inférieure, cette façade est une œuvre absolument originale et dénote chez celui qui l'a conçue une rare sagacité de constructeur, en même temps qu'une entente admirable de l'effet architectural. A ces deux seuls points de vue, elle est hors de pair.

(3) Cf. DEHIO und VON BEZOLD, *Die Kirchl. Bauk. des Abendl.*, t. II, p. 134.

seconde galerie qui règne tout le long de la façade occidentale, en passant devant les tours, et qu'on appelle *galerie des Rois* à cause des statues de rois dont elle est ornée.

Jusqu'à la hauteur de la galerie qui correspond au triforium, exclusivement, les quatre grandes piles ont une assiette énorme, dont la plus grande longueur n'a pas moins de douze mètres et dont la face antérieure, varie de 2^m80 pour les deux contreforts extrêmes, à 3^m20 pour ceux du milieu. Et encore leur base est-elle puissamment empattée par les ébrasements des trois portes et les massifs de maçonnerie qui entourent les cages d'escaliers élevées sur les faces latérales des deux tours.

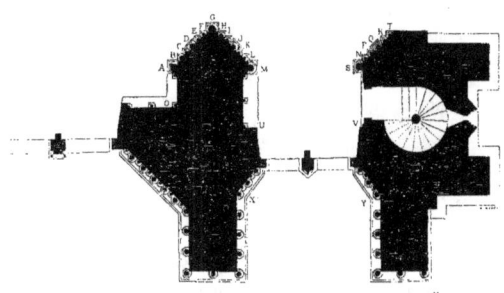

Fig. 63.

Vers l'intérieur, ces piles servent de derniers supports et de butée occidentale aux arcs longitudinaux et aux nervures des voûtes de la nef et des bas-côtés. A cet effet, elles sont formées de groupes de colonnettes disposées pour recevoir tous ces différents arcs. Aux deux piles qui correspondent aux arcades longitudinales c'est-à-dire à celles qui se trouvent à droite et à gauche de la grande nef (piliers *1 a, 2 a* du plan), ces groupes de colonnettes sont inscrits chacun dans un triangle rectangle et isocèle, reproduisant exactement la moitié d'un des gros piliers de la croisée. Les profils des bases sont semblables à ceux de ces piliers, mais sans griffes; comme à ceux-ci, les socles, sur lesquels ces bases sont posées, sont placés dans le sens des arcs de la voûte auxquels ils correspondent.

Les colonnettes F, G, H, I, J, K, L, M (fig. 63) s'arrêtent aux retombées des grandes arcades et des voûtes des bas-côtés; F, G, H, I correspondent aux grandes arcades et à leur doublure; I est ici pour la symétrie : on lui a donné à porter une seconde doublure de l'arcade, laquelle n'existe pas aux autres travées. Cette doublure supplémentaire a eu d'ailleurs pour avantage de consolider la première arcade placée entre la poussée des autres et la résistance des tours, et de n'en contrebuter que plus vigoureusement ces dernières; J porte l'ogive de la première travée du bas-côté; enfin K, L, M reçoivent les retombées des trois éléments du gros arc doubleau brisé et triplé qui sépare de la voûte du bas-côté le petit berceau brisé sur lequel s'élève la tour. Les autres colonnettes A, B, C, D, E, montent d'une seule venue et sans interruption jusqu'à la retombée de la grande voûte : D, pour servir de support à l'ogive de la première travée de la nef, et E, à l'arc supérieur du formeret qui, pour motiver cette colonne nécessaire à la symétrie, et en même temps, pour renforcer l'arc le plus voisin de la tour, a été doublé à cette travée. Ce renforcement n'est visible qu'à l'intérieur (1). Sur les colonnettes A, B, C, repose un énorme arc doubleau triplé, en plein cintre, et qui marque la séparation entre la grande voûte et un berceau placé en A O, en avant de la grande rose. Ce doubleau, pour avoir sa clef à la hauteur de celles de la grande voûte, a dû être considérablement surhaussé (pl. VI, LVIII) : le point de départ de la partie cintrée a été franchement accusé par une riche frise sculptée simulant une suite de chapiteaux formés de bouquets de feuillages posés debout, avec leurs astragales et leurs tailloirs circulaires couronnés par une guirlande de feuillage. La saillie de ce grand arc doubleau et des faisceaux de colonnettes qui le supportent a été si habilement combinée, qu'on ne se doute de la présence du berceau A O (fig. 63) que lorsqu'on est tout à fait dessous, et que l'arc doubleau semble tout simplement accolé au mur de clôture de la façade, auquel il fait un encadrement à la fois riche et vigoureux.

Vers l'extérieur, les quatre grandes piles font une forte saillie sur le nu du mur de clôture (2). Toute leur partie basse, jusqu'aux retombées des voussures des trois portes, compte dans l'ordonnance de celles-ci et sera décrite avec elles.

A partir du point où elles se dégagent de ces retombées, elles sont ornées sur chacune de leurs trois faces visibles d'une sorte de baie aveugle formée d'un cintre brisé abritant deux arcs trilobés surmontés d'une petite rose, et retombant sur trois longues colonnettes en délit, dont les chapiteaux à crochets ont leurs tailloirs polygonaux, et dont les bases reposent sur une sorte de petit soubassement diversement orné, entre les retombées des voussures des trois portes. Bien que cette décoration, dans ses lignes générales, soit la même pour les quatre piles, il faut cependant remarquer une différence de détail assez sensible entre les deux piles du côté sud, en tous points semblables entre elles, d'une part, et, de l'autre, chacune de celles du côté nord, qui diffèrent à la fois l'une de l'autre et des deux premières. Il serait trop long d'entrer dans le détail de ces différences qu'un coup d'œil jeté sur un dessin (pl. III et IV) fera sentir beaucoup mieux que toute description. Disons seulement que, dans les deux premières piles, la décoration est fort simple, et que le soubassement est orné de deux petits quatrefeuilles, tandis que l'ornementation des deux autres, surtout de la dernière, est beaucoup plus compliquée de crochets et d'autres motifs, enfin que leur soubassement est orné d'une seule rose, mais très richement sculptée (3). A la pile

---

(1) La retombée de cet arc, en 3 a, 4 a a été accommodée assez habilement sur le tailloir de la colonne-support de l'arc doubleau, et on a donné à ce tailloir un contour analogue à sa fonction supplémentaire. On ne saurait méconnaître l'habileté de cet arrangement qui ne nuit en rien à l'unité de l'ordonnance. (Cf. MOORE, *Development and character of gothic archit.*, 1899, p. 14,

fig. 67 et 68).

(2) Environ 6 mètres.

(3) A celle qui se trouve au pilier D, on a rappelé la guirlande de roses qui fait le tour de l'archivolte des trois portes, répétition qui a été, avec raison, évitée aux trois autres.

extrême du côté nord, notamment, le grand arc est orné à son intrados d'une suite de crochets : c'est le seul exemple dans la cathédrale d'Amiens de ce genre de décoration (1). A la même pile, entre les deux petits arcs trilobés, se trouve non pas une rose ou un quatrefeuilles comme aux autres, mais une espèce d'arbuste d'une forme très originale sortant du chapiteau de la colonnette centrale (fig. 64) (2). Les quelques différences dans l'ornementation de ces piles sont la seule irrégularité à relever dans toute la façade. A quoi tiennent ces différences ? C'est ce que nous ne saurions dire. Peut-être les piles du côté sud auront-elles été élevées les premières, et leur ornementation trop chargée et un peu confuse n'aurat-elle pas plu au goût si sûr et si délicat du maître de l'œuvre, le fait est que celle des deux autres est plus simple, plus claire, plus satisfaisante.

Fig. 64. — Détail de la Façade occidentale.

A partir de la corniche sculptée qui marque le premier étage et qui passe par-dessus les piles, celles-ci diminuent brusquement de saillie; diminution qui a été habilement dissimulée par d'élégantes pyramides de pierre octogonales ornées d'imbrications et de crochets.

Le passage du carré à l'octogone a été ménagé d'une façon assez ingénieuse : arrêtant par une petite moulure la partie carrée un peu plus bas que la grande corniche sculptée (3), on a établi un tambour octogonal, les angles abattus étant occupés par quatre clochetons portés sur des colonnettes réunies par de petits arcs brisés. Ce n'est qu'au-dessus de la grande corniche sculptée qui embrasse le tout, que commence la partie pyramidale de l'octogone central et des clochetons. Entre les clochetons, de petites ouïes surmontées de gables, et dont l'archivolte

---

(1) Voy. ci-dessus, p. 215.
(2) Celui de la face antérieure a été refait sous Viollet-le-Duc.
(3) Pour passer par-dessus les piles, cette corniche a été un peu diminuée de hauteur, pour ne pas trop contraster avec la légèreté des pyramides et de leurs supports; mais cette diminution a été si habilement ménagée qu'elle est insensible au premier coup d'œil.

est portée par deux colonnettes, complètent cette ordonnance, qui rappelle en petit celle des clochers à flèche octogonale de la même époque. De petites gargouilles atténuent ce que la moulure qui sépare le carré de l'octogone pourrait avoir de trop sec. Toutes les pyramides, grandes et petites, sont ornées d'imbrications sur leurs faces et de crochets sur leurs arêtes.

Les quatre pyramides et les colonnettes qui les supportent ont été entièrement refaites par Viollet-le-Duc, qui n'a laissé des anciennes que les arrachements engagés dans le massif de la pile. Elles ont été assez fidèlement copiées, du moins pour la partie verticale, mais les pyramides ont été faites plus élancées qu'à l'origine, comme on peut s'en convaincre par notre relevé de l'état ancien de la façade (pl. III); son exactitude est corroborée par tous les anciens dessins et photographies antérieurs à la restauration (1). Et de plus, Viollet-le-Duc les a surmontées d'épis énormes, alors que les anciens ne paraissent avoir jamais eu de pareilles dimensions (2).

Comme la saillie de cette première partie de la pile n'est pas sur un plan absolument carré, les pyramides et leurs supports immédiats se trouvent en partie engagées dans le second étage de la pile qui s'élève ainsi, non jusqu'à la galerie des Rois, mais jusqu'à la hauteur du premier larmier des piliers butants au-dessus du bas-côté. Ce larmier (pl. XII), placé un peu plus bas que l'appui des fenêtres hautes, ne correspond à aucune des grandes divisions de la nef, mais il passe par les faces latérales des tours, dont il forme au contraire une des principales divisions, puis se retrouve sur la façade occidentale à chacune des quatre grandes piles seulement, dont il marque une nouvelle diminution de saillie et d'épaisseur. En dernier lieu, ces piles montent jusqu'à la grande corniche supérieure, au-dessus de la grande rose, traversées seulement par la galerie des Rois et la guirlande de feuillage qui lui sert de base. A partir de la galerie des Rois, elles sont ornées le long de leurs arêtes de longues colonnettes qui ont leurs chapiteaux sous la grande corniche.

A leur partie postérieure, vers la nef (pl. V), les deux piles extrêmes, à partir du moment où elles se dégagent du mur du collatéral, font saillie sur le nu du mur des tours et sont divisées et ornées comme les culées de la nef, jusqu'à la hauteur de la grosse corniche sculptée qui orne celles-ci, puis montent tout d'un trait jusqu'à la grande corniche de la nef, ayant seulement, comme sur la façade, leurs arêtes ornées de longues colonnettes. Les deux autres se confondent avec le piédroit de la première fenêtre de la nef de ce côté, y compris le chambranle de celle-ci; disposition aussi simple qu'ingénieuse.

Sur chacune des faces latérales des tours, vers l'extérieur, au nord et au sud, sur le prolongement de leurs faces antérieures et postérieures, (pl. V, XII, XXVII), les deux piles maîtresses extrêmes sont renforcées par deux contreforts en retour d'équerre. Ces contreforts, d'une très forte saillie à leur base, se raccourcissent

---

(1) Voy. notamment une ancienne photographie qui se trouve à la Bibl. Nat. (Estampes, Topogr. Somme, V a, 401). Viollet-le-Duc a aussi, mais dans une bonne intention, percé des ouvertures en forme de trèfles et de longues fentes sur les faces de chacune des grandes pyramides. Ces ouvertures ne paraissent pas avoir existé dans les anciennes.

(2) Ces pyramides avaient dû être remaniées à diverses époques; et rappelons-nous notamment qu'en 1777, celle de l'angle sud de la façade avait été, au dire de Baron, entièrement refaite. On voit d'ailleurs par les anciens dessins qu'elle n'était pas semblable aux trois autres. (Voy. ci-dessus, p. 88).

progressivement à mesure qu'ils montent, au moyen de ressauts successifs, qui correspondent à ceux des culées, avec lesquelles ils ne forment qu'une seule et même ordonnance. A environ un mètre au-dessus de la corniche extérieure du bas-côté, ils diminuent brusquement, diminution rachetée par un clocheton quadrangulaire, imbriqué, orné de crochets et de gables dans chacun desquels est un trèfle aveugle. A partir de là, ils continuent à monter avec les mêmes ressauts et la même ornementation que les culées et que les deux piles extrêmes à leur partie postérieure. La division horizontale des faces nord de la tour nord et sud de la tour sud, continue celle des culées de la nef, et est marquée par tous les larmiers et cordons sculptés qui décorent celles-ci, à partir de la corniche sculptée du bas-côté inclusivement. Cependant cette corniche s'y relève à onglet d'environ un mètre d'une façon habilement dissimulée, pour regagner le niveau qu'elle doit avoir dans la façade occidentale.

Un élégant cadran solaire (pl. XII) complète la décoration du contrefort le plus rapproché de la façade à la tour du sud. Il est placé entre le dernier glacis, avant l'étage du triforium, et le pinacle qui marque la diminution de saillie et de largeur du contrefort à cet endroit, et se compose d'un arc brisé orné de feuilles de refend et redenté à trois lobes, retombant sur deux colonnettes monolithes aux chapiteaux à crochets et tailloirs polygonaux, avec bases qui reposent sur des dés quadrangulaires (1). Cet arc sert d'abri à une grande statue d'ange debout, aux ailes à demi éployées, d'un joli galbe (2), foulant aux pieds un petit personnage accroupi, qui le montre du doigt; ce dernier est très remarquablement traité (3). Le cadran solaire proprement dit est placé sous ces deux personnages.

L'intervalle entre les deux contreforts latéraux de chacune des tours, jusqu'à la hauteur du sol du triforium, est occupé par un monumental escalier à vis, clos extérieurement par un mur plat et éclairé par quatre étroites meurtrières superposées; sa cage cylindrique est amortie au-dessus de la corniche extérieure sculptée qui marque l'étage du triforium, par un très élégant clocheton octogonal imbriqué d'écailles « d'un puissant relief, dit Viollet-le-Duc, et d'une forme évidemment destinée à produire un grand effet à distance » (4). Garni de crochets sur ses arêtes et d'un fleuron terminal, il sort d'un arrangement de clochetons, de gables, d'arcatures et de colonnettes, que la vue d'un dessin (pl. V et XII) fera mieux comprendre que toute description.

A cet endroit, la cage cylindrique de l'escalier est voûtée sur croisée d'ogives à six divisions, les branches d'ogives retombant sur de grosses têtes humaines, véritables chefs-d'œuvre de caricature. Les fig. 2 et 6 en font voir deux des plus remarquables. L'individu que représente la fig. 6 est évidemment un nègre. Il n'y a en réalité que cinq branches d'ogives à chaque escalier; la sixième est remplacée par une cloison de pierre contre laquelle s'arrête l'emmarchement, et le long de laquelle se continue le noyau qui vient buter au milieu de la clef

---

(1) Le tout a été entièrement refait par Viollet-le-Duc.
(2) Haut. environ 3 mètres.
(3) La tête, le buste, les ailes et les mains de l'ange et la main du marmouset ont été refaits par les frères Duthoit en 1860. — Il y a des cadrans solaires analogues au cloître de la cathédrale de Laon, ainsi qu'aux cathédrales de Chartres, de Nicosie, etc. Cf. ENLART, *L'Art gothique et la Renaissance en Chypre*, t. I, p. 121.
(4) VIOLLET-LE-DUC, *Dict. rais. d'archit.*, t. V, p. 102, fig. 4.

de voûte. Celle-ci est marquée par une couronne de feuillage trèflé, qui fait le tour du noyau comme une sorte de chapiteau. Il n'y a pas de formerets. A chaque révolution, l'escalier est éclairé par une archère largement ébrasée à l'intérieur; sous la voûte est une petite baie géminée pratiquée dans le soubassement de la pyramide de couronnement (1).

A partir de l'étage du triforium, l'escalier change de place et continue à monter jusqu'au haut des tours, dans un cylindre plus étroit, pratiqué dans l'angle sud-ouest de la tour sud et nord-ouest de la tour nord.

Fig. 65.

La grande pyramide qui amortit la cage d'escalier et ses accessoires suffisent pour remplir à l'extérieur tout l'intervalle compris entre la corniche sculptée du bas-côté et celle des culées, et dans lequel les maîtresses piles sont encore pleines. A l'étage supérieur, qui correspond à peu près à celui de la grande rose, la pile est percée d'une ouïe fort longue, en cintre brisé et doublé, retombant sur des groupes de colonnettes d'appareil, rappelant l'ordonnance des faces antérieure et postérieure des tours.

Pour donner accès de la nef à ces escaliers, en S V (fig. 63) est percée une petite porte en cintre brisé, de faible saillie, ornée d'une simple moulure [qui sert d'encadrement à un tympan entièrement nu, reposant sur deux chambranles munis de corbeaux moulurés et sculptés de feuillage. Le tympan de la porte du côté sud (fig. 65) est à lits horizontaux. Celui de la porte nord (fig. 66) est renforcé dans son milieu.

Pour terminer la description des quatre grandes piles, disons que celles qui correspondent aux murs gouttereaux de la nef, dans leur partie qui se trouve à l'intérieur entre le nu du mur occidental et le groupe de colonnettes qui porte le gros formeret en plein cintre en avant de la rose (pl. VI), sont ornées, à l'étage du triforium, d'une baie aveugle en cintre brisé et redenté, retombant sur des groupes de colonnettes semblables à celles du triforium, et, à l'étage des fenêtres hautes, d'une haute niche amortie en plein cintre redenté, reposant également sur des colonnettes qui ont leurs chapiteaux à la même hauteur que ceux qui reçoivent les retombées de la grande voûte (2).

C'est entre ces quatre grandes piles que le maître de l'œuvre a établi les tours, le mur de clôture de la grande nef, et, en général, la disposition horizontale

---

(1) A l'escalier sud, un plancher a été établi devant cette baie, pour recevoir l'horloge placée jadis en cet endroit.

(2) Sur le flanc méridional de la tour sud, à l'extérieur, un grand crochet de fer passe pour avoir servi à tendre des chaînes pour barrer la rue, comme cela se pratiquait jadis en temps de troubles ou de guerre, mais cela n'est pas prouvé. Cf. Bibl. d'Am., ms. 835 (Machart, t. VII), p. 129; — RIVOIRE, *Descr. de l'église cath. d'Am.*, p. 45; — GILBERT, *Descr. histor. de l'église cath. d'Am.*, p. 70; — GOZE, *Rues d'Am.*, t. I, p. 141, et *Mémorial d'Amiens*, du 24 mars 1865; — VIOLLET-LE-DUC, *Dict. rais. d'archit.*, t. II, p. 404, — etc.

de la façade occidentale. Elle reproduit, nous l'avons dit, la disposition générale de la nef (pl. III et IV).

A l'étage inférieur, celui du bas-côté, correspondent les trois grandes portes qui pénètrent dans la nef et les collatéraux, et qui sont ornées d'une magnifique statuaire qui s'allie d'une façon merveilleuse avec l'architecture, mais que nous décrirons en détail plus loin. Profitant de la grande saillie des contreforts jusqu'à la hauteur de ce premier étage, on a donné à chacune de ces portes une voussure profonde, qui constitue un premier et vigoureux étrésillonnement entre les quatre grandes piles, et dont l'ébrasement donne à l'archivolte antérieure toute la largeur d'un contrefort à l'autre (1). Afin de laisser vers l'intérieur le moins d'espace possible entre le nu du mur de clôture de la grande nef et les groupes de colonnettes qui portent la grande voûte, on a reporté celui-ci le plus loin possible, augmentant ainsi d'autant la profondeur de la voussure de la porte centrale. La profondeur des voussures des trois portes est donc telle que leur ébrasement ne suffit pas à les remplir entièrement, mais qu'il reste en avant de celui-ci un espace assez considérable. On l'a couvert d'un berceau brisé orné de cordons sculptés pour la plupart à personnages.

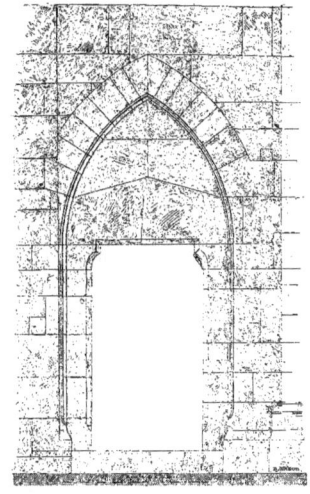

Fig. 66.

La grande archivolte extérieure de chacune des trois portes, d'une mouluration fort simple, et dont les sommiers pénètrent dans les grandes piles qui lui servent de supports, est ornée à l'intrados d'une suite de redents à jour terminés par des bouquets de feuillages d'un bon style et bien composés. Ces redents encastrés dans une rainure (2), forment une denteleure de pierre du plus gracieux effet. Dans la moulure de leur extrados, une délicieuse guirlande de roses au naturel court sans interruption le long de la voussure de chacune des portes, en passant par devant les quatre grandes piles (3). Elle est séparée de la denteleure des redents par une large plate-bande dont la nudité fait ressortir l'une et l'autre.

Les supports des cordons sculptés des voussures des trois portes sont formés

---

(1) Le maître maçon n'a pas excédé cette largeur, comme le fera plus tard celui de la cathédrale de Reims, et a su laisser entre chaque porte un trumeau qui a toute la largeur de la pile, ce qui satisfait à la fois l'œil et la raison.

(2) Cf. Viollet-le-Duc, *Dict. rais. d'archit.*, t. VIII, p. 6, fig. 3.

(3) Cf. la porte Rouge à Notre-Dame de Paris, mais qui est un peu moins ancienne.

chacun d'une grande statue en pied d'environ 2^{m}40 de hauteur adossée à une colonnette au chapiteau à crochets et au tailloir polygonal, accompagnée d'une autre colonnette d'un plus petit diamètre. De petits personnages accroupis servent de supports aux statues, non plus directement, comme aux époques précédentes, mais avec l'interposition d'un socle orné d'architectures. Chaque statue est abritée par un fort joli dais, de dessin varié. La même ordonnance se poursuit à la partie antérieure des quatre grandes piles qui forment les trois principales divisions verticales de la façade et qui, en cet endroit, tiennent lieu de trumeaux séparatifs des portes. Là, les colonnettes sont réunies par de petits arcs brisés avec redents.

Ces piédroits reposent sur un stylobate continu à trois divisions horizontales. La première est ornée de deux rangs de quatrefeuilles dans lesquels sont sculptés des bas-reliefs : elle est appareillée en pierres de grandes dimensions, en deux assises seulement, de sorte que chaque rang de quatrefeuilles est pris dans une hauteur d'assise. Un cordon mouluré la sépare d'une autre zone plus étroite placée au-dessous; elle n'est pas entièrement lisse, mais garnie d'un ornement continu, traité en méplat, faisant tapisserie, et dont le dessin se compose d'une suite de fleurs quadrilobées inscrites dans un treillis à angles droits posé en losange. Ce dessin fait ressortir la série de quatrefeuilles qui précède, en la soulignant par une bande d'un ton plus sombre, en même temps qu'il ménage une heureuse transition entre celle-ci et la nudité du soubassement en grès qui règne tout autour de la cathédrale, et qui donne à notre façade une base solide et ferme, bien accusé par une belle moulure en doucine renversée.

L'archivolte extérieure de chacune des trois portes est surmontée d'un gable sous un angle peu prononcé, garni de crochets sur ses rampants, et dont le tympan n'est orné que d'un trèfle inscrit dans un cercle. Les gables des portes latérales sont surmontés chacun d'un fleuron; à celui de la porte centrale, Viollet-le-Duc a mis un ange sonnant de la trompette exécuté par les frères Duthoit, à la place d'une statue de saint Michel, qui paraissait dater des premières années du xvie siècle (1). On ne sait ce que celle-ci est devenue : elle devait être en assez mauvais état. Ces trois gables sont motivés par les toitures (2) qui abritent les voussures des trois portes; les eaux de ces toitures sont rejetées par des gargouilles qui complètent la décoration du portail (3).

Chacune des trois portes est divisée en deux par un trumeau auquel est adossée une grande statue en pied posée sur un socle ou piédestal orné de bas-reliefs. Les tympans sont aussi ornés de sujets à personnages sur plusieurs zones ou registres superposés.

---

(1) Il semble que ce soit déjà cette même figure de saint Michel que l'on voit dans la façade de la cathédrale dessinée dans le fond du tableau de la Vierge au Palmier, qui date de 1520 (fig. 62).

(2) Ces toitures ont été refaites et couvertes en lames de plomb, lors de la restauration par Viollet-le-Duc.

(3) Ces trois gables, avec leurs crochets, amortissements et gargouilles, ont été entièrement refaits par Viollet-le-Duc. D'après l'état ancien (pl. III), les tympans des gables de la porte centrale et de celle du sud étaient seuls ornés d'un trèfle, celui du nord était nu. — On voit déjà ce même système appliqué au grand portail de la cathédrale de Laon et aux porches du transept de la cathédrale de Chartres. Comme à Amiens, on sent bien que ces gables ne sont là que pour l'utilité et n'ont que l'ouverture d'angle nécessaire pour assurer l'écoulement des eaux. A Bourges, ils sont déjà beaucoup plus aigus. A l'époque de la construction de la cathédrale d'Amiens, on commençait déjà à les imiter, à titre de pure décoration, pour des portes ne faisant pas saillie sur le nu du mur, comme aux portes du transept de celle-ci, qui comptent peut-être parmi les premiers exemples de gables purement décoratifs au-dessus des portes.

Toutes les sculptures qui décorent les trois portes étaient jadis peintes et dorées : on en voit encore de nombreuses traces à divers endroits et notamment à celle de la Mère Dieu, dont la statue principale adossée au trumeau, était encore ainsi décorée au commencement du xviiie siècle (1).

Les vantaux des portes, qui peuvent remonter à l'époque de la construction, sont composés de madriers de 0^m085 d'épaisseur posés à joints vifs, avec couvre-joints moulurés, fixés par de gros clous ; le tout maintenu horizontalement en haut, en bas et au milieu, par trois pentures en fer d'un dessin fort simple (fig. 67). A la porte Saint-Firmin, il n'y a que deux pentures par vantail (2).

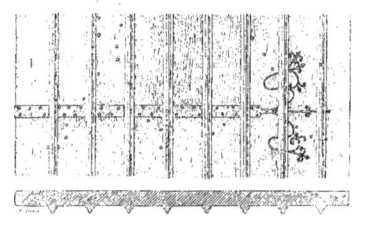

Fig. 67.

Au-dessus des deux portes latérales, moins hautes que la porte centrale, et qui sont loin d'atteindre la corniche sculptée qui marque le premier étage, on a jeté entre les piles deux puissants berceaux brisés, exactement de la même largeur que les tours, et destinés à servir d'assiette à celles-ci, en même temps que d'étrésillonnement entre les piles. L'espace vide entre ce berceau et le tympan de la porte a été fermé par un vitrage en forme de triangle curviligne, inscrivant une rose circulaire à huit lobes rattachée à chacun des trois angles par une petite colonnette, le tout appareillé et profilé comme les grandes fenêtres du bas-côté (3). Ce vitrage, placé sur le prolongement vertical du tympan, divise ainsi le berceau en deux parties, l'une vers l'intérieur et l'autre vers l'extérieur. Dans la partie du berceau qui se trouve à l'intérieur, une ouverture a été réservée pour le passage des cloches.

Derrière le gable de la porte centrale est un massif de maçonnerie pleine qui fait une assez forte saillie en avant du mur bahut de la première galerie de la façade et qui s'arrête un peu au-dessous du cordon placé à la base de la première galerie ; il produit ainsi un ressaut horizontal marqué par une petite moulure, du même profil et sur le même prolongement que celles qui couronnent les quatre grands contreforts, à l'endroit où ils passent du carré à l'octogone ; il en résulte une ligne, il faut en convenir, peu agréable, qui coupe assez mal à propos la belle ordonnance de la façade (4).

Vers l'intérieur, de chaque côté de la grande porte et sur la saillie des gros murs qui soutiennent les tours, nous retrouvons à rez de chaussée l'arcature trilobée

(1) Mss. de Pagès, édit. Douchet, t. V, p. 11.
(2) Les vantaux des portes de la Vierge dorée et de Saint-Firmin le Confesseur sont absolument semblables à ceux-ci.
(3) Cf. Viollet-le-Duc, Dict. rais. d'archit., t. V,
p. 317, fig. 3. — Les redents de ces roses, ainsi que les petites colonnettes qui servent à les consolider ont été refaits par Viollet-le-Duc.
(4) Voy. ci-dessus, p. 31.

du soubassement posée sur un banc de pierre, comme au bas-côté, mais elle est ici simplement extradossée, et rien ne la termine horizontalement. Elle se répète le long de la partie saillante de la grande pile. A partir de là, le mur s'élève nu, interrompu seulement par la baie de la grande porte, qui s'ouvre crûment en cintre brisé vers l'intérieur ; le tympan, simplement appareillé, est subdivisé en deux arcs surbaissés reposant sur un mince pilastre central, qui est toute la partie du trumeau visible de l'intérieur. Le petit chapiteau sommairement sculpté de ce pilastre et les deux petits corbeaux qui soutiennent les autres retombées forment toute l'ornementation de la porte de ce côté, jusqu'à l'étage du triforium. On n'a même pas cherché à dissimuler la nudité de ce mur par une arcature aveugle, comme on l'a fait aux murs de clôture des croisillons du transept qui se trouvent dans le même cas. Il est difficile de s'expliquer cette nudité qui contraste avec la richesse relative du reste de l'édifice. Notre planche VIII montre l'effet fâcheux, disons-le, qu'il devait produire lorsque le buffet d'orgues n'était pas là pour le pallier en partie. Aurait-on eu le projet de le couvrir de peintures ?

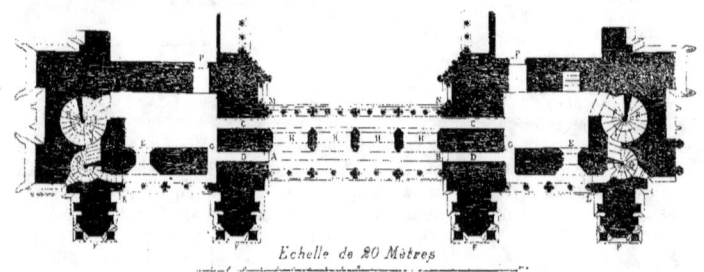

Fig. 68. — Plan de la façade occidentale à l'étage du triforium.

Le revers des portes latérales est à peu près aussi simple, bien que d'une façon moins choquante : d'abord parce qu'il est moins visible, et ensuite parce que la nudité du mur y est diminuée par le fenestrage qui s'ouvre au-dessus d'elles. Ici encore, l'arcature du rez-de-chaussée se retrouve sur les parties nues des grandes piles.

Au-dessus de l'étage des trois portes, la grande corniche sculptée extérieure du bas-côté se retourne sur la façade occidentale, dont elle contourne tous les membres (1), accusant ainsi vigoureusement par une franche ligne horizontale l'étage de la galerie du triforium, dont le plan (fig. 68) fera saisir la disposition un peu compliquée, mais très ingénieuse. Vers l'extérieur, cette première galerie règne d'un bout à l'autre de la façade (K L), interrompue seulement par les quatre

(1) Nous avons vu comment elle diminuait d'épaisseur d'une manière insensible à l'œil, pour passer par-dessus les grandes piles.

grandes piles verticales F, et les pyramides qui les masquent en partie. Aux façades des tours, elle s'avance en avant des murailles de celles-ci, mais devant la nef, comme le mur de clôture A B a été reculé le plus possible, pour éviter de donner aux grandes piles une trop forte saillie vers l'intérieur, et comme le maître de l'œuvre ne pouvait pas donner à ses galeries une largeur dépassant la portée des dalles qui leur servent de plafond, elle se trouve en arrière-plan, mais d'une façon absolument insensible à l'œil non prévenu, et qui ne nuit en aucune manière à son ordonnance générale. Cette ordonnance très élégante (pl. III, IV, XII), se compose de huit baies principales, deux à chaque tour, quatre devant la nef centrale; elles sont séparées par des faisceaux de trois colonnettes appuyées à une petite pile carrée, suivant la coupe ci-contre (fig. 69), le tout appareillé (1). Sur ces groupes de colonnettes retombent de grands cintres brisés, moulurés et ornés par-dessus les moulures d'une suite de redents feuillus. Un monstre ailé, la tête en bas, accuse chacune des retombées (2), motif de décoration très original, d'un très heureux effet, et qui donne à ces retombées, qui eussent paru maigres, « un aspect puissant qui arrête les yeux sur ces points principaux,

Fig. 69.

et qui forme une composition des plus larges et des plus hardies » (3). Ces monstres sont d'un très grand caractère, bien que la pierre en soit passablement vermiculée. Le grand arc renferme un remplage entièrement à jour et entièrement indépendant, composé de deux arcs trilobés inscrits chacun dans un plein cintre, retombant sur une colonnette centrale monolithe, et surmontés d'un cercle circonscrivant un quatrefeuilles. Celui-ci est maintenu seulement par en haut à l'arc principal au moyen de deux tenons. A chacun des écoinçons de maçonnerie pleine, entre les grands arcs, est un petit trèfle renversé, aveugle, aux redents feuillus et inscrit dans un cercle. Les dés sur lesquels reposent les colonnettes, destinés à être vus d'en bas, sont très élevés. Ils sont à deux ressauts réunis par un simple congé. La plupart sont hexagonaux, sauf ceux des colonnettes médianes des faisceaux de trois colonnettes qui portent les retombées des grands arcs,

---

(1) Il faut remarquer la façon dont ces groupes de colonnettes sont ajustés, au moyen d'encorbellements, sur le bahut qui leur sert de stylobate, et qui est beaucoup plus étroit qu'eux.

(2) Il y a des monstres de ce genre aux retombées de deux arcs voisins, au clocher de l'église de Guarbecques (Pas-de-Calais), qui remonte au XIIe siècle (ENLART, Monum. relig. de l'archit. romane et de transit. dans la région Picarde, p. 225, fig. 163).

(3) VIOLLET-LE-DUC, Dict. rais. d'archit., t. VIII, p. 240. — Ces monstres sont sculptés sur les deux assises de sommiers communes à deux arcs voisins. C'est pourquoi il nous est difficile d'admettre, comme le croit Viollet-le-Duc (loc. cit.), qu'ils aient été sculptés avant la pose : ce serait un tour de force incroyable, même étant donné la grande et incontestable habileté des entailleurs et des appareilleurs du XIIIe siècle. Il faut qu'ils aient été sinon ébauchés, du moins terminés sur le tas. De ce que les tailleurs de cette époque travaillaient la plupart du temps avant la pose, chaque fois que cela était possible, il ne s'ensuit pas qu'ils en aient fait une règle absolue. Il y avait des cas où la sculpture sur le tas s'imposait. — La plupart de ces monstres sont anciens : quelques-uns ont été plus ou moins raccommodés ; un seul a été entièrement refait sous Viollet-le-Duc. — A la dernière retombée devant la tour nord, à droite du spectateur, le monstre est remplacé par un petit homme accroupi. A celle de la partie centrale, également à droite, par un chien.

lesquels sont quadrangulaires. Leurs bases et leurs chapiteaux sont conçus dans le même esprit que ceux du triforium de la nef. Dans quelques bases, la scotie est remplacée par un rang de têtes de clous; dans quelques autres, la scotie et le tore supérieur n'ont pas été terminés (1).

Au-dessus de chacun des groupes de colonnettes qui portent les arcs principaux, une longue pierre en boutisse relie l'écoinçon de ces arcs au mur de clôture, comme au triforium. Des passages pratiqués en D (fig. 68), à travers les grandes piles assurent la communication d'un bout à l'autre de la galerie, dont le sol est placé plus bas que les dernières assises du mur plein, qui lui sert à la fois de stylobate et de garde-corps. Le dallage de la galerie supérieure lui sert de plafond (2). Derrière la partie de la galerie qui correspond à chacune des tours, une seule fenêtre E, assez étroite, éclaire l'intérieur de celles-ci, et une petite porte G, y donne accès. Derrière celle qui correspond à la grande nef, le mur de clôture A B est percé de quatre baies vitrées H en cintre brisé, devant chacune des baies de l'arcature, éclairant la galerie intérieure qui règne au même étage.

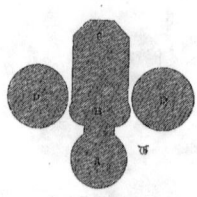

Fig. 70.

A partir de cet étage, en effet, le mur de clôture de la nef, à l'intérieur, de nu qu'il était, devient très orné : le riche bandeau sculpté qui court le long de la nef à l'étage du triforium, après s'être interrompu pour laisser monter les groupes de colonnettes qui supportent le dernier doubleau de la grande voûte, se retourne pour continuer le long du mur de façade. Sur ce bandeau règne une galerie M N (fig. 68), qui fait la continuation de celle du triforium, avec laquelle elle est de plain-pied, et, en même temps, la contre-partie de la première galerie extérieure de la façade. Elle s'ouvre sur la nef par quatre grandes baies divisées en trois et semblables à celles du triforium (pl. VIII). De petites piles, dont l'aspect est le même que celui des groupes de colonnettes de la galerie extérieure, mais dont la structure est tout autre, leur servent de supports principaux. Elles se composent de trois pièces en délit (fig. 70) (3) : 1° une sorte de noyau composé de la colonnette médiane A, dont le tailloir carré reçoit la retombée commune à deux grandes baies voisines, d'un renflement B, et, par derrière, d'une queue C, à pans coupés, le tout d'une seule pièce; 2° deux colonnettes isolées D, qui, sur leurs tailloirs en demi-hexagones, supportent les petits arcs intérieurs. Les trèfles inscrits dans le grand arc de chaque baie ont leurs redents fleuronnés, comme au triforium du côté nord de la nef (4). Comme les autres, cette galerie est couverte par une suite de dalles qui servent de sol à celle qui est au-dessus. Les portes P (fig. 68) font communiquer les tours avec les combles des bas-côtés et les galeries du triforium (5).

(1) Plusieurs de ces colonnettes ont été plus ou moins refaites à diverses époques.
(2) Sur cette galerie, cf. Viollet-le-Duc, *Dict. rais. d'archit.*, t. VI, p. 13, fig. 4 et 5.
(3) Rappelons-nous qu'au triforium, elles sont cons-

truites d'une façon toute différente.
(4) Cette galerie est aujourd'hui complètement masquée par le buffet de l'orgue, dans lequel elle est, pour sa plus grande partie, enclavée.
(5) Notre plan (fig. 68) fait voir en outre en R, Q, la

La première partie de l'étage des fenêtres hautes est occupée par une seconde galerie exactement superposée à la précédente et qui, comme elle, se double d'une galerie intérieure sur la grande nef.

Vers l'extérieur, un joli cordon très délicatement sculpté de rinceaux, qui court d'un bout à l'autre de la façade, en passant par-dessus toutes les piles, marque le point de départ de cette seconde galerie (fig. 71) (1). La délicatesse de cette charmante guirlande contraste avec la mâle énergie de la corniche sculptée de l'étage précédent. Sur ce cordon extérieur règne la galerie dite *Galerie des Rois*, composée de vingt-deux arcs (huit devant la grande nef, cinq devant chaque tour, et un devant chacun des quatre grandes piles), reposant sur des colonnettes isolées et abritant autant de statues colossales de rois. Comme cette galerie est absolument au-dessus de la précédente, rappelons que sa partie centrale se trouve, comme à celle-ci, en arrière-plan des portions qui passent devant les tours.

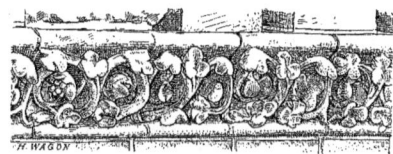

Fig. 71. — Cordon sous la Galerie des Rois.

Ici nous nous trouvons en présence, non pas d'un morceau architectural du XIIIe siècle, mais d'une œuvre presque exclusivement de Viollet-le-Duc, car les statues des Rois, pour la plupart du moins, ont seules été conservées (quelques-unes ont été plus ou moins restaurées). Non seulement Viollet-le-Duc a refait cette galerie de toutes pièces, mais à l'ordonnance ancienne, sous prétexte que l'arcature qui couronnait cette galerie avait été altérée par de mauvaises restaurations et par des plâtrages (2), il en a substitué une autre qui est absolument de sa composition et totalement différente de la primitive. Force nous est donc de décrire celle-ci d'après le relevé exécuté avant la restauration et qui, conforme à tous les anciens dessins, a toutes les garanties possibles de sincérité (pl. III) (3).

Devant les tours et la partie centrale qui correspond à la grande nef, cette galerie se composait d'une suite de dix-huit arcs (4) brisés et redentés recouverts chacun d'un petit gable peu aigu, avec un petit trèfle renversé dans l'écoinçon triangulaire entre deux gables. A la rencontre de ceux-ci, était sculptée

---

déviation de l'escalier à cet étage, pour monter aux étages supérieurs des tours, comme nous l'avons vu ci-dessus, p. 528.

(1) Cf. Viollet-le-Duc, *Dict. rais. d'archit.*, t. VII, p. 239, fig. 61.

(2) Rapport de Viollet-le-Duc au ministre, 1849. Archives de la Direct. des cultes. — Cf. Goze. *Achèvem. des travaux de restaurat. de la façade de N.-D. d'Amiens*, dans le journal le *Mémorial d'Amiens*, du 8 juillet 1862. — Voy. ci-dessus, p. 179.

(3) Cette ancienne disposition est également encore parfaitement visible dans une photographie très rare faite pendant l'exécution des travaux, alors que ceux de la galerie des Rois étaient à peine commencés. Cette photographie est prise de trois quarts sur la façade occidentale et sur la face latérale sud. Les travaux de restauration étaient alors terminés depuis le haut jusqu'à la galerie des Rois exclusivement. Des échafaudages s'élèvent depuis le sol jusqu'à celle-ci, dont ils ne couvrent qu'une très faible partie contre la tour nord, de sorte que tout le reste s'y voit très clairement. Il y a une épreuve de cette photographie à la Bibliothèque Nationale (Estampes, Topogr., Somme, V a 401).

(4) Cinq devant chaque tour, et huit devant la nef.

une petite tête grimaçante, formant sans doute gargouille, pour rejeter les eaux de la galerie supérieure. Ces arcs retombaient sur des colonnettes monolithes isolées. Parmi ces colonnettes, celles qui se trouvent immédiatement contre les grandes piles, sauf deux, ont seules été conservées : chacune d'elles repose sur un dé quadrangulaire à deux ressauts réunis par un glacis. Le profil des bases n'est que sommairement indiqué : la scotie n'a pas été creusée ; les chapiteaux sont à crochets d'un joli galbe, quoique simplement et largement traités, avec abaques carrés relativement peu élevés, mais terminés à leur partie supérieure par un glacis en doucine assez prononcé, pour dégager d'en bas les sommiers de l'arcature. Une moulure peu accentuée couronnait le tout.

Devant les grandes piles, la disposition changeait : à chacune d'elles, un seul arc trilobé aigu et fort large, formé d'une gorge entre deux baguettes et dans laquelle de grosses roses étaient sculptées de distance en distance (1), il retombait sur deux colonnettes isolées monolithes semblables à celles du reste de la galerie. Aux deux piles voisines de la partie centrale, les écoinçons étaient en outre décorés d'un bouquet de feuillage ; à celles des deux extrémités, ils étaient nus. Les lignes principales correspondaient d'ailleurs exactement à celles du reste de la galerie. Au-dessus de chacun de ces arcs s'élevait un gable aigu à crochets surmonté d'un fleuron, retombant sur deux petites têtes de marmousets et flanqué de deux petits pinacles aussi à crochets, et de la base de chacun desquels sortait une petite gargouille ; enfin un petit trèfle était percé dans le tympan de chacun de ces gables.

Toute autre est la disposition inventée par Viollet-le-Duc. Il a bien conservé les vingt-deux divisions de l'arcature, mais il a refait presque toutes les colonnettes et les a surmontées de ces arcs trilobés surchargés d'épais feuillages avec cette frise piquée de petits bouquets, qui font toujours l'étonnement de ceux qui n'en savent pas l'auteur (pl. IV).

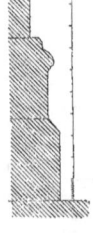

Fig. 72.

Il n'y a pas de communication entre les parties de cette galerie qui se trouvent devant les tours, et celle qui passe devant la nef centrale. On ne pénètre dans celle-ci que par une ouverture pratiquée dans le vitrage qui les sépare l'une de l'autre. Derrière la galerie extérieure, le mur de clôture des tours est plein. Dans la partie centrale, ce mur est, comme à l'étage inférieur, percé de quatre grandes baies en cintre brisé et vitrées.

Vers l'intérieur, cet étage est marqué par la moulure horizontale qui fait la base de l'étage des fenêtres hautes, et qui se retourne après s'être interrompue pour laisser monter les faisceaux de colonnettes qui portent le dernier doubleau de la grande voûte. Ici règne une seconde galerie intérieure correspondant à la galerie des Rois, avec laquelle elle est de plain-pied. Cette galerie, assez large pour permettre d'y circuler facilement, s'ouvre vers la nef par une jolie arcature (pl. VIII et LVII) composée de douze petits arcs brisés, enveloppant chacun un petit arc trilobé, le tout

(1) L'arc trilobé au contrefort d'angle du côté sud a seul été refait ainsi : son ancien sommier inférieur à gauche du spectateur et son assise supérieure ont été conservés comme témoins. Il faut remarquer que cet arc, qui fait corps avec la maçonnerie même des piles, est appareillé à assises horizontales.

retombant sur une série de colonnettes monocylindriques, en délit, dont les bases ne sont qu'ébauchées et reposent sur des dés carrés à deux ressauts réunis par un glacis (fig. 72). Leurs chapiteaux sont du même style que ceux des colonnes-supports des nervures de la grande voûte, à un, ou le plus souvent à deux rangs de crochets peu épanouis, ou bien à un rang de crochets avec un rang inférieur de larges feuillages posés en refend, ou même à deux rangs de ces feuillages. Les tailloirs, très élevés, comme ceux du triforium, et pour la même raison (fig. 73), ont le tracé ci-contre (fig. 74) qui enveloppe exactement les retombées de l'arcature. Les profils des astragales sont variés (1).

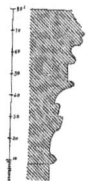

Fig. 73.

Comme à la galerie qui se trouve à la hauteur du triforium, les dalles qui servent de plafond à celle que nous venons de décrire forment le sol de celle qui est au-dessus.

L'étage supérieur est celui de la grande rose. Il est beaucoup plus élevé que les deux précédents. Ici, le mur de clôture, soit de la nef centrale, soit des tours, qui, nous l'avons vu, s'élevait entre la galerie correspondant au triforium et celle des Rois, monte entièrement dégagé jusqu'à la corniche supérieure; les dalles qui couvrent la galerie des Rois et sa correspondante vers la nef formant devant et derrière lui un passage découvert (pl. III, IV et VIII).

La partie centrale, qui correspond à la grande nef et qui forme un carré à peu près parfait, est occupée tout entière par la rose (2), qui est entourée d'un grand cercle extrêmement épais, (1m50) à trois rangs de claveaux simplement moulurés vers l'intérieur, et quatre vers l'extérieur; de ce côté, un rang de claveaux est sculpté d'une alternance de crochets et de feuilles de refend trifoliées, analogue à celle qui compose la grande corniche, chaque claveau portant un des éléments de cette ornementation. Il faut remarquer qu'au claveau inférieur de chacun des trois rangs internes, à l'extérieur, est sculptée une tête de marmouset formant gargouille, pour rejeter les eaux de pluie qui pourraient séjourner dans les gorges et que la feuille inférieure du troisième a été creusée dans le même but. La coupe

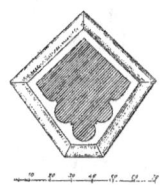

Fig. 74.

(fig. 75) fait voir cet arrangement curieux et donne en même temps le profil de l'encadrement de la rose. Le côté A est l'intérieur, et B, l'extérieur. Le remplage a été entièrement refait en style gothique flamboyant à la fin du xve siècle ou au xvie siècle, à un moment que les textes ne nous font pas connaître. Le jeu des soufflets et des mouchettes (fig. 76) produit une double étoile à huit rais d'un beau dessin. Au centre est sculpté un écu à trois coqs, à la bordure componée, qui pourrait être celui du chanoine Robert de Cocquerel, mort en 1521 (3). Ce

---

(1) Il faut rapprocher cette galerie de celle du triforium du chœur de la cathédrale de Châlons sur Marne.

(2) Cette rose était, paraît-il, vulgairement désignée sous le nom de *Rose de mer*, probablement à cause de sa position vers l'ouest, regardant la mer. (Mss. de Pagès, édit. Douchet, t. V, p. 27. — RIVOIRE, *Descr. de l'église cath. d'Am.*, p. 76).

(3) Voy. ci-dessus, p. 248.

remplage flamboyant est très reconnaissable dans le dessin de la façade de la cathédrale qui est peint dans la clôture du chœur, histoire de saint Firmin (fig. 61). D'un autre côté, le vitrail dont il est garni appartient déjà au style de la Renaissance, de sorte qu'on ne peut guère faire remonter son exécution plus haut que la dernière dizaine du xve siècle, et encore en admettant que la peinture de l'histoire de saint Firmin n'a été exécutée que plusieurs années après le 8 mars 1489, v. s., date à laquelle, comme nous le verrons, le corps de l'évêque Ferry de Beauvoir, dont cette partie de la clôture du chœur sert de monument funéraire, fut ramené de Montreuil à Amiens par les soins de son neveu, Adrien de Hénencourt.

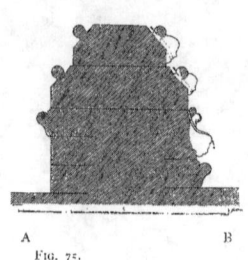

Fig. 75.

Vers l'intérieur, le demi cercle supérieur de la grande rose rentre exactement dans le berceau en plein cintre qui termine la voûte de la grande nef (1). A l'extérieur, afin d'obtenir un carré presque parfait pour y inscrire la grande rose et lui donner tout le développement possible, le maître-maçon a relevé à la partie centrale de la façade la corniche supérieure à la hauteur de celle du grand comble, laquelle se continue à la façade principale devant les tours, et il l'a fait d'une façon si habile, que cela ne se juge pas à l'œil. Dans chacun des écoinçons supérieurs entre l'extrados de la rose, la saillie des tours et la corniche supérieure, est un trèfle aveugle aux redents feuillus. Sous le lobe inférieur de chacun de ces trèfles, est sculptée une petite tête grimaçante formant gargouille, pour rejeter les eaux qui pourraient séjourner dans les cavités des moulures. Sous le trèfle situé à la gauche du spectateur, c'est une tête humaine, sous l'autre, une tête d'animal (2).

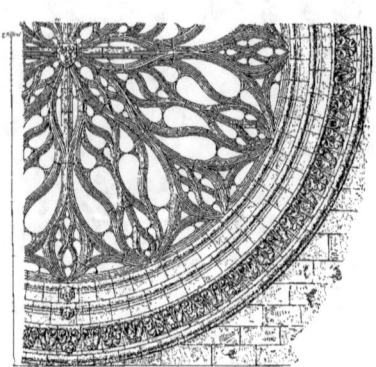

Fig. 76. — Rose occidentale, extérieur.

(1) Vers l'intérieur, cette rose servait jadis de cadran colossal à l'horloge de la cathédrale. On avait tracé dans tout son pourtour les heures en caractères énormes qui avaient près de 60 centimètres de haut. Une aiguille en fer forgé, qui n'avait pas moins de 10 mètres de long et qui partait du centre de la rose, marquait les heures. Le tout fut supprimé lors des travaux de Viollet-le-Duc. (Cf. GILBERT, Descr. histor. de l'église cath. d'Am., p. 122. — ROZE, Visite, p. 35. — DUSEVEL, Hist. de la ville d'Am., p. 105).

(2) Des trèfles analogues se voient à Notre-Dame de Paris aux écoinçons de la grande rose occidentale et

Ici, les deux tours, avant de commencer à se dégager, sont puissamment étrésillonnées par le cintre épais de la grande rose, le gros arc doubleau en plein cintre qui termine la voûte de la nef et le petit berceau qui les réunit (pl. VI).

Sur la face antérieure de chacune des tours, à ce dernier étage, sont deux baies géminées, triplées, en cintre brisé, servant d'ouïes (pl. III et IV), et dont chaque rang de claveaux a pour profil une plate-bande et un tore; le rang extérieur de claveaux est, de plus, orné à son extrados, d'un tore qui retombe entre les deux baies sur une petite tête de marmouset, et qui, des deux côtés, pénètre dans les grandes piles. Chacun des trois arcs principaux est supporté par deux colonnes d'appareil faisant corps avec la maçonnerie, celle du centre étant commune aux deux baies; leurs bases, qui sont sommairement indiquées, sans scotie, sont parfois encore munies de griffes; leurs astragales ont presque le profil d'une baguette, et leurs chapiteaux à crochets, très simples, très larges, mais d'un beau galbe, sont surmontés de tailloirs carrés relativement peu épais. Ces deux baies sont munies à leur appui d'un glacis extrêmement raide vers l'extérieur, de manière à bien dégager cet appui lorsqu'il est vu d'en bas.

Ce dernier étage est couronné par la puissante corniche sculptée de crochets et de feuilles de refend trifoliées (fig. 41), qui fait le tour de la cathédrale à la base du grand comble (1). Elle a été, nous l'avons vu, relevée légèrement mais d'une façon insensible dans la partie centrale de la façade, pour laisser place à la grande rose. Elle est accompagnée de deux gargouilles dans sa partie centrale; d'autres gargouilles s'avancent aux angles des grandes piles (2).

Sur leur face postérieure, vers la nef, toute la partie dégagée des deux tours s'élève nue jusqu'à un cordon sculpté de crochets alternant avec des feuilles de refend trifoliées placé à la hauteur de celui qui orne les culées. Contre ce mur nu monte l'appentis du comble du collatéral, le long duquel on a ménagé un escalier extérieur en pierre destiné à faire communiquer le chéneau-galerie du collatéral avec la galerie extérieure sur le triforium.

Au-dessus de ce cordon sculpté s'ouvre à chaque tour une baie géminée exactement semblable à celle que nous avons vue dans la façade principale (3).

Entre le mur de clôture et les faisceaux de colonnettes qui supportent le premier gros doubleau de la grande voûte, en avant de la rose occidentale, les deux grosses piles X et Y du plan sont garnies (pl. VI), à l'étage du triforium, d'une baie aveugle A en cintre brisé avec redents et portant sur deux groupes de colonnettes; à celui de la galerie des Rois, par une sorte de niche carrée B, s'ouvrant vers la nef par un arc trilobé inscrit dans un cercle et supporté par deux groupes de colonnettes.

Intérieurement, depuis l'extrados des deux berceaux brisés au-dessus desquels elles s'élèvent, les tours sont entièrement creuses jusqu'à leur sommet, et les étages n'y sont séparés que par des planchers.

des deux grandes baies géminées qui l'accompagnent, et à ceux de la rose de la façade de la cathédrale de Burgos, mais là ils sont tournés en sens inverse.
(1) Sur cette corniche, voy. Viollet-le-Duc, *Dict. rais. d'archit.*, t. VIII, p. 239, fig. 62.
(2) Elle a été refaite par Viollet-le-Duc à plusieurs endroits, notamment devant la tour du nord. Presque toutes les gargouilles sont neuves.
(3) Comme ce cordon sculpté est placé un peu plus bas que la partie supérieure de la galerie des Rois, les piédroits des baies postérieures et latérales des tours se trouvent un peu plus élevés que ceux des baies de la face principale.

Fig. 77. — Culs de lampe du grand portail.

III

PARTIES BASSES DU CHŒUR ET DU ROND POINT.

J'ai hésité longtemps à décrire séparément cette seconde partie de la cathédrale, car, bien qu'ayant été élevée un peu plus tard que la première et un peu plus lentement, elle n'en procède pas moins absolument de celle-ci, dont elle conserve encore toutes les qualités de style. Si ce n'est pas le même maître-maçon qui en a conduit les travaux, ses projets et sa manière y auraient été bien scrupuleusement suivis, et si l'on y constate quelques progrès, notamment dans la composition du remplage des fenêtres, ces progrès peuvent parfaitement n'être que le résultat de son propre travail. Ici même le fruit de ce travail est parvenu à sa pleine maturité : les dernières hésitations ont disparu, et c'est avec raison que Viollet-le-Duc regarde cette partie de la cathédrale comme un chef-d'œuvre de construction (1). Toutes les considérations générales faites sur la première partie s'appliquent donc à plus forte raison à celle-ci. Cependant je me suis décidé à l'étudier à part, précisément à cause de ce progrès déjà très marqué dans le chœur, et qui s'accentue encore davantage dans les chapelles du chevet. Bien que l'ornementation reste la même, on ne peut cependant y méconnaître, quand on la regarde de près, une marche en avant très caractérisée, marche en avant surtout très sensible dans l'ornementation des chapelles du chevet. Il y a donc dans cette seconde partie un mouvement que l'on ne constate pas au même degré dans la première. Elle forme

(1) *Dict. rais. d'archit.*, t. IV, p. 167.

comme la transition entre les deux principales étapes marquées par la nef d'une part et les parties hautes du chœur de l'autre. Mais il y avait encore une autre raison. La différence assez profonde entre le plan du chœur et celui de la nef a motivé dans la construction du premier et dans son ordonnance générale des modifications dont la description aurait surchargé celle de la première partie. Ici même encore, il nous faudra établir une subdivision : nous verrons d'abord les quatre travées de chœur, puis le rond point avec ses chapelles, qui ont des différences de plan, et aussi une différence de style (1) ne permettant pas de les décrire simultanément.

Parties basses du chœur.

Les parties basses du chœur ont en somme exactement la même disposition que la nef, avec quelques variantes qui proviennent principalement de ce que, ici, le bas-côté est double. La mouluration est identique. On peut presque en dire autant de l'ornementation des chapiteaux et des clefs de voûte (2) : c'est à peine si l'on peut y relever quelque chose de plus fouillé, de plus recherché.

Les deux collatéraux sont d'égale hauteur. Comme aux bas-côtés de la nef, tous les arcs doubleaux sont accompagnés dans les deux sens d'arcs de décharge surmontés de petits murs, qui se coupent par conséquent à angle droit, en formant un vigoureux étrésillonnement et en servant en même temps d'assiette aux piles (pl. XIX). Les retombées intermédiaires entre les deux collatéraux se font sur de gros piliers cylindriques d'une section un peu plus faible que ceux qui séparent le premier bas-côté du vaisseau central; ils sont flanqués de huit colonnes engagées, au lieu de quatre : deux grosses, correspondant aux arcs doubleaux

Fig. 78.

transversaux et longitudinaux, et quatre petites servant de supports aux ogives (fig. 78). Ces colonnes supportent en outre le pilier intermédiaire de la double volée d'arcs boutants qu'il a fallu établir pour franchir l'espace considérable entre la voûte de la grande nef et les culées reportées au-delà du second bas-côté. Leurs bases et leurs chapiteaux sont d'ailleurs semblables à ceux des gros piliers de la nef, avec les seules différences motivées par la présence de huit colonnes engagées au lieu de quatre.

Les archivoltes des fenêtres sont exactement construites comme celles du

---

(1) Voy. ci-dessus, p. 33.
(2) Les clefs de voûte des travées *17 19 cd, 23 25 bc* et *17 19 ab* ont été refaites, les deux premières sans sculptures, la dernière, qui date des travaux de 1497 (voy. ci-dessus, p. 60), a été sculptée, suivant la mode d'alors, dans une mince dalle découpée en forme de quatrefeuille flamboyant et simplement appliquée sur la rencontre des ogives.

bas-côté de la nef. Mais tout autre est le dessin de leur remplage (pl. XVII). Il marque un progrès considérable sur celui des fenêtres hautes de la nef, et

Fig. 79. — Fenêtre du bas-côté du chœur.

présente un arrangement des plus agréables, et qui serait parfait, si quelques-uns des tores qui forment l'élément principal de la mouluration ne venaient buter assez maladroitement les uns dans les autres, aux retombées des arcs subdivisionnaires.

Comme aux fenêtres hautes de la nef, le remplage est divisé en deux baies principales, subdivisées elles-mêmes chacune en deux, pour former en tout quatre divisions (fig. 79). Mais là, le principal défaut provenait de ce que les roses placées dans les deux arcs intermédiaires n'étaient pas à l'échelle de la grande rose supérieure. Ici de justes proportions ont été obtenues : les retombées de l'archivolte de la fenêtre reportées un peu plus haut que celles de la voûte, on a pu diminuer le diamètre de la rose

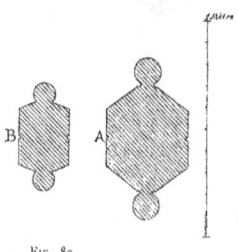

Fig. 80.

supérieure, tandis que les retombées des quatre arcs subdivisionnaires sont considérablement descendues, permettant ainsi de faire les deux roses qui les surmontent égales à la première. En même temps, les meneaux sont tracés suivant un profil beaucoup plus satisfaisant, formé d'un massif prismatique garni d'un tore vers l'intérieur et vers l'extérieur; la fig. 80 donne en A le profil du meneau vertical intermédiaire, et en B celui des meneaux secondaires qui lui sont semblables, mais un peu plus petits. Le long des meneaux verticaux, le tore se transforme en colonnette avec base et chapiteau. Ces chapiteaux ont leurs abaques circulaires, d'un profil un peu plus mince qu'à la nef. Ils sont exactement placés aux retombées des arcs qu'ils soutiennent : ceux des chambranles et du meneau central sont placés plus haut que les autres. Comme aux fenêtres hautes de la nef, leur ornementation enveloppe le meneau dans tout son pourtour (1).

(1) Il faut remarquer que si les petits chapiteaux des colonnettes-boudins des fenêtres du côté nord sont du

En *25 bc, 26 bc*, le mur de clôture est garni par un remplage aveugle du même dessin que celui des fenêtres. Aux chapelles XIII et XIV, même disposition, et probablement aussi même soubassement : dans chacune d'elles, la fenêtre qui est derrière l'autel a son remplage comme celles du bas-côté de la nef (1), et la fenêtre qui est parallèle à l'axe de la nef, comme celles du bas-côté du chœur. Ces quatre fenêtres sont en partie aveuglées par les contre-forts.

Les balustrades dans le goût flamboyant et de dessins variés qui couronnaient la corniche extérieure dataient, comme celles des chapelles de la nef, du commencement du xvie siècle (pl. XVII) (2). Suivant les projets de Viollet-le-Duc, elles ont été presque toutes refaites dans ces derniers temps sur un modèle uniforme, imité de celui des balustrades supérieures de la Sainte-Chapelle du Palais, à Paris, sous prétexte de la ressemblance de celle-ci avec les chapelles du chevet de la cathédrale d'Amiens (3).

Les escaliers placés à la naissance des chapelles en *25 c, 26 c* du plan, ne montent pas plus haut que les combles des bas-côtés. Ils sont terminés, comme ceux qui sont à droite et à gauche de la façade occidentale, par de petites voûtes à six branches d'ogives, mais dont les nervures sont simplement épannelées, de même que la partie des cul-de-lampe polygonaux destinée à être sculptée, mais qui ne l'a pas été.

Fig. 81. — Piscine de la chapelle XX.

L'extrémité orientale du second collatéral du côté sud paraît avoir de bonne heure servi de chapelle (cha-

---

même style que tous ceux des parties basses du chœur, ceux des fenêtres du côté sud paraissent plus avancés et tirer davantage vers le naturalisme. — Du côté nord, les meneaux verticaux des fenêtres *21 23 c* et *23 25 c* ont été renforcés à l'extérieur par de petits contreforts qui, intérieurement, sont habilement dissimulés. — Ces remplages de fenêtres ont une très grande analogie avec ceux des fenêtres hautes de la basilique de Saint-Denis et du chœur de la cathédrale de Troyes. Cf. Viollet-le-Duc, *Dict. rais. d'archit.*, t. V, p. 393, fig. 24.

(1) Lors de l'établissement des autels actuels, ces fenêtres ont été bouchées à l'exception de la rose supérieure.

(2) Viollet-le-Duc, *Dict. rais. d'archit.*, t. II, p. 326.

(3) Viollet-le-Duc, *Op. cit*, t. II, p. 477, fig. 10.

pelle XX) (1). La preuve en est dans l'existence d'une jolie piscine pratiquée après coup, mais dès le xiiie siècle, sous l'arcature aveugle qui forme le soubassement de la fenêtre en *24 26 c*. Elle se compose (fig. 81) de deux baies ornées chacune d'un arc brisé à redents, qui retombe sur deux colonnettes aux tailloirs fins et carrés. Cet arc est surmonté d'un petit gable orné de crochets en forme de volutes et sommé d'un bouquet de feuillage très découpé, crochets et bouquets exactement semblables à ceux qui ornent les gables du triforium du chœur. Dans le tympan entre l'arc et le gable, est une petite rosace feuillue. La mouluration et la sculpture sont exécutées plus finement que dans l'arcature de soubassement; les bases des colonnettes sont munies de griffes, la sculpture d'ornement est traitée au naturel comme dans les parties hautes du chœur. Dans les parties sculptées et moulurées ainsi que dans les chapiteaux des colonnettes de l'arcature par lesquelles la piscine est encadrée, on aperçoit des traces de peinture bleu-verdâtre. Un des deux arcs s'ouvre directement sur une niche munie de deux cuvettes qui constitue la piscine proprement dite; l'autre, qui sert d'armoire, est fermé par deux vantaux de menuiserie placés l'un au-dessus de l'autre; ils ne paraissent pas antérieurs à la fin du quatorzième siècle. Chaque vantail est formé de deux petits panneaux à parchemins plissés embrevés dans un bâti d'assemblage consolidé par deux pentures en fer. Le vantail supérieur a perdu les siennes. Au milieu de chaque vantail est un anneau de même métal; les serrures ont disparu.

En *20 22 c*, une porte a été percée à une époque inconnue, mais qui doit être assez ancienne (porte G), On lui donne le nom de porte du *Puits de l'œuvre*, parce qu'elle donnait accès à la cour de ce nom (2). Elle est percée crument et carrément à travers deux entrecolonnements de l'arcature qui règne sous l'appui de la fenêtre, la colonnette médiane ayant été entièrement enlevée, à l'exception de son tailloir. Dans les deux arcs trilobés de l'arcature, qui ont été conservés au-dessus de la porte, on a placé deux têtes colossales, à peu près du double de nature, qui paraissent dater du commencement du xive siècle. L'une est celle d'un homme imberbe portant la coiffe en forme de béguin, l'autre, d'une femme couverte de la guimpe et d'un court voile. Ces deux têtes, qui paraissent provenir d'un tombeau, ont souvent exercé l'imagination populaire (3).

2° *Pourtour du rond point et chapelles rayonnantes.*

Viollet-le-Duc (4) a donné d'une façon très complète la théorie du tracé du rond point, tracé si savant, si simple, si beau, et dans lequel, après de longs

---

(1) Nous verrons qu'il n'en était pas ainsi du côté nord.

(2) Voy. ci-dessus, p. 112.

(3) Trois autres portes, aujourd'hui bouchées, se voient encore en *19 21 c, 21 23 c* et *23 25 c*. Nous en reparlerons à propos de l'ancienne chapelle du Chef saint Jean, aujourd'hui détruite.

(4) *Dict. rais. d'archit.*, t. II, p. 331, fig. 21. — C'est un peu abusivement, à mon avis, que Viollet-le-Duc suppose que cette partie de la cathédrale a été construite sous Renaud de Cormont. Nous avons vu précédemment (voy. ci-dessus p. 26) qu'on ignorait la date à laquelle chacun des trois maîtres de l'œuvre de la cathédrale d'Amiens avait cessé d'en diriger les travaux. Cependant, par ce fait que c'est le tracé du chevet qui commande celui du reste de l'édifice, il reconnaît que ce tracé, sinon son exécution, appartient au premier maître de l'œuvre et devait être conçu avant l'élévation de la nef. — A

tâtonnements, le difficile problème d'accompagner un chevet polygonal de chapelles rayonnantes et de voûter le déambulatoire, a trouvé pour la première fois sa solution logique, rationnelle et définitive.

Dans les sept travées du rond point, qui sont fort étroites, les grandes arcades ont été considérablement surhaussées, afin de mettre leurs sommets à la hauteur de ceux des autres sans leur donner une acuité désagréable. Les colonnes qui flanquent les gros piliers ne sont plus disposées à angle droit, mais suivant les côtés du polygone, et les tailloirs ont reçu un tracé qui contourne parfaitement les profils des grandes arcades, des ogives et des doubleaux du pourtour (1). On a reproché à la cathédrale d'Amiens le trop grand rapprochement de ces piliers résultant de la division en sept du rond point, ce qui donne entre eux des ouvertures beaucoup trop étroites. Ici, en effet, les pleins l'emportent sur les vides. C'est un écueil qui a été évité dans le plus grand nombre des autres églises de même plan, soit par un plus grand écartement donné aux piliers, soit par la suppression des colonnes engagées qui correspondent aux grandes arcades (2).

Fig. 82. — Chapelle du chevet.

Le profil des nervures du déambulatoire ne diffère pas du profil de celles de la nef. Les arcs doubleaux ne sont plus inscrits dans un quadrilatère comme au bas-côté, mais dans un pentagone, et leur profil est le même que celui des doubleaux de la grande nef.

Le style des chapelles rayonnantes (fig. 82) paraît un peu plus avancé que celui du reste de la partie inférieure de chœur. Il présente, avons-nous dit, une grande analogie, souvent remarquée, avec celui de la Sainte-Chapelle du Palais, à Paris (3).

en croire Viollet-le-Duc, ces chapelles présentent « cinq côtés d'un octogone régulier » (*op. cit.*, p. 333), et par conséquent leurs murs latéraux sont parallèles. Ils ne le sont pas absolument, mais cependant sans être aussi divergents que le prétend F. de Verneilh (*La cath. de Cologne*, dans *Ann. archéol.*, t. VII, p. 228), qui édifie toute une théorie sur cette divergence qu'il compare à un parallélisme qu'il prétend exister à Beauvais et à Cologne. En réalité, dans les chapelles d'Amiens, cette divergence est tellement minime qu'elle peut être considérée comme inexistante, et qu'elle n'infirme en rien le tracé donné par Viollet-le-Duc.

(1) Cf. VIOLLET-LE-DUC, *Dict. rais. d'archit.*, t. II, p. 519, fig. 35 et 36; t. IV, p. 167, fig. 94 et suiv.

(2) Cf. DEHIO und VON BEZOLD, *Die Kirchl. Bauk.*, etc., t. II p. 123.

(3) J'ai déjà fait remarquer (p. 34) cette analogie, et, du caractère plus avancé du style de la Sainte-Chapelle,

Chacune d'elles est à cinq pans et est voûtée sur six branches d'ogives qui se réunissent à une clef centrale. La chapelle du milieu (chapelle XXVIII) est précédée de deux travées rectangulaires qui la rendent plus profonde.

Celles de ces chapelles qui n'ont pas été décorées par Viollet-le-Duc ont leurs clefs de voûtes toutes différentes de celles du bas-côté : ces clefs sont déjà faites comme à la grande voûte du chœur et des croisillons, c'est-à-dire plates et lisses à leur partie inférieure, pour recevoir l'application de rosaces sculptées de bois ou de pierre (1). Dans les trois autres chapelles, des rosaces sculptées leur ont été appliquées lors des derniers travaux. Il est probable que cette manière de faire les clefs de voûtes était toute nouvelle lorsque l'on éleva nos chapelles (2).

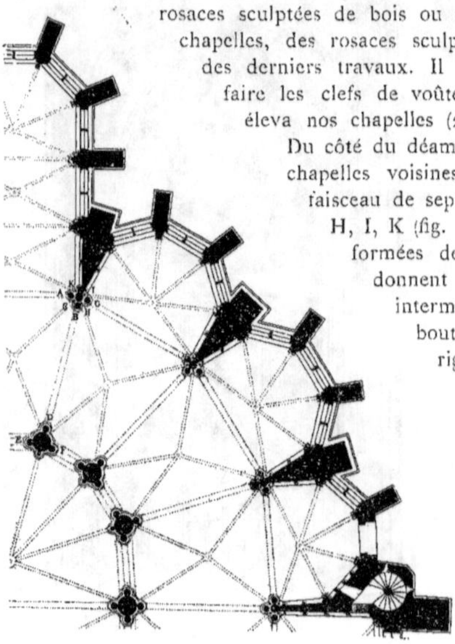

Du côté du déambulatoire, la pile séparative de deux chapelles voisines est garnie vers l'intérieur d'un faisceau de sept colonnes cylindriques A, B, C, G, H, I, K (fig. 83), de différentes grosseurs, isolées, formées de morceaux posés en délit et qui donnent un point d'appui rigide aux piliers intermédiaires entre les deux volées d'arcs boutants. Ces faisceaux de colonnes rigides avaient pour but de contre-balancer les tassements qui pouvaient se produire sur les gros piliers d'appareil qui supportent la grande voûte du chevet; artifice de construction extrêmement ingénieux et hardi (3). A la colonne B correspond le doubleau, à G, H, les ogives du déambulatoire; A, C sont les supports des arcs doubleaux à l'entrée des chapelles, I, K, ceux des premières ogives de celles-ci (4). Les bases sont de même hauteur et ont les mêmes profils que celles des colonnes de petit diamètre qui séparent les

Fig. 83.

que, sur la foi de Guilhermy (*Itinér. archéol. de Paris*, p. 309), j'ai supposé commencée en 1245, j'avais conclu à l'antériorité des chapelles de la cathédrale d'Amiens. Depuis l'impression de ce passage, il a paru une lettre de M. de Mély (*Comptes-rendus de l'Acad. des Inscr.*, séance du 6 janvier 1899, p. 8) sur la pancarte du cierge pascal de la Sainte-Chapelle, qui mentionne une dédicace de cet édifice en 1240. Comme on sait pertinemment que la dédicace de la Sainte-Chapelle eut lieu le 26 avril 1248, M. de Mély explique le mot *dédicace* de la pancarte par *pose de la première pierre*. Ne pourrait-on pas plutôt y voir une erreur de date de la pancarte, ce dont les documents de ce genre sont assez coutu-

miers, comme j'ai pu le constater pour celle de la cathédrale d'Amiens? Mais quand bien même la supposition de M. de Mély serait exacte, je ne crois pas qu'elle infirme mon opinion relativement à l'antériorité des chapelles d'Amiens sur la Sainte-Chapelle.

(1) Cf. VIOLLET-LE-DUC, *Dict. rais. d'archit.*, t. III, p. 267.

(2) Il est appliqué aux clefs de la Sainte-Chapelle basse. Cf. VIOLLET-LE-DUC, *loc. cit.*, fig. 15.

(3) Voy. le développement détaillé dans VIOLLET-LE-DUC, *Op.cit.*, t. IV, p. 169, fig. 96, 97 et 98.

(4) Ces colonnes isolées, lorsqu'on les frappe, vibrent et rendent un son; elles sont connues du peuple sous le nom

fenêtres des bas-côtés. Elles reposent sur un socle à plusieurs ressauts réunis par des glacis, et qui épouse les contours principaux du faisceau de colonnes. Chacune de ces colonnes a son chapiteau particulier, sous un tailloir commun tracé de façon à suivre l'épannelage des sommiers de la voûte. Extérieurement, ces piles, qui ont moins de saillie, mais à peu près le même diamètre que les autres piles latérales, portent les mêmes divisions horizontales accusées par une suite de glacis superposés. Elles forment la base des culées des arcs boutants du chevet.

A chaque angle des chapelles est un pilier d'une plus faible section que ceux qui les séparent les unes des autres, mais divisé extérieurement de la même manière. Au dehors, ces piles forment contreforts et se terminent en talus à la hauteur de la corniche des chapelles. A la chapelle centrale, ces talus ont pour amortissements des statues de rois assis, jouant des instruments de musique. Sont-ce les rois de Juda, comme le croit Viollet-le-Duc (1)? C'est probable. Aux autres sont des animaux à demi couchés. Celui de la chapelle XXII est surmonté d'une statue de saint Éloi, patron de la chapelle. A la base de chaque talus, deux gargouilles rejettent les eaux pluviales (2).

Tous ces amortissements ont été entièrement refaits lors des dernières restaurations (3). Cinq seulement des anciennes figures d'animaux sont conservées à l'agence des travaux de la cathédrale. Bien qu'un peu frustes, elles ont encore gardé presque intacte leur silhouette pleine de caractère. C'est un lion, un cheval, une licorne, un quadrupède aux pieds fourchus, dont la tête rappelle celle du chameau, et un autre quadrupède qui a la tête brisée. On peut voir deux de ces figures d'animaux dans notre fig. 7. Toutes les autres, ainsi que les figures de rois, ont disparu (4).

Vers l'intérieur, chaque angle des chapelles est garni d'une colonne d'appareil tenant au pilier d'angle et qui reçoit la retombée de l'ogive. Elle est munie d'une base et d'un chapiteau semblables à ceux des faisceaux de colonnes qui se trouvent à l'entrée des chapelles, et le tracé de son tailloir est commandé par le profil de l'ogive.

Toujours suivant le même système (pl. XVIII), tous ces piliers sont entretoisés à leur partie supérieure par de vigoureux cintres brisés disposés comme ceux

---

de *piliers sonores*. C'est une petite curiosité qu'on ne manque pas de faire remarquer aux visiteurs. Celle qui rend le son le plus caractérisé est, paraît-il, entre les chapelles XXIV et XXVI. Cf. GILBERT, *Descr. histor. de l'église cath. d'Am.*, p. 107.

(1) *Dict. rais. d'archit.*, t. I, p. 15, fig. 3.

(2) « Nous ne pensons pas, dit Viollet-le-Duc, que ce couronnement soit complet, car on aperçoit au sommet des contreforts, comme des assises recoupées, des *repentirs*, des négligences, qui marquent une certaine hâte de finir tant bien que mal, et qui ne répondent pas à l'exécution soignée, précise, des constructions, jusques et y compris la corniche. Ce qui nous confirme dans l'opinion que les couronnements des contreforts des chapelles de la cathédrale d'Amiens n'ont pas été terminés comme ils avaient été projetés, ou que l'incendie qui détruisit leurs couvertures avant l'érection de la partie haute du chœur, les ayant calcinés, ils furent refaits avec parcimonie et à la hâte, c'est qu'à Beauvais et à la cathédrale de Cologne particulièrement, les chapelles copiées sur celles d'Amiens, portent des pinacles très élevés, et dont la proportion élancée forme un complément indispensable au bon effet de ces contreforts saillants et minces, et plus encore assurent leur parfaite stabilité par leur poids ». *(Dict. rais. d'archit.*, t. II, p. 477). Mais ces amortissements trapus ne sont-ils pas beaucoup plus dans l'esprit de la nef et des parties basses du chœur d'Amiens que ne l'auraient été des pinacles trop élevés, comme à Cologne?

(3) La dernière de ces figures refaites a été celle de saint Éloi, à la chapelle XXII, et qui a été posée en 1885.

(4) Viollet-le-Duc a cependant donné le dessin d'une des statues de rois. *(Dict. rais. d'archit.*, p. 15, fig. 3).

du bas-côté, c'est-à-dire formés d'un arc servant de formeret à la voûte, encadrant le remplage de la fenêtre, et visible à l'intérieur comme à l'extérieur, et d'un autre arc correspondant à l'épaisseur de la voûte et visible seulement de l'extérieur. Intérieurement, le formeret repose sur deux colonnettes; en dehors, les retombées des deux arcs se noient dans les contreforts. Comme au bas-côté, ces arcs sont accompagnés d'un arc de décharge qui passe par-dessus les reins de la voûte, pour donner plus de largeur au chéneau-galerie qui fait le tour de la toiture (1). Ils ont été considérablement surhaussés, à cause de l'étroitesse des travées qu'ils occupent et pour éviter une acuité désagréable; ils servent d'archivoltes aux fenêtres dont ils emboîtent entièrement le remplage. A cause des proportions élancées que donne aux fenêtres l'étroitesse des travées, ce remplage n'est divisé qu'en deux baies en cintre brisé, sans redents, dont les retombées sont à mi-hauteur entre celles de la voûte et celle de la partie cintrée du formeret. Ces deux grands arcs, qui retombent sur un meneau central, sont surmontés de trois gros trèfles posés 1 et 2, arrangement à la fois très simple, très rationnel et du plus heureux effet (2). Les meneaux sont décorés d'un gros tore qui descend en colonnette le long des chambranles et du meneau central : leurs chapiteaux sont dans le même style que ceux

Fig. 84. — Arcature et piscine d'une chapelle du chevet.

de l'arcature inférieure, peut-être encore un peu plus délicatement sculptés, avec abaques circulaires d'un profil assez fin. Leurs bases, ainsi que celles des colonnettes qui reçoivent les retombées du formeret, sont à peu près disposées comme celles des bas-côtés du chœur. Contre les parties pleines, ces fenêtres sont simplement simulées.

La portion de mur qui sert de clôture sous l'appui des fenêtres, est de la même hauteur qu'au bas-côté, mais l'arcature aveugle dont elle est ornée (fig. 84)

---

(1) Notre planche XVIII reproduit la couverture qui a été donné par Viollet-le-Duc au déambulatoire et aux chapelles du chevet. Les petits arcs de décharge en brique, A, B, C, font partie de ce système de couverture et n'appartiennent pas à la construction primitive.

(2) Voy. l'épure de ce tracé dans Viollet-le-Duc, *Dict. rais. d'archit.*, t. VI, p. 327, fig. 5. — C'est un tracé analogue qui a été suivi pour les fenêtres du chevet de la Sainte-Chapelle et de celui de la cathédrale de Tours.

est d'un dessin tout différent, qui marque sur celles-ci une certaine avance. Elle se compose à chaque travée de quatre cintres brisés et redentés, dont les profils sont beaucoup plus fins et plus compliqués que ceux de la nef. Dans chaque écoinçon est un petit trèfle profondément creusé jusqu'au nu du mur contre lequel l'arcature est appliquée. Ces arcs retombent sur des colonnettes isolées. dont les abaques sont octogonaux et non plus carrés comme au bas-côté.

La sculpture des chapiteaux, tout en restant encore dans le même esprit, devient plus délicate : on commence à y rencontrer de véritables guirlandes et bouquets de feuillages, feuillages qui appartiennent à une flore plus découpée et plus naturaliste. Les bases, d'un profil peu différent de celles de l'arcature des bas-côtés, sont posées sur des socles octogonaux à deux ressauts réunis par un petit glacis. Un cordon mouluré plus compliqué que celui du bas-côté, couronne l'arcature par en haut, en la séparant du glacis des fenêtres La fig. 85 donne le profil de ce cordon et celui de l'arcature pris à la pointe d'un arc.

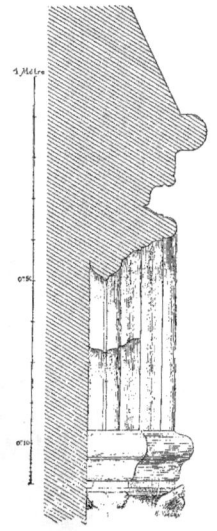

Fig. 85.

Dans l'arcature de soubassement, du côté de l'épître de chaque chapelle, est une jolie piscine qui remonte à la construction primitive. Elle est fort simple et, dans toutes les chapelles, d'un dessin à peu près uniforme (fig. 84) : deux baies en arc trilobé reposant sur deux colonnettes et surmonté d'un petit gable aigu orné de crochets et d'un fleuron d'amortissement, avec une petite rosace feuillue dans le tympan. Dans chaque baie est une petite cuvette circulaire munie d'un trou pour évacuer les eaux (1). Dans la chapelle XXII, la piscine a une seule baie et un dessin beaucoup plus simple. Vis-à-vis de chaque piscine est une petite armoire pratiquée dans le mur, sans aucune décoration.

La grande corniche sculptée extérieure du bas-côté se continue également le long des chapelles du chevet. Elle était couronnée de la même balustrade flamboyante qui faisait le tour de la cathédrale et qui datait du XVIe siècle (pl. XVII). Comme ailleurs, on lui a substitué la balustrade au dessin uniforme tracé par Viollet-le-Duc.

Les deux travées barlongues que la chapelle centrale a de plus que les autres reproduisent l'ordonnance de la partie polygonale (pl. XVIII) : grande fenêtre occupant toute la largeur de la travée (2) et arcature aveugle sous cette fenêtre; voûtes sur croisées d'ogives dont les doubleaux ont le même profil que les ogives, et qui retombent sur de petites piles semblables extérieurement à celles

---

(1) Ces piscines avaient été plus ou moins mutilées par les décorations successives données aux chapelles. Dans celles de ces chapelles qui ont été restaurées depuis 1849, elles ont été rétablies dans leur état primitif.

— Cf. VIOLLET-LE-DUC, Dict. rais. d'archit., t. VII p. 192, fig. 5 et 5 bis.
(2) A la première travée, qui est pleine, le remplage de la fenêtre est simulé vers l'intérieur.

280   DESCRIPTION.

qui garnissent les angles de la partie polygonale, et, vers l'intérieur, munies de trois colonnettes d'appareil : l'une pour le doubleau, les deux autres pour les ogives.

Ces chapelles sont de véritables merveilles de pureté de style, d'élégance, de légèreté de composition, de proportions et de simplicité, tout à la fois (1). Il n'en existe nulle part, même à Cologne, qui leur soient comparables. La chapelle centrale, principalement, constitue à elle seule un petit édifice d'une perfection extraordinaire. Elle va de pair avec la Sainte-Chapelle du Palais à Paris, et l'emporte même sur elle en plus d'un point.

(1) Elles ont servi de types, dit Viollet-le-Duc, « à toutes les constructions élevées depuis lors, entre autres pour les chapelles des cathédrales de Beauvais, de Cologne, de Nevers, de Séez, et plus tard, de Clermont, de Limoges, de Narbonne, de l'église de Saint-Ouen de Rouen, etc. Les chapelles absidales de la cathédrale d'Amiens sont hautes, largement ouvertes et éclairées, leur construction ne comporte exactement que le volume de matériaux nécessaires à leur stabilité; elles sont aussi simplement conçues qu'élégantes d'aspect. » (Dict. rais. d'archit., t. II, p. 474).

Fig. 86. — Chapiteau du triforium du chœur

CATHÉDRALE D'AMIENS

Fig. 87. — Vue générale — Côté nord

IV

PARTIES HAUTES DU TRANSEPT ET DU CHŒUR.

Entre les deux premières parties que nous venons de décrire, nous n'avons constaté que des nuances presque insignifiantes, dues principalement à leur situation même dans l'ensemble et à la lenteur avec laquelle se poursuivirent les travaux, mais on y sent parfaitement l'impulsion d'une seule main. Ce sont encore partout les mêmes principes de construction, la même ordonnance, presque les mêmes moulures et la même ornementation. Ici, tout change absolument. Si les lignes principales de l'architecture sont conservées; si le parti général est encore observé pour ne pas amener un trop grand disparate, le procédé de construction et l'ornementation sont tout à fait différents. Ce ne peut pas être le même maître de l'œuvre qui a travaillé aux chapelles du rond point et à la partie haute du chœur; il faudrait qu'il eût singulièrement changé sa manière.

La construction de la nef, bien que déjà parfaitement gothique et dans des proportions élancées, garde encore une certaine mesure, un aspect de solidité qui en font le monument idéal de cette architecture à son apogée. Celle des parties hautes du chœur, au contraire, tend à exagérer les principes gothiques; la science développée y étouffe déjà le sentiment artistique. C'est presque le commencement de la décadence. Ces parties ont été construites avec beaucoup moins de soin et avec une économie évidente. Il est clair que les ressources s'épuisaient, qu'on avait hâte d'en finir et avec le moins de frais possibles.

On peut en dire autant de la décoration : les profils, à l'exception de ceux des membres principaux tels que les nervures des voûtes, sont déjà plus fins, plus compliqués, plus maigres, plus secs; la pierre commence à se découper en dentelle, la légèreté tourne à la mignardise. Et pourtant quel joli tumulte dans ce chevet hérissé de pinacles, d'arcs boutants et de gables (pl. XVI et XVII)! On ne voit plus de ces moulurations savamment déformées suivant la hauteur ou l'éloignement d'où elles doivent être vues : les profils sont tracés comme s'ils devaient tous être placés à hauteur de l'œil et vus en géométral. L'ornementation végétale s'est davantage refouillée, naturalisée : les chapiteaux, ceux du triforium surtout, se sont transformés en véritables bouquets de feuillages.

Les trois travées de chaque croisillon et les quatre travées du chœur sont toutes voûtées sur croisées d'ogives simples, comme à la nef. Au rond point, la voûte repose sur huit branches d'ogives qui se réunissent à une clef centrale placée un peu en arrière du dernier arc doubleau *25 26*, comme celles des chapelles du chevet.

Les clefs de voûte sont différentes de celles de la grande nef, des bas-côtés et du déambulatoire. Absolument plates et lisses, elles devaient recevoir l'application de rosaces sculptées en bois ou en pierre (1). Seules les clefs de voûte de la croisée et celle du rond point ont reçu les rosaces qui devaient les décorer. Cette dernière (fig. 88) est très remarquable : toute en chêne sculpté en bas relief, elle représente le Sauveur assis entre deux chandeliers, nimbé, tenant le globe du monde et bénissant, le tout dans un quatrefeuilles inscrit dans un cercle. Cette belle figure de Christ, qui est toute dorée sur fond d'azur, est certainement de la même main que la statue d'évêque qui orne le trumeau de la porte du croisillon nord (porte *E*).

Le carré du transept est voûté avec liernes et tiercerons. Bien que cela puisse paraître étrange au premier abord, il est incontestable que cette voûte remonte à la construction même de cette partie de l'église. Elle figure dans un plan de la cathédrale d'Amiens dressé vers 1448 (2), mais la voûte avec liernes et tiercerons était connue et usitée bien avant cette date. Nous avons une raison beaucoup plus péremptoire. D'abord les profils de toutes ses nervures sont exactement semblables à ceux de toutes les autres travées de la grande voûte; les liernes et tiercerons sont seulement d'une section un peu plus faible que les ogives; de plus, les clefs de voûte A, B, C, D, E, F, G, H (fig. 89), sont sculptées de bouquets de feuillages au naturel traités exactement de la même manière

---

(1) Viollet-le-Duc, *Dict. rais. d'archit.*, t. III, p. 267.
(2) Arch. de l'État à Mons (Belgique) n°ˢ 408 et 409, Sainte-Waudru. — Hubert, *Des architectes de l'église collégiale de Sainte-Waudru, à Mons*, dans l'*Émulation*, organe de la Soc. centr. d'archit. de Belgique, XIVᵉ vol., 1889, et *Annales de la Soc. d'architect. de Bruxelles*. t. III, 1889.

que ceux qui composent les chapiteaux du triforium du chœur et provenant des mêmes plantes : érable, lierre, vigne, chardon, etc. Cela ne fait d'ailleurs aucun doute pour Viollet-le-Duc, qui donne de cette voûte une analyse détaillée (1) et ajoute en note : « La construction de cette voûte paraît dater de la fin du xiiiᵉ siècle, peut-être de 1270. Elle fut réparée un peu plus tard, assez maladroitement, après l'incendie de la première flèche; mais il est certain que les tiercerons et liernes existaient avant cette époque, car les points de départ sont anciens » (2). Nous préciserons davantage, et nous dirons que, puisque les profils de cette voûte et la sculpture des clefs concordent parfaitement avec les parties hautes du chœur et que la voûte de cette partie de l'édifice a dû être construite un peu avant 1269, date du vitrail central du rond point, celle de la croisée l'a été vraisemblablement en même temps. Elle serait donc antérieure de quelques années, mais de bien peu (3), deux ou trois au plus, à la date assignée par Viollet-le-Duc. Cette date est également admise sans conteste par M. Choisy (4).

Fig 88. — Clef de voûte du rond point

Les quatre grands arcs doubleaux sont extrêmement épais et formés de deux rangs de claveaux dont la fig. 90 donne le profil; sur leur extrados on a construit des murs qui s'élèvent jusqu'à l'arasement de la corniche supérieure sous le grand comble, de manière à bien étrésillonner la rencontre des quatre nefs. Lorsqu'on a commencé à élever les quatre gros piliers du transept, en même temps que la nef, il est probable que l'on ne songeait pas encore à couvrir la croisée d'une voûte à liernes et à tiercerons, de sorte que les tiercerons n'ont pas de supports particuliers : leurs sommiers viennent se confondre avec ceux des ogives. Mais quand même ce genre de voûte aurait

---

(1) *Dict. rais. d'archit.*, t. IX, p. 518.

(2) C'est donc à tort, selon nous, que F. de Verneilh pense que cette voûte n'aurait été construite qu'à la suite de l'incendie du clocher en 1528, l'ancienne ayant été détruite par sa chûte. Les profils s'y opposent absolument, et ce que nous savons de l'incendie de l'ancien clocher, permet de supposer que la voûte a dû avoir peu à en souffrir. (F. de Verneilh, *La Cathédrale de Cologne*, dans *Ann. archéol.*, t. VII, 1847, p. 228).

(3) La pose du vitrail a dû suivre de très près l'achèvement de la voûte.

(4) *Hist. de l'archit.*, t. II, pp. 278 et 342. — Cette voûte à liernes et tiercerons en plein xiiiᵉ siècle n'a rien qui doive surprendre outre mesure. Il y avait déjà longtemps que les constructeurs angevins fractionnaient leurs voûtes par des nervures supplémentaires. Dans leurs églises élevées en Italie au commencement du xiiiᵉ siècle, les Cisterciens ont aussi renforcé de liernes la voûte centrale du transept (Sainte-Marie d'Arbona,

Casamari, consacrée en 1225, Fossanova, cons. en 1208. Enlart, *L'archit. goth. en Italie*, chap. II, § 2). Dans les églises rhénanes, on relève aussi l'emploi des nervures supplémentaires : liernes, comme à Saint-Cunibert de Cologne, à Andernach, etc.; ogives multiples *en parapluie* comme à Boppart. Sans aller si loin, et sans sortir du département de la Somme, nous trouvons dès le xiiᵉ siècle des liernes dans les églises de Lucheux et d'Airaine (Enlart, *Monum. relig..... dans la région Picarde*, pp. 52 et 132). Mais c'est surtout en Angleterre et particulièrement dans le chœur de la cathédrale d'Ely qu'il faut voir le système des voûtes avec liernes et tiercerons franchement appliqué dès le milieu du xiiiᵉ siècle. (Cf. Viollet-le-Duc, *Dict. rais. d'archit.*, t. IV, p. 118). En France, on ne connaît pas de voûtes réunissant liernes et tiercerons avant celle de la cathédrale d'Amiens. C'est ainsi que Viollet-le-Duc a pu dire que c'est peut-être là que ce système fut appliqué pour la première fois. (*Op. cit.*, t. IX, p. 517).

été prévu dès l'origine, les gros piliers se seraient trouvés bien compliqués s'il avait fallu ajouter à chacun deux colonnettes de plus. Toutes les clefs de voûte de la croisée sont peintes sur fond rouge, le feuillage alternativement en jaune et en une couleur qui a poussé au noir. A l'exception de la clef du rond point, les autres clefs de voûte du transept et celles du chœur, qui n'ont jamais reçu les rosaces dont elles devaient être décorées, ne sont pas peintes, non plus que les rencontres des ogives auprès des clefs. Il faut noter cette différence d'avec la voûte de la nef.

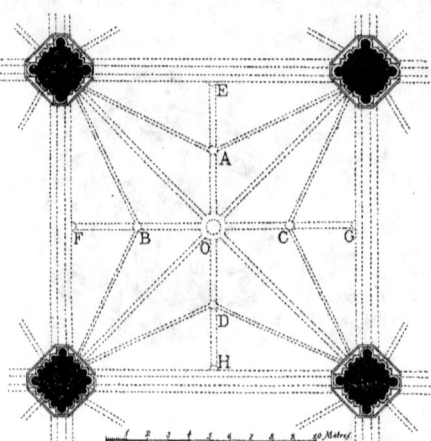

Fig. 89. — Voûte de la croisée du transept.

Jusques et y compris les sommiers de la grande voûte, les piliers-supports de celle-ci sont à peu près semblables à ceux de la nef (pl. XIX).

Il en est tout autrement des arcs boutants. Nous avons vu (1) comment en 1497 et années suivantes, ceux de la partie droite du chœur avaient subi un remaniement considérable, mais il est facile d'en faire abstraction par la pensée. On voit en A (pl. XIX) l'état primitif, et en B, la modification apportée à la fin du xve siècle. Nous décrirons donc d'abord les arcs boutants tels qu'ils étaient avant 1497, nous verrons ensuite en quoi cette modification a consisté.

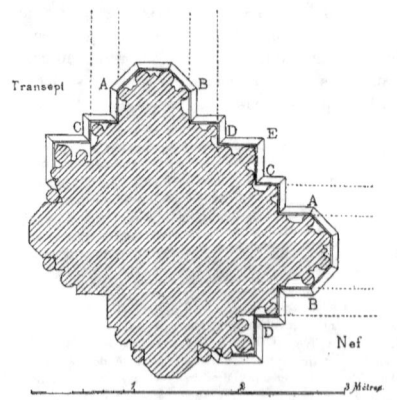

Fig. 90. — Pilier d'angle du transept à la retombée de la grande voûte.

(1) Voy. ci-dessus, p. 60.

Les croisillons du transept ont aussi été munis

d'arcs boutants (1), mais, même sur la face occidentale du transept, ceux-ci ont été conçus selon le mode de ceux du chœur, et non d'après celui des arcs boutants de la nef. Tous ces arcs boutants, bien qu'appartenant à un seul et même système, diffèrent cependant, suivant qu'ils contrebutent les travées du chœur, du chevet ou du transept; différences qui proviennent de leur situation. Le long du chœur, qui est à double bas-côté, ils sont naturellement à double volée. A double volée aussi, mais la deuxième volée considérablement réduite, au chevet. Enfin, au transept qui n'a qu'un simple bas-côté, les arcs boutants n'ont qu'une seule volée. Ils sont simples, et non plus doubles comme à la nef, aussi bien à la première volée qu'à la seconde.

Partout, au chœur comme au chevet et au transept, la première volée d'arcs boutants, celle qui contrebute directement la grande voûte, est de forme identique; elle se compose (pl. XIX, en L M) d'un arc dont la courbe est un peu moins prononcée qu'un quart de cercle, et qui a sa tête, non plus au droit des sommiers de la grande voûte, comme l'arc boutant inférieur de la nef, mais un peu plus haut, à la retombée des archivoltes-formerets. Au-dessus de cet arc, un canal en pierre descend en ligne droite jusqu'au pilier intermédiaire, pour conduire les eaux pluviales venant du grand comble par des coffres pratiqués dans l'intérieur des petits contreforts terminés en pinacles (A, pl. XVII) qui séparent les travées, jusqu'à des tuyaux de descente dont on voit encore le logement ménagé dans les angles rentrants des piles intermédiaires D (pl. XIX) (2). L'arc et le canal sont réunis par une légère arcature à jour, composée invariablement de sept baies en cintre brisé, aux piédroits verticaux, et garnies chacune d'un remplage composé de deux arcs trilobés surmontés d'un quatrefeuilles (3). A quelques-uns des arcs boutants du transept, le dessin de cette arcature varie légèrement : ce n'est qu'une suite d'arcs brisés avec redents.

Viollet-le-Duc a expliqué comme quoi cette claire-voie a été imaginée pour séparer ce canal de l'arc lui-même et éviter de faire servir à cet usage le chaperon de l'arc boutant, et comment ce système ayant l'inconvénient de trop peu charger les arcs boutants, ceux-ci se sont soulevés et obligèrent, comme nous allons le voir, de les doubler à la fin du xve siècle (4).

Comme à la nef, la tête de l'arc boutant est soutenue par une demi-colonne d'appareil, 1 (pl. XIX), qui fait partie du pilier-support (5), et par une colonne isolée G (6) portée sur un petit contrefort E de la clôture du triforium; elles sont réunies par un linteau orné d'un arc trilobé, le tout exactement comme à la nef. Pour regagner l'intrados de l'arc boutant unique, on a établi sur ce linteau

---

(1) Viollet-le-Duc, Dict. rais. d'archit., t. I, p. 82, fig. 72. — Choisy, Hist. de l'archit., t. II, p. 308, fig. 12 et 13, et 444, fig. 14.

(2) Ces tuyaux de descente paraissent n'avoir jamais été posés. Cf. Viollet-le-Duc, Dict. rais. d'archit., t. III, p. 506, fig. 5.

(3) Il y a un grand nombre de ces baies qui ont un remplage flamboyant. Mais il est aisé de voir que ces remplages datent de restaurations des xive, xve et xvie siècles, peut-être de celle qui a obligé de consolider les arcs boutants du chœur (pl. XX).

(4) Viollet-le-Duc, Dict. rais. d'archit., t. I, p. 72, fig. 62.

(5) Remarquons que les bases de ces demi-colonnes, dont le profil est un peu plus fin qu'à la nef, avec têtes de clous dans la scotie de la plupart, sont souvent munies de griffes dans les angles de leurs socles carrés, alors que ces griffes manquent à la nef qui est beaucoup plus ancienne.

(6) Les socles de ces colonnes isolées sont à pans coupés, au lieu d'être carrés comme à la nef. La scotie de leurs bases est souvent remplacée par un rang de têtes de clous.

un petit motif d'architecture F percé d'une baie en cintre brisé à redents, qui retombe sur deux petites colonnettes engagées, avec gable sans crochets.

Au chœur et au chevet, cette première volée d'arcs boutants vient buter contre une pile cruciforme D (1) aux croisillons égaux d'assez faible section, s'élevant, au chœur, sur les piliers séparatifs des deux bas-côtés, et, au chevet, sur les faisceaux de colonnettes en délit qui marquent l'entrée des chapelles (fig. 91, en D). L'arc boutant va se perdre dans la pile, sauf les derniers éléments de sa mouluration vers l'intrados, qui sont reçus par une mince colonnette en délit H, au chapiteau finement sculpté de crochets et de feuillages découpés, traités au naturel; sa base, dont la scotie est remplie d'un rang de têtes de clous, est posée sur un socle octogonal. Chacune des piles cruciformes est divisée horizontalement en deux par un petit larmier, au niveau du tailloir de la colonnette H. Les croisillons sont amortis par de petits gables sans crochets, ornés chacun d'un trèfle lancéolé. Au-dessus de ces quatre petits gables s'élève un pinacle quadrangulaire posé sur la diagonale, formant tas de charge et orné d'arcs brisés avec redents surmontés de gables et retombant sur des colonnettes. Des fleurons que, dans les dernières restaurations on n'a pas jugé à propos de rétablir, à cause de leur extrême fragilité, complétaient la décoration (2).

Le long du chœur, la seconde volée NO est, dans sa disposition générale, semblable à la première, mais un peu plus étroite; la claire-voie n'étant composée que de quatre arcs seulement, au lieu de sept. La flèche de l'arc est très courte. Le chaperon supérieur est sur le prolongement, ou à peu près, de celui de la première volée. Sous la tête de l'arc, contre la pile intermédiaire, monte une colonnette en délit K, exactement semblable et symétrique à celle H qui reçoit la retombée du premier arc, et de même hauteur qu'elle. Un petit retour de moulures réunit son chapiteau à la tête de l'arc boutant. La retombée de l'arc se fait directement et à pénétration dans la culée C. Celle-ci est aussi longue que celles de la nef, pour résister à la pression des arcs boutants, mais son épaisseur est beaucoup moindre, différence d'épaisseur rachetée par un talus. Elle est renforcée par deux croisillons S, établis sur les murs extérieurs du bas-côté. Un peu au-dessus de la rencontre du chaperon, avec la culée, à un étage marqué horizontalement par un petit larmier, les croisillons O, R se raccourcissent brusquement à la longueur des deux autres S, pour se terminer à peu près de la même façon que les piles intermédiaires, mais dans des dimensions un peu plus fortes.

Les culées 19 c, 20 c du plan ont été renforcées dans l'angle rentrant d'un massif plein amorti en pinacle à sa partie supérieure.

Au chevet, la deuxième volée des arcs boutants est réduite à la longueur du mur séparatif de chacune des chapelles : ce n'est qu'un simple et étroit arc brisé et redenté, F (pl. XVIII), couvert par le prolongement du chaperon du premier

---

(1) Suivant F. de Verneilh, c'est au chœur de la cathédrale d'Amiens que cette forme de pile cruciforme aurait été adoptée pour la première fois. Les contreforts ajoutés ainsi à droite et à gauche avaient pour but d'empêcher leur déversement sur le côté, comme cela était arrivé au chevet de la cathédrale de Beauvais, où l'on avait été contraint, dans les restaurations subséquentes de les appuyer latéralement par des barres de fer (F. DE VERNEILH, La Cathédrale de Cologne, dans Annales archéol., t. VII, p. 237).

(2) On peut voir ces fleurons à notre pl. XVII. La pl. XIX les suppose supprimés.

arc, auquel il est réuni par de la maçonnerie pleine. Cet arc a ses deux retombées à la même hauteur, sur deux colonnettes en délit : l'une D (fig. 91) contre la pile intermédiaire, continue l'ordonnance de celles qui soutiennent les retombées des arcs boutants de la première volée et les têtes de ceux de la seconde, et l'autre C, exactement semblable, contre la culée. La culée est à trois croisillons, deux, A, B, dans le sens de deux côtés de deux chapelles contiguës, et le troisième, C, dans l'axe du mur qui les sépare. Il faut remarquer que les deux croisillons A et B ne posent pas directement sur le mur extérieur des chapelles, mais sont placés en porte à faux sur la saillie produite par la corniche extérieure. Cette culée est terminée à peu près de même que les autres, avec cette différence que le pinacle supérieur formant tas de charge est hexagonal au lieu d'être carré, ce qui est assez logique pour un pilier à trois faces (pl. XX) (1).

Il faut remarquer qu'à toutes les culées du côté sud du chœur et du chevet jusques et y compris la culée *31 c,* l'étage supérieur est orné d'une arcature aveugle assez élégante, composée de cintres brisés ornés d'un tore, sans redents, et retombant sur des colonnettes en délit aux chapiteaux à crochets et à feuillages découpés, dans le style de la sculpture décorative du chœur, avec abaques carrés, bases à têtes de clous dans la scotie, et socles octogonaux. Les arêtes de l'étage

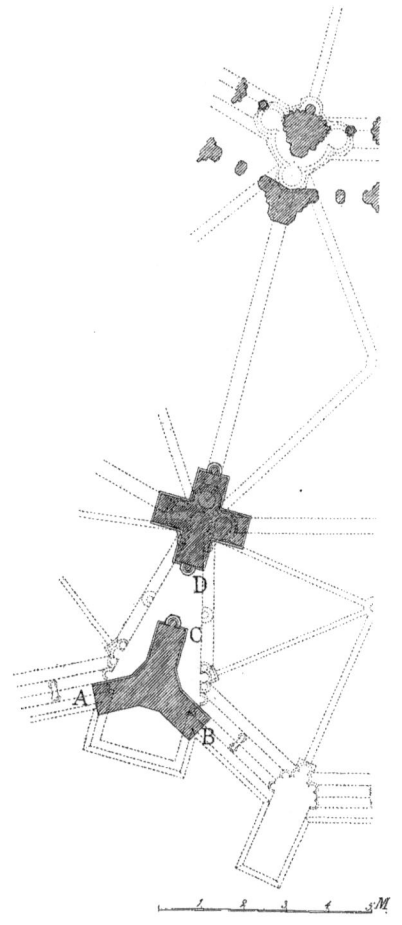

Fig. 91.

---

(1) Tous ces pinacles hexagonaux paraissent avoir été refaits au xive et au xve siècle. — Pour le système des arcs boutants du chevet, cf. Viollet-le-Duc, *Dict. rais. d'archit.*, t. IV, pp. 167 à 173, fig. 96, 97, 98.

inférieur, R, sont décorées de petites colonnettes en délit (pl. XIX en A). Du côté nord (pl. XIX en B), l'arcature n'est plus indiquée que par une simple saillie chanfreinée; et la colonnette en délit manque à l'étage inférieur. La plus grande simplicité donnée au côté nord provient sans doute de ce que celui-ci était tourné du côté de l'évêché et moins exposé à la vue (1).

Les culées du transept sont semblables à celles du chœur, en tenant compte des exigences de leur situation dans des angles et leur raccordement avec ceux de la nef et du chœur. Leurs amortissements cependant diffèrent légèrement : de simples petites pyramides y tiennent lieu de pinacles (pl. XXVII).

Remarquons, pour finir, la façon ingénieuse et pittoresque dont les amortissements des escaliers placés à la naissance des chapelles du chevet, se marient avec ceux des culées qui les accompagnent. Leur arrangement n'est pas le même exactement au côté sud (pl. XVI et XVII en A) qu'au côté nord (fig. 87).

Il est certain que ce système d'arcs boutants était très hardi, téméraire même, et on ne tarda pas à s'apercevoir qu'il présentait des garanties tout à fait insuffisantes. A la fin du xve siècle, comme nous l'avons vu (2), on fut obligé de consolider la première volée de tous les arcs boutants le long des travées du chœur. Ce travail a été fait d'une façon que nous pouvons résumer en quelques mots.

Par-dessous le premier arc, on en établit un second S T (pl. XXIX en B), que l'on appuya entre les tailloirs des colonnes G I, et l'extrados de l'arc, au droit de la retombée de la grande voûte, la petite ouverture F ayant été remplie de maçonnerie. Pour relier le nouvel arc avec cette partie pleine, on l'a considérablement renforcé à cet endroit, en T, de manière à l'emboîter, à la pincer comme ferait une moise de charpenterie (3). La colonnette en délit H, qui supportait les retombées du premier arc boutant, a été enlevée, et, sur sa base conservée, on a élevé une demi-colonne octogonale, V, d'une beaucoup plus forte section et liée à la maçonnerie, pour soutenir la retombée du nouvel arc boutant (4). La courbe de celui-ci, très peu prononcée, a été obtenue par tâtonnement, pour se raccorder (pl. XX), et il a été recouvert d'un chaperon non en ligne droite, mais légèrement concave (pl. XIX en B, et XX), de manière à augmenter la résistance (5). La pl. XX rend bien compte de la disposition en perspective de la première volée d'arcs boutants, dans leur état primitif, au chevet, et avec les arcs boutants supplémentaires, le long des parties droites du chœur.

Nous avons vu qu'un grand nombre de ces arcs boutants, et culées avaient été plus ou moins restaurés dans le courant du xixe siècle.

Le bandeau sculpté qui fait intérieurement le tour de l'édifice à la base du triforium a été conservé dans le chœur, comme membre principal de l'architecture, mais suivant un dessin tout différent, composé d'une suite de feuilles de refend très

---

(1) Cf. F. de Verneilh, *La Cathédrale de Cologne*, dans *Annales archéol.*, t. VII, p. 238. Il est à noter, comme l'observe F. de Verneilh, que cette différence d'ornementation ait été servilement reproduite, avec exagération même, à la cathédrale de Cologne. Et à ce propos F. de Verneilh fait justice des explications symboliques auxquelles cette bizarrerie pourrait donner lieu.

(2) Voy. ci-dessus, p. 60.

(3) Ne faudrait-il pas voir dans ce procédé l'influence des charpentiers, qui durent évidemment, suivant les usages de l'époque, être consultés sur ce travail de réparation? (Voy. les procès-verbaux de visites des 14 et 25 mars 1497 v. s. et 26 avril 1503).

(4) La pl. XX fait comprendre cet arrangement.

(5) Cf. Choisy, *Hist. de l'archit.*, t. II, p. 305.

découpées et de crochets alternativement et symétriquement disposés (fig. 92). Nous avons vu qu'au transept ce bandeau était encore sculpté sur le même dessin que celui de la nef. Seule, la première pierre contre le pilier *18 a* au croisillon sud, appartient déjà au bandeau du chœur, dont elle porte les deux éléments : feuille de refend et crochet.

Le triforium du chœur (pl. VII, XVIII, fig. 8) a la même disposition générale que celui de la nef : à chaque travée, deux grandes baies en cintre brisé, dont le tympan est subdivisé en trois arcs retombant sur deux colonnettes isolées en délit, le tout reposant sur le même bahut en glacis. Mais, dans le détail, les différences sont considérables : l'arc de chacune des

Fig. 92. — Bandeau du triforium du chœur.

baies est plus ouvert et se rapproche davantage de la demi-circonférence; son profil est cependant à peu près le même. Le dessin du remplage est tout différent, entièrement ajouré, il est beaucoup plus compliqué. Les trois petits arcs brisés qui le subdivisent sont d'inégales hauteurs et garnis de redents : les colonnettes intermédiaires ont un moindre diamètre (1). Les chapiteaux sont d'un autre style (2), les abaques, très bas, les astragales, très fines et profilées en larmier; les bases (fig. 93), beaucoup plus déprimées, ont leur scotie considérablement réduite et souvent remplie d'un rang de têtes de clous (fig. 94); les socles sont peu élevés. Comme à la nef, une moulure continue ou de petits corbeaux ménagent le raccordement

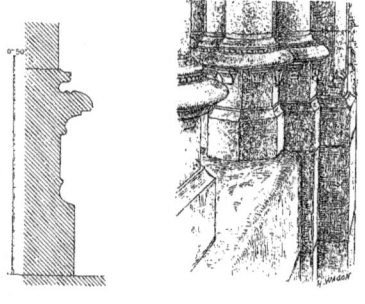

Fig. 93.   Fig. 94.

entre le socle et le dessous de la base. Autre différence notable, c'est que, sur chacune des baies principales, il y a un gable peu prononcé, orné de petits crochets presque fermés, en forme de volutes et terminé par un fleuron en bouquet de feuillage du même style que les chapiteaux; le cordon mouluré qui marque l'étage des fenêtres, en s'arrondissant sous ces fleurons, leur sert comme de bague (fig. 8).

(1) A la nef, elles ont 0m62 de circonférence, au chœur, 0m49 seulement.
(2) Nous les étudierons à part un peu plus loin.

Aux sept travées du rond point (pl. IX, XVIII), beaucoup plus étroites que celles des faces latérales du chœur, le triforium se compose cependant encore de deux baies, mais plus rétrécies : pour atteindre le niveau des autres, les arcs sont surhaussés et plus aigus, leurs remplages ont un dessin moins compliqué et ne sont subdivisés qu'en deux petits arcs qui retombent sur une colonnette centrale; les

Fig. 95. — Claire-voie du triforium oriental du transept (extérieur).

piles ont été diminuées de largeur par une moindre saillie donnée aux colonnettes qui les composent (1).

Mais la différence la plus essentielle entre le triforium du chœur et celui de la nef, c'est qu'ici, en imitation de ce qui venait d'être fait à Beauvais, à Saint-Denis, à Troyes, de ce qui se faisait à peu près dans le même temps à Tours, le mur extérieur est à jour et vitré (2). A chaque baie du triforium en

(1) A la travée 27 29 a une des colonnettes isolées était en bois, y compris sa base et son chapiteau. En 1894, cette colonne de bois a été supprimée et refaite en pierre comme les autres; son chapiteau est conservé à l'agence des travaux de la cathédrale. Suivant Gilbert (Descript., p. 109), elle aurait servi de modèle aux autres. C'est ce qu'on ne manquait pas de dire aux visiteurs en la leur faisant remarquer. C'est une légende qui n'a pas besoin d'être réfutée. D'ailleurs on voit bien que la sculpture du chapiteau n'est qu'une mauvaise imitation, qui ne peut être antérieure au XVIIe siècle.

(2) Cf. Viollet-le-Duc, Dict. rais. d'archit., t. I, p. 205, fig. 36; t. IX, p. 294. — Choisy, Hist. de l'archit. t. II, p. 445. — Dehio und von Bezold, Die kirchliche Bauk. des Abendl., t. II, p. 131.

correspond une autre percée dans le mur extérieur. Leur cintre brisé et leur appui sont placés plus haut que ceux des baies donnant sur la nef; de sorte que, vus du sol, l'effet perspectif les fait paraître au même niveau, et que tous les rayons lumineux descendent dans la nef. Chaque baie est garnie d'un remplage à trois divisions verticales (1), amorties en arcs trilobés brisés et surmontées d'un trèfle, dessin un peu différent de celui des baies qui donnent sur la nef et moins riche que lui. Les nerfs de ce remplage sont tracés suivant un profil prismatique fort simple, entièrement nu à l'extérieur (fig. 98), et garni sur la face qui regarde l'intérieur de l'édifice d'un gros boudin qui, le long des chambranles et des deux meneaux verticaux, se transforme en quatre colonnettes (2). Vers l'intérieur, l'appui de la claire-voie est, comme aux grandes fenêtres, en glacis muni d'un gros boudin à sa partie supérieure (3).

Sur le côté oriental du transept, le triforium ne présente pas la même homogénéité qu'à la nef et au chœur; on peut dire qu'il participe de chacun d'eux. Il y a là une indécision, une hésitation, qui trahit la lenteur avec laquelle cette partie de la cathédrale a été élevée. C'est comme un compromis entre le système suivi à la nef et celui adopté pour le chœur. Ici encore la disposition générale est respectée : à chaque travée, deux baies subdivisées chacune en trois par des colonnettes monocylindriques, le tout reposant sur un appui en glacis vers la nef. Comme à la nef, le grand arc de chacune des deux baies est relativement aigu et dépourvu de gable, mais les profils des moulures, le style des chapiteaux, sont ceux du chœur. Aux travées *17 ab* et *18 ab*, le dessin des remplages est identique à celui des remplages du triforium du chœur, et pris dans la même brisure d'arc, qui se trouve différente et plus faible que celle de l'arc enveloppant (fig. 8). Quant aux deux autres travées, au croisillon nord, les remplages des baies sont aussi sur le même dessin, mais ce dessin est rétréci en raison de l'acuité plus grande des arcs d'amortissement, qu'ils remplissent exactement; du côté sud, ils sont beaucoup plus simples, tout en restant entièrement à jour; ils sont composés seulement de trois petits arcs brisés avec redents, de même hauteur, et surmontés d'un trèfle. Les fenestrages extérieurs (fig. 95, en A) sont plus ajourés et plus riches qu'au chœur : indépendamment des grandes baies qui correspondent à celles du triforium, les écoinçons eux-mêmes sont à jour et garnis chacun d'un trèfle posé sur la pointe,

(1) Aux sept travées du rond-point, qui sont plus étroites que les autres, il n'y a que deux divisions verticales. C'est la seule différence.

(2) A deux des colonnettes de la travée *17 19 a*, le tailleur de pierres a remplacé les petites consoles qui raccordent la base avec le socle par un petit personnage soutenant le dessous de la base avec effort, et assez grossièrement exécuté. Ce sont probablement les premiers essais de sculpture d'un apprenti. — A quelques-unes de leurs bases, la scotie est garnie d'un rang de têtes de clous.

(3) Le bas de la claire-voie a été presque partout bouché, à des hauteurs plus ou moins grandes, mais il est probable qu'il n'en était pas ainsi à l'origine. — Dans tout le côté sud du chœur et du rond-point, depuis et y compris la travée centrale de celui-ci, tous les remplages de la claire-voie ont été refaits à une époque difficile à déterminer. Les arcs, les appuis et les chambranles anciens ont été généralement conservés, et les nouveaux meneaux verticaux, à qui on a donné un profil prismatique assez sommaire, s'ajustent assez mal sur les bases des anciens. Des jambages de même profil ont été accolés tant bien que mal à de nouvelles bases qui en épousent la forme, les anciens ayant conservé la colonnette-boudin dont ils étaient ornés, avec leurs bases et leurs chapiteaux. A ces nouveaux meneaux et jambages on a donné des chapiteaux dont la forme est commandée par leurs profils, et dont la sculpture, assez grossièrement exécutée, rappelle vaguement celle des anciens. — A une époque beaucoup plus moderne (XIXe siècle) tous les fenestrages des baies extérieures de la travée *29 31 a* ont été entièrement refaits.

de sorte qu'ici la claire-voie est complète (1). Les meneaux sont tracés suivant des profils prismatiques fort simples; il n'y a plus de tores qu'aux trèfles qui remplissent les écoinçons et autour des baies principales. Bien que dépourvus de colonnettes-boudins, les meneaux verticaux ont cependant encore des bases et des chapiteaux qui en épousent les contours. Au contraire de ce que nous avons vu au triforium du chœur, ces claires-voies sont aussi soignées et aussi ornées à l'extérieur qu'à l'intérieur.

Fig. 96. — Chapiteaux du triforium du chœur.
(Travées 23-26 a.)

Au croisillon sud, la claire-voie extérieure de la travée *18 bc* a été refaite vers le XIVe siècle (fig. 95, en B) : tous les meneaux sont prismatiques aux côtés concaves, la colonnette-boudin entre les deux grandes baies supprimée, le dessin du remplage changé, les écoinçons laissés pleins, la sculpture des chapiteaux imitée tant bien que mal. Le glacis inférieur avec toutes ses bases ainsi que les chambranles avec leurs chapiteaux ont été conservés. A la même travée, le remplage de chacune des deux baies du triforium donnant sur l'intérieur de l'édifice est consolidé par derrière, au moyen d'une pièce de bois posée horizontalement et maintenue par des liens de fer.

L'ornementation des chapiteaux du triforium du chœur et de la face orientale du transept mérite d'être examinée attentivement. C'est certainement la plus

---

(1) C'est un système analogue à celui des grandes fenêtres de la chapelle du château de Saint-Germain. (Cf. VIOLLET-LE-DUC, *Dict. rais. d'archit.*, t. II, p. 432).

avancée de toute la partie de la cathédrale terminée en 1269 (1). Observons tout d'abord que la sculpture de ces chapiteaux a été exécutée après la pose, car souvent leur face tournée vers la galerie n'est qu'ébauchée. S'ils n'ont pas l'ampleur et la simplicité de ceux du triforium de la nef, s'ils n'ont pas été composés, comme ceux-ci, pour être vus de loin, et s'ils manquent un peu leur effet dans l'ensemble, ils n'en sont pas moins des chefs-d'œuvre d'arrangement décoratif, de finesse et d'habileté d'exécution. Ils se composent en général de deux rangs de crochets entièrement épanouis en touffes de feuillages ; souvent le rang inférieur, parfois même tous les deux, sont remplacés par des bouquets ou des guirlandes traités au naturel. Toute l'ornementation est empruntée à des plantes à la frondaison la plus délicate, la plus découpée, la plus chiffonnée, la plus profondément refouillée, et que l'on peut presque toujours nommer : lierre, aubépine, ancolie, persil, figuier, trèfle, érable, groseiller, vigne, houblon, chardon, etc., tout en laissant encore à la corbeille la pureté de son galbe et ses lignes principales, et cela avec une vérité infinie, une profonde connaissance de la nature, une sincérité charmante. Il faudrait pouvoir les examiner et les étudier un à un. Notre pl. XXI et nos fig. 86, 96 et 101 en offrent quelques spécimens, modèles de composition décorative.

Fig. 97.

Il faut joindre les petits chapiteaux qui garnissent les remplages de la claire-voie. A celle du croisillon nord du transept, des animaux monstrueux dont quelques-uns sont à têtes humaines, et tels qu'on en voit dans les vignettes des manuscrits de la seconde moitié du xiiie siècle, viennent se mêler à l'ornementation végétale (fig. 97).

A l'extérieur, au bas de la galerie découverte qui court au-dessus du triforium, à l'appui des fenêtres hautes, règne une corniche moulurée qui se retourne en manière d'encorbellement orné d'une petite gargouille (2), aux contreforts qui séparent les travées (voy. en E, pl. XIX et pl. XX).

Au chœur et dans les parties du transept élevées en même temps que lui, le dessin des remplages des fenêtres hautes est plus compliqué qu'à celles du bas-côté du chœur, mais il est d'un effet moins heureux (pl. VII, XVI, XVII, XVIII, fig. 98) (3). Ici encore l'archivolte est surhaussée au-dessus des retombées de la

(1) Quelques-unes de ces chapiteaux sont un peu plus archaïques, mais ils sont assez rares et peuvent avoir été exécutés par des ouvriers plus âgés.

(2) Toutes ces petites gargouilles ont été brisées à une époque inconnue. Du côté sud et au chevet, où la corniche a été refaite en 1840 et 1841, elles n'ont pas été rétablies.

(3) Viollet-le-Duc a bien montré le progrès accompli dans ces fenêtres sur celles de la nef. « Relevant, dit-il, la naissance de l'archivolte au-dessus des chapiteaux des meneaux, ils (les architectes) purent donner un diamètre moindre à l'œil principal, trouver entre les petits tiers points inférieurs et les deux tiers points secondaires un large espace qu'ils remplirent par des trilobes qui ne donnaient plus un diminutif de l'œil central. Dans l'œil central, au lieu de redents simples, ils imaginèrent ces redents redentés, qui occupaient mieux la surface vide et diminuaient l'importance de l'arma-

Fig. 98. — Triforium et fenêtre du chœur (extérieur).

voûte, et divisée en deux cintres principaux, subdivisés eux-mêmes non plus en deux, mais en trois cintres brisés et garnis de redents (1). Toutes les retombées des deux grands arcs et des six petits sont à la hauteur de celles de l'archivolte elle-même, probablement pour conserver la même ordonnance de lignes qu'aux fenêtres hautes de la nef, de sorte que, par la difficulté de loger une rose dans l'intervalle compris entre les petits arcs et celui qui les enveloppe, on l'a remplacée par un grand trèfle, dont les lobes sont eux-mêmes redentés (2). Aux

ture de fer..... Ce dessin général est évidemment mieux conçu... ., mais aussi le travail de l'appareilleur et du tailleur de pierres est simplifié. On observera que, dans ce tracé, seuls les redents de l'œil central sont embrevés en feuillure..... tous les autres membres sont pris dans l'appareil général. De plus, une seule section est génératrice de tous les membres..... On observera encore que, dans cette épure, l'appareil est infiniment plus simple et plus rationnel que dans l'épure précédente. Les joints tendent sans difficulté aux centres des tiers points, et, en même temps, aux centres des lobes. Ces joints étant donc toujours normaux aux courbes, évitaient les aiguïtés et, par conséquent, les causes de brisures. Enfin, les armatures de fer sont réduites à de simples barlotières garnies de pitons, et à quelques barres secondaires légères ». *Dict. rais. d'archit.*, t. VI, p. 325, fig. 4. — Il faut dire qu'il y a une quarantaine d'années de différence entre les fenêtres hautes de la nef et celles du chœur, mais le progrès signalé par Viollet-le-Duc se montre déjà dans les fenêtres des bas-côtés du chœur et des chapelles du chevet qui ne sont que fort peu postérieures à celles de la nef.

(1) Cf. les fenêtres de la Sainte-Chapelle. Nous avons déjà vu apparaître les redents dans l'arcature de soubassement des chapelles du chevet, mais les fenêtres de ces mêmes chapelles en sont encore dépourvues.

(2) A la fenêtre voisine du transept, du côté sud, ces redents n'existent pas.

fenêtres *20 22 a, 22 24 a, 24 26 a* et *23 25 a*, ces trèfles sont ouverts à leur partie supérieure qui se confond avec la pointe de l'arc (fig. 99), acheminement évident vers le style rayonnant. La grande rose supérieure est non plus à huit, mais à six lobes, qui sont eux-mêmes trilobés et fleuronnés. Ils sont encore assemblés à feuillure (1). Les parties de la rose supérieure qui touchent à l'archivolte sont taillées dans une seule et même pierre avec la partie voisine de celle-ci.

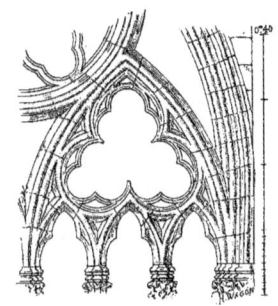

Fig. 99.

Les principaux éléments du remplage sont toujours ornés de boudins qui, en passant sur les meneaux verticaux, se transforment en colonnettes avec chapiteaux sculptés et abaques circulaires, et toute l'ornementation du chapiteau embrasse le meneau entier. Mais le nombre des tores qui ornent ces profils se complique : les éléments principaux, tels que la rose supérieure, les deux grands arcs et le chambranle, en possèdent deux, dont l'un est un peu plus mince que l'autre. Afin de ne pas multiplier les colonnettes contre les meneaux, ces tores se réunissent à leurs retombées; malgré cela il a fallu faire passer trois de ces colonnettes devant le meneau central, et deux le long du chambranle. Enfin les meneaux, au lieu d'être simplement biseautés, comme dans les fenêtres plus anciennes, sont déjà profilés en doucine (la fig. 100 donne en A le meneau central, en B, les meneaux secondaires). En résumé donc, profils plus avancés, plus recherchés, mais déjà moins fermes et plus grêles. Comme à la nef, la principale colonnette-boudin du meneau central et celles des chambranles descendent jusqu'à la base du triforium.

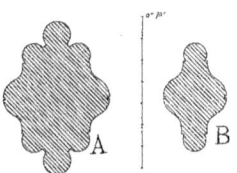

Fig. 100.

Aux sept travées du rond point, qui sont beaucoup plus étroites que les autres (pl. XVI, XVII, XVIII), les fenêtres ne sont subdivisées qu'en deux arcs trilobés brisés, et surmontés d'une petite rose tréflée. La rose supérieure et le reste du remplage sont d'ailleurs disposés comme aux autres fenêtres, mais tout y est plus resserré.

Au chœur et au chevet, à l'extérieur, chaque fenêtre haute a, comme à la nef, au-dessus de son archivolte-formeret, un rang de claveaux supplémentaire, mouluré, avec cette différence qu'ici ce rang de claveaux est surmonté d'un gable orné de moulures sur ses rampants, sans crochets, et terminé originairement par un

(1) Cf. VIOLLET-LE-DUC, *Dict. rais. d'archit.*, t. VIII, p. 5, fig. 2.

fleuron (1). La partie supérieure de ces gables est arrangée de manière à former tas de charge au-dessus du chéneau-galerie, à la base du grand comble. Un dessin seul peut rendre cette disposition ingénieuse et originale (pl. XVI, XVII et XIX en P, fig. 98) (2) A travers les gables, passe la balustrade à jour qui règne le long du chéneau, laissant au-dessous et au-dessus d'elle une partie pleine ornée, sous la balustrade, d'un gros trèfle aveugle et fleuronné, et, au-dessus, d'un petit trèfle à jour (3). La balustrade, formée d'une suite de losanges redentés, à jour, est posée sur une corniche assez mince, d'une seule assise, et simplement moulurée (4). Elle est interrompue au-dessus des contreforts par des pinacles carrés, d'une forme différente de ceux de la nef (5).

A l'exception des fenêtres *15 ab* et *16 ab*, qui appartiennent encore au système de la nef, toutes les fenêtres du transept ont leurs remplages exactement sur le même dessin que celles du chœur, type de la fenêtre *18 20 a*, c'est-à-dire que les deux trèfles n'y sont pas redentés. Observons cependant qu'aux fenêtres *15 bc*, *15 cd*, *16 bc*, *16 cd*, qui se trouvent à la partie occidentale du transept, les chambranles sont encore semblables à ceux de la nef; c'est-à-dire qu'au lieu d'être accompagnés de deux colonnettes, ils n'en ont qu'une seule, tandis que le meneau central est muni, comme au chœur, de son triple boudin; de plus, les petits chapiteaux des chambranles sont de la même facture que ceux de la nef, alors que tous les autres appartiennent au style décoratif de ceux du chœur; ce qui signifie que les piliers séparatifs des fenêtres, de ce côté, étaient déjà élevés lors de l'interruption des travaux vers 1235.

Au croisillon sud, un grand nombre de meneaux ont été plus ou moins refaits à diverses époques, et notamment à la suite de l'ouragan du 7 décembre 1627 (6), ce qui se voit assez aux nombreux chapiteaux informes et sans style que l'on y rencontre; les remplages ont été consolidés, à la fenêtre *16 ab* par un contrefort extérieur, aux deux autres par des liens de fer, enfin, à la fenêtre *16 cd*, les six lobes de la grande rose ont été remplacés par un petit remplage dans le goût rayonnant; mais ces quelques modifications n'infirment en rien nos premières observations.

---

(1) Ces fleurons ont disparu. A en croire une note des manuscrits de Goze, les gables des trois fenêtres du chevet auraient été jadis munis de crochets qu'il aurait vu supprimer de son temps (Bibl. d'Am., ms. 818).

(2) Dans les parties refaites vers 1837 (côté nord et première travée du côté sud; voy. ci-dessus, pp. 168 et 170), ces tas de charge n'ont pas été rétablis (pl. XIX, en Q).

(3) Viollet-le-Duc a donné de ces gables (*Dict. rais. d'archit.*, t. VI, p. 3, fig. 2) une explication qui a été avec raison contestée par MM. Dehio et von Bezold, (*Die Kirchliche Bauk. des Abendl.*, t. II, p. 155). — Il est vraisemblable que les gables d'Amiens ont été imités de ceux de la Sainte-Chapelle. — Il en existe aussi à la cathédrale de Famagouste (Chypre), dont la construction a été commencée au début du xive siècle, et qui présente de grandes analogies avec le chevet de la cathédrale

d'Amiens; (cf. Enlart, *L'art gothique en Chypre*, t. I, p. 283.

(4) La balustrade supérieure de la nef a identiquement le même dessin, ce qui fait supposer qu'elle n'a été posée qu'à la même époque que celle du chœur. Voy. ci-dessus, p. 241.

(5) Pagès parle en des termes assez vagues d'un petit clocher en pierres avec chapiteau de charpente couvert d'ardoises, qui s'élevait de son temps sur cette galerie, du côté regardant la rue Saint-Denis, c'est-à-dire du côté sud. Il contenait une cloche particulière pour sonner la messe du *Jour* et de *l'Aurore*, qui se disait dans la chapelle de Saint-Paul, dite de *l'Aurore* (chapelle XIV), mais à l'époque où Pagès écrivait, on ne la sonnait plus. Inutile de dire que ce clocher n'existe plus depuis longtemps et qu'on n'en connaît aucune ancienne représentation. Ms. de Pagès, édit. Douchet, t. V, p. 44.

(6) Voy. ci-dessus, p. 77.

A la différence des fenêtres du chœur, celles du transept sont dépourvues de gables à l'extérieur, mais on voit les amorces de ceux-ci dans les angles, aux travées *15 ab, 16 ab, 17 ab* et *18 ab*. En *18 ab,* on a arrêté l'amorce au moyen d'une volute, aux autres endroits, l'interruption est brusque. C'est une nouvelle preuve d'une interruption des travaux entre le chœur et les croisillons du transept. On se rend très bien compte que leurs parties hautes ont été achevées tant bien que mal et avec économie.

Comme contre la façade occidentale, la grande voûte est terminée aux extrémités des croisillons par un gros arc doubleau en cintre brisé, qui encadre la rose à une certaine distance de celle-ci. Ses principales moulures toriques retombent sur un faisceau de colonnettes, dont les bases sont à la hauteur de celles du triforium, sauf la première, qui descend jusqu'au sol, et a sa base à la hauteur de celles du gros pilier. Cette disposition de la voûte a été modifiée au croisillon nord, lors de la construction de la rose actuelle, mais il est vraisemblable qu'elle devait se comporter originairement comme au croisillon sud. Très probablement aussi, le dessin des baies du triforium devait, dans le projet primitif, se continuer le long des extrémités des croisillons comme au mur occidental : on en retrouve parfaitement le point de départ au croisillon nord, où les colonnes des retombées se voient encore aux extrémités (1). Ces colonnes appartiennent déjà au système du triforium du chœur et non plus à celui de la nef. Il est douteux que cette galerie ait été exécutée.

(1) On le soupçonne aussi, quoique moins parfaitement, au croisillon sud.

Fig. 101.— Chapiteaux du triforium du chœur
(Travée 18 a b)

Fig. 102. — Porte du Sauveur. — Supports de statues

CHAPITRE III

STATUAIRE DES PORTAILS

I

Grand portail.

Nous avons vu (1) comment la date de la statuaire du grand portail devait être fixée aux environs de 1225. En général, comme nous l'avons vu aussi, les sculptures ont été exécutées avant la pose. La plupart sont taillées à même de l'appareil, les sujets et l'appareil étant disposés l'un pour l'autre. Les grandes statues qui ornent les pieds droits sont prises dans la même pierre que le fût de la colonne à laquelle elles sont adossées : à plusieurs, la tête du personnage est attachée au fût par un tenon. Les grandes statues adossées aux trumeaux ont été sculptées à part et posées après coup sur le socle qui leur a été ménagé. Dans les tympans, les figures sont tantôt taillées à même de l'appareil, tantôt sculptées

(1) Voy. ci-dessus, p. 32.

à part et posées devant un fond de maçonnerie. Ainsi les deux zones inférieures et la zone supérieure du tympan de la porte centrale, la zone intermédiaire de la porte de la Mère Dieu appartiennent à la première manière; suivant la seconde sont faites la zone du Souverain juge à la porte centrale, les deux zones supérieure et inférieure de la porte de la Mère Dieu et tout le tympan de celle de Saint-Firmin (pl. XXXVI, XLII, XLV). Dans les cordons des voussures, chaque personnage est pris dans un voussoir et posé sur le petit dais d'architecture qui abrite le précédent.

Toute cette sculpture est d'une homogénéité telle, tant au point de vue iconographique qu'au point de vue artistique, qu'il est impossible d'y supposer des reprises. Si en effet on y découvre des irrégularités dans l'exécution, dans la beauté des types, si l'on y soupçonne des mains diverses et plus ou moins habiles, si, en y regardant de près, on peut constater que tel morceau est un peu plus en avance et tel autre un peu plus en retard, on peut affirmer d'une façon générale que tout y appartient à une même époque, et que tout y a été sculpté d'un seul jet et dans un chantier suivant dans son ensemble les mêmes traditions. C'est partout la même entente de la composition, aussi bien dans l'arrangement de chaque sujet en particulier que dans l'ordonnance générale. On sent que tout obéit à une seule et même impulsion (1).

Il est peu d'édifices où le programme iconographique soit plus clair, mieux conçu et développé d'une façon plus logique et plus grandiose. Il en est peu aussi où la statuaire se combine avec la ligne architecturale d'une façon plus disciplinée, de manière à ce que sculpture et architecture, se faisant valoir mutuellement, se confondent au point de former un tout d'une harmonie incomparable (2). C'est un des plus magnifiques ensembles de la statuaire française au XIIIe siècle, et qui dit statuaire française au XIIIe siècle, dit tout, car alors elle était sans rivale et a été l'institutrice des autres (3).

Si la cathédrale d'Amiens peut être considérée comme l'apogée de l'architecture gothique, on peut en dire autant, croyons-nous, de la statuaire de son grand portail. Assurément, quelques années plus tard, les tailleurs d'images atteindront un dessin plus correct, un sentiment plus vif, mais aussi plus maniéré; jamais on ne verra plus cette vérité d'expression unie à l'ampleur et à la majesté, qui est le propre de la statuaire de la première période gothique. Dans sa statuaire, aussi bien que dans son architecture et dans son ornementation, la cathédrale d'Amiens possède encore les qualités de la période précédente, tandis qu'elle contient déjà tous les éléments du développement ultérieur de l'art gothique (4). C'est ce qui fait de notre cathédrale un monument unique.

(1) Il n'en est pas de même notamment à Paris, à Reims et même aux porches latéraux de Chartres.

(2) Cf. VIOLLET-LE-DUC, Dict. rais. d'archit., t. VIII, p. 241, et passim. — W. VÖGE, Die Anfänge des monumentalen Stiles im Mittelalter, p. 295. — A Amiens, l'union de l'architecture et de la sculpture est peut-être plus intime qu'ailleurs, parceque la cathédrale a été élevée d'un seul jet et commencée par la nef.

(3) Inutile d'insister sur l'état d'abaissement où étaient les beaux arts en Italie, par exemple, à l'époque où on taillait les statues de Paris, de Chartres, de Reims et d'Amiens. — Relativement à l'influence de l'art français sur André de Pise et sur Ghiberti, cf. MARCEL RAYMOND, La sculpture florentine, etc., dans Gaz. des Beaux Arts, t. IX, 3e pér., 1893, p. 318, et Lorenzo Ghiberti, ibid., t. XVI, 3e pér., 1896, p. 135. — Comme quoi Nicolas de Pise, malgré ses attaches antiques, aurait été en relations avec les Cisterciens à San Galgano, cf. ENLART, Orig. franç. de l'archit. goth. en Italie, p. 157, note 4.

(4) « Abjurant ses paresseuses routines, le ciseau

Un des principaux caractères de la sculpture d'Amiens est la grande simplicité des moyens, la mise de côté du détail pour ne faire voir que les masses principales et essentielles, qualité propre à la grande sculpture, indice d'un art en pleine possession de lui-même et qui ne produit son effet que par la beauté des grandes lignes, art éminemment monumental. Plus de ces profusions de broderies, de joyaux, plus de ces coupes extraordinaires de vêtements, plus de ces coiffures compliquées, plus de ces accessoires sans nombre dont les artistes du xII[e] siècle couvraient leurs statues, et qui même se voient encore dans les plus anciennes statues des porches du transept de la cathédrale de Chartres, mais les draperies sont généralement simples, amples, naturelles, arrangées avec une grande habileté et une extrême variété.

Les têtes sont souvent un peu grosses: la grande majorité des statues n'a guère que de six à sept longueurs de tête. Saint Paul (pl. XXIX, 7) et Malachie (pl. XXXV, 28) n'en ont même que cinq et demie, et Ézéchiel (pl. XXXI, 15) dépasse à peine cinq. En revanche, le Beau Dieu (fig. 107) a en hauteur près de sept longueurs de têtes et demie, la Vierge du trumeau de la porte de la Mère Dieu, également ; le

Fig. 103. — Le Beau Dieu (Porte A)

diligent et sage rechercha la simple vérité des formes; à l'expression maniérée, à la maigre raideur dont un goût dépravé s'était accommodé pendant plusieurs siècles, il substitua la naïveté de l'imitation. Rendre avec précision les traits du visage, imiter la vie, et, s'il se pouvait, joindre à cette vive représentation les signes d'une émotion modérée, apporter du naturel dans le développement d'une draperie, donner de l'intention et de la justesse aux inflexions du corps, telle fut, pendant longtemps, l'unique ambition des artistes, mais leurs efforts ne demeurèrent pas toujours sans succès..... Le chef-d'œuvre de cette époque fut de se montrer vrai quant à l'imitation des formes, et de demeurer en deçà de l'expression recherchée dans l'art précédent. » ÉMERIC DAVID, Hist. de la sculpt. franç., p. 52.

saint Firmin (pl. XXXIX, B) un peu plus (1). Dans les bas-reliefs, les têtes sont encore plus grosses : la hauteur la plus habituelle des personnages y est de cinq fois la tête, et elle ne dépasse presque jamais six ; parfois, elle descend jusqu'à quatre. Il est à remarquer que c'est dans le Zodiaque et les Travaux des mois, c'est-à-dire dans la meilleure série des bas-reliefs, que les têtes se rapprochent le plus de la proportion normale. Dans la galerie des Rois, la proportion des têtes varie de cinq et demie à sept (fig. 123) (2).

Les yeux sont ouverts, mais la prunelle n'est pas marquée.

La grande statue du Christ (fig. 103 et 107), qui se dresse devant le trumeau de la porte centrale, est célèbre entre toutes et justifie pleinement l'appellation qu'on lui donne généralement de *Beau Dieu d'Amiens*. La seconde moitié du xiiie siècle produira des statues « montrant une plus grande habileté de facture, une souplesse de membres plus naturelle, une disposition de vêtements plus élégante » (3), mais nulle part on ne verra plus de gravité et de noblesse dans le maintien, plus de majesté dans les draperies, plus de sérénité dans le regard, une figure, en un mot, plus imposante et plus monumentale (4). Jamais on n'aura exprimé la divinité plus intimement unie à la nature humaine. Suffisante pour produire une exécution satisfaisante, l'habileté du ciseau n'a pas encore entièrement étouffé l'inspiration idéale et divine. La tête est très longue (5), le front haut; les traits du visage sont d'une simplicité extrême et l'expression n'est obtenue que par l'accent donné aux parties essentielles : bouche fine, lèvres minces, nez droit, arcades sourcilières très prononcées, presque en demi-cercle, joues longues, presque cylindriques. C'est cette absence de nuances qui lui donne l'impassible majesté des statues égyptiennes ou grecques primitives et cette apparente rudesse que n'ont pas le Beau Dieu de Reims, ni même celui de Chartres, et qui déconcertent au premier abord.

Le type de la tête du Dieu d'Amiens, dit Viollet-le-Duc « mérite toute l'attention des statuaires. Cette sculpture est traitée comme le sont les têtes grecques dites *éginétiques* : même simplicité de modelé, même pureté de contours, même exécution large et fine à la fois. Ce sont bien là les traits indiqués dans le

---

(1) C'est la proportion des statues grecques des bonnes époques.

(2) Cette grosseur donnée aux têtes était-elle intentionnelle ? C'est assez difficile à dire, bien qu'il faille remarquer que c'est généralement dans les meilleures sculptures qu'elles se rapprochent le plus de la normale. Quoi qu'il en soit, la grosseur des têtes a pour résultat, lorsqu'elle n'est pas exagérée, de donner aux figures une expression plus claire, plus compréhensible de loin, et en même temps une proportion plus agréable. Cette exagération devient même une nécessité dans les figurines. L'excès inverse est certainement beaucoup plus fâcheux. — Cf. A. de Baudot, *La sculpture française*, p. 22.

(3) « Signum enim illud prioris xiii seculi partis est, plura vero alia posterioris majorem facturæ sollertiam, faciliorem artuum mollitiam, elegantiorem vestis dispositionem ostendunt ». H. de Curzon, *De Gallica tertio decimo seculo statuaria*, Thèse prés. à la fac. des lettres de Paris, p. 55.

(4) Il semble qu'on pourrait appliquer au Beau Dieu d'Amiens ce qu'Émeric David disait d'un buste de Jupiter Sérapis : « Le Dieu est tranquille : le maître du ciel et de la terre ne peut éprouver aucune sorte d'agitation..... le visage est plein de bonté, de grandeur ; le regard, doux et vague, n'intimide point ; la figure entière inspire le respect : on voit réellement le dispensateur de tous les biens.... L'artiste a mis dans les traits toute la régularité que peut offrir la nature : les lignes sont simples, les plans sont larges et n'offrent que de légers contrastes » *(Recherches sur l'art statuaire*, p. 224).

(5) Cette longueur de tête, qui, vue de près et à hauteur de l'œil, parait un peu forte (c'est l'inconvénient de nos héliogravures qui, pour éviter les déformations, ont dû être prises d'un point élevé), reprend, lorsqu'on la regarde d'en bas, comme elle doit être vue, ses proportions ; pour donner plus de majesté à son personnage, l'artiste lui a fait lever la tête. Dans la statue de saint Firmin, cette précaution n'a pas été prise, il en résulte pour la tête de ce personnage, vue d'en bas, un raccourci qui n'est pas d'un heureux effet.

signalement cité plus haut (1) : mélange de douceur et de fermeté, gravité sans tristesse » (2). On a reproché à cette statue un certain manque de souplesse. Cette raideur est certainement intentionnelle. On n'a pas assez remarqué qu'alors que toutes les statues qui garnissent les piédroits des trois portes ont des attitudes sensiblement variées et des mouvements de têtes plus ou moins accentués, les trois personnages principaux qui trônent à chacun des trumeaux : Dieu, la Vierge et saint Firmin, sont dans une position fixe, presque symétrique, la tête haute, droite et de face, le regard horizontal. Cette opposition leur donne une majesté incomparable.

Fig.104...Saint Firmin.
(Porte C)

Majestueuse encore est la Vierge qui préside à la porte du sud (pl. XXXIX, A), dans son port fier et surhumain. Elle est digne du Beau Dieu qu'elle accompagne. Quelle distinction et quelle douceur dans son visage; quelle noble régularité dans ses traits; quel bel et simple arrangement des draperies ! Sa main droite, qu'elle porte en avant comme pour accueillir ceux qui entrent, imprime à son épaule et à ses hanches un mouvement imperceptible qui suffit à lui donner l'aisance et la vie. Ce n'est plus l'immobilité hiératique des madones de l'époque antérieure, ce n'est pas encore la jeune mère souriante et gracieuse, mais aux sentiments trop humains que le naturalisme va bientôt inspirer aux artistes. Elle commande encore le respect; c'est encore la Reine du Ciel dans toute la sérénité de sa gloire. « Il semble qu'elle ait quitté la terre et qu'elle ne se montre au portique du temple magnifique qui lui est consacré, que pour recevoir nos hommages et nos prières » (3).

(1) Signalement apocryphe du Christ attribué à Lentulus.
(2) *Dict. rais. d'archit.*, t. III, p. 245.
(3) Rigollot, *Hist. des arts du dessin*, t. II, p. 143.

Majestueuse enfin est la belle statue de saint Firmin adossée au trumeau de la porte qui lui est dédiée (pl. XXXIX, B, fig. 104). Elle n'est pas inférieure aux deux autres, et elle est traitée avec la même simplicité de moyens. Elle a même quelque chose de plus sympathique : figure fine, intelligente et noble, agrémentée d'une barbe courte, peu fournie et taillée en rond, qui donne à la physionomie une douceur inexprimable sans rien lui faire perdre de sa gravité; bouche largement fendue, et dont la ligne horizontale marque le calme et la sérénité; arcades sourcilières fortement accentuées, tête haute et fière, maintien grave et imposant. Une insensible cambrure du corps et la légère déviation des plis de la chasuble qui en résulte, suffisent à donner de la souplesse au geste de la bénédiction, sans rien enlever à la statue de l'immobile et symétrique majesté qui convient au sujet central de tout un ensemble.

On ne se lasse pas de regarder les deux belles Vierges de l'Annonciation (pl. XL, 30; fig. 105) et de la Visitation (pl. XL, 31; fig. 119) à la porte de la Mère Dieu, où la fraîcheur et l'ingénuité de la jeunesse se mêlent à une dignité qui commande le respect (1). Élisabeth dans la scène de la Visitation (pl. XL, 32; fig. 120) est une belle et intéressante figure de femme âgée. La vieillesse y est bien marquée, mais sans exagération, par la cavité des joues, les bosses du front, la longueur du nez busqué, l'accentuation du sillon naso-labial. Moins belle et plus vulgaire est la Vierge de la Présentation (pl. XL, 33), en revanche, l'Enfant-Jésus qu'elle tient est charmant, et le vieillard Siméon (pl. XL, 34) prêt à le recevoir, à la belle barbe en pointe et au regard si doux, est une statue d'une grande valeur, pleine de dignité, et qui serait parfaite sans un peu de raideur dans les plis des vêtements.

Parmi les grandes statues des piédroits, indépendamment de quelques-unes sur lesquelles nous aurons à nous étendre plus longuement, il faut encore admirer la plupart des Apôtres (pl. XXVIII et XXIX), l'ange de l'Annonciation (pl. XL, 29); celui qui porte le n° 48 à la porte Saint-Firmin (pl. XLIV), les prophètes Amos, (pl. XXII, XL, 19) et Nahum (pl. XXXI et XXXIV, 23), celui-ci non pour sa beauté,

— Cette Vierge n'est pas sans analogie avec celle qui décore le trumeau de l'église de Longpont (Seine-et-Oise), bien que celle-ci ait quelque chose de plus dur dans la physionomie. — « One of the finest, dating from the first half of the thirteenth century, is the statue of the Virgin of the south door of the west façade of Amiens. As I have already said, the artists of the early thirteenth century were able to give more freedom and natural modelling to such figures than had been the case with those of the preceding century, while maintaining that monumental character which is so essential a quality of architectural sculpture. In this Virgin of Amiens the archaisms that appear in the early statues of Chartres and St. Denis give place to a more skilful and natural execution. The head of this figure is well set, the features are regular and finely cut, and the wimple falls in graceful lines upon the shoulders. The pose of the body is unconstrained, though quiet, and the simple draperies are cast into easy folds of truthful form as well as classic elegance. Few examples of mature mediæval art exhibit more calmness or more sweetness of expression ».

MOORE, *Development and character of gothic archit.*, 2ᵉ édit., p. 377.

(1) On ne peut s'empêcher de constater une analogie frappante entre ces deux Vierges et celles de l'Annonciation et de la Présentation au grand portail de la cathédrale de Reims. C'est exactement le même style, les mêmes draperies, les mêmes types, le même faire. La proportion de la tête avec le reste du corps est la même. Un détail typique se trouve dans ce manteau en forme de chasuble et qui est identique dans les vierges d'Amiens et dans celles de Reims. Voir aussi la manière dont les cheveux sont arrangés sous les voiles. Dans le portail de Reims, dont la statuaire est aussi disparate que celle d'Amiens est homogène, ces deux Vierges, auxquelles il faut ajouter le Siméon de la Présentation, appartiennent évidemment à la statuaire d'Amiens. — M. le comte R. de Lasteyrie a aussi comparé nos vierges de la porte de la Mère Dieu à une statue en bois de la Vierge, du XIIᵉ siècle, provenant de Saint-Martin-des-Champs. (*Gaz. archéol.*, t. IX, 1884, p. 317, pl. 42).

mais pour la sauvage énergie de son visage, le deuxième Roi-mage à la porte de la Mère Dieu (pl. XLI, 36), l'évêque au n° 41 (pl. XLIII) et le saint céphalophore du n° 49 (pl. XLIV), à la porte Saint-Firmin.

Si on ne manque jamais de rendre au Beau Dieu d'Amiens un juste tribut d'admiration, il semble qu'on ne regarde pas assez le Souverain Juge qui préside à la grande scène du Jugement dernier dans le tympan de la porte centrale (pl. XXXVI). A peu près de la même taille, il est presque aussi beau. Son regard est peut-être moins fixe, sa tête moins droite, son visage moins impassible et plus vivant, on lui trouvera enfin une tendance au réalisme bien remarquable, mais sa pose symétrique lui donne une grande dignité et une grande majesté. La Vierge qui est agenouillée auprès de lui est drapée avec un art infini, son profil est une merveille de pureté et de distinction : véritable profil grec.

Fig. 105. — Vierge de l'Annonciation (Porte B).

Il faut renoncer à analyser en détail les innombrables figurines qui peuplent les voussures des trois portes : beaucoup sont fort remarquables. A l'exception de celles qui composent le deuxième cordon de la voussure de la porte de la Mère Dieu, et dont nous reparlerons, elles se distinguent en général par l'exécution de leurs draperies, qui sont extrêmement refouillées, parfois même comme chiffonnées. Elles dénotent une sculpture très avancée. Dans le troisième cordon de la voussure de la porte de la Mère Dieu (ancêtres de la Vierge qui n'ont pas été rois), les visages encadrés de longues chevelures et de fortes barbes ont énormément d'accent.

Les bas-reliefs sculptés dans les deux rangées de quatrefeuilles qui décorent le soubassement, malgré d'assez grandes inégalités dans leur exécution, possèdent les qualités essentielles à ce genre de sculpture. Tous se recommandent par l'habileté de la composition. Là, les sujets les plus compliqués en apparence sont réduits à leur plus simple expression et rendus cependant avec une précision qui saute aux yeux : pas de détails ni d'accessoires inutiles. Leur ignorance de la perspective a obligé nos artistes à éviter les arrière-plans, ce grand écueil du bas-relief moderne. Il y a tout ce qu'il faut pour caractériser la scène représentée d'une façon claire et non équivoque, mais rien de plus; le tout arrangé avec un art, un sentiment dramatique, une entente de l'effet, de la pondération des masses, tout à fait surprenants (1).

Ainsi on ne peut trop admirer, malgré son état fruste, la vérité de mouvement avec laquelle l'Orgueil tombe de cheval (pl. XXIX, 12 B), l'énergie et la sincérité des bas-reliefs qui représentent Dieu mettant à mort les Éthiopiens (pl. XXIV, 25 A), Ézéchiel méditant devant les roues enchevêtrées (pl. XXXI, 15 A), Nahum montrant Ninive dans sa splendeur et Ninive détruite (pl. XXXI, 23 A, B). Daniel dans la fosse aux lions (pl. XXXI, 16 A) est d'une fort belle composition : la figure du prophète se recommande par la correction du dessin et la grâce des draperies; il est assis de face avec un raccourci rendu d'une façon très heureuse. Malgré la maladresse et l'imperfection de l'exécution, il y a dans la scène du Massacre des Innocents (pl. XLI, 38 A) un grand sentiment dramatique uni à une simplicité toute sculpturale. La mère qui dispute son enfant à un soldat a une belle allure; une autre, abîmée dans la douleur, a pris dans ses mains la tête tranchée de son enfant et la couvre de baisers. L'antiquité a-t-elle jamais exprimé une idée d'une plus poignante énergie?

Généralement le raccourci des personnages assis de face est obtenu d'une façon assez heureuse; il n'en est pas de même des pieds : dans presque tous les bas-reliefs, nos artistes en ont été visiblement embarrassés. Dans certains même, les plus mauvais, il est vrai, comme exécution, ils ont évité le raccourci d'une façon absolument barbare, en donnant des pieds de profil à des personnages dont la tête et le corps sont vus de face : tel le soldat qui arrache un enfant à sa mère dans le bas-relief du Massacre des Innocents (pl. XLI, 38 A).

J'ai dit que le portail d'Amiens contenait les éléments du développement ultérieur de l'art gothique.

Lorsque l'on compare la statuaire de ce portail avec celle de la période précédente, il est un fait qui surprend tout d'abord, c'est l'air éveillé et vivant des statues, l'aisance des attitudes, l'animation des visages, la sincérité du geste. Ce progrès n'est pas seulement remarquable dans les scènes complexes et qui représentent une action, mais il se montre aussi et surtout dans les statues isolées et notamment dans celles qui ornent les piédroits. Elles se meuvent avec plus de liberté dans l'étroit parallélipipède de pierre (2) dans lequel elles sont taillées : les membres se détachent du corps, le cou prend plus de souplesse, les draperies plus de grâce et de naturel. Cette action n'est pas encore telle cependant, qu'elle enlève la clarté, la simplicité, le calme et la sérénité qui sont les qualités fondamentales de la statuaire. Pas de passions violentes, pas de gestes maniérés, pas de postures contournées, mais le corps droit, bien posé sur les deux jambes, la tête haute et fière, le regard assuré. Mais on devine déjà un art qui tend à s'émanciper, et qui, s'il est encore capable de faire grand, commence à se sentir invinciblement attiré vers la nature environnante et la vie journalière, et qui ne cache pas sa prédilection pour les sujets les plus humbles. A force d'étudier la

---

(1) Cf. VIOLLET-LE-DUC, Dict. rais. d'archit., t. VIII, p. 158.

(2) Sur l'influence de la forme prismatique des pierres dans lesquelles les statues du moyen âge étaient taillées, sur la manière d'être et les attitudes de ces statues, cf., sous quelques réserves, W. VÖGE, Die Anfänge des monumentalen Stiles im Mittelalter, pp. 314 et suiv.

nature, nos artistes se sont pris à l'aimer, à l'aimer par-dessus tout; ils deviennent plus maîtres de leur ciseau, et ils en profitent.

Est-il besoin de faire ressortir le naturalisme des délicieux culs-de-lampe qui servent de supports aux grandes statues, et auxquels il faut joindre ceux de la porte de la Vierge dorée, qui datent du même temps et qui sont dus aux mêmes artistes (fig. 3, 11, 77, 102, 114, 115)? Ils sont formés de socles d'architectures soutenus par des *marmousets,* comme on disait alors, dans les postures les plus invraisemblables et faisant les contorsions les plus comiques, mais sans trivialité, sans obscénité, avec des expressions de physionomie qui dénotent un esprit d'observation d'une délicatesse infinie, et cela sans jamais sortir de la forme générale imposée pour le cul-de-lampe. Là nos artistes ont montré que, s'ils savaient faire de la grande statuaire, ils savaient aussi plier et tordre le corps humain et le réduire à l'état de simple motif d'ornementation. Mais là aussi, ils n'étaient gênés par aucun programme et leur imagination pouvait se donner libre carrière. C'est dans la caricature qu'on peut le mieux se rendre compte des types d'une époque, car toute époque, toute société a les siens. A ce point de vue, nos culs-de-lampe, dans la perfection de leur exécution, dans la sincérité de leurs expressions qui en font de véritables chefs-d'œuvre, ont une importance capitale. On ne saurait trop les étudier.

Dans un livre qui vient d'avoir un succès mérité, l'auteur, enivré de l'étrange et capiteuse poésie des Écritures, s'est étonné, un peu sévèrement peut-être, de la naïveté, de la bonhomie, avec laquelle nos artistes en ont rendu les images les plus audacieuses et les plus sublimes dans les petits bas-reliefs qui composent le soubassement du portail (1).

Parmi ces bas-reliefs en effet, il en est dont les sujets sont empruntés à la vie ordinaire : tels sont les Vices, les Travaux des mois, le Zodiaque; les autres sont généralement tirés de l'Écriture Sainte, parfois même de ce qu'elle a de plus idéal et de plus abstrait, de visions que la peinture elle-même, avec toutes ses ressources, aurait peine à rendre d'une façon adéquate à la poésie biblique. Tous sont traités dans le même esprit, et, dans ceux-ci, le sens littéral de la Bible est rendu de la façon la plus prosaïque du monde, et sans chercher à entreprendre une lutte inégale avec le texte sacré.

Mais c'est là précisément un point capital dans l'histoire de l'art. A propos de Bible ou de n'importe quoi, nos artistes nous introduisent dans leur vie journalière, ils nous initient à leur intérieur; ils nous étalent leur mobilier; ils nous montrent avec une exactitude étonnante des villes de leur temps, avec leurs maisons à pignons et fenêtres géminées, leurs remparts crénelés, leurs portes flanquées de tours, leurs hauts beffrois, leurs églises gothiques couronnées de flèches élégantes, édifices que l'on pourrait presque tous réaliser (pl. XXVIII, XXXI, XXXIV, XLIII, fig. 116). Le prophète Michée leur donne l'occasion de nous faire voir deux ateliers de forgerons avec tout leur outillage (pl. XXX, 22 A, B). Amos, le berger, cueille des feuilles de mûrier qu'il donne à manger à ses brebis (pl. XL, 19 A). La Nativité de saint Jean-Baptiste (pl. XL, 31 B) nous fait entrer dans la chambre à coucher d'Élisabeth : voilà le lit, au-dessus duquel une lampe est suspendue; au pied du lit, les chaussures, un vase, la huche.

(1) Male, *L'art religieux du* xiiie *siècle,* p. 215.

Est-ce parceque les sujets ont mieux inspiré nos artistes? Il est certain que la série des bas-reliefs du Zodiaque et des Travaux des mois (pl. XLIII et XLIV) est, à tous égards, la meilleure de toutes. Il faudrait pouvoir les analyser l'un après l'autre, voir avec quelle observation de la nature le Taureau est rendu; avec quelle ingénuité les Gémeaux devisent doucement la main dans la main (1); avec quelle discrète coquetterie la Vierge (pl. XLIV, 50 A; fig. 121 A) se drape dans son ample manteau en forme de chasuble, la tête doucement inclinée et modestement voilée; avec quelle grâce naïve et moqueuse tout à la fois, la Balance (pl. XLIV, 49 A; fig 122 A) se cambre sur les hanches, à la manière des Vierges de la période qui va suivre, vraie prophétie artistique; avec quelle précision le Sagittaire bande son arc, — la Picardie n'est-elle pas la terre classique des archers? — avec quelle vérité le semeur répand son grain, le batteur en grange lève son fléau en cadence (pl. XLIV, 50 A; fig. 121 B), le moissonneur se courbe pour couper ses épis! Quelle charmante intimité enfin dans l'intérieur de ce brave homme de Février (pl. XLIII, 43; fig. 4), qui a ôté sans façon sa chaussure pour se chauffer au coin du feu, en faisant griller un poisson près de la marmite qui bout! C'est le même esprit que nous retrouverons plus tard développé mais moins réservé dans la charmante et curieuse mise en scène des stalles. C'est l'esprit des Van Eyck et des Memling, c'est l'esprit des Hollandais; c'est l'esprit de nos peintres de genre français des XVIIIe et XIXe siècles, de tous ceux dont le sentiment artistique ne s'est pas laissé détourner de sa voie par des influences étrangères, des idées préconçues ou de puériles imitations. Tout notre art du nord est là.

Il y a plus. Autant que l'imperfection de nos connaissances sur la date des autres monuments permet d'en juger, c'est peut-être dans la statuaire de la cathédrale d'Amiens, que le caractère personnel apparaît en France pour la première fois. Tous nos personnages n'ont pas ce caractère personnel au même degré, beaucoup en manquent absolument, mais voici notamment cinq statues : Ézéchiel, saint Domice, l'évêque qui se tient à sa gauche, les prophètes Aggée et Zacharie. Que l'on ôte à Ézéchiel (pl. XXXI, 15) sa robe trop longue, qu'on découvre son front chauve, plissé et soucieux, qu'on lui mette des habits modernes que ne déparera pas sa belle et soyeuse barbe en pointe, on le reconnaîtra pour l'avoir déjà rencontré, il vous parlera de sa bouche fine et intelligente. Et que dire du prophète Aggée (pl. XXXV et XLIV, 26), avec ce sourire si vrai, si naïvement expressif, ces yeux en coulisse, dont le regard vous interroge avec une ironie qui intimide presque? Un type bien différent, plus grave, plus âgé mais non moins vécu est le Zacharie qui est près de lui (pl. XXV, 27). Ce n'est pas non plus une figure quelconque que celle de ce diacre (pl. XLIII, 42; fig. 106) au visage rond, entièrement rasé, aux traits irréguliers, aux yeux caves, asymétriques et clignotants, avec un léger froncement au-dessus du nez, la bouche de travers et

---

(1) « Rien de plus agréable que ce groupe, qui n'a ni la raideur ni l'air gêné qu'on a cru des défauts toujours attachés aux productions de ce temps. Le mélange de mollesse, d'élégance et de grâce naïve qui se montre dans son ensemble dépend des lignes générales plutôt que des détails toujours un peu négligés, et doit sans doute beaucoup au parti habile qu'un dessinateur doué d'un goût délicat a su tirer de modes nouvelles, qui, représentées par d'autres mains, paraissent sous un tout autre jour ». RIGOLLOT, *Hist. des arts du dessin*, t. II, p. 139.

relevée, le regard rusé, presque insolent. Assurément c'est un portrait. Portrait aussi, le petit évêque qui est à sa gauche (pl. XLIII, 43, fig. 106); son type n'a rien de distingué; un léger déhanchement marque un certain abandon, un certain laisser-aller dans la pose qui complète le caractère reflété dans la figure. Cette

Fig. 106. — Statues de la porte Saint-Firmin
(Porte C.)

barbe rare et courte, presque lisse, cette chair molle, ce nez droit et effilé, ces yeux vifs et intelligents, ce sourire sceptique et railleur, se rencontrent encore très fréquemment dans le nord de la France, et particulièrement en Picardie. On croirait qu'un ouvrier, le plus habile de tous, s'est amusé à copier ses camarades d'atelier, en les habillant qui en prophète, qui en évêque. On peut y joindre les six figures de patriarches assis sur le linteau de la porte de la Mère Dieu (pl. XLII) et les six évêques qui leur font pendant à la porte Saint-Firmin (pl. XLV). C'est une sculpture très avancée : l'accentuation des traits des visages y donne aux physionomies une grande vérité et une grande variété d'expressions. Dans les derniers, la recherche de l'expression et du mouvement tourne même déjà à l'afféterie. Ces sculptures marquent toute une révolution dans l'histoire de l'art. Peut-être touchons-nous du doigt le point de départ du mouvement décisif en avant vers le réalisme et l'imitation de la nature, mouvement qui, jusqu'aux temps modernes, ne s'arrêtera plus.

Nous ne voulons pas dire que ce soient les premiers essais de naturalisme et d'individualisme. Il est certain que, du jour où les artistes du moyen âge ont commencé à faire de l'art, et surtout à s'attaquer à la figure humaine, ils ont plus ou moins cherché à imiter la nature, et, à ce point de vue comme à d'autres, leur art a été un progrès incessant. L'imitation de la nature, ils l'ont cherchée par des moyens bien divers, et les artistes antérieurs au XIIIe siècle y sont parfois parvenus jusqu'à un certain point. Mais à Amiens le temps des tâtonnements est passé, la formule est trouvée, le pas décisif est franchi. Il ne faut pas perdre de vue que le portail d'Amiens a été exécuté d'un seul jet, et qu'il est daté.

Tels sont les caractères généraux de la statuaire de notre portail. Malgré sa grande homogénéité, un examen attentif fait découvrir cependant des morceaux qui diffèrent un peu soit par un faire ou un sentiment particulier, soit par des différences dans l'habileté de l'exécution.

Ainsi les sculptures en demi-relief qui représentent l'Invention du corps de saint Firmin, au tympan de la porte du nord (pl. XLV) appartiennent à un art assez inférieur : raideur dans les attitudes, absence de grâce dans les draperies, maladresse et monotonie dans le groupement des personnages. En revanche, certains détails de costume rendent ces sculptures intéressantes. Bien incorrects aussi comme dessin sont les bas-reliefs sculptés dans les quatrefeuilles de la porte de la Mère Dieu, ceux du côté sud principalement (pl. XL, XLI). Tout y est sec, raide, disproportionné. C'est ce qu'il y a de plus mauvais dans tout le portail.

Les bas-reliefs du soubassement de la porte centrale, côté nord (pl. XXIX, fig. 113), sont évidemment d'une autre main, un peu meilleure, mais si l'exécution des premiers pèche par la sécheresse, l'exécution molle de ceux-ci, la recherche dans les draperies, le style lâché, trahissent la main d'un artiste inférieur, parvenu à une certaine habileté, mais qu'il ne dépassera pas, et qui manque de cet accent que donne seule la supériorité du génie. Malgré de réelles qualités de mouvement, de composition et une grande variété de poses et d'expressions, c'est encore un peu la même mollesse qu'il faut constater dans les groupes de la Mort de la Vierge, de son Assomption et de son Couronnement dans le tympan de la porte de la Mère Dieu (pl. XLII).

Parmi les grandes statues, il en est deux qui se distinguent par un caractère tout particulier. C'est l'Isaïe de la porte centrale (pl. XXX, 13) et la sainte Ulphe de la porte Saint-Firmin (pl. XLIV, 52). Elles ont quelque chose d'étriqué que n'ont pas les autres; les vêtements, au lieu de se draper en plis amples et aisés, se collent contre les membres, à petits plis, à la manière d'une étoffe mouillée : les traits du visage d'Isaïe sont comme crispés, les cheveux et la barbe maladroitement rendus (1). La même particularité des draperies fines et collées aux

(1) Cf. les six statues d'apôtres qui garnissent les piédroits de la porte d'Enfer à la cathédrale de Reims.

membres se retrouve dans les personnages qui composent le deuxième cordon de la voussure de la porte de la Mère Dieu et qui représentent les rois de Juda, ancêtres de Marie, et dans la série des Vertus et des Vices qui occupe le côté sud des bas-reliefs au soubassement de la porte centrale (pl. XXVIII). On y voit le nu apparaître sous les vêtements à la manière de certaines sculptures grecques. Ces particularités sont surtout remarquables dans les deux bas-reliefs de la Douceur et de la Méchanceté (fig. 112).

Le costume des personnages est généralement celui qui était en usage dans le nord de la France pendant la première moitié du treizième siècle. Tous, hommes ou femmes, portent la cotte à manches longues et étroites et ordinairement serrée à la taille par une courroie ou un cordon. Pour les femmes, elle traîne à terre; pour les hommes, sa longueur varie de la cheville au bas de la cuisse, suivant l'âge, la dignité ou la condition. Par-dessus cette cotte, les personnages les plus graves ont des manteaux d'une grande variété, et portés presque tous indifféremment par les hommes et par les femmes. Les uns sont attachés soit sur le devant de la poitrine, soit sur l'épaule, par un affiquet d'orfévrerie, et diversement relevés (1); d'autres, et cela paraît être de la plus grande élégance, sont retenus sur le devant par un cordon plus ou moins lâche, dans lequel on avait souvent l'habitude de passer un doigt (2); d'autres enfin, de forme entièrement ronde, percés au centre d'un trou avec capuchon, pour entrer la tête, retombent en plis nombreux tout autour du corps, relevés à droite et à gauche par les bras, à la manière des chasubles (3). Le surcot, avec ou sans manches, avec ou sans capuchon, est plus rare (4). Plusieurs personnages du Zodiaque et des Travaux des mois n'ont pour tout vêtement que des braies ou des chausses. Le personnage qui personnifie avril est ganté (5).

Les hommes sont le plus souvent nu-tête, cependant quelques-uns ont divers genres de coiffures, bonnets ou chapeaux; nous les décrirons au fur et à mesure qu'ils se présenteront. Presque toutes les femmes ont la tête couverte d'un court voile, parfois enroulé d'une façon fort gracieuse autour du cou (6). Quelques-unes, celles qui visent à l'élégance, ont la chevelure retenue par une crépine au-dessus de laquelle est posé le chapeau en forme de mortier (7). Plusieurs sont nu-tête. Hommes et femmes portent souvent sur le devant de la poitrine un affiquet (8).

Les évêques, prêtres et diacres sont revêtus des ornements de leur ordre. Les évêques ont tous les *pontificalia* : sandales, amict, aube, étole, tunique, dalmatique, chasuble, gants, manipule et mitre; ils tiennent généralement la crosse, à moins qu'ils n'aient quelque autre attribut. Les prêtres ont l'amict, l'aube, l'étole, la chasuble et le manipule; dans l'histoire de l'Invention de saint Firmin sculptée au

---

(1) Pl. XXXII, 18 A; XXXIII, 28 B; XLI, 35, 37, 39; XLIII, 46, etc.
(2) Pl. XXXIX, A; pl. XLI, 36, 38, 40; XLIII, 46, etc.
(3) Pl. XXXV, 26; XL, 30, 31, 33; XLIV, 50 A, etc.
(4) Nous mentionnerons à leur place les personnages qui en sont revêtus; ce sont ordinairement les moins graves.

(5) Pl. XLIII, 45 B.
(6) La Vierge Marie; les Vertus, (pl. XXVIII et XXIX); deux Vierges sages, (pl. XXIX): pl. XL, 32, etc.
(7) Pl. XXVIII, 3 B; pl. XXIX, 10 B; deux Vierges folles, (pl. XXVIII); pl. XXXII, 17 A, etc.
(8) Pl. XXXIX, A; XL, 30, 31, 33; XLI, 36, 40, etc.

tympan de la porte Saint-Firmin, les prêtres qui portent la châsse sont en chapes. Les diacres ont l'amict, l'aube, l'étole, la dalmatique fort longue et le manipule.

Les rois ont d'ordinaire le même costume que les hommes graves de leur temps : cotte tombant à la cheville et serrée à la taille, et manteau attaché soit par un affiquet d'orfévrerie, soit par un cordon lâche. Ils ne se distinguent que par le sceptre et la couronne.

Un certain nombre de personnages de l'ancienne loi ont la tête couverte du *schimla,* sorte de voile liturgique en usage chez les Juifs (1), d'autres, d'une petite calotte soit entièrement hémisphérique, soit surmontée d'une petite pointe, et dite le bonnet juif (2).

Le Seigneur, les prophètes et les apôtres ont le costume traditionnel : c'est ordinairement une tunique aux manches larges et longues, serrée à la taille et tombant à la cheville, par-dessus laquelle est jeté un manteau diversement drapé. Les anges, au visage jeune, encadré d'une chevelure bouclée, portent généralement une tunique traînant à terre (3), tantôt serrée à la taille, tantôt tombant tout d'une venue, aux manches longues et étroites, par-dessus laquelle est souvent jeté un manteau. Ils sont munis d'une paire de longues ailes (4).

Le Seigneur, les apôtres et les anges sont pieds nus.

Le Seigneur est à peu près seul pourvu du nimbe, et ce nimbe est presque toujours crucifère. Cet ornement n'a été donné que très rarement à d'autres personnages, et sans d'ailleurs qu'on en saisisse bien la raison : la Vierge, dans le bas-relief qui représente la Fuite en Égypte (pl. XL, 33 A), et dans celui du Couronnement au tympan de la porte de la Mère Dieu (pl. XLII); un des apôtres dans l'Ensevelissement de Marie, au même tympan; Habacuc, dans le quatre-feuilles 24 A (pl. XXXIV); et enfin la plupart des anges qui forment le premier cordon de la voussure de la porte Saint-Firmin (pl. XLV) en sont seuls munis.

Il est assez rare que les marmousets, formant les culs-de-lampe, qui servent de supports aux grandes statues, aient de la corrélation avec celles-ci. Ce ne sont la plupart du temps que des sujets de fantaisie et dont le choix et la composition ont été laissés à l'imagination des artistes.

Le plan iconographique (5) est très simple. Il forme en même temps un ensemble d'une harmonie et d'une profondeur de pensée incomparables, et qui suppose chez ceux qui l'ont conçu de vastes connaissances et un esprit tout imbu du sens des Écritures, des légendes, du symbolisme, de la liturgie et de toutes les traditions iconographiques reflétées sur les monuments antérieurs. La cathédrale d'Amiens est dédiée à Dieu comme toutes les églises, sous le vocable de la Vierge Marie et de saint Firmin, premier évêque d'Amiens, dont elle possède le corps. Dieu se manifeste à l'homme par son Verbe : c'est donc au Verbe divin,

---

(1) Pl. XXXI, 15; quatre patriarches sur le linteau de la porte de la Mère Dieu, (pl. XLII), etc.

(2) Pl. XXX, 14 B; XXXIV, 25; XL, 34, etc.

(3) L'ange qui porte le n° 48 à la porte Saint-Firmin a sa tunique un peu plus courte (pl. XLV).

(4) L'ange qui porte le n° 51 à la porte Saint-Firmin (pl. XLIV) a un costume assez différent de celui des autres et qui sera décrit en même temps que la statue.

(5) Il est bien entendu que nous n'interpréterons la Bible que d'après les idées qui avaient cours au moyen âge. Il ne s'agit pas de faire ici d'exégèse contemporaine.

c'est-à-dire à Jésus-Christ, époux et chef suprême de l'Église, au *Fils de l'Homme*, qu'est consacrée la porte principale et ses dépendances (1). Celle du sud est dédiée à la Vierge Marie, celle du nord, à saint Firmin. D'où les noms populaires des trois portes : porte *du Sauveur,* porte *de la Mère Dieu,* porte *Saint-Firmin.* Au centre de chaque porte, à la place d'honneur, contre le trumeau, s'élèvera donc la statue colossale de son titulaire : le Christ, la Vierge, saint Firmin.

Le choix des sujets a certainement répondu à une pensée, et ceux qui ont composé ce magnifique ensemble ont eu leurs raisons pour y faire entrer tels sujets plutôt que tels autres. Il serait téméraire de prétendre pénétrer à fond cette pensée, cependant l'étude attentive de chaque sujet en particulier nous fera comprendre que leur but principal a été la *glorification* du Christ et des saints patrons de l'église. Mais il faut aller plus loin.

« Les sublimes métaphores, disaient déjà MM. Jourdain et Duval (2), qui font de l'église une mystique et vaste construction dont Jésus-Christ est la pierre angulaire; les prophètes et les apôtres, les premières assises, le fondement et les colonnes; les fidèles, les pierres qui l'achèvent et le complètent, étaient trop bien passées des livres saints dans le langage des Pères et dans l'esprit des fidèles, pour n'avoir pas servi de guide et de règle dans l'ornementation même des églises matérielles ». C'est parfaitement exact, plus peut-être que les savants chanoines ne paraissent l'avoir supposé. Sans vouloir en effet pousser le symbolisme à outrance, sans aller aussi loin que Werner de Sanct-Blasien (3), Honorius d'Autun (4), Hugues de Saint-Victor (5), etc., et après eux Guillaume Durand (6), qui donnent un sens mystique jusqu'au sable et au mortier, et en admettant des exceptions inévitables, nous acquerrons l'impression que ceux qui ont dicté aux artistes les sujets destinés à décorer notre portail étaient pénétrés de cette idée : l'église, temple matériel, a été figurée dans l'ancienne loi par le Temple de Jérusalem; elle-même est la figure de l'Église, épouse de Jésus-Christ, Cité de Dieu, Jérusalem céleste, bâtie de pierres vivantes, qui remplace la Jérusalem déchue, et qui triomphera le jour où, dans son second avènement, le Christ affirmera d'une façon définitive le royaume de Dieu et la ruine du royaume de Satan; au sens tropologique, l'église enfin figure le fidèle, temple du Saint-Esprit. C'est le thème de la plupart des homélies et des sermons des Pères sur la Dédicace, depuis saint Hilaire jusqu'à Hugues de Saint-Victor, en passant par saint Augustin, Raban-Maur, Haymon d'Halberstadt, Bruno d'Asti, Honorius d'Autun, etc. C'est l'idée merveilleusement développée dans le rit solennel de la consécration des églises et dans l'office de la Dédicace, un des plus beaux de la liturgie catholique (7). Au XIIIe siècle, cet office était célébré dans la cathédrale d'Amiens

---

(1) Sur la raison pour laquelle le moyen âge ne représentait généralement Dieu que sous la figure de Jésus-Christ, voy. Didron, *Iconogr. chrét.*, pp. 196 et suiv.

(2) *Le grand portail de la cath. d'Am.*, dans *Bull. monum.*, t. XI, p. 303.

(3) *Deflorationes S S. patrum. Patrol.*, t. CLVII, col. 1225.

(4) *In dedic. eccles., sermones duo. Patrol.*, t. CLXXII, col. 1103.

(5) *Sermo 1 in Dedic. eccl. Patrol.*, t. CLXXVII, col. 901.

(6) *Ration. div. off.*, lib. 1, cap. 1.

(7) Il faudrait lire cet office en entier ainsi que toutes les prières de la consécration des églises. Les extraits suivants donneront une idée de leur esprit : « Attollite portas, principes, vestras et elevamini portæ æternales, et introibit rex gloriæ », Ps. xxiii, 7, 9. — « Diligit Dominus portas Sion super omnia tabernacula Jacob. Gloriosa dicta sunt de te, civitas Dei..... Numquid Sion

DESCRIPTION.

sur le rit grand double et avec la plus grande solennité; l'évêque officiait en personne (1). Cette idée paraît percer ici d'une façon plus évidente que partout ailleurs, il y a même quelque chose d'original et de personnel qu'il importe de faire remarquer.

Porte du Sauveur (2).
(Porte A).

TRUMEAU. — A la partie antérieure du trumeau, à une hauteur de 4^{m}50 au-dessus du dallage, et abritée par un joli dais d'architecture, s'élève la célèbre

dicet : Homo, et homo natus est in ea, et ipse fundavit eam Altissimus? » Ps. LXXXVI, 1, 2, 5. — « Lauda Jerusalem Dominum, lauda Deum tuum Sion. Quoniam confortavit seras portarum tuarum, benedixit filiis tuis in te; qui posuit fines tuos pacem ». Ps. CXLVII, 1, 2, 3. — « Lætatus sum in his quæ dicta sunt mihi, in domum Domini ibimus..... Jerusalem quæ ædificatur ut civitas..... Quia illic sederunt sedes in judicio ». Ps. CXXI, 1, 3, 5. — « Fluminis impetus lætificat civitatem Dei ». Ps. XLV, 4. — « Magnus Dominus et laudabilis nimis, in civitate Dei nostri, in monte sancto ejus. Fundetur exultatione universæ terræ mons Sion, latera Aquilonis, civitas Regis magni..... Sicut audivimus, sic vidimus in civitate Domini virtutum, in civitate Dei nostri, Deus fundavit eam in æternum ». Ps. XLVII, 1, 2, 7. — « Non est hic aliud nisi domus Dei et porta cœli ». *Gen.*, XXVIII, 17. — « Videbitur Deus deorum in Sion ». Ps. LXXXIII, 7. — « Dominus in Sion magnus et excelsus super omnes populos ». Ps. XCVIII, 2. — « Vidi sanctam civitatem Jerusalem novam descendentem de cœlo a Deo, paratam sicut sponsam ornatam viro suo. Et audivi vocem magnam de throno dicentem : Ecce tabernaculum Dei cum hominibus et habitabit cum eis ». *Apoc.*, XXI, 2, 3. — Enfin cette belle hymne, telle qu'on la chantait avant qu'elle ait été dénaturée sous l'influence des humanistes de la Renaissance, « admirable chose dans sa rudesse de facture », comme dit M. l'abbé Batiffol *(Hist. du brév. rom.*, p. 178) :

    « Urbs beata Jerusalem
    Dicta pacis visio
    Quæ construitur in cœlis
    Vivis in lapidibus
    Et angelis coornata
    Ut sponsata comite
      Nova veniens e cœlo
    Nuptiali thalamo
    Præparata ut sponsata
    Copuletur Domino

    Angulare fundamentum
    Lapis Christus missus est
    Qui compage parietum
    In utroque nectitur
    Quem Syon sancta suscepit
    In quo credens permanet.

Vers inspirés évidemment par ces paroles de saint Pierre : « Si tamen gustatis quoniam dulcis est Dominus : ad quem accedentes lapidem vivum...... Et ipsi tanquam lapides vivi superædificamini, domus spiritualis, sacerdotium sanctum, offerre spirituales hostias, acceptabiles Deo per Jesum Christum. Propter quod continet Scriptura *(Isai.*, XXVIII, 16) : Ecce pono in Sion lapidem summum angularem, electum, pretiosum : et qui crediderit in eum, non confundetur ». I *Petr.* II, 3-6. Cf. *Ephes.*, II, 17-22. — Cette idée est celle de tous les Pères qui y reviennent sans cesse, et elle sera ainsi résumée par Guillaume Durand, au milieu de toutes ses exagérations : « Sicut enim corporalis ex congregatis lapidibus constituitur, sic et spiritualis ex diversis hominibus congregatur. Ecclesia autem materialis spiritualem designat..... Dicitur etiam præsens ecclesia Syon, ex quo ab hac peregrinatione longe posita promissionem rerum cœlestium speculatur. Pro futura vero patria et pace Hierusalem vocatur, nam Hierusalem *Pacis visio* interpretatur. Dicitur etiam ecclesia Domus Dei..... κυρία, id est dominicalis....; Βασιλική....., regalis..... Domus regia dicitur, quia in ea regi regum servitur..... Sponsa, quam Christus desponsavit sibi in fide..... Quicquid autem Synagoga per legem accepit, hoc nunc Ecclesia a Christo, cujus sponsa est, per gratiam accepit ». *Ration. div. off.*, lib. I, cap. 1. — « Ipsa autem domus vocatur ecclesia, quia continet Ecclesiam ». HONOR. AUGUSTOD., *Sacramentarium*, XXXI. *Patrol.*, t. CLXXII col. 763. — « Ecclesiæ dedicatio est Ecclesiæ et Christi nuptialis copulatio ». Id., *Gemma animæ*, 1, 150, *Patrol.*, t. CLXXII, col. 590, — etc. — Sur l'influence de la liturgie sur l'iconographie, voy. P. WEBER, *Geistliches Schauspiel und Kirchliche Kunst*, p. 5.

(1) *Ordinarius liber* de la cath. d'Am., ms. XIIIe s. Bibl. d'Am., ms. 184, fol. 346.

(2) Rappelons que la statuaire des trois portes qui composent le grand portail a été restaurée, celle du Sauveur, par Caudron, en 1844 et 1845, celle de Saint-Firmin, en 1847, par le même artiste, et celle de la Mère Dieu en même temps que celle-ci par les frères Duthoit (voy. ci-dessus, p. 172 et suiv.). Ces restaurations ont été d'ailleurs peu importantes, les sculptures étant généralement bien conservées, et elles se sont bornées

statue du Christ appelée vulgairement le *Beau Dieu d'Amiens* (fig. 103 et 107) (1). Le Christ est debout, tête nue et sans nimbe : il est vêtu d'une tunique talaire, à manches longues et larges et d'un manteau jeté sur l'épaule gauche. Il porte la barbe entière, peu fournie et assez courte, la moustache fine et tombante. Sa main droite est levée pour bénir; de la gauche il tient un livre fermé (2). Ses pieds reposent sur le lion (fig. 108) et le dragon (fig. 109) (3), animaux fantastiques d'un grand caractère. Plus bas, l'aspic et le basilic soutiennent le socle de la statue, qui est orné de deux rangs de créneaux : l'aspic (fig. 109), à tête de chien aux oreilles pointues, avec deux pattes et une queue de serpent, enroulé sur lui-même, une oreille contre terre et se bouchant l'autre du bout de la queue (4); le basilic (fig. 108),

au remplacement en pierre de quelques petits personnages des voussures (certains de ces personnages n'ont été refaits que sous Viollet-le-Duc) et de la tête d'une seule grande statue, ainsi qu'à la réparation en mastic de quelques membres plus ou moins mutilés des autres sculptures. Les plus fâcheuses, sont les attributs que les restaurateurs ont donnés à tort et à travers aux personnages qui avaient perdu les leurs ou même qui n'en avaient pas, attributs de formes généralement plus que vulgaires, souvent ridicules, et dont le moindre inconvénient est de rendre beaucoup plus difficile, parfois même impossible l'interprétation iconographique. Nous indiquerons autant que possible ces réparations au fur et à mesure qu'elles se présenteront. (*États estimatifs* desdites réparat. Arch. de la Somme, série V, Édif. diocés.).

(1) Haut., env. 2^{m}60. « Ego sum ostium. Per me si quis introierit salvabitur ; et ingredietur et egredietur et pascua inveniet ». *Joan.*, x, 9. — « Ostium ab obstando, vel ostendendo dicitur..... Ostium quod inimicis obstat et amicis aditum ostendit, est Christus, qui per justitiam obstans, infideles a domo sua arcet, et fideles aditum ostendendo per fidem introducit ». Honor. Augustod. *Gemma animæ*, 1, 138. *Patrol.*, t. CLXXII, col. 587. — Et plus tard Guillaume Durand : « Atrium ecclesiæ significat Christum, per quem in cœlestem Hierusalem patet ingressus, quod et porticus dicitur, sic dicta a porta..... Ostium ecclesiæ est Christus, unde in Evangelio : *Ego sum ostium*, dicit Dominus; apostoli etiam portæ sunt ». *Ration. div. off.*, lib. I, cap. 1.

(2) Les deux mains et le livre ont été refaits.

(3) Cette allusion symbolique a fait donner aux pieds du Christ un écartement peu gracieux.

(4) « Sicut aspidis surdæ et obturantis aures suas ». Ps. LVII, 5. — « C'est uns serpenz qui a nom aspis. Si n'ose nus aprocier de cel arbre dont li bausmes degoute, tant comme il veille. Et quant on violt avoir del bausme, si convien c'on l'endormie à harpes et à autres estrumens. Mes il a tant de sens de sa nature, qe quant il les ot, il estoupe l'une de ses oreilles de sa keue et l'autre frote tant à la terre qu'il l'emplist toute de boe, et quant il est si asourdis, si n'a garde c'on l'endormie ». *Le Bestiaire d'amour*, par Richard de Fournival, publ. par Hippeau,

Fig.107. *Trumeau de la porte du Sauveur* (Porte A)

animal presque semblable à un coq, à queue de serpent (1). « Non accedet ad te malum, et flagellum non appropinquabit tabernaculo tuo..... Super aspidem et basiliscum ambulabis, et conculcabis leonem et draconem » (2). Suivant la plupart des commentateurs, ces quatre animaux symbolisent le Démon dont le Christ est vainqueur (3).

Plus bas, à la partie antérieure du trumeau, sous un arc trilobé orné d'architectures et porté par deux colonnettes aux chapiteaux à crochets avec tailloirs carrés, on a sculpté en demi-relief une figure de roi, en pied (fig. 107) (4). Son manteau, attaché sur la poitrine par une agrafe d'orfévrerie, est drapé sur les épaules et relevé sur le bras gauche; il porte la barbe entière, une couronne sur la tête, et, dans les mains, un sceptre à l'extrémité feuillue et une banderole à moitié déroulée.

Cette image de roi a beaucoup intrigué tous les auteurs qui ont décrit la cathédrale, et il est

FIG. 108.

p. 17. — Cf. S. ISID., *Etym.* lib. XII, cap. 3. *Patrol.* t. LXXXII, col. 443. — Le *naja aspis*, serpent extrêmement venimeux, très commun en Égypte et dans le sud de la Palestine, est souvent utilisé dans l'ornementation égyptienne et fréquemment cité dans la Bible. On sait que c'est par sa morsure que Cléopâtre se donna la mort. Inutile de dire qu'il ne ressemble en rien à l'animal représenté ici.

(1) Un animal à peu près semblable sculpté sur le clocher de Sainte-Foy à Lyon, et qui paraît dater du XII° siècle, est désigné par le mot BASILICVS (*Bull. mon.*, t. VII, p. 605 et JOURDAIN ET DUVAL, *Le Grand portail de la cath. d'Am.*, *ibid.*, t. XI, p. 163). — Le basilic est un animal purement imaginaire.

(2) Ps. XC, 10, 13.

(3) Aspis « proprie dicitur diabolus ». Basiliscus « a græco *basileos*, quod interpretatus *rex* in latino, id est quasi rex serpentum dicitur, quia omnes superat veneno..... dicitur etiam *diabolus*, unde in psalmo *Super aspidem et basiliscum ambulabis* », etc. Leo « dicitur diabolus, quia sicut leo *circuit quærens quem devoret* (I Petr. v, 8) ». Draco « dicitur etiam diabolus, unde in psalmo: *Super aspidem* », etc. ALAN. DE INS., *Distinctiones diction. theol. Patrol.*, t. CCX, col. 702 et suiv. — Sur le symbolisme de ces quatre animaux, nous n'avons qu'à renvoyer à l'intéressante dissertation de MM. Jourdain et Duval, *op. cit.*, p. 157. — Le Christ foulant aux pieds l'aspic, le basilic, le lion et le dragon se voit déjà représenté sur un ivoire antérieur au XI° siècle de la bibl. Bodléienne d'Oxford (JULIEN DURAND, dans *Annales archéol.*, t. XX, p. 118); sur un ivoire du Vatican (GORI, *Thesaurus veterum diptychorum*, t. III, p. 32); sur un ivoire du XI° ou du XII° siècle, au musée de la porte de Hal à Bruxelles (CLOQUET, *Élém. d'iconogr. chrét.*, p. 44). Contrairement à ce que M. Male semble supposer (*L'art religieux du* XIII° *siècle*, p. 60), ces attributs donnés au Christ seraient donc antérieurs à Honorius d'Autun. — Sur l'aspic, le basilic, le dragon, voy. ces mots dans VIGOUROUX, *Dictionn. de la Bible*. — Le beau ps. XC, sur le bonheur de celui qui se confie à Dieu, est souvent usité dans la liturgie romaine, on le dit notamment tous les jours à l'office de complies; il fait le fond de la messe du premier dimanche de Carême, et, ce qui est bien plus important pour nous, il est récité à la consécration des églises et dans l'office de la Dédicace.

(4) Haut., 1ᵐ27. — Cette figure a été exécutée après la pose. — Le bas des jambes entre la robe et les pieds, quelques plis des vêtements, la moitié de la banderole, une partie de la main gauche et de l'avant-bras droit et le nez ont été refaits.

en effet très difficile d'en donner une explication entièrement satisfaisante. Il ne devait pas en être ainsi jadis, car son nom était très probablement peint sur la banderole qu'il tient déroulée. On y a vu David (1), Dagobert (2), Philippe-Auguste (3) et jusqu'à Bacchus (4). MM. Jourdain et Duval (5) opinent pour Salomon, et ils en donnent des raisons qui, jusqu'à preuve du contraire, nous paraissent très sérieuses, bien qu'une figure de Salomon semble ici faire double emploi avec celle que nous retrouverons à la porte de la Mère Dieu, mais là, le fils de David figure à un autre titre. Nous ne pouvons donc mieux faire que de renvoyer le lecteur à la savante dissertation de MM. Jourdain et Duval, nous y ajouterons seulement quelques observations que nous croyons de nature à corroborer leur opinion.

Salomon a élevé avec la plus grande magnificence le Temple de Jérusalem, figure de l'Église. Il s'est fait à lui-même des palais splendides et un trône d'une extrême richesse (6). De même qu'à la suite de saint Jérôme, les Pères de l'Église ont toujours considéré *Jérusalem* comme synonyme de *Pacis visio*, de même *Salomon* a toujours eu pour eux le sens de *Pacificus*. L'idée était donc toute naturelle de rapprocher le roi pacifique du Christ, le *Pacifique* par excellence, dont il n'était que la figure, et de la Jérusalem céleste, la véritable *Pacis visio* qui s'épanouit dans le tympan et la voussure, à la porte du temple, qui en est le symbole (7).

Fig. 109.

Remarquons en passant que, dans

(1) Viollet-le-Duc, *Dict. rais. d'archit.*, t. II, p. 387.
(2) Rivoire, *Descr. de l'église cath. d'Am.*, p. 29.
(3) Gilbert, *Descr. histor. de l'église cath. d'Am.*, p. 32.
(4) Rigollot, *Lettre à M. Rivoire sur quelques passages de la Descr. de la cath. d'Am.*, p. 20.
(5) *Op. cit.*, dans *Bull. monum.*, t. XI, p. 172.
(6) III *Reg.*, v-x. — II *Paralip.*, II, 9. — « Ferculum fecit sibi rex Salomon de lignis Libani : columnas ejus fecit argenteas, reclinatorium aureum, ascensum purpureum media charitate constravit propter filias Jerusalem : egredimini et videte, filiæ Sion, regem Salomonem in diademate quo coronavit illum mater sua in die desponsationis illius et in die lætitiæ cordis ejus ». *Cant.*, III, 9-11. — « Rex Salomon quod dicitur *Pacificus* est veræ pacis auctor Christus, in quo æternam pacem habebimus, quando nec hostes corporis vel animæ ultra timebimus ». Honor. August., *Sermo de Dedicat.*, *Patrol.*, t. CLXXII, col. 1019. — Cf., du même, *Expos. in Cantica Canticor.*, III, 9. *Ibid.*, col. 406. — « Ad coronam victoriæ præparavit eum mater sua Virgo, ministrando ei de carne sua carnem mundam....., hoc est in die incarnationis illius, quando in utero Virginis factæ sunt nuptiæ divinæ et humanæ naturæ, sive

Christi et Ecclesiæ et in die lætitiæ cordis ejus. Dies enim illa qua Christus factus est homo cum hominibus fuit dies lætitiæ ». Johan. Halegrin. *in Cant.*, lib. VI, cap. 3.
(7) « Tertius fructus Spiritus est pax, a qua Salomon quoque, qui in typo Christi præcessit, nomen accepit. Et de Ecclesia psalmista canit : *Factus est in pace locus ejus* (ps. LXXV, 2); et inter octo Evangelii beatitudines scribitur : *Beati pacifici, quoniam filii Dei vocabuntur*. (*Matth.*, v, 9) ». S. Hieron. *Comment. lib. III in epist. ad Galatas*, lib. III, cap. v. *Patrol.*, t. XXVI, col. 419. — « *Salomon* quippe *Pacificus* est latine ». S. August., *De Civ. Dei*, lib. XVII, cap. 8. *Patrol.*, t. XLI, col. 541. — « *Hierosolyma*, quod dicitur *Visio pacis*, est Ecclesia quæ æternam pacem Christum visura est in cœlis ». Honor. August., *Specul. Ecclesiæ; Domin. in media quadrages.* *Patrol.*, t. CLXXII, col. 893. — « *Jerusalem* quod sonat *Visio pacis*, superna patria intelligitur, in qua æterna pax Christi videbitur ». Id., *Expos. in Cant.*, *Patrol.*, t. CLXXII, p. 368. — « Salomon..... ad allegoriam autem, quod sonat *Pacificus*, est Christus, verus pacificus, qui omnia pacificavit in cœlis et in terris ». *Ibid.*, col. 404. — « David, qui semper fuit in bellis, expressit figuram Christi, hic pro Ecclesia pugnantis,

la cérémonie de la consécration des églises, l'évêque franchissant le seuil pour la première fois, dit ces paroles : « Pax huic domui » (1). Salomon n'était pas seulement le Pacifique, mais il fut aussi le Sage, figure de la sagesse divine (2). Salomon montant sur le trône à la mort de David, son père, n'avait demandé à Dieu que la sagesse. Dieu la lui avait donnée en y joignant les richesses et la gloire (3). Cette sagesse, Salomon l'a répandue dans des livres célèbres : les *Proverbes*, l'*Ecclésiaste*, le *Cantique des Cantiques*, que la plupart des Pères regardaient comme une poétique allégorie des noces de Jésus-Christ avec son Église et de leur amour réciproque; *la Sagesse*, enfin, qui lui était ordinairement attribuée (4). Le signe le plus connu, le plus populaire de cette sagesse, est le fameux jugement qu'il rendit entre deux femmes qui se disputaient un enfant (5).

N'y aurait-il pas un rapprochement à faire entre cette figure et une particularité du portail de la cathédrale de Léon en Espagne, qui ressemble beaucoup aux porches de la cathédrale de Chartres, et qui date de la seconde moitié du XIII° siècle? On y voit en effet une figure de roi dans un fauteuil : M. Enlart, qui l'a naguère signalée (6), n'hésite pas à en faire Salomon. Près de cette figure, sur un pilier, sont écrits ces mots : *Locus appellationis*. A la cathédrale de Strasbourg, sur le trumeau qui sépare les deux portes du croisillon sud du transept, se voyait une statue assise du XIII° siècle, que l'on a toujours considérée comme représentant Salomon, et qui, détruite à la Révolution, fut rétablie de nos jours (7). Dans le gable du grand portail de la même cathédrale, qui date de la fin du XIII° siècle, on voit également Salomon assis sur son trône et tenant une banderole. La présence de Salomon pourrait s'expliquer par l'usage fréquent au moyen âge de tenir des plaids et d'accomplir certains actes judiciaires aux portes des églises (8), usage auquel se rapporte évidemment l'inscription *locus appellationis* de la cathédrale de Léon. On pourrait y voir aussi quelque analogie avec les lions sculptés à la porte de certaines églises principalement dans les pays de l'est et

Salomon vero, qui semper fuit in quiete pacis, gessit figuram Christi in cœlis regnantis, qui Templum fecit, in quo reginam Austri recepit, quia Christus domum in cœlis præparat, in qua Ecclesiam recipiat. Salomon, quod sonat *Pacificus*, id est Christus ». *Ibid.*, col. 450. — Une mosaïque de l'abside du *triclinium leonianum* de l'ancien palais de Latran, à Rome (VIII° s.), publiée par Ciampini (*Vetera monimenta*, t. III, p. 128, tab. XXXIX) représente Jésus entouré des douze apôtres et tenant un livre où on lit : PAX VOBIS, — etc.

(1) *Matth.* X, 12. *Luc*, X, 5. — DUCHESNE, *Origines du culte chrétien*, p. 395. — « Pontifex ecclesiam ingrediens pacem domui imprecatur, quia Christus mundum ingrediens pacem inter Deum et hominem fecit ». HUGO DE S. VICTORE, *De Sacramentis lib. II*, pars VI. *Patrol.*, t. CLXXVI, col. 441.

(2) « Dedit quoque Deus sapientiam Salomoni et prudentiam multam nimis, et latitudinem cordis quasi arenam quæ est in littore maris ». III *Reg.*, IV, 29. — « Videns autem regina Saba omnem sapientiam Salomonis..... non habebat ultra spiritum, dixitque ad regem :

Verus est sermo quem audivi in terra mea super sermonibus tuis et super sapientia tua..... Magnificatus est ergo rex Salomon super omnes reges divitiis et sapientia ». III *Reg.*, X, 4-7, 23. — Cf. S. AUGUST. *Sermo CCLIII de tempore*, *in Dedic. eccl. Patrol.*, t. XXXIX, col. 2171. — etc.

(3) II *Paralip.*, I, 7-12.

(4) « Salomon pacificus et amabilis Domini mores corrigit, naturam docet, Ecclesiam jungit et Christum, sanctarumque nuptiarum dulce canit epithalamium ». S. HIERON., *Epist. ad Paulinum. Patrol.*, t. XXII, col. 547.

(5) III *Reg.*, III, 16-28.

(6) *Les origines de l'architect. gothique en Espagne et en Portugal*, dans *Bull. archéol. du Com. des trav. hist. et scientif.*, 1894, pp. 168 à 188, et *Bull. de l'Union syndic. des Archit. français*, t. III, 1896, p. 463.

(7) Cf. E. MEYER-ALTONA, *Die Sculpturen des Strassburger Münsters*, I° partie, pp. 10 et 33.

(8) L'usage de tenir des plaids à la porte des églises subsistait encore dans la première moitié du XIII° siècle. FOURNIER, *Les officialités au moyen âge*, p. 60.

du midi, et avec la formule *actum inter leones* (1) que portent certains actes. D'après la description du trône de Salomon dans le Livre des Rois (2), deux lions se tenaient près des deux mains, et douze lionceaux des deux côtés, sur chacun des degrés (3).

L'ornementation du trumeau est complétée par trois motifs dont nous n'avons pas encore parlé. C'est d'abord un cep de vigne sculpté à la partie antérieure, entre l'aspic et le basilic, sous les pieds du Christ (fig. 107), puis, sur les faces latérales, de chaque côté de la figure de roi que nous venons de décrire, un vase de lis (fig. 108) à la droite de celui-ci, et un vase de roses (fig. 110) à sa gauche. Ces trois plantes sont traitées au naturel. Faut-il n'y voir que de simples motifs de décoration, ou bien ont-elles une signification symbolique? Pour MM. Jourdain et Duval (4), la seconde opinion ne fait aucun doute, et, bien qu'il soit assez rare, malgré tout ce qu'on a pu en dire, que les plantes qui entrent dans l'ornementation des édifices du moyen âge aient un sens mystique, je crois qu'ici ils doivent avoir raison. La vigne est une des plantes les plus fréquemment citées dans la Bible. Dans l'ancien testament, elle figurait le peuple de Dieu. Jésus s'est comparé lui-même à une vigne dans une parabole célèbre qu'il prononça aussitôt

Fig. 110. — Trumeau de la porte du Sauveur (Porte A)

après la Cène : « Je suis la vraie vigne et mon Père est le vigneron. Tout sarment qui est en moi et ne porte pas de fruit, il le retranchera, et tout sarment qui porte du fruit, il l'émondera, afin qu'il en porte davantage » (5). Le Cantique

---

(1) Du Cange, *Gloss.*, art. *Atrium, Paradisus*. — N. de Wailly, *Élém. de paléogr.*, t. I, p. 187. — Giry, *Manuel de diplomatique*, p. 582. — Thiers, *Dissertat. sur les porches des églises*, p. 46. — Cochet, *Les porches d'églises dans le diocèse de Rouen*, dans *Bull. monum.*, t. XXXVIII, p. 165. — Le texte suivant permet de supposer qu'au xvi⁰ siècle encore on remplissait certains actes judiciaires devant la grande porte de la cathédrale d'Amiens : « Ilz (les doyen et chapitre) requièrent que vous appellez ledit Jehan de Coisy et autres qu'il appartiendra à comparoir..... auprez du grand portail et entrée principalle de ladicte église Nostre-Dame d'Amyens, allencontre desdis doyen et chappitle...... Me transporté allendroit du grand portail, où se présenta et comparu par-devant nous », etc. Arch. de la Somme (Chapit. d'Am.), G, 656.

(2) III *Reg.* x, 18 à 20. — Nous verrons ce trône représenté sur un des bas-reliefs de la porte de la Mère Dieu. — Dans le gable de la porte principale de la cathédrale de Strasbourg, il est aussi figuré d'une façon charmante et extrêmement originale.

(3) « Stantes erant pedes nostri in atriis tuis Jerusalem..... Illuc enim ascenderunt tribus Domini...... Quia illic sederunt sedes in judicio ». Ps. cxxi, 2, 4, 5.

(4) *Op. cit.*, dans *Bull. monum.*, t. XI, p. 166.

(5) « Ego sum vitis vera, et Pater meus agricola est. Omnem palmitem in me non ferentem fructum, tollet eum; et omnem qui fert fructum, purgabit eum ut

des Cantiques, parle à chaque instant de vin ou de vigne (1). L'Ecclésiastique ne manque pas de mentionner la vigne parmi les innombrables et poétiques images qu'il propose de la Sagesse divine (2). Dans l'antiquité chrétienne, la vigne figurait aussi l'Église (3).

MM. Jourdain et Duval (4) ont expliqué les deux autres plantes par ce texte du Cantique des Cantiques : « Ego flos campi et lilium convallium (5) », faisant remarquer que la traduction littérale de l'hébreu serait : « Ego rosa Saron et lilium convallium » (6). Il est assez souvent question de lis et de roses dans la Bible, mais deux passages de l'Ecclésiastique nous paraissent n'être pas sans rapports avec nos deux vases de fleurs. Dans le premier, l'auteur du livre, Jésus, fils de Sirach, après avoir fait le portrait du Sage, et parlant de Dieu qui récompense les bons et punit les méchants, entend une voix qui lui dit : « Écoutez-moi, fruits divins, fructifiez comme la rose plantée au bord de l'eau..... fleurissez comme le lis » (7). Plus loin, il fait l'éloge du grand pontife Simon, fils d'Onias, qui a fait restaurer le Temple : « Il a lui dans le temple de Dieu comme un soleil éclatant de lumière; il a paru comme l'arc-en-ciel qui brille dans les nuées lumineuses, comme la rose au printemps et les lis sur le bord de l'eau, comme l'encens qui parfume les journées d'été » (8). N'y a-t-il pas là une intention bien remarquable? Le lis et la rose étaient les fleurs préférées du moyen âge. Ses écrivains et ses poètes les ont célébrés à l'envi. Dans les descriptions qu'ils faisaient du Paradis, les Pères ne manquaient pas d'y mettre au premier rang des lis et des roses. Pour eux, le lis symbolisait la pureté, et la rose le martyre, les deux moyens par lesquels on parvient à la béatitude éternelle (9).

PIEDS DROITS. — Jésus, dit saint Paul aux Éphésiens, « est venu annoncer la paix à vous qui étiez loin, et la paix à ceux qui étaient près..... Vous n'êtes

fructum plus afferat..... Ego sum vitis, vos palmites..... Si quis in me non manserit, mittetur foras ut palmites et arescet, et colligent cum et in ignem mittent et ardet ». Joann., XV.

(1) « Botrus Cypri dilectus meus mihi, in vineis Engaddi ». 1, 13. — Introduxit me in cellam vinariam ». II, 4. — « Bibi vinum meum cum lacte meo ». v. 1. — « Descendi in hortum nucum ut viderem poma convallium et inspicerem si floruisset vinea ». VI, 10. — « Mane surgamus ad vineas, videamus si floruit vinea ». VII, 9, 12. — « Vinea fuit pacifico in ea quæ habet populos..... Vinea mea coram me est. Mille tui pacifici et ducenti his qui custodiunt fructus ejus ». VIII, 11, 12, etc. — Ces deux derniers versets ne sont-ils pas à rapprocher de ce que nous avons dit de Salomon? — « Notandum quod sæpius, in hoc Cantico nuptiali, a principio libri usque in finem, vineæ et botri introducuntur, et Ecclesia universalis et electi in ea innuuntur, cujus vitis est Christus, palmites Apostoli et omnes electi, vinum, doctrina eorum, quæ lætificat corda fidelium ». HONOR. AUGUST., Expos. in Cant., VIII, 12. Patrol., t. CLXXII, p. 487. — « Vinum lætificet cor hominis ». Ps. CIII, 15.

(2) « Ego quasi vitis fructificavi suavitatem odoris, et flores mei fructus honoris et honestatis ». Eccli., XXIV, 23.

(3) MARTIGNY, Dict. des Antiq. chrét. art. Église et Vigne.

(4) Op. cit., dans Bull. monum., t. XI, p. 169.

(5) Cant., II, 1.

(6) L'hébreu était bien peu cultivé au XIII siècle, du moins chez les chrétiens; on n'en connaissait guère que les étymologies de certains mots de la Bible données par saint Jérôme.

(7) « Obaudite me, divini fructus, et quasi rosa plantata super rivos aquarum fructificate..... Florete flores quasi lilium, et date odorem et frondete in gratiam et collaudate canticum et benedicite Dominum in operibus suis ». Eccli., XXXIX, 17, 19.

(8) « Et quasi sol refulgens, sic ille effulsit in templo Dei. Quasi arcus refulgens inter nebulas gloriæ, et quasi flos rosarum in diebus vernis, et quasi lilia quæ sunt in transitu aquæ, et quasi thus redolens in diebus æstatis ». Eccli. L, 7, 8.

(9) JORET, La rose dans l'antiquité et au moyen âge, p. 238. — Sur le symbolisme de la vigne, du lis et de la rose, voy. S. BERNARD., Vitis mystica. Patrol., t. CLXXXIV, col. 635. — ALAN. DE INS., Distinctiones diction. theol. Patrol., t. CCX, col. 838 et 1007. — Parmi les autres figures de Christs adossées au trumeau des portes principales des églises, que nous connaissons, celle-ci est entourée de l'ensemble d'objets symbo-

donc plus étrangers ni gens du dehors, mais vous êtes concitoyens des saints, familiers de Dieu. Vous avez été édifiés sur le fondement des Apôtres et des Prophètes, avec le Christ lui-même pour pierre angulaire. En lui tout l'édifice s'élève en un temple saint dans le Seigneur; en lui, vous aussi, vous êtes édifiés en habitation de Dieu par l'Esprit » (1). C'est pourquoi, à droite et à gauche du Christ s'élèvent les grandes statues des Apôtres (2) et des Prophètes : les Apôtres, contre les piédroits de l'ébrasement de la porte centrale, les quatre grands Prophètes contre ceux de la partie parallèle de la voussure, et enfin les douze petits, trois par trois, devant les quatre grandes piles entre lesquelles s'ouvrent les trois portes (3). Les bas-reliefs sculptés dans le soubassement sur les quatrefeuilles qui se trouvent sous chacun des Prophètes représentent différentes circonstances de sa vie ou de ses prophéties. Il n'en est pas ainsi pour les bas-reliefs qui sont sous les Apôtres : on y a sculpté les personnifications de douze Vertus et de douze Vices correspondants. Ce sont les Vertus qui nous ouvrent la porte de la Jérusalem céleste, et les Vices qui nous la ferment (4). Nous verrons, en parlant du bon et du mauvais arbre que l'on voit sur les chambranles de la porte, que la représentation des Vertus et des Vices n'est pas sans rapports avec cette parabole. Dès les temps apostoliques, le *Pasteur* d'Hermas figure l'Église triomphante par une tour en construction, dont les principales pierres sont les Apôtres, les Évêques, les Docteurs; autour d'elle, se tiennent les Vertus qui y feront entrer ceux qui s'attachent à elles (5). Dans la *Psychomachie* de Prudence, les Vertus victorieuses élèvent, pour célébrer leur triomphe, un temple qui ressemble à la Jérusalem nouvelle de l'Apocalypse.

Pour plus de clarté, nous décrirons tout d'abord les douze statues d'apôtres, qui sont les plus voisines du Christ, puis les vingt-quatre bas-reliefs consacrés aux Vertus et aux Vices, qui sont au-dessous, et enfin les seize prophètes, en

---

liques le plus complet et le plus curieux. Dans les autres, le Christ n'a guère que le lion et le dragon sous les pieds. (Reims, Chartres, Dax, Bourges, etc.).

(1) « Et veniens evangelizavit pacem vobis, qui longe fuistis, et pacem iis qui prope..... Ergo jam non estis hospites et advenæ, sed estis cives sanctorum et domestici Dei, superædificati super fundamentum apostolorum et prophetarum, ipso summo angulari lapide Christo Jesu : in quo omnis ædificatio constructa crescit in templum sanctum in Domino, in quo et vos coædificamini in habitaculum Dei in Spiritu ». *Ephes.*, II, 17-22. — « Et murus civitatis habens fundamenta duodecim, nomina duodecim Apostolorum Agni ». *Apoc.*, xxi, 14. — « Ostium Ecclesiæ est Christus, unde in Evangelio : *Ego sum ostium (Joan,* x, 9), dicit Dominus, Apostoli etiam portæ sunt ». GUILL. DURAND., *Ration. div. off.*, I, 1. — Cf. S. HIERON, *Comment. in Epist. ad Ephesios. Patrol.*, t. XXVI, p. 475.

(2) Rappelons que dans la consécration des églises, on trace sur les piliers douze croix accompagnées chacune d'un cierge allumé, en l'honneur des douze apôtres.

(3) Ce ne sont pas des prophètes choisis parce qu'ils ont prédit tel ou tel événement du Nouveau Testament,

ou bien parce qu'ils en sont la figure, ainsi que cela se faisait souvent (cf. SÉPET, *Les prophètes du Christ*, dans *Bibl. de l'Éc. des Ch.*, années 1867, 1868, 1877), mais tous les prophètes qui ont laissé des livres, tels qu'ils sont dans la Bible et dans le même ordre, représentant ainsi les Prophètes d'une façon générale et absolue. Ce sont *les* Prophètes et non pas *des* prophètes.

(4) L'explication de la présence des Vertus et des Vices dans l'iconographie des églises, et presque toujours aux portes de celles-ci, se trouve, semble-t-il, dans ces paroles de saint Augustin : « Habitaculum cordis nostri evacuetur vitiis et virtutibus repleatur; claudatur diabolo et aperiatur Christo, et ita laboremus ut nobis bonorum operum clavibus januam regni cœlestis aperire possimus. Sicut enim malis operibus, quasi quibusdam seris et vectibus vitæ nobis janua clauditur, ita absque dubio bonis operibus aperitur ». S. AUGUST., *Sermo CCXXIX. In Dedicatione ecclesiæ. Patrol.*, t. XXXIX, col. 2166. — « Ornatam dicit, id est in omnibus virtutibus compositam ». HAYMON. HALBERST., *Hom. V, in die Dedicationis templi*, sur le texte « Vidi civitatem », etc. *(Apoc.* xxi). *Patrol.*, t. CXVIII, col. 813.

(5) HERMAS, lib. 1, vis. 3.

analysant après chacun d'eux les bas-reliefs qui se rapportent au même personnage.

Les douze Apôtres adossés aux piédroits dans l'ébrasement de la porte centrale sont généralement porteurs d'attributs distincts, dont beaucoup ont été dénaturés par le restaurateur moderne; leur identification n'en est devenue que plus difficile, impossible même pour certains.

1. Pl. XXVIII, 1 (1). — Le premier, le plus rapproché du Christ et à sa gauche, — soit à la droite du spectateur, — est SAINT PIERRE (2), auquel l'artiste a donné le type habituel et bien connu du prince des apôtres : tête ronde, visage plein, barbe et cheveux crépus. Il porte une large tonsure (3) et regarde le Christ. De la main droite il tient une croix (4), et de la gauche, deux clefs, son attribut habituel. Les deux clefs sont posées l'une sur l'autre, de sorte qu'au premier abord elles semblent n'en faire qu'une (5).

Support. — Un homme imberbe, vêtu d'une cotte serrée à la taille et coiffé d'une calotte, se tient la tête en bas, les jambes en l'air, s'étayant des deux mains contre le fût de la colonnette (6). MM. Jourdain et Duval (7) ont vu dans ce personnage Simon le Magicien, tombant des airs où il s'était fait enlever par les démons, pour chercher à confondre Pierre et Paul aux yeux de Néron, légende bien connue. C'est possible, mais ordinairement lorsque Simon le Magicien est ainsi représenté, comme à Chartres et à Bourges, par exemple, il est barbu et une bourse

---

(1) Rappelons une fois pour toutes que les grandes statues adossées aux pieds droits ont une hauteur moyenne de 2m40, environ.

(2) MM. Jourdain et Duval (*Op. cit.*, dans *Bull. monum.*, t. XI, p. 280) ont fait remarquer cette préférence donnée à saint Paul sur le prince des apôtres, et ont cherché à en donner en quelques mots la raison. Depuis la plus haute antiquité, la place d'honneur, si place d'honneur il y a, a été disputée, dans tous les monuments, entre les deux apôtres. L'examen de la question de savoir si la droite du Christ donnée parfois à saint Paul est réellement intentionnelle, et quelles en peuvent être les raisons, appartient à l'iconographie générale et exigerait des développements qui sortiraient des limites de cet ouvrage. Je n'ai donc qu'à signaler le fait à ceux qui voudront l'étudier d'une façon spéciale. Elle n'a d'ailleurs jusqu'ici, à ma connaissance, été qu'effleurée par quelques auteurs. Il faut observer cependant que, dans notre portail, les trois apôtres André, Jacques et Jean sont du même côté que Pierre, et que si d'une part, dans la scène du Jugement dernier, les élus sont à la droite du Souverain Juge et les réprouvés à sa gauche, si les vierges sages sont à la droite du Christ et les folles à sa gauche, d'autre part, c'est la porte placée à sa gauche qui est dédiée à la Mère de Dieu, les deux premiers grands prophètes, Isaïe et Jérémie, sont du même côté que saint Pierre, et enfin la série des petits prophètes va de la gauche à la droite du Christ central. — Je garderai la même réserve, et pour les mêmes raisons, sur la question que quelques auteurs se sont posée de savoir s'il n'y a pas quelque relation entre les Vertus et les Apôtres placés immédiatement au-dessus d'elles. Cf. GUILHERMY ET VIOLLET-LE-DUC, *Descr. de N.-D. cath. de Paris*, p. 39.
— RUSKIN, *The Bible of Amiens*, p. 174. — Il n'est pas besoin de rappeler que le Christ au milieu des Apôtres est une des plus anciennes représentations de l'iconographie chrétienne.

(3) Ce détail se rencontre parfois au XIIIe siècle. Vitraux de la cath. de Bourges (CAHIER ET MARTIN, *Vitraux de Bourges*, pl. XXIII).

(4) Saint Pierre fut crucifié la tête en bas.

(5) C'est ce qui a trompé notamment Viollet-le-Duc (*Dict. rais. d'archit.*, t. I, p. 26), et l'abbé Bulteau (*Monogr. de la cath. de Chartres*, t. II, p. 184), qui n'en ont vu qu'une. Les deux clefs sont souvent ainsi placées dans les représentations de saint Pierre au XIIIe siècle, notamment à Dax, à Chartres, etc. Cf. G. DE SOULTRAIT, *Études archéol. en Angleterre*, dans *Annales archéol.*, t. IV, p. 199. — La main droite ainsi que les anneaux des deux clefs qu'elle tient et quelques cassures dans les plis des vêtements ont été refaits.

(6) Le bras gauche a été entièrement refait, sauf la main, qui était restée adhérente au fût de la colonne.

(7) *Op. cit.*, dans *Bull. monum.*, t. XI, p. 290.

est pendue à son cou, rappelant qu'il avait offert de l'argent à Pierre pour avoir le pouvoir de donner le Saint-Esprit.

2. Pl. XXVIII, 2. — Longue barbe légèrement ondulée, tête allongée, cheveux longs et plats, partagés en deux sur le haut de la tête, l'apôtre qui suit tient de sa main droite une croix dont il soutient un des croisillons de la gauche cachée dans les plis de son manteau. Son attribut et la place qu'il occupe à côté de saint Pierre, le font reconnaître sans difficulté pour son frère, SAINT ANDRÉ. Comme dans la plupart des monuments du xiii° siècle, la croix qu'il porte est une croix ordinaire (1), et non la croix en forme d'X, dite croix de saint André, et qui ne lui fut donnée que plus tard d'une façon générale (2).

Support. — Un roi ou plutôt un personnage couronné, accroupi. Il porte la barbe assez courte, son menton est presque rasé. C'est une fort belle figure, dans laquelle l'effort est parfaitement rendu. D'une main, il soutient le dais d'architecture qui sert de socle à la statue; l'autre main était cassée (3). Supprimons par la pensée le faux attribut que le restaurateur lui a donné, et nous aurons très probablement le proconsul Ægeas, qui fit crucifier saint André dans la ville de Patras, en Achaïe (4).

3. Pl. XXVIII, 3. — SAINT JACQUES LE MAJEUR est bien reconnaissable à la saccoche ou panetière carrée et garnie de coquilles qu'il porte en bandoulière, et qui rappelle le pèlerinage de saint Jacques de Compostelle (5). Son visage ovale est agrémenté d'une longue barbe légèrement ondulée, les cheveux, de même. Il tient une épée dans sa gaine, autour de laquelle le baudrier est enroulé. Saint Jacques fut décapité par ordre d'Hérode-Agrippa (6).

---

(1) De même au portail sud du transept de la cathédrale de Chartres, à la porte d'Enfer, et dans les vitraux de la cathédrale de Reims, sur la châsse de saint Éleuthère à Tournai, et même encore, au xiv° siècle, dans les vitraux de Kœnigsfelden en Suisse. Dans les vitraux de la cathédrale de Bourges, saint André tient une croix latine, mais horizontalement, dans cette position ⊢. Dans la courte légende de saint André représentée dans la petite rose qui surmonte le vitrail qui lui est consacré à la cathédrale de Reims, la croix sur laquelle l'apôtre est crucifié est placée de la même façon, de sorte qu'il a le corps horizontal et les bras dans une position verticale. Ce n'est pas à dire pour cela, comme l'ont cru MM. Jourdain et Duval (*op. cit.*, dans *Bull. monum.*, p. 292) et d'autres (G. DE SOULTRAIT, *Études archéol. en Angleterre*, dans *Annales archéol.*, t. IV, p. 199; — DIDRON, *Annales archéol.*, t. XIII, p. 117, etc.), que la croix en forme d'X ait été inusitée au xiii° siècle comme attribut de saint André. On la rencontre en effet déjà au portail de la cathédrale de Dax et dans les verrières du chœur de la cathédrale de Troyes.

(2) Légères restaurations.

(3) On l'a refait tenant une espèce de coupe ayant la prétention de figurer un hanap. — C'est la restauration de ce personnage et de ceux qui composent les trois culs-de-lampe suivants qui a été une des plus fortes bévues de Caudron : les ayant pris pour les rois mages, il leur a donné les attributs que ceux-ci et Hérode portent dans les statues de la porte de la Mère Dieu. Il serait trop long de rapporter les accents indignés que cette restauration malencontreuse avait inspirés à Didron : « Quelques doigts, quelques bouts de pieds ou de mains manquaient à ces consoles et, comme la cathédrale tout entière menaçait ruine en conséquence de ces écorchures, on s'est hâté de les refaire!..... Ainsi voilà transformés en humbles adorateurs de Jésus-Christ trois scélérats qui ont tué ses apôtres », etc. *Annales archéol.*, t. VII, p. 323.

(4) JOURDAIN ET DUVAL, *op. cit.*, dans *Bull. monum.*, t. XI, p. 292. — A la porte d'Enfer de la cathédrale de Reims, l'abbé Cerf a également vu Ægeas dans le petit personnage accroupi qui sert de support à saint André.

(5) Porte d'Enfer à la cath. de Reims; porte du Jugement à la cath. de Chartres; grand portail de la cath. de Dax, etc.

(6) *Act. Apost.*, XII, 1, 2. — Portes de Reims et de Chartres; châsse de saint Éleuthère à Tournai. — Les doigts des pieds, ceux de la main droite, la pointe, la garde et la poignée de l'épée ont été refaits.

Support. — C'est sans doute ce prince que représente le roi accroupi, ou plutôt assis, qui sert de support à saint Jacques. Imberbe, il porte une simple tunique que la position de ses jambes fait se relever d'une façon presque indécente, sa main gauche est rejetée en arrière; la droite était brisée (1).

4. Pl. XXVIII, 4. — On n'a pas de peine à reconnaître SAINT JEAN, qui seul, parmi les douze, a le visage jeune et imberbe, la bouche fine, les joues pleines, les cheveux courts et arrangés en couronne autour du front, à la façon des jeunes gens du XIIIe siècle. Le restaurateur de 1844 lui a mis entre les mains un calice d'où sort un petit dragon (2), et la description de MM. Jourdain et Duval (3) laisse supposer qu'il avait à l'origine cet attribut. Nous ne savons si l'état ancien permettait de s'assurer d'une façon absolument certaine s'il portait un vase, si ce vase était bien un calice, — assurément il était d'une forme moins vulgaire que celle qu'on lui a donnée, — et surtout s'il en sortait effectivement un dragon ou un animal quelconque. Ce calice est une allusion à la légende bien connue d'après laquelle saint Jean aurait converti un prêtre des idoles du nom d'Aristodème en buvant un poison qui ne lui fit aucun mal (4).

Support. — Un personnage couronné, assis, soutenant le socle de la statue sur ses épaules. C'est très probablement l'empereur Domitien, sous la persécution duquel saint Jean aurait été plongé dans une chaudière d'huile bouillante (5).

(1) Elle a été refaite tenant un petit coffret octogonal qui ressemble à un porte-allumettes. Le genou gauche a aussi été refait.

(2) La main droite a aussi été refaite.

(3) *Op. cit.*, dans *Bull. monum.*, t. XI, p. 293.

(4) MM. Jourdain et Duval *(loc. cit.)*, semblent s'étonner du succès de cette légende, après tout, suivant eux, assez secondaire dans l'histoire de saint Jean. Elle ne le paraissait pas tant que cela au moyen âge, et Isidore de Séville, dans ses courtes notices *De vita et obitu sanctorum* se garde de l'omettre : « Bibens lethiferum haustum non solum evasit periculum, sed eosdem prostratos poculo in vitæ reparavit statum ». On a sans doute vu dans ce miracle l'accomplissement de ces paroles de Jésus : « Si mortiferum quid biberint, non eis nocebit ». *Marc.*, XVI, 18. — Il y a dans la légende de saint Jean un autre fait qui lui a fait donner un attribut que l'on est tenté souvent de confondre avec le premier. Saint Jean aurait été plongé dans un vase d'huile bouillante et il en serait sorti sain et sauf. Par exemple dans la châsse de saint Éleuthère, saint Jean tient un vase qui ressemble bien plus à une chaudière qu'à une coupe à boire. (Cf. LE MAISTRE D'ANSTAING, dans *Annales archéol.*, t. XIII, p. 117). Au porche méridional de la cath. de Chartres, un vase rempli de reptiles est porté non par saint Jean, mais par un petit personnage qui lui sert de support. Ce ne peut pas être Aristodème, comme l'ont cru MM. Jourdain et Duval *(op. cit.*, p. 295) et Bulteau *(Monogr. de la cath. de Chartres*, t. II, p. 300) ; on n'aurait pas mis dans une position aussi humiliante un personnage qui s'est converti. Au portail de la cath. de Léon, en Espagne, qui date de la seconde moitié du XIIIe siècle, saint Jean tient une petite cuve en bois avec ses douves et ses cercles ; de même dans la châsse des Grandes reliques à Aix-la-Chapelle (CAHIER ET MARTIN, *Mélanges d'archéol.*, t. I, pl. II). Ce second attribut semble même avoir été plus usité que le premier au XIIIe siècle, dans les représentations de saint Jean *seul*; le calice se voit plutôt dans les représentations légendaires de l'histoire de l'apôtre. Cependant dans la série des apôtres qui garnit la voussure du grand portail de Saint-Germain-l'Auxerrois, à Paris, datant du commencement du XIIIe siècle, saint Jean tient effectivement un calice d'où sort une vipère, mais il n'est pas sûr qu'il n'y ait pas là une restauration. Dans un vitrail de Saint-Julien-du-Sault (XIIIe siècle), (GAUSSEN, *Portef. archéol. de la Champagne*, pl. 8), les deux sujets sont séparément représentés : c'est la chaudière d'huile bouillante qui seule est pleine de reptiles, elle a tout à fait l'apparence d'un grand calice à pied, tandis que le vase dans lequel saint Jean boit le poison ressemble plutôt à une écuelle. On voit par là combien il est difficile de distinguer les deux attributs, lorsque saint Jean est représenté seul.

(5) Comme nous l'avons montré dans la note précédente, ce ne peut pas être Aristodème, d'autant plus que le personnage qui nous occupe porte une couronne, et que les artistes du XIIIe siècle n'auraient probablement pas donné à un prêtre cet ornement. La présence de Domitien sous les pieds de saint Jean nous fait douter que l'objet qu'il tenait ait été le calice empoisonné, plutôt que le vase d'huile bouillante.

5. Pl. XXVIII, 5. — L'apôtre qui vient après, le visage tourné vers le suivant, avec lequel il semble s'entretenir, tient un livre fermé de la main gauche qui se cache sous les plis de son manteau. Il ne restait qu'un débris de l'attribut qu'il tenait de la droite. Ce débris semblait à MM. Jourdain et Duval « avoir appartenu à une palme, peut-être à un *calamus*, si l'on en juge par la manière dont il le tient entre les doigts », et ils en ont fait saint Mathieu, « au rang qu'il occupe, et d'après la certitude qu'aucun de ceux qui restent à étudier ne doit porter son nom » (1). La palme a été faite par Caudron (2). Nous verrons que le personnage qui porte le n° 10, de l'autre côté (pl. XXIX), doit, avec plus de vraisemblance, être identifié avec saint Mathieu. Il resterait pour celui qui nous occupe, les noms de saint Simon ou de saint Jude, dit Thaddée. Il faut remarquer que, par élimination, ces deux mêmes noms se présentent encore à nous pour l'autre apôtre (pl. XXIX, 12) qui est aussi porteur d'une palme. Ces deux apôtres passent pour avoir été martyrisés en même temps, et leur fête se célèbre le même jour. Ne sont-ce pas ces coïncidences que l'artiste aurait voulu exprimer en leur donnant à chacun une palme (3)?

Support. — Un roi (4) à demi agenouillé et bizarrement contourné, soutient avec un effort comique le socle de la statue. Barbu, couronne en tête, il porte un surcot long, sans manches et sans ceinture. MM. Jourdain et Duval (5) ayant appelé cette statue saint Mathieu, avaient vu, dans le roi qui lui sert de support, le roi d'Éthiopie qui le fit massacrer à l'autel. En suivant notre opinion, il faudrait plutôt y reconnaître un des mages qui, suivant les *Histoires apostoliques* du pseudo-Abdias, auraient excité le peuple de Sannir contre saint Simon et saint Jude et les auraient fait massacrer (6).

6. Pl. XXVIII, 6. — Le dernier apôtre de ce côté, à la tête énorme et vulgaire, est vêtu d'une tunique et d'un manteau relevé sur le bras gauche, le visage légèrement tourné vers son voisin de droite. D'un geste naturel, il porte la main droite vers le milieu de la poitrine. Il tenait de la gauche un instrument qui était entièrement brisé et dont on ne voyait d'autre vestige que la partie inférieure, sous la main, et la place de deux tenons, vers l'épaule. Caudron lui a fabriqué de toutes pièces une hache, afin de ne pas le laisser sans attribut, et MM. Jourdain et Duval l'ont appelé saint Simon, sans dire pourquoi (7). La hache est fort rare, sinon inusitée, parmi les attributs des apôtres au xiiie siècle. Il faut remarquer que cet apôtre tient ses mains exactement de la même manière que l'apôtre qui, dans les vitraux du chœur, portait un coutelas, et n'est autre que saint Barthélemy (8). On sait en effet que, suivant une tradition très accréditée en

---

(1) *Op. cit.*, dans *Bull. monum.*, t. XI, p. 296.
(2) Les doigts du pied gauche ont aussi été refaits.
(3) L'histoire de saint Simon et de saint Jude est loin d'être claire et leurs attributs n'ont jamais été bien déterminés. La palme est un attribut que les imagiers du moyen âge donnaient volontiers aux saints personnages qui n'en avaient pas d'autres, suivant ces paroles de l'Apocalypse : « Vidi turbam magnam quam dinumerare nemo poterat..... amicti stolis albis et palmæ in manibus eorum ». *Apoc.*, vii, 9.

(4) Les deux bras étaient brisés, on les a refaits, la main droite tenant un sceptre.
(5) *Op. cit.*, dans *Bull. monum.*, t. XI, p. 296.
(6) *Apostolicæ historiæ*, du pseudo-Abdias, dans Fabricius, *Codex apocr. Novi Testam.*, t. II, p. 634. — Pour nos artistes, *mage* et *roi* devaient évidemment être à peu près synonymes.
(7) *Op. cit.*, p. 296.
(8) Malheureusement ce vitrail de saint Barthélemy a été mutilé par la chute d'un échafaudage, au mois de

326   DESCRIPTION.

Occident, saint Barthélemy aurait été écorché vif et que le coutelas est son attribut habituel au xiii° siècle (1). La position de la main gauche de notre personnage comporte parfaitement le port d'un coutelas, et il y a tout lieu de croire qu'il convient de l'identifier avec SAINT BARTHÉLEMY.

Support. — Personnage vêtu d'une simple cotte serrée à la taille et soutenant le socle de la statue sur ses épaules (2).

7. Pl. XXIX, 7. — Les six apôtres du côté droit du Christ tiennent tous dans leur main gauche un livre fermé. Le plus rapproché du Christ, et à sa droite, n'est autre que SAINT PAUL : tête énorme, longue barbe légèrement ondulée, front bombé et dégarni de cheveux. La main droite avait été brisée, ainsi que l'attribut qu'elle pouvait porter. Suivant la tradition, Caudron la lui a refaite portant une épée exactement semblable à celle que tient saint Jacques le Majeur (3).

Support (fig. 77, 7). — Personnage imberbe, à la longue chevelure bouclée, coiffé d'une couronne fermée et drapé dans un ample manteau. Il est accroupi un genou en terre, soutenant sur ses épaules le dais d'architecture sur lequel est posée la statue de l'apôtre et regarde au-dessus de lui, comme pour chercher si son supplice ne prendra pas bientôt fin. C'est incontestablement l'empereur Néron, qui fit trancher la tête à saint Paul (4).

8. Pl. XXIX, 8. — SAINT JACQUES LE MINEUR, sur l'identité de qui le bâton à foulon légèrement recourbé par en haut qu'il tient à la main, ne laisse aucun doute (5), porte un costume différent de celui des autres apôtres : tunique traînante, par-dessus laquelle en est une autre plus courte, à très larges manches et serrée à la taille par une écharpe, avec un très petit manteau jeté sur l'épaule et relevé sur le bras gauche; barbe longue, pointue et lisse. Il a le visage tourné vers saint Paul.

Support (fig. 77, 8). — Un homme imberbe, au visage énergique et expressif, aux traits irréguliers, vêtu d'une simple cotte, à moitié assis, tenant son pied gauche dans sa main et soutenant le socle de la statue sur ses épaules. Son visage est contracté, comme s'il souffrait (6).

9. Pl. XXIX, 9. — Le suivant est un personnage de haute stature : barbe en pointe, tête haute et fière, nez droit, regard interrogateur, visage d'une expression étrange. Indépendamment du livre fermé qu'il a dans la main gauche, sa main droite tenait un attribut qui était en partie brisé et qui, suivant MM. Jourdain et Duval, paraissait être, « vu d'en bas, une équerre d'architecte; mais les anfractuosités qui subsistent à l'angle supérieur de cet objet et les restes

---

septembre 1894, mais il reste encore une grande partie du coutelas qui sert d'attribut à l'apôtre.

(1) Châsse de saint Éleuthère à Tournai; portails de Reims, de Chartres, de Léon en Espagne; vitraux d'Amiens, de Reims, de Bourges, de Troyes, etc.

(2) La tête et les bras ont été refaits.

(3) Suivant une tradition bien connue, saint Paul aurait eu la tête tranchée par ordre de Néron.

(4) JOURDAIN ET DUVAL, *Op. cit.*, dans *Bull. monum.*, t. XI, p. 297. — La main droite a été refaite.

(5) Le bâton à foulon est l'attribut le plus ordinairement donné à saint Jacques le Mineur au xiii° siècle. Tout le monde connaît la légende d'après laquelle saint Jacques le Mineur aurait été lapidé, puis achevé par le bâton d'un foulon.

(6) Les deux mains ont été refaites.

d'un tenon sur le bras droit ne laissent pas de doute sur l'existence primitive d'une croix au moins à trois branches », et ils en ont fait saint Philippe qui, en effet, a été crucifié (1). Caudron n'a pas manqué de compléter cet attribut et d'en faire une croix en forme de T, de sorte qu'il est impossible de contrôler les « anfractuosités » dont parlent MM. Jourdain et Duval, de savoir si elles s'opposaient à l'hypothèse d'une équerre, et enfin si c'étaient bien les restes d'un tenon que l'on voyait sur le bras droit. Ces points ont leur importance. D'ailleurs, MM. Jourdain et Duval ont déclaré eux-mêmes un peu plus loin dans une note (2) que l'objet en question pourrait bien avoir été une équerre et l'apôtre qui le porte, SAINT THOMAS (3). Nous le croyons assez volontiers. On sait en effet la légende de saint Thomas. Étant allé dans les Indes prêcher l'Évangile, il fut chargé par le roi de ce pays de lui construire un magnifique palais, et reçut pour cela de grandes sommes d'argent, mais au lieu de les employer en constructions, il les distribua aux pauvres. Irrité, le roi fit emprisonner Thomas et voulait le mettre à mort. Sur ces entrefaites, le frère du roi fut frappé de mutisme et de maladie, puis, étant revenu à lui, raconta qu'il avait vu le splendide palais d'or, d'argent et de pierres précieuses que Thomas avait fait préparer pour le roi. Celui-ci fit sortir Thomas de prison, se jeta à ses pieds et lui demanda pardon (4).

Support. — Un homme imberbe, au nez pointu, souriant d'un air narquois; visage charmant et plein de vérité. Il est chaussé de brodequins et vêtu d'un manteau en forme de chasuble, dont le capuchon lui couvre la tête. A demi agenouillé, il menace d'une pique le monstre qui occupe le cul-de-lampe suivant (5), avec lequel il ne forme qu'un seul et même sujet. Il n'est donc pas possible d'y voir, comme l'ont pensé MM. Jourdain et Duval (6), dans le premier l'un des prêtres ou des magistrats païens qui auraient provoqué le supplice de saint Philippe, ni dans l'autre le nègre qui, suivant la légende, serait sorti de l'idole Astaroth à la voix de saint Barthélemy. Nous avons exposé les raisons pour lesquelles nous ne pouvons pas admettre que les apôtres placés sur ces culs-de-lampe soient saint Philippe et saint Barthélemy.

10. Pl. XXIX, 10. — Taille médiocre, longue barbe en pointe, longue chevelure, l'air sérieux, le visage tourné vers le précédent, l'apôtre tient de la main droite un long bâton, dont l'extrémité supérieure était brisée, et que MM. Jourdain

---

(1) JOURDAIN ET DUVAL, *op. cit.*, dans *Bull. monum.*, t. XI, p. 297.

(2) *Op. cit.*, dans *Bull. monum.*, t. XI, p. 301. — Cependant un des apôtres du portail de la cathédrale de Dax tient bien une croix en forme de tau. — Au portail de la cathédrale de Léon, en Espagne, un des apôtres tient une croix ainsi faite : ╬. Peut-être a-t-elle été brisée.

(3) C'est aussi l'opinion de M. Male (*L'art religieux du XIIIe siècle*, p. 394).

(4) C'est pourquoi saint Thomas devint le patron des maçons. — *Apostol. histor.*, du pseudo-Abdias, *loc. cit.*, p. 699. — Saint Thomas est un des apôtres dont l'attribut paraît avoir été le moins fixe, du moins au XIIIe siècle. Dans les vitraux de la cathédrale de Reims, il porte une épée; dans celui du chœur de la cathédrale de Bourges, un très long bâton; dans le vitrail légendaire de la même cathédrale il tient une règle et est percé d'une lance; on lui a donné la lance pour attribut dans la voussure du portail principal de la cathédrale de Poitiers, etc. Dans les vitraux de la cathédrale de Troyes, c'est saint Jude qui tient une règle. On voit comme tout cela est incertain.

(5) L'extrémité de la pique a été refaite.

(6) *Op. cit.*, dans *Bull. monum.*, t. XI, p. 298.

et Duval avaient pris pour une croix « en forme de bâton à longue tige, coupé vers le haut par une traverse extrêmement courte et mutilée en partie »; suivant eux, cet attribut désignerait saint Barthélemy (1) et le restaurateur moderne n'a pas manqué de s'emparer de cette interprétation pour arranger le haut de cette hampe en forme d'une croix absolument invraisemblable, que l'apôtre tient d'une façon plus invraisemblable encore, et à tout le moins fort peu respectueuse. Ce bâton n'aurait-il pas plutôt été la hampe du dard ou javelot, dont, suivant une légende bien connue, SAINT MATHIEU aurait été percé par un « spiculator » (2) et qui est son attribut habituel, comme par exemple dans les vitraux du triforium du chœur de notre cathédrale (3), et ce que MM. Jourdain et Duval ont pris pour une courte traverse n'aurait-il pas été un simple tenon servant à consolider l'attribut entre les mains de l'apôtre? La restauration ne nous permet pas d'en juger.

Support. — Un horrible diable tout velu, avec des griffes en guise de mains et de pieds et une large gueule grimaçante, soutient le socle de la statue avec un effort des plus drôles (4).

11. Pl. XXIX, 11. — Personnage de bien plus haute stature que les autres, qu'il dépasse presque de la tête, qui est énorme. Grande bouche, long nez, barbe entière et légèrement ondulée, visage taillé à coups de serpe, qui étonne et fait sourire ceux qui le regardent sans attention, mais qui, malgré l'énergie et la rudesse de ses traits, n'est dénué ni d'expression ni d'intelligence. Son manteau, un peu court, est habilement drapé sur ses épaules; un des pans dont l'extrémité a été nouée, tombe verticalement à droite. La main gauche, cachée sous les plis de ce manteau, tient un livre fermé, et la droite, un caillou. Ce caillou, assez petit et informe, ne peut désigner qu'un personnage lapidé (5). Or parmi les apôtres, ceux qui passent habituellement pour avoir subi ce genre de supplice sont saint Philippe (6), saint Mathias (7) et saint Barnabé (8). Saint Barnabé ne figure guère parmi les apôtres que lorsqu'il y a place pour lui; de même, c'est ordinairement saint Mathias qui cède la place à saint Paul, parmi les douze (9). Reste donc SAINT PHILIPPE, mais MM. Jourdain et Duval, évidemment gênés par l'attribution qu'ils avaient faite à ce saint du personnage portant le n° 9, ont interprété celui qui nous occupe par saint Thomas, en supposant que la pierre qu'il porte et dont ils ont quelque peu exagéré la grosseur, symboliserait une lapidation, dont les anciennes légendes ne parlent pas pour saint Thomas, ou plutôt les constructions miraculeuses élevées par l'apôtre dans les Indes (10). D'ailleurs MM. Jourdain et Duval se sont

---

(1) Dans tous les exemples du XIII° siècle que nous connaissons, saint Barthélemy est invariablement porteur du coutelas qui, suivant la légende, a servi à l'écorcher vif. C'est même un des apôtres dont l'attribut est le mieux établi. Jamais, au XIII° siècle du moins, nous ne l'avons rencontré avec une croix.

(2) *Apostol. histor.* du pseudo-Abdias, *loc. cit.*, p. 664.

(3) Vitrail du chœur de la cath. de Troyes; portail de la cath. de Léon (Espagne). Au portail de la cath. de Dax, deux apôtres sont porteurs de bâtons, mais dont les extrémités supérieures sont brisées. L'un est certainement saint Jacques le Mineur, avec son bâton à foulon, et l'autre, probablement, comme ici, saint Mathieu.

(4) La griffe qui lui sert de main gauche a été refaite.

(5) Un des apôtres de la porte du Jugement à la cathédrale de Bordeaux tient aussi un caillou. Mais cet attribut est assez rare parmi les apôtres au XIII° siècle.

(6) « Crucifixus, lapidatusque obiit ». S. ISID., *De vita et obitu Sanctorum.* — *Acta SS. 1 mai.*, p. 10.

(7) *Leg. Aur.*

(8) PÉTIN, *Dictionnaire hagiographique*, coll. Migne, art. *Barnabé.* — CAHIER, *Caractérist. des Saints*, art. *Pierre.*

(9) C'est quelquefois aussi saint Jude qui disparaît devant saint Paul, mais rarement.

(10) JOURDAIN ET DUVAL, *Op. cit.*, p. 299. Pour trouver

parfaitement rendu compte de l'incertitude de cette identification; celle de saint Barthélemy qu'ils proposent en note ne vaut guère mieux, et ils en conviennent eux-mêmes. Nous ne croyons pas d'ailleurs que le signalement de saint Barthélemy donné par le pseudo-Abdias coïncide si bien avec notre statue, et, en le rapportant, MM. Jourdain et Duval en ont précisément omis le passage qui s'accorde le moins avec elle : « Statura æqualis, quæ nec brevis, nec longa possit adverti », dit le démon aux Indiens adorateurs d'Astaroth (1). Or notre statue est précisément plus haute que les autres de presque toute la tête.

Support. — Un homme imberbe, tête nue, en simple cotte sans ceinture, l'air piteux, est assis soutenant de ses épaules et de sa main droite le dais qui porte la statue; il paraît s'acquitter de sa fonction d'un air distrait (2).

12. Pl. XXIX, 12. — La physionomie du dernier apôtre est assez régulière, presque belle. Il tient une palme dans sa main droite. A propos de l'apôtre portant le n° 5, qui, de même que celui qui nous occupe, a une palme pour attribut, nous avons vu que ces deux personnages ne pouvaient représenter que saint Simon et saint Jude, mais rien ne permet de distinguer l'un de l'autre (3).

Support. — Un vilain diable velu, la gueule grimaçante et montrant une formidable rangée de dents, des griffes en guise de mains et de pieds, soutient le socle de la statue de ses épaules et de ses pieds bizarrement relevés, en s'appuyant sur ses genoux (4).

En résumé, parmi les douze apôtres que nous venons de décrire, il y en a six dont l'identité ne peut faire aucun doute : SAINT PIERRE, par sa croix, ses clefs et sa physionomie, SAINT ANDRÉ, par sa place et la croix qu'il tient, SAINT JACQUES LE MAJEUR, par l'épée et la gibecière à coquilles; SAINT JEAN, par son air jeune et le vase qu'il portait, si tant est qu'il en ait jamais eu un; SAINT PAUL, par sa place et sa physionomie; SAINT JACQUES LE MINEUR, à cause du bâton à foulon qu'il tient. Les six autres sont moins certains, soit par la difficulté d'expliquer les attributs qu'ils tiennent, soit par la disparition et la restauration souvent fantaisiste de ces mêmes attributs. Pourtant nous avons de grandes présomptions, et nous croyons les avoir suffisamment déduites, pour que le n° 6 (pl. XXVIII) à la gauche du Christ soit SAINT BARTHÉLEMY et ait été porteur d'un coutelas, au lieu d'une hache que le restaurateur lui a donnée; le n° 9, à droite du Christ (pl. XXIX) SAINT THOMAS, dont l'attribut aurait été une équerre, le n° 10, SAINT MATHIEU, qui aurait eu pour emblème non une croix, mais une lance, et le n° 11, SAINT PHILIPPE, porteur d'une des pierres de sa lapidation. Resteraient SAINT SIMON et SAINT JUDE qui tiennent chacun une palme, pour qualifier les n°s 5 et 12. Telle serait notre explication : on voit qu'elle ne coïncide pas absolument avec celle de MM. Jourdain et Duval (5). Le tableau suivant en fera saisir les différences :

trace de lapidation pour saint Thomas, MM. Jourdain et Duval ont été obligés de recourir à un hagiographe du xvi° siècle, Ribadeneira.
(1) *Apostol. hist.*, loc. cit., p. 671.
(2) Le nez, le bras gauche et la main droite ont été refaits.
(3) Légères restaurations.
(4) Le bras gauche a été refait.
(5) Cette explication de MM. Jourdain et Duval a été suivie jusqu'ici par les autres auteurs, notamment par

330   DESCRIPTION.

Interprétation de MM. Jourdain et Duval.   *Interprétation proposée.*

A la gauche du Christ :

1° Saint Pierre (1).	Saint Pierre.
2° Saint André.	Saint André.
3° Saint Jacques le Majeur.	Saint Jacques le Majeur.
4° Saint Jean.	Saint Jean.
5° Saint Mathieu.	Saint Simon ou saint Jude.
6° Saint Simon.	Saint Barthélemy.

A la droite du Christ :

7° Saint Paul.	Saint Paul.
8° Saint Jacques le Mineur.	Saint Jacques le Mineur.
9° Saint Philippe.	Saint Thomas.
10° Saint Barthélemy.	Saint Mathieu.
11° Saint Thomas.	Saint Philippe.
12° Saint Jude.	Saint Simon ou saint Jude.

La série des vingt-quatre bas-reliefs sculptés dans des quatrefeuilles, soit douze sur chaque rang, qui s'étend sous les grandes statues des Apôtres, est consacrée à la personnification des Vertus et des Vices (2).

Une dissertation iconographique sur la représentation des Vertus et des Vices au moyen âge, dont le point de départ est la *Psychomachie* de Prudence, sortirait des limites de cet ouvrage. Il est peu de sujets qui aient eu autant de succès, peu qui aient été aussi exploités par les auteurs mystiques et profanes, peu dont les artistes se soient autant inspirés. En étudier les diverses manifestations dans la littérature et dans l'art demanderait un volume. La donnée première du poème de Prudence a été souvent plus ou moins perdue de vue, et l'imagination des artistes s'y est donnée libre carrière, suivant les époques, suivant les lieux. Les pères de l'Église sont loin d'être d'accord entre eux et avec les artistes, sur le nombre et les dénominations des Vertüs et des Vices, et les attributs par lesquels on les a désignés sont extrêmement variables. La série des Vertus et des Vices de la cathédrale d'Amiens appartient à un cycle qui se retrouve dans plusieurs monuments de la première moitié du xiii° siècle. Ceux qui sont représentés en bas-reliefs au soubassement de la porte centrale du grand portail de Notre-Dame de Paris, ceux qui sont sculptés sur deux des piliers du porche sud du transept de la

---

Rozr, *Visite à la cath. d'Am.*, p. 14, et par Ruskin, « *Our fathers have told us* », part. I, *the Bible of Amiens*, p. 175 (38).

(1) En partant du plus rapproché du Christ.

(2) Disons une fois pour toutes qu'avant les restau-rations de 1844 à 1847, la rangée inférieure de ces quatrefeuilles était beaucoup plus abimée que la rangée supérieure ; c'est donc celle-là qui a subi les restaurations les plus importantes. (Voy. *États estimatifs*, desd. restaurat., Arch. de la Somme, Série V, Édif. diocés.).

cathédrale de Chartres, ceux qui sont peints dans le vitrail de la rose occidentale de Notre-Dame de Paris, présentent à peu près identiquement les mêmes sujets qu'à la cathédrale d'Amiens et en nombre égal. Aux portails de Paris, de Chartres et d'Amiens, les Vertus et les Vices sont placés exactement dans le même ordre : les Vertus ont les mêmes attributs (1), et les Vices sont figurés par les mêmes actes (2); le style même de ces sculptures, les poses, les attitudes sont presque identiques à Amiens et à Paris. M. Male (3) avoue que toutes ses recherches pour trouver l'origine de cette série de Vertus et de Vices ont été vaines; avant lui, celles de MM. Jourdain et Duval (4) n'avaient pas été plus heureuses, et les nôtres n'ont pas amené de meilleurs résultats. Ce n'est probablement pas dans les écrivains ecclésiastiques qu'il faut espérer la rencontrer. Peut-être se trouve-t-elle dans un monument, tel que Notre-Dame de Paris, qui aura eu un grand renom et que l'on aura imité, ou bien plutôt dans un de ces manuels que les artistes avaient peut-être entre les mains, mais dont aucun n'est parvenu à notre connaissance. Ce qui peut rendre cette conjecture vraisemblable, c'est que, dans son curieux album, Villard de Honnecourt donne un dessin de l'Orgueil, sous la forme d'un homme tombant de cheval, absolument comme il est représenté dans notre série des Vertus et des Vices, avec ces mots : « Orgieul, si cume il tribuche », et à côté, l'Humilité, qu'il désigne nominativement et qu'il représente sous la figure d'une femme assise, voilée, tenant un disque dans lequel est une colombe, absolument comme à Paris, à Chartres et à Amiens (5). Il y a plus : une belle salière en vermeil de la fin du XIVᵉ siècle, conservée à Osnabrück, en Allemagne, a, dans sa décoration, douze médaillons circulaires dans lesquels sont représentés six Vices et six Vertus de notre série parfaitement reconnaissables, malgré la différence d'époque et de style : les Vertus sont des femmes assises, voilées, tenant leurs attributs dans des disques et chaque Vice est figuré par l'acte vicieux (6). Force nous sera donc, comme l'ont fait nos devanciers, de chercher à expliquer les sujets par les emblèmes dont ils sont accompagnés ou les actions qu'ils représentent. Pour beaucoup, cette explication restera toujours douteuse, tant que la clef de toute la série n'aura pas été trouvée.

Les Vertus occupent la ligne supérieure des quatrefeuilles et sont figurées par des femmes, des vierges sans doute, portant presque toutes un voile, assises chacune sur un banc et tenant un écu sur lequel est sculpté l'emblème qui la caractérise (7). Dans le quatrefeuilles qui est sous chacune d'elles, le Vice opposé est figuré par l'action mauvaise.

---

(1) Dans la rose de Notre-Dame de Paris, l'ordre varie légèrement, mais cette variation peut provenir de déplacements lors des restaurations du vitrail. A Paris, à la porte et au vitrail, les emblèmes des Vertus sont figurés dans des disques, à Chartres et à Amiens, dans des écus. — Dans le vitrail de Paris, les Vertus sont armées de lances dont elles menacent les vices. Il y a là un souvenir plus réel de la *Psychomachie*. — Les Vertus se retrouveront encore ainsi armées à la fin du XIIIᵉ siècle dans les belles statues du grand portail de la cathédrale de Strasbourg.

(2) Il y a même similitude presque complète de composition entre ceux d'Amiens et ceux de la porte de la cathédrale de Paris, du moins pour ceux qui, dans celle-ci, sont du XIIIᵉ siècle. Ceux qui ont été refaits au XVIIIᵉ siècle reproduisent des sujets exactement semblables : quelques-uns ont des attributs différents, mais le restaurateur moderne a fort bien pu se tromper sur l'interprétation des anciens. A Chartres, la composition des sujets diffère légèrement. Cf. GUILHERMY ET VIOLLET-LE-DUC, *Descr. de N.-D. cath. de Paris*, p. 33.

(3) *L'art relig. du XIIIᵉ siècle*, p. 151.

(4) *Op. cit.*, dans *Bull. monum.*, t. XI, pp. 430 et suiv.

(5) LASSUS, *Album de Villard de Honnecourt*, p. 67.

(6) Publ. dans KING, *Études pratiques tirées de l'architect. et des arts du moyen âge*, t. II.

(7) Virtutes in mulieris specie depinguntur, quæ mulcent et nutriunt ». GUILL. DURAND, *Rat. div. off.*,

332   DESCRIPTION.

1. Pl. XXVIII 1 A. — La Force (1). Son costume guerrier la fait nommer au premier abord, *Fortitudo*. Elle est vêtue comme un chevalier de la fin du règne de Philippe-Auguste : chausses de mailles, grand haubert à longues manches qui couvrent entièrement les mains, et muni d'une coiffe aussi de mailles qui enveloppe presque toute la tête et le visage dont il ne laisse voir que le nez et les yeux; par-dessus est placé un heaume ovoïde sans nasal. Sur le haubert est une cotte d'armes sans manches et serrée à la taille. Elle tient d'une main une grande épée nue et de l'autre un écu sur lequel est figuré un lion passant (2). Contrairement aux autres Vertus qui sont presque toutes plus ou moins de profil, la Force est représentée de face, attitude fière et imposante qui convient à cette vertu virile (fig. 111 A) (3).

Pl. XXVIII 1 B. — La Couardise, ou plutôt la Peur. Un homme imberbe s'enfuit plein de terreur en laissant tomber son épée devant un lièvre (4) qui sort d'un buisson, et à la vue d'un oiseau (5) perché sur une branche. Le

Fig. III — Détail de la porte du Sauveur

lib. I. — Est-ce, comme le croit M. Male *(Op. cit.,* p. 134), parce que toute vertu est une force, qu'on a représenté les Vertus armées?

(1) Les personnages sculptés dans ces bas-reliefs ont en moyenne de 45 à 55 centimètres de hauteur.

(2) « Quid fortius leone? » *Judic.*, xiv, 18. — « Leo fortissimus bestiarum ». *Prov.*, xxx, 30. — « Et ecce fortitudo, miles Dei egregius, accurrens per campum fiduciæ, extracto gladio lætitiæ ». S. Bernard., *Parab. I de Pugna spirituali. Patrol.*, t. CLXXXIII, col. 759. — L'*Appendix de anima* attrib. à Hugues de Saint-Victor met ces paroles de saint Paul dans la bouche de la

Force : « Confortamini in Domino et in potentia virtutis ejus... Induite vos armaturam Dei..... State ergo succincti lumbos vestros in veritate et induti loricam justitiæ..... sumentes scutum fidei..... galeam salutis assumite et gladium spiritus *(Ephes.*, vi, 10-17) ». *Patrol.*, t. CLXXVII, col. 185. — Cf. Male, *Op. cit.*, p. 165.

(3) Le nez et une partie de la lame de l'épée ont été refaits.

(4) « Lepus..... velox est enim animal, et satis timidum ». S. Isid. *Etym*, lib. xii, cap. 1. *Patrol.*, t. LXXXII, col. 427.

(5) MM. Jourdain et Duval, avec un peu de bonne

poltron est tête nue, vêtu d'un simple surcot descendant jusqu'aux mollets, serré à la taille; le fourreau de l'épée pend au baudrier (fig. 111, B) (1).

2. Pl. XXVIII 2 A. — La seconde Vertu est vêtue d'une simple robe serrée à la taille, avec un bijou sur le devant de la poitrine, les cheveux coquettement emprisonnés d'une façon très originale dans un morceau d'étoffe. Un bœuf est figuré sur l'écu qu'elle tient. MM. Jourdain et Duval l'ont appelée la PATIENCE. « Le bœuf, disent-ils, qui, soumis et fort tout à la fois, porte le joug librement, sans se plaindre, emploie au service d'un maître dur et ingrat la puissance musculaire qu'il pourrait tourner contre lui, et ne répond que par des bienfaits aux injures et aux mauvais traitements (2) ».

Pl. XXVIII 2 B. — Une femme vêtue d'un long surcot traînant, serré à la taille et prenant très joliment les formes, un couvre-chef coquettement jeté sur la tête et sur les épaules, menace d'une épée un grave personnage, un homme d'Église sans doute (3), qui lui parle et semble lui faire des remontrances. Celui-ci, imberbe, porte un surcot sans ceinture, tombant jusqu'aux mollets, et muni d'un capuchon pointu qui lui enveloppe la tête. Il tient de la main gauche un livre fermé, et lève la droite, comme s'il parlait (4). Suivant MM. Jourdain et Duval (5), cette scène symboliserait la COLÈRE.

L'interprétation proposée par MM. Jourdain et Duval pour ces deux bas-reliefs a été suivie par la plupart des autres auteurs (6). M. Male (7) ne l'accepte que faute d'en avoir trouvé une plus satisfaisante, et nous ferons comme lui (8).

3. Pl. XXVIII 3 A. — L'agneau figuré sur l'écu que tient cette Vertu symbolise sans doute la DOUCEUR. La douceur de la race ovine est proverbiale, et il y est fréquemment fait allusion dans les Écritures (fig. 112 A) (9).

Pl. XXVIII 3 B. — Encore une femme, une grande dame, celle-là : vêtue

---

volonté sans doute, y ont vu un coucou et citent un texte à l'appui, tandis qu'à Paris, ce serait une chouette (Op. cit., dans Bull. monum., t. XI, p. 454). A Chartres, l'abbé Bulteau (Monogr. de la cath. de Chartres, t. II, p. 385) a aussi vu un oiseau mais qu'il ne nomme pas.

(1) Ce bas-relief a été très fortement restauré. La tête de l'oiseau, le nez, le menton, les pieds du personnage, quelques plis de ses vêtements, la pointe de son épée, le fourreau presque en entier, la tête et les pattes du lièvre ont été refaits.

(2) JOURDAIN ET DUVAL, Op. cit., dans Bull. monum., t. XI, p. 456. — « Statim eam sequitur quasi bos ductus ad victimam ». Prov., VII, 22.

(3) Au vitrail de Notre-Dame de Paris, ce personnage paraît tonsuré.

(4) Les deux visages, la main droite de la femme, la plus grande partie de son épée et quelques plis des vêtements ont été refaits.

(5) Loc. cit.

(6) ROZE, Visite, p. 16. — RUSKIN, The Bible of Amiens, p. 183 (44).

(7) Op. cit., p. 167.

(8) « Boum in sociis eximia pietas. Nam alter alterum inquirit cum quo ducere collo aratra consuevit, et frequenti mugitu pium testatur affectum, si forte defecerit ». S. ISID. Etym., lib. XII, cap. 1. Patrol., t. LXXXII, col. 428. — « Bos dicitur prædicator, quia sicut bos, vomere mediante, proscindit terram et germinare facit eam, ita prædicator verbo prædicationis suæ proscindit terram, ut fructificet eam virtutibus..... Dicitur virtuosus vel justus, unde in psalmo : Omnia subjecisti sub pedibus ejus oves et boves (ps. VIII, 8). Per oves, innocentes, per boves, virtuosos intelligere debemus. Dicitur etiam bonis operibus fecundatus ibidem ». ALAN. DE INS., Distinct. diction. theol. Patrol., t. CCX, col. 721. — Tous ces textes sont peu probants pour l'interprétation proposée et qui, en effet, n'est guère satisfaisante. — Dans la Psychomachie, la Patience est opposée à la Colère. Ces deux vertus sont aussi nominativement opposées l'une à l'autre, mais avec d'autres attributs, dans un vitrail du XIIIe siècle de la cath. de Lyon, et, sans attributs, à la porte nord du grand portail de la cath. de Laon et au portail de l'église d'Aulnay (Charente). (R. DE LASTEYRIE, Étude archéol. sur l'église d'Aulnay, dans Gazette archéol., 1886, p. 286).

(9) « Quasi agnus mansuetus qui portatur ad victi-

334 DESCRIPTION.

d'un long surcot serré à la taille et attaché sur le devant de la poitrine par un riche affiquet, une chape jetée sur les épaules, les cheveux dans une crépine, un chapeau en forme de mortier sur la tête, elle est assise sur un banc, avec un tabouret sous les pieds. La main levée d'un geste menaçant, elle envoie un grand coup de pied dans le ventre d'un échanson qui lui apporte à boire dans un hanap couvert, ainsi qu'on le faisait aux grands, et le fait tomber à la renverse. Il est imberbe, tête nue et vêtu d'un simple surcot serré à la taille et descendant aux genoux (1). On a probablement voulu figurer ici la Méchanceté (fig. 112, B).

Telle est l'interprétation proposée par MM. Jourdain et Duval pour ces deux bas-reliefs, et qui est généralement suivie (2).

4. Pl. XXVIII 4 A. — La Concorde (3). Elle tient un écu où est figuré un rameau, sur lequel un autre paraît greffé, suivant la très judicieuse remarque de Ruskin (4), emblème parlant et bien naturel de la Concorde. Il est difficile de savoir au juste à quelle plante appartient le rameau en question. MM. Jourdain et Duval ont dit l'olivier. Soit, mais nos artistes étaient ordinairement plus rigoureux sur l'exactitude botanique.

Pl. XXVIII 4 B. — Un ménage en querelle. C'est la femme qui a le rôle agressif, mais non sans excuse, car l'homme est rentré ivre à la maison. Surcot assez long et serré à la taille, la tête découverte, les cheveux tombant sur les épaules, elle a jeté derrière

Fig. 112. — Détail de la porte du Sauveur.

mam ». *Jerem*., xi, 19. — « Ovis, molle pecus lanis, corpore inerme, animo placidum ». S. Isid. *Etym*., lib. xii, cap. 1. *Patrol*., t. LXXXII, col. 425, — etc.

(1) Les visages des deux personnages, la main droite de la femme, le bras gauche de l'échanson et quelques autres menus détails ont été refaits.

(2) M. Male (*Op. cit.*, p. 168) a réfuté avec raison

l'interprétation par Noblesse et Vilenie, proposée par M. Duchalais (*Études sur l'iconologie du M. A.*, dans *Bibl. de l'Éc. des Chartes*, 1848-49, p. 42).

(3) La Concorde et la Discorde figurent aussi dans le portail de l'église d'Aulnay (xii° s.), où elles sont nommées (R. de Lasteyrie, *loc. cit*).

(4) *Op. cit.*, p. 183 (45). — Le même emblème est figuré

elle sa quenouille, pour être plus libre dans ses mouvements, et elle prend vigoureusement par la tête et le menton son époux, homme imberbe, tête nue, en surcot court tombant aux genoux et serré à la taille. Pour se défendre, celui-ci a saisi son aimable moitié par la chevelure; le pot au fond duquel il a laissé sa raison, tombe à terre en laissant échapper le liquide (1). Quand bien même le symbolisme de l'attribut que tient la Vertu qui précède laisserait quelque doute, il nous paraît difficile de supposer que ce bas-relief puisse figurer autre chose que la Discorde.

5. Pl. XXVIII 5 A. — Le chameau à une bosse figuré sur l'écu qu'elle porte, symbolise sans doute l'Obéissance (2). Le chameau se fait humble et petit pour recevoir les fardeaux (3). Remarquons que le sculpteur l'a figuré dans cette position, les jambes ployées, tandis que les animaux emblématiques des autres Vertus sont debout.

Pl. XXVIII 5 B. — La Désobéissance, l'Indocilité ou la Rébellion. C'est un jeune homme du siècle qui parle irrévérencieusement à un évêque. Il est imberbe, tête nue, portant un surcot très court et serré à la taille par une courroie; un court manteau est jeté sur ses épaules et rattaché sur le devant de la poitrine par un cordon lâche, dans lequel il a coquettement passé le pouce de la main gauche, tandis qu'il lève l'autre main vers son respectable interlocuteur. Cette main a été entièrement rétablie par Caudron, qui lui a fait faire ce que nous appelons une pichenette, geste bien peu sérieux, même dans un sujet comme celui-ci, et que nous avons peine à croire vraisemblable (4). L'évêque est en habits pontificaux, il tenait dans la main gauche un objet brisé, mais qui ne doit pas avoir été une crosse. Il fait de douces remontrances au jeune homme qui ne paraît pas vouloir tenir grand compte de ses paroles.

Personne n'a jusqu'à présent élevé d'objections contre l'explication donnée par MM. Jourdain et Duval de ces deux bas-reliefs, explication qui est généralement suivie.

6. Pl. XXVIII 6 A. — « Sois fidèle jusqu'à la mort, et je te donnerai la couronne de vie », dit le Seigneur à l'ange de Smyrne, dans l'Apocalypse (5);

à N.-D. de Paris, aussi bien au portail (fruste) que dans le vitrail, et à la cathédrale de Chartres; MM. Jourdain et Duval, Guilhermy et Viollet-le-Duc, l'abbé Bulteau et M. Male y ont vu des rameaux d'olivier ou de lis; aucun d'eux n'a remarqué cette particularité de la greffe, qui est pourtant, à mon avis, tout à fait évidente. Cependant je n'ai rien trouvé ni dans la Bible ni dans les commentateurs qui puisse avoir donné l'idée de symboliser la Concorde par une greffe.

(1) Quelques parties des visages, les nez surtout, des accessoires et des vêtements ont été refaites.

(2) « Camelus sponte se ad onera inclinat ». Alan. de Ins., *Distinct. Patrol.*, t. CCX, col. 727. — « Camelis causa nomen dedit, sive quod, quando onerantur, ut breviores et humiles fiant, accubant, quia Græci χαμαί *humile* et *breve* dicunt; sive quia curvus est dorso.

Camur enim verbum græcum *curvum* significat ». S. Isid., *Etym.*, lib. xii, cap. 1. *Patrol.*, t. LXXXII, col. 429. — Ruskin observe finement qu'aujourd'hui le chameau est le plus désobéissant et le plus difficile de tous les animaux domestiques. Cependant il peut rendre les services les plus pénibles, et on a voulu le prendre comme type de la bête de somme qui n'a ni la fierté du cheval, ni la défense du bœuf (*Op. cit.*, p. 184).

(3) Jourdain et Duval, *Op. cit.*, dans *Bull. monum.*, t. XI, p. 463.

(4) Le visage de cet homme a aussi été refait, d'une façon assez peu satisfaisante, de même une partie de sa main gauche et quelques plis de vêtements.

(5) « Esto fidelis usque ad mortem et dabo tibi coronam vitæ ». *Apoc.*, ii, 10.

et saint Paul : « L'athlète n'est pas couronné s'il n'a combattu suivant les règles » (1). C'est par le rapprochement de ces deux textes avec la couronne figurée sur l'écu que tient la Vertu qui nous occupe et avec celle qui est posée sur sa tête, que MM. Jourdain et Duval (2) ont reconnu la Persévérance, ou la Constance, identification que ne contredit pas l'acte vicieux qui lui sert de corollaire. Mais ce n'est pas son seul attribut. Elle tient encore une tête d'animal assez difficile à reconnaître (3). Ruskin et M. Male y ont vu une tête de lion (4), l'abbé Roze (5), une tête de chien, MM. Jourdain et Duval (6), une tête de bœuf, et leur interprétation nous paraît encore préférable, car, en y regardant de près, on distingue bien les cornes. D'ailleurs le museau est trop long pour être celui d'un lion. De plus, c'est très probablement aussi une queue de bœuf ou de vache qui est figurée à côté de la couronne sur l'écu que tient le personnage (7). La tête et la queue symboliseraient l'accomplissement d'une chose jusqu'au bout (8). C'est une explication qu'on peut accepter faute de mieux.

Pl. XXVIII 6 B. — MM. Jourdain et Duval avaient appelé Inconstance ce vice opposé à la Persévérance (9); mais il nous semble que le mot Apostasie proposé par l'abbé Roze (10) convient mieux au sujet représenté. C'est un personnage nu-tête, imberbe et tonsuré, clerc ou moine, vêtu d'une robe descendant à mi-jambe, munie d'un capuce, et qui ne diffère de celle que nous avons vue portée par le clerc du groupe de la Colère, que par la ceinture dont elle est serrée. Jetant à côté de lui ses braies et ses chaussures, sortes de demi-bottes, il semble s'éloigner d'une jolie petite église aux fenêtres longues et étroites et au clocher cylindrique et en porte à faux que l'on aperçoit dans le lointain (11).

7. Pl. XXIX 7 A. — La Foi. Il n'y a pas à s'étendre longuement sur le symbolisme du calice surmonté d'une croix figuré sur l'écu qu'elle tient. C'est un emblème trop connu pour faire doute pour personne (12). Il n'y a qu'à en rapprocher, comme l'ont fait MM. Jourdain et Duval (13), ces paroles du canon de la messe : « Hic est enim calix sanguinis mei novi et æterni sacramenti, mysterium fidei ».

Pl. XXIX 7 B. — Ce n'est pas l'athéisme, ou négation de Dieu que les artistes du moyen âge ont opposé à la Foi, mais l'Idolatrie « veterum cultura

---

(1) « Nam et qui certat in agone non coronatur, nisi legitime certaverit ». II *Timot.*, II, 5.
(2) *Op. cit.*, dans *Bull. monum.*, t. XI, p. 466.
(3) A Chartres, la main et l'objet qu'elle tenait ont été brisés, et au grand portail de Notre-Dame de Paris, ce même objet est encore plus fruste qu'à Amiens; au vitrail de la même église, cette Vertu n'a pas d'attribut : elle l'a sans doute perdu dans une restauration, ce serait la seule qui en serait dépourvue. Nous ne pouvons donc espérer aucun éclaircissement des monuments similaires.
(4) Ruskin, *Op. cit.*, p. 18; (46). — Male, *Op. cit.*, p. 173.
(5) *Visite*, etc., p. 16.
(6) *Op. cit.*, dans *Bull. monum.*, t. XI, p. 466.
(7) De même à Chartres.
(8) Voir l'explication de ce symbolisme par MM. Jourdain et Duval, *loc. cit.*

(9) *Op. cit.*, dans *Bull. monum.*, t. XI, p. 468. — Male, *Op. cit.*, p. 173.
(10) *Op. cit.*, p. 16.
(11) Au grand portail de Notre-Dame de Paris, c'est dans l'église même que l'apostat laisse ses vêtements; dans le vitrail de la même église, il est dehors et fait bien le geste d'un homme qui s'enfuit. A Chartres, il s'est dépouillé presque entièrement et n'est plus couvert que de sa chemise. — Ruskin remarque que le fou infidèle est toujours, dans les miniatures des XIIe et XIIIe siècles, représenté nu-pieds.
(12) Au grand portail de Notre-Dame de Paris, une croix seule est figurée sur le disque que tient cette vertu, mais le disque paraît avoir été refait au XVIIIe siècle.
(13) *Op. cit.*, dans *Bull. monum.*, t. XI, p. 437.

deorum », comme dit la *Psychomachie* (1). Ici, c'est un homme imberbe et tête nue, en surcot court serré à la taille et en manteau court, qui se tient debout s'inclinant profondément devant une idole assise sur un rocher. L'état de dégradation du simulacre (2) l'a souvent fait prendre pour un singe, notamment par MM. Jourdain et Duval (3), mais c'était certainement un diable : en y regardant de près, on reconnaît parfaitement la trace de ses cornes, des ailes qu'il avait au derrière et la forme de ses pieds qui étaient de véritables pieds humains (4).

8. Pl. XXIX 8 A. — L'Espérance. Vêtue à peu près de même que la Foi, elle tient un écu sur lequel est figuré un petit étendard ou fanion, dont la hampe est surmontée d'une croix à double traverse, et elle lève la main droite vers une couronne d'orfèvrerie que le restaurateur a placée en haut et contre l'encadrement du quatrefeuilles. Il ne restait, paraît-il, que des vestiges de cette couronne, mais, au dire de MM. Jourdain et Duval, ils étaient encore très reconnaissables quand on les examinait de près (5). Le symbolisme de l'étendard donné comme attribut à l'Espérance n'a jamais été expliqué d'une façon très satisfaisante, et il faut convenir que c'est bien plutôt la place occupée par cette Vertu entre la Foi et la Charité (6), et l'action non équivoque figurée par le Vice opposé qui ont permis de la nommer.

Pl. XXIX 8 B. — On ne peut méconnaître le Désespoir dans cet homme imberbe en surcot court serré à la taille, qui se perce le sein de son épée et qui tombe à la renverse dans une posture d'un naturel et d'un mouvement tout à fait remarquables. La gaîne de l'épée pend à un baudrier formé d'une courroie large accrochée à la ceinture et tombant sur les cuisses (7).

9. Pl. XXIX 9 A. — La Charité. La brebis qui nous donne son lait et sa chair pour nous nourrir, sa toison pour nous vêtir, en un mot tout ce qu'elle possède (8), ne pouvait, semble-t-il, être mieux choisie pour servir d'emblème à la

---

(1) Ruskin (*op. cit.*, p. 185 (17) suppose assez judicieusement que les gens du moyen âge ne pensaient pas qu'un homme raisonnable pût être athée, comme disait le psalmiste, *Dixit insipiens in corde suo : Non est Deus.* (Ps. XIII, 1 ; LII, 1). « Very wise men may be idolaters, but they cannot be atheists ». — C'est aussi l'idolâtrie qui est nominativement opposée à la Foi au portail de l'église d'Aulnay (R. de Lasteyrie, *loc. cit.*).

(2) Ce bas-relief est tout entier très fruste. La tête et le visage de l'idolâtre ont perdu toutes leurs saillies, ses bras sont brisés, ainsi que ceux du diable qu'il adore. La cuisse gauche de celui-ci manque, et sa tête n'est plus qu'une masse informe. On n'a pas osé le restaurer. Que n'a-t-on fait de même pour les autres sculptures !

(3) *Op. cit.*, dans *Bull. monum.*, t. XI, p. 438.

(4) A Chartres c'est bien un diable à large gueule, longues oreilles, queue en trompette et visage au-dessous du nombril : il tient une espèce de pot. — A Paris, la façon un peu crue sans doute dont le diable était figuré aura offusqué les chanoines du XVIIIe siècle, qui l'ont fait remplacer par un « médaillon ovale à tête de femme tout semblable à ces galants portraits du temps de Louis XV qu'on voit dans toutes les collections ». Guilhermy et Viollet-le-Duc. *Descr. de N.-D. de Paris*, p. 34.

(5) *Op. cit.*, *Bull. monum.*, t. XI, p. 439. — A Notre-Dame de Paris et à Chartres, on ne voit pas d'autre attribut que l'étendard. — L'Espérance, observe Ruskin, (*op. cit.*, p. 186 (47) tient un étendard ou gonfanon, parce qu'elle combat en avant toujours vers son but; la Foi et la Force attendent de pied ferme, l'Espérance prend l'offensive.

(6) On sait que saint Paul a rapproché la Foi, l'Espérance et la Charité, (I *Cor.*, XIII, 13), et les théologiens n'ont jamais séparé ces trois vertus.

(7) Ce bas-relief, assez fruste, n'a pas été restauré. Il ne reste presque plus rien du visage. La garde de l'épée est brisée.

(8) « Quadrupliciter usus ovis nos alit, intus et extra. Validos enim carne cibat, lacte potat pusillos, vellere suo nuda membra tegit, repellit pelle frigus ». Rupert. Tuit. *Comm. in Eccl.*, lib. 1. *Patrol.*, t. CLXVIII, col. 1212. — Cf. Male, *op. cit.*, p. 157.

338   DESCRIPTION.

Charité. C'est une brebis que l'on a fait figurer sur son écu. La Charité est prise ici dans son sens restreint d'aumône. Il semble que nos artistes, ou ceux qui les ont inspirés, aient voulu insister particulièrement sur cette Vertu (1). Pour elle seule ils ont joint à l'emblème l'acte vertueux lui-même. Elle donne un manteau à un mendiant qui s'approche d'elle n'ayant pour tout vêtement que des braies (2).

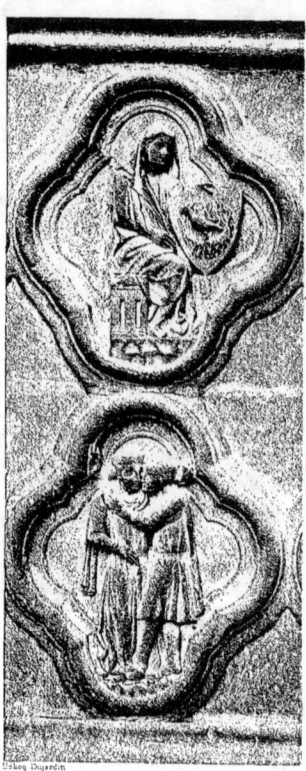

Fig. 113. — Détail de la porte du Sauveur

Pl. XXIX, 9 B. — Une femme vêtue d'une longue cotte serrée à la taille par une courroie et d'une chape attachée sur le devant de la poitrine par un cordon lâche, tête nue, les cheveux tombant sur les épaules, est assise sur un banc devant une huche ou un coffre, dans lequel elle range des sacs d'écus de sa main gauche, portant l'autre (fruste) à sa poitrine. Il est probable, comme l'ont pensé MM. Jourdain et Duval (3), qu'elle cachait dans son sein un sac d'écus. Qui ne reconnaîtra ici l'Avarice ou la Cupidité (4)? Le coffre est assez curieux : il est porté sur quatre pieds et garni de fortes pentures de fer.

10. Pl. XXIX, 10 A, B. — L'explication de la Vertu représentée dans le premier de ces deux bas-reliefs et du Vice qui lui est opposé n'est pas sans difficulté, et, pour arriver à leur interprétation, on ne peut guère les séparer. La Vertu (fig. 113, A) a la tête couverte d'un voile : dans l'écu qu'elle soutient de la main

---

(1) « Major autem horum est charitas ». 1 Cor., xiii, 13.
(2) Il en faut pas confondre cette Vertu avec celle que certains monuments appellent *Largitas*, et qui est généralement représentée, non pas vêtissant un pauvre, mais répandant des trésors autour d'elle, comme à la porte de gauche du grand portail de la cathédrale de Sens et dans le vitrail du xiiie siècle de la cathédrale de Lyon déjà cité. Dans ce vitrail, la distinction est parfaitement établie : d'une part *Avaricia* y est opposée à *Largitas*,

et *Cupiditas* à *Charitas*. Ici, c'est bien *Charitas* qui partage son vêtement avec un pauvre (cf. porte sud de la cath. de Chartres). Dans la *Psychomachie*, c'est *Operatio* qui est opposée à *Avaritia*. — Ici, le nez de la Charité et quelques parties de vêtements ont été refaits.
(3) *Op. cit.*, dans *Bull. monum.*, t. XI, p. 443.
(4) Le nez, une partie de la main gauche et du coffre ont été refaits.

gauche, est un oiseau au milieu des flammes (1), de la droite, elle tient une palme (2). Le Vice (fig. 113, B) est figuré par un jeune homme imberbe, tête nue, vêtu d'un surcot court et d'un petit manteau jeté sur les épaules, qui embrasse une femme mise avec recherche, coiffée du chapeau en forme de mortier et d'une crépine, et vêtue d'un surcot dont les manches fendues jusqu'au coude retombent verticalement, selon une mode qui était alors d'une grande élégance. Elle tenait d'une main un objet assez long presque entièrement détruit et dont il ne reste guère que l'extrémité, qui semble avoir été une flamme, et de l'autre, posée sur l'épaule du jeune homme, un objet fruste, qui peut très bien avoir été un miroir (3). « Un baiser trop violent », comme l'intitule Ruskin (4). Préoccupés de trouver les vertus cardinales à côté des vertus théologales, MM. Jourdain et Duval (5) ont fait de ces deux bas-reliefs la Justice et l'Injustice, et là-dessus ils ont édifié une dissertation très ingénieuse, mais dont le moindre défaut est de leur avoir fait prendre, dans le sujet inférieur, une courtisane pour un magistrat. Il est vrai que, n'était le costume, — en 1845 le costume du XIIIe siècle était encore peu connu, et la méprise des savants chanoines est bien excusable, — on aurait de la peine à reconnaître une femme, et surtout une femme coquette, dans ce personnage dont la tournure est loin d'être élégante, et à soupçonner une scène érotique dans ce bas-relief d'une exécution si lourde et si empâtée (6). Cette opinion fut adoptée par un certain nombre d'auteurs, mais non par tous. Elle fut combattue tout d'abord par M. Duchalais (7), qui expliqua les deux bas-reliefs opposés par la CHASTETÉ et la LUXURE, interprétation suivie par l'abbé Bulteau (8), pour les mêmes sujets sculptés au porche méridional de la cathédrale de Chartres, par Ruskin (9) et par M. Mâle (10).

A Chartres comme à Amiens, la Vertu en question porte deux attributs : une palme et un oiseau entouré de flammes. L'oiseau entouré de flammes ne peut être autre chose qu'un phénix. Or on sait qu'il y a une espèce de palmier qu'on appelle le *phénix*, espèce connue des auteurs anciens et qui est très commune en Judée et en Syrie. Je n'ai pu trouver soit dans les Écritures, soit dans les ouvrages des Pères, un texte bien formel qui permette de justifier la symbolisation de la Chasteté par le phénix, plante ou oiseau. M. Mâle en a donné des explications assez embarrassées et qui, de son aveu, ne l'ont pas pleinement satisfait. Il faut convenir que les raisons invoquées par MM. Jourdain et Duval en faveur de la Justice paraissent beaucoup plus sérieuses ; mais il devient absolument impossible d'interpréter par l'Injustice ou même par la Trahison le bas-relief

---

(1) A ne voir que la sculpture d'Amiens, on pourrait douter que ce fussent effectivement des flammes, mais à Chartres et au vitrail de Notre-Dame de Paris, les flammes sont parfaitement reconnaissables. Il ne faut pas parler des mêmes sujets qui se trouvent au grand portail de la cathédrale de Paris : ils ont été évidemment mal compris par le sculpteur qui les a refaits au XVIIIe siècle.

(2) La palme se voit aussi à Chartres. Il n'y en a pas au vitrail de Paris.

(3) Les deux visages, la main et le coude droits de la femme, ainsi que quelques parties de vêtements ont été refaits. Le restaurateur, sagement conseillé sans doute, a eu raison de ne pas refaire les attributs.

(4) « A too violent kiss ». *Op. cit.*, p. 187 (49).

(5) *Op. cit.*, dans *Bull. monum.*, t. XI, p. 443.

(6) Il appartient à une des plus mauvaises séries de nos bas-reliefs. Qu'on le compare à la grâce naïve des Gémeaux, dans le Zodiaque.

(7) *Études sur l'iconologie du moyen âge*, dans *Biblioth. de l'Éc. des Chartes*, t. X, 1848-1849, p. 31.

(8) *Monogr. de la cath. de Chartres*, t. II, p. 379.

(9) *Op. cit.*, p. 187 (48).

(10) *Op. cit.*, p. 158.

consacré au vice opposé, d'autant plus que, dans le vitrail de Paris, il n'y a qu'un seul personnage, une femme très richement vêtue et qui semble très occupée à sa toilette en se regardant dans un miroir. Il y a plus, dans un vitrail du xiiie siècle de la cathédrale de Lyon, la même femme coquette tenant un miroir est désignée par le mot LVSVRIA. Au moyen âge, le miroir était un objet de luxe, de coquetterie, presque de vie dissolue, et l'Église l'a toujours considéré comme un instrument de perdition. Nous avons vu que dans ce groupe, la femme tenait un autre objet de forme allongée qui est trop fruste pour qu'on puisse le reconnaître. A Chartres, elle tient aussi un objet analogue, mais également fruste (1); au vitrail de Paris, cet attribut lui manque. M. Mâle y a vu un sceptre, qui exprime, suivant lui, « la toute-puissance de la femme et sa royauté charnelle », mais il n'en apporte pas de preuve. Sur la salière d'Osnabrück, cet attribut est une torche parfaitement reconnaissable, et je crois que c'est bien en effet une torche qu'il faut voir ici. Mais il faut avouer que tout cela n'est pas clair.

11. Pl. XXIX, 11 A. — LA PRUDENCE. Son costume est à peu près analogue à celui des Vertus précédentes, et elle tient un écu sur lequel est sculpté un objet de forme allongée, posé en pal, légèrement rugueux et pointu par le bas, mais dont la partie supérieure avait été brisée. Le restaurateur, en voulant le rétablir a fait pis que mieux et lui a donné l'aspect d'un légume, carotte, betterave ou salsifis. C'était sans doute un serpent, bien qu'il soit d'une forme peu commune au xiiie siècle (2). La prudence du serpent est proverbiale. « Estote ergo prudentes sicut serpentes », a dit Jésus à ses apôtres (3).

Pl. XXIX, 11 B. — LA FOLIE. Un homme imberbe et presque nu, couvert seulement d'une robe en lambeaux, les pieds dans des savates, l'air agité, les yeux hagards, marchant sur des pierres roulantes, dévore un objet qui ressemble à un caillou. Derrière la tête se voit aussi un objet informe, fruste et brisé, qui paraît s'être prolongé jusqu'à sa main gauche. C'était sans doute, comme à Chartres et sur la salière d'Osnabrück, une massue dont il menaçait quelque ennemi imaginaire, ou peut-être une marotte (4).

12. Pl. XXIX, 12 A, B. — Ces deux bas-reliefs s'expliquent l'un par l'autre. La Vertu tient un écu sur lequel est représenté un oiseau, une colombe sans doute; un arbre s'élève à côté d'elle. Le Vice est personnifié par un homme qui tombe d'un cheval emporté (5). C'est Villard de Honnecourt, nous l'avons vu, qui les a

---

(1) A Chartres, il ne paraît pas qu'elle ait eu un miroir. Ajoutons qu'à Chartres, le geste du baiser est beaucoup moins accentué qu'à Amiens.

(2) Ruskin (op. cit., p. 187 (49) a pris sans hésiter cet emblème pour une racine comestible, et l'a expliqué par la Sagesse, dont la tempérance est le commencement. — A Chartres, la Prudence tient un écu sur lequel est un serpent enroulé autour d'un bâton posé en pal, et parfaitement fait. De même au grand portail de Notre-Dame de Paris, le restaurateur du xviiie siècle, qui a ordinairement cherché à reproduire autant que possible l'état ancien, a figuré un serpent enroulé autour d'un bâton sur le disque que tient cette même vertu; c'est d'autant plus vraisemblable, que le vitrail de cette même église donne à cette vertu identiquement le même emblème. Le serpent enroulé autour d'un bâton se voit enfin sur la salière d'Osnabrück. Il n'y a donc pas de doute à avoir sur cet emblème qui se retrouve partout.

(3) Matth., x, 16.

(4) Une partie du visage, les deux mains et quelques plis des vêtements ont été refaits. — Cf. la miniature qui représente le fou en tête du psaume XIII, Dixit insipiens dans presque tous les psautiers ou bréviaires enluminés.

(5) Ce bas-relief est très fruste : on n'a pas osé le restaurer.

lui-même nommés : « Humilité..... Orgieul, si cume il tribuche » (1). La représentation de l'Orgueil par un homme qui tombe de cheval est trop claire et trop fréquente pour avoir besoin qu'on s'y étende longuement. Les attributs donnés à la Vertu qui lui est opposée ont besoin de plus d'explications.

MM. Jourdain et Duval (2) mettent judicieusement en regard du texte qui a fourni l'emblème de la Vertu précédente : « prudentes sicut serpentes », la contre-partie qui semble bien s'appliquer à celle qui nous occupe : « et simplices sicut columbæ » (3). Reste à expliquer le petit arbre qui s'élève à côté de la Vertu, à sa gauche. A-t-il une signification symbolique ou bien n'est-il qu'un simple motif de décoration ? Cet arbre n'existe qu'à Amiens : on ne le voit ni à Chartres, ni à Paris, ni dans l'album de Villard de Honnecourt, ni sur la salière d'Osnabrück. Il faut remarquer qu'il passe un joint entre la Vertu et lui : nos artistes n'aimaient pas à faire traverser un objet et surtout un personnage par un joint, et cela leur était ici d'autant plus difficile que la sculpture a été exécutée avant la pose. Ne pourrait-on pas supposer qu'ayant taillé la Vertu toute entière sur la plus grande partie du quatrefeuilles, l'autre aura paru trop grande pour la laisser nue, et qu'on y aura placé un accessoire quelconque tel qu'un arbre ? Ce n'est pas l'avis de MM. Jourdain et Duval (4), qui l'expliquent par un fait que rapportent plusieurs naturalistes du moyen âge, et notamment Hugues de Saint-Victor. Il y aurait dans les Indes un certain arbre « dont les colombes aiment les fruits et dont l'ombre seule, ou simplement l'odeur, met en fuite l'ennemi le plus cruel de ces innocents oiseaux, le dragon, touchante image de la puissance de l'humilité à conjurer tous les vices et à garder toutes les vertus ». Le *Bestiaire divin* de Guillaume, clerc de Normandie, leur donnerait peut-être raison. Après avoir raconté dans son poétique langage les propriétés de cet arbre merveilleux, il continue par ces vers :

« Jhesu meismes, nostre sire,
Nos amoneste en l'Evangile,
Donc nos bien crerre le devons :
Soiez simple comme colun
Et si sage comme serpent » (5).

Nous terminerons la série des Vertus et des Vices par la description des quatre demi-quatrefeuilles qui occupent le retour entre la partie ébrasée et les chambranles de la porte, sujets d'une importance secondaire, mais qui se rapportent pourtant à ceux qui précèdent.

(1) Voy. ci-dessus, p. 331. — L'Humilité et l'Orgueil sont aussi opposés et nominativement désignés dans la Psychomachie figurée au portail de l'église d'Aulnay (R. de Lasteyrie, *loc. cit.*), dans celle qui est sculptée sur une des voussures de la porte septentrionale de la cath. de Laon et sur le vitrail du chevet de la cath. d'Auxerre. La *Psychomachie* de Prudence oppose *Mens humilis* à *Superbia*.

(2) *Op. cit.* dans *Bull. monum.*, t. XI, p. 449. — Préoccupés de trouver les vertus cardinales, MM. Jourdain et Duval ont eu tort, à notre avis, d'appeler *Tempérance* la vertu qui nous occupe.

(3) *Matth.*, x, 16.

(4) *Op. cit.* dans *Bull. monum.*, t. XI, p. 451. — M. Mâle n'en parle pas.

(5) Hippeau, *Le Bestiaire divin*, p. 288.

1. A la gauche du Christ :

On a représenté dans les deux demi-quatrefeuilles deux fables bien connues. Le Coq et le Renard (Fig. 111, A), et non pas le Corbeau et le Renard comme l'ont cru MM. Jourdain et Duval. L'oiseau perché sur un chêne est parfaitement un coq, que l'on reconnaît sans peine à sa queue formant panache. La tête avait été brisée il est vrai, mais la queue seule était bien caractéristique. Le restaurateur de 1844 ne s'y est pas trompé, et il a refait une tête de coq avec sa crête, quoique assez grossièrement. Le renard debout, appuyant ses deux pattes de devant contre le tronc de l'arbre, lève le museau vers le coq et semble lui faire les propositions de paix que l'on sait. On ne voit pas le ou les chiens qui sont le complément de la fable (1).

La fable qui forme le sujet du bas-relief qui suit (Fig. 111, B), remonte, dans ses grandes lignes, à la plus haute antiquité, et elle a toujours eu un très grand succès (2). La plupart des auteurs anciens et du moyen âge l'avaient intitulée le Loup et la Grue. La Fontaine en a fait le Loup et la Cigogne. Le loup est assis : la grue lui entrant profondément son bec dans la gueule, arc-boutée avec ses pattes sur le ventre du patient, fait un effort comique pour retirer l'os maladroitement avalé. Elle ne s'attend guère à la réponse par laquelle elle sera payée de sa peine.

On a cherché une raison mystique ou symbolique au choix de ces deux fables. S'il faut en trouver une, il semble que la fable du Coq et du Renard a été placée au rang des Vertus, parce que la vertu consiste principalement à se méfier des propositions insidieuses du démon, et que tout vice peut se réduire à une ingratitude envers le Christ qui nous a sauvés de la mort spirituelle, comme la grue avait conservé au loup la vie corporelle.

2. A la droite du Christ :

En haut : l'*Agneau*, nimbé, accompagné d'un étendard dont la hampe est surmontée d'une croix. La tête est fruste.

En bas : un dragon ailé, à longue queue et deux pattes munies de griffes; tête fruste.

Le symbolisme de ces deux animaux placés l'un au-dessus de l'autre, pour marquer la suprématie du Christ sur le démon est facile à saisir, et nous ne pouvons que renvoyer à ce qu'en ont dit MM. Jourdain et Duval (3). C'est comme un résumé de l'idée développée dans le trumeau, le tympan et dans l'opposition des Vertus et des Vices.

Les pieds droits de la partie parallèle de l'ébrasement de la porte centrale sont consacrés, avons-nous dit, aux quatre grands prophètes. Ils sont dans l'ordre

---

(1) Le sujet de cette fable, qui remonte à Ésope, a été repris, non sans quelques variantes, par les fabulistes du moyen âge et enfin par La Fontaine. — Voir son histoire dans H. Regnier, *Œuvres de La Fontaine*, t. I, p. 175.

(2) H. Regnier, *op. cit.*, p. 228. — On la voit assez souvent représentée sur les monuments du moyen âge. Elle est notamment sculptée sur un chapiteau du porche de Saint-Lazare d'Autun. (Ms. de Guilhermy, t. II, Bibl. Nat., Nouv. acquis. 6095, fol. 621).

(3) *Op. cit.*, dans *Bull. monum.*, t. XII, p. 96.

de la Bible : les deux premiers, Isaïe et Jérémie à la droite du spectateur, soit à la gauche du Christ, les deux autres, Ézéchiel et Daniel, de l'autre côté. Les grands prophètes sont costumés à peu près comme les apôtres. Ils ne s'en distinguent que par les chaussures qu'ils ont aux pieds, tandis que les apôtres sont pieds nus. Plusieurs ont le bonnet juif ou le *schimla*.

1. Pl. XXX, 13. — Le premier à la suite des apôtres, du côté gauche du Sauveur, est ISAÏE. Il a la tête découverte et porte la barbe entière, légèrement frisée et taillée en rond. De la main gauche, il tient une banderole à moitié déroulée, sur laquelle il montre quelque chose avec l'index de la droite (1), plus l'extrémité d'un objet qui était brisé, et dont Caudron a fait une palme. N'était-ce pas plutôt une scie?

Support (fig. 102, 13). — Un homme imberbe, vu de face, dans une position absolument symétrique : grosse figure ronde et réjouie, cotte courte serrée à la taille et bizarrement relevée entre les jambes, qui paraissent nues, les pieds chaussés de brodequins, calotte sur la tête. Il porte le socle de la statue sur ses bras et sur ses épaules, les mains reportées en arrière.

Quatrefeuilles. Pl. XXX, 13 A. — Le Trône du Seigneur. « L'an que mourut le roi Ozias, je vis le Seigneur assis sur un trône élevé..... Des séraphins se tenaient sur ce trône, six ailes à l'un et six ailes à l'autre; avec deux de leurs ailes ils voilaient sa face, avec deux, ils voilaient ses pieds, et des deux autres ils volaient. Ils criaient l'un vers l'autre et disaient : Saint, Saint, Saint, le Seigneur Dieu des armées, toute la terre est pleine de sa gloire » (2). Un édifice solidement construit, composé d'une triple arcature en cintre brisé, reposant sur un soubassement simplement maçonné et percé d'une fenêtre. Au-dessus de cet édifice, « solium excelsum et elevatum », le Seigneur est assis sur un trône. Il est orné du nimbe crucifère, barbu, couronné, tenant dans la main gauche un sceptre et un livre ouvert, et bénissant de la droite. Deux séraphins à six ailes sont en sentinelle à ses côtés : ils ont une espèce d'écharpe nouée autour du cou, et d'ailleurs ils sont entièrement nus. Sur un des côtés du trône s'élève un clocher carré de style gothique, flanqué de quatre clochetons, et qui paraît devoir figurer le Temple. De l'autre côté, le prophète, barbu, vêtements drapés, le *schimla* sur la tête et déroulant une banderole, est assis les yeux tournés vers le Seigneur qu'il fixe comme une vision (3). Il n'est pas nécessaire de s'étendre longuement sur la convenance du trône du Seigneur à cet endroit. Pour les commentateurs, c'est bien le Christ, Dieu le Fils, dans la majesté de son règne, qui a été ainsi vu par Isaïe, comme il sera vu plus tard par saint Jean dans l'*Apocalypse* (4).

Pl. XXX, 13 B. — Le sujet qui suit n'est que la continuation du précédent.

---

(1) L'extrémité déroulée de la banderole, plus l'index de la main droite ont été refaits.

(2) « In anno quo mortuus est rex Ozias, vidi Dominum sedentem super solium excelsum et elevatum..... Seraphim stabant super illud, sex alæ uni et sex alæ alteri; duabus velabant faciem ejus et duabus velabant pedes ejus et duabus volabant. Et clamabant alter ad alterum et dicebant : Sanctus, Sanctus, Sanctus Dominus Deus exercituum, plena est omnis terra gloria ejus »: *Isai.*, VI, 1 à 3.

(3) Le nez du Seigneur, ses deux mains, le bâton de son sceptre et le livre qu'il tient, quelques parties des visages des séraphins ont été refaits.

(4) *Apoc.*, IV. — « Visus est autem Filius in regnantis habitu ». S. HIERON., *Comment. in Isai. proph.* lib. III. *Patrol.*, t. XXIV, col. 92. — « Id est, vidi in spiritu,

« Et j'ai dit : Malheur à moi qui me suis tu, parce que je suis un homme aux lèvres polluées et que j'habite au milieu d'un peuple qui a les lèvres polluées, et de mes yeux j'ai vu le Roi, Seigneur des armées. Et un des séraphins vola vers moi; dans sa main était un caillou brûlant qu'il avait pris sur l'autel avec une pince. Et il toucha ma bouche en disant : ceci a touché tes lèvres, et ton iniquité sera enlevée et ton péché lavé (1) ». Le prophète, la tête découverte, cette fois, est assis déroulant une banderole, tandis qu'un séraphin semblable aux précédents, sauf qu'on ne lui voit que quatre ailes, lui met sur la bouche un caillou brûlant qu'il tient avec des pinces (2). Suivant saint Jérôme, les cailloux brûlants sur l'autel effacent les péchés (3), on comprend donc un pareil sujet auprès du second avènement du Christ : pour soutenir la vue du Roi Seigneur des armées lorsqu'il paraîtra dans toute sa gloire, les hommes devront avoir eu leurs lèvres purifiées par le feu de la pénitence. Pour plusieurs commentateurs, les pinces, de même que les roues d'Ézéchiel et le glaive à deux pointes de l'Apocalypse, que nous verrons représentés plus loin, de même aussi que l'échelle de Jacob, figurent les deux Testaments qui se tiennent par l'union du Saint-Esprit (4). Encore une allusion à la Jérusalem céleste.

2. Pl. XXX, 14. — JÉRÉMIE. Longs cheveux raides et plats, longue barbe en pointe et lisse, nez busqué, physionomie laide et sans caractère. C'est assurément une de nos plus mauvaises statues. Son manteau est jeté sur l'épaule gauche, le pan droit ramené en avant. La croix que le prophète de la ruine et de la désolation de Jérusalem tient dans sa main gauche et montre avec l'index de la droite, n'a pas besoin de commentaires (5). La croix brillera au second avènement du Christ; Jérémie lui-même figure le Christ souffrant, et on lit ses *Lamentations* pendant la Semaine Sainte.

Support (fig. 102, 14). — Quelle bonne figure a cet homme imberbe, qui, tête nue et en cotte courte, serrée à la taille, assis les jambes croisées, porte la main à la joue gauche, sans paraître penser le moins du monde au poids qu'il supporte! Est-ce pour faire contraste avec l'idée de tristesse qu'éveille le nom du prophète, que l'artiste lui a donné l'air si réjoui? C'est une délicieuse caricature (6).

Quatrefeuilles. Pl. XXX, 14 A. — Le Seigneur ordonna à Jérémie de se procurer une ceinture de lin et de se la mettre sur les reins sans la laver. Puis,

---

vidi prophetali oculo Dominum omnium Jesum Christum, propter passionem mortis, gloria et honore coronatum, super omnes cœlos elevatum et receptum in paternæ dexteræ consessum ». RUPERT. TUIT., *In Isai. lib.* 1, cap. 28. *Patrol.*, t. CLXVII, col. 1299.

(1) « Et dixi : Væ mihi, quia tacui, quia vir pollutus labiis ego sum, et in medio populi polluta labia habentis ego habito, et regem Dominum exercituum vidi oculis meis. Et volavit ad me unus de seraphim, et in manu ejus calculus quem forcipe tulerat de altari. Et tetigit os meum et dixit : Ecce tetigit hoc labia tua, et auferetur iniquitas tua, et peccatum tuum mundabitur ». *Isai.*, VI, 5-7.

(2) « Quem forcipe tulerat de altari ». *Isai., loc., cit.* — Le caillou et l'extrémité de la pince qui le tenait ont été brisés; le restaurateur a eu la prudence de ne pas les refaire. Il n'a pas été aussi réservé pour le nez, pour la main droite du séraphin, et pour quelques parties de ses ailes, des vêtements et des pieds.

(3) « Ex quo intelligimus altare Dei plenum esse carbunculis, hoc est ignitis calculis et prunis peccata purgantibus ». S. HIERON. *Comment. in Isaiam proph.* lib. III, cap. VI. *Patrol.*, t. XXIV, col. 96.

(4) « Quidam nostrorum forcipem quo calculus comprehenditur, duo Testamenta putant, quæ inter se Spiritus Sancti unione sociantur ». S. HIERON., *op. cit.*, col. 97. — Cf. Id. *in Ezech.*, lib. I, cap. I. *Ibid.*, t. XXV, col. 27.

(5) Un des croisillons de la croix, la moitié de l'autre, et peut-être le bout du nez ont été refaits.

(6) Le nez seul a été refait.

il lui dit d'aller au bord de l'Euphrate et de cacher cette ceinture dans le trou d'une pierre. Longtemps après, le Seigneur l'envoya retirer la ceinture, et il la trouva toute pourrie. Alors le Seigneur lui dit : c'est ainsi que je ferai pourrir l'orgueil de Juda et tout l'orgueil de Jérusalem (1). Sur la rive d'un cours d'eau figuré par des ondulations, le prophète barbu, coiffé du bonnet Juif, vêtu d'une simple robe tombant à la cheville, à larges manches et serrée à la taille, armé d'une bêche sur laquelle il appuie le pied, d'un geste bien familier aux jardiniers, creuse un trou dans la terre, où il met la ceinture. Sur l'autre rive, le Seigneur, un livre fermé à la main, semble lui parler. La ceinture pourrie est le peuple Juif, qui, malgré les bienfaits de Dieu, n'a pas suivi ses préceptes, a suivi les faux dieux et, portant sur le Fils de Dieu une main sacrilège, s'est perdu dans la damnation éternelle (2).

Pl. XXX, 14 B. — Au commencement du règne de Joakim, fils de Josias, roi de Juda, le Seigneur dit à Jérémie : Fais-toi des liens et des chaînes et mets-les à ton cou. Il lui prescrivit ensuite de les envoyer à divers rois pour les presser de se soumettre à Nabuchodonosor. Et après que Jérémie eut prophétisé la puissance de Nabuchodonosor, Hananias, prophète de Gabaon, ôta la chaîne du cou de Jérémie et la rompit, en lui disant que le Seigneur avait brisé le joug du roi de Babylone et que, dans deux ans, il ferait rapporter les vases à Jérusalem et revenir tous les captifs. Et Jérémie lui répondit : Les prophètes qui ont été avant moi et avant toi depuis le commencement, ont prophétisé sur de nombreuses terres, dans de grands royaumes, de combats, d'afflictions et de famines. Le prophète qui prédit la paix, quand sa prophétie s'accomplira, on reconnaîtra si c'est celui que le Seigneur a véritablement envoyé. Après le départ d'Hananias, le Seigneur dit à Jérémie : Va, et dis à Hananias : Tu as brisé des chaînes de bois, mais tu feras pour eux des chaînes de fer, car tous ces peuples seront assujettis à Nabuchodonosor, roi de Babylone. Et le Seigneur dit à tous les émigrés de Jérusalem à Babylone : Construisez des maisons et habitez-les; plantez des jardins et mangez-en les fruits; mariez-vous et engendrez des fils et des filles; cherchez la paix de l'État où je vous ai fait émigrer, priez le Seigneur pour lui, parce que dans sa paix sera votre paix. Parce que le Seigneur a dit : Lorsque soixante-dix ans auront commencé à être accomplis à Babylone, je vous visiterai, je vous ferai entendre la parole de ma bonté, pour vous ramener en ce lieu (3).

C'est certainement l'entrevue de Jérémie avec Hananias, le faux prophète, qui a été figurée par les deux personnages sculptés dans ce quatrefeuilles. Tous deux sont coiffés du même bonnet pointu. Jérémie est assis et tient une banderole : une lourde chaîne fait plusieurs fois le tour de son cou. Hananias s'approche de lui, tenant dans la main droite une espèce de bâton dont l'extrémité supérieure est brisée ; sa main gauche l'est aussi, mais on voit très bien, par les traces qui en restent, qu'elle faisait le geste de détacher les chaînes du cou de

---

(1) « Et factum est verbum Domini ad me dicens : Hæc dicit Dominus : Sic putrescere faciam superbiam Juda et superbiam Jerusalem multam ». *Jerem.*, XIII, 8, 9.

(2) « Cinctorium sive lumbare, quod Dei renibus pingitur, populus Israel est, ... qui nihilominus et post reditum, Dei præcepta non fecit, sed secutus est deos alienos, ad extremum etiam in Dei Filium misit manus, et æterna perditione contabuit ». S. Hieron., *Comment. in Jerem. proph.*, lib. III, cap. 13. *Patrol.*, t. XXIV, col. 763. — Walafr. Strab., *Gloss. ordin. Proph. Jerem.*, cap. 13, *Patrol.*, t. CXIV, col. 28, — etc.

(3) *Jerem.*, XXVII à XXIX.

346

Jérémie (1). Ne serait-ce pas pour symboliser le règne du démon qui doit précéder la fin des temps et le second et glorieux avènement du Christ, que les auteurs du plan iconographique de notre portail ont, dans tout le livre de Jérémie, choisi cette étrange prophétie (2)?

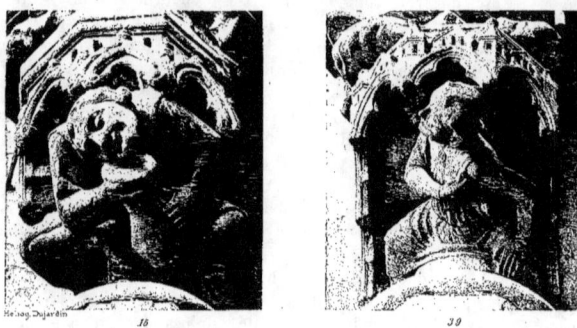

Fig. 114. — Supports de statues — Grand portail.

3. Pl. XXXI, 15. — Nous ne savons pourquoi l'artiste a donné à ÉzÉCHIEL une si petite taille, et surtout de si petites jambes, de sorte que sa tunique traîne à terre. Le voile posé sur sa tête, le *schimla*, retombe en longs plis sur ses épaules, relevé symétriquement de chaque côté sur les bras. Il tient dans la main gauche un *rotulus* fermé qu'il montre avec l'index de la droite. C'est une de nos plus belles statues : indépendamment de l'individualité du type, le visage accompagné d'une superbe barbe en longue pointe, est d'une grande beauté, plein d'intelligence et de profondeur. Les draperies sont traitées avec une perfection très remarquable ; il faut noter les plis cassés de la robe qui traîne à terre (3).

(1) Les visages ont été en partie refaits, ainsi que d'autres parties des pieds, des vêtements et des accessoires.

(2) Il faut rapprocher, peut-être, ces paroles de saint Luc : « Et sicut factum est in diebus Noe *(Gen.,* VII, 7), ita erit et in diebus Filii hominis. Edebant et bibebant, uxores ducebant et dabantur ad nuptias, usque in diem qua intravit Noe in arcam, et venit diluvium et perdidit omnes. Similiter sicut factum est in diebus Lot *(Gen.* XIX, 25) : edebant et bibebant, emebant et vendebant, plantabant et ædificabant ». *Luc,* XVII, 26-28. Cf. *Matth.,* XXIV, 37. — C'est à une interprétation plus risquée encore et, que d'ailleurs il n'approuve pas, que saint Jérôme fait allusion, lorsqu'il dit : « Hunc locum allegoricus semper interpres et historiæ fugiens veritatem, interpretatur de cœlesti Jerusalem, quod debeant habitatores ejus sponte assumere corpora et descendere in Babylonem, id est in confusionem mundi istius, qui in maligno positus est et servire regi Babylonio, haud dubium quin diabolo..... Ceterum nos simplicem et veram sequamur historiam, ne quibusdam nubibus et præstigiis involvamur ». S. HIERON., *Comment. in Jerem. proph.,* lib. v, cap. 27. *Patrol.,* t. XXIV, col. 849. — « Nabuchodonosor rex typus diaboli fuit, qui hæreticorum plebem, erroris captivitate devictam Jerusalem, id est de Ecclesia in Babyloniam, id est in ignorantiæ confusionem abduxit ». S. ISID., *Allegoriæ quæd. Script. Sacr. Patrol.,* t. LXXXIII, col. 116.

(3) L'index de la main droite a été refait.

Support (fig. 114, 15). — Quel air de naïve satisfaction est répandu sur la figure de cet homme imberbe, qui, tête nue, cotte courte et surcot sans manches, est bizarrement accroupi, tenant d'une main un pot et de l'autre une tasse qu'il approche de ses lèvres avec volupté, en clignant des yeux! Délicieuse tête d'ivrogne, pleine d'animation et de malice.

Quatrefeuilles. Pl. XXXI, 15 A. — La prophétie d'Ézéchiel commence par une vision apocalyptique bien connue. Il vit quatre animaux ailés, comme plus tard saint Jean, puis des roues l'une dans l'autre (1). C'est la vision des roues qui est ici figurée. Prenant naïvement le texte sacré au pied de la lettre, l'artiste a réduit la vision à sa plus simple expression. Le prophète est assis sur un rocher, et semble endormi accoudé sur son genou droit. Devant lui apparaissent deux roues de voitures enchevêtrées l'une dans l'autre, et c'est tout (2). Les roues, dit saint Jérôme, symbolisent le cours du soleil et des astres, dans lequel se déroulent toutes les choses du ciel et de la terre. La roue dans la roue, c'est l'union des deux Testaments, figurée aussi par l'échelle de Jacob, la pince d'Isaïe et le glaive à deux pointes, ou bien les Évangiles qui se tiennent mutuellement, et dont le cours et la structure tendent vers le ciel. C'est ainsi qu'il est dit : « Lapides sancti volvuntur super terram », pierres dont est bâtie la Jérusalem céleste (3). Le sujet qui nous occupe serait donc à rapprocher du second bas-relief d'Isaïe, du Dieu au double glaive dans le tympan, et aussi du Zodiaque à la porte Saint-Firmin (4).

Pl. XXXI, 15 B. — Le livre d'Ézéchiel se termine par une longue description de Jérusalem telle qu'elle sera rebâtie après le retour de la captivité, et du nouveau royaume d'Israël. Cette vision est la figure de la nouvelle Jérusalem; l'homme à l'aspect d'airain que le prophète voit à la porte de la cité, le cordeau et la mesure à la main, n'est autre que le Christ (5). Telle est l'opinion des Pères et notamment de

---

(1) « Cumque aspicerem animalia, apparuit rota una super terram juxta animalia, habens quatuor facies. Et aspectus rotarum et opus earum, quasi visio maris : et una similitudo ipsarum quatuor : et aspectus earum et opera, quasi sit rota in medio rotæ..... Statura quoque erat rotis et altitudo et horribilis aspectus ». *Eech.*, 1, 15 à 18.

(2) Le nez, une partie des mains, quelques plis des vêtements du prophète et quelques parties des roues ont été refaits.

(3) « Omnia cœlestia et terrestria et quidquid sub humanam cadit intelligentiam solis rotis volvitur. Solis annuum circulum per singulos menses luna decurrit. Lucifer, qui ipse vesper est, dum ad Orientem et ad Occidentem rutilus micat, et noctis tenebras parvo temperat lumine, duobus annis eumdem conficit cursum : aliaque astra quatuor, quæ vocantur errantia, et quidquid fulget in cœlo, segetum quoque et arborum, herbarumque varietates, per quatuor tempora suis currunt rotis, nihilque aspicimus quod ante non fuerit. Gyrans gyrando vadit spiritus et in circulos suos revertitur ; omnes torrentes vadunt in mare et non adimpletur *(Eccles.* 1, 6, 7). Quare? Quia ad fontes suos de matrice abysso revertuntur. Evangeliorum autem, id est, quatuor ani-malium quæ spirant, vivunt, intelligunt, si quis rotam cursumque consideret, in brevi tempore videbit mundum esse completum sermone apostolico. Rota quoque in rota, vel duorum junctura Testamentorum, quod indicat scala Jacob *(Gen.* xxviii) et forceps Isaiæ, *(Isai.* vi, 6) et gladius bis acutus *(Apoc.,* 1, 16); vel Evangelia sibi cohærentia, quorum cursus et statura tendit ad cœlum, paululumque quid attingit in terra et semper properans, ad excelsa festinat. De quibus et alibi dicitur : Lapides sancti volvuntur super terram *(Zach.,* ix, 16), ex quibus ædificatur cœlestis Jerusalem. Hoc ipsum puto significare et illud quod in psalmo canitur : Vox tonitrui tui in rota (Ps. lxxvi, 19), et alibi : Quæ inflammat rotam nativitatis *(Jac.* iii, 6) ». S. Hieron., *Comment. in Ezech.*, lib. 1, cap. 1. *Patrol.*, t. XXV, col. 27. — Cf. S. Greg. Mag., *Homil. in Ezech.*, lib. 1, homil. vi, *Patrol.*, t. LXXVI, col. 829. — Raban Maur., *Comment. in Ezech.*, lib. 1. *Patrol.*, t. CX, col. 509. — Hon. August., *Expos. in Cant.*, tract. 1, cap. 1. *Patrol.*, t. CLXXII, col. 359. — etc.

(4) Voy. ci-dessus, p. 344.

(5) Dimisit me super montem excelsum nimis, super quem erat quasi ædificium civitatis vergentis ad austrum...... Et ecce vir cujus erat species quasi species

saint Jérôme, qui a fait de cette vision un magnifique commentaire (1). Jésus-Christ donc, la tête ornée du nimbe à la croix fleuronnée, tenant dans la main droite un long bâton (brisé) et dans la gauche une corde enroulée (2), s'approche de la nouvelle Jérusalem figurée par une ville opulente du xiiie siècle avec ses remparts, ses maisons à hauts pignons et sa porte flanquée de deux tours polygonales, crénelées, aux flèches élancées et ajourées, dont l'une est surmontée d'une croix et dont l'autre a son extrémité détruite (3).

4. Pl. XXXI, 16. — DANIEL est long et maigre : les fins plis de sa tunique, vont en se rétrécissant vers le bas, comme si elle était faite d'une étoffe mince et sans consistance. Son manteau, assez court, est attaché sur l'épaule droite par un fermail, un des pans relevé sur le bras droit. Il tient de la main gauche une banderole déroulée qu'il montre avec l'index de la droite. Sa tête avait été brisée. La tête niaise et banale que Caudron a mise à sa place fait encore plus regretter l'ancienne (4).

Support. — Un homme accroupi, tête nue, forte barbe, drapé dans un ample manteau, soutient le support des deux mains. Sculpture lourde et assez grossière, sans finesse et sans relief ; ce cul-de-lampe est de beaucoup inférieur à tous les autres. On doit faire la même observation sur l'architecture du support.

Quatrefeuilles. Pl. XXXI, 16 A. — Daniel dans la fosse aux lions (5). Au milieu d'une grotte rocheuse qui occupe tout le quatrefeuilles, Daniel, à la figure jeune et imberbe, est majestueusement assis, tenant un livre fermé. Quatre lions fort petits relativement à la taille du prophète, deux à sa droite et deux à sa gauche, s'écartent respectueusement dans les lobes transversaux du quatrefeuilles. A ses pieds, des ossements humains, débris des repas de ses terribles hôtes. Dans un si petit espace, on ne pouvait rendre un tel sujet avec plus de majesté : l'arrangement est très beau dans sa simplicité; la figure de Daniel, fort remarquable (6). Daniel, trônant au milieu des lions ne symbolise-t-il pas le Christ victorieux de l'enfer, et n'y aurait-il pas à en rapprocher les paroles du psaume xc : « Super aspidem et basiliscum ambulabis et conculcabis leonem et draconem », que nous avons vues appliquées au Christ qui orne le trumeau (7)?

æris, et funiculus lineus in manu ejus, et calamus mensuræ in manu ejus ; stabat autem in porta ». Ezech., xl, 2, 3. — Cf. Apoc., xxi.

(1) S. HIERON., Comment. in Ezech., lib. xii, cap. 40. Patrol., t. XXV, col. 369. — Cf. RABAN MAUR, Comment. in Ezech., lib. xiv. Patrol., t. CX, col. 884. — WERN. S. BLAS., Deflorationes patrum, Sermo in Dedicat. Patrol., t. CLVII, col. 1242. — RUPERT. TUIT., In Ezech., lib. ii. Patrol., t. CLXVII, col. 1463.

(2) Duval (Explic. de quelques figures, dans Bull. monum., t. XX, p. 465), Roze (Visite, p. 17), et Ruskin, (The Bible of Amiens, p. 189) n'ont pas vu ou ont mal vu ces deux attributs et ont expliqué à tort, selon nous, ce bas-relief par les malédictions de Dieu sur Jérusalem, qui se trouvent à plusieurs endroits du livre d'Ézéchiel.

(3) Ce bas-relief, qui est un peu fruste, n'a pas été restauré.

(4) L'index de la main droite et le bout du pied gauche ont aussi été refaits.

(5) Dan., vi et xiv.

(6) Le nez et les mains du prophète et le livre qu'il tient ont été refaits.

(7) « Quomodo in eo quod in lacum missus est per invidiam principum et illæsus fuit, passionem et victoriam Christi, quem per invidiam occiderunt Judæi, significarit.. Daniel, cujus hoc ipsum nomen interpretatur Judicium Dei, typum hoc loco præfert Christi filii Dei, cujus nimirum est judicium Dei, quia Pater illi judicium omne dedit (Joan., v)..... Qui accusaverunt Danielem, ipsi in lacum leonum missi, repente consumpti sunt, quia revera qui Christum in morte concluserunt, et vitam ejus in lacum mortis deduxerunt, ipsi pro hoc in mortem devenerunt, ipsi ad inferos descenderunt, completo psalmistæ vaticinio dicentis : Foderunt ante faciem meam foveam, et inciderunt in eam (Ps. lvi, 7); Item :

Pl. XXXI, 16 B. — Le festin de Balthazar (1) est un trait non moins connu de l'histoire de Daniel. L'artiste a réduit la scène à sa plus simple expression : les mille convives de Balthazar ont été supprimés, on ne voit que la table royale couverte d'une nappe et servie avec les vases du temple de Jérusalem. Le roi est assis seul à cette table. Daniel, jeune enfant imberbe, vêtu d'une robe courte, serrée à la taille par une courroie et tête nue, se tient debout devant lui et lui explique les caractères mystérieux qu'une main sortant d'un nuage trace sur une jolie maison aux fenêtres géminées qui s'élève dans l'un des côtés du quatre-feuilles (2). Robert de Deutz compare le renversement de Babylone par les Mèdes et les Perses à la destruction de toute la cité du diable au jour du Jugement. Et de même que la main mystérieuse apparut soudain au milieu de la nuit et frappa de terreur les convives enivrés, le grand jour surprendra les contempteurs de Dieu dans leur sécurité. C'est ainsi que l'ange de l'Apocalypse s'écriera : Elle est tombée, elle est tombée, Babylone la grande, elle est devenue l'habitation des démons, le repaire de tout esprit impur, de tout oiseau immonde et odieux, etc. (3).

Les douze petits prophètes occupent trois par trois les quatre piles principales qui s'élèvent entre les trois portes. Tous tiennent des banderoles. Indépendamment des deux quatrefeuilles placés immédiatement au-dessus d'eux, les six qui se trouvent aux angles intérieurs des trois portes, bénéficient des deux premiers bas-reliefs de l'ébrasement, ce qui leur fait en tout quatre sujets au lieu de deux. Les douze petits prophètes sont disposés exactement dans l'ordre qu'ils ont dans la Bible, en allant du sud au nord, c'est-à-dire de la droite à la gauche du spectateur (4).

1. Pl. XXXII, 17. — OSÉE a la barbe et les cheveux crépus. Tête nue, manteau drapé sur les épaules, il déroule une banderole.

Support. — Une espèce de dragon à bec d'aigle, ailé et ventru.

Quatrefeuilles. — Les deux quatrefeuilles extérieurs sur le retour de la pile,

---

Lacum aperuit et effodit eum, et incidit in foveam quam fecit (Ps. VII, 16) ». RUP. TUIT., *In Dan.* lib. 1. *Patrol.*, t. CLXVII, col. 1511.

(1) *Dan.*, v.

(2) Ce bas-relief, qui est assez fruste, n'a pas subi de restaurations. Les bras de Daniel, la main qui écrit les caractères mystérieux et les vases qui garnissent la table sont brisés.

(3) « De eversione Babylonis quæ facta est a Medis et Persis, quomodo per illam, significetur futura in die judicii destructio totius civitatis diaboli..... Et notandum quod in medio convivii manus in illa nocte apparuit et jam temulentorum regis et optimatum ejus securitatem visione horribili fortiter conterruit. Sic enim repentina et improvisa dies illa securis et contemptoribus Dei superveniet, ipso attestante, cum dicit : Et sicut factum est in diebus Noe, ita erit in diebus Filii hominis : edebant et bibebant, uxores ducebant et dabantur ad nuptias usque in diem qua intravit Noe in arcam, et venit diluvium et perdidit omnes (*Matth.*, XXIV, 37-39)..... In Apocalypsi quoque ipse qui hic per manum scribentem figuratus est, ipse, inquam, angelus qui descendit de cœlo habens potestatem magnam, cujus a gloria terra illuminata est, exclamat in forti voce dicens : Cecidit, cecidit Babylon magna, etc. (*Apoc.*, XVIII, 2; cf. *Ibid.*, XIV, 8) ». RUPERT. TUIT., *in Dan.*, lib. 1. *Patrol.*, t. CLXVII, col. 1509. — Il faudrait lire en entier le saisissant chapitre XVIII de l'Apocalypse sur la chûte de Babylone, c'est-à-dire du royaume du démon.

(4) Rappelons que ces statues et les bas-reliefs qui les accompagnent ont été restaurés, mais très légèrement, en 1846 et 1847, ceux des deux piles à droite et à gauche de la porte de la Mère Dieu par les frères Duthoit, et ceux des deux autres par Caudron (Arch. de la Somme, Série V, Édif. dioc.).

vers le sud, sont purement ornementaux. Dans le premier est sculptée une rosace feuillue, et dans l'autre, une vigne au naturel.

Pl. XXXII, 17 B. — « Le Seigneur dit à Osée : Va prendre une épouse de fornication, et fais-toi des fils de fornication, parce que cette terre abandonnera le Seigneur en se livrant à la fornication. Et il alla, et il épousa Gomer, fille de Debelaïm, et elle conçut et lui mit au monde un fils » (1). Le prophète debout passe un anneau au doigt de la femme de fornication, qui est aussi debout, tête nue, vêtue d'une simple cotte serrée à la taille. A côté d'eux est un objet couvert d'une draperie que l'on ne s'est jamais très bien expliqué, mais qui est là avec intention, car il figure aussi dans le groupe de la voussure de la porte de la Vierge dorée qui représente le même sujet. Ne serait-ce pas un lit (2)?

Pl. XXXII, 17 A. — « Et le Seigneur me dit : Va encore, et aime la femme aimée d'un ami et adultère, comme le Seigneur aime les fils d'Israël qui regardent des dieux étrangers et qui s'adonnent au vin. Et je donnai à cette femme quinze pièces d'argent et une mesure et une demi-mesure d'orge » (3). Le prophète coiffé du bonnet juif remet les quinze pièces d'argent à la femme adultère. Celle-ci porte la coiffe en forme de mortier et une chape attachée par un cordon lâche, mise des femmes coquettes. Deux objets cylindriques et bas, l'un plus grand que l'autre, paraissent représenter la mesure et la demi-mesure d'orge. Ils ont été refaits, de sorte qu'il est difficile de savoir s'ils étaient bien ainsi à l'origine.

Osée s'étend longuement sur son mariage avec la femme adultère, qui figure l'union sans cesse renouvelée du Seigneur avec son peuple, malgré les prévarications de celui-ci. Mais, pour la plupart des commentateurs chrétiens, et même pour saint Jérôme, ce mariage figure aussi celui de Jésus-Christ avec son Église prise parmi les Juifs et les Gentils. Dans l'Écriture, la fornication symbolise l'idolâtrie (4).

(1) « Dixit Dominus ad Osee: Vade, sume tibi uxorem fornicationum, et fac tibi filios fornicationum, quia fornicans fornicabitur terra a Domino. Et abiit, et accepit Gomer filiam Debelaïm, et concepit et peperit ei filium ». *Osee*, 1, 2, 3.

(2) A rapprocher du lit d'Élisabeth dans les bas-reliefs de la porte de la Mère Dieu (pl. XL, 31 B). Nous verrons, en décrivant les stalles du XVIe siècle, que, dans les miséricordes qui représentent la tentative de séduction de Joseph par la femme de Putiphar, on n'a pas manqué de faire figurer un lit. — L'explication donnée par MM. Jourdain et Duval. (*Rapport au préfet de la Somme*, dans *Mém. de la Soc. des Ant. de Pic.*, in-8°, t. VI, p. 108), à propos de la porte de la Vierge dorée, à savoir que ce serait le manteau dont Gomer aurait été dépouillée pour marquer son opprobre, ne nous paraît pas très plausible.

(3) « Et dixit Dominus ad me: Adhuc vade et dilige mulierem dilectam amico et adulteram, sicut diligit Dominus filios Israel, et ipsi aspiciunt ad deos alienos et diligunt vinacia uvarum. Et fodi eam mihi quindecim argenteis et coro hordei et dimidio coro hordei ». *Osee*, III, 1, 2.

(4) « Nec mirum si in figura Domini Salvatoris et Ecclesiæ de peccatoribus congregatæ, hæc facta memo-

remus, cum ipse in hoc eodem dicat propheta : Loquar ad prophetas, etc. (*Osee*, XII, 10) ». S. HIERON., *Comment. in Osee proph.*, prolog. *Patrol.*, t. XXV, col. 818 et 823. — « Osee igitur propheta, quanto profundius quidem loquitur, tanto operosius penetratur. Sed aliquid inde sumendum est, et hic ex nostra promissione ponendum. Et erit, inquit, in loco quo dictum est eis : Non populus meus vos, vocabuntur et ipsi filii Dei vivi (*Osee*, 1, 10; 11, 24). Hoc testimonium propheticum de vocatione populi gentium, qui prius non pertinebat ad Deum, etiam apostoli intellexerunt ». S. AUGUST., *De civit. Dei*, lib. XVIII, cap. 28. *Patrol.*, t. XLI, col. 584. — « Oseas Christi demonstrat figuram, qui ex fornicatione gentium assumpsit in corpore suo Ecclesiam ». S. ISID., *Allegoriæ quæd. Scripturæ Sacræ*. *Patrol.*, t. LXXXIII, col. 114. — Et plus tard, Guillaume Durand dira encore : « Ecclesia..... quandoque meretrix figuratur, propter Ecclesiam de gentibus congregatam ». *Ration. div. off.*, lib. 1, cap. 1. — Cf. saint Paul : « Quos et vocavit nos non solum ex Judæis sed etiam ex gentibus, sicut in Osee dicit : Vocabo non plebem meam plebem meam, et non dilectam dilectam, et non misericordiam consecutam, misericordiam consecutam (*Osee*, 11, 24) ». *Rom.*, IX, 24, 25, — etc.

2. Pl. XXXII, 18. — Joël est tête nue et porte une longue barbe en pointe et lisse. Son manteau est jeté sur l'épaule gauche et relevé sur le bras du même côté.

Support. — Un homme imberbe et tête nue, vêtu d'une simple cotte. Il est agenouillé, s'appuyant de la main gauche contre le fût de la colonne et tenant de la droite une espèce de bâton qu'il appuie sous son épaule. Il soutient le socle de la statue sur ses épaules en regardant en l'air, comme s'il attendait la fin de son supplice. Charmante figure.

Quatrefeuilles. — La prophétie de Joël est presque entièrement consacrée à la ruine et au relèvement de Jérusalem et au second avènement du Christ (1), elle décrit d'une façon saisissante les terribles circonstances de ce second avènement et les calamités qui doivent le précéder : « Magnus enim dies Domini et terribilis valde » (2). Il faudrait la lire en entier. « Debout, ivrognes, pleurez, hurlez; le vin, vos délices, vous sera ôté de la bouche. Car une race s'est élevée sur ma terre, race forte et innombrable, race aux dents de lion, aux molaires de lionceau. De ma vigne elle a fait un désert, elle a arraché l'écorce de mon figuier; elle l'a dépouillé et abattu, ses rameaux ont blanchi. Pleure comme la jeune femme sous le sac de deuil pleure son jeune époux..... La vigne est perdue, le figuier malade, le grenadier, le palmier, le pommier et tous les arbres des champs se sont desséchés..... Sonnez de la trompette dans Sion, criez sur ma montagne sainte, que tous les habitants de la terre soient émus, car il vient, le jour du Seigneur, il est proche, le jour des ténèbres, jour de nuées et des tempêtes. Comme les premières lueurs du jour se répandent sur les montagnes, voici un peuple nombreux et fort. Du commencement du monde il n'en fut un pareil, et de génération en génération, on n'en verra plus de semblable; un feu dévorant est sur son front, une flamme ardente sur ses derrières. La terre était comme un jardin de délices; il a passé, et ce n'est plus qu'un désert.... Ils entrent dans la ville, ils courent sur les remparts, ils escaladent les maisons et entrent par les fenêtres comme des brigands. A leur aspect, la terre tremble, les cieux sont ébranlés, le soleil et la lune se sont obscurcis, et les étoiles ont retiré leur splendeur » (3), etc.

Pl. XXXII, 18 B. — La vigne rendue déserte et le figuier desséché (4). Le prophète est debout, coiffé du bonnet juif et joignant les mains en signe d'étonnement et d'effroi; un sentiment de tristesse est répandu sur son visage, à la vue d'une vigne qui perd ses feuilles et d'un figuier sur lequel on ne voit plus qu'une figue (5) et dont la dernière feuille tombe à terre. La vigne symbolise le peuple de Dieu.

Pl. XXXII, 18 A. — Le soleil et la lune privés de leur éclat (6). Le

---

(1) « Prædicit enim tam primum quam secundum Domini nostri Jesu Christi adventum, diem magnum et horribilem ». Rupert. Tuit., *Comment. in Joël*, lib. I. *Patrol.*, t. CLXVIII, col. 205.

(2) *Joel*, II, 11.

(3) *Joel*, I, 4 à 12: II, 1 à 10.

(4) « Posuit vineam meam in desertum et ficum meam decorticavit : nudans spoliavit eam et projecit, albi facti sunt rami ejus..... Vinea confusa est, et ficus elanguit; malogranatum, et palma, et malum, et omnia ligna agri aruerunt ». *Joel*, I, 7, 12.

(5) La nature du figuier de conserver ses fruits non mûrs alors qu'il a perdu ses feuilles était-elle connue de nos artistes? Le figuier n'était pas cultivé en Picardie. La fidélité avec laquelle cet arbre est reproduit partout où il figure dans notre portail est à noter.

(6) « Canite tuba in Sion..... quia venit dies Domini, quia prope est, dies tenebrarum et caliginis, dies nubis

prophète est debout, vêtu comme dans le bas-relief précédent. Il fait un geste de surprise et de crainte à la vue du soleil et de la lune éteints figurés par deux très petits disques placés dans la moulure qui forme l'encadrement du quatrefeuilles. Le choix d'un pareil sujet n'a pas besoin de commentaires. Les astres obscurcis figurent dans les plus célèbres prophéties du second avènement du Christ à la fin des temps, aussi bien dans l'Ancien que dans le Nouveau Testament (1).

3. Pl. XXII et XL, 19. — Amos était un berger, comme il le dit lui-même (2), et l'artiste lui a donné les insignes de sa profession : une gibecière en forme de filet pendue à son côté, et la houlette, long bâton recourbé par en bas. Il porte d'ailleurs une calotte hémisphérique et un manteau très fortement relevé sur l'épaule droite et muni d'un capuchon relevé. Il a la tête assez grosse et la barbe frisée; sa physionomie est expressive et vivante.

Support. — Un homme imberbe et tête nue, cotte courte et serrée à la taille. Il est assis les mains sur ses genoux, supportant sans trop d'ennui le dais sur lequel est posée la statue du prophète. Visage un peu fruste.

Quatrefeuilles. — Les deux premiers bas-reliefs se rapportent au même fait : le *Rugissement du Seigneur*. « Dominus de Sion rugiet, et de Jerusalem dabit vocem suam » (3). Le Seigneur qui rugit de Sion et de Jérusalem figure le Christ qui parle par son Église (4).

Pl. XXXII, 19 B. — Le prophète debout, barbe en pointe, tête nue, habillé à peu près comme ci-dessus, mais avec une tunique un peu plus courte, le même bâton à la main, mais la masse recourbée en l'air, regarde avec un geste de surprise et de crainte, la vision qui lui apparaît dans le quatrefeuilles supérieur. A côté de lui est une maison (5).

Pl. XXXII, 19 A. — Le Seigneur est debout, un livre fermé à la main; il baisse la tête, se ramassant sur lui-même, comme s'il allait pousser un grand cri.

Pl. XL, 19 A. — Le Seigneur sur la muraille enduite. Au septième chapitre d'Amos, Dieu se montre au prophète, une truelle à la main et construisant un mur. Sur un massif carré, qui, sans doute, figure le « murum litum » le Seigneur, une truelle de maçon à la main, semble dire au prophète : « Je déposerai la truelle du milieu de mon peuple d'Israël; je cesserai d'enduire ses murailles. Les temples de l'idole seront détruits, les lieux saints d'Israël seront désolés ». Amos est assis à côté de lui et paraît l'écouter avec attention, en lui mettant la main sur l'épaule (6).

et turbinis..... A facie ejus contremuit terra, moti sunt cœli, sol et luna obtenebrati sunt et stellæ retraxerunt splendorem suum..... Sol convertetur in tenebras et luna in sanguinem, antequam veniat dies Domini magnus et horribilis ». *Joel*, II, 1, 2, 10, 31; III, 15.

(1) *Isaï.*, XIII, 10; — *Ezech.*, XXXII, 7; — *Habac.*, III, 11; — *Matth.*, XXIV, 29; — *Marc.*, XIII, 24, 25; — *Luc.*, XXI, 25.

(2) « Verba Amos qui fuit in pastoribus de Thecue..... Non sum propheta, et non sum filius prophetæ, sed armentarius ego sum ». *Amos*, I, 1; VII, 14. — Dans les miniatures des Bibles du XIIIe siècle, Amos est presque toujours en costume de berger.

(3) *Amos*, I, 2. — Cf. *Jerem.*, XXV, 30; *Joel*, III, 16.

(4) « Cum Dominus de Sion et Jerusalem, specula Ecclesiæ, quæ super montem sita latere non potest, in qua *Visio pacis* est, dederit per vetus et novum Testamentum et per doctores ecclesiasticos, vocem suam, et quasi clara buccina insonuerit, tunc omnia speciosa pastorum, id est doctrina hæreticorum, quæ pulchro videbatur sermone composita », etc. S. HIERON., *Comment. in Amos*, lib. 1, cap. 1. *Patrol.*, t. XXV, col. 994.

(5) La partie du quatrefeuilles où se trouve cette maison et le même côté, du suivant avaient été mutilés pour le passage d'un tuyau de descente. Ils ont été refaits sous Viollet-le-Duc par les frères Duthoit.

(6) « Et ecce Dominus stans super murum litum, et in

Pl. XL, 19 B. — Un arbre, poirier, pommier ou cerisier, autour duquel grimpe une plante à tige souple, feuilles à triple pétiole, et baies grenues, dont le prophète coupe des feuilles et des fruits et les donne à manger à une brebis. La sagacité des auteurs s'est souvent exercée sur ce sujet assez difficile à expliquer, et ils en ont donné des interprétations diverses. L'auteur du *Guide pour visiter la cathédrale d'Amiens* et l'abbé Roze (1) y voient, avec peu d'apparence de raison, une allusion au dernier chapitre d'Amos dont les derniers versets font luire le jour auquel Israël revenant de captivité, reconstruira ses villes, plantera des vignes dont il boira le vin et des jardins dont il mangera les fruits (2). Moins acceptable encore est l'explication proposée par Ruskin, tirée du quatrième chapitre d'Amos, où il est dit qu'un vent brûlant desséchera les jardins de Samarie, et suivant laquelle il faudrait voir ici un Samaritain nourrissant ses brebis avec la vigne desséchée, à défaut d'herbe (3). L'erreur est qu'on a pris à tort la plante qui grimpe contre l'arbre, pour de la vigne. En l'examinant de près, on y reconnaît très distinctement la ronce de nos forêts, avec ses baies vulgairement appelées mûres. Le septième chapitre d'Amos, auquel le bas-relief précédent est emprunté, rapporte qu'après que Dieu lui eut apparu la truelle à la main, le prophète fut accusé par le prêtre Ananias auprès de Jéroboam, roi d'Israël, d'avoir prophétisé contre lui; à quoi il répondit qu'il n'était ni prophète ni fils de prophète, mais simple berger : « Armentarius ego sum vellicans sycomoros » (4). Saint Jérôme dit positivement qu'ici le mot « sycomoros » ne doit pas s'entendre, comme on l'a cru, du *ficus sycomoros* arbre commun en Palestine, mais du mûrier sauvage ou ronce des bois (5). C'est bien l'interprétation de saint Jérôme qui a été suivie. Amos, pasteur, est la figure du Christ (6).

4. Pl. XXXIII et XLI, 20. — ABDIAS, longue chevelure, longue barbe frisée, calotte sur la tête, est chaussé de sandales d'une forme assez curieuse.

Support. — Un homme imberbe et tête nue, cotte et surcot sans manches et sans ceinture, est assis les jambes ployées, les mains sur les genoux, soutenant sur son dos le socle de la statue. Sculpture assez médiocre.

Quatrefeuilles. — Par une fâcheuse coïncidence, la place occupée par le prophète Abdias, dont le livre est de beaucoup le plus court de tous, donnait à ceux qui ont présidé à l'iconographie de notre portail, quatre places à remplir, et

manu ejus trulla cæmentarii. Et dixit Dominus ad me : Quid tu vides, Amos? Et dixi : Trullam cæmentarii. Et dixit Dominus : Ecce ego ponam trullam in medio populi mei Israel, et non adjiciam ultra superinducere eum. Et demolientur excelsa idoli, et sanctificationes Israel desolabuntur ». *Amos*, VII, 7, 8, 9.

(1) *Visite*, etc., p. 18.

(2) « Et convertam captivitatem populi mei Israel et ædificabunt civitates desertas et inhabitabunt et plantabunt vineas et bibent vinum earum et facient hortos et comedent fructus eorum ». *Amos*, IX, 14.

(3) « Amos is gathering the leaves of the fruitless vine, to feed the sheep, who find no grass ». *Op. cit.*, p. 192 (53).

(4) *Amos*, VII, 14.

(5) « Porro hoc quod ait *vellicans sycamina*, quod Aquila interpretatus est *scrutans sycomoros* et Symmachus, *habens sycomoros*, quidam ita edisserunt ut sycamina velint appellari genus arborum quæ Palestinæ nascuntur in campestribus, et agrestes afferunt ficus, quæ, si non vellicentur, amarissimas caricular faciunt, et a culicibus corrumpuntur. Nobis autem, quia solitudo in qua morabatur Amos nullam hujuscemodi gignit arborem, magis videtur *rubos* dicere, qui afferunt *mora* ac pastorum famem et penuriam consolantur ». S. HIERON., *Comment. in Amos*, lib. III, cap. 8. *Patrol.*, t. XXV, 1077.

(6) « Amos, pastor et rusticus, Christi est typus, qui ab officio pastorali pecorum, id est ab Hebræorum regimine translatus, nunc alios greges pascit in gentibus ». S. ISID., *Allegor. quæd. Script. Sacr. Patrol.*, t. LXXXIII, col. 115.

encore durent-ils être bien embarrassés de trouver dans les vingt et un versets de son livre des sujets possibles à matérialiser par la sculpture. Ils s'en sont tirés en suivant l'opinion très répandue aussi bien chez les Juifs que chez les Chrétiens, opinion que saint Jérôme lui-même n'a pas contredite, et qui identifie le prophète Abdias avec un personnage du même nom cité au livre des Rois, comme intendant d'Achab, roi d'Israël, et qui, en cette qualité, eut plusieurs fois l'occasion de protéger les prophètes du vrai Dieu contre les persécutions de son maître et de Jézabel (1). Alors que celle-ci les faisait tous mettre à mort, il en cacha cent dans des cavernes et les nourrit lui-même de pain et d'eau (2). Or Israël était affligé d'une affreuse disette, et les chevaux et les mulets d'Achab allaient périr, faute de fourrage. Le roi envoya Abdias en quérir par tout le royaume « à toutes les fontaines et dans toutes les vallées », et il y alla lui-même de son côté. Sur sa route, Abdias rencontra le prophète Élie qu'il salua en se prosternant jusqu'à terre, et lui dit : « Est-ce toi Élie, mon seigneur ? » — « C'est moi, va dire à ton maître : Voici Élie ». Surpris de ces paroles, puisque, depuis longtemps, Élie se dérobait soigneusement aux regards d'Achab qui cherchait à le faire périr, « Quel péché ai-je commis, dit-il au prophète, pour que tu livres ton serviteur entre les mains d'Achab? car, lorsque je t'aurai quitté, l'Esprit du Seigneur te transportera dans quelque lieu que je ne connais pas, et lorsque je t'aurai annoncé à Achab et qu'il ne te trouvera pas, il me fera mourir, et pourtant ton serviteur craint le Seigneur depuis son enfance ». Un serment du prophète put seul déterminer le timide intendant, et Achab vint aussitôt devant Élie. Alors celui-ci ordonna au roi d'assembler tout le peuple sur le mont Carmel, et les quatre cent cinquante prophètes de Baal, avec les quatre cent prophètes des bois sacrés que Jézabel nourrit de sa table, etc. (3).

On ne peut pas voir autre chose que la traduction des faits qui précèdent dans les quatre bas-reliefs que nous allons décrire.

Pl. XLI, 20 A. — Abdias porte à manger aux prophètes dans la caverne. La caverne est figurée par une espèce de puits d'où émergent trois têtes barbues et une main. Abdias s'avance tenant un pain rond dans chaque main, et vêtu lui-même comme un prophète : barbu, l'air âgé, bonnet juif, tunique talaire et manteau drapé. D'après Isidore de Séville, Abdias nourrissant les prophètes figure les prédicateurs de la foi, qui nourrissent les croyants de l'aliment des Saintes Écritures (4).

Pl. XLI, 20 B. — Rencontre d'Abdias avec Élie. Élie est parfaitement reconnaissable dans ce vieillard barbu, au visage austère, bonnet juif et tunique

---

(1) « Hunc aiunt esse Hebræi, qui sub rege Samariæ Achab et impiissima Jezabel pavit centum prophetas in specubus, qui non curvaverunt genu Baal, et de septem millibus erant quos Elias arguitur ignorasse (III *Reg.*, XVIII), sepulcrumque ejus usque hodie cum mausoleo Elisæi prophetæ et Baptistæ Joannis in Sebaste venerationi habetur ». S. HIERON., *Comment. in Abdiam. Patrol.*, t. XXV, col. 1099. — « Ortus hic Sichemo, ex agro Bethachamar, ille ipse quinquagenarius tertius est, cui parcens Thesbites Elias descendit, et ad regem pervenit. Secundum quæ palatinæ militiæ renuntians, ad prophetam Eliam adhæsit, ejusque se discipulum fecit ». S. EPIPH. *De vitis prophetarum*, traduct. Dionysii Petavii Aurelianensis S. J., Cologne 1682, 4 vol. in-fol., t. III, p. 245, — etc.

(2) III *Reg.*, XVIII, 4 et 13.

(3) III *Reg.*, XVIII.

(4) « Abdias, qui in Samaria centum pavit prophetas significat omnes fidei prædicatores qui in hoc mundo alimentis sacrarum Scripturarum omnes credentes reficiunt ». S. ISID., *Allegor. quæd. Script. Sacr. Patrol.*, t. LXXXIII, col. 115.

velue (1), ainsi qu'il est souvent représenté. Il est assis sur un rocher, tenant une banderole déroulée d'une main et levant l'autre, comme pour accueillir le personnage qui se présente à lui. Ici et dans les deux quatrefeuilles qui vont suivre, Abdias n'est plus le vieux prophète que nous avons vu tout à l'heure, mais l'intendant d'Achab: jeune homme imberbe, aux cheveux bouclés, en costume séculier : cotte demi-longue et surcot sans manches. Il met un genou en terre et joint les mains en se présentant devant Élie (2).

Pl. XXXIII, 20 A. — Près d'un arbre couvert de feuillage, Élie, vêtu de même, sauf que sa tunique velue est recouverte depuis le cou jusqu'à la ceinture d'un morceau d'étoffe carré, est debout, la main droite levée, comme s'il parlait au jeune homme qui, debout lui aussi et s'appuyant sur une pique, semble l'écouter d'un air de doute, et fait mine de se mettre en marche. C'est probablement Élie attestant par serment à Abdias qu'il se présentera devant Achab (3).

Pl. XXXII, 20 B. — Entrevue d'Élie avec Achab. La tunique velue du prophète est presque entièrement recouverte par une autre tunique en étoffe qui n'en laisse apercevoir que le bord inférieur. Il est debout et prend affectueusement par l'épaule Abdias qui met un genou en terre et joint les mains. Ils se présentent devant le roi assis sur un trône, les jambes croisées, barbu, couronne en tête et manteau royal sur les épaules, et qui lève la main comme s'il parlait (4).

5. Pl. XXXIII, 21. — JONAS. Tête énorme, découverte et un peu chauve, cheveux et barbe crépus, manteau jeté sur les deux épaules et relevé sur les bras.

Support. — Un homme, à la grosse face imberbe, au nez retroussé, la tête encapuchonnée dans un chaperon, portant une cotte courte et serrée à la taille, fendue par devant depuis le bas jusqu'à la ceinture, est à demi agenouillé, soutenant avec effort le socle de la statue sur ses épaules (fig. 115, 21).

Quatrefeuilles. Pl. XXXIII, 21 A. — Jonas sortant de la baleine (5) est un des traits les plus connus de l'histoire du prophète, et nous ne nous étendrons pas longuement sur ce sujet. Au milieu des flots le prophète sort de la gueule d'un monstre marin. Jonas sortant de la baleine symbolise la résurrection (6).

---

(1) « Vir pilosus et zona pellicea accinctus renibus; qui ait : Elias Thesbites est ». IV *Reg.*, I, 8.

(2) « Cumque esset Abdias in via, Elias occurrit ei, qui, cum cognovisset eum, cecidit super faciem suam et ait : Num tu es, Domine mi, Elias? » III *Reg.*, XVIII, 7.

(3) « Vivit Dominus exercituum, ante cujus vultum sto, quia hodie apparebo ei ». III *Reg.*, XVIII, 15.

(4) L'auteur du *Guide pour visiter la cathédrale d'Amiens* (p. 11) a vu dans le précédent quatrefeuilles l'entrevue d'Élie avec Achab, et, dans celui-ci, Élie ordonnant au roi d'assembler les prophètes de Baal. Ce n'est pas possible, car, dans le premier quatrefeuilles, le costume que l'artiste a donné à l'interlocuteur d'Élie est trop peu sérieux pour convenir à Achab à qui il n'aurait pas manqué de donner les insignes royaux, comme il l'a fait d'ailleurs au dernier. Quant à l'interprétation proposée par Ruskin pour ces deux bas-reliefs, elle n'est pas compréhensible. (*Op. cit.*, p. 192 (54)).

(5) *Jonas*, II.

(6) « Et ego Jixi : *Abjectus sum a conspectu oculorum tuorum, verumtamen rursus videbo templum sanctuum tuum (Jon.*, II, 5). Sicut jam dixi : *Quia projecisti me in profundum*, ita nunc repetens, *et ego dixi*, inquit, *abjectus sum a conspectu oculorum tuorum*, subauditur secundum æstimationem illorum vel secundum rei veritatem; *rursus videbo templum sanctum tuum*, id est ego anima quæ descendi ad inferos, rursus ingrediar et resumam corpus meum, quod est templum sanctum tuum, juxta illud : *Solvite templum hoc, et tribus diebus excitabo illud. Hoc autem*, inquit evangelista, *dicebat de templo corporis sui (Joan.*, II, 19, 21). Videmus factum, credimus, propter quod et loquimur, adimpletum; quia gurgites tui, Deus, gurgites mortalitatis, et omnium fluctus miseriarum, quascumque induxisti super nos, propter prævaricationis Adæ gentium, super eum transierunt et finem habent, et ipse *rursus* vidit *templum sanctum tuum*, id est resumpsit corpus quod principaliter est templum sanctum tuum, et nunc in medio Ecclesiæ

356   DESCRIPTION.

Pl. XXXIII, 21 B. — Sur l'ordre de Dieu, Jonas avait parcouru les rues de Ninive en criant : « Dans quarante jours Ninive sera détruite ». Mais les Ninivites firent pénitence et Ninive ne fut pas détruite. Jonas en fut fâché, craignant de passer pour un faux prophète, et il alla s'asseoir hors de la ville dans un lieu ombragé, pour voir ce qui arriverait. Alors Dieu fit pousser un lierre qui abrita le prophète de son ombre, mais survint un ver qui, ayant rongé la racine de la plante, celle-ci se desséchа et Jonas resta exposé aux ardeurs du soleil et à la

Fig. 115. — Supports de statues — Grand portail.

violence du vent. Et comme il s'en indignait, le Seigneur lui répondit : « Tu te plains pour un lierre qui ne t'a point coûté de peine, qui a crû sans toi, qui est né en une nuit et qui est mort la nuit suivante, et moi je ne pardonnerais pas à Ninive la grande ville, où il y a plus de cent vingt mille hommes qui ne savent pas ce qu'il y a entre leur main droite et leur main gauche et un grand nombre d'animaux? » (1) C'est ce fait d'une allégorie transparente que nous voyons ici (fig. 12). Ninive est figurée par une porte de ville crénelée, à pignon, accompagnée de fenêtres géminées, avec un fort joli clocheton polygonal dans un angle. Vis-à-vis, le prophète est assis au pied d'un lierre couvert de feuilles et de fruits, dont un ver ou plutôt une espèce de lézard ronge la racine. La conversion de Ninive symbolise la conversion des Gentils, c'est-à-dire l'Église, et le lierre desséché, l'incrédulité et la ruine d'Israël (2).

6. Pl. XXX et XXXIII, 22. — Michée. Barbu, tête nue, manteau attaché sur l'épaule droite par un joyau et relevé sur le bras gauche.

est, quæ et ipsa secundarie dicitur, et est templum sanctum tuum, et nunc in gaudio videt illud templum sanctum tuum ». Rup. Tuit., Comment. in Jon., lib. 1. Patrol., t. CLXVIII, p. 421.

(1) Jon., III, IV.

(2) « Credidit præputium, et circumcisio permanet infidelis ». S. Hieron., Comment. in Jon., cap. 3. Patrol., t. XXV, col. 1140. — « Et Israel huic generi (hederæ) comparatum, quod quondam protexerit Jonam sub umbra sua conversionem gentium præstolantem, et non parvam lætitiam tribuerit ei faciens umbraculum et tabernaculum potius quam domum, habens tectorum

Support. — Un homme assis les jambes ployées, tête nue presque chauve et imberbe, les traits contractés, cotte courte et serrée à la taille, porte sa main à sa joue, comme s'il souffrait des dents. Visage très fin, mais un peu fruste.

Quatrefeuilles. — Les deux premiers bas-reliefs sont la curieuse paraphrase du passage du quatrième chapitre du livre de Michée dans lequel le prophète figure d'une façon pittoresque la paix qui accompagnera le règne du Messie. Les épées seront changées en socs de charrues et les lances en hoyaux (1).

Pl. XXX, 22 A. — Les épées changées en socs de charrues. Atelier de forgeron fort curieux. Dans un coin est le foyer avec son soufflet. Deux ouvriers imberbes, vêtus de surcots courts et serrés à la taille, l'un ayant devant lui une sorte de tablier, l'autre un affiquet sur la poitrine, forgent sur des enclumes. Ce que le premier tenait est brisé, l'autre frappe à grands coups de marteau sur une épée qui s'élargit pour se transformer en soc de charrue ; des épées brisées gisent à terre, d'autres encore entières attendent leur tour d'être travaillées.

Pl. XXX, 22 B. — Les lances transformées en hoyaux. Deux ouvriers, l'un barbu, l'autre imberbe, vêtus comme les précédents. Le premier brise à coups de hache la hampe d'une pique ; l'autre, qui a perdu ses deux bras, travaillait sur un bloc. Çà et là, des lances, les unes entières, les autres brisées.

Pl. XXXIII, 22 A. — C'est la continuation des félicités qui marqueront le règne du Rédempteur. L'homme sera assis sous sa vigne et sous son figuier, sans que nul ne vienne l'y troubler (2). Un couple est assis (fig. 12), l'homme sous une vigne chargée de feuilles et de fruits, et la femme sous un figuier. Le premier offre une grappe de raisin à sa compagne qui lui rend une figue. Bas-relief charmant de composition et de sentiment. On ne pouvait mieux rendre l'orientale et poétique image du prophète, ni mieux peindre l'amour, le bonheur et la paix des élus.

Pl. XXXIII, 22 B. — Et un peu plus loin, après quelques versets dans lesquels les commentateurs ont vu la prédiction de la conversion des Gentils, le prophète s'écrie : « Et tu turris gregis nebulosa filiæ Sion, usque ad te veniet :

---

imaginem, domorum non habens fundamenta..... Antequam oriretur sol justitiæ, virens erat umbraculum, et non arebat Israel ; postquam ille surrexit, et tenebræ Ninivitcæ ejus luce discussæ sunt, paratus vermis in crastinum ascensione diluculi..... et qui absque ullo semine de terra oritur et dicit : *Ego sum vermis et non homo* (Ps. XXI, 7), percussit umbraculum, quod desertum auxilio Dei omnem virorem perdidit..... Et revera usque ad præsentem diem, Christus plangit Israel et Jerusalem plangit usque ad mortem, non suam, sed Judæorum, ut moriantur negantes et resurgant Dei Filium confitentes..... Civitas vero Ninive magna atque pulcherrima, præfigurat Ecclesiam ». S. Hieron., *op. cit.*, col. 1149, 1150, 1152. — « Igitur ipse (Christus) ad Niniven, id est ad gentes venit, quia veraciter cum illis est...... Porro..... quod crediderunt viri Ninivitæ in Dominum, id est quod, Judæis contradicentibus et blasphemantibus, gentes Christi receperunt Evangelium et gavisæ sunt et glorificaverunt Deum », etc. Rup. Tuit., *Comment. in Jon.*, lib. II. *Patrol.*, t. CLXVIII, col. 430, 431.

(1) « Et judicabit inter populos multos, et corripiet gentes fortes usque in longinquum, et concident gladios suos in vomeres et hastas suas in ligones : non sumet gens adversus gentem gladium et non discent ultra belligerare ». *Mich.*, IV, 3. Cf. *Isai.*, II, 4. — « Venite et videte opera Domini, quæ posuit prodigia super terram. Auferens bella usque ad finem terræ ; conteret et confringet arma et scuta comburet igni ». Ps. XLV, 9, 10. Off. de la Dédic. à Mat. — Pour exprimer des calamités, Joël dit au contraire : « Concidite aratra vestra in gladios et ligones vestros in lanceas ». *Joel*, III, 10. — Le même sujet figure à la voussure de la porte de la Vierge dorée. — On a vu longtemps, à tort, dans ces deux bas-reliefs, des corporations d'arts et métiers, et notamment les fourbisseurs et armuriers rappelant « qu'autrefois il existait à Amiens des fabriques d'armes fort en vogue sous les Romains ». Rivoire, *Descr. de l'église cath. d'Am.*, p. 30. — Gilibert, *Descr. histor. de l'église cath. d'Am.*, p. 48.

(2) « Et sedebit vir subtus vitem suam et subtus ficum suam, et non erit qui deterreat, quia os Domini exercituum locutum est ». *Mich.*, IV, 4.

et veniet potestas prima regnum filiæ Jerusalem » (1). Cette « turris gregis nebulosa » est souvent considérée comme la figure de la Jérusalem céleste (2). C'est elle qui est ici naïvement figurée par une tour carrée et massive, crénelée et coupée en deux par un nuage. Du haut de cette tour, Dieu apparaît à mi-corps en bénissant, tandis qu'à ses pieds paissent deux brebis. Le prophète est assis à côté, levant l'index de la main gauche en signe d'étonnement.

7. Pl. XXXI et XXXIV, 23. — NAHUM. Très singulier personnage à la tête énorme, bizarrement coiffée, les cheveux nattés et arrangés en couronne autour de la tête, barbe épaisse et tombant en longues boucles; la moustache, qui est d'une longueur démesurée, a ses deux extrémités attachées derrière la tête; le geste de la main vient encore ajouter à l'énergie des traits; figure d'une expression sauvage. On se demande pourquoi l'artiste a donné à ce prophète un air si rébarbatif. Est-ce à cause des choses terrifiantes qu'il a prédites et de l'énergique et saisissante concision de son style (3) qui n'a pas toujours été goûté, ou bien n'est-ce tout simplement qu'une fantaisie d'artiste?

Support. — A été entièrement refait en pierre, lors des derniers travaux de Viollet-le-Duc. C'est un homme barbu, accroupi et qui regarde au-dessus de lui.

Quatrefeuilles. — Le dernier chapitre de Nahum est rempli des imprécations du prophète contre Ninive et de l'annonce de ses terribles châtiments. Un implacable ennemi met devant elle un siège acharné; ses défenseurs se dissipent comme les sauterelles au soleil, ses habitants sont emmenés en captivité ou dévorés par le fer et le feu comme le feuillage par les hannetons. Ses femmes gémissent comme des colombes. On entend le claquement des fouets, le roulement des chariots, le hennissement des chevaux; les remparts tombent comme les fruits du figuier que l'on secoue. C'est le pillage, partout le carnage et le sang, des cadavres sans fin. Suivant les Pères, Ninive, dont le nom signifie *la Belle*, représente le *monde*, dont le nom grec κόσμος signifie *beauté*, et ce qui est prédit de Ninive est ce qui arrivera au monde. Au sens anagogique, les malheurs de Ninive doivent donc s'entendre des calamités qui affligeront le monde et de la conquête de celui-ci par l'esprit du mal avant le glorieux et définitif avènement du Christ (4).

(1) *Mich.*, IV, 8.

(2) « Turrem gregis nebulosam sive squalentem..... nullam aliam debemus accipere nisi illam de qua Isaias ait : *Et ædificavi turrem in medio ejus*, id est *vineæ*. *Vinea autem Domini domus est Israel* (*Isai.*, V, 2, 7)..... Et usque ad hanc veniet Deus vel potestas prima, quæ potestas regnum est filiæ Jerusalem..... Quidam putant turrem squalentem sive tenebrosam et filiam Jerusalem, de cœlesti Jerusalem intelligi, quæ sit mater sanctorum, de qua et apostolus ait: *Accessistis ad Sion montem, et civitatem Dei viventis Jerusalem cœlestam* (*Heb.*, XII, 22) ». S. HIERON., *Comment. in Mich.*, lib. II, cap. 4. *Patrol.*, t. XXV, col. 1191, 1192.

(3) Voy. RUSKIN, *op. cit.*, p. 193 (55), la note. — « Quelques critiques prévenus que Nahum est né dans une petite bourgade de Galilée ont dit sans trop d'attention que le stile de ce prophète étoit rustique et grossier et proportionné à la bassesse de sa naissance; mais ceux qui le liront sans prévention reconnaîtront qu'il y a bien de l'éloquence et bien de la grandeur dans ses expressions, que son stile est très élevé, rempli de comparaisons nobles, de sens figurés et de répétitions en mêmes termes qui le rendent vif et expressif ». LEMAISTRE DE SACY, *La Sᵗᵉ Bible en latin et en françois*, 1717, in-fol., t. II, p. 603.

(4) « Sciendum autem est, quoniam *Ninive* in nostra lingua de Hebræo *speciosam* sonat, speciosus autem mundus hic dicitur, unde et apud Græcos κόσμος ab ornatu nomen accepit, quidquid nunc adversum Niniven dicitur, de mundo figuraliter prædicari..... De consummatione itaque mundi, secundum ἀναγωγὴν..... in consolationem sanctorum prophetia texitur : ut quæcumque in mundo vident, quasi prætereuntia et caduca contemnant, et præparant se ad judicii diem, ubi ultor adversus veros Assyrios futurus Dominus est ». S. HIERON., *Comment. in Naum*, Prolog. *Patrol.*, t. XXV, col. 1231

Pl. XXI, 23 B. — Ninive, c'est cette ville superbe, avec ses remparts crénelés flanqués de tours, les unes carrées, les autres cylindriques, avec ses maisons à pignons et à fenêtres géminées, son élégant beffroi polygonal très élevé, à plusieurs étages crénelés et percés de fenêtres et d'arcatures. Le prophète est là, debout, faisant vers la ville un geste de malédiction (1).

Voilà Ninive dans sa splendeur : voici ce qui en restera après son châtiment.

Pl. XXX, 23 A. — « Les portes des fleuves ont été ouvertes, le temple a été abattu..... et Ninive est devenue comme une piscine; mais les habitants ont pris la fuite. Restez, restez ! Pas un ne revient » (2). On ne peut voir ici que la reproduction de ces paroles, reproduction réduite à sa plus simple expression, pour ainsi dire hiéroglyphique. Le prophète est debout, paraissant s'éloigner de la piscine figurée par une petite pièce d'eau circulaire.

Pl. XXXIV, 23 A. — Le sujet qui suit ne paraît pas très bien déterminé. Quatre personnages aux longs vêtements drapés, deux barbus et deux imberbes, marchent avec précipitation. Le premier tire par la main celui qui vient après lui. Il nous semble cependant malaisé d'y voir autre chose que la fuite des Ninivites, dont il est parlé dans la seconde partie du verset que nous venons de citer : « Les habitants ont pris la fuite. Restez, restez ! Pas un ne revient » (3).

Pl. XXXIV, 23 B. — Un figuier, sous lequel sont quatre personnages. Un d'entre eux secoue l'arbre, et les trois autres ouvrent leurs bouches pour recevoir les fruits qui tombent. C'est l'image pittoresque et originale par laquelle le prophète a exprimé la chûte des remparts de Ninive (4). Le figuier est très finement fouillé (5).

8. Pl. XXXIV, 24. — HABACUC. Tête énorme, traits irréguliers, barbe longue épaisse, calotte hémisphérique sur la tête, manteau jeté sur l'épaule gauche et relevé sur le bras du même côté.

Support. — Personnage vu de face, assis les jambes écartées, les mains sur les genoux, tout aplati, vêtements drapés, imberbe, tête nue, la bouche largement fendue et ouverte comme s'il allait vomir, à la façon d'une gargouille. Très curieuse figure (fig. 115, 24).

Quatrefeuilles. Pl. XXXIV, 24 B. — La seconde fois que Daniel fut mis dans la fosse aux lions, Habacuc, qui était alors en Judée, venait de préparer une bouillie pour ses moissonneurs, lorsqu'un ange lui apparut et lui ordonna d'aller

---

et 1232. — « Porro Ninive hoc loco totus mundus est, mundus damnatus, id est reproborum omnium totum corpus, et mundus qui electos Dei persequitur, non solum propter interpretationem nominis, quia Ninive *speciosa* interpretatur, et mundus græce κόσμος, id est *speciosus* sive *ornatus* dicitur, verum et quia tunc Ninive mundi erat caput ». RUP. TUIT., *Comment. in Nahum,* lib. 1, *Patrol.,* t. CLXVIII, col. 530.

(1) C'est généralement le même sujet qui est représenté en miniature dans la lettre initiale du livre de Nahum des Bibles du XIIIe siècle.

(2) « Portæ fluviorum apertæ sunt et templum ad solum dirutum..... Et Ninive quasi piscina aquarum aquæ ejus; ipsi vero fugerunt : state, state, et non est qui revertatur ». *Nahum,* II, 6, 8.

(3) *Nahum,* II, 8. — Ce passage nous convient mieux que le verset 17, chap. III proposé par l'abbé Roze. (*Visite,* p. 18) et par Ruskin (*op. cit.,* p. 194 (55)) : « Custodes tui sicut locustæ, et parvuli tui sicut locustæ locustarum, quæ considunt in sepibus in die frigoris; sol ortus est et avolaverunt, et non est cognitus locus earum ubi fuerunt ». Ce ne sont pas des gardes, car les personnages ici représentés sont sans armes, et d'un autre côté on n'y voit pas d'enfants.

(4) « Omnes munitiones tuæ sicut ficus cum grossis suis; si concussæ fuerint, cadent in os comedentis ». *Nahum,* III, 12.

(5) Les visages sont frustes.

à Babylone, porter ce mets à Daniel dans la fosse aux lions. Et Habacuc lu répondit : « Seigneur, je n'ai jamais vu Babylone, et je ne sais pas où est la fosse ». Alors l'ange le prit par les cheveux et le transporta avec la rapidité du vent jusqu'à Babylone, et le déposa au-dessus de la fosse. Et Habacuc s'écria : « Daniel, serviteur de Dieu, prends le dîner que Dieu t'envoie » (1). Daniel est assis au milieu d'une grotte. A ses pieds gisent des ossements humains qu'un lion dévore avec avidité. D'une main le prophète caresse un lion qui agite joyeusement sa queue comme un chien à la vue de son maître, tandis qu'un autre lion vient doucement et d'un air calin passer sa tête sous son bras. Habacuc, qu'un ange sortant à mi-corps d'un nuage tient par une mèche de cheveux, paraît à une ouverture de la caverne, et présente deux pains à Daniel (2).

Pl. XXXIV, 24 A. — Le Seigneur est assis, tenant un livre ouvert. Debout devant lui est un personnage imberbe et nimbé, chose rare dans l'iconographie de notre portail, et qui semble lui présenter un objet que son mauvais état rend impossible à reconnaître (3). On interprète généralement ce bas-relief par l'ordre donné au prophète d'écrire sa vision sur des tablettes (4). Il est difficile de trouver dans le livre d'Habacuc un passage qui se rapporte mieux à notre sujet, mais on ne s'explique pas alors pourquoi le Seigneur tient, lui aussi, un livre ouvert. La vision écrite par Habacuc sur l'ordre du Seigneur n'est autre que la chûte de Babylone, c'est-à-dire la figure de la victoire définitive du Christ sur le royaume du démon.

9. Pl. XXXIV et XLIII, 25 (5). — SOPHONIE. Statue d'une exécution un peu rude, mais dont la physionomie n'est dénuée ni d'expression, ni de caractère; barbe lisse, calotte sur la tête, manteau drapé un peu à la manière de la toge antique, la main gauche enveloppée dans ses plis.

Support. — A été refait sous Viollet-le-Duc. C'est un homme imberbe, qui soutient le socle de la statue sur ses épaules.

Quatrefeuilles. — C'est encore les horreurs du jour du Seigneur que prophétise Sophonie, la ruine des cités et surtout la ruine de Jérusalem (6), figure des événements qui doivent accompagner le grand jour du Seigneur à la consommation des siècles (7). L'artiste en a reproduit les traits les plus saillants dans les quatre bas-reliefs qu'il avait à consacrer à ce prophète.

Pl. XLIII, A. — Le Seigneur scrutant Jérusalem avec des lanternes (fig. 116) (8), doit s'entendre, suivant saint Jérôme, que, dans les derniers temps, par la multiplication des iniquités, la charité sera refroidie et la lumière du soleil fera défaut à

---

(1) *Dan.*, XIV, 32 à 38.

(2) C'est ordinairement ce sujet qui figure dans les Bibles ornées du XIIIe siècle dans la miniature de la première lettre du livre d'Habacuc.

(3) Le bas de sa tunique a été refait.

(4) *Habac.*, II, 2. — *Guide pour visiter la cath. d'Am.*, p. 11. — ROZE, *Visite, etc.*, p. 18. — RUSKIN, *op. cit.*, p. 194 (56).

(5) DUVAL, *Explicat. de quelques figures du grand portail de la cath. d'Am.*, dans *Bull. monum.*, t. XX, p. 466.

(6) « Dies iræ, dies illa, dies tribulationis et angustiæ, dies calamitatis et miseriæ, dies tenebrarum et caliginis, dies nebulæ et turbinis, dies tubæ et clangoris super civitates munitas et super angulos excelsos », etc. *Soph.*, I, 15, 16.

(7) Cf. S. HIERON., *Comment. in Soph. Patrol.*, t. XXV, col. 1337 et suiv.

(8) « Scrutabor Jerusalem in lucernis, et visitabo super viros defixos in fæcibus suis, qui dicunt in cordibus suis : Non faciet bene Dominus et non faciet male ». *Soph.*, 1, 12.

Jérusalem, c'est-à-dire à l'Église; la dévastation sera si grande qu'il sera difficile aux élus eux-mêmes de se sauver. Alors le Seigneur visitera tous les vices dans Jérusalem avec le flambeau de sa parole et de sa doctrine (1). Le Seigneur, une lanterne à chaque main, marche à travers les rues de Jérusalem figurée par une ville somptueuse avec ses tours, ses maisons, ses pignons, ses clochetons, ses murs crénelés et notamment une charmante petite église bien complète, dans le plus pur style de l'Ile-de-France du temps de Philippe-Auguste, et qui mérite une description particulière. Elle est vue sur une de ses faces latérales et se compose d'un chœur et d'un transept, sans nef. Le chevet forme cinq côtés d'un octogone régulier. Elle est accompagnée d'un déambulatoire sans chapelles, avec ses arcs boutants et ses piliers butants. Chacun des pans du chevet est percé d'une fenêtre haute en tiers point, sans remplage, comme à la cathédrale de Noyon, et une fenêtre semblable s'ouvre à chaque travée du déambulatoire. Dans le transept, qui est plus bas que le chœur, est une porte

Fig. 116. Prophétie de Sophonie

sans trumeau, dont la voussure en plein cintre est à deux ressauts portés par des colonnettes; on voit au-dessus d'elle une grande fenêtre en tiers point avec remplage appareillé, formant deux baies en cintre brisé avec oculus dans le tympan. Le clocher, vrai clocher français, tel que ceux de Béthisy-Saint-Martin (Oise), La Ferté-Alais (Seine-et-Oise), etc., s'élève sur le côté de la façade, tout contre le transept. Dans ses dimensions minuscules, ses proportions sont fort belles : il est carré, avec contreforts dans les angles, percé d'une baie longue et étroite sur chaque face de l'étage du beffroi, et amorti par une flèche octogonale très élégante, flanquée de quatre clochetons. La toiture de l'édifice est en ardoises ou en tuiles plates; un petit campanile est posé à cheval sur le faîte. Ce petit monument pourrait être construit tel qu'il est, et il ferait même honneur à son auteur. Ajoutons qu'il a quinze centimètres de longueur hors œuvre, et seize de hauteur sous clef, et que le clocher s'élève à trente centimètres. du sol à la pointe de la flèche.

(1) « In consummatione autem mundi, quia dies Domini ipsa intelligitur, scrutabitur Dominus Jerusalem, id est Ecclesiam suam cum lucerna..... Quia igitur in novissimo tempore, quod sæpe jam diximus, multiplicata iniquitate, refrigescet charitas, et solis lumen recedet ab Jerusalem, et tanta erit vastitas, ut difficile salventur etiam electi Dei (*Matth.*, XXIV) : tunc in lucerna sermonis sui atque rationis, omnia vitia scrutabitur Dominus in Jerusalem ». S. HIERON., *Comment. in Soph.*, cap. 1. *Patrol.*, t. XXV, col. 1351.

Pl. XLIII, 25, B. — La solitude qui se fera dans Ninive. La peinture saisissante et imagée de la désolation de Ninive, qui figure le règne de l'Antechrist (1), est reproduite ici fidèlement, naïvement, dans tous ses détails. C'est un château somptueux, au milieu duquel est une porte en cintre brisé, de vastes dimensions, avec linteau et deux vantaux munis d'un solide verrou. Dans la porte, un hérisson se met en boule « ericius in liminibus ejus »; sur le linteau et dans le tympan qui est à jour, se promène un corbeau « corvus in superliminari ». A droite et à gauche de la porte s'étendent deux corps de logis symétriques, d'une grande richesse, composés chacun de deux arcatures en plein cintre superposées. Celui qui est à la gauche du spectateur, est agrémenté de deux tours octogonales, dans l'autre est pratiquée une grande ouverture en plein cintre, surmontée d'un gable qui encadre un trèfle, espèce de *loggia*, dans laquelle est un oiseau en cage « vox cantantis in fenestra ». Une ligne de créneaux forme le couronnement de l'édifice.

Pl. XXXIV, 25 A. — Les Éthiopiens mis à mort par le glaive (2). Le Seigneur, une croix à longue hampe dans la main gauche, brandit une énorme épée nue au-dessus de trois personnages imberbes, qui paraissent terrifiés, tandis qu'un quatrième est déjà étendu mort. Ce petit bas-relief est plein de mouvement. Suivant les commentateurs, les Éthiopiens figurent les pécheurs endurcis, qui seront frappés par le glaive du Seigneur (3).

Pl. XXXIV, 25 B. — Sept animaux : singe, renard, chat, dragon, etc., errent et se promènent à travers les ruines d'une ville ou d'une vaste maison. L'un d'eux ronge des ossements. C'est évidemment la paraphrase des paroles du prophète qui revient fréquemment sur la ruine des cités (4), paroles dont saint Jérôme donne le sens en deux mots : « Destruitur ædificatio pessima, ut postea ædificatio bona construatur » (5).

10. Pl. XXXV et XLIV, 26. — Aggée (6), cheveux soyeux, calotte sur la tête,

(1) « Ponet speciosam in solitudinem et in invium et quasi desertum. Et accubabunt in medio ejus greges, omnes bestiæ gentium : et onocrotalus, et ericius in liminibus ejus morabuntur; vox cantantis in fenestra, corvus in superliminari, quoniam attenuabo robur ejus ». *Soph.*, II, 13, 14. Cf. *Isai.*, XXXIV, 11. — « Necnon et hoc quod in Evangelio scriptum est quod, multiplicata iniquitate, refrigescet charitas multorum, in tantum ut in illo tempore compleatur : *Verumtamen veniens Filius hominis putas inveniet fidem super terram* (*Matth.*, XXIV, 12)? non mirabitur de extrema Ecclesiæ vastitate, quod, regnante Antichristo, redigenda sit in solitudinem, et tradenda bestiis et passura quæcumque nunc prophetæ describit ». S. Hieron., *Comment. in Soph.*, cap. 2. *Patrol.*, t. XXV, col. 1370.

(2) « Et vos, Æthiopes, interfecti gladio meo critis ». *Soph.*, II. 12. « Coram illo procident Æthiopes et inimici ejus terram lingent ». Ps. LXXI, 9. — Nous préférons cette explication proposée par Ruskin (*Op. cit.*, p. 195 (56), à celle donnée par M. Duval (*loc. cit.*) qui voit ici Dieu étendant la main sur Jérusalem (*Soph.*, I, 4).

(3) « Si notaverimus in omnibus scripturis Æthiopes eos appellari, qui penitus in vitia sunt demersi (*Jerem.*,

XIII, 23), Æthiopibus ad meliora conversis spes erit, nullum qui voluerit agere pœnitentiam a salute alienum fore..... Et dicit eos vel vulnerandos vel interficiendos gladio, ut timentes pœnas, imitentur Niniven et agant pœnitentiam (*Jon.* III) ». S. Hieron. *Comment. in Soph.*, cap. 2. *Patrol.*, t. XXV, col. 1368, 1369.

(4) « Et erit fortitudo eorum in direptionem, et domus eorum in desertum..... Quia Gaza destructa erit, et Ascalon in desertum, Azotum in meridie ejicient, et Accaron eradicabitur..... Moab ut Sodoma erit, et filii Ammon quasi Gomorrha, siccitas spinarum et acervi salis et desertum usque in æternum..... Et extendet manum super aquilonem, et perdet Assur, et ponet speciosam in solitudinem, et in invium et quasi desertum..... Hæc est civitas gloriosa habitans in confidentia : quæ dicebat in corde suo : Ego sum, et extra me non est alia amplius; quomodo facta est in desertum cubile bestiæ?.. Desolatæ sunt civitates eorum », etc. *Soph.*, I, 13; II, 4; 9, 13, 15; III, 6.

(5) S. Hieron., *Comment. in Soph.* cap. 1. *Patrol.*, t. XXV, p. 1352.

(6) Voy. Duval, *Explic. de quelques fig*, etc., dans *Bull. monum.*, t. XX, p. 467.

porte un manteau en forme de chasuble, au capuchon relevé : d'un geste très naturel, une banderole complètement déroulée dans la main droite, il montre avec l'index de cette main sa gauche qui est cachée sous son manteau, comme s'il voulait insister sur ce qu'il dit.

Support. — Un homme imberbe, tête nue, vêtements drapés, assis sur ses jambes croisées, la tête appuyée sur son coude d'un air pensif. Visage plein de finesse et d'expression.

Quatrefeuilles. — La grande préoccupation d'Aggée fut la reconstruction du Temple, que les Juifs différaient à relever de ses ruines. Nos iconographes ont choisi pour les représenter dans les quatre bas-reliefs dont ils disposaient, les traits les plus saillants des paroles que le prophète adressait aux Juifs pour les engager à reconstruire la maison du Seigneur (1). Suivant les commentateurs chrétiens, le nouveau temple à qui le Seigneur promet une gloire qui sera plus grande que celle du premier, et à qui il donnera sa paix, figure l'Église, et c'est à celle-ci que s'adressent les promesses divines (2).

Pl. XXXV, 26 B. — Dieu parle au prophète et lui montre la désolation de son temple détruit (3). Le Seigneur est debout, un doigt levé, duquel il désigne ce qui est représenté dans le bas-relief placé au-dessus (4). Assis, appuyant son menton sur sa main gauche, le coude dans la main droite, le prophète l'écoute d'un air pensif et rêveur.

Pl. XXXIV, 26 A. — Un édifice qui s'écroule; des lézards courent à travers les pierres désagrégées. C'est le temple en ruines (5).

Pl. XLIV, 26 A. — La maison lambrissée des Juifs. « Habitetis in domibus laqueatis » (6). Une maison, dont l'aspect solide, austère même, contraste avec les ruines que présente le bas-relief précédent. Cette maison est percée d'un grand nombre de fenêtres en plein cintre, d'une porte de même, munie d'un fort anneau, et d'une ouverture carrée, fermée par une grille.

(1) Dans les bibles à miniatures du XIII° siècle, la première lettre du livre d'Aggée représente souvent des maçons construisant un édifice.

(2) « Posteaquam gens Judæa cœpit non habere prophetas, procul dubio deterior facta est, eo scilicet tempore quo se sperabat instaurato templo post captivitatem, quæ fuit in Babylonia, futuram esse meliorem. Sic quippe intelligebat populus ille carnalis quod prænuntiatum est per Aggæum prophetam dicentem : *Magna erit gloria domus istius novissimæ plus quam primæ* (*Agg.*, II, 10). Quod de novo Testamento dictum esse, paulo superius demonstravit, ubi ait aperte Christum promittens : *Et movebo omnes gentes et veniet desideratus cunctis gentibus* (*Agg.*, II, 8). Quo loco Septuaginta interpretes alium sensum magis corpori quam capiti, hoc est, magis Ecclesiæ quam Christo convenientem prophetica auctoritate dixerunt : *Venient quæ electa sunt Domini de cunctis gentibus,* id est homines de quibus ipse Jesus in Evangelio : *Multi,* inquit, *vocati, pauci vero electi* (*Matth.*, XXII, 14). Talibus enim electis gentium, domus Dei ædificatur per Testamentum novum lapidibus vivis, longe gloriosior, quam templum illud fuit, quod a rege Salomone constructum est, et post captivitatem instauratum ». S. AUGUST., *De civit. Dei*, lib. XVIII, cap. 45 et 48. *Patrol.*, t. XLI, col. 606.

(3) « Factum est verbum Domini in manu Aggæi prophetæ..... Hæc ait Dominus exercituum dicens : Populus iste dicit : Nondum venit tempus domus Domini ædificandæ ». *Agg.*, I, 1, 2.

(4) Le visage fruste.

(5) « Numquid tempus vobis est ut habitetis in domibus laqueatis et domus ista deserta ? » *Agg.*, II, 3, 4. — Tout le côté à main gauche de ce bas-relief et du précédent, qui avait été mutilé pour le passage d'un tuyau de descente a été refait sous Viollet-le-Duc par les frères Duthoit.

(6) *Agg.*, I, 4. — Nous ne pensons pas que ce soit ici le Temple rebâti, comme l'ont proposé MM. Duval, (*loc. cit.*), et Roze (*Visite*, p. 19). C'est bien un édifice civil; d'ailleurs l'opposition est plus naturelle et plus conforme au texte du livre d'Aggée. Nous pensons donc que l'auteur du *Guide pour visiter la cathédrale d'Amiens* (p. 12) et Ruskin (*The Bible of Amiens*, p. 196 (57) sont plus dans le vrai.

Pl. XLIV, 26 B. — La terre sans rosée et les plantes desséchées, en punition de l'indifférence des Juifs à reconstruire la maison du Seigneur (1). Des arbres dépouillés de feuilles et morts. Au-dessus, le firmament, avec le soleil, la lune et les étoiles.

11. Pl. XXXV, 27. — ZACHARIE. Assez bonne statue, qui, comme nous l'avons vu, est certainement un portrait. Personnage à la barbe un peu courte et bouclée, coiffé du bonnet juif. Visage expressif, souriant et distingué, attitude naturelle et dégagée (2).

Support. — Personnage imberbe, nu-tête, longue cotte avec affiquet sur le devant de la poitrine, assis les jambes croisées et jouant de la vièle. Visage fruste.

Quatrefeuilles. — C'est au cinquième chapitre du livre de Zacharie qu'il faut chercher l'explication des sujets des deux bas-reliefs qui vont suivre. Après avoir raconté plusieurs autres visions, le prophète continue : « Alors l'ange qui parlait en moi sortit et me dit : « Lève tes yeux et vois ce qui va sortir. Et je dis : Qu'est-ce? Et il dit : C'est une amphore qui sort. Et il dit encore : C'est ce qu'on voit en eux par toute la terre. Et voilà que l'on portait un talent de plomb, et voilà qu'une femme était assise au milieu de l'amphore. Et il dit : C'est l'impiété. Et il la jeta au milieu de l'amphore dont il boucha l'orifice avec la masse de plomb. Et je levai les yeux et je vis deux femmes qui sortaient, et le vent soufflait dans leurs ailes, car elles avaient des ailes semblables aux ailes du milan, et elles levèrent l'amphore entre le ciel et la terre », etc. (3). Le livre de Zacharie, et saint Jérôme en convient, est très obscur. Cependant ne peut-on pas supposer qu'en choisissant le passage qui précède, on a voulu symboliser le règne de l'impiété et sa confusion finale lors du second avènement du Christ?

Pl. XXXV, 27 B. — Le prophète à longue barbe, la tête haute et couverte du *schimla,* l'air inspiré, est assis tenant un objet fruste, peut-être un *rotulus,* et écoute ce que lui dit un ange qui sort de nuages et lui montre du doigt le sujet suivant.

Pl. XXXV, 27 A. — L'impiété dans l'amphore. Deux femmes ailées, vêtues de robes talaires : l'une a la chevelure flottante, l'autre est coiffée d'un filet et du chapeau en forme de mortier; elles tiennent sur leurs épaules un énorme vase qui ressemble plus à une marmite qu'à une amphore, et de laquelle sort une femme entièrement nue, qui appuie sa tête sur sa main d'un air honteux.

12. Pl. XXXV, 28. — MALACHIE. Très grosse tête, assez laide et vulgaire, ne répondant guère au signalement donné par saint Épiphane : « il fut surtout d'une grande beauté corporelle » (4), longue chevelure et barbe bouclée, une calotte sur la tête.

Support. — A été refait sous Viollet-le-Duc. C'est un homme vu de face,

---

(1) « Propter hoc super vos prohibiti sunt cœli ne darent rorem, et terra prohibita est ne daret germen suum, et vocavi siccitatem super terram et super montes et super triticum, et super vinum et super oleum, et quæcumque profert humus, et super homines et super jumenta et super omnem laborem manuum ». *Agg.,* I, 10, 11.

(2) Cf. DUVAL, *Explic. de quelques fig.,* etc., dans *Bull. monum.,* t. XX, p. 468.

(3) *Zach.,* v, 5 à 11.

(4) S. EPIPHAN., *De vitis prophetarum.* Trad. Dionysii Petavii Aurelianensis S. J., t. III, p. 249.

dont le visage est orné d'une barbe naissante, et qui soutient le socle de la statue sur ses épaules.

Quatrefeuilles. — Le livre de Malachie est plein de reproches sanglants et parfois d'une énergie troublante jetés à Israël et à ses prêtres (1). « Vous offrez sur mon autel un pain souillé..... Je maudirai vos bénédictions, parce qu'elles ne sont pas dans votre cœur. J'étendrai mon bras vers vous, je vous jetterai à la figure l'ordure de vos solennités et elle vous emportera avec elle..... Un homme doit-il outrager Dieu comme vous m'avez outragé? Vous dites : En quoi t'avons-nous outragé? Dans les dîmes et dans les prémices..... Apportez toute la dîme dans mon grenier, qu'il y ait à manger dans ma maison, et éprouvez, dit le Seigneur, si je ne vous ouvrirai pas les cataractes du ciel et si je ne répandrai pas sur vous d'abondantes bénédictions ». Il semble que ces paroles ne manquaient pas d'à propos à la porte d'une cathédrale du XIIIe siècle, alors que tant de dîmes étaient tombées en des mains laïques et que l'Église s'efforçait de se les faire rendre ou de les racheter.

Pl. XXXV, 28 B. — Assis et déroulant une banderole, le Seigneur parle gravement, la main levée, à trois personnages, l'un barbu, les deux autres imberbes, qui l'écoutent dans des attitudes diverses, mais qui toutes respirent le doute et l'incrédulité. Ils lèvent la main et regardent au-dessus d'eux, probablement ce qui est représenté au bas-relief suivant, et qui est comme la matérialisation des paroles du Seigneur.

Pl. XXXV, 28 A. — Le Seigneur est assis; devant lui sont deux personnages imberbes, vêtus de tuniques assez courtes, serrées à la taille, et dont l'un, coiffé d'un bonnet pointu, frappe le Seigneur d'une lance qu'il tient dans la main droite, ayant dans l'autre main une gerbe de blé; d'autres objets à côté de lui ont disparu; l'autre personnage est placé derrière le premier, et on ne distingue pas bien ce qu'il fait. C'est l'interprétation naïve de ces paroles du prophète : « Si affiget homo Deum, quia vos configitis me? Et dixistis : In quo configimus te? In decimis et in primitiis » (2).

Les deux quatrefeuilles en retour sont masqués aujourd'hui par le bâtiment de la maison du suisse. Ils étaient sans doute ornés de feuillages comme ceux qui se trouvent du côté sud.

CHAMBRANLES. — Les Vierges folles et les Vierges sages (pl. XXVIII et XXIX).

« Alors le royaume des cieux sera semblable à dix vierges qui ont pris leurs lampes pour aller au-devant de l'époux et de l'épouse. Cinq étaient folles et cinq étaient sages. Les cinq folles prenant leurs lampes ne se munirent point d'huile,

---

(1) « Offertis super altare meum panem pollutum..... Maledicam benedictionibus vestris, et maledicam illis quoniam non posuistis super cor. Ecce ego projiciam vobis brachium et dispergam super vultum vestrum stercus solemnitatum vestrarum, et assumet vos secum... Si affiget homo Deum, quia vos configitis me? Et dixistis : In quo configimus te? In decimis et in primitiis..... Inferte omnem decimam in horreum, et sit cibus in domo mea, et probate me super hoc, dicit Dominus, si non aperuero vobis cataractas cœli, et effudero vobis benedictionem usque ad abundantiam », etc. *Malach.*, I, 7; II, 2, 3, III, 8, 10.

(2) *Malach.*, III, 8.

mais les sages prirent de l'huile dans leurs vases avec leurs lampes. L'époux tardant à venir, le sommeil les prit et elles s'endormirent. Au milieu de la nuit, on entendit un cri : Voici l'époux, sortez au-devant de lui. Alors toutes les vierges se levèrent et apprêtèrent leurs lampes. Et les folles dirent aux sages : Donnez-nous de votre huile, nos lampes s'éteignent. Les sages répondirent : Il n'y en aura pas assez pour nous et pour vous, allez plutôt chez les marchands et achetez-vous en. Pendant qu'elles furent en acheter, l'époux vint; celles qui étaient prêtes entrèrent avec lui aux noces, et on ferma la porte. Finalement, les autres vierges arrivèrent, disant : Seigneur, Seigneur, ouvre nous. Mais il leur répondit : Je vous dis : je ne vous connais pas. Veillez donc, car vous ne savez ni le jour ni l'heure » (1).

Telle est la parabole que le Christ a intercalée dans l'annonce qu'il fit de son suprême avènement et du Jugement dernier. Il nous a paru nécessaire d'en remettre le texte intégral sous les yeux du lecteur, pour montrer à quel point elle convient à la place où nous la voyons, et combien elle s'accorde avec la pensée générale qui a présidé à l'iconographie de notre portail (2).

Le long de chacun des chambranles sont cinq arcades superposées, d'égales hauteurs : elles sont trilobées, surmontées d'architectures, portées chacune par deux colonnettes, et prises dans autant de hautes assises de pierres. Elles abritent d'un côté, à la droite du Christ, les cinq Vierges sages, de l'autre, et à sa gauche, les cinq Vierges folles sculptées en bas-relief.

Toutes sont debout, portant chacune une lampe, et, suivant l'habitude iconographique du moyen âge, les Vierges sages tiennent leurs lampes droites et les folles les ont renversées pour montrer qu'elles n'ont plus d'huile. Le costume des premières (pl. XXIX) est simple et modeste : surcots traînants serrés à la taille et chapes. Deux ont un voile sur la tête (d, e), les trois autres sont en cheveux (a, b, c) (3). Les Vierges folles (pl. XXVIII; fig. 111) ont une mise plus recherchée : pas de voiles; deux (b, d) ont le chapeau en forme de mortier affectionné des élégantes du XIIIe siècle (4); les autres sont tête nue; deux (c, d) ont des affiquets et leurs chapes sont attachées sur les épaules par un cordon lâche; une autre (a)

---

(1) « Tunc simile erit regnum cœlorum decem virginibus, quæ accipientes lampades suas exierunt obviam sponso et sponsæ. Quinque autem ex eis erant fatuæ et quinque prudentes : sed quinque fatuæ, acceptis lampadibus, non sumpserunt oleum secum; prudentes vero acceperunt oleum in vasis suis cum lampadibus. Moram autem faciente sponso, dormitaverunt omnes et dormierunt. Media autem nocte clamor factus est : Ecce sponsus venit, exite obviam ei. Tunc surrexerunt omnes virgines illæ et ornaverunt lampades suas. Fatuæ autem sapientibus dixerunt : Date nobis de oleo vestro, quia lampades nostræ extinguuntur. Responderunt prudentes, dicentes : Ne forte non sufficiat nobis et vobis, ite potius ad vendentes et emite vobis. Dum autem irent emere, venit sponsus, et quæ paratæ erant intraverunt cum eo ad nuptias, et clausa est janua. Novissima vero veniunt et reliquæ virgines dicentes: Domine, Domine, aperi nobis. At ille respondens ait : Amen dico vobis, nescio vos. Vigilate itaque, quia nescitis diem neque horam ». Matth., xxv, 1-13.

(2) Sans en être le complément obligé, la parabole des Vierges folles et des Vierges sages accompagne très souvent, et depuis une très grande antiquité, la représentation du second avènement du Christ et du Jugement dernier, aussi bien en Orient qu'en Occident. — Didron, Manuel d'icon. chrét., p. 217. — Voss, Das jüngste Gericht, pp. 12 et 65. — Male, Op. cit., p. 259. — etc.

(3) Elles ont été fortement restaurées en 1845. Toutes les lampes ont été entièrement refaites ainsi que la plupart des mains. Celle qui est désignée par la lettre e (pl. XXIX) a le visage entièrement refait, ainsi que l'avant-bras gauche, les deux mains et la lampe, à qui le restaurateur a donné la forme d'un vulgaire sucrier. — d, les deux avant-bras et la lampe. — c, le bras gauche et la lampe, — b, la lampe et la main qui la tient.

(4) On le voit déjà aux Vierges folles du grand portail de Saint-Germain-l'Auxerrois, à Paris.

porte le surcot sans manches et sans ceinture largement fendu sur les côtés, elle le retrousse avec coquetterie, pour laisser apercevoir sa cotte qui est par dessous et produire entre les deux vêtements une agréable opposition de couleurs. La plupart de leurs lampes, sont vides, d'autres laissent encore échapper l'huile qu'elles contenaient (1).

Au bas de chacun des chambranles; entre deux colonnettes semblables à celles de l'arcature qui encadre les Vierges folles et les Vierges sages, on a sculpté, également en bas-reliefs :

1° A la droite du Christ, sous les Vierges sages (pl. XXIX, f) : Un figuier vigoureux, couvert de feuillage et aux branches duquel deux lampes sont suspendues.

2° A la gauche du Christ, sous les Vierges folles (pl. XXVIII, f) : Un arbre desséché, dépouillé de son feuillage, et dans le tronc duquel une énorme cognée est enfoncée (2).

C'est la parabole du bon et du mauvais arbre, métaphore dont le Christ aimait à se servir. « Tout arbre qui ne porte pas de bons fruits sera coupé et jeté au feu..... Ce ne sont pas tous ceux qui me disent : Seigneur, Seigneur, qui entreront dans le royaume des Cieux..... Beaucoup me diront en ce jour : Seigneur, Seigneur », etc. (3). Sa présence à côté des Vertus et des Vices, des Vierges folles et des Vierges sages, du Jugement dernier enfin, n'a pas besoin de longs commentaires. La hache dans le tronc du mauvais arbre s'explique aisément par le texte de l'Évangile (4). Je n'ai rien trouvé qui donne la raison des deux lampes pendues au bon arbre. Ne serait-ce pas une manière de relier cette parabole avec celle des Vierges folles et des Vierges sages?

A la partie supérieure des chambranles et à celle du trumeau, quatre corbeaux sculptés servent à diminuer la portée du linteau (pl. XXVIII, fig. 107). Chacun d'eux est orné d'un ange accroupi, et vêtu d'une tunique. Ceux qui sont placés au haut des chambranles tiennent chacun une couronne d'orfèvrerie (5); ceux

---

(1) Les Vierges folles ont moins souffert de la restauration que les Vierges sages. Sauf e (pl. XXVIII), dont le nez, la bouche, l'avant-bras gauche et la lampe ont été refaits, et d, à qui on a remis la main droite et la lampe, le reste est à peu près intact.

(2) Tous deux ont été fortement restaurés en 1845.

(3) « Sic omnis arbor bona fructus bonos facit : mala autem arbor malos fructus facit. Non potest arbor bona malos fructus facere, neque arbor mala bonos fructus facere. Omnis arbor quæ non facit fructum bonum exciditur et in ignem mittetur. Igitur ex fructibus eorum cognoscetis eos. Non omnis qui dicit mihi Domine, Domine, intrabit in regnum cœlorum..... Multi dicent mihi in illa die : Domine, Domine », etc. *Matth.*, VII, 17-22. — « Non est enim arbor bona quæ facit fructus malos, neque arbor mala faciens fructum bonum. Unaquæque enim arbor de fructu suo cognoscitur..... Quid autem vocatis me : Domine, Domine? » etc. *Luc.*, VI, 43-46. — Dans l'église d'Amiens, au XIIIe siècle, et sans doute aussi dans d'autres, la version de cette parabole tirée de saint Luc était lue à la messe pendant l'octave de la Dédicace *(Lib. ordin., Bibl. d'Am.,*

ms, 184, fol. 348). Un texte de saint Hilaire laisse supposer que ce serait un souvenir de la liturgie gallicane. « Hi sunt enim fructus bonæ arboris, hic boni cordis thesaurus, hæc fundamenta sapientis Architecti quæ nobis hodierna Sancti Evangelii léctio commendat ». S. HILAR., *Sermo de Dedicat. eccles..... Pictavis in ecclesia ipsius ibidem consecrata. Patrol.*, t. X, col. 880. — Cf. RABAN MAUR, *Homilia in Dedicatione templi. Patrol.*, t. CX, col. 73. — HAYMON. HALBERST., *Homilia in Dedicatione ecclesiæ. Patrol.*, t. CXVIII, col. 741. — Rappelons que, dans la liturgie romaine, l'Évangile du jour de la Dédicace est l'histoire de Zachée *(Luc., XIX)*, où il est aussi parlé d'un arbre « arborem sycomorum », sur lequel certains pères ont beaucoup glosé. « Sycomorus quippe ficus fatua dicitur ». S. GREG. MAGN., *Moral.*, lib. XXVII. *Patrol.*, t. LXXVI, col. 445, — etc.

(4) « Jam enim securis ad radicem arborum posita est. Omnis ergo arbor quæ non facit fructum bonum exciditur et in ignem mittetur ». *Matth.*, III, 10. — *Luc.*, III, 9.

(5) Ces couronnes sont refaites.

qui accompagnent le trumeau balancent des encensoirs. Figures charmantes de fraîcheur et de jeunesse.

TYMPAN ET VOUSSURE. — Les sujets sculptés sur le tympan et le long des cordons de la voussure ne forment qu'un seul et même ensemble. Par son incarnation, sa mort et sa résurrection, le Christ a effacé les péchés du monde, mais dans ce premier avènement il a été abaissé et humilié. Il doit être glorifié dans un second avènement qui aura lieu à la fin des temps. C'est alors seulement que les prédictions des prophètes et du Christ lui-même recevront leur plein et parfait accomplissement, c'est alors que toutes choses seront remises à leur place. Alors tous les hommes ressusciteront et le Christ les jugera, pour admettre les bons à ses noces éternelles, et précipiter les méchants dans les ténèbres infernales. En ce jour; « in die illa », la Jérusalem Céleste sera entièrement édifiée, les noces mystiques du Christ avec son Église seront consommées, et l'Église triomphante sera exaltée avec son divin époux.

Telle est l'attente et la grande préoccupation des Chrétiens depuis l'Ascension. Cet événement, ils en connaissent tous les détails par les prophètes et par l'Évangile, et il est pour eux aussi certain que s'il appartenait au passé. Il fait déjà partie de l'histoire du monde (1). Les Pères y reviennent sans cesse et la liturgie y fait souvent allusion. Rappelons que c'est la pensée qui domine dans le rit de la consécration des églises et dans l'office de la Dédicace (2).

Depuis une époque qui, si elle ne remonte pas aux premiers temps, est du moins fort ancienne, le second avènement du Christ et le Jugement qui doit l'accompagner est un des sujets les plus fréquemment représentés sur tous les monuments chrétiens aussi bien en Orient qu'en Occident. Dans leurs monuments

---

(1) Cf. MALE, *Op. cit.*, p. 453.

(2) « Sponsa itaque nunc est sancta Ecclesia per fidem, spem et charitatem, sed tunc erit uxor, quando ad amplexus viri, id est ad contemplationem Dei omnipotentis pervenerit. Quod tota die quidem in singulis agitur electis, generaliter autem in fine complebitur. Tunc omnes in commune audient : *Venite benedicti Patris. (Matth.*, XXV, 34). HAYMON. HALBERST., *Homil.* v, *in die Dedic. templi*, sur le texte : « Vidi civitatem Sanctam », etc.*(Apoc.*, XXI). *Patrol.*, t. CXVIII, col. 813. — Expliquant les cérémonies de la consécration des églises, après avoir parlé de la consécration de l'autel et de la bénédiction des ornements, Honorius d'Autun ajoute : « Post hæc, pontifex altare benedicit, et Christus Ecclesiam his verbis benedicit : *Venite benedicti Patris mei*. Pontifex revertitur in sacrarium cum ordinibus suis et induit se vestimentis aliis, et Christus revertitur in mundum ad judicium, cum ordinibus angelicis; aliis induitur vestimentis, quia servilem formam præsentabit impiis, cum *videbunt in quem crucifixerunt (Ioan.* XIX, 37) et justi Regem gloriæ in decore suo videbunt. Deinde ornatur ecclesia et accenduntur luminaria, quia tunc opera justorum splendescunt ». HONOR. AUGUST., *Gemma animæ*, I, 178. *Patrol.*, t. CLXXII, col. 596. — « Tres nuptiæ leguntur in Evangelio :..... Tertiæ nuptiæ post judicium erunt, quando per angelos Ecclesiam in cœlestem Hierusalem transferet et in thalamo gloriæ ipsa Deitatis visione sibi conjunget ». HONOR. AUGUST., *Expos. in Cant.*, Prolog. *Ibid.*, col. 349. — C'est la pensée développée dans une prose au rythme original que le diocèse de Paris a eu le bon esprit de conserver pour la messe de la Dédicace, mais dont l'attribution à Adam de Saint-Victor est contestée :

« Jerusalem et Sion filiæ,
Cœtus omnis fidelis curiæ
Melos pangat jugis lætitiæ,
    Alleluia.
Christus enim desponsat hodie
Matrem nostram, norma justitiæ,
Quam de lacu traxit miseriæ
    Ecclesiam ».

Patrol., t. CXCVI, col. 1460. — « Terribilis est locus iste, hic domus Dei est et porta cœli et vocabitur aula Dei ». *(Gen.*, XXVIII, 17). Introït de la messe de la Dédicace.

figurés, les Grecs font une distinction entre l'Avènement du Christ et le Jugement dernier; le *Guide de la peinture* indique séparément la manière de peindre l'un et l'autre. Elles ne diffèrent d'ailleurs que par de menus détails, et il doit être assez difficile de les distinguer dans la pratique. Didron (1) fait observer qu'en Occident, les deux sujets sont ordinairement réunis. Le Christ apparaît et juge en même temps.

Au xiiie siècle, l'habitude est devenue très fréquente de sculpter le Jugement dernier à la porte des églises, et nous n'avons pas besoin de rappeler qu'il figure dans la plupart des grandes cathédrales. Celui qui est sculpté sur le tympan de la porte principale de la cathédrale d'Amiens est un des plus complets : il contient même certains détails qui ne se voient que rarement dans les autres, détails d'une importance considérable, pour montrer la pensée de ceux qui en ont donné le programme iconographique.

Pl. XXXVI. — Tout en haut du tympan, dans la pointe du cintre brisé, est l'apparition du Fils de l'homme. Il est à mi-corps, le nimbe crucifère autour de la tête, et sortant de nuages (2); dans chacune de ses mains est une banderole déroulée; suivant les paroles de l'Apocalypse, deux épées nues sortent de sa bouche, la poignée en avant (3). Cette apparition, du Fils de l'homme dans les nuages est, croyons-nous, à peu près unique dans les tympans du xiiie siècle représentant le *Jugement dernier* (4). A sa droite et à sa gauche, un peu plus bas, sont deux anges agenouillés : l'un, dont le manteau, singulièrement drapé est comme soulevé par un coup de vent, tient un disque sur lequel est figuré le soleil aux rayons flamboyants; l'autre porte le croissant de la lune également inscrit dans un disque (5).

Au-dessus du linteau, qui est peu élevé, mais entièrement nu et couronné

---

(1) Didron, *Manuel d'iconogr. chrét.*, p. 264, note 2. — Sur l'iconographie du Jugement dernier, voy. A. Bouillet, *Le Jugement dernier dans l'art aux douze premiers siècles*, dans *Notes d'art et d'archéol.*, 1894. — Jessen, *Die Darstellung des Weltgerichts bis auf Michelangelo*. — Voss.; *Das Jüngste Gericht*. — Male, *L'Art relig. du* xiiie *s.*, p. 453, — etc.

(2) « Et videbunt filium hominis venientem in nubibus cœli, cum virtute magna et majestate ». *Matth.*, xxiv, 30. — « Videbunt filium hominis, venientem in nubibus, cum virtute multa et gloria ». *Marc.*, xiii, 26. « Videbunt filium hominis venientem in nube, cum potestate magna et majestate ». *Luc.*, xxi, 27. » — Ecce venit cum nubibus ». *Apoc.*, ii, 7, — etc.

(3) « Similem Filio hominis, vestitum podere et præcinctum ad mamillas zona aurea...... et de ore ejus gladius utraque parte acutus exibat..... Et de ore ejus procedit gladius ex utraque parte acutus, ut in ipso percutiat gentes ». *Apoc.*, i, 13, 16; xix, 15. Voy. ci-dessus, p. 347. — « Et posuit os meum quasi gladium acutum ». *Isai.*, xlix, 2.

(4) Ordinairement elle n'est pas distincte de celle du Souverain juge à son tribunal, et souvent, dans ce cas, l' « in nubibus cœli » est simplement rappelé par des nuages figurés par des ondulations autour ou au-dessous de celui-ci ; comme par exemple à Chartres, à Reims, à Dax. — Dans les monuments de l'époque antérieure, au contraire, on voit parfois le Fils de l'homme avec un ou deux glaives sortant ainsi de sa bouche, notamment dans le tympan de la Lande de Cubzac (Gironde), qui date au plus tard du xiie siècle (A. de Caumont, *Abécéd. archéol.*, 5e édit., p. 261), dans un grand émail sur la patène d'un calice roman à la cath. de Mayence (Gueyton, dans *Annales archéol.*, t. V, p. 314). — Sur l'abandon de l'Apocalypse en faveur de l'Évangile dans la représentation du Jugement dernier au xiiie siècle, et sur la difficulté pour la sculpture de rendre la sublime poésie du texte apocalyptique, voy. Male, *op. cit.*, p. 455 et suiv.

(5) « Sol obscurabitur et luna non dabit lumen suum ». *Matth.*, xxiv, 29. — Voy. ci-dessus, p. 351. — Le soleil et la lune ne figurent ni à Laon, ni à Paris, ni à Chartres, ni à Reims, ni à Poitiers, ni à Bazas, ni à Saint-Omer, ni à la Couture au Mans; on les voit au contraire dans quelques autres monuments tels que les cathédrales de Bourges, de Bordeaux, de Dax, l'église de Rampillon (Seine-et-Marne), etc.

370   DESCRIPTION.

seulement d'une jolie guirlande de vigne dans laquelle se jouent quelques oiseaux, le reste du tympan est divisé horizontalement en trois zones ou registres.

1° Résurrection. Le schéma ci-contre fait voir comment la structure du registre s'adapte à sa composition. Les figures sont taillées en demi-relief dans la pierre de l'appareil, qui est combiné en conséquence. La Résurrection est répartie en deux groupes, F, G, H, I et K, L, M, N, placés chacun entre deux anges debout, B, C, D, E, qui soufflent dans de longues trompes recourbées (1). Ces quatre anges ont de jolies figures pleines de jeunesse, qu'encadre une couronne de cheveux ondulés; tous quatre sont vêtus de tuniques. Les deux qui se trouvent à la droite du spectateur sont de plus drapés dans un ample manteau. Chaque ange est taillé dans une pierre de la hauteur même du registre. Les deux principaux groupes de ressuscités se subdivisent chacun en quatre autres taillés sur autant de blocs de pierres et séparés, par conséquent, par des joints; de sorte que, dans chaque groupe, les quatre subdivisions sont disposées sur deux rangs horizontaux, deux sur chaque rang. La plupart des ressuscités sortent nus de leurs tombes (2); quelques-uns sont encore couverts de leurs linceuls dont ils cherchent à se débarrasser. Remarquons une fois pour toutes que, dans la scène du Jugement, tous les ressuscités, élus ou réprouvés, ont les figures jeunes. Les hommes sont sans barbe (3). Les tombeaux sont pour la plupart de simples fosses couvertes de dalles que les ressuscités soulèvent. Nous décrirons séparément chacun des sous-groupes, en commençant par la gauche du spectateur :

F. — Sept personnages sortent de leurs tombeaux dont ils soulèvent les couvercles : tous sont nus. L'un d'eux porte sur la tête une couronne royale, un autre est tonsuré, un troisième met sa main sur son front, comme s'il était ébloui, se réveillant d'un long et profond sommeil, un autre relève sa chevelure, un autre fait effort sur ses bras pour se relever.

G. — Groupe de cinq personnages, dont plusieurs joignent les mains et lèvent des regards suppliants vers le Souverain Juge. Un de ces personnages à moitié sorti de son tombeau dont le couvercle est entièrement enlevé, a encore son linceul sur la tête et sur les épaules. Un autre est assis sur le bord de sa tombe.

H. — Ne doit-on pas voir deux époux dans ces deux personnages, homme et femme, l'homme prenant par la main la femme qu'il attire avec confiance vers

---

(1) « Et mittet angelos suos cum tuba et voce magna, et congregabunt electos ejus a quatuor ventis » *(Matth.,* xxiv, 31). — « In momento, in ictu oculi, in novissima tuba; canet enim tuba, et mortui resurgent incorrupti ». I *Cor.*, xv, 52. — « Ipse Dominus in jussu, et in voce archangeli, et in tuba Dei descendet de cœlo ». I *Thess.*, iv, 15. — Cf. *Apoc.*, viii à xi.

(2) « Ecce ego aperiam tumulos vestros et educam vos de sepulchris vestris, populus meus, et inducam vos in terram Israel ». *Ezech.*, xxxvii, 12. — « Et multi de his qui dormiunt in terræ pulvere evigilabunt, alii in vitam æternam, et alii in opprobrium ut videant semper ». *Dan.*, xii, 2. — « Venit hora in qua omnes qui in monumentis sunt audient vocem Filii Dei, et procedent qui bona fecerunt in resurrectionem vitæ; qui vero mala egerunt in resurrectionem judicii ». *Joan.*, v, 28, 29, — etc.

(3) Cette loi n'est pas appliquée aux personnages dont le type traditionnel est d'avoir de la barbe, tels que saint Pierre, Abraham, etc.

le Souverain Juge? Ils ont vécu ensemble, ils se sont aimés ici-bas, et ils se retrouvent dans l'éternité; pensée touchante. Ne serait-ce même pas l'homme et la femme par excellence, Adam et Ève, réconciliés avec Dieu? Derrière eux est un autre personnage entièrement nu, un chapeau de fleurs sur la tête et joignant les mains. Un quatrième est presque entièrement caché par les trois autres.

Fig. 117 — Tympan de la porte du Sauveur
Saint Michel

I. — Les trois personnages qui forment ce sous-groupe sont encore à moitié enveloppés dans leurs linceuls. Les deux premiers joignant les mains regardent le Souverain Juge d'un air suppliant; l'un d'eux porte une couronne royale; les deux autres sont encapuchonnés dans leurs linceuls.

K. — Quatre personnages entièrement nus sortent de leurs tombeaux dont un est en forme de sarcophage.

L. — Trois ressuscités sortent de même de leurs sépulcres dont ils soulèvent le couvercle avec effort. Un quatrième est dans une urne, il se tient les oreilles, comme s'il était étourdi ou étonné (1); on en aperçoit deux autres derrière lui.

(1) Cette particularité de ressuscités sortant d'urnes ou de vases est assez fréquente dans les représentations du Jugement dernier du XIIIe siècle. On en voit même parfois plusieurs (cath. de Reims, de Saint-Omer, de Dax, de Bazas, Saint-Seurin de Bordeaux, etc.). L'interprétation la plus naturelle est que les artistes ont voulu ainsi figurer l'incinération en usage parmi les païens. MM. Jourdain et Duval (*Le grand portail*, etc., dans *Bull. monum.*, t. XII, p. 289) l'ont rejetée comme trop savante ou trop puérile et, au moyen d'explications un peu alambiquées, ils ont supposé que ces urnes ou vases devaient symboliser l'enfer ou la mer. Nous y renvoyons le lecteur, lui laissant le soin d'apprécier la valeur de cette explication. Les auteurs qui ont

M. — Quatre personnages également nus quittent leurs tombeaux dans des attitudes assez singulières. L'un est encore couché sur le dos et joint les mains; un autre soulève une pierre qui paraît être un fragment de dalle funéraire. Scène pleine de vie et de mouvement.

N. — Les cinq derniers sont également nus : trois debout hors de leurs tombeaux, un autre, encore couché sur le dos, soulève avec effort le couvercle de son sépulcre pour sortir. On aperçoit à peine la tête du cinquième.

A. — Au centre du registre (fig. 117) l'archange saint Michel se tient debout, non pas avec l'appareil guerrier qu'on lui donnera plus tard, mais vêtu d'une tunique, comme les autres anges, et ayant comme eux la figure jeune et imberbe, la tête découverte (1). Il procède au pèsement des bonnes et des mauvaises actions des hommes (2). Il avait subi quelques mutilations : la main gauche manquait, de même que les doigts de la main droite; de la balance, il ne restait que le plateau de droite contenant un *Agnus Dei*, et l'arrachement du plateau de gauche, contre la robe de l'archange, un peu plus haut que le premier. Par la disposition des bras, on voit fort bien que saint Michel tenait la balance de la main gauche et que, de la droite, il faisait pencher le fléau du côté de l'*Agnus*. Les mains de saint Michel et ce qui manquait de la balance ont été entièrement refaits par Caudron qui, dans le plateau de gauche, le plus léger, a placé une énorme tête de diable grimaçante. Aux pieds de saint Michel sont assis trois petits personnages. Le premier, sous le plateau de droite, est vêtu d'une simple tunique et déroule une banderole (3). Un autre, sous le plateau de gauche, porte à peu près le même costume, mais il est plus petit et affaissé sur lui-même : il a les yeux bandés, une couronne sur la tête, une espèce de bâton à la main (4). Le troisième est un diablotin à la gueule large et lippue, aux pieds munis de griffes. Ses mains étaient brisées : le restaurateur moderne lui a démesurément allongé les bras, pour le faire tirer à lui le plateau des mauvaises actions. S'il n'en était si loin, on pourrait croire en effet qu'il était là pour essayer de le faire pencher, comme cela se voit dans beaucoup de représentations du Jugement dernier (5). Peut-être le faisait-il, mais au moyen de quelque instrument, fourche ou crampon, ou bien en exécutait-il le geste sans pouvoir y atteindre. Quant aux deux autres personnages, on ne voit rien de pareil dans les représentations du même sujet sur les tympans du xiiie siècle. Malgré leur posture assez inusitée, je crois qu'on ne peut y voir autre chose que l'Église et la Synagogue. Étant donné l'esprit dans lequel est conçue l'iconographie de notre portail, la présence en cet endroit de l'Église triomphante et de la Synagogue vaincue s'explique tout naturellement (6).

---

traité de la représentation du Jugement dernier n'en ont guère parlé.

(1) Il en est de même dans les autres représentations du Jugement dernier du xiiie siècle.

(2) « Appondat me in statera justa ». *Job*, xxxi, 6. — « Appensus es in statera et inventus es minus habens ». *Dan.*, v, 27. — « Sed signifer sanctus Michael repræsentet eas in lucem sanctam ». Offert. de la messe des défunts, — etc.

(3) Sa tête était brisée et a été remplacée par une tête au visage imberbe et couronnée.

(4) Ce personnage était à peu près intact. Le restaurateur moderne, influencé sans doute par quelque arrachement sur le sol, a eu la malencontreuse idée de transformer l'objet qu'il tenait à la main en un arbuste dépouillé de ses feuilles et brisé.

(5) Vitrail de la cath. de Bourges, portes des cath. de Chartres, de Dax, de l'église de la Couture au Mans, etc.

(6) MM. Jourdain et Duval, qui n'ont pas poussé leur description jusque là, laissent pourtant pressentir que telle était leur opinion. (*Op. cit.*, dans *Bull. monum.*, t. XII, p. 195). — Sur la représentation de l'Église et de

Remarquons que l'Église se trouve du côté de l'Agneau, et la Synagogue du côté de la tête de diable qui figurent dans la balance tenue par l'archange. Tout ce groupe de saint Michel et des trois petits personnages qui l'accompagnent est pris dans une seule pierre un peu plus haute que le registre, et qui empiète légèrement sur le linteau.

Une jolie guirlande de feuillage et de vigne ornemanisée et finement refouillée sépare les deux premières zones.

2ᵉ zone. — Séparation des élus des réprouvés. Une première remarque à faire, c'est que tous les élus sont vêtus, tandis que les réprouvés sont nus (1).

A la droite du Souverain Juge qui trône à l'étage supérieur, sont les élus (2) rayonnant d'une félicité céleste. Un ange les sépare du groupe des réprouvés (3), et pousse légèrement le dernier élu par les épaules, comme pour l'empêcher de se retourner vers le honteux cortège qui marche en sens inverse. Drapés dans de longs vêtements, les élus s'avancent gravement, comme une procession. L'un met doucement la main sur l'épaule de son voisin; une femme est reconnaissable à son voile; derrière elle, vient un roi, couronne en tête; dans les derniers on distingue un homme vêtu d'un surcot court aux manches fendues et tombantes : la sainteté n'exclut pas l'élégance. Ils arrivent à la porte du ciel (4), placée à l'extrémité du registre, tout contre la voussure. C'est un simple arc en plein cintre, surhaussé, près duquel s'élève une petite église à une seule nef, aux fenêtres sans meneaux, et couronnée d'un clocher octogonal. A l'intérieur, un ange tient un flambeau, un autre balance un encensoir, un troisième, du haut de la porte, pose une couronne sur la tête du premier élu qui se présente. C'est un personnage austère au visage maigre et ascétique : il est tonsuré et vêtu d'une tunique à longues manches et à capuce, serrée par une corde, les pieds nus, en un mot, un Franciscain (5). Saint Pierre, ses clefs à la main, vient d'ouvrir la porte et le fait entrer en faisant signe aux autres d'approcher.

la Synagogue dans la scène du Jugement dernier, voy. Weber, *Geistliches Schauspiel und kirchliche Kunst*, p. 103. — Dans les portes du XIIIᵉ siècle représentant le Jugement dernier, il est assez rare de voir figurer l'Église et la Synagogue. Cependant, à Notre-Dame de Paris, elles sont debout, à droite et à gauche de la porte du Sauveur. Ces deux statues ont été refaites dans ces derniers temps, mais elles existaient à l'origine.

(1) Il en est de même dans la plupart des représentations du Jugement dernier. Aux portails de Chartres, de Reims, de Bazas, de Rouen, de Poitiers, les réprouvés ne sont nus que quand ils sont en enfer. Durant leur lugubre voyage, ils ont encore leurs vêtements. De même dans le vitrail de la cathédrale de Bourges.

(2) « Et ideo, fratres charissimi, exempla ista attentius cogitantes, arcellas interiores, id est conscientias nostras, quantum possumus, cum Dei adjutorio custodire diligentius studeamus : ut cum dies judicii venerit, in illa æterna ac beata Ecclesia, ubi nunquam habitare poterit malus et unde nunquam exiturus est bonus, non cum pannis veteribus foras in tenebras exteriores excludendi appareamus, sed stola immortalitatis induti, castitatis et justitiæ gemmis ornati et eleemosynarum luce vestiti, audire mereamur : *Venite benedicti Patris mei, percipite regnum quod vobis paratum est ab origine mundi* (*Matth.*, xxv, 34); et illud : *Euge, serve bone et fidelis, intra in gaudium Domini tui* (*ibid.*, 21) ». S. August., *Sermo in Dedicat. eccles. Patrol.*, t. XXXIX, col. 2168.

(3) « Et mittet angelos suos..... et congregabunt electos ejus ». *Matth.*, xxiv, 31. — « Et tunc mittet angelos suos et congregabit electos suos ». *Marc.*, xiii, 27.

(4) « Aperite mihi portas justitiæ, ingressus in eas confitebor Domino. Hæc porta Domini, justi intrabunt in eam ». *Ps.* cxvii, 19, 20.

(5) M. Mâle (*op. cit.*, p. 482) avait déjà remarqué la présence d'un Franciscain parmi les élus à la porte de N.-D. de la Couture au Mans, qu'il rajeunit peut-être un peu en le plaçant à la fin du XIIIᵉ siècle, mais qui est postérieure à la nôtre. Il ne paraît pas avoir remarqué celui d'Amiens. Saint François d'Assises est mort en 1226 et a été canonisé dès 1228. Les Franciscains n'ont été établis à Amiens qu'en 1244. En 1226, c'est tout juste si la construction de notre portail en était là. Le costume du nouvel ordre des Frères

La suite est sculptée sur les sommiers des six cordons de la voussure correspondant à la partie ébrasée de la porte, et sur lesquels on a représenté les élus conduits vers la Jérusalem céleste.

Pl. XXXVII, 1. — Aussitôt après avoir franchi le seuil de la porte, les élus sont reçus dans le sein d'Abraham (1). Debout (2), vêtu d'une tunique et d'un manteau, le patriarche tient sur ses bras élevés trois âmes d'élus figurées par trois petits personnages nus et sans sexe, posés dans un linceul. Ils sont ensuite conduits vers la Jérusalem céleste.

Pl. XXXVII, 2. — Une femme, tête nue, surcot traînant, aux manches longues et étroites, formant par en bas des plis cassés, et serré par une courroie qui pend par devant, une chape jetée sur les épaules et retenue sur le devant de la poitrine par un cordon lâche dans lequel elle a passé le pouce de la main gauche. Un ange la tenant par la main semble la guider vers la Cité céleste qu'il lui montre dans le lointain (3). Derrière eux, on distingue à peine un troisième personnage un peu plus petit, tête nue et sans barbe.

Pl. XXXVII, 3. — Deux élus, vêtus de longues tuniques et de manteaux drapés. L'un d'eux, qui paraît être une femme, tient une plante dans les plis de son manteau; l'autre, une fleur (4). Un ange les conduit une sorte de guitare à la main.

Pl. XXXVII, 4. — Deux élus, têtes nues, vêtus l'un d'un long surcot sans ceinture, l'autre d'une tunique et d'un manteau drapé, tiennent des objets difficiles à distinguer. Ils sont conduits par un ange, qui leur montre le chemin (5).

Pl. XXXVII, 5. — Un homme et une femme, deux époux sans doute. Le premier, nu-tête, vêtu d'une tunique et d'un manteau drapé dont il relève un des pans, a dans une main une colombe, et dans l'autre une branche de roses (6). La femme, qui porte un surcot traînant et serré à la taille, par-dessus lequel est jeté un manteau, un couvre-chef sur sa longue chevelure, tient aussi une branche de rosier sur laquelle est posée une colombe. Tous deux, souriants et pleins de joie, s'apprêtent à entrer dans la Jérusalem céleste.

Pl. XXXVII, 6. — La Jérusalem céleste est figurée par un riche édifice gothique à deux étages de fenêtres à meneaux, surmonté de gables et de pinacles (7). A l'entrée se tient un ange prêt à poser une couronne d'orfèvrerie sur la tête du premier élu qui se présentera (8).

Mineurs et sa réputation de sainteté étaient donc déjà connus à Amiens.

(1) « Factum est autem ut moreretur mendicus et portaretur ab angelis in sinum Abrahæ ». *Luc.*, XVI, 22. — « Suscipiat te Christus qui vocavit te, et in sinum Abrahæ angeli deducant te..... Chorus angelorum te suscipiat et cum Lazaro quondam paupere æternam habeas requiem ». *Ritual. rom., Ordo exequiarum.*

(2) Dans les autres monuments représentant le même fait, il est généralement assis (Paris, cathédr. et Saint-Germain-l'Auxerrois, Chartres, Reims, Bourges, Saint-Omer, etc.).

(3) « Et perducant te in civitatem sanctam Jerusalem ». *Ritual. rom., Ordo exequiarum.*

(4) Cette fleur et la main qui la tient paraissent avoir été refaites.

(5) La main droite, qui montre le chemin a été refaite.

(6) Refaite.

(7) « Paratam sicut sponsam ornatam viro suo ». *Apoc.*, XXI, 2. — « Urbs fortitudinis nostræ Sion; Salvator ponetur in ea murus et antemurale. Aperite portas, et ingrediatur gens justa custodiens veritatem..... Vade, populus meus, intra in cubicula tua, claude ostia tua super te ». *Isai.*, XXVI, 1, 2, 20.

(8) Il n'y a pas de double emploi avec l'entrée du Paradis figuré dans la seconde zone du tympan; l'entrée du Paradis et celle de la Jérusalem céleste sont considérées comme deux choses distinctes.

La procession des réprouvés (1) fait pendant à celle des bienheureux. Tous sont nus, avons-nous dit, et la différence des sexes est marquée. Ils marchent en sens inverse des élus. Dos à dos avec l'ange qui clôt la marche de ceux-ci, un diable dont la large gueule est entr'ouverte par un rire mauvais, pousse violemment par les épaules le dernier damné. C'est une femme. Pleine d'épouvante, comme si le contact des griffes du démon lui brûlait les chairs, elle se retourne en faisant la plus navrante des grimaces, se raccrochant au réprouvé qui la précède, et qui, les bras croisés, s'avance avec crainte et en pleurant; groupe d'une vérité poignante. L'avare ou le mauvais riche se reconnaît au sac d'écus qui pend à son cou et qu'il soutient d'une main, en appuyant son menton sur l'autre, comme s'il pleurait sous le poids des plus cruels remords (2). C'est le seul vice qui soit désigné par un attribut bien clair. Il y est même par deux fois. De même qu'il y avait un roi du côté des élus, on en voit un aussi parmi les damnés. Seule, la couronne qu'il a sur la tête marque son ancienne dignité, aggrave ses fautes et fait avec la nudité de son corps un contraste ironique. Deux hommes tonsurés, dont l'un porte une crosse, mais sans mitre, se tiennent par le bras; c'est un abbé et un moine qui ont laissé le relâchement s'introduire dans leur couvent (3). Trois autres personnages se donnent la main : deux hommes et une femme. Celle-ci porte la main à la figure en détournant le regard, comme si elle voulait se garantir des ardeurs d'un feu violent. Un homme s'avance joignant les mains d'un air craintif, et nous voilà à l'entrée de l'enfer.

C'est la gueule démesurément ouverte de Léviathan (4), garnie d'une formidable rangée de dents et de crocs. Il n'en sort point de flammes, comme on en voit souvent dans les autres représentations du même genre. Un petit diable, à demi caché dans les profondeurs de la mâchoire, y attire trois réprouvés, qui, tout en pleurs, cherchent à résister : l'un d'eux joint les mains avec désespoir, tandis qu'un diablotin caché derrière eux le pousse par les épaules.

Comme les joies du Paradis, les scènes infernales se continuent sur les sommiers des pieds droits de l'ébrasement de la porte. Il semble que l'artiste ait été beaucoup moins embarrassé pour figurer les supplices de l'enfer que pour

---

(1) « Tunc dicet et his qui a sinistris erunt : Discedite a me, maledicti, in ignem æternum, qui paratus est diabolo et angelis ejus ». *Matth.*, xxv, 41. — « Considerate, rogo vos, fratres, si hodie aliquis a conventu Ecclesiæ hujus pro aliquo crimine projiciatur foras, in quanto dolore vel tribulatione est anima sua..... Putamus quantus dolor erit, si aliquis pro criminibus suis ab illa Ecclesia, quæ in cœlis est a conventu angelorum vel sanctorum omnium congregatione fuerit separatus; cui nec hoc solum sufficiet ad pœnam, quod feris projicitur, sed insuper in tenebris exterioribus æterno incendio concremandus includitur? Qui enim ab illa cœlesti Jerusalem excommunicari meruerit, non solum hanc pœnam habebit, quod nec manducare vel bibere poterit, sed etiam flammas infernales sine ullo termino sustinebit, ubi est fletus et stridor dentium, ubi ululatus, lamentatio et pœnitentia sine ullo remedio, ubi est vermis ille qui non moritur et ignis qui non extinguetur ».

S. August., *Sermo in Dedicat. eccles. Patrol.*, t. XXXIX, col. 2167.

(2) « Divitias quas devoravit evomet, et de ventre illius extrahet eas Deus ». *Job*, xx, 15.

(3) A rapprocher du Franciscain qui entre le premier dans le Paradis. (Voy. ci-dessus, p. 373).

(4) « An extrahere poteris Leviathan hamo, et fune ligabis linguam ejus? Numquid pones circulum in naribus ejus, aut armilla perforabis maxillam ejus?..... Quis revelabit faciem indumenti ejus? et in medium oris ejus quis intrabit? Portas vultus ejus quis aperiet? per gyrum dentium ejus formido?..... Sternutatio ejus splendor ignis, et oculi ejus ut palpebræ diluculi..... De naribus ejus procedit fumus, sicut ollæ succensæ atque ferventis. Halitus ejus prunas ardere facit, et flamma de ore ejus egreditur ». *Job*, XL, 20, 21; XLI, 4, 5, 9, 11, 12. — *Isai.*, XXVII, 1. — Voy. Male, *op. cit.*, p. 479.

représenter les félicités célestes, et il nous a donné des groupes d'une fantaisie, d'une animation, d'une énergie extraordinaires (1).

Pl. XXXVIII, 1. — Un vilain diable velu, des griffes aux pieds, la gueule largement ouverte et tirant la langue, le nez épaté, les oreilles pointues, une paire de cornes au front, fait des grâces à une jolie femme qu'il caresse sous le menton. Celle-ci, lui saisissant le bras, cherche à repousser ses immondes avances (2). Derrière eux, un homme joint les mains en signe de crainte et de désespoir. Est-ce le mari? A leurs pieds, un quatrième personnage de sexe masculin, tombe entraîné par l'énorme et lourd sac d'écus qui pend à son cou.

Pl. XXXVIII, 2. — Deux démons s'acharnent chacun sur un damné. L'un tirant la langue et armé d'un bâton, appuie vigoureusement son genou sur l'échine de son patient qui est jeté à terre, à quatre pattes, et vomit un crapaud. L'autre, ouvrant démesurément la gueule avec une effroyable grimace, tire violemment le sien par l'épaule au moyen d'un croc. L'infortuné cherche à s'échapper, s'appuyant sur le premier. Par derrière, un troisième damné, une main sur la joue, fond en larmes, attendant son tour.

Pl. XXXVIII, 3. — La chaudière sur le feu (3). Il y grouille une véritable marmelade de réprouvés que deux diables remuent et secouent en tous sens, tandis qu'un autre, à quatre pattes sur cette bouillie humaine, la piétine comme le raisin dans la cuve et en fait sortir des crapauds, des vipères et des scorpions. Deux autres activent le feu, celui-ci en manœuvrant un grand soufflet, celui-là en tisonnant d'une main avec une paire de pincettes, tandis que de l'autre il semble arracher la langue à un damné qui passe sa tête hors de la chaudière, ou plutôt la lui brûler avec un fer rouge, supplice des blasphémateurs.

Les sujets des trois groupes qui suivent paraissent empruntés à l'Apocalypse, et, chronologiquement, devraient figurer avant ce qui précède.

Pl. XXXVIII, 4. — Un cheval fougueux, monté à poil par une femme nue, les yeux bandés; d'un poignard elle éventre un autre personnage également nu, en croupe derrière elle, et de la blessure duquel s'échappent les intestins. C'est la mort sur le cheval pâle (4).

Pl. XXXVIII, 5. — Un cheval qui se cabre et sur lequel chevauche un personnage tenant une balance. Le cheval noir (5). Ce groupe vaut mieux que le précédent : le cheval est d'un dessin plus correct.

Pl. XXXVIII, 6. — Un diable velu, court et trapu, griffes en guise de pieds, ailes pennées au derrière, tête monstrueuse, oreilles pointues, gueule béante, bande un arc avec grand effort, en s'aidant de ses pieds. C'est une des figures

---

(1) Moins pourtant que ceux du grand portail de Notre-Dame de Paris, dont les nôtres sont une imitation.

(2) La main du diable paraît avoir été refaite.

(3) « Fervescere faciet quasi ollam profundum mare et ponet quasi cum unguenta bulliunt ». *Job*, XLI, 22. — Cf. Paris, cathédrale et Saint-Germain-l'Auxerrois, Reims, Dax. A Bourges, la chaudière est dans la gueule du Léviathan. — Voy. MALE, *op. cit.*, p. 481.

(4) « Et ecce equus pallidus, et qui sedebat super eum nomen illi mors, et infernus sequebatur eum, et data est illi potestas super quatuor partes terræ interficere gladio, fame et morte et bestiis terræ ». *Apoc.*, VI, 8. — Le même sujet traité à Notre-Dame de Paris a été vulgarisé par Viollet-le-Duc dans un de ces incomparables dessins dont il avait le secret (*Dict. rais. d'archit.*, t. VIII, p. 157, fig. 20). Celui d'Amiens n'a pas la même fougue, la même hardiesse, la même observation de la nature : il n'est pourtant pas sans mérite.

(5) « Et cum aperuisset sigillum tertium, audivi tertium animal dicens : Veni et vide. Et ecce equus niger, et qui sedebat super illum habebat stateram in manu sua ». *Apoc.*, VI, 5.

les plus originales et les mieux réussies de toute la série. On ne peut s'empêcher d'admirer l'expression sarcastique de sa tête hideuse, non plus que le sentiment de l'effort vraiment comique qu'il fait pour bander son arc (1).

Le cordon qui sépare la deuxième zone du tympan de la suivante est formé d'une ligne de quatorze anges à mi-corps. Les sept premiers tiennent des couronnes d'orfèvrerie au-dessus des têtes des élus; les sept autres, armés d'épées flamboyantes, planent sur les réprouvés qu'ils chassent en enfer.

3ᵉ zone. — Le Souverain Juge à son tribunal. Nous avons vu (2) que cette zone est composée de sept statues en ronde bosse.

Au milieu, Jésus est assis (3), tête nue et ornée du nimbe crucifère, barbe à deux pointes, cheveux séparés en deux sur le haut de la tête, type habituel du Sauveur. Il est tel qu'il était sorti du tombeau au jour de sa Résurrection, presque nu, drapé seulement dans un linceul (4). On ne voit pas la trace des stigmates de la Passion; pourtant il étend les bras, la paume de la main en dehors, comme s'il voulait les montrer, à moins que ce ne soit pour donner plus de solennité au prononcé de son jugement. Il est de presque aussi grande taille que le Sauveur appuyé contre le trumeau, et il domine la composition tout entière.

La Vierge Marie et saint Jean l'Évangéliste (5), à genoux à ses côtés, joignent les mains les yeux fixés vers lui. Marie, à la droite du Christ, est vêtue d'une longue robe, d'un manteau jeté sur les épaules et d'un court voile sur lequel est posée une couronne royale. Saint Jean est de l'autre côté : son visage imberbe indique sa jeunesse, tel qu'il était quand le Christ mourut. Ses cheveux un peu bouclés sont taillés à la mode des gens d'Église, et il paraît tonsuré. Il a d'ailleurs de véritables vêtements sacerdotaux : aube, chasuble et amict paré (6). Plus loin, deux anges debout portent les instruments de la Passion. Le premier tient une grande croix formée de deux troncs d'arbres ébranchés, sur un des croisillons de laquelle est posée la couronne d'épines. Le second est vêtu d'une tunique talaire par-dessus laquelle en est une autre plus courte, tombant à fins plis droits, à la manière d'un rochet, et une espèce de chasuble, dans les plis de laquelle il tient respectueusement de la main droite les trois clous, tandis qu'il porte la lance dans la gauche (7). Aux deux extrémités, dans l'angle aigu formé par l'archivolte de la porte, deux autres anges de plus petite taille sont agenouillés, les mains jointes.

---

(1) A rapprocher de ce passage de l'Apocalypse : « Et ecce equus albus et qui sedebat super eum habebat arcum ». *Apoc.*, vi, 2. — Il semble qu'on peut encore expliquer la présence de ces trois derniers sujets par ces paroles de Jérémie : « A voce equitis et mittentis sagittam fugit omnis civitas; ingressi sunt ardua et ascenderunt rupes : universæ urbes derelictæ sunt et non habitat in eis homo ». *Jerem.*, iv, 29.

(2) Voy. ci-dessus, p. 300.

(3) « *Et dixit qui sedebat in throno (Apoc.*, xxi, 5), id est Deus omnipotens qui præsidet Ecclesiæ suæ : *Ecce nova facio omnia (Ibid.)*, ea scilicet quæ superius dicta sunt, inter quæ etiam cœlum et terra innovabuntur ». Haymon. Halberst., *Homil. v in die Dedic.*

templi. Patrol., t. CXVIII, col. 816.

(4) Le fond du nimbe paraît avoir été peint en rouge.

(5) On sait qu'à la porte d'Enfer de la cathédrale de Reims, par une exception probablement unique en France, c'est saint Jean-Baptiste et non saint Jean l'Évangéliste qui paraît auprès du Souverain Juge. — Sur la présence de la Vierge et de saint Jean dans la scène du Jugement, voy. Male, *op. cit.*, p. 471. — Didron, *Manuel d'iconogr. chrét.*, p. 268, — etc.

(6) « Fecit nos..... sacerdotes Deo et patri suo ». *Apoc.*, i, 6.

(7) Le restaurateur Caudron a donné à cette lance un fer dans le plus pur style Louis-Philippe.

Ce groupe est incomparable de grandeur et merveilleux de composition; la vérité du geste, la beauté des draperies n'enlèvent rien à l'aspect monumental. C'est du grand art statuaire.

Un dais continu abrite les cinq principales statues, se relevant en arc trilobé au-dessus de chacune d'elles et prenant plus d'importance au-dessus de la tête du Christ.

L'Église triomphante se répand le long des huit cordons qui composent la profonde voussure de la porte, en exceptant bien entendu les sommiers des six cordons correspondant à la partie ébrasée, et sur lesquels sont sculptés des sujets que nous avons décrits ci-dessus. Cette réserve faite, sur chacun des cordons est sculptée une suite de personnages (1) placés les uns au-dessus des autres, en montant vers la pointe du cintre brisé : chaque personnage est pris dans un voussoir et repose sur un petit support d'architecture taillé dans la même pierre que lui et qui sert de dais à celui qui est placé au-dessous.

1er cordon (2). — Douze anges, six de chaque côté, debout et joignant les mains, le regard tourné vers la scène qui se déroule sur le tympan. Tous sont vêtus de tuniques, quelques-uns drapés dans des manteaux. Dans la clef de l'arc (3), entre les deux derniers dais, est un treizième ange, à mi-corps, et joignant aussi les mains.

2e cordon. — Les âmes des élus portées par les anges. Quatorze anges, — sept de chaque côté, — vêtus à peu près comme les précédents, mais munis chacun de quatre ailes, sont debout, tenant dans leurs bras les âmes des élus figurées par de petits enfants nus qu'ils présentent au Souverain Juge. Dans ces vingt-huit personnages, qui, en somme, font tous la même action, qui sont à peu près dans la même attitude, et qui tous doivent donner à l'œil à peu près la même impression, sous peine de rompre la ligne architecturale, il y a une grande variété de gestes et d'expressions.

3e cordon. — Les Martyrs. Quatorze personnages de sexe masculin, assis sur des trônes, tenant chacun une palme (4), mais n'ayant aucun autre attribut pour les distinguer. Il est d'ailleurs peu probable que, dans cette série aussi bien que dans celles qui suivent, on ait eu l'intention de représenter tels saints personnages plutôt que tels autres. Ils sont ordinairement tête nue, avec ou sans barbe, couverts de vêtements amples et drapés. L'un d'eux porte le costume de diacre, un autre, les ornements du prêtre. On ne voit pas d'évêque. Quatre, outre leurs palmes,

---

(1) Haut., env. 80 centimètres en moyenne.
(2) Le plus proche du tympan.
(3) Exceptionnellement, ces cordons, qui sont en cintre brisé, ont des clefs, sans doute pour permettre de sculpter un sujet entier et symétrique à leur sommet.

(4) « Amicti stolis albis, et palmæ in manibus corum..... Hi sunt qui venerunt de tribulatione magna, et laverunt stolas suas, et dealbaverunt eas in sanguine Agni ». *Apoc.*, vii, 9, 14.

tiennent des livres fermés. Comme au cordon précédent, dans la clef de l'arc est un ange à mi-corps sortant de nuages.

4ᵉ cordon. — Les Confesseurs. Seize personnages aussi de sexe masculin et assis sur des trônes. Tous sont imberbes et nu-tête; la plupart sont tonsurés et portent des vêtements liturgiques. Les attributs donnés à quelques-uns ne sont pas suffisants pour permettre de les nommer, si tant est qu'on ait eu l'intention de les spécifier, mais ils diffèrent assez les uns des autres pour que nous puissions les décrire séparément.

1. (1) Un diacre (amict paré, aube, manipule, dalmatique). Dans sa main gauche, un livre fermé qu'il appuie sur son genou. La droite était brisée, on l'a refaite tenant un calice.

2. Un évêque ou un abbé, *in pontificalibus,* moins la crosse et la mitre (sandales, amict, aube, étole longue, droite et frangée, manipule, dalmatique, chasuble). Dans sa main gauche, un livre ouvert sur lequel il montre quelque chose avec l'index de la droite.

3. Un diacre déroulant une banderole sur ses genoux.

4. Vêtu d'une tunique et d'un manteau assez court jeté sur ses épaules; dans sa main droite, un calice dans lequel il semble prendre quelque chose avec la gauche.

5. Ne porte que l'aube, le cordon et l'amict; c'est un clerc. Il lit dans un livre ouvert devant lui.

6. Longue tunique aux manches longues et étroites et ample manteau; dans sa main droite, un livre ouvert sur lequel il montre quelque chose avec l'index de la gauche.

7. Un diacre tenant un livre ouvert qu'il présente au public.

8. Vêtu de deux tuniques, l'une longue et l'autre courte passée par-dessus la première, à la manière d'un rochet; dans sa main gauche un livre fermé et dans la droite une palme (2).

9. Vêtements drapés, il tient une palme (3).

10. Il tient dans la main gauche un calice dont il semble toucher le bord de la droite.

11. Vêtements drapés, il tient un grand calice des deux mains.

12. Un prêtre en habits sacerdotaux.

13. Un personnage lisant dans un livre ouvert devant lui. Il est vêtu d'une longue tunique à larges manches et d'une sorte de chasuble, sur laquelle est jeté un manteau.

14. Un prêtre en habits sacerdotaux, déroulant une banderole.

15. Un prêtre de même, tenant un livre fermé.

16. Un évêque ou un abbé, *in pontificalibus,* moins la mitre et la crosse, tenant un livre ouvert, dans lequel il montre quelque chose d'un geste très remarquable de noblesse et de naturel. C'est une des meilleures statuettes de toute la voussure (4).

(1) En partant d'en bas, à gauche du spectateur.
(2) La palme a été refaite.
(3) Id.
(4) Le nez paraît avoir été refait.

5ᵉ cordon. — Les Vierges et les Saintes Femmes. Dix-huit femmes assises, drapées dans d'amples vêtements, voilées et tenant divers attributs, mais qui ne sont pas non plus assez caractéristiques pour permettre de les identifier. Plusieurs tiennent des vases au col allongé, tous de même forme (1); d'autres, des livres, des bouquets ou des branches d'arbres.

1. Elle feuillette un livre d'un air méditatif. Statuette charmante, pleine de naturel et de sentiment.

2. Elle lit dans un livre placé sur son genou, et tient un vase élevé dans sa main droite cachée sous les plis de son manteau.

3. D'une main un vase, et de l'autre un livre fermé qu'elle appuie sur son genou.

4. D'une main un bouquet, et de l'autre un livre fermé appuyé de même.

5. Figure ronde et bien remplie, manteau noué sur le devant de la poitrine et faisant capuchon par dessus la tête, elle appuie d'une main un livre fermé sur son genou, tenant dans l'autre une espèce de bâton noueux qui ressemble à une branche d'arbre.

6. A peu près dans le même costume, elle tient d'une main un vase et de l'autre une fleur.

7. Elle tient dans la main droite un livre fermé qu'elle appuie sur son genou, et, dans la main gauche, cachée sous les plis de son manteau, un vase qu'elle élève en l'air.

8. Un livre fermé dans la main droite, elle cache la gauche sous les plis de son manteau.

9. Elle n'est vêtue que d'une simple robe, avec un court voile sur la tête, tenant élevé très haut dans sa main droite un bouquet, et feuilletant de l'autre main un livre placé sur son genou.

10. Les deux mains cachées sous son manteau, dans les plis duquel elle tient de la main droite un vase qu'elle élève fortement en l'air.

11. Elle tient un rameau de la main droite et de la gauche un livre ouvert sur son genou.

12. Elle tient un vase dans la main droite et un livre fermé dans la gauche, la tête droite, attitude pleine de dignité et de noblesse.

13. Une palme dans la main droite et un livre fermé dans la gauche, elle relève en même temps de cette main un pan de son manteau.

14. Longue robe serrée à la taille, manteau attaché sur le devant de la poitrine par un joyau et formant sur la tête une espèce de capuchon, elle tient un bouquet dans la main droite et un livre fermé dans la gauche.

15. Elle maintient de la main droite un vase posé sur son genou, en montrant le ciel de la main gauche.

16. Un vase dans la main gauche, elle montre avec l'index de la droite quelque chose dans un livre ouvert sur ses genoux.

17. Figure âgée, un bouquet dans la main droite qui est cachée sous un pli de son manteau, un livre fermé dans la gauche.

---

(1) Ce sont peut-être des vases à parfums. « Trahe me, post te curremus in odorem unguentorum tuorum..... Dum esset Rex in accubitu suo, nardus mea dedit odorem suum ». *Cant.*, 1, 3, 11. — Ou bien une allusion aux vases d'huile des Vierges sages. (Voy. ci-dessus, p. 365).

18. Fort jolie figure, elle tient en l'air un vase dans sa main droite cachée sous son manteau (1).

6ᵉ cordon. — Les vieillards de l'Apocalypse. « Autour du trône, il y avait vingt-quatre sièges et sur ces sièges, vingt-quatre vieillards étaient assis, couverts de vêtements blancs et couronnés d'or..... Ils avaient tous des cithares et des fioles d'or pleines de parfums, qui sont les prières des saints » (2). Ne pouvant disposer que de vingt voussoirs, on n'a sculpté que vingt vieillards. Tous sont assis « super thronos », tous, sauf un, sont barbus, tous couverts de vêtements drapés, couronnes royales sur la tête. Ils tiennent des fioles en forme de vases à longs cols et des instruments de musique variés. Ces instruments de musique, qui ont un très haut intérêt au point de vue archéologique, ont été jadis spécialement étudiés et, pour un grand nombre, reproduits par E. de Coussemaker (3). Nos vingt personnages ne diffèrent guère entre eux que par les instruments qu'ils portent, nous nous contenterons donc de les indiquer.

1. Un *psalterion*, que Coussemaker (4) décrit ainsi : « Composé d'une caisse plate et triangulaire; mais les côtés, au lieu d'aller obliquement en droite ligne, de la base au sommet, formaient d'abord avec cette base une courte ligne perpendiculaire, puis allaient rejoindre le sommet, en dessinant une légère courbe..... Les cordes de ce psaltérion ne sont pas marquées, mais les chevilles qui sont placées sur un des côtés, indiquent qu'il y en avait au moins treize et très probablement quinze ». Quatre ouïes, dont une plus grande que les trois autres sont percées dans la table d'harmonie.

2. La main droite, ainsi que l'instrument qu'elle tenait, avait disparu, on l'a refaite tenant une espèce de trompette droite assez semblable à un porte-voix, et n'ayant aucun caractère archéologique.

3. Un instrument à cordes tenu à plat sur les genoux et dans lequel Coussemaker a reconnu la *rote* (5).

4. Un *orgue* à main d'une forme assez curieuse, et dont les tuyaux sont placés un peu obliquement vers la droite et vers la gauche.

5. Dans l'instrument porté par ce personnage, Coussemaker (6) a reconnu une

---

(1) La main gauche paraît avoir été refaite.

(2) « Et in circuitu sedis, sedilia viginti quatuor, et super thronos viginti quatuor seniores sedentes, circumamicti vestimentis albis, et in capitibus eorum coronæ aureæ..... Habentes singuli citharas et phialas aureas plenas odoramentorum, quæ sunt orationes sanctorum ». *Apoc.*, IV, 4; v, 8. — « Et in conspectu senum suorum fuerit glorificatus ». *Isai.*, XXIV, 23.

(3) *Essai sur les instruments de musique au moyen âge*, dans *Annales archéol.*, t. III, IV, VI, VII, VIII, IX, XVI (ouvrage inachevé).

(4) *Op. cit.*, dans *Annales archéol.*, t. IX, p. 331, fig.

(5) « Parmi les figures sculptées du grand portail de la cathédrale d'Amiens, on voit un personnage tenant une rote..... Elle est aux mains (sur la main gauche) d'un des vieillards de l'Apocalypse. Ce personnage la tient dans une position horizontale, qui n'est pas celle qu'on lui donnait quand on en jouait..... Cette rote est oblongue et arrondie aux deux extrémités, comme celle du ms. 1118 (Bibl. Nat. — Voy. *Ann. archéol.*, t. III, p. 151), mais elle a de plus que cette dernière, deux ouïes coupées en forme d'S. Le cordier, assez élégant, a beaucoup de rapports avec les cordiers des instruments à archet modernes. Les cordes, au nombre de cinq ou six, sont attachées d'un côté à ce cordier, et de l'autre fixées par des chevilles placées au bout du manche. Les côtés de cette rote n'ont pas d'échancrures ; ce qui explique pourquoi le chevalet était fort élevé. Cependant, malgré cette élévation, il devait être difficile de toucher une corde isolée ; mais cela était peu important, puisque la beauté d'exécution des instruments à archets consistait à former des accords composés de consonnances de quartes, de quintes et d'octaves ». *Op. cit.*, dans *Ann. archéol.*, t. VII, p. 242, fig.

(6) *Op. cit.*, dans *Ann. archéol.*, t. VII, p. 327, fig.

gigue, instrument à cordes frottées qu'il tient sur son genou, le manche en l'air.

6. Un instrument de forme carrée, échancré par le bas, mais difficile à identifier.

7. Le personnage a perdu son bras droit ainsi que l'instrument qu'il tenait.

8. Un petit instrument à cordes frottées tenu à peu près dans la même position que le violon actuel.

9. Une *vièle* appuyée sur le genou, le manche en l'air.

10. Une *harpe* (1).

11. Une *vièle*.

12. Longue trompe recourbée, à facettes, sans doute un *olifant*.

13. Un instrument fort difficile à voir et à caractériser, ressemblant assez à des cliquettes et que le personnage tient près de sa cuisse.

14. L'instrument posé à plat sur les genoux du personnage doit être le même que celui du n° 3.

15. Instrument à cordes frottées, sorte de gigue d'assez petites dimensions et d'une forme très bizarre, en losange, le manche faisant corps avec la table d'harmonie qui se rétrécit en décrivant une double courbe concave et qui est percée de deux ouïes en S.

16. Horizontalement sur le genou gauche du personnage, un instrument de forme carrée sur lequel il passe la main; est-ce un *psaltérion?*

17. Un instrument de forme carrée tenu en l'air verticalement et qui doit être un instrument à percussion (2).

18. Une *vièle* ovale à trois cordes, appuyée sur le genou, le manche en l'air (3). Le personnage est imberbe.

19. Un instrument à cordes frottées d'une forme assez singulière, à quatre ouïes en S, dont la table d'harmonie est bizarrement échancrée et qui est aussi tenu le manche en l'air.

20. Longue trompe droite, le pavillon en l'air (4).

7ᵉ cordon. — L'arbre de Jessé, « Une tige sortira de la racine de Jessé, et une fleur montera de sa racine » (5). C'est par ces paroles qu'Isaïe commence sa célèbre prophétie du règne du Christ. Pour les commentateurs, la tige symbolise la mère de Dieu, et la fleur, le Christ lui-même (6). L'arbre de Jessé est donc ici parfaitement à sa place pour accompagner le second et glorieux avènement du Christ.

Il est formé d'une guirlande de feuillage au naturel, dans laquelle sont entremêlés vingt-huit personnages, soit quatorze de chaque côté. Notre figure 118 en montre

---

(1) Paraît refaite, du moins en partie, ainsi que les mains. Le personnage n'a pas ou n'a plus de fiole.

(2) Viollet-le-Duc, *Dict. rais. du Mobilier*, t. II, p. 269, fig. 4.

(3) Coussemaker, *op. cit.*, dans *Ann. archéol.*, t. VII, p. 98, fig.

(4) Paraît être en partie refaite, ainsi que la main qui la tient.

(5) « Egredietur virga de radice Jesse, et flos de radice ejus ascendet..... In die illa, radix Jesse, qui stat in signum populorum, ipsum gentes deprecabuntur », *Isai.*, XI, 1, 10.

(6) « Virga mater est Domini, simplex, pura, sincera, nullo extrinsecus germine cohærente, et ad similitudinem Dei unione fæcunda. Virgæ flos Christus est, dicens : *Ego flos campi et lilium convallium (Cant.*, II, 1) ». S. Hieron., *Epist. ad Eustochium Paulæ filiam. Patrol.*, t. XXII, col. 406.

un spécimen en grand (1). Le petit dais qui, aux autres cordons, sert à la fois de support et d'abri aux statuettes, est remplacé par une large feuille. Pour plus de symétrie, sans doute, et afin que l'arbre aille toujours en montant, il a été divisé en deux et on a répété deux fois la figure de Jessé sur les deux sommiers du cintre. De chaque côté, Jessé est représenté sous la forme d'un vieillard barbu, tête nue, vêtu à l'antique, assis et dormant la tête appuyée sur sa main, le tronc de l'arbre sortant de sa poitrine. Le premier personnage qui est au-dessus du Jessé placé à la droite du spectateur, tient une harpe et ne peut être autre que le roi David. Les suivants sont des rois de Juda, couronne en tête, sceptre à la main, barbus pour la plupart, sauf deux, mais ne portant aucun attribut qui permette de les distinguer. Près de la pointe de l'arc, les deux branches se terminent, celle qui est à la gauche du spectateur, par une figure de la Vierge Marie, assise, voile et couronne sur la tête, drapée dans d'amples vêtements et tenant un livre fermé; celle qui est à droite, par une figure du Christ assis, barbu, tête nue, vêtements drapés, tenant dans sa main gauche un livre fermé qu'il appuie sur son genou et bénissant de la droite.

Fig. 118 — Porte du Sauveur
Un des rois de l'Arbre de Jessé

8ᵉ cordon. — Les patriarches de l'ancienne loi. Comme le précédent, il se compose de vingt-huit figures. Deux seules portent des attributs. Le n° 1 est imberbe, nu-tête. Caudron lui a mis entre les mains les tables de la loi, attribut de Moïse, mais j'ignore si elles existaient à l'origine. Un autre (n° 26), coiffé du bonnet juif, tient dans la main gauche une verge fleurie qu'il montre de la droite, et ne peut être qu'Aaron. Tous les autres sont barbus (2), têtes nues, vêtus à l'antique, déroulant des banderoles, dans diverses attitudes.

(1) Les nᵒˢ 11, 13, 23 ont été entièrement refaits en pierre sous Viollet-le-Duc. Les anciens sont conservés au musée d'Amiens. Notre fig. 118 a été faite sur un de ceux-là.
(2) Sauf un.

Porte de la Mère Dieu.
(Porte *B*).

Cette porte est dédiée toute entière à la Vierge Marie, mère de Dieu (1). Pour bien comprendre son iconographie, il faut se souvenir de certains faits qui appartiennent à la liturgie.

Rappelons-nous d'abord que, dans toutes les fêtes qui ont trait à l'enfance de Jésus, le souvenir de Marie est mêlé d'une façon très étroite : dans plusieurs, il est même dominant. Ainsi l'Annonciation, la Visitation, la Purification sont absolument fêtes de la Sainte-Vierge ; la Circoncision, en grande partie, en mémoire de la maternité virginale de Marie. Si les fêtes de Noël et de l'Épiphanie sont avant tout fêtes du Christ, pendant tout le temps de l'Avent et de Noël, c'est-à-dire depuis le premier dimanche de l'Avent jusqu'à la Purification, on fait mémoire de la Sainte-Vierge : et dans l'office du temps, même le jour de Noël, il y a des antiennes, des répons, des oraisons consacrées spécialement à la Vierge Marie. Le mercredi des quatre-temps de Noël est consacré au souvenir de l'Annonciation, et on l'appelle souvent dans les actes du moyen âge *feria quarta ad Angelum*. Le petit office de la Vierge, qui est toujours le même pendant le reste de l'année, prend des antiennes spéciales pendant l'Avent et pendant le temps de Noël.

Une seconde observation, c'est que la plupart des textes des Écritures que les Pères considèrent comme des figures de l'Église, sont aussi attribués par les commentateurs du moyen âge et par la liturgie à la Vierge Marie, regardée elle-même comme la figure de l'Église (2).

Nous retrouverons dans la glorification de la Mère de Dieu le même esprit qui a présidé au choix des sujets destinés à glorifier le Christ et son Église dans la porte principale.

TRUMEAU (pl. XXXIX, 1). — C'est la Vierge Mère qui occupe la place d'honneur contre le trumeau. Elle est debout, vêtue d'une robe traînante à longs plis, serrée à la taille par un cordon, et attachée sous le menton par un affiquet ; un manteau

---

(1) « Le porche du costé droit en entrant est appellé communément la porte de la Mère Dieu, parce que cette porte semble particulièrement consacrée à la divine Marie ». (Mss. de Pagès, édit. Douchet, t. V, p. 11). — Cette appellation lui était encore donnée du temps de Rivoire. *(Descr. de l'église cath. d'Am.*, p. 29), mais elle était beaucoup plus ancienne, nous la trouvons dès 1537 : « Au portail de ladite église N.-D. d'Amiens, que on nomme communément le portail de la Mère Dieu ». Arch. de la Somme, (Chapit. d'Am.), G. 656, n° 6, fol. 21.

(2) « Maria autem Ecclesiam significat, quæ cum sit desponsata Christo, virgo nos de Spiritu Sancto concepit, virgo etiam parit ». S. Isid. *Allegoriæ quæd. Script. Sacr. Patrol.*, t. LXXXIII, col. 117.

est jeté sur ses épaules et retenu sur le devant de la poitrine par un cordon lâche fixé dans le manteau par deux olives, le pan droit élégamment relevé sur le bras gauche; sur sa tête, couverte d'un court voile, est une riche couronne royale. La main droite avancée comme pour accueillir ceux qui entrent, elle tient sur son bras gauche l'Enfant Jésus, qui est pieds nus et vêtu d'une simple tunique sans ceinture. La Vierge foule aux pieds un monstre à deux pattes, queue de serpent et tête de femme couverte du chapeau en forme de mortier, coiffure des élégantes du XIIIe siècle.

Cette belle statue avait été passablement mutilée, et dans ses parties les plus importantes. Tout ce qui lui manquait a été refait en 1846 et 1847 par les frères Duthoit, et, il faut en convenir, d'une façon peu digne d'une œuvre aussi belle. C'est peut-être la cause des restrictions que l'on entend parfois apporter à l'admiration dont elle est l'objet (1).

De temps immémorial, elle a été en grande vénération parmi le peuple (2). Depuis l'an 1454, la confrérie de l'Annonciation érigée dans la cathédrale y entretenait une lampe qui brûlait perpétuellement (3), usage qui subsistait encore au milieu du XVIIIe siècle (4). A cette époque, il y avait encore un grand concours de fidèles pour prier le soir devant cette image (5). Aujourd'hui, c'est à peine s'il reste le souvenir du culte qu'on lui rendait jadis.

Comme à la porte Notre-Dame à la cathédrale de Paris, la statue est abritée par un dais composé d'une petite voûte d'ogives sur plan carré, surmontée d'un édicule voûté de même, porté sur quatre colonnettes, et sous lequel est placée l'Arche d'alliance figurée par un fort curieux coffre ou bahut, avec sa serrure et tous ses ferrements et pentures. C'est un très joli et complet modèle de bahut de cette époque (6).

---

(1) La main droite de la Vierge tout entière, la main droite et la tête de l'Enfant Jésus, le petit globe qu'il tient de la main gauche ont été refaits. On peut voir un assez bon dessin de l'état ancien dans RIGOLLOT, *Essai historique sur les arts du dessin en Picardie*, dans *Mém. de la Soc. des Ant. de Pic.*, in-8°, t. III, 1840, et *Hist. des arts du dessin*, atlas, pl. XXI, n° 56. — La main droite de l'Enfant Jésus a été de nouveau brisée récemment.

(2) En 1537, Nicaise Maugrenier, sergent royal au bailliage d'Amiens, dépose qu'environ deux ans auparavant, « il se transporta environ dix à onze heures du soir, par dévotion, saluer la benoiste Vierge Marie au portail de ladicte église Nostre-Dame d'Amyens, que on nomme communément en ladicte ville le portail de la Mère Dieu, et, luy estant à genoulx contre la porte, meyt sa teste à l'endroit du petit huys d'icelle porte quy se ouvrit ». Arch. de la Somme (Chapit. d'Am.), G. 656, n° 6, fol. 21.

(3) « Sur ce que les confrères de la confrairie de l'Annonciation N.-D. en l'église d'Amiens avoient présenté leur suplication affin qu'il pleust à Messeigneurs leur donner aucune chose pour entretenir une lampe couverte de voirre, qui tousjours, depuis IIII ans ençà estoit alumée au portail de ladite église, pour éclairier les bonnes gens qui aloient viseter icelle église et faire leurs dévotions oudit portail, laquelle lampe et lumière qui toudis y ardoit, coustoit grans denierz, et ne le porroient lesdis supliants entretenir sans ayde, si qu'ils disoient. Finablement, Messeigneurs ont respondu que, veu les grans affaires de la ville, ils n'y donront quant à présent aucune chose, et se atendent à la dévotion des particuliers, s'aucune chose y veulent donner ». Échevin. du 13 mars 1457, v. s. Arch. de la ville d'Am., B B. 8, fol. 107.

(4) Comptes de la fabrique de la cath. d'Am., de 1746-47. Arch. de la Somme, Chapit. d'Am., Arm. I, l. 62 bis. — « Payé pour une corde neuve et autres réparations à la lanterne de la Vierge du grand portail, sous le clocher de None, 36 s. ». Compte de 1747-48. *Ibid.* — C'était une coutume qui n'était pas particulière à Amiens : ainsi à la cath. de Reims, devant la Vierge qui occupe le trumeau de la porte principale (CERF, *Hist. et descr. de N.-D. de Reims*, t. II, p. 82); devant le portail Saint-Romain, à la cath. de Rouen (Arch. de la Seine-Inférieure, G. 2139), etc.

(5) Bibl. d'Am., ms. 836 (Machart, t. VIII), pp. 269 et 360. — Ms. de Baron, édit. Soyez, p. 8.

(6) Les Pères ont souvent considéré l'Arche d'alliance qui renfermait la loi, comme le symbole de la Vierge

L'histoire d'Adam et d'Ève est distribuée en six sujets sculptés en bas-relief à petits personnages (1) dans la partie du trumeau qui sert de soubassement à la statue. Ils sont disposés de haut en bas, en allant de la droite à la gauche du spectateur.

Les deux premiers sont placés immédiatement sous le support d'architectures qui soutient la grande statue.

1° Création de l'homme, ou plutôt Dieu donnant la vie à l'homme. Le Verbe de Dieu, sous la figure du Christ (2), est debout, vêtements drapés et traînants, longue barbe, longue chevelure, tête nue, nimbe crucifère, le visage très remarquable de distinction et de majesté. Il bénit à la manière latine et paraît parler à l'homme qu'il prend par la main. Celui-ci est debout, entièrement nu, voilé d'une simple feuille de vigne (3), longs cheveux, longue barbe, l'expression de visage d'un homme qui s'éveille d'un profond sommeil, et manifeste par son geste une grande surprise à la vue de tout ce qui l'entoure. La ressemblance frappante que l'on ne peut s'empêcher de remarquer entre le visage du premier homme et celui du Verbe de Dieu qui le crée n'est pas fortuite : l'artiste a voulu rendre ces paroles de la Genèse : « Creavit Deus hominem ad imaginem suam » (4). Cette scène est pleine de mouvement, sans recherche ni exagération, les personnages conservant toute la gravité qui convient à un pareil sujet. On ne pouvait rendre cet acte sublime avec plus de vérité et en même temps avec plus de simplicité. C'est un des meilleurs de tous les bas-reliefs de notre portail.

2° Création de la femme. — Adam, nu comme précédemment, est endormi appuyé sur son coude. Dieu prend par la main la femme que l'on voit sortir à mi-corps du côté d'Adam. Munie elle-même d'une feuille de vigne, elle manifeste aussi son étonnement en arrivant à la vie (5).

Dans les deux groupes, des arbres figurent le Paradis terrestre.

La partie basse du trumeau, séparée de la précédente par une moulure d'une très forte saillie, est sur plan pentagonal formant éperon en avant. L'histoire d'Adam et d'Ève s'y continue sur deux rangées, chacune de deux bas-reliefs encadrés d'architectures. Ici le relief est un peu plus faible, et les sujets d'une moins bonne facture que les précédents.

3° Défense de manger du fruit de l'arbre. — Adam (6) et la femme chastement nus comme dans les groupes qui précèdent, sont debout, la femme mettant la main gauche sur l'épaule de son mari. Dieu leur montre du doigt dans le groupe suivant l'arbre auquel il ne faut pas toucher (7). Dans le fond, un arbre figure le Paradis. Un figuier avec ses feuilles et ses fruits est d'une façon très originale enroulé le long du fût et dans le chapiteau de la colonnette qui sépare ce bas-relief du suivant.

4° Le Péché. — L'arbre se dresse au milieu de la composition : c'est un

---

Marie qui a renfermé dans son sein le Verbe de Dieu. — Cf. Grand portail de la cath. de Laon. — Male, *L'art relig. du XIII° s.*, p. 199. — Du Chalais, *L'Arche d'alliance et la Vierge Marie*, dans *Ann. archéol.*, t. V, p. 50.

(1) Env. 48 contim. de hauteur en moyenne.
(2) « Omnia per ipsum facta sunt ». *Joan.*, 1, 3.
(3) Il faut remarquer cette attention de l'artiste. Il

ne l'a pas eue pour les damnés dans la scène du Jugement. Cette distinction est certainement intentionnelle. La nudité complète est une honte.

(4) *Gen.*, 1, 27.
(5) *Gen.*, 11, 21, 22.
(6) Toute la jambe gauche d'Adam a été refaite.
(7) « De ligno autem scientiæ boni et mali ne comedas ». *Gen.*, 11, 17.

pommier avec ses feuilles et ses fruits; un serpent à tête de femme en cheveux est enroulé autour du tronc. A droite et à gauche, Adam et la femme se tiennent debout. Celle-ci paraissant écouter les conseils perfides du serpent qui a la tête tournée vers elle, porte d'une main un fruit à sa bouche, tandis que de l'autre elle en offre un à son mari qui met brusquement la main à son gosier, comme s'il avait peine à avaler (1).

5° Expulsion d'Adam et d'Ève du Paradis. — Un ange nimbé et drapé dans un manteau, une énorme épée flamboyante à la main, chasse Adam et Ève en les poussant par les épaules (2). Ces derniers sont encore nus, comme dans les précédents sujets, avec la simple feuille de vigne (3).

6° Adam et Ève au travail. — Ils sont vêtus de peaux de bêtes qui ne leur cachent que les cuisses; les « tunicas pelliceas » dont Dieu les a revêtus (4). Adam enfonce péniblement une bêche dans la terre en appuyant avec le pied; Ève assise file sa quenouille (5).

Il n'est pas nécessaire de s'étendre longuement sur la convenance de la représentation sous les pieds de Marie de l'histoire de la chûte de nos premiers parents. Une femme a causé la première faute, une femme donnera au monde le Rédempteur. Le serpent que Marie écrase sous ses pieds en est comme l'explication et le lien. « Je poserai des inimitiés entre toi et la femme, entre ta race et sa race; elle t'écrasera la tête, et tu chercheras à la mordre au talon » (6). Dans ces paroles les commentateurs ont toujours vu l'annonce prophétique de la Vierge sans tache, mère du Sauveur. Les Pères appellent souvent Marie la Nouvelle Ève. Ève est en même temps la figure de l'Église, et le mariage d'Adam et d'Ève figure l'union de Jésus-Christ avec son Église (7).

Le trumeau se termine inférieurement par une zone décorée de l'ornement losangé en très faible relief qui orne la partie basse de l'ébrasement, avec cette différence que les losanges sont un peu plus grands et un peu plus allongés, et enfin, comme là encore, par un soubassement en grès couronné par une moulure en doucine renversée.

Pieds droits. — Douze grandes statues ornent les pieds droits : six à droite et six à gauche. Elles se rapportent soit à des faits de l'histoire de Marie, soit

---

(1) Il n'est pas besoin de rappeler la tradition populaire qui a fait donner le nom de *pomme d'Adam* au premier cartilage du larynx qui fait souvent une saillie très proéminente dans le cou des individus du sexe masculin.

« Qu'Adam fut un pauvre homme
De nous avoir damnés
Pour un morceau de pomme
Qu'il ne put avaler »,

dit un vieux Noël. — Nous verrons dans les stalles Adam faire le même geste.

(2) Ejecitque Adam et collocavit ante Paradisum voluptatis Cherubim et flammeum gladium atque versatilem, ad custodiendam viam ligni vitæ ». *Gen.*, III, 24.

(3) Le sculpteur n'a pas tenu compte du texte de la Bible : « Cumque cognovissent se esse nudos, consuerunt folia ficus et fecerunt sibi perizomata ». *Gen.*, III, 7.

(4) *Gen.*, III, 21.

(5) Son bras gauche et la quenouille ont été refaits, puis de nouveau brisés. Toutes ces sculptures du trumeau ont été d'ailleurs assez fortement restaurées par les frères Duthoit en 1846-1847.

(6) *Gen.*, III, 15.

(7) « Erunt duo in carne una..... propter quod relinquet homo patrem et matrem et adhærebit uxori suæ. Certe non uxoribus. Quod testimonium Paulus edisserens, ad Christum refert et ad Ecclesiam (I *Cor.*, VI, 16), ut primus Adam in carne, et secundus in Spiritu

388   DESCRIPTION.

à d'autres qui en sont la figure (1). Les bas-reliefs sculptés dans les deux rangées de quatrefeuilles qui sont au-dessous, ont plus ou moins de rapports avec les statues qui sont au-dessus d'eux. La disposition des sujets ne suit pas toujours l'ordre chronologique rigoureux, mais est commandée par l'ordonnance architecturale.

Les six grandes statues qui garnissent le côté de l'ébrasement à la gauche de la statue de la Mère Dieu sont disposées deux par deux, constituant trois faits principaux de l'histoire de Marie. Les sujets sculptés dans les quatrefeuilles sont aussi divisés en trois groupes de quatre, correspondant chacun à un groupe de grandes statues, avec lesquels ils ne sont pas sans affinité; de sorte qu'après chaque groupe de deux grandes statues, nous décrirons immédiatement les quatre bas-reliefs qui lui correspondent.

Le premier groupe de grandes statues représente l'Annonciation.

1. Pl. XL, 29. — L'Archange Gabriel. Drapé dans un ample manteau qui est jeté sur son épaule et dont il rassemble les plis dans la main gauche, les pieds cachés par sa robe qui traîne à terre, grave et digne comme il convient pour apporter un si auguste message, il s'adresse à Marie d'un geste plein de noblesse et de vérité et la salue de ces paroles : « Ave gratia plena, Dominus tecum » (2).

Support. — Un diable à tête de renard et pieds humains soutient sans trop d'effort le socle de la statue sur ses épaules (3).

2. Pl. XL, 30. — Marie. Court voile sur la tête, vêtue d'une longue robe traînant à terre, par-dessus laquelle est une sorte de chasuble que ses deux bras relèvent en plis gracieux (4), un livre fermé dans la main gauche, la droite levée, elle semble écouter la salutation de l'ange avec crainte et étonnement (5).

Support. — Ève, l'arbre et le serpent (6).

Quatrefeuilles. — Dans les quatre bas-reliefs qui correspondent à ces deux statues, sont quatre faits de l'Ancien Testament que les pères, et notamment Honorius d'Autun, ont considérés comme les figures de la maternité virginale de Marie (7), figures que l'on rencontre sur plusieurs monuments du moyen âge.

monogamus sit. Sit una Eva mater cunctorum viventium, et una Ecclesia parens omnium Christianorum ». S. Hieron., *Epist. ad Ageruchiam, Patrol.*, t. XXII, col. 1053. — « Sicut ex Adæ latere fabricata est Eva, ita ex Christi corpore et vulnere redempta crevit Ecclesia ». S. August. *Sermo de Tempore in Dedic. Ecclesiæ. Patrol.*, t. XXXIX, col. 2171. — Voy. Auber, *Hist. et théorie du symbolisme relig.*, t. II, p. 351.

(1) Elles n'ont subi en 1845-46 que de très légères restaurations.

(2) *Luc.*, 1, 28. — La main gauche tout entière et les doigts de la main droite ont été refaits.

(3) Les deux bras et la jambe droite ont été refaits.

(4) Il faut remarquer que dans les deux groupes qui suivent, et qui représentent la *Visitation* et la *Présentation*, la Vierge Marie porte identiquement le même costume. La *Vierge* du zodiaque à la porte Saint-Firmin, également. De même les deux statues de la Vierge dans les groupes de l'Annonciation et de la Présentation de la cathédrale de Reims, qui ont, comme nous l'avons déjà fait observer, tant d'affinité avec les nôtres. Serait-ce un souvenir de l'antique pénule des orantes des catacombes?

(5) Quelques doigts ont été refaits.

(6) Entièrement refait en pierre. — Le même sujet se voit à la même place dans le porche septentrional de la cathédrale de Chartres. (Bultrau, *Monogr. de la cath. de Chartres*, t. II, p. 212). Était-il ainsi primitivement à Amiens, ou bien le restaurateur moderne l'a-t-il imité de celui de Chartres? Quoi qu'il en soit, il est inutile d'insister sur la convenance de la juxtaposition de la tentation d'Ève avec la salutation angélique. « Ipsa conteret caput tuum ». *Gen.*, III, 15. Remarquons qu'à Gabriel on a donné le diable pour support.

(7) Duval, *Explication de quelques figures du grand portail de la cathédrale d'Amiens*, dans *Bulletin monumental*, xx, 469, fig. — Nous verrons les quatre mêmes sujets en tête de l'histoire de Marie, dans les stalles. Cf. Jourdain et Duval, dans *Mém. de la Soc. des Ant. de Pic.*, t. VII, p. 273. — Male, *L'art relig. du XIIIe s.*, p. 196.

Pl. XL, 29 A. — **La pierre détachée de la montagne.** Nabuchodonosor, roi de Babylone, eut un songe. Des Chaldéens n'ayant pu l'expliquer furent mis à mort. Daniel, prophète des Hébreux captifs, appelé devant le Roi, lui dit qu'il avait vu une grande statue dont la tête était d'or, la poitrine et les bras d'argent, le ventre et les cuisses d'airain, les jambes de fer, les pieds de fer et d'argile, lorsqu'une pierre se détachant d'elle-même de la montagne, vient frapper la statue aux pieds et la réduisit en poussière; et cette pierre devint une grande montagne qui remplit toute la terre (1). Les commentateurs ont souvent vu dans cette pierre qui se détache de la montagne sans la main d'aucun homme, « abscissus est lapis de monte sine manibus » (2), la figure du Christ qui, en tant que Dieu, a été engendré sans passer par la création, et, en tant qu'homme, fut formé par le Saint-Esprit dans le sein de la Vierge, sans l'intervention d'aucun homme (3). La statue est figurée par un homme imberbe, aux vêtements drapés, calotte sur la tête, et qui tombe à la renverse à l'approche de la pierre qui se détache de la montagne.

Pl. XL, 29 B. — **Le Buisson ardent** (4). Comme le buisson qui brûle sans se consumer, de même la Vierge met au monde la Lumière, sans se corrompre (5). C'est un arbuste enflammé, à côté duquel Moïse se tient debout faisant un geste d'étonnement et de crainte. Il est barbu et sa tête nue est ornée déjà des deux cornes qu'il n'aura que plus tard, mais c'est son signe distinctif. Son vêtement est une longue robe sans ceinture et un manteau relevé sur les deux bras à la façon d'une chasuble, mais entièrement fendu par devant (6).

Pl. XL, 30 A. — **La Toison de Gédéon.** Pour punir Israël de ses crimes, Dieu l'avait livré aux Madianites qui ravagèrent la contrée, venant avec tous leurs troupeaux et leurs tentes, la couvrant d'une multitude d'hommes et de chameaux comme d'une nuée de sauterelles et dévastant tout sur leur passage. Gédéon, fils de Joas, était occupé à battre le blé de son père, lorsque Dieu lui envoya un ange lui annoncer qu'il l'avait choisi pour être le libérateur de son peuple. Malgré plusieurs prodiges, Gédéon ne se laissa convaincre que lorsque l'ange eut fait tomber de la rosée sur une toison étendue sur le sol, alors que le reste de la terre restait sec, puis fait l'épreuve inverse (7). La rosée dans la toison, c'est le Christ dans la Vierge (8). La toison est figurée par une masse informe posée à terre et sur laquelle un nuage verse une rosée abondante. Gédéon debout, barbu, calotte sur la tête, surcot court et serré à la taille, manteau également fort court jeté sur les épaules, fait un geste d'étonnement.

(1) *Dan.*, II.
(2) *Dan.*, II, 34.
(3) « Qui in alio loco lapis prædicatur abscissus de monte sine manibus, significante propheta, virginem nasciturum esse de Virgine ». S. HIERON., *Epist. ad Eustochium. Patrol.*, t. XXII, col. 406.
(4) *Exod.*, III.
(5) S. GRÉGOIRE DE NYSSE, *Vie de Moïse. Patrol. gr.*, t. XLIV, col. 331, 332.
(6) Nous verrons que les artistes qui ont sculpté les stalles ont, dans le même sujet, figuré Dieu dans le buisson. MM. Jourdain et Duval (*Mém. de la Soc. des Ant. de Pic.*, t. VII, p. 277) ont montré d'une façon fort juste comment les artistes du XIIIe siècle avaient été plus d'accord avec l'esprit de la Bible en ne le figurant pas.
(7) *Judic.*, VI.
(8) Descendet sicut pluvia in vellus et sicut stillicidia super terram ». Ps. LXXI, 6. — « Rorate cœli desuper et nubes pluant Justum ». Ps. XLV, 8. — Le symbolisme de la Toison de Gédéon et du Buisson ardent est rappelé dans deux des célèbres antiennes communes aux rits grec et latin, et que la liturgie romaine a placées à laudes et à vêpres de la Circoncision, et du Petit office de la Sainte-Vierge au temps de Noël. « Quando natus es ineffabiliter de Virgine, tunc impletæ sunt scripturæ;

Pl. XL, 30 B. — La Verge d'Aaron. Après le châtiment de Coré, Dathan et Abiron, et de leurs compagnons, le peuple de Dieu s'était révolté contre Moïse.

Fig. 113 — Porte de la Mère Dieu
Vierge de la Visitation.

Dieu ordonna à Moïse de se faire donner par chaque tribu une verge portant le nom de la tribu, celle de la tribu de Lévi devant porter le nom d'Aaron. Toutes ces verges furent mises dans le Tabernacle devant l'Arche. Le jour suivant, la verge d'Aaron avait germé, et ayant poussé des boutons, il en était sorti des fleurs qui, après la pousse des feuilles, s'étaient transformées en amandes ou en noix. Moïse fit alors reporter la verge d'Aaron dans le Tabernacle pour y être conservée en signe de la rébellion des enfants d'Israël (1). Cette verge a été souvent considérée comme la figure de la Vierge Marie dont le Christ fut la fleur, suivant les paroles d'Isaïe : « Egredietur virga de radice Jesse et flos de radice ejus ascendet » (2). La verge d'Aaron, dit saint Augustin (3), c'est la Vierge Marie qui conçut et enfanta pour nous le véritable prêtre : les noix que cette verge produisit sont l'image du corps du Seigneur, etc. L'artiste a représenté Aaron debout, cheveux et barbe crépus, coiffé d'un bonnet conique, surmonté d'une boule, et qui paraît être en paille tressée, robe traînante à larges manches et manteau élégamment drapé et jeté sur l'épaule gauche. Il tient une verge couverte de feuilles. Debout à côté de lui est un personnage jeune, imberbe, aux cheveux bouclés, vêtu d'un surcot tombant à la cheville, sans ceinture et tenant une longue banderole déroulée. Est-ce un lévite assistant le grand prêtre? ou bien ne serait-ce pas Isaïe portant écrit sur la banderole qu'il tient : « Egredietur virga », etc?

Le second groupe de grandes statues figure la Visitation.

3. **Pl. XL, 31.** — MARIE. Vêtue comme dans le groupe de l'Annonciation,

sicut pluvia in vellus descendisti, ut salvum faceres genus humanum, te laudamus, Deus noster. — Rubum quem viderat Moyses incombustum, conservatam agnovimus tuam laudabilem virginitatem, Dei Genitrix intercede pro nobis ».

(1) *Num.*, XVII.
(2) *Isaï.*, XI, 1.
(3) *Sermo de mysterio Trinitatis. Patrol.*, t. XXXIX, col. 2197.

sauf que sa robe est un peu plus courte et qu'elle ne tient rien dans les mains, elle lève la droite et baisse la gauche, d'un geste plein de noblesse et de joie (fig. 119) (1).

Support. — Un diable à cheval sur un dragon (2).

4. Pl. XL, 32. — Élisabeth. C'est une femme âgée, les traits accentués et ridés, le front plissé. Un court voile ou couvre-chef sur la tête, elle porte une longue robe serrée à la taille par une courroie terminée par deux cordelières nouées ensemble, et dont les deux bouts retombent du côté gauche, et par-dessus, un manteau à pélerine. Elle lève la main gauche en signe d'étonnement et d'admiration (fig. 120).

Support. — Une vigne et un diable accroupi qui se pince le menton (3).

Quatrefeuilles. — L'histoire de la Nativité de saint Jean-Baptiste (4) est intimement mêlée à celle de l'Annonciation et de la Visitation. Sa présence sur les quatrefeuilles que nous allons décrire est donc toute naturelle (5).

Pl. XL, 31 A. — L'ange apparaît à Zacharie et lui annonce que sa femme Élisabeth, jusque là stérile, enfantera un fils qui s'appellera Jean. Zacharie, barbe longue et lisse, tunique talaire, la tête voilée du *schimla*, est debout devant un autel couvert seulement d'une nappe. Un ange apparaît dans un nuage et semble lui parler. Zacharie l'écoute avec étonnement.

Fig. 120 — Porte de la Mère Dieu. Élisabeth de la Visitation.

Pl. XL, 32 A. — Zacharie rendu muet pour son incrédulité, et étendant les mains, s'approche gravement de deux personnages; l'un debout, barbu,

---

(1) Quelques doigts refaits.
(2) Presque entièrement refait.
(3) Presque entièrement refait.
(4) *Luc.*, 1.
(5) Contrairement à l'opinion de M. Mâle (*op. cit.*, p. 406), la présence du chef de saint Jean-Baptiste dans la cathédrale d'Amiens n'est donc pour rien dans la représentation de sa Nativité à cet endroit. Autrement il serait singulier qu'on n'eût pas plutôt figuré l'histoire de sa Décollation.

bonnet juif sur la tête, surcot demi-long, fendu par devant et serré à la taille, chape attachée par un cordon lâche; l'autre assis, imberbe, coiffé d'une calotte sphérique, vêtu d'ailleurs comme le premier. Tous deux le regardent d'un air surpris (1).

Pl. XL, 31 B. — Une femme vêtue d'une tunique ou plutôt d'une chemise, voile sur la tête, est couchée dans un lit, accoudée sur l'oreiller. Le lit n'a pas de bois apparent. Au-dessus, une lampe est suspendue par trois cordons qui passent par un anneau, de manière à pouvoir être montée et descendue à volonté. Au pied du lit, une paire de chaussures, un vase et un coffre ou huche avec sa serrure et ses pentures de fer. C'est évidemment la Nativité de saint Jean-Baptiste, mais exprimée avec tact et réserve. Ici la mère est seule; l'enfant ne sera figuré que dans le bas-relief qui suit.

Pl. XL, 32 B. — Zacharie écrivant sur les tablettes le nom de Jean. Zacharie, barbe crépue, vêtu de deux tuniques, l'une talaire, l'autre plus courte, à manches larges et sans ceinture, bonnet juif sur la tête, est assis sur un bloc carré, les pieds sur un tabouret. Il tient une tablette sur laquelle il montre quelque chose à un valet qui s'approche de lui, imberbe, en surcot court serré à la taille et portant dans ses bras le petit saint Jean soigneusement emmaillotté (2).

Dans le troisième groupe de grandes statues nous voyons la Présentation (3).

5. Pl. XL, 33. — MARIE. Elle est costumée comme précédemment, avec cette seule différence que son manteau en forme de chasuble est agrémenté d'un col orné de pierreries et d'un affiquet beaucoup plus important. Elle tient l'Enfant Jésus, pieds nus, tête nue et vêtu d'une longue tunique, un petit globe dans la main gauche et bénissant de la droite. Il se tourne vers sa mère (4).

Support. Un homme vêtu d'une cotte serrée à la taille par une courroie, assis les jambes croisées, les mains appuyées sur les cuisses et soutenant le socle de la statue sur ses épaules (5).

6. Pl. XL, 34. — Le vieillard SIMÉON. Le visage orné d'une longue barbe pointue, bonnet juif sur la tête, robe tombant à la cheville et serrée à la taille, il porte sur les épaules une écharpe, toujours le *schimla* des Juifs, dans les plis duquel il s'apprête à recevoir le divin Enfant.

Support. — Un homme imberbe et nu-tête, cotte courte serrée à la taille et ornée d'un affiquet, fait le geste de se porter en avant (6).

Quatrefeuilles. — Deux faits bien connus de l'enfance du Christ :

Pl. XL, 33 A. — La Fuite en Égypte (7). Marie nimbée, voile sur la tête et chape jetée sur les épaules, est assise sur âne, tenant l'Enfant Jésus emmaillotté. Joseph, coiffé du bonnet juif, la conduit et semble lui parler. Il tient à la main un pain rond.

Pl. XL, 34 A. — Suivant une tradition extrêmement ancienne et qui a son

---

(1) « Et erat plebs expectans Zachariam et mirabantur quod tardaret ipse in templo. Egressus autem, non poterat loqui ad illos ». *Luc.*, 1, 21, 22. — La main droite de Zacharie a été refaite.

(2) Le nez de Zacharie et le visage du valet ont été refaits.

(3) *Luc.*, II, 22 à 38.

(4) La main droite de l'Enfant Jésus a été refaite.

(5) La tête et les bras ont été refaits.

(6) Les bras ont été refaits.

(7) *Matth.*, II, 13 à 15.

origine dans un passage d'Isaïe (1), tradition consignée dans les évangiles apocryphes de l'*Enfance*, et de la *Nativité de Marie et de l'Enfance du Sauveur*, et qui eut un grand succès parmi les auteurs anciens, lorsque l'Enfant Jésus fut amené en Égypte par Joseph et Marie, les idoles de ce pays furent renversées. Ce fait, très fréquent dans l'iconographie du moyen âge, est ici figuré par un temple gothique qui s'écroule, et dans lequel une idole entièrement nue tombe la tête la première : une autre idole à tête de singe, ou de diable, tombe aussi du haut d'une colonne sur laquelle elle était perchée et qui se brise.

Pl. XL, 33 B. — Jésus au milieu des docteurs (2). Dans le temple figuré par un grand arc à cinq lobes inscrit sous un gable mouluré, l'Enfant Jésus, la tête ornée du nimbe crucifère, vêtu d'une simple tunique, sans ceinture, est assis, les pieds nus sur un tabouret, montrant quelque chose dans un livre *(codex)* qu'il tient ouvert devant lui, à trois docteurs qui l'écoutent avec attention et étonnement montrant quelque chose sur un *rotulus* qu'ils déroulent devant lui (3). Tous trois sont barbus et coiffés du bonnet juif. L'un est assis, un autre est debout; du troisième, on ne voit que la tête.

Pl. XL, 34 B. — L'Enfant Jésus ramené à Nazareth (4). Marie prend par la main l'Enfant Jésus qui tient dans sa main droite un objet fruste. Joseph marche devant eux joignant les mains d'un air inquiet et préoccupé. Près d'eux s'élève un petit édifice semblable à une église à fenêtres longues et étroites, avec tourelle en encorbellement. Remarquons comme nos artistes ont su habilement faire passer le joint de l'appareil entre Joseph et ce petit monument.

Tout l'autre côté des pieds droits de la porte et de leur soubassement est consacré à l'histoire des Rois Mages (5).

Les trois grandes statues qui garnissent les pieds droits de la partie ébrasée représentent les trois Rois Mages offrant leurs présents à l'Enfant Jésus que porte la Vierge placée sur le trumeau. Les deux premiers ont le visage tourné vers celle-ci, le troisième s'entretient avec le personnage qui suit, réunissant ainsi, comme les artistes du moyen âge le faisaient souvent, deux actions en une seule.

1. Pl. XLI, 35. — Le premier Roi Mage, au visage énergique, garni d'une forte barbe, découvre une sorte de ciboire ou de hanap godronné (6).

Support. — Il ne restait qu'un pied humain nu. Les frères Duthoit l'ont complété par un diable à califourchon sur un autre.

2. Pl. XLI, 36. — Le second est jeune et imberbe, avec une jolie figure souriante, à la fois douce et majestueuse. Il tient un coffret octogonal d'un type assez commun au XIIIe siècle.

Support. — Un homme aux vêtements drapés, assis à côté d'une femme

---

(1) « Ecce Dominus ascendet super nubem et ingredietur Ægyptum, et commovebuntur simulachra Ægypti a facie ejus ». *Isaï.*, XIX, 1. — Male, *L'art relig. du* XIIIe *s.*, p. 283.

(2) *Luc.*, II, 41 à 50.

(3) Le *rotulus* ne symbolise-t-il pas l'ancienne loi, et le *codex* la nouvelle ? Il est à remarquer que, dans notre portail, ce sont les personnages de l'ancien testament qui ont le *rotulus*, tandis que le *codex* est porté par ceux du nouveau. Les Juifs ont toujours conservé dans leur liturgie l'usage d'écrire les livres saints sur des rouleaux.

(4) *Luc.*, II, 51.

(5) « Ecce magi ab oriente venerunt Jerosolymam », etc. *Matth.*, II.

(6) Le couvercle a été refait.

également drapée dans d'amples vêtements, les cheveux flottants et les yeux bandés (1).

3. Pl. XLI, 37. — Le troisième est barbu et tient un coffret en forme de petite châsse ou de chapelle (2).

Support. — Une femme vêtue d'une cotte traînante et serrée à la taille, les cheveux flottants et les yeux bandés, est assise entre deux hommes l'un nu et imberbe, l'autre barbu et vêtu d'une simple tunique (3).

4. Pl. XLI. 38. — Le quatrième personnage est aussi un roi à la barbe assez courte. Le sceptre dans une main (4), il fait de l'autre un geste interrogateur. Les traits de son visage sont durs : nez en bec d'aigle, narines gonflées, accompagnées de deux rides prononcées qui lui donnent l'air mauvais. C'est évidemment HÉRODE, si étroitement lié à l'histoire des Mages. Il semble dire au troisième Mage tourné vers lui : « Allez vous renseigner sur l'enfant, et quand vous l'aurez trouvé, faites-le moi savoir, afin que j'aille aussi l'adorer » (5).

Support. — Deux hommes imberbes, l'un nu, l'autre vêtu d'une tunique, plongent dans une cuve un roi barbu, entièrement nu et couronné en tête (6). Suivant la légende, Hérode, après le massacre des Innocents, aurait été frappé d'une affreuse maladie : son corps était couvert de tumeurs purulentes et fétides qui le faisaient horriblement souffrir, et qui entretenaient en lui une fièvre ardente; pour le soulager, les médecins le plongèrent dans de l'huile, d'où on le sortit à demi mort (7). C'est évidemment ce fait que l'on a voulu représenter.

La reine de Saba qui, attirée par la renommée de Salomon, vint vers lui chargée de présents et admira sa sagesse, a toujours été considérée comme la figure des Rois Mages (8). Elle avait donc ici sa place.

5. Pl. XLI, 39. — SALOMON, courte barbe, traits réguliers, figure noble et intelligente, regard inspiré, est une des plus belles statues de notre portail. Son sceptre dans le bras gauche, il se tourne légèrement vers sa noble visiteuse et semble répondre à quelque question insidieuse, l'index de sa main droite appuyée sur la paume de sa main gauche, d'un geste bien naturel et bien expressif.

Support. — Un homme imberbe, tête nue, surcot court et serré à la taille, avec affiquet sur le devant de la poitrine. Il est dans une posture tout à fait

---

(1) L'homme avait la tête et les deux mains brisées. Le restaurateur lui a donné une tête divine, assez banale d'ailleurs, qu'il a fait tenir une banderole dans la main gauche et poser de la droite une couronne sur la tête de la femme, dans la main droite de laquelle il a placé un long bâton. Le groupe ainsi arrangé ressemble à un couronnement de la Vierge, sujet qui n'est pas plus vraisemblable à cette place que les rois mages sous les Apôtres. (Voy. ci-dessus, p. 323).

(2) Le petit doigt de la main droite a été refait.

(3) La femme avait perdu ses deux mains, on les lui a refaites tenant des poignards dont elle frappe à la poitrine chacun des deux hommes qui l'accompagnent.

(4) L'extrémité feuillue du sceptre a été refaite.

(5) *Matth.*, II, 8.

(6) Le roi a un de ses bras refait, l'un des deux hommes également, l'autre la tête.

(7) *Leg. aur. De Innocentibus.* — MALE, *op. cit.*, p. 282.

(8) « Regina Saba, audita fama Salomonis in nomine Domini, venit tentare eum in ænigmatibus. Et ingressa Jerusalem multo cum comitatu et divitiis, camelis portantibus aromata et aurum infinitum nimis, et gemmas pretiosas..... Videns autem regina Saba..... non habebat ultra spiritum, dixitque ad regem : Verus est sermo quem audivi in terra mea super sermonibus tuis et super sapientia tua..... Dedit ergo regi centum viginti talenta auri et aromata multa nimis et gemmas pretiosas ». III *Reg.*, x, 1 à 15; II *Paralip.*, IX, 1 à 12. — A rapprocher ces textes que la liturgie romaine a fait entrer dans l'office de l'Épiphanie : « Coram illo procident Æthiopes..... Reges Arabum et Saba dona adducent..... Et dabitur ei de auro Arabiæ ». Ps. 71; « Omnes de Saba venient aurum et thus deferentes ». *Isai.*, LX, 6. — JOURDAIN ET DUVAL, *Explicat. de deux bas-reliefs*, dans *Bull. monum.*, t. X, p. 348.

horizontale et regarde en l'air. Très bonne sculpture, d'un dessin parfait et à peu près intacte.

6. Pl. XLI, 40. — La Reine de Saba. Figure assez banale et peu animée. Chevelure coiffée à plat. A sa ceinture est pendue une très petite bourse ou aumônière. Un doigt de la main gauche passé dans le cordon qui retient sa chape sur ses épaules, elle tient sa couronne de la droite. Rien dans l'Écriture ne paraît expliquer ce geste (1).

Support. — Un homme imberbe et vêtu comme le précédent est agenouillé les pieds en l'air, soutenant le support de ses épaules et de ses pieds, avec un sentiment de l'effort parfaitement rendu (2).

Quatrefeuilles. — Les huit bas-reliefs sculptés dans les quatrefeuilles placés immédiatement au-dessous des statues des Mages et d'Hérode représentent des détails de l'histoire des Rois Mages. Nous y retrouverons plusieurs traits empruntés à l'Évangile selon saint Mathieu (3), mais aussi plusieurs autres se rapportant à une légende qui nous a été transmise par la *Légende dorée* (4).

Les quatre qui correspondent aux deux statues de Salomon et de la reine de Saba, ne sont que le développement de la réception de la reine de Saba par le fils de David.

Pl. XLI, 35, 36, 37 A. — Les trois premiers quatrefeuilles au rang supérieur, ne forment à proprement parler qu'un seul et même sujet.

Dans le premier (37 A), un roi assis sur un banc qui paraît être de pierre, les jambes croisées sans gêne, marque d'impiété, semble interroger trois personnages dont deux sont barbus et le troisième imberbe, celui du milieu, un *rotulus* à demi déroulé à la main, lui montre le sujet représenté dans le quatrefeuille qui suit.

Dans celui-ci (36 A) est une ville aux remparts crénelés, à côté de laquelle est assis un homme barbu, aux vêtements drapés, coiffé d'une calotte, tendant les mains vers la ville et paraissant lui parler.

Le dernier (35 A) représente quatre personnages barbus, dont l'un, le visage inspiré, montre du doigt aux trois autres qui lèvent les yeux d'un air attentif, une étoile flamboyante qui apparaît dans le ciel.

Les deux premiers bas-reliefs traduisent évidemment ces paroles de saint Mathieu : « A cette nouvelle, le roi Hérode fut troublé et tout Jérusalem avec lui. Il réunit tous les princes des prêtres et les scribes du peuple, pour leur demander où le Christ devait naître. Ils lui dirent : A Bethléem de Juda; car il est écrit par le prophète : Et toi, Bethléem, terre de Juda, tu n'es pas la moindre des principales villes de Juda, car de toi sortira le chef qui doit gouverner mon peuple d'Israël » (5). Le dernier (35 A), ne peut être, comme on serait tenté de le croire au premier abord, l'apparition de l'étoile aux Mages, car il y a bien quatre personnages et

(1) Quelques doigts de la main et la couronne ont été refaits.

(2) Ce cul-de-lampe est à peu près intact, mais, très fatigué par le poids de la statue, il est soutenu à grand'peine par des crampons en fer.

(3) *Matth.*, II, 1 à 18.

(4) *Leg. Aur.*, *De Innocentibus*. — Brunet, *Dict. des Apocryphes* (Collect. Migne), t. II, col. 472. — Male, *op. cit.*, p. 287.

(5) *Matth.*, II, 3 à 6; *Mich.*, V, 2.

ils ne sont pas couronnés. Nous y reconnaîtrons volontiers avec l'abbé Roze (1), l'étoile de Balaam, que les commentateurs ont toujours considérée comme celle qui devait être vue par les Mages (2).

Pl. XLI, 38 A. — Le Massacre des Innocents (3) représenté sur ce quatrefeuilles a avec l'histoire des Rois Mages une relation étroite sur laquelle il est inutile d'insister. Un soldat enveloppé des pieds à la tête dans le haubert rattaché à la coiffe et aux chausses de mailles, par-dessus lequel est passée une cotte d'armes sans manches, heaume ovoïde sans nasal sur la tête (4), une épée nue à la main, saisit de sa main gauche dégantée la tête d'un enfant au maillot porté par sa mère, femme coiffée du chapeau en forme de mortier et vêtue d'un surcot traînant et d'une chape jetée sur les épaules. Elle regarde le soldat d'un air désolé. Un autre enfant plus âgé que le premier, tête nue, vêtu d'une tunique serrée à la taille, marche à côté d'elle, la tenant par un des pans de son manteau. Une autre mère éplorée, tête nue, les cheveux épars, est agenouillée devant le cadavre nu de son enfant dont elle tient la tête tranchée entre ses mains, la couvrant de baisers (5).

Pl. XLI, 35, 36, 37, 38 B. — L'évangile rapporte qu'après avoir adoré l'Enfant Jésus, les Mages, avertis en songe des mauvais desseins d'Hérode, s'en retournèrent dans leur pays par un autre chemin, ce dont Hérode fut grandement irrité (6). Mais la légende a ajouté d'autres détails au voyage des Mages. Elle raconte, entre autres choses, qu'Hérode ayant traversé la ville de Tarsis dont les habitants avaient prêté leurs navires aux Mages pour passer la mer, fit brûler toute leur flotte (7). Ce sont évidemment ces faits qui sont représentés dans nos quatre derniers quatrefeuilles. L'ordre historique a été aussi un peu interverti, et il faut le rétablir ainsi :

35 B. — Les Mages avertis en songe de retourner par un autre chemin. Tous trois, couronne en tête, sont couchés dans un même lit (8). Un ange leur apparaît sortant de nuages (9).

36 B. — Les Mages dans le bateau des habitants de Tarsis. Couronne en tête et sceptre à la main, ils sont assis dans une nef avec son mât, sa voile et sa

---

(1) *Visite*, etc., p. 21.

(2) « Orietur stella ex Jacob et consurget virga de Israel ». *Num.*, XXIV, 17. Un peu avant de parler de l'étoile, Balaam avait dit : « Deus eduxit illum de Ægypto ». *Num.*, XXIV, 8. — « Ad confusionem Judæorum, ut nativitatem Christi a gentibus discerent, oritur ex Oriente stella, quam futuram, Balaam, cujus successores erant, vaticinio noverant ». S. Hieron., *Comment. in Evang. Matth.*, *Patrol.*, t. XXVI, col. 26. — Nous verrons aussi Balaam figurer dans les stalles de notre cathédrale, au début de l'histoire de la Vierge Marie.

(3) *Matth.*, II, 16 à 18.

(4) Cf. le costume de la Force dans les bas-reliefs du soubassement de la porte centrale (pl. XXVIII, fig. 111).

(5) Ces quatre premiers quatrefeuilles n'ont été que très légèrement restaurés.

(6) « Responso accepto in somnis ne redirent ad Herodem, per aliam viam reversi sunt in regionem suam..... Tunc Herodes videns quoniam illusus erat a Magis, iratus est valde ». *Matth.*, II, 12, 16.

(7) « Cum igitur Herodes de nece puerorum disponeret, a Cæsare Augusto per epistolam citatus est filiorum accusationibus responsurus. Qui cum per Tarsum iter facerent, intellexit quod magos naves Tarsensium transvexissent et ideo omnes naves Tarsi comburi fecit, secundum quod prædictum fuerat : In spiritu vehementi conteres naves Tarsis (ps. XLVII, 8) ». *Leg. aur.*, *De Innocentibus*. — Les anciens auteurs aimaient à compléter par les prophéties le récit évangélique. — Cf. Mâle, *op. cit.*, p. 281.

(8) M. Mâle (*op. cit.*, p. 298) a remarqué cette habitude presque constante dans l'iconographie de l'histoire des Mages. — Inutile de rappeler la coutume des gens du moyen âge de coucher à plusieurs.

(9) La tête de l'ange a été refaite.

vergue, et ornée d'une tête de monstre à la proue. Un rameur encapuchonné dans un chaperon est assis à l'arrière (1).

38 B. — Hérode donne l'ordre de brûler les vaisseaux des habitants de Tarsis. Assis dans une chaire, les jambes croisées, il commande à deux valets en surcots courts serrés à la taille, l'un armé d'une pique, et l'autre tenant une torche enflammée. Ceux-ci se dirigent vers le quatrefeuilles suivant (2).

37 B. — Destruction des navires. Les deux mêmes valets : l'un démolit à coups de hache un bateau, l'autre en brûle les débris (3).

Pl. XLI, 39, 40, A, B. — Ces quatre derniers bas-reliefs se rapportent, avons-nous dit, à la réception de la reine de Saba par Salomon.

« Voyant donc la reine de Saba toute la sagesse de Salomon, la maison qu'il avait fait bâtir, les mets de sa table, les habitations de ses serviteurs, l'ordre et les habits de ses ministres, ses échansons et les holocaustes qu'il offrait dans la maison du Seigneur, elle se sentit hors d'elle-même..... Le roi Salomon se fit faire aussi un grand trône d'ivoire revêtu d'or à profusion : il avait six degrés, son sommet était arrondi par derrière, deux mains tenaient le siège de chaque côté, et deux lions se tenaient près de chaque main. Douze lionceaux étaient sur les six degrés à droite et à gauche. Dans aucun royaume ne fut fait pareil ouvrage » (4).

40 A. — Salomon, vu de face et plein de majesté, un hanap découvert à la main, est assis devant une table couverte d'une nappe, et sur laquelle sont posés un couteau, une écuelle remplie de mets, un pain rond entamé et de menus objets de peu de saillie, qui paraissent être des tranchoirs. Trois ministres le servent, tous jeunes et imberbes : deux vêtus seulement de surcots; le troisième ayant de plus un manteau jeté sur l'épaule gauche. Celui-ci apporte au roi un pain rond et semble lui parler, un autre vient avec un flacon, le troisième pose sur la table une écuelle remplie de mets. « Cibos mensæ ejus..... et ordines ministrantium », etc. Ce bas-relief est remarquable de composition.

39 B. — Salomon en prières devant le temple. Le temple est figuré par une église romano-gothique d'une grande richesse, avec fenêtres en plein cintre, arcatures, pinacles, clochetons, toitures imbriquées, etc. Salomon est agenouillé sur une colonnette, les mains jointes et la tête dévotement inclinée, dans la posture de la prière et de l'adoration. « Holocausta quæ offerebat in domo Domini » (5).

40 B. — Salomon debout montre d'une main le sujet représenté dans le quatrefeuilles 40 A, et de l'autre celui du quatrefeuilles 39 B, à la reine de Saba,

(1) Quelques parties insignifiantes ont été refaites.
(2) Le dossier du siège d'Hérode est refait.
(3) Quelques parties refaites dans les visages.
(4) « Videns autem regina Saba omnem sapientiam Salomonis, et domum quam ædificaverat, et cibos mensæ ejus, et habitacula servorum, et ordines ministrantium, vestesque eorum, et pincernas, et holocausta quæ offerebat in domo Domini, non habebat ultra spiritum..... Fecit etiam rex Salomon thronum de eboro grandem, et vestivit eum auro fulvo nimis, qui habebat sex gradus, et summitas throni rotunda erat in parte posteriori : et duæ manus hinc atque inde tenentes sedile : et duo leones stabant juxta manus singulas. Et duodecim leunculi stantes super sex gradus hinc atque inde; non est factum tale opus in universis regnis ». III *Reg.*, x, 4, 5, 18 à 20.

(5) « Victimas quas immolabat in domo Domini ». II *Paralip.*, ix, 4. — « Siquidem fecerat Salomon basim æneam, et posuerat eam in medio basilicæ, habentem quinque cubitos longitudinis et quinque cubitos latitudinis et tres cubitos altitudinis, stetitque super eam : et deinceps, flexis genibus, contra universam multitudinem Israel, et palmis in cœlum levatis, ait : Domine Deus Israel », etc. II *Paralip.*, vi, 13, 14.

qui, la couronne sur la tête, cette fois, fait un geste non équivoque d'admiration. Le sculpteur a certainement voulu figurer Salomon montrant sa magnificence à son auguste visiteuse (1).

39 A. — Le trône de Salomon. Il est curieux de voir la façon naïve dont le sculpteur du XIII° siècle a rendu la description du texte sacré qu'il a pris au pied de la lettre. Ici Salomon est imberbe et paraît plus jeune que dans les sujets qui précèdent. Couronne en tête et sceptre à la main, dans une attitude pleine de noblesse et de majesté, il est assis sur un trône élevé de six degrés, dont les accoudoirs sont réellement soutenus par deux mains humaines au naturel; les bras qui terminent ces mains viennent s'arcbouter sur deux lions placés symétriquement à droite et à gauche. Les lionceaux ne sont pas figurés sur les degrés. L'artiste a mal établi son sujet, qui n'est pas d'aplomb (2).

Parmi les événements de l'enfance du Christ considérés comme faisant partie de l'histoire de Marie, on peut se demander pourquoi l'on a donné une si grande importance à celui-ci, qui est certainement un de ceux où la Vierge joue le rôle le plus effacé et où la liturgie a effectivement donné à Marie la moindre place. On a représenté non seulement l'histoire de l'Adoration des Mages dans tous ses détails, mais on y a même ajouté sa figure dans l'ancien testament, tandis qu'au contraire la Nativité est absente. Je crois qu'il faut chercher une autre raison que l'impossibilité de trouver dans l'histoire ou les figures de Marie d'autres sujets pour occuper la place qui restait à remplir.

Il faut d'abord faire attention à la grande connexité qui existe entre les deux mystères de la Nativité et de l'Adoration des Mages, si bien qu'à l'origine ils étaient célébrés dans une seule et même fête, qui ne fut dédoublée qu'à partir du IV° siècle. Le second avait même une plus grande importance que le premier, parce que, d'une part, il était plus glorieux pour le Christ que son abaissement dans la crèche, et que, de l'autre, il marquait la vocation des gentils à la Jérusalem nouvelle (3). C'est encore au rit de la consécration des églises et à l'office de la Dédicace qu'il faut nous reporter. Remarquons que c'est à l'Enfant Jésus que tient la Vierge adossée au trumeau, c'est-à-dire au maître du lieu, que les Mages offrent leurs présents. A la dédicace des églises, la liturgie a placé, évidemment avec intention, un grand nombre de textes de l'Écriture qui font allusion aux présents des rois et des grands, à la vocation de l'Église prise parmi les Gentils, textes dont beaucoup se retrouvent à la fête de l'Épiphanie (4).

---

(1) Le nez de Salomon a été refait.

(2) Ces quatre bas-reliefs n'ont été que très légèrement restaurés.

(3) « Surge, illuminare, Jerusalem, quia venit lumen tuum et gloria Domini super te orta est. Quia ecce tenebræ operient terram et caligo populos; super te autem orietur Dominus et gloria ejus in te videbitur. Et ambulabunt gentes in lumine tuo, et reges in splendore ortus tui. Leva in circuitu oculos tuos et vide : omnes isti congregati sunt, venerunt tibi : filii tui de longe venient et filiæ tuæ de latere surgent. Tunc videbis et afflues, et mirabitur et dilatabitur cor tuum quando conversa fuerit ad te multitudo maris, fortitudo gentium venerit tibi. Inundatio camelorum operiet te, dromedarii Madian et Epha : omnes de Saba venient aurum et thus deferentes, et laudem Domino annuntiantes ». Isai., LX, 1 à 6. — La liturgie a conservé à l'Épiphanie quelque chose de son antique splendeur.

(4) « Illuminare his qui in tenebris et in umbra mortis sedent, ad dirigendos pedes nostros in viam pacis ». Luc., 1, 79. — « Populi sub te cadent..... Myrrha et gutta et casia a vestimentis tuis..... Et filiæ Tyri in muneribus vultum tuum deprecabuntur : omnes divites plebis ». Ps. XLIV, 9, 13. — « Exaltabor in gentibus, et exaltabor in terra ». Ps. XLV, 11. — « Memor ero Rahab, et Babylonis scientium me. Ecce alienigenæ et Tyrus et populus Æthiopum, hi fuerunt illic ». Ps. LXXXVI, 5. Le sens prophétique de ce psaume pour marquer la conversion

Rappelons-nous aussi ce que nous avons dit de Salomon à propos du roi représenté sur le trumeau de la porte centrale. La reine de Saba, qui vint d'Éthiopie pour apprendre la sagesse de Salomon, est la figure des Mages venus pour adorer l'Enfant Dieu; elle est aussi, et par là même, l'image de l'Église qui vint de la gentilité et du paganisme, attirée par la doctrine du Christ. C'est l'idée développée dans les sermons des Pères sur la Dédicace (1).

TYMPAN ET VOUSSURE (pl. XLII). — Le linteau est orné, ainsi que le chanfrein qui le surmonte, du même ornement plat à quatrefeuilles dont est couverte la seconde zone du soubassement, avec cette différence que les carrés dans lesquels sont inscrits les quatrefeuilles sont posés sur un de leurs côtés et non sur la pointe. Le même ornement disposé en losange est sculpté sur les chambranles de la porte. Le tympan est divisé en trois zones horizontales.

1re zone. — Six personnages de l'ancienne loi taillés en ronde bosse, sont assis sur un banc continu, trois à droite et trois à gauche du dais élevé qui abrite la Vierge adossée au trumeau. Tous sont barbus et couverts de vêtements drapés.

Dans les deux plus voisins de ce dais, à droite et à gauche, on reconnaît aisément Moïse et Aaron. Le premier, tête nue et munie de deux cornes, longue barbe, tient les deux tables de la loi posées l'une sur l'autre. Aaron porte le costume de grand prêtre : deux tuniques, l'une longue et l'autre plus courte posée par-dessus la première et munie de larges manches bordées d'un riche galon : sur la poitrine, le rational chargé de ses douze pierres précieuses, et sur la tête, une mitre ornée par devant d'un croissant (2). Il tient à la main sa verge fleurie (3). Inutile de dire qu'il est barbu (4).

Les quatre autres personnages n'ont aucun attribut spécial qui permette de les identifier. Tous ont de fortes barbes, et tous ont la tête couverte du *schimla*. Ils déroulent des banderoles sur leurs genoux (5). Ce sont évidemment quatre prophètes qui ont prédit la maternité virginale de Marie (6).

---

des Gentils est beaucoup plus clair dans le texte hébreu que dans la Vulgate qui ne l'a que très imparfaitement traduit. Voy. CRAMPON, *Le livre des psaumes*, p. 410. — « Accepisti dona in hominibus, etenim non credentes, inhabitare Dominum Deum..... A templo tuo in Jerusalem, tibi offerent reges munera..... Veniunt legati ex Ægypto : Æthiopia præveniet manus ejus Deo. Regna terræ, cantate Deo ». Ps. LXVII, 19, 30, 32, 33. — « Cantate Domino canticum novum, cantate Domino omnis terra..... Annuntiate inter gentes gloriam ejus, in omnibus populis mirabilia ejus..... Afferte Domino patriæ gentium, afferte Domino gloriam et honorem, afferte Domino gloriam nomini ejus...... Dicite in gentibus quia Dominus regnavit..... Quoniam venit judicare terram ». Ps. XCV, 1, 3, 7, 8, 10, 13, — etc.

(1) « Hæc (Ecclesia) est illa regina quæ venit a partibus Ethiopiæ audire sapientiam Salomonis ». S. AUGUST. *Sermo in Dedic. Ecclesiæ. Patrol.*, t. XXXIX, col. 2171. —

« Hæc quæ venit a terræ finibus Scientiam audire cominus Salomonis ».

Seq. in Dedicat. templi. Patrol., t. CXCVI, col. 1140.

(2) « Facies et laminam de auro purissimo in qua sculpes opere cælatorio *Sanctum Domino*, ligabisque eam vitta hyacinthina, et erit super tiaram imminens fronti pontificis ». *Exod.*, XXVIII, 36 à 38).

(3) Voy. ci-dessus, p. 390.

(4) « Sicut unguentum in capite, quod descendit in barbam, barbam Aaron ». Ps. CXXXII, 2.

(5) Il est probable qu'on avait peint sur ces banderoles leurs noms ou quelques textes permettant de les identifier.

(6) On aperçoit encore sur le fond la trace du semis de fleurs-de-lis d'or qui y était peint. — A la porte Notre-Dame de la cathédrale de Paris, six personnages sont assis de la même manière sur le linteau, mais là, trois de ces personnages portent des couronnes et des sceptres comme des rois, tandis que Moïse et Aaron ne paraissent pas y figurer.

Un cordon mouluré continuant le profil des tailloirs des colonnettes-supports des cordons de la voussure, sépare la première zone de la deuxième. Le reste du tympan est consacré aux circonstances qui ont accompagné la mort de Marie et son Assomption, d'après le récit apocryphe qui fut si populaire au moyen âge et si fréquemment reproduit dans les monuments (1).

2ᵉ zone. — Deux sujets sculptés en demi-relief dans l'appareil même du tympan. Chacun d'eux est taillé dans trois grosses pierres dont les joints verticaux sont disposés de manière à ne couper aucun des personnages, dont le groupement a été combiné en conséquence; il n'y a d'exception que pour le corps de la Vierge, qui, dans l'un et l'autre sujet étant dans une position horizontale, s'est trouvé forcément coupé par deux joints (2).

A la gauche du spectateur, l'ensevelissement de Marie. Deux apôtres, les pieds nus, se tiennent respectueusement au-dessus du sépulcre figuré par un sarcophage ouvert et orné de moulures et d'ornements géométriques en intailles, les deux bouts d'un linceul sur lequel est étendu le corps inanimé de Marie vêtue et voilée. Les dix autres apôtres se tiennent par derrière dans différentes attitudes qui expriment la douleur et la tristesse. Saint Jean, qui se distingue des autres par son visage jeune et imberbe, et deux autres apôtres, se penchent avec amour pour contempler une dernière fois les traits de la mère de Jésus; un autre est nimbé, ce qui est une exception dans notre portail ; un autre porte une croix processionnelle ornée de pierres précieuses et sans crucifix; un autre enfin tient un livre fermé. Jésus nimbé, un livre fermé dans la main, paraît au milieu d'eux et semble s'entretenir avec un apôtre.

A droite, l'Assomption. Le tombeau de Marie est exactement disposé comme dans le groupe qui précède, mais ici, ce sont les anges qui l'entourent. De même que là, deux apôtres tenaient les deux extrémités du linceul pour déposer Marie dans le tombeau, ici, deux anges le prennent par les deux bouts pour l'en faire sortir. Par derrière, sept autres anges dont un tient un chandelier et deux autres des encensoirs, s'apprêtent à accompagner la Reine du Ciel (3).

Cette symétrie dans la composition donne à l'ensemble de ces deux groupes un aspect très décoratif. Il faut y remarquer en outre une grande variété dans les attitudes et les expressions des physionomies, un peu trop de recherche même, dans les draperies surtout. L'exécution est un peu molle.

La séparation entre cette zone et la dernière est marquée par une ligne de nuages, limite naturelle entre la terre et le ciel.

3ᵉ zone. — Couronnement de la Vierge (4). Au centre, Jésus et Marie sont assis sur un banc. Jésus couronne royale sur la tête, nimbe crucifère, livre fermé dans la main gauche, levant la droite pour bénir, se tourne légèrement vers sa mère qui, d'une taille un peu plus haute, est assise à sa droite, nimbée, voile sur la tête, sceptre dans la main droite et levant la gauche en signe de joie et de reconnaissance. Quatre anges se tiennent à leur droite et à leur gauche, deux,

---

(1) Voy. Male, L'art relig. du xiiiᵉ s., p. 321.

(2) La sculpture a été faite avant la pose, car les têtes et les ailes de plusieurs personnages sont plus hautes que l'assise dans laquelle ils sont pris, ce qui n'aurait pu arriver si la sculpture avait été faite sur le tas. Mais alors les deux figures couchées de la Vierge ont dû n'être qu'ébauchées avant la pose et terminées sur place.

(3) Dans notre héliogravure, le visage de la Vierge s'est trouvé fortement dénaturé.

(4) « Hæc (Ecclesia) est regina illa, de qua ad

debout, tiennent des chandeliers, et les deux autres, à genoux, balancent des encensoirs. Dans la pointe de l'arc, trois angelots apparaissent dans des nuages; deux tiennent une couronne royale au-dessus de la tête de Marie, le troisième, un encensoir. Les statues de Jésus, de Marie et des deux anges debout sont sculptées en ronde bosse, se détachant sur le fond qui est appareillé à part, tandis que les deux anges agenouillés et les trois petits anges qui occupent la pointe de l'arc sont taillés dans l'appareil même, en demi-relief.

Dans la voussure, les trois cordons qui forment l'ébrasement sont seuls sculptés à personnages.

Le premier, le plus rapproché du tympan, comprend dix figures d'anges debout, tenant alternativement des chandeliers et des encensoirs avec leurs navettes; cinq d'un côté et cinq de l'autre.

Douze rois assis dans des enroulements de vigne, six à droite et six à gauche, composent le deuxième cordon. Ils sont barbus, couverts de vêtements drapés, couronne en tête et sceptre à la main. Ils ne se distinguent par aucun attribut particulier. Le n° 2 (en partant de la gauche du spectateur) déroule une banderole devant lui, et le n° 3, les jambes croisées, semble compter quelque chose sur ses doigts.

Dans le troisième cordon, quatorze personnages, sept de chaque côté, sont assis dans des enroulements de vigne, comme dans le cordon précédent. Ils sont barbus et couverts de vêtements drapés, mais ne portent ni sceptres ni couronnes. Le premier déroule une banderole; le second semble compter sur ses doigts; les autres sont dans diverses attitudes, sans rien de caractéristique.

Évidemment ces deux cordons réunis représentent l'arbre généalogique de la Vierge Marie : dans l'un, les rois de Juda, dans l'autre, les ancêtres de Marie qui n'ont pas été rois. Il faut remarquer que Jessé ne s'y trouve pas. Nous avons vu pourquoi l'arbre de Jessé figurait à la porte centrale avec la scène du Jugement dernier. Il n'y a donc pas de double emploi.

Les figures qui composent ces deux cordons sont extrêmement jolies et pleines de finesse.

Les trois derniers cordons sont simplement moulurés : l'avant-dernier est orné de fleurons.

Porte Saint-Firmin (1).

(Porte C).

La troisième porte, dite porte Saint-Firmin, a sa disposition générale absolument identique à celle de la porte de la Mère Dieu à qui elle fait pendant.

Dominum dicitur : Astitit regina a dextris tuis in vestitu deaurato (ps. XLIV, 10) ». S. AUGUST., *Sermo in Dedic. ecclesiæ. Patrol.*, t. XXXIX, col. 217). Ce passage du ps. XLIV a été aussi très souvent appliqué à la Vierge Marie.

(1) Il y a une description de cette porte dans l'*Histoire de saint Firmin*, par C. Salmon, p. 354 à 364, publiée également dans *Revue de l'art chrétien*, t. IV, p. 621.

TRUMEAU. — Une grande statue d'évêque occupe la place d'honneur contre le trumeau. C'est évidemment saint Firmin le Martyr, premier évêque d'Amiens, deuxième patron de la cathédrale et patron du diocèse.

Le saint est représenté debout et bénissant d'un geste plein de solennité. Il est vêtu de tous les *pontificalia* : sandales, aube, étole et manipule dont les extrémités sont ornés de franges et d'un fleuron à huit lobes inscrit dans un carré; dalmatique fort simple, sans franges dans les fentes; chasuble avec orfroi en Y de faible saillie, simple galon; amict paré d'un collet chargé de pierreries, la seule partie un peu riche du costume; gants; mitre basse garnie d'un orfroi de peu de relief; dans sa main gauche il tient sa crosse qu'il appuie sur un petit personnage qu'il foule aux pieds. Ce dernier est barbu, tête nue, vêtu d'une tunique, couché de son long; il cherche à se débattre de l'étreinte des pieds du saint et à écarter de la main la hampe de la crosse qui le presse. Il faut y voir le persécuteur du saint, celui qui dénonça Firmin au tribunal de Longulus et de Sébastien, qui requit contre lui la peine de mort, le prêtre des païens Auxilius, personnifiant ainsi le paganisme que le saint évêque vint écraser à Amiens. Il rappelle le serpent dont Marie écrase la tête au portail de la Mère Dieu. Inutile de redire que c'est une des plus belles statues de notre portail (1).

La statue est abritée comme celle de la Vierge au portail de la Mère Dieu par un dais fort élevé, à plusieurs étages, de forme carrée, voûté sur croisée d'ogives, et qui prend toute la hauteur de la première zone du tympan.

La partie inférieure du trumeau est ornée de six sujets sculptés en bas-reliefs et disposés exactement de la même manière que ceux qui ornent le trumeau de la porte de la Mère Dieu. Les sujets figurés sont assez difficiles à expliquer : ils se rapportent évidemment à l'histoire de saint Firmin (2), mais outre que la plupart sont plus ou moins frustes (3), il y en a qui font allusion à des faits que les histoires du premier évêque d'Amiens que nous possédons ne nous font pas connaître, et d'autres semblent faire double emploi avec les sujets sculptés sur le tympan. Nous ne sommes donc pas absolument certains des explications que nous allons en donner. Ils paraissent disposés de haut en bas, en allant de la droite à la gauche du spectateur. C'est dans cet ordre que nous les décrirons.

1. Une ville figurée par deux maisons à pignons et fenêtres cintrées, avec ses remparts crénelés, percés de fenêtres et flanqués d'une tour d'angle polygonale. De cette ville, sort un cavalier imberbe, coiffé d'une calotte, vêtu d'une cotte fendue par devant et par derrière et flottant à droite et à gauche. Un diable apparaissant dans le ciel, horrible figure, grande gueule grimaçante, ailes pennées, griffes en guise de mains et de pieds, lui fait brusquement tourner la tête vers la ville, pour l'empêcher de voir un évêque *in pontificalibus,* imberbe, mitre en tête et crosse à la main, qui s'avance vers lui en bénissant. Le cheval est très remarquablement traité, et son harnachement fort curieux : la bride est composée, comme d'ordinaire au XIIIe siècle, d'un dessus de tête avec frontail et sous-gorge, de deux montants et d'un mors à branches longues et coudées en arrière, réunies par une traverse, et à deux rênes seulement; la selle posée sur les quartiers a ses

---

(1) La volute de la crosse ainsi que les doigts de la main gauche ont seuls été refaits.

(2) Voy. ci-dessus, p. 3.

(3) Plusieurs d'entre eux n'ont pas été restaurés.

arçonnières assez hautes et fortement cintrées pour emboîter le corps; les étriers triangulaires sont pendus à des étrivières qui paraissent être de cuir; le poitrail est orné de petites bouffettes ou de grelots; la crinière du cheval semble tressée.

Rien dans les actes de saint Firmin le Martyr qui nous sont parvenus ne permet d'expliquer le fait représenté dans ce bas-relief : il est probable que c'est une allusion à quelque légende aujourd'hui perdue (1).

2. Il faut sans doute voir dans le bas-relief suivant la décollation de saint Firmin. Le saint évêque, mitre en tête, les mains jointes, se montre à mi-corps à la fenêtre d'une prison crénelée avec tours cylindriques dans les angles, tandis qu'un bourreau imberbe, l'épée à la main, tête nue, surcot court, serré à la taille par une ceinture ou un baudrier auquel est pendu le fourreau de son épée, lui tranche la tête, qu'il tient par les cheveux. Remarquons en passant l'air vulgaire, méchant et jovial à la fois, que l'artiste a su donner à cette tête de bourreau. Dans le ciel, deux anges emportent sur un linceul l'âme du martyr figurée par un petit enfant nu, les mains jointes et assis les jambes croisés.

Les quatre derniers bas-reliefs sont assez frustes, par suite de la mauvaise qualité de la pierre qui se trouve fortement rongée en cet endroit.

3. Un évêque mitré en tête, crosse à la main et bénissant, semble donner des ordres à un clerc imberbe, tête nue, vêtu d'une tunique tombant à la cheville et serrée à la taille. Celui-ci sonne une cloche pendue dans une baie pratiquée au milieu du pignon d'un édifice dont on ne voit que la façade, et qui paraît être une église. On y voit généralement saint Sauve faisant appeler les fidèles à la prière pour obtenir la révélation du corps de saint Firmin (2).

4. Il est difficile d'expliquer ce sujet autrement que par l'invention du corps de saint Firmin. Au premier plan est un cercueil à demi sorti de terre et découvert, dans lequel on aperçoit le corps du saint évêque imberbe et revêtu de tous les *pontificalia*. Un évêque, saint Sauve probablement, une bêche à la main, comme s'il venait de creuser la terre, le contemple avec respect. Il est assisté d'un autre personnage au visage jeune et imberbe, en costume civil, et tenant aussi une bêche. Un troisième personnage, une femme sans doute, avance sa tête nue et à longue chevelure derrière l'évêque. Dans le haut apparaît un grand disque enflammé ; c'est apparemment le soleil, dont les rayons bienfaisants réchauffèrent la terre lorsqu'on découvrit le corps de saint Firmin, bien que l'on fût alors au milieu de l'hiver.

5. Cette sculpture est tellement rongée que l'on n'y distingue presque plus rien. On croit y apercevoir pourtant un évêque debout à côté d'un édifice au-dessus duquel émerge un autre personnage tête nue, à mi-corps, et qui paraît être un maçon qui y travaille. Serait-ce saint Sauve faisant construire une église dans Amiens pour y recevoir les restes du saint martyr (3)?

6. On distingue avec peine deux évêques portant sur leurs épaules une châsse sous laquelle se tiennent trois petits personnages dont un est à genoux. C'est sans

---

(1) Goze *(Églises, châteaux, beffrois,* etc., t. II, p. 19) y a vu une personnification de l'idolâtrie ; explication absolument gratuite et peu vraisemblable. — Salmon *(Hist. de saint Firmin,* p. 355) n'en propose pas d'autre.

(2) Salmon, *op. cit.,* p. 355. — La mitre, la crosse presque en entier, la main droite, les pieds et la plus grande partie des vêtements de l'évêque ont été refaits.

(3) Salmon *(op. cit.,* p. 356) propose la guérison du sire de Beaugency, mais cela n'est pas probable.

doute la translation du corps de saint Firmin de Saint-Acheul à Amiens, et les infirmes qui, suivant la coutume du moyen âge, se placent sous la châsse pour être guéris.

Tympan et voussure (pl. XLV). — Comme le tympan presque tout entier paraît aussi se rapporter à l'histoire de saint Firmin, tout au moins à celle de l'invention et de la translation de ses reliques, nous le décrirons tout de suite. De même que celui de la Mère Dieu, il se divise en trois zones horizontales qu'il faut expliquer en allant de bas en haut (1).

1re zone. — Six évêques *in pontificalibus* et mitrés sont assis dans des attitudes diverses sur un banc continu, faisant pendant aux six personnages de l'ancienne loi représentés au même endroit de la porte de la Mère Dieu. Comme là, chacune des figures est sculptée en ronde bosse, se détachant du fond qui est appareillé séparément. Le premier en partant de la gauche du spectateur a la barbe très courte, la figure douce et débonnaire, la crosse à la main (2).

Le suivant est âgé, des rides couvrent son visage rasé : il n'a pas de crosse, mais il tient dans sa main gauche un livre ouvert qu'il feuillette de la droite. Statue très remarquable de réalisme et d'individualisme. Le troisième est barbu, s'appuyant fièrement sur sa crosse (3).

Après le dais qui abrite la statue de saint Firmin, le quatrième évêque est barbu, la crosse dans la main gauche, et bénissant.

Le cinquième est imberbe : grosse face ronde, menton proéminent, bouche largement fendue et dessinant un sourire moqueur, lèvres fines, pommettes saillantes, l'air jovial, mais intelligent. Physionomie pleine d'originalité et d'expression, sans rien de conventionnel, personnage vécu. Il est à demi tourné vers le suivant qu'il montre avec l'index de la main droite, la crosse dans la main gauche (4).

Le dernier est barbu, sans crosse, tenant dans sa main gauche un livre fermé qu'il montre de la droite.

Au premier cordon de la voussure, le plus rapproché du tympan, chacune des retombées est occupée par une statuette d'évêque assis sur un banc orné : l'un est barbu et bénissant, l'autre portant une barbe naissante ou mal rasée et tenant un livre ouvert. Ces deux évêques, exactement semblables à ceux que nous venons de décrire, doivent évidemment faire nombre avec eux, quoiqu'ils soient d'une plus petite échelle, et avoir été mis là faute de place sur le tympan et pour compléter un nombre fixe de huit. On n'a généralement pas pris garde à ces deux statuettes qui se confondent au premier coup d'œil avec les autres personnages qui ornent la voussure, mais qui en sont pourtant bien distinctes et qui sont certainement placées là avec intention. On a souvent vu dans les six statues d'évêques du tympan les évêques d'Amiens honorés du culte des saints (5), mais en y ajoutant

---

(1) Ce tympan n'a subi que quelques restaurations de détail.

(2) La volute de la crosse est brisée, les mains paraissent avoir été refaites.

(3) La volute est brisée.

(4) La crosse a été refaite.

(5) Gilbert, *Descr. hist. de l'église cath. d'Am.*, p. 55.
— Goze, *Églises, châteaux, beffrois*, etc., t. II, p. 19.

les deux évêques placés à la voussure, le saint Firmin adossé au trumeau et les trois autres grandes statues d'évêques qui se trouvent contre les piédroits, on arrive en tout au nombre de douze. Or, l'*Ordo* du diocèse d'Amiens ne déclare que sept évêques d'Amiens honorés comme saints, et encore n'en connaît-on effectivement que six. Salmon a donc eu raison de douter de cette explication (1). Il ne peut pas non plus être question des évêques suffragants de Reims, car, au xiii° siècle, il n'y avait pas moins de onze évêchés qui dépendaient de cette métropole. Les livres que tiennent plusieurs d'entre eux pourraient faire penser d'une part aux quatre grands docteurs de l'église latine : saint Grégoire, saint Ambroise, saint Augustin et saint Jérôme, et de l'autre, aux quatre grands docteurs de l'église grecque : saint Jean Chrysostôme, saint Basile, saint Grégoire de Nazianze et saint Athanase. Mais ce serait un fait iconographique exceptionnel à cette époque; cette distinction des docteurs, des quatre derniers surtout, paraît être postérieure au xiii° siècle (2). D'ailleurs, dans ce cas, le pape saint Grégoire et saint Jérôme, qui ne fut pas évêque, n'auraient rien qui les distingueraient des autres.

Ne seraient-ce pas les évêques qui auraient assisté à la pose de la première pierre de la cathédrale? ou bien ceux qui, par leurs dons ou ceux de leurs diocèses, auraient participé à sa construction? Nous ne proposons évidemment ces explications que comme de simples conjectures.

Les deux dernières zones se rapportent à l'invention du corps de saint Firmin (3).

2° zone. — Invention du corps de saint Firmin. Cinq groupes bien distincts, sculptés chacun dans un bloc de pierre appliqué contre le fond qui est appareillé à part.

1. Groupe central. Le corps de saint Firmin découvert par saint Sauve. Un sarcophage décoré d'ornements géométriques sort de terre : il est ouvert, et on y aperçoit étendu le corps inanimé de saint Firmin barbu, avec tous les ornements pontificaux, à demi enveloppé dans un linceul. A côté, se tient debout saint Sauve bénissant de la main droite et tenant une bêche dans la main gauche; il est assisté de deux clercs imberbes en dalmatiques et amicts et qui tiennent aussi chacun une bêche. Par derrière, six autres personnages assistent à la découverte du corps saint : cinq hommes, dont un joint les mains, et une femme coiffée d'un couvre-chef et les mains jointes (4). Au milieu du groupe s'élève une sorte de longue torsade, comme une grosse corde, figurant très probablement le rayon lumineux qui, suivant la légende, désigna le lieu où se trouvait la sépulture.

Chacun des quatre autres groupes représente divers personnages sortant d'un groupe de constructions gothiques à plusieurs étages, percées de fenêtres de toutes formes, découpées de créneaux et du plus singulier effet.

Ce sont évidemment les habitants des quatre villes de Thérouanne, Cambrai, Noyon et Beauvais, qui, suivant la légende, accoururent pour vénérer les restes de l'apôtre d'Amiens, attirés par l'odeur suave qu'exhalait son tombeau (5). Il est

---

(1) *Hist. de saint Firmin*, p. 359.
(2) Barbier de Montault, *Traité d'iconogr.*, t. II, p. 286.
(3) Voy. ci-dessus (p. 3), le résumé des faits repré-sentés ici.
(4) Ces mains ont été refaites.
(5) Je préfère cette explication à celle de Salmon (*Hist. de saint Firmin*, p. 360) qui ne voit ici que « de

vrai que les évêques de ces quatre villes ne sont pas figurés, mais leur présence n'est pas indispensable, car la relation de l'invention des reliques de saint Firmin publiée par le P. Le Cointe ne dit pas qu'ils aient été présents (1). Nous les décrirons en allant de la gauche à la droite du spectateur.

2. Cinq personnages principaux : une femme en cheveux, tenant un jeune enfant, tête et pieds nus et vêtu d'une simple tunique ou chemise; une vieille femme, un voile sur la tête et s'appuyant péniblement sur un bâton : l'artiste a fort bien rendu les rides de sa figure et la maigreur du cou habituelle chez les vieillards; une autre femme tête nue, dont on n'aperçoit que le visage; un homme imberbe dont on ne voit que la tête enveloppée dans une coiffe en forme de béguin; enfin le haut de la tête d'un cinquième personnage. A une fenêtre apparaît le buste d'une jeune femme drapée dans son couvre-chef.

3. Quatre personnages : un homme barbu, en surcot tombant à la cheville et manteau habilement drapé, coiffé d'un chapeau haut, à bords plats et à longues gourmettes, analogues à celles du chapeau des cardinaux, forme curieuse et rare, se tourne vers un autre personnage à qui il semble parler. Celui-ci est imberbe, tête nue, vêtu d'un surcot tombant à la cheville et d'un manteau ressemblant à une chasuble, relevé sur les bras et muni d'un capuchon découvert. Il faut remarquer dans ces deux personnages l'expression des physionomies et la vérité du geste. Derrière eux, une femme coiffée d'un couvre-chef et tenant dans ses bras un enfant en maillot, enfin dans le fond, le visage d'un quatrième personnage imberbe.

4. Sept personnages, hommes, femmes et enfants : une femme, en surcot et coiffe en forme de mortier, fait un geste d'étonnement mêlé de crainte : elle tient par la main un jeune enfant tête nue, vêtu d'une tunique, cotte ou chemise sans ceinture et tenant dans sa main un objet fruste qui ressemble à un fruit ou à une pierre; un homme portant un enfant sur ses épaules. Par derrière, trois têtes nues et imberbes. Au-dessus du groupe apparaît une croix processionnelle, mais qui a été refaite.

5. Dans une des baies des édifices gothiques d'où sort le groupe de personnages, on aperçoit une cloche; sur une tour, un guetteur sonne de la trompe (2). De cet amas d'édifices sortent six personnages dans des attitudes d'étonnement et d'adoration plus accentuées encore que dans les groupes précédents. Deux hommes imberbes, l'un ayant une sorte de calotte sur la tête, un genou en terre, les mains

pieux spectateurs » et « les rues de la cité Amiénoise au moment du miracle ».

(1) Elle dit seulement : « Omnis quidem multitudo urbis Taroanensium », etc., et plus loin : « Omnes quidem sacerdotes et clerici, populusque diversorum sexuum præfatarum urbium statim surrexerunt cum cereis et palmis, hymnorum psalmodiam decantantes celeri gressu Ambianis obviam tanto Martyri Firmino venerunt ». Dans la clôture du chœur du xvi⁰ siècle, l'artiste n'a figuré que les quatre évêques, mais sans doute faute de place, et pour symboliser les quatre villes épiscopales. Une autre sculpture du xv⁰ siècle conservée dans la crypte de l'église de Saint-Acheul et qui représente aussi l'invention de saint Firmin, montre les populations des quatre villes se rendant processionnellement à Amiens par des chemins différents.

(2) Quelques auteurs se sont plus à y voir le beffroi d'Amiens tel qu'il existait au xiii⁰ siècle. On a même été plus loin et on a cru reconnaître dans les autres édifices, l'ancien château d'Amiens, la maison communale, la prison, l'hôtel du vidame, etc. (Goze, Rues d'Amiens, t. III, p. 215; Dusevel, Notice sur la cath. d'Am., p. 22). Nous avons vu que ces quatre groupes devaient figurer autre chose que les rues d'Amiens, mais, dans tous les cas, les monuments en question ne sont que des édifices idéalisés et ne peuvent pas avoir existé en réalité : ils ne sont pas constructibles.

jointes, l'autre tête nue et levant une main (1) vers le ciel; une femme avec la coiffe en forme de mortier, joignant les mains; un quatrième personnage difficile à distinguer derrière les autres; une autre femme en cheveux. On a peine à soupçonner l'existence de ces deux derniers personnages, dont l'un est encore presque entièrement engagé dans les constructions.

Une ligne de nuages forme le ciel et sépare cette zone de la suivante.

3ᵉ zone. — Translation solennelle à Amiens des reliques de saint Firmin. Quatre groupes sculptés chacun comme les précédents dans un bloc de pierre se détachent sur le fond qui est appareillé à part. Il faut les décrire en allant de la droite à la gauche du spectateur.

1. La ville d'Amiens ou plutôt une des portes de la ville, figurée par de hauts édifices gothiques, à travers lesquels on aperçoit les habitants qui, l'air recueilli, les mains jointes, attendent la procession. Ils étendent leurs vêtements et des branches d'arbres.

2. Cinq enfants de chœur en aubes et amicts. L'un d'eux porte un encensoir, un autre un bénitier, un autre un chandelier, le quatrième un livre ouvert, sur lequel il fait voir quelque chose au dernier qui lui met la main sur l'épaule. Trois clercs en dalmatiques : l'un porte respectueusement un livre fermé, très richement relié, un autre tient sur un voile huméral un bras reliquaire (2), le troisième avait perdu la moitié de sa main droite et l'attribut qu'elle portait, on la lui a refaite tenant un livre fermé. Enfin, dans le fond, on aperçoit une croix processionnelle sans crucifix, et on soupçonne les têtes de plusieurs autres personnages qu'il n'est pas possible de distinguer. On ne pouvait pas faire tenir plus de monde dans un seul et même bloc de pierre (3).

3. La châsse de saint Firmin. Deux évêques mitrés portent sur leurs épaules le brancard sur lequel est posée la châsse faite en forme de chapelle. Deux clercs (ou plutôt quatre, car il doit y en avoir deux qu'on ne voit pas) des chanoines sans doute, en aubes et chapes, imberbes, têtes nues, sans tonsures, la soutiennent sur leurs épaules. Leurs chapes sont munies de capuchons relevés et sont attachées l'une par un fermail d'orfèvrerie, et l'autre par une sorte de grosse épingle. Par derrière on aperçoit encore plusieurs autres personnages.

4. Près d'un rosier en fleurs, suivant le récit de l'Invention de saint Firmin, est un petit personnage imberbe, chapeau de feuillage sur la tête, tenant d'une main un rameau fleuri, et de l'autre un bâton qu'il appuie sur son épaule et au bout duquel est pendu un vêtement. Serait-ce son vêtement d'hiver dont la chaleur insolite qui se fit alors sentir l'aurait forcé de se débarrasser? Derrière lui se tient un autre petit personnage difficile à distinguer, imberbe, encapuchonné dans un chaperon, et paraissant s'appuyer sur un bâton.

Dans le ciel figuré par des nuages qui garnissent la pointe de l'arc apparaissent une main mystérieuse et quatre anges dont deux balancent des encensoirs et les deux autres tiennent des navettes (4).

(1) Elle a été refaite.
(2) L'extrémité des doigts a été refaite.
(3) Nous verrons en décrivant les stalles que les artistes Amiénois du XVIᵉ siècle n'avaient pas perdu cette habileté surprenante à grouper un grand nombre de personnages dans un petit espace.
(4) Quelques parties peu importantes ont été refaites.

Le linteau et les chambranles sont sculptés comme au portail de la Mère Dieu du même ornement de faible relief composé de quatrefeuilles inscrits dans des carrés.

Comme à l'autre porte latérale, les trois cordons de la voussure qui forment l'ébrasement sont seuls sculptés à personnages (1).

Nous avons parlé précédemment des deux figures d'évêques assis qui sont sculptés dans les deux claveaux inférieurs du cordon le plus rapproché de la porte. Le reste de ce cordon est orné de huit anges, debout, pour la plupart nimbés et tenant des couronnes.

Au deuxième cordon sont douze anges aussi debout, mais sans nimbes. Six tiennent des chandeliers, quatre des bénitiers et deux des livres fermés.

Quatorze anges également sans nimbes composent le troisième cordon : ils balancent avec des attitudes très variées, des encensoirs à longues chaînes.

Tous ces anges sont là pour accompagner la cérémonie de l'invention et de la translation du corps de saint Firmin. Les quatrième et cinquième cordons sont ornés de moulures et de fleurons. Le sixième est mouluré seulement.

PIEDS DROITS. — Les grandes statues et les bas-reliefs du soubassement forment deux séries de sujets qui n'ont aucuns rapports l'une avec l'autre : nous les décrirons séparément.

Grandes statues.

1. Pl. XLIII, 41. — Fort belle statue d'évêque, barbu, visage aux traits réguliers et calmes, port majestueux. Il porte tous les *pontificalia* : des pierreries ornent les bouts de l'étole, le collet de l'amict et l'orfroi de la mitre. Il tient la crosse et bénit (2).

Support. — Un petit vieux, le visage rasé et tête nue : physionomie pleine de vérité et tout à fait vécue, bouche largement fendue, lèvres minces, front plissé, l'air le plus comique : il est à peu près nu, ne portant qu'une draperie sur son bras. Bizarrement contourné, il regarde la plante de son pied gauche qu'il tient des deux mains (3).

2. Pl. XLIII, 42; fig. 106. — Un diacre en aube, dalmatique presque aussi longue que celle-ci et sans franges dans les fentes, manipule frangé aux extrémités, amict au collet simple. L'étole est invisible. Il tient dans ses mains un petit évangéliaire fermé et tourne légèrement le regard vers le saint Firmin qui occupe le trumeau.

Support. — Un homme imberbe, tête nue, cotte courte et serrée à la taille, assis absolument de face et symétriquement accoudé sur ses genoux. Il s'enfle démesurément les joues en ouvrant de grands yeux, comme s'il soufflait vigoureusement dans quelque chose. Ses deux mains avaient été brisées ainsi que

---

(1) Ils n'ont été que faiblement restaurés en 1846-1847.
(2) La volute de la crosse et les doigts de la main gauche ont été refaits.

(3) La plus grande partie de ce pied et la main droite ont été refaits.

l'objet qu'elles tenaient; on les lui a refaites tenant une espèce de cornet dont l'embouchure est dans sa bouche, et dont le pavillon vient frapper contre sa poitrine. Il n'est guère vraisemblable que cet objet ait été ainsi fait.

3. Pl. XLIII, 43, fig. 106. — Un évêque vêtu de tous les ornements pontificaux, tenant la crosse et bénissant (1).

Support. — Un homme imberbe, tête nue, cotte sans ceinture, assis et tenant une épée dans sa gaine. Il regarde le suivant d'un air malin. Figure pleine d'expression.

4. Pl. XLIII, 44. — Personnage tête nue, barbe en pointe, cotte tombant à la cheville, avec manches longues et étroites et surcot presque aussi long, sans manches et percé de simples fentes sur les bras, très court manteau drapé à l'antique sur les épaules. Il tient une épée qu'il sort légèrement du fourreau, autour duquel le baudrier est enroulé. Tête un peu grosse, mais physionomie pleine de noblesse.

Support. — Un homme accroupi tenant une épée dans sa gaine (2).

5. Pl. XLIII, 45. — Personnage vêtu à peu près comme le précédent : manteau jeté sur les épaules et retenu par un cordon lâche, une sorte de calotte sur la tête, barbe frisée. Il déroule verticalement une banderole. Grosse tête, visage vulgaire.

Support. — Un homme imberbe, assis et portant le socle de la statue sur ses épaules (3).

6. Pl. XLIII. — Le dernier de ce côté déroule aussi une banderole, sur laquelle il montre quelque chose. Il est d'une haute stature, tête nue, il porte une longue barbe soyeuse, ses traits sont réguliers, mais sans caractère; son ample manteau est attaché sur l'épaule droite par un fermail en forme de quatrefeuilles, et relevé sur le bras gauche.

Support. — Deux dragons ailés et affrontés.

7. Pl. XLIV, 47. — Un évêque à forte barbe. Les extrémités de l'étole et du manipule, les orfrois de la mitre et de l'amict sont ornés de pierreries; les mains ramenées vers le milieu du corps avaient eu les doigts cassés ainsi que l'attribut qu'elles tenaient. On les a refaites en 1846-1847 tenant un calice. Statue assez lourde et massive, tête énorme, mais dont la physionomie n'est pas sans caractère et sans expression.

Support. — Un homme bizarrement assis dans le vide, imberbe, tête nue, cotte longue et serrée à la taille. Il soutient le socle de la statue de ses mains et de ses pieds (4).

8. Pl. XLIV, 48. — Un ange drapé dans un manteau. Ses mains étaient cassées; on les a refaites tenant l'une l'encensoir et l'autre la navette. Physionomie souriante, douce et suave, maintien plein de grâce, sans rien perdre de son aspect monumental. Un peu de raideur dans les draperies.

Support. — Un roi imberbe, couronne en tête, vêtu d'une longue tunique serrée à la taille. Il est accroupi, portant sans trop d'effort sur son dos le socle de la statue. Sa figure, aujourd'hui un peu fruste, devait être assez jolie (5).

(1) La volute de la crosse et les doigts de la main droite ont été refaits.

(2) Entièrement refait en pierre.

(3) Entièrement refait en pierre.

(4) Le bras droit, moins la main, a été refait, puis brisé de nouveau.

(5) Le bras droit était brisé, on l'a refait tenant un sceptre assez semblable à celui que l'on voit habituelle-

9. Pl. XLIV, 49. — Personnage vêtu à l'antique, drapé dans un manteau à plis multiples, et tenant dans ses mains sa tête tranchée d'où le sang s'échappe. Il a les cheveux et la barbe crépus : le visage empreint d'un grand naturalisme rend bien le calme de la mort.

Support. — Un homme imberbe, tête nue, le visage contracté par un rire niais, vêtu d'un surcot sans manches et fendu depuis le bas jusqu'à la taille, est accroupi les deux mains sur ses genoux, portant le socle de la statue sur son dos (1).

10. Pl. XLIV, 50. — Personnage aux cheveux et à la barbe lisses et vêtu comme le précédent, mais avec des draperies beaucoup plus sommaires et d'un moins bon dessin; il tient comme lui sa tête tranchée entre ses mains. C'est une fort belle physionomie.

Support. — Un homme imberbe et tête nue, cotte longue et serrée à la taille, accroupi presque à genoux, et soutenant avec effort le socle de la statue sur ses épaules. Visage plat et comme renfoncé, double menton. Type bien laid, mais bien naturel.

11. Pl. XLIV, 51. — Un autre ange, à la longue chevelure, vêtu de deux tuniques : l'une talaire, la seconde moins longue, et, par-dessus, d'une sorte de dalmatique encore plus courte, frangée dans les fentes et ornée d'orfrois assez riches mais de peu de saillie, dont un passe en bandoulière sur l'épaule gauche (2). Les mains et l'objet qu'elles tenaient avaient disparu; on les lui a refaites déroulant une banderole de haut en bas. Il est inférieur au premier comme mérite artistique.

Support. — Cet homme coiffé d'une calotte est évidemment indisposé. Un sentiment d'angoisse inexprimable est répandu sur son visage. Seul un dessin (fig. 11, 39) peut montrer combien son geste est significatif. Son mal lui fait oublier son fardeau. Figure parfaite d'expression, de caractère et de dessin (3).

12. Pl. XLIV, 52. — Une femme voilée d'un couvre-chef, vêtue d'un surcot traînant, orné au col d'une riche broderie et d'un non moins riche affiquet de forme carrée, décolleté, et laissant apercevoir le haut de la cotte qui est agrémentée elle-même d'une broderie au col et d'un affiquet circulaire, avec un manteau drapé sur les épaules et relevé sur le bras gauche. Elle tient sous son bras gauche un livre fermé, très richement relié. La figure est belle, encadrée par des ondulations de cheveux qui s'aperçoivent sous le couvre-chef (4).

Support. — Un homme imberbe et tête nue, surcot sans manches et sans ceinture, assis sur ses jambes, les bras dévotieusement croisés sur la poitrine, la tête modestement baissée; attitude d'une vérité charmante. Le visage est fruste (fig. 11, 40).

Les auteurs qui ont décrit la cathédrale d'Amiens ont toujours été fort embarrassés pour identifier ces douze statues. Beaucoup y ont renoncé : quelques-uns, plus hardis, ont essayé de les nommer (5), mais, outre qu'ils ne sont pas tombés

---

ment entre les mains des rois dans les jeux de cartes.
(1) Les deux bras et les deux mains refaits.
(2) Serait-ce l'étole portée à la manière des diacres?
(3) Un des petits personnages formant corbeaux à la porte Saint-Nicaise de la cathédrale de Reims présente une grande analogie avec celui-ci.

(4) La main droite a été refaite. Une médiocre lithographie dans *Églises, châteaux, beffrois*, etc. (t. II, p. 37), fait voir son état ancien.
(5) GILBERT, *Descr. histor. de l'église cath. d'Am.*, p. 60. — SALMON, *Hist. de saint Firmin*, p. 356. — ROZE, *Visite*, etc., p. 22.

GRAND PORTAIL. 415

9. Pl. XLIV, 50 A. — La Vierge. Coquettement drapée dans un ample manteau en forme de chasuble, un voile sur la tête, elle tient un bouquet (fig. 121, A).

B. — Août. Le battage du grain. Un homme imberbe, vêtu d'une simple cotte tombant aux genoux, sans ceinture et pieds nus, armé d'un fléau, bat des épis étendus devant lui (fig. 121, B) (1).

10. Pl. XLIV, 49 A. — La Balance. Le corps bien pris dans sa cotte traînante et serrée à la taille par une courroie, une jolie jeune fille à la longue chevelure qui tombe sur ses épaules, le sourire sur les lèvres, tient une balance (fig. 122, A) (2).

B. — Septembre. La cueillette des fruits. Un homme imberbe, tête nue, cotte courte et serrée à la taille, armé d'une gaule, fait tomber les fruits d'un pommier. Sa facture lourde et gauche contraste avec l'élégance du bas-relief qui précède (fig. 122 B).

11. Pl. XLIX, 48 A. — Le Scorpion. Un animal monstrueux, difficile à décrire.

B. — Octobre. Fabrication du vin. Un homme armé de deux bâtons foule aux pieds le raisin dans une grande cuve de bois. A sa droite, deux tonnelets, à sa gauche, une corbeille pleine de raisins et deux pots (3).

12. Pl. XLIV, 47 A. — Le Sagittaire. Personnage à buste humain et jambes de bouc, bandant un arc d'un geste plein de vérité (4).

B. — Novembre. Les semailles. Un homme répand le grain qu'il tire d'un sac pendu à son cou (5).

Fig. 122 — La Balance ; — Septembre.
(Porte C)

---

(1) La figure est un peu fruste; le fléau a été complètement refait ainsi que les deux mains. — Ces trois bas-reliefs de juin, juillet et août sont très précieux pour les renseignements qu'ils nous donnent sur l'habillement des laboureurs du xiiiᵉ siècle.
(2) La moitié de la balance, les deux mains et quelques plis des vêtements ont été refaits.

(3) La main droite a été refaite, puis brisée à nouveau; quelques autres parties accessoires ont été restaurées.
(4) La corde de l'arc, la flèche et la main droite ont été refaites.
(5) Le nez et la main droite ont été refaits : la main gauche est brisée.

416   DESCRIPTION.

Galerie des Rois.

Nous avons vu (1) que les vingt-deux arcs trilobés dont se compose la galerie dite des Rois abritaient autant de statues colossales de rois. Elles ont en moyenne 3^m75 de hauteur et sont sculptées chacune sur quatre et parfois cinq assises de pierre. Tous ces personnages sont debout, et dans des attitudes majestueuses. La plupart portent le costume habituellement donné aux rois au XIIIe siècle : longue cotte serrée à la taille, couverte parfois du surcot, et manteau ou chape. Tous portent la couronne, la plupart tiennent un sceptre, quelques-uns, mais beaucoup plus rarement, d'autres attributs. Ils étaient en assez mauvais état et ont été restaurés sous la direction de Viollet-le-Duc par les frères Duthoit, en 1858 (2). Un seul a été entièrement refait, quatre ont eu tout le haut du corps remplacé jusqu'au-dessous des mains, à quatre, on a remis des têtes, des mains et des sceptres et fait quelques réparations aux draperies; huit ont subi de simples réparations dans les couronnes, les mains, les sceptres et les draperies, cinq sont à peu près intacts. Ces restaurations ont toutes été faites en pierre et non en mastic, comme l'avaient été celles des portes de 1843 à 1847, et elles ont été mieux soignées que celles-ci. Aussi bien, si habilement imitées que soient les parties refaites, sont-elles loin de valoir les originales (3). Ainsi, par exemple, nous avons souvent entendu des personnes s'étonner de la grosseur démesurée de certaines têtes de ces statues. Eh bien, il se trouve que les plus grosses têtes sont généralement celles qui ont été refaites, tandis que la plupart des anciennes statues qui restent entières ont leurs têtes à peu près bien proportionnées, et, dans tous les cas, sans sortir des limites d'une certaine exagération nécessaire pour des statues destinées à être vue de loin et d'en bas.

« La plupart de ces statues, dit Viollet-le-Duc (4), sont assez médiocres, mais toutes produisent leur effet de grandeur par la manière dont elles sont traitées : quelques-unes sont très bonnes. Les draperies sont d'une simplicité extrême, les détails sacrifiés, mais les mouvements nettement accusés, même souvent à l'aide d'outrages faits à la forme réelle. D'ailleurs tout, dans l'exécution, est traité en

---

(1) Voy. ci-dessus, p. 265.

(2) Voy. ci-dessus, pp. 183, 184 et 188. — A la Révolution, on s'était contenté d'essayer d'enlever les fleurs de lis qui ornaient leurs sceptres et leurs couronnes; les autres avaries ne provenaient que de l'usure du temps. « Le temps les avoit beaucoup altérées, et, dans la Révolution, ceux qui ont cherché à abattre les fleurons de leurs couronnes et à couper les fleurs de lis de leurs sceptres les ont trop endommagées ». Ms. de Baron, édit. Soyez, p. 71. — Voir les états dressés en 1842 pour la restaurat. des sculpt. de la cath. Arch. de la Somme, Série V, Édif. diocés.

(3) Cette restauration était-elle bien nécessaire ? Nous n'avons pas vu l'état ancien, et ceux qui auraient pu se souvenir de ces détails ne sont plus, mais il semble, d'après le relevé de 1845 (pl. III), que ces statues n'étaient pas en si mauvais état : une seule avait entièrement perdu sa tête, quatre l'avaient plus ou moins ébréchée, à d'autres il manquait des mains, des nez, des morceaux d'attributs ou de vêtements, d'autres enfin étaient plus ou moins frustes. Était-ce un motif pour entreprendre une remise à neuf si radicale ? Quel mal y avait-il à laisser quelques parties frustes, qui, à une pareille hauteur, ne devaient pas être bien choquantes ?

(4) *Dict. rais. d'archit.*, t. VIII, p. 159.

vue de la place occupée par ces statues qui sont posées à 30 mètres du sol. Prenons une tête de l'un de ces colosses; on observera comme les traits sont coupés en vue de la hauteur à laquelle sont placées ces statues. L'œil se détache profondément de la racine du nez, comme dans certains colosses de la haute Égypte. Il est incliné vers le sol. Le nez est taillé hardiment, avec l'exagération

Fig. 123. — Fragment de la Galerie des Rois.

des saillies à la racine. La liaison du front avec le sourcil est vive; la bouche est coupée nettement; les cheveux traités par grandes masses bien détachées; les joues aplaties sous les pommettes, afin de laisser la lumière accuser vivement les points saillants du visage. Les mêmes procédés sont employés pour les draperies, pour les nus; sacrifice des détails, simplicité de moyens, exagération des parties qui peuvent faire ressortir l'ossature de la figure ».

Il ne sera pas inutile de décrire ces statues une à une, bien que beaucoup n'aient pas de particularités bien remarquables (État ancien, pl. III; état actuel, pl. IV, XII, fig. 123).

1. — (1) (Sur la grande pile). — Imberbe, un doigt passé dans le cordon qui

(1) En partant de la pile externe de la tour nord.

retient son manteau, il a été entièrement refait, mais reproduit assez exactement le dessin de l'ancien qui se trouve dans le relevé de 1845 (pl. III).

2. — (Devant la tour du nord). — Imberbe, manteau attaché sur l'épaule droite, il tient une épée au fourreau, la pointe en l'air (1).

3. — Barbu, la cotte recouverte d'un surcot presque aussi long qu'elle, sans manches ni ceinture, il n'a pas de manteau (2).

4. — Barbu, il porte une petite bourse de forme triangulaire, pendue à la courroie qui lui sert de ceinture, et passe le pouce de la main gauche dans le cordon qui retient son manteau sur ses épaules (3).

5. — Très grosse tête garnie d'une barbe entière, manteau jeté sur les épaules et dont les pans sont relevés sur le bras gauche, la main portée en avant (4).

6. — N'a rien de particulier (5).

7. — (Sur la grande pile). — Barbu, il passe un doigt de la main gauche dans le cordon de sa chape. L'encolure de sa cotte est ornée d'une fibule. Il est à peu près intact (6) et c'est une des meilleures statues de la galerie. La tête, qui n'est pas disproportionnée avec le corps, a une expression de physionomie d'un très beau caractère.

8. — (Devant la grande nef). — Énorme tête barbue, refaite (7).

9. — Tête barbue énorme et vulgaire. Son manteau est attaché sur l'épaule droite et relevé sous le bras du même côté; dans la main droite, il tient un sceptre fleuronné qu'il montre avec l'index de la gauche. Il est presque entièrement ancien (8).

10 (Fig. 123, n° 10). — Imberbe, le manteau attaché sur le devant de la poitrine par un fermail circulaire, il tient un sceptre fleuronné dans ses deux mains, la gauche nue, et la droite cachée dans un pli de son manteau. Il est aussi presque intact, sauf quelques parties raccommodées dans les plis des vêtements. Son nez droit et sa bouche fine ne manquent pas d'expression.

11 (Fig. 123, n° 11). — Celui-ci porte un costume et des attributs absolument distincts de tous les autres. Il est barbu et vêtu d'une véritable dalmatique tombant jusqu'à la cheville, fendue sur les côtés, aux manches longues et très larges, frangée dans le bas et aux extrémités des manches. Dans sa main droite, il tient un globe surmonté d'une croix, et dans la gauche, une épée nue, ses pieds reposent sur un lion couché. La tête et les épaules, le bord de la manche gauche de la dalmatique (9), la main gauche et l'épée qu'elle tient, la croix qui surmonte ce globe et peut-être tout ce globe et la main qui le tient, et enfin la tête du lion

---

(1) La tête, l'extrémité du fourreau de l'épée, le pli du manteau qui la saisit et un pli dans le bas de la cotte ont été refaits. D'après le relevé de 1845 il paraît intact : il ne manquait que quelques parties de la couronne et la pointe de l'épée.

(2) La tête et l'extrémité supérieure du sceptre ont été refaits. Dans le relevé de 1845, cette statue paraît intacte.

(3) La tête et les épaules ainsi que le sceptre ont été refaits. D'après le relevé de 1845, il ne manquait que le nez, le haut de la couronne et la hampe du sceptre.

(4) La tête et l'extrémité du sceptre ont été refaits.

D'après le relevé de 1845, seul le haut de la couronne était brisé.

(5) La tête et les épaules ainsi que le haut du sceptre ont été refaits. D'après le relevé de 1845, il ne manquait que les deux mains et le sceptre.

(6) Les fleurons de la couronne et celui du sceptre ont seuls été refaits.

(7) Tout le haut du corps a été refait jusqu'à la ceinture. D'après le relevé de 1845, la couronne était abîmée, le visage fruste, la main droite et le sceptre brisés.

(8) Seule la couronne et peut-être aussi le haut du sceptre ont été refaits.

(9) La manche droite est intacte.

ont été refaits. D'après le relevé de 1845, cette statue était à peu près intacte, et notamment tenait bien déjà dans sa main droite le globe surmonté d'une croix. Seule la main gauche et l'attribut qu'elle portait avaient disparu.

12 (Fig. 123, n° 12). — D'après le relevé de 1845, c'était le plus abîmé de tous. La tête manquait absolument ainsi que les mains, et, par conséquent, aussi les attributs. On voit cependant que par-dessus sa cotte il porte une autre tunique, un peu plus courte, fendue sur les côtés, mais non frangée (1). Tout le haut du corps, y compris les bras, est entièrement neuf. On lui a fait tenir d'une main un sceptre et de l'autre une coupe couverte, sorte de hanap, mais il ne semble pas que l'état ancien ait pu permettre de reconnaître quels attributs il portait à l'origine (2).

13 (Fig. 123, n° 13). — Imberbe, il a une fibule à l'encolure de sa cotte. Son sceptre a la forme d'une branche d'arbre où l'on n'aurait laissé que quelques feuilles à l'extrémité, le tout traité au naturel. Très jolie et intéressante statue, absolument intacte, et assurément une des plus remarquables. Parfaite de proportions, elle a dans la physionomie quelque chose de fin, de souriant et de distingué qui en font presque un portrait; sa tête gracieusement penchée en avant par un mouvement naturel, fait pressentir le xive siècle.

14 (Fig. 123, n° 14). — N'a rien de particulier (3).

15 (Fig. 123, n° 15). — Barbe et cheveux lisses, une fibule au haut de la cotte, il tient un sceptre feuillu au naturel comme celui du numéro 13. Visage très expressif et d'un très beau caractère (4).

16 (Fig. 123, n° 16). — (Sur la grande pile). — Barbe crépue, le pouce de la main gauche passé dans le cordon de la chape, une fibule au col de la cotte, il est à peu près intact (5).

17 (Fig. 123, n° 17). — (Devant la tour du sud). — Courte barbe, manteau jeté sur les épaules et relevé dans la main gauche. Très bonne statue, presque intacte (6).

18. — N'a rien de particulier (7).

19. — Il est d'une plus haute stature que ses voisins. Une fibule au haut de sa cotte, il passe le pouce de sa main droite dans le cordon de sa chape (8).

20. N'a rien de particulier (9).

21. — Imberbe, à la physionomie juvénile, il est presque intact (10).

---

(1) Serait-ce aussi une dalmatique?

(2) Il est assez curieux de remarquer qu'à Chartres on a donné le même attribut à la statue de la galerie des Rois refaite en 1855 par Fromenger pour remplacer celle qui avait été brisée au siège de 1591. On a même eu l'imprudence d'en faire un Charlemagne en lui mettant entre les mains une banderole où est écrit le mot CAPITULARIA. (BULTEAU, Monogr. de la cath. de Chartres, t. II, p. 29).

(3) Le sceptre, la tête qui est énorme, et les épaules ont été refaits. Suivant le relevé de 1845, il avait la tête un peu fruste et le nez cassé.

(4) Seule la couronne a été refaite.

(5) Le haut de la couronne et du sceptre ont été refaits.

(6) Le haut de la tête et la couronne ainsi que la main gauche et le pli de manteau qu'elle tient ont seuls été refaits.

(7) La tête, les épaules, la main droite et le haut du sceptre ont été refaits. Suivant le relevé de 1845, il était à peu près intact, seule la couronne était un peu abîmée, la main droite manquait.

(8) La tête, le sceptre, et quelques parties du vêtement ont été refaits. Dans le relevé de 1845, toute la partie supérieure de la tête est enlevée, le reste, intact.

(9) Tout le buste, la main droite et le sceptre qu'elle tient ont été refaits. Le restaurateur moderne lui a fait une tête énorme, disproportionnée. Dans le dessin de 1845, l'ancienne tête, un peu ébréchée, parait d'une meilleure proportion.

(10) La couronne, la main droite et le haut du sceptre ont seuls été refaits.

420   DESCRIPTION.

22. — (Sur la grande pile). — Le dernier roi de la série tient une palme dans la main droite (1).

Qui sont ces rois?

Jusque vers 1840, cela ne faisait de doute pour personne, ces rois, aussi bien que ceux qui sont placés de la même manière aux cathédrales de Paris, de Chartres et de Reims, étaient les rois de France.

Le malheur est que la plupart des auteurs anciens, et notamment les Bénédictins, et plus récemment Alexandre Lenoir, avaient vu sans discernement les rois de France dans la plupart des figures de rois représentées sur les églises. Il faut donc bien circonscrire la question. Il ne s'agit ici, répétons-le, que des quatre galeries de rois qui se trouvent aux façades occidentales des cathédrales de Paris, d'Amiens, de Chartres et de Reims (2).

Dans le second quart du XIXe siècle, à l'époque de la réhabilitation de l'architecture gothique, des auteurs fort recommandables, les principaux champions de l'art du moyen âge, pensèrent qu'il n'était pas possible que les artistes de cette époque aient pu faire figurer à une place d'honneur au frontispice des cathédrales des personnages non reconnus comme saints ou tout au moins non revêtus du caractère sacré que donnent les livres saints à ceux dont ils parlent. Frappés surtout de l'attitude humble que, sur un grand nombre de monuments, les donateurs se sont fait donner (3), ils n'ont pas admis qu'au XIIIe siècle, on ait pu décerner à de simples rois de France des honneurs quasi divins. Les progrès de l'archéologie semblaient au surplus venir à l'appui de cette opinion : on citait une découverte faite à la cathédrale du Mans d'après laquelle un personnage qu'une inscription lue imparfaitement avait fait prendre longtemps pour saint Louis n'était autre que Salomon (4).

Avec son caractère absolu, Didron donna corps à la doctrine et condamna en bloc tous les rois de France. Il est bon de rappeler en quels termes.

« Dans les cathédrales de France, dit-il, il n'existe pas aux portails une statue qu'on puisse réellement appeler historique dans le sens rigoureux et surtout civil et national du mot; c'est que, pour prendre un exemple saisissant, dans ces galeries de rois qu'on voyait à Notre-Dame de Paris avant la Révolution, et qu'on voit encore à Reims, Amiens et Chartres, ne s'alignent pas des rois de France, mais des rois Juifs. Il n'y a là ni Pharamond, ni Philippe-Auguste, ni saint Louis,

(1) Tout le buste a été refait ainsi que la main droite, mais il reste un morceau ancien de la palme qu'elle tenait, et le relevé de 1845 montre bien qu'elle en tenait une.

(2) Nous excluons par conséquent toutes les autres statues de rois qui appartiennent à d'autres ordres d'idées, telles, par exemple, que celles qui se trouvent au porche sud du transept de la cathédrale de Chartres, que les statues de rois qui figurent à la porte royale de la même cathédrale et aux autres de la même famille, (porte méridionale de la cathédr. du Mans, celle du même côté de la cathédr. de Bourges, celles de Saint-Loup-de-Naud, de Saint-Germain-des-Prés, porte Sainte-Anne de Notre-Dame de Paris, etc.), au sujet de la plupart desquels il ne fait plus de doute aujourd'hui que les auteurs anciens se sont trompés. (Cf. W. Vöge, *Die Anfänge des monumentalen Stiles im Mittelalter*, p. 170), etc.

(3) Par exemple, la statue de Philippe-Auguste à l'abbaye de la Victoire, celles du roi agenouillé dans le tympan de la porte Sainte-Anne à la cathédrale de Paris (XIIIe s.) ou de saint Louis et de la reine Marguerite à genoux devant N.-S. et la Vierge à la porte rouge de la même cathédrale (XIIIe s.), et surtout les nombreuses représentations de ce genre sur les monuments du XIVe au XVIIe siècles.

(4) *Bull. archéol. publ. par le Comité histor. des arts et monum.*, t. II, 1842 et 1843, p. 122.

mais bien David, Salomon et Josaphat. J'en suis fâché pour Montfaucon et ses *Monuments de la monarchie française*, j'en suis contrarié pour les statues gothiques du musée de Versailles; mais Clotaire, Clovis, Louis le Débonnaire, Charlemagne, Blanche de Castille, ou la reine Pédauque, ou Berthe aux grands pieds des portails de Corbeil, Saint-Germain-des-Prés, Saint-Maurice d'Angers, Notre-Dame de Chartres, Notre-Dame d'Amiens, doivent quitter les noms qu'ils ont volés sous le compérage des Bénédictins, et redevenir, comme auparavant, Michol, la femme de David; Bethsabée, la mère de Salomon; la reine de Saba; les rois Osias, Manassé, Roboam, Jéchonias. Il y a des exceptions à ce que j'avance, mais en très petit nombre, et fournies seulement par certaines statues qu'on voit à Reims, dans la métropole, monument tout royal, et qui devait différer des autres. En général, sur les cathédrales, les statues sont religieuses, figurant des personnages de l'Ancien et du Nouveau Testament, comme du reste le bon sens l'indique *a priori*, et non des statues civiles de notre histoire nationale. Donc, il faut le dire sans peur, les Bénédictins et Sauval se sont trompés en déclarant que des rois de France peuplaient la galerie royale de Notre-Dame de Paris; donc il est heureux, pour nous autres antiquaires surtout, que Napoléon n'ait pas exécuté son intention de placer tous nos rois francs et français en sentinelle dans cette galerie. Plus mon assertion est hardie, plus j'aurai à cœur de la démontrer par des preuves de toute nature, par des faits, par des textes, par des inscriptions gravées ou peintes sur ces rois et autour d'eux, par les attributs caractéristiques, par des vitraux à légendes, par des analogies diverses. Le travail sur la cathédrale de Chartres, ne laissera aucun doute j'espère. En tout cas, j'affirme d'avance, parce que j'ai des inscriptions qu'on n'a pas vues ou des faits qu'on a ignorés, que le prétendu Fulbert, évêque de Chartres, qui se dresse au portail sud, les pieds sur une église que des flammes entourent, n'est autre que le pape saint Clément posé sur une église environnée d'eau. La mitre de ce Fulbert est une tiare; la statue est nimbée, et Fulbert n'est pas saint; enfin les flammes sont des flots. J'affirme que la statue du même portail dite d'Eudes, comte de Chartres, est celle de saint Georges, chevalier cappadocien, car elle est nimbée, car son martyre est représenté sur la console où elle pose les pieds, car, sur un vitrail de la grande nef, le même chevalier, équipé comme cette statue et martyrisé comme elle, porte écrit en lettres du xiiie siècle : s. GEORGIUS. Il en est ainsi de toutes les autres statues, surtout de celles du prétendu Pierre Mauclerc et d'Alix, sa femme. Il est malheureux que l'archéologie arrive après 1793 seulement à démontrer que les rois de Notre-Dame de Paris n'étaient pas des rois de France, mais des rois inoffensifs du peuple juif. La Révolution ne les aurait peut-être pas renversés de leur galerie ni pulvérisés sur les pavés, si elle avait su à quels personnages elle s'en prenait. La mauvaise archéologie nous a fait beaucoup de mal; pour ce fait, les antiquaires contemporains doivent en vouloir aux Bénédictins (1) ».

Malgré, et peut-être même, à cause de ce qu'elle a d'absolu, la théorie de Didron eut un grand succès, et depuis lors, un très grand nombre d'archéologues

(1) Rapport à M. de Salvandy, ministre de l'Instr. publ. sur la monogr. de la cath. de Chartres, impr. d'abord en 1839, puis publ. dans *Annales archéol.*, t. XXVII, p. 20, d'après un manuscrit rectifié par Didron et daté de 1840.

et non des moindres, l'ont suivie. On a cherché à en donner de nouvelles preuves.

Viollet-le-Duc lui-même, le défenseur de la laïcité des cathédrales, apporte une raison de sentiment, et il cite une longue histoire qui tend à démontrer que la royauté capétienne était trop faible, trop dominée par le clergé, pour que celui-ci ait pu lui faire l'honneur de la figurer sur ses églises (1).

A la réflexion, ce que cette théorie avait d'absolu avait cependant fini par frapper certains esprits qui voyaient bien que la règle souffrait de nombreuses exceptions (2), mais dans ces derniers temps M. Mâle a donné à l'interprétation des rois de Juda toute l'autorité de son livre (3) et y a apporté de nouveaux arguments. Il remarque, comme d'autres d'ailleurs l'avaient déjà fait, que les galeries de rois se trouvent précisément à la façade de cathédrales consacrées à la Vierge Marie. Il observe en outre qu'à Paris, il y a juste vingt-huit personnages correspondant aux vingt-huit ancêtres que saint Mathieu (4) énumère de Jessé à Joseph, et que les cinquante-six rois de la cathédrale de Reims représentent les cinquante-six personnages donnés par saint Luc (5), d'Abraham à Jésus, et il complète son argumentation par la reproduction d'un des rois de la galerie de la cathédrale d'Amiens, qui, selon lui, « tient à la main une pousse de l'arbre de Jessé ».

Reprenons ces arguments.

Nous ne nous arrêterons pas longtemps sur la brillante argumentation de Didron. Il n'est pas possible de raisonner à côté de la question avec plus de conviction et d'énergie. A voir le commencement et la fin de la dissertation du savant et fougueux secrétaire du *Comité*, il semble qu'il voulait démontrer que les galeries des Rois de Paris, d'Amiens, de Chartres et de Reims ne représentaient pas, comme on l'avait cru jusqu'alors, les rois de France, mais ceux de Juda, et les preuves qu'il en donne, il les emprunte toutes à d'autres sujets iconographiques qui n'ont pas le moindre rapport avec elles; pas une seule ne s'y applique directement.

Quant au fait rapporté par Viollet-le-Duc, il ne montre qu'une chose, c'est, d'une part, un chapitre pointilleux sur ses droits, ce qui n'était pas rare sous l'ancien régime, et de l'autre, un prince désireux de ne pas léser ses sujets. D'ailleurs il s'agit ici de Louis VII, « prince dévot et mou », et si son acte de condescendance envers le chapitre de Notre-Dame de Paris peut lui être imputé à faiblesse, on ne peut faire le même reproche à Philippe-Auguste, sous le règne duquel fut sculptée la galerie des rois de la cathédrale parisienne (6).

---

(1) *Dict. rais. d'archit.*, t. II, p. 389.

(2) Ainsi F. de Guilhermy, après y avoir adhéré sans restriction en 1846, dans un article intitulé *Iconographie historique* imprimé dans les *Annales archéol.* (t. IV, 1846, p. 12), est devenu beaucoup plus réservé dans sa *Description de Notre-Dame de Paris* parue dix ans plus tard. « Des exceptions à cette règle, dit-il, pourraient cependant avoir été faites dans certaines églises, par exemple à Saint-Denis, ce tombeau des rois de France, à Reims, la ville de leur sacre, ou à Notre-Dame de Paris, la maîtresse église de leur capitale. Nous inclinons pour les rois de Juda, tout en reconnaissant qu'il peut exister ici quelque doute » (p. 74). D'autres, mais d'une moindre autorité l'ont repoussée absolument. L'abbé Bulteau *(Monogr. de la cath. de Chartres*, t. II, p. 27), apporte en faveur des rois de France des arguments très solides, mais à côté d'autres qui semblent moins décisifs, et il s'est enlevé toute créance en voyant, sans discernement, des rois de France et des seigneurs laïcs un peu partout. L'abbé Cerf *(Notre-Dame de Reims*, t. II, p. 170) opine aussi pour les rois de France, mais sans en donner de motifs.

(3) *L'art religieux du* XIIIe *s.*, pp. 219 et 437.

(4) *Math.*, 1, 1 et suiv.

(5) *Luc*, III, 23 et suiv.

(6) On s'est beaucoup mépris jadis sur la faiblesse

Les raisons apportées par M. Mâle sont plus spécieuses (1).

Ces galeries, remarque-t-il, se trouvent dans toutes les cathédrales dédiées à la Vierge Marie. Mais il y a tant de cathédrales sous le vocable de Notre-Dame, que cela peut n'être qu'une circonstance fortuite. Pour ne parler que de la cathédrale d'Amiens dont l'iconographie du portail est à la fois une des plus homogènes, des plus serrées et des mieux conservées, rappelons-nous les idées théologiques de celui qui en a donné le programme iconographique, idées exprimées d'une façon si évidente, et demandons-nous pourquoi il aurait placé là les rois de Juda, qui se trouvent déjà deux fois représentés dans le portail, une fois comme ancêtres du Christ et une fois, comme ancêtres de la Vierge (2). Rappelons-nous aussi que toute notre façade (sauf le haut des tours) a été élevée d'un seul jet et sous l'influence d'une seule et même pensée.

Quant aux raisons tirées du nombre des personnages, elles ne doivent pas non plus beaucoup nous toucher. Nous savons que bien souvent, dans les monuments du moyen âge, on s'occupait plus de remplir les places laissées par l'architecture que de se conformer exactement au nombre des personnages que l'on représentait par séries (3). Il est donc plus que probable que c'est par une circonstance fortuite que, parmi les quatre monuments, le nombre de vingt-huit rois de Notre-Dame de Paris est égal au nombre de personnages mentionnés par saint Mathieu, de Jessé à Joseph. Quant aux cinquante-six rois de la cathédrale de Reims, qui correspondraient aux cinquante-six personnages donnés par saint Luc, d'Abraham à Jésus,

des premiers Capétiens. De récents travaux, notamment ceux de M. Luchaire, ont singulièrement changé l'idée qu'on doit s'en faire. Que l'on médite ces paroles : « C'est toujours la royauté franque, reproduction affaiblie de la monarchie impériale, absolue en principe, faisant de celui qui la possède la source unique de tous les pouvoirs sociaux, concentrant et confondant dans une seule main les prérogatives les plus diverses, tendant à ramener tout à elle-même et n'agissant le plus souvent que sous l'impulsion des idées d'unité et de centralisation à outrance qui sont le propre du génie romain et l'empreinte même laissée par lui sur la Gaule latinisée. A un autre point de vue, la monarchie de Hugue Capet est encore et plus que jamais la royauté de caractère ecclésiastique, fondée sur l'union intime du pouvoir civil et du clergé, appuyée sur les évêques et les moines qu'elle est obligée en retour de défendre et d'enrichir. Cette royauté est naturellement et avant tout une puissance de droit divin. Tenant ses pouvoirs d'en haut, le Roi est lui-même un ministre de Dieu et revêt en quelque sorte le caractère sacerdotal. La fonction royale est une mission divine ; celui qui en est investi a été institué du ciel pour maintenir parmi les hommes la justice et la paix. Ainsi doit se définir la royauté telle que le comprenait le clergé, organe et directeur tout-puissant de l'opinion, telle que les rois Capétiens eux-mêmes la dépeignent dans les curieuses formules qu'ils faisaient écrire par leurs clercs au préambule de leurs diplômes » (LUCHAIRE, *Hist. des institut. monarchiques de la France sous les premiers Capétiens*, t. I, p. 37). Nous pourrions ajouter que les rits du sacre des empereurs et des rois ont la plus grande analogie avec ceux de la consécration des évêques et de l'ordination des prêtres. Lors de la bataille de Bouvines, Guillaume le Breton nous montre Philippe-Auguste bénissant son armée avant le combat *(De gestis Phil. Aug.*, dans *Rec. des hist. de Fr.*, t. XVII, p. 95). Si telle était la conception de la royauté sous les premiers Capétiens, combien ne devait-elle pas être encore plus élevée sous Philippe-Auguste qui porta à un si haut degré le prestige de la royauté française. Il eut l'ambition de la rendre égale, sinon supérieure à l'empire. « Un trait caractérise ses aspirations. Il fut heureux de se rattacher à la descendance de Charlemagne, en épousant Isabelle de Hainaut, comme si, lui aussi, voulait par quelque côté se dire l'héritier du grand empereur, dont Barberousse avait semblé s'approprier le souvenir » (FOURNIER, *Le Royaume d'Arles*, p. 65). Philippe-Auguste fut un des plus grands de nos rois.

(1) Que M. Mâle me pardonne de le prendre ainsi à partie dans un livre qui n'a nullement l'intention d'être un ouvrage de polémique. C'est la grande autorité même de son nom qui m'a obligé à réfuter d'une façon spéciale les arguments qu'il vient d'apporter en faveur d'une opinion que je ne puis partager.

(2) Voy. ci-dessus, pp. 382 et 401.

(3) Nous avons vu que, dans la voussure de la porte du Sauveur, il n'y avait que vingt vieillards de l'Apocalypse, au lieu de vingt-quatre, parce que le cordon sur lequel ils sont sculptés ne comporte que vingt claveaux. (Voy. ci-dessus, p. 381).

il n'est pas possible d'admettre que la galerie de Reims comprenne aussi Jésus, et surtout que le Sauveur n'y ait pas été distingué des autres. D'ailleurs la généalogie de saint Luc est beaucoup moins suivie que celle de saint Mathieu. Mais aussi pourquoi la galerie de Reims irait-elle jusqu'à Jésus inclusivement, tandis que celle de Paris s'arrêterait à Joseph? Pourquoi aurait-on fait partir celle de Paris de Jessé et celle de Reims d'Abraham, alors que, la généalogie de saint Mathieu remonte à Abraham, et celle de saint Luc, à Adam?

Il y a aussi une chose difficile à expliquer, c'est que, dans les généalogies de saint Mathieu et surtout de saint Luc, il y a bon nombre de personnages qui n'ont pas été rois. M. Mâle s'en est tiré en disant qu'ils étaient de race royale et que cela suffisait pour qu'on leur donnât les insignes de la royauté. Il était assez rare au moyen âge de donner les insignes royaux à des personnages qui ne sont pas rois, fussent-ils de race royale, et si on l'a fait, ç'a été pour des princes de l'époque et non pour des personnages bibliques. Je ne vois pas qu'on ait souvent représenté Abraham, Isaac, Jacob, Jessé, saint Joseph, avec le sceptre et la couronne.

Est-ce bien une pousse de l'arbre de Jessé que tient en guise de sceptre le roi de la cathédrale d'Amiens reproduit par M. Mâle? Pour qu'un pareil attribut pût avoir quelque valeur iconographique, il faudrait qu'il fût entre les mains de tous les personnages de la série. Malheureusement la plupart d'entre eux ont eu le fleuron terminal de leurs sceptres refait sous Viollet-le-Duc. Quatre sceptres seulement sont intacts. Or, parmi ces quatre il y en a juste deux qui se présentent sous la forme d'une branche d'arbre effeuillée, sauf à son extrémité, et traitée au naturel, (n°s 13 et 15, fig. 123), et les deux autres sont de véritables et incontestables sceptres, terminés par un fleuron ornemanisé et raccordé à la hampe par un nœud (n°s 10 et 16, fig. 123). Les sceptres faits comme les deux premiers ne peuvent donc être considérés que comme de simples fantaisies d'artistes. Nous avons déjà constaté la tendance et l'habileté des tailleurs de pierre de la cathédrale d'Amiens à traiter le feuillage au naturel.

Les arguments apportés jusqu'ici en faveur des rois de Juda sont donc de peu de valeur. Ils ne sont pas suffisants pour détruire une tradition immémoriale.

D'ailleurs, est-il si rare, dans l'iconographie de moyen âge, de voir représentés sur les monuments des princes séculiers fondateurs ou bienfaiteurs aux mêmes places et dans les mêmes attitudes que les personnages sacrés (1)? Sans sortir de la cathédrale d'Amiens, n'est-ce pas le roi Charles V, ses enfants et ses ministres dont le cardinal de la Grange a fait placer les statues, en compagnie de celles de la Vierge, de saint Jean-Baptiste et de saint Firmin, sur les chapelles qu'il y a fait élever vers la fin du xive siècle? Il n'en manque pas d'autres exemples incontestables, en France et à l'étranger, non seulement au xive siècle, mais dans tout le courant du xiiie. Les statues en pied et debout, de Charles V et de la reine Jeanne de Bourbon, sa femme, avaient aussi été placées sur les pieds droits du portail de l'église des Célestins de Paris qu'ils avaient fondée (2). On a dit que ces exemples dataient de la fin du xive siècle, et qu'alors les idées n'étaient

---

(1) M. Mâle lui-même (*op. cit.*, p. 442) ne peut s'empêcher de convenir qu'il y a des exceptions.

(2) Ces deux statues sont aujourd'hui à Saint-Denis.

plus les mêmes qu'au xiiie. Mais on peut redescendre. Dans la cathédrale de Paris s'élevait la statue équestre de Philippe-le-Bel, de même que celle de l'empereur Conrad III dans celle de Bamberg (1). En décrivant les chapelles de la nef de la cathédrale d'Amiens, nous verrons même, au commencement du xive siècle, de simples marchands de villages se faire représenter les uns à genoux, il est vrai, mais les autres dans l'exercice de leur profession, à côté de saint Nicolas, sur la chapelle construite de leurs aumônes. Nous verrons aussi que les deux statues d'évêques debout qui ornent les chapelles XII et IX ne peuvent être que celles de Guillaume de Mâcon, qui fit élever l'une vers 1262, et l'autre vers 1302 (2). Sur la façade de la cathédrale de Strasbourg, on avait placé vers 1291 les statues équestres de Clovis, de Dagobert I et de Rodolphe de Habsbourg, en laissant des places vides pour de futurs bienfaiteurs (3). Citons encore les vitraux du xiiie siècle de l'église du couvent d'Heiligenkreutz (Autriche) représentant les seigneurs ecclésiastiques bienfaiteurs de l'église (4), les célèbres statues de princes et de princesses du xiiie siècle, qui s'élèvent sur les piliers de l'église de Naumburg (Saxe) (5), la rose d'une des fenêtres de la cathédrale de Chartres, où Louis IX avait été représenté à cheval de son vivant (6). Un vitrail du chœur de la cathédrale de Troyes, qui doit remonter au milieu du xiiie siècle, représente deux papes, deux empereurs accompagnés chacun du mot IMPERATOR, deux fois l'évêque Hervée (1207-1223), fondateur de la cathédrale actuelle, nominativement désigné, un archevêque accompagné d'une inscription difficile à déchiffrer, mais qui doit être Pierre de Corbeil, archevêque de Sens (1200-1222), métropolitain de Troyes, un roi qu'une inscription appelle ...EX PHILI, et qui ne peut être que Philippe-Auguste, sous le règne duquel vivait l'évêque Hervée, et enfin deux prêtres et deux diacres (7). La série des rois de France se déroule tout au long dans les vitraux du xiiie siècle de la nef de la cathédrale de Reims; et cela est incontestable, puisque l'un de ces rois est accompagné de son nom : KAROLUS (8). En revanche,

(1) Nous ne parlons pas des statues de l'empereur Henri II et de l'impératrice Cunégonde au portail de la même cathédrale et dans la façade principale de la cathédrale de Bâle, puisque ces deux personnages sont canonisés, mais ils y figurent néanmoins comme fondateurs.
(2) Voy. ci-dessus, pp. 40 et 42.
(3) Il devait en être de même à Cologne, comme on peut le voir par les projets originaux de la cathédrale de cette ville qui sont parvenus jusqu'à nous. (Cf. F. DE VERNEILH, La cath. de Cologne, dans Annales archéol., t. VII, p. 67).
(4) HIESER, Mittelalterliche Kunstdenkmale des Oesterreichischen Kaiserstaates, t. I, p. 53.
(5) SCHMARSOW UND VON FLOTTWELL, Meisterwerke der deutschen Bildnerei des Mittelalters.
(6) F. DE LASTEYRIE, Hist. de la peinture sur verre, pl. XXVI.
(7) M. Mâle est obligé de considérer ce très curieux vitrail, qui est sans doute une allusion à la fondation de la cathédrale de Troyes, comme une exception (op. cit., p. 442).
(8) Sur les vitraux de Reims figurent non seulement les rois de France mais encore les archevêques de Reims et les évêques de la province. Ne pouvant nier que les vitraux de Reims représentent les rois de France, on s'en est tiré en disant que la présence dans la cathédrale du sacre, des rois de France à côté des prélats qui les avaient sacrés, était une exception toute naturelle (MALE, op. cit., p. 437). Mais il faut convenir que c'est une exception qui est accompagnée de tant d'autres, qu'elle suffit amplement à démontrer qu'au xiiie siècle on ne répugnait pas tant que cela à placer des princes laïcs dans les églises autrement qu'à genoux. Le moyen âge aimait à répandre ces séries de personnages dans les ordonnances architecturales de ses monuments. On peut en rapprocher la statue du pape Clément V (Bertrand de Goth), entourée de celles des évêques suffragants de Bordeaux à la porte du croisillon nord du transept de la cathédrale de cette ville; la galerie de statues d'évêques du xiiie siècle qui règne au-dessus de la porte du Jugement dernier de la même cathédrale (ces personnages passent peut-être être des archevêques de Bordeaux); celle qui se trouve au haut de la façade occidentale de la cathédrale de Bayeux, etc.

des vitraux des cathédrales de Strasbourg et de Cologne, également du xiiie siècle, présentent la suite des empereurs d'Allemagne. Dans les vitraux de Strasbourg, les empereurs sont nimbés (1). Les vitraux de Reims et de Strasbourg se rapprochent beaucoup comme date de la galerie des Rois d'Amiens, de sorte que si, vers 1255, on pouvait représenter les empereurs d'Allemagne sur les vitraux de Strasbourg, et vers 1240 les rois de France sur ceux de Reims, quoi d'étonnant à ce qu'une dizaine d'années à peine auparavant, on ait pu placer les rois de France sur le portail de la cathédrale d'Amiens? La galerie des Rois d'Amiens a été évidemment faite en imitation de celle de Paris qui fut exécutée quelques années plus tôt, et qui par conséquent ne peut représenter un autre sujet que celui de la cathédrale d'Amiens (2).

On pourrait multiplier les exemples. Mais les monuments eux-mêmes n'apportent-ils pas des arguments directs en faveur des rois de France?

Si on a fait la remarque, d'une part, que les quatre cathédrales munies de galeries des rois étaient sous le vocable de la Vierge Marie, on a observé, de l'autre, que la cathédrale de Reims était l'église des sacres, et que les trois autres se trouvaient dans le domaine royal, mais nous ne croyons pas que la seconde remarque ait beaucoup plus de valeur que la première.

Nous n'attacherons pas non plus une grande importance à l'inscription qui se voyait jadis à la porte principale de Notre-Dame de Paris (3). Il n'est pas probable qu'elle ait donné les noms de chacune des statues de rois qui surmontaient celle-ci, puisqu'elle contient trente-neuf noms et qu'il n'y a que vingt-huit statues, et qu'elle n'a été faite ou du moins terminée que sous saint Louis, alors que la galerie des Rois date de Philippe-Auguste. Elle prouve cependant une chose, c'est qu'au grand portail de la cathédrale s'attachait l'idée des rois de France.

Il y a, à notre avis, de meilleures raisons à avancer.

Au beau milieu des rois de Reims, les cinq arcades au centre de la galerie sont occupées par le baptême de Clovis. On se demande ce que viendrait faire le baptême de Clovis parmi les ancêtres du Christ ou de la Vierge. Il faut aussi remarquer que, dans la même cathédrale, aux alentours de la rose, au-dessous de la galerie des Rois sont figurées différentes scènes de l'Ancien Testament qui sont évidemment des allusions aux vertus des rois et à leur sacre : c'est David et Saül, David tenant la tête de Goliath, David sacré par Samuel, David et Bethsabé, Salomon faisant bâtir le temple, Salomon rendant son jugement, Salomon en prières (4).

A Reims et à Chartres un grand nombre de rois sont gantés, plusieurs même tiennent leurs gants à la main. A-t-on souvent vu au xiiie siècle des personnages

---

(1) Deux rois des vitraux de Reims le sont également. Parmi les empereurs de Strasbourg, quelques-uns passent pour dater du xiie siècle et avoir été remployés dans la nef du xiiie. M. Dehio *(Strassburg und seine Bauten* p. 201) a émis des doutes sur cette opinion, mais dans tous les cas ils ne doivent pas être postérieurs aux environs de 1255. Ceux de Reims doivent remonter au plus tard vers 1240.

(2) Il n'est pas hors de propos de rappeler ici la coutume des empereurs romains de se faire représenter sur les édifices religieux, coutume que les empereurs chrétiens n'ont pas abandonnée (mosaïques de Justinien à Ravenne).

(3) Lebeuf, *Dissertat. sur l'hist. ecclés. et civ. de Paris*, t. I, p. 99. — B. Guérard, *Cartul. de N.-D. de Paris*, t. I, p. clxix.

(4) Cf. Cerf, *Hist. et descr. de N.-D. de Reims*, t. II, p. 160.

bibliques avec des gants, surtout tenus à la main, suivant une mode qui était déjà alors celle des gens du siècle?

A Amiens, à Chartres, et probablement aussi à Paris, autant que le peu d'exactitude des anciennes descriptions et des anciens dessins permet de le supposer, plusieurs rois ont des attributs qui, s'ils ne sont pas suffisants pour caractériser tel ou tel personnage en particulier, ne peuvent cependant se rapporter qu'à des princes du moyen âge. Ils seraient bien exceptionnels pour des rois de l'Ancien Testament. Ainsi à Amiens et à Chartres un des rois a les pieds posés sur un lion. Il en était de même pour un de ceux de Paris (1). Il ne peut être question ici du lion de Juda : le lion sous les pieds d'un seigneur est un attribut trop fréquent et trop connu au moyen âge pour qu'on puisse s'y tromper. C'est l'attribut des guerriers, et il est là très certainement pour désigner un prince conquérant. Il n'est pas nécessaire d'en citer beaucoup d'exemples : nous n'en donnerons que deux qui rentrent bien dans notre sujet. Deux rois de France des vitraux de Reims sont pourvus de cet attribut; dans la grande salle du Palais, à Paris, qui fut détruite par un incendie en 1618, Philippe-le-Bel avait fait placer les statues des rois ses prédécesseurs : un de ces rois avait aussi les pieds posés sur un lion (2).

Pour la galerie des rois de Notre-Dame de Paris, la plus ancienne de toutes, nous avons encore un témoignage écrit et authentique du xiiie siècle même. Dans un manuscrit de la bibliothèque nationale, se trouve une petite pièce littéraire plaisante, intitulée : *Des XXIII manieres de vilains* (3), dans laquelle on lit cette phrase : « Li vilains babuins est cil ki va devant Nostre-Dame à Paris et regarde les rois et dist : *Ves la Pepin, ves la Charlemainne*, et on li coupe sa borse par derriere ». Ce texte connu et cité depuis longtemps, n'a pas laissé que d'embarrasser les partisans des rois de Juda. Il faut convenir que bien des vérités historiques incontestées ne reposent pas sur des documents plus précis. On s'en est tiré en alléguant la facilité avec laquelle se font les légendes dans le peuple, et en disant que l'auteur du manuscrit a précisément voulu railler une tradition populaire qui a dû se former de très bonne heure, et que cela ne doit avoir rien d'étonnant, puisque ce sont précisément des vilains qu'il met en scène (4). C'est bientôt dit. Le manuscrit en question est daté de 1284 v. s. (5), mais, et ce serait, si mes souvenirs sont exacts, l'opinion de M. Paul Meyer, les pièces qu'il contient paraissent beaucoup plus anciennes, et les plus récentes ne semblent pas postérieures à 1250; en ce qui concerne spécialement les *XXIII manieres de vilains*, ce morceau est vraisemblablement plus ancien encore. Nous voilà passablement rapprochés de l'époque où ont été faites les galeries des rois d'Amiens

---

(1) Les anciens auteurs frappés de la petite taille de ce personnage, laquelle n'est due qu'au manque de hauteur, dont une partie est prise par le lion, l'ont appelé Pépin le Bref, et ont expliqué la présence du lion sous ses pieds par une légende rapportée par le moine de Saint-Gall et d'après laquelle, pour confondre les leudes qui raillaient sa faible stature, Pépin aurait tué de sa propre main un lion lancé contre un taureau indomptable. C'est une explication donnée après coup et qui n'a pour nous aucune valeur.

(2) SAUVAL, *Hist. et recherche des antiquités de la ville de Paris*, t. II, p. 347.

(3) Bibl. nat., ms. fr. 1553, fol. 514. — Cette pièce a été publiée avec traduction et commentaire par Achille Jubinal et Éloi Johanneau, sous le titre : *Des XXIII manières de vilains, pièce du xiiie siècle*.

(4) VIOLLET-LE-DUC, *Dict. rais. d'archit.*, t. II, p. 389. — MALE, *L'art relig. du xiiie s.*, p. 220.

(5) Au folio 325 (327) v° de ce manuscrit on lit ces mots : « Chi desine li roumans de Gerart de Nevers et de la Violette qui fu escris l'an de l'incarnation Nostre Seigneur Jhesucrist mil CC et IIII^{xx} et quatre, el mois de fevrier ».

et de Paris. Se peut-il qu'en si peu de temps, et à Paris même, se soit faite une pareille légende? Mais alors les cathédrales n'étaient donc plus « des livres de pierre à l'usage des illettrés », comme on se plaît si souvent à le dire, et ce qui est d'ailleurs exact, si, au bout de quelques années, ces illettrés pouvaient se tromper si étrangement sur le sens de figures placées à un endroit si évident. Par ce que nous savons du règne de Philippe-Auguste, il est beaucoup plus probable que la galerie des Rois de Notre-Dame de Paris a dû être un événement, qu'elle a été faite avec intention, qu'on lui a tout de suite donné une notoriété et un retentissement voulus, afin de diviniser en quelque sorte la royauté aux yeux du peuple. Elle a été sans doute pendant de longues années une des principales curiosités de Paris, c'est pourquoi l'auteur des *XXIII manieres de vilains* n'a rien trouvé de mieux pour faire l'objet de l'admiration attentive du *vilain babuin*. C'est pourquoi la même galerie a été copiée quelques années après à la cathédrale d'Amiens, dont l'iconographie a été sur bien des points inspirée de celle de Paris, et dont en particulier la galerie des rois présente tant de ressemblances avec ce que l'on sait de celle de la cathédrale parisienne. Amiens a été une des plus importantes acquisitions de Philippe-Auguste. Étant donné les dispositions de ce prince pour Amiens, n'est-il pas permis de supposer que, dès la nouvelle du désastre de 1218, ce prince se sera intéressé à la reconstruction de la cathédrale? Qui sait même, si la galerie des rois n'a pas été faite dans un but politique, et n'a pas été la condition de quelque libéralité (1)? Ce ne sont, il est vrai, que des conjectures, mais qui ne peuvent que confirmer les arguments qui précèdent.

En résumé, la tradition qui veut voir la série des rois de France dans les galeries qui ornent les façades occidentales des cathédrales de Paris, d'Amiens, de Reims et de Chartres n'a rien de contraire, comme on l'a prétendu, aux habitudes iconographiques du moyen âge. Toutes les plus graves présomptions militent en sa faveur, tandis qu'on n'a jamais pu soutenir la récente opinion, qui veut y voir les rois de Juda, par aucun argument sérieux (2).

---

(1) Voy. ci-dessus, p. 17. — Il n'est pas inutile de rappeler que les chroniqueurs de Philippe-Auguste, tels que Rigord et Guillaume Breton, s'étendent longuement sur la suite et la généalogie des rois de France, qu'ils prétendent faire remonter à Priam, roi de Troie. — Remarquons aussi la manière emphatique dont s'exprime l'obituaire du chapitre d'Amiens, à l'égard de Philippe-Auguste : « Obitus illustris Francorum regis Philippi fortunatissimi, qui velut alter Samuel a Deo postulatus, regni sui fines tam potenter quam mirifice dilatavit, et ecclesiam Dei temporibus suis feliciter exaltavit » (*Nécrol. de l'église d'Amiens*, publ. par l'abbé Roze dans *Mém. de la Soc. des Ant. de Pic.*, t. XXVIII, in-8°, p. 377). Louis VII, Philippe-Auguste et Louis VIII sont les seuls rois de France qui figurent à l'obituaire du chapitre. Il n'est peut-être pas non plus sans intérêt de se reporter à ce que nous avons dit ci-dessus, p. 398.

(2) Les rares attributs qui accompagnent ces rois peuvent, je crois, s'expliquer avec l'hypothèse des rois de France. Un des rois d'Amiens, celui qui est posé sur un lion, tient un globe surmonté d'une croix. A Chartres, au moins un roi (peut-être deux), tient aussi un globe, mais sans croix, et un des rois de Paris portait le même attribut. Le globe, crucifère ou non, est l'attribut des empereurs. Le globe est un des insignes que les empereurs allemands ont empruntés aux empereurs romains, ainsi que tous les monuments en font foi, depuis les ivoires byzantins qui représentent l'empereur Justinien (GORI, *Thesaurus veterum diptychorum*, pp. 258 et 273) jusqu'aux vitraux de Strasbourg et de Cologne, en passant par les miniatures. Citons seulement la tombe en cuivre de Charles le Chauve datant du XIIIe siècle, qui se trouvait dans l'église de Saint-Denis, et sur laquelle l'empereur était représenté avec le même insigne. — Il faut remarquer qu'à Amiens, c'est le même personnage qui est monté sur un lion et qui tient le globe. Serait-ce Charlemagne? A Paris, c'était le dernier roi de la série, à la droite du spectateur, qui portait ainsi le globe surmonté d'une croix. (Cf. FÉLIBIEN, *Hist. de la ville de Paris*, t. I, p. 200, pl. V). Dubois (*Hist. ecclesiæ Parisiensis*, t. II, p. 124) en donne une explication qui, si elle n'est pas certaine, paraît cependant assez ingénieuse et mérite d'être rapportée : « Portamque illam majorem a Petro episcopo et Guillelmo ædificatam esse,

II

PORTAILS DU TRANSEPT.

Porte de la Vierge dorée.
(Porte D).

Nous avons vu que la porte qui s'ouvre à l'extrémité sud du transept est vulgairement appelée porte de la *Vierge dorée,* parce que la statue de la Vierge qui orne son trumeau était jadis peinte et dorée (1). Quelques auteurs l'appellent aussi porte *Saint-Honoré,* à cause de la vie de ce saint qui est représentée sur son tympan (2). MM. Jourdain et Duval (3) ne voudraient pas lui en donner d'autre, prétendant que la statue de la Vierge n'a pas été faite pour cet endroit, mais pour la porte nord du même transept (porte *E*), dont le soubassement du trumeau représente, en effet, des scènes de la vie de la Vierge Marie; à une certaine époque on l'aurait changée de place avec la statue d'évêque que l'on voit aujourd'hui sur le trumeau de cette porte, et qui ne serait autre que celle de saint Honoré. Nous ne croyons pas que les raisons apportées en faveur de cette supposition soient assez sérieuses pour détruire l'appellation la plus commune de porte de la *Vierge dorée* (4), et c'est celle-là que nous adopterons.

---

et ut id credam facit effigies Philippi Augusti quæ cum aliorum regum statuis et imaginibus adjuncta et in porticu inferiore portæ majoris posita est, quæ globum tanquam orbem terrarum manu gerit. Ex quo conjicio hanc majorem portam perfectam post illam celebrem victoriam quam Philippus Augustus de Othone imperatore, quando ad Bovinas pugnatum est, retulit, et ob eam rem existimo imperatoria illi insignia tradita esse. » (Cf. GUILHERMY ET VIOLLET-LE-DUC, *Descr. de N.-D. cath. de Paris,* p. 6). Cet attribut n'a pas été rétabli dans la restauration de la galerie des rois de Paris. — Un autre roi d'Amiens tient une palme, attribut assez singulier entre les mains d'un monarque. C'est également le dernier de la série en allant de la gauche à la droite du spectateur. Serait-ce aussi Philippe-Auguste, sous le règne duquel notre portail a été au moins projeté et commencé, et la palme serait-elle là pour rappeler son expédition en Terre Sainte (cf. DU CANGE, *Gloss.*, art. *Palmarius)*? La croix que tient un des rois de Chartres, si elle est réellement ancienne, se rapporterait peut-être à la même idée et désignerait un roi croisé. Ce serait encore un argument contre les rois de Juda, car parmi ceux-ci la croix, aussi bien que le lion, ne pourraient guère convenir qu'à David, or le personnage monté sur le lion n'est pas le même que celui qui tient la croix.

Nous ne donnons naturellement cette explication que pour ce qu'elle vaut. D'ailleurs ces attributs sont-ils tous bien intentionnels?

(1) Elle l'était encore à la fin du xvii° siècle et au commencement du xviii°. Elle fut redorée, paraît-il, en 1705, aux frais d'une personne qui, par humilité, voulut rester anonyme. Ms. de Pagès, édit. Douchet, t. V, p. 35. — On ne voit plus trace aujourd'hui de ces dorures.

(2) « Le portail situé au midi porte le nom de Saint-Honoré, et plus vulgairement encore celui de la Vierge dorée ». RIVOIRE, *Descr. de l'église cath. d'Am.,* p. 50. — « Le portail de Saint-Honoré, que nous nommons de la Vierge dorée ». Ms. de Baron, édit. Soyez, p. 9. — Cf. Ms. de Bernard, Bibl. d'Am., ms. 844, p. 112.

(3) *Rapport à M. le Préfet du départ. de la Somme,* dans *Mém. de la Soc. des Ant. de Pic.,* in-8°, t. VI, p. 62. — Voy. aussi Goze, *Églises, châteaux, beffrois,* etc., t. II, p. 34.

(4) L'argument tiré des sujets représentés sur le soubassement du trumeau de la porte nord paraît le plus sérieux; cependant, étant donné le peu d'unité iconographique de la porte de la Vierge dorée, il ne prouve pas grand'chose.

Fig 124. — Vierge dorée
(Porte D)

Nous auons vu aussi (1) que cette porte, malgré l'état relativement bon où elle se trouvait, avait été restaurée par Caudron en 1843.

En décrivant l'édifice, nous avons montré son ordonnance architecturale (2). Il ne nous reste plus qu'à étudier la statuaire dont elle est décorée.

Lorsque l'on considère la porte de la Vierge dorée (pl. XLVI), on s'aperçoit bien vite que si son architecture générale, si l'ensemble de son ornementation remontent évidemment à la construction primitive de la cathédrale, d'autres détails, et notamment la plus grande partie de sa statuaire, sont d'une époque plus récente. Soit qu'elle n'ait pas été achevée tout d'abord, hypothèse la plus vraisemblable, à mon avis, soit qu'elle ait subi quelque accident, cette porte a été évidemment remaniée, mais d'une façon si habile que le raccord est imperceptible; toutefois la différence de style est telle qu'il est assez facile de distinguer l'une et l'autre époque.

A la première appartient toute l'ordonnance architecturale. Ainsi les pleins cintres enlacés de l'arcature inférieure, leur mouluration, ont un caractère archaïque assez prononcé (3). La sculpture des chapi-

(1) Voy. ci-dessus, p. 173.
(2) Voy. ci-dessus, p. 244.
(3) Viollet-le-Duc (*Dict. rais. d'archit.*, t. I, pp. 103 et 327), qui place cette arcature de 1220 à 1225, voudrait même en faire la partie la plus ancienne de la cathédrale, la seule que Robert de Luzarches aurait vu sortir de terre (voy. ci-dessus, p. 26), mais il ne dit pas sur quoi il se fonde pour justifier cette date. Cependant l'inscription placée plus tard au-dessus de la porte qui nous occupe (voy. ci-dessus, p. 24), les sujets représentés sur le trumeau, pourraient laisser supposer qu'en effet la première pierre de l'édifice se trouverait non loin de là. Serait-ce la pierre de grès marquée d'une sorte de pique, dont nous avons parlé (p. 24, note 2)? Un grès marqué à peu près de la même façon se voit au soubassement du chevet de l'église Saint-Leu d'Amiens, qui date de la fin de l'époque gothique. On prend souvent cette figure, mais à tort à mon avis, pour la silhouette d'une truelle.

teaux des colonnettes qui la composent et de la petite frise qui les réunit, (fig. 1 et 57) quoique plus finement traitée, n'est pas sans analogie avec celle du grand portail. De même les pieds droits, y compris les grandes statues qui les garnissent, avec leurs dais et leurs supports : ces supports, en effet, sont absolument identiques comme style et comme exécution à ceux du grand portail : ils sont tout aussi beaux. On n'a qu'à comparer la fig. 3, qui provient de la porte de la Vierge dorée, avec les fig. 11, 77, 102, 114, 115, qui appartiennent au grand portail. Les grandes statues, bien que d'une beaucoup plus mauvaise facture que celles du portail occidental, leur sont évidemment aussi contemporaines. De même le trumeau, avec les bas-reliefs dont il est orné, moins la statue de la Vierge, de même encore le linteau et les chambranles qui sont ornés de guirlandes de feuillages tout à fait analogues à celles ornant les cordons qui soulignent les deux premiers registres du tympan de la porte du Sauveur (1). Il faut enfin probablement y ajouter la moulure extérieure de l'archivolte, et le gable à crochets qui la surmonte et qui se retrouve à la porte du croisillon nord (2). Cependant les chapiteaux des colonnes des pieds droits pourraient bien avoir été sculptés un peu plus tard.

La seconde époque est représentée par la statue de la Vierge contre le trumeau, par tout le tympan et par toutes les statuettes qui ornent les cordons de la voussure. La statue de la Vierge dorée est assez mal ajustée sur la partie du trumeau qui lui sert de support; les anges qui tiennent le nimbe derrière sa tête paraissent bien avoir été rajoutés après coup et fixés sur le linteau, probablement au moyen de crampons; la guirlande supérieure de ce linteau a été maladroitement coupée pour faire place à l'ange supérieur et à la tête de la Vierge. La voussure et le tympan n'existaient sans doute pas ou bien ils ont été remplacés, car ils ont été sculptés avant la pose et rajustés dans l'encadrement formé par l'archivolte moulurée. Il faut remarquer que les chapiteaux des deux dernières petites colonnettes des pieds droits contre le tympan ont été ébréchés pour faire entrer le dais continu qui abrite les douze statues qui garnissent le registre inférieur de celui-ci, et que le dernier morceau de ce dais, à droite du spectateur, s'étant trouvé trop étroit, l'intervalle qu'il laissait entre le chambranle et lui, a été rempli par une pierre non sculptée et par du mortier.

Le choix des sujets représentés ne répond pas à une idée d'ensemble comme au grand portail, et on ne peut trouver une pensée générale qui en soit le lien. Cela ne tient pas seulement à ce que la sculpture a été exécutée en deux fois, car les sujets qui figurent sur le tympan et dans la voussure, bien que faits en même temps, n'ont pas entre eux de corrélation bien apparente.

Pour plus de clarté, nous décrirons d'abord les sculptures qui appartiennent à l'époque primitive, puis celles qui ont été exécutés par la suite.

Première époque.

Nous avons vu que les sculptures qui appartiennent à la première époque

---

(1) Comparer les pl. XXXVI et XLVII.
(2) La moulure qui règne au-dessus du dais continu qui abrite les statues d'apôtres au registre inférieur du tympan continue le profil des tailloirs des chapiteaux des colonnes des pieds droits. Leur est-elle contemporaine, ou bien a-t-on respecté leur profil lorsqu'on a refait le tympan?

avaient une grande analogie avec celles du grand portail. Les grandes statues sont cependant d'une facture beaucoup plus mauvaise : elles ne sont pour ainsi dire que grossièrement équarries et comme taillées à coups de hache. Leurs attitudes sont presque encore aussi raides et aussi peu dégagées qu'à l'époque précédente; les têtes, généralement énormes et toutes rondes comme de grosses boules, (telles de ces statues n'ont guère que six hauteurs de tête), sont enfoncées dans les épaules, presque sans mouvement; les visages boursouflés et bouffis sont sommairement taillés et sans caractère (1); les draperies, lourdes et peu étudiées. Les personnages en bas-relief qui décorent le bas du trumeau témoignent d'un art peut-être encore plus inhabile : les corps sont démesurément trapus, le dessin maladroit.

Et cependant, lorsque l'on considère notre portail dans son ensemble et à une certaine distance, alors que les détails se trouvent considérablement réduits à l'œil, tel par exemple qu'on le voit dans notre pl. XLVI, ne semble-t-il pas que, malgré toutes leurs imperfections, les statues des pieds droits ont un aspect plus monumental, plus clair, que tous les petits personnages répandus sur le tympan et dans la voussure, avec leur art raffiné? Là, en effet, la trop grande liberté dans les attitudes, la trop grande recherche de la vie, du mouvement et de l'imitation de la réalité, nuisent à la composition générale, engendrant un fouillis où l'œil se perd au premier abord, et où surtout la réduction des têtes à leurs justes proportions, au-dessous même de celles-ci (2), fait qu'elles n'apparaissent plus que comme des points imperceptibles et que l'expression particulière de chacune, malgré toute leur variété, disparaît dans l'ensemble.

Bas du trumeau (fig. 124). — La partie du trumeau qui correspond au soubassement est absolument nue. Au-dessus sont sculptés de petits personnages en bas-relief, tous imberbes, debout sous deux arcatures superposées formées chacune de cinq arcs trilobés, un sur chaque face, et portées par de petites colonnes avec chapiteaux à crochets. Chacun des arcs de l'arcature supérieure est surmonté d'un petit gable peu aigu et séparé de son voisin par un clocheton cylindrique. Voici la description de ces personnages :

Arcature inférieure :

1. (3). — Un homme tête nue, vêtu d'une tunique traînante serrée à la taille, la tête penchée sur la main gauche, dont le coude s'appuie sur la main droite.

2. — Un homme coiffé d'un bonnet couvrant la nuque, vêtu d'une tunique talaire, serrée à la taille et d'une chape, dans un pli de laquelle il tient un livre ouvert qu'il présente au public et sur lequel il montre quelque chose.

3. (au milieu). — Un homme tête nue, tunique talaire serrée à la taille, chape ou manteau sur les épaules, déroulant une banderole.

4. — Un personnage (est-ce un homme ou une femme?), en tunique traînante

---

(1) Il faut cependant excepter l'abbé qui tient une crosse, à la droite du spectateur.

(2) La Vierge dorée a en hauteur près de huit longueurs de tête, les figurines du tympan et de la voussure, de sept à huit, ce qui est beaucoup trop, surtout pour des statuettes.

(3) A gauche du spectateur.

serrée à la taille, la tête couverte d'un long voile drapé sur tout le corps et tombant jusqu'à terre. Il tient un objet fruste qui paraît être un livre fermé.

5. — Un clerc en aube et amict, tenant un chandelier. Fruste.

Arcature supérieure :

1. — Un clerc en aube, sans amict, tenant un livre fermé.

2. — Un prêtre en amict, aube et chasuble, tenant d'une main un livre fermé, et de l'autre une fiole. Ce dernier attribut a été refait, et on ne sait s'il restait de l'ancien des traces suffisantes pour ne laisser aucun doute sur sa nature.

3 (au milieu). — Un évêque en aube traînante, amict, chasuble drapée, mitre en tête, crosse à la main et bénissant.

4. — Un personnage à peu près semblable au n° 4 de l'arcature inférieure, et déroulant une banderole.

5. — Un clerc en amict et aube traînante, tenant un encensoir à courte chaîne et sa navette.

Il est assez difficile de savoir ce que représentent ces personnages. MM. Jourdain et Duval (1) n'y ont vu que saint Honoré entouré d'un cortège d'acolytes. Nous croyons qu'il doit y avoir quelque chose de moins vague, mais l'absence d'attributs précis ne permet pas d'en déterminer exactement le sujet. Ne serait-ce pas la cérémonie de la pose de la première pierre de la cathédrale, à laquelle ce qu'on a pu lire de l'inscription gravée le long de la première galerie au-dessus de notre portail paraît faire allusion (2)? Mais ce n'est là que pure supposition, sur laquelle nous préférons ne pas trop insister, laissant la solution du problème indécise.

Pieds droits (pl. XLVI) (3). — Côté gauche du spectateur (4) :

1. — Un ange tenant un encensoir à courte chaîne et sa navette.
Support. — Deux gros oiseaux affrontés (5).

2. — Un prêtre imberbe et tonsuré, en aube, amict paré, étole, manipule et chasuble. Il tient des deux mains un calice par le pied (6).
Support (fig. 8, n° 2). — Un homme en longue cotte, tête et pieds nus, accoudé sur son bras droit dans une position bizarre, tout le côté gauche en l'air, et riant aux éclats (7).

3. — Un autre prêtre, aussi imberbe et tonsuré, en aube, étole, manipule et chape munie d'un capuchon. L'aube retombe par-dessus le cordon qui la serre à la taille, n'en laissant voir que les deux bouts terminés chacun par un petit gland,

---

(1) *Op. cit.*, p. 63.
(2) Cela corroborerait ce que nous avons dit au sujet de la première pierre de l'édifice qui aurait pu être placée non loin de cet endroit. (Voy. ci-dessus, pp. 26 et 430). — Il faudrait peut-être rapprocher ces bas-reliefs du vitrail de la cathédrale de Troyes dont nous avons parlé ci-dessus (p. 425).

(3) Haut. des statues, env. 2^{m}30.
(4) En partant de l'intérieur.
(5) Leurs têtes ont été refaites, puis brisées à nouveau.
(6) Le bas de l'aube et les pieds ont été refaits.
(7) Sculpture un peu fruste : le bout du seul pied visible a été refait.

et qui pendent par devant assez court; la chape est frangée par le bas. Il tient un livre ouvert, sur lequel il montre du doigt quelque chose (1).

Support (fig. 8, n° 3). — Une paire de gueux jouant ensemble : l'un à demi nu, couvert seulement d'une draperie et l'autre n'ayant pour vêtement qu'une cotte aux manches courtes et une coiffe en forme de béguin. Tous deux sont imberbes. Le premier prend son camarade par la tête d'un geste bien naturel, et ils se tordent de rire. Ce petit groupe est une charmante composition pleine d'esprit et d'une exécution parfaite.

4. — Un personnage imberbe en costume civil : cotte longue serrée à la taille par une courroie et manteau attaché sur l'épaule droite par une pièce d'orfèvrerie et relevé sur le bras gauche. Il déroule une banderole.

Support (fig. 8, n° 4). — Un gros homme à la face ronde et glabre, aux lèvres lippues et proéminentes, au nez épaté, comme un nègre. Tête nue et vêtu seulement d'une cotte à larges manches, il est accroupi sur ses genoux, les pieds en l'air, et fait voir en riant le fond de son écuelle vide.

Côté droit :

1. — Un ange pieds nus, vêtu d'une aube talaire et d'une dalmatique presque aussi longue, fendue sur les côtés et ornée de franges dans les fentes. Il verse de l'encens à même la navette dans un encensoir à courte chaîne qu'il tient de la main gauche.

Support. — A été presque entièrement refait en mastic, puis en grande partie brisé à nouveau. Avant la restauration, il y avait « un individu en robe, la tête et le poignet brisés; dans la main gauche est un fragment semblable à une corde. Il était en rapport avec un second qui a entièrement disparu » (2). C'est ce dernier personnage qui, refait en plâtre, est de nouveau tombé; on n'en voit plus que la monture en fil de fer. L'autre personnage est à peu près intact, sauf la tête qui est refaite.

2. — Un prélat barbu et tête nue, un abbé sans doute, car il n'a pas les *pontificalia* au complet, mais seulement l'amict paré, l'aube, l'étole, le manipule, la chasuble et la crosse qu'il tient de la main gauche, un livre fermé dans la droite (3).

Support. — Le montreur d'ours. Très joli et très curieux groupe. C'est un mendiant à la barbe inculte, vêtu de haillons, une calotte hémisphérique sur la tête. Il est chargé d'un sac d'où sort la tête d'un enfant coiffé d'un bonnet pointu et mangeant une pomme. D'une main, il tient un bâton dont il agace un ours (4) qu'il tenait sans doute enchaîné de l'autre main (5).

3. — Un personnage imberbe, à la chevelure demi-longue, au visage juvénile,

---

(1) La main droite, qui montre quelque chose sur le livre est entièrement refaite.

(2) JOURDAIN ET DUVAL, *op. cit.*, p. 67.

(3) La main droite, le livre qu'elle tient et la volute de la crosse ont été refaits.

(4) MM. Jourdain et Duval l'ont pris pour un singe, mais c'est plutôt un ours.

(5) Cette chaîne, qui était brisée, n'a pas été refaite; le bâton a été refait, comme aussi la tête de l'ours; celle-ci absolument invraisemblable.

vêtu d'une cotte tombant à mi-jambes et d'un manteau drapé sur l'épaule et le bras gauche, et tenant un livre fermé.

Support. — Un diable grimaçant, aux longues oreilles, avec cornes au front, griffes aux mains et aux pieds et des mamelles énormes. Il tient devant lui un morceau d'étoffe dans lequel le restaurateur moderne a placé un petit diablotin (1).

4. — Un homme à la barbe et aux cheveux crépus, coiffé d'une calotte, vêtu d'une cotte talaire serrée à la taille, et d'un manteau attaché sur le devant de la poitrine par un affiquet et relevé sur le bras gauche. Il déroule une banderole.

Support. — Un homme vêtu d'une cotte, accroupi en riant aux éclats (2).

Il n'est guère facile d'identifier ces statues, à défaut d'attributs qui permettent de les distinguer. Il n'y a évidemment pas à parler des deux anges thuriféraires.

Parmi les six autres personnages, MM. Jourdain et Duval n'en ont nommé que deux, et encore leurs identifications sont-elles assez douteuses. Du personnage qui porte une crosse, ils ont fait saint Riquier, « uni, disent-ils, à saint Honoré par les liens d'une même patrie, d'une même famille, d'une même noblesse et d'un même apostolat » (3). Le prêtre porteur d'un calice qui est vis-à-vis de lui, serait pour eux le prêtre Lupicin, qui, sous l'épiscopat de saint Honoré, découvrit les corps des saints Fuscien, Victoric et Gentien (4). Mais de ce qu'une partie du tympan de notre portail représente l'histoire de saint Honoré, il n'est pas du tout certain que les statues des pieds droits, qui sont beaucoup plus anciennes, aient quelque corrélation avec elle, et c'est d'autant moins probable que les sujets représentés sur le tympan et dans la voussure, quoique absolument contemporains n'ont entre euxa ucun lien iconographique.

Gilbert (5) avait proposé « les supérieurs séculiers et réguliers des doyennés dont les habitants ont contribué par leurs offrandes à la construction de cette partie de l'église ». MM. Jourdain et Duval ont longuement réfuté cette opinion (6). Cependant, à condition de dire « les saints patrons des doyennés », au lieu des « supérieurs séculiers et réguliers des doyennés », lorsqu'on en est réduit aux conjectures, l'idée est une de celles qui peuvent venir à l'esprit (7). Nous verrons, en parlant des vitraux, que plusieurs de ceux-ci avaient été offerts par les fidèles de certains doyennés du diocèse, et il n'est pas impossible, qu'au moment, et surtout au commencement des travaux, les doyennés aient apporté à l'œuvre de la cathédrale des dons collectifs et qu'ils y aient fait représenter leurs saints patrons et notamment ceux dont ils possédaient les corps. Plusieurs églises du diocèse possédaient des corps saints qui étaient en plus ou moins grande vénération. Ainsi les personnages en costume civil qui sont l'un à côté de l'autre à la droite du spectateur font singulièrement penser à saint Lugle et saint Luglien dont les corps étaient à Montdidier; l'abbé porteur d'une crosse serait peut-être saint Riquier ou saint Valery, fondateurs de deux abbayes célèbres. Parmi les trois autres, n'y

(1) Cette sculpture est un peu fruste.
(2) *Id.*
(3) *Op. cit.*, p. 67.
(4) *Op. cit.*, p. 69.
(5) *Descr. histor. de l'église cath. d'Am.*, p. 77.
(6) *Op. cit.*, p. 65.
(7) Surtout si les figures du trumeau font allusion à la pose de la première pierre du monument. Voy. ci-dessus, p. 433.

436   DESCRIPTION.

aurait-il pas saint Vulphy de Rue, saint Florent de Roye, saint Josse du doyenné de Montreuil? Et ne faudrait-il pas rappeler à propos du prêtre porteur d'un calice, la légende d'après laquelle, lorsque saint Josse célébrait la messe, une main divine apparut qui consacra elle-même les saintes espèces? Ne faudrait-il pas en rapprocher la statue d'évêque de la porte saint Firmin, qui tient aussi un calice, et que, pour cette raison, nous pensons être saint Honoré, sur lequel on raconte la même légende? Les abbayes de Saint-Josse-sur-Mer et de Dommartin possédaient chacune un calice qui passait pour être celui qui avait été divinement béni : l'un et l'autre était en grande vénération (1). Mais tout cela n'est que supposition.

Fig. 125. — Guillaume de Macon. (Chapelle XII.)

Deuxième époque.

La Vierge qui orne le trumeau, les Apôtres qui sont au-dessus, les figurines répandues sur le tympan et dans la voussure sont évidemment, sinon d'un seul et même artiste, du moins d'un atelier travaillant dans le même esprit et sous la même impulsion (pl. XLVI, XLVII, XLVIII, fig. 124).

A cette statuaire, il faut rattacher certainement le gable orné de trois charmantes statues d'anges qui orne la porte de la Vierge dorée à l'intérieur, et que nous avons déjà décrit (2), la statue d'évêque qui s'élève sur le trumeau de la porte nord du transept (3) et les corbeaux qui l'accompagnent (fig. 126), la belle figure de Christ sculptée sur la clef de voûte du rond-point du chevet (fig. 88), la statue d'évêque placée à l'extérieur de la chapelle XII, (fig. 125) enfin les quatre statues qui ornent extérieurement les chapelles IX et XI (4), quoique celles-ci soient d'une exécution un peu moins précieuse.

Les observations générales qui vont suivre s'appliqueront donc à tout cet ensemble de sculptures.

Ici, l'art du statuaire est arrivé à un très haut degré de perfection : le dessin, les proportions sont absolument corrects; l'artiste a acquis une très grande habileté à donner au corps humain toutes les inflexions dont il est capable, à le draper avec art (5), et il sait donner une grande animation à tous ses sujets. Nous avons dit que toutes les têtes étaient réduites à leurs justes proportions, plutôt même au-dessous, et nous en avons montré l'inconvénient. Habile dans l'art du

---

(1) CORBLET, Hagiogr. du dioc. d'Am., t. III, p. 101.
(2) Voy. ci-dessus, p. 247.
(3) Probablement aussi les bas-reliefs qui ornent le soubassement de ce trumeau, mais ils sont trop frustes pour que l'on puisse se prononcer.
(4) Malheureusement la grande hauteur à laquelle ces quatre statues sont placées n'a pas permis de les reproduire. On en voit deux sur la pl. XXIV.

(5) Il affectionne notamment certains plis tombant droit (Vierge dorée; 3e, 7e, 8e apôtres en partant de la gauche du spectateur, au tympan de la Vierge dorée; plusieurs figures du tympan et de la voussure de la même porte; statue d'évêque de la porte Saint-Firmin le Confesseur (porte E); statues d'évêques des chapelles IX et XII).

geste, l'artiste ne l'est pas moins dans celui de composer les expressions de physionomies, et il leur a donné une variété infinie. On sent qu'il n'a plus qu'un but, l'imitation de la nature. Mais ces visages diversement animés et presque tous souriants, d'un sourire qui va jusqu'à cette mièvrerie qui fut à la mode à partir de la fin du xiiie siècle, n'ont plus l'austère gravité des bonnes statues de la période précédente. Il y a encore de la beauté, mais l'idéal n'est plus.

Cette statuaire paraît à peine un peu plus avancée que celle de la porte sud du transept de la cathédrale de Paris, qui remonte à 1257, et à peu près contemporaine de celle des apôtres de la Sainte-Chapelle, des quelques œuvres statuaires existant à Saint-Urbain de Troyes, qui date de 1262 à 1265, de la belle et curieuse statuaire du grand portail de la cathédrale de Strasbourg commencé en 1273, de celle du portail des Libraires à la cathédrale de Rouen, élevé de 1278 à 1307, etc., mais elle appartient à un art différent. On l'a rapprochée des statues les plus modernes à l'extérieur du grand portail de la cathédrale de Reims (1); il y a en effet une certaine analogie notamment dans la petitesse des têtes, dans le sourire imprimé aux visages, dans la forme recourbée et tombante des moustaches, dans la cambrure des corps, dans les gracieuses inflexions données aux membres, dans le savant arrangement des draperies. On peut aussi, ce me semble, voir quelque parenté entre certains groupes de figurines de notre tympan et le groupe des élus dans le Jugement dernier de la cathédrale de Bourges (2).

Nous ne possédons aucun document qui nous permette de déterminer exactement la date à laquelle la partie de la porte de la Vierge dorée qui nous occupe a été exécutée, cependant nous pouvons trouver pour les autres sculptures de la même facture, des points de repère qui serviront à dater les unes et les autres d'une manière suffisamment approximative.

Il faut observer tout d'abord que la frise de feuillage placée sous le dais continu qui règne au-dessus des apôtres au premier registre du tympan de la porte de la Vierge dorée (pl. XLVII), est identique à celle qui est sculptée sous le triforium du chœur, exécutée, nous l'avons vu, un peu après 1258. Nous avons vu également que les parties hautes du chœur avaient dû être terminées un peu avant 1269 (3), par conséquent on peut approximativement attribuer la clef de voûte du rond-point a cette date. D'un autre côté nous savons que la chapelle XII venait d'être terminée en 1292, que la chapelle XI datait à peu près de la même époque, et enfin que la chapelle IX avait dû être élevée entre 1297 et 1302 (4). Si nous considérons enfin que la statuaire qui orne les autres chapelles de la nef élevées peu d'années après cette date (5), n'a plus le même caractère, nous pourrons en conclure que toutes les sculptures qui nous occupent sont l'œuvre d'un artiste ou d'un atelier qui a travaillé à Amiens, environ de 1258 à 1302 (6).

Mais reprenons la description de notre portail.

---

(1) Celles de la porte latérale nord, plusieurs de celles de la porte centrale, et celles qui sont à la gauche du spectateur à la porte latérale sud.

(2) Sur cette école artistique, voy. E. MOLINIER, *La Descente de croix, groupe en ivoire du xiiie s. conservé au musée du Louvre*, dans *Fondation Eug. Piot, Monum. et Mémoires*, t. III, 1896, p. 121.

(3) Voy. ci-dessus, p. 37.

(4) Voy. ci-dessus, pp. 40, 41 et 42.

(5) Chapelles II, IV, V, VI, VIII, X.

(6) Il faut remarquer que cette période de quarante-quatre ans représente à peu près la vie artistique d'un homme.

Les personnages qui ornent la voussure sont aussi détachés que possible des claveaux dans lesquels ils sont taillés, ceux qui occupent le tympan sont traités en ronde bosse et détachés du fond.

Vierge dorée (fig. 124). — Sur le trumeau s'élève la célèbre statue de la Vierge Marie, dite la *Vierge dorée* (1). Placée plus haut que les autres grandes statues qui ornent les pieds droits, elle dépasse le trumeau des épaules et de la tête et monte jusqu'à la partie supérieure du linteau. Elle est debout; le poids du corps portant sur la jambe gauche produit ce léger déhanchement qui deviendra si fort à la mode et qui souvent même sera si exagéré jusqu'à la fin du moyen âge. Les traits de son visage sont d'une extrême finesse et elle regarde l'Enfant Jésus qu'elle porte sur son bras gauche avec un doux sourire. Elle est vêtue d'une tunique traînante, d'un manteau élégamment drapé avec un affiquet sur le devant de la poitrine, et d'un court voile sur lequel est posée une riche couronne fleuronnée (2). L'Enfant-Jésus est vêtu d'une simple tunique sans ceinture ; ses bras avaient été brisés : le restaurateur lui a fait tenir une petite boule avec laquelle il joue (3).

« Mère charmante, dit Viollet-le-Duc, qui semble n'avoir d'autre soin que de faire des caresses à l'enfant qu'elle porte sur son bras. En examinant ces deux œuvres de sculpture (4), on mesure le chemin parcouru par les artistes français dans l'espace d'un siècle. Ce qu'ils perdent du côté du style et de la pensée religieuse, ils le gagnent du côté de la grâce, déjà un peu maniérée, et du naturalisme. L'exécution de la statue de la Vierge dorée est merveilleuse, les têtes sont modelées avec un art infini et d'une expression charmante; les mains sont d'une élégance et d'une beauté rares, les draperies excellentes. Mais cette Vierge est une noble dame toute heureuse de s'occuper de son enfant, et qui ne semble point attaquée de cette maladie de langueur dont une certaine école de critiques d'art entend gratifier la statuaire du moyen âge » (5).

Trois petits anges attachés au linteau et d'un travail exquis voltigent autour de la tête de la Vierge en tenant derrière elle un nimbe godronné entouré d'un cercle de pierres précieuses (6).

(1) Haut. : 2m25.
(2) Si le visage de la Vierge du trumeau de la porte nord du transept de la cathédrale de Paris a quelque chose de plus grave que celui de la Vierge dorée, les draperies de l'une et de l'autre sont presque identiques : c'est le même court voile sur la tête, la même manière de relever le manteau sur le bras gauche en passant par-dessous le bras droit, le même pli presque vertical qui tombe tout droit depuis l'épaule gauche jusqu'à terre, les mêmes cassures de la robe sur les pieds.
(3) Didron paraît avoir été un peu sévère en blâmant aussi vertement qu'il l'a fait cette restauration *(Annales archéol.*, t. VII, p. 321). La boule ainsi tenue par l'Enfant Jésus qui semble jouer avec elle est un attribut assez commun dans les Vierges en ivoire de la seconde moitié du xiiie siècle et du commencement du xive, à la famille desquelles appartient certainement la statue qui nous occupe. Cf. notamment une Vierge d'ivoire de la collection Stein (Darcel, dans *Gazette des Beaux Arts*, t. XXVIII, 2e période, 1886, p. 112) ; une autre du musée du Louvre (Gonse, *L'art gothique*, p. 254), etc. Dans plusieurs de ces statues, l'Enfant Jésus a des gestes encore bien plus familiers que dans la nôtre.
(4) La Vierge dorée et celle du trumeau de la porte de la Mère Dieu.
(5) Viollet-le-Duc, *Dict. rais. d'archit.*, t. IX, p. 368. — M. Moore *(Development and character of gothic architecture*, p. 378), a établi une gradation très judicieuse entre la Vierge du portail occidental de notre cathédrale et la Vierge dorée, en passant par celle du trumeau de la porte du croisillon nord du transept de Notre-Dame de Paris. — La Vierge Dorée et en général toute la sculpture qui l'accompagne a été jugée un peu sévèrement, à notre avis, par M. H. de Curzon *(De gallica tertio decimo sæculo statuaria*, pp. 57 et 70).
(6) La main droite de la Vierge, le pied gauche de

Un très élégant dais d'architecture abrite la tête de la Vierge; il est fort élancé et occupe toute la hauteur du premier registre du tympan, séparant en deux groupes les douze personnages qui y sont rangés.

Tympan. — Le tympan est divisé en cinq registres ou zones horizontales.

1re zone (pl. XLVII). — Sur le linteau s'alignent douze personnages (1) en ronde bosse, debout, d'une fierté d'allure, d'une animation et d'un mouvement un peu maniérés peut-être, mais sans exagération, d'une perfection d'exécution, qui en font un des chefs-d'œuvre de la statuaire de la seconde moitié du xiiie siècle. Ils sont justement célèbres.

A première vue, bien que peu d'entre eux aient des attributs, des types ou des gestes qui permettent de les identifier d'une façon péremptoire (2), on ne peut s'empêcher d'y voir les Apôtres. Aussi bien le personnage qui se dresse fièrement, le chapeau sur la tête en s'appuyant sur un bâton à côté du dais qui abrite la Vierge dorée ne peut-il être autre chose que saint Jacques, et son voisin, le seul qui ait la figure jeune et imberbe a-t-il bien la physionomie que l'on donne habituellement à saint Jean. Enfin la place est une de celles où l'on figure assez volontiers le collège apostolique. En revanche on n'y retrouve bien caractérisés ni le type traditionnel de saint Pierre ni celui de saint Paul.

On a cependant parfois contesté cette interprétation, observant que, contrairement aux habitudes iconographiques du moyen âge, les personnages en question ont les pieds chaussés (3), et, en second lieu, qu'ils feraient double emploi avec les apôtres figurés à un des cordons de la voussure du même portail. Ces raisons, la dernière surtout, paraissent avoir impressionné MM. Jourdain et Duval (4), et ils proposent deux autres solutions. Suivant la première, ce seraient les douze jeunes romains envoyés de Rome vers les Gaules idolâtres (5). A cette première explication, ils ne paraissent pas, et avec raison, tenir beaucoup (6). Ils semblent s'arrêter plus volontiers à une seconde interprétation en quelque sorte intermédiaire. Les onze premiers personnages figureraient bien les apôtres, mais MM. Jourdain et Duval remarquent que le douzième, le plus à droite du spectateur, « est vêtu de la dalmatique des diacres et coiffé d'une calotte; il tenait un lambel, signe que nous n'avons remarqué nulle part ailleurs dans une main d'apôtre. Son attitude semble également différer de celle des autres, en ce qu'il est entièrement tourné vers eux tous, paraissant leur parler, soit qu'il les accueille, soit qu'il leur donne ou en

---

l'Enfant Jésus, ses bras et la boule qu'il tient, les ailes et quelques autres détails entre les mains et les pieds des anges, ainsi que la tête de l'ange supérieur ont été refaits. — Voir l'état ancien dans Rigollot, *Essai histor. sur les arts du dessin en Picardie*, dans *Mém. de la Soc. des Ant. de Pic.*, in-8°, t. III, 1840, et *Hist. des arts du dessin*, pl. XXI, n° 64.

(1) Haut, moy. env. 1^m40.

(2) Quelques-uns tiennent des livres, mais on sait que le livre est un attribut qui est donné non seulement à tous les Apôtres indifféremment, mais encore à beaucoup d'autres saints.

(3) Viollet-le-Duc (*Dict. rais. d'archit.*, t. I, p. 25, fig. 1 et 1 bis) les a à tort figurés nus.

(4) *Op. cit.*, p. 70.

(5) Saints Quentin, Lucien, Crépin, Crépinien, Piat, Rieul, Marcel, Eugène, Rufin, Valère, Fuscien, Victoric. — Cf. Goze, *Églises, châteaux, beffrois*, etc., t. II, p. 27. — Dusevel, *Notice sur l'église cath. d'Am.*, p. 25.

(6) Tous les personnages en question, sauf un seul, ont l'air âgés.

reçoive mission », et ils en concluent que ce dernier personnage ne serait autre que saint Honoré lui-même, « jeune lévite venant de renoncer au siècle et recevant de ses pères dans la foi son symbole, sa mission et comme son drapeau ». Mais d'abord, pourquoi n'aurait-on figuré que onze apôtres? De plus, le « jeune lévite » a l'air au moins aussi âgé que la plupart de ses compagnons; son vêtement n'est pas le moins du monde une dalmatique (1), mais un manteau court et échancré sur le bras gauche. Enfin un pareil sujet ne paraît pas beaucoup rentrer dans les habitudes iconographiques du xiiie siècle. Quoi qu'il en soit, l'interprétation des Apôtres est la plus généralement suivie, et nous ne voyons pas de raisons sérieuses pour la rejeter.

Tous portent le costume ordinairement donné aux Apôtres : une tunique talaire serrée à la taille, et un manteau diversement drapé. A une seule exception près, tous portent la barbe entière et assez longue; tous, sauf deux, sont nu-tête.

Suivant une habitude iconographique assez fréquente au moyen âge pour les Prophètes et surtout pour les Apôtres, ils sont accouplés, paraissant pour la plupart s'entretenir ensemble deux par deux (2).

1. — Le premier, à la gauche du spectateur ne présente aucune particularité remarquable.

2. — Il semble causer avec le précédent qui a l'air de l'écouter avec attention. Il tient un livre fermé (3).

3. — Il semble vouloir démontrer quelque chose au suivant en mettant deux doigts de sa main droite sur sa main gauche (4).

4. — Il porte les cheveux et surtout la barbe un peu plus frisés que les autres. Serait-ce saint Pierre? Il serait singulièrement placé. Ses mains étaient brisées : on les lui a refaites en l'estropiant, pour lui faire tenir un livre fermé d'une façon tout à fait invraisemblable.

5. — Longue figure maigre et ascétique; il paraît écouter avec attention le personnage qui suit.

6. — Il avait le bras gauche brisé; la main droite du précédent l'était aussi; le restaurateur a refait l'un et l'autre déroulant ensemble une banderole.

7. — Comme nous l'avons dit, on ne peut guère nommer autrement que saint Jacques le Majeur, ce personnage fièrement campé, coiffé d'un chapeau retroussé (5) Il s'appuie d'une main sur un long bâton, et de l'autre semble vouloir montrer le ciel (6).

---

(1) Regardé sans attention, il ressemble en effet à la manière dont les dessinateurs peu scrupuleux de notre temps traduisent souvent ce vêtement liturgique, mais ce n'est pas ainsi qu'était faite la dalmatique au xiiie siècle, et les monuments figurés la reproduisaient toujours très exactement. Je ne parle pas de la calotte; évidemment MM. Jourdain et Duval ont été influencés par l'usage encore constant parmi les ecclésiastiques en 1843 de porter cette coiffure.

(2) « Et vocavit duodecim et cœpit eos mittere binos » Marc., vi, 7. — M. Vöge, (Die Anfänge des monumentalen Stiles im Mittelalter, p. 521) en donne une explication beaucoup plus terre à terre. Suivant lui, ce rythme proviendrait tout simplement de ce que chaque groupe de deux personnages est pris dans un seul bloc de pierre; mais les six apôtres de la cathédrale de Bâle ainsi disposés sont taillés tous les six sur une même dalle, et d'ailleurs cette particularité se rencontre non seulement sur des édifices en maçonnerie, mais encore sur des objets en métal ou en ivoire. — Cf. A. Weese, Die Bamberger Domsculpturen, p. 21.

(3) La main droite a été refaite.

(4) Les deux mains ont été refaites. Était-ce bien son geste?

(5) C'est peut-être un des premiers exemples de saint Jacques représenté avec cette coiffure qui deviendra un de ses attributs les plus habituels. — Une statue de saint Jacques, de la fin du xiiie siècle ou du commencement du xive, provenant de l'ancienne église Saint-Jacques de Beauvais et actuellement au musée de cette ville, porte un chapeau analogue.

(6) Les deux mains et le bâton ont été refaits.

8. — Celui qui suit est jeune, imberbe, aux cheveux relativement courts, comme on a l'habitude au moyen âge de figurer saint Jean dans le collège apostolique (1).

9. — Il tient un livre fermé.

10. — Il relève son manteau de la main gauche et met la droite sur le livre que tient le précédent.

11. — N'a rien de remarquable.

12. — Il est coiffé d'une calotte hémisphérique et porte un manteau qui paraît ressembler à une chasuble, comme nous en avons vu plusieurs dans le grand portail. Il avait le bras gauche brisé, de même que le personnage précédent : le restaurateur a refait l'un et l'autre déroulant une banderole (2).

Au-dessus de ces douze personnages règne un dais continu d'architecture, formé d'une suite d'arcs trilobés surmontés de gables et séparés par de petits clochetons, et sous lequel court, avons-nous dit, une jolie frise semblable à celle qui règne sous le triforium du chœur, le tout surmonté d'un cordon mouluré qui continue le profil des tailloirs des colonnes servant de pieds droits aux cordons de la voussure.

Les quatre autres zones du tympan (pl. XLVIII) renferment l'histoire de saint Honoré, évêque d'Amiens, dont on place généralement l'existence vers la fin du VIe siècle (3).

2ᵉ zone. — Elle se subdivise en deux sujets principaux.

Le premier est assez difficile à expliquer; MM. Jourdain et Duval (4) l'interprètent ainsi : « Nous appelons la vocation ou le sacre de saint Honoré, la première des deux scènes de ce second étage..... Saint Honoré appelé à monter sur le siège d'Amiens, après la mort du pieux pontife Béat, son guide et son maître, opposa donc au vœu du clergé et du peuple une vive résistance. Mais Dieu avait ses desseins, et sa résistance fut vaincue par un prodige. Ainsi qu'autrefois une colombe symbolique avait révélé à l'Église le pape Fabien..., un rayon de lumière et une effusion d'huile sainte le grand saint Remy, ainsi la volonté de Dieu manifestée par une apparition miraculeuse, sur laquelle, du reste, notre sculpture est plus expresse que la légende, enleva tout prétexte de refus à l'humble prêtre ».

Mais ce fait miraculeux est passé sous silence par les bréviaires d'Amiens et par la plupart des anciens auteurs qui ont parlé de saint Honoré, et notamment par les Bollandistes, tandis que des écrivains plus modernes l'ont reproduit (5). Il paraît bien imité de ce que l'on raconte de saint Remi. Était-il connu au XIIIe siècle? Le sujet que nous allons décrire semble le prouver, bien qu'il soit assez difficile d'expliquer le grand nombre de personnages dont l'artiste a

---

(1) Il n'est pas sans intérêt de remarquer que les deux fils de Zébédée, les deux seuls qui soient reconnaissables, composent le même groupe. Ils se suivent toujours dans toutes les listes d'apôtres.

(2) Nous avons vu que Caudron avait aussi donné une banderole à dérouler aux personnages 5 et 6. Quoique MM. Jourdain et Duval le laissent supposer (*op. cit.*, p. 70), nous ne sommes pas bien sûrs que ces personnages tenaient effectivement des banderoles.

(3) Haut. moyenne des personnages : env. 85 centim.

(4) *Op. cit.*, p. 72.

(5) Corblet, *Hagiogr. du dioc. d'Am.*, t. III, p. 41. — E. Soyez, *Notices sur les Évêques d'Am.*, p. 11.

accompagné une scène si simple en elle-même. Quoi qu'il en soit, en voici la description :

Tout à fait à l'extrémité, à la gauche du spectateur, un homme imberbe, tonsuré, vêtu d'une longue cotte et d'une chape au capuchon relevé, est assis sur un siège fort bas, tenant un livre fermé; un liquide sortant du mur se répand sur sa tête, tandis qu'un autre homme imberbe, et vêtu de même mais non tonsuré, s'approche de lui, le prenant par le bras comme pour le solliciter. « Derrière celui-ci, continuent MM. Jourdain et Duval (1), et tourné vers la même scène, est un abbé debout, dont la crosse et les deux bras ont disparu ». Si cette crosse avait disparu, comment MM. Jourdain et Duval ont-ils pu reconnaître un abbé dans ce personnage qui porte d'ailleurs exactement le même costume que les deux premiers? Caudron lui a refait les bras qui lui manquaient, en le pourvoyant non seulement d'une crosse, mais encore d'un livre fermé.

Deux hommes imberbes, toujours vêtus de la même façon, semblent s'entretenir de la scène qui précède (2). Deux autres personnages, aussi imberbes et vêtus comme les précédents, sauf que l'un d'eux a la tête coiffée d'un bonnet couvrant la nuque, et l'autre du capuchon de sa chape, paraissent avoir ensemble un entretien très animé; celui-ci, le corps renversé en arrière, a une allure charmante. Les deux derniers personnages semblent aussi converser, en se montrant l'autel qui est dressé à côté d'eux. Le premier est barbu, chauve, paraissant âgé, l'autre porte un surcot à manches, très ample, très long et relevé dans la ceinture (3).

Tous ces groupes sont très remarquables d'animation, d'aisance dans les mouvements et dans les gestes, de vérité et de grâce dans les draperies, mais cependant encore avec cette très grande simplicité de moyens qui caractérise l'art du xiiie siècle.

Un autel couvert de draperies, avec retable fort bas, sur lequel le restaurateur a posé un calice et une croix dont il subsistait, paraît-il, des traces (4), appartient encore, pensons-nous, à la scène qui précède plutôt qu'à la suivante.

L'histoire de la révélation divine qui, sous l'épiscopat de saint Honoré, fit découvrir par le prêtre Lupicin les corps des saints Fuscien, Victoric et Gentien, est un des faits les plus saillants de l'histoire du saint évêque et est rapportée, non sans quelques variantes, par tous ses historiens (5).

Saint Honoré, barbu, en aube et chape attachée par un mors circulaire, est assis sous un édicule d'architecture trilobé, feuilletant un livre posé à sa droite sur un scriptionale ou pupitre (6), mais regardant de l'autre côté, vers la scène qui suit. Dans une forêt, où l'on distingue le chêne, l'érable, le lierre, etc., Lupicin

---

(1) *Op. cit.*, p. 72.
(2) L'un d'eux a la tête refaite.
(3) Sa tête était brisée, on la lui a refaite coiffée d'un bonnet de coton.
(4) Jourdain et Duval, *op. cit.*, p. 74.
(5) « Illud etiam gloriosis ejus meritis haud dubium est accrevisse, quod ejus temporibus preciosa beatorum martyrum Fusciani, Victorici atque Gentiani corpora, plus quam trecentis annis occulta fidelibus divina revelatio patefecit. Lupicinus enim presbyter Ambianis in somnis ab angelo commonitus, ut corpora illa a loco abdito cruere festinaret, pergens ad locum et mandatis satagens inventis pignoribus, alta voce gaudium protestans, modulatus est antiphonam quam a quinto milliario urbis meruit audire beatissimus Honoratus ». *Breviarium sub majori forma ad usum insignis ecclesie Ambian.* Paris, 1528, in-fol. — Ce texte a été reproduit par les Bollandistes. *Acta SS.* 16 mai.
(6) Le scriptionale, dont il ne restait que la partie inférieure, a été refait ainsi que le livre qui y était posé.

vêtu d'une simple cotte talaire et armé d'une pioche, met à découvert trois sarcophages; le couvercle de l'un d'eux est brisé et laisse apercevoir un cadavre (1).

Un dais continu formé d'une suite de petites voûtes sur croisées d'ogives s'ouvrant à l'extérieur par des arcs trilobés avec gables et architectures, surmonte cette zone qu'il sépare de la suivante.

3ᵉ zone. — Elle est composée également de deux sujets.

Le premier représente saint Honoré célébrant la messe et voyant la main de Dieu consacrer à sa place (2).

A peu près au milieu du registre, saint Honoré *in pontificalibus,* mitre en tête (3), les bras étendus, célèbre la messe devant un autel vu sur le côté, couvert d'une nappe tombant de toutes parts et d'un retable fort bas, dont le côté ressemble à celui d'un coffre avec pentures et anneaux, comme si ce retable était mobile (4). Sur ce retable le restaurateur a placé un chandelier (5), et sur l'autel est un calice (6), au-dessus duquel paraît un bras sortant d'un nuage. Ce bras était mutilé (7), on l'a restauré tenant une hostie qu'il dépose dans le calice. Derrière le saint célébrant sont échelonnés l'un derrière l'autre, d'abord un clerc en aube et qui « tenait en main un objet dont on ne trouve de trace que dans un vestige adhérent à la muraille, et dans un débris ayant la forme d'un bâton qui lui demeure à la main » (8). C'était très probablement le *flabellum,* destiné à écarter la poussière et les mouches au moment de la consécration, et qui, suivant Guillaume Durand (9), était encore en usage au xɪɪɪᵉ siècle. Le restaurateur n'a pas pensé à cet instrument liturgique, et, apparemment embarrassé, il a mis entre les mains du clerc en question un bâton quelconque, terminé par une espèce de boule (10). Le diacre vient ensuite, en aube, amict et dalmatique fort longue fendue sur les côtés; il a les mains croisées sur la poitrine. Le sous-diacre, dans le costume de son ordre, élève ses deux mains ouvertes et écartées, sur lesquelles un voile est jeté : le restaurateur moderne a placé sur ce voile la patène à plat; on ne sait s'il en restait quelques débris, mais il est très vraisemblable qu'il la portait ainsi.

(1) La tête de Lupicin, ses deux mains et l'outil qu'il tient ont été entièrement refaits, de même que quelques branches d'arbres.

(2) « Quadam enim die, cum vir Dei tractaret in altari dominici corporis sacrum, videre meruit palmam Domini consecrantis ». *Breviar. sub majori forma ad usum ecclesiæ Amb.* Paris, 1528 in-fol., 16 mai. — Cf. *Boll. Acta SS.* 16 mai.

(3) La mitre n'est là que pour marquer sa dignité d'évêque.

(4) C'est ce qui l'a fait prendre par MM. Jourdain et Duval pour un tabernacle.

(5) « Un autre débris que nous avons trouvé roulant derrière les groupes, nous a paru être le pied d'un chandelier; nous avons reconnu en effet qu'il s'adapte à quelques vestiges encore conservés sur le gradin ». JOURDAIN ET DUVAL, *op. cit.,* p. 77.

(6) Il n'en restait que le pied; le restaurateur l'a complété. JOURDAIN ET DUVAL, *loc. cit.*

(7) JOURDAIN ET DUVAL, *op. cit.,* p. 76.

(8) JOURDAIN ET DUVAL, *op. cit.,* p. 77.

(9) *Ration. div. off.* — Nous verrons plus loin que Pierre d'Eu avait donné au xɪɪɪᵉ siècle pour la chapelle de Primes qu'il avait fondée dans la cathédrale, un « ventilabrum factum de serico et auro, ad repellendum muscas et immunda ». DUCANGE, *Gloss.,* art. *Ventilabrum.* — Sur le *Flabellum,* voy. DIDRON, *L'office au* xɪɪɪᵉ *siècle (Annales archéol.,* t. XIII, p. 40); *Mystère des Actes des apôtres, (ibid.,* t. XIV, p. 73, fig.). LINAS, *Disques crucifères (Magasin pittoresque,* 1883, p. 79) et *Les disques crucifères, le Flabellum et l'Umbella,* dans *Revue de l'art chrétien,* 1883, p. 379, etc.

(10) Didron l'en a vertement tancé. « Le sculpteur qui, de sa vie, n'a vu un *flabellum,* ni peut-être même un éventail, a présumé que cet acolyte portait un bâton; il lui a donc mis une canne à la main, et comme elle est inclinée, ainsi le voulait le mouvement du bras, on peut croire que ce clerc batailleur s'apprête à faire le moulinet et à jouer du bâton en pleine église et au milieu de l'office » *(Ann. archéol.,* t. VII, p. 322).

Enfin, derrière le sous-diacre, un personnage de plus petite stature que les autres, un enfant de chœur, sans doute (1), vêtu de l'aube et de la dalmatique; par-dessus celle-ci est une sorte de court manteau garni de franges, dans les plis duquel il tient un grand plat ou bassin appuyé contre sa poitrine (2).

Le second sujet résume en quelque sorte les nombreuses guérisons opérées par l'intercession de saint Honoré après sa mort. Au centre de la composition se dresse un autel, dont la partie antérieure ornée d'un quatrefeuilles paraît être d'orfèvrerie. Sur cet autel, qui est couvert d'une nappe tombant seulement à droite et à gauche, est posée la statue du saint évêque *in pontificalibus* assis et bénissant. Un infirme s'en approche; il n'en restait que le tronc. S'inclinant vers l'autel, disent MM. Jourdain et Duval (3), il « levait la nappe comme pour la porter à ses lèvres » ou plutôt à ses yeux. C'est probablement la femme aveugle qui, suivant la légende, aurait recouvré la vue en touchant la nappe ou le parement de l'autel de saint Honoré (4). On lui a refait la tête et les parties du corps qui lui manquaient; on lui a mis une béquille à la main (5). Elle est aidée par un personnage imberbe vêtu d'une cotte talaire, se tenant debout à côté d'elle. Un autre infirme s'approche, aveugle aussi, tenant un chien en laisse et s'appuyant sur une béquille (6) : il porte un surcot aux manches longues et fendues, avec capuchon rabattu sur la tête. De l'autre côté de l'autel, deux personnages sont debout : le premier, drapé dans un manteau, tient d'une main un livre fermé et fait de

(1) Sa tête a été refaite.

(2) C'est la traduction d'un usage liturgique ainsi décrit dans le *Liber ordinarius* de la cathédrale d'Amiens de la fin du XIIIe siècle : « De elevatione patene. In omnibus missis ad majus altare celebratis, exceptis missis pro fidelibus, quando incipitur prefatio, a diacono revestito ab altari elevatur patena cum palliolo serico que ab ipso elevatur expansis manibus retro sacerdotem, donec dicatur *per Christum Dominum nostrum*. Et tunc ab ipso traditur eadem patena subdiacono revestito eam elevaturo sicut diaconus, donec dicatur prefatio; qua dicta, predictus subdiaconus tradit eam cum palliolo puero stanti juxta majus candelabrum pelvem argenteam tenenti panno serico exornato. Deinde, oratione dominica, scilicet *Pater noster*, incepta, a predicto subdiacono inde elevatur patena ab ipso tenenda, donec dicatur *Panem nostrum*, et tunc tradit eam diacono predicto, qui eam elevans, oratione dominica finita, tradit sacerdoti celebranti manum ipsius osculando » (Bibl. d'Am., ms. 184, fol. 343 v°). D'après les termes du *Liber ordinarius*, la messe en serait non pas au moment de la consécration, comme le veut la légende, mais soit à la dernière partie de la préface, alors que le sous-diacre tenait la patène sur le « palliolus », en français *palliot*, et que l'enfant de chœur « panno serico exornatus » s'apprêtait à la recevoir dans son bassin d'argent « pelvis argentea », soit plutôt pendant la première partie du *Pater*, alors que le sous-diacre a repris la patène à l'enfant de chœur, et s'apprête à la remettre au diacre. La patène a été refaite : nous ne savons s'il en restait des traces, mais les mains du sous-diacre recouvertes du voile ou palliot existaient (JOURDAIN ET DUVAL, *op. cit.*, p. 77)), il est donc plus que vraisemblable qu'il la tenait en effet, d'autant plus que l'enfant de chœur tient son bassin d'une façon telle que la patène ne peut être dessus. La critique que Didron a faite à ce sujet au restaurateur porte donc à faux *(Ann. archéol.*, t. VII, p. 322). L'inventaire du trésor de la cathédrale d'Amiens de 1347 v. s. mentionne des palliots : « Item XII palliola ad patenam tenendam » *(Mém. de la Soc. des Ant. de Pic.*, t. X, p. 273). Dans celui de 1419, on lit ceci : « Item tres tunicelle rubee de sathanin pro pueris, forrate de tela viridi et parate de camocate yndo ramagiaco de viridi. Item unus palliotus de sathani rubeo, uniformi predictis tunicellis, forratus de tela blana, pro dictis pueris ad tenendum patenam » *(Ibid.*, p. 325). Cette cérémonie demeura en usage dans la cathédrale d'Amiens, avec quelques variantes, jusqu'à l'adoption du rit romain pur en 1853. Dans la suite des temps, on avait fini par donner le nom de *palliot* à l'enfant de chœur même qui tenait le bassin.

(3) *Op. cit.*, p. 78.

(4) « Mulier quædam a nativitate cæca, in Ambianensi ecclesia nocturnam agens vigiliam, B. Honorato preces et vota fundebat...... audivit vocem hominis se B. Honoratum esse dicentis, monebat autem mulierem ut oculos altaris panno detergeret. Mane autem facto, ad altare se duci præcipiens, quod persuasum illi fuerat adimplevit, et confestim visu recepto, magnifice Domino grates exhibuit », *Acta SS.* 16 mai.

(5) La nappe paraît avoir été aussi en partie refaite.

(6) Le chien, dont il ne restait qu'une patte et la queue (JOURDAIN ET DUVAL, *op. cit.*, p. 76), et la béquille ont été refaits.

l'autre un geste d'étonnement (1); le second, vêtu d'un surcot aux manches courtes et larges, joint les mains (2).

Une série d'arcs trilobés forme dais continu au-dessus de ce registre et le sépare du suivant.

Les deux zones qui suivent représentent l'histoire du crucifix miraculeux qui inclina la tête lorsque les reliques de saint Honoré passèrent devant lui (3).

4ᵉ zone. — Procession des reliques. Ces sculptures ont été tellement restaurées que nous serons obligés d'emprunter à MM. Jourdain et Duval (4) la description de l'état ancien, en indiquant les parties refaites. « De jeunes clercs en aube ceinte, *præcincti*, ouvraient la marche : ils portaient sans doute croix et torches. Du premier, il ne reste que les deux pieds et le bas de la robe; les autres ont perdu les bras et la tête; un seul a sauvé le bout de sa torche qu'il retient entre ses bras, sans poignets ». Le premier a été refait entièrement, tenant une petite croix processionnelle d'une façon assez peu respectueuse et peu vraisemblable; les deux autres ont été complétés, tenant chacun une torche, sans chandeliers. « A la suite, continuent MM. Jourdain et Duval, trois autres clercs, dont deux sans tête et tous en aube et étole, portaient différents objets assez difficiles à déterminer. L'un de ces objets a entièrement disparu avec les bras du clerc; dans les mains d'un autre, on croit voir un tableau, et dans celles d'un troisième, un reliquaire ayant peut-être la forme d'un bras, au milieu duquel un petit trou carré long, comme pour laisser apercevoir la parcelle de relique ». Au personnage dont l'attribut avait disparu, le restaurateur a donné un livre ouvert, face au public. Deux clercs imberbes en aube et chape portent sur leurs épaules un brancard, sur lequel est posée la châsse de saint Honoré, en forme de coffre ou de sarcophage, ornée de quatrefeuilles encadrés dans des compartiments ou caissons carrés. « Sous la châsse, trois estropiés à béquilles et poignées de fer, tous fort endommagés, levaient la tête et les bras, en signe de leur confiance; on voit encore au coffre les mains de l'un d'eux qui le touchait ». Le tout a été refait, notamment les têtes et la plupart des bras. Un des infirmes, en cotte serrée à la taille, est agenouillé, joignant les mains; les deux autres, vêtus de même, s'appuient sur des béquilles ou des bâtons. Sept personnages laïques suivent la procession; ils sont diversement vêtus de cottes, de surcots aux manches fendues et de chapes. On y distingue quatre hommes imberbes, les uns têtes nues, les autres coiffés de capuchons ou de bonnets; l'un d'eux, vêtu d'un surcot aux manches fendues, tient un de ses gants à la main : c'est un élégant (5); un autre porte un surcot qui n'a que de larges fentes à la place des manches, et dans l'une desquelles il rentre le bras; trois femmes, l'une coiffée de la guimpe, l'autre du chapeau en forme de mortier avec la chevelure emprisonnée dans un filet. La troisième conduit par la main un jeune enfant vêtu d'une cotte courte, serrée à la taille (6). Un étroit bandeau orné de

---

(1) La tête, les mains et le livre qu'il tient ont été refaits.
(2) Les mains ont été refaites.
(3) « Dum ab ecclesia vicina, in honorem sanctorum apostolorum Petri et Pauli fundata, in sedem propriam, quodam die solemni referretur, præfatæ ecclesiæ imago Jesum crucifixum exprimens, se toto corpore inclinavit in partem qua corpus sanctissimum ferebatur ». *Acta SS.* 16 mai. — JOURDAIN ET DUVAL, *op. cit.*, p. 82. — Voy. ci-dessus, p. 4.
(4) *Op. cit.*, p. 79.
(5) Sa tête a été refaite.
(6) Les têtes de cette femme et de l'enfant qui l'accompagne ont été refaites.

têtes de clous en forme de quatrefeuilles, sépare cette zone de la dernière. Il représente peut-être la poutre de gloire de l'église, sur laquelle était posé le Christ miraculeux entre la Vierge et saint Jean.

5° zone. — Le Crucifix miraculeux. Un crucifix, entre la Vierge et saint Jean et deux anges thuriféraires. Du Christ primitif en pierre, il ne restait, suivant MM. Jourdain et Duval (1), « que les mains aux bras de la croix, aussi en pierre et travaillée en forme d'arbre non dégrossi. Un autre Christ en bois, ajusté là après la chute du premier, contraste par son style incorrect et par sa taille hors de proportion parmi tous les autres beaux ouvrages de sculpture. A l'intersection de la croix, qui est à quatre membres, s'appuie le nimbe crucifère fleurdelysé, orné au centre d'un quadrilobe avec camée (?) ». Ce crucifix a été refait, non pas en imitation du crucifix de saint Sauve, ainsi que MM. Jourdain et Duval l'avaient conseillé, mais, sur l'observation de la commission, en imitation de ceux du XIII° siècle : telle a été du moins l'intention du restaurateur (2). A sa droite, se tient debout la Vierge Marie, en robe traînante, manteau et voile : elle étend les mains et regarde le Christ d'un air de douleur et de compassion (3). A sa gauche, saint Jean, aussi debout, imberbe, tête nue, un livre fermé dans une main, la tête appuyée dans l'autre. Deux anges thuriféraires sont agenouillés, avons-nous dit, l'un à droite et l'autre à gauche (4). Les hauteurs de tous ces personnages sont habilement étagées de manière à remplir la pointe de l'arc.

Voussure. — Chacun des quatre cordons de la voussure est composé d'une suite de sujets sculptés presque en ronde bosse, chacun dans un claveau (5), et surmontés de petits dais d'architecture.

1er cordon. — Le premier cordon est composé de douze figures d'anges debout, six de chaque côté, aux ailes éployées, et vêtus de tuniques, quelques-uns de manteaux drapés. Ils tiennent alternativement des couronnes d'orfèvrerie ou balancent des encensoirs, dans des poses très variées et très gracieuses (6).

2e cordon. — Quatorze sujets représentant autant de scènes ou de personnages importants de l'Ancien Testament, figuratifs du Messie (7).

1 (8). Adam condamné au travail. Barbu, longue chevelure, tête nue, vêtu d'une tunique faite d'une peau de bête velue et serrée à la taille, les pieds nus, il bêche péniblement la terre, en appuyant son pied sur son outil (9). C'est une des plus

(1) *Op. cit.*, p. 83.
(2) Duval, *Rapport sur les restaurat. exécutées par M. Caudron au portail de Saint-Honoré de la cath. d'Am.*, dans *Bull. de la Soc. des Ant. de Pic.*, t. II, p. 118.
(3) Les mains ont été refaites.
(4) Les encensoirs ont été refaits.
(5) Viollet-le-Duc, *Dict. rais. d'archit.*, t. I, p. 52, fig. 30.
(6) Presque toutes les couronnes et presque tous les encensoirs ont été refaits en tout ou en partie ; trois têtes,

quelques mains et quelques ailes, pareillement.
(7) Nous ne pouvons donner ici toutes les raisons mystiques qui font de ces scènes autant de figures ; elles ne nous paraissent pas d'ailleurs converger vers une idée générale, mais elles ne sont là que pour elles-mêmes et elles sont plutôt prises dans leur sens littéral, comme nous le verrons dans les stalles. Nous nous contenterons donc de renvoyer aux savantes dissertations de MM. Jourdain et Duval (*op. cit.*, p. 85).
(8) En partant de la gauche du spectateur, et en bas.
(9) Ce pied a été refait.

remarquables de toutes les figurines de la voussure, pour le naturel, l'aisance et la vérité de la pose.

2. Noé construisant l'Arche. Barbu, tête nue, cotte courte serrée à la taille, les pieds chaussés de houzeaux, il travaille à construire un bateau encore inachevé et sur lequel il est occupé à perforer une pièce de bois à l'aide d'une tarière. Une hache est à côté de lui posée sur un bloc (1). L'aisance et la liberté d'allure que nous avons admirées dans le sujet précédent se retrouvent ici d'une façon peut-être encore plus remarquable.

3. Sacrifice de Melchisédech. Le prêtre-roi de Salem est debout et barbu : il porte à peu près le costume d'un évêque du xiiie siècle revêtu de tous les *pontificalia* : aube, amict, dalmatique, chasuble drapée, mitre. Un voile est étendu sur ses deux mains dont l'une tient un pain et l'autre un calice. Sujet plein de grandeur et de majesté dans ses minuscules proportions.

4. Sacrifice d'Abraham. Debout, le patriarche pose une main sur la tête d'Isaac, tandis que de l'autre il tient une grande épée nue qu'un ange descendant du ciel retient par la lame. Isaac est figuré par un jeune enfant vêtu d'une tunique, les mains liées par devant. A leurs pieds est un bélier (2).

5. Jacob béni par Isaac. Isaac debout, longue barbe en pointe, l'air âgé, appuie une main sur l'épaule couverte de peaux velues de Jacob, jeune enfant debout à côté de lui; tandis que de l'autre main, il tâte celle de celui-ci, qui lui présente une cuisse de chevreau dans une écuelle (3).

6. Jacob bénissant les enfants de Joseph, Éphraïm et Manassé (4). Le patriarche est debout, posant ses deux mains croisées sur les têtes des deux enfants debout devant lui. Ceux-ci, vêtus de tuniques demi-courtes, l'une serrée à la taille, et l'autre sans ceinture, se portent réciproquement la main à la poitrine; celui qui est à la gauche de Jacob est un peu plus grand que l'autre (5).

7. Job sur son fumier. Couvert seulement d'une draperie, il est étendu sur une masse informe et se racle le bras gauche avec un tesson (6).

8. Moïse. Barbu, deux cornes sur le front, il est debout, tenant dans une main les tables de la loi placées l'une sur l'autre, et de l'autre (7) montrant le serpent d'airain sous la forme d'un dragon placé au haut d'une colonne (8).

---

(1) Sa tête et les outils ont été refaits, ces derniers sur l'indication de MM. Jourdain et Duval *(op. cit.*, p. 88). Étaient-ce bien ces outils qui se trouvaient là primitivement?

(2) Les têtes, l'épée, un bras de l'ange, les cornes du bélier ont été refaits.

(3) La main d'Isaac et celle de l'enfant qu'il tâte ont été refaites.

(4) « Et posuit (Joseph) Ephraim ad dexteram suam, id est ad sinistram Israel, Manassen vero in sinistra sua ad dexteram scilicet patris, applicuitque ambos ad eum. Qui extendens manum dexteram, posuit super caput Ephraim minoris fratris, sinistram autem super caput Manasse, qui major natu erat, commutans manus, benedixitque Jacob filiis Joseph ». *Gen.* xlviii, 13-15. — Sur le symbolisme de cette scène, pour figurer le mystère de la substitution de l'Église à la Synagogue, voy.

Jourdain et Duval, *op. cit.*, p. 91.

(5) La tête de Jacob, celle du plus grand des deux enfants, et deux mains ont été refaites.

(6) La tête a été refaite.

(7) Cette main a été refaite, puis brisée de nouveau.

(8) Ce dragon a été refait. Voici comment Didron en apprécie la refaçon : « Le buste de ce dragon manquait, le restaurateur l'a refait; mais pensant qu'avec Moïse, le Veau d'or irait mieux qu'un dragon, il a greffé une tête et un cou de veau sur un corps et une queue de serpent. Le monstre est plus bête qu'un veau ordinaire; on croirait qu'il est honteux de se voir affublé, serpent, d'une tête de veau, ou bien, veau, d'une queue de serpent. Rien au monde de plus bizarre : c'est ridicule et cela détruit un des plus beaux symboles du christianisme ». *Ann. archéol.*, t. VII, p. 322.

9. AARON. Il porte un costume imité de celui des évêques du xiii° siècle : aube, amict, étole, manipule, dalmatique, chasuble drapée, sur laquelle est posé le rational orné de franges et de pierres précieuses; on n'a pas donné à ce dernier ornement la forme rectangulaire qu'on lui connaît, mais on en a fait une sorte de collet rappelant le superhuméral. La tête était brisée, on en a refait une coiffée d'une mitre ornée d'un croissant; la main droite manquait aussi, elle a été remplacée et on lui a fait tenir une verge feuillue (1).

10. Sacre de DAVID. Samuel est âgé, barbu, tunique traînante, la tête couverte du *schimla* des Juifs. Suivant les paroles de l'Écriture prises à la lettre (2), il verse l'huile contenue dans une corne de bœuf sur la tête de David, jeune enfant debout à côté de lui, vêtu d'une tunique serrée à la taille.

11. Jugement de SALOMON (3). Ce groupe était fortement détérioré. Voici la description que donnent MM. Jourdain et Duval (4) de son état ancien : « Il (Salomon) est sur son trône, couronne en tête, le glaive à la main. Il ne reste plus de ce glaive que la garde et la poignée..... L'autre bras est tout à fait tombé. Les deux mères à genoux au pied du trône ont aussi les bras cassés. On ne peut dire si l'une d'elles ou Salomon de sa main droite (gauche?) tenait l'enfant cause du litige, et qui sera matière délicate à restauration. L'une des femmes n'a plus de tête. Elle est vêtue d'une simple robe sans ceinture. La tête de l'autre est enveloppée d'une guimpe qui recouvre aussi la gorge, le cou et les oreilles et d'un linge en forme de bandeau passant sur le front et noué sur la nuque ». La « matière délicate à restauration » a été ainsi traitée. Le glaive que tenait Salomon a été complété. On a refait la main gauche de celui-ci tenant l'enfant par un pied, la tête en bas. La femme décapitée a été pourvue d'une tête coiffée du chapeau en forme de mortier, et on lui a donné le geste de tirer l'enfant à elle; à l'autre on a fait joindre les mains.

12. JUDITH. Judith est debout, long voile sur la tête, cotte traînante serrée à la taille, tenant de la main gauche la tête couronnée, chevelue et barbue d'Holopherne. Sa main droite avait disparu; sur l'avis de MM. Jourdain et Duval (5), le restaurateur la lui a refaite tenant une épée nue.

13. JUDAS MACHABÉE. Le personnage qui remplissait cette place avait disparu presque entièrement : il n'en restait que deux pieds chaussés de mailles et munis d'éperons. MM. Jourdain et Duval ont eu, croyons-nous, raison de penser que ce devait être Judas Machabée, et nous ne pouvons que renvoyer le lecteur aux motifs qu'ils en donnent (6), mais on a eu tort de le refaire, et surtout d'en faire un personnage aussi laid et aussi peu archéologique.

14. SAINT JEAN-BAPTISTE. Debout, vêtu d'une longue tunique velue (7), le Précurseur tient un disque crucifère, sur lequel est posé l'*Agnus Dei* (8).

---

(1) La mitre ornée d'un croissant et la verge ont été, sur le conseil de MM. Jourdain et Duval, imitées des attributs donnés à Aaron sur le linteau de la porte de la Mère Dieu au grand portail (JOURDAIN ET DUVAL, *op. cit.*, p. 94).

(2) « Adhuc reliquus est parvulus et pascit oves. Et ait Samuel ad Isai : Mitte et adduc cum..... Erat autem rufus et pulcher aspectu decoraque facie.... Tulit ergo Samuel cornu olei et unxit eum in medio fratrum ejus ». I *Reg.*, XVI, 11, 12, 13.

(3) III *Reg.*, III, 16 à 28.
(4) *Op. cit.*, p. 97.
(5) *Op. cit.*, p. 98.
(6) *Loc. cit.*
(7) « Et erat Joannes vestitus pilis cameli » *Marc.*, I, 6.
(8) Sa tête a été refaite.

3ᵉ cordon. — Les seize sujets dont il se compose représentent la suite des quatre grands prophètes et des douze petits, personnages barbus et vêtus à l'antique. Ils ne sont pas isolés, mais chacun d'eux est figuré accomplissant une des actions capitales de sa vie, ou accompagné de la vision d'une de ses principales prophéties. Sujets pleins de vie, d'une exécution parfaite et la plupart d'une excellente composition (1). On a souvent choisi d'autres sujets qu'au grand portail, et, lorsque ce sont les mêmes, on les a parfois interprétés d'une façon différente.

Bien que les quatre grands prophètes occupent les quatre claveaux supérieurs de l'arc et que les petits soient rangés à leur droite et à leur gauche en partant du claveau inférieur à la gauche du spectateur, nous garderons, pour plus de clarté, l'ordre que nous avons toujours suivi dans la description des cordons de voussures, c'est-à-dire en partant du claveau inférieur de gauche, pour finir à la retombée de l'autre côté, de sorte que la série des petits prophètes sera interrompue à son milieu par les quatre grands.

1. Osée. De même que dans les quatrefeuilles du grand portail, on a ici représenté le mariage d'Osée avec Gomer, la femme adultère, fille de Debelaïm (2). Le prophète, bonnet juif sur la tête, est debout, prenant de sa main droite la gauche de la femme adultère (3). Celle-ci est vêtue d'un surcot traînant, aux manches fendues et qu'elle relève coquettement de la main droite, laissant voir sa jambe bizarrement chaussée de bandelettes : un joyau est placé sur sa poitrine (4). Derrière elle est un meuble couvert d'une draperie, comme nous l'avons vu dans le même sujet représenté au grand portail (5).

2. Joel. Le prophète coiffé d'une calotte hémisphérique est assis sur un banc décoré d'arcatures. « Ses bras, dont les deux poings sont emportés, disent MM. Jourdain et Duval (6), font le geste d'un homme sonnant de la trompette. Un vestige dans le mur, et sur ses lèvres l'embouchure de cet instrument, offrent, avec le rang qu'occupe ce personnage et le texte de sa prophétie une donnée suffisante. *Canite tuba in Sion* (7) est le début de sa prédiction et de sa description du Jugement dernier. Il est, au reste, répété plusieurs fois dans le cours de la prophétie (8), et l'Église en fait l'application à l'annonce de la venue prochaine du fils de Dieu ». Le restaurateur a rétabli le tout suivant cette interprétation.

3. Amos. Au grand portail l'artiste a eu quatre quatrefeuilles à sa disposition pour le prophète Amos, et il a pu choisir dans son livre. Ici, il nous semble avoir été très bien inspiré en prenant l'unique sujet destiné à synthétiser en quelque sorte le caractère d'Amos et de son livre qui ne parle que d'incendie (9).

---

(1) Bien que nous ayons vu que le choix des sujets représentés sur cette porte ne réponde pas à une idée générale bien déterminée, cependant celui des prophéties paraît avoir été ici inspiré par le même esprit que pour celles du grand portail. Ce sont toujours les figures de l'Église, de sa vocation parmi les Gentils et de son triomphe définitif à la fin des temps. Voy. ci-dessus, p. 313.

(2) *Osee*, 1, 2, 3; III, 1, 2. — Voy. ci-dessus, p. 250.

(3) Ces deux mains ont été refaites.

(4) La tête de cette femme avait été brisée : le restaurateur la lui a refaite fort laide et sans aucun caractère archéologique. Il lui a mis notamment sur le front une sorte d'étroit bandeau qui rappelle la ferronnière à la mode du temps de Louis-Philippe.

(5) Voy. ci-dessus, p. 250.

(6) *Op. cit.*, p. 109.

(7) *Joel*, II, 1.

(8) *Joel*, II, 1, 15.

(9) « Et mittam ignem in domum Azael et devorabit domos Benadab » *Amos*, I, 4. « Et mittam ignem in murum Gazæ et devorabit ædes ejus » I, 7. « Et mittam ignem in domum Tyri et devorabit ædes ejus » I, 10. « Mittam ignem in Theman et devorabit ædes Bosræ » I, 12. « Et mittam ignem in Moab et devorabit ædes Carioth » II, 2. « Et mittam ignem in Juda et devorabit

Il a donc représenté le prophète couvert d'un long voile (1) et assis sur un rocher. Deux brebis paissent à ses pieds (2). Il regarde une flamme tombant d'un nuage sur une maison qui est un charmant et curieux spécimen de l'architecture civile du xiiie siècle. Elle est vue d'angle : à l'extérieur de cet angle s'élève une tourelle polygonale aux fenêtres rectangulaires et munies de fortes grilles; sur les deux faces visibles de la maison, le rez-de-chaussée est percé de fenêtres analogues et également grillées. La première de ces faces est un pignon en maçonnerie terminé en gradins, au premier étage duquel règne une suite de magnifiques fenêtres en cintre brisé divisées chacune en deux baies avec, une colonnette médiane et un quatrefeuilles dans le tympan; au deuxième étage est une arcature en plein cintre. Sur l'autre face un pignon en pans de bois s'avance en encorbellement et surplombe sur l'extérieur. Ce petit sujet est d'une composition charmante; l'artiste se livrant à son inspiration naturelle y a traité l'accessoire avec amour.

4. ABDIAS. Confondant, comme au grand portail (3), le prophète Abdias, avec le personnage du même nom, intendant de la maison d'Achab, et dont il est parlé au livre des Rois, on l'a figuré nourrissant les prophètes qu'il avait cachés dans des cavernes, pour les soustraire à la fureur de Jézabel (4). Le prophète est drapé dans un manteau. Sa tête avait été brisée ainsi que ses mains : on a refait le tout, la tête coiffée du bonnet juif, et les mains tenant chacune un pain. A ses côtés, de petits personnages de beaucoup moindre taille, trois à sa droite et trois à sa gauche, sortent à mi-corps de deux espèces de puits, et tendent les mains vers lui (5).

5. JONAS. Jonas et la baleine sont unis par des liens indissolubles (6), et on n'a pas cherché d'autre circonstance de sa vie ou de ses prophéties. Le prophète entièrement nu et joignant les mains (7) est rejeté par le monstre marin qui nage sur les flots.

6. MICHÉE. Nous retrouvons en cet endroit la prophétie la plus typique et la plus originale du prophète Michée, qui, au grand portail, occupe deux quatrefeuilles : le changement des glaives en socs de charrue et des piques en hoyaux (8). C'est le prophète lui-même qui fait la transformation. Il est coiffé d'une calotte et vêtu d'une simple tunique serrée à la taille, sans manteau, tenue de travail. Ses deux bras et les objets qu'il tenait avaient été détruits; on les a refaits, une hache à la main, taillant sur un bloc la hampe d'une pique pour en faire le manche d'un instrument aratoire; une houe déjà faite est à côté de lui, et de toutes parts on aperçoit des lances et des épées appuyées aux murs attendant leur tour d'être travaillées.

7. DANIEL (9). Groupe composé de quatre personnages debout : trois grandes

---

ædes Jerusalem » II, 5. « Ne forte comburatur ut ignis domus Joseph, et devorabit et non erit qui extinguat Bethel » v, 6. « Et ecce vocabat judicium ad ignem Dominus Deus » VII, 4.

(1) Sa main droite avait été emportée : le restaurateur, d'après l'avis de MM. Jourdain et Duval (op. cit., p. 110), la lui a refaite tenant une houlette. Rien ne prouve qu'il ait eu primitivement cet attribut, bien qu'il soit généralement ainsi représenté, et notamment au grand portail. Voy. ci-dessus, p. 352.

(2) Suivant MM. Jourdain et Duval (op. cit., p. 110), il ne restait à peu près rien de ces brebis; elles ont été refaites presque de toutes pièces.

(3) Voy. ci-dessus, p. 354.

(4) III. Reg., XVIII, 13.

(5) Trois ont leurs têtes refaites.

(6) Jonas, II.

(7) Ces mains ont été refaites ainsi que les bras.

(8) Mich., IV, 3. — Voy. ci-dessus, p. 357.

(9) Sans doute par une inadvertance de l'artiste, les

personnes et un enfant, qui tous avaient la tête brisée. MM. Jourdain et Duval (1) y ont vu Daniel révélant l'innocence de Suzanne (2), et s'expriment ainsi : « Daniel..... Ce fut peu de temps après, à l'âge de douze ans, suivant les interprètes, et en particulier suivant saint Ignace martyr, qu'il révéla l'innocence de Suzanne..... Le jeune enfant pose sur le premier plan, tourné vers Suzanne, dont on voit qu'il défend l'innocence au geste de ses mains, les deux premiers doigts de la droite étant allongés et appliqués dans la paume de la gauche. Suzanne figure bien l'innocence opprimée, par son attitude pleine de calme et de dignité. De sa main droite, elle maintient sur sa poitrine la courroie de son noble manteau, de sa gauche, elle en relève un pan, à la manière des femmes de condition du moyen âge. Dans le fond, et de plus haute stature, paraissent deux hommes en manteau, figurant sans doute les juges trompés, auxquels ce jeune enfant semble dire : *Revertimini ad judicium* ». Il est probable que c'était bien en effet l'histoire de Suzanne qui était ici représentée, mais plutôt, à notre avis, synthétisée par ses principaux héros, que désignant spécialement tel ou tel épisode particulier, de sorte que nous aimerions mieux voir dans les deux hommes figurant dans le groupe les deux vieillards accusateurs de Suzanne, que ses juges (3).

8. Jérémie. Suivant MM. Jourdain et Duval (4), « Tertullien, saint Jérôme, saint Épiphane et beaucoup d'autres, pensent que Jérémie fut lapidé par les Juifs auxquels il reprochait leur idolâtrie, et qu'il menaçait des châtiments de Dieu, durant leur émigration en Égypte, du temps de Nabuchodonosor. Ce sentiment est admis par l'Église et par le Martyrologe romain, qui dit expressément sous la rubrique du 1er mai : *In Ægypto, S. Jeremiæ prophetæ, qui a populo lapidibus obrutus apud Raphnas occubuit, ibique sepultus est* ». C'est évidemment ce fait qui est figuré ici : le prophète, est jeté à terre, et deux individus en cottes courtes l'accablent de coups de pierres. Le premier tient une provision de cailloux dans un mouchoir; un de ses bras était brisé, on le lui a refait faisant le geste de lancer une pierre; le second frappe le prophète au visage avec une grosse pierre (5).

9. Isaïe. La tradition suivant laquelle Isaïe aurait été mis à mort par ordre de Manassé, qui l'aurait fait scier en deux avec une scie de bois, est peut-être plus accréditée encore que celle qui fait périr Jérémie par la lapidation (6). Le prophète est assis ou accroupi, tête nue, les mains jointes. Deux bourreaux vêtus comme les précédents le scient en deux par la tête (7).

10. Ézéchiel. C'est évidemment la description du temple par Ézéchiel et en particulier le prophète devant la porte fermée (8). Tête nue, il est assis sur un

---

grands prophètes ne sont pas placés dans l'ordre de la Bible.

(1) *Op. cit.*, p. 105.

(2) *Dan.*, XIII.

(3) Le restaurateur a refait les têtes de ces personnages suivant les indications de MM. Jourdain et Duval. Ils ont donné à Suzanne le même bandeau sur le front qu'à la femme adultère du prophète Osée.

(4) *Op. cit.*, p. 103.

(5) Les têtes des deux bourreaux ont été refaites. Ce groupe a été très mutilé et trop restauré.

(6) Jourdain et Duval, *op. cit.*, p. 102.

(7) Les mains du prophète ont été refaites, l'instrument du supplice également. On remarquait seulement, disent MM. Jourdain et Duval *(loc. cit.)*, « à la partie supérieure de la tête du martyr, une fente, indice de son genre de mort ». Les têtes des bourreaux manquaient aussi; Caudron, qui nous ramène toujours au temps de Louis-Philippe, a coiffé l'un d'un mouchoir et l'autre d'un bonnet de coton.

(8) « Et duxit me ad portam quæ respiciebat ad viam orientalem » *Ézech.*, XLIII, 1. — « Et convertit me ad viam portæ sanctuarii exterioris, quæ respiciebat ad orientem et erat clausa ». *Ézech.*, XLIV, 1. — Cf. Jourdain et Duval, *op. cit.*, p. 104.

banc de pierre, paraissant parler devant une porte en plein cintre, flanquée sur ses contreforts de deux échauguettes, et surmontée d'un étage supérieur formé d'une arcature en cintre brisé aux baies subdivisées chacune en deux, le tout couronné de créneaux. Les vantaux, qui sont fermés, sont garnis de pentures, d'une serrure, de verrous et d'un anneau (1).

Nous reprenons la série des petits prophètes.

11. NAHUM. Comme l'ont pensé MM. Jourdain et Duval (2), c'est évidemment la traduction littérale de ces paroles du prophète Nahum : « Voilà sur les montagnes les pieds de celui qui évangélise et qui annonce la paix » (3). Le prophète coiffé d'une calotte hémisphérique, assis sur un banc de pierre, la tête appuyée sur sa main gauche, contemple un rocher sur lequel sont posés les pieds et les ailes inférieures d'un séraphin enchaîné, au-dessus duquel apparaît une nuée dans le ciel (4).

12. HABACUC. Comme au grand portail, on a représenté l'ange enlevant Habacuc par les cheveux pour aller porter la nourriture à Daniel dans la fosse aux lions (5). Mais là-bas, nous avons vu l'arrivée, ici, c'est le départ. Un ange vêtu d'une simple tunique, les ailes éployées, descend du ciel, saisissant et enlevant le prophète par la chevelure : ce dernier étend les bras d'une façon qui marque à la fois la surprise et la crainte (6).

13. SOPHONIE. Ce groupe avait subi de très graves mutilations : il nous faut donc encore recourir à la description de MM. Jourdain et Duval (7) : « Il est dit au commencement de sa vision : *Congregans congregabo omnia a facie terræ, dicit Dominus, congregans hominem et pecus, congregans volatilia cœli et pisces maris* (8). Toutes ces différentes parties de la création étaient rendues avant la complète mutilation qui défigure le groupe. On distingue cependant bien encore un homme assis, sans tête ni mains, c'est le prophète; à ses côtés, un autre individu plus petit, aussi sans tête; il représentait l'assemblée des humains convoquée par la voix de Dieu : *congregans hominem*. Dans un courant d'eau, se reconnaît la moitié d'un poisson : *et pisces maris*. Sur le bord de l'eau, un animal au pied fendu, également sans tête : *et pecus*. Et enfin, sur le nu du mur, au haut de la niche, un vestige d'aile de l'oiseau qui rendait le *volatilia cœli* du texte ». Le tout a été refait suivant les indications des savants chanoines : le restaurateur a mis entre les mains du prophète une banderole et un stylet ou un calame; pourquoi ?

14. AGGÉE. La grande préoccupation d'Aggée, dans sa courte prophétie, est de stimuler les Hébreux pour la reconstruction du temple. Nous avons vu (9) comment au grand portail on avait traduit les paroles du prophète. Ici, on a interprété un autre texte sur le même sujet. « Montez sur la montagne, dit-il aux Hébreux, portez les bois et élevez la maison » (10), et ils l'ont rendu par une petite scène

---

(1) La tête et les mains du prophète ont été refaites.
(2) *Op. cit.*, p. 112.
(3) *Nahum*, I, 15. — Voy. aussi *Isai.*, LII, 7, et *Rom.*, x, 15.
(4) La main droite du prophète a été refaite.
(5) « Et apprehendit eum angelus Domini in vertice ejus et portavit eum capillo capitis sui ». *Dan.*, XIV, 35. — Voy. ci-dessus, p. 359.

(6) Les mains du prophète, les mains et les ailes de l'ange, ainsi que la poignée de cheveux qu'il saisissait ont été refaites.
(7) *Op. cit.*, p. 113.
(8) *Soph.*, I, 2, 3.
(9) Voy. ci-dessus, p. 363.
(10) « Ascendite in montem, portate ligna et ædificate domum ». *Agg.*, I, 8.

d'un pittoresque charmant, où l'on sent encore plus que dans d'autres le talent de composition, d'arrangement des accessoires, cette bonhomie tout intime qui fera le charme des œuvres des artistes du nord de la fin du xve siècle et du commencement du xvie. Aggée est assis, montrant de la main droite une montagne que domine une forêt. Dans cette forêt, un bûcheron en cotte courte abat des arbres, tandis qu'un compagnon vêtu comme lui emporte une charge de bois sur ses épaules, et qu'un troisième personnage grimpe sur les roches de la montagne. Ces trois derniers personnages sont de beaucoup plus petite taille que le prophète (1).

15. ZACHARIE. Ce groupe était très mutilé : il a été presque entièrement reconstitué suivant l'interprétation de MM. Jourdain et Duval (2) : « Il est debout, disent-ils, prononçant cette parole de paix pour toutes les nations du monde, à la venue de Jésus-Christ : *Fille de Sion, soyez comblée de joie, fille de Jérusalem, poussez des cris d'allégresse; voici votre Roi qui vient à vous, ce roi juste est votre sauveur. Il est pauvre et il est monté sur une ânesse et sur le poulain de l'ânesse* (3). La vision était en effet traduite devant lui par la sculpture. Les ruines sont assez reconnaissables encore pour faire deviner un âne et sur lui le Sauveur du monde avec la tunique simple et flottante qu'on lui donne toujours. Il sera bon cependant que l'artiste soit averti de lui refaire un nimbe crucifère, dont il ne reste presque rien. Quant à la tête de Zacharie, il pourra, pour la rétablir, aller encore consulter le grand portail ».

16. MALACHIE Le thème de la représentation de Malachie est emprunté à ces paroles du prophète : « Voilà que j'enverrai mon ange, et il préparera la voie devant ma face, et aussitôt viendra à son temple le dominateur que vous cherchez et l'ange que vous désirez. Voilà qu'il vient, dit le Seigneur des armées » (4). Prenant ce texte à la lettre, l'artiste a représenté le prophète assis sur une pierre, levant la main droite et regardant d'un air attentif un bras, le bras de Dieu, sortant d'un nuage et poussant un ange aux ailes éployées, qui déroule une banderole (5).

4e cordon. — Il se compose de dix-huit personnages assis la plupart sur des bancs de pierre, vêtus à l'antique et représentant les Apôtres, les Évangélistes (6) et quatre saintes femmes. Malheureusement un grand nombre d'entre eux sont impossibles à identifier, faute d'attributs suffisamment explicites.

1. SAINT LUC. Il est assis sur un escabeau orné de quatrefeuilles, devant un scriptionale à la tablette inclinée, dans laquelle sont enfoncées deux cornes de bœuf servant d'encriers, et sur laquelle est étendu un livre ouvert; l'évangéliste a les mains et le regard levés vers le ciel, comme s'il recevait une inspiration d'en haut. A côté de lui, une tête de bœuf sort de la muraille. Sujet très remarquablement traité et fort intéressant (7).

---

(1) Toutes les têtes et plusieurs bras ont été refaits.
(2) *Op. cit.*, p. 114.
(3) *Zach.*, IX, 9.
(4) « Ecce ego mitto angelum meum, et præparabit viam ante faciem meam; et statim veniet ad templum suum dominator quem vos quæritis et angelus testamenti quem vos vultis. Ecce venit. dixit Dominus exercituum ». *Malach.*, III, 1.
(5) Cette banderole a été refaite. Y en avait-il une ?
(6) Ceux dont les vêtements permettent de voir les pieds les ont nus (n°s 3, 4, 10, 11, 12, 13, 15, 16, 18).
(7) Les mains de l'évangéliste étaient tombées : on

2. — Une sainte femme, un voile sur la tête. Ses mains étaient cassées ; on les lui a refaites tenant dans l'une une fiole, en imitation du grand portail, et dans l'autre, un livre fermé. D'ailleurs charmante figurine, dont la pose est pleine de naturel et les draperies on ne peut plus gracieuses.

3. Un apôtre tenant un livre fermé (1).

4. Un apôtre à peu près semblable au précédent (2).

5. Un apôtre. Belle figure aux traits réguliers, longue barbe, il tenait un livre fermé dans une main. L'autre main avait sans doute été brisée : on la lui a refaite tenant un bâton à foulon, pour en faire saint Jacques le Mineur ; mais avant la restauration, il n'y avait pas trace de cet attribut : MM. Jourdain et Duval n'en parlent pas (3).

6. Une sainte femme paraissant âgée, la tête couverte d'un long voile. Très singulière figure.

7. SAINT JEAN L'ÉVANGÉLISTE. La figure jeune et imberbe, il est accoudé comme s'il méditait devant une banderole posée sur un scriptionale à un pied, dont la tablette est horizontale. Un aigle sortant à mi-corps de la muraille semble l'inspirer. Composition très expressive et pleine de naturel.

8. SAINT JACQUES LE MAJEUR. MM. Jourdain et Duval (4) le décrivent ainsi : « Le bâton et le bourdon en main, à demi brisés, l'épaulière coquillagée, le font bien facile à reconnaître. Les bras, la tête, une partie du buste emportés pourront être pris sur le saint Jacques du grand portail ». Le tout a été refait : la tête est barbue et coiffée d'un chapeau comme au tympan. On ne voit pas trace de bourdon ni de bâton à la main, mais le restaurateur a fait porter à l'apôtre, comme à la porte du Sauveur, une longue épée dans sa gaine, autour de laquelle le baudrier est enroulé.

9. Une sainte femme richement vêtue, drapée dans un ample manteau avec un affiquet sur le devant de la poitrine et une couronne royale sur la tête, feuilletant un livre posé sur un scriptionale en forme de pupitre. Ce n'est pas sans hésitation que MM. Jourdain et Duval (5) ont proposé d'y voir l'Église, et ils observent avec raison qu'on voit rarement l'Église « sans rencontrer en face la Synagogue aveugle, déshéritée, par sa faute, de la souveraineté du monde ». Plus loin (6), en rapprochant cette figure des trois autres statuettes féminines que l'on rencontre dans ce même cordon, ils se demandent si ce ne serait pas la Vierge Marie. La présence de ces femmes, disent-ils, parmi les Apôtres et les Évangélistes, « donne lieu de penser qu'on a pu vouloir figurer dans ce dernier bandeau l'Église chrétienne naissant au Cénacle, dans la personne des principaux personnages sur lesquels descendit le Saint Esprit. Dans ce cas, la femme couronnée que

les lui a refaites tenant de la droite un style ou un calame avec lequel il s'apprête à écrire. De la tête de bœuf, il ne restait plus, disent MM. Jourdain et Duval (*op. cit.*, p. 121), « que l'encolure de l'animal assez difficile à distinguer ». Elle a de même été refaite.

(1) Sa tête paraît avoir été refaite.

(2) Les mains et le livre qu'elles tiennent paraissent refaits.

(3) *Op. cit.*, p. 119. — Là comme ailleurs, et notamment encore aux nºˢ 15 et 16 du cordon qui nous occupe,

le restaurateur a fait un usage abusif de cette phrase imprudente de MM. Jourdain et Duval *(loc. cit.)* : « Le sculpteur n'aura rien de mieux à faire que d'aller étudier pour les restaurer, ceux du grand portail ou des verrières des galeries du chœur ». Ces restaurations par imitation sont toujours très dangereuses.

(4) *Op. cit.*, p. 119.

(5) *Op. cit.*, p. 119.

(6) *Op. cit.*, p. 120.

nous avons vue là haut si bien caractérisée comme personnification de l'Église, serait plutôt la Vierge Marie présidant l'assemblée sainte. Les autres saintes femmes y sont au nombre de trois, comme dans les Évangélistes, savoir : Marie-Madeleine, Marie, femme de Cléophas et mère de Jacques, et Marie Salomé, mère des fils de Zébédée. Elles y sont placées à leur rang immédiatement avant saint Marc et saint Luc, qui, n'étant pas nommés parmi les douze, viennent cependant comme témoins canoniques de la vérité qu'ils ont été chargés d'écrire, et comme membres comptés par l'Église dans l'organisation de son corps. Nous basons cette hypothèse sur l'ordre dans lequel ces personnages sont placés; soit dans les litanies, où saint Marc et saint Luc viennent les derniers, comme à notre portail, soit au canon de la messe, qui associe le nom de plusieurs saintes femmes à ceux des apôtres, soit surtout au livre des Actes des Apôtres, dont voici le texte : *In Cœnaculum..... ubi manebant Petrus et Joannes, Jacobus et Andreas, Philippus et Thomas, Bartholomæus et Mathæus, Jacobus Alphæi et Simon Zelotes et Judas Jacobi. Hi omnes erant perseverantes unanimiter in oratione cum mulieribus et Maria matre Jesu* » (1). Cette explication nous paraît plus judicieuse que la première.

10. SAINT PIERRE. La barbe et les cheveux crépus, il tient d'une main deux clefs l'une sur l'autre ou une seule (2), et de l'autre une grande croix (3).

11. Un apôtre, la barbe en pointe, tenant un livre sur ses genoux, la tête penchée, comme s'il méditait. MM. Jourdain et Duval veulent en faire saint Paul. « La main droite brisée, disent-ils, tenait un insigne, sans doute une épée, dont la garde paraît seule entre les jambes, ainsi qu'un bout de courroie » (4).

12. SAINT ANDRÉ. Il tient une croix ordinaire, mais dans une position oblique, et à l'extrémité de deux des croisillons de laquelle une corde est croisée (5).

13. SAINT MATHIEU. Vêtu d'une simple tunique talaire aux manches larges, il est assis devant un scriptionale à un pied, dans la tablette horizontale duquel est passée une corne de bœuf servant d'encrier. Sur ce meuble sont posés des papiers que l'apôtre paraît prendre à la main. Il tourne la tête comme s'il écoutait ce que lui dit un ange qui apparaît dans une nuée et qui lui met la main sur l'épaule. Fort jolie sculpture.

14. Un apôtre tenant un livre fermé (6) et regardant en haut d'un air inspiré.

15. Un apôtre, dans les mains duquel le restaurateur a placé une équerre.

16. Un apôtre à qui le restaurateur a fait tenir d'une main un livre fermé, et de l'autre une palme.

17. Une sainte femme coiffée d'une guimpe et d'un voile court. Elle n'avait plus d'attributs : on lui a mis dans une main un livre fermé, et dans l'autre, une fleur qui ressemble à un artichaut. Très jolie statuette, dont les draperies sont tout particulièrement remarquables.

18. SAINT MARC. Il est assis devant un scriptionale, tournant la tête, comme s'il recevait les inspirations d'un lion sortant à mi-corps du mur derrière lui. Ses mains étaient tombées, on les lui a refaites écrivant avec un calame.

---

(1) *Act. Apost.*, 1, 13, 14.
(2) Ces clefs paraissent refaites.
(3) Un des croisillons a été refait.
(4) *Op. cit.*, p, 118.

(5) Le haut du croisillon supérieur et celui de gauche ont été refaits. On n'y a pas figuré la corde croisée.
(6) Ce livre et la main qui le tient ont été refaits.

Fig. 126. — Trumeau de la porte St Firmin le Confesseur
(Porte E).

Porte Saint-Firmin le Confesseur.

(Porte E).

Le trumeau (fig. 126) et les quatre corbeaux qui soutiennent le linteau constituent la seule partie de cette porte ornée de statuaire (1).

A sa partie inférieure, le trumeau est à cinq faces, entièrement nu, divisé seulement en deux, par le rappel de la moulure qui, dans l'ébrasement, marque le stylobate des pieds droits. Un peu plus haut, il est orné de cinq bas-reliefs entièrement frustes (2), parmi lesquels on soupçonne avec peine, la *Nativité de la Vierge*, l'*Annonciation* et la *Visitation;* on peut donc supposer que les autres devaient se rapporter aussi à l'histoire de la Vierge Marie.

Toute cette partie inférieure sert de piédestal à une grande statue fort belle, mais assez dégradée (3). On a longtemps supposé qu'elle représentait saint Firmin le Confesseur (4), mais MM. Jourdain et Duval ont pensé que c'était plutôt une statue de saint Honoré qui, à une époque inconnue, aurait changé de place avec la Vierge qui occupe aujourd'hui le trumeau de la porte du croisillon sud (5). Nous avons vu ce qu'il fallait penser de cette opinion, et nous n'y reviendrons pas (6). D'ailleurs l'absence d'attributs particuliers ne

(1) Voy. ci-dessus, p. 245.
(2) Haut., 65 centimètres.
(3) Haut. 2^m30. Elle n'a jamais été restaurée.
(4) Pagès (Mss., édit. Douchet, t. V, p. 34), dit saint Firmin le Martyr. Dusevel *(Notice sur l'église cath. d'Am.,* p. 23), dit saint Firmin, tout court. Mais ces appellations diverses n'ont pas de valeur.
(5) *Rapport au Préfet de la Somme,* dans *Mém. de la Soc. des Ant. de Pic.,* t. VI, p 62.
(6) Voy. ci-dessus, p. 429.

permet pas de se prononcer d'une façon certaine sur l'identité du personnage. C'est un évêque barbu, en aube, chape fort simple et mitre ornée de pierres précieuses. D'une main, il tenait une crosse dont il ne subsiste qu'un fragment, de l'autre, qui est entièrement brisée, il bénissait.

Le caractère de cette figure est extrêmement remarquable. Elle rappelle d'une façon frappante (8) l'école de statuaire à laquelle appartiennent les grandes statues les moins anciennes du portail de la cathédrale de Reims, et notamment le saint Joseph de la *Présentation,* par l'arrangement des cheveux et de la barbe, par la frisure des moustaches en croc, par ce sourire un peu moqueur, si caractéristique des statues de Reims de cette catégorie.

Le linteau est soutenu par quatre corbeaux sculptés chacun d'un petit personnage accroupi et faisant effort, d'un charmant style.

(8) Voy. ci-dessus, p. 437.

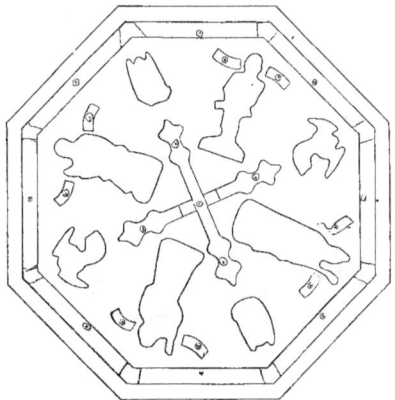

Fig. 127. — Pierre centrale du labyrinthe.

Fig. 128. — Dessins du dallage.

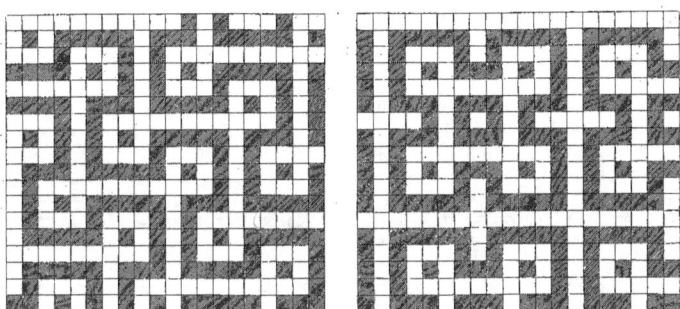

Fig. 129. — Dessins du dallage.

CHAPITRE IV

PARTIES DU MONUMENT

EXÉCUTÉES APRÈS 1269.

I

Dallage.

Avant 1827 et 1894, le dallage, à l'exception de celui du chœur et du sanctuaire, était composé de carreaux alternativement de pierre blanc-jaunâtre de Senlis et de pierre noire de Belgique, de 37 centimètres de côté.

Ces carreaux étaient disposés de manière à former des dessins, méandres, chevrons, quadrillages, entrelacs, tous extrêmement ingénieux et qui variaient deux fois par travée de nef, et une fois par travée de bas-côté, formant un ensemble fort riche, dont un dessin peut seul donner une idée (1).

(1) Dans un certain nombre de travées, les dalles noires et blanches étaient disposées en simple damier, disposition hors d'échelle avec les larges dessins usités aux autres travées, et qui fait tache. Je croirais volontiers que ces travées en damiers étaient celles qui avaient été refaites à une époque où on ne prenait plus garde de reproduire les anciens dessins. C'est en effet au croisillon sud du transept, où le dallage a dû

On peut voir l'effet d'ensemble de ce dallage au tome I de la *Picardie historique et monumentale* (1) : nous nous contenterons de donner à une plus grande échelle quelques spécimens des dessins dont il est composé (fig. 128 et 129).

Au milieu de la nef, dans les deux travées 7 8 9 10, 9 10 11 12, l'assemblage des carreaux formait un vaste labyrinthe octogonal (fig. 130), tel qu'il en existait dans la plupart des grandes églises du moyen âge (2). Son centre était occupé par une grande dalle de pierre noire, octogonale elle-même (fig. 127) (3), dans laquelle diverses figures en cuivre et en pierre blanche (4) étaient incrustées : au milieu, une croix fleuronnée en cuivre (5); entre les quatre croisillons de la croix, quatre personnages en pierre blanche : un évêque, Évrard de Fouilloy, fondateur de la cathédrale actuelle, et les trois maîtres maçons qui y ont travaillé l'un après l'autre : Robert de Luzarches, Thomas et Renaud de Cormont, tenant, paraît-il, les attributs de leur art (6). Chacun de ces quatre personnages était accompagné d'une banderole de cuivre placée à la hauteur de sa tête, et sur laquelle son nom était sans doute écrit. Entre chacun d'eux voltigeaient quatre angelots aussi de pierre blanche.

Enfin tout autour de la dalle courait une bande de cuivre sur laquelle était gravée une inscription en vers français de huit syllabes, qui était déjà devenue illisible au XVIII siècle (7), mais dont nous possédons deux copies faites à des époques où elle pouvait encore se lire.

La première, qui est du XIV siècle, se trouve dans le registre aux distributions du chapitre de la cathédrale d'Amiens. Nous en avons déjà donné le texte (8). L'autre version est dans Lamorlière (9).

être le plus fatigué, à cause du voisinage de la porte de la Vierge dorée, qui a toujours été la plus fréquentée de la cathédrale, que ces damiers étaient les plus nombreux. A cet endroit, le dallage avait peut-être aussi été refait à la suite de l'ouragan du 7 décembre 1627, qui avait fait tomber les remplages des fenêtres hautes dans l'intérieur de l'église et, par conséquent, endommagé le dallage. — Pagès voyait dans ces dessins variés des figures héraldiques qu'il décrit complaisamment. (Mss. de Pagès, édit. Douchet, t. V, p. 57).

(1) Il a été exécuté d'après un relevé fait avant la première réparation du dallage et l'enlèvement du labyrinthe en 1827.

(2) Il mesurait environ 240 m. de développement. — Il y a un mauvais dessin de ce labyrinthe daté de 1611 dans le ms. 405 de la bibliothèque d'Amiens, fol. 210. — Son dessin a une très grande analogie avec celui du labyrinthe de la collégiale de Saint-Quentin.

(3) Cette pierre est conservée au musée d'Amiens. Elle est très dégradée, on ne voit plus que les silhouettes des personnages et les arrachements des pièces de cuivre qui la décoraient. Notre fig. 127 est un croquis de l'état dans lequel elle se trouve actuellement.

(4) Le ms. de Baron (édit. Soyez, p. 111) dit de marbre blanc, mais les restes qui en subsistent sont bien de la pierre.

(5) Il paraît que cette croix, tracée non pas suivant l'axe de l'église, mais suivant les diagonales de l'octogone avec par conséquent une inclinaison de 22 à 23 degrés sur cet axe, était placée, dans la direction vraie des quatre points cardinaux (Ms. de Baron, édit. Soyez, p. 14 et 111).

(6) Ms. de Baron, *loc. cit.*

(7) De Court, qui vivait à la fin du XVII siècle et au commencement du XVIII, n'en parle déjà plus qu'à l'imparfait. Quant au manuscrit de Machart, dans sa partie datée de 1723, il dit positivement que « toutes ces inscriptions sont effacées ».

(8) Voy. ci-dessus, p. 23.

(9) « En l'an de grace mil deux cens vingt
» Fust l'œuvre de cheens commenchié
» Adont y ert de cet Euechié
» Burard Euesques beneis
» Et le Roy de France Loys,
» Qui fust fil Phelippe le Sage
» Chil qui maistre estoit de l'ouurage
» Maistre Robert estoit nommé,
» Et de Lusarche surnommé ;
» Maistre Thomas fut apres luy
» De Cormont, et apres cestuy
» Son fil maistre Renault qui mettre
» Fit a cest point cy ceste lettre
» Que l'incarnation valoit
reste un vers contenant la datte, qu'on ne sçauroit plus lire ». LAMORLIÈRE, *Antiquités*, etc., p. 197.

La version qu'il a donnée présente d'assez notables variantes avec celle qui se trouve dans le registre aux distributions du chapitre, et elle paraît moins exacte, il a, de plus, mal coupé les vers, ce qui n'est pas étonnant car, de son temps elle devait déjà être bien difficile à lire, et il avoue lui-même n'avoir pu déchiffrer le dernier vers.

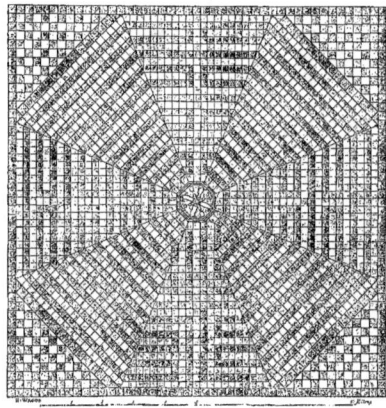

Fig. 130. — Labyrinthe.

Cependant la version du registre aux distributions, bien que datant d'une époque à laquelle l'inscription devait être encore parfaitement nette, contient aussi quelques fautes de quantité et de rimes, qui font douter qu'elle ait été copiée tout à fait exactement, à moins que ce ne soit le graveur ou le fondeur en cuivre qui ait mal copié le modèle qui lui avait été donné, comme cela arrivait fréquemment au moyen âge.

Cette inscription a été reproduite dans maints et maints ouvrages, manuscrits ou imprimés, avec plus ou moins de variantes, mais toujours d'après les deux copies du registre aux distributions et de Lamorlière, car il n'y en a pas d'autres faites sur l'original : les variantes qu'on peut relever dans ces nombreuses reproductions proviennent soit de la préoccupation pour les auteurs de remettre les vers sur leurs pieds, soit de leur négligence (1).

(1) On a souvent en effet essayé de remettre cette inscription sur ses pieds. Parmi ces essais de restitution, nous ne mentionnerons que celui qu'on a fait Anat. de Montaiglon pour le *Dictionnaire des architectes français* de Lance (t. I, p. 162), celui de M. Robert de Lasteyrie dans le *Bull. archéol. du Comité des trav. histor. et scient.* (1886, n° 4) et enfin celui que M. Paul Meyer a bien voulu faire pour la pierre centrale du labyrinthe dans le nouveau dallage de la cathédrale et que nous donnerons plus loin.

L'inscription suffit pour faire dater de 1288 le labyrinthe, et en même temps, dans son ensemble, tout le dallage qui ne fait qu'un avec lui. Cela ne fait d'ailleurs aucun doute pour Viollet-le-Duc, qui a reproduit un fragment de ce dallage (1). L'état de vétusté où il était avant qu'il soit refait dans ces dernières années, accusait bien six siècles d'antiquité (2).

Ce n'est pas à dire qu'il n'ait été dans cet intervalle plus ou moins réparé par endroits, mais ces réparations mêmes indiquent bien qu'il n'a jamais dû être entièrement refait.

Ainsi dès 1544, Pierre Wallet, chapelain, par son testament, après avoir fait de nombreux legs, voulait que le résidu de ses biens fût mis en trois parts dont la première devait aller à la fabrique de la cathédrale « pour ayder à réparer le pavement d'icelle église » (3).

A en croire le manuscrit de Baron, qui ne dit pas où il a puisé ce renseignement, le pavé du pourtour du chœur aurait été refait de 1620 à 1624 jusques et y compris les marches qui descendent à la croisée : c'est à cette époque qu'auraient été mis « au-devant de la chapelle de Saint-François (4), les carreaux blancs coupés en tiers point qu'on y remarque, en mémoire du massacre fait par les protestants les 7 et 8 décembre 1561 » (5).

De 1670 à 1676 eut lieu une réparation assez importante au dallage. Par acte du 17 novembre 1670, François Lhoste, marchand à Boulogne, s'était obligé à fournir au chapitre représenté par François Moreau, chanoine, maître de la fabrique, 2.670 carreaux tant blancs que noirs, de 10 pouces de Roi en carré; plus 200 carreaux coupés par moitié d'angle en angle; 30 pieds de marches noires, y compris une marche de pierre blanche longue de 25 pouces; 50 pieds de bande noire de la largeur des carreaux, et enfin 50 pieds de filets moitié blanc, moitié noir, ayant 7 pouces 3/4 de largeur, le tout compté pour 3.000 carreaux, moyennant la somme de 1.500 l., à raison de 10 s. par carreau, Noël du Crocq, bourgeois d'Amiens, se portant caution de ladite livraison. Mais Lhoste et du Crocq n'ayant pas satisfait à leurs engagements, le maître de la fabrique dut passer, le 24 mai 1676, un nouveau traité avec Philippe Le Porcq, sieur d'Imbrethun, demeurant à Boulogne, pour le même nombre de carreaux, moyennant la somme de 1.575 l., à raison de 10 s. 6 d. par carreau (6).

---

(1) Viollet-le-Duc, *Dict. rais. d'archit.*, t. V, p. 18, fig. 6. — Les dallages en pierres de deux couleurs étaient assez usités au xiii⁰ siècle. Nous ne citerons que ceux de la cathédrale de Chartres et de la basilique de Saint-Quentin. — Rappelons aussi ce fait, quoique d'une époque un peu postérieure, que, dans la réparation qu'il fit faire de l'église de Saint-Riquier, vers 1476, l'abbé Pierre Leprêtre fit venir de Tournai des carreaux noirs de la carrière d'Anthoing, et des carreaux blancs de Marquise, pour paver le chœur et la croisée. Voy. Chron. de Jean de la Chapelle, chap. LXIX, dans *Mém. de la Soc. d'Émul. d'Abbeville*, t. VIII, p. 274, et Chron. de Pierre Leprêtre, chap. CLXXX, dans *Mém.* de la même soc., t. XIV, p. 119.

(2) Sur beaucoup de carreaux du dallage étaient les noms d'un grand nombre de chanoines, principalement des xvii⁰ et xviii⁰ siècles, enterrés dans la cathédrale. Il y avait aussi quelques dalles tumulaires depuis le xiii⁰ siècle, mais très peu, et presque toutes effacées. Il paraît qu'il y en avait eu davantage autrefois. — Ajoutons pour être complet que sur un des carreaux blancs de la travée 1 2 3 4 était tracée grossièrement à la pointe une figure ressemblant à une arbalète. Avait-elle quelque signification?

(3) Testam. de Pierre Wallet, chapelain, du 2 octobre 1544. Arch. de la Somme, Chapit. d'Am., Arm. I, l. 44, n° 20.

(4) Chapelle XXIV.

(5) Ms. de Baron, édit. Soyez, p. 112.

(6) Arch. de la Somme, Chapit. d'Am., Arm. I, l. 54, n° 4 ¹, ².

Il fut fait encore quelques travaux dans le courant du xviiie siècle, et notamment en 1740-41 et 1763-64. On avait fait venir une assez grande quantité de carreaux de marbre noir de Bazècles et de Dinant, et de pierre blanche de Senlis, le tout fourni par Margry, marbrier à Senlis (1).

Au moment de la Révolution ce dallage était déjà en très mauvais état, et il paraît que le chapitre avait fait faire un devis pour rétablir celui de la nef, et qu'il tenait en caisse dans ce but une somme de 80.000 l. (2).

Ce projet ne fut repris que sous la Restauration. Nous nous rappelons que le 30 novembre 1821, l'architecte Cheussey dressa un devis général des restaurations à faire à la cathédrale. Dans ce devis qui s'élevait en tout à 201.075 francs, la réfection du dallage entrait pour 85.219 fr. 80 (3).

Elle était surtout, à ce qu'il semble, réclamée par le clergé. « Je renouvelle avec instance, disait en 1825 l'abbé Dupetit, vicaire général, la demande faite depuis si longtemps d'un nouveau pavage. Je ne suis ici que l'écho de tous les habitants de la ville et de tous les étrangers qui visitent cette basilique. Le pavé actuel n'en mérite pas le nom : son état révoltant de dégradation déshonore la majesté de l'édifice » (4).

Mais ce ne fut qu'en 1825 qu'on commença à s'occuper de la réalisation de ce devis. Le 14 septembre de l'année suivante, une partie de ces travaux jusqu'à concurrence de 28.980 francs dont 20.172 fr. 60 pour le dallage fut adjugée au sieur Masse père, entrepreneur de bâtiments à Amiens. Avec les idées de parcimonie et de mauvais goût de l'époque, au lieu de le refaire tel qu'il était en carreaux noirs et blancs, on l'exécuta en grandes dalles de pierre de liais blanche (5), qui n'eurent pas même le mérite de la solidité (6).

Les travaux ne commencèrent qu'en 1827 avec un premier crédit de 6.000 francs alloué par le ministre des affaires ecclésiastiques : on fit cette année là les deux travées de la nef les plus voisines du transept (7), et elles étaient terminées pour le 18 septembre, jour où le roi Charles X visita la cathédrale d'Amiens (8). Les années suivantes, au moyen de nouveaux crédits de 6.000 francs en 1828, et de 10.000 francs en 1829 (9), on s'étendit aux travées suivantes (10).

C'est alors que le labyrinthe fut supprimé : seule la pierre centrale, dépouillée de ses cuivres, qui avaient été arrachés durant la Révolution (11), fut conservée

---

(1) Arch. de la Somme, Chapit. d'Am., Comptes de la fabrique de 1740-41 et 1763-64 ; Arm. I, l. 62 bis.

(2) Rivoire, Descr. de l'église cath. d'Am., p. 79. — Ms. de Baron, édit. Soyez, p. 112.

(3) Voy. ci-dessus, p. 164.

(4) Note du 22 novembre 1825. Arch. de la Somme, Série V, Édif. dioc.

(5) D'après les premiers devis, ces dalles devaient avoir 5 centimètres d'épaisseur, mais sur l'observation originale du ministre des affaires ecclésiastiques, que « pour établir solidement le pavé d'un pareil édifice, il faut non seulement considérer son usage journalier, mais prévoir encore les accidents ordinaires auxquels il est exposé, et notamment l'effet de la retombée des fusils lors des services militaires », cette épaisseur fut portée à 8 centimètres (Lettre du préfet à l'architecte Cheussey du 6 mars 1826. Arch. de la Somme, Série V, Édif. dioc.).

(6) La pierre fournie par Masse était de mauvaise qualité. En 1827, Cheussey avait été obligé de refuser une grande quantité de carreaux d'un grain trop gros et ayant une assez forte épaisseur de bousin (Lettre de Cheussey du 26 juillet 1827. Arch. de la Somme, Série V, Édif. dioc.), et en 1839 quelques parties déjà se dégradaient et devaient être remplacées (Lettre de Cheussey au préfet, du 23 mars 1830. Ibid.).

(7) 11 12 13 14 et 13 14 15 16.

(8) Arch. de la Somme, Série V, Édif. dioc.

(9) Arch. de la Somme, Série V, Édif. dioc. — Le Glaneur du 28 juillet 1827.

(10) 5 6 7 8, 7 8 9 10, 9 10 11 12.

(11) Voy. ci-dessus, p. 135.

comme souvenir, déposée d'abord pendant quelque temps dans la cour du Puits de l'œuvre, où elle était encore en 1833 (1), elle fut un peu plus tard portée par les soins de Leprince et de Dusevel à la Bibliothèque communale, puis au musée de Picardie, où elle est encore aujourd'hui (2).

La révolution de 1830, arriva à temps pour arrêter cette malencontreuse restauration. Avec le travail fait en 1829, le devis partiel de 1821 se trouvait à peu près exécuté. On en était sans doute satisfait, puisque, au commencement de l'année 1830, Cheussey fut chargé d'en dresser un nouveau pour l'achèvement du dallage de la nef, de ses bas-côtés et du transept. Il s'élevait à 57.015 francs. La mise en adjudication fut fixée au 5 août : des affiches pour l'annoncer, datées du 2 juillet, furent collées sur les murs d'Amiens, et insérées dans les journaux, mais survinrent les événements des 29 juillet et jours suivants, et l'adjudication n'eut pas lieu (3). Les choses devaient en rester là encore soixante-quatre ans.

Enfin, de 1894 à 1897, sur l'initiative de Mgr Renou, alors évêque d'Amiens, grâce à quelques généreuses libéralités, à une souscription publique et à une large subvention de l'État qui fournit la moitié de la dépense, tout le dallage de la nef et du pourtour du chœur, y compris la partie refaite en 1827-1829, fut entièrement renouvelé (4). On reproduisit exactement l'ancien dessin, y compris le labyrinthe (5).

Par un scrupule archéologique qu'on ne saurait blâmer, les dessins de chaque travée ont été absolument respectés, même les petits damiers, qui ne sont pas à l'échelle des autres, ne paraissent pas de l'époque et font un effet moins heureux. Disons aussi que la plupart des inscriptions funéraires encore lisibles ont été reproduites, et celles qui étaient trop effacées remplacées par un carreau marqué d'une croix.

Les carreaux blancs sont en marbre de Lunel des carrières d'Hydrequent près de Boulogne sur Mer, d'un ton gris jaunâtre qui a un aspect plus riche et s'harmonise mieux avec le noir que le blanc cru de la pierre de Senlis, les noirs, en marbre de Bazècles (6).

On chercha à donner à la pierre centrale du labyrinthe l'aspect qu'elle devait avoir lorsqu'elle était neuve. Dans ce but, M. Paul Meyer voulut bien, sur ma

---

(1) GILBERT, *Descr. histor. de l'église cath. d'Am.*, p. 137.

(2) Au dire de Viollet-le-Duc, aucune voix ne se serait élevée alors pour protester contre cet acte de vandalisme (*Dict. rais. d'archit.*, t. I, p. 109). Les termes indignés avec lesquels en parle une note insérée dans le ms. de Machart, au moment même où se faisait le travail, protestant à la fois au nom du bon goût et du respect dû aux morts dont on avait sans pitié enlevé les inscriptions, sembleraient cependant indiquer qu'il ne fut pas du goût de tout le monde (Bibl. d'Am., ms. 836 (Machart, t. VIII), p. 368). De son côté, Gilbert, qui écrivait en 1833, dit très net que « le pavement de la nef en pierres blanches ne répond pas à la dignité du temple et ne fait pas honneur à l'architecte du département. » *Descr. histor. de la cath. d'Am.*, p. 134.

(3) Arch. de la Somme, Série V, Édif. dioc.

(4) Une première partie comprenant la nef, le bas-côté sud et le croisillon sud du transept, fut exécutée pendant l'hiver de 1894 à 1895. Le reste fut terminé en 1896-97. Cette restauration coûta en tout près de 110.000 francs. On profita de l'établissement de ce dallage pour construire dans la travée 21 23 *b c* un caveau destiné à la sépulture des évêques.

(5) Déjà en 1850, lors des premiers travaux de Viollet-le-Duc, Le Prince avait émis, à la Société des Antiquaires de Picardie, le vœu que, dans la restauration du pavage de la cathédrale, le labyrinthe fût rétabli. *Bull. de la Soc. des Ant. de Pic.*, t. IV, 1852, p. 61.

(6) J. Tison, marbrier à Amiens; Maréchal, Leblois, Evrard, sujets belges, poseurs-carreleurs.

demande, donner de l'inscription un texte correct, à l'aide des deux copies que nous en possédons (1).

Les figures ont été exécutées en marbre blanc d'après les silhouettes existant encore sur l'ancienne pierre qui est au musée, sur le dessin de M. Delambre, conservateur du musée d'Amiens, retouché par M. Lameire (2).

Le dallage du chœur et du sanctuaire, de même que celui des chapelles, ont suivi une tout autre destinée que celui de la nef et du pourtour du chœur. Nous dirons ce que nous en savons en décrivant les accessoires des uns et des autres.

(1) Voici ce texte :
En lan de grace mil IIᶜ
et XX fu leuvre de cheens
premierement encommenchie
adonc yert de cheste evesquie
evrart evesques beneis
et roy de france loeys
qui fu fiz phelippe le sage
chil qui maistre yert de louvrage
maistre robert estoit nomes
et de lusarches surnommes
maistre thomas fu apres luy
de cormont et apres cestuy
ses filz maistre renaut qui mettre
fist a chest point cy ceste lettre
que lincarnation valoit
XIIIᶜ ans XII en fabit.

(2) Les dessins ont été exécutés par M. Delambre, conservateur du musée d'Amiens, à qui on m'a prié de donner quelques indications sur les costumes et les attributs des personnages. Ils ont été ensuite envoyés à un de nos meilleurs peintres, M. Lameire pour les corriger et les mettre dans le sentiment du XIIIᵉ siècle. Dire que M. Lameire y a pleinement réussi serait peut-être exagérer, tant il est vrai qu'il est toujours fort difficile de condamner un artiste, quelque soit son talent, à ne pas être lui-même. J'aurais préféré passer sous silence ces faits qui, après tout, n'ont qu'un très médiocre intérêt, mais il y a été fait allusion d'une façon peu exacte dans deux livres parus récemment (Soyez, *Le labyrinthe de la cath. d'Am.*, p. 49, et *Descr. de l'église cath. d'Am.*, par J. Baron, p. 113), il m'a donc paru nécessaire de les rétablir comme ils se sont passés.

Fig. 131. — La Transfiguration
Chapelle X

II

Chapelles de la nef.

Nous avons vu (1) que, de 1292 à 1375, les murs de clôture des bas-côtés de la nef, entre les contreforts, avaient été éventrés pour faire place à des chapelles latérales.

Toutes ces chapelles ont été conçues dans un plan uniforme, qui a été généralement suivi, et elles ne diffèrent les unes des autres que par quelques détails d'ornementation. Nous indiquerons tout d'abord la disposition générale suivant laquelle elles ont été élevées, puis les particularités qui distinguent chacune d'elles.

A chaque travée du bas-côté, on a fait disparaître la fenêtre entière jusqu'au formeret de la voûte, ainsi que son mur d'appui jusqu'au sol, ne conservant que les culées qui constituent l'ossature nécessaire de l'édifice. Chacune de celles-ci a été prolongée vers l'extérieur jusqu'à l'alignement des culées 13 c, 14 c (2), donnant ainsi pour chaque chapelle un espace à peu près carré, qui a été couvert d'une voûte en pierre, portée à la même hauteur que celle du bas-côté. On a fermé la chapelle vers l'extérieur par un immense vitrage (pl. XXII, XXIV, XXV) qui occupe toute la largeur entre les culées prolongées et toute la hauteur jusqu'à la voûte, sauf un mur d'appui élevé à la même hauteur que l'ancien. Les meneaux verticaux de ce vitrage sont fort minces et partagés à peu près à mi-hauteur par une arcature, dont le but principal est de les maintenir dans un plan vertical.

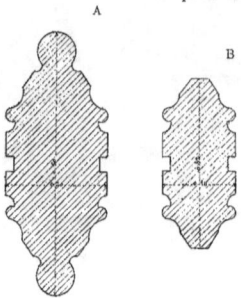

Fig. 132

Fig. 133

Les nervures des voûtes sont les unes composées d'un tore avec méplat entre deux autres tores plus petits ou entre deux doucines (chapelles I, II, V, VI, X, XII), les autres, d'un profil se rapprochant plus ou moins du type ci-contre (fig. 132) (3), c'est-à-dire dont la partie inférieure est déjà prismatique (chapelles II, IV, VII, VIII, IX, XI).

A toutes les chapelles, même aux chapelles I et III, qui ont été élevées beaucoup plus tard que les autres, on a conservé à peu près les mêmes profils pour les

---

(1) Voy. ci-dessus, p. 40.
(2) Cette nouvelle maçonnerie, dont l'appareil est différent de celui de l'ancienne, n'a pas été liée à celle-ci, de sorte qu'en maints endroits elles se sont légèrement disjointes, et que l'on voit très bien dessinée par un trait noir sur les murs séparatifs des chapelles la trace de la culée avec ses glacis telle qu'elle était à l'origine.
(3) Du porche Saint-Christophe (porte F).

meneaux des fenêtres. Ceux-ci sont assez fins, mais ils ont encore le profil torique entre deux gorges, le tore ou boudin faisant colonnette avec base et chapiteau au taillior circulaire, le long des meneaux verticaux, du moins pour les principaux : les meneaux secondaires en sont souvent dépourvus. La fig. 133 donne en A le profil des meneaux principaux, et en B, celui des meneaux secondaires de la fenêtre de la chapelle VIII.

Si l'on a donné au remplage des fenêtres un dessin dans le goût de l'époque à laquelle les chapelles ont été édifiées, on a la plupart du temps fait resservir l'ancien mur d'appui du bas-côté ou du moins l'arcature dont il était décoré à l'intérieur. Sur le prolongement des culées servant de clôture séparative des chapelles, on a ordinairement reproduit la même arcature avec les mêmes profils ou à peu près : seule la sculpture des chapiteaux des colonnettes qui la soutiennent trahit, par son style, les environs de l'an 1300. Ce remploi et cette imitation de parties plus anciennes est à remarquer. Il n'est d'ailleurs pas sans exemples au moyen âge (1). La fig. 134, empruntée à la chapelle XI, donne un spécimen de cette arcature, retombant en A sur un chapiteau provenant de l'ancienne, et en B sur un chapiteau exécuté à neuf. Malheureusement, ce dernier n'est pas un des meilleurs.

Fig. 134. — Arcature de soubassement de la chapelle XI

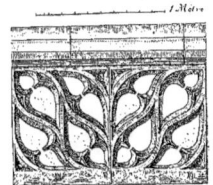

Fig. 135. — Balustrade des Chapelles de la nef.

A l'extérieur, ce mur d'appui est entièrement nu, couronné seulement par la moulure qui forme le larmier du glacis des fenêtres, et qui se prolonge d'un bout à l'autre sans interruption, en passant par devant les trumeaux séparatifs des chapelles, sur le prolongement des culées. De ce côté, l'extrados de l'archivolte des fenêtres est décoré de crochets (pl. XXII et XXV) (2); seule la fenêtre de la chapelle XII, la plus

---

(1) Il n'y a d'exception que pour les deux chapelles I et III, construites beaucoup plus tard que les autres, avec beaucoup plus de luxe et par un artiste beaucoup plus habile et, bien entendu, la chapelle II, élevée dans d'autres conditions. — Malheureusement toutes ces arcatures ont été plus ou moins mutilées par suite des décorations et des accessoires successifs qui ont été donnés aux chapelles dans le cours des siècles. On peut voir ce qui en reste derrière les lambris du XVIIIe siècle qui garnissent aujourd'hui ces chapelles.

(2) On voit des crochets de ce genre, dès le milieu du XIIIe siècle, à une porte de la cathédrale de Nicosie (ENLART, L'art goth. et la renaiss. en Chypre, t. I, p. 114), et dans la nef de la cathédrale de Cologne, et, au

ancienne de toutes, en est dépourvue. Entre ces fenêtres, l'épaisseur des culées prolongées, sans faire de saillie à l'extérieur, a donné des trumeaux qui ont été diversement ornés d'arcatures et de statues. La corniche supérieure est, comme celle du XIII° siècle qui règne dans tout l'édifice, ornée d'une alternance de crochets et de fleurons, mais d'un style plus avancé, plus chiffonné, plus recherché.

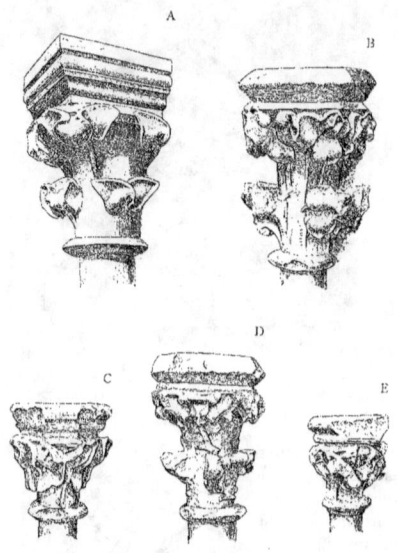

Fig. 136. — Chapiteaux des Chapelles de la nef.

Au-dessus de cette corniche, à la base du comble, règnait une belle balustrade de pierre dont le dessin flamboyant variait à chaque chapelle (pl. XXII). En voici (fig. 135) un fragment à une plus grande échelle (1). Elle avait été faite sans doute au XV° siècle, de même que celle qui règnait au-dessus des bas-côtés et des chapelles du chœur (2). Sous prétexte que cette balustrade n'était pas en très bon état, et surtout qu'elle n'était pas contemporaine des chapelles auxquelles elle servait de couronnement, Viollet-le-Duc l'a remplacée par une autre d'un dessin raide et uniforme, entièrement de sa composition. Seule, celle de la chapelle Saint-Lambert (3), sans doute parce que son dessin était un peu moins flamboyant que les autres, a été refaite telle qu'elle était : on a même conservé un morceau de l'ancienne, comme témoin.

Cette chapelle Saint-Lambert fait d'ailleurs, dans sa disposition générale, une exception. Il y avait à cet endroit le portail Saint-Christophe que l'on ne voulait pas supprimer. Pour assurer le passage sans traverser la chapelle, on fit en avant du portail un porche en pierre voûté et assez bas, au-dessus duquel la chapelle fut élevée, sur une tribune. De plus, ne voulant pas sans doute faire trop près de la façade occidentale une saillie qui en aurait dénaturé les lignes générales, on ne donna pas à cette chapelle plus de profondeur que celle même de l'ancien

XIV° siècle, aux grandes arcades de l'église d'Évron (Mayenne). C'est une recherche encore rare à cette époque.

(1) D'après des fragments conservés à l'agence des travaux de la cathédrale. Il en reste une partie en place à la travée 14 16 *d*.

(2) Voy. ci-dessus, p. 64.

(3) Chapelle II.

contrefort, en rachetant la différence avec les autres chapelles au moyen d'un pan coupé pris aux dépens de la chapelle IV.

Pour la chapelle I, qui fut élevée beaucoup plus tard, à la fin du xiv⁰ siècle, on ne put prendre la même précaution : il fallait contrebuter la tour du nord (1). Non content de donner à cette chapelle la même profondeur qu'aux autres, on dut même encore l'augmenter d'un contrefort faisant près de trois mètres de saillie.

La sculpture décorative est à peu près la même partout, (sauf, bien entendu aux chapelles I et III), ce qui prouve une fois de plus que toutes ces chapelles sont à peu près contemporaines. Ce sont généralement des bouquets de feuillages chiffonnés, où l'on distingue, le chêne, l'érable, le liseron, le poirier, la vigne, le chou frisé, etc., le tout d'une parfaite exécution, et dont les quelques chapiteaux représentés ci-contre (fig. 136) peuvent donner une idée (2).

Les statues dont nos chapelles sont extérieurement ornées, si elles sont de valeurs artistiques assez inégales, offrent cependant, dans leur ensemble, un très grand intérêt en ce que plusieurs sont datées d'une façon certaine, et les autres assez approximativement pour pouvoir marquer les principales étapes de la sculpture depuis la fin du xiii⁰ siècle jusqu'au magnifique épanouissement de celle-ci pendant le dernier quart du xiv⁰, époque qui se trouve ici représentée par un de ses spécimens les plus parfaits.

Parmi ces statues, en effet, nous pouvons distinguer quatre manières différentes : la plus ancienne se rattache à la sculpture de la porte de la Vierge dorée ; elle comprend les deux statues de saintes, le saint Louis et les deux évêques qui ornent les trumeaux des chapelles IX, XI et XII (3). A la suivante, qui se rapproche de la première, mais avec un art plus avancé et en même temps une facture moins bonne, appartiennent la Transfiguration (chapelle X), le saint Nicolas (chapelle VIII), le saint Christophe (chapelle IV) et les quatre statues placées à l'extérieur et à l'intérieur de la chapelle Saint-Lambert (chapelle II). Le groupe de l'Annonciation avec les statues d'anges qui l'accompagnent sur le trumeau de la chapelle VI est d'un style bien nettement tranché et appartient certainement à un autre artiste que ceux qui précèdent. Enfin les magnifiques statues des chapelles I et III, de la fin du xiv⁰ siècle, marquent la dernière manière.

Originairement, l'autel de chacune des chapelles était placé contre la paroi orientale, suivant les règles liturgiques. Les chanoines du xviii⁰ siècle qui les ont fait décorer à neuf, ont fait placer ces autels au-dessous des fenêtres, sans doute pour la symétrie et pour qu'on le pût mieux voir de la nef.

Sans suivre un ordre chronologique rigoureux, nous décrirons les particularités de chacune de ces chapelles, celles du côté sud d'abord, puis celles du côté nord, en partant du transept, de manière à commencer, de chaque côté, par les plus anciennes et à finir par les plus récentes.

(1) Voy. ci-dessus, p. 50.
(2) A provient de l'arcature de soubassement de la chapelle IV; B, C, D, E, des meneaux des fenêtres des chapelles, côté nord.
(3) Voy. ci-dessus, p. 436.

470   DESCRIPTION.

Côté sud (1).

CHAPELLE SAINTE-MARGUERITE (XII). — Élevée, nous l'avons vu (2), un peu avant 1292, elle est voûtée sur croisée d'ogives simples, sans formerets. Le profil des ogives est composé d'un tore avec méplat accompagné de deux doucines; à leur intersection est une clef perforée, ornée de feuillages. Les ogives retombent, en 14 *b*, sur le chapiteau de la colonnette d'angle qui porte les archivoltes extérieures des anciennes fenêtres 12 14 *b*, 14 *bc;* en 12 *b*, sur un petit corbeau feuillu; en 12 *c*, sur une colonne à chapiteau, montant de fond, appartenant à la construction de la chapelle; en 14 *c*, la retombée est noyée dans la maçonnerie.

La moitié seulement de la paroi méridionale de la chapelle est vitrée, l'autre moitié étant occupée par la saillie de la culée 14 *c*. Le remplage de la partie vitrée est encore assez simple : il est à deux divisions verticales, subdivisées chacune en deux; chaque élément y est garni d'un tore qui descend sous forme de colonnette avec base et chapiteau, le long des meneaux verticaux. En 14 *bc*, on a laissé le remplage dévitré de l'ancienne fenêtre avec son mur d'appui et l'arcature qui le décore vers le transept. Nous nous rappelons que l'archivolte extérieure de cette fenêtre est la seule qui ne porte pas de crochets à son extrados (3).

Il ne subsiste que des débris informes de l'arcature qui décorait le soubassement à l'intérieur, ainsi que de la piscine qui accompagnait l'autel.

A l'extérieur, la chapelle fait légèrement saillie sur l'alignement des autres. Le contrefort qui la sépare de la chapelle X forme un angle saillant. Ce contrefort est décoré à mi-hauteur d'une belle statue d'évêque en pied (fig. 125) (4). Outre sa valeur artistique, assez grande malgré sa mauvaise conservation, cette statue a une grande importance, parce qu'elle est datée d'une façon précise, comme la chapelle elle-même (5). Elle représente très probablement l'évêque GUILLAUME DE MACON, qui a élevé la chapelle un peu avant 1292 (6). L'évêque a le visage rasé : grand, mince, très fortement cambré, il est vêtu de l'aube, de la chape et de la mitre. Œuvre charmante, où la grâce du galbe n'a d'égale que la beauté et la simplicité des draperies (7). La statue est abritée par un dais fruste.

CHAPELLE SAINT-ÉTIENNE (X). — Cette chapelle, qui paraît avoir été élevée entre 1292 et 1300 (8), est voûtée sur croisée d'ogives simple, sans formerets. Les ogives dont le profil se compose d'un tore avec méplat accompagné de deux autres tores plus petits, retombent en 10 *c* et 12 *c* sur deux colonnettes aux chapiteaux ornés de feuillages au naturel finement découpés, disposés en deux rangs, avec

(1) La pl. XXII donne l'élévation géométrale extérieure des chapelles du côté sud, avant que la balustrade qui les surmonte ait été changée.
(2) Voy. ci-dessus, p. 40.
(3) Voy. ci-dessus, p. 467.
(4) Haut., env. 2m15.
(5) Voy. ci-dessus, p. 436.

(6) Nous verrons que la chapelle IX, construite par le même prélat, est ornée d'une semblable statue d'évêque.
(7) Les deux bras sont cassés. Soit que la statue ait été remaniée, soit plutôt que l'égouttement continu des eaux pluviales ait usé la pierre, on ne distingue plus comment le bras droit se rattachait au corps.
(8) Voy. ci-dessus, p. 44.

abaques polygonaux (1), et en 10 *b* et 12 *b*, sur des culs-de-lampe feuillus (choux frisés et feuillages d'artichauts).

Le remplage de la fenêtre est bien des dernières années du xiiie siècle : les arcs brisés ont encore tous la belle forme de cette époque et on n'y voit pas encore d'arcs entrecroisés : dans la partie haute, il y a des quatrefeuilles dont le plus important est contrecredenté et déjà encadré dans un quadrilatère curviligne. Tous les meneaux sont encore munis de tores, qui, sur les meneaux verticaux se transforment en une mince colonnette avec chapiteau à abaque circulaire. A la différence des remplages des fenêtres des autres chapelles, les arcs subdivisionnaires ont leurs retombées placées plus bas que celles de l'archivolte principale. Ce remplage diffère encore assez peu de celui des fenêtres hautes du chœur.

Sous l'appui de la fenêtre et sur le prolongement de la culée 10 *b* (2), à l'intérieur, on a reporté l'ancienne arcature du bas-côté. Les chapiteaux en sont fort beaux et assez bien conservés. En 12 *bc*, au contraire, le long du mur qui prolonge la culée, cette arcature date de la construction de la chapelle. Les chapiteaux des colonnes qui lui servent de supports, avec leurs abaques polygonaux (3), et leurs feuillages frisés, découpés, traités au naturel, disposés sur deux rangs, rappelant certains chapiteaux du triforium du chœur, indiquent suffisamment l'époque à laquelle ils ont été taillés.

Dans l'angle 12 *c*, à l'intérieur, une colonnette, dont le chapiteau est semblable à ces derniers, ne porte rien. Elle indiquerait l'intention abandonnée de faire toute l'arcature dans ce style.

Fig. 137. — St Nicolas et les marchands de muids Chapelle VIII

(1) Ces colonnettes diminuent brusquement de diamètre à la hauteur de l'appui de la fenêtre.

(2) Ce fragment d'arcature sur le prolongement de la culée 10 *b* ne peut provenir que de l'ancienne travée 12 14 *b*, dont on n'a employé que la moitié pour la chapelle XII, l'autre moitié de la paroi méridionale étant occupée par la culée 14 *c*. C'est une preuve de plus que ces chapelles ont été construites à peu près en même temps.

(3) C'est le seul endroit où l'on ait changé la forme des tailloirs. Dans toutes les autres chapelles, on a donné le tailloir carré aux colonnettes des portions d'arcatures faites à nouveau : le style seul des feuillages qui les décorent permet de les dater.

Sous l'arcature, en 12 *bc,* est une piscine en cintre brisé, à deux cuvettes, de l'époque de la construction de la chapelle, mais fort détériorée.

A l'extérieur la décoration du trumeau qui sépare cette chapelle de la chapelle VIII se divise en trois étages :

1. En bas, sont deux arcs brisés retombant sur une colonne médiane : à la retombée, une tête d'animal (de loup?) pleine de caractère. Sous chacun des arcs est le socle d'une statue qui n'existe plus. On y voyait jadis Adam et Ève. Vers 1770, lorsque la démolition des échoppes qui garnissaient ce côté de la cathédrale les fit découvrir, on les supprima, sous prétexte qu'ils étaient nus (1).

2. Au milieu, deux arcs brisés retombant sur un cul-de-lampe central abritent un groupe de trois statues (2) représentant la Transfiguration (fig. 131). Au centre de la composition, sur une console formée d'un petit homme accroupi, Jésus transfiguré est debout et bénit (3); il n'est qu'à demi couvert par une draperie, tel qu'on le représente habituellement après sa résurrection et notamment dans sa gloire lorsqu'il préside au jugement dernier. Un peu plus bas, Moïse et Élie le contemplent dans une posture d'adoration. Ce groupe, qui est dans un assez mauvais état de conservation, appartient à un art encore plus avancé et surtout plus maniéré que l'école de la Vierge dorée, mais il témoigne d'une main moins habile.

3. Un simple arc brisé, surhaussé et seulement orné de moulures, forme l'étage supérieur : c'est plutôt un amortissement.

CHAPELLE SAINT-NICOLAS, DITE DE L'INCARNATION (VIII). — Nous avons vu (4) comme quoi cette chapelle avait dû être élevée aux environs de l'an 1300. Elle est voûtée sur croisée d'ogives simple et sans formerets, retombant sur quatre culs-de-lampe dont deux ont la forme d'une tête de femme coiffée de la guimpe; et les deux autres, de têtes de jeunes gens imberbes, aux cheveux bouclés. A la clef de voûte est une tête d'homme chevelue (5). Les ogives sont à profil prismatique à leur partie inférieure.

Le remplage de la fenêtre est à trois divisions principales subdivisées chacune en deux, le tout surmonté d'une grande rose remplie de trois triangles curvilignes redentés, accompagnée de deux arcs très aigus obtenus par le recoupement de l'archivolte principale par des arcs de même rayon. Seuls les meneaux principaux sont munis de tores, qui deviennent colonnettes avec chapiteaux sculptés et bases le long des meneaux verticaux (6).

L'arcature du soubassement, à l'intérieur, est très mutilée. Il en subsiste cependant assez pour permettre de se rendre compte que l'on a remployé l'ancienne sous l'appui de la fenêtre, et qu'on en a fait une de toutes pièces dans le prolongement

---

(1) RIVOIRE, *Descr. de l'église cath. d'Am.*, p. 50. — Ms. de Baron, édit. Soyez, p. 76. — Les amours joufflus qui jouent et gambadent dans la gloire du sanctuaire, qui fut faite à peu près à la même époque, ne sont guère plus décents.

(2) Haut. moyenne, env. 1m50.

(3) Le bras droit qui bénissait est brisé.

(4) Voy. ci-dessus, p. 44.

(5) Cette tête paraît moderne.

(6) Voy. ci-dessus, p. 44. — Nous verrons que le même dessin de remplage se retrouve aux fenêtres des chapelles VII et IX du côté nord.

CHAPELLES DE LA NEF. 473

des culées. Dans les chapiteaux de cette dernière partie, qui ont été tous coupés à moitié, on reconnaît encore de petits bouquets de feuillage déchiqueté, vigne, érable, etc.

Dans l'angle 10 c, on voit l'emplacement de deux crédences dont toute la décoration a été martelée.

L'ornementation extérieure du trumeau qui se trouve entre la chapelle qui nous occupe et la chapelle VI, est divisée en trois étages ornés de statues (fig. 137).

1. En bas. Sur une espèce de console grossièrement taillée sont deux personnages agenouillés, les yeux et les bras vers le ciel. Ils sont vêtus de longs surcots, la tête enveloppée dans la petite coiffe en forme de béguin. Au-dessus d'eux et à leur droite, on lit cette inscription (1) :

LESBONES GENSDES
VILESDENTOVRAMIENS
QVIVENDENT VUAIDES
ONT

FAIGE
CHETE
CAPE
LEDE
LEV
RSO
MON
NES

« Les bones gens des viles dentour Amiens qui vendent vuaides ont faite chete capele de leurs omonnes ».

Le tout est encadré par une arcature formée de deux arcs brisés et redentés, formant comme deux voussures assez profondes, dont la retombée intermédiaire s'arrête sur une petite tête de femme coiffée de la guimpe, et les deux autres sur des colonnettes aux chapiteaux feuillus.

2. Le second étage est marqué par une arcature semblable à la première, mais un peu moins haute, retombant au milieu sur une petite tête d'homme barbu. Sous cette arcature sont deux marchands avec leurs sacs remplis de marchandises. Ils sont vêtus de longues cottes et de surcots un peu plus courts ; l'un (2) est coiffé du chaperon, et l'autre, qui paraît beaucoup plus grand (3), est tête nue. Tous deux sont imberbes. Ces deux statues sont assez mal ajustées sur trois socles qui paraissent avoir été faits pour supporter trois statues ; leurs sacs sont accolés l'un à l'autre et séparés par un joint d'une façon qui n'est évidemment pas naturelle. Toutes ces sculptures sont d'ailleurs d'un style et d'une exécution plus que médiocres.

3. En haut. Sous un seul arc brisé, à redents multiples et surmonté d'un petit gable aigu, orné de crochets, s'élève une statue en pierre un peu meilleure que les précédentes, et qui représente SAINT NICOLAS, titulaire primitif de la chapelle, ressuscitant les enfants (4). Il porte tous les ornements pontificaux ; sa main droite gantée, est levée pour bénir, l'autre est cassée ; à ses pieds sont les trois enfants sortant d'un baquet ; leurs têtes sont brisées. Ce groupe est également mal ajusté sur trois socles.

(1) Voy. ci-dessus, p. 44.
(2) Haut., env. 1m90.
(3) Haut., env. 2m20.
(4) Haut., env. 2m40.

474 DESCRIPTION.

Fig. 138. — L'Annonciation — St Michel — St Raphaël
Chapelle VI

Chapelle de l'Annonciation (VI). — Nous avons donné (1) les raisons qui nous font considérer cette chapelle comme de peu d'années postérieure à 1302.

Sa voûte sur croisée d'ogives est déjà surchargée de liernes et de tiercerons, dont le profil est formé d'un tore avec méplat entre deux tores plus petits. Il n'y a pas de formerets. Les retombées se font sur quatre têtes humaines assez sommairement sculptées; celle qui est en 8 *b* est enveloppée dans un capuchon. Les cinq clefs de voûte sont ornées de feuillage frisé et dorées.

Le remplage de la fenêtre est à trois arcs aigus obtenus par la rencontre de portions de cercles de même rayon que l'archivolte elle-même, et subdivisés chacun en deux arcs trilobés; le reste est occupé par une combinaison de quatrefeuilles et de trèfles. Ici, le parti des recoupements d'arcs de même rayon est suivi d'une façon plus complète qu'aux fenêtres des chapelles VII, VIII et IX. Nous verrons que ce remplage est presque semblable à celui de la chapelle V. Les chapiteaux des colonnettes-boudins qui descendent le long des principaux meneaux verticaux, sont simplement épannelés avec abaque polygonal.

L'arcature intérieure, sous l'appui de la fenêtre et sur le prolongement des culées, est assez mutilée. Le haut de deux chapiteaux est seulement visible; leur corbeille est décorée de bouquets de feuilles de chêne et d'autres feuillages, et ils datent de la construction de la chapelle.

A l'extérieur, le trumeau qui la sépare de la chapelle IV (fig. 138) est orné, comme le précédent, dans toute sa hauteur, de deux fenêtres aveugles superposées et subdivisées chacune en deux arcs redentés retombant sur un meneau central avec un quatrefeuilles dans le remplage : la fenêtre supérieure est amortie par un gable aigu orné de crochets. Dans chaque fausse fenêtre s'élèvent deux statues en pierre de grandeur naturelle, représentant, en bas, l'Annonciation par

(1) Voy. ci-dessus, pp. 44 et 46.

l'ange Gabriel, et, en haut, les deux autres anges dont les noms sont connus, saint Michel et saint Raphaël. Les trois anges sont ailés et vêtus de manteaux drapés par-dessus leurs tuniques. Les quatre personnages sont debout (1).

1. La Vierge, très fortement cambrée vers la droite, semble écouter l'ange qui lui parle. Elle est vêtue d'une longue robe, la tête couverte d'un voile qu'elle relève de la main gauche, et dans les plis duquel elle tient un livre, tandis que sa main droite levée fait un geste d'étonnement.

2. Saint Gabriel est tourné vers la Vierge et par conséquent vu de profil, le bras droit levé (2). De la main gauche il tient une banderole déroulée. Ces deux statues ont chacune pour support un petit homme fort laid, accroupi.

3. Saint Michel n'a pas encore tout l'appareil guerrier qu'on lui donnera bientôt; son costume ne diffère pas de celui des autres anges, mais il appuie sa main sur le chef d'un écu dont la pointe repose à terre, et il foule aux pieds le dragon. Son manteau est attaché sur la poitrine par un fermail.

4. Saint Raphael tient dans la main droite une espèce de masse ou de grande spatule qu'il appuie contre son épaule, et, de l'autre, relève son manteau dans les plis duquel il devait tenir un objet aujourd'hui disparu.

Ces quatre statues, remarquables par une grande liberté d'allure dans les draperies et dans les attitudes, sont d'un style tout différent et plus avancé que toutes les autres statues qui ornent les chapelles de la nef, à l'exception, bien entendu, des statues des chapelles I et III. Elles se rapprochent de celles-ci, principalement par leurs draperies tortillées. Les attitudes y sont très maniérées et recherchées, trop peut-être : la statue de la Vierge, par sa cambrure exagérée, produit un effet désagréable; mais on y sent un mouvement artistique considérable, une recherche de la vie et de l'action très intéressante. On y peut presque voir les premiers essais qui arriveront à la belle et parfaite statuaire des chapelles de Jean de la Grange.

Chapelle Saint-Christophe (IV). — Nous avons vu pourquoi cette chapelle différait des autres dans son plan (3).

On a couvert ce plan irrégulier d'une voûte d'un tracé assez compliqué, dont un dessin peut seul donner une idée (pl. II). Les nervures principales, au profil prismatique à sa partie inférieure, retombent sur cinq culs-de-lampe formés chacun d'une tête humaine d'une exécution plus que médiocre. Les neuf clefs de voûtes sculptées sont peintes et dorées; le reste de la voûte, tout au moins les nervures, paraît l'avoir été également. Deux de ces clefs représentent un bouquet de feuilles d'érable, or sur fond bleu; une autre, une couronne de feuillage peinte de même; une rosace d'or sur fond rouge; trois sont des têtes d'hommes peintes en carnations; un chef de saint Jean sur un plat d'or; la clef centrale est perforée et entourée d'une couronne de feuillage or sur fond bleu. Cinq d'entre elles, et notamment celle qui représente un chef de saint Jean paraissent avoir été refaites à une époque peu ancienne, vraisemblablement au xviiie siècle, et sont d'ailleurs assez laides.

(1) Haut. moyenne : 2 m. (3) Voy. ci-dessus, p. 44.
(2) La main est cassée.

La fenêtre qui forme le fond de la chapelle, sur le prolongement des autres, diffère un peu de celles-ci. Le haut de son remplage, dans le cintre, a une grande analogie avec celui de la fenêtre de la chapelle VI, mais elle est coupée horizontalement au milieu, non par une simple arcature comme aux autres chapelles, mais par un arrangement plus compliqué, formé de deux gables accouplés, ornés de crochets, subdivisés chacun en deux arcs trilobés, entre lesquels est un quatrefeuilles aux lobes aiguës, inscrit dans un quadrilatère curviligne.

Fig. 130.—Chapelle II

Le pan coupé n'est vitré qu'à sa partie supérieure, jusqu'à mi-hauteur : ce vitrage est analogue au précédent. A l'intérieur, on a simulé par de la peinture le bas de la fenêtre jusqu'à la hauteur de l'appui de la précédente. Extérieurement, la partie pleine sous l'appui de cette fenêtre (pl. XXIII) est décorée d'une sorte de grande niche plate en cintre brisé et polylobé, ornée par en bas d'une petite frise de feuillage chiffonné, et contenant une statue colossale en pierre, en demi-relief, de saint Christophe (1), personnage à la tête énorme, garnie d'une forte barbe et vêtu d'une tunique courte et d'un manteau drapé. Suivant la légende, il porte l'Enfant Jésus à cheval sur ses épaules. Statue fort laide et d'une exécution fort grossière, mais qui témoigne néanmoins d'un art assez avancé. Sa laideur et ses proportions colossales sont d'ailleurs conformes à la tradition.

L'arcature de soubassement, à l'intérieur, a été mutilée. Sous l'appui de la fenêtre qui se trouve sur le prolongement de celles des autres chapelles, il n'en subsiste que la partie supérieure, jusques et y compris les tailloirs des chapiteaux. Ceux-ci paraissent appartenir à l'ancienne arcature du bas-côté remployée. Il reste une colonnette entière de la partie de l'arcature placée dans le prolongement de la culée 6 b. Elle date bien de la construction de la chapelle.

Dans le pan coupé on a mis une arcature d'un tout autre dessin, appartenant entièrement au commencement du xiv° siècle. Composée de trois arcs brisés et redentés aux moulures prismatiques, fort simples, elle est en très mauvais état et porte des traces de peinture.

Chapelle Saint-Lambert (II). — Cette chapelle a été faite, avons-nous dit (2), à un étage. Le rez-de-chaussée sert de porche pour laisser libre le passage par la porte F. L'étage seul a été fait pour servir de chapelle. On ne lui a donné que la profondeur des culées. Il en résulte une disposition qui diffère de celle de toutes les autres.

(1) Hauteur totale, environ 4m50.   (2) Voy. ci-dessus, p. 468.

CHAPELLES DE LA NEF.

Le porche est voûté d'une croisée d'ogives simple (fig. 132), et s'ouvre sur la voie publique par une grande et puissante archivolte en cintre brisé dont voici le profil (fig. 141), qui retombe sur deux faisceaux de trois grosses colonnes d'appareil engagées et trapues. Extérieurement (pl. XXIII), cette archivolte est surmontée d'un gable assez aigu, orné de crochets en feuilles de choux frisés : le tympan de ce gable est garni d'une sorte de remplage aveugle dans le goût rayonnant, dont une rose à quatre lobes redentées forme le motif central. A droite et à gauche du gable s'élèvent deux statues (1) debout, posées sur des culs-de-lampe feuillus : un évêque en aube, dalmatique et chape, le bras droit levé comme pour bénir, et tenant dans la main gauche un livre fermé (2), tourne le regard vers l'autre personnage à qui il semble parler. Celui-ci porte le costume guerrier du commencement du xive siècle : un surcot descendant à mi-jambes, avec capuchon relevé, l'épée au côté, les mains gantées, la tête découverte; il fait avec les mains un geste de refus (3).

Les deux mêmes personnages se trouvent aussi dans l'intérieur de la chapelle. Faut-il voir dans l'un et l'autre groupe, saint Lambert, reprochant à Pépin d'Héristal sa conduite criminelle avec Alpaïs, pour laquelle il avait abandonné Plectrude, sa femme légitime, à la suite de quoi l'évêque de Maestricht aurait été assassiné par un parent de la concubine (4)?

Des deux côtés de l'archivolte s'élèvent deux pinacles

Fig. 140. — Chapelle II

---

(1) Haut., env. 2 m.

(2) La main droite est brisée; la tête fruste.

(3) A cette statue se rattache une légende assez ancienne, car elle est déjà rapportée en ces termes par Lamorlière (*Antiquités*, p. 230) : « La tradition de notre église porte que la terre ou comté de Dommeliers nous vient d'un chanoine, et que, pour cela, un de ces parens, qui en regrettoit l'héritage, le tua comme il entroit dans l'église, au propre lieu où l'on a fait le portail de l'horloge, quand on rebastit Nostre-Dame. De fait, les cloues y sont encor, dont les lames d'airain furent attachées qui en racontoient l'histoire et couvroient sa tombe posée après et le long de la dernière marche du parvis. Et dit-on que c'est luy qui est là en bosse à la face dudit portail, représenté en seigneur du viel temps, un oiseau sur le poing, à main dextre de saint Lambert. O ancienne curiosité! Ce qui fut ainsi approprié en sa mémoire, quand l'on construisit une chapelle au-dessus de ce portail, des deniers de Henry Beaupigné, dans laquelle ce seigneur est encor en pareille posture figuré à costé droit de l'autel, un peu plus bas que saint Lambert, patron d'icelle, de qui il pourroit bien avoir esté contemporain ». Sur ce thème, un grand nombre des auteurs qui ont parlé de la cathédrale d'Amiens ont plus ou moins brodé, le combinant plus ou moins consciemment avec une charte du milieu du ixe siècle, par laquelle Angilguin et Rumilde sa femme donnent aux basiliques N.-D. et Saint-Firmin d'Amiens, de la moitié la terre de Domeliers et de nombreux domaines aux environs, entre autres Bonneleau et Fontaine sous Catheux (Cartul. du chapit. d'Am., dans *Mém. de la Soc. des Ant. de Pic.*, in-4°, t. XIV, p. 1). Du Cange (*Hist. de l'état de la ville d'Amiens et de ses comtes*, édit. 1840, p. 29) fait de cet Angilguin un comte d'Amiens. Voy. aussi *Nécrol. de l'église d'Am.*, édit. Roze, dans *Mém. de la Soc. des Ant. de Pic.*, in-8°, t. XXVIII, p. 378. On montrait encore il y a quelques années, sous le porche de la porte Saint-Christophe, une pierre sur laquelle était grossièrement tracé un homme tombant à la renverse et qui passait pour être la représentation d'Angilguin. Cette pierre et les cloux dont parle Lamorlière ont disparu lors des dernières restaurations. Ajoutons qu'on ne voit plus trace d'oiseau sur le poing du personnage en question.

(4) *Leg. aur. De sancto Lamperto.* — *Acta Sanctor.* 17 septembre.

élancés posés sur la diagonale; enfin une frise feuillue délicatement sculptée, au-dessous du larmier du glacis de la fenêtre, complète la décoration extérieure de ce petit porche, lequel, combiné avec le pan coupé de la chapelle Saint-Christophe forme un ensemble d'un pittoresque qui n'est pas sans charme.

On montait jadis dans la chapelle par un escalier de pierre fort incommode, paraît-il, et qui fut supprimé en 1788, lorsqu'on a arrangé la porte vers l'intérieur, pour faire pendant à l'entrée de la chapelle I (1). Depuis cette époque, on n'y pénètre plus qu'au moyen d'une échelle, et la chapelle est abandonnée.

Fig. 141. — Profil du porche Saint-Christophe.

Le dessin de la voûte de cette chapelle est assez original, et paraît un peu singulier pour l'époque à laquelle elle a dû être construite, à supposer que cette voûte n'ait pas été refaite. Cependant les profils des moulures ne semblent pas différer de ceux des ogives du porche (fig. 132) qui sont bien de l'époque. Au centre est une grande rose à six lobes redentées, inscrite dans un hexagone régulier et appuyée vers chacun des deux petits côtés de la chapelle par deux demi-ogives et une lierne. Les demi-ogives retombent sur de petits culs-de-lampe feuillagés.

Le dessin du remplage de la fenêtre a une assez grande ressemblance avec celui de la fenêtre de la chapelle X, mais les éléments secondaires y sont dépourvus de tores. Sous l'appui de cette fenêtre, à l'intérieur, est une jolie arcature aveugle en pierre, composée de six arcs brisés et redentés portés par de minces colonnettes aux chapiteaux feuillus; leurs bases, largement profilées, reposent sur de petits socles posés sur un banc de pierre continu formant stylobate. Sous le premier arc de cette arcature, le plus rapproché de l'autel, est une piscine à une seule cuvette.

L'autel, qui n'existe plus, était orienté, comme dans les autres chapelles. Au-dessus de son emplacement, à 2^m70 du dallage, on voit encore trois culs-de-lampe feuillus, surmontés de dais d'architecture et qui portaient chacun une petite statue (2), le tout en pierre et datant de la construction de la chapelle. Deux seulement subsistent : ce sont les deux mêmes personnages que nous avons vus à l'extérieur, à droite et à gauche du gable qui surmonte l'entrée du porche : un personnage imberbe en costume civil et ganté, tête nue, l'épée au côté (fig. 139), et un évêque en chape (3), bénissant et tenant un livre fermé (fig. 140). C'est évidemment le même sujet.

La troisième statue a disparu, mais nous savons par l'inscription peinte sur son socle et encore lisible, qu'elle était celle d'Henri Beaupignié, fondateur de la chapelle (4).

..... ꜧapelle fist faire ..... eris biaypignie.

(1) Bibl. d'Am., ms. 836 (Machart, t. VIII), p. 394. — Ms. de Baron, édit. Soyez, p. 210.
(2) Haut., env. 70 centim.
(3) Sa tête est cassée à hauteur de la bouche.
(4) Voy. ci-dessus, p. 46.

Côté nord.

L'ordonnance extérieure des chapelles V, VII, IX et XI, est à peu près identique : elle ne varie guère que par les sujets des statues dont ces chapelles sont décorées et par le dessin des remplages des fenêtres : chacun des trumeaux qui les sépare est divisé horizontalement par un système de moulures, en deux étages inégaux : celui du bas est abrité par un arc en plein cintre à quatre redents; celui du haut, amorti en cintre brisé redenté à cinq lobes et surmonté d'un gable orné de crochets. Sous chacun de ces arcs est une statue en pied, haute de 1m80 à 2 mètres. posée sur un cul-de-lampe sculpté.

CHAPELLE SAINTE-AGNÈS dite de SAINT-FIRMIN (XI). — Nous rappelons que cette chapelle date des environs de 1296 (1). Elle est voûtée sur croisée d'ogives simples, sans formerets. Les profils des ogives sont du type prismatique à leur partie inférieure : trois de leurs retombées se font sur des marmousets : une tête d'homme barbue, une autre imberbe, une tête de femme coiffée de la guimpe. Comme à la chapelle XII, la dernière retombée, en 13 *b,* est reçue par le chapiteau de la colonnette d'angle portant les archivoltes extérieures des anciennes fenêtres 11 13 *b* et 13 *bc.*

La partie vitrée de la paroi 11 13 *c* est à quatre divisions verticales formant un remplage assez semblable à celui des fenêtres des chapelles VII et IX. Sur la partie pleine occupée par la saillie de la culée 13 *c,* on a simulé vers l'intérieur un remplage de fenêtre par de la peinture.

Fig. 142. _Saint Jean-Baptiste.
Chapelle I

Sous la fenêtre, on a reporté l'ancienne arcature intérieure qui existait sous celle de la fenêtre du bas-côté. Il en subsiste encore un chapiteau avec crochets peu épanouis dans les angles, un autre date de la construction de la chapelle (fig. 134). Sur le prolongement de la culée 11 *b,* cette arcature date du même temps : il s'y trouve encore deux beaux chapiteaux de cette époque. On voit dans cette arcature les traces d'une décoration peinte du xive siècle ou de la fin du xiiie, mais en trop mauvais état pour que l'on puisse la reconstituer et même se

(1) Voy. ci-dessus, p. 41.

rendre compte de ce qu'elle représentait. C'est à peine si l'on y distingue un prêtre vêtu d'une chasuble bleue drapée à l'antique.

Les deux statues qui ornent le trumeau qui sépare cette chapelle de la suivante représentent :

En bas : une femme vêtue d'une longue robe sans ceinture, avec manteau attaché sur le devant, et guimpe; elle a pour support un petit homme imberbe, vêtu d'une tunique. En haut : une femme au manteau drapé, longue robe et voile; son support est un petit homme barbu, la tête encapuchonnée dans un chaperon.

Ces deux statues, bien que dépourvues d'attributs qui permettent de les identifier, pourraient bien représenter SAINTE AGNÈS et SAINTE CATHERINE, mais cela n'est pas certain (1).

CHAPELLE SAINT-LOUIS, dite NOTRE-DAME DE PAIX (IX). — Cette chapelle élevée en l'honneur de saint Louis, canonisé en 1297, était, nous l'avons vu, terminée en 1302 (2). Comme à la précédente, sa voûte sur croisées d'ogives simples et sans formerets repose sur quatre marmousets : une tête imberbe, du front de laquelle partent comme deux ailes; un petit personnage accroupi et imberbe; une tête d'homme imberbe; une tête de femme coiffée de la guimpe. La clef de voûte est perforée et ornée d'une couronne de feuillage. Les ogives ont le même profil qu'à la chapelle précédente.

Le remplage de la fenêtre est exactement semblable à celui de la fenêtre de la chapelle VIII, c'est ce qui nous a permis de dater celle-ci (3).

Le seul chapiteau visible de l'arcature du soubassement, sous l'appui de la fenêtre à l'intérieur, appartient à l'ancienne arcature du bas-côté remployée : il se compose d'un seul rang de crochets assez fins, peu épanouis, avec une feuille à cinq lobes à leur point de rencontre.

Parmi les deux statues qui ornent le trumeau entre cette chapelle et la chapelle VII, celle qui est au-dessous, représente un évêque très svelte, vêtu de l'aube tombant droit, sans cordon, et de la chape. Ses mains sont cassées; son bras droit est levé pour bénir. Cette statue a une grande ressemblance avec la statue d'évêque qui orne le trumeau de la chapelle XII, et représente très probablement, comme celle-ci, l'évêque GUILLAUME DE MACON, fondateur de l'une et l'autre chapelle (4). Son support est un petit homme imberbe, accroupi, la main gauche sur la poitrine.

Dans la statue qui s'élève au-dessus, on reconnaît sans peine SAINT LOUIS, titulaire de la chapelle : il porte le costume royal du XIIIe siècle, la couronne sur la tête. Dans un pli de son manteau, qui est attaché sur l'épaule droite par un joyau et qu'il retient de la main gauche, il tient un objet qui paraît être le reste d'une couronne d'épines. Par la manière dont est placé son bras droit, on peut

---

(1) Nous nous rappelons que l'une et l'autre saintes sont représentées sur le vitrail de la chapelle, avec des donateurs qui leur offrent l'un, une chapelle, l'autre, une verrière (Voy. ci-dessus, p. 41).

(2) Voy. ci-dessus, p. 42.
(3) Voy. ci-dessus, pp. 44 et 472.
(4) Voy. ci-dessus, pp. 40 et 42.

supposer qu'il portait le sceptre. Son support est un petit personnage barbu, accroupi, vêtu d'une longue tunique.

Ces deux statues, d'un bon style et d'une bonne facture, sont un peu frustes.

Chapelle Saint-Honoré (VII). — Comme les deux précédentes, elle est couverte d'une voûte sur croisée d'ogives simple, sans formerets et d'un même profil qu'à celles-ci. Les retombées des ogives se font sur quatre culs-de-lampe ornés de feuillages frisés. La clef est perforée et feuillue.

Le dessin du remplage de la fenêtre est exactement semblable à celui des fenêtres des chapelles VIII et IX, ce qui nous a permis de considérer ces trois chapelles comme construites à peu près en même temps (1).

Il ne subsiste rien de l'arcature du soubassement sous l'appui de la fenêtre : sur le prolongement des culées, au contraire, elle est assez bien conservée (2) et date de la construction de la chapelle. Il y a encore cinq chapiteaux dont la corbeille est ornée de feuillages chiffonnés (chêne, érable, etc.), disposés sur deux rangs et d'une facture excellente. On y distingue des traces de peinture.

A l'extérieur, les statues qui décoraient le trumeau qui la sépare de la chapelle V ont disparu : il ne reste plus que les consoles qui leur servaient de supports : celle du bas représente un petit homme accroupi, l'autre, un bouquet de feuillages frisés (3).

Chapelle Saint-Michel, dite de Saint-Sauve (V) (4). — La voûte de cette chapelle

(1) Voy. ci-dessus, p. 43.
(2) Il n'y manque que deux ou trois fûts de colonnes.
(3) Goze, (Églises, Châteaux, Beffrois, t. II, p. 33) prétend, sans dire d'où il tient ce renseignement, qu'il y aurait eu là une statue de saint Louis abattue en 1793. Cela n'est guère probable.
(4) Voy. ci-dessus, p. 44.

Fig. 1 à 3. — St Firmin et le duc d'Orléans
Chapelle III

est sur liernes et tiercerons, sans ogives ni formerets, les nervures retombant sur quatre marmousets : une figure grimaçante; une tête de femme coiffée de la guimpe; une tête d'homme encapuchonnée; la tête et l'épaule gauche d'un homme barbu et nu. La clef de voûte centrale est un simple cercle perforé, les quatre autres sont ornées de rosaces feuillues. Le profil des liernes et des tiercerons n'est pas le même : les premières se composent d'un tore avec méplat entre deux doucines; aux autres, le tore est remplacé par un profil à pans coupés, comme aux chapelles précédentes.

Le remplage de la fenêtre est, dans sa composition générale, semblable à celui de la fenêtre de la chapelle VI, dont il ne s'écarte que par de légers détails.

L'arcature du soubassement, sous l'appui de la fenêtre, est entièrement détruite. Sur le prolongement de la culée de gauche, il en subsiste deux beaux chapiteaux datant de la construction de la chapelle : leur ornementation se compose de deux rangs de bouquets de feuilles de liseron à l'un, et de feuilles de trèfle à l'autre. Ces chapiteaux étaient peints, le feuillage vert sur fond rouge (1).

Les statues qui ornent le trumeau qui sépare cette chapelle de la suivante, à l'extérieur, représentent : en bas, un évêque aux cheveux longs, barbu et légèrement cambré vers la droite; son costume est encore passablement archaïque : mitre basse et un peu en arrière, amict paré, dont les plis se voient sur le devant, grande chasuble bien drapée, dalmatique descendant jusqu'à mi-jambe, aube traînante. La main droite, aujourd'hui brisée, est levée pour bénir. De la main gauche également brisée, il tenait sans doute la crosse La sculpture est largement et simplement traitée. Contrairement aux autres statues qui décorent ce côté des chapelles, elle repose sur un système de moulures horizontales qui tient toute la largeur du trumeau. Au haut du contrefort, sur une jolie console dont le support est un petit homme assis, aux vêtements collants, la tête encapuchonnée dans le chaperon, tel qu'on le portait dans la première moitié du XIVe siècle, s'élève une statue de la Vierge à l'Enfant, qui a été exécutée par les frères Duthoit en 1859 (2).

CHAPELLES SAINT-JEAN-BAPTISTE, dite DU SAUVEUR (I), et SAINT-JEAN L'ÉVANGÉLISTE, dite NOTRE-DAME DE BON SECOURS (III). — Nous rappelons que ces deux chapelles ont été élevées ensemble par Jean de La Grange, évêque d'Amiens et par la suite cardinal, beaucoup plus tard que les autres, aux environs de 1375 (3). Nous rappelons aussi qu'on fit comprendre dans leur construction, contre l'angle nord-est de la tour nord, un énorme contrefort, pour étayer cette tour construite sur une déclivité de terrain assez rapide, et qui faisait un mouvement de ce côté, et aussi, dit-on, pour parer à l'ébranlement que lui causait la sonnerie des grosses cloches. Ce contrefort à double saillie l'une vers le nord et l'autre vers l'ouest, a été assez habilement racheté par une riche décoration qui se rattache à

---

(1) Dans les entrecolonnements, il y a une peinture décorative formant tapisserie à fond verdâtre, semé de fleurs blanches traitées au naturel. Elle paraît assez récente.

(2) Papiers de la famille Duthoit.

(3) Voy. ci-dessus, p. 50. — Jean de La Grange y est représenté en costume de cardinal. Comme il a été élevé à cette dignité le 20 décembre 1375, il faut en conclure que les deux chapelles ont été terminées un peu après cette date.

à l'ordonnance générale des deux chapelles avec lesquelles il ne forme qu'un seul et même ensemble (1). Nous ne ferons donc qu'une description pour le tout.

Bien que conservant l'ordonnance générale des autres chapelles, celles-ci s'en distinguent par une plus grande richesse, par une très grande perfection d'exécution, par des tailles beaucoup plus fines et plus précieuses, mais aussi, défaut de leurs qualités, par une plus grande sécheresse de lignes et des hors d'échelle peu heureux. Cependant, est-ce intentionnellement ? quelques profils sont encore assez archaïques. Elles sont évidemment d'une tout autre main et l'œuvre de maçons et de tailleurs de pierres beaucoup plus avancés. Il est vraisemblable que le prélat magnifique qui les fit exécuter fit appel à des artistes de premier ordre et que leur exécution fut à Amiens un véritable événement. La date précise de leur construction les rend extrêmement intéressantes pour l'histoire de l'évolution de l'architecture du rayonnant au flamboyant. En même temps, les merveilleuses statues dont elles sont décorées en font un des plus précieux monuments de la statuaire française à la fin du règne de Charles V.

Le tout a reçu à l'extérieur, sous Viollet-le-Duc, une restauration assez considérable, qui s'est terminée en 1865 (2). Quelques statues (3) ont été alors réparées par les frères Duthoit, qui ont même refait de toutes pièces celle de la Vierge.

La première de ces chapelles (I), est couverte d'une voûte à liernes et tiercerons, sans ogives, formant en plan une étoile à quatre rais. Il n'y a de formeret que du côté ouest. Sur les cinq clefs, quatre sont de simples rosaces de feuillages ; une seule est ornée d'un ange aux ailes éployées. Les tiercerons retombent sur quatre culs-de-lampe formés les uns de feuillages, les autres, de petits personnages accroupis et tenant des banderoles. Les clefs de voûte et les nervures près des intersections sont peintes et dorées (4)

Fig. 144. — Charles V Chapelle I

(1) Ce contrefort a toujours été célèbre. En 1480 on l'appelait « le beau pillier de la chapelle Saint-Jehan Baptiste ». Arch. de la Somme, Chapit. d'Am., Arm. I, l. 47, n° 30 ᵇ. — Il est possible que ce soit la nécessité d'élever ce contrefort qui ait décidé l'érection des deux chapelles.

(2) Voy. ci-dessus, p. 188.

(3) Leur situation peu en vue les avait fait échapper à la destruction des attributs de la royauté et de la féodalité faite à d'autres statues, au moment de la Révolution. Les armoiries qui les accompagnaient avaient été conservées, ce qui est très précieux pour l'identification des personnages. (Voir l'état ancien avec les écussons dans RIGOLLOT, Essai histor., etc., dans Mem. de la Soc. des Ant. de Pic., in-8°, t. III, et Hist. des arts du dessin, Atlas, pl. 29, 30, 31).

(4) En 1 b, l'angle nord-est de la tour est consolidé par un petit contrefort apparent dans l'angle de la chapelle.

L'autre chapelle (III) est voûtée sur croisée d'ogives avec liernes et tiercerons, sans formerets. Les clefs de voûtes sont ornées de fort belles sculptures peintes et dorées. Celle du centre représente trois personnages barbus, assis, vêtus de manteaux d'or et tenant une banderole sur laquelle est une inscription que la grande hauteur où elle est placée ne permet pas de lire. C'est sans doute une représentation de la Trinité. Une des quatre clefs secondaires représente deux animaux, dont un lion et peut-être un chien, paraissant s'entredévorer; les trois autres sont des rosaces feuillues. Les nervures sont reçues par quatre culs-de-lampe représentant des chanteurs et des joueurs d'instruments de musique accroupis : l'un joue de la vièle, un autre, d'une sorte de guitare. Toutes ces figures sont fort jolies, mais placées à une hauteur qui les rend difficiles à examiner.

A l'une et à l'autre, le profil des nervures se compose d'un tore avec méplat entre deux sortes de doucines.

On voit encore, surtout dans la chapelle III, les restes fort mutilés de l'arcature qui ornait le soubassement sous l'appui des fenêtres à l'intérieur. C'est une suite d'arcs brisés et redentés d'un dessin et d'un style tout différents de ceux de l'arcature des autres chapelles. On ne s'est plus servi de l'ancienne arcature du bas-côté et on n'en a plus reproduit le dessin général.

Les remplages des deux fenêtres sont de dessins variés (pl. XXV), quoique conçus l'un et l'autre dans le même esprit. On y trouve déjà les soufflets, les mouchettes, les petites roses formées de deux mouchettes posées tête-bêche, en un mot tous les éléments principaux du gothique flamboyant : particularité à noter, étant donné l'époque peu avancée à laquelle nos chapelles ont été élevées. Les principaux meneaux des fenêtres ont conservé le profil torique, mais avec un petit méplat qui n'existe pas autres chapelles; les profils des meneaux secondaires tournent déjà fortement au prismatique. Le remplage de ces fenêtres est, comme les autres, coupé par une arcature horizontale, dont les redents sont ornés de petits bouquets de feuillages qui n'existent pas aux autres.

A l'extérieur, nous avons dit que l'ordonnance générale des autres chapelles avait été conservée, mais les crochets qui décorent l'extrados de l'archivolte sont plus importants; les écoinçons entre cette archivolte et la corniche sont couverts par une fausse arcature, tandis qu'aux autres chapelles ils sont nus. La frise feuillue enfin, qui décore la corniche, est formée de feuilles de choux frisés posées en refend, tandis qu'aux autres, c'est encore une alternance de crochets et de palmettes.

Mais c'est surtout dans l'ornementation du double contrefort et du trumeau séparatif des deux chapelles que le style devient précieux et recherché (pl. XXV). La face antérieure de chacun d'eux est flanquée elle-même de deux petits contreforts pentagonaux, dont l'angle antérieur est orné de fines moulures. L'intervalle entre ces deux petits contreforts est divisé par deux petites accolades redentées, en trois étages ornés chacun d'une grande statue de pierre en pied, soit neuf en tout, abritées par des dais (1); celles des deux étages supérieurs sont portées sur de charmants culs-de-lampe formés de petits personnages accroupis. A l'étage inférieur, elles reposent chacune sur un piédestal demi-octogonal, très finement taillé, et

(1) Cinq de ces dais ont été refaits en 1864 par les frères Duthoit.

posé sur le prolongement du glacis inférieur des fenêtres. L'étage supérieur est couronné par un arc trilobé surmonté d'un gable à crochets avec épi terminal. Les faces latérales du grand contrefort sont ornées de remplages aveugles dont le dessin rappelle celui des fenêtres (pl. XXIV).

A la hauteur du comble du bas-côté (pl. III, IV et XXIV), ce grand contrefort est amorti par un énorme pinacle octogonal entièrement massif, cantonné de quatre autres plus petits, le tout formant tas de charge, pour permettre au contrefort de résister à la poussée de la tour. Le tout est entouré d'une balustrade crénelée ornée d'un quadrillage redenté tantôt plein, tantôt à jour, et accompagnée de gargouilles (1).

Comme aux autres chapelles, la balustrade de style flamboyant au dessin varié se continuait sur la corniche supérieure de nos deux chapelles. Inutile de dire que Viollet-le-Duc l'a remplacée par la balustrade uniforme qu'il a jugé à propos de lui substituer partout; seulement, au-dessus du trumeau séparatif de ces deux chapelles, il a prolongé à travers la balustrade les deux petits contreforts en éperons qui le garnissent à droite et à gauche, et il les a surmontés de deux gros oiseaux chimériques au repos, motif qui n'existe pas aux autres (pl. XXIV).

Les neuf statues qui décorent les faces antérieures du contrefort et du trumeau (2) jouissent d'une très grande et très juste célébrité, non seulement parce que la plupart d'entre elles représentent des personnages historiques et que la perfection de leur exécution permet de supposer qu'elles en sont des portraits, mais aussi par leur grande valeur artistique.

Placées assez haut et dans un coin peu visité de la cathédrale, où il y a déjà tant de choses à voir et à admirer, elles étaient connues assurément, mais elles avaient été peu étudiées. L'installation des moulages de plusieurs de ces statues et leur rapprochement avec d'autres de la même époque au musée du Trocadéro en 1882 fut pour beaucoup de personnes une véritable révélation. C'est alors que l'on se prit à étudier cette si remarquable école de sculpture des

Fig. 105. — Le Dauphin
Chapelle I

---

(1) Cf. la balustrade crénelée qui règne sur la corniche supérieure du chœur de la cathédrale de Troyes. Viollet-le-Duc, *Dict. rais. d'archit.*, t. II, p. 85. — Nous avons vu (voy. ci-dessus, pp. 164 et 188) que tout ce couronnement du contrefort avait été dénaturé au commencement du XIXe siècle et rétabli plus tard par Viollet-le-Duc d'après les anciens dessins. Le dessin de ce couronnement dans le relevé de Viganowski (pl. III) est aussi une restitution. Elle diffère légèrement de celle qui a été exécutée par Viollet-le-Duc (pl. IV et XXIV).

(2) Elles ont environ 2^{m}25 de haut; celles des deux enfants, 1^{m}70.

règnes de Charles V et de Charles VI, dans laquelle nos statues d'Amiens brillent au premier rang avec celles de la Chartreuse de Dijon, des châteaux de Pierrefonds et de la Ferté-Milon, de la cheminée de la grande salle du château de Poitiers, etc. (1). Il n'entre pas dans le plan de cet ouvrage d'étudier, à propos de nos statues, cette école de sculpture dont on a même voulu faire le point de départ de la Renaissance, surtout après tant de savants travaux dont elle a été l'objet depuis plusieurs années (2). Disons seulement que, parmi les chefs-d'œuvre qu'elle a produits, nos statues se distinguent par une grande ampleur de style, un individualisme très prononcé, un art consommé dans la représentation de la nature et dans l'expression de ses moindres nuances, ainsi que dans l'arrangement des draperies et leurs relations avec les formes et les mouvements du corps. Il faut remarquer dans ces draperies certains entortillements caractéristiques de l'époque. Si, un siècle auparavant, l'auteur des statues les plus modernes de la porte de la Vierge dorée avait cherché à donner aux têtes des personnages leurs proportions vraies, en exagérant même leur petitesse, ici, l'artiste, qui en avait sans doute senti l'inconvénient, est revenu à leur donner des dimensions plus fortes, et cela au grand avantage de l'effet monumental. Les charmants petits personnages sculptés sur les clefs et sur les culs-de-lampe recevant les retombées des voûtes des deux chapelles sont évidemment de la même main.

Moins heureux que pour beaucoup d'autres œuvres de la même époque, on ne connaît pas l'auteur ou les auteurs de cette statuaire (3). On l'a rattachée à l'école flamande, dont le centre était à Tournai (4).

Les neuf personnages sont rangés par ordre de dignité en trois zones horizontales, en commençant par en haut et en allant d'un trumeau à l'autre, de l'ouest à l'est.

1re zone. 1. Contrefort 1 c, côté ouest. — La Vierge Marie (pl. IV). Cette statue, ainsi que son support et son dais ont été refaits en 1864 par les frères Duthoit, sous la direction de Viollet-le-Duc (5). L'ancienne fut alors envoyée au musée de Picardie (6), dans le jardin duquel elle fut placée et acheva de se détériorer, si

(1) Dès 1866, Viollet-le-Duc qui, en cela comme en d'autres choses, fut un précurseur, écrivait déjà : « La statuaire qui reste encore à Pierrefonds, au château de la Ferté-Milon, a toute l'ampleur de notre meilleure Renaissance, et si les habits des personnages n'appartenaient pas à 1400, on pourrait croire que cette statuaire date du règne de François Ier. Encore en trouve-t-on fort peu, à cette époque, qui ait cette largeur de style et ce faire monumental ». Dict. rais. d'archit., t. VIII, p. 271, mais ces paroles étaient longtemps restées à peu près sans écho.

(2) Courajod, Une statue de Philippe VI au musée du Louvre, dans Gazette des Beaux Arts, t. XXXI, 3e pér. 1885, p. 226. — Quelques monum. de la sculpt. bourguignonne au xve siècle, ibid., t. XXXII, 2e pér., 1885, p. 390. — Les véritables origines de la Renaiss., ibid., t. XXXVII, 2e pér., 1888, p. 21. — La part de la France du Nord dans l'œuvre de la Renaiss., ibid., t. II, 3e pér., 1889, et III, 3e pér. — Courajod et Marcou, Musée de sculpture comparée. — Dehaisne, Hist. de l'art dans les Flandres, l'Artois et le Hainaut avant le xve siècle. — L'art à Amiens vers la fin du moyen âge, dans ses rapports avec l'école flamande primitive, dans Revue de l'art chrétien, 4e série, t. VII, 1889, p. 467. — L'art flamand en France, dans Bull. de l'acad. roy. de Belgique, t. XXIII, 3e pér., 1892, p. 862. — De Champeaux et Gauchery, Travaux d'archit. et de sculpt. du duc de Berry, dans Gazette archéol., t. XII, 1887, p. 71, — etc.

(3) L'attribution qu'on en a faite parfois à André Beauneveu ne repose sur rien.

(4) E. Muntz, Claus Sluter et la sculpture Franco-Allemande au xve siècle, dans Magasin pittoresque, 1889, p. 362.

(5) Voy. Gozk, Statues relig. et polit. au grand contrefort de la tour du Nord à la cath. d'Am., nouvellement restauré, dans Mémorial d'Amiens du 3 août 1865.

(6) Bull. de la Soc. des Ant. de Pic., t. IX, 1867, p. 237.

CHAPELLES DE LA NEF.
487

bien qu'il n'en reste aujourd'hui plus rien (1). Rigollot (2) en fait une description assez élogieuse. Les draperies, dit-il « sont disposées avec une recherche toute particulière. Les plis en sont arrondis avec plus d'art que de vérité..... Le manteau qui recouvre cette statue est beaucoup plus ample que celui des autres Vierges ci-dessus rappelées. Il se prête à un agencement plus pittoresque, et indique que les statuaires avaient cherché à produire des effets nouveaux ».

Support. — Un homme accroupi jouant de la vièle.

2. Contrefort 1 c, côté nord. — SAINT JEAN-BAPTISTE (fig. 142). Visage austère, chevelure négligée, longue barbe tombant en boucles symétriques sur la poitrine, pieds nus, il est vêtu d'une longue tunique en poil de chameau, par-dessus laquelle est drapé un long et ample manteau qui retombe en plis multiples et tortillés. Il tient sur son bras gauche et regarde l'*Agnus Dei* figuré, non d'une manière hiératique comme à l'époque précédente, mais par un agneau traité au naturel, assis sur la main du Précurseur et avec lequel celui-ci semble jouer. On peut voir dans notre héliogravure combien les traits du visage sont étudiés et quel puissant caractère est répandu sur toute cette belle statue.

Fig. 146. — Jean de la Grange, cardinal
Chapelle J

(1) Il y en a une lithogr. d'après un dessin de Louis Duthoit, dans l'*Atlas* joint à l'*Essai historique sur les Arts du dessin en Picardie* de RIGOLLOT, dans les *Mém. de la Soc. des Ant. de Pic.*, in-8°, t. III, 1840, et dans celui de l'*Hist. des arts du dessin*, du même auteur, pl. 28, n° 70. Il semble qu'elle était en effet en assez mauvais état : la main droite manquait, la tête de l'Enfant Jésus était entièrement fruste, son bras gauche n'existait plus. Cependant l'état dressé en 1842 des sculptures à restaurer dans la cathédrale estimait qu'elle n'était qu'à restaurer et non à remplacer (Arch. de la Somme, Série V, Édif. dioc.). — D'après le dessin de Duthoit, la nouvelle statue paraît assez bien imitée de l'ancienne.

(2) *Op. cit.*, p. 416 et t. II, p. 189.

Support. — Un homme imberbe, la figure enjouée et malicieuse, encadrée d'une chevelure bouclée, accroupi et pinçant de la guitare.

3. Trumeau 3 c. — SAINT FIRMIN LE MARTYR (fig. 143). Il est revêtu de tous les *pontificalia,* moins la crosse. Ses vêtements sont drapés avec la recherche qui paraît être une des caractéristiques du talent de l'auteur de toutes ces statues. Il tient dans ses mains sa tête tranchée, imberbe et coiffée de la mitre. Ce visage de décapité est fort remarquable ; l'artiste y a rendu d'une façon vraie et saisissante l'expression de la douleur fixée par la mort, tout en laissant au visage le calme et la beauté des traits.

Support. — Un homme accroupi, imberbe, les cheveux tombant en boucles touffues, les yeux vifs, le nez pointu, l'air fin et moqueur, et jouant du psalterion.

Chacune des six autres statues qui représentent des personnages historiques, est accompagnée d'un écu aux armes de la personne représentée. L'écu est placé à la droite du personnage, à peu près à hauteur de son épaule, contre le petit contrefort.

2e zone. 1. Contrefort 1 c, côté ouest. — Le roi CHARLES V (fig. 144). De petite stature, il a le visage rasé et les cheveux taillés droit à hauteur de la nuque et courts en frange sur le front, suivant la mode du temps. Couronne en tête, il porte le costume royal qui diffère peu de celui du xiiie siècle, et tient dans ses deux mains un sceptre fleurdelysé (1).

Il ne manque pas de portraits de Charles V, mais il faut dire qu'ils n'ont guère de ressemblance les uns avec les autres. Il serait donc téméraire de voir ici un portrait fidèle et absolument ressemblant. On ne peut pourtant méconnaître une intention évidente de vérité dans ce visage osseux, maigre, vieillot, flétri et fatigué, dans cette tête fléchissant sous le poids de la couronne, et ne pas penser en regardant notre statue, au signalement de Charles V par Christine de Pisan (2). Ces caractères se retrouvent, quoique diversement rendus, dans la plupart des autres portraits du Roi (3).

Support. — Un vieillard à la figure austère et profondément ridée, ornée d'une longue barbe taillée carrément, accroupi, faisant effort et déroulant une banderole sur ses genoux. Cette tête de vieillard est fort belle et doit être rapprochée de celle du saint Jean-Baptiste.

Écu. — De France ancien, c'est-à-dire semé de fleurs de lis sans nombre, sommé d'une couronne royale, tenue par deux angelots ou plutôt, car ils n'ont pas d'ailes, par deux petits personnages imberbes et en aubes (4).

---

(1) Le front et la couronne, les deux mains et le sceptre ainsi que le dais ont été refaits. — Voy. l'état ancien, dans RIGOLLOT, *op. cit.,* Atlas, pl. XXIX, n° 71. — Voy. aussi, l'état des sculptures à restaurer dans la cathédrale, dressé en 1842. Arch. de la Somme, Série V, Édif. dioc.

(2) « Le visage de beau tour, un peu longuet, grant front et large ; avoit sourcilz en archiez, les yeulx de belle forme, bien assis, chasteins en couleur et arrestez en regard, hault nez assez et bouche non trop petite et tenues lèvres, assez barbu estoit et ot un peu los os des joes hauls, le poil ne blanc ne noir, la charneure clere brune, mais la chière ot assez pale, et croy que ce, et ce qu'il estoit moult maigre, luy estoit venu par accident de maladie ». CHRISTINE DE PISAN, *Le livre des fais du sage roy Charles,* chap. XVII, PETITOT, *Collect.,* t. V, p. 280.

(3) Notamment dans la statue du portail des Célestins de Paris, aujourd'hui à Saint-Denis et sur le parement d'autel dit de Narbonne au musée du Louvre.

(4) La couronne et ses tenants ont été refaits.

2. Contrefort 1 c, côté nord. — Le Dauphin Charles, plus tard Charles VI (fig. 145). Un jeune enfant (1), tête nue, les cheveux assez courts, coupés en rond. Il est vêtu d'une cotte tombant à la cheville, recouverte d'une sorte de manteau un peu plus court, percé d'un trou rond pour la tête et fendu depuis le bas jusqu'au-dessus des bras, pour laisser passer ceux-ci, en formant sur les épaules comme un triple collet (2). Le Dauphin tient devant sa poitrine une fleur de lis (3). Charmante figure d'enfant, à l'air naïf et ingénu.

Support. — Un homme âgé à longue barbe, tête nue et bizarrement accroupi, la tête démesurément penchée.

Écu. — Écartelé de France ancien et de Dauphiné (à un dauphin).

3. Trumeau 3 c. — Louis, duc de Touraine et plus tard d'Orléans, deuxième fils de Charles V (fig. 143). Enfant plus jeune et plus petit que le précédent (4), même coupe de cheveux et même costume d'ailleurs que celui-ci. Sa main droite est brisée. De la gauche il tient un pli de son vêtement (5).

Support. — Un vieillard très remarquablement traité, à longue barbe en pointe, la tête couverte d'un voile, accroupi et déroulant une banderole.

Écu. — De France ancien, brisé d'un lambel.

Dans les statues du Roi et de ses fils, les draperies, bien que de la même facture que les autres, sont cependant moins recherchées.

3ᵉ zone. 1. Contrefort 1 c, côté ouest. — Jean de La Grange, cardinal (fig. 146). Il a le visage rasé, et porte une longue robe traînante, par-dessus laquelle est un manteau aux draperies multiples et tortillées, dont le capuchon lui enveloppe la tête. Sur ce capuchon est posé le chapeau cardinalice, dont le prélat tient des deux mains les longs cordons, avec lesquels il semble jouer (6).

Fig. 147. _Bureau de la Rivière (?) (Chapelle)_

(1) En 1375, le Dauphin, né le 3 décembre 1368, était dans sa septième année.

(2) A Saint-Denis, la statue funéraire en marbre blanc du petit roi Jean I, mort en 1316, porte exactement le même costume; cette statue a été exécutée sous Charles V, avec toutes celles que ce prince fit faire pour ses prédécesseurs.

(3) Les deux mains, la fleur de lis qu'elles tiennent, la partie gauche du vêtement et le dais, ont été refaits.

— Voir l'état ancien dans Rigollot, *op. cit.*, Atlas, pl. XXX, n° 73.

(4) Né le 13 mars 1372, il avait par conséquent trois ans en 1375.

(5) Le dais a été refait.

(6) Les deux mains et le dais ont été refaits. — Voir l'état ancien dans Rigollot, *op. cit.*, Atlas, pl. XXIX, n° 72.

62

Écu. — A trois merlettes posées en barre, au franc canton d'hermine (1); surmonté du chapeau cardinalice (2).

2. Contrefort 1 c, côté nord (fig. 147). — Un personnage imberbe, d'assez haute stature, les cheveux taillés droit à hauteur de la nuque, vêtu d'une cotte tombant à la cheville et d'un long et ample manteau attaché sur l'épaule droite par plusieurs boutons et relevé sur le bras gauche en plis recherchés. Le capuchon relevé laisse voir sa tête coiffée d'une sorte de chapeau aux bords retroussés. De la main droite, il tient les plis de son manteau, et de la gauche, un gant. Il regarde vers la droite d'un air réfléchi (3).

Écu. — A une bande.

On considère généralement et avec apparence de raison, cette statue comme celle de Bureau de la Rivière, premier chambellan de Charles V depuis 1367, conseiller intime de ce prince et plus tard de Charles VI, et l'un des personnages politiques les plus importants de l'époque. Ses armoiries ne font que confirmer cette identification (4).

3. Trumeau 3 c (fig. 148). — Le dernier personnage est un peu plus petit que le précédent, le corps légèrement affaissé sur lui-même. Il a le visage rasé, la tête nue, les cheveux coupés droit à hauteur de la nuque, et il est vêtu d'une cotte tombant à la cheville, par-dessus laquelle est jeté un ample manteau attaché sur le devant de la poitrine par plusieurs boutons et muni d'un capuchon relevé. De la main gauche, il retient les plis de son manteau, tandis que, de la droite (5), il fait un geste vers la gauche, côté duquel il regarde.

Écu. — A une aigle (6).

On n'est pas aussi bien fixé sur l'identité de ce personnage que sur celle des deux précédents. En 1840 Rigollot s'exprimait ainsi à son sujet (7) : « L'autre personnage..... était plus difficile à reconnaître : l'histoire en fait peu mention. Il avait probablement des liaisons d'affaires ou d'intérêt avec le cardinal d'Amiens. Nous croyons que c'est Guillaume Blondel, chevalier, seigneur de Méry, qui était maître des requêtes en 1367. Il mourut à Soissons le 11 août 1382, et portait de gueules à l'aigle d'argent », ajoutant en note : « Je dois cette indication à M. Lacabane, employé aux manuscrits de la Bibliothèque du Roi, qui a fait une étude toute particulière de l'histoire du XIVe siècle ». Depuis, la plupart des auteurs, et notamment Goze (8), l'ont sans conteste désigné sous ce nom. Beaucoup de familles ont une aigle dans leurs armoiries. Ne serait-ce pas plutôt l'amiral Jean de Vienne, qui portait de gueules à l'aigle d'or (9)? C'était un personnage plus important que Guillaume Blondel. Mais tout cela est peu certain.

---

(1) Jean de La Grange portait : de gueules à trois merlettes d'argent, au franc canton de Bretagne. « Miniatum, tribus merulis argenteis, primo Britanniæ laterculo impressum ». FRIZON, *Gall. purpur.*, 1638, p. 408.

(2) Ce chapeau a été refait, mais on a oublié d'en refaire les cordons, dont on voit encore parfaitement la trace à droite et à gauche de l'écu.

(3) Légèrement restauré.

(4) Suivant André Duchesne (*Hist. de la maison de Châtillon*, p. 300), Bureau de la Rivière portait : de sable, à la bande d'argent. — « Son sceau en cire rouge est chargé d'une bande ; support, deux oiseaux ; légende : *seel Bureau S. de la Rivière* ». P. ANSELME, *Hist. généal.*, etc., t. VIII, 1733, p. 896 C.

(5) Elle est brisée.

(6) Le haut de l'écu est brisé, de sorte que l'on ne voit plus la tête de l'aigle. Il l'était déjà en 1840. Le dais a été refait. Voir l'état ancien dans RIGOLLOT, *op. cit.*, Atlas, pl. XXXI, n° 76.

(7) *Op. cit.*, p. 42 et t. II, p. 193.

(8) *Statues religieuses et politiques*, etc., dans *Mémorial d'Amiens* des 3, 9 et 15 août 1865.

(9) P. ANSELME, *Hist. généal.*, etc., t. VII, p. 793.

III

Murs supérieurs des façades du transept.

A partir de la hauteur du bandeau sculpté qui couronne le bas-côté, exclusivement, la partie supérieure du mur de façade de chacun des croisillons du transept date d'époques diverses, postérieures à celle du reste de l'édifice, et a été conçue dans un système différent. C'est pourquoi nous en avons réservé la description. Leur ordonnance générale se compose d'un grand vitrage dans lequel est prise une magnifique rose; mais il s'en faut de beaucoup que le parti adopté à chacun des deux croisillons soit le même : il y a entre l'un et l'autre une différence absolue et d'époque et de main. De plus, la clôture du croisillon sud a été faite en plusieurs fois, à plusieurs époques assez éloignées l'une de l'autre, tandis que celle du croisillon nord a été évidemment construite d'un seul jet.

Croisillon sud.

Dans la partie supérieure du mur de clôture du croisillon sud (pl. VII, fig. 149) il est aisé de distinguer trois, peut-être même quatre époques parfaitement tranchées. La première ne nous paraît pas postérieure à la fin du xiiie siècle, ou tout au plus aux premières années du xive : le caractère des moulures; les profils des bases des colonnettes qui garnissent les meneaux verticaux, dans la scotie desquelles de petites têtes de clous sont encore taillées; le style de la sculpture, celui des vitraux de la claire-voie inférieure, dans lesquels se voient encore des alternances de fleurs de lis d'or sur fond d'azur et de castilles d'or sur fond de gueules, tout milite en faveur de cette époque. Cependant le style un peu plus avancé et surtout l'abandon de l'ordonnance générale du triforium, qui a été conservée dans les parties hautes du chœur, élevées un peu avant 1269, rendent difficile d'admettre que cette partie de la clôture du transept ait pu être construite en même temps que celles-ci.

Fig. 148. — Chapelle III

Fig. 149. — Croisillon su du transept. — Extérieur.
Partie haute du pignon.

A cette première époque appartient le mur de clôture jusqu'à la base du pignon, non compris la rose et la galerie à jour qui est immédiatement au-dessous d'elle. Comme à la façade occidentale, ce mur de clôture s'élève un peu en arrière du grand formeret en plein cintre qui termine la grande voûte, laissant assez de largeur vers l'intérieur pour deux galeries superposées. Il est réuni à ce formeret non plus par un berceau plein cintre, mais par un plafond dallé. Il est percé dans presque sa totalité par une immense baie en plein cintre garnie d'un remplage divisé horizontalement en trois étages, dont le premier seul, celui qui correspond au triforium, appartient aux constructions les plus anciennes.

Ce premier étage se compose de cinq baies principales munies chacune d'un remplage dont le dessin est encore assez simple; les lignes principales des deux dernières se continuent sur les portions de mur plein, à droite et à gauche de la grande baie.

A l'extérieur, ces cinq baies sont surmontées de gables ornés de crochets, terminés par des épis et séparés par de petits pinacles, sous chacun

desquels est placée une gargouille assez saillante, mais purement décorative.
Le long de ces baies règne une double galerie avec passage intérieur et extérieur. A l'extérieur, la galerie, qui est à peine assez large pour laisser passer un homme, et qui d'ailleurs ne conduit nulle part, est garantie par une balustrade à jour formée de quatrefeuilles inscrits dans des carrés posés sur la pointe (1), et interrompue de distance en distance par cinq pinacles. C'est sur le soubassement de cette balustrade, presque entièrement refaite, qu'était gravée l'inscription dont nous avons parlé (2). A l'intérieur, il n'y a, comme au triforium, pas de garde-corps apparent : le bahut obtenu par la différence de hauteur entre le sol de la galerie et l'appui en tient lieu.

L'extrados du cintre supérieur de la grande baie est orné extérieurement d'une suite de redents fleuronnés et redentés formant dix-sept festons, dans chacun desquels se trouve une petite figure en bas-relief de la meilleure sculpture de la fin du xiiie siècle ou du commencement du xive. Du côté gauche du spectateur, huit hommes imberbes, jeunes, vêtus de cottes serrées à la taille, paraissent grimper en s'accrochant aux redents. Au milieu, un homme barbu, couronne en tête, sceptre à la main, est assis, dans une attitude de repos qui contraste avec les poses mouvementées des autres personnages. Un lévrier est assis à côté de lui. De l'autre côté, des hommes vêtus comme les premiers, mais barbus et âgés, paraissent dégringoler de redent en redent. Le dernier se détache et tombe dans le vide la tête la première (3). Toutes ces petites figures sont de la plus parfaite exécution et leurs mouvements d'un naturel charmant. Autant que la grande hauteur à laquelle elles sont placées permet d'en juger, elles sont de la même facture que la statuaire la moins ancienne de la porte de la Vierge dorée.

Bien que le sujet ne soit pas parfaitement caractérisé, on y voit généralement, à la suite de MM. Jourdain et Duval (4), une *roue de fortune*.

Contre les deux portions de mur à droite et à gauche de la grande baie, s'élèvent deux grandes statues (5) posées chacune sur un cul-de-lampe ayant pour support une tête de femme coiffée de la guimpe, et surmontées l'une et l'autre d'un arc trilobé avec gable sommé d'un épi.

La statue placée à la gauche du spectateur représente un homme imberbe, vêtu d'une tunique tombant à la cheville et d'un manteau drapé, tête nue et déroulant une banderole. L'autre, une femme à la cotte traînante, un court voile sur la tête et levant le bras. Ces deux statues paraissent beaucoup plus mauvaises que les figurines qui composent la *roue de fortune*, et pourraient bien avoir été exécutées un peu plus tard : elles rappellent davantage la facture des statues extérieures des chapelles VIII et X. Aucun attribut ne permet de les identifier. On

---

(1) Ce dessin est assez semblable à celui de la balustrade qui court le long du chéneau du grand comble.
(2) Voy. ci-dessus, p. 24.
(3) Une de ces figures a été refaite entièrement par Caudron en 1843, les autres légèrement restaurées. (Voy. ci-dessus, p. 173 et État des restaurat., Arch. de la Somme, Série V, Édif. dioc.).
(4) *Le portail Saint-Honoré*, p. 77. — *Roues symboliques de N.-D. d'Amiens et de Saint-Étienne de Beauvais*, dans *Bull. monum.*, t. XI, 1845, p. 59. — Ce sujet iconographique a joui au moyen âge et même jusqu'à une époque assez moderne d'un assez grand succès. Didron (*Ann. archéol.*, t. I, 1844, p. 241) voulait n'y voir que l'image de la vie humaine, mais dans ces derniers temps, M. Mâle (*L'art relig. du* xiiie *s.*, p. 128) a apporté de très bonnes raisons en faveur de l'interprétation de la roue de fortune proposée par MM. Jourdain et Duval.
(5) Haut., environ 2m30.

494   DESCRIPTION.

peut cependant les rapprocher de deux grandes statues qui se trouvent à l'extérieur, à droite et à gauche de la rose du croisillon nord de la cathédrale de Reims, et qui représentent un homme et une femme debout et vêtus, le premier tenant un objet qui ressemble à un fruit, et l'autre, un dragon : elles ont été généralement identifiées avec Adam et Ève, et cela avec d'autant plus d'apparence de raison, qu'elles garnissent les pieds droits d'une grande archivolte qui encadre la rose, et le long de laquelle est représentée l'histoire de nos premiers parents, et que le vitrail de cette rose retrace, avec plus de développements encore, les principaux événements de la Genèse (1). En serait-il de même ici, et Adam et Ève y auraient-ils été placés pour personnifier l'humanité, à côté de la roue symbolique que figure le tour de la rose (2)?

Au-dessus du grand cintre, les écoinçons supérieurs sont ornés de trèfles et de quatrefeuilles aveugles. Enfin une charmante guirlande de roses doubles forme au tout un riche encadrement.

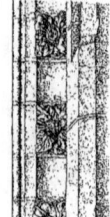

Fig. 150.

Des deux côtés s'élèvent les grands contreforts divisés horizontalement par une suite de larmiers en glacis, mais conservant jusqu'au haut la même épaisseur. Celui qui est à droite du spectateur, et dans lequel se dissimule un escalier, est en outre décoré d'une baie aveugle en cintre brisé subdivisée en deux arcs trilobés surmontés d'un trèfle et amortie par un gable fleuronné, le tout retombant sur de très minces colonnettes.

Intérieurement, la grande baie est entourée d'une large moulure creuse piquée de distance en distance de rosaces feuillues profondément fouillées et d'un effet très original (fig. 150)

En avant du premier étage, la galerie intérieure qui correspond au triforium est d'un dessin tout différent de celui-ci et paraît un peu en avance sur la partie que nous venons de décrire. Elle se compose (pl. VII) de cinq grands cintres brisés et redentés, retombant sur de petites piles formées de faisceaux de moulures prismatiques, qui reposent sur le mur d'appui du triforium. Ces cintres sont ornés, le long de leur extrados, d'espèces de crochets très rapprochés d'une forme très originale. Dans chaque écoinçon est une petite rose aveugle, à quatre redents. Cette galerie est couverte par un dallage qui forme une seconde galerie découverte, sans garde-corps, au second étage.

A l'extérieur, le pignon (fig. 149), orné de crochets sur ses rampants et d'un pinacle octogonal à son sommet, paraît un peu plus moderne que l'étage que nous venons de décrire. Sa face est garnie d'une suite de petits contreforts pentagonaux, la pointe en avant, terminés en forme de pinacles, dont les hauteurs augmentent avec la rampe du pignon qu'ils dépassent légèrement, faisant ainsi avec les crochets dont il est orné un jeu de saillies très original. Les treize intervalles entre ces contreforts sont occupés par des statues en pied de grandeur naturelle (3).

(1) Cerf, Hist. et descr. de N.-D. de Reims, t. II, pp. 56 et 285. — Tourneur, Descr. hist. et archéol. de N.-D. de Reims, p. 74.

(2) Ces deux statues ont été légèrement restaurées par Caudron en 1843.

(3) Haut. moyenne, environ 2 m.

Elles sont posées sur des culs-de-lampe représentant des personnages accroupis, d'une exécution un peu négligée, et sont abritées par des dais surmontés de pinacles; de plus, elles sont disposées en gradins, suivant le mouvement ascensionnel des rampants du pignon. La statue du milieu représente un évêque imberbe, *in pontificalibus* et bénissant. Le caractère de ce qui subsiste de cette statuaire se rapproche de celui des statues qui ornent la partie haute de la tour sud, terminée vers 1365. En 1843, parmi les douze autres intervalles, quatre seulement étaient encore pourvus de statues, mais tellement rongées par la pluie et le vent, qu'elles étaient méconnaissables : on voyait seulement que chacune d'elles portait un lambel. Les huit autres culs-de-lampe étaient vides (1). Parmi les statues subsistantes, trois ont pu être conservées, mais fortement restaurées par Caudron, les dix autres ont été exécutées de toutes pièces par le même sculpteur : elles représentent des personnages pour la plupart barbus, têtes et pieds nus et déroulant des banderoles. Pour leur exécution, le sculpteur s'est inspiré de celles qui décorent le bas des ouïes de la tour du nord (2).

A travers les huit contreforts du milieu passe un cintre brisé dont la mouluration est assez saillante, et qui est orné de crochets à son extrados : au centre, est percée une petite porte donnant accès sous les combles (3).

Des deux côtés du pignon, chacun des deux grands contreforts d'angle du transept est terminé par un grand pinacle polygonal, vu sur la diagonale, et dont la pyramide, aux faces concaves, est ornée de crochets sur ses arêtes. Le raccordement de ces pinacles polygonaux avec le contrefort quadrangulaire est ménagé par deux petits cintres brisés aveugles avec redents, surmontés de gables et retombant sur de très minces colonnettes.

A la base du pignon, à l'extérieur, règne une seconde galerie découverte entre les pinacles qui surmontent les deux contreforts. La balustrade en pierre qui protège cette seconde galerie a été refaite à une époque beaucoup plus moderne, au XVe siècle, peut-être même au XVIe, ainsi qu'en témoigne son dessin flamboyant.

Le remplage du reste de la partie vitrée est d'une époque encore beaucoup plus moderne. Tout entier dans le dessin flamboyant le mieux caractérisé, il ne peut être antérieur à la fin du XVe siècle, ou même au commencement du XVIe (4), date que vient confirmer le style du vitrail dont il est garni. La rose est inscrite

---

(1) JOURDAIN ET DUVAL, *Le portail Saint-Honoré*, p. 89.

(2) GOZE, *Églises, châteaux, beffrois*, t. II, p. 29. — Voy. aussi l'état des restaurations faites par Caudron aux sculptures de la cathédrale d'Amiens, du 7 juillet 1847. Arch. de la Somme, Série V, Édif. dioc.

(3) Les crochets et les petits pinacles qui décorent les rampants de ce pignon, ainsi que les deux grandes pyramides qui l'accompagnent avaient passablement souffert de l'ouragan du 12 mars 1876. Ils ont été entièrement refaits en 1889. (Voy. ci-dessus, p. 193). — Viollet-le-Duc *(Dict. rais. d'archit.*, t. VII, p. 145) rapproche l'originale disposition de ce pignon de la composition de celui de la Madeleine de Vézelay, donnant à ce dernier, et avec raison, la supériorité sur celui d'Amiens, où, remarque-t-il, « les détails trop petits d'échelle, sont confus et n'offrent plus cette simplicité de lignes que nous admirons à Paris, et même à Vézelay ». Il aurait pu aussi le comparer avec le pignon de la grande salle du palais des comtes de Poitiers. Mais il semble que c'est surtout dans les édifices germaniques de la fin du XIIIe siècle et du XIVe, qu'il faut aller chercher les analogies, comme par exemple dans les pignons de façade de Saint-Laurent de Nuremberg et de Sainte-Gudule de Bruxelles, dans celui du transept de Sainte-Catherine d'Oppenheim (Hesse). Le grand gable qui surmonte la porte centrale de la façade occidentale de la cathédrale de Strasbourg peut aussi être rattaché au même système.

(4) Cf. VIOLLET-LE-DUC, *Dict. rais. d'archit.*, t. II, p. 326.

dans le cintre de la grande baie : elle est à douze feuilles, dont le dessin flamboyant est d'un fort bon style (1). L'intervalle entre la rose et la galerie inférieure est occupé par une suite de huit petites baies vitrées, aux remplages flamboyants.

Croisillon nord.

La clôture du croisillon nord a un tout autre aspect. Viollet-le-Duc (2) la date avec assez de vraisemblance aux environs de 1325. Elle pourrait même être un peu antérieure. Elle présente, en effet de grandes analogies avec l'architecture des chapelles de la nef, qui remontent aux premières années du xive siècle. On y retrouve encore le tore sur les principaux membres du remplage, quoique déjà bien aminci; sur certains meneaux verticaux, ce tore est muni de petites bases et même parfois, notamment à l'arcature inférieure, de petits chapiteaux aux bouquets de feuillages chiffonnés et aux abaques circulaires assez minces.

FIG. 151. — Rose septentrionale du transept.

Les deux grands contreforts extérieurs qui contrebutent les murs du transept ne sont ornés à l'extérieur que d'une série de glacis superposés et assez rapprochés les uns des autres. Comme au croisillon sud, un escalier est dissimulé dans le contrefort oriental (fig. 87).

Ici, tout l'espace compris entre ces deux contreforts, le mur d'appui du triforium et le formeret en plein cintre, est vitré et garni d'un vaste remplage placé dans ce formeret lui-même et non en arrière, comme au croisillon sud.

Ce remplage (pl. X) se divise en trois zones horizontales.

La première est une arcature composée de cinq baies en cintre brisé

---

(1) Le dessin de cette rose présente une grande analogie avec celui de la rose occidentale, avec cette différence qu'il est à un plus grand nombre de divisions. Il n'est donc pas impossible que ce remplage flamboyant de la grande baie du croisillon sud fasse partie des travaux exécutés dans la cathédrale par les soins du chanoine de Cocquerel, mort en 1521, enterré non loin de là, et dont les armes sont sculptées au centre de la rose occidentale. (Voy. ci-dessus, p. 63). — Rivoire *(Descr. de l'église cath. d'Am.,* p. 77) donne à cette rose le nom de *rose du ciel*, à cause de sa situation vers le midi et de la couleur rouge qui domine dans son vitrail.

(2) *Dict. rais. d'archit.,* t. VIII, p. 61.

subdivisées chacune en trois avec remplage, et dont les pieds droits reposent, en s'y ajustant assez mal, sur la continuation de l'appui du triforium. Ces baies ne sont pas vitrées, mais il semble que tout d'abord elles aient été destinées à l'être, car on voit par endroits des feuillures ménagées dans leurs meneaux; c'est sans doute pendant l'exécution même des travaux qu'on y a renoncé, en plaçant derrière elles une clairevoie vitrée qui sépare la galerie correspondant au triforium en deux parties, l'une intérieure, l'autre extérieure.

Les deux autres zones sont directement vitrées (1).

Derrière la seconde, à l'extérieur, passe une galerie découverte protégée par une balustrade en pierre, formant la continuation du chemin de ronde qui court à l'extérieur tout autour de l'édifice, à hauteur de l'appui des fenêtres hautes. Le dallage de cette galerie sert de plafond à la précédente. Il n'y a pas de passage vers l'intérieur.

Cette seconde zone du remplage, beaucoup moins haute que la première, se compose de six petites baies amorties par des arcs en mitre et subdivisées chacune en deux arcs trilobés. Les écoinçons sont eux-mêmes ajourés. Les pieds droits partent directement de l'extrados des principaux arcs de la galerie inférieure.

La troisième zone est occupée par la grande rose (fig. 151) (2), qui est entièrement inscrite dans le formeret en plein cintre de la voûte, et par conséquent d'un plus grand diamètre que celle du croisillon sud, laquelle est entourée d'une large archivolte. Son dessin est à la fois très riche et très original, bien que Viollet-le-Duc (3) ne le trouve pas d'une heureuse composition. Elle est à quinze grandes divisions partant d'une étoile à cinq rais. Les deux écoinçons inférieurs sont ajourés.

A une époque difficile à préciser, mais assez ancienne, peut-être même dès le xive siècle, on fut obligé de consolider ce remplage, qui tendait à pousser au vide. On le fit assez habilement, en le garnissant à l'extérieur de deux contreforts taillés en couteau, de manière à ne pas être visibles de l'intérieur et à ne pas boucher le vitrage. On a fait de ces contreforts un motif d'ornementation en les surmontant de pinacles et en les réunissant par des cintres brisés ornés d'épis à leur pointe et de crochets à leur extrados (fig. 87).

Ce croisillon nord n'a pas de pignon de pierre. En a-t-il jamais eu un? C'est douteux, car le pignon en bois qui en tient lieu remonterait, au dire de Viollet-le-Duc (4), au xive siècle, soit à une époque bien rapprochée de celle à laquelle le remplage aurait été fait. Tout au plus pourrait-on supposer que l'on aurait enlevé de bonne heure ce pignon de pierre pour décharger la rose jugée trop peu solide. opinion corroborée par ce fait que, comme nous venons de le voir, cette rose a dû être consolidée peu de temps après sa construction. Quoi qu'il en soit, les contreforts d'angle de ce croisillon sont également dépourvus des hautes pyramides de pierre qui terminent ceux du croisillon méridional (fig. 87) (5).

(1) Nous avons vu que cette dernière partie du remplage avait été une première fois démontée puis remontée en 1777, et une seconde fois presque entièrement refaite de 1893 à 1896. Voy. ci-dessus, pp. 88 et 93.

(2) Suivant Rivoire (Descr. de l'église cath. d'Am., p. 123), cette rose porterait le nom de rose des vents, à cause de sa situation vers le nord.

(3) Dict. rais. d'archit., t. VIII, p. 61. — Viollet-le-Duc observe que les compartiments engendrés par un pentagone ne tendent pas au centre du cercle, mais aux angles de ce pentagone formant œil, afin d'éviter le pivotement des rayons.

(4) Dict. rais. d'archit., tt. V, p. 279, et VII, p. 45.

(5) Dans la peinture à la gouache aux armes de l'évêque Henry Feydeau de Brou (1692-1706), au musée d'Amiens, et qui montre la cathédrale sur sa face nord,

IV

Parties supérieures de la façade occidentale.

Nous avons vu (1) que, dans la façade occidentale, la partie datant du XIII⁰ siècle se terminait à hauteur de la corniche qui couronne l'étage de la grande rose, et qui correspond à la base du grand comble. C'est à partir de là que les deux tours commencent à se détacher du massif principal. Nous avons vu (2) aussi que la construction de ces deux tours avait été commencée vers 1366, et que la tour nord n'avait dû être terminée que vers 1401 ou 1402.

Elles ont été construites d'une façon beaucoup plus légère et avec une plus grande économie de matériaux que les parties basses de la façade : les murs, les piles et les contreforts ont été fortement réduits d'épaisseur. Les différences ont été rachetées par un glacis d'une pente assez prononcée. Il faut tout d'abord remarquer que ces deux tours, malgré l'inégalité de leurs hauteurs (3) et la différence d'ornementation de leurs sommets, sont cependant identiques dans leurs parties inférieures, dans leur ordonnance générale et dans leurs profils principaux. Elles ont dû être commencées en même temps et sur un même dessin, mais le travail ayant été poussé très lentement, la tour du sud fut sans doute montée avant l'autre jusqu'à sa corniche supérieure. Cette dernière paraissant trop basse, on aura terminé celle du nord en lui donnant une plus grande hauteur, en laissant la tour sud inachevée, avec le projet de l'exhausser par la suite et de la terminer comme sa voisine (4).

Elles ont, en effet (pl. III et IV), leurs faces occidentale et orientale percées de deux hautes ouïes en cintre brisé à trois rangs de claveaux, ornés chacun d'un gros tore et retombant sur autant de colonnettes d'appareil, dont l'ordonnance forme l'ébrasement des ouïes. Les bases de ces colonnettes sont profilées suivant la forme dite buticulaire, mais encore peu prononcée, et elles sont posées sur de hauts socles à pans coupés. A la tour sud, leurs chapiteaux sont composés de bouquets de maigres feuillages chiffonnés, débordant des abaques polygonaux et fort minces. A la tour nord, ces chapiteaux ont un galbe beaucoup plus évasé, qui se rapproche davantage de celui des chapiteaux du XIII⁰ siècle, et leurs abaques octogonaux sont plus saillants et plus épais, bien que leur sculpture soit incontestablement moins ancienne qu'à ceux de la tour méridionale. Le pilier central, entre les deux ouïes, est formé des deux faisceaux de colonnettes corres-

on voit que le croisillon de ce côté est muni d'un pignon en pierre, accompagné de deux hauts pinacles, absolument comme au croisillon sud. C'est une fantaisie.

(1) Voy. ci-dessus, pp. 49 et 51.
(2) Voy. ci-dessus, pp. 49, 51, 53.

(3) La tour du nord a près de sept mètres de plus que celle du sud.
(4) La tour du sud ne paraît, en effet, avoir jamais eu son couronnement avant que Viollet-le-Duc le lui ait donné.

pondant aux retombées voisines des deux archivoltes, séparés par un mince pilastre méplat, avec base et chapiteau semblables à ceux des colonnettes (1).

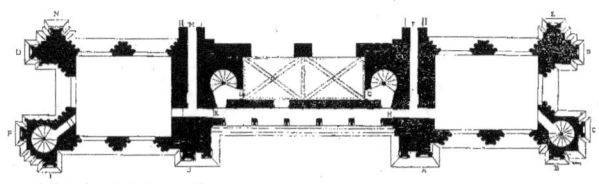

Fig. 152. — Plan du dernier étage des tours.

Même ordonnance sur les faces latérales des deux tours (pl. XXVII); seulement la moins grande largeur ne laisse place sur chacune qu'à une seule ouïe.

Aux contreforts d'angles A, B, C, D, E, I, J, N, O, P (fig. 152), sont appuyées des niches-pinacles (2) dont les parties basses sont semblables aux deux tours, et qui abritent des statues.

Indépendamment des escaliers dissimulés dans les contreforts d'angles B C et I P, allant de l'étage du triforium à la plateforme supérieure des tours, chacune de celles-ci est accompagnée vers la nef d'un second escalier à vis L, G, montant l'un de la galerie au-dessus de la grande rose à la partie supérieure de la tour du nord; l'autre, appuyé à celle du sud, n'allant pas plus haut que le second étage de la galerie entre les deux tours. Jusqu'à cet étage, ces deux escaliers sont noyés dans la maçonnerie. A partir de là, ils sont renfermés chacun dans une tourelle octogonale ornementée (pl. III et IV). L'escalier L s'ouvre en passant sur le second étage de la galerie par une petite porte d'un pittoresque effet (fig. 153).

Fig. 153. — Porte de l'escalier de la tour nord.

(1) Rappelons que le trumeau ouest de la tour sud a été entièrement repris en sous-œuvre, en 1851, par Viollet-le-Duc. (Voy. ci-dessus, p. 184).

(2) A travers les contreforts F, M, sont pratiqués des couloirs qui font communiquer la galerie qui règne à la base du grand comble avec l'intérieur des tours. Au-dessus des portes, en F, M, on retrouve les mêmes pinacles que ceux qui surmontent les niches ornant les autres contreforts.

500   DESCRIPTION.

Devant les tours, sur la corniche supérieure du massif principal du xiiie siècle, règnait une balustrade (pl. III) d'un dessin semblable à celle qui court le long du chéneau du grand comble, soit une suite de carrés redentés posés sur la diagonale. Cette balustrade, qui formait sur la façade principale comme le rappel de celle du grand comble, a été supprimée par Viollet-le-Duc.

Les tours étaient couvertes de toitures en pavillon, et les tourelles, de toitures en pyramides, le tout surmonté de crêtes et d'épis en plomberie de diverses époques et notamment de celle de Louis XIII (pl. III) (1). Ces couvertures ont été entièrement refaites sur des données différentes par Viollet-le-Duc. Nous avons vu (2) que celui-ci avait sagement refusé de monter la maçonnerie de la tour sud à la hauteur de la tour nord. Pour tâcher de racheter à l'œil la différence de hauteur, il a surélevé la toiture de la tour sud, en tenant celle de la tour nord aussi basse que possible, trop basse même, car c'est à peine si on la voit d'en bas. Nous n'osons blâmer ce parti qui peut se défendre, mais peut-être le pittoresque et la franchise auraient-ils gagné à accuser l'inégalité des deux tours et à laisser au comble de celle du nord notamment, la proportion que son auteur lui avait donnée. Ajoutons que le peu d'épaisseur des murs de la tour sud obligea Viollet-le-Duc à établir la nouvelle toiture sur une saillie de maçonnerie en porte-à-faux, afin de ménager à sa base une galerie de circulation comme à la tour nord.

Tour sud.

Les niches-pinacles qui ornent les faces antérieures des contreforts d'angles sont formées de petits arcs presque en plein cintre et redentés, retombant sur deux colonnettes monolithes surmontées de gables et de hautes pyramides quadrangulaires avec crochets et épis.

Les statues (3) auxquelles elles servent d'abris n'ont généralement aucun attribut qui permette de les identifier. Les unes ont été restaurées, les autres entièrement refaites par les frères Duthoit en 1856 (4).

1. Contrefort A (fig. 152). — Le Sauveur, tenant dans la main gauche un objet fruste qui paraît rond, un globe sans doute, et bénissant de la droite (pl IV) (5).
2. Contrefort B. — Un personnage vêtu à l'antique (6).
3. Contrefort C. — Un évêque *in pontificalibus* (7).
4. Contrefort D. — La Vierge Marie tenant l'Enfant Jésus (8).
5. Contrefort E. — Un évêque *in pontificalibus* (9).

Le couronnement de la tour est formé d'une corniche en deux assises, la première, profilée en larmier, et la seconde, ornée de feuillages frisés posés en refend (10). Au-dessus de l'archivolte de chacune de ses ouïes, un gable fort aigu

---

(1) A en juger par les deux spécimens qui en sont conservés au musée d'Amiens, ils n'étaient pas très remarquables.
(2) Voy. ci-dessus, p. 184.
(3) Haut., 2 m. à 2^m50.
(4) Papiers de la famille Duthoit.
(5) Restauré en 1856. L'abbé Roze (*Visite*, etc., p. 11), y a vu Jésus tenant le pain de vie. C'est peu probable.

(6) Entièrement refait.
(7) *Id.*
(8) *Id.*
(9) La tête et le haut de la crosse ont été refaits.
(10) Viollet-le-Duc remarque que les feuillages ou crochets de cette corniche « conservent encore leur caractère monumental et symétrique » (*Dict. rais. d'archit.*, t. IV, p. 411, fig. 11). Cette qualité ne se

devait s'élancer assez haut au-dessus de la corniche supérieure et même de la balustrade qui devait la surmonter, mais seules ses retombées et ses amorces inférieures, jusqu'à la hauteur de la corniche, existaient. La partie supérieure de ces gables, non plus que la balustrade, n'ont jamais dû exister : elles ne figurent dans aucun des plus anciens dessins de la cathédrale (1). Les retombées de ces gables se font sur des culs-de-lampe formés de monstres, d'animaux et, le plus souvent, de petits personnages, le tout d'une exécution assez médiocre (2). Quatre ont été refaits par les frères Duthoit en 1852 (3).

En voici la description sommaire, en commençant par la face antérieure, et en allant toujours de la gauche à la droite du spectateur.

Face ouest. — 1. Un énorme colimaçon (4).

2. Un vieillard tenant devant lui un livre ouvert face au public (5).

3. Un homme faisant une horrible grimace, une grosse boule pendue à son cou.

Face sud. — 4. Un homme, coiffé du chaperon, une main sur la poitrine.

5. Un lion vu à mi-corps, fruste.

Face est. — 6. Un diable à torse et bras humains, ailes de chauve-souris, tête de singe, entr'ouvrant une large gueule, qui laisse apercevoir deux longues canines. Une chaîne pend à son cou.

7. Un homme imberbe, tête nue, cheveux bouclés, habits collants et frappant des cymbales (6).

8. Une femme à la face replète et aplatie, coiffée de la guimpe, avec nattes de cheveux relevées sur les oreilles, cotte aux manches longues et étroites, boutonnées jusqu'au coude, et joignant les mains d'un air dévotieux.

Face nord. — 9. Un homme imberbe, au visage rond et plat, encapuchonné dans un chaperon au guleron festonné, vêtu d'un habit collant, boutonné droit sur la poitrine. Il frappe avec deux baguettes sur une paire de timbales attachées à son cou par une courroie (fig. 9).

10. Un homme, soufflant de toutes ses forces dans une musette en enflant démesurément les joues (7).

Ce sont ces deux dernières figures qui ont fait donner à la terrasse formant le second étage de la galerie entre les deux tours, le nom de *salle des musiciens*.

Avant 1850, à l'angle sud-est de la tour sud s'élevait un clocheton en charpente couvert en forme de cloche garnie de rayons flamboyants, paraissant dater du commencement du xviie siècle, et qui contenait les timbres de l'horloge (pl. III). Il a été supprimé par Viollet-le-Duc, nonobstant les réclamations d'un bon nombre

retrouvera déjà plus dans la corniche supérieure de la tour nord. — Cette corniche fut presque entièrement refaite, lors des travaux de 1850 et années suivantes.

(1) Voy. notamment les fig. 61 et 62.

(2) Ils ne sont pas sans analogie avec les culs-de-lampe qui supportent les statues au pignon du croisillon sud du transept.

(3) Papiers de la famille Duthoit.

(4) Refait. — A rapprocher l'enseigne du « Limechon », donnée aux xve et xvie siècles à plusieurs maisons d'Amiens, notamment rue Saint-Germain, marché au Feurre, et surtout marché aux Fromages, aujourd'hui rue des Sergents. Cette dernière était le refuge de l'abbaye de Saint-Fuscien. Voy. DUBOIS, *Rues et enseignes d'Amiens*, p. 28, 83, 158. — Le limaçon était un animal très affectionné des gens du moyen-âge. Voy. CHAMPFLEURY, *Histoire de la caricature au moyen âge*, p. 40.

(5) Refait.

(6) *Id*.

(7) *Id*.

d'Amiénois. Les timbres de l'horloge ont été placés provisoirement dans une lucarne, où ils sont encore (1).

Lors des travaux de 1850, la partie supérieure de la tour a été munie de gargouilles et de la balustrade qui lui avait manqué jusqu'alors et les gables ont été terminés, en même temps l'escalier d'angle BC (fig. 152) a été surmonté d'une petite tourelle octogonale en pierre, qui n'existait pas; la couverture pyramidale en charpente de l'escalier était placée sur la corniche supérieure de la tour (2).

Cette tour du midi était vulgairement désignée sous le nom de *clocher de None* (3). Gilbert (4) l'appelle aussi *clocher sourd*, parce que, dit-il, « les baies des abat-vents sont moins grandes et les abat-vents plus rapprochés que ceux de la tour septentrionale ».

Tour nord.

La tour du nord, appelée vulgairement *tour Saint-Firmin* parce qu'elle est ornée d'une statue de ce saint, a été montée beaucoup plus haut que celle du sud, tout en gardant la même ordonnance générale, de sorte que les grandes ouïes et les niches-pinacles qui en garnissent les contreforts d'angles y ont des proportions beaucoup plus allongées. Sa construction est plus soignée. La décoration de sa partie supérieure diffère notablement de celle de la tour sud et marque une époque plus avancée. Cette décoration est plus riche, mais en même temps plus maigre, tournant déjà, quoique d'une façon encore discrète, au goût flamboyant. On y reconnaît la même main qu'aux chapelles I et II (5).

Les archivoltes des ouïes (pl. III et IV) sont surmontées, non plus de gables, mais d'accolades peu élancées, ornées de crochets et d'épis (6) en choux frisés, qui ne dépassent pas la corniche supérieure de la tour. Ces accolades retombent sur des culs-de-lampe formés de petits groupes, de petits personnages, etc., d'une très bonne facture. En voici la description sommaire, en allant, comme nous l'avons fait pour la tour sud, de la gauche à la droite du spectateur.

Face ouest. — 1. Un bouquet de feuillage.
2. Une énorme tête imberbe, vue de face, toute ronde et grimaçante.
3. Un petit personnage imberbe, tête nue, à mi-corps.

Face sud. — Les retombées sont noyées dans les contreforts K, L (fig. 152).

Face est. — 4. Une grosse tête imberbe, à longues oreilles et grimaçante.
5. Un petit homme à longues oreilles, entièrement nu, jouant avec un chien.
6. Un buste d'homme fort laid, imberbe, nez fortement busqué, grosses lèvres, bouche entr'ouverte, encapuchonné dans un chaperon.

Face nord. — 7. Un petit personnage à mi-corps et accoudé.
8. Un buste d'homme imberbe, faisant une horrible grimace.

---

(1) Voy. ci-dessus, p. 184.
(2) Cette couverture pyramidale n'est pas représentée notamment dans la vue de la façade de la cathédrale peinte dans le fond du quatrième sujet de la première travée de la clôture du chœur (fig. 61). Dans le tableau de 1520 (fig. 62), les deux contreforts d'angles nord et sud sont surmontés de pinacles en pierre, mais ce détail doit être inexact.

(3) 1665. Arch. de la Somme, Chapit. d'Am., Arm. I, l. 54, n° 2. — 1741. *Ibid.*, État des chanoines enterrés, etc., par Robert Boulye. — 1747. *Ibid.*, compte de la fabrique, Arm. I, l. 62 *bis*, etc.
(4) *Descr. histor. de l'église cath. d'Am.*, p. 99.
(5) Voy. ci-dessus, p. 482.
(6) A l'exception d'un seul, tous ces épis ont été refaits par les frères Duthoit de 1850 à 1853.

La partie de mur plein au-dessus des retombées des archivoltes, entre les accolades et la corniche supérieure de la tour, est ornée d'une arcature aveugle formée d'une suite de petits arcs surbaissés aux profils toriques, retombant sur de minces colonnettes. Cette décoration se retrouve sur les contreforts d'angles et sur les faces de la tourelle octogonale qui contient l'escalier placé sur le flanc méridional de la tour (pl. IV).

Sur la face occidentale, sous l'arc central de cette arcature, entre les deux accolades qui surmontent les ouïes, s'élève, posée sur un cul-de-lampe, une statue en pied de saint Firmin le martyr en vêtements pontificaux et bénissant (pl. IV) (1).

La corniche de couronnement (2) est composée de deux assises de pierres : la première profilée en larmier, la seconde sculptée d'une suite de feuilles de choux frisés posées en refend (3), à travers laquelle se jouent, principalement dans les angles,

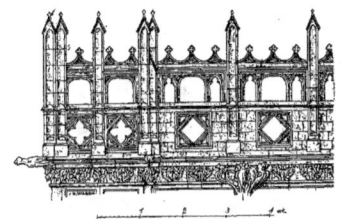

Fig. 154. — Balustrade supérieure de la tour nord. État ancien.

de petits êtres : un monstre à corps humain et tête de rat, tirant de l'arc; un oiseau à tête humaine; un homme coiffé d'une espèce de bonnet phrygien; une tête d'homme imberbe ou de femme, sortant d'une sorte de sac; un colimaçon à buste de femme coiffée d'un voile; deux quadrupèdes à faces humaines et longues oreilles jouant ensemble; un homme encapuchonné dans un chaperon, jouant de la musette et caressant un chien; un monstre à tête humaine avec des ailes de chauve-souris; un singe; une grosse tête humaine, aux cheveux bouclés, et coiffée d'une espèce de fez; une chauve-souris; une grosse tête humaine à longues oreilles, s'écartant démesurément les deux coins de la bouche avec les doigts, etc. (4).

La balustrade supérieure a été refaite de toutes pièces par Viollet-le-Duc, mais suivant un dessin notablement différent de celui de l'ancienne (5). La voici (fig. 154) telle qu'elle était, d'après le relevé de 1845. Elle avait deux étages divisés sur chaque grande face en quatre parties par des pinacles verticaux. L'étage inférieur n'était percé au centre, que d'une ouverture carrée inscrivant un

---

(1) Haut. 1m75. — Elle était en très mauvais état (pl. III) et a été entièrement refaite par les frères Duthoit en 1851 (Papiers de la famille Duthoit).

(2) Le profil de cette corniche a été analysé en détail par Viollet-le-Duc (Dict. rais. d'archit., t. VII, p. 503, fig. 14, A). — Inutile de faire remarquer que Viollet-le-Duc a évidemment fait un lapsus en donnant à cette tour la date de 1325.

(3) Viollet-le-Duc (Dict. rais. d'archit., t. IV, p. 342, fig. 24) observe avec raison que l'irrégularité et l'exécution maigre de ces feuillages « ne donnent plus ces points saillants à espaces égaux, ces têtes de crochets, qui, à distance, sont d'un effet si monumental et rappellent encore les corbeaux de l'époque romane ».

(4) De notables parties de cette corniche ont été refaites par Viollet-le-Duc, ainsi que beaucoup des petits êtres dont elle est peuplée. Il est bien difficile de savoir si l'on a copié fidèlement les anciens. Il paraît qu'un de ceux-ci a paru si obscène, qu'on a cru devoir le supprimer. Gozz. feuilleton du journal l'Ami de l'Ordre, des 24 et 25 janvier 1853.

(5) Suivant Goze, le confident et le défenseur de Viollet-le-Duc, ce changement n'aurait été fait que parce que les losanges « ne produisaient pas un bon effet, par leur défaut d'accord avec le reste ». Ms. de Goze, Bibl. d'Am., ms. 818.

autre carré posé sur la diagonale; l'autre se composait d'une arcature à trois arcs : celui du milieu plus large et surbaissé, formant comme une petite fenêtre, les deux autres plus étroits, en cintre brisé et redenté. Une petite crête découpée couronnait le tout. Sur les deux autres faces et sur les contreforts, disposition analogue, avec cette différence que, sur les contreforts, les petits carrés posés sur la diagonale étaient munis de redents.

Cette balustrade n'était pas sans analogie avec l'ancienne ordonnance de la galerie qui unit les deux tours et avec la balustrade crénelée du contrefort de Jean de La Grange, élevé vers le même temps.

Il suffit de jeter les yeux sur le dessin de la balustrade que Viollet-le-Duc a substituée à l'ancienne (pl. IV), pour voir en quoi il diffère de celle-ci. Il a notamment composé d'une suite de mouchettes à jour tout l'étage inférieur, lui qui, à d'autres endroits démolissait sans pitié ce qu'il rencontrait de flamboyant. Cette adaptation de mouchettes à la tour du nord était d'autant plus malencontreuse, que nulle part cet élément décoratif n'y avait été employé.

Nous ne dirons rien des gargouilles qui, pour la plupart, ont aussi été refaites. Viollet-le-Duc en a également ajouté à chacun des angles de la tourelle d'escalier placée au sud de la tour nord. Nous ne savons si elles existaient avant lui.

La grande élévation de la tour du nord avait donné à ses ouïes un élancement très considérable et qui eût paru disproportionné. Elles ont été coupées, jusqu'à mi-hauteur des colonnettes-supports des archivoltes, par un mur plein ou faux appui, orné dans chaque baie d'une arcature aveugle formée de deux arcs surbaissés à profil torique et redentés, retombant sur de minces colonnettes d'appareil, dont les chapiteaux ont leurs corbeilles très allongées et ornées d'un seul rang de bouquets de feuillages délicatement sculptés. Sous chacun de ces arcs s'élève une grande statue en pied posée sur un cul-de-lampe mouluré et abritée par un dais.

Ces statues (pl. XXVI), ainsi que celles qui garnissent les contreforts d'angles, et que nous décrirons avec elles, appartiennent au même art que les statues des chapelles du cardinal de la Grange, qui sont à peu près du même temps : ce sont bien le même esprit, les mêmes attitudes et surtout la même manière de traiter les draperies, mais leur exécution est beaucoup moins bonne, le dessin moins correct. Ce ne sont que des œuvres de second ordre (1). Les personnages qu'elles représentent, la plupart sans attributs, sont à peu près impossibles à identifier. Ceux qui garnissent les appuis des ouïes (pl. IV et XXVI), sont pour la plupart des vieillards à fortes barbes, vêtus à l'antique, tenant des banderoles et dont quelques-uns ont un voile sur la tête comme le *schimla* des Juifs. Ce sont apparemment des prophètes ou des personnages de l'ancienne loi (2). Ceux qui sont adossés aux contreforts, représentent :

I (fig. 152). Un homme vêtu à l'antique et déroulant une banderole (3).

J. Un homme vêtu de même et tenant une tablette carrée (4).

N. Un homme barbu, id.

O. Saint Jean l'Évangéliste, imberbe et tenant un calice.

P. Saint André, tenant une croix en X (5).

---

(1) Sur ces statues, voy. Rigollot, *Hist. des arts du dessin*, t. II, p. 195.

(2) Quatre de ces statues ont été refaites par les frères Duthoit en 1854.

(3) Refaite.
(4) *Id.*
(5) La tête refaite.

Pignon et galerie entre les deux tours.

Le mur-pignon du grand comble, vers l'ouest, s'élève entre les deux tours, sur le prolongement de leurs murs postérieurs. Décoré le long de ses rampants de crochets et de trois pinacles, il est percé d'une fenêtre en cintre brisé très peu aigu, qui éclaire le comble de la grande nef. Cette fenêtre qui, à une certaine époque, avait été transformée en porte, a été munie par Viollet-le-Duc, d'un remplage composé de deux arcs trilobés retombant sur un meneau central et surmontés d'un quatrefeuilles (1).

Ce pignon est presque entièrement masqué vers l'extérieur, sauf son sommet, par une galerie à deux étages qui unit les deux tours.

Le premier étage (fig. 152) consiste en une salle de deux travées voûtées sur croisées d'ogives, dont les retombées se font sur des culs-de-lampe sculptés de feuillages frisés et de têtes humaines. Les deux clefs sont également sculptées : l'une est un bouquet de roses, l'autre, un visage humain traité en méplat. Cette salle communique avec le grand comble par deux larges baies en cintre brisé, ouvertes à travers le mur-pignon, dans lequel, au-dessus de ces deux baies, est noyé

Fig. 155. — Galerie supérieure entre les deux tours.
Etat ancien.

un arc de décharge. Vers la façade, un mur peu épais sépare cette salle d'une galerie étroite ou passage extérieur, dite *galerie des sonneurs*. De ce côté, le mur est orné d'une arcature aveugle fort simple et peu saillante, dont les arcs brisés retombent sur des demi-colonnettes avec chapiteaux ornés de bouquets de feuillage. Un arc de décharge est noyé dans sa masse. Il est percé de trois portes faisant communiquer la galerie extérieure avec la salle voûtée et avec les deux escaliers G, L.

---

(1) On peut voir l'état ancien de ce pignon dans une lithographie de l'ouvrage du baron Taylor, *Voyages pittoresques et romantiques dans l'ancienne France, Picardie*, t. I.

Le deuxième étage est une terrasse en plein air vulgairement appelée *salle des musiciens*, nous savons pourquoi (1).

Nous avons dit (2) comment Viollet-le-Duc avait refait de toutes pièces l'ordonnance extérieure de cette double galerie, sur un dessin entièrement de sa composition et totalement différent de l'ancien.

Avant 1850 (pl. III, fig. 155), d'après le relevé de 1845, la galerie extérieure correspondant au premier étage s'ouvrait sur la façade par une arcature de cinq arcs brisés garnis de redents fleuronnés, avec crochets et épis à leur extrados. Ces arcs retombaient sur des faisceaux de trois colonnettes, dont la ligne verticale était prolongée par de petits pinacles appuyés contre les écoinçons, lesquels étaient entièrement pleins. Devant cette arcature, règnait une balustrade à hauteur d'appui, formée d'une suite de quatrefeuilles, et qui se prolongeait devant les tours (3).

Les très anciens dessins de la cathédrale sont unanimes pour montrer que des statues en pied posées sur la balustrade s'élevaient jadis sous l'arcature. Sur ceux qui figurent dans la clôture du chœur et dans le tableau de 1520 (fig. 61 et 62), il y a une statue sous chaque arc (4); mais d'après une assez bonne gravure au burin du XVIIe siècle, aux armes de François Lefèvre de Caumartin, évêque d'Amiens de 1618 à 1652 (5), il n'y en a que trois, sous les trois arcs du milieu; elles ont des attributs parfaitement reconnaissables. C'est, au centre, la Vierge Marie debout, portant l'Enfant-Jésus, à sa droite, saint Pierre tenant une clef, et, à sa gauche, saint Paul, avec une longue épée nue. Ces trois statues sont encore visibles, mais d'une façon moins claire sur la gravure de Sanson représentant la façade occidentale de la cathédrale d'Amiens dans le bréviaire imprimé en 1667 par ordre de l'évêque François Faure, mais déjà on ne les voit plus sur le relevé assez fidèle de la façade, daté de 1727, que possède M. Soyez. Les dessins plus modernes n'en portent aucune trace.

Une corniche sculptée d'une guirlande de feuillages, dans laquelle se jouaient des animaux fantastiques, séparait les deux étages.

Le deuxième étage, correspondant à la salle des musiciens, était masqué au-dessus de cette corniche par une clôture à claire-voie d'un dessin très original, divisé par des pinacles (6) en cinq parties, formées chacune d'un treillage à jour redenté (7), à travers lequel était percée une petite fenêtre en arc surbaissé et redenté. Une petite crête découpée, analogue à celle de la balustrade supérieure de la tour du nord couronnait le tout.

Cette clôture était renforcée par de petites piles isolées placées derrière chaque pinacle auxquels elles étaient réunies par une sorte de linteau en talus.

Nous n'avons rien à dire de la décoration substituée par Viollet-le-Duc à l'ancienne. Un coup d'œil sur notre pl. IV suffira pour s'en rendre compte (8), et pour montrer combien elle diffère de la première.

(1) Voy. ci-dessus, p. 501.
(2) Voy. ci-dessus, p. 185.
(3) *Ibid.*
(4) Elles ne sont indiquées que très sommairement.
(5) Il y a un exemplaire de cette gravure à la Bibl. Nat., Estampes, Topogr. Somme, V a 401. — On voit aussi ces trois statues dans la façade de la cathédrale représentée sur le tableau offert par Jacques Destrées, maître du Puy en 1605.

(6) Il faut remarquer l'analogie entre le dessin de ces pinacles et celui des pinacles actuels des grandes culées de la nef.
(7) Le même dessin se retrouvait dans les créneaux qui surmontent le contrefort du cardinal de La Grange.
(8) Parmi les têtes d'hommes et d'animaux qui servent de supports à l'arcature supérieure, se trouve le portrait fort ressemblant du docteur Goze par Ramboue.

On ignore les projets des maîtres maçons du xiiie siècle, mais il faut convenir que le couronnement donné à la fin du xive siècle à la façade de la cathédrale, malgré certaines qualités de détail, la termine assez mal et contraste d'une façon fâcheuse avec l'ampleur des parties basses.

V

Combles et clocher central.

Grand comble.

La charpente du grand comble est d'une très grande simplicité mais d'une façon assez ingénieuse. Elle est tout en chêne. Les bois sont simplement équarris à surfaces lisses, et sans aucune décoration. Elle paraît avoir été faite avec économie. On s'est servi de bois d'un médiocre diamètre, mais on a donné aux principales pièces la plus grande épaisseur possible, en renonçant aux arêtes vives. Les entraits ont environ de 27 à 28 centimètres, les poinçons, de 23 à 24, les arbalétriers, de 18 à 19, au carré. Les chevrons et les jambettes sont méplats et ont : les chevrons, 19 centimètres sur 15, et les jambettes, 17 sur 15, environ, d'équarrissage. Les chevrons sont posés sur le plat. Pour les entraits on s'est souvent servi d'arbres courbés, en ayant soin de les placer la partie convexe en haut, de manière à empêcher le fléchissement sous le poinçon.

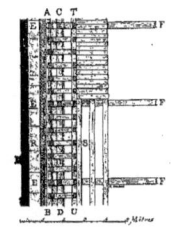

Fig. 156.

Les assemblages sont généralement faits à tenons et mortaises : aux pièces obliques, ils sont à joints vifs, sans embrèvements. Il n'y a pas d'entures, et les pièces les plus longues, telles que les chevrons et les entraits, qui ont un peu plus de 13 mètres de longueur, sont d'un seul morceau (1).

Il y a deux fermes par travée, correspondant à peu près, l'une au droit des clefs de voûtes, et l'autre au droit des retombées, sur les piliers.

Sur la partie des murs gouttereaux qui correspond à l'arc de décharge au-dessus de la grande voûte, courent deux sablières AB, CD (fig. 156), sur lesquelles les entraits EF sont posés. Les blochets RS correspondant aux chevrons, sont posés

---

(1) Seuls les chevrons des quatre travées les plus voisines du carré, au croisillon sud du transept, ont été entés un peu au-dessus des faux entraits, à la suite d'un incendie dont ils portent encore les traces. Il est probable que c'est l'incendie du clocher de 1528 qui se sera étendu de ce côté sur la toiture et que l'on aura pu éteindre à temps. C'est cette circonstance qui a rendu cette partie de la toiture moins résistante à l'ouragan de 1876, qui venait de ce côté.

sur ces deux sablières AB, CD. Ils viennent s'appuyer à tenons et mortaises sur une troisième sablière intérieure TU, assemblée elle-même à chaque ferme dans l'entrait. A côté de cette troisième sablière, trois poutres jetées sur les entraits servent de supports à un plancher qui fait tout le tour des murs goutterots, mais qui ne sert que pour la circulation, ne faisant en aucune manière partie du système de la charpente.

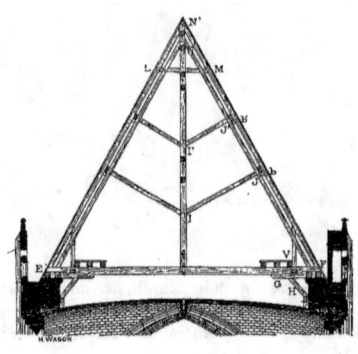

Fig. 157.

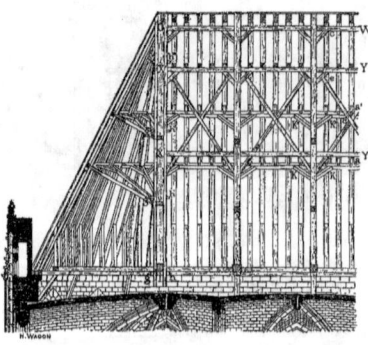

Fig. 158.

A chacune de ses extrémités, l'entrait EF (fig. 157) est soulagé par un sous-poutreau G à renforts, supporté par un lien H, qui s'appuie contre le mur goutterot, 1° aux fermes qui correspondent aux retombées de la voûte, sur un corbeau de pierre fiché dans la maçonnerie, 2° aux intermédiaires, sur une traverse de bois portée sur deux corbeaux de pierre assez espacés, de manière à ne pas fatiguer les clefs des formerets (1) Les corbeaux de pierre paraissent avoir été relancés après coup.

Les arbalétriers sont soutenus par le faux entrait LM, et par deux contrefiches IJ, I'J', qui, partant du poinçon, viennent s'appuyer aux arbalétriers, perpendiculairement à ceux-ci, au droit des pannes. Deux grands goussets K, K', (fig. 158) ont pour but de prévenir le fléchissement des pannes.

Les arbalétriers EN, FN, s'assemblent dans le poinçon en N (fig. 157), un peu au-dessous du faîtage. Au-dessus de celui-ci, les chevrons EN', FN', qui correspondent aux fermes, sont assemblés de la même manière, les autres sont assemblés l'un dans l'autre, à tenons et mortaises.

---

(1) Les poinçons sont retenus aux entraits par des étriers de fer, qui paraissent avoir été faits après coup.

COMBLES ET CLOCHER CENTRAL.   509

Le glissement et le fléchissement des chevrons est empêché : 1° par le faux entrait LM, qui existe à chaque chevron; 2° par des chantignoles aa' (fig. 158) qus s'accrochent au-dessus des pannes; ces chantignoles sont en deux pièces, et se composent (fig. 159) d'une chantignole proprement dite rectangulaire P et d'un gousset Q, qui lui sert de renfort (1); 3° par les jambettes V (fig. 157), qui reposent en porte-à-faux sur la troisième sablière TU (fig. 156). Les chevrons sont fixés aux pannes par des chevilles. Les chantignoles bb' (fig. 157), qui soutiennent les pannes sur les arbalétriers, sont rectangulaires.

Dans le sens longitudinal, les fermes sont maintenues dans un plan vertical par le faîtage OW (fig. 158), soulagé par les liens c, puis par les sous-faîtages XY, X'Y' maintenus eux-mêmes par les croix de saint André d, dont les croisures sont à mi-bois, et les liens e, f.

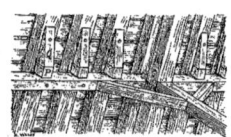

FIG. 159.

Au chevet, le système de la croupe est le même. Le poinçon de la dernière ferme (fig. 158), qui doit porter une charge plus considérable que les autres, est d'un plus fort équarrissage (35 centim.) et est fortement moisé avec clefs gh, $g'h'$, $g''h''$, $g'''h'''$. Autour de ce poinçon ainsi renforcé, viennent s'assembler les arbalétriers qui correspondent à chacun des angles du rond-point : les chevrons se dédoublent à mesure que les triangles correspondant à chaque côté du polygone s'amincissent. Tout le reste, sablières, blochets, sous-poutreaux, jambettes, pannes, contrefiches, etc., est disposé comme dans les parties droites. Afin de ne pas affaiblir le poinçon, les deux contrefiches centrales de l'enrayure viennent s'assembler dans une traverse légèrement courbe (fig. 160).

Nous ne connaissons pas d'une façon précise la date de cette charpente. Suivant Viollet-le-Duc (2), la faible épaisseur donnée aux murs des églises gothiques, et surtout l'usage qui s'établit de se servir de la partie supérieure des murs goutterots à la fois comme chéneau et comme galerie de circulation munie d'une balustrade en pierre, aurait fait renoncer, à partir du commencement du XIIIe siècle, aux charpentes avec pannes, pour adopter celui dit *à chevrons portant fermes*, qui exige une moins grande surface sur le haut des murs. Ce ne serait que beaucoup plus tard, vers la fin du XVe siècle, que l'on serait revenu au système des pannes. En effet, la charpente de la cathédrale de Paris, qui, selon lui, est antérieure à 1220, est à chevrons portant fermes, tandis que celle de la cathédrale de Reims, reconstruite après l'incendie de cet édifice en 1481, est avec pannes. La charpente de la cathédrale d'Amiens, dans laquelle les chevrons sont aussi posés sur des pannes, aurait été, suivant le même auteur, « refaite au commencement du XVIe siècle ». Pour M. Choisy (3), qui admet la même théorie que Viollet-le-Duc, en en donnant d'autres raisons, mais en s'appuyant sur les mêmes exemples, le comble d'Amiens serait « peu postérieur à celui de Reims ».

Aucun document historique connu ne permet de dater cette charpente d'une

---

(1) Ces chantignoles n'existent pas sous les chevrons de fermes.

(2) *Dict. rais. d'archit.*, t. III, p. 9.
(3) *Hist. de l'archit.*, t. II, p. 330.

façon même approximative. Elle est cependant antérieure à l'incendie du clocher en 1528, dont nous allons parler, car nous verrons que cet incendie l'a épargnée. Il faut remarquer qu'il n'y a aucune différence entre la charpente de la nef et celle du chœur, bien que ces deux parties de l'édifice n'aient pas été construites en même temps, et la charpente entière paraît avoir été faite d'un seul jet.

Aussi longtemps que les charpentes du moyen âge n'auront pas été étudiées plus complètement et qu'on n'aura pas dressé une chronologie exacte de celles qui ont date certaine, on manquera de criterium pour les dater, car, destinées à ne pas être vues, dans les édifices voûtés du moins, elles manquent en général des éléments décoratifs qui permettent de dater les autres parties des monuments d'une façon plus ou moins approximative. Celle de la cathédrale d'Amiens est dans ce cas.

Fig. 160.

La couverture est actuellement en ardoises.

Le faîte est orné d'une crête en plomb découpé, composée d'une alternance de fleurons grands et petits. La simplicité de son dessin la rend assez difficile à dater, mais elle ne paraît pas antérieure au xve siècle. On voit en A (fig. 161), les fleurons dans leur état primitif, en B, ce qu'ils sont aujourd'hui. Nous nous rappelons que ces fleurons, qui ressemblaient un peu à des fleurs de lis, ont été mutilés à la Révolution, suivant les uns, en 1831, suivant les autres (1). Lors des réparations qui durent être faites à la toiture du croisillon nord, à la suite de l'ouragan du 12 mars 1876 (2), on rétablit la crête dans cette partie de la toiture suivant son dessin primitif.

A la croupe s'élève une petite croix de fer fort simple, et à laquelle il manque actuellement un croisillon (3).

Le pignon du croisillon nord est simplement en pan de bois, couvert d'ardoises (4). Il est surmonté d'un élégant épi de plomberie. Viollet-le-Duc (5), qui en a donné un très joli dessin, le date de la fin du xive siècle ou du commencement du xve.

Quatre grands bacs remplis d'eau placés sous les combles, deux près de la façade occidentale et les deux autres sur le chœur, près du carré du transept, sont destinés à parer aux dangers d'incendie. Ils sont alimentés par les eaux de pluie (6).

(1) Voy. ci-dessus, p. 116.
(2) Voy. ci-dessus, p. 191.
(3) Il y avait au xviiie siècle, « une grande croix de fer surmontée d'une sirène qui sert de girouette ». Daire, Hist. de la ville d'Am., t. II, p. 100. On la voit sur les dessins de 1727 appartenant à M. Soyez. — Viollet-le-Duc avait fait exécuter, pour remplacer cette croix, un grand épi de plomberie fort riche, qui figura à l'exposition universelle de 1867. On fit bien de ne jamais le mettre en place.

(4) Voy. ci-dessus, p. 497.
(5) Dict. rais. d'archit., t. V, p. 279, fig. 10.
(6) Il y en avait déjà au commencement du xviiie siècle. « Je trouvai à une des extrémités de la voûte du chœur une invention merveilleuse et très utile en cas de feu, ce sont deux grands réservoirs pleins d'eau, avec de bons robinets pour la fournir à différents tuyaux de plomb qui entourent la nef et le chœur ». Un voyage en Flandre, Artois et Picardie en 1714, d'après le ms. du sieur Nomis, publ. par Alex. Eeckmann, dans Annales

Combles des bas-côtés et des chapelles.

Avant 1850, les charpentes et les couvertures, partie en tuiles, partie en ardoises, des bas-côtés et des chapelles du chœur et de la nef étaient dans le plus déplorable état et dans les plus mauvaises conditions possibles pour l'écoulement des eaux. Elles avaient pour la plupart été refaites ou remaniées à diverses époques.

A la nef, le bas-côté était couvert par un appentis, et les chapelles ajoutées après coup, par de petits toits carrés en pavillons. C'étaient vraisemblablement les charpentes primitives.

Il n'en était certainement pas ainsi au chœur, car les combles s'y agençaient assez mal avec l'architecture, et surtout avaient été faits sans tenir compte des dispositions prises dans celle-ci pour l'écoulement des eaux. Les doubles travées le long du chœur avaient chacune un petit toit à double rampant, perpendiculaire à l'axe de l'édifice, venant s'arrêter vers l'extérieur contre un pignon de pierre percé d'une

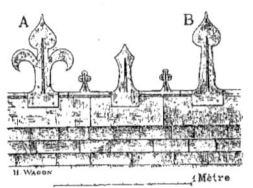

Fig. 161.

triple fenêtre (pl. XVII), et qui ne paraissait pas antérieur au xve siècle. Autour du rond-point, les chapelles rayonnantes et la travée du déambulatoire qui accompagne chacune d'elles étaient couvertes par une série de toits en pavillons.

Comme nous l'avons vu (1), toutes ces toitures ont été successivement refaites de 1850 à 1889, suivant un autre système, meilleur que l'ancien pour l'écoulement des eaux et pour faire valoir d'en bas l'architecture de l'édifice, mais d'un effet moins monumental et moins pittoresque.

Les bas-côtés de la nef ont été, comme précédemment, couverts d'un toit en appentis, mais avec charpente en fer. Sur les chapelles qui les accompagnent on a mis une terrasse de plomb d'une très faible pente, invisible de l'extérieur.

Au chœur, le premier bas-côté ne pouvant être couvert d'un appentis qui eût aveuglé la claire-voie du triforium, l'a été au moyen d'une suite de terrassons octogones fort bas, couverts de plomb (2). Chaque travée du second bas-côté et chacune des chapelles rayonnantes est surmontée d'un comble en pavillon de forme octogone.

Le plan octogonal donné à tous ces combles a été obtenu au moyen de trompes en maçonnerie établies dans les angles des travées, et dont notre pl. XVIII donne un spécimen en A, B, C. Il a eu pour but de dégager le pied des culées et d'assurer l'écoulement des eaux par d'ingénieux systèmes de chéneaux, qui paraissent d'ailleurs avoir été prévus dans la construction primitive.

---

du *comité flamand de France*, t. XXII, 1895, p. 351.

(1) Voy. ci-dessus, pp. 179 et 192.

(2) Ces terrasses de plomb, qui ont l'avantage de ne pas être vues d'en bas, font, du haut des galeries, un effet fâcheux, au milieu des arcs boutants. On peut s'en convaincre par la vue de notre pl. XX.

Clocher central.

Comme nous l'avons dit (1), la plupart des anciens auteurs, en parlant de la cathédrale d'Amiens affirment d'une façon tellement catégorique que l'on croirait qu'ils ont vu des documents perdus (2), ou connu certaines traditions oubliées, que, sous l'évêque Arnould, vers 1240, on aurait élevé sur la croisée du transept un clocher de pierres surmonté d'une flèche en charpente. C'est ce clocher qui aurait été détruit par la foudre en 1528 et remplacé par la flèche actuelle (3).

L'ouverture ménagée au centre de la voûte de la croisée montre bien qu'il a toujours dû y avoir à cet endroit un clocher central. Il y est déjà fait allusion dans un titre de 1324 (4), mais il est bien difficile d'admettre que ce clocher ait été construit sous l'évêque Arnould et qu'il ait été de pierres. Cette partie de l'édifice date, nous l'avons vu, d'une époque postérieure à l'évêque Arnould. Faudrait-il faire l'invraisemblable supposition que ce clocher aurait été effectivement élevé en dépit de la plus élémentaire prudence, puisqu'il ne devait être contrebuté ni du côté du chœur ni du côté du transept, dont les parties hautes n'existaient pas, et qu'il se serait forcément écroulé peu de temps après? Mais on ne voit dans le monument aucune trace d'un pareil accident, dont il n'existe d'ailleurs pas le moindre souvenir dans les traditions de l'église d'Amiens. Faut-il admettre au contraire que ce serait bien ce clocher central qui aurait souffert de l'incendie de 1361 (5), à la suite duquel il aurait fallu le démolir et le remplacer par un autre? Cela n'est pas plus probable, et aucun document n'autorise une pareille supposition. Quoi qu'il en soit, il est certain, malgré ce qu'on en a pu dire, que le clocher brûlé en 1528 n'était pas en pierres.

Les auteurs antérieurs à la Révolution ont connu sur cet ancien clocher un document très précieux et qu'ils citent volontiers, mais que nous n'avons plus. C'était le tableau offert par le chanoine Christophe de Lameth, élu maître du Puy le 2 février 1527, v. s., c'est-à-dire le 2 février précédant immédiatement le 15 juillet 1528, date à laquelle il fut incendié. Il y était, paraît-il représenté, sans doute de mémoire, avec ce quatrain :

1527.
Cest an durant, quinze juillet,
Par foudre fut le clocher de céans
Épris du feu et rasé tout net
Duquel méfait pleurent maintes gens (6).

---

(1) Voy. ci-dessus, p. 35.

(2) C'est ce que semblerait faire supposer cette phrase du ms. de Machart (t. IV, Bibl. d'Amiens, ms. 832, pp. 57 et 119), à l'année 1240 : « En ladite année, on travailla au clocher de pierre sur la croisée de l'église (Reg. du chapitre) ». Quel est ce registre du chapitre qu'aurait vu l'auteur du ms. de Machart? Nous ne le connaissons pas.

(3) Viollet-le-Duc le dit positivement, d'après les auteurs précités *(Dict. rais. d'archit.*, t. II, pp. 325, 326; t. V, pp. 444 et 445 t. III, p. 312), mais Viollet-le-Duc s'en rapportait sans réserve aux renseignements que Goze lui fournissait.

(4) « Campanam quæ est in medio ecclesiæ ». Acte du chapitre sur les solennités à accomplir pour l'administration de l'extrême-onction, du 26 septembre 1324. Arch. de la Somme (Chapit. d'Am.), G 710.

(5) Voy. ci-dessus, p. 48.

(6) Lamorlière, *Antiquités*, p. 238. — Bibl. d'Am., ms. 832 (Machart, t. IV), pp. 118 et 836 *(Id.*, t. VIII), p. 362. — Rivoire, *Descr. de l'église cath. d'Am.*, p. 55. — Ms. de Baron, édit. Soyez, pp. 10 et 82. — Les auteurs

A défaut de ce tableau, nous possédons deux autres anciennes représentations de la cathédrale, avec lesquelles on peut se faire une idée approximative très suffisante de ce que devait être ce clocher, et qui sont toutes deux antérieures à 1528. C'est, d'une part, le tableau de la *Vierge au Palmier*, présent de Nicolas Le Caron, maître du Puy en 1520 (fig. 62), dans le fond duquel la cathédrale est peinte d'une façon assez exacte pour pouvoir servir de document. Le clocher central y est parfaitement visible. Or ce clocher ne paraît pas avoir des dimensions plus grandes que la flèche actuelle. Quelque sommaire que soit le dessin, il suffit pour montrer d'une façon péremptoire, qu'il se composait d'un massif octogonal à peu près du même diamètre que la flèche actuelle, et sortant comme elle de la toiture de la croisée. Chaque pan de ce massif est percé d'une longue ouïe à double baie et est amorti en manière de gable. Le tout est surmonté d'une flèche assez élancée. Pour être exact, nous devons ajouter que ce massif est peint à peu près de la même couleur que la pierre dans le reste de la peinture, mais il n'est pas possible d'admettre qu'un clocher ainsi fait ait pu être de pierres; il faudrait supposer sous la toiture des artifices de construction absolument en dehors des habitudes du moyen âge, et dont il ne subsiste aucune trace (1).

Il y a dans le *Magasin Pittoresque* (2) une vue exécutée d'après un dessin de la collection Gilbert de l'ancienne flèche de Notre-Dame de Paris, qui datait du xiiie siècle et qui fut détruite vers l'époque de la Révolution. Elle présente une analogie frappante avec la flèche dont nous voyons pourvue la cathédrale d'Amiens sur le tableau de 1520. Elle était tout en bois recouvert de plomb.

D'autre part, dans la représentation de la façade de la cathédrale d'Amiens qui est peinte dans le fond de l'histoire saint Firmin à la clôture du chœur, et qui date des environs de 1490 (fig. 61), on n'aperçoit que le bout de la flèche, mais il est conforme à ce que l'on voit sur le tableau du Puy.

Cet ancien clocher est d'ailleurs qualifié de « parvum campanile » dans une charte de l'évêque Jean Avantage de 1452 (3).

Rien d'ailleurs, dans les documents concernant les événements de 1528, ne permet de supposer que ce clocher ait été en pierres. La *Rhétorique*, pièce de vers composée à cette occasion, et qui contient tant de renseignements sur l'incendie du clocher, dit même que, pour empêcher le feu de s'étendre au reste de la cathédrale, on l'isola, en coupant les quatre combles et en enlevant une partie de la couverture (4). Un tel travail n'eût pas été nécessaire, si le clocher avait été en maçonnerie. D'ailleurs on ne voit aucun raccord à la charpente en dehors du carré du transept, et on reconnaît fort bien que la tranche a été faite en dedans de celui-ci. Le raccord se trouve exactement sur le prolongement du

---

qui ont parlé de ce tableau ne nous en donnent pas une description suffisante pour que l'on puisse s'en rendre un compte exact.

(1) L'artiste aurait-il voulu figurer une flèche en ardoises sur un soubassement couvert de plomb?

(2) Année 1859, p. 92.

(3) 26 avril 1452. Arch. de la Somme (Évêché d'Am.) G. 289 et (Chapit. d'Am.) G 654.

(4) *Rhétorique pour le feu de meschief advenu au clocher de l'église N.-D. d'Amyens*, etc., dans un manuscrit provenant des archives du baron Joursanvault, et qui se trouve aujourd'hui à la bibl. d'Am., ms. 919, n° 111. A été publ. par Dufour sous le titre de *L'incendie du clocher de la cath. d'Am.*, dans *Mém. de la Soc. des Ant. de Pic.*, in-8°, t. XIX, p. 375. — Cette pièce de vers, qui est loin d'être un chef-d'œuvre de poésie, est un des documents les plus curieux et les plus complets que nous possédions sur l'incendie du clocher central en 1528.

nu extérieur des murs de la nef et du transept, et il est parfaitement visible.

Nous savons de plus que le chapitre, loin de vouloir réduire l'importance de ce clocher, décida que le nouveau serait plus beau et plus riche que celui qui avait été brûlé (1), intention que confirme bien la comparaison entre l'ancien clocher tel qu'on le voit sur le tableau de 1520 et la flèche actuelle.

Le 15 juillet 1528, vers dix heures du soir, au milieu d'un orage épouvantable, ce clocher central fut donc frappé par la foudre (2).

L'alarme fut donnée par Pierre Lestoc, couvreur de la cathédrale, qui, en cette qualité, était chargé de la visiter et de la surveiller en temps d'orage. Les gardes qui devaient coucher chaque nuit dans la cathédrale, ne s'y trouvaient pas; Lestoc les appela vainement (3). Cependant, le feu qui s'était mis tout au haut de la flèche, avait pris de telles proportions que, quand les secours arrivèrent, il ne fut plus possible d'empêcher le clocher d'être entièrement consumé. La ville entière travailla à l'éteindre. Gens d'église, échevins, magistrats, bourgeois, porteurs du quai, charpentiers, couvreurs, maçons, tous les ouvriers du bâtiment (4), sont à l'œuvre pour lutter contre les progrès du feu. Les filles de joie portent de l'eau par devoir (5), les femmes honnêtes,

---

(1) Délibér. capitul. du 11 janvier 1528, v. s. Bibl. d'Am., ms. 563.

(2) Quatrain inscrit sur le tableau offert par Christophe de Lameth, élu maitre du Puy le 2 février 1527, v. s. (voy. ci-dessus, p. 512). — Bibl. d'Am., mss. 563, fol. 404; et 792, fol. 685. — *Rhétorique*, etc. — Il s'est produit parmi les auteurs sur la date de cet événement une confusion assez singulière. Presque tous, y compris Viollet-le-Duc et Dufour qui a publié la *Rhétorique*, l'ont avancée d'un an et l'ont placée au 15 juillet 1527. La véritable date de 1528 a été rétablie d'une façon très claire et absolument concluante par M. Darsy (*Répert. et append. des hist. loc. de la Pic.*, t. I, p. 19). Nous ajouterons que, suivant la *Rhétorique*, le susdit 15 juillet était un mercredi, ce qui est parfaitement exact pour 1528, et que Simon Clabault était alors maieur. Simon Clabault avait en effet été élu maieur le 28 octobre 1527 et était par conséquent encore en fonctions le 15 juillet 1528 (JANVIER, *Le Livre d'or de la municipalité Amiénoise*, p. 187). L'erreur première est due à Lamorlière (*Antiquités*, p. 238) qui parait n'avoir connu le fait que par le quatrain inscrit sur le tableau de Christophe de Lameth, et qui porte la date de 1527; mais c'est la date de l'élection de ce personnage comme maître du Puy, qui eut lieu en effet le 2 février 1527, *vieux style*. Il n'a pas pris garde que le 15 juillet qui, suivant le quatrain, se trouvait la même année que le 2 février 1527 *vieux style*, était bien le 15 juillet 1528, car il ne faut pas perdre de vue qu'au moyen âge, quel que soit le jour auquel on prenait le millésime, auquel on « renouvelait la date », comme on disait, l'année civile n'en allait pas moins du 1ᵉʳ janvier au 31 décembre, et c'est dans ce sens qu'il faut prendre le « cest au durant » du quatrain. Cela s'explique d'autant mieux si l'on se rappelle que le maître du Puy présentait son tableau le jour de Noël suivant son élection. Le tableau présenté par Christophe de Lameth élu maitre

du Puy le 2 février 1527, v. s., pouvait donc parfaitement mentionner un événement arrivé avant le jour de Noël 1528. Ajoutons que les articles des comptes de la ville d'Amiens concernant cet incendie, que nous citerons plus loin, ne laissent aucun doute sur la date de 1528. Cf. BREUIL, *La confrérie de N.-D. du Puy d'Amiens*, dans *Mém. de la Soc. des Ant. de Pic.*, in-8°, t. XIII, p. 495 et suiv.

(3) Informat., etc., des 8 mai 1537 et jours suivants. Arch. de la Somme (Chapit. d'Am.), G. 656, fol. 19 v°.

(4) *Rhétorique*, etc. — « Aux maistres et compaignons du mestier de machon en icelle ville, L. s., pour eulx récréer ensemble en considération des grandes peines et dilligences qu'ilz ont fait avec autres au feu de meschief advenu en la grant église Nostre-Dame d'Amiens.... Aux compaignons du mestier de couvreur en icelle ville, la somme de L s. t., et aux compaignons du mestier de carpentier en ladite ville, pareille somme de L s., à eulx ordonnées par mesdicts seigneurs, en considération des grandes paines, labeurs et dilligences par eulx faictes pour saulver et garandir le feu de meschief advenu le xvɪᵉ jour de juillet V°XXVIII en ladicte église Nostre-Dame.... Aux compaignons brouliers et porteurs au sacq d'icelle ville, deux gros de ɪx s. vɪ d. pièce, qui sont xɪx s., pour eulx récréer ensemble, aprez avoir esté au feu de meschief advenu en l'église Nostre-Dame ». Arch. de la ville d'Am., CC 112 (Compte du domaine de 1527-28), fol. 90 v°, 91, 94. — « Somme donnée à ceux qui avaient aidé à éteindre le feu : carpentariis, ɪɪɪ l.; coopertoribus, ɪɪɪ l.; lathomis et vitrinariis, ɪɪɪɪ l.; viris du Hocquet, ɪx s.; viris retro Sanctum Lupum, xL s.; viris du Cay, xL s.; Michaeli Le Juge, cum suis deputatis, xL s.; boucheriis, xL s. ». Bibl. d'Am., ms. 563.

(5) « Les eussicvi veu maintes bonnes fillettes
 » Eaue porter en si grand habondance »
Rhétorique, etc. — D'après les règlements de police

par dévouement (1). Ceux que leur âge ou leurs infirmités empêchent de travailler implorent la miséricorde divine (2). Les seaux d'osier enduits de poix que la ville d'Amiens possédait en grande quantité dans son matériel d'incendie ne suffisant pas, on réquisitionne chez des futaillers voisins jattes de bois, pelles, « espuches », plateaux (3), etc. L'eau tombait à flots dans l'église. Tous les efforts tendirent à empêcher le feu de gagner la charpente de l'édifice : on y réussit en coupant les quatre combles autour du clocher (4) et en enlevant une partie de la

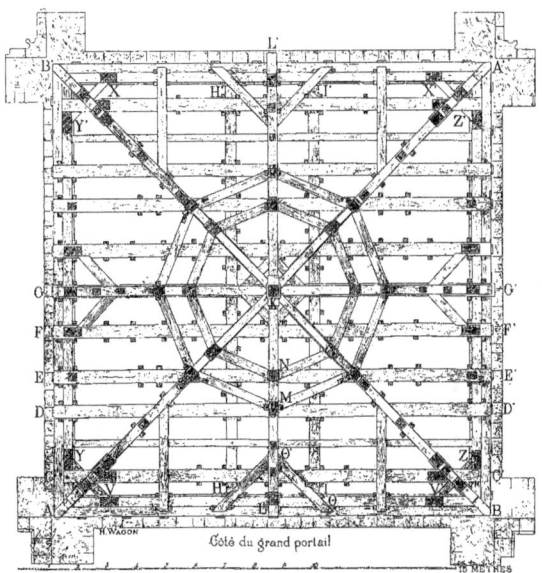

Fig. 162.

couverture, mais cela au prix d'efforts et de travaux inouïs, à peine possibles à une pareille hauteur et à une époque où les moyens de combattre les incendies

de la ville d'Amiens, les filles de joie étaient obligées de se trouver à tous les incendies pour porter des seaux d'eau. « Et aussy que toutes femmes de joye portent des seaulx plain d'eaue à icelluy feu ». Ordonn. de police sur les incendies, du 8 déc. 1472. Arch. de la ville d'Am., A A 12. fol. 69 v°. Le moyen âge avait de ces ironies.

(1) « Vefves aussi, femmes et pucelettes
» Y besongner de toute leur puissance »
Rhétorique, etc.
(2) *Rhétorique*, etc.
(3) Arch. de la ville d'Am., CC 113. (Compte des aides de 1527-28), fol. 69 v°.
(4) *Rhétorique*, etc.

étaient encore bien imparfaits. Il faut dire que ces efforts furent favorisés par une pluie torrentielle.

On jeta dans le feu de l'eau bénite, de l'eau grégorienne, des *Agnus Dei*. Les joyaux les plus précieux et le chef de saint Jean furent portés à l'évêché; le Saint-Sacrement et la table d'autel d'argent chez le vieux doyen, Adrien de Hénencourt, à qui son grand âge ne permettait plus de sortir de son logis du *Blanc Lévrier;* les autres reliques à Saint-Firmin à la Porte. L'urgence n'empêcha pas de transporter ces saints objets avec toute la révérence qui leur était due et de les faire accompagner par les enfants de chœur chantant des hymnes et des répons. Enfin, au bout de plus de cinq heures, on fut maître du feu, mais le clocher entier était détruit, et les six cloches qu'il contenait, fondues. La grande croix de fer qui le terminait s'était abattue avec son coq et fichée dans la voûte, brisant dans sa chute une pierre fort dure. Pendant tout le temps, les deux cloches du Beffroi, la cloche d'alarme et la cloche au feu, ne cessèrent de sonner (1).

Malgré les difficultés de toutes sortes qu'il fallut vaincre, malgré les situations périlleuses que suppose un pareil travail, malgré les poutres enflammées qui tombaient de toutes parts et qu'il fallait éteindre au fur et à mesure, au milieu d'une pluie de métal de cloches et de plomb fondu, dont plusieurs personnes furent atteintes (2) il n'y eut d'autres accidents que quelques blessures légères, dont les victimes furent indemnisées par le chapitre et soignées à ses frais (3).

Le lendemain, toutes les reliques furent ramenées processionnellement de Saint-Firmin à la Porte dans la cathédrale. Comme dans les circonstances solennelles, la châsse de saint Firmin le martyr fut portée par des échevins et accompagnée du corps échevinal tout entier. Au retour, l'échevinage prit une collation à l'hôtel de ville (4). Le dimanche suivant, il y eut encore une procession solennelle et une prédication par un Augustin pour rendre grâces à Dieu de ce que le désastre n'ait pas été plus grand (5).

Des dons arrivent aussitôt pour reconstruire le clocher et pour le munir de nouvelles cloches (6). L'évêque François de Halluin donne 600 l. payables en trois ans, le doyen Adrien de Hénencourt, 400 l., les chanoines Durey, Leclerc, J. Lenglaché, N. de Lameth, chacun 50 l. Sans doute par le crédit de l'évêque François de Halluin, la duchesse d'Angoulême, mère de François 1er, donna 100 écus

---

(1) Voy. tous ces détails dans *Rhétorique*, etc.

(2) *Ibid.*

(3) « Viri vulnerati sanabuntur expensis ecclesiæ, et cuilibet dabuntur nonnullæ pecuniarum summæ, pro eo quod erunt otiosi et non poterunt operare ». Bibl. d'Am , ms. 563, fol. 404. — Cf. *Rhétorique*, etc.

(4) Arch. de la ville d'Am.,C C 172 (Compte du domaine de 1527-28), fol. 90.

(5) *Rhétorique*, etc.

(6) Les anciens registres des délibérations du chapitre et les comptes de la fabrique qui ont disparu à la Révolution contenaient sur la construction de la flèche actuelle des renseignements fort curieux. Il en existe des extraits plus ou moins considérables dans plusieurs ouvrages imprimés ou manuscrits. (Bibl. d'Am., mss. 510, fol. 8 v°; 516, fol. 70 v°; 563, fol. 404; 832 (Machart, t. IV), p. 120; 834 (*Id.*, t. VI), p. 61; 836 (*Id.*, t. VIII), pp. 273 et 362. — DE COURT, *Mémoires*, livre III, chap. 1. — Arch. de la Somme, papiers du chan. Villemant. - Mss. de Pagès, édit. Douchet, t. IV, p. 378. et t. V, p. 46. — DAIRE, *Hist. de la ville d'Amiens*, t. II, p. 100. — *Gallia christ.*, t. X, p. 1205. — RIVOIRE, *Descr. de l'église cath. d'Am.*, p. 56, etc.). Il est difficile de savoir si les auteurs de ces ouvrages les ont toujours bien compris ou bien lus, ou s'ils n'en ont pas omis quelques détails intéressants. De toutes ces sources de seconde main, la plus complète et la plus précise, celle qui doit inspirer le plus de confiance, est le ms. 563 de la bibl. d'Amiens, qui donne chronologiquement le résumé des délibérations capitulaires et des comptes de la fabrique. La plupart de ces faits sont d'ailleurs connus et les historiens de la cathédrale les ont répétés à l'envi.

d'or (1), et le Roi accorda l'autorisation de prendre des bois dans la forêt de la Neuville-en-Hez (2).

On s'occupa d'abord de la fonte des cloches. Nous aurons ailleurs l'occasion d'y revenir. La question des cloches réglée, on envoie chercher un charpentier de Dieppe pour conférer avec ceux de la ville. Un chef de saint Jean d'or est donné au sieur de Châtillon, pour obtenir qu'il visite les bois marqués dans la forêt de la Neuville-en-Hez, qu'il facilite le paiement des cent écus d'or donnés par la mère du Roi, et qu'il emploie ses bons offices auprès du seigneur de Liencourt, maître des eaux et forêts de Clermont. Le 25 octobre, une députation est envoyée par le chapitre pour aller marquer les chênes (3). Pendant l'hiver, ils sont coupés et on obtient de l'abbé de Saint-Martin-aux-Jumeaux des locaux dans les jardins de son abbaye pour les y déposer et y établir le chantier (4).

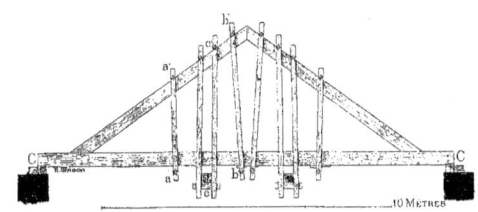

Fig. 163.

Une commission composée de l'archidiacre de Ponthieu Delamare, du pénitencier de la Tour, et des chanoines Durey et Lenglacé, est chargée d'ordonner les travaux, avec pouvoir « de diriger l'ouvrage, faire que le clocher nouveau soit plus beau et plus riche que celui qui a été brûlé ». Ceux-ci traitent avec Simon Taneau, charpentier (5), à raison de 10 s. par jour et un grand pain ou deux petits : il lui sera donné une grande salle pour travailler. Mais avant de rien faire, les lieux seront visités par des charpentiers et des maçons, afin de savoir si la maçonnerie est suffisante pour soutenir le nouveau clocher (6).

Il est probable que cette commission de maçons et de charpentiers ne répondit pas de la solidité de la croisée du transept pour supporter un clocher. Rappelons-nous que cette partie de la cathédrale est une des plus délicates et une des moins solides, et qu'une trentaine d'années auparavant, il avait fallu pourvoir au hors d'aplomb des maîtres piliers par l'immense chaînage de fer qui fait encore aujourd'hui le tour de la grande nef (7).

C'est alors, après une interruption de quelques mois, qu'il faudrait placer des faits rapportés par plusieurs auteurs (8), et que nous allons résumer, mais sous

---

(1) Délibér. capitul. des 17 et 20 juill, 30 sept. 1528, 1ᵉʳ févr. et 2 mars 1528, v. s. Bibl. d'Am., ms. 563.
(2) Ibid.
(3) Délibér. capitul. des 17 juil , 30 sept. et 25 oct. 1528. Ibid.
(4) Délibér. capitul. des 23 nov. 1528 et 11 janv. 1528, v. s. Ibid.
(5) Ce Simon Taneau ne paraît pas avoir été d'Amiens (on ne le voit pas cité dans les registres de la ville), mais plutôt de Beauvais, ainsi qu'il semble résulter de la délibérat. capitul. du 17 janv. 1529, v. s. Bibl. d'Am., ms. 563.
(6) Délibér. capitul. du 11 janv. 1528, v. s. Ibid.
(7) Voy. ci-dessus, p. 61.
(8) De Court, Pagès, Bibl. d'Am., ms. 510 et ms. de Machart, Daire, Rivoire, etc.

toutes réserves. Ils sont racontés avec beaucoup de détails par l'auteur du manuscrit de Machart (1), qui a soin de nous dire qu'il les a extraits des registres aux délibérations du chapitre. Nous ne pouvons donc mieux faire que de lui laisser la parole.

« L'an 1529, l'évêque François de Halluin et le chapitre, après avoir conféré avec plusieurs architectes et entrepreneurs de la ville d'Amiens et même des pays étrangers, sans qu'aucun d'eux ait pu émettre un avis et donner un dessein convenable pour la construction d'un autre clocher, il se trouva par hazard dans la cathédrale un bien pauvre homme inconnu et sans apparence de science, nommé Louis Cordon (2), originaire du village de Cottenchy, à deux (3) lieues d'Amiens. Cet homme dit librement à M. Delameth qu'on ne réussiroit jamais dans aucune entreprise, si, pour ne point charger les voûtes et les arcades, qui ne manqueroient point de rompre sous un fardeau aussi pesant, on ne se servoit de clefs de décharge et de tétaroles (?), ce qu'il fit entendre à ce chanoine par un petit dessein qu'il lui traça et qu'il effaça aussitôt. L'avis dudit Louis Cordon attira l'attention : on le fit venir au chapitre, où, en présence de toute l'assemblée, il traça une seconde fois son dessein et en explica l'exécution si nettement, que tous, d'un commun accord, lui confièrent l'entreprise de ce grand ouvrage qu'il acheva heureusement dans l'espace de deux ans » (4).

Ce qui n'empêcha pas de rappeler Simon Taneau et de lui faire exécuter le travail (5).

Le 3 juin suivant, le chapitre décide que la couverture du clocher, par avis des quatre députés, se fera d'ardoises (6). Il est probable que l'on revint par la suite sur cette décision, puisqu'en réalité il est couvert de plomb. En février 1530, v. s., on passe marché avec Jean Cornaille, de Gisors, pour faire la croix de fer qui doit le surmonter, et, en avril, avec Jean Pingart, de Beauvais, pour couvrir la charpente de plomb. Le plomb est acheté à Dieppe (7). Enfin, en 1533, Jean Rabache entreprend de peindre et de dorer le plomb, à raison de 6 s. par jour, pour lui et son ouvrier, travail qui fut fini en 1534 (8). Le clocher en garda le nom de *clocher doré*, qui persista même alors que la dorure eut disparu.

---

(1) Bibl. d'Am., ms. 836 (Machart, t. VIII), p. 362.

(2) Ne faudrait-il pas plutôt lire Cardon ? Un Antoine Cardon, aussi charpentier à Cottenchy, travailla à l'église Saint-Germain d'Amiens en 1558 et 1581. (G. Durand, *Église Saint-Germain-l'Écossais*, dans la *Pic. histor. et monum.*, t. I, pp. 114 et 115). Il est souvent cité dans les comptes de la ville d'Amiens de cette époque. Nous verrons qu'en 1543, un Charles Cardon, charpentier, suspendra les nouvelles cloches de la cathédrale d'Amiens (Extr. des comptes de la fabr. de la cath., Bibl. d'Am., ms. 563). Il y aurait donc eu une famille de charpentiers du nom de Cardon. Ce nom de famille est d'ailleurs très fréquent à Amiens et aux environs ; celui de Cordon, beaucoup moins, sinon inusité.

(3) Il y en a plus de trois.

(4) C'est sans doute à ces faits qu'il est fait allusion dans les deux délibérations capitulaires rapportées par le ms. 563 de la bibl. d'Am., 8 oct. 1529 : « On entend un très habile charpentier et on examine des devis de clo-cher ; chargé d'en dresser un dessein ». 17 décembre 1529 : « La lettre du charpentier du clocher renvoiée aux députés ».

(5) « Simon Tancau, charpentier, mandé à Amiens pour travailler à la construction du nouveau clocher, et commencea à la feste de la Purification, en amenant avec luy deux ou trois autres charpentiers de Beauvais ». Délib. capit. du 17 janv. 1529, v. s. Bibl. d'Am., ms. 563.

(6) Délibér. capitul. du 3 juin 1530. *Ibid.*

(7) Comptes de la fabrique. *Ibid.*

(8) « 1532. Jean Rabache entreprend de dorer le plomb pour le clocher, à raison, pour luy et son ouvrier, de 6 s. par jour, pour les deux. Commencé en février. On lui fournit : de l'huile de lin à 8 s. le pot ; de la mine de plomb, de l'ocre, du vernis cynopore (?), du blanc de plomb, de la ver de terre (?), du machiot (?), du cotton, du vermillon moulu, de l'azur à l'huile. *Pro tribus millibus et quinque centis cum dimidio magni auri pretio* xxxii *s., et uno mille parvi, pretio* xxv *s., quolibet centum a*

COMBLES ET CLOCHER CENTRAL.

Il fut bénit en 1533 par l'évêque François de Halluin (1). On fit alors placer par Antoine Beauvais, couvreur, au bas de la croix, des reliques renfermées dans un cœur de bronze (2).

Il est peu de parties de la cathédrale sur lesquelles nous ayons plus de renseignements, la plupart de seconde main, il est vrai, que sur la flèche. Il semble que la hauteur de celle-ci ait eu jadis une grande célébrité, et que les historiens d'Amiens se soient plus à enregistrer tout ce qu'ils ont pu savoir, non seulement sur sa construction, sur les accidents qu'elle a subis, et sur les travaux qui y ont été faits, mais encore sur les effets singuliers de la foudre et sur tous les tours d'adresse que quelques audacieux exécutèrent à son sommet pour la plus grande distraction des Amiénois (3). Nous serons donc obligés de nous borner aux plus saillants.

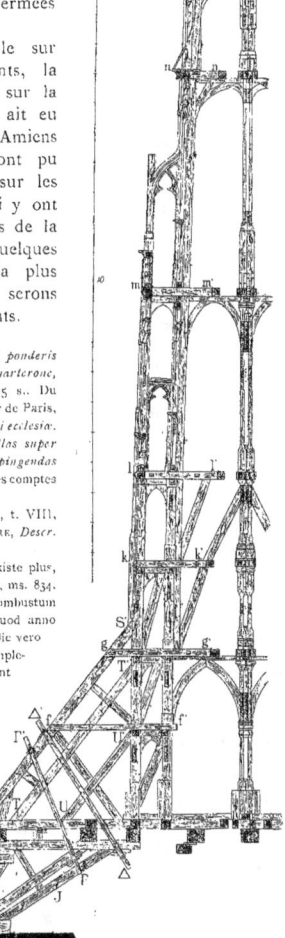

Fig. 164.

dominis deputatis empti. Pro uno sacco d'azur majoris pretii ponderis unius libræ cum dimidia ac dimidia uncia, mi l.; 17600 cum quarterone, tam magni quam parvi auri : magni, 37 s. le cent; parvi, 25 s.. Du vermillon entier de noire terre. Pour le messager qui a apporté l'or de Paris, III s. IV d. ad depingendum et deaurandum plumbum pro campanili ecclesiæ. Pro tribus duodenis stagni crocei cum foliis ad faciendum stellas super picturam d'azur campanili apponendas; ad deaurandas et depingendas aliquas plumbi campanilis pechias. Travail fini en 1534 ». Extrait des comptes de la fabrique de 1532 à 1534. Bibl. d'Am., ms. 563.

(1) Bibl. d'Am., mss. 510; 832 (Machart, t. IV, p. 120; 836 *(Id.,* t. VIII, p. 363. — DAIRE, *Hist. de la ville d'Am.,* t. II, p. 101. — RIVOIRE, *Descr. de l'église cath. d'Am.,* p. 58.

(2) C'est ce qui résulte d'un procès-verbal dont l'original n'existe plus, mais qui est rapporté au tome VI du ms. de Machart (Bibl. d'Am., ms. 834, p. 61) : « Anno incarnationis Domini 1527 (1528) ictu fulminis combustum fuit campanile, ad perpetuam rei memoriam, universi (blanc) quod anno Domini millesimo quinquaugesimo *(sic)* trogesimo *(sic)* tertio, die vero vigesimo octavo maii, in summitate campanilis ecclesiæ et in complemento superioris coopertura plumbea condite et posita *(sic)* fuerunt subsequentes reliquiæ : Primo, de ligno Sanctæ Crucis argento deaurato tectæ; 2° de sepulchro Domini; 3° de mensa Domini; 4° de sancto Honorato; 5° de sancto Thomas apostolo; 6° de vestimento divæ Catharinæ; 7° de sancto Achelo *(sic)* martire; 8° de dalmatica sancti Thomæ martiris, in qua fuit sepultus duobus annis, sine corruptione; 9° panis verus sancti Nicolai de Tolentino; 10° verus Agnus Dei ». — C'est sans doute par erreur que le P. Daire *(Hist. de la ville d'Am.,* t. II, p. 103), Rivoire *(Descr. de l'église cath. d'Am.,* p. 60), et d'autres, placent ce fait en 1627-1628.

(3) Parmi ces faits citons à titre de curiosité un suisse de la garde du duc d'Aumale qui, le 16 octobre 1593 serait monté au haut de la flèche avec son épée, aurait enlevé le coq, l'aurait remis en place et aurait exécuté quelques tours d'acrobatie (Mss. de

Le procès-verbal de visite du clocher, à la suite de l'ouragan de 1627, nous apprend que, peu après l'élévation du clocher, on aurait été obligé de mettre plusieurs clefs pour empêcher le fléchissement causé par la trop longue portée des sablières et des entrebandes, fléchissement qui menaçait d'écraser les arcs principaux de la croisée (1). Il nous fait aussi savoir qu'un mouvement assez prononcé de la flèche, du côté de l'évêché, avait obligé, vers 1568, de l'étayer par un grand « arc boutant » qui s'appuyait au-dessus de la rose du nord. Cet « arc boutant » dut, sans doute, disparaître lors des travaux exécutés à la suite de l'ouragan du 7 décembre 1627, car les experts d'alors y reconnaissaient de graves inconvénients (2).

Quelques auteurs prétendent qu'en 1574, le cardinal de Créqui, évêque d'Amiens, aurait légué en mourant une somme de 1500 l. pour la réparation du clocher doré atteint par le feu du ciel (3).

Nous avons vu (4) que la flèche avait eu beaucoup à souffrir du coup de vent du 7 décembre 1627, qui avait endommagé la cathédrale en plusieurs endroits.

Elle était alors d'environ quatorze pieds (de 4 à 5 mètres) plus haute qu'elle n'est aujourd'hui. Dans toute sa partie haute, le poinçon central s'élevait seul dans les airs, sans aucun appui, et était terminé par une lourde croix de fer. Les charpentiers de 1530 avaient voulu lui donner une grande hauteur. Mais, outre que cette longue aiguille devait être peu gracieuse et mal proportionnée, elle était extrêmement téméraire. La lourde croix de fer attachée au bout de cette longue perche, devait, suivant l'expression du procès-verbal du 19 octobre 1628, faire l'effet d'une masse de plomb au bout d'un jonc. C'est ce qui arriva en effet, et la violence du vent fit pencher la flèche un peu au-dessus de la pomme. « Cet endroit avoit été endommagé et affaibli par les pluies qui, aians trouvé entrée par

Pagès, édit. Douchet, t. V, p. 48, etc.). — En 1699, un nommé André Choquet, couvreur à Beauvoir, près de Breteuil, ayant démonté le coq pour être redoré et l'ayant replacé, fait monter avec lui au haut de la flèche son fils, jeune garçon de treize ans, venu à pied le jour même de Breteuil à Amiens ; il attache à la queue du coq une banderole rouge et blanche, se place tout droit au milieu du bouquet de fleurs de lis qui ornait le pied de la croix, chante à haute voix l'hymne *Vexilla Regis*, et boit trois coups de vin, l'un à la santé de l'évêque Henri Feydeau de Brou, qui, assis dans un fauteuil, le regardait d'un vestibule, le second à celle du chapitre aussi présent, et le troisième à celle des habitants de la ville, dont tous les yeux étaient braqués sur lui. (Mss. de Pagès, édit. Douchet, t. IV, p. 376 et V, p. 48. — Bibl. d'Am., ms. 834 (Machart, t. VI), p. 134). — Le 23 avril 1806, Bruno Vasseur descend le coq de la flèche, pour y mettre une étoile de fer blanc sur laquelle il avait fait graver le nom de Napoléon, et l'y replace à la vue d'un grand nombre de spectateurs. (Rivoire, *Descr. de l'église cath. d'Am.*, p. 61), — etc., etc.

(1) « Peu de temps après la construction dudict clocher, il a fallu y mettre quatre clefs de charpente, pour conforter les quatre sablières quy supportent les susdictes neuf entrebandes, mettre un estrier en fer à celle quy est rompue, ensemble pour empescher que le grand fardeau ne crevast les arcades de la croisée de l'église. Quelque temps après, ce travail ne se trouvant suffisant pour soustenir lesdictes entrebandes, à cause de leur trop longue portée, eu esgard au fardeau du clocher, on a esté contrainct d'y faire trois autres clefs, sçavoir deux pour soustenir lesdictes neuf entrebandes en longueur, et une pour la soustenir en travers d'un coin à l'autre ». Procès-verbal de visite du 19 octobre 1628. Arch. de la Somme, Arm. I, l. 54, n° 1. Publ. dans Dubois, *L'Œuvre de Blasset*, p. 44.

(2) « Depuis soixante ans environ, il est courbé (le clocher) de plus de sept poulces du costé de l'évesché, et lors on fut constrainct d'y mettre un grand arc boutant de plus de cinquante-cinq pieds de long, pour estayer la flèche dudict clocher ; mais cest arc boutant faict fondre le comble de l'église du costé de l'évesché, et eust ruiné la grand roze quy est au-dessous, sy on n'y eust promptement travaillé cest été dernier ». Procès-verbal de visite du 19 octobre 1628.

(3) Arch. de la Somme, Papiers du chan. Villemant. — Bibl. d'Am., ms. 517, p. 225. — L'extrait du testament du cardinal que possèdent les Archives de la Somme et qui contient toutes les libéralités faites par lui à la cathédrale d'Amiens (Chapit. d'Am., Arm. I, l. 44, n° 24) n'en parle pas.

(4) Voy. ci-dessus, pp. 77 et 78.

un trou causé dans le plomb par les chaleurs des années précédentes, avoient pourri le bout du pivot » (1).

Le 31 juillet suivant, le chapitre traita avec Jean Desquirebecq, maître charpentier à Amiens et avec Mathieu Warnier (2), meunier du moulin du Roi de ladite ville, pour desseoir la croix de fer, scier le pivot à l'endroit où il serait nécessaire, et refaire le tout comme il serait jugé opportun. Ils devaient en outre construire un échafaudage suffisant et commode, pour que des chanoines puissent y monter au besoin (3). Quant aux figures de plomb qui décorent le clocher, les entrepreneurs les mettront en lieu sûr pendant l'exécution des travaux, le tout moyennant quatre cents livres (4).

L'échafaudage terminé, les dégâts sont visités par une commission d'hommes de l'art composée du sculpteur Nicolas Blasset, qui était aussi plombier, de Quentin Collimbart, qui devait être déjà maître maçon de la cathédrale, d'Antoine Demons, serrurier, de François Dupontreué, charpentier, et de Mathieu Warnier, probablement aussi charpentier (5).

Les experts font une critique sévère de la flèche et de la manière dont elle avait été établie : ils constatent des désordres dangereux dans la charpente compliquée qui lui sert de base, en même temps que dans la maçonnerie des maîtres piliers et des arcs triomphaux du transept, fatigués par un poids si lourd. Pour y remédier, ils proposent de démonter entièrement le tout, pour remplacer les entrebandes rompues, ventelées et affais-

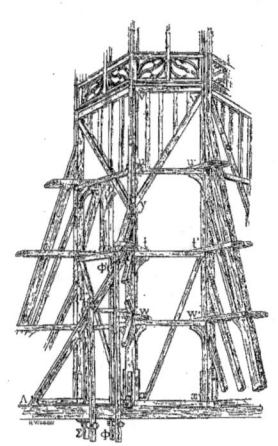

Fig. 165.

sées, travail « quy ne se pourroit achever en dix ans ». Toutefois, il fallait, suivant eux, dès maintenant soutenir le tout du mieux que l'on pourrait, pour empêcher le mal de s'agraver, en maintenant la maçonnerie au moyen d'ancres et de tirants, et en établissant quatre clefs aux quatre angles du soubassement du clocher, pour retenir les neuf entrebandes ou entraits sur lesquelles s'élève le

---

(1) DE COURT, *Mémoires*, l. III, ch. 1. — Mss. de Pagès, édit. Douchet, t. V, p. 47. — Bibl. d'Am., ms. 836, (Machart, t. VIII), p. 273. — DAIRE, *Hist. d'Am.*, t. II, p. 103.

(2) Il était, paraît-il, d'Hangest sur Somme. — DE COURT, *Mémoires*, l. III, ch. 1. — Mss. de Pagès, édit. Douchet, t. V, p. 47. — DAIRE, *Hist. d'Am.*, t. II, p. 103. — Bibl. d'Am., ms. 836 (Machart, t. VIII), pp. 274 et 363.

(3) Cet échafaudage était, « d'une invention également nouvelle et ingénieuse, sur lequel on montoit facilement par un escalier qui montoit autour de cette flèche, qui servoit comme de visse, sans néantmoins y toucher ». DE COURT, *Mémoires*, l. III, ch. 1. — Cf. DAIRE, *Hist. de la ville d'Am.*, t. I, p. 103, etc.

(4) Convention du 31 juillet 1628. Arch. de la Somme, Chapit. d'Am., Arm. I, l. 54, n° 1.

(5) 19 octobre 1628. Procès-verbal de visite. Voy. ci-dessus, p. 250, note 1. — Voy. aussi les notes ayant servi à dresser le susdit procès-verbal, dans le ms. 563 de la Bibl. d'Am., fol. 230.

clocher, qui avaient fardé de plus de huit pouces et approchaient de deux pouces des reins de la voûte, comme aussi pour soulager les quatre jambes de force qui soutiennent ces entrebandes. Il fallait enfin sacrifier les quatorze pieds et demi du pivot qui étaient isolés, en raccourcissant d'autant le clocher. Le rétablir serait très coûteux, sans grande garantie de solidité.

Le chapitre se décida avec peine à raccourcir le clocher (1), mais le public amiénois en prit plus difficilement son parti. Un tel sacrifice semblait à ses yeux enlever à la cathédrale un de ses principaux titres de gloire : on disait que le chapitre n'obéissait qu'à des raisons de mesquine économie; Jean Desquirebecq prétendait avoir le moyen de rétablir le clocher dans sa primitive hauteur, que ce n'était qu'une question d'argent, à laquelle les finances du chapitre étaient en état de faire face (2); et comme, à cette époque, la procédure ne perdait jamais ses droits, la chose fut portée au bailliage par le procureur du Roi Le Butteux, s'appuyant sur les « ordonnances royaulx quy les (les chanoines) astraint d'entretenir leurs bastiments en leur splendeur et haulteur, et particulièrement des églises et temple destinés à l'honneur de Dieu, ne leur mancquant de commodité, d'artifices et de moiens pour restablir ladicte flèche de clocher en sa pristine haulteur et splendeur », menaçant en outre de saisir le temporel du chapitre (3).

On ne sait quelle fut la suite donnée à cette affaire, mais il est probable que le chapitre obtint gain de cause, car, par le fait, le clocher fut diminué.

La flèche une fois raccourcie, c'est Blasset qui fondit les plombs destinés à couvrir la partie refaite, et notamment la nouvelle pomme au pied de la croix. Au dire de De Court, cette nouvelle pomme fut plus belle que la première (4), mais cela n'est guère vraisemblable, car tout ce qui a été fait alors par Blasset, et qu'il est facile de distinguer par la différence de style, contraste par sa laideur avec les parties anciennes de la plomberie, qui sont, au contraire, d'une grande beauté.

En 1665 (27 mars), 1666 (29 juillet) (5) et 1669 (17 août) (6), la flèche aurait été frappée de la foudre mais sans grands dommages.

Un nouveau coup de tonnerre survenu le 26 juin 1712, s'il ne causa pas beaucoup plus de dégâts, paraît avoir produit un grand émoi dans Amiens, et le

---

(1) « Parce que Messieurs jugent que la beauté de leur clocher consiste en la haulteur d'icelluy et combattent depuis six mois quelle nécessité évidente de besser le dernier pivot ». Procès-verb. de visite du 19 octobre 1628. — Il est probable que le chapitre était fier de la hauteur de son clocher, qui devait avoir dans le public une réputation mettant la cathédrale d'Amiens parmi les édifices les plus élevés de l'époque.

(2) Sentence du bailliage d'Amiens du 30 octobre 1628. Arch. de la Somme, Chapit. d'Am., Arm. I, l. 54, n° 1.

(3) Requête du procureur du Roi du 6 novembre 1628. Arch. de la Somme, Chapit. d'Am., Arm. 1, l. 54, n° 1. — DAIRE, *Hist. littér. de la ville d'Am.*, p. 223.

(4) DE COURT, *Mémoires*, l. III, ch. 1. — Mss. de Pagès, édit. Douchet, t. V, p. 48. — DAIRE, *Hist. de la ville d'Am.*, t. II, p. 103. — Bibl. d'Am., ms. 836 (Machart, t. VIII), p. 274, etc. — Cette boule fut refaite lors des travaux de réparation en 1886 et 1887.

(5) DE COURT, *Mém. chronol.*, l. III, ch. 1. — Bibl. d'Am., ms. 836 (Machart, t. VIII), p. 274. — « L'an 1665, le 27° de mars, pendant une espouventable tempeste, trois charpentiers travaillant dans la flèche du clocher de N.-D., virent le tonnerre tomber au milieu d'eux, sans les blesser, puis, se divisant en trois parties, il sortit par trois ouvertures de la 2° carolle ». Bibl. d'Am., ms. 792 (Bernard, p. 743.

(6) « Entre huit et neuf heures du matin, le tonnerre produisit encore un singulier effet à ce clocher. Il tomba d'abord et mit en plusieurs pieces une grosse pierre qui servait d'appuy à une petite maison située entre deux pilliers de l'église joignant la croisée du midy, et de là s'étant relevé en l'air, fut endommager le cocq qui étoit en haut de la flèche, après avoir fait disparaître tous les clous qui étoient à l'entour ». Bibl. d'Am., ms. 836 (Machart, t. VIII), p. 274. — DE COURT, *Mém. chronol.*, l. III, ch. 1. — Suppl. aux mss. de Pagès, édit. Douchet, p. 3.

jour de la saint Pierre et saint Paul qui suivit, par mandement de l'évêque, on fit une procession générale, pour remercier Dieu d'avoir préservé la cathédrale « de l'incendie qu'a pensé causer la foudre qui avait allumé un point du clocher » (1). En 1723, la flèche aurait été semée de fleurs de lis d'or (2). Vers 1741-42, on renouvelle le beffroi des cloches (3). Nous avons déjà parlé des travaux considérables qui avaient dû être exécutés à la flèche, lors de la réparation faite à la cathédrale vers 1760, et adjugés au menuisier Candas (4). De 1770 à 1775, nouvelle réparation à la plomberie, par Honoré Malivoir, plombier à Amiens. En 1776, le chapitre

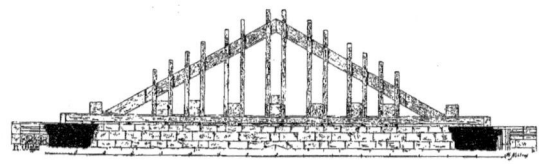

Fig. 166.

fait peindre le tout (5) d'une couleur jaune, paraît-il, qui, fort heureusement, s'est effacée peu après (6).

Dès les débuts de l'invention des paratonnerres, le chapitre songea à munir la flèche de ce préservatif, et chargea le sieur Prévost, son député à Paris, de prendre les informations nécessaires (7). On ne sait pourquoi ce projet fut abandonné. Nous avons vu qu'il ne fut exécuté qu'en 1834 (8).

(1) Mandem. de Pierre Sabatier, évêque d'Amiens, du 27 juin 1712. Arch. de la Somme (Chapit. d'Am.), G 671. — Arch. de la ville d'Am., BB 77, fol. 55. — Bibl. nat., mss. Picardie, n° 91, fol. 9. — Bibl. d'Am., mss. 510, fol. 20, v°, et 832 (Machart, t. IV), p. 324. — Le feu aurait été éteint grâce à l'intrépidité et au dévouement de Pierre Boulie, couvreur de la cathédrale, de Robert, son fils, et du serrurier Martin Ricard, ce que le chapitre aurait rappelé dans une inscription qu'il fit graver sur un cercle de fer remplacé à la suite de cet incendie pour maintenir le bouquet de lis au pied de la croix. De Court, Mém. chronol., l. III, ch. 1.

(2) Bibl. d'Am., ms. 836 (Machart, t. VIII), p. 272. — Du temps de Pagès, c'est-à-dire vers la fin du XVII° siècle, les anciennes dorures ne se voyaient déjà plus. (Mss. Pagès, édit. Douchet, t. V, p. 45).

(3) « Payé au sieur de Chaisne, mercier, la somme de 40 l., 8 s. 6 d., pour huile livrée et fournis autres matières nécessaires pour peindre le nouveau befroy du clocher doré...... Payé 12 l. aux nommés Laurent, peintre, et Caperon, pour avoir peint en différent temps et à différente fois ledit befroy ». Compte de la fabrique de 1741-42. Arch. de la Somme, Chapit. d'Am., Arm I, l. 62 bis.

(4) Voy. ci-dessus, p. 85.

(5) Ce fut fait sans doute par Coquelet, peintre de Beauvais, établi à Amiens. Rivoire, Descr. de l'église cath. d'Am., p. 34.

(6) Ms. de Baron, édit. Soyez, p. 84. — « Messieurs ont aussi renvoyé à M. le cellerier de faire peindre la flèche de leur église entièrement, tant pour la décoration que pour la couverture en plomb de la flèche ». Arch. de la Somme, Chapit. d'Am., délibér. du 19 août 1776. — Voy. aussi lettre d'Honoré Malivoir au chapitre, demandant une gratification. (Arch. de la ville d'Am., Série AA, correspondance. — Délibér. capitul. du 14 février 1777, qui accorde audit Malivoir une gratification de 150 l. Arch. de la Somme, Chapit. d'Am.).

(7) « Messieurs ayant arrêté d'essayer l'expérience du conducteur électrique pour préserver leur église du feu du ciel, ont prié M. Prévost, leur député à Paris, de prendre à cet égard touttes les informations convenables et d'en rapporter ». Arch. de la Somme, Chapit. d'Am., délibér. du 3 décembre 1777. — « Messieurs ont prié M. le sindic d'écrire à M. Prévost, leur député à Paris, à l'effet de sçavoir ce que pourront coûter les gardetonnerre à placer pour leur église, et s'il n'y a point d'inconvéniens pour les voisins ». Ibid., 3 juin 1778.

(8) Voy. ci-dessus, p. 168.

Nous ne reviendrons pas sur les mutilations que la flèche eut à subir pendant la Révolution : l'enlèvement en 1792 des fleurons de la couronne et des fleurs de lis qui la décoraient, l'enlèvement des bras de la croix, le 28 prairial an II, et leur rétablissement en 1813, l'ouragan du 18 brumaire an IX (1).

En prenant en main la restauration complète de la cathédrale, Viollet-le-Duc signalait l'état inquiétant de la flèche, dont les assemblages de bois, par-dessous le revêtement de plomb, lui semblaient profondément pourris (2); et l'une de ses premières préoccupations fut d'y faire exécuter, en 1851, les travaux les plus urgents. La charpente fut réparée, sous sa direction, par Corroyer, charpentier à Amiens, et la plomberie, par Durand, de Paris, restauration qui consista dans le rempiétement des piliers du deuxième étage, dans le rétablissement de l'arcature qui les relie, et dont toute la plomberie fut refaite; dans la restauration d'une des accolades au-dessus de la couronne, et de l'ange qui tient la lance de la Passion (3). Cet ange fut exécuté par les frères Duthoit (4).

Ce travail n'était pas suffisant, et la solidité de la flèche ne laissait pas encore que d'inspirer des inquiétudes (5). Toute sa partie haute était dans un complet état de vétusté et exigeait une prompte réparation, et la croix était tellement disloquée qu'elle devait être remplacée. Cette croix fut démontée en 1884 (6). La réparation de la plomberie du haut de la flèche fut exécutée en 1886 et 1887 par Ph. Monduit, de Paris, et une nouvelle croix de fer fut forgée par Jarriant, aussi de Paris (7). En même temps, le paratonnerre fut entièrement refait (8). Un peu plus tard, en 1895, on remplaça un des montants extérieurs. Enfin, durant les années 1899-1900 un travail assez important consista dans la réfection d'un autre montant et dans une sérieuse réparation de la plomberie de toute la partie basse du clocher jusqu'à la naissance de la flèche, statues et ornements compris.

La charpente de la flèche (9) semble au premier coup d'œil fort compliquée : la partie qui est cachée par la toiture de l'église et qui sert de support au clocher proprement dit apparaît comme une inextricable forêt. Aussi bien cette complication n'est-elle qu'apparente et due à la grande quantité de bois qui y est employé; mais en somme le système général, lorsqu'on le décompose, est assez simple.

(1) Voy. ci-dessus, pp. 134, 136, 142, 155, 162.
(2) Rapport de Viollet-le-Duc au ministre, du 24 septembre 1849. Arch. de la direct. des cultes. — Voy. ci-dessus, p. 179.
(3) Bibl. d'Am., ms. 818 (Goze). Il paraît que Viollet-le-Duc avait alors le projet de rendre à ce clocher « son ancien style et sa hauteur primitive, en même temps qu'on débarrassera sa charpente des pièces inutiles et nuisibles par leur poids, en y substituant un meilleur système de sustentation et de consolidation ». Ibid. — Cf. Duvour, dans Bull. de la Soc. des Ant. de Pic., t. IV, 1852, p. 411. — Disons en passant que, vers 1860, un ouvrier charpentier nommé Cahon, fit de la flèche et de la charpente de son soubassement, une réduction au vingtième très exacte, qui est conservée au musée d'Amiens.

(4) Papiers de la famille Duthoit.
(5) Nous avons vu (p. 190) qu'en 1875, suivant un projet formé depuis longtemps, on retira de la flèche les quatre petites cloches qui y étaient placées, pour les mettre dans la tour sud de la façade occidentale.
(6) Ce travail périlleux fut exécuté en septembre et octobre 1884 par Alfred Abegg, de la maison Monduit.
(7) A peine posée, cette nouvelle croix fut tordue par un ouragan le 30 oct. 1887. Elle fut aussitôt redressée. (Voy. l'Écho de la Somme des 1 et 2, 3 et 4 nov. 1887).
(8) D. D. (ÉDOUARD GAND), La flèche de la cathédrale d'Amiens, dans le Journal d'Amiens des 11, 16, 24 et 27 septembre 1884.
(9) Viollet-le-Duc (Dict. rais. d'archit., t. V, p. 466) a donné de cette charpente une description assez détaillée. — Voy. aussi op. cit., t. III, p. 279.

Le tout est en bois de chêne, d'une très belle qualité, provenant, nous l'avons vu, de la forêt de la Neuville-en-Hez (1). Les assemblages sont généralement faits à tenons et mortaises et combinés de manière à céder à la violence des vents.

La flèche tout entière s'élève autour d'un poinçon ou pivot central fixé au centre d'une plateforme posée sur les quatre grands arcs du transept. Elle est contrebutée par des contrefiches. Au moyen d'un système d'étriers pendus à des arbalétriers, on a cherché à reporter tout le poids sur les quatre maîtres piliers.

Avant les travaux de 1884-1887, elle mesurait environ 55 mètres du faîte de la toiture au coq, soit une hauteur totale de 109^m95, depuis le sol de la nef. Aujourd'hui, elle porte 57^m75 du faîte de la toiture au coq, et 112^m70 depuis le sol de la nef.

Quatre doubles sablières AB, A'B, A'B', AB' (fig. 162) ont été posées sur les quatre murs qui s'élèvent sur l'extrados des quatre grands arcs triomphaux. Sur ces sablières sont posées neuf grosses poutres, entraits ou entrebandes CC', DD', EE', FF', GG', etc. de 35 à 50 centimètres d'épaisseur, dans le sens parallèle à l'axe du transept.

Ce sont ces neuf entrebandes qui constituent la plateforme sur laquelle tout le clocher doit s'élever. On a cherché à combattre son fléchissement par différents artifices : 1° Deux pièces de bois HH', II' ont été encastrées dans la maçonnerie perpendiculairement aux entrebandes, mais soulagées par des étriers retenus les uns à des arbalétriers auxquels ces deux pièces HH', II' servent d'entraits, les autres aux arbalétriers CC', FF', suivant le détail cc' (fig. 163). — 2° Quatre potences armées J (fig. 164), dont le pied s'appuie à la tête des quatre grands piliers du transept, sur les sommiers de la voûte; moyen peu efficace, car, malgré les étriers ΓΓ', ΔΔ' (2), ces quatre potences n'ont pas manqué de donner du nez sous le poids. — 3° Quatre des grandes entrebandes (CC', FF' et leurs symétriques, fig. 162) ont été soutenues par des étriers aa', bb' et leurs symétriques (fig. 163) (3), retenus à des arbalétriers auxquels ces quatre entrebandes servent d'entraits : système assez analogue à celui des ponts suspendus. L'entrebande EE' et celle qui lui est symétrique, le sont au moyen d'étriers ΣΣ', ΦΦ' (fig. 165) (4) suspendus à la contrefiche ΛΛ' qui est appuyée au montant extérieur du clocher correspondant à la diagonale.

Pour ne pas fatiguer les quatre grands arcs triomphaux, on a de la même manière soutenu les extrémités de toutes les pièces horizontales posées sur les sablières par un système d'étriers suspendus à des arbalétriers auxquels les sablières intérieures servent d'entraits, en VV', XX', YY', ZZ' (fig. 162), suivant le détail représenté par notre fig. 166 (5).

---

(1) Voy. ci-dessus, p. 517.

(2) Ces clefs pourraient bien avoir été mises après coup, car elles ne sont pas non plus embrevées dans les contrefiches.

(3) Pour éviter leur glissement, tous ces étriers sont légèrement embrevés dans les arbalétriers.

(4) Ces étriers et ces contrefiches paraissent avoir été faits après coup. Le glissement des étriers est prévenu non par des embrèvements dans les contrefiches, mais par de petits arrêts cloués sur celles-ci.

(5) Une phrase du procès-verbal du 19 octobre 1628 semblerait faire supposer que ces entraits armés correspondant aux sablières auraient été faits après coup : « Peu de temps après la construction dudict clocher, il a faillu y mettre quatre clefs de charpente, pour conforter les quatre sablières qui portent les susdictes neuf entrebandes....., pour empescher que le grand fardeau ne crevast les arcades de la croisée de l'église ». Arch. de la Somme, Chapit. d'Am., Arm. 1, l. 54, n° 1.

526   DESCRIPTION.

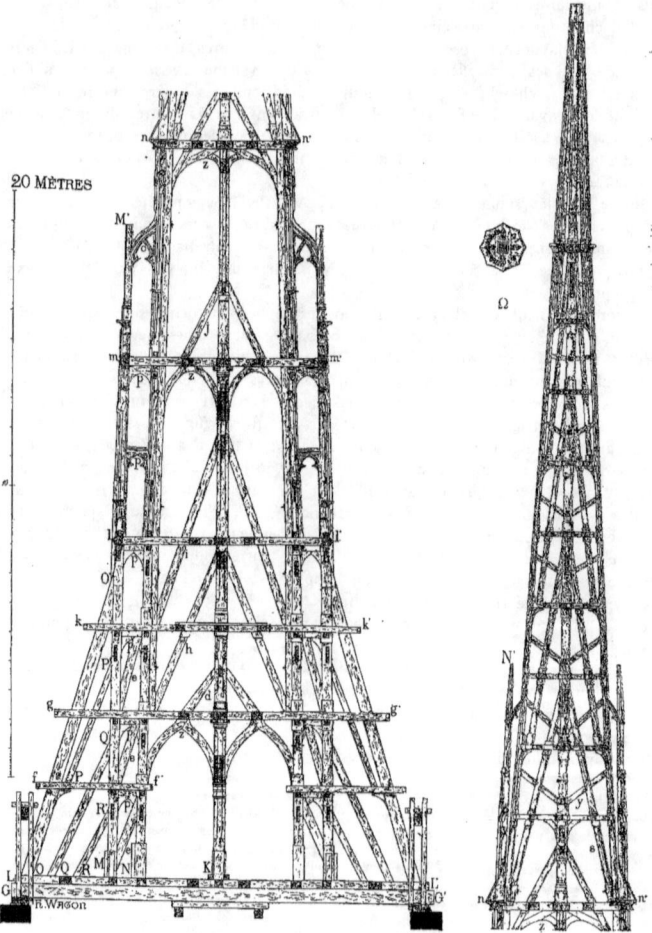

Fig. 167.

COMBLES ET CLOCHER CENTRAL. 527

C'est sur cette plateforme constituée par les neuf grosses entrebandes ainsi soutenues que s'élève le clocher. Il est octogonal, et se compose de quatre grandes fermes disposées autour d'un poinçon central commun à elles toutes, et qui s'élève jusqu'au sommet de la flèche. Ce poinçon est solidement fixé en K (fig. 162), à l'intersection des entraits des quatre fermes. Il porte 50 centimètres d'équarrissage à sa base, à laquelle il est encore renforcé et est ensuite taillé en octogone régulier de 15 centimètres de côté et agrémenté de moulures.

Deux de ces fermes sont placées l'une suivant l'axe de la nef, et l'autre suivant l'axe du transept; les deux autres suivant la diagonale, d'un pilier de la croisée à l'autre.

1° Fermes dans l'axe de la nef et du transept. — Chacune d'elles se compose d'un entrait LL' (fig. 162 et 167) posé sur la grande plateforme et maintenu rigide par les contrefiches θθ'. Sur cet entrait s'élèvent (fig. 167) quatre montants ou estanfiches MM', NN' et leurs symétriques; ils ne sont pas tout à fait verticaux, mais très légèrement inclinés vers le centre. Ils sont composés de plusieurs pièces entées bout à bout tantôt en bec de flûte, tantôt à tenons et mortaises. Les montants MM', qui marquent les angles extérieurs de l'étage inférieur du clocher (1), s'arrêtent brusquement un peu plus haut que la balustrade du 2ᵉ étage. Chacun d'eux est soutenu par les étais OO', PP', QQ', RR' dissimulés sous la toiture de la grande nef. Les montants intérieurs NN' s'élèvent parallèlement aux premiers, jusqu'à la naissance de la flèche en nn', dont ils soutiennent la base, et se prolongent jusqu'en N', en forme de clochetons. A chaque ferme, les deux montants extérieur et intérieur sont reliés l'un à l'autre et au poinçon central et maintenus avec celui-ci dans un plan vertical par les contrefiches e, d, h, i, j, par les pièces courbes z, par les entretoises p, par l'arc boutant o, et par les moises $ff', gg', kk', ll', mm', nn'$. La combinaison de ces différentes pièces détermine les différents étages, ou plutôt leur est subordonnée.

A partir de la naissance de la flèche, chaque ferme se compose d'un système d'arbalétriers superposés, chevauchant les uns sur les autres et maintenus par des moises et des contrefiches.

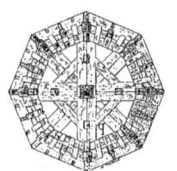

Fig. 168.

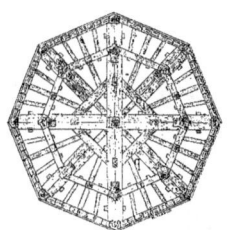

Fig. 169.

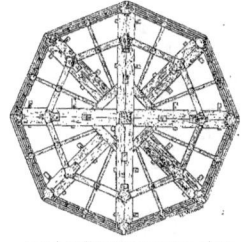

Fig. 170.

(1) Ces montants ont environ 40 centim. d'équarrissage.

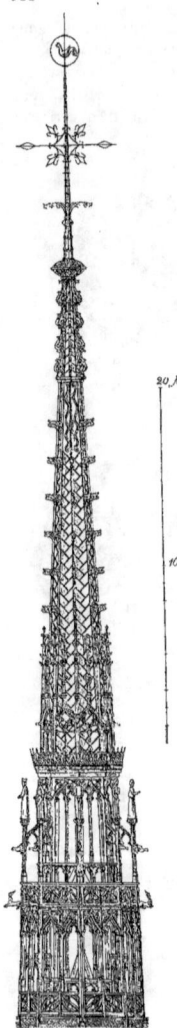

FIG. 171. — Le Clocher central avant 1884.

DESCRIPTION.

2° Fermes diagonales. — Le système est le même, avec ces deux seules différences : 1° que les moises *gg'*, *kk*, *ll'*, *mm'*, *nn'*, pour ne pas affaiblir la rencontre de leurs symétriques des fermes perpendiculaires avec le poinçon central, viennent s'assembler contre des liens *q* (fig. 168, 169, 170, correspondant aux étages *nn' mm' ll'*); — 2° que les contrefiches SS', TT', UU' (fig. 164), étayant les poteaux et cachées sous les noues de la toiture de la nef et du transept, sont à la fois moins hautes et plus inclinées; système défectueux, en ce que les angles du clocher correspondant aux noues ne sont pas contrebutés assez haut.

Dans le sens horizontal, (fig. 165), les quatre fermes sont réunies les unes aux autres sous les combles de l'édifice, par des entretoises *xx'*, *ww'*, *tt'*, *uu'*, *vv'*, et des contrefiches *xt'*, et *yv'*, le tout disposé entre les montants extérieurs et entre les montants intérieurs. La partie extérieure *yvv'*, qui est en dehors de la toiture, est fermée par un pan de bois couvert d'ardoises.

Les étages dégagés de la toiture sont soutenus par une série de plateformes (fig. 168, 169, 170) posées sur les moises *nn'*, *mm'*, *ll'* (fig 164 et 167).

Le long de la flèche, des chevrons sont disposés pour recevoir la couverture, formant huit pans légèrement concaves, afin sans doute d'obtenir des jeux plus accentués d'ombre et de lumière (fig. 167 en Ω) (1).

L' « arc boutant » auquel il est fait allusion dans le rapport du 19 octobre 1628 (2) n'existe plus, mais, vers le chevet, une grande contrefiche en forme de moise partant du troisième entrait de la charpente, puissamment armé de deux arbalétriers légèrement courbés et de deux clefs, vient contrebuter le montant de la flèche situé dans l'axe du chœur. Le deuxième entrait est armé de la même manière que le précédent.

Ajoutons qu'à la dernière ferme de la grande charpente de l'édifice, vers la croisée du transept, on voit parfaitement le remaniement qui fut la suite de l'incendie du clocher central et du raccordement de cette charpente avec la souche de la flèche. De trois côtés, vers la nef et vers chacun des croisillons, le poinçon de ces fermes a été doublé.

Telle est le système la charpente de la flèche : il

(1) Voy. VIOLLET-LE-DUC, *Dict. rais. d'archit.*, t. V, p. 469.
(2) Voy. ci-dessus, p. 520.

est plus curieux que parfait au point de vue de l'art, et il a été souvent l'objet de critiques de la part des gens compétents (1).

Le clocher (fig. 171) s'élève à partir du faîte du grand comble. Le bois est entièrement habillé de lames de plomb assemblées à agrafures. Les huit pans de la flèche sont également couverts en plomb. Le tout est décoré d'ornements et de statues de même métal travaillés au marteau, sur des moules probablement de bois (2), mais que l'on n'a pas laissés, de sorte que les différentes pièces ornementales sont entièrement creuses; on a seulement maintenu les plus grandes et les plus saillantes par des tiges de fer (3).

Toute cette ornementation de plomb, d'un style mi-gothique, mi-renaissance, est d'une composition charmante et extrêmement originale. C'est un spécimen très rare, presque unique, étant donné son importance, de l'habileté des plombiers français du moyen âge et de la renaissance. On sait en effet que la plomberie historiée, peinte et dorée était très usitée dans l'architecture de cette époque et ne contribuait pas peu à lui donner son caractère (4). Les plombiers d'alors étaient de véritables artistes.

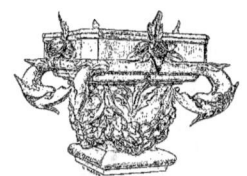

Fig. 172.

Dans le cours des âges, la plomberie de la flèche a subi de nombreux remaniements; mais il semble que ce soient surtout les statues qui aient été touchées : l'ornementation, sauf celle de la partie supérieure, paraît à peu près intacte (5).

Fig. 173.

Jusqu'à la naissance de la flèche proprement dite, le clocher se compose de deux étages entourés chacun, entre les deux systèmes de montants, d'une galerie protégée par une balustrade au dessin flamboyant, couverte à l'étage inférieur, découverte à l'étage supérieur. A chaque étage, l'arrangement des pièces de bois forme une arcature en accolade, dont les rampants sont ornés de crochets, à l'étage supérieur, et de sortes de cornes d'abondance, à l'étage inférieur.

Les huit montants du premier étage s'élèvent encore à une certaine hauteur au-dessus du second, se rattachent au massif de la flèche par de petits arcs boutants et sont terminés par des chapiteaux en style renaissance d'un fort joli dessin,

---

(1) Procès-verbal de visite du 19 octobre 1628. — VIOLLET-LE-DUC, Dict. rais. d'archit., t. V, p. 466. — Un certain nombre d'étriers de fer et de renforts de bois, dans le détail desquels il nous est impossible d'entrer, fait voir tous les efforts qui ont été tentés à différentes époques pour remédier aux inconvénients de ce système.

(2) Voy. VIOLLET-LE-DUC, Dict. rais. d'archit., t. VII, p. 218.

(3) Dans les parties les plus récemment restaurées, on a remplacé les tiges de fer par des tiges de cuivre.

(4) Les anciens comptes d'ouvrages antérieurs au milieu du XVIe siècle mentionnent une foule de curieux travaux de plomberie. Il n'en subsiste que fort peu.

(5) Les travaux exécutés au clocher durant l'année 1900 ont nécessité le démontage d'un certain nombre de motifs que j'ai pu ainsi étudier de près, photographier et faire dessiner.

tous variés (fig. 172 et 173) servant de support à autant de grandes statues en plomb (1).

Ces huit statues, assez sommairement traitées, ont été plus ou moins remaniées à différentes époques : quelques-unes paraissent refaites.

1. LE SAUVEUR bénissant. Il est pourvu d'un nimbe et tenait sans doute un globe dans la main gauche (2). Il fait face à la nef.

2. SAINT PAUL (3), nimbé, barbu, tenant un glaive la pointe en bas et un livre fermé. Il est placé à la droite du Sauveur.

3. Un évêque qui doit être SAINT FIRMIN, imberbe, mitré, en chape, tenant dans la main droite un livre fermé (4). Il est dans l'axe du croisillon nord du transept.

4. SAINT JEAN L'ÉVANGÉLISTE, imberbe, bénissant et tenant dans la main gauche un calice d'où sort une vipère. Il est nimbé (5).

5. LA VIERGE MARIE, une couronne d'orfèvrerie sur la tête, et tenant l'Enfant Jésus entièrement nu sur son bras gauche : il n'y a pas de nimbes (6). Elle fait face au chevet.

FIG. 174.

6. SAINT JEAN-BAPTISTE, barbu, presque nu, couvert seulement d'une draperie, une sacoche en bandoulière, un bâton dans la main gauche, et faisant un geste de la droite qu'il élève en l'air. Il n'est pas nimbé (7).

7. SAINT JACQUES LE MAJEUR, dans l'axe du croisillon sud du transept. Le visage barbu, il est vêtu d'un manteau à pèlerine ornée de coquilles et est coiffé d'un chapeau à larges bords relevé également par une coquille. Il tient un livre dans la main droite et sa main gauche devait sans doute être originairement munie d'un bourdon qui n'existe plus (8). Il n'a pas de nimbe.

FIG. 175.

8. SAINT PIERRE, placé à la gauche du Sauveur : chauve, cheveux et barbe crépus, suivant le type habituel. Il tient dans sa main gauche un livre fermé; la droite devait sans doute tenir une ou deux clefs qui n'existent plus. Il n'est pas nimbé.

Les nimbes, qui sont en plomb découpé, avaient été plus ou moins déformés par l'action du vent; ils viennent d'être redressés.

Sous les grandes statues, la décoration des montants est complétée par deux rangs de pièces saillantes simulant des gargouilles : le premier se compose de

---

(1) Ces statues ont environ 2m25 à 2m50 de hauteur, en moyenne.

(2) Le globe a été refait en 1900.

(3) Nous continuons la description en allant de la droite à la gauche du Sauveur.

(4) Il a été très fortement restauré en 1900. Déjà sa tête, dépourvue de nimbe, paraissait refaite.

(5) Très fortement restauré en 1900.

(6) Cette statue paraît avoir été refaite au XVIIe siècle; elle rappelle les vierges de Blasset, et pourrait bien avoir été exécutée par lui. Voy. ci-dessus, p. 520.

(7) Doit avoir été refait à la même époque et par la même main que la Vierge.

(8) On vient de le remplacer par une sorte de bâton recourbé qui fait l'effet le plus fâcheux.

centaures, coiffés les uns de casques et les autres de chapeaux pointus d'une forme bizarre, et d'un aspect très original (fig. 174); le second, d'animaux fantastiques (fig. 175).

Au-dessus du deuxième étage, la naissance de la flèche est entourée d'une fort jolie couronne fleurdelisée, dont les principaux fleurons avaient été mutilés en 1792 (1). Elle vient d'être rétablie dans son état primitif.

La transition entre les deux étages inférieurs et la flèche pyramidale est fort

Fig. 176.   Fig. 177.   Fig. 178.   Fig. 179.

habilement et élégamment ménagée par une légère arcature flamboyante, avec clochetons et accolades ornées de chimères pleines de caractère (fig. 176, 177, 178, 179); les amortissements des accolades sont surmontés de petits chapiteaux renaissance servant de supports à des statues d'anges (2) qui tiennent alternativement des banderoles et des instruments de la Passion. La plupart de ces statues d'anges ont été refaites à une assez basse époque, sans doute au XVIIIe siècle, dans un style et avec une exécution plus que médiocres. Une d'elles a été exécutée en 1851 dans le caractère du XIIIe siècle (3); une seule paraît dater de l'époque de la construction du clocher.

Le long des pans de la flèche, les feuilles de plomb sont assemblées obliquement, de manière à ne pas trop tirer. Sur ces feuilles de plomb on aperçoit encore la trace des fleurs de lis d'or dont elles étaient décorées. Le dessin de ces fleurs de lis n'est pas ancien. Ce sont sans doute celles qui avaient été peintes en 1723 ou en 1776 (4) : la partie supérieure de ces pans est ornée de rayons de soleil flamboyants, ornement fort usité dans la plomberie de la fin du XVe siècle et du commencement du XVIe, et qui devaient être dorés : les arêtes de la flèche sont ornées de crochets.

A l'extrémité supérieure, la partie refaite par Blasset en 1628 est facilement reconnaissable (5). Les rangées de crochets ont été remplacées par des sortes de

---

(1) Ms. de Baron, édit. Soyez, p. 85.
(2) Haut. moy. environ 1^{m}40.
(3) Exécuté sur un dessin de Viollet-le-Duc, il avait été frappé sur une âme en bois sculptée par les frères Duthoit (Voy. ci-dessus, p. 524), et qui avait été laissée sous le plomb. Elle a été retirée lors des dernières réparations en 1900.

(4) Voy. ci-dessus, p. 523.
(5) « La flèche de la cathédrale d'Amiens, en partie recouverte en plomb au commencement du XVIe siècle, en partie réparée au XVIIe, permet d'apprécier la décadence de cet art pendant l'espace d'un siècle ». VIOLLET-LE-DUC, Dict. rais. d'archit., t. VII, p. 220.

532 DESCRIPTION.

postes d'un style fort lourd et qui font un effet très désagréable. La section horizontale de la pomme forme une étoile à huit rais (1).

L'ancienne croix (celle de 1628) était composée d'un certain nombre de barres de fer réunies par des liens aussi de fer, et dont le nombre allait en diminuant jusqu'à l'extrémité. Nous nous rappelons que les croisillons avaient été enlevés durant la Révolution (2). Ceux qui avaient été replacés en 1813 différaient peu des anciens; mais ils furent mal attachés, et la violence des vents les fit dévier de leur position normale. Cette croix s'échappait d'un bouquet de lis en fer que l'on n'a pas reproduit lorsqu'elle a été refaite en 1887. On peut voir le dessin de cette ancienne croix sur notre fig. 171. La nouvelle croix en fer forgé, d'un assez joli dessin (pl. XVI), a été adaptée au-dessus de la pomme au moyen d'une espèce de pyramide tronquée surmontée d'un chapiteau, le tout en cuivre.

Fig. 180.

On monte aux deux étages du clocher par un escalier de moulin pratiqué à travers les enchevêtrements de la charpente. A l'extérieur, cet escalier est couvert de plomb pour le protéger des intempéries. A partir du second étage, les parties supérieures du clocher ne sont plus accessibles qu'au moyen d'échelles et de barres de fer disposées extérieurement le long d'un des pans de la flèche (3).

Au bas des noues, on a élevé de petits pavillons couverts d'ardoises, de manière à obtenir des portes faisant communiquer les galeries extérieures à la base du grand comble avec l'intérieur de celui-ci. Ces quatre pavillons, contemporains évidemment de la flèche, sont surmontés de jolis épis en plomb dans le goût de la renaissance et d'une exécution fort habile, et surmontés d'une statuette de Cupidon lançant des flèches (fig. 180) (4).

---

(1) Elle a été refaite en 1886-1887. Voy. ci-dessus, p. 524.
(2) Voy. ci-dessus, p. 142. — On peut voir cette croix telle qu'elle était avant la Révolution dans les dessins de 1727 appartenant à M. Soyez.
(3) Le poids total du clocher a été évalué par Viollet-le-Duc (Dict. rais. d'archit., t. V, p. 469), à 500.000 kilogrammes. Le poids portant sur chacun des quatre gros piliers est donc de 125.000 kilogrammes.
(4) Viollet-le-Duc, Dict. rais. d'archit., t. V, p. 284, fig. 13.

TABLE DES MATIÈRES

pages

Chapitre I. — *Histoire du monument* 1

    I. — La cathédrale d'Amiens avant 1220. 1
   II. — Construction de la cathédrale actuelle, 1220-1228. 15
  III. — Achèvement et modification au plan primitif, 1288-1401 40
  IV. — Ameublement et monuments accessoires, 1401-1550 55
   V. — Époque intermédiaire, 1550-1700 72
  VI. — Embellissements modernes, 1701-1790 82
 VII. — Organisation et ressources de la fabrique avant la Révolution, 1220-1790. 103
VIII. — Époque révolutionnaire, 1790-1802 125
  IX. — Restaurations, 1802-1900. 156

Chapitre II. — *Description de l'édifice*. 195

    I. — Plan, aspect général, matériaux, fondations, etc. 195
   II. — Nef, parties basses du transept et façade occidentale 208
  III. — Parties basses du chœur et du rond point. 270
  IV. — Parties hautes du transept et du chœur. 281

Chapitre III. — *Statuaire des portails*. 299

    I. — Grand portail. 299
   II. — Portails du transept 429

Chapitre IV. — *Parties du monument exécutées après 1269* 459

    I. — Dallage 459
   II. — Chapelles de la nef 466
  III. — Murs supérieurs des façades du transept 491
  IV. — Parties supérieures de la façade occidentale 498
   V. — Combles et clocher central 507

TABLE DES PLANCHES
Hors texte.

    I. — Plan antérieur à 1290.
   II. — Plan actuel.
  III. — Façade occidentale. Relevé exécuté en 1845 par Wiganowski. — *Planche double.*
  IV. — Façade occidentale, *état actuel.* — *Planche double.*
   V. — Élévation extérieure de la nef, côté sud, état antérieur à 1290.
  VI. — Coupe longitudinale de la nef, état actuel.
 VII. — Coupe longitudinale sur le transept, face au sud, état actuel.

VIII. — Coupe transversale de la nef, état antérieur à 1290. — *Nota* : à l'exception, bien entendu du remplage flamboyant de la rose, qu'il était impossible de changer, puisqu'on ne sait rien de celui qui l'a précédé.
IX. — Vue intérieure de la nef. — *Planche double.*
X. — Vue intérieure sur le transept.
XI. — Vue intérieure du bas-côté sud.
XII. — Détail de la façade occidentale.
XIII. — Arcs boutants de la nef, côté nord.
XIV. — Triforium de la nef, chapiteaux.
XV. — Porte Saint-Christophe (F), chapiteaux.
XVI. — Vue extérieure du chevet.
XVII. — Élévation extérieure du chevet, côté sud, état antérieur à 1850.
XVIII. — Coupe longitudinale du chevet, état actuel.
XIX. — Coupe transversale du chœur.
XX. — Arcs boutants du chœur, côté sud.
XXI. — Triforium du chœur, chapiteaux.
XXII. — Chapelles de la nef, côté sud, état antérieur à 1850.
XXIII. — Porte Saint-Christophe (F).
XXIV. — Chapelles de la nef, côté nord.
XXV. — Chapelles du cardinal de la Grange, (I et III).
XXVI. — Statues à la tour du nord.
XXVII. — Vue latérale, côté sud.
XXVIII. — Porte du Sauveur (A). *côté sud, apôtres.*
XXIX. — Porte du Sauveur (A), *côté nord, apôtres.*
XXX. — Porte du Sauveur (A), *côté sud, prophètes.*
XXXI. — Porte du Sauveur (A), *côté nord, prophètes.*
XXXII. — Grand portail, trumeau V.
XXXIII. — Grand portail, trumeau X.
XXXIV. — Grand portail, trumeau Y.
XXXV. — Grand portail, trumeau Z.
XXXVI. — Porte du Sauveur (A), tympan.
XXXVII. — Porte du Sauveur (A), voussure, *côté nord.*
XXXVIII. — Porte du Sauveur (A), voussure, *côté sud.*
XXXIX. — Trumeaux des portes de la Mère Dieu et de Saint-Firmin.
XL. — Porte de la Mère Dieu (B), *côté sud.*
XLI. — Porte de la Mère Dieu (B), *côté nord.*
XLII. — Porte de la Mère Dieu (B), tympan.
XLIII. — Porte Saint-Firmin (C), *côté sud.*
XLIV. — Porte Saint-Firmin (C), *coté nord.*
XLV. — Porte Saint-Firmin (C), tympan.
XLVI. — Porte de la Vierge Dorée (D).
XLVII. — Porte de la Vierge Dorée (D), linteau.
XLVIII. — Porte de la Vierge Dorée (D), tympan.

ADDITIONS ET CORRECTIONS

P. 5, note 1, ligne 1. — Antiquités et choses plus remarquables, *lisez* : Antiquitez, histoires et choses plus remarquables.

P. 22, note 4. — *Ajoutez* : Les halles sont citées au cueilloir de l'hôtel-Dieu d'Amiens de 1277 : « Œude de Rue, pour se maison de Vergiaus, qui siet au tour de le ruele, si comme on va a l'escole, u coste devers les hales. » Arch. hosp. d'Am. (Renseignement communiqué par M. Georges Boudon).

P. 38, note 2, ligne 4. — *Ajoutez* : Ces deux actes sont publiés l'un dans *Gall. Christ.*, t. X, *Instr.*, col. 342 ; l'autre dans *Suppl. aux mss. de Pagès*, édit. Douchet, p. 50.

P. 48, ligne 5. — que l'on retrouve jusqu'en 1477, *lisez* : que l'on retrouve jusqu'en 1377.

P. 53, ligne 5. — Il est probable que c'est à la vitrerie qu'il s'agissait de réparations, *lisez* : Il est probable que c'est de réparations à la vitrerie qu'il s'agissait.

P. 59, note 3, ligne 11. — 4 novembre 1464, *lisez* : 4 novembre 1483.

P. 63, ligne 1. — il obtient de l'échevinage, *lisez* : il obtint de l'échevinage.

P. 64, ligne 10. — Toujours est-il qu'en 1538, *lisez* : Toujours est-il que « maistre Jehan Boulan » est cité comme maitre maçon de la cathédrale d'Amiens, dans un article du compte de la ville d'Amiens de l'année 1528-29 (Arch. de la v. d'Am., CC 115, fol. 26 v° et 27). En 1538,.

P. 74, note 4, ligne 1. — Joannes Fouquerolles, *lisez* : Joannes Fouquesolle.

P. 81, note 2, col. 2, ligne 1. — Nous ne tenons pas compte, etc. *Supprimer cette phrase*.

P. 103, ligne 2. — et par suite entretenue, *lisez* : et par la suite entretenue.

P. 110, note 4, col. 2, ligne 24. — 1387, Pierre Falloize. 1486 à 1503, Pierre Blanc Regnier, *lisez* : 1387, Pierre Falloize. 1416, Nicaise Oberon. 1486 à 1503, Pierre Blanc Regnier.

P. 118, ligne 6. — devront être appliquées à la fabrique, comme à la messe matutinale et à celle de N.-D. de la Drapière, qui sont chantées, *lisez* : comme à la messe matutinale et à celle de N.-D. de la Drapière, qui sont chantées, devront être appliquées à la fabrique.

P. 128, ligne 23. — d'office solennel., *ajoutez* : Par décision municipale du 18 janvier 1791, Falempin, prêtre, fut chargé provisoirement d'administrer la paroisse. (JANVIER, *Docum. pour serv. à l'hist. de la Révol. franç. dans la ville d'Am.*, t. IV, p. 24).

P. 130, ligne 29. — auquel assistaient, *lisez* : auquel assistèrent.

P. 134, ligne 22. — les étoiles, *lisez* : les étoiles, ou plutôt les fleurs de lis.

P. 170, ligne 17. — de la cathédrale, il approuvait, *lisez* : de la cathédrale, qu'il approuvait.

P. 185, note 1, ligne 2. — 26 janvier 1863, *lisez* : 26 janvier 1853.

P. 192, ligne 25 et suiv. — Depuis l'impression de ces lignes, le 16 février 1900, M. Billoré est mort victime d'un affreux accident. Il fut remplacé par son ancien premier employé, M. Gaston Boudon.

P. 194, ligne 38. — Mgr Molliens, *lisez* : Mgr Mollien. Depuis l'impression de cette page, le 11 mars 1900, eut lieu dans la cathédrale le sacre de Mgr Francqueville, ancien vicaire général d'Amiens, en qualité d'évêque de Rodez.

P. 240, ligne 9. — si leur profil (A, fig. 52), *lisez* : si leur profil (B. fig. 52).

P. 240, ligne 16. — (B, fig. 52), *lisez* : (A, fig. 52).

P. 244, ligne 4. — *Ajoutez* : Si l'arrangement de cette porte est fort joli, il n'en est pas de même de son appareil, que notre fig. 54 reproduit exactement, et qui est loin d'être la perfection.

P. 249, ligne 8. — nu. L'ornementation, *lisez* : nu (3). L'ornementation.

» ligne 11. — de la construction (3), *lisez* : de la construction.

P. 271, ligne 39. — Les archivoltes des fenêtres sont exactement construites comme celles du bas-côté, *lisez* : Les archivoltes des fenêtres sont exactement construites comme celles des fenêtres du bas-côté.

P. 284, ligne 30. — ceux de la partie droite, *lisez* : ceux de la partie rectiligne.

P. 288, ligne 1. — (pl. XIX, en A), *lisez* : (pl. XIX, côté A).

» ligne 2. — (pl. XIX, en B), *lisez* : (pl. XIX, côté B).

» ligne 13. — (pl. XVI, et XVII en A), *lisez* : (pl. XVI, et XVII, côté B).

P. 288, ligne 20. — un second, ST, *lisez* : un second, UT.

P. 368, note 2, col. 2, ligne 18. — Ecclesiam, *lisez* : Ecclesiam, etc.

P. 382, note 5. — *Ajoutez* : « In tempore igitur illo, quando Christi in toto mundo Evangelium coruscarit, et repleta fuerit omnis terra scientia Domini, sicut aquæ maris terram operientes, erit radix jesse, et qui de ejus stirpe conscendet in signum omnium populorum, ut vidcant populi signum Filii hominis in cœlo (*Matth.*, XIV) ». S. HIERON. Comment. sur Isaïe, *Patrol.*, t. XXIV, col. 149.

P. 411, note 4. — *Ajoutez* : On raconte aussi la même chose de saint Firmin le Confesseur.

P. 422, note 6, ligne 1. — On s'est beaucoup mépris jadis sur la faiblesse, *lisez* : On s'est beaucoup mépris jadis sur le caractère de la faiblesse.

P. 428, note 1, ligne 3. — Guillaume Breton, *lisez* : Guillaume le Breton.

P. 460, ligne 5. — un vaste labyrinthe octogonal (fig. 130), tel qu'il en existait dans la plupart des grandes églises du moyen âge, *lisez* : un vaste labyrinthe (fig. 130), tel qu'il en existait dans la plupart des grandes églises du moyen âge. Il était octogonal.

P. 461, ligne 2. — qui ne fait qu'un avec lui, *lisez* : qui ne faisait qu'un avec lui.

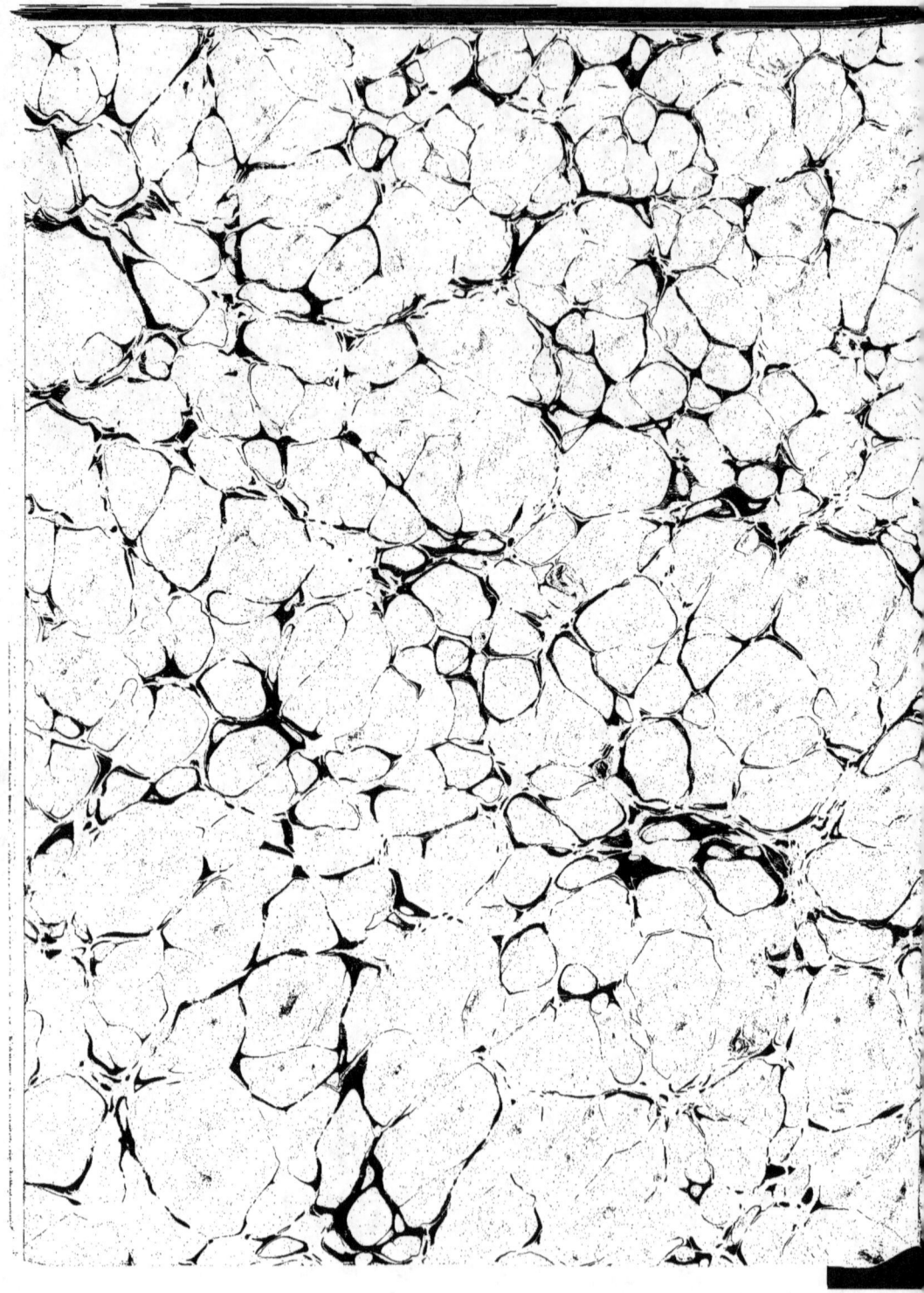

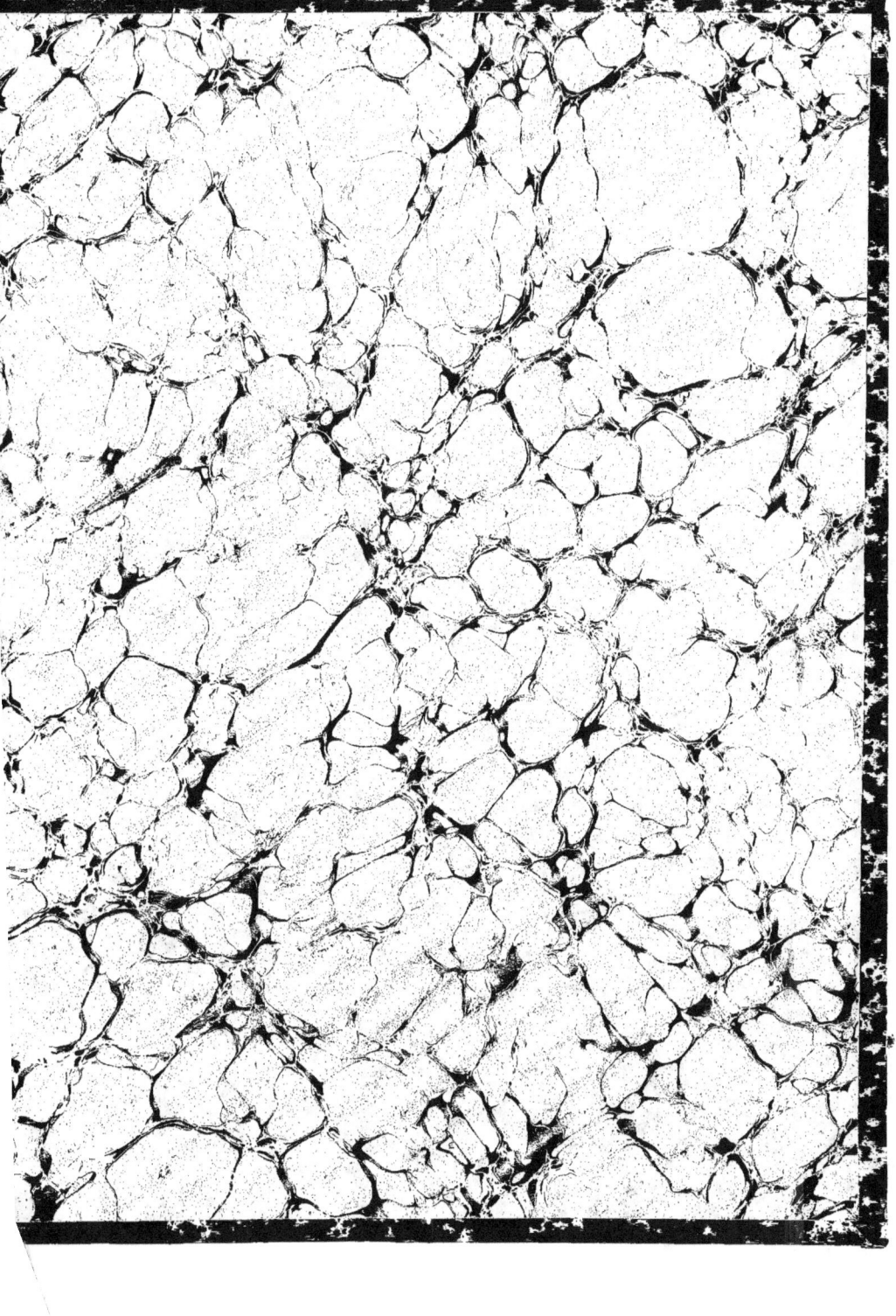

www.ingramcontent.com/pod-product-compliance
Lightning Source LLC
Chambersburg PA
CBHW070828230426
43667CB00011B/1714